응용행동분석가 자격증 위원회(Behavior Analyst Certification Board)
BCBA와 BCABA 행동분석가 과제 목록 – 3차 개정판에 대한 교재 적용 범위

이 교재는 자격이 있는 행동분석가가 반드시 갖추어야 하는 기본적인 지식들을 포괄하고 있으며, 이 내용들에 대해 숙지하면 BACB의 시험에서 BCABA나 BCBA가 되는 통과점수를 획득할 수 있을 것이다. 그러나 자격을 딴 사람들이 꼭 기억해야 할 두 가지 중요한 사항이 있다. 첫째로, BACB 시험은 이 교재나 다른 교재에 포함된 것 이상의 지식들을 요구한다. 이 책에 나와 있는 모든 것을 안다고 해서 BACB 시험의 통과점수가 보장되는 것은 아니다. 두 번째로 아무리 어떤 교재가 정확하고, 포괄적이고, 최신판이고 또는 학생들이 그러한 내용들을 숙지했다고 하더라도, 어떤 사람이 행동분석가로서 충분히 기능할 수 있음을 보장하지는 않는다. 행동분석에서 요구되는 수업을 성공적으로 완수하는 것은 BCBA나 BCABA가 되기 위한 준비과정 중 하나이다. BCABA 또는 BCBA가 되기 위한 최근의 자격 조건을 알기 위해서는, BACB의 웹사이트인 http://www.BACB.com을 찾아볼 것을 권한다.

\#	내용 영역 1 : 윤리적 고려 사항
	과제
1-1	내담자에게 치료를 권하거나 다른 방식으로 영향을 줄 때에는 응용행동분석의 전문 영역 내에 개입의 효과에 대해 확실하고 정확한 정보를 사용한다.
1-2	응용행동분석 전문가의 전문 영역 내에서만 활동, 자문, 관리감독, 훈련을 하며, 필요할 경우 타 전문가에게 의뢰한다.
1-3	전문가 관련 활동에 지속적으로 참여함으로써 전문가로서의 능력과 권한을 유지한다.
1-4	적용 가능한 법적·윤리적 규정 내에서 참가자의 동의를 구한다.
1-5	내담자의 고유한 생활 방식이나 변화 목표를 파악하고, 아래의 규정 내에서 행동변화 목표를 수립한다. a. 응용행동분석의 응용 범주(Baer, Wolf, & Risley, 1968) b. 적용 가능한 법규 c. 응용행동분석 직업의 윤리적·전문적 규정
1-6	행동분석 서비스를 시작, 지속, 수정 또는 중단하는 것의 위험-이득 비율이 다른 대안 서비스를 제공하는 것의 위험-이득 비율보다 낮을 때만 행동분석 서비스를 제공한다.
1-7	임상가, 내담자 그리고 그 외 관계자들 간의 관계를 손상시킬 수 있는 사건을 파악하고 이를 조정한다.
1-8	적용 가능한 윤리적 규정 안에서 가장 덜 침투적인 과정의 지침을 고려하여 내담자에게 가장 효과적인 평가와 행동 변화 과정을 적용한다.
1-9	비밀 보장을 엄수한다.
1-10	임상, 훈련, 응용행동분석의 전문성에 대한 임상가 본인과 관계자의 기여도를 사실만 정확하게 보고한다.
1-11	내담자의 존엄성, 건강, 안전을 항상 철저하게 보호한다.
1-12	과학적으로 타당한 평가와 개입 방법을 우선시하고 아직 과학적으로 타당하지 않은 개입 방법은 과학적인 방법을 이용하여 평가한다.

\#	내용 영역 2 : 정의와 특징
	과제
2-1	행동의 법칙, 경험주의, 실험적 분석, 간결성과 같은 행동분석의 철학적 가정들과 일치하는 방식으로 설명하고 행동한다.
2-2	행동분석과 관련하여 경험주의를 설명한다.
2-3	행동에 대한 정신주의적 설명과 환경적 설명을 구별한다.
2-4	행동, 응용행동분석, 행동적 응용과학의 실험적 분석 사이의 차이를 구별한다.
2-5	행동분석적인(비정신적인) 용어로 개인적 사건을 포함한 행동을 기술하고 설명한다.
2-6	개입이 행동분석적인지 결정하기 위해 행동분석의 범주(Baer, Wolf, & Risley, 1968)를 이용한다.
2-7	행동분석적 문헌으로부터 논문을 해석한다.

내용 영역 3 : 원리, 절차, 개념

#	과제
3-1	행동/반응/반응 범주의 정의와 예시
3-2	자극과 자극 범주의 정의와 예시
3-3	정적 강화와 부적 강화의 정의와 예시
3-4	조건 강화와 무조건 강화의 정의와 예시
3-5	정적 처벌과 부적 처벌의 정의와 예시
3-6	조건 처벌과 무조건 처벌의 정의와 예시
3-7	자극통제의 정의와 예시
3-8	확립조작의 정의와 예시
3-9	행동 유관의 정의와 예시
3-10	기능적 관계의 정의와 예시
3-11	소거의 정의와 예시
3-12	일반화와 변별 정의와 예시
3-13	반응적 조건화 패러다임의 정의와 예시
3-14	조작적 조건화 패러다임의 정의와 예시
3-15	반향과 모방의 정의와 예시
3-16	요구의 정의와 예시
3-17	기술의 정의와 예시
3-18	상호 구두언어의 정의와 예시
3-19	유관 형성과 규칙 지배 행동의 정의와 예시 및 구별

내용 영역 4 : 행동평가

#	과제
4-1	기술적 평가를 실시하는 논리적 근거와 주요한 특징들을 분명히 한다.
4-2	기술적 자료의 축적 a. 다양한 방법들을 선택한다. b. 다양한 방법들을 사용한다.
4-3	기술적 자료의 조직과 해석 a. 다양한 방법들을 선택한다. b. 다양한 방법들을 사용한다.
4-4	평가의 한 형태로 기능분석을 실시하는 논리적 근거와 주요한 특징들을 분명히 한다.
4-5	기능분석의 실시 a. 다양한 방법들을 선택한다. b. 다양한 방법들을 사용한다.
4-6	기능분석 자료의 조직과 해석 a. 다양한 방법들을 선택한다. b. 다양한 방법들을 사용한다.

내용 영역 5 : 개입의 실험적 평가

#	과제
5-1	치료에 대한 독립 변인의 효과를 분석하기 위해 독립변인을 체계적으로 조작 a. 철회 설계 사용 b. 반전 설계 사용 c. 교차치료(예 : 다중 요소, 동시치료, 다중 또는 동시 스케줄) 설계 사용 d. 기준선 변동 설계 사용 e. 다중 기저선 설계 사용
5-2	다양한 실험 설계들을 사용할 때 현실적인 고려사항과 윤리적 고려 사항을 규명하고 다룬다.
5-3	요인 분석 시행(예 : 개입 패키지의 효과적인 요인을 결정하기)
5-4	변인 분석 시행(예 : 기간이나 크기와 같은 효과적인 결과의 실용성을 결정하기)

제2판

응용행동분석(하)

제2판

응용행동분석 (하)

Applied Behavior Analysis

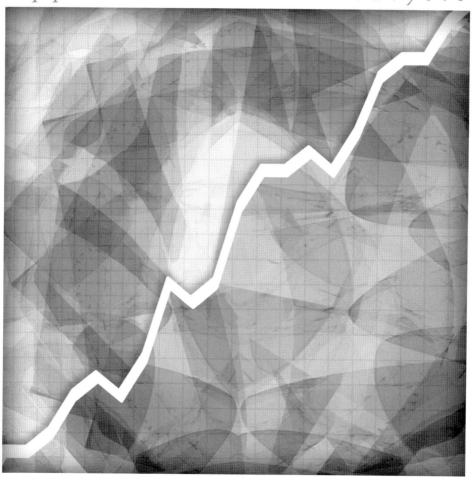

John O. Cooper, Timothy E. Heron, William L. Heward 지음
정경미, 신나영, 홍성은 옮김

Σ 시그마프레스

응용행동분석 (하)

발행일 | 2015년 4월 6일 1쇄 발행
        2018년 2월 20일 2쇄 발행

저자 | John O. Cooper, Timothy E. Heron, William L. Heward
역자 | 정경미, 신나영, 홍성은
발행인 | 강학경
발행처 | (주)시그마프레스
디자인 | 송현주
편집 | 이지선

등록번호 | 제10-2642호
주소 | 서울특별시 영등포구 양평로 22길 21 선유도코오롱디지털타워 A401~403호
전자우편 | sigma@spress.co.kr
홈페이지 | http://www.sigmapress.co.kr
전화 | (02)323-4845, (02)2062-5184~8
팩스 | (02)323-4197

ISBN | 978-89-6866-252-2

Applied Behavior Analysis, 2nd edition

* 책값은 뒤표지에 있습니다.

* 이 도서의 국립중앙도서관 출판예정도서목록(CIP)은 서지정보유통지원시스템 홈페이지(http://seoji.nl.go.kr)와 국가자료공동목록시스템(http://www.nl.go.kr/kolisnet)에서 이용하실 수 있습니다.(CIP제어번호 : 2015009400)

이 책을 응용행동분석의 모든 영역에서 지대한 기여를 한
Donald M. Baer에게 바칩니다.

Donald Merle Baer (1931~2002)

"행동에 대한, 그리고 우리가 무엇을 할 것이며
우리가 누구인지에 대한 과학이 있다면
어떻게 그것을 하지 않을 것인가?"

'하얀 책'. 응용행동분석(Applied Behavior Analysis, ABA)의 '성서'이다(물론 참고문헌의 중요성을 아는 독자와 저자에게). 응용행동분석을 공부하는 학생들에겐 '기준'과 같다. 내 학생 중 하나는 "하얀 책을 읽지 말고, 그 책과 살아라(Stevens, 2006)."라고까지 말한다. Cooper, Heron과 Heward는 1987년에 출판된 초판을 대신할 만한 '하얀 책'의 제2판을 몇 개의 중요한 주제를 추가하여 적절한 시기에 출판하였다.

나는 John Cooper, Tim Heron, 그리고 Bill Heward를 응용행동분석학회에서 처음 만났다. 그때 대학원생이었던 나는 ABA의 절대적인 교재로 생각하고 있는 책의 저자들을 만나는 것에 대해 매우 흥분했었다. 몇 년 동안 ABA를 하는 임상가로 활동했었지만, 대학원 재학 동안 ABA의 역사적, 개념적, 경험적 근거에 대해서 배우고 있었다. 학문적으로 좋게 말해서 행동주의 추종자(더 나쁘게 말하면 행동주의 광신자)가 되어 가고 있었다. 내게 가장 적절한 학문적 방향을 발견하였고, 그건 내가 장애아이들과 보다 효과적으로 일을 할 수 있도록 도와주었다. ABA는 자료와 경험주의에 가치를 두고, 실용적이며, 일상에서 다양하게 적용이 가능하다. 내 지도교수가 질문에 대해 다음과 같은 말로 대답하였다. "그건 경험적인 질문이지." 자료가 뭘 말해 주는지 살펴볼 필요가 있어.", "효과적이

거나 그렇지 않을 거야. 어쨌든 우리는 뭔가는 배울 거야." 그리고 "처음에 의뢰한 사람이 더 이상 불평을 하지 않으면 문제가 해결되었다는 것을 알게 되지."

Coop, Tim, Bill과의 만남은 전혀 실망스럽지 않았다. 오히려 기름을 붓는 역할을 하였다. 내 앞에 ABA에서 우수하고 재미있는 가장 뛰어난 3명의 학자가 있었다. 그들은 시간을 아까워하지 않았고 오히려 학생들의 질문에 대답하고 이야기를 해 주면서 진심으로 그 시간을 즐기는 듯 보였다. 그들은 행동분석의 새로운 세대들이 이론에 대해서 배우고 좋은 과학자가 되도록 돕는 데 진심으로 관심이 있어 보였다. 이 책에서 분명하게 드러나는 그들의 ABA에 대한 깊은 이해는 실제로 만났을 때 더 뚜렷하게 느낄 수 있었다. 그러나 나를 가장 놀랍게 한 것은 학생들이 행동원리를 이해하고 그것을 중요한 사회문제에 적용하도록 돕는 교수로서의 그들의 자세였다.

행동분석에 대한 그들의 관심은 이 책의 제1판에 이어 제2판에도 분명하게 나타난다. Cooper, Heron, & Heward는 아주 복잡한 학문 분야를 학생, 교사, 부모 및 다른 관계자들이 배울 수 있게 만들어 주었다. 비록 나 역시 제1판을 포기하고 싶지 않은 사람 중의 하나지만, 사람들은 곧 제2판이 가르치고 쓰고 연구하는 데 더 좋은 교재라는 것을 알게 될 것으로 확신한다.

나는 이 '하얀 책'의 제2판으로 교수들과 개념, 예

그리고 원리의 적용에 대해 몰입하는 학생들을 상상한다. 분명한 것은 제2판이 응용행동분석가(Board Certified Behavior Analyst, BCBA)가 되려는 모든 학생들의 교과서가 될 것이다. Cooper, Heron, Heward는 이 책에 가장 최근 BACB 과제 목록을 포함함으로써 학생들이 더 쉽게 그 목적을 달성할 수 있게 만들었다.

사람들이 ABA에 대해서 더 잘 배울 수 있게 하는 것은 이 분야의 실천목적과 잘 들어맞는다. 행동분석가로서 가능한 결과를 하는 알리는 것보다 원리를 가르치는 것이 더 중요하다. Baer, Wolf와 Risley(1968)가 "적용을 잘하면 잘할수록 더 좋은 사회가 될 것이다."라고 가르쳤던 것처럼, 행동원리의 사용자와 소비자를 가르치는 것은 이 원리를 보다 더 넓게 적용하는 것일 것이다.

행동원리에 대해 소비자를 가르치게 되면 그들은 더 현명한 소비자가 될 것이다. 그렇게 되면 결과보다는 원리 적용의 과정에 더 많은 관심을 갖게 될 것이다. Don Baer(1970)는 "단순히 결과보다는 과정이 중점이 되어야 한다(p.241)."라고 말한 바 있다. 그는 계속해서 "특정 학습 절차 [행동개입절차는 적절한 시간에 발생하지 않으면 유기체에 기대한 효과를 가져오지 않을 수 있다(p.243)."라고 했다. 이 말은 응용행동분석의 맥락적 본질에 대한 주장이다. 행동이 발생하는 맥락에 대한 이해는 행동을 이해하고 효과적으로 변화시키는 데 필수적이다. 잘 모르는 ABA 소비자들은 맥락에의 의존에 대해 잘못 이해하곤 하지만, Cooper, Heron, Heward의 제2판의 독자들은 그렇지 않을 것이다.

응용행동분석은 흥미로운 시대에 놓여 있다. 한편으로는 이 분야에서는 임상가와 소비자 수의 급격한 증가가 계속되고 있다. 이 빠른 성장에 기여하고 있는 요소 중 하나는 자폐증의 유병률 증가와 어린 자폐아동의 행동적 프로그래밍의 효과성 때문이다. 응용행동분석의 수요는 과거 어느 때보다 높다. 또 다른 성장요소는, 긍정적 행동지원(Positive Behavior Support, PBS)의 성장과 확산이다. 문제행동에 대한 접근법의 하나인 PBS는 행동분석가에 의해 개발되어 평가되었다(예 : Horner, Sugai, Carr, & Dunlap). PBS는 다른 어떤 행동개입절차보다 일선 학교에서 훨씬 더 많이 적용되고 있고 공공법이나 연구지원기관에 완전히 융화되어 있다. 연방법(Individuals with Disabilities Education Act, IDEA)은 학교에서 문제행동이 많은 학생들에게 PBS의 핵심인 기능행동평가(Functional Behavior Assessment, FBA)를 필수적으로 진행하고 이에 기반한 행동개입계획을 세울 것을 명시한다. 다른 말로 하면, 학교는 연방특수 교육법을 지키기 위해 일부 ABA 요소를 실행해야 한다는 것이다.

또 한편 행동분석가에 대한 증가된 요구는 일부 임상가들의 비양심적인 행동을 초래하였다. 일부는 지역사회에서 열리는 주말 워크숍에 참석한 경험만을 가지고 자폐증을 가진 아동의 가족에게 서비스를 제공하고 있다. 비록 행동분석가들이 양질의 서비스를 위해 자격증제도를 만들 만큼 성장했으나 행동 서비스를 받는 소비자들이 상당한 질과 윤리적인 서비스를 받기 위해선 더 많은 노력이 요구된다. 또한 응용행동분석 내에서도 잠재적으로 위험할 수 있는 분열을 경험하고 있다. PBS는 미국 교육국과 공립학교 등에 확산되었으나 모든 행동분석가들에게 다 수용되지는 못했다.

행동분석분야가 직면한 이런 도전 과제들을 빠르고 평화적으로 해결하는 것은 매우 중요하다. 이런 과제들은 이 분야의 정의, 서비스 질의 통제, 수련 등과 관련되어 있다. 어떤 사람들은 이런 과제가 사회적 타당도와 연관 있다고도 한다. 이 책을 읽는 독자라면 알겠지만, 사회적 타당도란 개입의 수용도와 이 수용도가 지속도에 영향을 주는 정도를 소비자에게 물어보는 과정이다. 비록 사회적 타당도는 주된 종속변인으로 간주되지 않지만(즉, 그것이 개입의 효과성을 결정짓는 것), 개입의 지속성에 대한 주요 예측변인임엔 틀림없다. 즉, 개입이 치료 후에 유지되는지를 결정한다. 불행하게도 문헌들은 효과적인 치료가 지속되지 않는다는 예들로 가득하다(예 : Project Follow Through, Effective School Practices 1995~1996년 제15권 1호는 이 주제를 집중적으로 다룬다). 효과성에 대한 자료가 없지만 교육과 다른 인간서비스 분야에서 지속적으로 선호되는 개입들이 많다(예 : 전체 언어접근, 정신분석). 행동분석가로서 우리 행동을 조사하는 데 사회적 타당도 자료를 잘 사용하지 못한 것이 사실이다. 이 책의 독자들은 자신의 서비스에 사회적 타당도에 대한 자료를 수집하여 선택된 목표 행동에 대한 적절성을 평가하고 개입의 수용도를 평가하며, 개입의 결과가 만족스러운지를 평가하는 데 사용할 수 있기를 바란다.

사회적 타당도에 대한 언급은 이 책을 헌정하는 Don Baer를 상기시킨다. 나는 캔자스대학교의 대학원생으로 Don Baer 밑에서 수학하는 영광과 즐거움을 가졌다. 나에게 Don은 완벽한 지도교수였다. 그는 진정한 학자였다. 그는 교수처럼 보였고 행동했으며, 나와 다른 학생들을 동료로 대했다. Don은 내가 가진 아이디어에 숙고가 더 필요하다든지 준비가 제대로 되지 않았다(실제로 그런 적이 많았다.)고 말한 적이 없다. 그는 그저 여러 질문을 던지고, 머리를 약간 기울이고 손가락 끝을 맞대어 누르면서 내 답을 경청하였다. 그는 별 말 없이 경청하고, 고개를 끄덕였다.

제2판에서 Cooper, Heron, Heward는 우리 모두에게 중요한 것을 배울 수 있는 기회를 준다. 나는 내 학생들과 이 책을 공부할 것을 기대하며, 그러는 동안 Don을 생각하고 때로는 말하는 것보다 그저 듣는 것으로 더 많을 것을 가르칠 수 있고 가장 좋은 답은 자료에서 찾을 수 있음을 상기할 것이다.

워싱턴대학교
Ilene S. Schwartz

역자 서문

상권 번역서를 내고 5년이 지나 이제야 겨우 하권을 출판하게 되었다. 상권 출판이 쉽지 않았기에 하권 출판에 게으름을 피운 것도 사실이지만, 번역한 상권을 사용하면서 발견한 수많은 오류와 오해석으로 하권 작업에 대한 동기를 상실하기도 했다. 그러나 아마도 지연의 가장 큰 원인은 이 책의 번역에 대한 요구가 그리 크지 않았기 때문일 것이다.

그런데 최근 2~3년간 국내의 추세가 바뀌기 시작했다. 자폐증을 진단받은 어린 아동들의 부모님들이 응용행동분석을 기반으로 한 치료에 관심을 가지기 시작했고, 전문적 지식을 가진 치료사의 절대적인 부족으로 교육기관이 절실히 필요하게 되었다. 국내 국제응용행동분석 전문가 자격증(BCBA 혹은 BCaBA)을 가진 전문가도 2009년 6명에서 2015년 1월 현재 20명으로 증가하였다. 물론 아직은 턱도 없이 부족한 숫자이기는 하지만, 몇 년 사이의 ABA에 대한 관심 급증을 보여 주는 예이다. 두 손 들고 환영할 일이다. 이제 더 많은 우리 아이들이 효과적인 프로그램을 받을 수 있는 가능성이 높아지고 있다. 그런데 아직 갈 길은 멀다. 이제 겨우 관심이 커지기 시작했는데, 아직 우리에겐 잘 교육받고 잘 훈련된 치료사가 턱없이 부족하다. 체계적인 교육과 조직적인 감독하에 진행되는 수련 없이 이 어려운 치료를 잘 해내는 사람들이 있기를 바랄 수는 없다. 이제는 제대로 된 ABA 교육기관

이 필요하다는 판단하에, 2014년부터 현재 재직하고 있는 학교에서 비록 비학위 과정이지만 BCBA와 BCaBA과정을 열었다. 응용행동분석과정에 가장 기본이 되는 이 책의 하권이 이젠 절실하게 필요하게 된 것이다. 정확하게 책을 출판할 동기조작이 되었다. 그래서 박차를 가해 하권을 낸다. 끝내서 기쁘고, 교육에 사용할 수 있게 되어 반갑다. 내게 유용하듯이, 이 공부를 하고 싶은 사람들에게 매우 유용했으면 하는 바람이다. 2016년부터는 BCBA와 BCaBA자격증 시험을 한국어로 볼 수 있게 된다고 한다. 개념이 아니라 영어 때문에 시험에 도전하지 못했거나 도전에 실패했던 사람들에게 큰 희망이다. 이제부터 5년 후에는 이 책에서 도움받은 많은 전문가가 나올 것이라 기대를 해본다. 생각부터 설렌다.

번역을 하면서 이 책을 다시 공부하는 시간이 되었다. 오래전에 배웠던 것들, 다 알고 있었다고 생각했던 것들이 새롭게 다가왔다. 이래서 공부는 계속해야 하는 것인가 보다라는 깨달음도 있었고, 그리고 학생들에게 더 정확하고 확실한 정보를 전달할 수 있었고, 아이들에게는 이론에 근거한 자신 있는 치료 결정을 할 수 있어서 좋았다. 그래서 이 지루하고 어려운 번역기간을 견뎌내었다. 이 책에서 누누이 강조하는 강화의 중요성을 경험했다.

이제 상하권을 끝내고, 다시 상권에 손을 대고 있

다. 부끄러운 1판 대신 다시 나오는 2판은 보다 읽기 쉽고, 정확한 내용 전달을 하게 만들고 있다. 하권은 부끄럽지 않게 만들려고 했지만, 이 역시 시간에 쫓겨 완벽과는 거리가 멀다. 그래도 읽기는 더 수월하다고 위로하면서 용기를 내 본다.

하권도 여러 사람의 도움이 없었더라면 불가능했을 것이다. 먼저, 하권을 번역하는 데 도움을 준 연세대학교 행동심리 대학원생들과 졸업생들, 그리고 2007년부터 꾸준히 이 공부를 해오며 아이들을 치료해 온 김유나, 장현숙, 신나영, 구본경, 강훈 선생님, 새로 시작한 김민희 선생님에게 감사한다. 새로 슈퍼비전을 받기 시작한 새내기 선생님들이야 말로 번역을 하게 해 준 힘이 되었다. 그들의 빛나는 눈빛과 부단한 노력은 내가 하는 일을 가치 있게 만들어 준다. 그리고 느리지만 좋아지는 아이들, 이들로 인해 기쁨을 가지고 가는 가족들. 내가 오히려 감사해야 할 분들이다. 이렇게 느린 속도에도 많이 기다려 주신 (주)시그마프레스 관계자 분들도 감사하고, 그리고 무엇보다도 많이 일하게 다 양보하고 다 이해하고 다 포용해 준 어머니와 배우자에게 표현하지 못할 만큼 감사한 마음을 전하고 싶다.

벌써 봄기운이 시작된 연세동산에서
2015년 3월
정경미

저자 서문

이 책은 『Applied Behavior Analysis』의 제2판으로, 응용행동분석에 대해 보다 정확하고 포괄적이며 보다 최근 정보를 제공하기 위한 목적으로 집필되었다. 제2판은 양적으로 풍부하고 폭넓은 범위와 치료에 대한 내용을 포함하며, 다양한 개념, 이론, 절차, 그리고 이슈들에 대한 집중적이며 중대한 연구에 사용되도록 집필되었다.

제2판은 다양한 범위의 풍부하고 심도 깊은 치료에 대한 정보를 제공하지만, 다음 두 가지 이유에서 입문서로 볼 수 있다. 첫째, 독자들은 내용을 이해하기 위해서 어떤 특정한 예비지식을 가질 필요가 없다. 둘째, 응용행동분석에 대해 충분하게 이해하기 위해서는 이 책 이외에도 상당한 양의 연구와 적용을 해 보는 작업이 필요하다. 이 책에서는 다른 곳에서 다루어진 적이 없는 주제는 제시되지 않고 있다. 응용행동분석을 더욱 공부하고자 하는 학생들은 이 책에서 배운 것 위에 다른 연구들을 읽으며 지식을 쌓아가야만 할 것이다. 응용행동분석을 완벽히 이해하기 위해서는 얼마나 많이 읽어야 할까? 응용행동분석의 창시자 중 한 사람이자 우리가 이 두 번째 판을 헌정하는 Donald M. Baer(2005)는 다음과 같이 추정하였다.

행동분석의 이론적이고 실험적인 측면의 패러다임과 기본 원리를 잘 알기 위해선 약 2,000쪽의 독서와 약간의 실험실 경험이 있어야 한다. ABA는 행동분석의 이론적이고 실험적인 접근과 동일한 기본 원리를 공유하고 있으며, 이런 원리들이 실험실에서와 마찬가지로 실제 세계에서도 적용될 수 있도록 수많은 이차 원리, 전략, 그리고 기법 등을 제공한다. ABA는 또한 윤리적이고 인도주의적인 시행에 대한 원리들을 가지고 있는데, 이는 진행중인 특정 사례가 향상되고 있으며, 계속 향상될 것임을 확인하기 위하여 지속적이고 포괄적인 측정과 방법을 사용함을 의미한다. 이 모든 지식을 얻기 위해서는, 추정컨대 약 3,000쪽의 독서와 수년간 전문가의 감독하의 임상 경험이 필요할 것이다. (pp.27~28)

우리는 이 책이 미래의 행동분석가들에게 Baer가 제안한 2,000쪽의 독서 중 약 700쪽에 해당하는 내용을 제공한다. 이 외에 또 다른 필독서들은 Saville, Beal 및 Buskist(2002)와 이 책 전반에 걸쳐 인용되는 이론, 개념 및 응용된 연구들에서 찾아볼 수 있다.

이 책은 사회적으로 중요한 행동을 체계적으로 변화시키는 데 필요한 이론과 절차에 대한 충분한 설명 제공을 목적으로 하지만, 이 책 내용의 통달은 응용행동분석에 대한 정복이 아니라 시작이다. 우리의 노력이 성공적이라면 진지하고 헌신적인 학생들은 응용행동분석에 대하여 근본적으로 탄탄한 지식을 쌓을 수 있을 것이며, 이는 좀 더 깊은 이해와 감독하의 임상 수련을 위한 기초가 될 것이다. 또 이것은 사회적으로 유의하고 과학적이고 윤리적으로 적절한 행동을 이해하고 변화시키는 노력을 하게 만들 것이다.

용어

표준화된 기술적인 용어는 모든 과학적인 활동에서 의미 있는 설명을 하기 위한 필요조건이다. 응용행동분석의 설계, 적용, 결과에 대해 효과적으로 의사소통하기 위해서는 용어를 정확하고 주의 깊게 사용하는 것이 중요하다. 이 책 전반에서 우리는 행동분석의 용어를 개념적으로 체계적이며 일관된 방식으로 정의하고 사용하고자 노력하였다. 응용행동분석의 기술적인 용어들을 모두 습득하는 것은 행동 연구자 혹은 임상가로서 효과적으로 연구나 임상에 참여하는 매우 중요한 첫걸음이다. 우리는 학생들이 현장의 기술적인 용어들을 열심히 습득할 것을 권장한다. 책의 마지막에 우리는 제2판에서 사용된 400개 이상의 기술용어와 개념을 부록으로 추가하였다.

표, 발췌, 참고문헌

과학적 이론의 모든 입문서에서 중요한 기능 중 하나는 학생들에게 그 분야의 경험적이고 개념적인 문헌들을 알려 주는 것이다. 그러므로 제2판에서는 1400개 이상의 주요 연구들을 인용하였는데, 역사적으로 중요한 실험(예 : Skinner의 1938년 저서 『The Behavior of Organism』에 제시된 첫 번째 자료)과 응용행동분석에서 고전적이거나 새로 발표된 논문들로, 대부분은 이 분야의 가장 대표적인 저널인 「Journal of applied behavior Analysis」에 실린 연구들이다. 또한 우리는 개념문헌을 대표하는 주요 논문에서 폭넓게 발췌 및 인용하였다. 이는 이들 저자들의 역사적이거

나 기술적인 권위를 나타내기 위한 것뿐만 아니라, 이 분야의 풍부한 일차 인용자료를 학생들에게 소개하여 이해를 증진시키기 위해서이다.

제2판은 동료 고찰을 거친 연구문헌에서 원 자료를 보여 주는 100개 이상의 표와 각 연구에 사용된 자세한 절차를 함께 설명하고 있다. 이처럼 절차에 대한 자세한 설명, 표, 그리고 참고문헌을 제공한 데는 네 가지 목적이 있다. 첫째, 우리는 가설적인 자료가 아닌 실제 적용된 자료를 통해 행동분석 이론과 절차를 소개하고자 하였다. 둘째, 절차에 대한 설명을 통해 학생들은 연구자나 임상가들이 문제를 해결하고 변인 간의 기능적인 관계를 보여 주기 위해 상당히 높은 수준의 기술적인 정확도와 복잡한 환경 통제를 하고 있음을 이해할 수 있을 것이다. 셋째, 참고문헌은 원 연구에 대한 설명이나 표에 관심을 갖게 된 학생들이 더욱 심도 깊은 학습을 할 수 있도록 도울 것이다. 마지막으로, 표는 교사나 감독자와 연습 및 토론을 통해 시각적으로 도표화되어 제시된 자료를 분석하는 기술을 습득할 수 있는 다양한 기회를 제공한다.

제2판에 포함된 새로운 내용과 특징

제2판은 제1판을 전체적으로 폭넓게 개정하고 갱신하였다. 행동분석은 역사가 짧고 발전하고 있는 과학 분야이지만, 제1판이 출판된 이래 20년 동안 좀 더 성숙하고 세련되어졌다. 비록 행동의 기본 원리는 변하지 않았으나, 행동과학의 세 가지 서로 연결된 영역—이론적, 기초연구, 그리고 응용연구—의 진보를 통해 이러한 원리들에 대한 이해를 높이게 되었으며, 좀 더 효과적이고 인도주의적인 행동변화개입을 개발하고 적용할 수 있게 되었다. 이러한 발전을 반영하기 위해 이번 판에서 약 1,000개의 새로운 행동분석의 개념,

기초, 응용연구에 대한 참고문헌을 추가하였다.

새로운 5개의 장

제2판에서는 최근 20년간 응용행동분석에서 점차 중요해지고 있는 5개의 개입방법을 각 장으로 구성하였다. 새로운 장은 행동분석에서 유명한 학자들에 의해 저술되었는데, 「Journal of Applied Behavior Analysis」의 전임 편집위원 2인과 「The Analysis of Verbal Behavior」의 전임과 현 편집위원, 그리고 행동분석협회(Association of Behavior Analysis)의 두 전임 학회장이 포함된다. 지난 20년간 행동분석의 중요한 발전은 이와 같은 잘 알려진 생산성 있는 행동분석가 집단의 연구 업적에 의해 처음 시작되었다.

부적 강화

상권의 제7장, 부적 강화에서 Brian Iwata와 Rick Smith는 보통 잘못 이해되고 적용되기 쉬운 이 강화법에 대하여 설명하고 있다. 부적 강화에 대한 오해를 없애는 것과 함께, Iwata와 Smith는 이 기본적인 행동원리를 행동변화개입에 적용하기 위한 구체적인 가이드라인을 제시하였다.

동기

최근까지 심리학 이론의 주요 주제이며 행동을 일상적으로 설명하고 있는 동기는 행동분석에서 보통 잘못 이해되어 온 주제이다. Jack Michael의 방대한 연구 덕택에 현재 행동분석가는 동기와 이것이 응용행동분석에서 하는 역할에 대하여 더욱 잘 이해할 수 있게 되었다. 제10장, 동기 조작에서 Michael은 특정 선행 사건이 어떻게 이중으로 동기 효과를 보이는지를 설명하고 있는데, 행동변화 효과(behavior-altering effect)는 특정 행동을 좀 더 혹은 덜 나타나게 만들며, 가치 변화 효과(value-altering effect)는 특정 사건이 좀 더 혹은 덜 강화하여 효과있게 만든다.

기능 행동 평가

상권의 제14장, 기능 행동 평가에서는 Nancy Neef와 Stephanie Peterson이 최근 응용행동분석에서 가장 중요한 발전 중 하나를 설명할 것이다. 기능적 행동 평가는 문제행동이 그 사람에게 어떠한 기능을 하는지(예 : 사회적 관심을 얻기 위한 것, 부여된 과제를 피하기 위한 것, 감각자극을 얻기 위한 것)를 탐색하여 임상가들이 같은 기능을 하는 적응적인 강화 행동을 목표로 하는 개입을 적용할 수 있도록 도움을 주는 좋은 평가방법이다.

언어행동

제11장, 언어행동에서 Mark Sundberg는 언어행동에 대한 B. F. Skinner의 기능분석을 언어에 대한 정통적이고 구조적인 접근과 대조하며, 언어 조작(verbal operant)[예 : 요구(mand), 접촉(tact), 문자(textual), 언어내적(intraverbal)]의 기본적인 종류를 정의하고 예시를 들었으며, 이러한 개념들이 언어 개입 프로그램을 설계하고 시행할 때에 주는 임상적 함의와 적용에 대해 설명하였다.

윤리

제15장, 응용행동분석에서 윤리적으로 고려되어야 할 사항(Ethical Consideration for ABA)으로 Jose Martinez-Diaz, Tom Freeman과 Matt Normand는 어떠한 행동이 윤리적인지를 이해하고, 윤리적 행동이 응용행동분석에서 왜 필수적인지 설명하고, 행동분석가의 행동에 관한 윤리규정을 살펴보며, 윤리적 시행을 확인하고 측정하는 구체적인 절차에 대해 설명하였다.

행동분석자격 심사위원회에서 정한 BCBA와 BCABA의 행동분석과제 리스트(제3판)와 관련된 교재 내용

행동분석자격 심사위원회(BACB)는 행동분석 서비스를 제공하는 사람들에 대한 자격을 부여하는 국제적인 기관이다. 응용행동분석준전문가(BCABA), 혹은 응용행동분석전문가(BCBA)가 되기 위해서는 6개의 영역(예 : 행동분석의 윤리적 고려 사항, 기본적인 행동분석 이론과 개념, 행동평가와 개입전략 선택, 개입의 실험적 평가, 행동측정, 행동자료 해석)에 대해 일정한 시간의 수업을 들어야 하며, 감독 아래 현장에서 최소한의 임상경험을 쌓아야 하며, 자격시험에 통과해야 한다. 시험을 보기 위한 자격요건에 대한 세부적인 정보는 행동분석자격 심사위원회의 인터넷 사이트인 www.BACB.com에서 확인할 수 있다.

BACB는 포괄적으로 직무분석을 실시하여 행동분석 과제 리스트 제3판을 개발하였는데, 이는 모든 행동분석가가 숙달해야 하는 최소한의 내용을 다루고 있다(Moore & Shook, 2001; Shook, 1993; Shook, Johnston, & Mellichamp, 2004; Shook, Rosales, & Glenn, 2002). BCBA와 BCABA의 과제 리스트(제3판) 전체는 이 책의 앞표지와 뒷표지 안쪽에 인쇄되어 있다.

BACB에게 자문과 동의를 통해 우리는 이 책의 내용과 BACB가 응용행동분석가로 기능하기에 필수적이라고 결정한 과제들을 결합하였으며, 이는 두 가지 방식으로 이루어졌다. 첫째, 각 장의 맨 앞부분에 해당 장에서 다루고 있는 과제 리스트의 항목 차트를 제시하였다. 응용행동분석의 개념과 이론, 그리고 적용이 서로 연결되어 있어 효과적으로 일괄 제시를 하는 것이 복잡하기 때문에 어떤 과제 리스트는 1개 장 이상에서 다룬다. 둘째, BACB 응시생을 돕기 위해 BACB 과제 리스트(제3판)의 각 항목과 관련된 내용을 어디에서 발견할 수 있는지 페이지를 색인에 명시하였다.

이 책은 자격을 갖춘 행동분석가가 갖추어야만 하는 기본 지식을 다루고 있다. 이 책의 내용을 숙달하는 것이 BACB의 시험─행동분석준전문가(BCABA)나 행동분석전문가(BCBA)가 되기 위한 마지막 단계─을 통과하게 돕겠지만, 두 가지 중요한 자격요건을 알고 있어야 한다. 첫째, BACB의 시험은 이 책 혹은 다른 입문서에서 다루고 있는 것 이상의 지식을 요구한다. 그러므로 학생들에게 책을 공부하고, 감독 아래 임상경험을 쌓으며, 믿을 만하며 능력 있는 멘토로부터 개인적인 관심 영역을 논의하여 더 많이 준비할 것을 권장한다. 둘째, 교재가 정확하고 포괄적이며 최신이어도, 또한 학생이 완벽히 내용을 숙달하고 있어도, 그것이 행동분석가로 기능하기 위한 완벽한 자격은 아니다. 행동분석에서 요구되고 있는 수업을 성공적으로 이행하는 것은 BCBA와 BCABA가 되기 위한 준비의 한 단계일 뿐이다. BCABA와 BCBA가 되기 위한 자격요건의 최신 정보는 행동분석자격 심사위원회의 인터넷 사이트인 www.BACB.com에서 확인할 수 있다.

이 책의 구성 및 구조

원서는 전체 29장, 13개 영역으로 구성되어 있다. 다음은 역서의 책 구성 및 구조이다. 제1부의 두 장은 모든 과학적 시도에 기본적인 개념을 설명하고, 행동을 이해하기 위한 자연과학적 접근분석으로의 행동분석의 역사는 개관하며 응용행동분석을 정의하고, 몇몇 원칙과 개념에 대해 설명한다. 제2부와 제7부는 응용행동분석에 필수적인 요소에 대해 다루고 있다. 제2부는 **응용행동**을 선택하고, 정의하며, 측정하기 위해 고려해야 할 점, 기준, 절차 등을 논하고 있다. 제7부의 5개의 장은 행동과 환경 사이의 관계에 대한 실험적 분석에 사용되는 구체적인 전략에 대한 논리와 시행, 그리고 행동분석을 계획하고 모사하며 평가하는 과정에서 직면하는 이슈들에 대해 설명하고 있다.

제3부, 제4부, 제5부, 제8부, 제9부는 행동의 주요 이론(예 : 강화, 처벌, 소거)과 이러한 이론으로부터 현재 행동의 빈도를 증가시키고, 원하는 방향의 자극 통제를 획득하며, 새로운 행동을 형성하고 비처벌적 방식으로 행동을 감소시키기 위해 파생된 절차들(예 : 조형법, 연쇄법)을 설명하고 있다. 제6부는 문제행동이 개인에게 어떠한 기능을 하는지 결정하고 같은 기능을 수행하는 적응적인 행동으로 문제행동을 대체하기 위한 치료계획을 세우는 데 중요한 정보를 제공하는 정교한 절차인 기능행동분석을 설명한다.

제10부는 B. K. Skinner의 언어 행동분석과 이의 합의점 및 언어발달에 대한 적용을 설명하였다. 제11부의 두 장은 행동변화기법의 네 가지 특별한 적용방법―유관계약(contingency contracting), 토큰경제, 집단유관(group contingency), 그리고 자기 관리―의 근거, 사용법, 개입 절차, 그리고 고려해야 할 점에 대해 자세히 설명하고 있다. 제12부는 행동을 변화시킨 행동분석가의 노력이 일반화된 결과의 형태로 지속되고 효과적으로 나타날 수 있는 가능성을 증가시키는, 즉 행동변화를 시간에 걸쳐 유지시키고, 훈련 받지 않은 이외의 적절한 장면과 상황에서도 발생하며, 다른 유용한 행동에도 확산될 수 있는 기법과 전략들에 대해서 살펴보고 있다. 이 책의 마지막 파트는 응용행동분석가가 생각해야만 하는 윤리적 고려사항과 시행에 대해 논하고 있다.*

학생과 강사를 위한 부록과 자료

BACB 과제 리스트 부록

이 부록은 행동분석전문가 과제 리스트 제3판의 각 항목이 책의 어느 페이지에서 설명되어 있는지 독자들이 찾을 수 있도록 구성하였다. BCBA와 BCABA 행동분석과제리스트 제3판의 전체적인 목록은 이 책의 앞뒤 면지에 인쇄되어 있다. 2015년부터는 제4판이 적용되고 있다. 내용상 큰 변화는 없으나 자격증 시험 준비 시 행동분석자격 심사위원회(www.bacb.com)에서 제4판 기준을 찾아볼 것을 권한다.

---

* 역자 주 : 원서를 번역하면서 원서의 양이 워낙 방대해 1권으로 내는 것이 현실적으로 어려워 2권으로 분리하여 출판하기로 결정하였다. 역자가 내용을 고려하여 임의적으로 전체 내용을 두 부분으로 나누었고, 이에 대해 원 저자 중 Wiliam L. Heward와 개인적인 접촉을 통해 동의를 얻었다. 상권에는 응용행동분석을 이해하는 데 가장 기초라고 생각되는 부분만을 선정하여 묶었는데, 원서의 제1, 2, 4, 5, 8, 9부에 해당하는 장들을, 하권에는 보다 심화적인 내용인 3, 6, 7, 10, 11, 12, 13부에 해당하는 장들을 포함한다. 번역본은 원서와 순서가 달라짐에 따라 원서와 독립적으로 장 번호가 매겨졌음을 알리는 바이다.

감사의 글

이 개정판은 많은 사람들의 집단적, 축적적 노력의 산물이다. 공간적 제약 때문에 감사한 모든 사람의 이름을 나열할 수는 없지만, 우리는 4년 동안 이 책의 내용을 만들고 교정하는 데 실질적인 공헌을 한 사람들에게 감사의 말을 전하고 싶다. 가장 먼저, 우리는 다섯 장의 저자 Jack Michael(동기조작), Brian Iwata와 Rick Smith(부적 강화), Nancy Neef와 Stephanie Peterson(기능행동평가), Mark Sundberg(언어행동), 그리고 Jose Martinez-Diaz, Tom Freeman과 Matt Normand(응용행동 분석가들의 윤리적 고려 사항)에게 깊은 감사를 표한다. 개정판의 독자들은 응용행동분석 분야를 정의하고 발전시킨 이분들의 도움으로 20년 전 초판을 발행한 이래로 이 분야에서 중요성이 커 온 주제를 소개할 수 있었다.

우리는 이 개정판에 행동분석가 과제 목록을 통합할 수 있도록 허락해 준 행동분석가 자격증협회(BACB)에 감사한다. 특히 BACB의 책임자인 Gerald Shook (Ph. D., BCBA)에게 감사한다. Jerry는 우리와 BACB와의 작업에 큰 도움을 주었고 개정 과정 내내 유용한 제안들을 했다.

응용행동분석과 같이 내용이 광범위한 분야는 강사와 학생들에게 쉽지 않다. 말 그대로 수백 개의 개념, 용어, 기술들을 가르치고 배워야 한다. 두 번째 개정판을 사용하는 강사들과 학생들이 그 내용을 가르치고 배우는 데 도움을 주기 위해, 이해하기 쉬운 추가적인 자료를 이용할 수 있게 도와준 Stephanie Peterson과 Renee Van Norman에게 감사한다. Lloyd Peterson, Shannon Croizer, Megan Bryson, Jessica Frieder, Pete Molino와 David Bicard의 도움으로 Stephanie와 Renee는 이 교재에 수반된 강사 매뉴얼과 관련 웹사이트 목록을 제작했다.* Stephanie와 Renee는 매우 전문성 있고 능숙한 행동분석가들이며, 걸출한 선생님들로 자료 제작에 가장 적절한 사람들이다.

우리는 서문을 써 준 Ilene Schwartz에게 감사한다. 우리가 그녀의 관심을 받을 만한 가치가 있는지는 모르지만, 그 서문은 우리에게 대단한 영광이다. 우리는 제1장에 실린 두 장의 Skinner 사진을 제공해 준 Julie Vargas와 B. F. Skinner 재단에 감사하며, 이 책을 헌정한 Don Baer의 사진을 보내 준 Jack Michael에게도 감사한다. JABA의 그래프, 표와 초록에 재인쇄 허가 요청 과정에 항상 기꺼이 그리고 친절하게 도움을 준 「Journal of Applied Behavior Analysis」의 사업 담당자인 Kathy Hill에게 특별한 감사를 표한다. Association for Behavior Analysis에 판권이 있는 자료들에 대한 재인쇄 요청에 매우 귀중한 도움을 준 Michael Preston에게도 역시 감사를 표한다.

---

* 역자 주 : 추가적인 자료와 웹사이트는 원서를 교재로 사용 시에만 접근이 가능하다.

여러분이 읽고 있는 2,000쪽이 넘는 원고를 책으로 바꾸는 작업에 Merrill/Prentice Hall의 유능한 출판 전문팀의 지원과 공헌이 있었다. 우리는 우리가 이 작업을 하도록 설득한 이전 편집자인 Allyson Sharp에게 감사한다. 수석 제작 편집자인 Linda Bayma는 이 작업 내내 우리와 가까이서 꾸준하게 일했다. 원고 정리자 Patsy Fortney는 원고를 상당한 수준으로 향상시켜 주었다. 서투른 글을 명확하고 이해하기 쉬운 글로 바꾸는 그녀의 재능이 매 쪽마다 확연하게 보인다. 여기저기 아직도 관찰되는 껄끄러운 부분들은 우리 책임이다. 진정한 의미의 멀티테스커인 제작코디네이터 Linda Zuk은 모든 내용을 통합하는 데 큰 도움을 주었다. 우리는 또한 Merrill의 부회장이자 출판 전문가인 Jeff Johnston과 전문 편집자인 Ann Castel Davis에게 이 책뿐만 아니라 행동분석과 증거 기반 서비스에 대한 책을 출판하려는 그들의 지속적인 노력에 깊은 감사를 표하고 싶다.

마지막으로, 두 번째 개정판 제작에 중요한 공헌을 한 사람들 중에서 특히 독창적이고 매력적인 표지를 디자인해 준 Keith 'Dutch' Van Norman에게 감사를 표하고 싶다.

우리에게는 운 좋게도 이 책을 쓰는 데 필요한 지침과 영감을 주고 본보기와 되어 준 지도교수, 동료들과 학생들이 있었다. 이 책을 완성하는 데 그들 모두가 어떠한 역할을 했을 것이다. 우리에게 응용행동분석에 대해 처음으로 가르친 교수들―Saul Axelrod, Vance Cotter, Todd Eachus, Dick Malott, Jack Michael, Joe Spradlin, Don Whaley―에게 큰 빚이 있다. 30년 이상, 오하이오 주립대학교의 동료교수들은 이 일이 가치 있게 되고, 달성될 수 있도록 면학 분위기를 구성하고 유지하게 도와주었다. 또한 수년간 운 좋게 우리가 가르치고 배움을 얻었던 많은 열정적이고 헌신적인 학생들은 우리를 고무시키고 동기를 주었다.

마지막으로, 가족들에게 감사의 말을 하고 싶다. Bunny, Chris, Sharon, Greg, Brian, 이미 고인이 된 Carroll과 Vera Cooper; Ray, Bernice, Marge와 Kathy Heron 그리고 Christine과 Matt Harsh, 그리고 Jill Dardig, Lee와 Lynn Heward, 그리고 Joe와 Helen Heward. 그들의 사랑과 지원이 없었다면 우리는 이 책을 완전히 완성할 수 없었을 것이다. 그리고 그들 모두에게 우리는 초판을 헌정하면서 했던 약속들을 이행하기 위해 더 많이 노력할 것을 약속한다.

차 례

제1부

행동변화에 대한 평가와 분석

Evaluating and Analyzing Behavior Change

제1부에서는 목표행동을 선택하고 정의할 때 고려해야 할 점과 과정에 대해 기술하고 행동을 측정하는 방법에 대해 논의한다. 또한 측정의 타당도를 향상, 측정, 제시하는 방법을 살펴본다. 이런 측정의 산물인 자료는 행동분석 방법의 수단이다. 그렇다면 행동분석가는 이러한 자료를 어떻게 처리하는가? 상권 제1부의 5개 장에서는 행동 자료를 소개하고 해석하고 매개변인을 파악하는 실험 설계, 실행, 평가 등에 대해 설명하였다. 하권 제1부의 제1장에서는 행동 자료를 이해하는 데 사용하는 그래프에 대해 소개한다. 행동분석가가 자주 사용하는 그래프와 이를 선택, 설계, 해석하는 과정에서 고려해야 할 점을 논의한다. 측정과 그래프는 어떻게, 언제, 어떤 유형의 행동이 변화되었는지 보여 주지만, 어떤 요인이 행동을 변화시켰는지에 대한 정보는 제공하지 않는다. 제2장에서 제5장까지는 응용행동분석의 분석에 대해 다룬다. 제2장에서는 응용행동분석의 실험 요소에 대해 기술하고, 연구자나 임상가가 이런 전략과 예측, 검증, 반복이라는 세 가지 논리를 어떻게 행동과 이를 통제하는 요인 간 기능적인 관계를 찾고 입증하는 데 사용하는지 기술한다. 제3장과 제4장에서는 응용행동분석에서 가장 많이 사용되는 반전, 교차치료, 다중 기저선, 기저선 변동 설계를 소개한다. 제5장에서는 행동 연구를 보다 더 잘 이해하기 위해 필요한 여러 가지 주제에 대해 다룬다. 과학에서 연구 방법론은 그 영역이 다루는 주제의 특성을 반영한다는 가정하에, 이 책에서는 내담자 또는 연구 참가자의 행동에 대한 분석의 중요성, 실험 과정에서 유연성의 가치, 실험의 내적 타당도를 위협하는 요인, 사회적 타당도 평가 방법, 그리고 연구의 외적 타당도를 위한 반복 연구의 중요성에 대해 기술한다. 마지막으로 제5장에서는 응용행동분석에서 출판된 연구의 '적절성' 평가에 관련된 이슈와 문제를 다루며 하권 제1부를 마감한다.

제1장

행동 자료 그래프와 해석

주요 용어

경향	변산성	자료 경로
그래프	부분 반응 비율	전체 반응 비율
누적 기록	산포도	종속변인
누적 기록기	선 그래프	준대수 차트
독립변인	수준	표준 셀러레이션 차트
막대그래프	시각 분석	
반분 경과 선	자료	

BCBA와 BCABA의 행동분석 자격심사위원회
행동분석과제 목록, 제3판

내용 영역 7 : 행동 자료의 제시와 해석

7-1	양적 관계를 효과적으로 전달할 자료 제시 방법을 선택
7-2	동일 간격 그래프 사용
7-3	표준 속도 차트(BCBA만 해당, BCABA는 배제) 사용
7-4	자료를 제시하기 위해 누적 기록 사용
7-5	행동의 형태를 강조하는 자료 제시 방법 사용(예 : 산포도)
7-6	다양한 형태로 제시된 자료에 근거한 의사결정과 해석

응용행동분석에서는 행동을 직접적이고 반복적으로 측정하여 행동변화를 기록하고 계량화한다. 이러한 기록을 **자료**(data)라 하는데, 이는 행동분석가들에게 기본 도구이다. 일상에서 사용되는 **자료**라는 용어는 부정확하거나 주관적인 정보를 포함하지만, 과학에서 자료라는 말은 '수량화된 형태를 가진 측정의 결과'를 의미한다(Johnston & Pennypacker, 1993a, p. 365).[1]

행동변화는 끊임없이 변화가 진행되는 과정이므로 행동분석가들은 조사하는 행동에 대해 계속해서 주의를 기울여야 한다. 행동변화를 위한 프로그램이나 연구에서 얻어지는 자료는 행동에 주의할 것을 요한다. 자료는 현재 사용되는 중재 방법을 계속 사용할지, 다른 중재 방법을 사용할지, 이전 조건으로 되돌아갈지 등 중요한 의사결정에 경험적 기반을 제공한다. 그러나 자료를 다듬지 않고는(숫자들의 나열) 타당하고 신뢰성 있는 결정을 내릴 수도 없고 또한 비효율적이다. 단순히 숫자를 나열해서 자료를 검토하는 것은 행동에 큰 변화가 있거나 혹은 아무런 변화가 없을 때만 유용할 뿐, 행동변화에서 나타나는 중요한 특징을 파악하기 어렵다.

다음에 나오는 세 묶음의 자료를 보자. 각각은 어떤 목표행동을 연속적으로 측정한 값을 나열한 것이다. 첫 번째 자료는 두 가지 다른 조건(A와 B)에서 나타난 반응의 빈도를 연속적으로 측정한 값을 보여 준다.

A 조건	**B 조건**
120, 125, 115, 130,	114, 110, 115, 121,
126, 130, 123, 120,	110, 116, 107, 120,
120, 127	115, 112

---

[1] 영어로 Data(자료)는 단수형으로 사용되기는 하지만, 원래 이 용어는 라틴어이고 복수로 사용하는 것이 맞다.

다음은 정확한 반응의 백분율을 연속적으로 측정한 자료이다.

80, 82, 78, 85, 80, 90, 85, 85, 90, 92

세 번째 자료는 연속적으로 학교에서 측정된 목표행동의 분당 빈도수를 나타낸다.

65, 72, 63, 60, 55, 68, 71, 65, 65, 62, 70, 75, 79, 63, 60

이 숫자들을 통해 무엇을 알 수 있는가? 각 자료의 묶음을 통해 어떤 결론을 도출할 수 있는가? 결론에 도달하기까지 시간이 얼마나 걸렸는가? 얼마나 확실한 결론인가? 다른 해석은 가능한가? 다른 사람들도 같은 결론을 내릴 것인가? 이 자료를 가지고 얼마나 직접적이고 효과적으로 다른 사람들과 소통할 수 있는가?

측정 참가자와 관련된 변수들 사이의 관계를 간단하게 시각적으로 제시하는 **그래프**는 사람들이 수량화된 정보를 이해할 수 있도록 돕는다. 그래프는 응용행동분석가들이 수행 결과를 조직하고, 축적하고, 해석하고, 소통하는 데 중요한 도구로 사용된다. 그림 1.1은 위에서 제시된 자료를 그래프화한 것이다. 맨 위의 그래프에서는 A 조건보다 B 조건에서 낮은 수준의 반응을 보여 주고 있다. 중간 그래프에서는 반응이 시간의 흐름에 따라 증가하는 경향이 뚜렷이 나타난다. 마지막 그래프에서는 주 초반에 증가하다가 후반에 감소하는 경향을 보이는 반응의 변산성을 볼 수 있다. 그림 1.1의 그래프에서 시간의 흐름에 따라 변화하는 행동의 세 가지 특징—수준, 경향, 변산성—이 나타난다. 각각의 특징은 이 장에서 자세히 소개된다. 행동자료 그래프는 행동변화의 특징을 탐지하고, 분석하고, 소통하는 데 효과적인 수단이다.

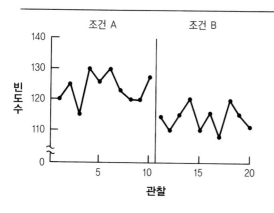

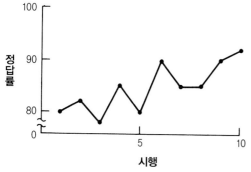

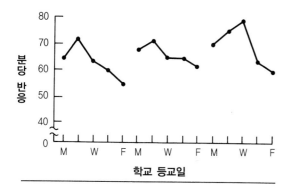

| **그림 1.1** | 가설적 자료로 그린 3개의 그래프는 각각 조건에 따른 반응의 변화 추이(위)와 경향(가운데), 변산성(아래)을 보여준다.

자료를 그래프화하는 목적과 장점

많은 학자들은 행동치료나 연구의 결과를 해석하고 다른 사람들과 공유할 때 그래프가 유용하다고 강조한다(예 : Baer, 1977; Johnston & Pennypacker, 1993a; Michael, 1974; Parsonson, 2003; Parsonson & Baer,

1986, 1992; Sidman, 1960). Parsonson과 Baer(1978)는 다음과 같이 주장한다.

기본적으로 그래프는 자료를 쉽게 이해시키고 소통하며, 빠르고 정확하게 사실을 분석하는 기능이 있다. (p. 134)

그래프로 표현하고 시각적으로 행동 자료를 분석하는 것은 최소한 다음과 같은 여섯 가지 장점이 있다. 첫째, 임상가나 연구자는 측정한 행동을 관찰 후 바로 그래프에 기록함으로써 참가자의 행동을 즉시 시각적으로 볼 수 있다. 연구나 교육 프로그램이 끝날 때까지 기다릴 필요 없이 행동의 변화를 계속해서 평가할 수 있고, 참가자의 수행 결과에 따라 치료나 연구에 필요한 결정을 즉시 내릴 수 있다. 그래프를 통해 '결과물 자료에 대한 세밀하고 연속적인 관찰'이 이루어지고 그에 따라 '측정 가능한 최선의 훈련'이 가능해진다(Bushell & Baer, 1994, p. 9).

둘째, 연구자나 임상가는 분석하기 쉽게 만들어진 자료를 직접적이고 연속적으로 관찰하여 목표로 하는 행동에 특이한 변이가 일어날 때 그것을 자세히 조사할 수 있다. 많은 과학자들이 미리 정해진 실험 계획을 따라가지 않고 연구의 자료가 제시하는 방향을 따라가면서 행동에 관한 중요한 연구 결과를 도출할 수 있었다(Sidman, 1960, 1994; Skinner, 1956).

셋째, 행동변화에 대한 통계적 분석과 마찬가지로 그래프 역시 임상가나 연구자가 연구나 치료의 결과를 해석하는 데 도움을 주고 판단을 돕는 장치이다(Michael, 1974). 그러나 집단 비교 연구에 사용되는 통계적 추론과는 달리, 그래프의 분석은 시간이 덜 걸리고, 비교적 배우기 쉬우며, 행동변화에 관한 중요한 결정을 내리는 데 미리 결정된 임의적 판단에 의존하지 않고, 수학적 측정이나 통계적 가정에 끼워 맞추지 않는다.

넷째, 그래프의 분석은 의미 있는 행동변화를 결정하는 데 조심스럽다. 수학적 확률로 계산하여 통계적으로 의미 있게 나온 행동변화가 실험이나 치료 상황 시의 변동 범위(range), 변산성(variability), 경향(trend), 자료의 중복을 나타내는 그래프를 통해서는 의미 없게 보일 수 있다. 효과가 약하거나 일관적이지 않은 치료법은 의미가 없다. 따라서 응용행동분석에서는 안정적이고 지속적인 행동변화를 만들어 낼 수 있는 통제변인을 찾기 위한 심층적 연구를 수행해 왔고, 이 과정을 통해 행동을 변화시키는 데 효과적인 기법을 개발해 왔다(Baer, 1977).[2]

다섯째, 그래프는 행동변화의 의미와 중요성을 독립적으로 판단하고 해석하게 돕는다. 자료의 통계적 조작이나 저자의 해석에 기초한 결론 대신, 보고된 자료에 근거한 시각적 자료의 분석을 통해 독자적 결론을 내릴 수 있다.[3]

여섯째, 그래프는 행동변화 정도뿐 아니라 임상가나 연구자가 조작하는 변인 간의 관계를 보여 주는 목적 이외에, 관찰 참가자에게 효과적인 피드백을 제공한다(예 : DeVries, Burnette, & Redmon, 1991; Stack & Milan, 1993). 스스로 자신의 행동을 그래프로 그리는 것이 다양한 학업적·행동적 목표를 달성하는 데 효과적이라고 보고된다(예 : Fink & Carnine, 1975; Winette, Neale, & Grier, 1979).

---

2) 그래프의 시각적 분석과 통계의 추론에 대한 비교는 제5장에 소개되어 있다.

3) 통계와 마찬가지로 그래프도 특정한 결론을 유도하기 위해 조작될 수 있다. 그러나 통계와는 달리, 행동분석에서 사용되는 그래프는 원자료를 제공하기 때문에 결과가 의심스러운 독자는 자료를 직접 그래프화할 수 있다.

응용행동분석에서 사용되는 그래프의 종류

응용행동분석에서 가장 많이 사용되는 그래프의 종류에는 선 그래프, 막대그래프, 누적 기록, 준대수 차트, 산포도가 있다.

선 그래프

단순한 **선 그래프** 혹은 빈도 폴리곤(frequency polygon)은 응용행동분석에서 가장 많이 쓰이는 형태의 그래프이다. 선 그래프는 데카르트 평면, 즉 2개의 선이 교차하는 이차적 평면의 형태로 나타난다. 평면 안의 모든 지점은 교차하는 선이 의미하는 특별한 관계를 보여 준다. 응용행동분석에서 선 그래프 안의 각 점은 목표행동(즉 **종속변인**)이 그 행동을 측정할 당시에 영향을 미쳤던 특정한 시간 및 환경적 조건(즉 **독립변인**)과 갖는 관계를 수량화한 것이다. 그래프 안의 점들을 비교함으로써 변화한 정도의 수준, 경향, 그리고 각 조건 내/사이의 변화를 알 수 있다.

기본 선 그래프의 요소

그래프가 외형적으로 매우 다를 수 있지만, 제대로 만들어진 선 그래프에는 공통적인 특징이 있다. 기본적인 선 그래프가 그림 1.2에 제시되어 있고 그에 대한 설명은 다음과 같다.

1. **수평축.** 수평축은 x축 또는 횡축(abscissa)이라고 하는 수평의 직선으로 주로 시간의 흐름과 독립변인의 유무 또는 가치를 나타낸다. 시간에 따라 반복하여 행동을 측정하는 것은 응용행동분석의 특징이다. 모든 독립 변수의 조작에 시간이 반드시 포함된다. 대부분의 선 그래프에서 시간의 흐름은 수평축에 균일한 간격으로 표시된다. 그림 1.2의 수평축은 10분 동안의

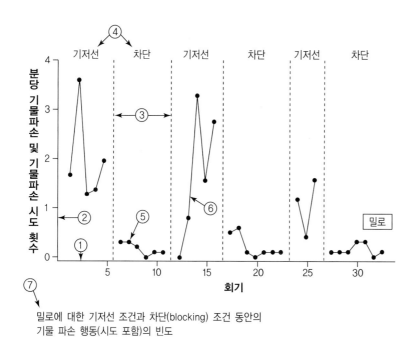

| **그림 1.2** | 기본적 선 그래프의 요소. (1) 수평축, (2) 수직축, (3) 조건 변화 선, (4) 조건 명칭, (5) 자료점, (6) 자료 경로, (7) 그림 설명

출처 : "Assessment and Treatment of Destructive Behavior Maintained by Stereotypic Object Manipulation" by W. W. Fisher, S. E. Lindauer, C. J. Alterson, and R. H. Thompson, 1998, *Journal of Applied Behavior Analysis, 31*, p. 522. Copyright 1998 by the Society for the Experimental Analysis of Behavior, Inc. Used by permission.

밀로에 대한 기저선 조건과 차단(blocking) 조건 동안의
기물 파손 행동(시도 포함)의 빈도

기물 파손 행동(시도 포함)의 횟수가 측정된 회기를 보여 준다. 이 연구에서는 하루에 여덟 번에서 열 번의 회기를 진행했다(Fisher, Lindauer, Alterson, & Thompson, 1998).

어떤 그래프에서는 수평축이 시간이 아닌 독립 변수의 다른 값을 나타낸다. 예를 들어, Lalli, Mace, Livezey와 Kates(1998)는 중증의 지적장애를 가진 소녀의 자해 행동이 치료사와 소녀 사이의 거리에 따라 어떻게 감소했는지를 보여 주기 위해 수평축에 0.5미터부터 9미터까지의 거리를 표시했다.

2. 수직축. *y*축 또는 종축(ordinate)이라고도 불리는 수직축은 수평축의 왼쪽 끝에서 수직으로 올라간 직선이다. 응용행동분석에서 수직축은 주로 수량적 형태로 행동을 특정한 종속변인의 가치로 나타낸다. 수평축과 수직축이 만나는 지점을 원점(origin)이라 하고, 이 점에선 종속변인의 가치가 0이다. 수직축에서 연속적인 점들이 올라갈수록 종속변인의 값이 높아진다. 일반적으로 수직축에 동일한 간격의 눈금을 표시한다.

수직선상에 표시된 동일한 간격의 눈금은 같은 빈도의 행동을 나타낸다. 그림 1.2에서의 수직축은 분당 기물 파손 행동과 시도(0~4회)를 나타낸다.

3. 조건 변화 선. 조건 변화 선은 수평 지표에서 위로 수직으로 그은 직선으로 독립변인이 변화한 시점을 나타낸다. 그림 1.2에서의 조건 변화 선은 '차단(중재방법)'이 시작되고 철회된 시점이다. 조건 변화 선은 직선이나 점선으로 나타난다. 상대적으로 약한 변화가 일어났을 경우 점선으로, 중요한 변화 시에는 실선으로 표시한다(그림 1.18 참조).

4. 조건 명칭. 몇 개의 단어나 짧은 기술을 지칭하는 조건 명칭은 수평축과 평행하게 그래프의 위쪽에 표시된다. 이 명칭은 연구가 진행되는 동안 각 조건별 실험 조건(즉 조건의 유무, 독립변인의 가치)을 나타낸다.[4]

---

4) 조건(condition)과 단계(phase)는 비슷하지만 동의어는 아니다. 조건이란 주어진 시간 동안 환경을 조절하여 영향을 미치는 것을 말하고, 단계란 연구가 진행된 기간을 말한다. 예를 들어, 그림 1.2에 나타난 연구는 두 조건(기저선과 차단)과 여섯 단계로 구성되어 있다.

5. 자료점. 각 자료점은 다음과 같은 두 가지를 보여 준다. (a) 관찰 기간 기록된 목표행동의 수량화된 측정, (b) 측정이 이루어졌던 시간 그리고/혹은 실험 조건. 예를 들어, 그림 1.2에서 두 자료점을 보면, 첫 번째 기저선의 마지막 회기인 5회기에 기물 파손 행동이 분당 2회 발생했고, '차단' 조건 중 네 번째 회기인 9회기에서 분당 0회 발생했음을 알 수 있다.

6. 자료 경로. 각 조건 내에서 연속적인 자료점을 직선으로 연결하여 자료 경로를 만든다. **자료 경로**는 연속적인 자료점 간의 행동의 수준과 경향을 보여 주며, 그래프로 나타난 자료를 해석하고 분석하는 데 핵심적 역할을 한다. 행동은 연속적으로 관찰하지 않고 기록하기 어렵기 때문에, 자료 경로는 두 측정점 사이의 시간 경과에 따른 행동의 진행을 보여 준다. 자료점이 많을수록(정확한 관찰과 기록 체계가 갖춰져 있을 때) 자료 경로를 통해 보다 확실한 정보를 알 수 있다.

7. 그림 설명. 그림 설명은 *x, y*축, 조건 명칭과 더불어 독자에게 독립변인과 종속변인에 관한 간단한 정보를 제공한다. 그림 설명은 독자에게 종속변인에 영향을 줄 수 있는 사건에 관한 정보를 제공한다(그림 1.6, 그림 1.7 참조).

선 그래프의 변형 : 다중 자료 경로

선 그래프로 행동변화를 다양하게 보여 줄 수 있다. 그림 1.2는 가장 단순한 형태의 선 그래프의 변형으로 (자료 경로는 시간 및 실험 조건에 따른 연속적 행동 측정을 나타낸다.) 복잡한 행동과 환경의 관계를 나타내는 다중 경로를 보여 준다. 다중 자료 경로를 이용해 (a) 동일 행동에서 나타나는 둘 이상의 특성, (b) 둘 이상의 다른 행동, (c) 다른 조건에서의 동일 행동, (d) 독립변인의 변화에 따른 목표행동의 변화, (e) 둘

이상 참가자의 행동을 보여 줄 수 있다.

동일 행동에 대한 서로 다른 효과. 종속변인의 다양한 특성을 한 그래프에 나타냄으로써 그 특성에 영향을 미치는 독립변인의 절대적·상대적 효과를 시각적으로 분석할 수 있다. 그림 1.3은 3명의 대학 여자 농구팀 선수에게 정확한 슈팅 자세를 훈련시키는 프로그램의 효과에 대한 연구 결과이다(Kladopoulos & McComas, 2001). 세모를 연결한 자료 경로는 정확한 자세로 던진 숏의 백분율을 나타내고, 검은 동그라미를 연결한 자료 경로는 숏의 정확도에 대한 백분율을 나타낸다. 선수들의 슈팅 자세만 기록하고 그래프로 그렸다면, 훈련을 통해 목표행동, 즉 연구에 사회적 의미를 부여하는 슈팅의 정확도가 얼마나 향상되었는지 몰랐을 것이다. 같은 그래프에 자세와 슈팅 결과를 함께 제시함으로써 연구자들은 치료 과정이 종속변인의 두 가지 중요한 특징에 미치는 영향을 분석할 수 있었다.

둘 이상의 다른 행동. 다중 자료 경로는 둘 이상의 다른 행동에 대한 실험 조작의 효과를 동시에 비교할 수 있게 해 준다. 다른 행동을 같은 좌표에 그려 독립변인의 변화에 따른 행동의 변화를 보다 쉽게 확인할 수 있다. 기능적 의사소통 훈련 기법에 대한 연구인 그림 1.4는 자폐 아동의 상동행동(예 : 반복적 몸 움직임, 몸을 앞뒤로 흔들기—모든 조건에서 측정), 관심을 끌기 위해 손을 드는 행동(관심 조건에서 측정), 수화로 휴식을 요청하는 행동(요구 조건에서 측정), 갖고 싶은 것을 수화로 요구하는 행동(무관심 조건에서 측정)이 발생한 간격의 백분율을 보여 준다(Kennedy, Meyer, Knowles, & Shukla, 2000).[5] 상동행동과 대체행동을 모두 그래프에 그려 상동행동의 감소와 대체행동인

---

5) 기능적 의사소통 훈련은 『응용행동분석』(상) 제13장에 자세히 설명되어 있다.

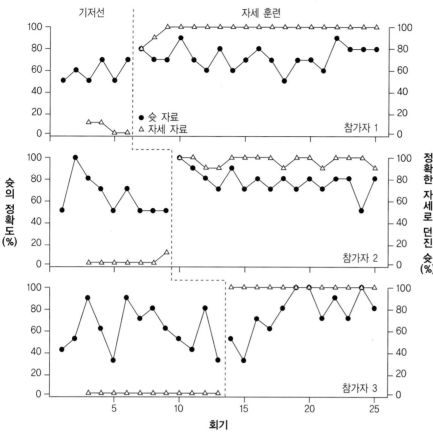

| **그림 1.3** | 다중 자료 경로를 통해
목표행동의 두 가지 특성(정확도와 형
태)에 미치는 독립변인(훈련 방법)의
효과를 나타낸 그래프

출처 : "The Effects of Form Training on
Foul-Shooting Performance in Members
of a Women's College Basketball Team"
by C. N. Kladopoulos and J. J. McComas,
2001, *Journal of Applied Behavior
Analysis, 34,* p. 331. Copyright 2001 by
the Society for the Experimental Analysis
of Behavior, Inc. Used by permission.

그림 1. 하얀 세모는 참가자가 회기 동안 정확한 자세로 던진 슛의 백분율이고 검은 동그라
미는 슛의 정확도에 대한 백분율이다.

의사소통(손 들기와 수화)이 증가하는 것을 동시에 관찰할 수 있다. 그림 1.4에서 수화 횟수를 잘 보여 주기 위해 제2의 수직축을 만든 것에 주목하라. 2개의 서로 다른 측정 단위가 사용되었기 때문에 그래프를 읽을 때 주의가 필요하다.

다른 조건에서의 동일 행동 측정. 다중 자료 경로는 실험 조건 중 서로 다른 조건에서 발생하는 같은 행동을 측정하기 위해 사용된다. 그림 1.5는 발달장애를 가진 6세 여아가 네 가지 다른 조건에서 보인 자해 행동의 분당 횟수를 나타낸다(Moore, Mueller, Dubard, Roberts, & Sterling-Turner, 2002). 여러 조건에서 일어난 행동을 같은 좌표에 기록함으로써 주어진 시간 동안 나타나는 반응뿐 아니라 시간 흐름에 따른 수행의 변화도 분석할 수 있다.

독립변인의 가치 변화. 다중 자료 경로는 독립변인의 가치 변화(두 번째 자료 경로에 나타나는)에 따른 목표행동의 변화를 보여 주는 데 사용된다. 그림 1.6의 그래프에서 첫 번째 자료 경로는 문제행동의 지속 시간(왼쪽 y축에 초 단위로 표기)을 나타내고, 두 번째 자료 경로(오른쪽 y축에 데시벨 단위로 표기)는 소음 수준을 나타내는데, 이 두 경로는 서로의 연관성을 보여 준다(McCord, Iwata, Galensky, Ellingson & Thomson, 2001).

둘 이상 참가자의 동일 행동. 다른 자료 경로는 둘 이상 참가자의 행동을 같은 그래프에 보여 줄 때에도 사용된다.

| **그림 1.4** | 기저선과 서로 다른 세 조건에서의 훈련 과정 동안 한 참가자가 보인 두 가지 서로 다른 행동의 다중 자료 경로를 나타내는 그래프. 다중 차원과 다중 수직축을 그리는 방법에 유의하라.

출처 : "Analyzing the Multiple Functions of Stereotypical Behavior for Students with Autism : Implications for Assessment and Treatment" by C. H. Kennedy, K. A. Meyer, T. Knowles, and S. Shukla, 2000, *Journal of Applied Behavior Analysis, 33,* p. 565. Copyright 2000 by the Society for the Experimental Analysis of Behavior, Inc. Used by permission.

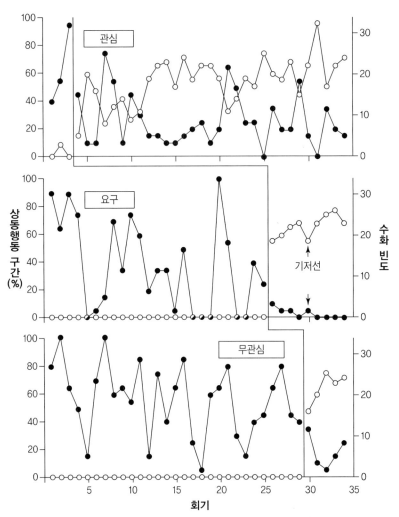

그림 2. 제임스의 관심, 요구, 무관심 조건에서의 상동행동. 왼쪽의 *y*축에는 상동행동 개입의 백분율이 기록되고 오른쪽의 *y*축에는 회기당 수화 빈도가 기록되어 있다.

　각 자료 경로에서 보여 주는 자료의 수준과 변산성에 따라 한 그래프에 최대 4개의 다른 자료 경로를 나타낼 수 있지만 반드시 이를 따를 필요는 없다. Didden, Prinsen과 Sigafoos(2000, p. 319)는 한 번에 5개의 자료 경로를 보여 주었다. 한 그래프에 너무 많은 자료 경로가 제시되면 산만해서 비교가 제대로 이루어지지 않을 수 있다. 한 그래프에 4개 이상의 자료 경로를 그려야 할 때 사용되는 방법이 있다.[6] 예를 들

어, Gutowski와 Stromer(2003)는 지적장애인의 정답 백분율을 나타내기 위해 자료 경로와 함께 색깔별 막대를 활용했다(그림 1.7 참조).

막대그래프

막대그래프는 간단하지만 다양하게 응용될 수 있다. 선 그래프와 마찬가지로 막대그래프 역시 데카르트 평면에 나타나며 한 가지만 빼고 선 그래프와 비슷한

---

6) 나폴레옹군의 러시아 원정 참사에 대한 여섯 가지 변인 간 상관관계를 보여 주기 위해 Charles Minard가 사용한 공간-시간-이야기 도식은 시각 자료를 복합적으로 사용한 훌륭한 예이다

(Tufte, 1983, p. 41). Tufte는 Minard의 그래프를 '현존하는 최고의 통계 그래프(p. 40)'라고 찬사를 보냈다.

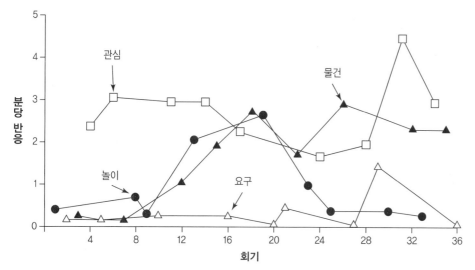

| 그림 1.5 | 다른 조건에서 같은 행동을 측정한 다중 자료 경로 그래프

출처 : "The Influence of Therapist Attention on Self-Injury during a Tangible Condition" by J. W. Moore, M. M. Mueller, M. Dubard, D. S. Roberts, and H. E. Sterling-Turner, 2002, *Journal of Applied Behavior Analysis, 35,* p. 285. Copyright 2002 by the Society for the Experimental Analysis of Behavior, Inc. Used by permission.

그림 1. 초기 기능 분석 기간 동안 나타난 자해 행동

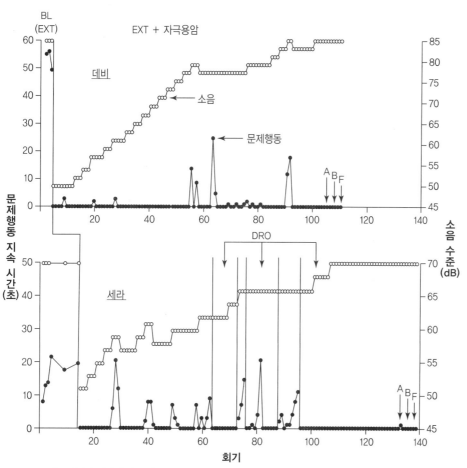

| 그림 1.6 | 중증 지적장애를 가진 두 성인의 경우, 소음 정도(독립변인)가 커질수록 문제행동의 지속 시간(종속변인)이 계속해서 증가한다.

출처 : "Functional Analysis and Treatment of Problem Behavior Evoked by Noise" by B. E. McCord, B. A. Iwata, T. L. Galensky, S. A. Ellingson, and R. J. Thomson, 2001, *Journal of Applied Behavior Analysis, 34,* p. 457. Copyright 2001 by the Society for the Experimental Analysis of Behavior, Inc. Used by permission.

그림 4. 데비와 세라의 치료 평가 결과. 치료 종결 시점에 A와 B라고 표시된 두 회기 결과는 일반화를 보여 준다. F는 추후 조사 결과를 보여 준다.

| **그림 1.7** | 서로 다른 촉진 조건(prompting condition)에서 두 가지 반응 범주에 따른 변화를 보여 주는 막대그래프와 자료점

출처 : "Delayed Matching to Two-Picture Samples by Individuals With and Without Disabilities: An Analysis of the Role of Naming" by S. J. Gutowski and Robert Stromer, 2003, *Journal of Applied Behavior Analysis, 36,* p. 498. Copyright 2003 by the Society for the Experimental Analysis of Behavior, Inc. Reprinted by permission.

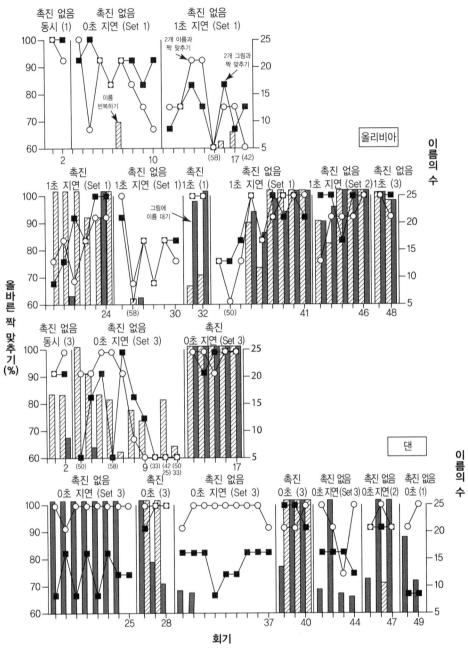

그림 4. 동시적 조건, 지연 조건, 촉진된 조건, 촉진 없는 조건 동안의 올리비아와 댄의 결과 : 하얀 동그라미와 검은 네모는 올바른 짝 맞추기 : 빗금친 막대와 색칠한 막대는 각각 2개 이름 샘플과 2개 그림 샘플을 사용한 시행에서 대답한 이름의 수를 보여 준다. 가로축에 삐져나온 틱 마크가 있는 막대그래프는 이름수가 25개가 넘었음을 나타낸다.

특징을 갖는다―막대그래프는 시간의 흐름에 따른 연속적 반응을 보여 주지 않는다. 막대그래프는 간단하고 쉽게 참가자 간 혹은 조건 간의 수행을 비교하기 위해 사용한다. 응용행동분석에서 막대그래프는 두 가지 다른 목적으로 사용한다. 첫째, 막대그래프는 수평축의 여러 단위에 따른 반응을 비교하는 데 사용된다. 예를 들어, Gottschalk, Libby와 Graff(2000)는 선호도 평가에서 확립 조작이 갖는 효과를 분석한 연구에

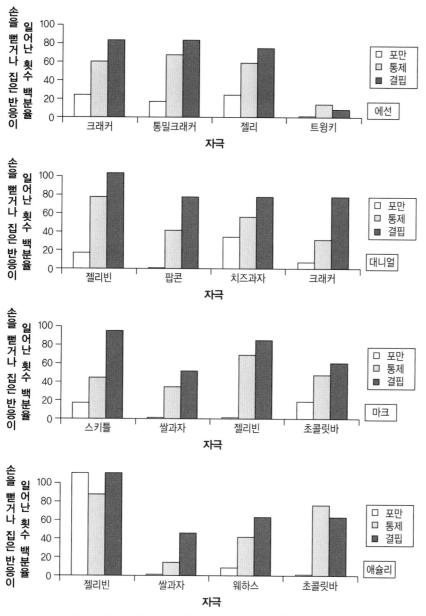

| **그림 1.8** | 각 조건에서 측정한 결과를 요약하고 보여 주기 위한 막대그래프로 수평축이 측정된 범주(예 : 시간, 자극 제시 시간)에 대한 정보는 제공하지 못한다.

출처 : "The Effects of Establishing Operations on Preference Assessment Outcomes" by J. M. Gottschalk, M. E. Libby, and R. B. Graff, 2000, *Journal of Applied Behavior Analysis, 33,* p. 87. Copyright 2000 by the Society for the Experimental Analysis of Behavior, Inc. Reprinted by permission.

그림 1. 에선, 대니얼, 마크, 애슐리의 조건 간 접근 반응의 백분율

서 4명의 아동이 다양한 사물을 향해 손을 뻗거나 집은 횟수의 백분율을 막대그래프로 보여 주었다(그림 1.8 참조).

둘째, 막대그래프는 각 실험 조건에서 참가자나 참가자 집단의 평균 수행을 보여 주는 데 사용한다. 예를 들어, 그림 1.9는 각 아동에게 선생님의 관심을 끄는 방법을 훈련시킨 후 기저선 조건, 일반화 유지 조건에서 아동이 푼 문제의 평균 백분율과 정답의 평균 백분율을 정리한 것이다(Craft, Alber, & Heward, 1998).

막대그래프는 행동의 변이와 경로(선 그래프에서 뚜렷이 나타난다.)를 보여 주지 않지만, 많은 자료를 간단하고 쉬운 방법으로 요약하고 비교할 수 있도록 해 준다. 막대그래프에서는 자료의 변산성을 나타낼 수 없음을 명심하라. 막대그래프는 평균이나 중앙값

| **그림 1.9** | 각 실험 조건에서 두 가지 범주의 행동에 대한 참가자의 평균 수행을 보여 주는 막대그래프

출처 : "Teaching Elementary Students with Developmental Disabilities to Recruit Teacher Attention in a General Education Classroom: Effects on Teacher Praise and Academic Productivity" by M. A. Craft, S. R. Alber, and W. L. Heward, 1998, *Journal of Applied Behavior Analysis, 31,* p. 410. Copyright 1998 by the Society for the Experimental Analysis of Behavior, Inc. Reprinted by permission.

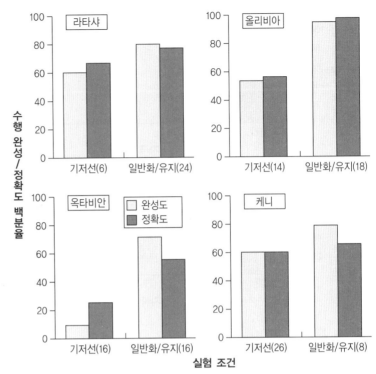

그림 4. 기저선, 일반화/유지 조건에서 각 아동이 제출한 받아쓰기 과제의 평균 수행과 정확도에 대한 백분율. 괄호 안의 숫자는 조건당 평균 회기 수를 나타낸다.

과 같은 중앙 경향을 보여 주기 위해 주로 사용되지만, 평균으로 대표되는 다른 여러 가지 측정치도 보여줄 수 있다(예 : Lerman, Kelley, Vorndran, Kuhn, & LaRue, 2002 그림 5 참조).

누적 기록

누적 기록(그래프)은 행동의 실험 분석에서 자료를 수집하는 주요 수단으로 Skinner가 개발한 것이다. Skinner는 그래프가 그려지는 **누적 기록기**라 불리는 장치를 개발했다(그림 1.10). Ferster와 Skinner(1957)는 6년 동안에 걸친 강화 계획을 정리해 놓은 자료에서 누적 기록에 대해 다음과 같이 설명하였다.

행동 빈도를 보여 주는 세로축과 시간을 나타내는 가로축을 가진 그래프는 연구에서 관찰되는 행동을 나타내는 가장 편리한 수단이다. 실험 중에 누적 자료를 기록

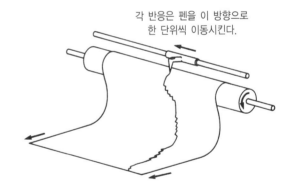

| **그림 1.10** | 누적 기록 다이어그램

출처 : *Schedules of Reinforcement,* pp. 24-25, by C. B. Ferster and B. F. Skinner, 1957, Upper Saddle River, NJ: Prentice Hall. Copyright 1957 by Prentice Hall. Used by permission.

할 수 있다. 이 기록은 행동을 관찰하는 동안 관찰이 어려운 행동에 대한 빈도나 빈도 변화를 조사할 수 있게 해 준다. 예를 들어, 지속적으로 움직이는 기록지를 통해 새가 반응할 때마다 행동을 기록하게 만든다. 새가 반응하지 않으면, 기록지가 움직이는 방향으로 펜이 수

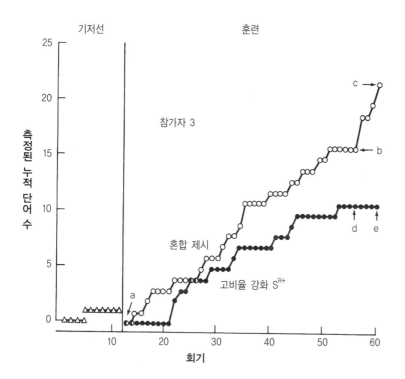

| **그림 1.11** | 지적장애를 가진 남성이 기저선, 혼합 제시, 고비율 강화 조건에서 습득한 단어 수에 대한 누적 그래프. a에서 e의 점들은 전체와 부분 반응 비율을 구별하기 위해 넣은 것이다.

출처 : "The Effects of Interspersal Training Versus High Density Reinforcement on Spelling Acquisition and Retention" by N. A. Neef, B. A. Iwata, and T. J. Page, 1980, *Journal of Applied Behavior Analysis, 13*, p. 156. Copyright 1980 by the Society for the Experimental Analysis of Behavior, Inc. Adapted by permission.

평선을 그리게 된다. 새가 빨리 반응할수록 선의 경사가 급해진다. (p. 23)

손으로 누적 기록을 그리거나 컴퓨터 그래프 프로그램을 이용할 경우, 각 관찰 기간 동안 나타난 반응의 수를 그 전 관찰기간 전체 동안 관찰된 반응 수에 더해 기록한다(그래서 누적이라는 용어가 사용된다). 누적 기록에서 y축에 표기된 점은 기록이 시작된 순간부터 나타난 반응의 총빈도수를 나타낸다. 누적 곡선에서 반응의 전체 빈도수가 y축에 표시된 한계치를 넘으면 자료의 경로는 0의 초기 상태로 되돌아가서 다시 시작된다. 누적 기록은 빈도수를 측정하는 자료에 많이 사용되지만, 지속 기간이나 반응의 잠재 기간과 같은 행동의 다른 특성을 나타내는 데 사용하기도 한다.

그림 1.11은 응용행동분석 연구(Neef, Iwata, & Page, 1980)에 사용된 누적 기록의 예이다. 이 그래프는 지적장애를 가진 참가자가 실험 전과 두 가지 다른 훈련 조건에서 습득한 단어의 수를 기록한 것이다. 그래프는 참가자가 기저선 조건(맞는 답에 칭찬해 주고 틀린 답에 대해서 세 번 다시 쓰기를 시키는 것)에서 12회기 동안 한 단어를 습득했고, 혼합 제시 훈련 조건 1(기저선 조건+각 새로운 단어 뒤에 이전에 습득했던 단어를 섞어 제시하는 조건)에서는 전체 22단어를 습득했으며, 고비율 강화 조건 2(기저선 조건+주의 집중, 똑바로 글쓰기 등 과제 수행과 관련된 행동에 대해 칭찬하는 조건)에서는 전체 11단어를 습득했음을 보여 준다.

누적 기록은 한 시점에서 기록된 반응의 총빈도수 외에도 반응의 전체 및 부분 반응 비율을 보여 준다. 비율이란 시간 단위당 발생한 반응 수를 말하는데, 응용행동분석에서는 주로 분당 발생한 반응 수를 의미한다. **전체 반응 비율**(overall response rate)이란 특정 회기, 기간, 조건, 혹은 실험 등과 같이 주어진 시간 내에 발생한 반응의 평균을 말한다. 전체 반응 비율은 관찰 기간 동안 발생한 전체 반응 수를, 수평선에 표기되는 관찰 기간의 단위 수로 나누어 산출한다. 그림

1.11에서 학습한 것을 섞어 제시한 훈련 기간 동안 일어났던 반응의 전체 반응 비율은 0.46이고, 강도 높은 강화가 제공된 훈련 조건에서의 전체 반응 비율은 0.23이다.[7]

누적 기록에서는 경사가 급할수록 반응 비율이 높다. 누적 그래프에서 전체 비율(overall rate)을 시각적으로 표현하기 위해 관찰 기간 동안의 첫 자료 지점과 마지막 자료 지점을 직선으로 연결한다. 그림 1.11에서 a 지점과 c 지점을 직선으로 연결한 것이 그 훈련 조건에서 학습자가 습득한 단어의 전체 비율이다. 각 직선의 경사를 비교함으로써 상대적 비율을 알 수 있다. a와 c를 연결한 경사와 a와 e를 연결한 경사를 비교했을 때, 습득한 단어를 섞어 제공하는 조건의 전체적 반응 비율이 더 높은 것을 알 수 있다.

반응 비율은 주어진 시간에 따라 변화한다. **부분 반응 비율**(local response rate)이란 전체 반응 비율에 적용된 시간보다 작은 단위의 시간에 일어난 반응 비율을 의미한다. 그림 1.11에서 단어를 섞어 제시해 훈련한 조건의 마지막 네 회기 동안 관찰된 참가자의 부분 반응 비율(b와 c의 경사)은 그 조건의 전체 반응 비율보다 높다. 반면 강도 높은 강화가 제공된 훈련 조건에서 마지막 네 회기의 부분 반응 비율(d와 e의 경사)은 그 조건에서의 전체 반응 비율보다 낮다.

누적 곡선에서 비율의 경사를 통해 상대 반응 비율에 대해 비교하고 결정할 수 있다(예 : Kennedy & Souza, 1995, 그림 2 참조). 그러나 반응 빈도가 매우 높을 때에는 시각적으로 누적 기록을 비교하기 어렵다.

반응 비율은 곡선의 경사와 비례하지만, 경사가 80도가 넘을 경우 각도의 차이가 작아도 반응의 차이는 크다.

---

7) 엄밀히 말하자면 그림 1.11은 반응의 비율이나 속도가 아닌 습득된 단어의 수가 기록되었기 때문에 실제 반응 비율을 나타내지 않는다. 그러나 자료 경로의 경사는 새로운 단어가 10개씩 소개된 회기당 습득한 단어의 '비율'을 나타낸다.

이 경우 측정된 자료가 정확해도 눈으로 평가하기 어렵다. (Ferster & Skinner, 1957, pp. 24~25)

지속 측정을 통한 누적 기록이 행동 자료를 가장 직접적으로 표현하는 수단이기는 하지만, 높은 반응 비율 외에 다음 두 가지 경우 행동에 대한 특징을 파악하기가 어렵다. 첫째, 자료를 기록하기 시작한 이후의 총반응 수를 쉽게 알 수 있지만, 각 회기당 발생한 반응의 수를 확인하기 어렵다. 둘째, 누적 그래프에서 경사가 천천히 변화할 때 비율 변화를 알아채기 어렵다.

누적 그래프는 다음 네 가지 경우에 유용하다. 첫째, 주어진 기간 동안 일어난 전체 반응 수가 중요하거나 혹은 특정 목표에 대한 향상 정도를 누적된 행동 단위로 측정할 수 있을 때이다. 새로 습득한 단어의 수, 저축한 돈, 마라톤 훈련에서 뛴 거리 등을 예로 들 수 있다. 그래프에서 가장 최근의 자료점을 보면 그 시점까지 일어났던 총행동을 알 수 있다.

둘째, 누적 그래프는 그래프를 참가자의 피드백 자료로 사용할 때 효과적이다. 전체 수행 정도와 수행의 상대적 비율을 모두 시각적으로 쉽게 볼 수 있기 때문이다(Weber, 2002).

셋째, 목표행동이 한 회기에 한 번만 일어날 수 있는 행동일 때 누적 기록이 사용된다. 이 경우, 누적 기록을 통해 치료 효과를 더 쉽게 파악할 수 있다. 그림 1.12는 같은 자료를 누적 그래프와 점선 그래프로 제시한 것이다. 누적 그래프는 행동과 치료 사이의 관계를 뚜렷하게 보여 주는 반면, 점선 그래프는 실제보다 변화가 더 많은 것처럼 보이게 한다.

넷째, 누적 기록은 "행동과 환경 변인 사이의 복잡한 관계성을 드러내 준다(Johnston & Pennypacker, 1993a, p. 317)." 그림 1.13은 누적 그래프가 어떻게 행동변화를 세밀하게 분석하는지 잘 보여 준다(Hanley, Iwata, & Thompson, 2001). 한 회기를 10초 단위로 나

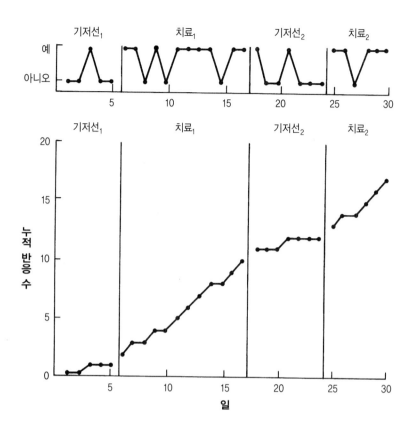

| **그림 1.12** | 같은 자료를 누적과 비누적 그래프로 그린 것. 행동이 각 회기 동안 1회만 발생한 경우, 반응의 패턴이나 변화를 보다 명백하게 보여 준다.

출처 : *Working with Parents of Handicapped Children*, p. 100, by W. L. Heward, J. C. Dardig, and A. Rossett, 1979, Columbus, OH: Charles E. Merrill. Copyright 1979 by Charles E. Merrill. Used by permission.

눈 누적 자료를 통해 매 회기당 그린 그래프에서는 볼 수 없던 반응 패턴이 드러난다. 3회기 동안 누적 기록한 자료 경로를 비교해 보면[중복(Mult) #106, 혼합(Mixed) #107, 혼합(Mixed) #112], 혼합 스케줄 동안 두 가지 문제행동이(자해 행동이나 난폭한 행동, 이 연구에서는 이를 대체할 행동으로 "나 좀 봐 주세요." 라는 목소리가 녹음된 스위치를 누르게 함)이 발생 가능성이 높으며, 강화 계획과 관련된 자료를 선택할 필요가 있음을 시사한다[중복(Mult) #106].

준대수 차트

지금까지 소개된 모든 그래프에서는 각 축의 점들이 같은 간격이다. x축에서 1회기와 2회기 사이의 거리가 11회기와 12회기 사이의 거리와 같다. y축에서 반응 수 10과 20 사이의 거리는 반응 수 35와 45 사이의 거리와 같다. 이처럼 동일 간격 그래프에서는 행동이 증가하든 감소하든 같은 간격의 y축에 표시된다.

비례적인 혹은 상대적인 변화를 검사하는 것도 행동변화를 살펴보는 한 가지 방법이다. 대수 척도는 상대적인 변화를 표현하고 보여 주는 데 적절한 방법이다. 대수 척도에서는 변인의 상대적 변화를 동일 간격으로 표시한다. 행동은 동일 간격으로 움직이는 시간 내 변인 안에서 측정되고 기록되기 때문에, x축은 같은 간격으로 표시되고 y축은 대수법으로 표시된다. **준대수 차트**(semilogarithmic chart)라는 용어는 한 축만 비례적으로 표기되기 때문에 붙은 용어이다.

준대수 차트에서는 같은 비율로 변화하는 모든 행동이 그 변화의 절댓값에 상관없이 세로축에서 같은 간격에 표시된다. 예를 들어, 분당 4회에서 8회로 반응이 2배가 되는 것은 분당 50회에 100회로 2배가 되는 것과 같은 변화로 표기된다. 비슷하게, 반응이 분당 75회에서 50회로 감소(1/3 감소)한 것은 분당 12회

| **그림 1.13** | 보다 꼼꼼한 분석을 위해 누적 기록을 사용한 예로, 특정 회기 동안 중복과 혼합 강화 스케줄 조건에서 행동을 비교했다.

출처 : "Reinforcement Schedule Thinning Following Treatment with Functional Communication Training" by G. P. Hanley, B. A. Iwata, and R. H. Thompson, 2001, *Journal of Applied Behavior Analysis*, *34*, p. 33. Copyright 2001 by the Society for the Experimental Analysis of Behavior, Inc. Used by permission.

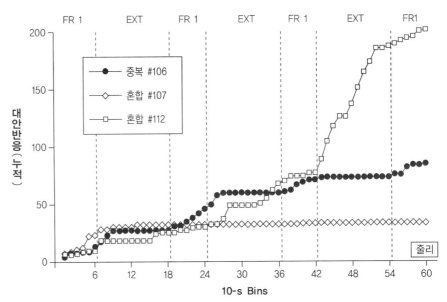

그림 4. 3회기 동안 강화 계획과 관련된 자극에 대한 줄리의 반응으로 각 강화 계획 동안 대안 반응의 누적 수를 보여 준다. 네모는 두 가지 혼합 회기 동안의 수행을 나타내고, 동그라미는 중복 회기 동안의 수행을 보여 준다.

에서 8회로 반응이 감소하는 것과 같은 간격으로 세로축에 표기된다.

그림 1.14는 동일한 자료를 동일 간격 차트(산술 차트라고도 불림)와 준대수 차트(비율 차트라고도 불림)로 그린 것이다. 산술 차트에서는 행동변화가 기하급수적 곡선을 보이는데 준대수 차트에서는 직선으로 표시된다. 그림 1.14의 준대수 차트에서 세로축은 2배수 단위로 표기되었는데, 이는 *y*축에서 각 간격이 위로 갈수록 전 단계의 2배가 되는 것을 의미한다.

표준 셀러레이션 차트

1960년대에 Ogden Lindsley는 행동의 빈도수가 시간에 따라 어떻게 변하는지 기록하고 분석하기 위해 **표준 셀러레이션 차트**(Standard Celeration Chart)를 만들었다(Lindsley, 1971; Pennypacker, Gutierrez & Lindsley, 2003). 표준 셀러레이션 차트란 6개의 10배수 주기가 세로축에 표기되어 24시간에 1회 일어나는 반응(분당 0.000695)부터 분당 1000회 일어나는 반응까지의 반응 비율을 표현할 수 있는 준대수 차트이다.

| **그림 1.14** | 동일한 자료를 동일 간격 대수 스케일(왼쪽)과 동일 비율 스케일(오른쪽)로 그린 것

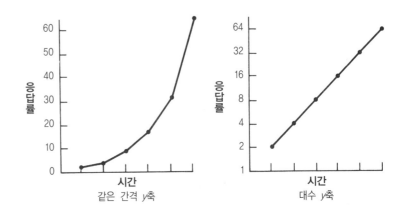

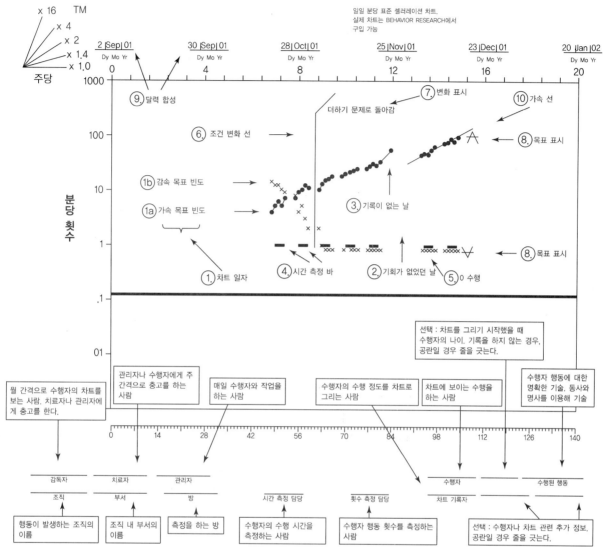

| **그림 1.15** | 기본 차트 요소를 보여 주는 표준 셀러레이션 차트. 표 1.1의 설명을 보라.

출처 : *Journal of Precision Teaching and Celeration, 19*(1), p. 51. Copyright 2003 by The Standard Celeration Society. Used by permission.

가로축에 표기되는 척도에 따라 네 가지 기본 유형이 있다. 140일이 들어 있는 일일 차트, 주간 차트, 월간 차트, 연간 차트이다. 그림 1.15에 나와 있는 일일 차트가 가장 많이 쓰인다. 표 1.1에 표준 셀러레이션 차트의 주요 용어와 규칙이 설명되어 있다.

차트의 크기나 *y*축과 *x*축 척도는 표준 셀러레이션 차트를 **표준**으로 만드는 요소가 아니다. 이는 시간에 따라 곱하거나 나뉘는 횟수로 나타낼 수 있다. 가산

(acceleration)과 감산(deceleration)이라는 용어는 가산 수행이나 감산수행을 기술하는 데 사용된다.

모든 표준 셀러레이션 차트에서 왼쪽 아래 모서리에서 오른쪽 위 모서리로 연결되는 선은 경사가 34도이다. 이 경사는 X2, 즉 2배로 변하는 가치를 의미한다. X2 셀러레이션은 주어진 기간 동안 회수가 2배로 변했음을 의미한다. 일일 차트는 주기가 1주이고, 주간 차트에서는 한 달, 월간 차트에서는 6개월, 연간 차

표 1.1　일일 표준 셀러레이션 차트의 기본 요소에 대한 설명(그림 1.15 참조)

용어	정의	설명
1. 차트 일자	행동이 차트에 기록된 날	1. 적절한 날짜의 차트에 행동 빈도를 기록 2. 조건 변화 선, 기회가 없었던 날이나 기록이 없는 날을 제외하고 차트에 기록된 날을 연결
1a. 가속 목표 빈도 　1b. 감속 목표 빈도	수행자가 가속할 의향으로 한 반응 수행자가 감속할 의향으로 한 반응	적절한 날짜에 점으로 기록 적절한 날짜에 x로 기록
2. 기회가 없었던 날	행동이 발생할 기회가 없었던 날	기록하지 않음
3. 기록이 없는 날	행동이 발생했을 수 있으나 기록을 하지 않은 날	기록하지 않음(기록이 없는 날을 무시하고 자료를 연결)
4. 시간 측정 바(최저 기록)	기록 시간 동안 수행자의 최저 수행(0 이상)을 표시. 반드시 기록 시간당 1회로 제한	'시간 측정 바'에 화요일에서 목요일까지 수평선을 그림
5. 0 수행	기록 기간 동안 수행이 없었음	'시간 측정 바' 바로 아래 차트
6. 조건 변화 선	한 처치의 마지막 날과 새로운 처치의 첫날을 연결하는 선	처치 조건에 세로선을 그림. 자료의 맨 위에서 '시간 측정 바'까지 선을 그림
7. 변화 표시	한 조건 동안 있었던 변화를 나타내기 위해 쓴 단어, 상징, 혹은 문장	단어, 상징, 혹은 문장 사용. 화살표(→)는 새로운 조건으로 변화가 지속됨을 보여 줌
8. 목표 표시	(a) 목표 빈도 혹은 (b) 목표 자료를 보여 줌	목표 날짜에 기호를 넣음(가속 자료는 ∧, 감속 자료는 ∨로 표시). 목표 빈도에 횡축 바를 넣음. 기호와 횡축 바가 만나는 곳을 "✔"로 표시
9. 달력 합성	모든 차트를 시작하는 표준시	1년 자료를 표시하려면 차트 3개가 필요. 노동절 전의 일요일이 차트를 시작하는 첫날. 노동절 21주 후에 두 번째 차트 시작, 노동절 41주 후에 세 번째 차트 시작
10. 가속 선	7~9일 이상 점들이 직선을 그리면 행동이 변화했음을 시사. 각 조건에 가속과 감속 라인을 그림	 가속 목표　　　　　감속 목표

출처 : *Journal of Precision Teaching and Celeration, 19*(1), pp. 49-50. Copyright 2002 by The Standard Celeration Society. Used by permission.

트에서는 5년이다.

　정밀 교수법(precision teaching)이라 불리는 교육법이 개발되어 표준 셀러레이션 차트와 함께 사용되었다.[8]

─────────
8) 정밀 교수법에 대한 자세한 설명과 예는 다음에 나와 있다. *Journal of Precision Teaching and Celeration*; the Standard

정밀 교수법은 (a) 학습은 반응 빈도의 변화로 가장 정확하게 측정되고, (b) 학습은 행동의 비례적 변화를

─────────
Celeration Society's Web site(http://celeration.org/); Binder (1996); Kubina and Cooper (2001); Lindsley(1990, 1992, 1996); Potts, Eshleman, and Cooper(1993); West, Young, and Spooner (1990); White and Haring(1980).

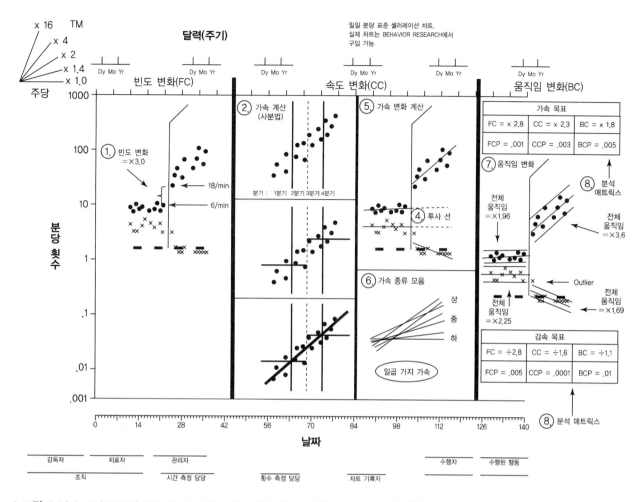

| **그림 1.16** | 보다 개선된 차트 요소를 보여 주는 표준 셀러레이션 차트. 표 1.2의 설명을 보라.

출처 : *Journal of Precision Teaching and Celeration, 19*(1), p. 54. Copyright 2002 by The Standard Celeration Society. Used by permission.

통해 일어나며, (c) 과거 수행의 변화는 미래의 변화를 예측할 수 있다고 가정한다.

　정밀 교수법은 맞고 틀린 행동의 빈도가 아니라 행동의 속도 변화(celeration)에 초점을 맞춘다. 차트에서 대부분의 빈도수는 어림잡아 표시한 값이다. 어떤 임상가는 셀러레이션 차트가 빈도를 보여 주지 않으므로 사용하지 않는다. 그러나 셀러레이션 차트에서는 특정 행동의 빈도보다는 행동의 변화가 중요하다고 본다. 빈도수는 행동변화의 방향과는 무관하다.

　정밀 교수법에서 사용되는 차트 만드는 규칙은 그림 1.16을 참고하고, 표 1.2의 설명을 보자. 표준 셀러

레이션 차트에 대한 자세한 설명은 Cooper, Kubina와 Malanga(1998), Graf와 Lindsley(2002), Pennypacker, Gutierrez와 Lindsley(2003)에 나와 있다.

산포도

산포도(scatterplot)란 *x*축과 *y*축으로 나타나는 변인의 개별 측정치의 상대적 분포를 시각적으로 표현한 것이다. 산포도에서는 자료점을 연결하지 않는다. 산포도에서는 한 축에서 나타나는 변인의 값이 다른 축 값의 변화와 어떤 상관관계를 가지고 얼마나 변화하는지를 보여 준다. 선 위로 자료점이 산포되어 있는 형

표 1.2 개선된 일일 표준 셀러레이션 차트의 요소에 대한 설명(그림 1.16 참조)

용어	정의	설명
빈도 1. 빈도 변화(FC)(점프 업 과 다운의 빈도)	'x'와 '÷'의 형태로 표현되며, 한 조건의 최후 빈도와 다음 조건의 초기 빈도를 비교함. (1) 한 조건의 마지막 날을 포함 하는 가속 선의 빈도와, (2) 다음 조건의 첫날을 포함하는 가 속 선의 빈도를 비교해 구함(예 : 점프 빈도가 6개/분에서 18 개/분의 경우, FC=x3.0으로 표시)	'FC= '을 분석 매트릭스 상단 왼쪽에 넣음. 'x'와 '÷'를 넣어 표시(예 : FC=x3.0)
가속 2. 가속 계산(사분법)	그래프로 가속 선을 정함(가장 잘 맞는 선). (1) 각 조건의 빈 도를 4등분(기회가 없었던 날과 기록이 없는 날 포함), (2) 각 분기의 중간에 중앙치를 표시, (3) 4분기 점들을 연결해 가속 선을 그림	개선된 샘플 차트 참조
3. 가속 탐지	가속 선 가치를 계산하는 데 사용하는 표준 가속 선이 그려진 마일러(mylar) 필름	구입하거나 표준 셀러레이션 차트에 종축을 복사하여 붙임
4. 투사 선	예측을 위해 가속 선을 확장한 점선. 가속 변화 가치를 계산 하고 예측할 수 있게 해 줌	개선된 샘플 차트 참조
5. 가속 변화(CC) (가속 혹은 감속)	'x'와 '÷'의 형태로 표현되며 한 조건에서 다음 조건의 가속 을 비교(예 : x1.3에서 ÷1.3의 감속은 CC=÷1.7로 표시)	'CC= '을 분석 매트릭스 상단 중앙에 넣음. 가치는 'x'와 '÷'를 넣어 표시(예 : CC= ÷1.7)
6. 가속 종류 모음	비슷한 기간 동안 비슷한 행동을 보인 서로 다른 수행자의 3 개 이상 가속 선	가속 종류 모음에서 상, 중, 하 가속을 수로 표시. 전체 가속 수를 나타냄
7. 움직임 변화(BC)	'x'와 '÷'의 형태로 표현되며 한 조건에서 다음 조건의 움직 임을 비교. (1) 한 조건의 전체 움직임과 (2) 다음 조건의 전체 움직임(예 : 5.0에서 x1.4로 변화한 경우, BC=÷3.6)을 비 교해 구함	'BC= '을 분석 매트릭스 오른쪽 상단에 넣 음. 가치는 'x'와 '÷'를 넣어 표시(예 : BC =÷3.6)
8. 분석 매트릭스	분석 매트릭스는 조건 간 빈도, 가속, 움직임에 대한 독립변인 의 효과에 대한 수치 정보를 제공	비교하려고 하는 조건 사이에 분석 매트릭스 넣기. 가속은 매트릭스를 자료 위에 놓고, 감 속은 자료 아래에 놓음
선택 9. 빈도 변화 p-value (FCP)	빈도 변화 p-value는 빈도 변화가 우연에 의해 일어날 가능성을 보여 줌(p-value를 계산하려면 Fisher exact probability formula 이용)	'FCP= '을 분석 매트릭스 상자 왼쪽 하단에 넣음(예 : FCP=.0001)
10. 속도 변화 p-value (CCP)	속도 변화 p-value는 속도 변화가 우연에 의해 일어날 가능성 을 보여 줌(p-value를 계산하려면 Fisher exact probability formula 이용)	'CCP= '을 분석 매트릭스 상자 중간 하단에 넣음(예 : CCP=.0001)
11. 움직임 변화 p-value (BCP)	움직임 변화 p-value는 움직임 변화가 우연에 의해 일어날 가 능성을 보여 줌(p-value를 계산하려면 Fisher exact probability formula 이용)	'BCP= '을 분석 매트릭스 상자 오른쪽 하단 에 넣음(예 : BCP=.0001)

출처 : *Journal of Precision Teaching and Celeration*, *19*(1), pp. 52-53. Copyright 2002 by The Standard Celeration Society. Used by permission.

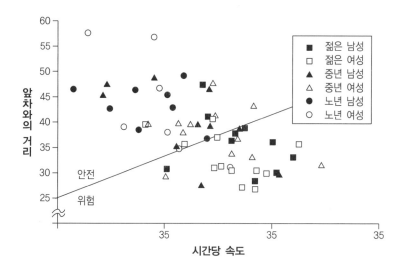

| **그림 1.17** | 표준 안전 운전 측정치에서 서로 다른 연령 집단 구성원의 수행을 보여 주는 산포도

출처 : "A Technology to Measure Multiple Driving Behaviors without Self-Report or Participant Reactivity" by T. E. Boyce and E. S. Geller, 2001, *Journal of Applied Behavior Analysis, 34,* p. 49. Copyright 2001 by the Society for the Experimental Analysis of Behavior, Inc. Used by permission.

태와 패턴을 보면 특정한 관계를 유추할 수 있다.

산포도는 자료 안에 있는 다양한 관계를 보여 준다. 예를 들어, Boyce와 Geller(2001)는 산포도를 통해 운전 속도와 차간 거리 유지로 나타나는 안전 운전에 관한 행동(예 : 젊은 남성들이 보인 위험 행동 비율과 다른 연령의 사람들이 보인 위험 행동의 비율을 비교함)과 다양한 연령 집단 간의 상관관계를 보여 주었다(그림 1.17 참조). 자료점은 운전할 때 속도와 안전거리에 관한 개인의 개별 행동을 보여 주는데, 이는 특정 집단을 대상으로 한 중재 개발에 사용될 수 있다.

응용행동분석에서 산포도는 목표행동의 시간적 분포를 밝히기 위해 사용되기도 한다(예 : Kahng et al., 1998; Symons, McDonald & Wehby, 1998; Touchette, MacDonald, & Langer, 1985). Touchette와 동료들은 행동이 특정 시간에 발생함을 보여 주기 위해 행동을 관찰하고 기록하여 산포도를 만들었다. 산포도를 기록하는 과정은 『응용행동분석』(상)의 제14장에서 더 자세히 소개했다.

 ## 선 그래프 만들기

효과적이고 정확한 그래프를 만드는 것은 매우 중요하다. 응용행동분석이 발전하면서 그래프를 만드는 특정 규칙이 생겨났고 기대치도 높아졌다. 효과적인 그래프는 자료를 정확하고 완전하며 분명하게 제시하여 독자가 자료를 이해하기 쉽도록 도와준다. 그래프 작성 시에는 이러한 요구 사항을 충족해야 하며, 저자나 독자들이 그래프에 나타난 행동변화의 정도와 특징을 해석할 때 오류나 오판을 하지 않게 만들어야 한다.

응용행동분석에서 그래프의 중요한 역할에 비해 어떻게 행동 그래프를 만들어야 하는가에 대한 세부적인 연구와 발표가 상대적으로 미약하다. Parsonson과 Baer(1978, 1986)는 중요한 예외적인 사례에 대해 보고했고 Johnston과 Pennypacker(1980, 1993a)는 그래프 그리는 방법에 대해 서술했다. 이 장에서는 다양하고 신뢰성 있는 자료에 의거해 그린(*Journal of Applied Behavior Analysis,* 2000; American Psychological Association, 2001; Tufte, 1983, 1990) 그래프를 보여 주었다. 또한 응용행동분석 논문에서 출판된 수많은 그래프를 검토하여 필요한 정보가 보다 정확하게 전달

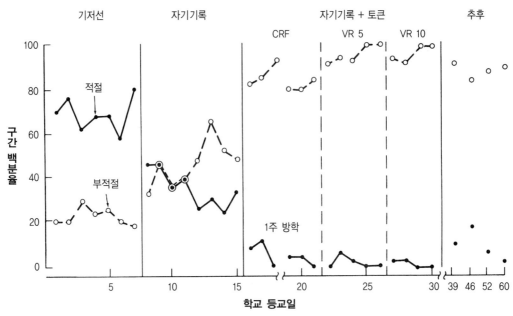

그림 1. 8세 남아의 적절 또는 부적절 학습 행동을 10초 구간 백분율로 나타낸 그래프. 각 구간은 적절, 부적절, 혹은 해당 없음으로 기록되었기 때문에 전체가 100%가 되지 않는 경우도 있다.

| **그림 1.18** | 그래프에 대한 다양한 설명과 지침을 보여 주는 가상 자료 그래프

될 수 있도록 최선을 다했다.

그래프를 만드는 확실하고 빠른 방법이 몇 가지 있는데, 다음에 제시되는 규칙을 따른다면 형식에 맞고 일관적이며 분명하고 정확한 그래프를 만들 수 있을 것이다. 이 책에서는 그래프를 그리는 대표적인 방법을 설명할 것인데, 그 표본이 그림 1.18과 1.19에 제시되어 있다. 여기서 소개되는 방법은 모든 행동 그래프에 적용 가능하다. 그러나 그래프를 그리는 사람은 자료와 그 자료가 수집된 조건을 고려해야 한다.

축을 그리고 측정하고 표기하기

수평축과 수직축의 비율

축을 측정하여 눈금을 그리는 것과 함께, 수평축과 수직축의 상대적 비율은 주어진 자료의 변산성을 강조할지 축소화할지를 결정한다. 높이와 폭의 비율이 균형을 이뤄 자료가 너무 가까이 붙거나 퍼지지 않아야

그래프가 명료해진다. 연구 논문에서 추천하는 세로축과 가로축의 비율, 즉 상대적 길이는 5:8(Johnston & Pennypacker, 1980)에서 3:4(Katzenberg, 1975)이다. Tufte(1983)의 책, 『수량화된 정보의 시각적 표현(The Visual Display of Quantitative Information)』은 그래프 그리기의 훌륭한 안내서이며 다양한 예를 제시하고 있는데, 그는 세로축과 가로축의 비율을 1:1.6으로 제시했다.

대부분의 행동 그래프에서 세로축이 가로축의 2/3 정도가 되는 것이 좋다. 1개의 그래프에 다중축이 있을 때, 혹은 수평축에 그려져야 할 자료의 수가 아주 많을 때 수평축에 비해 수직축이 줄어들 수 있다(그림 1.3과 1.7의 예 참조).

수평축의 눈금 그리기

수평축의 눈금은 같은 간격으로 그려야 하는데, 왼쪽에서 오른쪽으로 진행되는 각 눈금은 시간의 연속적

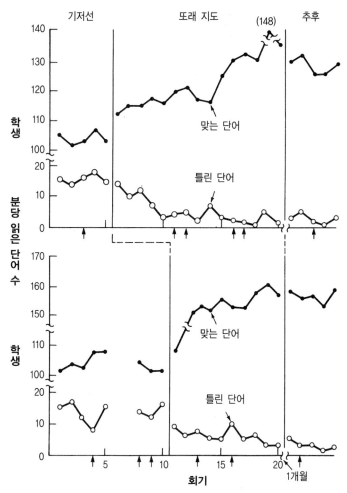

| **그림 1.19** | 그래프에 대한 다양한 설명과 지침을 보여 주는 가상 자료 그래프

그림 1. 각 회기 후 1분 동안 맞거나 틀리게 읽은 단어 수. 횡축의 화살표는 학생이 집에서 가져온 읽기 과제물을 읽은 경우이고, 학생 2의 자료에서 끊어진 부분은 결석 때문이다.

흐름이나 행동이 측정된 기회(예 : 날, 회기, 시도)를 나타낸다. 아주 많은 자료를 표시해야 하는 경우, x축에 모든 점을 다 표시할 필요는 없다. 대신, 혼란을 피하기 위해 수평축에 일정한 간격으로 5s, 10s, 20s 등이 표시된 틱 마크(tic mark)를 표시할 수 있다.

2개 이상의 수평축에 같은 시간을 표시하는 경우, 윗단에 있는 수평축에는 틱 마크를 표시할 필요가 없다. 아랫단에 있는 그래프의 수평축과 일치하는 해치 마크를 표시하여 시간별로 아래위 그래프를 쉽게 비교하도록 할 수 있다(그림 1.4).

수평축에서 시간의 끊김 표시하기

행동변화, 측정, 치료나 실험 변수의 조작은 시간의 흐름 안에서 일어난다. 때문에 시간은 모든 실험에서 필수 변인이고, 따라서 그래프에서 왜곡되거나 임의로 표현되어서는 안 된다. 수평축에서 같은 간격으로 표시된 눈금은 같은 정도의 시간 경과를 나타내야 한다. 수평축에서 시간의 흐름이 끊기는 경우 눈금 단절 구간(scale break)으로 표시한다. 이는 수평축 양쪽에 구부러진 눈금의 사이를 비운 것으로 나타낸다. 눈금 단절 구간은 자료가 수집되지 않은 시간을 나타낼 때 혹은 불규칙한 간격으로 측정된 자료점을 나타낼 때 쓰인다(그림 1.18 참조).

연속적인 관찰(예 : 읽기, 식사, 사회 교류)의 경우에도 수평축은 여전히 시간의 흐름을 나타낸다. 각 지점에 찍히는 자료점이 시간의 순서대로 일어난 것이기 때문이다. 이럴 경우, 연속적 측정이 일어난 시간을 그래프에 설명해 주는 것이 좋고(예 : "매주 2~3회의 또래 지도 회기가 진행되었다.") 그 기간 동안 회기가 없었을 경우 눈금단절 표시로 분명히 밝혀야 한다(그림 1.19).

수평축 명칭 붙이기

수평축의 눈금에 대한 명칭은 축 아래 중앙에 간단하게 표시한다.

수직축 눈금 그리기

동일 간격 그래프에서 수직축의 눈금은 그래프의 가장 중요한 요소이다. 자료의 수준과 변산성의 변화를 나타내기 때문이다. 보통은 시작하는 지점을 0으로 표시하고(누적 그래프에서 수직축의 바닥은 반드시 0이다.), 모든 자료를 보여 줄 수 있도록 수직축에 눈금으로 표시해야 한다. 수직축에서 눈금 사이의 간격을 늘이는 것은 자료의 변산성을 극대화하는 것이고, 반대로 눈금 사이의 간격을 줄이는 것은 자료의 변산성을 최소화하는 것이다. 그래프를 만들 때 수직축 눈금을 다양하게 변화시켜 그래프를 그려 보고 부적절한 해석을 유발하는 왜곡을 피해야 한다.

수직축에 눈금을 그릴 때 행동변화를 나타내는 수준에 대한 사회적 중요성을 고려해야 한다. 만약 수행의 미묘한 수적 차이가 사회적 중요성을 가진다면 y축의 눈금 간격을 넓게 잡아야 한다. 예를 들어, 산업 고용인들의 안전규칙 준수 행동 평가 시, 80%에서 90% 사이였던 중재 전 행동과 100%의 중재 후 행동을 효과적으로 비교하기 위해 수직축은 80%와 100% 사

이에 초점을 맞추어야 한다. 반면 미세한 행동의 변화가 사회적으로 중요하지 않거나, 눈금 간격으로 인해 행동의 변산성이 나타나지 않는 것이 크게 중요하지 않은 경우 수직축의 눈금 간격을 줄여야 한다.

수직축에 그려진 틱 마크에 번호를 붙임으로써 눈금을 보다 쉽게 읽을 수 있도록 한다. 수직축은 축의 가장 높은 값을 나타내는 해치 마크보다 더 높아서는 안 된다.

자료 중 0의 값이 여러 개 있을 경우 수직축을 수평축에서 살짝 띄워 그리면 자료점이 축에 겹치는 것을 피할 수 있다. 이렇게 함으로써 보다 명확한 그래프가 그려지고 0의 값과 0과 비슷한 값을 쉽게 구별할 수 있다(그림 1.18 참조).

일반적으로 수직축에는, 특히 자료 경로가 단절 구간을 지날 경우 눈금 단절을 그리지 않는다. 그러나 서로 매우 다르고 겹치지 않는 두 종류의 자료를 같은 y축에 그릴 경우, 서로 다른 자료를 구분하기 위해 눈금 단절이 사용되기도 한다(그림 1.19 참조).

여러 단의 그래프를 그릴 경우, 각 수직축의 눈금 간격은 같은 행동변화를 나타내야 비교가 가능하다. 그리고 가능하다면 각 단에 그려진 그래프 수직축의 특정 위치가 변인에 관계없이 서로 비슷하도록 만든다. 특정 종속변인의 측정치가 다른 변인과 많이 달라 수직축의 길이가 다르다면 간격 단절을 그려서 절댓값의 차이를 강조하여 y축 간의 비교가 쉽게 만든다.

수직축 명칭 붙이기

수직축 왼쪽 중앙에 평행하게 표시된 짧은 명칭은 축에 표시된 눈금의 척도를 나타낸다. 다수의 그래프를 여러 단으로 그리는 경우, 전체 축의 중앙에 수직축을 나타내는 명칭을 붙인다. 각 축에 그려진 다른 행동을 구분하는 추가적인 명칭은 수직축 왼쪽에 평행하게 쓴다. 이때의 각 단에 있는 그래프를 나타내는 명칭은

전체 수직축의 눈금 척도를 나타내는 명칭의 오른쪽에 그보다 작은 크기로 쓴다.

실험 조건 구분하기

조건 변화 선

수평선에서 위로 그린 수직선은 치료나 실험 과정의 변화를 의미한다. 조건 변화 선은 변화가 있기 전 조건에서 측정된 마지막 자료점 다음(혹은 오른쪽) 그리고 변화가 있은 후의 자료점 전(혹은 왼쪽)에 그린다. 조건 변화 선 위에는 자료점을 그리지 않는다. 수직축과 같은 높이로 조건 변화 선을 그려 수직축에서 위쪽에 있는 자료점에 대한 해석을 용이하게 만든다.

조건 변화 선은 실선이나 점선으로 그린다. 각 조건 안에서 실험이나 치료에 약간의 변화가 있을 경우, 조건이 변화하는 차이를 구별하기 위해 실선과 점선을 함께 사용한다. 예를 들어 그림 1.18을 보면 기저선, 자기기록, 자기기록+토큰, 추후 조사는 실선으로 구별하고, 자기기록+토큰 사용 조건 내에서 CRF, VR 5, VR 10으로의 강화 스케줄 변화는 점선으로 표시한다.

그래프가 여러 단으로 겹쳐 있을 때 수평선을 따라 독립변인의 변화가 다른 시점에 일어났다면 그림 1.19에서처럼 꺾인 선으로 표현하여 실험의 시간적 순서를 잘 이해하도록 할 수 있다.

실험 도중 일어난 예기치 않은 사건, 조건 변경 선이 필요 없을 만큼 실험 과정에서의 경미한 변화는 관련 자료점 옆에 작은 화살표나 별표 등의 기호로 표시하거나(그림 1.6), *x*축 아래에 표시할 수 있다(그림 1.19). 그림 설명문에서 특별한 기호에 대해 설명해야 한다.

조건 명칭

진행되고 있는 특정 실험 조건을 나타내는 명칭은 조건 변화 선 중간 위 빈 공간에 넣는다. 가능한 한 조건 명칭은 수평축과 평행해야 한다. 명칭은 간단하지만 서술적이어야 하고(예 : 치료보다는 수행에 따른 칭찬이 바람직하다), 그 조건을 설명하는 본문과 용어 표현이 일치해야 한다. 지면이 마땅하지 않으면 생략하기도 한다. 큰 조건 명칭을 위에 놓고 작은 변화를 나타내는 간단한 명칭을 그 아래에 넣는다(그림 1.18). 연구 동안 조건이 몇 번 제시되었는지를 나타내기 위해 조건 명칭 뒤에 번호를 붙이기도 한다(예 : 기저선 조건 1, 기저선 조건 2).

자료점 찍기와 자료 경로 그리기

자료점

자료를 손으로 그릴 때에는 각 점이 수평축과 수직축이 나타내는 측정치에 잘 부합하도록 주의를 기울여야 한다. 자료점을 잘못 찍는 경우, 임상적 판단이나 실험 방법 결정에 오류를 초래한다. 격자 선이 잘 그려진 그래프 용지는 정확한 점을 찍는 데 도움이 된다. 수직축에 많은 값을 촘촘히 그려야 한다면 1인치에 여러 격자 선이 그려진 그래프 종이를 사용한다.[9]

수직축 눈금을 넘어선 값은 실제 값을 괄호 안에 넣어 자료점 옆에 쓰고 초과한 눈금 약간 위에 찍는다. 눈금을 넘어선 자료점을 잇는 자료 경로에 단절을 줌으로써 그 차이를 더 강조할 수 있다(그림 1.19의 19회기 참조).

자료점은 자료 경로와 쉽게 구별될 수 있도록 굵은 기호로 표시한다. 그래프에 한 집단의 자료만 있을 경우 검은 점을 주로 쓴다. 여러 집단의 자료를 함께 그

---

[9] 1990년 중반부터 발간된 행동분석 논문 중 대부분의 그래프가 컴퓨터 프로그램을 사용하여 그린 것이지만, 손으로 어떻게 그래프를 그리는지 아는 것도 매우 중요하다. 매 회기에 그래프를 그려 가면서 치료나 프로그램에 중요한 결정을 내리기 때문이다.

리는 경우 각 집단의 자료에 각각 다른 도형을 사용한다. 각 자료 집단의 기호가 서로 달라야 각 자료점의 값이 비슷한 위치에 있을 때 구별할 수 있다(그림 1.18의 9~11회기 참조).

자료 경로

자료 경로는 같은 집단 내 한 자료점의 중앙에서 다음 자료점의 중앙을 잇는 직선이다. 같은 자료 집단의 모든 자료점은 이런 식으로 연결되는데 다음은 예외이다.

- 조건 변화 선 양쪽에 있는 자료점은 연결하지 않는다.
- 행동 측정 없이 오랜 시간이 지난 경우 자료점을 연결하지 않는다. 자료점을 연결함으로써 행동이 측정되지 않은 시간 동안 행동의 수준과 경향을 추측할 수 있다.
- 수평축에서 시간의 단절이 있을 때 자료점을 연결하지 않는다(그림 1.18의 1주 방학).
- 자료가 제대로 수집되지 않거나 소실되었을 경우나 유효하지 않은 경우(예 : 참가자 결석, 측정기구 고장 등) 자료점을 연결하지 않는다(그림 1.18의 기본 조건 내 아래 그래프).
- 실험 효과를 확인하는 추후 조건 자료점은 측정이 전체 실험과 같이 연속적으로 이루어진 경우(그림 1.19)를 제외하고 서로 연결하지 않는다(그림 1.18).
- 자료점이 수직축 눈금을 벗어난 경우, 그 점과 눈금 값 안에 해당하는 자료점을 연결하는 경로에 눈금 단절 구간을 넣는다(그림 1.19의 위 그래프 19회기).

같은 그래프 안에 다수의 자료 경로를 표시하는 경우, 자료점뿐 아니라 자료 경로도 다른 기호를 사용하여 서로 구분하기 쉽게 만든다(그림 1.19). 각 자료 경로로 나타나는 행동을 명확하게 밝혀야 한다. 자료 경로에 명칭을 써 넣거나(그림 1.18과 1.19) 기호와 선의 모양에 설명을 붙이는 방법(그림 1.13)이 있다. 두 자료 집단의 경로가 같을 경우, 그 선을 서로 가깝고 평행하게 그려 이해를 돕는다(그림 1.18의 9~11회기).

그림 설명 쓰기

그래프 아래에 그림에 대한 간략하고 충분한 설명을 넣는다. 설명을 통해 독자에게 그래프에서 간과할 수 있는 부분(예 : 눈금 변화)에 대한 주의를 환기하고 특별한 사건 때문에 그린 기호의 의미를 설명한다.

그래프 만들기

그래프는 한 가지 색깔―검은색―로 그린다. 여러 색을 사용하면 시각적으로 독자의 눈을 더 끌 수 있고 특정 부분을 강조하기에 효과적이지만, 과학적 자료를 제시할 때에는 적절하지 않다. 자료는 그 자체만으로 표현되는 것이 중요하다. 그래프나 차트가 논문이나 책을 통해 인쇄될 수 있다는 점도 검은색을 사용해야 하는 이유이다.

컴퓨터 프로그램을 사용하여 그래프 만들기

컴퓨터로 그래프를 만드는 소프트웨어 프로그램이 점점 늘어나면서 이용이 수월하고 정교해지고 있다. 이 책에서 사용된 그래프의 대부분은 컴퓨터로 만든 것이다. 컴퓨터를 이용해 그래프를 그리면 시간은 단축되지만, 눈금 간격이나 프린트했을 때 정확하게 자료점이 찍히는지 확인하는 등 주의를 기울여야 한다.

Carr와 Burkholder(1998)는 엑셀을 사용하여 단일대상 연구의 그래프 만들기에 대해 소개했다. Silvestri(2005)도 엑셀을 사용하여 행동 그래프 만드는 방법을 자세히 소개했다.

그래프화된 행동 자료 해석하기

어떤 처치가 확실하고 반복 가능하며 지속적인 행동 변화를 일으킨다면, 잘 디자인된 그래프를 통해 그 효과를 쉽게 확인할 수 있다. 이 경우 행동분석에 관한 훈련을 거의 받지 않은 사람들도 그래프를 정확하게 읽을 수 있다. 그러나 많은 경우에 행동변화는 그렇게 뚜렷하거나, 일정하거나, 지속적이지 않다. 행동은 산발적이고, 일시적이며, 지연되거나, 통제되지 않은 형태로 변화한다. 행동변화가 거의 일어나지 않기도 한다. 이러한 유형의 자료를 나타내는 그래프도 행동의 세밀한 부분과 통제변인에 관한 중요하고 흥미로운 정보를 제공한다.

행동분석 학자들은 그래프화된 자료를 해석할 때 **시각 분석**이라는 체계화된 형태의 방법을 사용한다. 행동분석 연구에서 시각적 분석은 다음 두 가지 질문에 대한 답을 얻고자 한다. (a) 행동변화가 의미 있게 일어났는가? (b) 그렇다면 그 변화는 얼마나 독립변인에 기인하는가? 시각 분석에 대한 명확한 법칙은 없지만, 행동의 역동성, 치료 효과에 대한 과학적·기술적 필요성, 그리고 사회적으로 의미 있는 수준의 수행을 이끌어내야 하는 필요성을 모두 고려할 때 다음과 같은 특징을 고려해 시각 분석을 진행해야 한다. (a) 자료 변산성의 정도와 형태, (b) 자료의 수준, (c) 자료의 경향. 시각 분석에서는 주어진 조건 혹은 실험 단계에서 자료의 이러한 특징을 조사한다.

Johnston과 Pennypacker(1993b)는 "그래프 자료를 분석할 때, 그래프가 가진 여러 특징의 영향을 받지 않고 분석하는 것은 불가능하다(p. 320)."라고 기술했다. 따라서 그래프에 나타난 자료의 의미를 해석하기에 앞서 그래프의 전체적 구조를 잘 살펴봐야 한다. 첫째, 그림 설명, 축 명칭, 모든 조건 명칭을 읽고 그래프의 기본적 내용을 파악한다. 그리고 각 축의 눈금, 위치, 눈금 값, 눈금 단절 등을 살펴본다.

다음으로 자료점들이 제대로 연결되어 있는지 자료 경로를 훑어본다. 각 자료점이 개별 측정이나 관찰을 나타내는지, 여러 측정치를 평균 내거나 합한 '묶인' 값인지 알아본다. 자료가 개인의 수행을 나타내는지 집단의 수행을 나타내는지 살펴본다. 만약 묶인 값이고 집단의 자료라면 점수 편차 범위에 대한 정보가 제공되는지(예 : Armendariz & Umbreit, 1999; Epstein et al., 1981), 그래프를 통해 변산성을 평가할 수 있는지 살펴본다. 예를 들어, 수평축의 눈금이 주 단위이고 각 자료점은 학생의 주 평균 받아쓰기 점수인 경우, 0 근처에 있는 자료점이나 4.8과 같은 맨 위 눈금 근처에 있는 자료점은 점수 간 낮은 변산성을 시사하므로 큰 문제가 되지 않는다. 하지만 2나 3과 같은, 눈금 중앙 근처에 있는 자료점은 변산성이 매우 크거나 안정적일 때 나타날 수 있는 값이다.

그래프 모양 때문에 해석이 왜곡될 소지가 있다면, 자료를 새로운 그래프에 다시 그린 후 해석하고 판단해야 한다. 중요한 자료 특징을 파악하지 못해 일어난 왜곡은 고치기가 쉽지 않다. 이때 원래 자료를 보기 전까지 어떤 해석과 결론도 내리지 말아야 한다.

그래프에 오류가 없고 행동적 요인이나 환경적 요인에 대한 시각적 왜곡이 없을 때 자료 자체를 조사해야 한다. 각 조건에서 측정된 행동을 비교 조사하기 위해 자료를 검사한다.

조건 내 시각 분석

주어진 조건 내에서 다음과 같은 부분에 대해 자료를 조사한다. (a) 자료점의 숫자, (b) 자료 변산성의 특징과 정도, (c) 행동의 절대적, 상대적 수준, (d) 자료 경향의 방향과 정도.

자료점의 수

첫째, 각 조건에서 보고된 자료점의 수를 파악한다. 이는 단순히 자료점을 세는 것이다. 일반적으로, 오랫동안 측정을 빈번하게 할수록 실제 행동변화에 더 근접한 자료 경로를 예측할 수 있다(물론 유효하고 정확한 관찰과 측정이 보장된 경우에 한해서).

주어진 조건 안에서 믿을 만한 기록을 위해 얼마나 많은 자료점이 필요한지는 연구 기간 동안 같은 조건이 얼마나 반복되었느냐에 따라 달라진다. 일반적으로 반복 실시된 조건에서 자료가 이전 조건과 비슷하다면 자료점이 적어도 된다.

응용행동분석에서 출판된 논문도 자료가 얼마만큼 있어야 충분한지 결정하는 데 영향을 미친다. 일반적으로, 이미 연구된 변인과 잘 통제된 변인의 관계를 조사할 때 그 결과가 이전 연구와 비슷하다면 많은 실험 조사가 필요하지 않다. 새로운 변인을 조사할 때, 새로운 결과를 증명해야 할 때, 더 많은 자료가 필요하다.

자료가 많을수록 좋은 것만은 아니다. 행동(예 : 자해 행동)의 개선 여지가 보이지 않는데 반복하여 행동을 측정하는 것은 윤리적으로 옳지 않다(예 : 치료가 제공되지 않는 기저선 조건이나 문제행동을 악화하는 변인을 찾기 위한 조건). 또한 참가자가 행동을 수행하기 힘들 때 측정을 반복하는 것은 별 의미가 없을 것이다(예 : 곱셈과 빼기가 어려운 참가자에게 나누기 문제의 정답을 측정하는 것). 행동이 발생할 수 없는 상황 혹은 행동이 일어나지 않는 상황에서는 자료를 많이 모을 필요가 없다.

측정된 반응 집단과 측정된 조건에 익숙해지는 것은 자료의 신뢰도를 올리기 위해 얼마나 많은 자료가 필요한지 결정하는 데 도움이 된다. 주어진 조건 내에서 자료의 수량은 그 연구에서 사용된 분석 기법에 따라 결정되기도 한다. 실험 디자인 기법에 대해서는 제

2장에서 제5장까지 다룰 것이다.

변산성

변산성은 행동 결과가 서로 다른 결과를 보일 때를 말한다. 주어진 조건 안에서 높은 변산성은 연구자나 임상가가 행동에 영향을 미치는 요인을 잘 통제하지 못했음을 의미한다(높은 변산성이 치료의 목적인 경우는 제외한다). 일반적으로, 주어진 조건에서 변산성이 클수록 행동 패턴을 찾는 데 보다 많은 자료가 필요하다. 반대로 변산성이 적으면 수행 패턴 예측에 자료가 많이 필요하지 않다.

수준

측정된 행동이 모여 있는 지점의 수직축 눈금 값이 **수준**이다. 행동 자료를 시각적으로 분석할 때, 수준은 어떤 조건에서 y축 눈금의 절댓값(평균, 중앙값, 범위), 변산성의 정도, 한 수준에서 다음 수준 간의 차이를 말한다. 그림 1.20은 수준과 변산성의 네 가지 조합을 보여 준다.

어떤 조건 내에서 측정된 행동의 평균 수준은 **평균 수준 선**을 그려서 나타낸다. 평균 수준은 y축 지점에서 측정된 행동의 평균값에 해당하는 자료점을 지나가는 수평선이다(예 : Gilbert, Williams, & McLaughlin, 1996). 이때 평균 수준 선은 수행의 평균을 보여 주는 용이한 방법이나 해석에 유의해야 한다. 자료 경로가 안정적인 경우 평균 수준 선이 특별히 문제가 되지 않는다. 그러나 자료점의 변산성이 낮으면 평균 수준 선은 필요하지 않다. 예를 들어, 그림 1.20의 그래프 A에서 평균 수준 선은 그다지 필요가 없다. 그래프 B, C, D에도 평균 수준 선이 그려져 있지만, 평균 수준 선은 그래프 B에서만 필요한 정보를 제공한다. 그래프 C에서 평균 수준 선은 행동에 대해 정보를 제공하지 못한다. 그래프 C의 자료점은 행동 수준이 뚜렷이

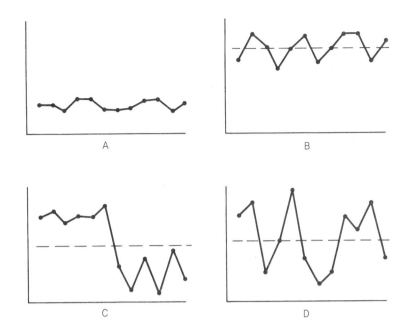

| 그림 1.20 | 네 가지 자료 경로. (A) 낮지만 안정된 경우, (B) 높고 변산이 많은 경우, (C) 초반기에 높고 안정되나 점차 낮고 변산이 많은 경우, (D) 변산이 크고 특정한 패턴을 보이지 않은 경우. 그래프 B, C, D의 점선은 평균 수행을 보여 준다.

변화했음을 보여 주고 이 원인에 대해 더 조사할 필요성을 드러낸다. 그래프 D의 평균 수준 선은 전체 12개 자료점 중 4개만이 평균 수준 선 근처에 놓여 있음을 보여 주는데 이 경우, 평균 수준 선은 자료의 변산성 때문에 자료를 보여 주는 데 적절하지 못하다.

중앙값 수준은 한 조건에서 행동의 전반적 수준을 시각적으로 요약해 주는 또 다른 방법이다. 중앙값 수준 선은 그 조건 내에서 가장 많이 보인 수행을 보여 주기 때문에, 그로부터 멀리 떨어진 다른 1~2개의 측정치로부터 큰 영향을 받지 않는다. 따라서 동떨어진 자료점이 여러 개 있는 경우 자료의 경향을 시각적으로 보여 주기 위해서는 평균 수준 선 대신 중앙값 수준 선을 써야 한다.

조건 내에서 수준의 변화는 그 조건 내의 첫 번째 자료점과 마지막 자료점 사이의 y축 절댓값 차이를 계산하여 결정한다. 조건 내의 처음 3개 자료점에 대한 중앙값과 마지막 3개 중앙값을 비교하여 그 차이를 보는 것도 자료의 변산성에 큰 영향을 받지 않는 방법이다(Koenig & Kunzelmann, 1980).

경향

자료 경로가 보이는 전반적 방향이 **경향**이다. 경향은 그 방향성(증가, 하락, 움직임이 없음), 정도나 강도, 경향선 근처에 있는 자료점의 변산성 정도 등으로 설명한다. 그림 1.21에 나오는 그래프는 여러 경향을 보여 준다. 자료를 기준으로 그린 **경향 선** 혹은 **경과 선**을 통해 자료의 방향성과 경향의 정도를 알 수 있다. 자료를 잘 반영하는 경향 선을 계산하고 찾기 위한 여러 방법이 있다. 단순하게는 그래프로 그려진 자료를 보고 자료 사이를 가장 적절히 지나가는 선을 그릴 수 있다. Lindsley(1985)는 이렇게 손으로 그릴 때 모여 있는 자료 값에서 멀리 떨어진 몇 개의 자료점은 무시하고 나머지 모여 있는 점 위주로 경향 선을 그릴 것을 제안했다. 이렇게 손으로 그리는 방법은 경향 선을 가장 빠르게 그리는 방법이고 그래프를 보는 독자들에게 유용할 수 있겠지만 정확하지 않아 연구 출판물에는 잘 사용하지 않는다.

경향 선은 최소 제곱법 회귀 방정식이라는 수학 공식을 사용하여 계산할 수 있다(McCain & McCleary, 1979; Parsonson & Baer, 1978). 이렇게 계산된 경향

| **그림 1.21** | 다양한 조합의 변산 수준 경향을 보이는 자료. (A) 경향은 없고 높은 안정성, (B) 경향이 없고 높은 변산성, (C) 점차적으로 증가하는 안정된 경향, (D) 빠르게 변산이 증가하는 경향, (E) 빠르게 감소하는 안정된 경향, (F) 점차적으로 변산이 감소하는 경향, (G) 빠른 증가 경향 후 빠른 감소 경향, (H) 경향이 보이지 않으며 변산성과 결측치가 많음. 그래프 C~F에는 수행의 반분 경과 선이 그려져 있다.

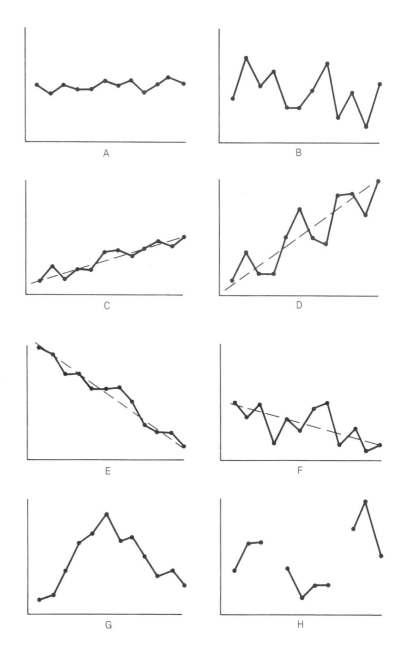

선은 확실히 믿을 수 있다. 같은 자료에서 항상 같은 경향 선이 나올 것이다. 그러나 이 방법의 단점은 경향 선을 계산하기 위해 여러 단계의 수학 공식을 이용해야 하는 것이다. 최소 제곱법 경향 선을 계산하는 컴퓨터 프로그램이 나와 그리기가 수월해졌다.

경과를 나타내는 선을 계산하고 그리는 방법으로 손으로 그리는 것보다 믿을 만하고 최소 제곱법보다 시간이 절약되는 방법이 **반분 경과 선**(split-middle line of progress)이다. 반분법은 White(1971, 2005)가 준대수 차트에 그려진 비율 자료를 위해 개발했는데, 미래 행동을 예측하는 데 유용한 기법으로 증명되었다. 반분 경과 선은 같은 간격의 눈금이 있는 수직축에 그려진 자료에도 사용할 수 있다. 하지만 이는 전반적 경향을 추정하여 요약하는 것임을 명심해야 한다(Bailey, 1984). 그림 1.22는 어떻게 반분 경과 선을 그리는지 순서대로 설명하고 있다. 경향 선은 수직축

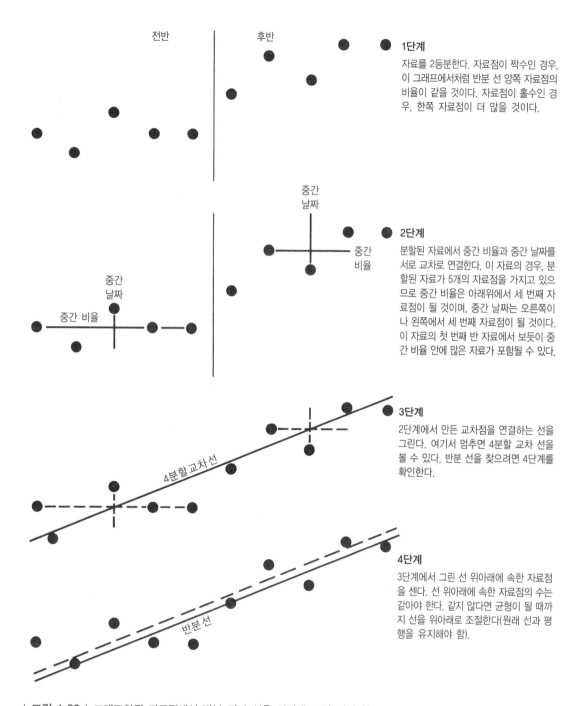

전반　후반

1단계
자료를 2등분한다. 자료점이 짝수인 경우, 이 그래프에서처럼 반분 선 양쪽 자료점의 비율이 같을 것이다. 자료점이 홀수인 경우, 한쪽 자료점이 더 많을 것이다.

중간
날짜

2단계
분할된 자료에서 중간 비율과 중간 날짜를 서로 교차로 연결한다. 이 자료의 경우, 분할된 자료가 5개의 자료점을 가지고 있으므로 중간 비율은 아래위에서 세 번째 자료점이 될 것이며, 중간 날짜는 오른쪽이나 왼쪽에서 세 번째 자료점이 될 것이다. 이 자료의 첫 번째 반 자료에서 보듯이 중간 비율 안에 많은 자료가 포함될 수 있다.

중간
날짜

중간 비율

중간
비율

중간 비율

4분할교차선

3단계
2단계에서 만든 교차점을 연결하는 선을 그린다. 여기서 멈추면 4분할 교차 선을 볼 수 있다. 반분 선을 찾으려면 4단계를 확인한다.

반분선

4단계
3단계에서 그린 선 위아래에 속한 자료점을 센다. 선 위아래에 속한 자료점의 수는 같아야 한다. 같지 않다면 균형이 될 때까지 선을 위아래로 조절한다(원래 선과 평행을 유지해야 함).

| **그림 1.22** | 그래프화된 자료점에서 반분 경과 선을 어떻게 그릴 것인가?

출처 : *Exceptional Teaching*, p. 118, by O. R. White and N. G. Haring, 1980, Columbus, OH: Charles E. Merrill. Copyright 1980 by Charles E. Merrill. Used by permission.

위의 자료에는 절대 사용하면 안 되고 일반적으로 수평축에 있는 눈금을 통과해 그리지도 않는다.

준대수 차트에 그려진 자료의 경향이 얼마나 가속하거나 감속하는지의 정도를 수량화할 수 있다. 예를

들어, 일일 표준 셀러레이션 차트에서 '2배' 셀러레이션의 의미는 매주 반응 비율이 2배로 증가한다는 의미이고 '1.25배'의 의미는 반응이 매주 1/4배 증가한다는 의미이다. '2분할' 셀러레이션의 의미는 매주 반응

비율이 전주의 반이 된다는 의미이고, '1.5분할'의 의
미는 빈도수가 매주 1/3 감속한다는 의미이다.

같은 간격 차트에 그려진 자료를 보고 어떤 비율로
경향이 증가하고 감소하는지 결정하는 직접적인 방법
은 없다. 그러나 같은 간격 차트에 그린 경향 선을 보
고 비교함으로써 행동이 상대적으로 어떤 비율로 변
하는지에 대해 중요한 정보를 얻을 수 있다.

자료점이 경향선 위나 근처에 있으면 경향이 안정
적이라고 말할 수 있다(그림 1.21의 그래프 C와 E 참조).
자료의 변산성이 크다고 할지라도 자료 경로는 경향
을 따라갈 수 있다(그림 1.21의 그래프 D와 F 참조).

조건 사이의 시각 분석

각 조건이나 연구 단계 내에서 자료를 분석하는 일이
끝나면 다음은 조건 간 분석으로 넘어간다. 서로 다른
조건 사이에 그리고 비슷한 조건 중에 앞서 논의되었
던 행동 자료의 특징—수준, 경향, 안정성, 변산성—을
비교함으로써 합당한 결론을 도출할 수 있다.

조건 변화 선은 어떤 독립변인이 주어진 시점에 조
작되었음을 나타낸다. 행동의 변화가 그 시점에 즉각
적으로 나타났는지 알기 위해 조건 변화 선 전의 마지
막 자료점과 새 조건이 시작된 후 첫 번째 자료점의
차이를 조사해야 한다.

조건 간 수행의 전반적 수준의 차이도 조사한다. 일
반적으로, 한 조건에서의 모든 자료점이 다른 조건에
있는 모든 자료점의 범위를 벗어나 있다면(즉 한 조건
에서 가장 높은 값과 다른 조건에서 가장 낮은 값이
겹치지 않는다는 의미이다.) 한 조건에서 다른 조건
사이에 행동변화가 있었다고 볼 수 있다. 서로 다른
조건에서 세로축의 많은 자료점이 서로 겹치면 조건
변화에 따른 독립변인의 효과에 대해 확신하기 힘
들다.[10]

조건 간 전반적 수준을 조사하는 데 평균이나 중앙

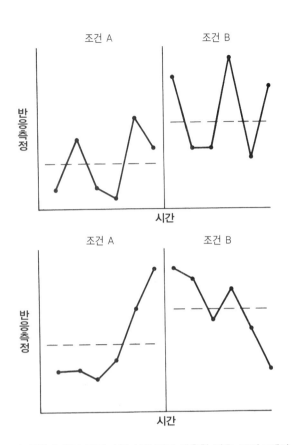

| **그림 1.23** | 평균 수준 선을 잘못 사용한 경우, 조건 B에서 변산(상단 그래프)이나 경향성(하단 그래프)이 크기 때문에 다른 해석을 필요로 하나, 반응이 높아졌다는 잘못된 해석을 하게 만든다.

값 수준 선이 도움이 된다. 그러나 조건 간 자료의 중
앙 경향을 요약하고 비교하는 데 평균 및 중앙값 수준
선을 이용하는 것은 두 가지 심각한 문제를 야기할 수
있다. 첫째, 중앙 경향을 측정한 값 사이에 큰 차이가
있는 경우, 측정치 사이의 변산성을 무시하게 만들 수
있다(Johnston & Pennypacker, 1980, p. 351). 그래프
에서 평균의 변화를 강조하다 보면 독자들은 실험 통
제가 더 잘 이루어졌다고 생각할 수 있다. 그림 1.23
의 상단 그래프에서 조건 B 내 자료의 반이 조건 A에
서 측정된 자료 값의 범위 안에 있지만, 평균 선만 보

---

10) 연구자가 기록한 행동의 변화가 독립변인의 기능으로 인한 것
     인지는 연구에 사용된 실험 설계에 따라 다르게 해석된다. 실
     험 설계에 관한 전략과 방법은 제2장에서 제5장에 걸쳐 소개
     되어 있다.

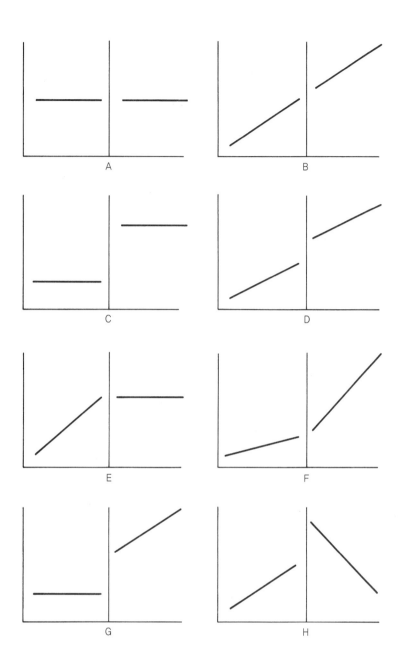

| 그림 1.24 | 두 조건 간 수준이나 경향의 변화 혹은 무변화를 보여 주는 자료점. 그래프 A와 B는 두 조건 사이에 수준이나 경향에 변화가 없음을 보여 준다. 그래프 C와 D는 수준에 변화가 있으나 경향에는 변화가 없음을 보여 준다. 그래프 E와 F는 수준에 변화가 없으나 경향에 변화가 있었고, 그래프 G와 H는 수준과 경향 모두에 변화가 있음을 보여 준다.

출처 : "Time-Series Analysis in Operant Research" by R. R. Jones, R. S. Vaught, and M. R. Weinrott, 1977, *Journal of Applied Behavior Analysis, 10,* p. 157. Copyright 1977 by the Society for the Experimental Analysis of Behavior, Inc. Adapted by permission.

면 뚜렷한 행동변화가 있는 것처럼 보인다. 둘째, 중앙 경향을 측정한 값은 경향에 대한 정보를 제공해 주지 않는다. 즉, 평균 선이나 중앙값 선을 통해 수행의 평균을 정확하게 알 수 있지만, 수행의 증가나 감소는 알지 못한다. 예를 들어, 그림 1.23의 아래 그래프에서 조건 B의 평균 선은 조건 A보다 더 높은 수행을 나타내지만, 경향을 조사해 보면 조건 A와 조건 B 내의 행동변화에 대해 매우 다른 해석을 할 수 있다.

행동 자료를 분석할 때, 새로운 조건이 시작된 후 생긴 수준의 변화는 한동안 지속되기도 하고 시간 경과와 함께 사라지기도 한다. 이렇게 지연된 혹은 일시적인 효과는 독립변인이 행동변화 전에 발생했고, 일시적 수준 변화가 통제되지 않는 변인에 의한 것임을 시사한다.

여러 조건의 자료를 시각적으로 분석할 때 처음 조건에 나타난 경향이 다음 조건에서 그 방향이 바뀌거나 경사의 변화가 있었는지 알아보기 위해 각 조건에 나타난 경향을 조사한다. 각 자료점이 수준과 경향에 영향을 미치기 때문에 이 둘을 함께 본다. 그림 1.24에서는 두 조건 사이의 수준과 경향이 변화하는지 아닌지를 보여 주는 네 가지 자료 경로 조합이 제시되어 있다. 물론 같은 특성을 보여 주는 다른 자료 패턴도 많다. 수준과 경향을 강조하기 위해 일반적으로 행동 자료에서 보이는 변산성은 제거한 직선 경로를 사용했다.

시각 분석은 인접한 조건 사이의 수준과 경향 변화를 조사하고 비교하는 것뿐 아니라 비슷한 조건 사이의 수행을 조사하게 해 준다. 응용행동분석에서 자료의 해석은 시각 분석, 수준, 경향, 변산성에 대한 조사 이상을 의미한다. 행동변화가 꾸준한 치료 프로그램이나 연구를 통해 증명되었다면 그다음 질문은 그 행동의 변화가 치료나 실험변인의 작용으로 나타났나 하는 것이다. 그 질문에 대한 답을 하기 위해 뒤의 장에서 응용행동분석에 사용되는 실험 설계의 전략과 기법이 소개된다.

 ## 요약

1. 응용행동분석은 행동을 직접적이고 반복적으로 측정하여 행동변화를 기록하고 계량화한다. 이러한 기록을 **자료**라 한다.

2. 그래프는 측정치와 관련된 변인 간의 관계를 시각적으로 보여 주기 위하여 상대적으로 형태가 단순하다.

자료를 그래프화하는 목적과 장점

3. 자료가 수집되는 대로 각 행동 측정치를 그래프화하는 것은 참가자의 행동에 대해 즉각적으로 시각적 기록을 제공함으로써 임상가나 연구자가 참가자의 수행에 반응하고 실험적인 결정이나 치료를 할 수 있게 해 준다.

4. 연구자나 임상가는 분석하기 쉽게 만들어진 자료를 직접적이고 연속적으로 관찰하여 목표행동에 특이한 변이가 일어날 때 그것을 자세히 조사할 수 있다.

5. 연구나 치료의 결과를 해석하고 판단하는 도구로서 그래프는 시간이 덜 걸리고, 비교적 배우기 쉬우며, 행동변화의 중요성을 평가할 때 인위적으로 특정 기준을 미리 만들어 놓지 않는다.

6. 그래프 자료의 시각 분석은 행동변화의 의미를 매우 신중하게 평가한다. 반복적으로 의미 있는 효과를 보이는 변인만 중요하다고 간주되며, 효과가 약하거나 일관적이지 않은 치료법은 관심을 두지 않는다.

7. 그래프는 행동변화의 의미와 중요성을 독립적으로 판단하고 해석하도록 돕는다.

8. 그래프는 관찰 참가자에게 효과적인 피드백을 제공한다.

응용행동분석에서 사용되는 그래프의 종류

9. 행동 자료의 그래프화에서 가장 많이 쓰이는 형태인 선 그래프는 2개의 선이 교차하는 이차적 평면에 표시된다.

10. 단순한 선 그래프의 주요 부분에는 수평축(x축), 수직축(y축), 조건 변화 선, 조건 명칭, 자료점, 자료 경로, 그림 설명이 있다.

11. 다중 자료 경로는 (a) 같은 행동에서 나타나는 둘 이상의 특성, (b) 둘 이상의 다른 행동, (c) 다른 조건에서 같은 행동, (d) 독립변인의 변화에 따른 목표행동의 변화, (e) 둘 이상 참가자의 행동 등을 보여 줄 수 있다.

12. 수평축의 오른편에 그려진 두 번째 수직축은 다른 척도를 표시하기 위해 사용된다.

13. 막대그래프는 다음과 같은 두 가지 주요한 목적을 위해 사용된다. (1) 수평축이 측정하는 특성과는 관련 없는 다른 자료 제시, (2) 각 실험 조건에서 참가자나 참가자 집단 수행 요약.

14. 누적 기록의 각 자료점은 측정이 시작된 이후부터 관찰 대상자가 보인 전체 반응 수를 나타낸다. 누적 기록에서는 경사가 클수록 반응 비율이 높다.

15. 전체 반응 비율은 특정 회기, 기간, 조건, 혹은 실험 등과 같이 주어진 시간 내에 발생한 반응의 평균을 말하고, 부분 반응 비율은 전체 반응 비율에 적용된 시간보다 작은 단위의 시간에 일어난 반응 비율을 의미한다.

16. 누적 그래프는 다음 네 가지 경우에 유용하다. (a) 주어진 기간 동안 일어난 전체 반응 수가 중요할 때 혹은 특정 목표에 대한 향상 정도를 누적된 행동 단위로 측정하고자 할 때, (b) 그래프를 참가자의 피드백 자료로 사용할 때, (c) 목표행동이 한 회기에 한 번만 일어나는 행동일 때, (d) 실험에서 얻은 자료의 한 순간이나 부분에 대한 정교한 분석이 요구될 때.

17. 준대수 차트는 대수법으로 표시된 y축을 사용하기 때문에 같은 간격으로 나타난 행동변화가 수직축에 같은 간격으로 표시된다.

18. 표준 셀러레이션 차트는 6개 주기로 다중 분리된 그래프로, 셀러레이션을 표준화하여 도표화하고, 시간단위당 배가되거나 줄어드는 시간의 변화에 따른 빈도의 선형적 측정을 가능하게 해 준다.

19. 산포도는 x축과 y축으로 나타나는 변인의 개별 측정치의 상대적 분포를 시각적으로 표현한 것이다.

선 그래프 만들기

20. 수직축은 수평축의 2/3 정도가 되는 것이 좋다.

21. 수평축의 눈금은 같은 간격으로 그려야 하는데, 왼쪽에서 시작해 오른쪽으로 가는 각 눈금은 행동이 측정된 시간의 연속적 흐름을 동등한 간격으로 표시한다.

22. 수평축에서 중단된 시간은 눈금 단절 구간으로 표시한다.

23. 수직축은 측정된 행동의 단위, 측정치의 범위와 목표행동변화의 사회적 중요성을 고려해 결정한다.

24. 조건 변화 선은 치료 프로그램의 변화나 독립변인의 조작을 의미하며, 수직축과 같은 높이로 그린다.

25. 실험이나 행동변화 프로그램의 각 조건은 간단하고 서술적인 명칭으로 표현한다.

26. 자료점은 정확하게 굵고 검은 기호로 표시해야 한다. 다중 자료 경로를 사용하는 경우, 각 집단의 자료를 구별할 수 있도록 각각 다른 도형을 사용한다.

27. 연이은 자료점을 직선으로 이은 것이 자료 경로이다.

28. 다음과 같은 경우는 자료점을 연결하지 않는다. (a) 조건 변화 선 전후 자료, (b) 행동 측정 없이 오랜 시간이 지난 경우, (c) 수평축에서 시간의 단절이 있을 경우, (d) 자료가 제대로 수집되지 않았거나 소실되었거나 그 밖의 이유로 없는 경우, (e) 자료가 연속적으로 수집된 전체 자료와는 다른 추후 조건 자료점, (f) 자료점이 수직축의 범위

를 벗어난 경우.

29. 그림 설명은 해석에 필요한 모든 정보를 제시하도록 그래프에 대해 간략하지만 충분한 설명을 제공한다.

30. 그래프는 검은색으로 인쇄해야 한다.

그래프화된 행동 자료 해석하기

31. 그래프 자료의 시각 분석을 통해 다음 두 가지 질문에 대한 답을 얻고자 한다. (a) 행동변화가 의미 있게 일어났는가? (b) 그렇다면 그 변화는 얼마나 독립변인에 기인하는가?

32. 그래프의 자료를 평가하기 이전에, 그래프가 만들어진 과정에 대한 세심한 조사가 필요하다. 그래프 모양 때문에 해석이 왜곡될 소지가 있다면, 해석하기 전에 새로운 그래프를 다시 그려야 한다.

33. 대상 집단 수행의 평균값이나 전체가 아닌 일부 자료에 대한 그래프는 원래 자료의 변산성을 반영하지 못할 가능성이 있다

34. 주어진 조건 내 시각 분석은 자료점의 숫자, 자료 변산성의 특징과 정도, 행동의 절대적 · 상대적 수준, 자료 경향의 방향과 정도에 초점을 둔다.

35. 일반적으로, 어떤 조건에서 자료가 많을수록, 자료의 안정성이 높을수록 그 기간 동안 행동 경로 추정치에 대해 더 확신할 수 있다. 조건 내 측정된 행동의 변산이 높을수록 추가적 자료도 더 많이 필요하다.

36. 변산성은 행동 측정 때마다 빈도와 정도가 서로 다른 결과를 내는 것을 말한다. 높은 변산성은 연구자나 임상가가 행동에 영향을 미치는 요인을 잘 통제하지 못했음을 의미한다.

37. 수준은 여러 자료점이 모여 있는 지점의 수직축 눈금 값이다. 주어진 조건 내에서 자료가 특정 수준에 있거나 몰려 있을 때, 행동이 그 수준에 안정적이라 할 수 있다. 행동 측정치 간의 차이가 매우 클 경우, 자료가 그 수준에서 변산성을 가지고 있다고 기술한다. 변산성이 매우 큰 경우에는 수준을 보여 주기 어렵다.

38. 어떤 수준에서 행동의 전체 평균이나 전형적인 수행을 보여 주기 위해 중앙값 수준 선을 그려 넣기도 한다. 중앙값 수준 선은 중요한 변산성이나 자료의 경향을 모호하게 할 수 있기 때문에 사용이나 해석에 주의를 기울여야 한다.

39. 경향은 자료 경로가 보이는 전반적 방향이다. 경향은 방향성(증가, 하락, 움직임이 없음), 정도(경사의 있고 없음)나 경향선 근처에 있는 자료점의 변산성 정도 등으로 설명한다.

40. 자료의 방향성과 경향의 정도는 자료에 근거해 그린 경향선 혹은 경과선을 보면 알 수 있다. 경향선은 손으로 그릴 수도 있고, 최소 제곱법 회귀 방정식을 이용할 수도 있으며 반분 경과 선이라는 방법을 이용할 수도 있다. 반분 경과 선은 그리는 데 시간이 많이 걸리지 않고 믿을 만하며, 행동변화 분석에 유용하다고 증명되었다.

41. 조건 내 자료의 시각적 분석은 수준, 변산성과 경향에 변화가 있었는지, 어느 정도까지의 변화가 중요한지에 따라 결정된다.

제2장

행동변화 분석하기 : 기본 가정과 전략

주요 용어

가외변인	모수 분석	연습 효과
감소경향의 기저선	반복	예측
검증	변동적인 기저선	오염변인
결과의 확인	실험 설계	외적 타당도
기저선	실험 질문	종속변인
기저선 논리	실험 통제	증가경향의 기저선
내적 타당도	안정된 상태 반응	A-B 설계
단일 참가자 설계	안정된 상태 전략	
독립변인	안정형 기저선	

BCBA와 BCABA의 행동분석 자격심사위원회
행동분석과제 목록, 제3판

내용 영역 3 : 원리, 절차, 개념

3-10	기능적 관계의 정의와 예시

내용 영역 5 : 개입의 실험적 평가

5-1	치료에 대한 독립변인의 효과를 분석하기 위해 독립변인을 체계적으로 조작
5-2	다양한 실험 설계를 사용할 때 현실적인 고려 사항과 윤리적 고려 사항을 규명하고 다룬다.
5-4	변인 분석 시행(예 : 기간이나 크기와 같은 효과적인 결과의 실용성 결정하기)

행동변화를 측정하는 것은 행동이 언제, 얼마나 많이 변화했는지 보여 줄 수 있으나, 측정만으로는 변화가 왜 또는 어떻게 일어났는지는 밝힐 수 없다. 바람직한 행동변화를 만들어 내는 행동변화 기술은 특정한 환경 변인에 대한 이해를 필요로 한다. 이러한 이해 없이 행동을 변화시키려는 노력은 미미하거나 일시적인 효과만을 낼 뿐이다.

응용행동분석에서는 사회적으로 중요한 행동과 그것을 통제하는 변인에 작용하는 기능적 관계를 증명하고 찾아내고자 한다. 응용행동분석의 주요 강점 중 하나는 실험을 통한 증명인데, 이를 통해 전략의 효율성을 지속적이고 다양하게 확인할 수 있다.

> 행동변화 기술은 행동 측정과 실험 설계의 기술이다. 행동 측정과 실험 설계는 함께 발전했으며, 이 둘은 공존하는 자기평가 운영 체계(self-evaluating enterprise)이다. 우리의 행동변화 기술은 행동변화 정도에 따라 성공 여부를 결정하기 때문에 실패 유무를 즉각적으로 파악할 수 있다. 또한 실험 결과를 사용한 절차와 방법에 귀인할 수 있다.
> (D. M. Baer, 개별의사소통, 1982년 10월 21일)

어떤 행동이 특정한 환경 변화에서 어떻게 기능하는지를 알아보기 위하여 실험 분석이 필요하다. 이 장은 응용행동분석에서 분석의 기본적인 개념과 전략에 대해 다룬다.[1] 먼저 과학의 일반적인 개념에 대해서 간단히 고찰한 후, 실험 방법을 결정짓는 행동의 본질에 대한 두 가지 측면과 두 가지 가정에 대해서 논의할 것이다. 그다음 응용행동분석에서 중요한 실험 구성요소를 기술하고 응용행동분석에서 사용되는 실험

---

1) 행동분석은 실험적 방법에 대한 저서인 Sidman의 『과학적 연구 전략(Tactics of Scientific Research)』(1960/1988)과 Johnston과 Pennypacker의 『인간 행동 연구의 전략과 방법(Strategies and Tactics of Human Behavioral Research)』라는 두 가지 저서에 크게 영향을 받았다. 두 책 모두 행동분석을 전공하려는 학생이나 실습생에게 유용한 도서이고 연구에 필요한 참고 문헌이다. 이 두 저서는 이 장을 준비하는 데 크게 도움이 되었다.

적 요소에 대한 기본적 논리를 설명하는 것으로 끝을 맺을 것이다.

행동분석의 기본 개념과 가정

제1부 제1장에서 논의한 것처럼 과학자는 연구하는 현상의 근원에 대한 가정(결정론), 관심 있는 현상에 대해 수집해야 하는 정보의 유형(경험주의), 자연의 작동 원리에 대한 의문을 가장 효과적으로 실험할 수 있는 방법과 실험의 결과가 (간편성과 철학적 의구심을 지니며) 어떻게 해석되어야 하는지와 같은 공통된 관점을 공유한다. 이 관점은 행동의 과학적 연구를 포함한 모든 과학 영역에 공통적이다. "과학의 기본적 특성은 특정 주제에 한정되지 않는다(Skinner, 1953, p. 11)."

과학의 전반적인 목적은 연구를 통해 현상—응용행동분석의 경우 사회적으로 중요한 행동—에 대해 이해하는 것이다. 과학은 세 가지 수준의 이해—기술, 예측, 통제—를 가능하게 한다. 첫째, 체계적인 관찰은 자연적 현상에 대한 이해를 증진시키고 과학자가 자연적 현상을 정확하게 기술할 수 있게 한다. 이러한 기술적인 지식(descriptive knowledge)은 관찰된 사건—수량화할 수 있고 분류할 수 있는 사실, 모든 과학 분야에서 필요하고 중요한 요소—에 대한 정보를 수집하게 해 준다.

과학적 이해의 두 번째 단계인 예측은 반복된 관찰을 통해 두 가지 사건이 지속적으로 함께 변화한다는 것을 알아냈을 때 가능해진다. 즉 한 가지 사건의 발생(예 : 결혼)이 또 다른 사건의 발생과 신뢰할 만한 확률(예 : 장기적인 삶의 기대)로 관련이 있음을 말해 준다. 두 가지 사건의 체계적 관련성—상관이라 부르는—은 한 사건이 다른 사건에 기초하여 발생할 확률을 예측하는 데 사용된다.

성공적인 예측력은 과학에서 매우 유용하다. 예측은 준비를 가능하게 한다. 그러나 과학적 이해의 가장 높은 단계, 즉 세 번째 수준인 실험적 통제를 통해 가장 유용한 정보를 얻을 수 있다. "실험은 어떤 사건에 관련된 변인을 독립적으로 관찰할 수 있게 해 준다. 실험이 아닌 단순한 관찰에 근거한 상관에 의한 정보는 정확하지 않다(Dinsmoor, 2003, p. 152)."

실험 통제 : 행동분석의 경로와 목표

행동은 유기체와 그것을 둘러싼 환경 사이의 상호작용이며 환경의 변화로부터 온 결과로, 행동변화에 대한 측정을 통해 가장 잘 분석할 수 있다. 이 말은 행동연구의 일반적인 전략과 목적, 즉 목표행동의 변화가 실험적으로 조작된 변화 때문에 발생함을 증명해야 함을 의미한다.

개인의 환경(독립변인) 일부의 체계적인 조작으로 인해 예측할 수 있는 행동의 변화(종속변인)가 발생했을 때 **실험적 통제**를 했다고 할 수 있다. 응용행동분석에서 분석은 실험을 통해 행동에 대한 환경적 조작의 효과를 밝히고, 그 효과가 신뢰성 있게 발생할 수 있음을 증명하는 것이다. 행동분석은 행동과 환경 사이에 예측 가능한 기능적 관계가 있음을 설득력 있게 증명함으로써 달성된다. 행동분석가는 기능적 관계에 대한 지식을 통해 행동을 신뢰성 있고 의미 있게 변화시킬 수 있다.

행동분석에서는 "행동의 발생과 비발생을 책임지는 사건이 있음을 증명해야 한다. 실험자가 행동을 통제할 수 있을 때 성공적인 행동분석이 가능하다(Baer, Wolf, & Risley, 1968, p. 94)."[2] Baer와 동료들은 행동분석에 대해 정의하면서 다음을 중요하게 강조했다.

행동분석가는 어떤 행동이 기능하는 데 영향을 주는 환경 변인을 실험적인 방법을 통해 파악하는 것이 행동의 원인을 밝혀내는 것이라고 생각하는데 이는 맞지 않다. 행동이 어떤 변인에 따라 변화한다는 사실은 그 행동이 다른 변인에 의해 영향을 받지 않는다는 것을 의미하지 않는다. 따라서 Baer와 동료들은 행동분석이란 하나의 변인이 관찰된 행동변화의 원인이 될 수 있음을 보여 주는 방법이라고 기술했다. 완벽한 분석에서는 어떤 행동에 영향을 주는 모든 변인은 조사해야 하지만, **응용**(예 : 기술적으로 유용한)분석에서는 사회적으로 유용한 행동변화를 일으킨 환경 변인(또는 치료 패키지로서 함께 작동하는 변인의 집합)을 밝히면 된다. 또한 **응용분석**에서 목표행동은 실용적이고 윤리적으로 조작된 환경 사건의 결과여야 한다.

행동변화가 독립변인의 기능이지, 통제하지 않은 변인이나 오염변인의 결과가 아님을 보여 준 실험은 **내적 타당도**가 높다고 볼 수 있다. 내적 타당도가 없는 연구는 변인 사이의 기능적 관계에 대해 정보를 제공하지 않으며 다른 사람, 세팅, 행동으로 일반화될 수 없다.[3]

실험을 설계할 때나 지속적으로 수집되는 자료를 평가할 때, 내적 타당도가 위협을 받지는 않았는지 항상 주의해야 한다. 종속변인에 영향을 줄 것으로 알려지거나 의심되는 통제되지 않은 변인은 **오염변인**이라 한다. 예를 들어, 어떤 연구자가 고등학교 학생의 생물 과목 학습에 대한 강의 노트의 효과를 다음날 퀴즈 점수를 통해 분석한다고 가정해 보자. 연구자는 각 학생의 특정 커리큘럼에 대한 흥미 변화와 배경 지식(예 : 어떤 학생은 수업시간에 나눠 준 강의 노트 때문이 아니라 낚시에 대한 사전 지식 때문에 높은)이 오

---

2) 연구자가 설명한 기능적 관계가 신뢰성 있는지, 또는 확신할 만한지에 대한 결정도 독자가 한다. 제5장에서 연구 결과의 신뢰도에 대해 자세히 다루었다.

3) **외적 타당도**는 어떤 연구 결과가 다른 참가자, 환경, 행동으로 일반화될 수 있는 정도를 의미한다. 실험적으로 증명된 기능적 관계에 대한 외적 타당도를 평가하고 확장하기 위한 전략은 제5장에서 자세히 소개되었다.

염변인이 될 수 있음을 인지해야 한다.

실험의 내적 타당도를 평가할 때 가장 중요한 점은 연구 문제를 조사하는 동안 오염변인의 효과를 얼마나 통제하고 제거했느냐이다. 이상적인 연구를 수행하기 위해 노력해도 환경 내에서 통제되지 않는 모든 변인을 제거하는 것은 불가능하다. 실제로 실험 설계의 실질적 목적은 통제되지 않는 변인을 가능한 한 많이 제거하는 것이며, 임의로 조작한 독립변인을 제외한 다른 모든 변인의 영향을 가능한 한 최소로 유지하는 것이다.

행동 : 정의하기와 분석에 대한 가정

행동은 접근하기 어려워서라기보다 아주 복잡하기 때문에 어려운 주제이다. 그것은 하나의 사물(thing)이 아니라 과정이기 때문에 관찰하는 동안 일정하게 유지하기 어렵다. 변화하며, 유동적이고, 사라지기도 하기 때문에 행동 연구는 정교함과 에너지 같은 기술을 요구한다.

　　　　　　　　　　　　　　　－ B. F. Skinner(1953, p. 15)

과학의 특정 주제에 대해 정의하는 것은, 그 주제를 이해하는 데 가장 유용한 실험 방법에 강력한 영향을 가하고 제한을 둔다는 것을 의미한다. "행동의 과학적 연구를 효과적으로 만들기 위해 과학적 방법을 주제의 특징에 따라 조정할 필요가 있다(Johnston & Pennypacker, 1993a, p. 117)." 행동분석의 실험적 방법은 행동의 두 가지 특징에 의해 영향을 받는다. (a) 행동은 개인적인 현상이다. (b) 행동은 지속되는 현상이다. 그리고 본성에 대한 두 가지 가정은 다음과 같다. (a) 행동은 결정된다. (b) 행동적 다양성은 유기체의 외부로부터 온다.

행동은 개인적인 현상이다

행동이 어떤 사람과 환경의 상호작용으로 정의된다면, 과학적인 방법으로 행동을 지배하는 일반적인 원리나 법칙을 찾기 위해서는 개인의 행동을 연구해야

한다. 집단이 행동하는 것이 아니라 개인이 행동하기 때문이다. 따라서 행동분석의 실험적 전략은 참가자 내(또는 단일 참가자) 분석 방법에 기초한다.

집단의 평균 수행은 흥미롭고 유용한 정보이며, 개인이 집단에 소속된 방법에 따라 그 집단이 대표하는 대다수 사람들의 평균 수행에 대한 확률 값을 제공한다. 그러나 집단 자료는 개인의 현재나 미래 행동에 대한 정보를 제공하지 않는다. 예를 들어, 행정가와 납세자가 학년에 따른 학생의 독해 능력 향상에 관심이 있다 해도, 이 정보는 개별 학생의 독해 기술을 어떻게 향상해야 할지 고민하는 학교 선생님에게는 소용이 없다.

다양한 사람들에게 행동-환경의 관계가 어떻게 작동하는지를 배우는 것은 중요하다. 행동의 과학은 모든 사람들에게 일반화될 수 있는 기능적 관계를 밝혀낼 수 있을 때 행동변화에 유용한 기술을 제공했다고 인정될 수 있다. 쟁점은 어떻게 일반화를 하느냐이다. 행동분석가는 이미 증명된 기능적 관계가 다른 사람들에게도 적용됨을 보임으로써, 일반화될 수 있는 행동 원리를 축적하고 있다.

행동은 역동적이고 지속적인 현상이다

행동이 환경을 무시하고 일어날 수 없는 것처럼(행동이 발생하는 환경이 반드시 있어야 한다.) 행동은 특정한 시간 내에 발생한다. 행동은 고정된 사건이 아니다. 발생 장소가 있어야 하며 시간에 따라 변화된다. 그러므로 단일 측정치나, 시간에 따라 산발적으로 분산된 다중 측정치로는 행동에 대해 적절하게 기술할 수 없다. 행동의 변화가 환경의 영향을 받는 맥락에서 발생하기 때문에 행동을 완전히 기록하려면 지속적으로 측정해야 한다. 임상 현장에서 행동은 지속적인 측정이 어렵기 때문에 체계적인 반복 측정은 응용행동분석의 주요한 특징으로 간주된다.

행동은 결정된다.

상권의 제1장에서 논의한 것처럼, 모든 과학자는 세계는 법칙적이고 질서 있는 공간이며, 자연현상은 다른 자연적인 사건과의 관계에서 일어난다고 가정한다.

> 모든 과학 연구의 시금석은 '법칙'이다. 행동의 실험적 분석에서 환경 변인과 개인 행동 사이의 법칙은 실험자가 추구하는 가정이고, 관찰된 사건이며, 목표이기도 하다. 즉 실험자는 개인의 행동이 환경 내 변인의 결과라는 가정과 함께 시작한다(원인이 전혀 없다는 것에 반하여). (Johnston & Pennypacker, 1993a, p. 238)

달리 말해, 어떤 사건의 발생은 다른 사건과의 기능적 관계에 의해서 결정된다. 행동분석가는 행동이 다른 모든 자연현상과 같이 결정된다고 간주한다. 결정론은 증명될 수 없는 가정이지만 경험적으로 지지되고 있다.

> 모든 과학적 자료는 **결정론**을 지지한다. 모든 것은 결정된다고 주장하는 **결정론의 법칙**은 행동적 영역에 적용된다. … 상황 1에서 행동이 유발(결정)된다. 상황 2에서 행동이 유발(결정)된다. 상황 3에서 행동이 유발(결정)된다. … 그리고 상황 1001에서 행동이 유발(결정)된다. 실험자가 행동을 일으키거나 행동의 변화를 일으키는 독립변인을 조작할 때마다 행동이 유발되거나 결정된다는 경험적인 증거가 점점 더 많이 축적된다. (Malott, General, & Snapper, 1973, pp. 170, 175)

행동적 변산성은 유기체의 외부로부터 온다

어떤 실험 단계에서 모든 조건이 유지되나 행동의 반복 측정 자료에 변화가 있을 때(예 : 참가자가 일관된 방식으로 반응하지 않음), 행동이 변산성을 보인다고 말한다.

심리학과 다른 사회과학에서는 실험적 접근을 가장 많이 사용하며, 행동과학(예 : 교육, 사회학, 정치과학)은 이러한 변산성에 대해 두 가지 가정을 한다. (a) 행동의 변산성은 유기체의 내적 특성이다. (b) 행동의 변산성은 모집단의 개별 구성원 사이에 무선적으로 분포되어 있다. 이 두 가지 가정은 비판적 방법론적 함의를 가진다. (a) 변산성에 실험적 통제를 가하거나 연구를 시도하는 것은 시간을 낭비하는 일이다―변산성은 실재하여 주어진 것이다. (b) 집단 안에서 개별 참가자의 수행 평균을 계산함으로써, 변산성을 통계적으로 통제되거나 상쇄할 수 있다. 변산성에 대한 이러한 두 가정은 잘못되었으며(경험적 근거는 정반대의 주장을 한다.), 이 방법은 행동과학에 해가 된다. "변수들은 통계적으로 통제되지 않는다. 단지 숨어 있어서 드러나지 않을 뿐이다(Sidman, 1960/1988, p. 162)."[4]

행동분석가는 자료 내 변산성에 대해 매우 다르게 접근한다. 응용행동분석에서 실험 설계와 연구의 수행에 대한 근본적인 가정은, 행동 변산성이 유기체의 내적인 특징이라기보다 환경적 영향의 결과라는 것이다―연구자가 변화시키려는 독립변인, 실험에서 통제 불가능한 요소 그리고/또는 실험 외적으로 통제되지 않거나 알려지지 않은 요소에 의한 영향.

외적 변산성에 대한 가정 때문에 행동분석가는 다음과 같은 방법을 선택한다. 변산성을 감추기 위해(그리고 그것을 이해하거나 조절할 기회를 상실한 결과로) 많은 참가자의 수행 평균을 계산하는 대신, 변산성을 유발할 것으로 예측되는 요소를 실험적으로 조작한다. 변산의 근원지를 실험적으로 증명하는 것은 곧 실험적 통제를 의미하며, 이는 다른 기능적 관계를 인정하는 것이기 때문에 인과관계를 조사하는 것은 행동에 도움이 된다. 사실상 "이에 대해 답을 찾는 것

---

4) 일부 연구자는 집단 간 비교 설계가 무선 분포된 변산을 제거하기 위한 외적 타당도를 가질 수 있다고 믿기 때문에 사용한다. 집단과 개인 간 비교 실험 방법은 제5장에서 다룬다.

이 본래 실험적 문제에 대한 답을 찾는 것보다 더 큰 성취감을 줄 수도 있다(Johnston & Pennypacker, 1980, p. 226)."

변산성의 원인을 실험 방법을 통해 찾아가는 것은 과학적인 관점에서 보면 매우 바람직하다. 그러나 응용행동분석가는 때로는 변산성이 발생할 때 이를 밝히기보다는 그냥 받아들여야만 한다(Sidman, 1960/1988). 응용 연구자는 변산의 근원으로 의심되는 요인을 실험적으로 조작할 시간이나 자원을 가지고 있지 않다(예 : 하루 중 짧은 시간만 학생과 상호작용하는 교사가 교실 밖의 많은 변인을 통제하는 것은 불가능하다). 대부분의 세팅에서 응용행동분석가는 통제되지 않는 변인에 의해 야기되는 변산을 극복할 수 있는 강력한 치료변인을 찾아 목표행동에 바람직한 효과를 만들어 내려고 노력한다(Baer, 1977b).

 응용행동분석의 실험 요소

자연에 복종해야 한다. … 그러나 동전은 양면을 가지고 있다. 한 번 복종하면 자연은 통제될 수 있다.
— B. F. Skinner(1956, p. 232)

실험은 자연의 법칙을 밝혀내는 과학적 방법이다. 타당하고 믿을 만한 발견은 효과적인 행동변화 기술에 도움을 준다. 응용행동분석에서 모든 실험은 다음과 같은 필수 요소를 포함한다.

- 적어도 1명의 참가자(참가자)
- 적어도 한 가지 행동(종속변인)
- 적어도 한 가지 세팅
- 행동을 측정하고 자료를 꾸준히 시각적으로 분석할 수 있는 체계
- 적어도 한 가지 치료 또는 개입 조건(독립변인)

- 독립변인을 조작하여 종속변인에 끼치는 영향을 감지(실험적 설계)

실험의 목적은 자연으로부터 무언가를 배우는 것이기 때문에, 잘 계획된 실험 설계는 자연에 대한 특정한 질문과 함께 시작된다.

실험 질문

우리는 알지 못하는 무언가를 찾기 위해 실험을 한다.
— Murray Sidman(1960/1988, p. 214)

응용행동분석가에게, Sidman의 '우리가 알지 못하는 것'은 사회적으로 중요한 행동의 의미 있는 향상과 이를 통제하는 하나 이상 변인 간의 기능적 관계 그리고 이의 특징 탐색이라는 질문으로 다가온다. **실험질문**은 "실험자가 실험을 수행함으로써 알기 원하는 것에 대해 간단하지만 특정한 진술이다(Johnston & Pennypacker, 1993b, p. 366)." 응용행동분석 연구에서 실험(또는 연구) 질문은 다음과 같이 질문의 형태로 기술된다.

- 학습장애가 있는 초등학생에게 10개의 단어를 따로 제시하는 것과 묶어서 제시하는 방법 중 어떤 방법이 더 효과적일까를 평가하기 위해 다음을 측정한다. (a) 매주 시험을 통해 측정된 새 단어 철자 습득 정도, (b) 습득된 단어 유지 정도(Morton, Heward, & Alber, 1998)
- 학습장애가 있는 중학생이 특수학급에서 교사의 관심을 받는 적절한 방법에 대한 훈련의 효과가 다음에 어떤 영향을 주는가? (a) 일반학급에서 관심을 끌려고 시도한 반응의 횟수, (b) 일반 학급에서 학생이 교사로부터 받은 칭찬 횟수, (c) 일반학급에서 교사로부터 받은 지시 피드백 횟수, (d) 일반학급에서 학생의 생산성과 정확성(Alber,

Heward, & Hippler, 1999, p. 255).

그러나 주로 연구 질문은 연구 목적에 포함된다. 예를 들면 다음과 같다.

- 이번 연구의 목적은 음식 거부를 치료할 때, 숟가락을 치우지 않는 것과 신체적 유도의 상대적인 효과성을 비교하고, 각 절차에 의해 생긴 부수적 행동의 발생 여부를 평가하기 위함이다(Ahearn, Kerwin, Eicher, Shantz, & Swearingin, 1996, p. 322).
- 이 연구는 습관 반전이 투렛장애 아동의 음성 틱 치료에 효과가 있는지를 결정하기 위해 행해졌다 (Woods, Twohig, Flessner, & Roloff, 2003, p. 109).
- 이 연구의 목적은 물건 보상 조건에서 나타난 자해 행동이 치료사의 관심에 의해 영향을 받았는지 평가하는 것이다(Moore, Mueller, Dubard, Roberts, & Sterling-Turner, 2002, p. 283).
- 이 연구의 목적은 선호도가 높은 음식을 강화로 사용되는 경우 식사 후 회기까지 악영향을 주는지를 조사하는 것이다(Zhou, Iwata, & Shore, 2002, pp. 411~412).

실험 질문이 외적으로 드러나든, 목적을 나타낸 문장에 함축되어 있든 관계없이, 실험 설계와 수행의 모든 측면은 실험 질문을 따라야만 한다.

좋은 설계는 질문에 확보한 답을 주고 질문에 따라 결정되며, 단순히 책에 나온 방법을 그대로 적용하기보다는 맥락을 충분히 고려한 후 결정된다.(Baer, Wolf, & Risley, 1987, p. 319)

참가자

응용행동분석에서 실험은 **단일 참가자**(또는 단일 사례) **설계**이다. 이는 행동분석 연구가 개별 참가자 연구로

한정되기 때문(어떤 경우는 그렇지만)이기보다는, 실험 논리나 행동변화에 대한 분석 시 참가자를 스스로 통제하는 주체로 보기 때문이다.[5] 달리 말하면, 각 참가자는 각 조건에 노출되고(예 : 독립변인의 존재와 부재) 각 행동에 대한 반복 측정이 행해진다. 참가자는 실험에서 각 조건에 여러 번 노출된다. 연구 각 단계의 참가자 행동을 측정함으로써 다양한 조건에서 실험변인을 제시하거나 철회할 때 그 효과를 비교할 수 있다.

대부분의 응용행동분석 연구에서는 1명 이상을 연구하지만(보통 4~8명) 개별적으로 그래프화되고 분석된다.[6] 각 참가자가 통제의 역할도 하는 실험을 기술할 때 단일 참가자 설계 대신 참가자 내 설계(within-subject design) 또는 참가자 안 설계(intra-subject design)라는 용어를 사용하기도 한다.

행동분석가는 5학년 1개반 학생 중 숙제를 해 온 학생 수를 집단 내에서 처치 변인의 효과를 평가하는 기준으로 정한다. 이 경우 숙제를 해 온 학생 수는 '단일 참가자' 설계에서 종속변인으로 간주되며, 그래프화되고 분석된다. 그러나 학생의 자료가 개별적으로 그

---

5) 행동분석 연구의 경우 실험에서 자신의 행동을 종속변인으로 측정하는 사람을 전통적인 용어인 피험자 대신 참가자로 기술한다. 이 책에서는 두 가지 용어를 모두 사용하며, 독자에게 이 주제에 대한 Sidman(2002)의 의견을 참조할 것을 권한다. "최근에는 '피험자'를 피험자라 부르지 않는다. 이 용어는 비인간적으로 평가되기 때문에 대신 '참가자'란 명칭을 사용한다. 그러나 이 역시 잘못된 용어이다. 실험자를 비참가자로 만드는 일이 과학과 과학자에게 미치는 영향은 무엇인가? 실험자는 미리 짜인 바뀌지 않은 원칙을 따르는 로봇인가? 실험자는 그저 변인을 조작하고 그에 따른 결과만 수집하는 사람인가? 실험자를 참가자의 행동을 기록하고 조작하는 비참가자로 보는 것은 실험자뿐만 아니라 전체 과학 과정을 비인간화하는 것이다(p. 9)."

6) Rindfuss, Al-Attrash, Morrison, Heward(1998)가 한 실험은 단일 참가자 연구가라는 명칭이 부적절함을 보여 주는 예이다. 5개의 8학년 미국 역사 수업을 수강하는 학생을 대상으로 반응 카드가 퀴즈와 시험 점수에 주는 효과를 평가하기 위해 참가자 내 반전 설계를 사용했다. 많은 학생이 이 연구에 참여했으나, 이 연구는 85개의 개별 실험으로 구성된 것이다. 즉 1개의 실험과 84개의 반복 실험이다.

래프화되고 해석되지 않는 한 개별 학생의 행동은 분석이 불가능하여, 어떤 개별 참가자도 집단을 대표하는 자료가 될 수 없음을 명심해야 한다.

단일 참가자 또는 적은 수의 참가자를 이용하는 실험은 전통적으로 심리학과 다른 사회과학에서 사용되는 많은 수의 참가자를 대상으로 하는 집단 비교 설계와 첨예하게 대립된다.[7] 집단 비교 설계 지지자는 참가자 수가 많을수록 변산을 통제할 수 있고 모집단으로 일반화(또는 외적 타당도)가 용이해진다고 믿는다. 개별 참가자의 행동에 대한 참가자 내 비교 대 서로 다른 참가자의 평균 수행을 비교하는 실험적 접근의 이점과 단점은 제5장에서 논의할 것이다. 이제부터 Johnston과 Pennypacker(1993b)의 예리한 관찰을 통해 이 주제를 정리하고자 한다.

개인 내 설계가 잘 시행되는 경우, 개인 간 변산에 의해 오염되지 않은 행동의 특성을 파악할 수 있다. 반면, 집단 간 설계는 특히 개인 간 변산과 치료로 인한 변산을 구별해 주지 못하므로 행동에 대한 설명을 어렵게 한다. (p. 188)

행동 : 종속변인

응용행동분석 실험에서 목표행동 또는 좀 더 정확하게는 그 행동의 측정치(예 : 비율, 지속 시간)를 **종속변인**이라 한다. 사실상 실험자가 조작한 독립변인에 의존하는(즉 기능하는) 행동을 알아내기 위해 실험을 고안하므로 그렇게 이름이 붙었다. (응용행동분석에서 응용이라는 측면을 충족하는 반응 범주를 선택하고 정의하는 기준과 과정은 상권 제3장에 나와 있다.)

어떤 연구에서는 한 가지 이상의 행동을 측정한다. 여러 가지 행동을 측정하는 이유 중 하나는 독립변인이 순차적으로 각 행동에 적용되었을 때 이 독립변인

의 효과를 평가하고 반복하기 위한 비교 자료를 제공해 주기 때문이다.[8] 다양한 종속변인을 측정하는 두 번째 이유는 독립변인이 직접적으로 영향을 주는 반응 범주 이외의 행동에 대한 독립변인의 존재와 효과의 정도를 평가하기 위해서이다. 이 전략은 독립변인이 다른 행동에 어떤 부수적인 영향—바람직하든 바람직하지 않든—을 미쳤는지의 여부를 결정하는 데 사용되곤 한다. 이러한 행동은 이차적 종속변인이라 부른다. 이차적 종속변인은 일차적 종속변인과 같은 빈도로 측정되지는 않지만, 실험자는 이차적 종속변인의 발생 비율을 주기적으로 측정해야 한다.

여러 행동을 측정하는 또 다른 이유는 참가자 이외에 다른 사람의 행동변화가 실험 중에 발생했는지 그리고 그런 변화가 참가자의 행동변화에 영향을 주었는지 알아내기 위해서이다. 이 전략은 오염변인의 효과를 평가하는 데 주로 사용되는 통제 전략이다. 부수적 행동(들)은 분석 측면에서 보면 진짜 종속변인은 아니다. 예를 들어, 중학교 여학생이 교실에서 학습행동을 스스로 기록하는 것의 효과를 분석한 고전적인 실험에서 Broden, Hall, Mitts(1971)는 실험 중 교사가 학생에게 주의 집중하는 시간을 관찰하고 기록했다. 교사의 주의가 학습 행동의 변화와 함께 변화한다면 자기기록과 학습 행동 사이의 기능적 관계는 증명될 수 없다. 이 사례에서 교사의 주의는 잠재적인 오염변인으로 정의될 수 있으며, 이 경우 연구에서 실험적으로 이를 통제(예 : 지속적으로 교사의 주의를 고정시키려는 것)하거나 체계적으로 그 효과를 조작하고 분석해야 한다. 그러나 실험의 첫 4개의 단계에서 교사의 주의와 학생의 학습 행동 사이에 기능적 관계가 없음이 밝혀졌다.

---

7) 단일 참가자 연구의 역사에 관해서는 Kennedy(2005)를 보라.

8) 이것은 응용행동분석에서 주로 사용되는 실험적 전략인 행동 간 다중 기저선 설계의 특징이다. 다중 기저선 설계는 제4장에 나와 있다.

세팅

> 환경을 통제하면 행동의 순서를 발견할 수 있을 것이다.
> — B. F. Skinner(1967, p. 399)

기능적 관계는 행동에서 관찰된 변화가 특정 환경 조작에 기인했을 때 성립한다. **실험 통제**는 개인 환경의 어떤 측면을 체계적으로 조작함으로써(독립변인) 행동에 예측할 수 있는 변화(종속변인)가 반복적으로 나타날 때 얻어진다. 이를 적절하게 증명하기 위해서 연구자는 무엇보다도 두 가지 환경 변인을 통제해야만 한다. 먼저 연구자는 제시, 철회, 가치를 변화시키는 방법으로 독립변인을 통제해야 한다. 그다음 연구자는 계획하지 않은 환경 변인의 영향을 없애기 위해 실험 세팅—**가외변인**—을 지속적으로 통제해야 한다. 이 두 가지 조작—정확히 독립변인을 조작하고 관련된 모든 환경 세팅의 불변성을 유지하는—은 **실험 통제**라는 개념의 두 번째 정의이다.

기초 실험실 연구에서 실험 공간은 실험 통제를 극대화하기 위해 설계되고 구성된다. 예를 들어 조명, 온도, 소리는 모두 같은 상태로 유지되며, 프로그래밍된 설비는 계획대로 사전 자극을 제시하고 결과를 생산할 수 있어야 한다. 그러나 응용행동분석가는 사회적으로 중요한 행동이 자연스럽게 발생하는 세팅—학교, 가정, 직장—에서 연구를 진행한다. 응용 환경에서 모든 것을 통제하는 것은 불가능하다. 또한 많은 경우 참가자가 잠깐씩만 실험적 세팅에 있기 때문에, 다른 세팅에서 있었던 사건과 그 결과에 의해 영향을 받기 쉽다.

복잡하고 지속적으로 변화하는 응용 세팅의 속성에도 불구하고, 행동분석가는 환경과 관련된 모든 측면을 일정하게 유지하려는 노력을 기울여야만 한다. 예측하지 못한 변인이 발생할 때, 연구자는 그 영향이 끝나기를 기다리고 그것을 실험 설계 안으로 통합하려고 노력해야 한다. 반복적으로 참가자의 행동을 측정함으로써 계획되지 않은 환경적 변화가 행동에 영향을 주었는지 평가한다.

응용 연구는 보통 하나 이상의 세팅에서 시행된다. 연구자는 각각의 세팅에서 행동에 적용된 독립변인의 효과를 탐색하기 위해 여러 세팅에서 동시에 측정한다.[9] 게다가 어떤 세팅에서 관찰된 변화가 다른 세팅에서도 발생하는지 평가하기 위해 여러 세팅에서 자료를 수집한다(세팅 간 행동변화의 일반화를 높이기 위한 전략은 제14장에 나와 있다).

측정 체계와 시각 분석

행동분석을 시작하는 학생들은 때로 이 분야가 행동 관찰과 측정에 지나치게 치중되어 있다고 믿는다. 그들은 분석을 하고 싶어 한다. 그러나 어떤 실험 결과도 무엇을 측정했느냐에 따라 분석되며, 연구에 사용된 관찰과 기록 절차는 무엇을 측정했느냐뿐만 아니라 얼마나 잘 측정했느냐를 결정한다(예 : 실험적 자료에서 얻은 추정치가 참가자의 실제 행동을 얼마나 잘 대표하는지 여부. 모든 행동 측정은 아무리 자주 발생하고 정확해도 참값이 아닌 참값에 대한 추정이다). 따라서 모든 회기에 표준화된 관찰과 기록 방법을 사용하는 것이 매우 중요하다. 표준화는 측정 체계의 모든 측면—목표행동의 정의(종속변인)로부터 관찰 계획(기록지에 기록된 원자료를 그래프로 요약하는 과정)까지—을 포함한다. 상권의 제5장에 자세히 기술되었듯이 측정 방식의 변화는 변산을 늘리고 치료 효과를 오염시키는 결과를 초래할 수 있다.

앞 장에서는 연구자가 그래프에 대한 지속적인 시각 분석을 통해 실험적 자료를 살펴보는 것의 이점을

---

9) 이 방법은 세팅 간 다중 기저선 설계로 알려져 있다. 다중 기저선 설계는 제4장에 나와 있다.

설명했다. 행동분석가는 자료의 변산성 수준, 경향, 정도의 변화에 대해 민감하게 반응해야 한다. 행동은 지속적이고 역동적인 현상이기 때문에, 통제변인을 알아내려는 실험에서는 연구자가 진행 동안 자료를 조사하고 반응할 수 있어야 한다. 이 방법을 통해 행동분석가는 적절한 시기에 환경 요인의 기능적 관계를 밝히고 오염변인의 효과를 최소화하는 방식으로 환경을 조작할 수 있다.

개입 혹은 치료 : 독립변인

행동분석가는 행동과 환경적 변인 사이에 기능하는 신뢰성 있는 관계를 찾아낸다. 참가자의 행동에 영향을 주는지 알아보기 위해 실험자가 조작하는 환경의 특정한 측면을 **독립변인**이라 부른다. 때로 개입, 처치, 실험변인이라고도 불리는 이 환경 요소는 실험자가 참가자의 행동이나 다른 사건과 독립적으로 그것을 통제하거나 조작할 수 있기 때문에 독립변인이라 부른다. (그렇지만 앞으로 보게 되듯이, 종속변인에 무슨 일이 생길지 고려하지 않고 독립변인을 조작하는 것은 현명하지 않다.) 연구 수행을 위해 실험 세팅에서 가하는 변화(예 : 행동 측정을 위해 관찰자를 추가)는 종속변인에 대한 그것들의 영향을 최소화하는 목표로 만들어지는 반면, "독립변인에서의 변화는 그것의 반응에 대한 영향을 최대화하기 위해 실험자에 의해 조정된다(Johnston & Pennypacker, 1980, p. 260)."

독립변인의 조작 : 실험 설계

실험 설계는 특정한 연구 조건을 지칭하는 것으로 독립변인의 유무 혹은 정도에 따른 효과를 비교할 수 있게 해 준다. 독립변인은 도입과 철회, 증가와 감소를 통해 행동, 세팅, 개인 간 무한한 방식으로 조합될 수 있다.[10] 그러나 주어진 세팅 안에서 참가자의 행동에 대하여 오직 두 가지 독립변인의 변화가 가능하다.

새로운 조건을 소개하거나 이전 조건을 다시 재소개 … 실험 설계는 연구자와 청중을 납득시키는 자료를 만들어내기 위해 다양한 행동과 세팅을 일시적으로 다양하게 배열하는 과정이다. (Johnston & Pennypacker, 1980, p. 270)

가장 단순하게는—실제적으로 필요하지는 않지만 분석 측면에서 필요한—일정한 연구 기간 동안 독립변인의 유무를 조작할 수 있다. 비모수 연구는 독립변인이 조건 중 하나에 적용되었을 경우를 말한다. 반면, **모수 분석**은 독립변인의 수준에 따른 효과를 밝히는 경우를 지칭한다. 예를 들어, Lerman, Kelley, Vorndran, Kuhn과 LaRue(2002)는 모수 분석을 이용해 차별강화 크기(예 : 20초, 60초, 300초간의 장난감 접근 또는 과제로부터 회피)에 따라 강화 후 휴식과 소거에 저항 하는 지속 시간이 어떻게 달라지는지 평가했다. 독립변인의 수준에 관계없이 기능적 관계를 보여 주면 일반화가 보다 확실해지므로 모수 분석을 사용한다.

보통 연구자들은 다양한 치료 간의 상대적 효과를 비교하는 데 관심이 있다. 이 경우 독립변인의 결합도 실험 조건이 될 수 있다. 예를 들어, 2개의 개별 치료와 이 두 치료를 합친 세 번째 치료를 비교 평가할 수 있다. 독립변인이 결합된 조건이 있는 실험에서도 연구자는 기본적인 단순 실험 규칙(한 시점에 오직 하나의 **변인만 변화**)을 반드시 지켜야 한다. 이렇게 해야만 특정 독립변인으로 인한 행동변화를 살펴볼 수 있다. 예를 들면, 둘 또는 그 이상의 변인이 동시에 변화하여 행동에 변화가 나타나는 경우, 어떤 변인으로 인해 행동이 변화했는지 알기가 어렵다. 두 변인이 함께 변화했다면 행동변화에 두 변인이 똑같이 기여했을 수도

---

10) 얼마나 다양한 실험 설계가 있을까? 실험 설계는 실험의 복제 말고도 여기서 논의된 여러 요소를 다양하게 선택하고 고려하기 때문에 실험 수만큼 다양하다고 할 수 있다.

있고 한 가지 변인이 주요한 원인이고 나머지 변인은 부정적인 효과나 역효과를 냈으나 효과가 상쇄되었을 수도 있다. 어떤 설명도 가능해진다.

응용행동분석에서는 안전이나 위급한 상황과 관련된 '복잡한' 환경에서 치료를 진행한다. 이 경우, 응용행동분석가는 여러 가지 효과적인 치료를 하나의 '패키지로 합쳐' 제공한다. 어떤 패키지 개입에서는 여러 치료변인을 하나로 묶어 제공한다(예 : 토큰 강화＋칭찬, 자기기록＋타임아웃). 그러나 실험적 분석의 관점에서 치료 패키지를 사용할 때도 한 번에 하나의 변인을 조작하는 규칙은 지켜야 한다. 패키지 조작 시 실험자는 반드시 전체 패키지가 조작 시점마다 제시되거나 철회되도록 확인해야 한다. 이 경우, 패키지를 구성하는 각각의 요소가 아니라 전체 패키지를 평가하는 것임을 기억해야 한다. 패키지의 각 요소별 기여도를 확인하고자 하면 요인 분석을 실행해야 한다. 제3장과 제4장에서는 요인 분석에 대한 실험 전략을 기술한다.

주어진 연구 문제에 동일하게 적용되는 실험 설계는 없다(Baer et al., 1987; Johnston & Pennypacker, 1980, 1993a; Sidman, 1960/1988; Skinner, 1956, 1966). 연구자는 (a) 기능적 관계의 특성에 대해 가정해야 하며, (b) 행동 내의 예기치 못한 변화에 민감하지 않은 교과서적인 '설계'에 국한해서는 안 된다. 행동분석가는 연구 문제에 가장 적절한 실험 전략을 선택하고 결합해야만 하며, 항상 '즉각적이고 빠르게 변인을 조작할 수 있도록 설계를 통해 관련 변인을 찾기'에 대비해야 한다(Skinner, 1966, p. 21).

응용행동분석은 행동-환경 간 관계의 분석에 유동적인 실험 전략을 발전시킴으로써 성장할 수 있다. 이 전략 중 가장 널리 사용되는 것은 제3장과 제4장에서 자세히 기술된다. 그러나 가장 효과적으로 이 전략을 실험에 선택, 수정, 결합하기 위해 행동분석가는 먼저 개인 내 실험적 비교에 대한 논리를 완전히 이해해야 한다.

 ## 안정된 상태 전략과 기저선 논리

일정한 시간 동안 비교적 적은 변이를 보이는 반응 패턴으로 정의되는 **안정된 상태 반응**(Johnston & Pennypacker, 1993a, p. 199)은 행동분석에서 사용되는 가장 강력한 형태의 실험 근거에 의존하는데, 이를 기저선 논리라 한다. **기저선 논리**는 예측, 검증, 반복의 세 가지 요소를 포함하는데, 각각은 안정된 상태 전략이라는 실험적 조건에 의존한다. **안정된 상태 전략**은 행동에 영향을 줄 수 있는 다른 외적 조건을 제거하거나 통제하고, 다음 조건을 개입하기 전에 안정된 반응의 상태를 확보하기 위해 참가자를 주어진 조건에 반복적으로 노출하는 것을 말한다.

기저선 자료의 속성과 기능

행동분석가는 실험 중 각기 다른 환경 조건에서 참가자의 행동을 반복 측정하여 얻어진 자료를 비교함으로써 행동-환경 간 관계를 알아낸다. 주어진 변인의 효과를 평가하는 가장 보편적인 방법은 그 변인이 없을 때의 행동을 지속적으로 측정하는 것이다. 이 기초 자료는 독립변인 적용 시 관찰되는 어떤 행동변화와 비교하는 **기저선**이 된다. 기저선은 통제 조건으로 실험의 주목적인 특정 독립변인의 부재를 나타낼 뿐 치료의 부재를 의미하지는 않는다.

왜 기저선을 확립해야 하는가

순수하게 과학적이거나 분석적인 관점에서 보았을 때, 참가자 반응에 대한 기저선 수준을 확립하는 일차적인 목적은 독립변인 부재 시 참가자의 수행을, 이후에 독립변인 도입 시와 비교하는 기초 자료로 사용하기 위해서이다. 그러나 기저선 자료의 수집에는 다른 이점이 있다. 첫째, 독립변인 개입 전에 목표행동을 체계적으로 관찰하는 것은 행동 직전과 직후의 환경적 사건을 주시하고 예측할 기회를 준다. 선행사건-행동-결과의 관계에 대한 기술은 효과적인 개입에 매우 중요하다(상권 제14장 참조). 예를 들어, 기저선에서 아동의 폭발적인 파괴 행동에 지속적으로 부모나 교사의 관심이 뒤따른다는 것을 알아내면, 파괴 행동을 무시하고 바람직한 행동에 관심을 주는 개입 방법을 적용할 수 있다.

둘째, 기저선 자료는 특히 강화 유관을 결정할 때 가치 있는 정보를 제공한다(상권 제6장 참조). 기준이 너무 높으면 참가자가 유관을 경험할 수 없고, 기준이 너무 낮다면 행동 향상을 기대하기 어렵다.

셋째, 기저선 자료는 객관적 측정치를 제공한다는 이점이 있다. 체계적인 기저선 측정치는 행동변화의 필요성과 변화를 시도할 가치가 있는지 결정하는 데 도움을 준다. 예를 들어, 심각하게 문제가 되었던 행동도 기저선에서 그 행동 감소가 관찰되면 목표행동으로 삼지 않는다. 또는 어떤 행동이 교사나 부모의 관심을 끌지만 여러 날에 걸쳐 기저선을 측정하면, 개입이 필요할 만큼 행동이 자주 나타나지 않을 수도 있다.

기저선 자료 형태의 유형

기저선 측정에서 볼 수 있는 네 가지 형태의 자료가 그림 2.1에 제시되어 있다. 실험자나 임상가가 보게 되는 수많은 기저선 자료가 오로지 네 가지 예로 분류된다는 것은 역설적이다. 여러 가지 수준, 경향, 변산성 정도의 조합은 무한하다. 그러나 그림 2.1에 나타난 자료 유형에 대한 해석은 초보 행동분석가에게 지침을 제공하고 실험 결정에 도움을 줄 것이다.

그래프 A는 **안정형 기저선**을 보여 준다. 이 자료는 올라가거나 내려가는 경향을 보이지 않으며, 모든 측정치들이 일정 범위 안에 있다. 안정형 기저선은 독립변인의 효과와 비교하기 위한 가장 바람직한 기초 자료 또는 맥락을 제공한다. 그래프 A와 같이 안정된 기저선이 확립된 후 독립변인의 투입과 함께 행동의 수준이나 경향, 변산성에서 변화가 발생한다면 이 변화가 독립변인과 관련 있음을 쉽게 결론내릴 수 있다.

그래프 B와 C의 자료는 각각 **증가경향의 기저선**과 **감소경향의 기저선**을 보여 준다. 그래프 B에서는 시간이 지날수록 행동이 증가하는 경향을 보이며, 그래프 C는 반대로 감소하는 경향을 보인다. 응용행동분석가는 증가경향이나 감소경향의 기저선 자료를 신중하게 다뤄야만 한다. 응용행동분석에서는 변화가 필요한 목표행동을 종속변인으로 선택한다. 하지만 증가경향과 감소경향의 기저선은 현재 행동이 변화하고 있음을 보여 준다. 이 시점에서 독립변인의 개입은 이미 발생하고 있는 변화와 관련된 변인에 의해 불명확해지거나 오염될 수 있다. 하지만 행동을 즉각적으로 변화시켜야 하는 경우 현실적 필요성은 이를 정당화해 주기도 한다.

개입 변인은 기저선 수행의 향상 또는 감소에 의거해 소개되어야 한다. 기저선에서 행동변화가 바람직한 방향으로 증가 또는 감소하는 경우 치료를 보류해야 하며, 기저선을 유지하고 행동을 지속적으로 관찰해야 한다. 행동이 더 이상 향상되지 않거나(반응이 안정되었을 때) 나빠지기 시작했다면 독립변인을 소개한다. 행동이 안정되지 않고 계속 향상되면 문제가 사라진 것으로 치료가 더 이상 필요하지 않다(연구자가 '자발적' 향상의 원인을 분석하고 싶을지라도). 이미 향상되고 있는 행동에 독립변인을 개입하면 이 독립변인이 행동을 지속적으로 향상시켰다고 주장할 수 없다.

수행이 현저하게 나빠지는 것을 나타내는 증가경향

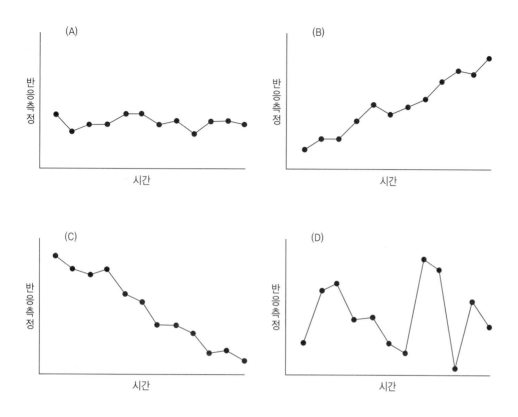

| **그림 2.1** | 자료 형태의 예. (A) 안정형 기저선, (B) 증가경향형 기저선, (C) 감소경향형 기저선, (D) 변동형 기저선

이나 감소경향의 기저선은 독립변인을 즉각적으로 적용할 수 있다는 신호이다. 응용 세팅에서 개입 여부에 대한 기준은 명확하다. 참가자의 행동이 악화되고 있다면 행동 향상을 위해 치료를 반드시 개입해야 한다. 다른 변인으로 인해 행동이 악화되고 있지만 바람직한 방향으로 행동을 변화시킬 수 있는 독립변인이야말로 가장 확실한 개입 변인으로 효과적인 치료에 반드시 필요하다. 악화되고 있는 기저선에서 처치변인을 개입하는 것 또한 매우 당연하며, 이는 다음 절에서 논의할 것이다.

그림 2.1의 그래프 D는 매우 불안정하거나 **변동적인 기저선**을 보여 준다. 그래프 D의 자료는 불안정한 반응 형태에 대한 일례이다. 측정치들은 일정 범위 내에 없으며 어떤 명확한 경향도 나타내지 않는다. 실험적으로, 이 같은 변산이 보일 때 독립변인을 개입하는 것은 현명하지 않다. 변산성은 환경 변인의 결과로 여겨지며, 그래프 D의 사례와 같은 경우 이 변인이 무선

적으로 작용하는 듯 보인다. 연구자가 독립변인의 효과를 분석하기 전, 통제되지 않은 변산성을 반드시 분리하고 통제해야 한다.

안정된 기저선 반응은 실험적 통제 정도에 대한 지표를 제공한다. Johnston과 Pennypacker는 『인간 행동 연구의 전략과 방법(Strategies and Tactics of Human Behavioral Research)』 개정판에서 이 점을 매우 강조했다.

> 기저선 반응에 변산성이 너무 크다는 것은 치료 개입 준비가 되지 않았음을 시시한다. (1993a, p. 201)

이들은 초판에서는 이에 대해 좀 더 직접적으로 표현했다.

> 기저선의 반응이 인정되지 않았다면 독립변인을 추가할 때가 아니라고 봐야 한다. 이때 독립변인을 개입하면 더욱 상황을 복잡하고 어렵게 만들게 된다. (1980, p. 229)

응용 세팅에서도 순수과학에서 추구하는 것과 균형을 맞춰야 한다. 응용 세팅에서는 문제를 해결할 때까지 기다리기 어려울 수 있다(예 : 심각한 자해 행동). 또는 연구하고 있는 참가자의 환경이나 오염변인을 통제하기 불가능할 수 있다.[11] 이러한 상황에서 독립변인의 개입이 안정된 반응을 만들 것이라 착각할 수 있다. Sidman(1960/1988)은 "행동분석가는 변산성을 수용해야 하며, 피할 수 없는 사실로 받아들여야 한다(p. 192)."라고 주장한다.

예측

예측은 "현재 알려지지 않았거나 측정할 것에 대한 예상되는 결과로, 수량화한 모든 과학적이고 기술적인 활동의 산물을 가장 고상하게 표현한 것이다(Johnston & Pennypacker, 1980, p. 120)." 그림 2.2는 안정된 기저선 반응에 대한 가설적 측정치를 보여 준다. 첫 5개 점은 참가자의 환경에 변화가 없다면 앞으로도 이전과 같은 수준의 범위 내에서 값이 측정될 것이라는 예측을 불러일으킨다. 실제로 여섯 번째 측정은 이 예측에 신뢰를 더했다. 같은 예측이 또다시 이루어지고, 시간이 지날수록 더 견고해지며, 또 다른 측정치도 예측이 옳다는 것을 보여 준다. 기저선(또는 다른 실험조건) 기간 동안 실험자는 반응 측정치가 현재의 조건 하에서 변화하지 않을 것임을 믿을 수 있을 때까지 지속적으로 예측하고 확인한다. 그림 2.2의 상자안의 자료는 '비교적 지속적인 환경 조건'[12]하에서 반응하고 있는, 아직 측정하지 않았지만 예측할 수 있는 미래

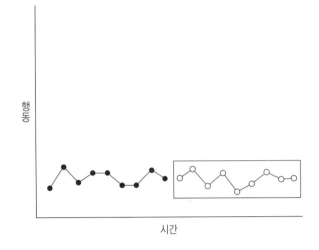

| 그림 2.2 | 검은 자료점은 안정된 기저선에서 만들어진 행동의 실제 측정치를 의미하고, 상자 안에 있는 하얀 자료점은 환경조건이 일정하게 유지될 때 얻어진 측정치를 기반으로 하여 예측되는 반응의 수준을 의미한다.

반응을 보여 준다. 안정된 측정치에 근거한 예측에 대해선 논쟁의 여지가 없다.

미래 행동에 대한 신뢰성 있는 예측을 위해 얼마나 많은 기저선을 측정해야 하는가? Baer와 동료들(1968)은 '안정성이 명확할' 때까지 기저선 측정을 지속하라고 권했다. 정답은 없지만, 안정된 상태의 예측 능력에 대한 몇 가지 고려 사항이 있다. 모든 상황이 똑같다면 측정은 적게 하는 것보다 많이 하는 것이 바람직하며, 안정된 반응을 얻은 기간이 길수록 더 신뢰성 있는 예측이 가능하다. 실험자가 안정적인 반응을 얻었다는 확신이 없다면, 독립변인 개입 전 더 많은 자료를 수집해야 한다. 연구하고 있는 행동의 특성에 대한 연구자의 사전 지식은 독립변인 개입 시기를 결정하는 데 도움을 준다. 연구자는 비슷한 반응에 대한 안정된 기저선을 얻었던 경험뿐 아니라 연구 문헌에서 찾은 유사한 사례를 통해 지식을 축적한다.

'기저선 자료를 최소한 5회기 이상 수집할 것' 또는 '연속 2주 이상 기저선을 측정할 것'과 같은 지침은 융통성 없고 고지식하다. 상황에 따라 1~2주에 걸쳐 수

---

11) 응용 연구자는 원치 않는 변산성이 통제 불가능한 오염변인 때문이라고 자동 추측함으로써 중요한 기능적 관계를 놓치는 일이 없도록 조심해야 한다.
12) "'비교적 지속적인 환경적 조건'이라 함은 실험자가 기능적으로 관련된 환경적 사건에서 통제되지 않은 변인을 고의로 만들어 내지 않는다는 것을 의미한다(Johnston & Pennypacker, 1980, p. 228)."

집한 5개의 기저선 자료가 안정된 상태를 보여 줄 수도 있고, 아닐 수도 있다. 연구자는 스스로 다음의 질문을 던져야 한다. 자료가 실험적 비교를 위한 기초 자료로서 충분히 안정적인가? 이 질문은 모든 관련 조건이 지속적으로 유지된 환경에서 반복 측정을 통해 지속적인 예측과 확인으로 답을 얻을 수 있다.

행동분석가는 때로 지시 변인과 새로운 기술 습득 간의 기능적 관계를 분석하는 데 관심을 갖는다. 이 경우, 기저선 측정치가 '0'이 될 때가 있다. 예를 들어, 한 번도 신발 끈을 스스로 매 본 적 없는 아동을 반복 관찰하면 정반응 수가 '0'인 기저선이 나타날 것이라 예상할 수 있다. 그러나 어떤 아동이 특정 기술을 한 번도 사용한 적 없다는 사실은, 과학적으로 타당한 기저선을 구성할 수 없으며 따라서 이 자료를 치료 효과에 대한 정당성을 주장하기 위해 사용해서는 안 된다는 것을 시사한다. 아동에게 반복적으로 반응할 기회를 주면 아동의 목표행동은 0보다 높아질 수 있다. **연습 효과**라는 용어는 기저선 측정을 얻기 위해 목표행동에 대한 기회를 반복 제공함에 따라 참가자의 수행이 향상되는 것을 말한다. 예를 들어, 학생의 산수 문제 수행에 대해 안정된 기저선을 얻으려 할 때, 측정 과정에서 반복적인 연습을 통해 학생의 반응 수준이 향상되는 결과가 나타날 수 있다. 연습 효과는 학생의 최종 수행이 연습의 효과인지, 학습의 효과인지 분리하기 어렵게 함으로써 연구를 혼란스럽게 할 수 있다. 연습 효과를 밝혀내거나 연습 효과가 없음을 증명하기 위해 반드시 기저선 측정을 반복해야 한다. 연습 효과가 의심된다면 반응이 안정될 때까지 기저선 자료 수집을 지속해야만 한다.

안정된 기저선을 증명하고 연습 효과를 통제하는 것은 필요한 치료나 개입을 보류하는 것을 의미하지 않는다. 개인의 레퍼토리 내에 있다고 볼 수 없는 행동에 대해 지나치게 오랫동안 기저선을 측정하는 것은 무의미하다. 예를 들어, 어떤 행동은 다른 행동이 부재하면 발생이 불가능하다. 신발 끈을 집지 못하면 신발 끈을 혼자 묶을 가능성이 없으며, 뺄셈과 곱셈을 못하면 절대 나눗셈 문제를 풀 수 없다. 이 경우 기저선 자료를 오래 측정하는 것은 불필요하다. "행동 발생 기회가 0인 경우 측정치는 행동이 발생하지 않았음을 보여 주지 않는다. 행동이 발생할 수 없을 때, 행동이 발생하지 않았다고 기록할 필요는 없다(Horner & Baer, 1978, p. 190)."

다행히 응용행동분석가는 치료 전 안정적인 상태를 구축하지 않거나 불가능한 행동에 대해 반복적으로 측정하는 일을 할 필요가 없다. 제4장에 소개되는 다중 프로브 설계는 독립변인을 개입하기 전에 참가자의 레퍼토리에 없는 행동의 기능적 관계를 확인할 수 있게 해 주는 실험적 전략이다.

결과의 확인

안정된 기저선 반응의 예측력은 **결과의 확인**을 가능하게 해 준다(Johnston & Pennypacker, 1980). 실험자가 안정된 기저선에 독립변인을 개입했을 때 두 변인의 관계가 분명해진다—독립변인이 없는 기저선 자료에는 변화가 없을 것이다. 실험자는 독립변인이 행동변화를 가져올 것이라고 예측한다(좀 더 정확하게는 독립변인이 변화를 가져올 것인지 의문을 가진다).

결과의 확인을 지지하는 합리적인 추론은 선행사건-결과(A 다음에 B)에 대한 진술과 과정을 통해 시작된다.

1. 만약 A가 참이면 B도 참이다.
2. B는 참이다.
3. 그러므로 A는 참이다.

다음은 행동분석가의 추론 과정이다.

1. 독립변인이 행동(A)을 통제하는 요소인 경우, 독립변인이 제시되면 행동변화(B)가 발생할 것이다.
2. 독립변인을 제시했을 때 자료는 행동이 변화했음을 보여 줄 것이다(B는 참이다).
3. 그러므로 독립변인은 행동을 통제하는 변인이다(그러므로 A는 참이다).

물론 이 논리는 완전하지 않다. 즉 다른 요소가 A의 참에 영향을 줄 수도 있다. 하지만 수많은 실행을 통해 'A 다음에 B'라는 관계가 확인되면 독립변인이 이 행동변화의 원인일 가능성이 높아진다.

그림 2.3~2.5의 자료는 행동분석가가 사용하는 가장 보편적이고 강력한 분석 전략인 반전 설계를 이용해 어떻게 예측, 확인, 반복이 실험 내에서 적용되는지를 보여 준다(제3장 참조). 그림 2.3은 성공적인 결과의 확립을 보여 준다. 기저선 동안 안정된 상태의 반응은 환경 변화가 나타나지 않는 한, 계속 측정하면 상자안의 자료점을 얻을 것임을 예측하게 해 준다. 이 때 독립변인을 개입하고 종속변인을 반복 측정하면 행동변화가 일어났는지를 확인할 수 있다. 이를 통해 실제 자료와 가설 자료를 비교할 수 있다. 첫째, 독립변인을 제시한 후 획득한 측정치와 기저선의 자료 간 차이는 독립변인의 효과를 나타내고, 치료가 행동변화를 일으킬 것이라는 예측을 지지한다.

둘째, 처치 조건에서 획득한 자료와 처치 변인이 개입되지 않았을 경우 예측되는 측정치(예 : 그림 2.3의 상자안에 있는 하얀 점)의 비교이다. 이는 이상적이지만 실험 설계의 가설적 추정을 보여 준다―치료변인의 존재와 부재 시 각 참가자의 행동에 대한 측정의 비교(Risley, 1969).

그림 2.3의 자료는 선행사건-결과―독립변인 소개 시 행동변화가 관찰됨―를 보여 주지만, 이 시점에서 독립변인과 종속변인 사이의 기능적 관계를 주장하기

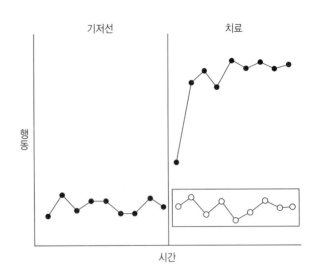

| **그림 2.3** | 행동과 치료변인 간의 기능적 관련성을 지지해 주는 결과 검증. 치료변인이 있을 때 얻은 측정치(상자 안에 있는 하얀 자료점)는 치료변인이 없을 때 예측되었던 수준과 다르다.

는 어렵다. 행동변화에 영향을 주는 다른 변인의 가능성이 실험을 통해 확인되지 않았기 때문이다. 예를 들어 독립변인이 개입된 시점과 같은 때 행동변화에 영향을 주는 어떠한 다른 사건이 발생했을 수도 있다.[13]

그러나 독립변인이 소개되어도 종속변인에 변화가 없다면 치료와 행동 간의 관계에 대해서 분명하게 말할 수 있게 된다. 행동에 대한 측정이 정확하고 행동의 변화에 대해 측정 체계가 민감했다고 가정한다면, 독립변인 소개 시 행동변화의 부재는 행동변화를 보여 주지 못하며(B는 참이 아니다) 독립변인은 통제변인으로서 배제될 것이다. 그러나 효과가 없음을 근거로 치료변인을 통제변인에서 배제하는 것은 가능성 있는 변인부터 실험적으로 통제한다는 가정을 전제로 한다(Johnston & Pennypacker, 1993a).

---

13) 치료 전 기저선 조건과 치료 조건으로 구성된 두 단계 실험(**A-B 설계**)이 기저선 수준에서의 지속된 반응 예측의 확인과 독립변인 효과에 대한 반복을 확인해 주지는 못하지만, A-B 설계는 중요하고 유용한 발견을 하는 데 도움을 줄 수 있다(예 : Azrin & Wesolowski, 1974; Reid, Parsons, Phillips, & Green, 1993).

그러나 그림 2.3에서는 독립변인과 함께 행동변화가 발생하여 관련성이 관찰되었다. 관찰된 행동변화는 독립변인의 기능으로 인해 나타났는가? 이 질문을 해결하기 위해 행동분석가는 검증이라는 다음의 기저선 논리의 요소를 사용한다.

검증

실험자는 기저선 측정치에 변화가 없을 것이라는 기존의 예측을 검증함으로써, 관찰된 행동변화가 독립변인의 개입과 기능적으로 관련이 있음을 보여 줄 수 있다. **검증**은 독립변인이 개입되지 않았다면 기존의 기저선 반응 수준에 변화가 없었을 것임을 증명함으로써 달성된다(Risley, 1969). 이 과정을 통해 기저선 반응이 지속될 것이라는 기존 예측의 정확성을 검증하고 관찰된 행동변화에 영향을 줄 수 있는 오염변인의 가능성을 줄일 것이다. 다시 말해, 결과의 검증이 근거하는 추론은 실험적 전략에 기저하는 논리이다.

그림 2.4는 효과의 검증을 보여 주는 가설적 실험의 예이다. 독립변인이 적용되었을 때 안정된 반응 상태가 확립되면 실험자는 처치 변인을 제거하고 이전의 기저선 상태로 돌아간다. 이러한 전략은 두 가지 다른 선행사건-결과의 가능성을 보여 준다. 첫 번째 가능성과 검증 단계는 다음과 같다.

1. 독립변인이 행동(A)에 대한 통제 요소라면 독립변인이 제거되면 행동변화(B)가 발생할 것이다.
2. 독립변인의 제거는 행동변화를 수반한다(B는 참이다).
3. 그러므로 독립변인은 반응을 통제한다(그러므로 A는 참이다).

두 번째 가능성과 검증 단계는 다음과 같다.

1. 기저선 조건이 행동(A)을 통제한다면 기저선 조건으로 돌아갈 경우 비슷한 반응 수준(B)의 결과가 산출될 것이다.
2. 기저선 조건을 복귀시키면 기존의 기저선 수준과 비슷한 반응 수준이 관찰될 것이다(B는 참이다).
3. 그러므로 기저선 조건은 이전과 지금의 행동 모두를 통제했다(그러므로 A는 참이다).

그림 2.4의 가설적 실험 기저선 2에서 얻은 6개의 측정치(음영 부분)는 기저선 1에 대한 예측을 검증한다. 기저선 2 음영 부분의 하얀 자료점들은 독립변인이 제거되지 않았을 경우 예측되는 반응 수준을 보여 준다(기저선과 치료를 포함하는 실험의 모든 단계 동안 나타나는 안정 상태 반응에 기저선의 예측 논리가 적용된다). 치료 시 실제로 얻어지는 자료와 기저선 2 동안 얻어지는 자료 간의 차이는 만약 A라면 B라는 첫 번째 진술을 확인해 준다—치료가 통제변인이라면 이것의 제거는 행동변화를 초래할 것이다. 기저선 2와 기저선 1에서 획득된 측정치의 동일성은 두 번째 A라면 B의 진술을 확인해 준다—기저선 조건이 이전 행동을 통제했다면 다시 개입된 기저선 조건에서는 비슷한 반응 수준을 보일 것이다.

독립변인의 적용 및 철회와 관련된 행동변화로 두 가지 사건 간의 기능적 관계에 대한 해석이 가능해지고 증거가 더욱 확실해진다. 독립변인이 적용되었을 때 행동변화가 관찰되었다. 독립변인이 철회되었을 때 행동은 또다시 변화하고 반응은 기저선 수준으로 돌아간다. 실험자가 효과적으로 독립변인의 존재와 부재를 통제하는 정도와, 실험 상황에서 행동에 영향을 줄 수 있는 모든 다른 변인을 지속적으로 유지하는 정도에 따라 기능적 관계가 나타난다—독립변인의 개입과 철회에 따라 중요한 행동변화가 발생하고 반복된다. 검증 과정은 독립변인이 아닌 다른 변인이 관찰된 행동변화에 영향을 미쳤다는 가능성을 감소시킨다.

| **그림 2.4** | 치료변인의 종결이나 제거로
예측되는 기저선 반응 수준에 대한 검증.
기저선 2에서 얻은 측정치(음영 부분의 검
은 자료점)는 검증이 성공적임을 보여 줄 뿐
아니라 치료변인이 지속될 경우 예상되는
반응 수준(기저선 2에서 하얀 자료점)과 비
교 가능하게 해 줌으로써 두 번째로 결과를
확인해 준다.

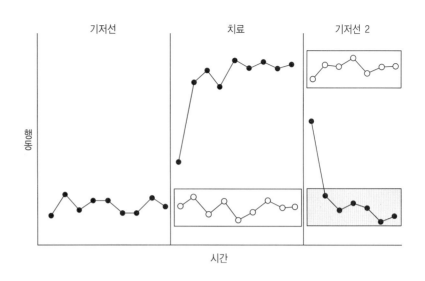

이 예측과 검증의 두 단계 전략이 충분히 기능적 관계를 증명하는가? 독립변인이 존재하거나 부재할 때 통제되지 않은 변인이 공존한다면 이 변인은 실제로 관찰된 행동변화와 관련이 있는가? 이 경우, 목표행동과 독립변인 사이의 기능적 관계를 주장하는 것은 적절하지 않고, 최악의 경우에는 효과적이고 신뢰할 만한 행동변화에 영향을 주는 실제 통제변인을 밝혀내지 못할 수 있다.

합리적인 의구심을 가진 실험자(그리고 연구 수요자)는 검증된 효과의 신뢰도에 대한 의문을 가질 수 있다. 검증된 행동변화가 얼마나 신뢰성 있는가? 기능적 관계가 명백한가? 일시적인 현상인가? 또는 독립변인의 재적용이 신뢰할 만한(즉 지속적으로) 행동변화를 만들어낼 것인가? 효과적인(즉 믿을 만한) 실험 설계는 이런 질문에 답하는 자료를 산출한다. 최종적으로 행동분석가는 신뢰도를 구축하기 위해 가장 중요한 기저선 논리의 요소와 실험적 설계를 시행한다—반복.

반복

반복은 신뢰도 구축의 핵심이다.

— Baer, Wolf, & Risley(1968, p. 95)

주어진 실험 내에서 **반복**은 이전 연구와 같은 독립변인을 조작하고 반복적으로 시행하여 비슷한 결과를 얻는 것을 의미한다.[14] 실험 내의 반복은 두 가지 중요한 목적을 가진다. 첫째, 독립변인에 의한 행동변화를 반복하여 보여 주면 행동변화에 책임이 있는 다른 변인의 가능성을 감소시킨다. 둘째, 반복은 행동변화의 신뢰성을 증명해 준다. 즉 행동이 다시 발생하게 만들 수 있다.

그림 2.5는 가설적 실험에 반복 요소를 더한 것이다. 기저선 2 동안 안정된 상태의 반응이 확립된 후 독립변인을 다시 개입한다. 이는 치료 2단계이다. 두 번째 치료 적용으로 획득된 자료(바둑판무늬 부분의 자료점)가 치료 1 기간 동안 획득된 반응 수준과 유사한 정도에 따라 반복을 평가한다. 그림 2.5의 가설적 실험은 독립변인과 종속변인 사이에 존재하는 기능적 관계에 대한 강력한 증거를 보여 준다. 기능적 관계에 대한 확신도는 여러 요소에 의해 영향을 받는다. 그중 가장 중요한 것은 측정 체계의 정확성과 민감성이며,

---

14) 이전 실험에서 찾아낸 기능적 관계의 신뢰도를 구축하기 위한 실험의 반복뿐 아니라, 이전의 결과를 다른 참가자, 환경, 행동에 확장될 수 있는 정도(예 : 일반화 또는 외적 타당도)도 포함한다. 실험의 반복은 제5장에서 고찰한다.

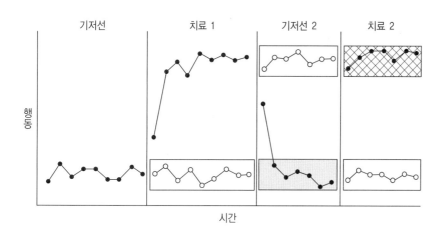

| **그림 2.5** | 처치 변인의 재개입에 의해 확립된 실험 효과의 반복. 치료 2에서 얻은 측정치(바둑판무늬 부분의 자료점)는 처치 변인과 목표행동 간의 기능적 관계를 증진한다.

관련된 모든 변인에 대한 실험자의 통제 능력, 실험 기간, 각 실험적 기간 내 반응의 안정성, 속도, 강도와 조건 간 행동변화의 일관성 등이 영향을 준다. 실험 설계에 의해 이 요소들이 잘 통제되고 자료에 의해 가설이 지지되면 기능적 관계 확립에 반복이 가장 결정

적인 영향을 미칠 것이다.

어떤 독립변인은 한 실험 내에서 여러 번 조작될 수 있다. 기능적 관계를 증명하기 위해 필요한 반복의 횟수는 위에 열거한 여러 조건과 관련되며, 같은 효과를 내는 비슷한 다른 실험과 연관되어 있다.

 요약

도입

1. 측정은 행동변화의 발생 여부와 시정을 보여 주지만 측정 자체만으로는 변화가 왜 나타나는지 밝혀내기 어렵다.

2. 행동과 환경 사이의 특정한 기능적 관계에 대한 지식은 행동변화를 위한 체계적이며 유용한 기술을 개발하는 데 꼭 필요하다.

3. 어떤 행동이 특정한 환경 사건과 관련하여 어떤 기능을 하는지 알아내기 위해서는 실험 분석이 반드시 수행되어야 한다.

행동분석의 기본 개념과 가정

4. 응용행동분석의 경우, 과학의 전반적인 목적은 연구를 통해 현상—사회적으로 중요한 행동—을 이해하는 것이다.

5. 과학은 기술 예측, 통제라는 3단계를 거쳐 현상을 이해하게 해 준다.

6. 기술적 연구는 관찰된 사건—수량화하고 분류할 수 있는 사실—을 산출한다.

7. 두 사건이 체계적으로 공존할 때 상관관계가 존재한다. 어떤 사건의 발생으로 인해 다른 사건이 일어날 때, 두 사건의 발생에 대한 확률을 예측할 수 있다.

8. 과학이 주는 가장 큰 이익은 세 번째, 즉 가장 높은 단계의 과학적 이해인 실험적 통제의 확립을 통해 얻을 수 있다.

9. 어떤 사람의 환경(독립변인)의 한 측면을 체계적으로 조작하여 예측 가능한 행동(종속변인)변화가 신뢰성 있게 발생함을 보여 줌으로써 실험적 통제를 확립할 수 있다.

10. 기능 분석은 목표행동이 다른 변인에 의해 영향 받았을 가능성을 배제하지 않는다.

11. 실험은 행동의 변화가 독립변인의 기능이며 통제되지 않은 다른 변인의 결과가 아님을 보여 줌으로써 내적 타당도를 가진다.

12. 외적 타당도는 어떤 연구 결과가 다른 사람, 환경, 그리고/또는 행동에도 일반화될 수 있는 정도를 말한다.

13. 오염변인은 종속변인에 알려지지 않거나 통제되지 않는 영향을 주는 변인이다.

14. 행동은 개인적인 현상이기 때문에 행동분석의 실험 전략은 참가자 내(또는 단일 참가자) 분석 방법에 기초한다.

15. 행동은 시간 경과에 따라 일어나고 변화하는 지속적인 현상이기에 반복 측정은 응용행동분석의 주요한 특징 중 하나이다.

16. 행동분석은 결정론적 가정에 근거한다.

17. 행동분석 실험 방법은 행동의 변산성이 유기체의 외부에 있다고 가정한다. 이는 변산성이 유기체의 내적 특성 때문이 아니라 환경적 변인에 의한 것임을 의미한다.

18. 행동분석가는 많은 참가자의 수행을 평균화하는 대신, 변산성에 영향을 미칠 수 있는 환경적 요소를 분리하거나 실험을 통해 조작하는 시도를 한다.

응용행동분석의 실험 요소

19. 실험 질문은 실험을 통해 연구자가 배우고자 하는 것이 무엇인지에 대한 진술이며, 실험을 이끌고 실험의 모든 측면에 반영되어야 한다.

20. 응용행동분석에서 실험은 행동변화를 분석하는 실험 논리가 참가자 스스로를 통제로 사용하기 때문에 대부분 단일 참가자(또는 단일 사례) 연구 설계로 부른다.

21. 응용행동분석 실험에서 종속변인은 목표행동을 측정할 수 있도록 양적 차원화한 것이다.

22. 연구에서 행동분석가가 다양한 반응(종속변인)을 측정하는 것은 (a) 각 행동에 차례로 적용되는 독립변인의 효과를 평가하고 반복하기 위한 통제로 기능하는 추가 자료를 제공하며, (b) 독립변인이 적용되는 반응 외에 치료 효과의 일반성을 평가해주고, (c) 실험 중에 참가자 이외에 다른 사람의 행동에 변화가 있었는지, 그리고 이 변화가 참가자에게서 관찰된 행동을 설명하는지를 평가하기 위해서이다.

23. 행동분석가는 독립변인을 정확하게 조작해야 할 뿐 아니라 계획에 없던 환경 변화를 통제하기 위해 모든 실험적 환경ー가외변인ー을 일정하게 유지해야 한다.

24. 계획하지 않은 사건 또는 변화가 실험 중 발생할 경우, 행동분석가는 반드시 그 효과를 확인하거나 실험 설계에 포함해야 한다.

25. 실험 중 관찰과 측정은 반드시 표준화된 방식으로 시행해야 한다.

26. 행동은 지속적이고 역동적인 현상이기 때문에 실험 중 자료에 대한 시각적 점검은 수준, 경향, 그리고/또는 변산에서의 변화를 정의하는 데 반드시 필요하다.

27. 독립변인의 변화는 목표행동에 대한 효과를 극대화하기 위한 노력에 의해 만들어진다.

28. 실험 설계라는 용어는 독립변인이 연구 내에서 조작되는 방식을 말한다.

29. 독립변인이 조작되고 결합되는 방식에 따라 무수히 많은 실험적 설계가 가능하지만 독립변인 자체는 두 가지 형태의 변화만 가능하다ー새로운 조건을 개입하기 또는 이전 조건을 다시 개입하기.

30. 모수 연구는 다양한 수준의 독립변인에 따른 반

응 값을 비교한다.

31. 실험 설계의 기본 규칙은 한 번에 한 가지 변인만 변화시키는 것이다.

32. 행동분석가는 형식적인 실험 설계를 따르기보다는 즉각적이고 빠르게 연관된 변인을 조작하여 연구 질문에 적절하게 실험 전략을 선택한다 (Skinner, 1966, p. 21).

안정된 상태 전략과 기저선 논리

33. 안정된 또는 지속적 반응은 귀납적 추론을 근거로 하는 기저선 논리를 사용할 수 있게 해 준다. 기저선 논리는 다음의 세 가지 요소에 근거한다 ―예측, 검증, 반복.

34. 주어진 변인의 효과를 평가하는 가장 일반적인 방법은 변인 부재 시 행동을 지속적으로 측정하는 것이다. 개입 전 자료는 기저선으로 차후 행동변화를 결정하고 평가하는 데 사용된다.

35. 기저선 조건은 지시 또는 치료의 부재보다는 독립변인의 부재를 의미한다.

36. 독립변인의 효과를 평가하는 데 객관적인 근거로 기저선을 확립하는 일차적 목적 이외에 기저선 자료를 수집하는 세 가지 다른 이유는 다음과 같다. (a) 개입 전 목표행동에 대한 체계적 관찰도 효과적인 개입을 계획하는 데 도움이 되는 선행사건-행동-결과의 상관관계에 대한 정보를 준다. (b) 기저선 자료는 강화에 대한 기준을 수립하는 데 중요한 정보를 제공한다. (c) 기저선 자료는 목표행동의 개입을 보장하지 않는다.

37. 기저선 자료의 형태는 네 가지로 분류된다―안정형, 증가경향형, 감소경향형, 변동형.

38. 독립변인은 안정된 기저선 반응이 확립된 후 소개되어야만 한다.

39. 수행 향상을 나타내는 증가경향이나 감소경향의 기저선이 보일 때 독립변인이 개입되어서는 안 된다.

40. 수행이 악화됨을 나타내는 증가경향이나 감소경향의 기저선이 보일 때 독립변인을 소개해야 한다.

41. 변산성이 매우 심하며 불안정한 기저선 상태인 경우 독립변인을 적용해서는 안 된다.

42. 변산성이 없는 행동 측정치를 통해 미래의 행동에 대한 예측이 가능하다.

43. 반응이 안정되고 자료점이 있으며 오랜 기간 동안 자료를 수집하면 예측이 더 정확하다.

44. 연습 효과는 반복 측정으로 인한 수행 기회의 증가로 인해 수행이 향상되는 결과를 말한다.

45. 행동 발생 기회가 없는 행동에는 연장된 기저선 측정이 필요치 않다.

46. 결과의 확인이라 불리는 귀납적 추론은 기저선 논리에 근거한다.

47. 효과적인 실험 설계로 여러 '만약 A라면 B'의 가능성을 확인함으로써, 관찰된 행동변화에 영향을 주는 제3의 요소를 제거할 수 있다.

48. 검증은 독립변인이 소개되지 않았으면 기저선 반응 수준이 지속되었을 것임을 증명하는 것이다.

49. 실험 내에서의 반복은 독립변인을 재개입함으로써 이전에 관찰된 행동변화를 다시 만들어 내는 것을 의미한다. 실험 내 반복은 독립변인보다 다른 변인이 행동변화에 책임이 있을 가능성을 감소시키고 행동변화의 신뢰성을 증명해 준다.

제3장

반전과 교차치료 설계

주요 용어

교차치료 설계	비가역성	A-B-A-B 설계
다중 요소 설계	비유관 강화(NCR) 반전 기법	B-A-B 설계
다중 치료 간섭	순서 효과	DRI/DRA 반전 기법
다중 치료 반전 설계	철회 설계	DRO 반전 기법
반전 설계	A-B-A 설계	

BCBA와 BCABA의 행동분석 자격심사위원회
행동분석과제 목록, 제3판

내용 영역 5 : 개입의 실험적 평가

5-1	치료에 대한 독립변인의 효과를 분석하기 위해 독립변인을 체계적으로 조작
(a)	철회 설계 사용
(b)	반전 설계 사용
(c)	교차치료(다중요소, 동시치료, 다중 및 동시 스케줄) 설계 사용
5-2	다양한 실험 설계를 사용할 때 현실적인 고려 사항과 윤리적 고려 사항을 규명하고 다룬다.

이 장에서는 응용행동분석가가 널리 사용하고 있는 두 종류의 실험 분석 전략인 반전과 교차치료 설계를 소개한다. 반전 설계에서는 목표행동에 독립변인을 소개하고, 철회하고(또는 '반전시키고'), 다시 소개하여 효과를 관찰한다. 교차치료 분석에서는 두 가지 또는 더 많은 실험 조건을 빠르게 교차시키고 행동에 대한 차별 효과를 알아낸다. 그다음 세 가지 안정 상태를 보여 주는 전략—예측, 검증, 반복—이 어떻게 설계에 포함되어 있는지 설명할 것이고, 각 전략이 보여 줄 수 있는 대표적인 예를 제시할 것이다. 반전과 교차치료 설계를 선택하고 사용하는 데 고려해야 할 사항 또한 제시할 것이다.

 ## 반전 설계

반전 설계를 사용하는 실험은 최소한 연속되는 세 단계(phases)에서 행동을 반복적으로 측정한다—(a) 독립변인이 없는 초기 기저선 단계, (b) 독립변인이 적용되어 행동에 영향을 주는 개입 단계, (c) 독립변인을 철회하고 다시 기저선 조건으로 돌아가는 단계. 응용행동분석에서 실험 설계를 기술할 때 가장 많이 사용하는 대문자 A와 B는 연구에서 소개된 첫 번째와 두 번째 조건을 나타낸다. 일반적으로 기저선 (A) 단계에서는 일정한 반응 상태에 도달할 때까지 자료를 수집한다. 다음으로 개입 (B) 조건은 치료(독립변인)가 적용되었음을 보여 준다. 반전이 한 번인 실험은 **A-B-A 설계**이다. A-B-A 설계를 이용한 연구가 많이 발표되었지만(예 : Christle & Schuster, 2003; Geller, Paterson, & Talbott, 1982; Jacobson, Bushell, & Risley, 1969; Stitzer, Bigelow, Liebson, & Hawthorne, 1982) **A-B-A-B 설계**가 더 선호된다. 조건 B를 다시 도입하면 실험적 통제를 더 확실하게 보여 주는 치료 효과의

반복이 가능하기 때문이다(그림 3.1 참조).[1]

A-B-A-B 반전 설계는 가장 간단하고 가장 강력하게 환경적 조작과 행동 간의 기능적 관계를 보여 주는 개인 내 설계이다. 반전 설계에서 기능적 관계가 나타나면 행동이 어떻게 작용하는지 자료를 통해 파악할 수 있다.

> 설명을 들으면서 반전 설계가 전혀 나쁘지 않음을 알게 되었다. "이 반응이 어떻게 작용하는 것이죠?" 하는 질문에 반전 설계는 분명한 답을 제시해 주었다(예 : 그림 3.1 참조). 물론 다른 답을 찾기 전에 그래프가 가설을 증명하는지 먼저 확인해야 한다. (Baer, 1975, p. 19)

Baer의 말에 귀 기울이자. 어떤 특정 변인의 유무에 따라 신뢰성 있게 변함을 보여 주는 것은 행동이 어떻게 작용하는지에 대한 질문에 대해 답하는 방법의 하나에 불과하다. 다른 변인이 목표 반응에 영향을 줄 가능성이 높다. 다른 변인의 효과에 대한 추가적인 실험이 필요한지의 여부는 이런 추가 실험이 사회적·과학적으로 얼마나 중요한지에 따라 좌우된다.

조작과 반전 설계의 논리

Risley(2005)는 반전 설계의 근거와 조작에 대해 다음과 같이 기술했다.

> Bernard가 실험의학의 초기에 사용한 사례에 근거해

---

[1] 어떤 저자들은 A-B-A-B 분석을 토대로 한 실험을 설명하는 데 **철회 설계**라는 용어를 사용하며, 이 장에서 설명할 DRO와 DRI/DRA 반전 기법(예 : Leitenberg, 1973; Poling, Method & LeSage, 1995)에서처럼 치료변인이 반전되는(혹은 다른 행동과 바뀌는) 연구에 반전 설계라는 용어를 사용한다. 행동분석 문헌에서 가장 자주 사용되는 용어인 **반전 설계**가 독립변인의 철회와 반전을 동시에 강조하며 '행동적 가역성'을 증명하려는 연구자의 의도를 반영하는 반면(Baer, Wolf, & Risley, 1968; Thompson & Iwata, 2005), **철회 설계**는 목표행동을 유지하는 데 효과가 있다고 증명된 치료변인을 차례로 혹은 부분적으로 제거하는 실험을 기술하기 위해 사용된다(Rusch & Kazdin, 1981).

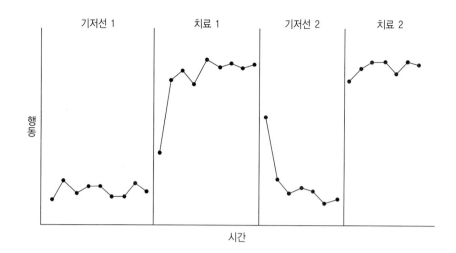

| **그림 3.1** | A-B-A-B 반전 설계의 그래프 기본형

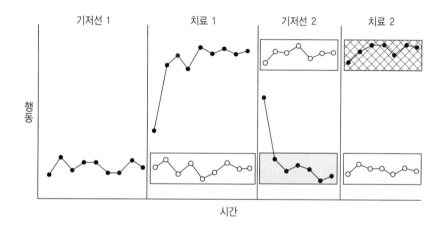

| **그림 3.2** | A-B-A-B 반전 설계의 예시. 상자 안의 자료점은 이전 조건이 지속되었을 때 예상되는 자료점이다. 기저선 2(음영 부분) 동안 수집된 자료는 기저선 1에서 내린 예측을 검증한다. 치료 2의 자료(바둑판무늬 부분)는 실험적 효과가 반복되는 것을 보여 준다.

Wolf가 재조명한 반전 또는 ABAB 설계에서 기저선 조건은 현재 동향을 확인하고 가까운 미래를 예측하기 위해 반복되고 수량화된 관찰로 구성된다(A). 그다음 반복된 관찰을 통해 결과가 예측했던 것과 같은지 혹은 다른지 확인하고 난 뒤(B), 다시 원상태로 돌아가서 반복된 관찰이 원래의 예측과 일치하는지 살핀다(A). 마지막으로 조건 B를 재도입하고 다시 반복된 관찰이 예측했던 것과 같은지 다른지 확인한다(B). (pp. 280~281)[2]

제2장에서 기저선의 논리를 소개하며 반전 설계를 설명했으므로 이 장에서는 반전 설계의 예측, 확인,

반복의 기능을 짧게 검토할 것이다. 그림 3.2는 그림 3.1에서 사용했던 것과 같은 자료에서 이전 단계와 조건이 유사할 경우 예상되는 행동 측정치를 보여 준다. 기저선 1 기간 동안 반응이 안정되거나 악화되는 경향을 보이면 독립변인을 도입한다. 가상 자료의 치료 1 기간 동안 얻은 측정치를 기저선 1의 측정치와 기저선 1에서 예상한 측정치에 비교하면 행동변화가 일어났는지 그리고 그 행동변화가 개입과 동시에 일어났는지를 알 수 있다. 치료 1에서 일정한 반응 패턴이 보이면 독립변인을 철회하고 다시 기저선 상태로 만든다. 기저선 2의 측정치가 기저선 1의 측정치와 같거나 유사하면 기저선 1에서 한 예측이 맞았음이 증명된다. 반대로, 개입 없이 기저선 조건을 유지했다고 가

---

[2] Risley(1997, 2005)는 Montrose Wolf가 반전 기저선 설계와 다중 기저선 설계를 사용하는 첫 번째 실험을 설계했다고 믿는다. "Wolf가 이 연구에서 사용한 연구 방법은 획기적이었다. 이러한 방법을 응용행동분석이라고 정의한다(pp. 280~281)."

정한 경우 예측한 자료는 기저선 2와 동일할 것이다. 독립변인의 철회가 독립변인이 있는 상태와 반대가 될 때, 개입이 관찰된 행동변화에 책임이 있다는 강력한 증거가 된다. 치료 2에서 독립변인의 재도입이 치료 1 기간 동안 관찰된 행동변화와 동일한다면, 반복 효과를 보여 주는 동시에 기능적 관계가 입증된다. 다른 말로, 개입이 계속되어 두 번째 기저선 조건이 도입되지 않으면 자료점은 치료 2와 유사할 것이다.

Romaniuk와 동료들(2002)은 A-B-A-B 설계가 잘 적용된 사례를 소개했다. 학습 과제를 줄 때마다 문제행동(예: 때리기, 물기, 칭얼대기, 울기, 자리 이탈, 부적절한 행동, 불평)을 일으키는 발달장애가 있는 세 학생을 참가자로 연구를 진행했다. 실험 전에 기능 분석(상권 제14장 참조)을 통해 각 학생의 문제행동이 과제를 회피하기 위해 지속됨을(예: 문제행동은 과제로부터 벗어나 잠깐 휴식을 취한 뒤에 가장 빈번하게 일어났다.) 알아내었다. 연구자들은 문제행동 발생 시 휴식 시간을 주고 어떤 과제를 할 것인지에 대한 선택권을 주면 문제행동의 빈도가 줄어들 것인지 조사했다. 실험 조건은 두 가지였다—(A) 선택권 없음, (B) 선택권. 교사가 선별한 과제를 두 조건에 똑같이 사용했다.

선택권이 없는 조건(A)에서 실험자는 학생에게 과제를 주고 "이것이 오늘 네가 해야 할 과제야." 또는 "_____을 해야 할 시간이다(p. 353)."라고 말하며 각 회기를 시작했다. 선택권이 주어지는 조건(B)에서 실험자는 학생 앞에 4~6개의 과제를 책상 위에 올려놓고 "너는 오늘 어떤 과제를 하고 싶니?"라고 물었다(p. 353). 학생들은 회기 중에 언제든지 과제를 요청하여 과제를 바꿀 수 있었다. 두 조건 모두에서 문제행동이 발생하면 실험자가 "이제 휴식 시간이다."라고 말하고 10초의 휴식 시간을 주었다.

그림 3.3의 실험 결과는 과제 선택의 기회와 3명의 학생에게서 관찰된 문제행동 사이의 명확한 기능적 관계를 보여 준다. 각 학생이 보여 준 회기당 문제행동(VCR 타이머를 사용해 문제행동의 시작과 끝을 기록한 총시간)의 백분율은 선택권이 없는 조건(기저선)보다 선택권이 주어진 조건에서 급격하게 감소했다. 선택권을 철회하자 문제행동이 기저선 단계로 돌아갔고(반전됨), 선택권을 다시 주었을 때 문제행동이 다시 감소되었다. Romaniuk와 동료들은 A-B-A-B 설계를 이용해 선택권을 주면 문제행동이 유의하게 줄어들 수 있다는 것을 간단하고 명확하게 보여 주었다.

1960년대와 1970년대 초기에는 응용행동분석가가 거의 전적으로 A-B-A-B 반전 설계에 의지했다. 간단한 A-B-A-B 설계는 응용행동분석 초기에 이 분야를 상징할 만큼 절대적인 역할을 했다(Baer, 1975). 반전 설계는 최소한 부분적으로, 확실한 변인이 무엇인지—강력한지 안정적인지 또는 약하거나 불안정한지—보여 준다. 반전 설계가 유행했던 또 다른 이유는 그 당시 예측, 확인, 반복의 개인 내 실험 요소를 효과적으로 결합한 대체 분석 전략이 별로 없었기 때문이다. 최근에는 반전 설계 이외에도 많은 실험 설계가 있지만, 쉽고 간단한 A-B-A-B 설계는 행동분석 문헌에서 계속해서 중요한 역할을 하고 있다[예: Anderson & Long, 2002(『응용행동분석』(상) 그림 11.2 참조); Ashbaugh & Peck, 1998(『응용행동분석』(상) 그림 10.7 참조); Cowdery, Iwata & Pace, 1990(『응용행동분석』(상) 그림 12.7 참조); Deaver, Miltenberger, & Stricker, 2001(『응용행동분석』(상) 그림 11.3 참조); Gardner, Heward, & Grossi, 1994; Levondoski & Cartledge, 2000; Lindberg, Iwata, Kahng, & DeLeon, 1999(『응용행동분석』(상) 그림 12.7 참조); Mazaleski, Iwata, Rodgers, Vollmer, & Zarcone, 1994; Taylor & Alber, 2003; Umbreit, Lane, & Dejud, 2004)].

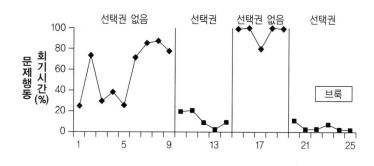

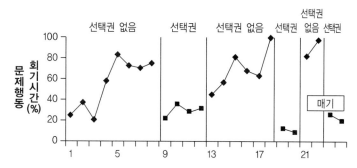

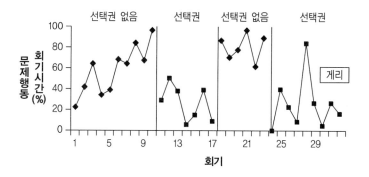

| **그림 3.3** | A-B-A-B 반전 설계

출처 : "The Influence of Activity Choice on Problems Behaviors Maintained by Escape versus Attention" by C. Romaniuk, R. Miltenberger, C. Conyers, N. Jenner, M. Jurgens, and C. Ringenberg, 2002, *Journal of Applied Behavior Analysis, 35,* p. 357. Copyright 2002 by the Society for the Experimental Analysis of Behavior, Inc. Reprinted by permission.

A-B-A-B 설계의 변형

많은 응용행동분석 연구는 A-B-A-B 설계의 변형 또는 확장된 설계를 사용한다.

반복된 반전

A-B-A-B 반전 설계의 가장 대표적인 변형은 독립변인이 철회되고 두 번째로 다시 도입되는 확대된 설계이다—A-B-A-B-A-B(그림 3.3 매기의 그래프 참조). 이전에 관찰된 행동변화 효과를 재생산하는 개입의 소개와 철회의 반복은 행동변화가 독립변인 조작의 결과물일 가능성을 증가시킨다. 다른 요소는 동일하

되 반전을 여러 번 반복한 실험은 반전이 하나인 실험보다 더 설득력 있고 강력한 기능적 관계를 보여 준다[예 : Fisher, Lindauer, Alterson, & Thompson, 1998(그림 1.2); Steege et al., 1990]. 또한 분석 결과가 추가적인 반전 도입에 의해 더 이상 크게 향상되지 않는 반복 지점을 찾아낼 수도 있다.

B-A-B 설계

B-A-B 설계는 독립변인(치료)의 적용으로 시작한다. 초기 치료 기간 동안(B) 일정한 반응에 도달하면 독립변인을 철회한다. 독립변인의 철회 후에 행동이 더 악

화되면(조건 A) 치료변인을 재도입하여 치료(B)동안 나타났던 반응 단계에 도달할 수 있는지 조사한다. 이 과정은 초기 치료 기간 동안 나타났던 자료 경로에 근거한 예측이 맞는지 보여 줄 것이다.

사람들은 A-B-A 설계와 달리, 치료변인이 효과가 있는 상태에서 끝내는 B-A-B 설계를 더 선호한다. 그러나 독립변인과 종속변인 사이의 기능적 관계를 증명하는 관점에서 보면 B-A-B 설계가 더 약하다. 왜냐하면 개입 전 단계에서는 독립변인의 효과를 측정할 수 없기 때문이다. B-A-B 설계에서 개입이 없는 조건 A는 이전에 존재하지 않았던 기저선의 예측력을 증명할 수 없다. 이 약점은 철회와 독립변인의 재도입을 통해(B-A-B-A-B 설계) 개선될 수 있다[예 : Dixon, Benedict, & Larson, 2001(『응용행동분석』(상) 그림 12.1 참조)].

B-A-B 설계는 조건 A 동안 행동이 개입 전의 행동을 보여 준다고 결정할 수 있는 자료를 제공하지 않기 때문에 순서 효과를 배제할 수 없다―조건 A의 행동 수준은 치료 조건이 선행되었다는 사실에 영향을 받을 수 있다. 그러나 기저선 자료를 수집할 수 없는 긴급한 상황이 있다. 예를 들어, B-A-B 설계는 참가자나 다른 사람에게 상해 또는 위험을 일으키는 목표행동에 적합할 수 있다. 일정 수준의 기저선 자료를 수집하기 위해 효과적일 수 있는 치료를 실시하지 않는 것은 윤리적인 문제를 발생시킬 수 있다. 예를 들어, Murphy, Ruprecht, Baggio, & Nunes(1979)는 심각한 지적장애를 가진 24세 성인 남자의 질식(self-choking) 행동에 대한 강화를 동반한 가벼운 처벌의 효과를 평가하는 데 B-A-B 설계를 사용했다. 24번의 치료 회기 후 3회기 동안 치료를 철회했다. 이 기간 동안 질식 행동이 즉각적으로 크게 증가했다(그림 3.4 참조). 치료를 재도입하자 질식 행동이 첫 번째 치료 기간 동안 나타났던 수준으로 돌아갔다. B-A-B 연구의 각 단계

동안 질식 행동이 나타난 수는 각각 평균 22, 265, 24이다.

비록 행동이 놀랍게 감소했지만, B-A-B 설계를 사용한 Murphy와 동료들의 연구는 첫 번째 개입 전 행동에 대한 객관적인 자료 수집과 보고를 통해 개선될 수 있다. 짐작컨대 Murphy와 동료들은 윤리적 그리고 현실적 이유 때문에 초기 기저선을 수집하지 않았을 것이다. 이 연구자들은 어떤 학교 직원이 자해 행동을 줄이기 위해 다른 방법을 사용했을 때, 질식 행동은 곧바로 개입 전 수준인 하루 평균 434로 되돌아갔다는 일화를 보고했다. 이 일화 정보는 B-A-B 설계에서 수집한 실험 자료가 시사하는 기능적 관계의 신뢰도를 높인다.

일반적인 A-B-A-B 설계보다 B-A-B 설계가 더 타당한 경우가 있다. (a) 치료가 이미 시작되었을 때(예 : Marholin, Touchette, & Stuart, 1979; Pace & Troyer, 2000), (b) 행동분석가가 실질적이고 사회적으로 중요한 결과를 증명하기에 시간이 제한되었을 때이다. 예를 들면, Robinson, Newby, & Ganzell(1981)은 4주 이내에 18명의 과잉 활동 남학생 학급을 위한 행동 관리 체계의 프로그램을 개발하고 효과를 증명하는 과제를 의뢰받았다. "4주 이내에 성공시켜야 한다는 조항이 주어졌기 때문에 B-A-B 설계가 사용되었다(pp. 310~311)."

다중 치료 반전 설계

다중 치료 반전 설계는 두 가지 또는 그 이상의 실험 조건의 효과를 비교하기 위해 반전 설계를 이용한 경우이다. 알파벳 C, D 등은 추가적인 조건을 말하는데, A-B-C-A-C-B-C 설계(Falcomata, Roane, Hovanetz, Kettering, & Keeney, 2004), A-B-A-B-C-B-C 설계(Freeland & Noell, 1999), A-B-C-B-C-B-C 설계(Lerman, Kelley, Vorndran, Kuhn, & LaRue, 2002), A-B-A-C-

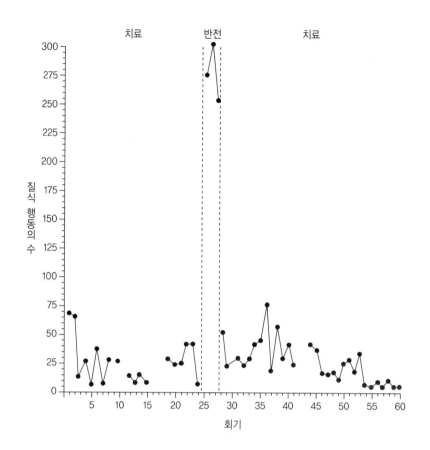

| **그림 3.4** | A B-A-B 반전 설계

출처 : "The Use of Mild Punishment in Combination with Reinforcement of Alternate Behaviors to Reduce the Self-Injurious Behavior of a Profoundly Retarded Individual" by R. J. Murphy, M. J. Ruprecht, P. Baggio, and D. L. Nunes, 1979, *AAESPH Review, 4*, p. 191. Copyright 1979 by the *AAESPH Review*. Reprinted by permission.

A-D-A-C-A-D 설계(Weeks & Gaylord-Ross, 1981), A-B-A-B-B+C-B-B+C 설계(Jason & Liotta, 1982) 등의 예가 있다. 전체적으로 이 설계들은 반전법의 실험적 방법과 논리를 포함하기 때문에 반전 설계의 변형으로 볼 수 있다. 각 단계에서 반응은 후속 단계(예측)에 대한 기저선(통제 조건) 자료를 제공하며, 독립변인은 이전 조건(확인)에서 관찰된 행동을 재생산하려는 목적으로 철회되고, 각 독립변인은 최소한 두 번 도입된다(반복). 독립변인은 도입되거나 철회될 수 있고, 가치가 변화될 수 있고, 병합될 수 있으며, 혹은 끝없이 다양한 실험 설계를 만들기 위해 조작될 수 있다.

예를 들면, Kennedy와 Souza(1995)는 심각한 장애를 가진 19세 학생의 눈 찌르기에 대한 두 가지 대체행동의 효과를 분석 비교하는 데 A-B-C-B-C-A-C-A-C 설계를 사용했다. 게오프는 12년 동안 점심 식사

후 또는 버스를 기다리는 시간 등 활동이 없는 시간에 검지 손가락으로 두 눈을 찌르는 행동을 해 왔다. 두 가지 대체행동 조건은 음악(B)과 비디오 게임(C)이었다. 음악 조건 동안 게오프에게 헤드폰과 함께 소니 워크맨 라디오를 주었다. 교사와 부모가 게오프가 좋아할 것이라 추측한 방송국에 라디오 주파수를 맞추었다. 이 조건 동안 게오프는 계속해서 음악을 들을 수 있었고, 원하면 언제라도 헤드폰을 벗을 수 있었다. 비디오 게임 조건 동안 게오프에게는 음향 효과 없이 다양한 시각적 무늬와 영상이 나타나는 손바닥크기만 한 비디오 게임기를 주었다. 음악 조건과 같이 게오프는 언제나 비디오 게임을 접할 수 있고, 또 중단할 수 있었다.

그림 3.5는 이 연구의 결과를 보여 준다. 게오프는 시간당 평균 네 번 눈을 찔렀고 기저선 단계(A)에서 음악 조건(B) 도입 후 눈 찌르기는 시간당 평균 2.8로

| 그림 3.5 | 다중 치료 반전 설계의 예(A-B-C-B-C-A-C-A-C)

출처 : "Functional Analysis and Treatment of Eye Poking" by C. H. Kennedy and G. Souza, 1995, *Journal of Applied Behavior Analysis, 28*, p. 33. Copyright 1995 by the Society for the Experimental Analysis of Behavior, Inc. Reprinted by permission.

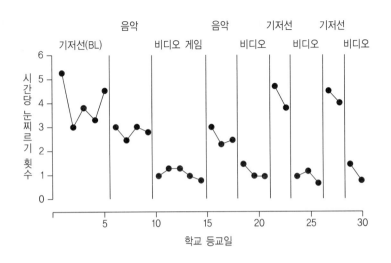

줄어들었다. 비디오 게임(C)이 그다음에 실행되었고, 눈 찌르기는 시간당 평균 1.1로 더 줄어들었다. 다음 두 단계—비디오 게임(C)인 두 번째 단계와 음악(B)의 재도입—동안 얻어진 측정치는 각 조건의 이전 단계 수준과 유사했다. 이 연구의 B-C-B-C 부분은 음악 조건에 비해 비디오 게임 조건에서 눈 찌르기가 낮음을 보여 주었다. 이 실험의 마지막 다섯 단계는 (C-A-C-A-C) 비디오 게임과 기저선(치료 없음) 조건을 실험적으로 비교한 자료이다.

다중 독립변인을 포함한 확장된 설계는 미리 계획된 것이 아니다. 응용행동분석가는 언제 그리고 어떻게 실험 조작을 할 것인가를 미리 결정하기보다는 지속적인 자료 평가에 의거하여 실험 설계에 대한 결정을 내려야 한다.

단일 참가자 연구는 독립변인과 종속변인 간의 관계를 규명하기 위해 실시된 다수의 실험으로 볼 수 있다. 그러므로 연구가 진행되면서 자료에 의거해 실험 설계에 대한 결정을 내린다. 이는 실험자가 실험 통제의 문제가 발생하는 즉시 이에 대한 해결책을 찾을 수 있게 해 준다. (Johnston & Pennypacker, 1980, pp. 250~251)

응용행동분석을 공부하는 학생들은 실험 설계의 융

통성을 자유로운 독립변인의 조작으로 해석해서는 안된다. 연구자는 언제나 한 번에 한 변인만 바꾸는 규칙을 고수해야 하고, 비교 기회의 제한과 일련의 조작으로 얻은 결과의 한계에 대해 충분히 인지하고 있어야 한다.

둘 또는 그 이상의 치료를 비교하기 위해 반전 설계를 사용하는 실험은 순서 효과로 인한 영향에 취약하다. **순서 효과**는 이전 조건에 대한 개인의 경험이 현재 주어진 조건에서 개인의 행동에 주는 효과이다. 예를 들면, 실제로 임상 현장에서 가장 잘 사용되는 A-B-C-B-C 설계에서 얻어진 결과 분석에 주의해야 한다—기저선(A) 후에 초기의 치료(B)가 실행되었으나 행동의 개선이 거의 또는 전혀 나타나지 않았다. 그리고 나서 두 번째 치료(C)가 시도되고 행동이 개선되었다. 그리고 두 번째 치료(C)에 뒤이어 첫 번째 치료(B)를 재도입하면서 반전을 시도했다[예 : Foxx & Shapiro, 1978(『응용행동분석』(상) 그림 10.3 참조)]. 이 경우에 B를 뒤따르는 C의 효과에 관해서만 안다고 말할 수 있다. 두 번째 치료 조건(즉 A-B-A-C-A-C 연쇄)을 도입하기 전에 초기 기저선 반응 수준으로 돌아가는 것은 순서 효과의 위협을 감소시킨다(또는 순서 효과를 파악하는 데 도움을 준다).

A-B-A-B-C-B-C 설계는, 예를 들어 B에서 A 그리고 C에서 B의 직접적인 비교를 가능하게 한다. A-B-A-B-B+C-B-B+C(예 : Jason & Liotta, 1982) 실험 설계는 각 요소 또는 B+C의 상호작용 효과를 평가하지만 C의 단독 효과는 보여 주지 않는다. 그리고 이 두 설계에서는 효과가 있어도 어떤 요소에 의한 효과인지 파악할 수 없다. 만약 B 이전에 C가 실행되었다면 C의 효과가 이미 행동에 내재되어 있을 수 있다. 실험에서 효과를 확실히 알기 위해서 각 조건을 다른 모든 조건에 선행하거나 뒤따르도록(예 : A-B-A-B-C-B-C-A-C-A-C) 조작해야 한다. 그러나 다중 조건의 조작은 많은 시간과 자원을 요구할 뿐 아니라 실험자에 의해 통제되지 않는 성숙과 역사적 변인, 즉 제3변인에 의한 영향에 취약하다.

비유관 강화(NCR) 반전 기법

정적 강화를 기반으로 하는 개입 후에 관찰되는 행동 변화는, 특정 반응 범주에 유관한 즉각적인 강화 때문이 아니라 강화로 인해 개선된 환경이 참가자의 기분을 좋게 만든 결과라는 가설을 세울 수 있다. 특히 사회적 강화가 개입에 포함되었을 때 이런 가설을 세울 수 있다. 예를 들면, 어떤 사람은 학생의 행동이 개선된 이유가 교사의 관심, 칭찬 방법과는 관계가 없고, 관심과 칭찬이 따뜻하고 지지하는 환경을 만들었기 때문이라고 주장한다. 그러나 유관 강화 조건에서 관찰된 행동 개선이, 목표행동의 발생과 무관하지만 같은 양의 보상이 주어진 조건에서는 관찰되지 않는다면 유관 강화와 행동변화 간의 기능적 관계가 증명된다. 다른 말로 하면, 이러한 실험 통제 기법은 행동변화가 단순히 자극 사건의 접촉 또는 제시가 아니라 유관 강화의 결과임을 보여 준다(Thompson & Iwata, 2005).

교사의 사회적 강화가 취학 전 아동의 협동 놀이에

끼치는 영향에 관한 Baer와 Wolf(1970a)의 연구는 **비유관 강화(NCR) 반전 기법**을 사용한 예이다(그림 3.6 참조). 저자들은 설계의 사용과 목적에 대해 다음과 같이 기술했다.

교사들은 먼저 아동의 협동 행동, 다른 관련 행동, 그리고 상호작용에 대한 기저선을 수집했다. 열흘 동안 관찰한 결과, 이 아동이 하루에 50% 정도 다른 아동에게 가깝게 접근한다는 것을 알아냈다(실내에서는 3피트, 실외에서는 6피트 이내 접근). 잦은 접근 행동에도 불구하고 이 아동은 하루에 단 2%만 다른 아동과 협동 놀이를 했다. 교사들은 이 아동과 하루에 20% 정도 상호작용(부정 상호작용 포함)을 했다. 이 자료를 바탕으로 교사들이 협동 놀이가 아닌 자유 놀이에 집중적인 사회적 보상을 제공하는 시간을 만들었다. 교사들은 돌아가면서 아동 가까이에서 아동이 하고 있는 활동을 지켜보며 필요한 것을 건네주거나 아동에게 웃는 얼굴을 보였다. 7일 동안의 비유관 사회 강화의 결과는 명확했다. 그 집단의 다른 아동이 이 아동과 상호작용하려는 시도를 2배 이상 했으나 아동의 협동 놀이는 전혀 변화되지 않았다. 7일 동안 변화가 없자 교사들이 협동 행동에 대해 계획된 강화를 주기 시작했다. 비유관 기간에 비해 절반밖에 되지 않는 12일 동안 제공된 강화로 아동의 협동 놀이가 2%에서 40%로 증가되었다. 그 시점에 교사는 그 효과를 증명하기 위해 유관 강화를 중단하고 비유관 강화를 재도입했다. 이 시기에 강화 기간 동안 발생했던 모든 협동 행동이 사라졌고 아동은 평균 5% 정도의 협동 놀이를 했다. 연구는 당시 유관 강화를 도입하고 협동 놀이를 증가시킨 후 이를 유지하기 위한 교사의 사회적 강화를 점차로 줄이면서 끝을 맺는다. (pp. 14~15)

유관 강화로 사용된 사건이나 활동을 완전하게 제거하는 것이 적절하지 않거나 불가능할 때, 기능적 관계를 증명하기 위해 비유관 강화를 통제 조건으로 사용하기도 한다. 예를 들어, Lattal(1969)은 여름 캠프에서 아동들의 이 닦기에 대한 강화로 수영을 하게 한

| **그림 3.6** | 통제 기법으로 NCR을 사용한 반전 설계

출처 : "Recent Examples of Behavior Modification in Pre-School Settings" by D. M. Baer and M. M. Wolf in *Behavior Modification in Clinical Psychology*, pp. 14-15, edited by C. Neuringer and J. L. Michael, 1970, Upper Saddle River, NJ: Prentice Hall. Copyright 1970 by Prentice Hall. Adapted by permission.

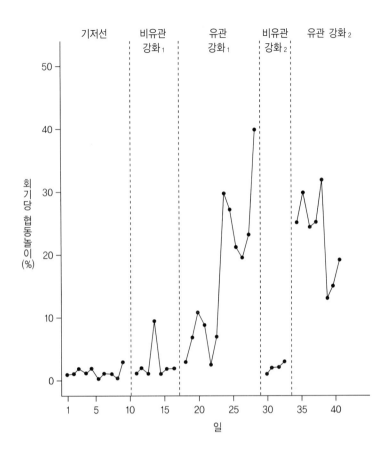

후 '반전' 효과를 증명하기 위해 비유관 강화를 통제 조건으로 사용했다. 유관 강화 조건에서 아동들은 이를 닦았을 때만 수영하러 갈 수 있었다. 반면에 비유관 강화 조건에서 아동들은 이 닦는 조건과 상관없이 수영하러 갈 수 있었다. 아동들은 유관 강화 조건에서 이를 더 많이 닦았다.

개인의 행동과 관계없이 고정 또는 변동 시간 계획에 따라 비유관 강화를 주는 것이 일반적이다. 유관 강화 기간 동안 원하는 행동이 높은 비율로 발생하는 경우, 비유관 강화 통제 절차의 취약점이 분명하게 드러난다. 예를 들어, 미리 짜인 스케줄에 따라 비유관 강화를 제공하는 경우 목표행동의 발생 직후 제공되는데, 이때 강화는 우발적이거나 '우연한 강화'로서 기능하게 된다(Thompson & Iwata, 2005). 실제로 의도하지는 않았으나 유관 강화로 얻은 것보다 더 높은 수행을 보이는 간헐 강화 계획이 발생하는 경우도 생

긴대간헐 강화 계획과 효과는 『응용행동분석』(상) 제8장에 기술되어 있다. 이러한 경우에 연구자는 다음에 기술된 유관을 '반전'시키는 두 가지 통제 기법 중 하나를 사용할 수 있다.[3]

다른 행동에 대한 차별 강화(DRO) 반전 기법

강화가 목표행동을 즉시 뒤따르지 않게 하는 한 가지 방법은 목표행동이 아닌 다른 모든 행동 수행 후 즉시 강화를 주는 것이다. **DRO 반전 기법**을 통제 조건으로 사용하는 경우, 목표행동이 아닌 다른 모든 행동의 발생에 강화를 준다(예 : Baer, Peterson, & Sherman, 1967; Osbourne, 1969; Poulson, 1983). 예를 들어,

---

3) 엄격하게 말하자면, 유관 적용이 효과를 증명하기 위해 NCR을 사용하는 것은 A-B-A 반전 설계가 아니다. NCR 반전 기법은 DRO, DRI/DRA 반전 기법과 같이 다중 치료 설계이다. 그림 3.6에서 Baer와 Wolf(1970a)의 사회 강화 연구는 NCR 조건인 B와 유관 강화 조건인 C를 포함한 A-B-C-B-C 설계를 사용했다.

Reynolds와 Risley(1968)는 빈곤층 아동들을 위한 취학 전 프로그램에 등록한 4세 아동의 언어 사용 빈도를 증가시키기 위해 교사의 관심을 유관적으로 사용했다. 유관 관심 기간 동안 아동의 언어 사용은 평균 기저선 11%에서 75%로 증가했다. 그 후 교사가 아동의 언어 이외에 다른 행동에 관심을 주는 DRO 조건을 실시했다. DRO 기간 6일 동안 아동의 언어 사용은 6%로 떨어졌다. 그다음 단계에서 다시 교사가 아동의 언어 사용에 유관적으로 관심을 제공했고, 아동의 언어 사용은 즉각적으로 "평균 51%로 증가했다(p. 259)."

상반된 행동에 대한 차별강화(DRI)/대체행동에 대한 차별강화(DRA) 반전 기법

DRI/DRA 반전 기법을 통제 조건으로 사용하는 경우 목표행동과 상반되거나(즉 두 행동이 동시에 발생하는 것은 불가능하다.) 목표행동에 대한 대체행동이 발생했을 경우, 강화를 제공한다. 교사의 칭찬이 취학 전 아동의 블록을 이용한 창작 놀이에 미치는 영향에 관한 Goetz와 Baer(1973)의 연구에서 DRI를 통제 조건으로 사용했다. 그림 3.7은 연구에 참여한 세 아동이 만든 여러 가지 블록의 수(예 : 아치, 탑, 지붕, 경사로)를 보여 준다. 기저선 동안(N으로 표시된 자료

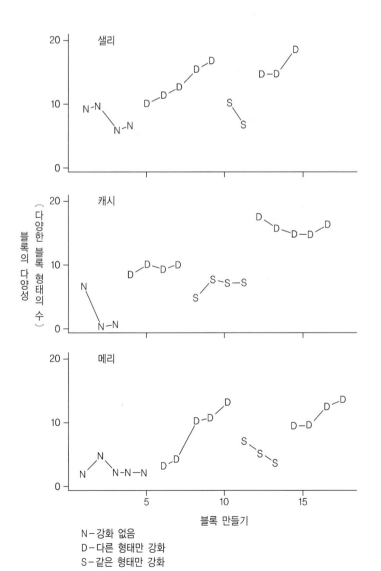

| **그림 3.7** | DRI 통제 기법을 사용한 반전 설계

출처 : "Social Control of Form Diversity and the Emergence of New Forms in Children's Blockbuilding" by E. M. Goetz and D. M. Baer, 1973, *Journal of Applied Behavior Analysis, 6*, p. 213. Copyright 1973 by the Society for the Experimental Analysis of Behavior, Inc. Reprinted by permission.

N−강화 없음
D−다른 형태만 강화
S−같은 형태만 강화

점) "교사는 아동이 블록을 쌓을 때 옆에 조용히 앉아서 블록 이용과 관련된 어떤 코멘트나 칭찬을 하지 않았다(p. 212)." 그다음 단계 동안(*D*로 표시된 자료점) "교사는 아동이 창의적으로 블록을 쌓고 재배열할 때마다 관심, 흥미, 기쁨을 표현하여 칭찬했다—'와, 매우 근사하다. 기발하다(p. 212)!'" 다음 단계에서 기저선 조건으로 돌아가는 대신에, 아동이 같은 형태의 블록을 만들었을 때만(*S*로 표시된 자료점) 칭찬을 해 주었다. "2~4회기 동안 교사는 아동이 그 회기에 만들었던 모양을 다시 만들거나 재배열했을 때만 관심, 흥미, 기쁨을 표현했다. 즉 한 회기에서 처음 만든 블록 모형은 강화하지 않았지만, 그 회기 동안 두 번 이상 만든 블록 모양은 "아치 모양이네, 근사하다!" 등으로 강화했다(p. 212). 실험의 마지막 단계에서는 서로 다른 블록 모양을 만들었을 때만 칭찬하였다. 아동이 만드는 블록 형태의 다양성은 교사의 칭찬과 코멘트의 기능이라는 것을 보여 준다. Goetz와 Baer는 DRI 반전법을 통해 교사의 칭찬과 코멘트 그 자체가 아니라, 다양한 블록의 형태에 유관하게 제공한 교사의 칭찬과 코멘트가 아동이 블록을 만들게 했음을 증명했다.[4]

반전 설계의 적절성에 대한 고려 사항

반전 설계의 주요 이점은 독립변인과 종속변인 간의 기능적 관계를 증명하는 능력이다. 연구자는 특정 변인의 제시와 철회를 통해 목표행동의 발생을 통제함으로써 실험 통제를 정확하고 설득력 있게 보여 줄 수 있다. 또한 반전 설계에서는 개입 전 단계에서 행동변화량을 측정할 수 있다. 그리고 기저선으로의 회귀는 행동 유지를 위한 프로그램의 필요성에 대한 정보를

제공한다. 또한 A-B-A-B 설계는 치료 상태에서 연구를 끝낸다.[5]

반전 설계는 분석에 유용하지만 적용 시 다음과 같은 과학적 · 사회적 이슈를 고려해야 한다—설계의 과학적 유용성에 영향을 주는 비가역성, 효과적인 개입을 철회하는 사회적 · 교육적 · 윤리적 고려 사항.

비가역성 : 과학적 고려 사항

반전 설계는 한 번 제시되면 철회할 수 없는 고유한 특성 때문에 치료변인의 효과를 평가하기에 적합하지 않다. 강화와 처벌 유관을 포함하는 독립변인은 확실하게 조작할 수 있지만(유관의 제시나 철회), 정보나 조형과 같은 변인은 한 번 제시되면 쉽게 제거할 수 없다. 예를 들면, 학생에게 적절한 유관에 대한 칭찬과 관심을 줄 것을 강조하는 교사 워크숍의 효과를 연구하는 실험에 반전 설계는 적절하지 않다. 유관 칭찬과 관심의 필요성에 대해 교육을 받고 이용 방법에 대해 관찰하고 난 후에 이 경험을 철회하는 것은 불가능하다. 이런 개입은 철회될 수 없다.

또한 반전이 효과적인 분석 전략이 될 수 있는지를 결정하는 데 종속변인의 비가역성을 고려해야 한다. 행동의 **비가역성**은 실험 조건이 이전 단계와 같아도, 이전 단계에서 관찰된 행동 수준으로 되돌아갈 수 없음을 뜻한다(Sidman, 1960). 응용행동분석에서 수많은 목표행동은 한 번 개선되면, 행동변화를 일으킨 개입을 제거해도 그 효과가 지속된다. 임상 또는 교육적 관점에서 보면 이는 바람직하다—치료 없이도 행동변화가 내구성이 있고 지속적임을 나타낸다. 그러나 행동변화에 대한 독립변인의 역할을 증명하기 위해 행동을 기저선 단계로 되돌려야 하는 경우, 비가역성은

---

4) 사회적 관심과 구체적인 피드백이 한꺼번에 제공되었기 때문에, 이 연구로 선생님의 관심과 칭찬("멋지다.") 혹은 구체적인 피드백("...은 다르구나.")이 각 개별 아동의 블록 쌓기 다양성 증가에 얼마나 기여했는지는 알 수 없다.

5) 개입에서 요소의 부분적 혹은 순차적 철회는 전체 개입 없이 행동이 개선될 필요가 있을 때 하는 것이 좋다(Rusch & Kazdin, 1981).

문제가 된다.

예를 들어, 기저선 관찰에서 아동의 언어나 사회적 상호작용이 매우 낮을 수 있다. 일정 기간 동안 언어와 상호작용에 사회 강화를 주는 개입을 실시하자 아동의 언어와 상호작용이 비슷한 수준으로 증가했다고 가정하자. 기저선으로 되돌아가기 위해 강화라는 독립변인의 철회를 결정할 수 있다. 그러나 이 경우, 행동변화를 일으켰던 개입이 철회되어도 아동의 언어사용과 또래와 상호작용은 사라지지 않는다. 즉 강화가 종료된 후에도 아이의 행동은 연구자가 통제하지 않은 강화(아동의 학급 또래들이 아동의 말과 상호작용이 증가된 결과로 서로 상호작용하여 함께 노는 것)에 의해 유지될 수 있다. 이런 비가역성이 있을 경우, A-B-A-B 설계는 독립변인과 목표행동의 기능적 관계를 보여 주지 못할 것이다.

응용행동분석의 주요한 목적 중 하나는 치료 없이도 개선된 행동이 지속될 수 있게 행동이 자연적으로 강화되도록 사회적으로 중요한 행동이 형성될 수 있음을 실험적으로 증명하는 것이다(Baer & Wolf, 1970b). 비가역성이 의심되거나 분명할 때, 연구자는 통제 기법으로서 DRO 또는 DRI/DRA뿐 아니라 다른 실험 전략(특히 제4장에서 기술된 다중 기저선 설계)을 고려해야 한다.

효과적인 개입의 철회 : 사회적 · 교육적 · 윤리적 고려 사항

실험적 통제에 대해 분명하게 보여 줄 수 있다 해도, 개입의 효과성을 증명하고자 개입을 철회하는 것은 문제가 있을 수 있다. 이미 개선된 행동을 기저선 단계 수준으로 되돌리는 절차의 타당성에 대해서는 반드시 의문을 가져야 한다. 다음에서는 반전 설계의 근본적인 특징에 대해 다룬다. 서로 중복되기는 하지만 사회적, 교육적, 또는 윤리적 고려 상황으로 분류될

수 있다.

사회적 고려 사항. 응용행동분석은 정의상 사회적 사업이다. 행동은 사람에 의해 선택되고, 정의되고, 관찰되고, 측정되고, 변화된다. 응용행동분석의 수혜자들(관리자, 교사, 부모, 참가자)은 바람직한 행동변화를 일으키는 개입의 철회를 반대한다. 반전 설계를 통해 행동과 환경의 관계에 대해 완전하게 보여 줄 수 있다 해도 수혜자들이 개입의 철회를 원하지 않는다면 이를 선택해서는 안 된다. 반전 설계가 과학적으로 가장 좋은 실험적 방법이고 윤리적으로도 문제가 없을 때만, 반전에 반대하는 사람들에게 이 전략의 목적에 대해 설명할 수 있다. 그러나 수혜자들, 특히 개입이 철회되었을 때 영향을 받을 사람들의 찬성 없이 반전을 시도하는 것은 현명한 선택이 아니다(Tawney & Gast, 1984). 그들의 협력 없는 실험 절차를 제대로 진행할 수 없다. 예를 들면, 치료의 철회를 반대하는 사람들은 개입을 실행하지 않거나, 자신이 생각하기에 가장 중요한 것만 부분적으로 실행하면서 기저선 조건으로 돌아가는 것을 방해할 수 있다.

교육적 · 임상적 고려 사항. 반전 설계에 대한 교육적 · 임상적 고려 사항은, 반전 기간 동안 교육 시간이 낭비된다는 것과 반전 후 다시 치료가 제시되었을 때 이전에 개선된 행동이 다시 관찰되지 않을 수 있다는 것이다. "오랫동안 반전을 진행하는 것은 정당화될 수 없다."는 Stolz(1978)의 의견에 동의한다. 반전 시 반응이 빠르게 개입 전 수준으로 돌아간다면 반전 기간을 짧게 잡을 수 있다. 때로 세 번에서 네 번의 회기 안에 반응이 초기 기저선 비율로 되돌아간다[예 : Ashbaugh & Peck, 1998(『응용행동분석』(상) 그림 10.7); Cowdery Iwata, & Pace, 1990(『응용행동분석』(상) 그림 12.6)]. 2~3회기 동안 반전만 가지고도 설

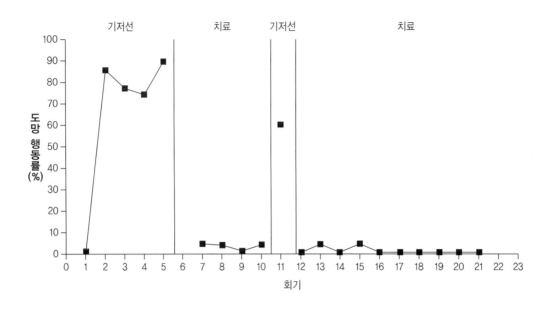

| **그림 3.8** | 잠재적인 위험 행동에 대한 치료 효과를 평가, 검증하기 위해 1회기 반전의 효과를 검증한 반전 설계

출처 : "Functional Analysis and Treatment of Elopement for a Child with Attention Deficit Hyperactivity Disorder" by T. Kodak, L. Grow, and J. Northrup, 2004, *Journal of Applied Behavior Analysis, 37*, p. 231. Copyright 2004 by the Society for the Experimental Analysis of Behavior, Inc. Reprinted by permission.

득력 있게 실험 통제를 보여 줄 수 있다. 치료 재도입 시 행동이 이전의 향상된 단계로 되돌아가지 않을 것이라는 걱정은 하지 않아도 된다. 수백 개의 연구는 특정 조건 아래 습득된 행동은 이 조건이 다시 소개되면 빠르게 재학습됨을 보여 준다.

윤리적 고려 사항. 반전 설계를 사용해 자해 또는 위험한 행동에 대한 치료를 평가할 때 몇 가지 윤리적 사항을 고려해야 한다. 1~2회기의 짧은 반전으로 가벼운 자해 또는 공격 행동에 대한 기능적 관계를 검증할 수 있다[예 : Kelley, Jarvie, Middlebrook, McNeer, & Drabman, 1984; Luce, Delquadri, & Hall, 1980; Murphy et al., 1979(그림 3.4)]. 예를 들어, Kodak, Grow, Northrup(2004)는 1회기의 반전으로 ADHD 아동의 도망(예 : 감시를 피해 도망감) 행동에 대해 치료 효과를 평가했다(그림 3.8 참조).

그러나 어떤 행동은 1회기의 반전도 윤리적으로 부적절할 수 있다. 이 경우 반전 전략에 의존하지 않는 실험 설계를 사용해야 한다.

 교차치료 설계

교사, 치료사 그리고 행동변화를 책임지는 사람들이 가장 자주 묻는 질문은 "내담자에게 가장 효과적인 치료가 무엇인가?"이다. 일반적으로 연구 문헌, 분석가의 경험, 그리고/또는 행동 원리에 따라 가능한 개입을 생각해 볼 수 있다. 여러 가지 치료 중 어떤 것이 가장 크게 행동을 개선시킬 것인지를 알아내는 것이 응용행동분석가들의 주요 과제이다. 앞서 기술했듯이 두 가지 또는 그 이상 치료의 효과성을 비교하는 데 다중 치료 반전 설계(예 : A-B-C-B-C)를 사용할 수 있지만 이 설계는 한계가 있다. 다중 치료 반전 설계에서는 각 치료가 일정한 순서대로 독립적으로 진행되기 때문에 순서 효과로 인한 오염에 취약하다(예 : 치료 C의 효과는 치료 B를 뒤따를 경우에만 관찰된다). 다중 치료에서 반전이 가지는 두 번째 제한점은 각 치료의 효과를 증명하기 위해 많은 시간이 필요하다는 것이다. 교사와 치료사들은 즉각적인 행동변화를 원한다. 가능한 접근 방법 중 가장 빠르게 치료 효과를 증명할 수 있는 실험 설계를 선택할 필요가 있다.

교차치료 설계는 두 가지 또 그 이상 치료법의 효과를 비교할 수 있게 해 주는 실험적으로 타당하고 효율적인 방법이다. Barlow와 Hays(1979)의 **교차치료 설계**라는 용어는 이 설계가 어떻게 작용하는지 잘 설명해 준다. 응용행동분석 문헌에서는 이런 분석 방법을 **다중 요소 설계**(Ulman & Sulzer-Azaroff, 1975), 다중 계획 설계(Hersen & Barlow, 1976), 동시 계획 설계(Hersen & Barlow, 1976), 동시 치료 설계(Kazdin & Hartmann, 1978)[6]로 부르기도 한다.

교차치료 설계의 조작과 논리

교차치료 설계에서는 둘 또는 그 이상의 치료법(즉 독립변인)을 제시하면서 목표행동(즉 종속변인)에 미치는 영향을 측정한다. 각 단계에서 반응 패턴을 본 후 실험적 조작을 하는 반전 설계와 대조적으로, 교차치료 설계에서는 반응 수준과 무관하게 개입을 시작한다. 자극 변별에 대한 행동 원리를 기반으로 실험 설계를 한다(제7장 참조). 참가자가 각 회기 동안 어떤 조건이 가장 효과적인지 변별할 수 있도록, 각 치료에 분명한 자극(예 : 신호, 구두언어 지시, 다른 색의 연습문제지)을 연결한다.

---

6) 둘 이상의 치료가 동시에 진행되고, 내담자가 치료를 선택하는 치료 설계를 동시 스케줄, 동시 치료 설계라고 한다. 동시 치료 설계를 사용한 연구자들은 대체 치료 설계라는 용어를 사용하기도 했다. Barlow와 Hayes(1979)는 응용 문헌에서 '동시 치료 설계'를 사용한 유일한 예, 즉 10세 소년의 거짓말을 감소시키기 위해 세 가지 기법을 비교한 Browning(1967)의 연구를 찾아 소개했다.

각 치료의 효과를 쉽게 볼 수 있도록 각 개입별로 자료를 별도로 제시한다. 개입 시기와 같은 오염변인을 통제하기 위해 역균형법(counterbalancing)을 해 주어야 하며, 명확한 지시나 변별 자극으로 내담자가 치료를 구별할 수 있게 하여 각 치료에서 행동변화의 차이를 치료에 귀인할 수 있게 해야 한다. (Barlow & Hayes, 1979, p. 200)

그림 3.9는 두 가지 치료, A와 B의 효과를 비교하는 전형적인 교차치료 설계 그래프이다. 교차치료 설계에서는 여러 치료를 다양한 방법으로 교대로 제시한다. 예를 들어, 다음과 같은 방법이 있다. (a) 서로 다른 치료를 일별로 번갈아 가며 진행한다. (b) 같은 날 두 치료 회기를 실시한다. 또는 (c) 한 회기 동안 두 치료를 실시한다. 치료가 발생하는 요일, 시간, 순서, 치료사를 역균형법함으로써, 행동에서 관찰된 차이가 오염변인으로 인할 가능성을 줄인다. 예를 들면, 매일 동전 던지기를 해 그림 3.9에서 보는 치료 A와 B를 매일 30분간 진행할 수 있다.

그림 3.9의 수평축 자료점은 매일 실행된 치료 순서를 반영한다. 따라서 수평축은 회기를 나타내며, 매일 2회기(A와 B가 각 1회기)가 진행되었음을 알 수 있다.

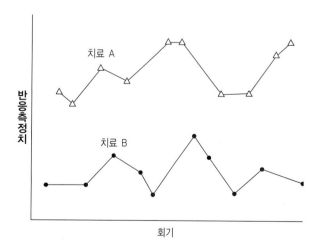

| **그림 3.9** | 두 가지 치료법(A와 B)의 효과성을 비교하는 전형적인 교차 치료 설계 그래프

두 가지 또는 그 이상의 치료를 하루에(또는 회기에) 시행한 교차치료 설계를 사용한 연구자들은 각 치료에서 얻은 측정치를 수평축의 같은 지점에 표기하는데, 이는 치료가 동시에 진행되었음을 말해 준다. 이런 절차는 치료의 순서를 알 수 없게 만들기 때문에 연구자나 독자가 순서 효과를 알 수 없다.

교차치료 설계에서도 예측, 확인, 반복 여부를 확인할 수 있으나 각 요소를 각 실험 설계 단계에서 쉽게 찾아내기 어렵다. 교차치료 설계에서 각 자료점은 이 세 가지 역할을 모두 수행한다. (a) 치료에서 다음 반응 단계를 예측하는 근거를 제공한다. (b) 치료의 수행에 대한 사전 예측 능력을 검증한다. (c) 치료에 의한 효과를 반복할 수 있는 기회를 제공한다.

이 논리를 이해하기 위해 그림 3.9에서 각 치료의 처음 다섯 회기를 제외한 모든 자료점을 종이로 가려 보자. 보이는 시각적 자료 경로는 각 치료에서 앞으로의 수행을 예측하게 해준다. 종이를 오른쪽으로 옮겨 다음 2개의 자료점을 보면, 사전 예측치에 대한 검증 정도를 알 수 있다. 추가적인 자료가 이전의 자료와 동일 수준을 보인다면 자료가 더 많을수록 검증력이 높아지면서 각 치료에서 반응 수준에 대해 더 확실한 예측을 할 수 있다. 치료 A가 반복 제시되면서, 치료 A 측정치와 비슷하나 치료 B의 측정치와는 다른 반응을 산출하면 반복 검증이 되었다고 본다. 마찬가지로 치료 B의 재도입이 이전의 치료 B와 유사하지만 치료 A의 반응 수준과 다른 측정치가 나타나면 반복 검증을 한 것이라 할 수 있다. 확인과 반복은 실험 통제의 증거이고, 이것은 두 가지 치료와 다른 반응 단계 간의 기능적 관계에 대한 연구자의 믿음을 확고하게 만든다.

교차치료 설계에서 실험 통제와 정도는 서로 다른 치료가 보여 주는 자료 경로 간의 차이를 시각적으로 분석함으로써 결정한다. 서로 다른 치료가 서로 다른

반응 수준을 예측 가능함을 보여 주면 객관적이고 믿을 만한 실험 통제를 했다고 볼 수 있다. 두 가지 치료의 자료 경로가 서로 중복되지 않고 안정된 수준이나 반대되는 경향을 보이지 않을 경우, 실험 통제를 명확하게 증명할 수 있다. 그림 3.9의 그래프는 자료 경로가 중복되지 않으며 차별 효과가 명확하다. 자료 경로에 중복이 있는 경우, 한 치료에서 여러 자료점이 다른 치료의 자료점 밖에 있을 때만 목표행동에 대한 실험 통제를 증명할 수 있다.

두 가지 치료 효과의 차이는 세로축에 수량화된 자료점 간의 수직 거리—또는 분산—로 결정된다. 수직 거리가 클수록 두 치료 반응 간 차이가 더 크다. 실험 통제로 두 집단 간의 차이를 보여 줄 수 있으나 행동 변화의 양은 사회적으로 유의하지 않을 수 있다. 예를 들면, 실험 통제를 통해 심각한 자해 행동을 시간당 10회에서 2회로 줄일 수는 있지만 자기자극행동은 변화가 없을 수 있다. 세로축을 보다 의미 있게 변경하면 세로축상에서 자료 경로의 차이가 확실하게 보일 것이며, 관찰된 차이가 사회적으로 중요한 효과를 보일 가능성이 커진다.

성적이 부진한 4학년 학생들을 참가자로 정확한 철자법에 두 가지 집단 유관 보상을 실시하고 이 효과를 비교한 자료(Morgan, 1978)는 교차치료 설계로 어떻게 실험 통제와 차별 효과를 측정할 수 있는지 잘 보여 준다. 이 연구에서 6명의 아동을 예비 테스트 점수에 따라 3명씩 두 집단으로 나누었다. 연구 기간 동안 학생들은 매일 단어 5개로 구성된 철자법 시험을 쳤다. 학생들은 그 전날 단어 목록을 받았고, 시험 전 5분 동안 재학습할 수 있었다. 교차치료 설계를 사용해 세 가지 조건을 비교했다. (a) 게임 없는 조건 : 곧바로 점수를 매겨 학생들에게 돌려주었다. (b) 게임 조건 : 곧바로 채점한 후 각 팀에서 가장 높은 점수를 받은 학생에게 상장과 칭찬을 제공했다. (c) 게임 플러스 조

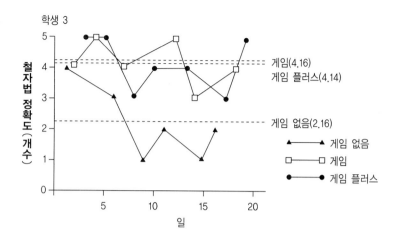

| 그림 3.10 | 4학년 학생의 철자법 정확도에 대한 세 가지 치료법의 효과성을 비교하는 교차치료 설계(학생 3)

출처 : *Comparison of Two "Good Behavior Game" Group Contingencies on the Spelling Accuracy of Fourth-Grade Students* by Q. E. Morgan, 1978, unpublished master's thesis, The Ohio State University. Reprinted by permission.

건 : 게임 조건과 같은 절차로 우승팀의 모든 학생들에게 작은 선물을 주었다(예 : 스티커 또는 연필).

학생 3의 결과(그림 3.10 참조)는 게임 없는 조건 그리고 게임과 게임 플러스 조건 사이에 철자법 정확도에 대한 실험 통제를 보여 준다. 게임 없는 조건에서 처음 2개의 자료점만 게임 또는 게임 플러스 조건 동안 얻은 낮은 점수대와 겹친다. 이와 달리 게임과 게임 플러스 조건의 자료 경로는 연구 기간 내내 겹친다. 이는 두 치료 간 철자법 정확도에 차이가 없음을 보여 준다. 자료 경로 간 수직 거리는 게임 없는 조건 그리고 게임과 게임 플러스 조건 간 향상된 철자법 정확도를 보여 준다. 두 게임 조건과 게임 없는 조건 간의 평균 차는 시험당 2단어이다. 이 차이가 중요한 변화였는지 아닌지는 수학, 통계적으로 답할 수 없다. 그러나 대부분의 교육자와 부모는 다섯 단어 중 두 단어 습득이, 특히 지속적인 습득이 가능할 경우 사회적으로 중요하다는 데 동의할 것이다. 법정 수업 일수인 180일 동안 누적 효과는 엄청날 것이다. 학생 3의 게임과 게임 플러스 조건 동안 철자법 수행은 사실상 차이가 없다. 평균 차가 더 컸어도 게임과 게임 플러스 조건 간 실험 통제에서 차이가 없기 때문에 연구의 결론에 영향을 주지 못할 것이다.

학생 6은 게임 또는 게임 없는 조건보다 게임 플러스 조건에서 보다 지속적으로 높은 철자법 점수를 받았다(그림 3.11 참조). 학생 6의 게임 플러스와 다른 두 치료법 간에 실험 통제가 입증되었지만, 게임 없는 조건과 게임 조건 간 차이는 입증되지 않았다. 치료 간 반응 차이는 자료 경로 간의 수직 거리로 수량화된다. 학생 6의 경우, 게임 플러스와 게임 없는 조건 간 철자법에 맞게 쓰인 단어의 차가 평균 1.55개였다.

그림 3.10과 3.11은 교차치료 설계에 대한 두 가지 중요한 점을 보여 준다. 첫째, 두 그래프는 교차치료 설계로 즉각적으로 개입 간 비교를 할 수 있게 해 준다. 추가적인 자료 수집으로 연구 결과를 보다 강화할 수 있지만, 20회기만으로 교사는 학생을 위한 가장 효과적인 방법을 선택할 수 있었다. 두 조건만 비교한다면 효과적인 개입을 파악하는 데 필요한 회기 수가 더 적어도 된다. 둘째, 이 자료는 각 개인의 수준을 고려하여 치료 효과를 평가해야 함을 보여 준다. 6명의 학생 모두 게임 없는 조건보다 다른 두 가지 게임 조건에서 더 많은 단어를 철자법에 맞게 썼다. 그러나 학생 3의 철자법 정확도는 게임 또는 게임 플러스 유관에 의해 향상된 반면, 학생 6의 철자법 점수는 실질적인 상이 주어졌을 때만 향상되었다.

| **그림 3.11** | 4학년 학생의 철자법 정확도에 대한 세 가지 치료법의 효과성을 비교하는 교차치료 설계(학생 6)

출처 : *Comparison of Two "Good Behavior Game" Group Contingencies on the Spelling Accuracy of Fourth-Grade Students* by Q. E. Morgan, 1978, unpublished master's thesis, The Ohio State University. Reprinted by permission.

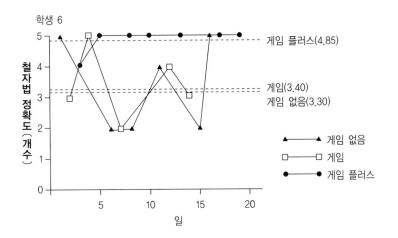

교차치료 설계의 변형

교차치료 설계는 한 가지 이상의 치료를 무처치 또는 기저선 조건과 비교하기 위해, 혹은 여러 치료를 한꺼번에 제공한 경우 각 개입 요소의 상대적인 효과를 평가하기 위해, 그리고 독립변인의 수준이 행동변화에 차별적 효과를 갖는지 평가하기 위해 사용할 수 있다. 가장 일반적인 교차치료 설계의 변형은 다음과 같다.

- 무처치 통제 조건이 없는 단일 교차치료 설계
- 두 가지 또는 그 이상의 조건(그중 하나는 무처치 통제 조건)을 번갈아 대체하는 1단계 설계
- 초기 기저선 단계 후 두 가지 또는 그 이상의 조건(그중 하나는 무처치 통제 조건)을 번갈아 대체하는 2단계 설계
- 초기 기저선, 두 가지 또는 그 이상의 조건을 번갈아 대체하는 두 번째 단계(그중 하나는 무처치 통제 조건), 그리고 가장 효과적이라고 증명된 치료를 진행하는 3단계 설계

무처치 통제 조건이 없는 교차치료 설계

교차치료 설계의 한 방법은 두 가지 또는 그 이상 치료 조건의 효과를 비교하는 1단계 설계이다(예 : Barbetta, Heron, & Heward, 1993; McNeish, Heron, &

Okyere, 1992; Morton, Heward, & Alber, 1998). Belfiore, Skinner, Ferkis(1995)의 연구는 이 설계의 좋은 예이다. 그들은 학습장애가 있는 세 초등학생의 통글자 단어 습득을 위한 두 가지 교육과정(시행-반복, 반응-반복)의 효과를 비교했다. 예비 테스트에서 학생이 몰랐던 단어 중 무작위로 단어를 선택해 초기 훈련에 사용할 목록(5단어씩)을 만들었다. 각 회기 초반에는 단어나 훈련 단어의 평가를 실시했고 역균형화를 통해 조건의 순서를 정했다. 비지시적 평가에서 세 번 연속 정확하게 발음된 단어는 학습된 것으로 간주하고 모르는 훈련 단어로 대체했다.

시행 반복 조건에서는 단어당 5번의 연습 기회마다 1번의 반응 기회가 주어졌다. 실험자는 단어 카드를 탁자 위에 두고 "단어를 읽어 봐."라고 지시했다. 학생이 3초 내에 옳은 답을 말하면 실험자는 "맞아, 이 단어는 _____야."라고 말했다(p.347). 학생의 처음 반응이 틀리거나 3초 이내에 반응 하지 않으면 실험자는 "틀렸어, 그 단어는 _____야."라고 말하고, 학생이 그 단어를 반복했다. 다음 실험자는 새 단어를 제시하고, 각 단어마다 다섯 번의 연습 시행을 반복했다(선행-반응-피드백).

반응-반복 조건에서도 단어마다 다섯 번의 반응 기회가 있었으나 단일 시행 내에서 다섯 번의 반응을 해

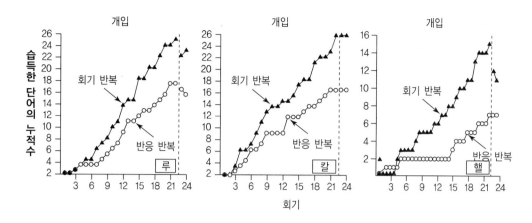

| **그림 3.12** | 무처치 통제 조건 없는 단일 구간 교차치료 설계

출처 : "Effects of Response and Trial Repetition on Sight-Word Training for Students with Learning Disabilities" by P. J. Belfiore, C. H. Skinner, and M. A. Ferkis, 1995, *Journal of Applied Behavior Analysis, 28*, p. 348. Copyright 1995 by the Society for the Experimental Analysis of Behavior, Inc. Reprinted by permission.

야 했다. 실험자는 단어 카드를 탁자 위에 두고 "단어를 읽어 봐."라고 지시했다. 학생이 3초 이내에 옳은 반응을 하면 실험자는 "맞아, 그 단어는 ____야. 그 단어를 네 번 더 반복해." 라고 말했다(p. 347). 학생이 틀린 반응을 하거나 3초 이내에 반응하지 않으면 실험자는 "틀렸어, 그 단어는 ____야."라고 말했다. 학생은 그 단어를 반복하고 네 번 더 반복해서 말하라는 지시를 받았다.

그림 3.12는 두 가지 조건에서 각 학생의 누적된 습득 단어 수를 보여 준다. 훈련 동안 단어당 정답 반응 수가 두 조건에서 똑같으나, 세 학생 모두 반응-반복 조건보다 시행-반복 조건에서 새로운 단어 습득 비율이 더 높았다. 단순 교차치료 설계를 이용한 이 결과로 Belfiore와 동료들(1995)은 "학습 맥락 밖의 반복(예 : 세 요인 유관)은 정확한 반응과 관련된 선행 조건과 결과를 포함하는 반복만큼 효과적이지 않다(p. 348)."고 결론지었다.

무처치 통제 조건을 포함한 교차치료 설계

필수적이지는 않으나 교차치료 설계에서는 일반적으로 무처치 조건을 통제 조건으로 둔다. 예를 들면, Morgan(1978)의 연구에서 게임 없는 조건은 게임과 게임 플러스 조건 사이에 학생들의 철자법 점수를 비교하는 무처치 통제 조건의 역할을 했다(그림 3.10과 3.11 참조).

교차치료 설계에서 실험 조건 중 하나인 무처치 통제 조건은 개입과 무처치 조건 아래 반응이 어떤 차이를 보이는지 보여 준다. 하지만 무처치 통제 조건 동안 얻은 자료가 개입 전 단계를 대표한다고 간주해서는 안 된다. 무처치 조건에서 얻은 자료는 여러 치료 조건이 지속적으로 제공될 때의 무처치 조건에서 행동 수준을 반영할 뿐, 교차치료 설계가 시작되기 전의 행동 수준을 반영하지는 않는다.

초기 기저선을 포함한 교차치료 설계

교차치료 전략을 이용하는 연구자는 교차치료 단계 이전에 안정된 반응 수준을 보이거나 치료와 반대되는 경향을 보일 때까지 기저선 자료를 모으는 2단계(two-phase) 실험 설계를 사용한다[예 : Martens, Lochner, & Kelly, 1992(『응용행동분석』(상) 그림 8.6

참조)]. 가끔 기저선 조건은 무처치 통제 조건으로 교차치료 단계 동안 지속되기도 한다.

J. Singh와 N. Singh(1985)의 연구는 초기 기저선 단계를 포함하는 교차치료 설계의 좋은 예이다. 이 연구에서는 지적장애가 있는 아동들의 읽기 오류를 줄이는 두 가지 방법의 상대적 효과를 평가했다. 1단계는 열흘간의 기저선 조건이었다. 이 기간 동안 실험자는 매일 각 아동에게 100단어로 구성된 새로운 문단을 세 번 제시하며 "이 회기 동안 이 이야기를 읽는 거야. 실수하지 않도록 최선을 다해."라는 지시를 내렸다(p. 66). 실험자는 아동 근처에 앉아 있었으나 아동을 돕거나 실수를 고쳐 주지 않았으며 자기수정에도 피드백을 주지 않았다. 아동이 새로운 또는 어려운 단어 때문에 도움을 요청하면 실험자는 계속해서 읽도록 유도할 뿐 도와주지 않았다.

교차치료 단계에서 매일 세 종류의 조건을 각각 5분 동안 진행했다—통제(기저선과 같은 과정), 단어 제시, 단어 분석 조건. 이월 효과를 최소화하기 위해 세 조건은 날마다 다른 순서로 제시했고, 각 조건 전에 진행될 조건에 대한 지시를 내렸으며, 최소 5분의 간격을 두고 조건을 진행했다. 단어 제시 조건 동안 각 아동은 다음과 같은 지시를 받았다. "이 회기 동안 이 이야기를 읽는 거야. 네가 실수하면 내가 도와줄게. 정확한 발음으로 단어를 말해 주면 잘 듣고 책에서 그 단어를 가리키고 따라 말하는 거야. 실수하지 않도록 최선을 다해(p. 67)." 아동이 단어를 잘못 읽으면 실험자는 정확한 발음으로 단어를 읽어 주었다. 아동은 정확한 단어의 발음을 따라 한 후 계속해서 책을 읽도록 지시 받았다. 단어-분석 조건 동안 아동은 다음과 같이 지시 받았다. "이 회기 동안 이 이야기를 읽는 거야. 실수하면 단어를 잘 발음할 수 있도록 도와줄게. 그러면 남은 이야기를 정확하게 읽을 수 있을 거야. 실수하지 않도록 최선을 다해(p. 67)." 이 조건에서는

아동이 실수를 했을 때 실험자가 실수한 단어의 음성체계를 설명하고, 아동이 단어의 각 부분을 정확하게 소리 낼 수 있도록 도왔다. 그리고 나서 실험자는 아동이 보통 속도로 단어를 따라 말한 후 계속해서 글을 읽도록 지시했다.

이 연구에 참여한 네 아동의 결과는 그림 3.13에 제시되어 있다. 각 기저선의 자료점은 매일 3회기 동안 아동이 한 오류의 평균이다. 각 조건에서 변산성이 높지만(아마도 아동이 읽은 책의 수준이 달랐기 때문에) 실험 통제를 분명히 볼 수 있다. 4명의 아동 모두 통제 조건보다 단어-제시와 단어-분석 조건 동안 오류가 적었다. 또한 4명의 아동 모두 단어-분석 조건 동안 오류가 더 적었고, 자료 경로의 중복 때문에 완전하지 않지만 단어-제시와 단어-분석 조건 간 오류의 실험 통제가 검증되었다.

J. Singh와 N. Singh(1985)는 기저선 단계로 시작함으로써 각 치료 동안 얻은 반응 수준을, 개입에 영향을 받지 않은 자연적 수행 단계에서 얻은 반응 수준과 비교할 수 있었다. 또한 초기 기저선은 교차치료 단계의 통제 조건 동안 얻은 측정치를 예측하고 평가하는 기준 역할을 했다. 교차 통제 조건에서 얻은 측정치는 초기 기저선 단계 동안 관찰된 측정치와 비슷하게 높은 오류율을 보인다. 이는 (a) 단어-제시와 단어-분석의 자료 경로 간 수직 거리가 치료 향상 정도를 나타내며, (b) 통제 조건 동안 오류 빈도는 다른 두 치료에서 보인 오류 감소에 의해 영향 받지 않음을 보여 준다(치료와 비치료 회기 사이에 전체적 오류 감소가 없다).

초기 기저선과 가장 효과적인 치료의 최종 단계를 포함한 교차치료 설계

교차치료 설계의 변형 중 하나는 순차적인 3단계 (three sequential phases) 실험 설계이다—초기 기저선 단계,

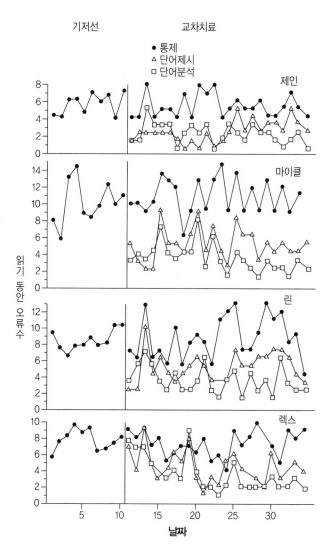

| 그림 3.13 | 최초 기저선을 포함한 교차치료 설계

출처 : "Comparison of Word-Supply and Word-Analysis Error-Correction Procedures on Oral Reading by Mentally Retarded Children" by J. Singh and N. Singh, 1985, *American Journal of Mental Deficiency, 90*, p. 67. Copyright 1985 by the *American Journal of Mental Deficiency*. Reprinted by permission.

교차치료를 비교하는 두 번째 단계, 가장 효과적인 치료가 실행되는 마지막 단계(예 : Heckaman, Alber, Hooper, & Heward, 1998; Kennedy & Souza, 1995, Study 4; Ollendick, Matson, Esvelt-Dawson, & Shapiro, 1980; N. Singh, 1990; N. Singh & J. Singh, 1984; N. Singh & Winton, 1985). Tincani(2004)는 2명의 자폐증 아동을 참가자로 수화와 그림 교환 훈련 중

어떤 방법이 요구하기(좋아하는 물건 요청)를 가르치는 데 효과적인지 조사하기 위해, 초기 기저선과 가장 효과적인 최종 치료 단계를 포함하는 교차치료 설계를 이용한 연구를 진행했다.[7] 연구 목적은 아동이 가진 운동 모방 기술과, 수화 또는 그림 교환을 이용한 요구하기 기술에 차이가 있는지 파악하는 것이었다. 기저선 전에 각 아동에게 두 가지 평가를 실시했다. 10~12개의 물건(예 : 마실 것, 먹을 것, 장난감)의 선호도를 파악하기 위해 자극 선호 평가(Pace, Ivancic, Edwards, Iwata, & Page, 1985)를 실시했고, 수화를 가르치기 전 학생이 수화와 비슷한 27개의 손, 팔, 손가락 움직임을 모방할 수 있는지 평가했다.[8]

기저선은 아동이 자신이 원하는 물건을 얻기 위해 그림 교환, 수화, 또는 언어 등 요구하기 기술을 하는지 확인하기 위해 실시했다. 이 기간 동안 아동에게 좋아하는 물건을 10~20초간 비유관적으로 제시했고, 그 물건을 잠시 치웠다가 다시 아동의 손이 닿지 않는 곳에 두었다. 가로세로 2인치로 코팅된 물건 사진을 아동 앞에 제시했다. 아동이 그 사진을 실험자의 손에 주고, 10초 이내에 그 물건을 표현하거나 말로 하면 실험자는 그 물건을 주었다. 아동이 그렇게 하지 않으면 그 물건을 치우고 목록에 있는 다음 물건을 제시했다. 기저선 3회기 동안 아동이 어떠한 형태로든 요구를 하지 않았으므로 교차치료 단계를 시작하였다.

수화 훈련 과정은 Sundberg와 Partington의 책 『자폐증과 다른 발달장애 아동들의 언어 교육(Teaching Language to children with Autism or Other Developmental Disabilities)』(1998)에서 참조했다. 각 물건을 표현하는 가장 간단한 수화를 가르쳤다. PECS 훈련

---

7) 요구하기는 Skinner(1957)에 의해 밝혀진 여섯 가지 기본적 구두언어 행동 중 하나이다. 제11장에서는 응용행동분석에서 구두언어 행동의 중요성에 대한 Skinner의 분석에 대해 설명한다.
8) 자극 선호 평가 과정은 『응용행동분석』(상) 제6장에서 설명했다.

| **그림 3.14** | 처음 기저선과 마지막 가장 성공적인 치료법을 사용했을 때의 교차치료 설계

출처 : "Comparing the Picture Exchange Communication System and Sign Language Training for Children with Autism" by M. Tincani, 2004, *Focus on Autism and Other Developmental Disabilities, 19*, p. 160. Copyright 2004 by Pro-Ed. Used by permission.

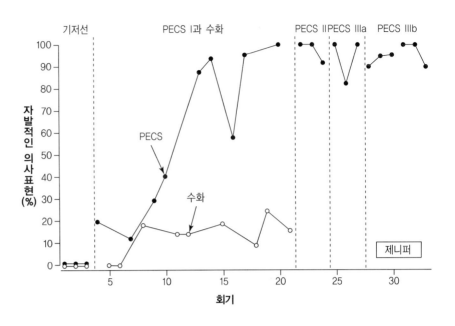

조건에선 Bondy와 Frost의 책 『그림 교환 의사소통 체계(The Picture Exchange Communication System Manual)』(2002)를 참조했다. 두 조건에서 좋아하는 물건에 대한 의사표현 훈련은 회기당 5~7회 혹은 참가자가 더 이상 물건에 관심을 보이지 않을 때까지 계속되었다. 그리고 나서 다음 물건에 대한 훈련이 시작되고 참가자의 목록에 있는 10~12개의 좋아하는 물건이 모두 제시될 때까지 훈련이 계속 진행되었다. 연구의 마지막 단계에서는 교차치료 기간 동안 가장 성공적인 방법이 무엇이었느냐에 따라 수화 또는 PECS 훈련을 받았다.

두 학생의 자발적인 의사표현 백분율은 그림 3.14(제니퍼)와 3.15(칼)에 제시되어 있다. 제니퍼에게는 그림 의사소통이 수화보다 효과적이었다. 기저선 전 모방 평가에서 제니퍼의 운동 모방 능력은 매우 낮게 나타났다(20%). 칼의 촉진 의존 경향을 줄이기 위해 수정된 수화 훈련 과정을 실시했는데, 칼은 그림 교환에서보다 수화 훈련 동안 더 많은 자발적 의사표현을 했다. 칼의 운동 모방 능력이 제니퍼보다 더 좋았다. 실제로 칼은 기저선 전의 모방 평가에서 전체 약 43%

의 운동 동작을 정확하게 모방했다.

이 연구는 개별 분석의 중요성과 연구 동안 조작되지 않은 오염변인의 영향력에 대한 조사의 중요성을 보여 준다. 연구의 결과를 논의하면서 Tincani(2004)는 다음과 같이 언급했다.

자폐증 아동을 포함해서 손-운동 모방이 미숙한 학습자들의 의사표현 습득에는 PECS 훈련이 더 적합할 수 있다. 제니퍼는 손-운동 모방 능력이 매우 떨어져 수화 보다 그림 교환을 더 빨리 배웠다. 평균 수준의 손-운동 모방 기법을 가진 학습자에게는 수화 훈련과 그림 교환이 똑같이 효과적이다. 칼은 평균 수준의 손-운동 모방 능력이 있었고, 수화를 그림 교환보다 더 빠르게 배웠다. (p. 160)

교차치료 설계의 이점

교차치료 설계는 두 가지 또는 그 이상의 독립변인을 비교하고 평가하는 데 이점이 있다. 응용행동분석학회에 교차치료 설계에 대한 근거와 가능성을 처음으로 언급한 Ulman과 Sulzer-Azaroff(1975)는 교차치료 설계의 이점에 대해 다음과 같이 기술했다.

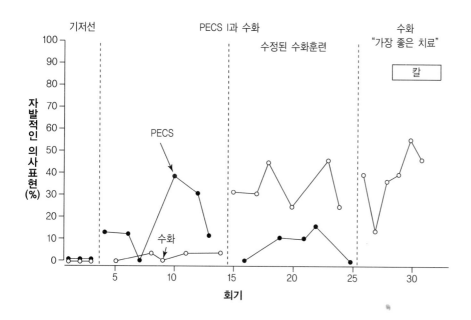

| **그림 3.15** | 처음 기저선과 마지막 가장 성공적인 치료법을 사용했을 때의 교차치료 설계

출처 : "Comparing the Picture Exchange Communication System and Sign Language Training for Children with Autism" by M. Tincani, 2004, *Focus on Autism and Other Developmental Disabilities, 19*, p. 159. Copyright 2004 by Pro-Ed. Used by permission.

치료 철회가 필요하지 않다

교차치료 설계의 주요한 이점은 기능적 관계를 입증하기 위해 효과적인 치료를 철회할 필요가 없다는 것이다. 향상된 행동에 대해서는 반전 설계 대신 교차치료 설계를 실행함으로써 윤리적 문제를 피할 수 있다. 그러나 윤리적 문제와는 별도로 행정가와 교사는 교차치료 중 하나가 무처치 통제 조건이어도, 반전 설계보다 교차치료 설계를 더 쉽게 받아들일 가능성이 높다. "이틀 혹은 사흘 간격으로 기저선 조건으로 돌아가는 설계는 원하는 행동이 오랫동안 높은 수준으로 유지된 후 기저선 행동으로 다시 돌아가는 설계만큼이나 동의를 구하기 어려울 것이다(Ulman & Sulzer-Azaroff, 1975, p. 385)."

비교의 속도

교차치료 설계를 이용하면 비교적 빠르게 두 가지 또는 그 이상의 치료를 실험적으로 비교할 수 있다. 6세 남자 아동의 협력 행동을 증가시키기 위해 치료 방법 간 교차치료 설계를 이용한 연구에서는 4일 만에 효과성을 증명할 수 있었다(McCullough, Cornell, McDaniel,

& Mueller, 1974). 교차치료 설계는 유용한 결과를 빠르게 생산하기 때문에 기능 행동분석의 기본 실험 전략이다[『응용행동분석』(상) 제14장과 그림 14.4, 14.5, 14.6, 14.9 참조].

교차치료 설계 초기에 어떤 치료의 효과가 분명하게 나타나는 경우, 실험자는 프로그램을 가장 효과적인 치료로 전환할 수 있다. 교차치료 설계의 효율은 실험 기간이 짧아도 연구자에게 중요한 자료를 줄 수 있다(Ulman & Sulzer-Azaroff, 1975). 반면에 반전 또는 다중 기저선 설계는 기능적 관계를 보여 주기 위해 모든 단계를 진행해야만 한다.

비가역성 문제의 최소화

어떤 행동은 개입 때문에 발생했거나 변경되었더라도, 개입이 철회되면 기저선 단계로 돌아가지 않기 때문에 A-B-A-B 설계를 사용할 수 없다. 그러나 치료와 무처치(기저선) 조건을 빠르게 교차하면 두 조건 간 반응의 차이를 알 수 있는데, 특히 무처치 조건에서 초반 반응은 처치 조건의 반응 수준과 비슷해진다.

순서 효과의 최소화

교차치료 설계를 제대로 적용하면 실험 결과가 순서 효과에 의해 오염되는 것을 최소화할 수 있다. 순서 효과는 실험의 내적 타당도에 대한 위협요인으로 특히 다중 치료 실험 설계에 영향을 줄 수 있다. 다음의 간단한 질문으로 순서 효과의 가능성을 타진할 수 있다. 치료 순서가 달랐어도 같은 결과가 나올 것인가? 두 가지 또는 그 이상의 독립변인을 비교하는 데 반전 또는 다중 전략을 이용하는 실험에서 순서 효과를 통제하기는 매우 어렵다(제4장 참조). 왜냐하면 각 실험 조건은 상당히 긴 시간 동안 효과를 지속—이 때문에 순서 효과가 발생—해야만 하기 때문이다. 그러나 교차치료 설계에서 독립변인이 특정 순서 없이 무선적으로 빠르게 변화된다. 또한 각 치료는 짧은 시간 동안만 실행되어 이월 효과의 가능성이 낮아진다(O'Brien, 1968). 교차치료 설계는 순서 효과를 최소화하기 때문에 복잡한 행동분석을 위한 강력한 도구이다.

불안정한 자료와 함께 사용될 수 있다

응용행동분석에서 불안정한 상태의 자료에 근거해 기능적 행동–환경 관계를 결정하는 것은 심각한 문제를 야기한다. 안정된 상태의 반응에 근거하여 행동변화를 예측하고, 확인하고, 반복하는 것은 행동분석에서 실험 추론의 기반이다(Sidman, 1960). 그러나 응용행동분석에서 관심이 있는 사회적으로 중요한 많은 행동에 안정된 기저선을 확립하는 것은 매우 어렵다. 개인에게 목표행동을 하도록 반복적인 기회를 제공하는 것은 수행을 점진적으로 향상하는 결과를 낳는다. 연습 효과는 응용 그리고 과학적 중요성 때문에 가치가 있지만(Greenwood, Delquadri, & Hall, 1984; Johnston & Pennypacker, 1993a), 불안정한 기저선은 개입 변인의 분석에 대한 문제를 제기한다. 교육과정이 점진적으로 더 복잡해짐에 따라 과제의 난이도가 변하는 것

또한 많은 학업 행동에 대한 안정된 반응을 얻는 것을 어렵게 만든다.

교차치료 설계에서는 치료 조건이 빠르게 전환되고, 각 치료가 연구 기간 내내 여러 번 제시되며, 단일 조건이 오랫동안 제시되지 않기 때문에 연습 효과, 과제 난이도, 성숙, 또는 다른 역사적 변인의 영향이 각 치료 조건에 동일하다. 따라서 어떤 조건이 다른 조건보다 더 많게 혹은 적게 영향을 받았다고 추정하기 어렵다. 예를 들면, 두 종류의 다른 교육과정 조건에서 학생의 읽기 수행을 보여 주는 두 자료 경로가 연습 효과와 비일관적인 교육과정 때문이라 해도, 자료 경로가 겹치지 않고 경로 간 거리가 있으면 그것은 교육과정 차이에 의한 결과일 수 있다.

일반화 효과를 평가하는 데 사용될 수 있다

관심 있는 여러 조건을 번갈아 제시함으로써 실험자는 치료 조건에서 다른 관심 조건으로 갈 때 보이는 행동변화의 일반화 정도를 계속해서 평가할 수 있다. 예를 들면, N. Singh와 Winton(1985)은 pica 행동[9] 연구의 마지막 단계에서 치료사를 바꿈으로써, 과잉 교정 치료가 다른 사람에 의해 실행되었을 때 어느 정도 효과적인지를 평가할 수 있었다.

개입을 즉시 시작할 수 있다

개입 전 단계에서 반응 수준을 파악하는 것이 중요하지만, 즉각적인 치료가 필요한 임상 현장에서는 그것이 불가능하다. 교차치료 설계는 초기 기저선 단계 없이 시작할 수 있다.

교차치료 설계의 적절성

교차치료 설계는 장점이 많다. 그러나 다른 실험 전략

---

9) 역자 주 : 먹을 수 없는 사물을 먹는 행동

과 마찬가지로 교차치료 설계 역시 한계가 있으며, 이 설계 외에 추가적인 실험 없이는 답을 알 수 없는 경우도 많다.

다중 치료 간섭

교차치료 설계의 특징은 각 치료에서 얻은 행동 측정치와 무관하게 두 가지 또는 그 이상의 독립변인이 빠르게 변화한다는 것이다. 빠른 교체로 순서 효과를 최소화하고 치료 간 비교 시간을 줄일 수 있으나, 각 치료가 단독으로 실행되었을 때 교차치료에서 관찰된 것과 같은 효과가 나올지는 알 수 없다. **다중 치료 간섭**이란 한 치료에서 참가자의 행동이 같은 연구에서 실행된 다른 치료에 의해 영향을 받는 오염 효과를 말한다.

교차치료 설계 사용 시 항상 다중 치료 간섭을 주의해야만 한다(Barlow & Hayes, 1979; McGonigle, Rojahn, Dixon, & Strain, 1987). 그러나 어떤 치료 조건의 교차 후에 가장 효과적인 치료 조건을 실행함으로써, 실험자는 그 치료가 단독으로 실시되었을 때의 효과를 평가할 수 있다.

치료를 빠르게 교차시키는 데서 오는 인위성

치료를 빠르게 교차시키는 것은 임상과 교육 장면에서 수행되는 전형적인 치료 방식이 아니다. 교육적인 관점에서 빠르게 치료를 전환하는 것이 인위적이고 바람직하지 않게 보일 수 있다. 그러나 교차치료 설계에서 치료를 빠르게 비교하는 것은 크게 걱정하지 않아도 된다. 치료의 빠른 교차가 참가자에게 부정적인 효과를 줄 것인지 아닌지는 실험을 통해서만 경험적으로 확인될 수 있다. 또한 치료사는 치료 설계의 목적이 효과적인 개입을 빨리 찾아내어 참가자가 효과 없는 교육적 접근/치료를 받지 않게 하는 것임을 기억해야 한다. 모든 것을 감안할 때, 효과적인 개입을 알아내기 위해 치료를 빠르게 전환하는 것의 이점은 이 설계로 인한 부정적인 결과보다 더 크다.

설계 확장의 한계

교차치료 설계가 두 가지 또는 그 이상의 치료를 비교하는 과학적인 방법이지만, 비교 가능한 치료 수를 무제한으로 확장할 수 있는 것은 아니다. 비록 5개의 치료 조건을 비교한 연구가 있기는 하지만(예 : Didden, Prinson & Sigafoos, 2000) 최대 4개 조건까지(그중 하나는 무처치 통제 조건) 효과적으로 비교할 수 있으며, 대부분의 경우 2개의 치료를 비교한다. 각 치료 조건의 효과를 교차치료 설계 자체로 인한 효과와 분리하기 위해, 치료에 잠정적으로 영향을 줄 수 있는 모든 환경(예 : 치료 시간, 제시 순서, 환경, 치료사)을 동일하게 해 주어야 한다. 응용 세팅에서 역균형화(counterbalancing, 조건이 제시된 순서에 의한 효과를 줄이기 위해 조건의 순서를 의도적으로 무선화하는 방법)를 하고 둘 이상의 치료를 한꺼번에 수행하면 너무 많은 회기를 진행해야 한다는 부작용을 가져온다. 또한 너무 많은 수의 치료가 제시되면 개인의 치료 간 변별 능력을 감소시키고, 그 결과 설계의 효과가 줄어들 수 있다.

치료의 선택

이론적으로 교차치료 설계는 서로 다른 2개의 치료 효과를 비교하는 데 사용될 수 있지만 실제로는 그렇지 못하다. 치료 조건 간 상대적인 영향력을 변별하기 위해서는(즉 행동에서 신뢰할 수 있고 측정할 수 있는 차이를 얻는 것) 치료 간 극명한 차이가 있어야 한다. 예를 들어, 수업 중 학생의 학업 수행에 대한 집단 크기의 효과를 연구하기 위해 어떤 연구자가 4명, 10명, 20명의 집단 조건을 비교하는 교차치료 설계를 사용한다고 하자. 집단 크기의 효과를 연구하기 위해 6명,

7명, 8명으로 구성된 집단을 선택하면 학업 수행과 집단 크기의 효과 간 기능적 관계를 파악하기 어려울 것이다. 그러나 어떤 조건이 다른 조건보다 변별이 잘될 수 있다는 이유만으로 교차치료 설계 조건에 포함하는 것은 적절하지 않다. 응용행동분석에서 **응용**이란 치료 조건의 특징과 조사되는 행동의 특징을 포함한다(Wolf, 1978). 치료 조건 선택 시 그 조건이 실제 상황을 어느 정도까지 반영하는지, 그리고 그 조건의 진행이 가능한지를 고려해야 한다. 예를 들면, 매일 밤 5분, 10분, 30분씩 수학 숙제를 하는 것이 수학 시험에 미치는 영향을 비교하는 실험은 유용할 수 있지만, 매일 밤 5분, 10분, 3시간씩 수학 숙제를 하는 것의 효과를 살펴보는 것은 유용하지 않을 것이다. 연구에서 매일 밤 3시간씩 수학 숙제를 하는 것이 학생의 수학 점수를 높이는 데 매우 효과적임을 밝혔다고 해도 교사, 부모, 관리자, 또는 학생들이 매일 밤 3시간씩 한 과목만 공부하는 프로그램을 수행할 가능성은 희박하기 때문이다.

또 하나의 고려 사항은, 어떤 개입은 꾸준하게 오랫동안 진행되지 않으면 행동변화가 생기지 않을 수 있다는 것이다.

다중 요소 기저선 설계 사용 시 자료의 겹침이 반드시 실험 절차의 비효율성을 시사하는 것은 아니다. 회기마다 조건을 변화시키는 경우, 같은 조건을 반복할 때 관찰할 수 있는 효과를 가져오지 못한다. 따라서 반전 또는 다중 기저선 설계로 어떤 치료의 효과성을 증명할 수 있으나 다중 요소 기저선 설계로는 증명이 어렵다. (Ulman & Sulzer-Azaroff, 1975, p. 382)

어떤 치료가 긴 시간 동안 단독으로 제시된다면 효과적일 것인지에 대한 질문은 실험을 통해서만 답할 수 있는 경험적 질문이다. 어떤 수준에서 어떤 치료를 오랫동안 진행함으로써 행동이 개선되었다면 치료사는 만족할 것이고 더 이상의 치료는 필요하지 않다. 하지만 실험적 통제를 결정하는 것에 관심이 있는 치료사, 연구자는 교차치료 설계로 돌아갈 수 있고 단일 치료와 다른 개입의 수행을 비교할 수 있다.

 ## 요약

반전 설계

1. 반전 전략(A-B-A)에서는 주어진 환경에서 세 조건 동안 나타나는 행동을 측정해야 한다―(a) 기저선 단계(독립변인 부재), (b) 치료 단계(독립변인 도입), (c) 기저선 조건으로 복귀(독립변인 철회)

2. 반전 설계는 독립변인을 재도입하는 A-B-A-B 설계로 더 강력한 설계가 된다. A-B-A-B 설계는 기능적 관계를 증명하는 가장 간단하고 일반적인 강력한 참가자 내 설계이다.

A-B-A-B 설계의 변형

3. 반전 반복을 통해 A-B-A-B 설계를 확장하는 것은 반전이 하나인 설계보다 더 설득력 있게 기능적 관계를 증명할 수 있도록 만들어 준다.

4. 초기 기저선 단계가 부적절하거나 윤리적 또는 현실적인 이유로 가능하지 않은 경우, B-A-B 반전 설계를 사용할 수 있다.

5. 다중 치료 반전 설계에서는 두 가지 또는 그 이상의 실험 조건을 서로서로 혹은 기저선과 비교하기 위해 반전 전략을 사용한다.

6. 다중 치료 반전 설계는 특히 순서 효과로 인한 오염에 민감하다.

7. 비유관 강화(NCR) 반전 기법은 고립과 강화의 유관에 대한 분석을 가능하게 한다.

8. DRO 그리고 DRI/DRA 통제 조건을 포함하는 반전 기법은 유관 강화의 효과를 확인하는 데 사용될 수 있다.

반전 설계의 적절성에 대한 고려 사항

9. 반전 전략을 기초로 한 모든 실험 설계는 특성상 한 번 제시되면 다시 철회할 수 없는(예 : 수업, 모델링) 치료변인의 효과를 평가하는 데 효과적이지 않다.

10. 어떤 행동은 일단 개선되면 독립변인이 철회되더라도 기저선 수준으로 반전될 수 없다. 이러한 행동의 비가역성이 있는 경우 반전 설계를 사용할 수 없다.

11. 치료변인의 효과를 과학적으로 입증하기 위해 효과적인 치료변인을 철회하는 경우 사회적·교육적·윤리적 문제가 유발될 수 있다.

12. 간결한 반전 설계 또는 단회기 기저선 탐색만으로 실험 통제 입증이 가능하다.

교차치료 설계

13. 교차치료 설계에서는 목표행동(즉 종속변인)에 미치는 치료의 효과를 알아보기 위해 두 가지 또는 그 이상 서로 다른 치료(즉 독립변인)를 비교한다.

14. 교차치료 설계에서 각 치료의 자료점은 세 가지 역할을 한다. (a) 치료의 반응에 대한 예측의 근거가 된다. (b) 예측된 수행에 대해 검증해 준다. (c) 치료 효과 반복의 기회를 제공한다.

15. 교차치료 설계에서는 두 가지 다른 치료의 자료 경로가 중복이 크지 않거나 중복되지 않을 때 실험 통제가 입증된다.

16. 두 가지 치료의 차이는 각각의 자료 경로 간 수직 거리에 의해 결정되고 수직축 비율에 의해 수량화된다.

교차치료 설계의 변형

17. 교차치료 설계의 변형은 다음과 같다.
    - 무처치 통제 조건이 없는 1단계 교차치료 설계
    - 무처치 통제 조건이 있는 1단계 설계
    - 2단계 설계 : 초기 기저선 단계 후 교차치료 단계
    - 3단계 설계 : 초기 기저선 단계 후 교차치료 단계 그리고 마지막으로 가장 효과적인 치료 단계

교차치료 설계의 이점

18. 교차치료 설계의 이점은 다음과 같다.
    - 치료 철회를 요구하지 않음
    - 치료의 상대적인 효과를 빠르게 비교함
    - 비가역성의 문제를 최소화함
    - 순서 효과를 최소화함
    - 불안정한 자료 사용이 가능함
    - 일반화 효과 평가가 가능함
    - 개입을 즉시 시작할 수 있음

교차치료 설계의 적절성

19. 교차치료 설계는 다중 치료 개입을 허용한다. 하지만 교차치료 마지막 단계에 최종적으로 선택된 치료를 평가함으로써 실험자는 그 치료의 독립적인 효과를 평가할 수 있다.

20. 빠르게 치료를 바꾸는 것은 일반적이지 않으며 인위적이고 바람직하지 않게 간주될 수 있다.

21. 교차치료 단계는 최대 4개의 다른 치료를 비교할 수 있다.

22. 교차치료 설계는 서로 유의하게 다른 치료 조건 간 차별 효과를 평가하는 데 가장 효과적이다.

23. 교차치료 설계는 오랫동안 지속적으로 개입되어야 중요한 행동변화가 발생하는 독립변인의 효과를 평가하는 데 효과적이지 않다.

제4장

다중 기저선 설계와 기준선 변동 설계

주요 용어

기준선 변동 설계	세팅 간 다중 기저선 설계	행동 간 다중 기저선 설계
다중 기저선 설계	지연된 다중 기저선 설계	
다중 프로브 설계	참가자 간 다중 기저선 설계	

BCBA와 BCABA의 행동분석 자격심사위원회
행동분석과제 목록, 제3판

내용 영역 5 : 개입의 실험적 평가

5-1	치료에 대한 독립변인의 효과를 분석하기 위해 독립변인을 체계적으로 조작
(d)	기준선 변동 설계 사용
(e)	다중 기저선 설계 사용
5-2	다양한 실험 설계 사용할 때 현실적인 고려 사항과 윤리적 고려 사항을 규명하고 다룬다.

이 장에서는 행동과 환경 간의 관계를 분석하기 위한 실험 방법인 다중 기저선 설계와 기준선 변동 설계를 살펴본다. 다중 기저선 설계에서는 우선 동시에 둘 이상의 행동, 세팅, 혹은 참가자에 대한 기저선 자료를 수집한다. 행동분석가는 이 행동, 세팅, 참가자에 치료변인을 순차적으로 적용한 후 그 효과를 기록한다. 기준선 변동 설계는 강화를 얻기에 적합한 기준선(criterion)을 단계별로 증가시키며, 이로 인한 행동의 향상 정도를 분석하는 데 쓰인다. 두 설계에서 실험적 통제와 기능적 관계는 기저선에서 유지되던 행동의 수준이 독립변인이 적용되거나 새로운 기준이 확립된 이후에 변화하여 새로운 수준으로 유지될 때 입증된다.

 ## 다중 기저선 설계

다중 기저선 설계는 응용행동분석에서 치료 효과를 평가하는 데 가장 보편적으로 사용되는 실험 설계 방법이다. 이 설계는 융통성이 높아 독립변인이 다양한 행동, 상황, 그리고/또는 참가자에 미치는 영향을 분석할 수 있도록 해 주는데, 이 방법으로 치료변인을 철회하지 않고서 어떠한 행동의 개선이 특정 치료에 의한 직접적인 결과임을 증명할 수 있다. 제3장에서 보았듯이 반전 설계에서는 기저선에서의 예측을 증명하기 위해 독립변인의 철회가 필수적이다. 하지만 다중 기저선 설계를 사용한다면 이 철회가 필요치 않다.

다중 기저선 설계의 조작과 원리

Baer, Wolf, Risley(1968)는 최초로 응용행동분석에서 **다중 기저선 설계**를 소개했으며, 두 가지 상황에서 반전 설계 대신 다중 기저선 설계를 사용하도록 제안했다. 그 두 가지 상황은 (a) 목표행동을 되돌리거나 번복할 수 없을 때, (b) 조건을 번복하는 것이 바람직하지 않거나 비현실적 혹은 비윤리적인 경우이다. 그림 4.1은 Baer와 동료들이 설명한 다중 기저선 설계의 기본적인 조작 방법을 보여 주고 있다.

다중 기저선 기법을 사용하기 위해서는 우선 평가가 가능한 변화를 정하고 이에 대한 기저선을 구해야 한다. 이를 위해 처음에는 특정 기간 동안 다양한 행동을 정의하고 측정한다. 이 과정을 통해 기저선이 확립되면 실험자는 한 가지 행동에만 실험변인을 적용하여 행동변화를 산출해 낸다. 이때 나머지 행동은 기저선과 같거나 비슷할 수 있다. 이 경우, 변화된 행동을 반전시키는 대신 아직 변화가 없는 다른 행동 중 하나에 이전과 동일한 처치를 시작한다. 만일 이로 인해 두 번째 행동에도 변화가 생긴다면, 첫 번째 행동의 변화가 단순히 우연이 아닌 실험변인의 효과였을 가능성이 높아지는 것이다. 이 실험변인은 또 다른 행동에도 적용될 수 있게 된다. 실험자는 이 과정을 통해 각 행동에 실험변인을 적용해야만 최대의 행동변화가 산출됨을 보여 주고, 이로써 그 실험변인의 신뢰성을 입증하는 것을 목표로 한다. (p. 94)

다중 기저선 설계는 다음의 세 가지 기본적인 형태를 띤다.

* 행동 간 다중 기저선 설계 : 한 참가자의 두 가지 이상 다른 행동으로 구성
* 세팅 간 다중 기저선 설계 : 두 가지 이상의 서로 다른 세팅, 상황, 또는 시간에서 발생하는 동일한 참가자의 같은 행동으로 구성
* 참가자(집단) 간 다중 기저선 설계 : 둘 이상 참가자(혹은 집단)들의 동일한 행동으로 구성

다중 기저선 설계 중 한 가지 유형만이 '행동 간' 설계로 불리기는 하나, 모든 다중 기저선 설계는 시간 간격을 두고서 처치 변인을 기술적으로(technically)

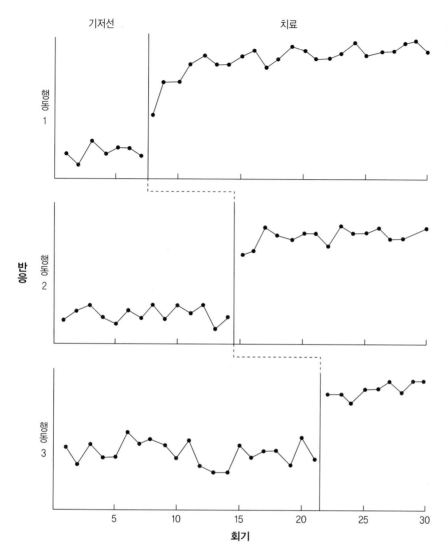

| 그림 4.1 | 다중 기저선 설계의 그래픽 원형

상이한(즉 독립적인) 행동에 적용하는 것이나 다름없다. 즉 세팅 간 다중 기저선 설계에서는 다수의 세팅에서 참가자의 동일한 목표행동을 측정하지만, 분석 시에는 각 세팅-목표행동의 조합을 개념적으로 상이한 행동으로 간주한다. 마찬가지로 참가자 간 다중 기저선 설계에서는 각 참가자의 행동을 서로 다른 행동으로 본다.

그림 4.2는 그림 4.1과 동일한 자료를 보여 주는데, 그림 4.2에서는 기저선 조건을 바꾸지 않았을 경우에 예측되는 측정치를 대표하는 측정점, 그리고 다중 기저선 설계에서 어떻게 기저선 논리의 3요인(예측, 검

증, 반복)이 작동되는지를 보여 주는 회색 음영 상자가 추가되었다.[1) 행동 1의 기저선 반응이 안정적으로 측정된다면, 환경이 일관적으로 유지되는 경우에 반

---

1) 이 책에 실험 설계 방법의 예로 수록된 대부분의 그래프는 비누적 자료를 제공하지만, 반복적으로 측정된 자료를 사용한다면 어떤 유형의 실험 설계에서든 비누적과 누적 그래프 모두 그릴 수 있음을 기억해야 한다. 예를 들어, Lalli와 Zanolli, Wohn(1994)과 Mueller, Moore, Doggett, Tingstrom(2000)은 모두 다중 기저선 설계 실험에서 얻은 자료를 나타내는 데 누적 그래프를 사용했고, Kennedy와 Souza(1995) 그리고 Sundberg, Endicott, Eigenheer(2000)는 반전 설계에서 얻은 자료를 누적 그래프에 그렸다. 응용행동분석을 공부하는 학생들은 자료를 그래프화하는 데 사용되는 여러 기술을 실험적 분석의 방책과 혼동하지 않도록 주의해야 한다.

| **그림 4.2** | 기저선 논리의 3요소(예측, 검증, 반복)를 보여 주기 위해 음영이 추가된 다중 기저선 설계의 그래픽 원형. 흰색 점은 기저선 조건에 변화를 주지 않았을 때의 예측치를 나타낸다. 회색 음영 상자로 표시된 기저선 조건의 행동 2와 3은 행동 1에 대한 예측을 입증한다. 괄호 A로 표시된 행동 3의 기저선 자료는 행동 2에 대한 예측을 입증한다. 처치 조건하에서 측정된 행동 2와 3의 자료(바둑판무늬 부분)는 실험적 효과를 반복적으로 입증한다.

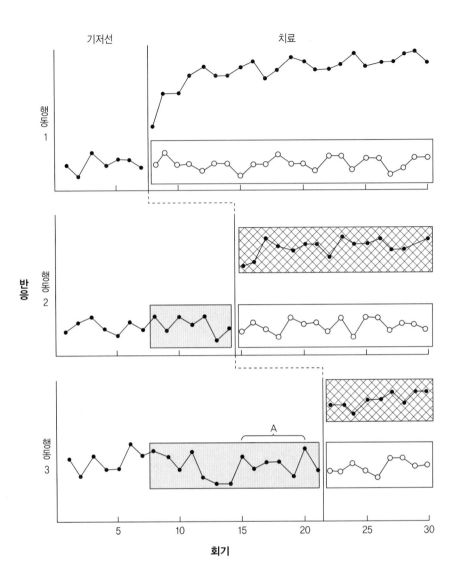

응의 수준 역시 지속적으로 비슷하게 유지될 것임을 예측(prediction)할 수 있다. 연구자가 이 예측의 신뢰도를 높게 판단한다면 독립변인을 행동 1에 적용한다. 행동 1 그래프의 처치 단계에 표시된 흰색 점은 반응 수준의 예측치를 나타내며, 검은색 점은 반응 수준의 실제 측정치를 나타낸다. 이 자료는 환경에 변화를 주지 않을 경우 나타날 반응 수준의 예측치와 환경에 변화를 준 후 실제 측정치의 차이를 보여 준다. 그러므로 이 그래프는 행동변화가 처치로 인한 것일 가능성을 제시한다. 다중 기저선 설계에서 행동 1에 대해 수집된 자료는 A-B-A-B 반전 설계의 첫 두 단계 동안

수집된 자료와 동일한 기능을 지닌다.

실험 시에 다른 행동에 대해서 지속적으로 기저선을 측정한다면 이를 통해 행동 1에 대한 예측이 옳은지 검증할 수 있다. 우선 다중 기저선 설계에서 다른 행동(또는 단계)을 기저선 조건에 더 오랫동안 노출시키고(즉 행동/단계 1을 처치 조건으로 변경한 후에도 나머지 행동/단계는 기저선 조건에 계속 노출되도록) 변화 경로를 관찰한다. 이때 다른 행동(또는 단계)의 변화가 거의 혹은 아예 없다면, 행동(또는 단계) 1에 대해 예측했던 반응 수준이 검증(verification)되는 것이다. 그림 4.2에서 기저선 조건 시 음영으로 처리된

상자에 나타난 행동 2와 3의 변화 경로는 행동 1에 대한 예측을 증명한다. 이 시점에서는 다음의 두 가지 추론이 가능하다. (a) 행동 2와 행동 3에 관해서는 초기의 환경이 일정하게 유지되었고 이 행동의 반응 수준도 변하지 않고 지속되었기 때문에 행동 1 역시나 일관적인 환경에서는 변하지 않을 것이라는 예측이 타당하다. (b) 행동 1만이 독립변인에 노출되었으며 행동 1만이 변화했기 때문에 행동 1에서 관찰된 변화는 독립변인에 의해 초래된 것이다.

다중 기저선 설계에서 처치를 받지 않은 다른 행동이 변화하지 않는다면, 주어진 행동은 독립변인에 의해 변화했다고 추론할 수 있다. 그러나 이때 독립변인의 기능이 반전 설계에서처럼 직접적으로 증명되지는 않으므로, 다중 기저선 설계는 독립변인과 목표행동 간의 기능적 관계를 밝히는 데 반전 설계에 비해 본질적으로 더 취약하다고 할 수 있다(즉 실험 통제의 관점에서 보면 설득력이 덜하다). 한편 이 설계는 일련의 유사한 예측을 입증하거나 반박할 기회를 제공하므로 어느 정도 이러한 약점이 보완된다. 그림 4.2에서는 기저선에서 행동 2와 행동 3이 꾸준히 안정적인 패턴을 보임을 관찰할 수 있는데, 이는 행동 1에 대한 예측을 증명한다. 또한 행동 3의 A 부분은 행동 2에 대한 예측을 증명한다.

처치 조건하에서 행동 1의 반응 수준이 안정화되거나 미리 정해 놓은 수행 기준에 도달한다면 독립변인을 행동 2에 적용한다. 행동 2가 행동 1에서 관찰된 변화와 비슷한 방식으로 변화된다면, 독립변인 효과가 **반복**(replication)된 것이다(바둑판무늬 부분 자료의 변화 경로로 알 수 있다). 행동 2가 안정화되거나 미리 정해 놓은 수행기준에 도달한 후 이 효과가 반복될지 알아보기 위해 독립변인을 또다시 행동 3에 적용한다. 이 독립변인을 기능적 관계가 확립될(또는 거부될) 때까지, 그리고 개선하고자 하는 모든 행동이 처치를 받을 때까지 다른 행동에 유사한 방식으로 적용할 수 있다.

증명과 마찬가지로, 다중 기저선 설계에서 각 행동에 대한 독립변인의 특정 효과의 반복 역시 직접적으로 조작되지 않는다. 대신에 독립변인이 실험을 구성하는 다양한 행동에 일반적으로 어떠한 효과를 가지는지 살펴봄으로써 입증할 수 있다. 관련된 변인에 대해 정확한 측정과 적절한 실험적 통제가 이루어진다는 전제하에(즉 실험 과정 동안 변하는 유일한 환경적 요소는 독립변인의 존재 혹은 부재여야만 함) 오직 독립변인에 의해 행동이 변할 때 기능적 관계가 있다는 확신을 할 수 있다.

다중 기저선 설계를 사용하여 기능적 관계를 충분히 입증하려면 얼마나 많은 행동, 세팅, 또는 참가자를 포함해야 하는가? Baer, Wolf, Risley(1968)는 어떤 설계를 사용하건 반복이 몇 번 이뤄져야 하는지는 궁극적으로 연구의 소비자에 의해 결정될 문제라고 보았다. 그런 의미에서 다중 기저선 설계를 사용하는 실험은 적어도 실험과 연구자가 주장하는 바와 관련 있는 사람들(예 : 교사, 관리자, 부모, 재원, 학술지 편집장)을 설득시킬 수 있을 만큼 반복되어야 한다. 2단계(two-tier) 다중 기저선 설계는 가장 기본적인 실험 설계로, 독립변인의 효과성을 뒷받침할 수 있다[예 : Lindberg, Iwata, Roscoe, Worsdell, & Hanley, 2003(『응용행동분석』(상) 그림 13.2 참조); McCord, Iwata, Galensky, Ellingson, & Thomson, 2001(그림 1.6 참조); Newstrom, McLaughlin, & Sweeney, 1999(그림 12.2 참조); Test, Spooner, Keul, & Grossi, 1990(그림 10.7 참조)]. McClannahan, McGee, MacDuff, Krantz (1990)는 12명의 참가자를 대상으로 8단계 다중 기저선 설계를 시행하여 독립변인을 순차적으로 적용하였다. 가장 일반적으로는 3단계에서 5단계 사이의 다중 기저선 설계를 사용한다. 독립변인의 효과가 상당히 크고 신뢰성 있게 반복된다면 3단계 또는 4단계 다중 기저선 설계를 사용하여 실험 효과를 설득력 있게 입증할 수 있다. 반복이 더 많이 이루어질수록 증명은 더 확실해진다.

응용행동분석 문헌에서 다중 기저선 설계가 사용되었던 가장 초기의 사례로는 Risley와 Hart(1968), Barrish, Saunders와 그리고 Wolf(1969), Barton, Guess, Garcia와 Baer(1970), Panyan, Boozer와 Morris (1970), Schwarz와 Hawkins(1970)의 연구를 들 수 있다. 다중 기저선 기술의 초창기 응용 사례는 찾기 어려운데 이는 저자가 자신의 실험 설계를 다중 기저선 설계로 정의하지 않았기 때문일 수도 있고(예 : Schwarz & Hawkins, 1970), 지금은 일반적으로 사용되는 도표화 기법(즉 다중 기저선 설계에서 여러 단계로 구성하여 측정하고 이 자료들을 한 그래프에 모아서 표시하는 방법)이 이전에는 사용되지 않았기 때문일 수 있다 (예 : Maloney & Hopkins, 1973; McAllister, Stachowiak, Baer, & Conderman, 1969; Schwarz & Hawkins, 1970).

1970년에 Vance Hall, Connie Cristler, Sharon Cranston, Bonnie Tucker는 세 가지 실험을 기술하는 논문을 발표했는데, 이 실험은 각각 다중 기저선 설계의 세 가지 기본 형태(행동 간, 세팅 간, 그리고 개인 간)의 사례였다. Hall과 동료의 논문은 오늘날까지도 다중 기저선 설계의 모델로 삼을 만큼 훌륭한 실례를 제공한다. 뿐만 아니라 이 연구는 교사와 부모에 의해 실행되었다는 점에서 역시 중요한데, 이는 전문가들이 "자연적인 세팅에서 주어진 자원을 이용하여 중요하고도 의미 있는 연구를 수행할 수 있었음(p. 255)"을 나타내기 때문이다.

행동 간 다중 기저선 설계

행동 간 다중 기저선 설계(multiple baseline across

behaviors design)의 기저선에서는 우선 한 참가자에 대해 두 가지 이상의 행동을 동시에 측정한다. 기저선 조건에서 반응 상태가 안정되면 연구자는 하나의 행동에만 독립변인을 적용하고 나머지 행동은 기저선 조건을 유지한다. 첫 번째 행동이 일정한 상태로 안정화되거나 기준 수준에 도달하면 독립변인을 그다음 행동에 적용한다. 이 패턴을 계속 반복한다[예 : Bell, Young, Salzberg, & West, 1991; Gena, Krantz, McClannahan, & Poulson, 1996; Higgins, Williams, & McLaughlin, 2001(그림 12.8 참조)].

Ward와 Carnes(2002)는 대학 미식축구팀에 소속된 5명의 라인배커(linebacker, 수비수) 선수를 대상으로 행동 간 다중 기저선 설계를 사용한 연구를 실행했다. 이 연구에서는 선수가 스스로 정한 목표와 공개 점수판의 사용이 다음 세 가지 기술의 수행에 미치는 영향을 평가했다. (a) 리드 : 라인배커[2]가 패스 플레이 시 필드에서 혹은 선수가 공을 들고 달릴 때에는 스크리미지 라인(중앙선)에서부터 특정 영역을 수비하도록 자리를 잡는 기술. (b) 드롭 : 라인배커가 공격수의 배치에 따라 알맞은 포지션으로 움직이는 기술. (c) 태클. 비디오카메라로 모든 연습 회기와 경기 진행 시 선수의 움직임을 녹화했다. 각 기술에 대한 기저선 자료는 각 선수가 그 기술을 보인 처음 열 번 동안 수집했다. 리드와 드롭의 경우, 선수가 움직인 구역이 코치가 플레이북에 표시해 놓은 구역과 일치하면 정확하게 수행한 것으로 기록되었다. 태클은 상대편 공격수가 공을 들고 뛰는 것을 멈추었을 때 정확하게 수행한 것으로 기록되었다.

기저선 수집을 마친 후, 각 선수는 연구자 중 한 사람을 만나 각 기술에 대한 자신의 평균 기저선 수행도에 대한 피드백을 받았다. 그리고 나서 연구자는 선수

---

2) 역자 주 : 라인맨의 바로 뒤에서 수비하는 선수

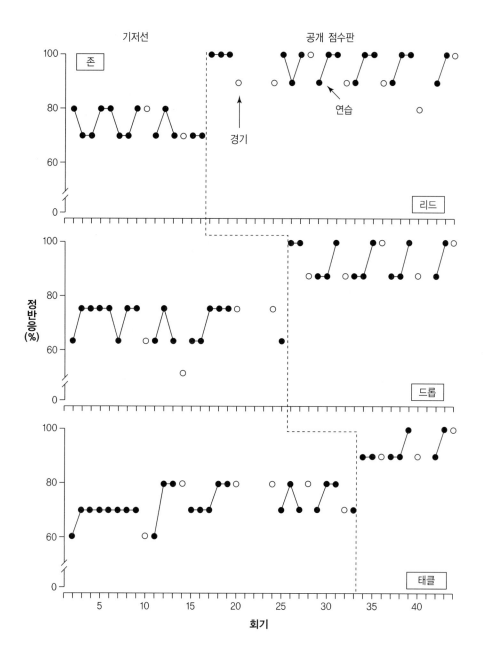

| **그림 4.3** | 대학 미식축구팀 선수들이 연습 회기와 경기 동안 보인 리드, 드롭, 태클의 성공률을 나타내는 행동 간 다중 기저선 설계

출처 : "Effects of Posting Self-Set Goals on Collegiate Football Players' Skill Execution During Practice and Games" by P. Ward and M. Carnes, 2002, *Journal of Applied Behavior Analysis, 35,* p. 5. Copyright 2002 by the Society for the Experimental Analysis of Behavior, Inc. Reprinted by permission.

에게 연습 회기 동안 달성할 목표 수행도를 스스로 정하도록 했다(경기를 위한 목표는 세우지 않았다). 기저선 동안 다섯 선수의 정반응률은 60%에서 80% 사이였고, 이들 모두 목표를 90% 이상으로 설정했다. 연구자는 다음 연습 회기 이전에 각 선수의 일일 연습 성과를 공개 점수판에 붙일 것이라고 알렸다. 각 선수의 목표 달성 여부는 선수의 이름 옆에 Y(yes) 또는 N(no)을 기재하는 방법으로 표기되었다. 점수판은 팀 내의 모든 선수가 볼 수 있는 라커룸의 벽에 붙었으며, 팀 내의 다른 선수에게도 이 점수판의 목적을 설명했다. 실제 경기에서의 수행도는 이 점수판에 게시되지 않았다.

다섯 라인배커 선수 중 한 사람인 존의 결과를 그림 4.3에서 볼 수 있다. 연습 때마다 존은 세 가지 기술 모두에서 수행 목표(90% 이상)를 달성했다. 게다가 이렇게 개선된 그의 수행은 경기로도 일반화되었다.

나머지 4명의 선수도 같은 결과를 보였는데, 이를 통해 행동 간 다중 기저선 설계가 각 참가자가 스스로의 통제집단이 되는 단일 참가자(single-subject) 실험 전략임을 보여 준다. 이 실험에서 각 선수는 독립적인 실험 설계를 보여 주고 이 경우 4명의 다른 참가자에게 반복된 것으로 간주할 수 있다.

세팅 간 다중 기저선 설계

세팅 간 다중 기저선 설계(multiple baseline across settings design)에서는 한 사람(또는 집단)의 행동을 두 가지 이상의 세팅이나 조건(예 : 여러 장소, 하루 중 다른 시간대)에서 측정한다. 기저선 조건하에서 반응이 안정적이 되면 하나의 세팅에만 독립변인을 적용하고 나머지 세팅은 기저선 조건을 유지한다. 첫 번째 세팅에서 행동변화가 최고치에 달하거나 수행도가 기준 수준에 미치면 독립변인을 두 번째 세팅과 그다음 세팅은 순차적으로 적용한다.

Roane, Kelly, Fisher(2003)는 제이슨이라는 8세 아동의 문제행동(먹을 수 없는 사물을 입에 넣는 행동)을 감소시키기 위해 고안된 치료의 효과를 평가하기 위해 세팅 간 다중 기저선 설계를 사용했다. 제이슨은 자폐증, 뇌성마비, 중도의 정신지체를 앓고 있었으며, 장난감, 천, 종이, 나무껍질, 식물, 흙과 같은 사물을 입에 넣은 행동을 보이고 있었다.

제이슨의 입에 넣기 행동에 관한 자료는 교실, 놀이실, 야외에서 동시에 수집되었다. 이 세 가지 세팅에서 다양한 종류의 먹을 수 없는 사물을 측정하였는데, 제이슨은 평소에도 이 세팅에서 여러 사물을 입에 넣는 행동을 보여 왔다. 각 세팅에서 한 회기는 10분이었고, 관찰자들은 제이슨의 눈에 띄지 않도록 주의하며 문제행동의 횟수를 기록했다. 연구자는 제이슨의 문제행동이 지속적으로 나타나기보다는 간헐적으로 발생하며 한꺼번에 다양한 사물(먹을 수 없는 사물

과 음식)을 입에 넣는다는 것을 알아냈다.

Roane와 동료들(2003)은 제이슨에게 적용한 기저선 및 처치 조건을 다음과 같이 기술했다.

> 기능적 분석 결과에 의해 제이슨이 입에 사물을 넣는 행동은 자동적 강화에 의해 유지되며 사회적 결과와는 독립적으로 일어나는 행동임이 밝혀졌고, 이에 근거하여 기저선 조건을 결정했다. 치료사는 기저선 내내 제이슨과 1.5m에서 3m가량 떨어진 곳에 있었으나 제이슨의 입에 넣는 모든 행위를 무시했다(즉 입에 넣는 행동에 대해 아무런 사회적 결과도 주지 않았고 제이슨은 입에 사물을 넣을 수 있었다). 이때 음식은 제공되지 않았다. 반면, 처치 조건에서는 제이슨이 좋아하는 몇몇 음식(껌, 마시멜로, 사탕)을 제공했다(그 외의 모든 변인은 기저선 조건과 동일하게 유지하였다). 이 조건에서 제이슨은 이 음식이 들어 있는 작은 가방을 허리에 차고 있었다. (p. 580~581)[3]

치료는 세팅 간에 시간 간격을 두고 순차적으로 적용되었으며, 그림 4.4는 이 치료가 적용된 순서와 그 결과를 보여 준다. 기저선 동안 제이슨이 1분당 보인 입에 물건 넣기 평균반응 횟수는 교실에서 0.9번, 놀이방에서 1.1번, 실외에서 1.2번이었다. 각 세팅에서 처치 조건(음식이 들어 있는 주머니 도입)의 적용은 즉각적으로 이 행동의 비율을 0 또는 0에 가깝게 떨어뜨렸다. 이때 제이슨이 주머니에서 음식을 꺼내 먹은 분당 평균 횟수는 교실, 놀이방, 실외에서 각각 0.01번, 0.01번, 0.07번이었다. 세팅 간 다중 기저선 설계를 통해 문제행동의 빈도와 처치 간에 분명한 기능적 관계가 있음이 밝혀졌다. 처치 조건하에 얻은 모든 측정치는 기저선에서 얻은 최저 측정치보다 낮았다. 게다가 세 가지 세팅에서 진행된 총 27번의 치료 회기

---

3) 기능 분석과 자동 강화는 『응용행동분석』(상) 제14장과 제6장에서 각각 소개했다.

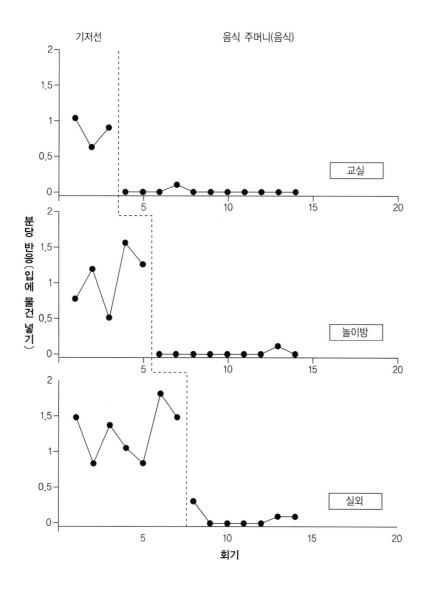

| **그림 4.4** | 아동이 기저선 조건과 처치 조건 동안 1분당 입에 물건을 넣은 횟수를 보여 주는 세팅 간 다중 기저선 설계

출처 : "The Effects of Noncontingent Access to Food on the Rate of Object Mouthing across Three Settings" by H. S. Roane, M. L. Kelly, and W. W. Fisher, 2003, *Journal of Applied Behavior Analysis, 36,* p. 581. Copyright 2003 by the Society for the Experimental Analysis of Behavior, Inc. Reprinted by permission.

중 아동이 문제행동을 한 번도 보이지 않은 회기가 22회기나 되었다.

Roane과 동료들(2003)의 연구에서 볼 수 있듯이 세팅 간 다중 기저선 설계에서 여러 단계로 구성된 자료의 변화 경로를 얻기 위해 장소를 다르게 정할 수 있다(예 : Cushing & Kennedy, 1997; Dalton, Martella, & Marchand-Martella, 1999). 그러나 세팅 간 다중 기저선 설계에서 다른 '세팅'은 동일한 물리적 장소일 경우도 있는데, 이때 효력이 있는 유관의 종류, 특정 인물의 유무, 그리고/또는 하루 중 다양한 시간대를 활용하여 세팅을 구분지을 수 있다. 예를 들어, Parker와

동료들(1984)의 연구는 참가자가 훈련을 받는 방 안에 타인의 존재 유무를 두 가지의 서로 다른 세팅(환경)으로 정의했고, 이를 통해 독립변인의 효과를 평가했다. Kennedy, Meyer, Knowles, Shukla(2000, 그림 1.4 참조)의 다중 기저선 설계 연구에서는 주의, 요구, 부주의 조건(즉 효력을 가진 유관)을 서로 다른 세팅으로 정의했다. Dunlap, Kern-Dunlap, Clarke, Robbins(1991)의 세팅 간 다중 기저선 설계에서는 수정된 교육과정이 학생의 방해 행동과 과제 수행을 벗어나는 행동에 미치는 영향을 분석하고자 했고, 이를 알아보기 위해 오전과 오후 시간을 서로 다른 세팅으로 설정했다.

세팅 간 다중 기저선 설계를 사용하는 연구에서 참가자는 매우 다양하다. 심지어 연구자는 참가자에 대한 정보를 전혀 파악하지 못할 수도 있다. 예를 들면, Van Houten과 Malenfant(2004)는 집중적 운전자 교육 프로그램이 보행자에게 양보하는 운전자의 비율과 자동차-보행자 간의 교통사고 횟수에 미치는 영향을 평가하고자 했는데, 이를 위해 연구자는 교통이 혼잡한 도로의 2개 횡단보도 간 다중 기저선 설계를 사용했다. Watson(1996)은 화장실 낙서를 줄이기 위한 안내문을 붙이는 것의 효과를 평가하기 위해 대학 캠퍼스 여러 남자 화장실 간의 다중 기저선 설계를 사용했다.

참가자 간 다중 기저선 설계

참가자 간 다중 기저선 설계(multiple baseline across subjects design)에서는 2명 이상(혹은 집단)을 대상으로 한 가지 목표행동을 선택하여 동일한 세팅에서 측정한다. 기저선 조건하에서 반응이 꾸준히 안정적인 상태를 보이면 독립변인을 한 대상자에게만 적용하고 나머지 대상자는 기저선 조건하에 그대로 유지시킨다. 독립변인을 적용한 첫 번째 대상자가 기준 수준이나 안정된 수준의 반응을 보이면 그 독립변인은 다음 대상자에게 적용된다. 다중 기저선 설계의 세 가지 유형 중 이 유형이 가장 널리 쓰이는데, 이는 동일한 기술을 습득시키거나 동일한 문제행동을 제거해야 할 학생 혹은 환자가 여럿이기 때문이기도 하다[예 : Craft, Alber, & Heward, 1998; Kahng, Iwata, DeLeon, & Wallace, 2000(『응용행동분석』(상) 그림 13.1 참조); Killu, Sainato, Davis, Ospelt, & Paul, 1998(『응용행동분석』(상) 그림 13.3 참조); Kladopoulos & McComas, 2001(그림 1.3 참조)]. 때로 다중 기저선 설계는 참가자 '집단' 간 설계로 실행되기도 한다[예 : Dixon & Holcomb, 2000(『응용행동분석』(상) 그림 8.7 참조); Lewis, Powers, Kelk, & Newcomer, 2002(그림 12.12

참조); White & Bailey, 1990(『응용행동분석』(상) 그림 10.2 참조)].

Krantz와 McClannahan(1993)은 자폐증을 가진 아동들에게 또래와 상호작용하는 방법을 가르치기 위해 스크립트(script, 대본)를 도입한 후 이를 점차 없앴고, 이 방법의 효과를 조사하기 위해 참가자 간 다중 기저선 설계를 사용했다. 참가자는 심각한 의사소통 장애를 지닌 9세에서 12세 사이 4명의 아동이었는데, 이들은 매우 저조한 수준의 학업, 사회, 여가 기술을 보였다. 연구 시작에 앞서 우선 각 아동에게 계획표에 따라 활동하는 방법을 가르쳤다. 처음에는 그림 활동 계획표를 따르도록 가르쳤고(Wacker & Berg, 1983) 후에는 글로 쓰인 활동 계획표를 따르도록 가르쳤는데, 계획표에 제시된 일련의 활동(학업, 자기 돌봄, 여가 관련)은 아동을 촉진하는 역할을 했다. 교사는 아동에게 사회적 상호작용의 모델을 보여 주고 아동이 직접해 보도록 구두 촉진을 주었으며, 아동이 이를 따를 때에는 칭찬과 더불어 아동이 좋아하는 간식 및 활동을 유관적으로 제공했다. 그럼에도 불구하고 아동들은 어른의 촉진 없이 독립적으로 상호작용을 시작하는 데 계속 실패했다.

각 회기는 10분 동안 지속되었고, 아동은 회기마다 세 가지 미술 활동(데생하기, 색칠하기, 수채화 그리기) 중 하나를 번갈아 가며 했다. 관찰자는 아동이 미술 활동을 하는 동안 또래와의 상호작용을 시작하고 상대방에게 반응하는 횟수를 기록했다. Krantz와 McClannahan(1993)은 종속변인을 다음과 같이 기술했다.

또래와 의사소통 시작은 아동이 (1) 어른의 촉진 없이, (2) 다른 아동을 향해(또래 친구의 얼굴을 마주 보거나 이름을 부른다.), (3) 이전의 표현과는 뚜렷이 구분되는(화제를 바꾸거나 상호작용의 상대를 바꾼다.) 이해 가능한 수준의 서술 또는 질문을 말하는 것으로 정의되었다. … 스크립트 상호작용은 글로 쓰인 대본에 나와 있는 말을 사용하는 것이다. … 예를 들자면 "로스, 네 그림 멋지다." 라는 말이 대본에 나와 있고, 아동이 이를 사용하는 경우에 스크립트 상호작용을 했다고 할 수 있다. 반면, 대본에 나온 말에 접속사, 관사, 전치사, 대명사, 또는 동사 시제를 바꾸는 것 이상의 변화를 주어 표현했다면 스크립트에 없는 상호작용을 했다고 할 수 있다. 예를 들어, '종이'라는 말이 대본에 쓰여 있지 않은데 아동이 "종이 더 필요해?"라는 질문을 한다면 이는 스크립트에 없는 상호작용을 시작한 것으로 간주된다. 반응은 아동이 교사의 촉진 없이도 또래 친구의 말이나 질문에 5초 이내에 맥락적으로 적절한 대답을 표현(단어, 절, 또는 문장)하는 것으로 정의되었다.… 반응의 예는 "뭐라고?", "알았어.", "응, 맞아." 등이었다. (p. 124)

기저선 동안 각 아동의 책상 위에 미술 도구와 함께 "미술 활동을 하세요.", "말을 많이 하세요."라는 지시가 적힌 종이 한 장을 올려 두었다. 교사는 각 아동이 종이에 적힌 지시를 읽도록 촉진하고 자리를 비켜 주었다. 스크립트 조건에서는 기저선에서 사용한 두 가지 지시에 열 가지의 서술이나 질문으로 구성된 스크립트를 추가했다. 스크립트에는 [이름], 오늘 밖에서 [그네/롤러스케이트/자전거 탔던 것] 재미있었어?", "[이름], 내 [연필/크레용/붓] 쓸래?"와 같은 문장이 적혀 있었다(p. 124). 교사는 각 회기가 시작되기 바로 이전에 이 스크립트의 빈칸을 채운 후 아이에게 보여 주었는데, 이때 빈칸에 들어가는 말은 아동이 오늘 마친 활동, 회기 동안 하게 될 활동, 교실 내의 물건을 반영했다. 각 아동이 받는 대본에는 나머지 또래 친구 3명의 이름이 포함되었고, 질문과 서술의 순서는 회기 간, 아동 간에 서로 달랐다.

스크립트 조건을 한 번에 한 아동씩 순차적으로 (staggered) 적용했다(그림 4.5 참조). 처음에 교사는 아동이 스크립트의 문장을 또래에게 읽어 주고, 읽은

후에는 스스로 문장 옆에 체크 표시를 하도록 촉진하는 방법을 사용해 직접 스크립트의 문장을 하나하나 가르쳤다. Krantz와 McClannahan(1993)은 이 촉진과 스크립트에 대한 용암법(script-fading) 과정을 다음과 같이 기술했다.

교사는 아동의 뒤에 서서 아동이 연필을 잡고, 지시나 대본의 서술이나 질문을 가리키고, 문장을 따라 (밑줄을 긋듯) 연필을 움직이도록 신체적 촉진을 하였다. 교사는 아동의 얼굴이 소통할 친구의 얼굴을 향하도록 촉진하였다. 아동이 5초 이내에 서술이나 질문을 소리 내어 말하지 못하면 말하게 촉진하였다. 아동이 서술이나 질문을 읽거나 말하면 교사는 아동이 말한 문장 옆에 체크 표시를 하게 도와주었다.

신체적 촉진은 가능한 한 빨리 점진적으로 제거했다. 4명의 참가자인 케이트, 마이크, 월트, 로스는 각각 15회기, 18회기, 23회기, 27회기 이후부터 어떠한 촉진도 받지 않았다. 그 후의 회기 동안 교사는 아동에게서 좀 떨어진 곳에서 관찰만 하였다. 촉진을 중단한 후에는 점차적으로 대본사용을 줄이는 과정을 시작했는데, 대본의 각 문장을 다섯 단계에 걸쳐 문장의 끝에서부터 시작 부분까지 점차적으로 줄여나갔다. 예를 들어, "마이크, 너는 신나는 금요일에 뭐 하는 것을 제일 좋아해?"라는 질문은 다음과 같은 용암 단계를 거쳤다. (a) "마이크, 너는 신나는 금요일에 뭐하는 것을", (b) "마이크, 너는 신나는 금요일에", (c) "마이크, 너는", (d) "ㅁ", 그리고 마지막 단계로 (e) "."의 순서로 문장을 점차 사라지게 했다. (p. 125)

케이트와 마이크는 기저선 동안에는 단 한 번도 상호작용을 시작하지 않았던 반면, 스크립트 조건에서는 한 회기에 평균 15회(케이트), 그리고 13회(마이크) 소통을 시작했다. 월트는 기저선에서 회기당 평균 0.1회 또래와 대화를 시작했으나, 이는 스크립트 조건에서 17회로 증가했다. 로스는 기저선에서 회기당 상호작용을 2회 시작했던 것에 비해 스크립트 조건에서는

| **그림 4.5** | 기저선, 스크립트, 추적 회기 동안 자폐 아동 4명이 또래들과 미술 활동 중에 스크립트 상호작용과 스크립트에 없는 상호작용을 시작하거나 반응한 횟수를 보여 주는 개인 간 다중 기저선 설계. 화살표는 용암법이 적용된 회기를 가리킨다.

출처 : "Teaching Children with Autism to Initiate to Peers: Effects of a Script-Fading Procedure" by P. J. Krantz and L.E. McClannahan, 1993, *Journal of Applied Behavior Analysis, 26,* p. 129. Copyright 1993 by the Society for the Experimental Analysis of Behavior, Inc. Reprinted by permission.

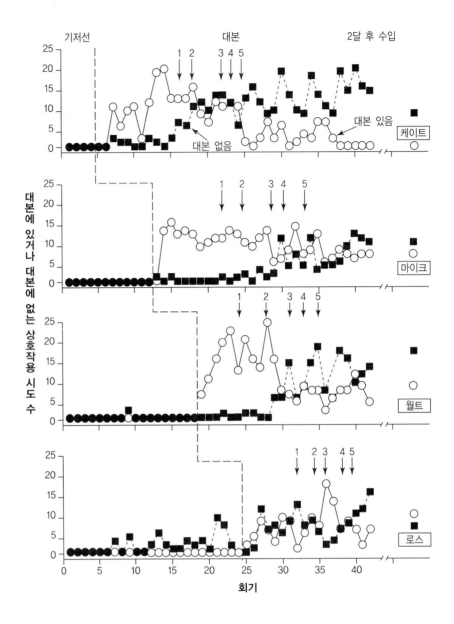

평균 14회 소통을 시작했다. 스크립트를 점차적으로 없애기 시작하자 아동들이 스크립트에 없는 말을 사용하여 소통을 시작하는 빈도가 높아졌다. 스크립트가 완전히 제거된 후에는 네 참가자의 상호작용 개시 빈도가 정상 발달 아동들의 표본이 보인 소통 빈도와 비슷하게 되었다. 연구자들은 미리 예정된 스케줄이 아닌 각 참가자의 수행 정도에 따라 스크립트 용암법을 단계적으로 실행했다. 이런 방법을 통해 행동과학의 핵심인 행동-환경 간의 관계를 찾는 데에 필요한 유연성을 유지할 수 있었다.

그러나 각 참가자가 자신의 통제집단으로서 기능하지는 않았기 때문에, 이 연구에 사용된 참가자 간 다중 기저선 설계는 사실상 단일 참가자 설계가 될 수 없다. 대신 각 참가자의 기저선 자료에 기초한 예측을 검증하기 위해서는, 여전히 기저선 조건에 머무르고 있는 다른 참가자들의 비교적 안정화된 행동의 측정치와 비교하여 추론해야만 한다. 또한 효과의 반복은 다른 대상자에게 독립변인이 적용될 때 행동이 어떻게 변화하는지와 비교하여 추론해야만 한다. 이는 참가자 간 다중 기저선 설계의 단점이자 잠재적인 장점이기도 한데(Johnston & Pennypacker, 1993a), 이 장의 뒷부분에서 이를 좀 더 자세히 다룰 것이다.

다중 기저선 설계의 변형

다중 기저선 설계의 두 가지 변형된 형태는 다중 프로브 설계와 지연된 다중 기저선 설계이다. 다중 프로브 설계는 다중 기저선 전략의 조작과 논리의 확장 형태로 동시적 측정이 불필요하고, 잠재적으로 반응적이며(reactive), 비실용적이거나 비용이 너무 많이 드는 행동 또는 상황에 적용 가능하다. 지연된 다중 기저선 기술은 계획된 반전 설계를 더 이상 사용할 수 없거나, 혹은 이 설계가 비효과적인 경우에 사용할 수 있다. 또한 이 기술은 이미 진행되고 있는 다중 기저선 설계에 추가적인 단계를 더해야 할 때(예 : 진행 중인 연구에 새로운 참가자를 추가하는 경우)에도 사용할 수 있다.

다중 프로브 설계

Horner와 Baer(1978)가 처음 기술한 **다중 프로브 설계**(multiple probe design)는 독립변인과 연속적 접근(successive approximation) 혹은 과제 순서 습득 간의 관계를 분석하는 방법이다. 기저선 기간 내내 각 행동, 세팅, 또는 참가자에 대한 자료를 동시에 수집하는 다중 기저선 설계와 달리, 다중 프로브 설계에서는 간헐적으로 측정한 자료(즉 프로브)에 근거하여 행동 변화가 개입 이전에 일어났는지의 여부를 결정한다. Horner와 Baer에 의하면, 다중 프로브 설계를 서로 관련된 행동의 연쇄에 적용하는 경우 다음 네 가지 질문에 답할 수 있게 된다. (a) 연쇄의 각 단계(행동)에서 초기 수행 수준은 무엇인가? (b) 각 단계의 훈련에 앞서 참가자가 그 단계를 순차적으로 수행해 볼 기회를 먼저 제공한다면 어떻게 될 것인가? (c) 훈련이 적용된다면 각 단계에서 어떤 일이 일어날 것인가? (d) 앞

선 단계에서의 수행이 기준 수준에 도달할 때, 훈련받지 않은 연쇄 단계에서 수행은 어떻게 될 것인가?

그림 4.6은 다중 프로브 설계의 전형적인 그래프이다. 연구자들이 다양한 다중 프로브 기술을 개발해 내기는 했으나 기본적으로는 모두 다음의 세 가지의 주요한 특징을 지닌다. (a) 연쇄의 각 행동에 대한 참가자의 수행 수준을 결정하기 위해 초기 프로브를 사용한다. (b) 각 단계의 훈련에 앞서 기저선은 그 단계의 훈련 전 단계에서 측정된다. (c) 어느 훈련 단계에서든 참가자의 수행이 기준 수준에 도달한다면 다른 단계에서도 수행의 변화가 있는지를 알아보기 위해 연쇄의 각 단계에 대한 프로브를 실시한다.

Thompson, Braam, Fuqua(1982)는 발달장애를 가진 3명의 학생을 대상으로 세탁 기술을 가르쳤는데, 이 복잡한 연쇄의 습득에 있어 촉진과 토큰 강화로 구성된 지시 과정이 얼마나 효과적인지 분석하기 위해 다중 프로브 설계를 사용했다. 우선 사람들이 세탁하는 모습을 관찰한 후, 세부적인 과제 분석을 통해 세탁하는 데 필요한 74개의 행동을 정하고 이를 일곱 가지의 주요 요소로 분류했다(예 : 비슷한 색의 옷끼리 분류하기, 세탁기에 빨래 넣기). 각 학생의 수행은 훈련에 앞서 실시된 프로브와 기저선 회기를 통해 평가했다. 프로브와 기저선 회기에서 학생에게 빨래를 하도록 지시했다. 학생이 틀린 반응을 보이거나 계속하라는 촉진을 받고도 5초 이내에 반응하지 않을 경우, 학생을 세탁실에서 떨어진 곳에 앉혔다. 그런 다음 훈련자는 학생이 해야 할 정반응을 수행한 후에 학생을 다시 불러 세탁 연쇄의 다음 행동을 수행하게 함으로써 나머지 세탁 연쇄의 평가를 이어 갔다.

프로브 회기는 기저선 회기와 두 가지 방식에서 상이했다. 첫 번째로, 프로브는 각 요소의 기저선과 훈련 바로 직전에 실행되었고 연쇄의 모든 반응을 측정하였다. 기

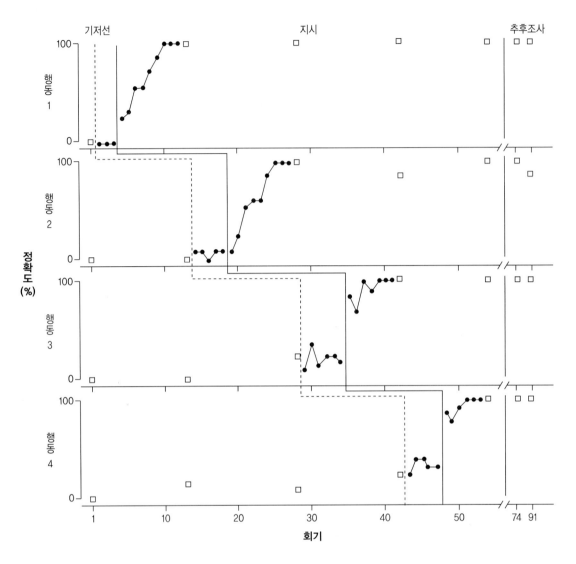

| **그림 4.6** | 다중 프로브 설계의 전형적인 그래프. 정사각형으로 표시된 자료는 행동의 연쇄 전체(1~4)를 시험한 프로브 회기의 결과를 나타낸다.

저선 회기는 프로브 이후에 실시되었는데, 이때 학생이 앞서 훈련받은 요소와 바로 다음에 훈련받게 될 요소만을 측정했다. 기저선 자료는 훈련 회기 바로 이전에 시행된 연속적 회기 동안 수집되었다(몇 회기 연속으로 자료를 수집할지는 때마다 바뀌었다). 두 번째로, 프로브 회기 동안에는 토큰을 주거나 칭찬을 하지 않았다. 기저선 동안에는 이전에 훈련된 반응을 보일 때만 토큰을 주었다. 기저선 회기가 끝난 후에 각 요소는 구두 지시, 모델링, 단계적 지도(graduated guidance)라는 단계적 3-촉진 과정(graduated 3-prompt procedure)(Horner &

Keilitz, 1975)을 통해 훈련하였다. 낮은 단계 촉진이 5초 이내에 정반응을 이끌어내지 못하면 다음 수준의 촉진이 도입되었다. 학생이 한 요소에 대해 두 시행 연속으로 100% 정확한 수행을 보이면, 그 학생은 빨래하기 연쇄의 맨 처음부터 마지막으로 숙달한 요소까지 다시 쭉 수행해 보여야 했다. 이전에 숙달한 요소 전체를 연쇄로 훈련시키는 이 조건(연쇄 훈련 조건)은 학생이 두 시행 연속으로 실수나 촉진 없이 수행할 때까지 지속되었다 (Thompson, Braam, & Fuqua, 1982, p. 179).

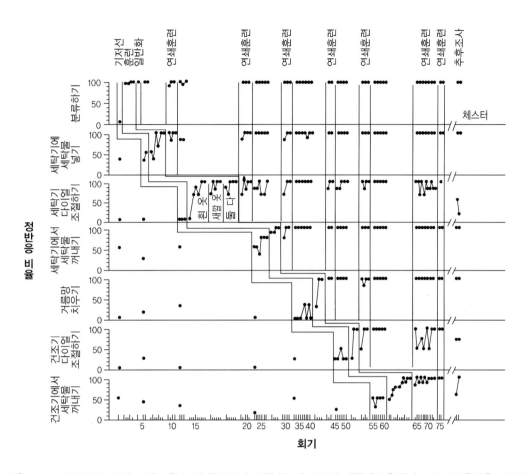

| **그림 4.7** | 지적장애를 가지고 있는 청소년(남)의 빨래 수행 중, 각 단계의 시행에서 학생이 보인 정반응률을 나타내는 다중 프로브 설계. 수평축의 길고 굵은 수직선들은 연속적으로 이어졌던 훈련 회기를 나타낸다. 옅고 짧은 수직선들은 한 회기 내의 시행을 나타낸다.

출처 : "Training and Generalization of Laundry Skills: A Multiple-Probe Evaluation with Handicapped Persons" by T. J. Thompson, S. J. Braam, and R. W. Fuqua, 1982, *Journal of Applied Behavior Analysis, 15*, p. 180. Copyright 1982 by the Society for the Experimental Analysis of Behavior, Inc. Reprinted by permission.

그림 4.7은 학생 중 한 사람인 체스터의 결과를 보여 준다. 체스터는 프로브와 기저선 회기 동안 낮은 정반응 수행률을 보였지만, 각 요소를 훈련받은 후에는 100%의 정확도로 수행했다. 동네에 비치된 코인 세탁기(동전을 넣고 사용할 수 있는 세탁기)로 테스트한 일반화 프로브에서 체스터는 총 74개 연쇄 반응 중 82%를 정확하게 수행했다. 이때 학생이 일반화 프로브에서 오반응을 보인 행동과 '동전 투입구에 올바르게 동전을 주입해야 하는 추가적인 과정 및 그 외의 훈련용 세탁기와 코인 세탁기 간의 작은 차이점을 감

안하여 부가적으로 가르쳐야 할 반응'의 재훈련을 위해 5회의 추가적인 훈련 회기를 실시했다(p. 179). 훈련 10개월 후에 두 번의 추적 회기를 실시했는데, 이때 체스터는 지난 2개월간 빨래를 하지 않았음에도 불구하고 세탁 과제 수행에서 90%의 정확성을 보였다. 이 연구에 참여한 다른 두 학생도 비슷한 결과를 보였다.

Thompson과 동료들(1982)이 연구에 연쇄 훈련 조건을 추가한 이유는 각기 독립적으로 훈련된 기술이 연쇄 훈련 없이 올바른 순서로 수행될 수 없을 것이라

고 판단했기 때문이다. 실험자들은 기저선에서 반응이 일정하고 안정된 수준으로 나타날 때까지 새로운 요소에 대한 훈련을 실시하지 않았는데, 이는 주목할 만한 점이다(그림 4.7에서 아래에서부터의 네 단계에 대한 기저선 자료 참조). 이런 방식으로 훈련을 지연함으로써 훈련과 기술 습득 간의 기능적 관계를 명확히 입증할 수 있었다.

연쇄 기술에서는 참가자가 이전의 단계를 습득하지 않은 상태에서 다음 단계에서 향상된 수행률을 보이는 것이 거의 불가능하다. 그렇기 때문에 다중 프로브 설계는 연속적인 순서가 있는 기술에 대한 학습 효과를 평가하는 데 특히 적합하다. 예를 들어, 덧셈, 뺄셈, 곱셈을 못하는 한 학생이 나누기 문제를 얼마나 정확히 푸는지 반복적으로 측정하는 것은 적절하지 못하다. Horner와 Baer(1978)는 다음에서 이 점을 매우 잘 설명했다.

나눗셈 기저선에서 수행점수 0점은 아무런 의미가 없으므로(또는 시험 구성 방식에 따라서는 우연) 이를 측정할 필요가 없다. 이러한 계량 방식을 형식적(proforma)측정이라고 한다. 다중 기저선을 사용할 수 없는 것은 아니지만, 이를 사용해 얻어지는 결과는 오해석을 불러일으킨다. 이 경우 행동 수치가 0이기는 하지만, 이는 행동이 발생할 수 없음을 나타낼 뿐 앞으로 행동이 일어날 기회가 0임을 뜻하지는 않는다. 잘 측정된 자료라면 행동이 발생할 수 없는 상황에서 행동을 측정하고 이를 발생하지 않은 행동으로 기록하지 않는다. (p. 190)

그러므로 다중 프로브 설계에서 연쇄를 구성하는 어떤 요인이 수행 불가능하거나 선행 요소의 습득 없이 수행될 가능성이 낮은 경우라면 꼭 기저선 자료를 수집할 필요가 없다. 이미 언급한 두 가지 사용 방법(복잡한 연쇄의 학습 효과에 대한 분석, 그리고 발생할 기회가 없었던 행동에 대한 기저선 측정량 감소)

외에도, 다중 프로브 기술은 또한 확장된 기저선 측정(extended baseline measurement)이 반응적이거나, 비실용적이거나, 경제적이지 않을 경우에도 사용할 수 있는 효과적인 실험 전략이다. 비처치 조건에서 특정 기술을 반복적으로 측정한다면 어떤 학생들은 불쾌감을 느낄 수도 있으며, 소거, 지루함, 또는 그 외의 바람직하지 않은 반응을 보일 수 있다. Cuvo(1979)는 다중 기저선 설계의 논의에서 연구자는 "반복적인 종속변인의 측정을 통해 안정적인 기저선을 형성할 수 있다는 장점이 있으나, 다른 한편으로는 이렇게 함으로써 참가자들을 잠재적으로 처벌 경험에 노출시키고 그들의 수행을 악화할 수도 있다는 위험을 감안해야만 한다."고 제안했다(pp. 222-223). 게다가 연쇄 내의 모든 기술을 완전하게 평가하려 하다 보면 훈련에 쓸 시간을 평가에 더 할애하게 될 수도 있음에 주의해야 한다.

다중 프로브 설계의 다른 예는 Arntzen, Halstadtr, Halstadtr(2003), Coleman-Martin과 Wolff Heller(2004), O'Reilly, Green, Braunling-McMorrow(1990), Werts, Caldwell, Wolery(1996, 그림 10.6 참조)의 연구에서 찾아볼 수 있다.

지연된 다중 기저선 설계

지연된 다중 기저선 설계(delayed multiple baseline design)는 하나의 측정치에 대해 초기 기저선 측정과 개입을 먼저 시작하고, 뒤따르는 기저선을 시간 간격을 두고 추가하는 실험 전략이다(Heward, 1978). 그림 4.8은 지연된 다중 기저선 설계의 전형적 그래프를 보여 준다. 이 설계는 다중 기저선 설계와 동일한 실험적 논리에 기반을 둔다. 한 가지 다른 점은 행동이나 세팅, 또는 참가자에게 독립변인이 적용되고 난 뒤에 다른 행동의 기저선이 시작되었다면, 그 새로운 기저선 자료는 설계의 이전 단계에 근거하여 세운 예측을

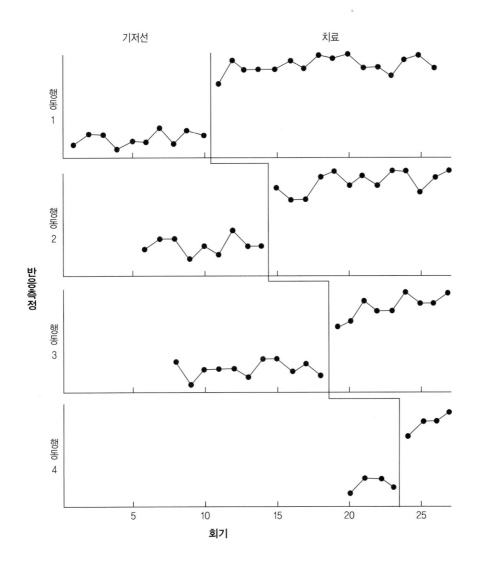

| **그림 4.8** | 지연된 다중 기저선 설계의 전형적 그래프

증명하는 데 사용될 수 없다는 것이다. 그림 4.8에서는 행동 2와 3의 기저선 측정이 일찍 시작되었기 때문에 이 측정 자료를 행동 1에 대한 예측을 입증하는 데에 사용할 수 있었다. 행동 3의 기저선 자료 중 마지막 4개의 자료점은 또한 행동 2에 관한 예측을 입증한다. 그러나 행동 4의 기저선 측정은 이전 행동에 독립변인이 적용된 후에 시작되었기 때문에, 설계 내에서 이 측정치의 역할은 반복을 추가적으로 증명해 보이는 것에 그친다.

지연된 다중 기저선 설계를 사용한다면 다른 실험 전략이 실행될 수 없는 특정한 환경에서도 연구를 진행할 수 있다. Heward(1978)는 그러한 상황 세 가지를 제안했다.

● 반전설계가 바람직하지 않거나 가능하지 않은 경우. 응용된 세팅에서는 연구 환경이 변화할 수도 있는데, 이 때문에 미리 계획해 둔 반전 설계의 사용이 무효화될 수 있다. 연구 환경의 변화는 연구 대상자의 환경 변화로 인한 것일 수 있는데, 환경의 변화 때문에 목표행동을 더 이상 기저선 수준으로 되돌릴 수 없게 된다면 반전 설계를 사용할 수 없다. 또한 연구 환경의 변화는 대상자의 부모, 교사, 관리인, 대상자/의뢰인, 또는 행동분석가의 행동변화로부터 일어날 수도 있는데, 이로 인해 미리 계획된 반전 설계가 더 이상 바람직하지 않거나 가능하지 않게 될 수 있다. … 만약 독립변인의

적용이 적합한 다른 행동, 세팅, 또는 개인이 있다면 행동분석가는 지연된 다중 기저선 기술을 사용하면서도 계속해서 기능적 관계를 입증할 수 있게 된다.

- 제한된 자원, 윤리적 고려 사항, 또는 실용적인 면에서의 어려움으로 다중 기저선 설계를 사용하는 것이 불가능한 경우. 행동분석가의 재원이 행동, 세팅, 또는 개인에 대한 초기 기록 및 개입에 제한되며 다른 연구 전략은 적합하지 않을 때를 말한다. 첫 번째 개입의 결과로 추가적인 기저선을 모으는 데 자원이 가능해질 수 있다. 이는 치료 전 행동의 형태 그리고/또는 비율 때문에 직원들의 시간 및 에너지 소모가 큰 특정 행동이 개선되는 경우에 발생한다. 혹은 첫 번째 개입의 성공으로, 직원에게 자원을 제공하기 주저하던 자원 배분자가 성공적인 결과를 보고 난 뒤 추가적인 분석에 필요한 자원을 제공하기로 결정하여 생기는 상황일 수도 있다. 또한 윤리적 고려 사항으로 인해 어떤 행동의 기저선을 확장하여 측정하는 것이 불가능할 수도 있다(예 : Linscheid, Iwata, Ricketts, Williams & Griffin, 1990). Hobbs와 Holt(1976)가 인용한 '실용적인 어려움(practical difficulties)'을 말하는데, 이는 세 가지 세팅 중 하나에서 기저선 측정을 지연하는 이유가 될 수 있다.
- 측정할 '새로운' 행동, 세팅, 또는 참가자가 생기는 경우. 환경 변화로 인해 연구 계획 시 미리 정해 놓았던 연구 설계를 더 이상 사용할 수 없게 되어 다중 기저선 분석이 더 선호되는 상황이라면 지연된 다중 기저선 기술을 사용할 수 있다(예 : 대상자가 다른 행동을 하기 시작하는 경우, 다른 세팅에서 기존의 목표행동을 하기 시작하는 경우, 또는 같은 목표행동을 보이는 추가적인 대상자들이 출연하는 경우)(p. 5~6을 각색).

연구자들은 다양한 개입의 효과를 평가하는 데 지연된 다중 기저선 기술을 사용해 왔다[예 : Baer, Williams, Osnes, & Stokes, 1984; Copeland, Brown, & Hall, 1974; Hobbs & Holt, 1976; Jones, Fremouw, & Carples, 1977; Linscheid et al., 1990; Risley & Hart, 1968; Schepis,

Reid, Behrmann, & Sutton, 1998; White & Bailey, 1990(『응용행동분석』(상) 그림 10.1)]. Poche, Brouwer, Swearingen(1981)은 아동의 유괴를 막기 위해 개발된 훈련 프로그램의 효과성을 평가하기 위해 지연된 다중 기저선 설계를 사용했다. 정상 발달 유치원생 3명이 대상자로 선택되었는데, 그 이유는 선별 평가 동안 이 세 아동이 낯선 어른을 선뜻 따라나섰기 때문이다. 낯선 성인의 유인에 대해 각 아동이 보인 자기보호 반응의 적절성이 종속변인이었다. 실험에서 아동에게 접근한 낯선 어른이 사용한 유인은 단순 유인("산책하러 가지 않을래?"), 권위적 유인("네 선생님이 네가 나랑 같이 가도 괜찮다고 하셨어."), 또는 보상 유인("내 차에 네가 놀랄 만한 것이 있는데 나랑 같이 가서 보지 않을래?")이다.

각 회기에서 교사가 아동을 데리고 밖으로 나갔다가 다양한 이유로 학교로 되돌아가야 하는 것처럼 가장했다. 교사가 돌아간 후, 낯선 어른(이 실험의 협조자이며 아동은 이 사실을 알지 못한다.)이 아동에게 접근하여 위에 나열한 세 가지 유인 방법 중 하나를 사용했다. 협조자는 관찰자로서의 역할도 수행했으며, 0에서 6까지의 척도를 사용해 아동의 반응을 점수 매겼다. 6점은 바람직한 반응을 나타냈다(예 : "안 돼요, 선생님께 가서 여쭤 봐야 해요."라고 말하고, 3초 이내에 낯선 어른으로부터 최소한 20피트 이상 떨어진다). 0점은 아동이 낯선 어른을 따라 학교 건물에서 어느 정도 떨어진 거리까지 간 경우이다. 훈련은 모델링, 행동 리허설, 정반응에 대한 사회적 강화로 구성되었다.

그림 4.9는 훈련 프로그램의 결과를 보여 준다. 기저선 동안 세 아동은 모두 0점이나 1점을 받았다. 세 아동 모두 한 번에서 세 번의 훈련 만에 보상 유인조건에서 정반응을 숙달했고, 나머지 두 가지 유인조건에 대한 정반응을 숙달하는 데 1~2회의 훈련 회기가

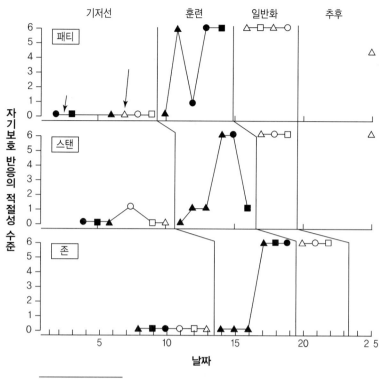

| **그림 4.9** | 기저선, 훈련, 일반화 프로브 동안 학교, 지역 세팅에서 적절한 자기방어 반응을 보여 주는 지연된 다중 기저선 설계. 검은 기호는 학교 근처에서 수집된 자료를, 하얀 기호는 학교에서 떨어진 장소에서 수집된 자료를 나타낸다.

출처 : "Teaching Self-Protection to Young Children" by C. Poche, R. Brouwer, and M. Swearingen, 1981, *Journal of Applied Behavior Analysis, 14*, p. 174. Copyright 1981 by the Society for the Experimental Analysis of Behavior, Inc. Reprinted by permission.

더 필요했다. 종합적으로, 각 아동은 5회기나 6회기에 걸쳐 훈련을 받았고 훈련에 소요된 시간은 아동 1명당 대략 90분 정도였다. 일반화 프로브는 학교에서 150피트에서 400피트 정도 떨어진 도로에서 실시했는데, 이때 낯선 어른의 유인을 받은 세 아동 모두 정반응을 보였다.

이 연구에서는 모든 조건의 기저선 길이가 동일해(즉 같은 수의 자료점을 가진다.) 다중 기저선 설계에서 기저선의 길이가 다양해야 한다는 규칙을 어겼다. 하지만 Poche와 동료들이 훈련을 동시에 시작한 이유가 두 가지 있었다. 첫째로, 각 아동은 기저선에서 매우 안정적인 수준의 수행을 보였고, 이는 훈련 프로그램을 평가하는 데 충분한 근거를 제공했다(낯선 어른의 유인에 완전히 넘어가지 않은 경우가 딱 한 번 있었는데, 이는 네 번째 기저선 관찰 시에 스탠이 낯선

어른과 함께 가지는 않았지만 같이 있었다). 하지만 이보다 더 중요한 두 번째 이유로, 목표행동의 특성상 각 아동이 이 행동을 최대한 빨리 배워야 할 필요가 있었다. 물론 다중 기저선 설계에서 단계 간에 기저선 길이를 다양하게 측정하는 것이 실험적 관점으로 보았을 때 바람직하다. 하지만 이 경우 훈련이 없을 경우 아동이 낯선 어른의 유인에 노출될 위험이 커지기 때문에 윤리적이지 못하다.

지연된 다중 기저선 설계에는 몇 가지 제한점이 있다(Heward, 1978). 첫째, 응용적 관점에서 볼 때 행동 분석가가 중요한 행동을 변화시키기까지 너무 오래 걸린다(이 문제는 모든 다중 기저선 설계에 내재된 것이긴 하지만). 둘째, 지연된 다중 기저선 설계의 지연된 기저선 단계는 다중 기저선 설계보다 자료점의 수가 적은 것이 일반적이다. 다중 기저선 설계에서는 모

든 기저선이 동시에 시작되어 기저선 단계가 꽤 길고 또 그 길이가 다양하다. 기저선이 길고 안정적인 경우 실험적 통제가 잘 이루어졌음을 설득력 있게 증명하는 예측력(predictive power)을 높인다. 어떤 유형이든 다중 기저선 설계를 이용하는 행동분석가라면 기저선의 시작 시점과는 상관없이 충분히 길고 다양하게 측정해야 하는데, 이로써 실험 효과를 비교하기 위해 신뢰성 있는 근거를 제공하기 때문이다. 지연된 다중 기저선 설계의 세 번째 제한점은 종속변인 간의 상호 의존성을 가릴 수 있다는 것이다.

모든 다중 기저선 설계의 강점은 실험자가 독립변인을 적용할 때까지 아직 처치받지 않은 다른 행동에서는 변화가 거의 혹은 아예 나타나지 않는다는 것이다. 지연된 다중 기저선 설계에서, 차후 행동에서 수집된 '지연된 기저선' 자료는 설계 내 다른 행동에 적용한 실험적 조작의 영향을 받아 변화된 수행을 반영하는 것일 수도 있다. 그러므로 이 기저선 자료는 실제 실험 전 조작 수준을 대표하지 않을 수도 있다. … 이 경우, 지연된 다중 기저선은 '부정 오류(false negative)'를 야기할 수 있다. 기저선 자료를 동시에 모으지 않았으므로 연구자는 그 행동이 함께 변화했음을 발견하지 못할 수 있고, 이로 인해 개입이 차후 행동에는 효과적이지 않았다고 잘못된 결론을 내릴 수도 있다. 이것은 지연된 다중 기저선 설계의 큰 약점이고, 그렇기 때문에 이 설계가 다중 기저선 설계를 사용하는 것이 가능한 경우엔 항상 차선책이 되는 것이다. 그러나 이 제한점은 이전 기저선에 대한 개입을 시작하기 최소한 몇 회기 전부터 차후 기저선을 시작함으로써 해결할 수 있고, 따라서 가능하면 이 방법을 항상 사용해야 한다. (Heward, 1978, pp. 8~9)

확장된 기저선 측정이 불필요하거나, 실용적이지 않거나, 비용이 너무 많이 들거나, 혹은 사용할 수 없을 때, 다중 프로브 설계와 지연된 다중 기저선 설계는 응용행동분석가에게 다중 기저선 분석을 실행하기

위한 대안 전략이 된다. 아마도 지연된 다중 기저선 기술의 가장 유용한 응용법은 이미 작동 중인 다중 기저선 설계에 단계를 추가하는 것일 것이다. 연구 내에서 이전에 측정했던 프로브로 인해 지연된 기저선이 보충될 수 있다면 그렇게 할 때마다 실험적 통제가 더 강력해진다. 일반적인 규칙은 기저선 자료가 많으면 많을수록 더 좋다는 것이다.

다중 기저선 설계의 사용에 대한 가정과 지침

비록 행동-상황 간에 관계가 있고, 그 관계가 작동함을 밝히는 것이 연구를 시행하는 주된 이유이기는 하지만, 다중 기저선 설계를 사용하고자 하는 연구자는 (다른 실험 전략에서와 마찬가지로) 관계가 어떻게 기능하는지에 대한 가정을 세워야만 한다. 이러한 맥락에서 행동 실험의 설계는 경험에 의한 추측 게임과 유사하다―실험자는 추측하고 자료는 대답한다. 연구자는 행동과 통제변인의 관계에 대한 가정(즉 비공식적인 의미에서 가설[4])을 세우고, 그러한 추측을 지지하거나 반박할 수 있는 자료를 산출해 내도록 실험을 설계한다.

다중 기저선 설계에서의 검증과 반복은 독립변인을 순차적으로 적용한 결과 다른 행동에 어떤 일이 일어

---

4) 여기서 사용하고 있는 '가설(hypothesis)'이라는 용어를 추론 통계(inferential statistics)를 사용하여 이론으로부터 추론된 가설을 검증 혹은 기각하는 가설 검정(hypothesis testing) 모델과 혼동해서는 안 된다. Johnston과 Pennypacker(1993a)가 지적했듯이, "연구자가 자연현상에 대한 질문을 던지는 경우 가설은 필요하지 않다. 실험적 질문이 단순히 독립변인과 종속변인의 관계에 대한 것이라면 자료를 통해 무엇을 알아낼 것인지 예측해야 할 과학적인 이유 역시 없다(p. 48)." 하지만 Johnston과 Pennypacker(1980)는 또한 "좋은 가설은 끊임없이 실험을 거치게 되는데, 이는 의심되는 통제 관계의 요인에 대한 정보를 알아내어 이에 대한 확신을 가지기 위해서이다. 연구자가 어떤 명제의 결과를 단언하고자 할 때마다(행동분석에서는 실제로 이러한 용어를 사용하는 경우가 드물기는 하지만) 그는 가설을 검정하는 것이다. 본문에서 말하는 상대적으로 비공식적인 맥락의 가설 검정은 연구자가 예상치 못한 결과의 중요성에 대해 인지하며 실험을 설계하게 돕는다(pp. 38~39)."

났는지(혹은 일어나지 않았는지)의 여부에 달려 있다. 그러므로 실험자는 실험 설계를 계획하고 실행하는 데 특히 조심해야 하는데, 연구는 자료가 지지하는 어떤 관계에 대해서든 가장 신뢰할 수 있는 방법으로 진행되어야 하기 때문이다. 다중 기저선 설계가 겉보기에는 간단해 보일지 모르나, 이를 성공적으로 적용한다면 둘 이상의 행동, 세팅, 또는 참가자를 선택하여 기저선 자료를 모으고, 처치 조건을 행동 하나하나에 순차적으로 도입하는 것 이상의 훨씬 더 많은 결과를 얻을 수 있다. 우리는 다중 기저선 설계를 사용하는 실험을 계획하고 실행함에 있어 다음과 같은 지침을 제안한다.

독립적이면서도 기능적으로 유사한 기저선을 선택한다

다중 기저선 설계를 사용한 기능적 관계의 입증은 다음의 두 가지 사건 발생에 의존한다. (a) 독립변인이 적용된 행동이 변화할 때, 아직 기저선 조건하에 있는 행동(들)은 수준, 변산성, 경향에 있어 변화를 보이지 않는 것, (b) 독립변인이 적용되었을 때만 각 행동이 변하는 것. 그러므로 실험자는 다중 기저선 설계를 통해 분석하고자 하는 행동에 대해 어쩌면 모순으로 보일 수도 있는 두 가지 가정을 세워야만 한다. 그 두 가지 가정은 다음과 같다. 행동은 (1) 기능적인 면에서 서로 독립적이어야 하지만(한 행동이 변할 때 다른 행동이 함께 변하지 않아야 한다.), (2) 동일한 독립변인이 적용되었을 때는 행동변화에 유사성을 보인다(Tawney & Gast, 1984). 두 가정 중 하나가 성립되지 않아도 기능적 관계를 입증할 수 없게 될 수 있다.

예를 들어, 독립변인이 첫 번째 행동에 먼저 도입되었다고 가정해 보자. 이 행동의 수준 그리고/또는 경향이 변화하긴 했으나, 아직 기저선 조건하에 있는 다른 행동까지도 변화를 보인다. 이 경우, 처치받지 않은 기저선 조건에 있는 행동의 동시적 변화는 무엇을 의미하는 것일까? 기저선에 속해 있는 행동의 변화는 통제되지 않은 변인으로 인한 것이고 독립변인이 효과적인 치료임을 뜻하는 것일까? 혹은 첫 번째 행동이 독립변인에 의해 영향을 받아 변화한 후, 이 변화가 다른 기저선 행동으로 일반화되었음을 의미하는 것일까? 혹은 가정을 바꾸어, 독립변인이 도입될 때 첫 번째 행동은 변하지만 차후 행동은 독립변인의 적용에도 변하지 않는다고 가정해 보자. 독립변인의 효과가 차후 행동에서 반복되지 않는다는 것은 무엇을 의미하는 것일까? 첫 번째 행동의 변화가 독립변인이 아닌 다른 변인으로 인한 것임을 의미하는가? 혹은 첫 번째 행동의 변화가 독립변인에 의해 영향을 받았을 가능성은 여전히 있으나, 단지 차후 행동이 실험변인으로 인해 변하지 않았음을 뜻하는가?

이러한 질문에 대한 답은 오직 추가적인 실험적 조작을 통해서만 알아낼 수 있다. 위에서 설명한 두 가지 유형을 통해 실험적 조작의 입증에 실패하게 되는 경우를 살펴보았는데, 그렇다고 하여 이런 경우에 독립변인이 적용되었을 때 변한 행동과 독립변인 간 기능적 관계가 존재할 가능성이 배제되지는 않는다. 첫 번째 유형은 본래 계획했던 설계에서 실험적 통제를 입증하는 데 실패했으나, 대신 이로 인해 여러 행동을 동시에 변화시킬 만큼 확실한 변인을 조사할 기회를 얻게 되는 셈이다. 행동, 세팅, 그리고/또는 개인 간에 일반화된 변화를 신뢰성 있게 이끌어 내는 변인을 발견하는 것이 응용행동분석의 주요한 목적이다. 그리고 행동이 변화하기 이전, 변화하는 도중, 변화한 이후에까지 관련된 다른 모든 변인이 일정히 유지되었음을 확신할 수 있다면 후속 연구에서 가장 우선적으로 고려해야 할 것은 기존의 독립변인이 될 것이다.

한 행동에서 다른 행동으로 변화를 반복하는 데 실패한 두 번째 유형이라면, 실험자는 반전 설계를 사용하여 독립변인과 첫 번째 행동 간의 기능적 관계가 존재할 가능성을 실험해 볼 수 있을 것이다. 그런 다음 변화가 없었던 행동에 대한 효과적인 개입이 무엇인지 생각해 볼 수 있다. 또 다른 대처 방법은 기존의 독립변인을 아예 제외하고, 모든 목표행동에 효과적일 수 있는 다른 개입을 찾는 것이다.

공존하며 관련 있을 법한 다중 기저선을 선택한다

다중 기저선 설계에서는 행동이 기능적으로 독립적임을 확인하기 위해 실험자가 서로 어느 정도 관련이 있고 비교 가능한 반응 범주 또는 세팅을 선택해야 한다. 기저선 측정이 진행되고 있는 어떤 행동이 이미 독립변인에 노출된 다른 행동에 대한 예측을 증명하는 데 가장 강력한 근거가 되기 위해서는 다음의 두 가지 조건을 갖춰야 한다. (a) 두 가지 행동을 동시에 측정해야 하고, (b) 한 행동에 영향을 미치는 관련된 모든 변인에는 다른 행동에도 영향을 끼칠 기회가 주어져야만 한다. 개인 간 및 세팅 간 다중 기저선 접근을 이용하는 연구에서는 설계의 논리를 지나치게 확장한다. 예를 들어, 한 아동이 부모에게 순종하는 행동이 기저선에서 안정적으로 측정되었다 하여 이를 기반으로 다른 가정의 아동이 부모를 잘 따르도록 진행했던 개입의 효과를 증명할 수는 없을 것이다. 두 아동에게 영향을 끼치는 변인 간에는 분명히 처치 변인의 존재 여부 그 이상의 차이점이 있기 때문이다.

실험 설계 시 다중 행동/세팅 조합을 선택하는 데는 몇 가지 중요한 한계점이 있다. 여러 행동과 세팅을 동일한 설계에 포함함으로써 실험적 이론을 확장하고자 한다면, 두 가지 반응이 (한 참가자가 두 가지 반응을 보이든, 2명의 참가자가 각각 한 반응씩 보이든) 산출되는 일반적인 실험 조건을 동시에 계속 진행해야만 한다. … 여러 가지 행동이나 세팅의 조합이 동시에 [독립변인에] 노출되어야만 하는 것은 아니다. [그러나] 독립변인에 대한 노출은 두 가지 반응 그리고/또는 세팅에 영향을 주는 가외변인(extraneous variables)과 동일한 처치 조건으로 함께 묶여 적용되어야만 한다. 왜냐하면 한 행동/세팅 조합에서 시행된 조건은 동시에 다른 행동/세팅 조합에도 영향을 미칠 기회를 가져야만 하기 때문이며, 이는 포함된 가외변인이 두 번째 행동/세팅에 실제로 영향을 미칠 것인지와는 무관하다. … 각기 다른 세팅에서 반응하는 두 참가자의 자료를 사용한다면 처치 효과가 우연에 의한 것이라고 말하기 어렵다. 이 경우 처치 조건은 [그리고 한 개인의 행동변화에 영향을 미칠 수 있는 무수한 다른 변인] 이후 다른 참가자의 반응에 영향을 줄 수 없게 되는데, 이는 그 두 번째 참가자의 반응이 완전히 다른 장소에서 일어날 것이기 때문이다. … 일반적으로, 두 가지 반응이 단독 처치[와 다른 모든 관련된 변인]에 의해 함께 영향을 받을 가능성이 클수록, 한 행동의 변화만을 보여주는 자료로 설명할 수 있는 실험적 통제의 증명은 더욱 강력해진다. (Johnston & Pennypacker, 1980, pp. 276~278)

다중 기저선 설계에서 기저선 논리의 요소가 적용되려면 두 가지 조건이 충족되어야 하는데, 동시 발생(concurrency)과 타당한 영향(plausible influence)이 바로 그것이다. 그러나 변인이 언제 또는 어디서 적용되었는지와는 무관하게, 독립변인의 도입으로 인해 기저선의 안정된 상태가 변화할 때마다 효과가 반복됨이 입증된다. 이렇듯 동시적이지 않거나 관련이 없는 기저선은 처치 효과의 보편성(generality)에 대해 중요한 정보를 제공할 수 있다.[5]

---

5) 서로 다른 행동, 세팅, 그리고/또는 참가자 간의 일련의 A-B 설계에서 각 A-B가 서로 다른 시점에 수행되는 경우, 때때로 이를 동시적이지 않은 다중 기저선 설계라고도 부른다(Watson & Workman, 1981). 그러나 동시 측정의 부재로 인해 다중 기저선 설계의 실험적 원리가 위배되며, 그 효과 역시 감소한다. 3개의 A-B 설계의 그래프를 이어 붙여서 이를 다중 기저선 설계처럼 보이도록 만들 수는 있겠으나, 이는 그리 가치 있는 일이 아니다. 이 그래프는 실험적 통제가 이뤄진 정도를 실제보다 과장하여 보여주므로 오히려 오해석의 여지가 많다. 이런 연구에 대해 기술해야 할 경우 이를 '일련의 A-B 설계' 혹은 'A-B 설계 모음'으

그러나 이를 '타당한(즉 논리적으로 완전한) 다중 기저선 설계라면 각기 다른 세팅에서 반응하는 다른 참가자 간에 실행될 수 없다'는 뜻으로 이해해서는 안 된다. 수많은 연구는 참가자, 반응 범주, 그리고/또는 세팅 간 혼합 다중 기저선을 사용하여 행동변화의 효과적인 기술(technology) 발달에 기여해 왔다[예 : Dixon et al., 1981; Durand, 1999(『응용행동분석』(상) 그림 13.4 참조); Ryan, Ormond, Imwold, & Rotunda, 2002)].

교사 훈련을 위한 한 개입의 효과를 분석하기 위해 설계된 실험을 고려해 보자. 어떻게 하면 각 학생이 집단 학습 시 반응을 보일 기회를 증가시킬 수 있을지를 다루는 워크숍이 있다고 하자. 이 경우, 실험은 워크숍에 참여하기로 한 교사가 진행하는 수업에서 각 학생이 얼마나 자주 대답할 기회를 가지는지 그 빈도를 측정하는 것으로 시작한다. 기저선이 안정적으로 확립되고 난 후 교사(또는 교사 집단)에게 먼저 워크숍을 하고, 그 뒤 다른 교사들에게는 지연된 다중 기저선 방식을 통해 워크숍을 진행한다.

이 예시의 참가자(교사)는 모두 각기 다른 환경(다른 교실)에서 행동하기는 하지만, 이들의 기저선 조건을 비교하는 것은 실험적 측면에서 타당한데 이는 교수 방식에 영향을 줄 법한 변인이 이들이 속한 환경(학교와 교직사회)에서 조작되기 때문이다. 그러나 서로 다른 참가자의 서로 다른 세팅에서의 반응을 보는 연구의 경우, 기저선을 비교할 때 변인 간의 관계가 제대로 조작되었는지 비판적인 시각으로 바라보아야 할 것이다.

___

로 칭하고, 각각의 A-B가 다른 A-B에 관해 일어난 실제 기간을 도표로 나타낼 것을 권한다(예 : Harvey, May, & Kennedy, 2004, 그림 2).

독립변인을 너무 성급하게 다음 행동에 적용하지 않는다

다시 말하지만, 다중 기저선 설계에서 검증이 이루어지려면 독립변인이 적용된 행동에는 변화가 생기고, 기저선에 속한(처치받지 않은) 다른 행동에는 변화가 적거나 없어야 한다. 실험 통제를 입증할 수 있었던 많은 연구에서 입증이 불가능했던 가장 큰 이유는 독립변인이 너무 성급하게 다음 행동에 적용되었기 때문이다. 다중 기저선 전략에서 독립변인을 짧은 시간을 두고 순차적으로 적용할 수 있다. 그러나 간격이 짧게 조작된 실험은 추론이 어려울 수 있다.

> 알려지지 않은, 부수적인, 무관한 변수의 영향은 상당히 크고 지속적일 수 있다. 이 문제는 첫 번째 행동/세팅 조합에 대해 처치를 진행하는 도중과 종결한 후까지 오랫동안 두 번째 행동/세팅 조합을 측정하여 두 번째 조합이 지속적으로 안정적임을 입증하는 방법으로 해결할 수 있다. (Johnston & Pennypacker, 1980, p. 283)

다중 기저선의 길이에 차이가 나도록 설계한다

일반적으로 다중 기저선 설계에서 기저선 단계의 길이가 서로 다를수록 설계는 더욱 강력해진다. 기저선의 길이가 크게 다르면 각 행동은 독립변인의 적용에 따라 변화할 뿐만 아니라, 독립변인이 적용될 때까지 변화하지 않기 때문에 보다 확실한 결론에 도달할 수 있다(처치 변인이 효과적이라는 가정하에). 기저선이 동일하거나 비슷한 길이라면, 독립변인이 도입될 때 발견된 변화는 처치 변인에 의한 것이 아닌 관찰 및 측정에 대한 연습이나 반응도와 같은 오염변인(confounding variable)에 의한 결과일 가능성이 있다.

> 그러한 효과를 … 연습, 적응, 준비, 자기분석 등으로 부른다. 그것이 무엇이든, 어떻게 불리든 간에, 다중 기저선 설계에서는 훈련의 도입 전에 일어나는 시간의 길이

(회기, 일, 주)에 체계적인 변화를 줌으로써 그 효과를 통제한다. … 이 통제는 필수적이며, 2개의 기저선만으로 구성되어 있는 설계의 경우, 기저선에서 필요한 자료점의 수는 최소한 2배 이상의 차이가 나게 만들어야 한다. 개입 전에 기저선의 길이를 체계적으로 계획하지 않는 경우 개입 도중 기저선 길이를 실용적으로 그리고 최대로 달라지게 만들기 힘들 것이다. 이에 실패하면 … 설계는 크게 신뢰도를 잃게 된다. (D. M. Baer, 개인적 의사소통, 1978년 6월 2일)

가장 안정적인 기저선에 먼저 개입한다

이상적인 다중 기저선 설계에서는 각 반응이 안정적인 상태에 도달할 때까지 어느 행동에도 독립변인을 적용하지 않는다. 하지만 때때로 응용행동분석가는 단지 실험 목적을 위해서 처치를 마냥 뒤로 미룰 수 없는 경우도 있다. 설계의 각 단계 간 안정성이 아직 분명히 확립되지 않은 시점에 개입을 시작해야 한다면, 가장 안정적인 수준으로 기저선 반응을 보이는 행동, 세팅, 또는 참가자에게 먼저 독립변인을 적용한다. 예를 들어, 어떤 교육과정이 네 학생의 수학 계산 속도에 미치는 효과를 평가하기 위해 연구를 설계했다고 하자. 이때 어떤 학생을 먼저 가르쳐야 할 특별한 이유가 없다면, 교육은 가장 안정적인 기저선을 보이는 학생부터 시작되어야 할 것이다. 그러나 이 제안은 설계 내 대부분의 기저선이 적정 수준의 안정성을 보일 때만 유용하다.

독립변인은 순차적 적용이 이뤄지는 시점에 안정성이 가장 높은 기저선의 순으로 적용되어야만 한다. 하지만 재차 강조하지만 반드시 응용 현장에서의 현실적인 부분에 주의를 기울여야만 한다. 사회적으로 중요한 특정 행동이 있다면, 때로는 이의 변화가 실험 설계의 조건을 충족하고자 하는 바람보다 더 우선시되어야 할 수도 있기 때문이다.

다중 기저선 설계의 적절성 고려

실험자와 전문가는 다중 기저선 설계를 사용함으로써 얻을 수 있는 큰 이점 때문에 이 방법을 자주 사용해 왔다. 그러나 주어진 상황에서 이 설계를 사용하는 것이 적절한지는 이 설계의 이점뿐 아니라 제한점 및 약점도 함께 고려하여 결정해야 할 것이다.

다중 기저선 설계의 이점

다중 기저선 설계의 가장 중요한 이점은 아마도 실험 통제를 입증하기 위해 효과적으로 보이는 처치를 철회할 필요가 없다는 점일 것이다. 이는 목표행동이 자해 행동이거나 타인의 안전을 위협하는 것일 때 특히 중요한 사항이다. 같은 이유로, 본질적으로 철회할 수 없는 독립변인의 효과를 평가하거나, 비가역적(irreversible)이거나 그럴 가능성이 있는 목표행동을 조사하는 데도 다중 기저선 설계가 적절하다(예 : Duker & van Lent, 1991). 게다가 다중 기저선 설계에서는 처치로 얻은 결과를 기저선 수준으로 반전시킬 필요가 없으므로 부모, 교사, 관리자의 입장에서는 이를 개입의 효과를 입증하는 방법으로 받아들이기 더 쉬울 것이다.

다중 기저선 설계에서는 독립변인이 여러 행동, 세팅, 또는 참가자 간에 순차적으로 적용되어야 하므로, 여러 가지 행동변화를 목적으로 하는 전문가에게 특히 유용하다. 교사는 여러 학생들에게 다양한 세팅에서 사용되는 다양한 기술을 가르칠 의무가 있다. 마찬가지로 치료사 역시 의뢰인이 하나 이상의 반응 범주에 대해 능력을 향상하도록, 또 여러 세팅에서 적응적인 행동을 더 많이 보이도록 도울 필요가 있다. 응용 세팅의 전문가는 여러 가지 행동에서 꾸준히 변화를 이끌어 내려 노력하며, 이러한 행동변화를 평가하는 데 이상적인 설계가 바로 다중 기저선 설계이다.

다중 기저선 설계에는 둘 이상의 행동, 세팅, 또는

개인에 대해 측정이 동시에 진행되므로 행동변화의 일반화 평가에 유용하다. 행동분석가는 여러 가지 행동을 동시에 관찰하며 독립변인 조작의 결과로서 나타나는 행동의 공변인(covariation)을 살펴볼 수 있다(Hersen & Barlow, 1976). 만약 기저선 조건하에 있는 행동이 변한다면 다중 기저선 설계에서 실험 통제에 대한 입증은 불가능하게 될 것이다. 하지만 한편으로 이 변화는 독립변인의 적용으로 인해 일반화가 가능한 행동변화가 발생할 가능성을 보여 주기도 하는데, 이 경우에는 추가적인 연구 과제의 진행과 분석 전략의 사용이 권장된다(예 : Odom, Hoyson, Jamieson, & Strain, 1985).

마지막으로, 다중 기저선 설계는 개념화가 상대적으로 쉽다는 이점을 가진다. 그러므로 실험 방법론을 정식으로 배우지 않은 교사와 부모도 이 효과적인 실험 전략을 사용할 수 있다(Hall et al., 1970).

다중 기저선 설계의 제한점

다중 기저선 설계는 최소한 세 가지 과학적 제한점 또는 고려 사항이 있다. 첫째, 다중 기저선 설계에서 독립변인과 적용되는 행동 간 기능적인 관계가 있다고 해도 실험 통제를 입증하지 못할 수 있다. 아직 기저선 조건에 속해 있는 행동의 변화가 동시에 처치 조건하의 행동이 보이고 있는 변화와 유사하다면 이 설계로 기능적 관계를 입증하는 것이 불가능해진다. 둘째, 어떤 측면에서 보면 다중 기저선 설계는 실험 통제를 입증함에 있어 반전 설계보다 더 약한 방법이다. 왜냐하면 다중 기저선 설계 내의 각 행동에 대한 기저선 예측의 증명은 그 행동만을 관찰하여 직접적으로 이루어지는 것이 아니라, 변화하지 않는 다른 행동으로부터 추론되기 때문이다. 그러나 이러한 약점은 서로 다른 행동, 세팅, 또는 참가자 간에 다중 반복(multiple replication)을 통해 극복할 수 있다. 셋째, 다중 기저선 설계는 특정 목표행동의 기능보다는 처치 변인의 효과에 대해 더 많은 정보를 제공한다.

일반적으로 다중 기저선은 행동에 대한 실험적 분석이라기보다는 반응을 바꾸기 위해 사용되는 기술에 더 가깝다. 반전 설계에서는 반응이 계속 반복되는 반면 다중 기저선 설계에서는 기술이 반복 적용되며 반응은 한 기술당 한 번씩 작동하거나, [여러 가지 반응이 사용될 경우] 단일 반응이 한 세팅당 혹은 한 참가자당 한 번씩 작동한다. 같은 참가자나 같은 세팅 내에서 동일한 반응이 반복되는 일은 없다. 반전 설계와는 반대로 다중 기저선 설계에서는 반응이 반복 작동하지 않는 대신 실험적 기술이 반복적이고 다양한 작동이 최대화된다. (Baer, 1975, p. 22)

다중 기저선 설계의 적절성을 결정하는 데 꼭 고려해야 할 두 가지 중요한 사항은 이 설계의 실행에 요구되는 시간과 자원이다. 처치 변인은 그 효과가 이전의 행동, 세팅, 또는 참가자에서 관찰되기 전까지는 후속 행동, 세팅, 또는 참가자에 적용될 수 없다. 때문에 다중 기저선 설계에서는 (어쩌면 꽤 오랜 기간 동안) 어떤 행동, 세팅, 또는 참가자에 대한 개입이 보류될 수밖에 없다. 이러한 지연은 현실적이고 윤리적인 고려 사항이다. 어떤 행동에 대한 치료는 미뤄선 안 되거나 미룰 수 없을 것이다. 그 행동의 중요성 때문에 치료를 지연하는 것은 비현실적이거나 비실용적일 수 있기 때문이다. 또한 Stolz(1978)가 지적했듯이, "연구에 사용하고자 하는 개입이 일반적으로 효과적이라고 인정된 개입이라면, 다중 기저선 설계를 실행하기 위해 개입하지 않는 것은 비윤리적일 수 있다(p. 33)." 두 번째로, 여러 행동을 동시에 측정하기 위해 필요한 자원을 고려해야만 한다. 다중 기저선 설계는 행동이 여러 세팅에서 관찰되고 측정되어야 할 때 특히나 더 많은 비용이 든다. 그러나 지속적인 측정

대신에 기저선 동안 실행한 간헐적 프로브 자료를 사용하는 것이 정당화될 수 있다면(Horner & Baer, 1978), 여러 행동을 동시에 측정하는 데 드는 비용을 절감할 수 있다.

 ## 기준선 변동 설계

기준선 변동 설계는 한 가지 목표행동에 점진적(graduated) 혹은 단계적(stepwise)으로 적용된 치료의 효과를 평가하기 위해 사용될 수 있다. 이 설계는 Vance Hall이 공동 집필한 두 가지의 응용행동분석 문헌에서 처음으로 기술되었다(Hall & Fox, 1977; Hartmann & Hall, 1976).

기준선 변동 설계의 작동과 논리

독자는 Hartmann과 Hall(1976)의 **기준선 변동 설계**(changing criterion design)의 기술을 읽기 전과 후에 그림 4.10을 참조할 수 있다.

이 설계에서는 단일 목표행동에 대한 초기 기저선 관찰

이 필요하다. 기저선 단계 이후에는 각 처치 단계에 치료 프로그램을 시행한다. 각 처치 단계에는 목표행동의 기준 비율(criterion rate)이 계단식으로 변화한다. 그러므로 설계의 각 단계는 다음 단계의 기저선이 된다. 기준의 단계적 변화에 따라 목표행동의 비율이 변화할 때 치료적 변화가 반복되고 실험 통제가 입증된다. (p. 527)

기저선 논리의 요인 중 두 가지인 예측과 반복은 기준선 변동 설계에서 분명하게 알 수 있다. 설계의 각 단계 내에서 반응 수준이 안정화되면 미래의 반응에 대한 예측을 한다. 반복은 기준이 변했을 경우 행동 수준이 체계적으로 변화될 때마다 일어난다. 각 단계에 해당하는 예측에 대한 검증은 이 설계에서 그리 분명히 드러나지 않지만, 다음 두 가지 방법으로 접근해 볼 수 있다. 첫째, 단계의 길이를 체계적으로 다양하게 만든다면 검증이 분명해진다. 기준이 변하지 않으면 반응의 수준 역시 변화하지 않을 것이라는 예측이 가능하다. 그러므로 기준이 변하지 않을 때만 안정적인 반응이 지속된다면 예측을 검증할 수 있다. 기준이 변하지 않는 한 반응 수준 역시 변하지 않는다는 것을 실험을 통해 입증할 수 있다면 단계의 길이가 얼마나 다양한지와는 상관없이 실험 통제가 명확해진다. Hall

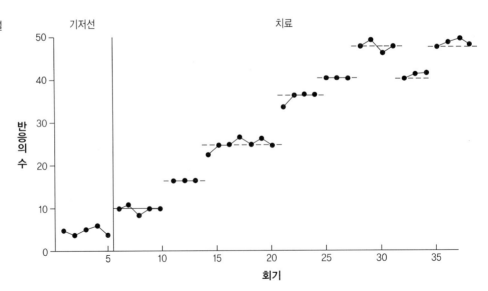

| **그림 4.10** | 기준선 변동 설계의 전형적 그래프

과 Fox(1977)는 검증에 대한 또 다른 가능성을 다음과 같이 제시했다. "실험자가 기준을 이전 단계로 되돌렸을 때, 행동이 이 기준을 충족한다면 행동 통제가 주어졌다고 주장할 수 있다(p. 154)." 이러한 반전된 기준은 그림 4.10의 마지막 두 번째 단계에서 볼 수 있다. 행동이 이전의 수준으로 돌아가는 것이 행동 향상에 일시적인 방해가 될 수 있지만, 반전 전략은 분석을 상당히 강화하기 때문에 부적합한 특별한 이유가 없는 한 기준선 변동 설계에 포함해야 한다.

기준선 변동 설계를 개념화하는 한 가지 방법은 이를 다중 기저선 설계의 변형으로 보는 것이다. Hartmann과 Hall(1976, p. 530), Hall과 Fox(1977, p. 164)는 기준선 변동 설계 실험의 자료를 다중 기저선 설계 그래프의 형태로 재구성하였는데, 이때 기준선 변동 설계의 한 기준 수준에서 목표행동이 발생했는지 하지 않았는지를 다중 기저선의 각 단계로 표시했다. 수직 조건 변화선(vertical condition change line)은 단계에 따라 변화하는데, 이를 통해 강화의 기준이 각 단계가 대표하는 수준까지 변화한 시기를 알 수 있다. 매 회기 동안 기준 수준의 변화로 목표행동이 각 단계에서 정한 수준 혹은 그 이상의 수준으로 발생했는지의 여부를 그래프로 나타내기 때문에 이를 다중 기저선 분석의 한 종류로 본다. 그러나 이를 다중 기저선이라 주장하는 것이 그다지 설득력 있지는 않다. 각 단계가 대표하는 '상이한' 행동은 사실 서로 독립적이지 않기 때문이다. 예를 들어, 주어진 한 회기 동안 목표행동이 10번 나타났다면 10번 이하의 기준을 둔 단계에서는 이를 행동이 발생한 것으로 나타내야 할 것이고, 11번 이상의 기준을 둔 단계에서는 이를 행동이 발생하지 않은 것(혹은 무반응)으로 표시해야 할 것이기 때문이다. 마치 효과의 검증과 반복을 나타내는 듯 보이는 단계가 사실은 다른 단계에서 계획되었던 사건의 영향을 받아 그렇게 보이는 것일 수 있다. 다중 기저선

설계를 통해 실험 통제를 설득력 있게 검증할 수 있는 이유는 설계 내의 각 행동에서 얻는 측정치가 다른 행동의 측정치로부터 얻는 인공물이 아니라 그 행동을 통제하는 변인의 기능으로서 얻는 것이기 때문이다. 그러므로 기준선 변동 설계를 다단계의 다중 기저선 형식으로 재구성하는 것은 실험 통제를 검증하는 듯 보이는 편향된 결과를 초래할 것이다.

비록 다중 기저선 설계와 기준선 변동 설계가 완전히 유사하지는 않지만, 기준선 변동 설계의 개념은 '새로운 행동의 발달을 분석하는 방법'으로 이해될 수 있다. Sidman(1960)이 지적했듯이, "행동의 어떤 측면의 특정한 값에 유관하여 강화를 주고, 그 값을 달성한 반응 범주 자체로 취급할 수 있다(p. 391)." 기준선 변동 설계는 독립변인(즉 기준 변동)의 조작으로 인해 목표행동이 새로운 비율로 반복하여 산출됨을 보여주기 위한 효과적인 전략일 수 있다.

Hartmann과 Hall(1976), Hall과 Fox(1977)의 연구를 제외하고는 응용행동분석 문헌에서 순수하게 기준선 변동 설계만을 사용한 사례는 거의 없다[예 : DeLuca & Holborn, 1992(『응용행동분석』(상) 그림 8.2 참조); Foxx & Rubinoff, 1979; Johnston & McLaughlin, 1982]. 어떤 연구자는 기준선 변동 전략을 더 큰 설계 내의 분석 요소로 포함하여 사용하기도 했다(예 : Martella, Leonard, Marchand-Martella, & Agran, 1993; Schleien, Wehman, & Kiernan, 1981).

Allen과 Evans(2001)는 너무 자주 혈당을 체크하는 에이미의 행동을 줄이기 위한 개입의 효과를 평가하기 위해 기준선 변동 설계를 사용했다. 에이미는 15세의 소녀로, 연구 시작 2년 전에 인슐린 의존성 당뇨병으로 진단받았다. 이 당뇨병을 가진 사람들은 저혈당증(두통, 어지럼증, 떨림, 시력 손상, 심박 수 증가 등의 증상이 있으며, 발작이나 기절로 이어질 수 있음)이 생기지 않도록 주의해야만 한다. 저혈당증 삽화는

환자에게 신체적으로 불쾌한 경험이며, 환자를 사회적으로 곤란한 상황에 처하게 할 수도 있다. 때문에 어떤 환자는 그런 상황을 피하고자 필요 이상으로 자주 혈당을 체크하고 고의적으로 혈당을 높은 수준으로 유지한다. 이러한 행동은 저조한 대사 조절로 이어지며 실명, 신장 부전증, 심장병과 같은 합병증의 위험을 높인다.

에이미의 부모는 에이미가 집에서 혈당과 인슐린 주사액을 체크하고 관리하도록 도왔고, 학교에서는 에이미가 스스로 혈당을 체크했다. 의사는 에이미가 혈당치를 75~150mg/dl로 유지할 것을 권고했고, 이를 위해 에이미는 하루에 6~12번 정도 자신의 혈당을 체크했다. 에이미는 당뇨병으로 진단받고 얼마 안 있어 혈당이 40mg/dl로 떨어지는 저혈당을 경험했고, 여러 신체적 증상이 있었으나 기절하지는 않았다. 그때 이후로 에이미는 혈당을 더 자주 체크하기 시작했다. 에이미가 클리닉에 의뢰되었을 때 하루에 80~90번까지 혈당을 체크했고, 부모는 일주일에 시약 시험용지 값으로만 대략 600달러를 지출하고 있었다. 게다가 에이미는 자신의 혈당을 적당한 대사 조절이 이뤄지기 위해 권장되는 혈당 수준보다 훨씬 더 높은 수준인 275~300mg/dl로 유지하고 있었다.

5일 동안의 기저선 조건이 끝난 후에 치료를 시작했고, 치료를 통해서 에이미와 부모는 혈당을 체크하는 빈도를 점진적으로 줄여 나갔다. 에이미의 부모는 처음 치료 단계에서 60개의 시약 시험용지를 주는 것을 시작으로, 9개월 동안 에이미에게 주는 시약 시험용지의 수를 매일 점진적으로 줄여 나갔다. Allen과 Evans (2001)는 처치 조건과 기준 변동 방법에 대해 다음과 같이 설명했다.

하지만 부모는 기준 수준과 상관없이 에이미가 꼭 추가적으로 혈당을 체크해야만 하는 상황이 올까 봐 염려했

다. 이 때문에 에이미가 부모가 설정한 기준보다 시약 시험용지를 몇 장 더 받을 수 있게 점진적인 프로토콜을 사용했다. 에이미는 집안일을 30분 동안 도울 때마다 시약 시험용지 한 장을 추가로 얻을 수 있었다. 사용할 수 있는 시약 시험용지가 20장 이상이었을 때는 에이미는 시약 시험용지를 최대 5개까지 추가로 더 얻을 수 있었고, 기준이 20장 아래였을 때에는 시약 시험용지를 2장까지 더 얻을 수 있었다. 시약 시험용지의 수는 부모가 원하는 기준 수준으로 점진적으로 줄여 나갔다. 에이미가 시약 시험용지의 수를 3일 연속 기준 이하로 사용했을 경우 기준을 낮추었다. (p. 498)

그림 4.11은 기준 변동과 에이미가 각 수준에서 마지막 열흘 동안 혈당을 체크한 횟수를 보여 준다. 이를 통해 에이미가 치료에 잘 반응했고 기준을 거의 초과하지 않았음이 분명히 나타난다. 기저선에서 하루에 80~95번 혈당을 체크하던 에이미의 행동은 9개월 동안 진행된 치료 프로그램을 통해 하루에 12번 이하로 줄어들었고, 이는 3개월 후 추적 조사에서도 유지되었다. 부모는 기준을 더 이상 줄이고 싶지 않다고 했다. 한 가지 걱정은 치료가 진행되는 동안 에이미가 높은 혈당을 유지할 수 있냐는 것이었다. 연구자들은 에이미의 혈당이 치료 초기에는 증가했지만 치료 프로그램이 진행되는 동안 점차 권장 수준인 125~175mg/dl로 감소했다고 보고했다.

그림 4.11은 각 수준의 마지막 열흘 동안의 자료만을 보여 주지만, 사실 각 단계의 길이가 다양했을 확률이 높다.[6] 이 연구에서는 에이미가 하루에 사용할 수 있었던 총 시약 시험용지 수(20)와 추가로 얻을 수 있었던 용지의 수(2)에 대한 기준을 총 일곱 번 변동했다. 기준의 크기를 더 큰 폭으로 변화시키고 이전의 기준 수준으로 돌아가도록 실험을 구성했다면 실험

---

6) 개입 기간 동안 에이미의 체크 횟수 자료는 Allen와 Evans의 논문(2001)에서 찾을 수 있다.

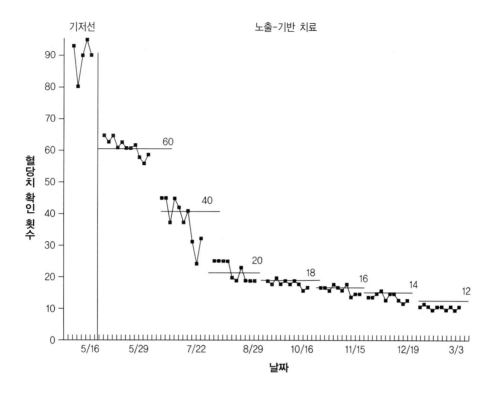

| **그림 4.11** | 각 기준 수준의 마지막 열흘 동안 혈당 확인 횟수를 보여 주는 기준선 변동 설계. 그래프에 표시된 선(−)과 그 옆에 쓰인 숫자는 각 수준에서 정한 최대 시약 시험용지 수를 표시한다. 기준 수준을 넘어가는 자료는 에이미가 추가적으로 얻은 시약 시험용지를 사용한 경우이다.

출처 : "Exposure-Based Treatment to Control Excessive Blood Glucose Monitoring" by K. D. Allen and J. H. Evans, 2001, *Journal of Applied Behavior Analysis, 12*, p. 499. Copyright 2001 by the Society for the Experimental Analysis of Behavior, Inc. Reprinted by permission.

통제를 보다 설득력 있게 입증했을 수도 있다. 하지만 그렇게 했다면 현실적·윤리적인 문제가 생겼을 것이다. 응용행동분석가는 실험적인 측면에서의 고려 사항만 우선시하기보다는 행동을 가장 효과적이고 효율적이며 윤리적인 방식으로 개선해야 할 필요성을 고려해 이 둘 간의 균형을 맞춰야 한다.

이 연구는 기준선 변동 설계의 유연성을 매우 잘 보여 주며, 행동분석가와 의뢰인이 함께 의견을 조율한 좋은 예시이다. "부모가 각 기준 변동 수준을 제한했기 때문에 개입이 상당히 길어졌다. 하지만 부모는 자신들이 받아들일 수 있는 수준으로 노출 정도를 조절했고, 그로 인해 전반적인 과정이 질적으로 더 향상되었을 수 있다(Allen & Evans, 2001, p. 500)."

기준선 변동 설계의 사용을 위한 지침

기준선 변동 설계를 적절히 이행하기 위해서는 세 가지 설계 요인을 주의 깊게 조작해야 한다. 각 단계의 길이, 기준 변동의 폭, 기준 변동의 횟수가 그 세 가지 요인이다.

각 단계의 길이

기준선 변동 설계에서 각 단계는 다음 단계에서 측정된 반응의 변화를 비교하는 기저선 역할을 하기 때문에, 안정된 반응을 얻기 위해서는 각 단계가 충분히 길어야 한다. "각 처치 단계는 목표행동의 비율을 새로이 변화된 비율로 다시 안정화하기 위해 충분히 길어야만 한다. 통제를 설득력 있게 입증하기 위해서는 행동의 비율이 변화한 후, 그리고 다음 기준이 도입되기 이전에 행동을 안정화하는 것이 핵심이다(Hartmann & Hall, 1976, p. 531)." 그러므로 변화가 느린 목표행동일수록 단계를 더 길게 만들어야 한다.

기준선 변동 설계의 타당도를 높이기 위해서는 각 단계의 길이를 다양하게 해야 한다. 기준선 변동 설계에서 실험 통제를 분명히 하기 위해서는 목표행동이 예측 가능한 (가급적이면 즉각적인) 방식으로 새로운 기준이 요구하는 수준까지 변화해야 할 뿐만 아니라, 그 새로운 기준이 효력을 가지는 동안은 목표행동이 계속 그 수준을 유지해야 한다. 만약 기준을 더 높이 잡을 때마다 목표행동이 그 새로운 기준에 거의 가까운 수준으로 수행되고 단계의 길이가 달랐다면, 관찰된 행동의 변화가 독립변인 이외의 요인(예 : 성장, 연습 효과)으로 인한 것일 가능성은 줄어든다. 대부분의 상황에서 연구자는 각 기준 수준을 몇 회기 동안 적용할지 미리 정해 놓아선 안 된다. 상황에 따라 현 기준 단계의 길이를 더 늘릴지 혹은 새로운 기준을 도입할지를 결정하는 것이 제일 좋은 방법이다.

기준 변동의 폭

기준 변동의 폭을 다양하게 함으로써 실험 통제를 더 설득력 있게 입증할 수 있다. 목표행동의 변화가 새로운 기준이 도입될 당시에 발생할 뿐 아니라 목표행동이 새로운 기준이 요구하는 수준으로 발생할 때 역시 기능적 관계의 확률이 높아진다. 일반적으로, 기준 변동을 달성하기 위해 목표행동의 변화가 작은 기준 변동에 대응하여 일어나는 행동변화보다 더 강력하다. 그러나 기준 변동의 폭이 너무 크면 두 가지 문제가 발생한다. 첫째, 현실적 문제를 제쳐 두고 설계의 관점에서만 바라본다면 큰 폭의 기준 변화는 설계상 충분한 변화 횟수(제3설계요인)를 포함하지 못할 수 있는데, 그 이유는 수행이 너무 좋아 종료 수준을 더 빨

리 충족하기 때문이다. 두 번째는 응용 관점에서의 문제인데, 기준 변동이 너무 커서 지시와 동일한 수준이 되면 안 되기 때문이다. 기준 변동은 감지할 수 있을 만큼 커야 하지만, 달성할 수 없을 만큼 커서는 안 된다. 그러므로 기준 변동의 폭을 결정할 때에는 반드시 각 단계에서 자료의 변산성(variability)을 고려해야만 한다. 작은 기준 변동은 매우 안정적인 수준을 보이는 반응에 쓰일 수 있는 반면, 큰 기준 변동은 변산성이 있는 상황에서 행동변화를 입증해야 할 경우에 필요하다(Hartmann & Hall, 1976).

기준선 변동 설계를 사용할 때, 행동분석가는 각 단계에서 가능한 반응 수준에 대해 인위적으로 최대 상한(또는 최대 하한)을 잡지 않도록 조심해야 한다. 이러한 실수를 잘 보여 주는 한 예는 수학 문제 5개를 푸는 기준을 두고 학생에게 5개의 수학 문제만 줄 때 발생한다. 이 경우, 학생이 기준(5개)보다 적은 수의 문제를 푸는 것은 가능하나 기준(5개)을 초과하여 풀 수 있는 가능성은 배제된다. 그리하여 잘못된 실험 과정 때문에 결과적으로는 효과적으로 보이는 그래프를 그릴 수 있다.

기준 변동의 횟수

일반적으로, 목표행동이 새로운 기준을 달성하기 위해 여러 번 변화할수록 실험 통제의 입증은 더 설득력 있다. 예를 들면, 그림 4.10의 변동 설계에서는 이전 수준으로 한 번 반전하여 총 여덟 번의 기준 변동을, 그리고 그림 4.11의 Allen과 Evans(2001)의 연구에서는 일곱 번의 기준 변동을 실행했다. 이 두 경우 모두 실험 통제를 입증할 수 있을 만큼 충분히 여러 번의 기준 변동이 이뤄졌지만 기준 변동의 횟수는 단순히 실험자가 원한다고 해서 늘릴 수 있는 것이 아니다. 한 기준선 변동 설계 내에서 가능한 기준 변동의 횟수는 단계의 길이 및 기준 변동의 크기와 밀접한 연관을

갖는다. 단계가 더 길다는 것은 분석을 완료하기까지 더 오랜 시간이 걸림을 뜻한다. 연구를 완료하는 데 주어진 시간이 제한적이라면 단계의 횟수가 많을수록 각 단계의 길이가 짧아진다.

기준선 변동 설계의 적절성 고려

기준선 변동 설계는 체계적인 행동변화를 평가하기 위한 전략에 추가되면 유용하게 쓰일 수 있다. 다중 기저선 설계와 마찬가지로 기준선 변동 설계는 반전이 불가능하다. 하지만 이전 수행 수준으로의 부분적인 반전을 통해 실험 통제를 입증하기 위한 설계의 능력을 입증할 수 있다. 또한 다중 기저선 설계와는 달리 한 가지 목표행동만 반전이 필요하다.

기준선 변동 설계의 몇 가지 특징으로 인해 이 설계가 효과적으로 사용될 수 있는 범위가 제한된다. 이 설계는 오직 참가자가 이미 할 줄 알고 있으며 단계적으로 변경될 수 있는 목표행동에 한해서만 적용될 수 있다. 그러나 이는 그렇게 심각한 제한점이 아니다. 예를 들면, 학생은 많은 학업 기술을 어느 정도 수행하지만 유용한 비율로 수행하지 못한다. 이러한 많은 기술(예 : 수학 문제 풀이, 독해)에 기준선 변동 설계를 사용할 수 있다. 기준 변동 분석의 설계 필요조건을 충족함과 동시에 학생들이 가능한 한 효율적으로 기술을 향상하도록 하는 것은 특히 더 어렵다. Tawney와

Gast(1984)는 '최적의 학습률을 방해하지 않으며 동시에 실험 통제의 입증을 허용하는 기준 수준을 알아내는 것'은 모든 기준선 변동 설계에서 달성하기 어려운 부분이라고 했다(p. 298).

기준선 변동 설계가 때론 조형(shaping) 프로그램의 효과를 분석하기 위한 실험 전략으로 제시되기는 하지만 이는 적절하지 않다. 조형의 목적은 초기에 개인이 수행할 줄 모르던 새로운 행동을 발달시키는 것이며, 이는 점진적으로 변화하는 기준에 달성하는 반응을 보일 때 그에 강화를 주는 방식으로 달성된다. 이를 종착행동(terminal behavior)을 향한 연속적 접근성(successive approximation)이라고 부른다(제9장 참조). 사실상 조형에 이용된 행동변화의 기준은 새로운 수준마다 다른 형태의 행동 움직임이 요구된다. 그러나 다중 프로브 설계는(Horner & Baer, 1978) 조형을 분석하는 데 적절한 설계이다. 그 이유는 각각의 새로운 반응 기준(연속적 접근성)이 다른 자극 범주를 대표하고, 이 자극 범주의 발생 빈도는 동일한 조형 프로그램 내의 다른 기준에서 관찰되는 행동의 발생 빈도에 의존적이지 않기 때문이다. 대조적으로, 기준선 변동 설계는 단일목표행동의 속도, 빈도, 정확성, 지속 기간, 또는 잠재 기간의 단계적 변화에 대한 지시 기술의 효과를 평가하는 데 가장 적합하다.

 요약

다중 기저선 설계

1. 다중 기저선 설계에서는 두 가지 이상의 행동에 대해 동시에 기저선을 측정한다. 안정적인 기저선 반응이 달성된 후에 다른 행동에는 기저선 조건을 지속하고, 하나의 행동에 독립변인을 적용

한다. 최대 변동이 첫 번째 행동에서 나타난 후에 다른 행동에 순차적으로 독립변인을 적용한다.

2. 독립변인이 적용될 때만 행동변화가 관찰되는 경우, 다중 기저선 설계에서 실험 통제가 입증된다.

3. 다중 기저선 설계는 세 가지의 기본적인 형태를

가진다. (a) 같은 참가자의 둘 이상 다른 행동으로 구성된 행동 간 다중 기저선 설계, (b) 같은 참가자의 같은 행동을 둘 이상 다른 세팅에서 관찰하는 세팅 간 다중 기저선 설계, (c) 같은 행동을 보이는 둘 이상 참가자로 구성된 개인 간 다중 기저선 설계.

다중 기저선 설계의 변형

4. 다중 프로브 설계는 순서가 정해진 어떤 기술에 대한 지시 효과를 평가하는 데 효과적인데, 이때 지시나 연쇄에서 이전 단계의 습득 없이 추후 단계에서 참가자의 수행이 향상될 가능성은 매우 낮다. 또한 다중 프로브 설계는 기저선 측정이 반응적이거나, 비실용적이거나, 비용이 많이 드는 상황에 적합하다.

5. 다중 프로브 설계에서 실험 초반부터 모든 행동에 대해 간헐적 측정(프로브)을 한다. 그 후에 참가자가 연쇄의 한 행동이나 기술을 숙달할 때마다 프로브를 실시한다. 기저선 측정은 각 행동에 대한 지시 직전에 이뤄지며 안정될 때까지 계속된다.

6. 지연된 다중 기저선 설계는 다음과 같은 상황에서 분석적인 전략을 제공한다. (a) 반전 설계가 바람직하지 않거나 가능하지 않은 경우, (b) 제한된 자원으로 인해 다중 기저선 설계의 사용이 불가능한 경우, (c) 다중 기저선 분석에 적합한 새로운 행동, 세팅, 또는 개인이 생기는 경우.

7. 지연된 다중 기저선 설계에서 차후 행동의 기저선 측정은 이전의 행동에 대한 기저선 측정이 시작된 이후에 시작된다. 이전 행동이 아직 기저선 조건에 속해 있는 동안 시작된 기저선만이 이전 행동에 대한 예측을 입증하는 데 사용될 수 있다.

8. 지연된 다중 기저선 설계의 제한점은 다음과 같

다. (a) 특정 행동을 변화까지 너무 오래 기다려야 하는 것, (b) 기저선 단계의 자료점 수가 적은 것, (c) 독립변인이 적용된 이후에 수집한 기저선 자료는 행동의 상호 의존성(공변인)을 측정하지 못하게 한다는 것

다중 기저선 설계의 사용에 대한 가정과 지침

9. 다중 기저선 설계에 포함되는 행동은 기능적으로 독립적이지만(즉 공변하지 않는다.), 독립변인이 적용되었을 때 동시에 변할 만큼 유사성을 공유해야 한다.

10. 다중 기저선 설계에서 행동은 동시에 측정되어야 하고, 관련된 변인에 의해 영향을 받을 기회를 동등하게 가져야 한다.

11. 다중 기저선 설계에서 독립변인은 현재 목표행동이 최대한으로 변화하고, 아직 기저선 조건에 속해 있는 행동에 대한 효과를 발견할 수 있을 정도로 충분한 시간이 지날 때까지 다음 행동에 적용되어선 안 된다.

12. 다중 기저선 설계를 구성하는 행동의 기저선 길이는 다양해야 한다.

13. 독립변인은 다른 모든 것이 동일한 상태에서 가장 일정한 수준의 기저선 반응을 보이는 첫 번째 행동에 적용되어야 한다.

14. 다중 기저선 설계의 하나 이상 단계에서 반전 단계를 실행한다면 강력하게 기능적 관계를 입증할 수 있다.

다중 기저선 설계의 적절성 고려

15. 다중 기저선 설계의 이점은 다음과 같다. (a) 효과적으로 보이는 처치를 철회할 필요가 없다. (b) 독립변인의 순차적 적용은 여러 명을 대상으로 다양한 행동을 다양한 세팅에서 발달시켜야 하는

많은 교사 및 전문가들에게 유용하다. (c) 여러 행동에 대한 동시 측정으로 인해 행동변화의 일반화를 직접 관찰할 수 있다. (d) 설계의 개념화 및 실행이 비교적 쉽다.

16. 다중 기저선 설계의 한계는 다음과 같다. (a) 둘 이상의 행동이 함께 변화하는 경우, 비록 기능적 관계가 존재한다 하더라도 이를 입증하지 못할 수 있다. (b) 검증이 다른 행동의 변화없음에서 추론되어야 하기 때문에, 다중 기저선 설계는 실험 통제를 입증함에 있어 반전 설계보다 더 약하다. (c) 다중 기저선 설계는 설계에 포함된 행동의 분석보다 독립변인의 일반적인 효과 평가에 더 가깝다. (d) 다중 기저선 설계 실험은 상당한 시간과 자원을 필요로 한다.

기준선 변동 설계

17. 기준선 변동 설계는 개인이 이미 할 줄 아는 행동의 점진적 또는 단계적인 향상에 미치는 치료의 효과를 평가하기 위해 사용될 수 있다.

18. 안정적인 기저선 반응을 달성한 후에는 첫 번째 처치 단계가 시작되는데, 이때 개인이 특정 수준(기준)으로 수행을 보이면 이에 따라 강화(또는 처벌)가 주어진다. 설계는 각 단계가 이전 단계에 비해 향상된 수행 수준을 요구하는 일련의 치료 단계로 구성된다. 기준선 변동 설계에서 행동이 점진적으로 변동하는 기준에 근접하게 관찰될 때 실험 통제가 입증된다.

19. 기준선 변동 설계가 실험 통제를 입증할 가능성을 결정짓는 세 가지 특징은 (a) 단계의 길이, (b) 기준 변동의 폭, (c) 기준 변동 횟수이다. 이전 기준으로 재설정했을 경우에 개인의 행동 역시 이전에 관찰된 수준으로 반전된다면 기준선 변동 설계가 믿을 만하다고 간주할 수 있다.

기준선 변동 설계의 적절성 고려

20. 기준선 변동 설계의 주된 이점은 다음과 같다. (a) 효과적으로 보이는 치료의 철회나 반전이 필요하지 않다. (b) '행동의 점진적인 개선'이라는 맥락에서 실험 분석을 가능하게 함으로써 교사들의 업무를 보완할 수 있게 해 준다.

21. 기준선 변동 설계의 제한점은 목표행동이 이미 개인이 하고 있는 행동이어야만 한다는 것, 그리고 설계에 필요한 특징을 통합할 경우 최적의 학습률이 방해받을 수 있다는 점이다.

제5장
응용행동분석 연구의 계획과 평가

주요 용어

반복	절차적 신뢰도	체계적 반복
요인 분석	제1종 오류	치료 충실도
위약 통제	제2종 오류	치료표류
이중맹목 통제	직접 반복	

BCBA와 BCABA의 행동분석 자격심사위원회
행동분석과제 목록, 제3판

내용 영역 1 : 윤리적 고려 사항

1–12	과학적으로 타당한 평가와 개입 방법을 우선시하고 아직 과학적으로 타당하지 않은 개입 방법은 과학적인 방법을 이용하여 평가한다.

내용 영역 5 : 개입의 실험적 평가

5–1	치료에 대한 독립변인의 효과를 분석하기 위해 독립변인을 체계적으로 조작
5–3	요인 분석 시행(예 : 개입 패키지의 효과적인 요소를 결정하기)

내용 영역 10 : 체계적 지지

10–3	절차적 통합성을 모니터하기 위한 시스템을 설계하고 사용

앞 장에서는 목표행동 선정 과정과 고려해야 할 점, 측정 체계를 확립하기 위한 전략 및 행동 자료를 해석하고 그래프화하는 것에 대한 가이드라인 그리고 목표행동에서 관찰된 변화가 개입으로 인한 것인지를 밝히는 실험 전략을 설명했다. 이 장에서는 행동 연구를 설계하고, 반복해서 검증하고 평가할 때의 고려 사항을 검토하면서 이제까지 설명한 정보를 보충할 것이다. 행동 연구에서 참가자의 중요성을 되돌아보는 것을 시작으로 실험 설계에서 유연성의 가치를 논할 것이다.

 ## 행동 연구에서 대상의 중요성

어떤 과학적 연구 방법이든 최대의 효과를 얻기 위해서는 참가자의 특징을 정의해야만 한다. 행동을 통제하는 변인을 찾아내고 이해하는 과학적 행동분석은 참가자를 살아 있는 유기체의 움직임, 각 유기체에서 나타나는 역학적인 현상으로 정의한다. 이는 행동분석 학자의 주된 연구 방법인 개별 유기체의 행동을 반복적으로 측정하는 것을 말한다. 행동분석 학자들은 개별참가자의 행동에 초점을 맞춤으로써 넓은 범위에서 사회적으로 중요한 행동에 대한 효과적인 개입을 찾아내고 개선할 수 있게 된다.

응용행동분석에서 개별 참가자나 개별 의뢰인에게 초점을 맞추는 중요성을 설명하기 위해 집단 간 평균 측정 자료를 비교하는 연구 모델과 비교할 것이다. 집단 비교를 통해 실험을 설계하고 평가하는 방법은 수십 년간 심리학, 교육학, 그리고 다른 사회과학의 '행동 연구'에서 주도적인 역할을 했다.

집단 비교 실험의 개요

다음에서는 집단 비교 실험의 가장 기본적인 형태를 설명한다.[1] 연구 가설(예 : 집중적인 발음 중심 어학 교습 프로그램이 글을 읽지 못하는 초등학교 1학년생의 이해력을 증진시키는가)과 관련된 전집(예 : 어떤 지역의 글을 읽지 못하는 모든 초등학교 1학년생)에서 실험 참가자(예 : 글을 읽지 못하는 초등학교 1학년생 60명)를 무작위로 표집한다. 이 참가자들을 무작위로 실험집단과 통제집단에 할당한다. 실험 전 실험에 참여하는 모든 참가자를 대상으로 종속변인을 측정한 후(사전 검사, 예 : 글자 이해력 시험 점수) 각 집단의 대표적인 사전 검사 점수를 얻기 위해 각 집단에서 모든 참가자의 사전 검사 점수를 더하여 평균과 표준편차를 계산한다. 그 후 실험집단의 참가자를 통제집단에는 제공되지 않는 독립변인(예 : 6주간의 XYZ 프로그램)에 노출시킨다. 치료 프로그램이 종결된 후에 모든 참가자에게 종속변인에 대한 사후 검사 점수를 구한 후 각 집단의 사후 검사 점수에 대한 평균과 표준편차를 계산한다.[2] 그 후 연구자는 수집된 자료(data)에 여러 가지 통계적 분석을 적용해 각 집단의 사전과 사후 검사 점수의 변화를 비교한다. 이 자료는 두 집단 간의 수행 차이가 독립변인에 의한 것인지에 대한 추론을 가능하게 해 준다. 예를 들어, 실험집단과 통제집단의 사전 검사 점수 평균이 비슷했고, 사후 검사에서 실험집단의 평균 점수는 개선되었지만 통제집단에서는 그렇지 않았을 경우, 우연성을 통제했다면 연구자는 결과가 독립변인이 종속변인(예 : 실험집단의

---

1) 집단 비교 설계 연구의 가장 간단한 형태에 대한 개요로 중요한 세부 사항과 통제에 대한 설명을 생략하였다. 집단 연구 방법에 대한 자세한 설명과 예에 관심이 있는 독자는 Campbell과 Stanley(1966)의 책을 참고하라.
2) 연구자는 어느 정도 '실험 집단 관리에 필요한 요구를 충족해야 하기 때문에(Johnston & Pennypacker, 1980, p. 256)' 집단 설계는 몇 개의 독립변인으로 국한된다(대개 두 가지 측정치 : 사전 및 사후 검사).

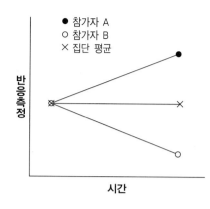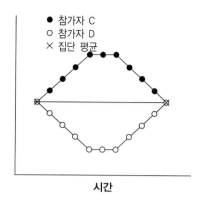

| **그림 5.1** | 참가자 집단의 평균 수행이 개인 수행을 보여 주지 않음을 시사하는 가상 자료

사전 검사 대비 사후 검사의 향상)에 미친 영향 때문이었다고 할 수 있다.

이와 같이 집단의 측정치를 평균 내어 비교하는 연구자는 두 가지 이유 때문에 이 방법을 고수한다. 첫째, 집단 설계를 지지하는 연구자는 많은 참가자의 수행 측정치를 평균 냄으로써 참가자 간의 변산성을 통제할 수 있다고 가정한다. 따라서 그들은 수행의 어떠한 변화든 독립변인에 의한 것이라고 가정한다. 집단 측정치를 이용하는 두 번째 이유는 연구 대상의 수가 증가하면 연구 결과의 외적 타당도가 증가한다는 가정 때문이다. 실험집단에게 효과적이라고 밝혀진 처치변인은 그 표본이 대표하는 모집단의 다른 참가자에게도 효과적일 것이라는 것이다. 연구 결과의 보편성 향상은 이 장의 반복 실험 부분에서 논의될 것이다. 다음에서는 참가자의 집단 자료로 참가자 간 변산성을 통제한다는 가정에 대해 다룰 것이다. 여기서 실험적 추론과 연관된 전형적인 집단 비교 설계의 세 가지 문제점을 알아볼 것이다.[3]

집단의 자료가 각 대상의 수행을 나타내지 않을 수 있다

응용행동분석은 개인의 행동을 개선하는 것에 관한

---

3) 이 책에서 다양한 대상으로부터 얻은 자료의 혼합성에 기인한 문제를 모두 다루는 것은 불가능하다. 이에 대해 좀 더 정확한 이해를 원한다면 Johnston과 Pennypacker(1980, 1993b), Sidman (1960)의 논문을 읽기를 권한다.

학문이다. 집단의 평균 수행 변화는 각 개인의 수행에 대해 아무것도 알려 주지 않을 수 있다. 어떤 참가자의 수행은 그대로 유지되었으나 다른 참가자의 수행이 악화되었을 경우에도, 실험집단의 평균 수행이 향상되었다고 나타날 수 있다. 또한 대부분이 수행의 개선을 보이지 않고 일부의 수행은 악화되었으나 소수의 수행이 현격히 개선된 경우에도 전체 평균이 통계적으로 높아질 수 있다.

집단 비교 방법은 치료가 일반적으로 효과적이라는 것, 모든 사람들에게 효과적인 치료는 없다는 것, 그리고 사람마다 치료에 대한 반응이 다를 수 있다는 것을 보여 준다. 그러나 치료가 집단의 평균 수행을 개선했다는 것은 특히 학문적·사회적, 또는 다른 행동 문제 때문에 도움이 절실하게 필요한 사람에게 충분하지 않다. 일반적인 효과성보다는 어떤 사람이 어떤 요인에 의해 개선되었고, 다른 이들은 왜 향상되지 않았는지 밝혀져야 한다. 치료는 사람들이 직접적으로 접하고 영향 받는 단계, 즉 개별 단계부터 이해되어야 가장 효과적이다.

그림 5.1의 두 그래프는 집단의 평균 점수를 기반으로 했을 때 발생할 수 있는 해석의 문제점을 보여 준다. 각 그래프는 각 2명의 참가자로 구성된 두 집단의 평균 수행과 개별 수행을 보여 주는 가상 자료이다. 자료에 표시된 두 집단의 사전 검사 평균과 사후 검사

평균에는 아무런 변화가 없다. 그림 5.1에서 두 그래프의 사전 검사와 사후 검사 자료는 독립변인이 참가자의 행동에 아무런 영향도 미치지 않았음을 나타낸다. 하지만 그림 5.1의 왼쪽 그래프에 따르면 A의 수행은 사전·사후 검사에서 향상되었으며, B의 행동은 같은 기간 동안 악화되었다.[4] 오른쪽 그래프에선 참가자 C와 참가자 D의 사전 검사와 사후 검사 점수가 동일하지만, C와 D의 사전 검사와 사후 검사 사이의 행동을 반복 측정했을 때 두 참가자 간 및 내에서 상당한 변산성이 있음을 알 수 있다.

집단 자료는 자료 내의 변산성을 보여 주지 않는다

집단의 평균 수행 사용 시 두 번째 문제점은 자료 내의 변산성을 감춘다는 것이다. 그림 5.1에서 참가자 C와 D의 행동을 사전 검사와 사후 검사에서 반복 측정했더라도 집단의 평균 수행을 비교하는 연구자는 참가자 간, 참가자 내에 나타나는 변산성에 대해 민감하지 못할 것이다.

반복 측정이 유의미한 수준의 변산성을 드러내면 그다음으로 변산성에 영향을 주는 요인을 발견하고 통제하는 목적으로 실험 연구를 한다. 실험에서 통제되지 않은 변인의 영향을 종속변인을 통계적으로 조작함으로써 통제할 수 있다는 믿음은 잘못된 것이다.

통계적 통제는 실험 통제를 대신할 수 없다. 통제되지 않은 변인이 자료에 영향을 미치는지 아닌지를 결정하는 유일한 방법은 자료를 최대한 세밀하게 분해해서 개인별로 조사하는 것이다. 이렇게 모호한 효과를 위해 통계적으로 자료를 합하는 것은 어떠한 목적에도 적합하지 않다. (Johnston & Pennypacker, 1980, p. 371)

집단 연구 방법은 변산성의 근원을 사전에 통제하기보다는 사후에 통계적으로 통제한다. 이 두 방법은 자료에 서로 다른 영향을 미친다. 사전에 변산성을 통제하면 각 조건에 미치는 영향을 더 분명하게 볼 수 있다. 그러나 자료의 통계적 조작으로는 특정 요소가 자료에 미치는 영향을 제거할 수 없다. (Johnston & Pennypacker, 1993b, p. 184)

통계적 조작을 통해 자료에서 변산성을 '상쇄'하려는 시도는 변산성을 제거할 수 없을 뿐만 아니라 이것에 영향을 끼친 변인도 통제할 수 없게 만든다. 알려지지 않았거나 통제되지 않은 변인의 효과를 우연으로 돌리면 중요 변인의 규명을 하지 못하게 된다. Sidman의 대표적 저서인 『과학적 연구의 전략(Tactics of Scientific Research)』(1960)에서 그는 이 중요한 문제에 대해 반복적이고 단호하게 다루었다.

어떤 실험자는 우연을 단순히 통제되지 않은 변인의 조합으로만 파악한다. 이 변인이 통제 가능하다면 우연성은 실험 설계의 문제점을 보여 줄 뿐이며, 통제되지 않은 변인을 밝혀내지 못했다면 Boring(1941)이 언급했듯이 우연성은 무능력을 의미한다. 행동과학의 가장 어려우면서도 도전적인 특징은 행동이 복잡하게 얽힌 변인에 의해 영향을 받는다는 것이다. 변인을 통계적으로 제거하는 것은 불가능하다. 변인은 매장되어 변별이 어렵다. 오염변인의 통계적인 처리는 이런 변인이 무작위적이라는 가정에 근거한다. 통제되지 않은 변인이 임의적이라는 가정은 검증되지 않았을 뿐만 아니라 가능성도 매우 낮다. 행동에 영향을 주는 임의적인 변인은 아주 극소수에 불과할 것이다. (pp. 45, 162~163)

Sidman(1960)은 고질적인 순서 효과를 다루기 위해 통계를 사용하려는 실험자에 대해서도 언급했다.

조건 A에 있는 양쪽 대상의 자료와 조건 B에 있는 대상의 자료를 각기 평균을 냄으로써 순서 효과를 '상쇄'하

---

4) 그림 5.1에서 왼쪽 그래프의 사후 검사 자료는 발은 얼음 양동이에 있고 머리에는 불이 붙은 사람을 연상시킨다. 느낌이 어떠냐고 물어봤을 때, 그는 "평균적으로 괜찮아요."라고 대답할 것이다.

고 불가역성의 문제를 완전히 무시하게 된다. 단순한 계산법을 적용함으로써 두 참가자는 하나가 되었고 변인이 제거되었다.

숫자들은 서로 더해지고 나뉘면서 사라져 보일 수 있지만, 진실은 사라지지 않았다. 5개의 사과에서 3개의 사과를 빼면 2개의 사과가 남는다. 펜으로 몇 글자 쓰는 것으로 숫자는 쉽게 바뀌지만, 사과는 스스로 없어지는 것이 아니라 없어지는 행위, 사람이 먹는 것이 있어야한다. (p. 250)

어떤 변인의 영향을 통제하기 위해 선행되어야 하는 '먹는 행위'는 두 방법을 통해서만 완수될 수 있다—(a) 변인을 실험 내내 변함없이 유지하는 것, 또는 (b) 실험 중 의심되는 요인을 독립변인으로부터 분리해 그것의 존재, 부재, 그리고/또는 가치에 대해 조작하는 것이다.

집단 설계에는 대상 내 반복 실험이 없다

집단 설계의 세 번째 약점은 각 개별 사례에 대해 반복실험을 하지 않는다는 것이다. 단일 참가자 실험 설계의 가장 큰 강점 중 하나는 반복 측정을 통해서 기능적 관계를 설득력 있게 입증한다는 것이다. 응용행동분석 연구에서는 다수의 사례를 다루지만 각 사례에 대해 개별적으로 실험하고 분석한다. 행동분석 학자는 개별 사례를 집단으로 제시하고 설명하기도 하지만 실험 효과를 결정하고 이해할 때 사례를 개별로 분석한다. 응용행동분석 학자는 Johnston과 Pennypacker (1980)의 "개별 자료를 합쳐 제시할 때만 나타나는 효과는 인위적이며 실제 행동을 번영하지 않는다(p. 257)."는 경고에 주의를 기울일 필요가 있다.

그러나 이것이 응용행동분석 연구의 계획과 전략에서 집단 전체에 대한 수행 정보가 쓰일 수 없고 쓰여

서도 안 된다는 의미는 아니다. 집단의 전체 수행에 대한 정보는 사회적으로 매우 중요하다. 예를 들면, Brothers, Krantz, McClannahan(1994)은 한 학교에서 25명의 직원의 파지 재활용을 활성화하기 위한 개입의 효과성을 평가했다. 여기서 집단 자료가 개별 수행을 대변할 수 없고 각 개별 수행이 집단 자료를 대변할 수 없다는 사실을 기억해야 한다. 예를 들면, Lloyd, Eberhardt, Drake(1996)는 스페인어 수업을 수강하는 학생들의 퀴즈 점수가 집단 강화와 개별 강화에 따라 달라지는지 비교했다. 그 결과, 집단 유관 조건에서의 퀴즈 평균 점수가 개별 유관 조건보다 높았다. 하지만 각 조건의 평균이 개인 간의 차이를 보여 주지 않았다. 집단의 결과가 개인의 수행을 대표하지 않을 때, 연구자는 개별 결과를 집단 자료에 보충해서 제공해야 한다. 가장 바람직한 방법은 그래프로 제시하는 것이다(예 : Lloyd et al., 1996; Ryan & Hemmes, 2005).

하지만 어떤 경우에는 행동분석가가 각 개별 참가자의 실험 조건이나 유관을 통제할 수 없을 때가 있으며, 심지어는 참가자가 누구인지 파악하는 것조차 불가능할 수도 있다(예 : Van Houten & Malenfant, 2004; Watson, 1996). 이 경우, 실험적 조건에 포함된 모든 대상의 반응을 종속변인 속에 포함해야 한다. 이 접근법은 지역사회를 기반으로 한 행동분석 연구에 자주 사용된다. 예를 들면, 대학 캠퍼스에서의 쓰레기 관리 (Bacon-Prue, Blount, Pickering, & Drabman, 1980), 대학생의 카풀(Jacobs, Fairbanks, Poche, & Bailey, 1982), 운전자의 정지 신호 준수와 조심성(Van Houten & Malenfant, 2004), 쇼핑 카트의 어린이용 안전벨트 사용(Barker, Bailey, & Lee, 2004), 화장실 벽의 낙서를 줄이는 것(Watson, 1996)과 같은 연구에 집단 자료를 종속변인으로 분석했다.

실험 설계 유연성의 중요성

효과적인 실험 설계는 연구자와 독자에게 흥미롭고 설득력 있는 자료를 제공하기 위해 독립변인의 유형과 순서를 조작하는 방식이다. 이런 맥락에서 볼 때 설계란 명사이자 동사로도 사용되는데, 즉 효과적인 행동 연구자는 각 실험이 목적에 합당한 **설계**가 될 수 있게 매 실험을 설계해야 하기 때문이다. 이미 만들어진 실험 설계는 없다. 앞 장에서 설명된 견본 설계법은 응용행동분석가가 관심을 가지는 광범위한 현상에 대한 이해를 높여 주는데 효과적인 방법이라고 증명된 실험적 추론과 통제의 형식을 가진 분석적 전략의 예시이다. Johnston과 Pennypacker(1980, 1993a)는 '모든 사례에 다 적용되는 실험 설계 유형이 있고 이를 사용할 수 있다는 믿음은 행동과학 연구의 부작용(1980, p. 293)'이라고 주장한다.

> 어떻게 참가자를 비교하고 설계하고 해석하는지를 설명하기 위해 설계의 범주를 개발하려는 시도가 있다. 이를 위해서는 각 범주에 이름을 붙일 필요가 있는데, 이는 서로 다르게 명명된 범주 간에는 차이가 있음을 가정한다. (1993a, p. 267)
>
> 유용한 비교를 위한 전제조건은 요리책의 단순한 규칙이나 방법처럼 간소화될 수 없다. 간소화는 학생들에게 구체적인 기능을 가진 여러 가지 방법을 제안하고 무한한 실험 방법을 선택하며 경험을 통해 실험의 근간에 대해 이해하는 것을 방해한다. (1993a, p. 285)

Sidman(1960)은 실험 설계에 규칙이 있다는 연구자의 믿음이 초래하는 부작용에 대해 기술했다.

> 실험 설계에는 반드시 따라야만 하는 규칙이 있다고 간주된다. 나는 이것이 잘못된 생각이라고 본다. 모든 규칙에는 예외가 있다는 진부한 설명만으로는 불충분하

다. 실험 설계의 규칙은 유연하게 적용되어야 한다는 관점도 잘못된 설명이다. 사실 실험 설계에는 규칙이 없기 때문이다. (p. 214)

우리는 Sidman의 주장에 동의한다. 응용행동분석을 공부하는 학생은 제3장과 제4장에서 설명한 분석 전략 중 어떤 것도 그 자체로 실험 설계가 된다고 믿어서는 안 된다.[5] 그러나 우리는 가장 자주 사용되는 실험 설계 분석 전략을 소개하는 것이 유용하다고 믿는다. 첫째, 응용행동분석의 분야를 발전시킨 거의 대부분의 연구는 제3장과 제4장에서 설명한 분석 전략 중 하나 이상을 포함한 연구 설계를 사용했다. 둘째, 행동분석을 처음 공부하는 학생들에게는 구체적인 실험적 전략과 그 적용 사례를 검토하는 것이 유용하다. 이를 통해 연구 질문에 효과적이고 설득력 있게 답할 수 있도록 적절한 연구 설계 분석 전략을 선택하고 배치하는 원칙을 배울 수 있기 때문이다.

분석 전략을 갖춘 실험 설계

다중 기저선과 반전 전략을 결합하는 것은 둘 중 하나의 전략만 사용하는 것보다 실험적 통제에 대해 더 설득력 있게 입증해 줄 수 있다. 예를 들면, 연구자는 치료변인을 철회하고(기저선 조건으로 복귀) 다시 기저선이나 다른 치료 조건에 적용함으로써 독립변인과 각 행동, 상황, 또는 대상의 기능적 관계의 존재를 판단하고 각 단계에서 독립변인의 영향을 분석할 수 있게 된다(예 : Alexander, 1985; Ahearn, 2003; Barker, Bailey, & Lee, 2004; Blew, Schwartz, & Luce, 1985; Bowers, Woods, Carlyon, & Friman, 2000; Heward & Eachus, 1979; Miller & Kelley, 1994(표 12.3 참조);

---

5) 제3장과 제4장에서 설명한 분석적 전략을 유일한 실험 설계로 간주하면 안 된다. 모든 실험은 독립변인 조작 순서와 더불어 실험 요소 측면에서 모두 다르다(예 : 대상, 세팅, 종속변인, 측정 체계).

Zhou, Goff, & Iwata, 2000].

연구자는 연구 질문에 대답을 줄 수 있는 연구를 진행하기 위해서 분석 전략이 결합된 연구 설계를 한다. 예를 들면, 다중 기저선 방법을 적용해 여러 가지 치료를 순차적으로 적용하여 치료 효과를 평가한다(예 : Bay-Hinitz, Peterson, & Quilitch, 1994; Iwata, Pace, Cowdery, & Miltenberger, 1994; Van Houten, Malenfant, & Rolider, 1985; Wahler & Fox, 1980; Yeaton & Bailey, 1983). 2개나 그 이상 독립변인의 영향을 비교하기 위해 혹은 치료 패키지의 요인인 **요인 분석**을 실행하기 위해 다중 기저선, 반전, 그리고/또는 교차치료 전략을 결합한 실험 설계를 사용한다. 예를 들면, L. J. Cooper와 동료들(1995)은 섭식장애를 가진 아동의 치료 패키지에 영향을 미치는 변인을 찾기 위해 다중 기저선 설계의 반전 순차에서 교차치료 비교를 사용했다.

Haring과 Kennedy(1990)는 다중 기저선과 반전 전략 실험 설계를 사용하여 중증장애가 있는 두 중학생의 문제행동에 대한 타임아웃과 다른 행동에 대한 차별강화(DRO)의 효과성을 비교했다(그림 5.2 참조).[6] 샌드라와 래프는 수업과 지역사회의 활동에 방해가 되는 반복적인 상동행동을 보였다(예 : 몸 흔들기, 큰 소리 내기, 손 흔들기, 침 뱉기). 연구자들은 기저선 조건과 타임아웃이 DRO 개입의 영향을 과제 시간과 쉬는 시간 동안 비교하는 실험 설계를 사용했다. 이 설계를 통해 Haring과 Kennedy는 타임아웃과 DRO 개입이 활동의 맥락에 따라 다른 결과를 보임을 증명했다. 두 학생 모두의 경우, 과제 시간에는 DRO가 타임아웃보다 문제행동을 줄이는 데 효과적인 반면, 쉬는 시간 동안 문제행동을 줄이는 데 타임아웃은 효과가 있으나 DRO는 효과가 없다는 반대의 결과가 나타났다.

일부 실험자는 다중 기저선과 교차치료를 동시에 사용하는 실험 전략을 사용했다. 예를 들면, Ahearn, Kerwin, Eicher, Shantz, Swearingin(1996)은 다중 기저선 설계에 교차치료 설계를 결합하여 음식 거부에 대한 두 가지 치료 방법의 상대적 효과를 평가했다. 유사하게 McGee, Krantz, McClannahan(1985)은 자폐증 아동을 위한 몇 가지 학습 방법의 효과를 평가하기 위해 다중 기저선과 교차치료 전략을 적용한 실험 설계법을 사용했다. Zanolli와 Daggett(1998)는 다중 기저선, 교차치료, 반전 전략을 포함한 실험 설계로 사회성이 부족한 미취학 아동의 자발적인 사회적 시도에 대한 강화 비율의 효과를 연구했다.

그림 5.3에서 Sisson과 Barrett(1984)은 두 가지 언어 훈련 방법의 효과를 비교하는 연구를 통해 교차치료, 다중 기저선 및 다중 프로브 전략이 어떻게 적용될 수 있는지 보여 준다. 이 설계법을 통해 연구자들은 구체적인 문장에 치료를 적용하는 것이 필수적이며 두 아동에게 공통적으로 효과적인 언어 습득방법이 있음을 보여 주었다. 세 번째 아동의 경우 그림 5.3에 나타난 두 아동처럼 형식과 방법의 기능적 관계가 관찰되었으나 언어 습득 방법 간 차이를 보이지 않았다.

몇 가지 실험 전략을 동시에 사용하는 실험 설계를 소개하는 이유는, 이 실험 설계가 대표적인 모델이기 때문이 아니라 독립변인 조작의 순서와 조합을 다르게 배열하면 실험 설계가 무한히 달라짐을 보여 주기 위해서이다. 모든 상황에서 가장 효과적인(즉 설득력 있는) 실험 설계는 예측, 검증, 반복, 이 세 가지 기초 논리하에 각 대상의 자료를 지속적으로 평가할 수 있게 설계되어야 한다.

---

6) 타임아웃과 다른 행동에 대한 차별강화(DRO)는 각각 『응용행동분석』(상)의 제10장과 제12장에서 설명했다.

| 그림 5.2 | 타임아웃(TO)과 다른 행동에 대한 차별강화(DRO)의 효과를 분석하기 위해 다중 기저선 설계와 반전 전략을 적용한 실험 설계

출처 : "Contextual Control of Problem Behavior" by T. G. Haring and C.H. Kennedy, 1990, *Journal of Applied Behavior Analysis, 23,* pp. 239-240. Copyright 1990 by the Society for the Experimental Analysis of Behavior, Inc. Reprinted by permission.

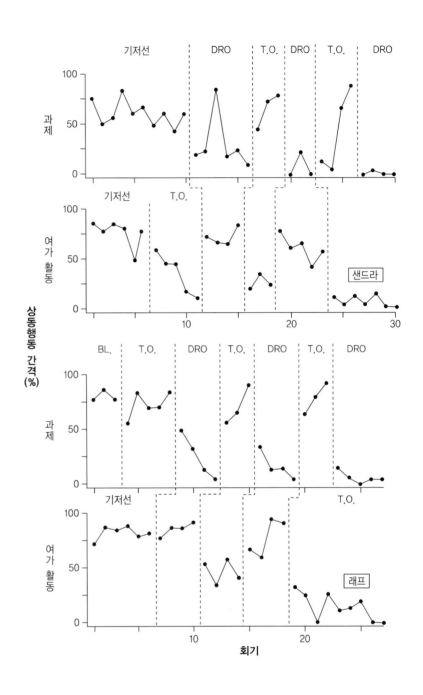

 내적 타당도 : 실험 설계에서 잠재적 오염변인의 통제

실험은 관찰된 행동변화가 오직 독립변인에 의한 것임을 입증했을 때 흥미롭고 신뢰성 있으며 유용하다. 기능적 관계를 잘 보여 주는 실험은 내적 타당도가 높다. 실험 설계는 (a) 신뢰성 있는 효과를 입증하는 것(즉 독립변인을 반복적으로 조작하면 일관된 행동변화 패턴이 관찰된다.)과, (b) 독립변인 이외의 요인이 행동변화를 일으켰을 가능성을 없애거나 줄이는(즉 오염변인 통제) 정도에 의해 결정된다.

독립변인을 조작함으로써 신뢰성 있게 어떤 행동변화를 일으킬 수 있을 때 쓰이는 **실험적 통제**라는 용어는 연구자가 실험 대상의 행동을 통제함을 의미한다. 하지만 실험자는 대상이 속한 **환경** 일부만을 통제할 수 있기 때문에 '행동 통제'라는 용어는 부정확하다.

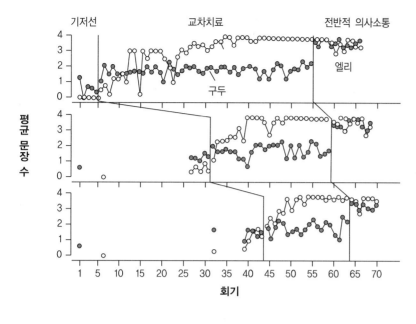

| **그림 5.3** | 행동분석에 교차치료 전략, 다중 프로브, 다중 기저선 전략을 적용한 실험 설계

출처 : "Alternating Treatments Comparison of Oral and Total Communication Training with Minimally Verbal Retarded Children" by L. A. Sisson and R. P. Barrett, 1984, *Journal of Applied Behavior Analysis, 17*, p. 562. Copyright 1984 by the Society for the Experimental Analysis of Behavior, Inc. Peprinted by permission.

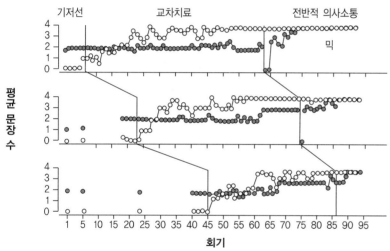

따라서 연구자의 실험 통제 수준은 그 연구자가 실험과 관련된 모든 변인을 통제한 정도를 뜻한다. 잘 설계된 연구에서 연구자는 연구 설계 범위 내에서 자료의 관찰과 반응에 의해 통제를 가하게 된다.

제2장에서 언급했듯이 효과적인 실험 설계는 독립변인과 종속변인 사이의 기능적 관계를 보여 주는 동시에, 관찰된 행동변화가 알려지지 않거나 통제되지 않은 변인의 결과일 확률을 최소화한다. 실험은 종속변인의 변화가 독립변인의 기능만으로 설명될 때 높은 내적 타당도를 가진다. 실험을 계획하고 진행 중인

연구에서 실제 자료를 조사할 때 연구자는 항상 내적 타당도에 위협이 되는 요인을 주의해야 한다. 종속변인에 영향을 미친다고 알려졌거나 의심되는, 통제되지 않은 요인을 **오염변인**이라고 한다. 연구 과정에서 연구자는 오염변인을 제거하거나 통제하기 위해 많은 노력을 쏟는다.

안정된 반응상태에 도달한다는 것은 실험 통제 정도를 평가함을 의미한다. 잠재적인 오염변인으로부터 독립변인의 영향을 분리하기 위해서는, 잠재적인 오염변인이 더 이상 존재하지 않으며, 모든 실험 상황에

서 일정하게 유지되거나 독립변인의 조작과 무관함을 확실하게 보여 주어야 한다. 모든 실험은 무한한 수의 잠재적 오염변인에 의해 영향을 받으며 실험 설계 시 연구자가 오염변인을 찾고 통제할 수 있게 해 주는 규칙은 없다. 그러나 오염변인으로 적용할 수 있는 요인을 밝히고 통제하는 여러 가지 전략은 찾아볼 수 있다. 오염변인은 주로 실험의 네 가지 요인, 즉 대상, 환경, 종속변인의 측정, 그리고 독립변인 중 하나와 관련이 있다.

연구 참가자와 관련된 오염변인

다양한 연구 대상 관련 변인은 연구 결과를 오염시킬 수 있다. 실험 과정에서 연구 대상의 변화를 뜻하는 성숙은 잠재적 오염변인이다. 예를 들면, 실험의 후반부에 대상의 수행이 나아지는 것은 독립변인의 조작과는 상관없이 연구 대상의 신체적 성장, 학습적·사회적 또는 다른 행동을 습득한 결과일 수 있다. 조건의 빠른 변화, 다중 기저선 설계 도입, 그리고 시간경과에 따른 독립변인의 철회라는 실험 설계를 통해 효과적으로 성숙을 통제할 수 있다.

대부분의 응용행동분석 연구에서 연구 참가자는 실험 환경에 있지만 하루에 일정 시간 동안만 연구자가 시행하는 유관에 노출된다. 어떤 연구든 마찬가지로 각 회기 동안 관찰된 대상의 행동을 실험 조건의 결과라고 간주한다. 그러나 현실적으로 각 참가자는 실험과 무관한, 외부에서 발생된 사건의 영향을 받을 수 있다. 예를 들어, 토론 수업의 참여 빈도가 연구의 종속변인이라고 하자. 높은 빈도로 토론에 참여했던 학생이 수업 전 점심시간에 싸움에 연루되어 지난 수업에 비해 훨씬 더 낮은 빈도로 토론에 참여했다고 하자. 이 학생의 행동변화는 점심시간의 싸움 때문일 수도 있고 아닐 수도 있다. 점심시간의 싸움이 독립변인의 변화와 동시에 일어났다면 실험 이외의 사건으로

부터 실험적 조건의 효과를 구분하거나 알아내기는 더욱 더 어려울 것이다.

연구자가 연구 중에 변산성의 원인일 수도 있는 몇 가지 사건에 대해 알고 있다고 해도 다른 잠재적 오염변인은 모를 수 있다. 반복 측정은 이런 변인의 존재와 영향을 감지하고 통제하는 수단이다. '나쁜 날' 또는 특별히 '좋은 날'과 같은 통제되지 않은 변인은 종속변인의 측정 간격이 넓거나 횟수가 적은 연구 설계에 특히 문제가 된다. 이는 치료 프로그램의 효과를 사전·사후 비교를 통해 결정하는 설계의 주요 단점 중 하나이다.

집단 비교 설계에서는 참가자와 관련된 특징(예 : 성별, 나이, 인종, 문화적·언어적 배경, 기술)의 유사성을 가정하기 때문에 대상 간의 차이에 의해 발생하는 오염에 취약하다. 그러나 응용행동분석의 단일 사례 실험에서는 대상 중 1명 또는 일부가 가진 특징이 실험 결과에 미치는 영향에 대해선 크게 개의치 않는다. 첫째, 참가자는 목표행동이 성공적으로 변화한다면 자신에게 유리하기 때문에 연구에 참가하기 때문이다. 둘째, 참가자가 가진 특징은 단일 참가자 내 실험 설계 연구에서는 오염변인으로 작동하지 않는다. 참가자 간 다중 기저선 설계를 제외하고, 행동 연구에서는 각 참가자는 스스로가 자신의 통제가 되고, 이로써 모든 실험 조건에서 참가자가 동일하기 때문이다. 셋째, 단일 참가자 분석 결과의 외적 타당성은 참가자가 다른 참가자와의 유사성에 의해 결정되지 않고 다른 대상에게 동일 실험을 반복함으로써 얻어진다.

세팅과 관련된 오염변인

대부분의 응용행동분석가들은 많은 변인을 통제할 수 없는 자연 세팅에서 연구를 진행한다. 자연 세팅에서의 연구는 오염변인이 강력히 통제되는 연구실에서 실시되는 연구에 비해 통제되지 않은 사건에 의해 오

염될 가능성이 크다. 그러나 세팅과 관련된 오염변인의 영향을 줄이는 방법이 있다. 예를 들어, 통제되지 않은 사건과 함께 자료에 변화가 발생한 경우, 연구자는 반복 측정치가 안정적인 반응 양상을 보일 때까지 가능한 모든 실험 요소를 일정하게 유지해야 한다. 계획되지 않은 사건이 목표행동에 강력한 영향을 미쳤다는 것이 밝혀질 경우, 그 사건은 비록 연구자의 관심이 아니지만 실험적 조작이 가능하다면 그 사건을 독립변인화하여 그 사건이 미치는 영향을 실험적으로 조사해야 한다.

세팅과 관련된 오염에 대해 염려하는 응용 연구자들은 실험 내적 혹은 외적으로 존재하는 '잠재적' 강화제에 대해 주의를 기울여야 한다. 연구자도 인식하지 못하는 사이에 참가자가 잠재적 강화제에 접촉하는 것은 세팅과 관련된 오염의 전형적인 예이다. 이 경우, 강화제의 효과가 나타나지 않을 수 있다.

측정과 관련된 오염변인

『응용행동분석』(상)의 제4장과 제5장에서는 정확하고 안정적인 측정 체계를 설계할 때 고려해야 할 많은 요인에 대해 자세히 다루었다. 하지만 잘 짜인 측정 체계에도 오염변인의 소지가 많다. 예를 들면, 자료는 관찰자 표류(observer drift), 실험자의 행동이 관찰자에게 미치는 영향, 그리고/또는 관찰자의 편견에 의해 오염될 수 있다. 실험 세팅에서 관찰자에게 독립변인의 시행 여부를 감추기는 어렵지만, 관찰자가 실험 조건과 예측되는 결과를 모르게 하는 것은 관찰자의 편견에 의한 잠재적 오염을 줄인다. 특히 관찰자가 영구적 결과물에 대한 점수를 매길 때, 어떤 참가자가 어떤 실험 조건에 속하는지에 대한 정보는 제공하지 말아야 한다. 관찰자에게 기저선과 치료 조건을 무작위로 제시하고 점수를 매기게 하는 방법은 관찰자 표류나 편견의 가능성을 줄인다. [이 방법은 실험 후 정확

도나 관찰자 간 일치도(IOA) 평가 시 관찰자의 경향이나 편견을 통제하는 데도 적절하다.]

완전하고 자세한 측정 체계를 고안해 내지 않는 한(예 : 일방 거울을 이용한 숨은 관찰, 또는 참가자와 매우 가까운 거리에서 관찰) 측정 방법에는 언제나 오염 가능성이 있다. 이 오염변인의 가능성을 줄이기 위해 실험자는 기저선 조건을 충분히 길게 유지해서 반동성이 자연히 소멸하고 안정적인 반응을 얻도록 해야 한다. 측정에 대한 반동성이 원치 않는 영향을 미치며(예 : 공격 행동, 생산력 중단), 방해가 적은 측정 방법을 고안할 수 없다면 간헐적인 조사 방법을 사용해야 한다. 특히 기저선 단계에서 측정치는 연습, 적응, 준비 운동 효과로 인해 오염될 가능성이 있다. 다시 강조하지만, 적절한 방법은 안정적인 반응이 얻어질 때까지 또는 변산성이 최소 수준으로 유지될 때까지 기저선을 지속하는 것이다. 연습 효과(practice effect)가 예상된다면 기저선에서 간헐 조사 방법을 사용해야 한다. 목표행동이 연습 효과의 영향을 받기 쉽다면 연습 효과는 측정이 많을수록 크게 나타날 것이고, 이는 독립변인의 효과를 오염시킬 것이기 때문이다.

독립변인과 관련된 오염변인

대부분의 독립변인은 다중 특성을 가지는데, 이는 실험 조건이 연구자가 관심을 가지는 특정 변인보다 많은 변인에 의해 영향을 받음을 뜻한다. 예를 들어, 학생의 학습 생산성에 미치는 토큰 경제의 영향은 토큰을 주는 교사와 학생의 관계, 토큰 교환과 연관된 사회적 상호작용, 토큰 체계가 적용되면 수행이 좋아질 것이라는 교사와 학생의 기대 등과 같은 변인에 의해 오염된다. 토큰 강화의 효과를 분석하려 한다면 이런 잠재 오염변인을 통제해야 한다.

Schwarz와 Hawkins(1970)는 행동변화를 위한 치료에 영향을 미치는 변인을 통제하는 방법을 제시하였

다. 이 연구자들은 내향적인 초등학생의 세 가지 부적응 행동에 미치는 토큰 강화의 영향을 평가했다. 치료 기간 동안 치료사와 학생은 매일 방과 후에 만나 수업 시간에 촬영한 학생의 행동을 함께 관찰했다. 치료사는 학생의 부적응 행동 감소에 토큰 유관을 실시했다.

Schwarz와 Hawkins는 연구 설계의 잠재적인 오염 변인을 파악하였다. 연구자들은 치료 때문에 학생들의 행동이 개선되었더라도 이 개선이 치료사의 긍정적 관심과 보상으로 학생이 자기 이미지를 개선하여 부적절한 행동을 줄였을 가능성이 있기 때문에 학생의 행동 개선이 치료에 의한 것임을 확신할 수 없다고 보았다. Schwarz와 Hawkins는 토큰 유관이 행동변화에 중요한 역할을 했는지 확신할 수 없었기 때문에 다음과 같은 간단하고 직접적인 방법으로 오염변인을 통제하였다. 기저선 직후 치료사가 매일 방과 후에 학생을 대상으로 글씨 쓰기에 토큰 강화 유관과 더불어 사회적 관심을 함께 적용하는 조건을 시행했다. 이 단계 동안 얼굴 만지기, 앞으로 수그리기, 작은 목소리 등 세 가지 목표행동에는 변화가 없었기 때문에, 개입 단계에 일어난 행동 개선이 토큰 강화의 의한 것이라는 결론을 내릴 수 있었다.

의학 연구자들은 약물 효과를 조사하는 실험을 설계할 때, 단순한 약물 복용에 따른 기대 효과와 실제 약물 효과를 분리하기 위해서 **위약 통제** 기법을 사용한다. 일반적인 집단 비교 설계에서 실험집단은 진짜 약을 받고 통제집단은 위약을 받는다. 위약은 약물 효과가 없지만 생김새, 느낌, 맛 등이 실제 약물과 동일하다.

응용행동분석가들은 단일 대상 실험에서도 위약을 사용한다. 예를 들면, Neef, Bicard, Endo, Coury, Aman (2005)은 주의력 결핍 과잉행동장애(ADHD)를 가진 학생들의 약물 효과를 평가하는 연구에서, 약사에게 위약과 진짜 약을 준비한 후 학생들에게 똑같이 젤라틴 캡슐에 담긴 약물 일주일 치를 준비시켰다. 학생과 관찰자 모두 누가 진짜 약을 복용했는지, 위약을 복용했는지 몰랐다. 실험 참가자나 관찰자가 독립변인의 존재 여부에 대해 알지 못할 때, 이를 **이중맹목 통제**라 한다. 이중맹목 통제 방법은 참가자의 기대, 부모와 교사의 기대, 다른 사람들로부터의 차별적인 치료, 관찰자의 편견으로부터 생기는 오염을 제거한다.

치료 충실도

독립변인이 일관적으로 적용되지 않을 경우 실험 결과가 오염된다. 따라서 연구자들은 독립변인이 정확히 계획대로 적용되었는지 그리고 계획되거나 계획되지 않은 변인이 제대로 관리되고 있는지 확인해야 한다. **치료 충실도**와 **절차적 신뢰도**는 독립변인이 계획한 대로 적용되거나 실시되었는지의 정도를 뜻한다.

낮은 치료 충실도는 실험에서 오염변인의 주요 원인을 제공하여 결과 해석을 어렵게 만든다. 독립변인이 부적절하게 관리되고, 비일관적으로 적용되고, 단편적으로 시행되며, 그리고/또는 과다하거나 부족하면 실험 자료(얻어진 결과에 따라서 존재하지 않는 기능적 관계를 주장)는 실제로 기능적 관계가 있으나, 이 경우 기능적 관계가 관찰되어도 이것이 치료변인에 의한 것인지, 또는 통제되지 않은 요인에 의한 것인지 알 수 없다. 반면, 행동변화가 일어나지 않는 것이 독립변인이 효과적이지 않았기 때문이라고 말할 수도 있다. 독립변인을 계획대로 적용했다면, 효과적일 수도 있었기 때문이다.

응용 세팅에서 치료 충실도를 위협하는 요인은 무수히 많다(Billingsley, White, & Munson, 1980; Gresham, Gansle, & Noell, 1993; Peterson, Homer, & Wonderlich, 1982). 연구자의 편견은 기저선이나 비교 조건에 비해 독립변인에 영향을 많이 준다. 독립변인이 연구 초기와는 다르게 실험 후반부에 적용될 때 **치료 표류**가 나타난다. 치료 표류는 독립변인의 복잡성 때문에 실험 시행자가 실험 전체에 모든 요인을 일관되게 적용하지 못해 일어난다. 독립변인에 영향을 미치는 유관 또한 치료 표류를 야기할 수 있다. 예를 들어, 교사가 실험자가 있을 때만 모든 요소를 다 적용하고 실험자 부재 시에는 특정 요소만 적용할 수도 있다.

정확한 조작적 정의. 치료 충실도를 높게 만들기 위해서는 치료 방법에 대한 완전하고 정확한 조작적 정의를 개발하는 것이 필수적이다. 치료 제공자 훈련 그리고 응용행동분석에 필수 치료충실도를 평가하는 것 외에 치료조건에 대한 조작적 정의는 응용행동분석의 기술적 측면을 충족시키기 위한 필수조건이다(Baer et al., 1968). 연구자가 치료변인에 대한 조작적 정의를 분명하게 제시하지 못하면 개입의 적용이 어려워지며 실험의 반복과 타당성 입증이 불가능하게 된다.

Gresham과 동료들(1993)은 종속변인의 정의를 평가하는 기준과 동일하게 독립변인을 평가해야 한다고 주장한다. 이때, 기준은 분명하고 정확하며 객관적이어야 한다. Gresham과 동료들은 치료가 언어적 · 신체적 · 공간적 · 시간적 차원에서 조작적으로 정의되어야 한다고 주장했다. 그들은 Mace, Page, Ivancic, O'Brien (1986)이 사용한 타임아웃에 대한 정의를 독립변인의 조작적 정의의 예시로 들었다.

(a) 목표행동이 나타난 직후에(시간적 차원), (b) 치료사가 "타임아웃 의자로 가라."라고 말하고(언어적 차원), (c) 아이를 타임아웃 의자로 데려가서(신체적 차원), (d) 구석을 보게 앉힌다(공간적 차원). (e) 아이가 타임아웃 의자에서 일어나거나 고개를 45도 이상 돌리면(장소적 차원) 치료사는 신체적 촉진을 통해 타임아웃 방법에 따르게 한다(신체적 차원). (f) 2분이 지난 후(시간적 차원) 치료사는 타임아웃 의자를 구석으로부터 45도 돌리고 (신체적 · 장소적 차원) 자리를 뜬다(신체적 차원). (pp. 261~262)

간소화, 표준화, 자동화. 실험을 계획할 때, 독립변인의 간소화와 표준화에 우선순위를 두고 치료사를 훈련함으로써 치료 충실도를 강화한다. 간단하고, 명확하고, 간결하며, 노력을 덜 요하는 치료가 일관적으로 수행될 확률이 더 높다. 또한 간단하고 적용하기 쉬운 기술을 받아들이고 사용할 확률이 더 높기 때문에 사회적 타당도가 있다. 그러나 사회적으로 중요한 행동을 변화시키기 위해서 복잡한 개입을 별도로 오랫동안 진행해야 할 수도 있다. Baer(1987)는 다음과 같이 언급했다.

과제 분석은 많은 사람들에게 많은 행동변화를 요한다. 이 방법은 각 단계에서 행동변화가 비교적 쉽고 빠르며 많은 노력을 필요로 하지 않아 힘들지는 않지만, 지루하다. (pp. 336~337)

치료사가 반드시 복잡한 개입 때문에 좌절하거나 당황해야 할 필요는 없다. 다만 치료 충실도의 필요성에 대해선 인식하고 있어야 한다. 모든 조건이 같다면 단순하고 간결한 치료가 아마도 복잡하고 긴 치료보다 더 정확하고 일관되게 적용될 것이다.

독립변인을 일관적으로 적용하기 위해서 실험자는 비용과 실용성이 허용하는 한 표준화에 힘써야 한다. 치료의 표준화 구축이 가능하다. 치료가 복잡하고 힘든 행동 결과를 요한다면 치료사에게 실험순서에 대한 자료를 제공해 독립변인이 적용되는 정확도와 일관성을 높일 수 있다. 예를 들어, Heron, Heward, Cooke, Hill(1983)은 또래-교사 훈련 프로그램을 아동집단에 일관적으로 적용하기 위해 수업 대본과 슬라이드를 미리 준비해 제공했다.

개입의 자동화가 어렵다면 연구자는 독립변인의 '조작'을 통해 자동화를 달성할 수 있다. Heron과 동료들(1983)은 녹화된 수업물을 이용해 교사 간 차이에서 오는 잠재적 오염변인을 최소화할 수 있었다. 그러나 이미 준비된 대본을 사용함으로써 교사-학생 간 바람직한 상호작용을 방해했을 수 있다. 치료를 제한하거나 사회적 타당도에 크게 영향을 미치지 않는 범위 내에서 특정 변인에 대한 자동화는 바람직하다(예 : 전기 절약 캠페인 동영상 사용).

훈련과 연습. 독립변인의 적절한 적용에 대한 훈련과 연습은 치료사에게 치료 수행에 필수적인 기술과 지식을 제공한다. 개인의 역량과 경험이 실험 세팅(예 : 교실)에서 독립변인(예 : 또래 매개 교육 프로그램)의 정확하고 일관적인 적용을 보장하지는 않는다.

치료 방법에 대한 설명서와 단서 카드 또는 기타 치료를 고무하는 방법은 매우 유용하다. 그러나 설명서가 자세하다고 해서 치료 충실도가 높아지는 것은 아니다. Mueller와 동료들(2003)은 소아 섭식 프로토콜을 적용할 때 부모의 치료 충실도를 높이기 위해서는 언어적 지시, 모방, 연습이 함께 병행되어야 함을 밝혀내었다. 또한 수행에 대한 피드백을 통해 부모와 기타 치료제공자들의 치료 충실도가 향상됨을 보고하였다(예 : Codding, Feinberg, Dunn, & Pace, 2005; Sarakoff, & Strumey, 2004; Witt, Noell, LaFleur, & Mortenson, 1997).

치료 충실도 평가. 간소화, 표준화, 그리고 훈련을 통해 치료 충실도를 높일 수는 있으나 이를 보장할 수는 없다. 연구자는 독립변인 적용 정도에 대한 정보 수집을 통해 정확도와 신뢰도에 대한 자료를 제공해야 한다(Peterson et al., 1982; Wolery, 1994). 치료 충실도(또는 절차적 신뢰성) 자료는 모든 실험 조건에 적용된 방법이 연구 논문에 기술된 것과 어느 정도로 일치하는지를 보여 준다. 전체 치료 프로그램과 치료 요소

일부의 효과를 분석하기 위해, 혹은 치료의 '오류'를 평가하기 위해 치료 충실도 정도를 독립변인으로 조작할 수 있다(예 : Holcombe, Wolery, & Snyder, 1994; Vollmer, Roane, Ringdahl, & Marcus, 1999).

독립변인이 적절하게 적용되었을지 확인하는 것은 실험의 내적 타당도 구축에 필수적이나 이에 대한 노력은 부족한 편이다. 1968년에서 1990년 사이에 『응용행동분석학회지(Journal of Applied Behavior Analysis』에 발표된 2개 개관 논문의 저자들은 치료 충실도에 대한 자료 제시가 미비한 수준이었음을 보여 주었다(Gresham et al., 1993; Peterson et al., 1982). Peterson과 동료들은 응용행동 연구의 출판을 위해서는 종속변인 측정 시 관찰자 간 일치도(IOA)의 자료가 필수적이나, 독립변인에 대해서는 이런 자료를 요하지 않는 '이중 잣대'가 적용된다고 비판하였다.

Peterson과 동료들(1982)은 종속변인이 정확도와 신뢰도를 증진하고 평가하는 기술(상권 제5장 참조)이 절차적 신뢰성 구축에도 적용 가능함을 주장한다. 독립변인에 대한 관찰과 기록이 치료 요소의 효율성(즉 독립변인의 효과로 행동변화가 있었는지)에 대한 자료를 제공한다는 것이다. 독립변인에 대한 관찰과 교정을 통해 치료 충실도에 대한 재교육과 연습의 필요성을 결정할 수 있다.

그림 5.4는 회피 기능의 문제행동에 대한 치료에서 문제행동, 순응도, 의사소통 강화의 질적, 지속 시간 차이에 따른 치료 효과를 평가하는 연구의 치료 충실도를 평가하기 위해 사용된 자료 수집 양식이다(Van Norman, 2005). 연구자들은 각 연구 조건과 각 단계의 전체 회기 중 1/2에서 1/3의 회기를 무선 선정해 치료 충실도를 조사했다. 치료 충실도는 각 회기 동안 실험자가 정확하게 수행한 단계의 수를 전체 단계의 수로 나눈 값이다.

잠재적 오염변인은 어디에도 무수히 많다. 실험 연

동영상 # _1-1AL_   채점자 : _E. B._   날짜 : _7/6/05_

단계 1/A(SD)

절차상 단계	기회	정반응	정반응 %	예	아니오	N/A
1. 회기가 시작할 때 교사가 "과제 시간이야." 라고 말하거나 혹은 유사한 촉진을 한다.				예	아니오	N/A
2. 참가자가 반응하지 않으면 치료사는 자료를 바꾸거나 유관을 다시 시작한다.	—	—	—	예	아니오	N/A
3. 과제 자료와 함께(3초 안에) 휴식 카드(또는 비슷한 것)를 제시한다.	𝍤 𝍤 𝍤 ❘	𝍤 𝍤 𝍤 ❘	16/16	예	아니오	N/A
4. 과제 선택(과제와 관련된 자료를 만짐) 후에 a. 과제 자료를 치운다. b. 타이머와 함께 초록색 단서 카드를 제시한다. c. 아주 좋아하는 물건을 준다. d. 참가자와 1분 동안 놀이를 한다.	𝍤 ❘❘	𝍤 ❘❘	7/7	예	아니오	N/A
5. 휴식 요구 후에 a. 과제 자료를 치운다. b. 타이머와 함께 노란색 단서 카드를 제시한다. c. 30초 동안 적당히 좋아하는 만질 수 있는 물건을 주고 중립적인 이야기를 한다.	𝍤 ❘❘❘❘	𝍤 ❘❘❘❘	8/8	예	아니오	N/A
6. 10초 이상의 문제행동 발생 시 a. 과제/놀이 자료를 치운다. b. 타이머와 함께 빨간색 단서 카드를 제시한다. c. 10초 동안 관심이나 만질 수 있는 물건을 주지 않는다.				예	아니오	N/A
7. 휴식 카드를 어느 쪽에 제시했는가(참가자의 R=오른쪽, L=왼쪽)	R	R	L	L	L	R	L	R	R	L	R	L	R	L	L		R		

| **그림 5.4** | 치료 충실도 조사에 사용된 양식

출처 : "The Effects of Functional Communication Training, Choice Making, and an Adjusting Work Schedule on Problem Behavior Maintained by Negative Reinforcement" by R. K. Van Norman, 2005, p. 204. Unpublished doctoral dissertation. Columbus, OH: The Ohio State University. Used by permission.

구의 내적 타당도를 위협할 가능성이 있는 모든 오염변인을 모두 나열하는 것은 불가능하다. 또한 발생가능한 오염변인의 목록을 제시하면 연구자는 목록에 있는 변인만 통제하면 다른 변인은 걱정할 필요가 없다고 생각할 수 있다. 잠재적 오염변인은 실험마다 다르다. 연구자는 실험에 영향을 주는 요소에 의문을 가지고 조사하는 사람이다. 어떠한 실험 설계도 모든 잠재적 오염변인을 통제할 수는 없으므로 될 수 있으면 많은 잠재적 오염변인의 영향을 줄이고 제거하거나 알아내는 것을 목표로 해야 한다.

 사회적 타당도 : 행동변화의 가치와 이를 목적으로 하는 치료의 평가

Montrose Wolf는 유명한 논문 '사회적 타당도 : 주관적 측정 또는 어떻게 응용행동분석이 중심을 찾는가에 대한 사례'(1978)에서 "의뢰인(부모와 보호자, 또는 사회적 프로그램을 지지하는 납세자)이 개입의 목표, 방법, 결과에 대해 이해하고 공감해야 한다."는 개념을 소개하였다(Risley, 2005, p. 284). Wolf는 목표행동의 사회적 의미, 방법의 적절함, 결과의 사회적 중요성이라는 세 가지 방법을 통해 응용행동분석 연구의 사회적 타당도가 평가되어야 한다고 주장했다.

사회적 타당도 평가를 통해 연구 출판의 가능성, 마케팅, 행동 프로그램 공적 적용 가능성이 증가되는 것은 사실이지만(Hawkins, 1991; Winett, Moore, & Anderson, 1991), 사회적 타당도 평가의 궁극적 목적은 '[행동변화] 프로그램의 발전과 적용을 활성화하는 것'이다(Baer & Schwartz, 1991, p. 231). 사회적 타당도는 일반적으로 행동변화 프로그램의 직접 소비자(학습자, 환자, 연구 대상), 그리고/또는 간접 소비자(예 : 가족, 교사, 치료사, 지역사회 사람)에게 프로그램 목표의 연관성과 중요성, 방법의 수용성, 결과적으로 성취된 행동변화의 가치에 대해 얼마나 만족하는지 물어보는 방법으로 평가한다. 사회적 타당도와 이의 평가 절차에 대한 자세한 논의는 Fuqua와 Schwade(1986), Van Houten(1979), Wolf(1978)와 『응용행동분석학회지』 여름호의 사회적 타당도에 대한 특별란에서 찾아볼 수 있다(1991).

치료사와 소비자가 치료나 프로그램이 수용 가능하여 효과적이라고 평가하는 것을 프로그램의 효과성에 대한 증거로 간주해서는 안 되며, 소비자가 그 방법을 지속적으로 사용할 것이라고 미루어 짐작해서도 안 된다. Hawkins(1991)는 Baer, Wolf, Risley(1968)가 "참가자가 자신의 비언어적 행동에 대해 언어적으로 설명한 것을 그 참가자의 실제 행동에 대한 측정으로 받아들여서는 안 된다(p. 93)."라고 경고한 것을 언급하였다. 이에 더하여 그는 사회적 타당도는 '기본적으로 소비자의 의견을 모은 것(p. 205)'이지, 타당도에 대해 측정한 것이 아니므로 사회적 타당도 대신 '소비자 만족'이라는 용어를 사용할 것을 주장했다.

소비자의 의견을 언어 행동으로 평가할 때, 이런 언어 행동이 평가 대상과 관련된 변인에 의해 통제되기를 바라기 때문에 평가결과는 놀랍지 않다. 따라서 소비자 의견을 타당도의 기준으로 간주해서는 안 되며, 전문가의 의견에 추가적인 정보를 제공하는 혹은 비편파적인 비전문가의 보조적 의견으로 간주해야 한다. (p. 212)

행동변화 목표의 사회적 중요성

행동변화 목표의 사회적 타당도는 그 목표를 명확하게 정의하는 것으로 시작한다.

목표의 사회적 중요성을 평가하기 위해 연구자는 (a) 사회적 목표(예 : 양육 방식 개선, 사회적 기술 향상, 심혈관건강 개선, 독립성 증가), (b) 목표에 관련이 있다고 가정된 행동의 범주(예 : 양육-교육적인 피드백 주기, 타임아웃 사용 등), 그리고/또는 (c) 관심 있는 행동 범주를 포함하는 반응(예 : 타임아웃 사용-아이를 다른 사람들로부터 떨어진 곳으로 보내기, 일정한 시간 동안 아이에게 "나가서 앉아."라고 지시하는 것 등)의 측면에서 행동변화의 목표를 분명히 정의해야 한다. 사회적 타당도는 분명한 목표 설정으로부터 시작된다. (Fawcett, 1991, pp. 235~236)

Van Houten(1979)은 사회적으로 타당한 목표를 판단하기 위해 두 가지의 기본적인 접근을 취한다. (a) 가르치려는 기술에 능숙한 사람의 수행을 평가하고, (b) 어떤 것이 최선의 결과를 낼 것인지 실증적으로 판단하기 위해 수행의 여러 단계를 실험적으로 조작한다. 능숙한 수행자의 수행에 대한 관찰은 행동변화 목표와 수행의 목표 단계를 확인하고 입증하는 데 쓰일 수 있다. 장애를 가지고 있으며 레스토랑에서 일하는 2명의 성인을 위한 사회기술 훈련 프로그램을 사회적으로 타당한 수행 기준에 맞추기 위해, Grossi, Kimball, Heward(1994)는 2주 동안 장애가 없는 식당 종업원 4명의 언어 지시 이해 정도를 관찰했다. 관찰 결과, 직원들은 평균 90%의 언어 지시 이해도를 보였다. 이 수행 수준을 연구에 참여하기 위한 목표로 선택했다.

Warren, Rogers-Warren, Baer(1976)는 사회적 타당도를 검증하기 위해 수행 수준을 달리하며 그 효과를 검증했다. 연구자들은 아이들이 또래 친구들에게 장난감 놀이를 제안하는 행동 빈도가 또래의 제안 수용에 어떤 영향을 미치는지 조사했다. 또래들은 너무 잦거나 너무 드물지 않고 중간 정도로 제안했을 때 제안을 가장 잘한다는 결과를 보고했다.

개입의 사회적 수용도 입증

행동 개입의 수용도에 대한 소비자의 의견을 구하기 위한 여러 척도와 설문이 개발되었다. 개입의 수용도를 평가하기 위한 15개의 리커트 척도로 구성된 **개입 평가 프로파일**이 그 예이다(Martens, Witt, Elliott, & Darveaux, 1985). **치료 수용도 평가 형식**(Treatment Acceptablity Ratting Form, TARF)은 외래환자의 부모를 대상으로 클리닉에서 진행된 행동치료의 수용도를 평가하는 20개의 문항으로 구성되어 있다(Reimers & Wacker, 1988). 그림 5.5는 Van Norman(2005)이 각 참가자의 부모, 교사, 치료사, 행동 지원 스태프의 치료 수용도에 대한 정보를 얻기 위해 사용한, 수정된 TARF이다. 평가자가 치료나 치료 동영상을 보았든 그렇지 않든 다음과 같은 설명문을 읽어 주었다.

치료 시작 시 자커리의 물건 던지기, 때리기, 바닥에 떨어뜨리기 등 문제행동의 원인을 파악하기 위한 평가를 진행했다. 자커리의 문제행동은 과제 회피를 목적으로 유지되는 것으로 나타났다.

다음으로 신체적 촉진을 이용해 휴식 요구 시 선호하는 물건, 관심과 긴 휴식(3분)을 제공하여 문제행동의 대체행동으로 휴식을 요구하는 법을 가르쳤다.

그다음 자커리가 과제 자료를 만지면(반드시 과제의 첫 단계에) 아주 좋아하는 물건을 주고, 사회적 관심, 긴

휴식(1분) 중 하나를 또는 짧은 휴식(30초)과 좋아하는 물건 중 하나를 고르게 했다. 자커리가 문제행동을 하면 관심 활동, 물건 없이 10초간 멈추었다.

마지막 단계에서 자커리는 과제 또는 휴식을 선택하거나 문제행동을 할 수 있었는데, 아주 좋아하는 활동, 관심, 1분 휴식을 얻기 위해서는 더 많은 수의 과제 지시에 순응해야만 했다. 각 회기마다 지시 수와 순응 빈도수를 점점 늘려갔다.

자커리에게 구체적으로 어떻게 휴식과 과제를 요구하는지를 가르칠 때만 신체적 촉진을 사용했으며, 그 외선택 상황에서 자커리는 스스로 선택했다. (p. 247)

행동변화의 사회적 중요성 입증

사회적 타당도를 평가하는 방법에는 (a) 참가자의 수행을 규준 표본의 수행과 비교하기, (b) 소비자에게 참가자의 수행에 대한 사회적 타당도를 평가하게 하기, (c) 전문가에게 참가자의 수행을 평가하게 하기, (d) 표준화된 평가 도구 사용하기, (e) 자연환경에서 참가자가 새로 습득한 기술의 수행 평가하기 등이 있다.

규준

Van den Pol과 동료들(1981)은 장애를 가진 청년들이 독립적으로 음식을 주문하고 값을 지불하는 것을 가르친 후, 사회적 타당도를 평가하기 위해 패스트푸드점 손님의 규준을 기준으로 삼았다. 연구자들은 패스트푸드점에서 음식을 주문하고 식사를 한 평범한 손님 10명을 무작위로 선정하여 관찰했다. 연구자들은 해당 과제를 22단계로 나누고 선택된 10명이 각 단계를 얼마나 정확히 수행하는지 기록했다. 장애 학생들은 22개의 구체적 기술 중 4개 단계를 제외한 나머지 단계에서 손님과 같거나 더 우수한 수행을 보이는 것으로 나타났다.

행동변화의 사회적 타당도를 평가하기 위해 치료

치료수용도 평가형식 수정본(Treatment Acceptability Rating Form — Revised, TARF-R)

1. 제시된 방법에 대해 얼마나 명확히 이해하고 있습니까?

전혀 명확하지   중간   아주 명확하다
않다

2. 대상학생이 보이는 문제를 해결하는 이 방법을 받아들일 용의가 있습니까?

전혀 받아들여   중간   적극적으로
지지 않음   받아들임

3. 제시된 방법을 적용할 용의가 있습니까?

전혀 용의 없음   중간   매우 용의 있음

4. 대상학생의 행동 문제를 고려할 때, 제시된 방법이 얼마나 타당하다고 생각합니까?

전혀 타당하지   중간   매우 타당함
않음

5. 이 전략을 적용하기 위해 얼마의 비용이 듭니까?

전혀 비용이   중간   매우 고비용
들지 않음

11. 제시된 방법을 적용하는 것이 교실 운영에 얼마나 방해가 됩니까?

전혀 방해가   중간   매우 방해가 됨
되지 않음

13. 이 방법을 사용할 수 있습니까?

전혀 가능하지   중간   매우 가능함
않음

14. 제시된 방법이 얼마나 마음에 듭니까?

전혀 마음에   중간   매우 마음에 듦
들지 않음

17. 이 방법을 적용하면 대상학생이 얼마나 힘들게 될 것 같습니까?

전혀 힘들지   중간   매우 힘듦
않음

19. 이 방법을 적용하기 위해 수업 중 일과를 바꿀 용의가 있습니까?

전혀 용의 없음   중간   매우 용의 있음

20. 이 방법이 교실 일정에 맞게 얼마나 잘 적용될 것 같습니까?

전혀 잘되지   중간   매우 잘됨
않음

| **그림 5.5** | 심각한 장애를 가진 고등학생의 문제행동 치료에 사용된 개입 방법의 소비자의 수용도를 조사하기 위한 치료 수용도 평가 형식 수정본(Treatment Acceptability Rating Form-Revised)(Reimers & Wacker, 1988)에서 각색한 질문의 예시

출처 : "The Effects of Functional Communication Training, Choice Making, and an Adjusting Work Schedule on Problem Behavior Maintained by Negative Reinforcement" by R. K. Van Norman, 2005, pp. 248-256. Unpublished doctoral dissertation. Columbus, OH: The Ohio State University. Used by permission.

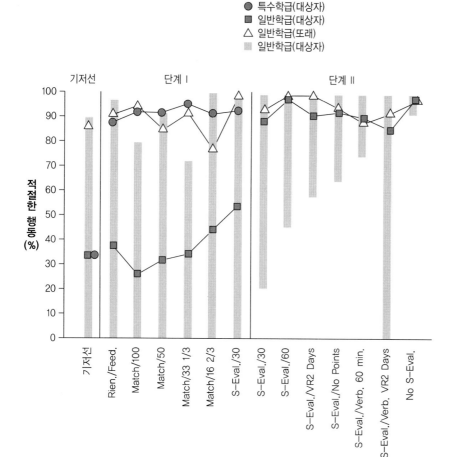

| **그림 5.6** | 행동변화 프로그램을 통해 얻은 결과의 사회적 타당도를 평가하기 위해 표준 표집의 수행을 기준으로 사용한 사례

출처 : "Generalization and Maintenance of Treatment Gains of Behaviorally Handicapped Students from Resource Rooms to Regular Classrooms Using Self-Evaluation Procedures" by G. Rhode, D. P. Morgan, and K. R. Young, 1983, *Journal of Applied Behavior Analysis, 16,* p. 184. Copyright 1984 by the Society for the Experimental Analysis of Behavior, Inc. Used by permission.

전후 비교뿐 아니라 다른 영역에서도 규준과 비교함으로써 대상의 행동이 얼마나 향상되었고 얼마나 더 향상되어야 하는지를 측정한다. 행동장애 아동 6명의 수업 행동을 향상하기 위해 토큰 강화와 자기평가를 비교한 과정이 사용된 Rhode, Morgan, Young(1983)의 연구는 지속적 사회적 타당도 평가를 잘 보여 준다. 이 연구의 목적은 학생 6명의 적절한 수업 중 행동(예 : 교실 규칙 지키기, 선생님이 내주는 과제 맞히기, 자발적으로 관련 있는 대답하기)을 향상하고 부적절한 행동(예 : 떠들기, 불순응, 공격)을 감소시켜서 일반학급에 잘 적응하게 도와주는 것이었다. 17주의 연구 과정 동안 적어도 하루에 한 번 연구자들은 일반학급에 있는 또래를 무작위로 선정하여 이를 목표 학생 6명의 행동 규준으로 사용했다.

그림 5.6은 각 조건과 단계에서 규준과 비교한 6명 학생의 행동 평균과 범위를 보여 준다. (90회기 동안 특수학급과 일반학급에서 학생 6명의 적절한 행동의 백분율을 보여 주는 그래프는 Rhode와 동료들의 논문에 제시되었다.) 기저선 동안 학생 6명의 행동 수준은 장애가 없는 친구들에 비해 현저히 낮았다. 연구 대상들이 자기평가를 배운 연구의 1단계 동안 특수학급 아이들의 행동은 일반학급에 있는 또래들의 수준과 비슷하게 향상되었다. 하지만 1단계 동안 일반학급에서 특수 아동의 행동은 일반학급에서 또래 아동의 규준보다 낮았다. 치료에서 얻은 이득을 유지하고 일반화하기 위해 다양한 전략을 사용한 2단계 동안 대상

사회적 타당도 설문지

방법 :　　　　　　　　　　　　　　　　　　　　　　　　동영상 # ＿＿＿＿＿＿＿

동영상을 보고 다음 문항에 어느 정도 동의하는지 표시하시오.

1. 학생은 바르게 앉아서 학습 또는 과제를 하며 교사 또는 과제에 집중한다.

1	2	3	4	5
매우 동의하지 않음	동의하지 않음	모르겠음	동의함	매우 동의함

2. 학생은 문제행동을 보이며 교사나 과제에 집중하지 않는다.

1	2	3	4	5
매우 동의하지 않음	동의하지 않음	모르겠음	동의함	매우 동의함

3. 학생이 긍정적인 감정을 가지고 있는 것 같다.

1	2	3	4	5
매우 동의하지 않음	동의하지 않음	모르겠음	동의함	매우 동의함

동영상에서 관찰한 학생의 행동에 대한 의견 : ＿＿＿＿＿＿＿＿＿＿＿＿＿＿＿＿＿

＿＿

학생의 행동에 대한 전체적인 의견 : ＿＿＿＿＿＿＿＿＿＿＿＿＿＿＿＿＿＿＿＿＿＿

＿＿

이름(선택) : ＿＿＿＿＿＿＿＿＿＿＿＿＿＿＿＿＿＿＿＿＿＿＿＿＿＿＿＿＿＿＿＿
학생과의 관계(선택) : ＿＿＿＿＿＿＿＿＿＿＿＿＿＿＿＿＿＿＿＿＿＿＿＿＿＿＿＿

| **그림 5.7** | 심각한 장애를 가진 고등학생의 문제행동 감소를 위한 개입의 사회적 타당도 조사를 위해 소비자 의견을 묻는 설문지

출처 : "The Effects of Functional Communication Training, Choice Making, and an Adjusting Work Schedule on Problem Behavior Maintained by Negative Reinforcement" by R. K. Van Norman, 2005, p. 252. Unpublished doctoral dissertation, Columbus, OH: The Ohio State University. Used by permission.

학생들의 행동이 장애가 없는 또래와 비슷해졌고 변산성이 줄어들었다(끝에서 두 번째 조건의 한 회기에서 적절한 행동을 전혀 보이지 않은 1명은 제외).

소비자의견

사회적 타당도를 평가하기 위해 가장 자주 사용되는 방법은 소비자들에게 연구나 프로그램 중 행동변화가 일어났는지, 행동변화가 중요하고 가치 있는지를 물어보는 것이다. 그림 5.7은 Van Norman(2005)이 회피

기능의 문제행동을 감소시키기 위해 사용한 개입 결과의 사회적 타당도 조사를 위해 소비자(예 : 대상의 부모, 교사, 보조교사; 학교 행정 관리자; 행동 지원 스태프; 작업치료사; 학교 심리학자; 연구 보조원) 의견 조사에 사용된 설문이다. Van Norman은 개입 전후 회기를 무선으로 선정하여 5분짜리 동영상을 만들었다. 평가자는 어떤 동영상이 개입 전 또는 개입 후 회기인지 몰랐다. 각 동영상을 본 후 소비자는 그림 5.7에 제시된 설문을 작성했다.

전문가 평가

행동변화의 사회적 타당도를 평가하기 위해 전문가의 의견을 이용할 수 있다. 예를 들어, White(1991)는 학습장애를 가진 고등학생들이 사회 수업에서 선생님이 준비한 강의 노트를 본 것과 보지 않은 것이 노트 필기 능력에 얼마나 영향을 주었는지 조사하였다. 이 연구에서 사회적 타당도를 측정하는 한 방법으로 16명의 고등학교 사회 선생님에게 (1) 수업 내용과 비교했을 때 정확도와 완성도, (2) 시험 대비를 위한 공부에 유용한지, (3) 일반학급 학생들의 노트 필기와 비교했을 때 어떤지를 고려해 학생들의 기저선과 개입 후 수업 노트를 점수 매기도록 부탁했다. (선생님들은 점수 매기고 있는 회기가 기저선인지, 개입 후인지 알지 못했다.)

Fawcett(1991)는 "전문가 점수가 높지 않다면 [연구자는] 프로그램의 사회적 타당도를 향상하는 방안을 고려해야 한다. 개입 과정이 허용적이지 않거나 결과가 중요하지 않거나 개입이 유의하지 않다는 결과가 나올 수 있다(p. 238)."

표준화 검사

사회적 타당도를 평가하기 위해 표준화 검사를 사용할 수 있다. Iwata, Pace, Kissel, Nau, Farber(1990)는 연구자와 치료사가 자해 행동으로 인한 상처의 수, 종류, 심각도, 부위를 측정할 수 있도록 **자해 외상 척도**(Self-Injury Trauma Scale, SITS)를 만들었다. SITS는 빈도 지수(Number Index)와 심각도 지수(Severity Index, SI)를 0~5점으로 측정하여 현재 위험 수준을 평가한다. 치료 결과가 행동의 현저한 감소를 보여주었다 할지라도 치료의 사회적 타당성을 증명하기 위해서 행동의 감소가 수반되어야 한다. Iwata와 동료들은 이렇게 기술했다.

자해행동의 사회적 타당성은 상해 유무와 연관된다. 치료 전 신체 상해 정도의 측정은 의뢰인이나 참가자가 실제로 심각한 관심을 요하는 행동을 보인다는 사실을 입증한다. 반대로 치료 후의 측정은 관찰된 행동의 변화를 알려 주는데, 자해 행동이 특정 수준 미만으로 감소했다는 것은 관찰가능한 상해의 감소를 의미하기 때문이다. 치료 전후의 상해에 대한 자료는 사회적 타당도 평가의 근거를 제공한다. (Wolf, 1978, pp. 99~100)

Twohig와 Woods(2001)는 정상 발달 성인 남성 2명의 피부 뜯는 습관에 대한 습관 반전 치료(habit reversal treatment)의 효과 입증에 SITS를 사용했다. 두 남성 다 어렸을 때부터 피가 나고 상처가 나고 염증이 생길 정도로 손톱으로 손끝을 파거나 피부를 뜯거나 잡아당기는 습관을 가지고 있었다. 2명의 관찰자가 독립적으로 이들의 치료 전, 치료 후, 그리고 추후 평가 때 손 사진을 보고 SITS를 작성했다. 치료 전 두 남성의 SITS 빈도 지수(NI)와 심각도 지수(SI)가 각각 1과 2였는데, 이는 적어도 한 손에 1~4개의 상처가 있으며 그 상처가 뚜렷하고 분명하게 보임을 의미한다. 치료 후에 두 남성을 NI와 SI에서 0점을 받았는데, 이는 상처가 없음을 말해 준다. 치료 종결 4개월 후 두 남성 모두 붉거나 염증이 난 피부를 나타내는 SITS NI와 SI에서 1점을 받았다.

실생활 검사

새로 배운 행동의 사회적 타당도를 사회적으로 가장 타당하게 평가할 수 있는 방법은 실제 세팅에서 시험해 보는 것이다. 예를 들면, 학습장애가 있는 3명의 청소년을 대상으로 한 교통법규와 교통신호 교육에 대한 타당도는 이 소년들이 오하이오 주 임시운전허가증을 받음으로써 입증되었다(Test & Heward, 1983).

비슷하게 발달장애와 시각장애를 가진 3명의 중학생을 대상으로 한 요리 강습의 사회적 타당도를 측정하기 위해 급우들에게 그들이 만든 음식을 먹고 평가하게 했다(Trask-Tyler, Grossi, & Heward, 1994). 실생활 검사(real-world test)는 사회적 타당도를 직접적이고 사실적으로 평가하게 해 줄 뿐 아니라 학습자가 학습한 내용이 자연 상황에서 강화되어 새로 배운 행동을 유지하고 일반화하는 것을 촉진한다.

외적 타당도 : 연구 결과의 일반화를 판단하기 위한 실험 반복

외적 타당도는 현재 실험에서 발견한 기능적 관계가 다른 조건에서 얼마나 신뢰성 있고 사회적으로 타당한가의 정도를 일컫는다. 제한적인 조건에서만 효과적이고, 원래의 실험조건에 변화를 주었을 때는 효과적이지 않은 개입방법은 신뢰성 있고 실용적인 행동수정기법이라고 할 수 없다. 잘 통제된 실험을 통해 특정 치료가 정해진 대상의 목표행동에 지속적이고 사회적으로 중요한 변화를 가져왔다고 판단되는 경우, 다음의 몇 가지 중요한 질문을 해야 한다. 다른 행동에 적용되어도 효과적인가? 다른 시간대에, 다른 사람이, 또는 다른 스케줄을 써도 이 개입이 효과적인가? 원래 실험과 다른 세팅에서도 작용하는가? 나이, 배경, 행동이 다른 참가자에게도 작용할 것인가? 외적 타당도에 대한 질문은 추상적이거나 수사적이지 않으며, 실험을 통해서만 답이 가능하다.

외적 타당도 또는 보편성을 가지는 기능적 관계는 다양한 조건에서 가능할 것이다. 외적 타당도는 있고 없고의 문제보다는 정도의 문제이다. 원래의 조건과 정확하게 일치하지 않는 경우에 기능적 관계가 관찰되지 않는다면 외적 타당도가 없다고 볼 수 있다. 반면 시기, 조건, 세팅, 행동, 대상에 관련없이 효과적인 절차는 보편성을 갖는다. 대부분의 기능관계는 이 연속선상의 중간쯤에 있으며 보편성이 높은 것들이 응용행동분석에 기여도가 높다. 집단 비교 연구 방법을 사용하는 연구자는 단일 참가자 연구 방법을 사용하는 연구자와는 다른 측면에서 외적 타당도를 다룬다.

외적 타당도와 집단 설계 연구

집단 비교 실험 설계를 사용하는 연구자는 집단 대상자를 이용하는 데 2가지 장점이 있다고 주장한다. 참가자 집단의 자료 합산을 통해 참가자 내 변산성(intersubject variability)을 통제할 뿐 아니라 한 실험에 다수의 참가자를 포함시킴으로써 연구 결과의 외적 타당도를 높인다고 가정한다. 이 가정은 그냥 듣기엔 논리적이며, 추론의 측면에서 보면 어느 정도 사실이다. 기능적 관계를 증명하는 참가자가 많으면 많을수록 그 관계가 비슷한 특성을 가진 다른 대상들에게도 효과적일 가능성이 높아진다. 실제로 응용행동분석가들은 여러 환경에서 많은 사람을 대상으로 기능적 관계를 증명함으로써 외적 타당도에 대한 증거를 제공한다.

하지만 집단 비교 연구결과가 참가자가 속한 집단의 다른 개인에게까지 보편화된다고 주장하는 연구자들은 집단 비교 방법의 기본 전제 조건과 행동의 특징을 무시하는 것이다. 집단 비교 연구결과로 모집단에 대한 추론은 가능하지만 개인에 대한 추론은 불가능하다(Fisher, 1956). 집단 설계 연구에서 사용된 무작위 추출법은 어떤 연구의 참가자가 모집단의 특성을 적절하게 반영하는 이질적인 집단으로 구성될 수 있게 만들어 준다. 실제로 표본이 모집단을 대표할수록 결과를 개인에 적용하기가 더 어려워진다. "어떤 특성을 가진 개인들로 구성된 집단의 평균반응을 똑같이 복제하기는 불가능하다(Hersen & Barlow, 1976, p. 56)."

집단 비교 연구의 결과를 다른 대상자(심지어 그림

5.1과 같이 연구에 참가한 다른 대상자들에게조차)에 게 적용할 때 발생하는 두 번째 문제는 집단 설계 연구로는 대상의 행동과 환경 간의 기능적 관계를 설명하지 못한다는 것이다. 즉 행동분석의 관점에서 집단 설계 실험의 결과는 외적 타당도를 가질 수 없으며 일반화도 불가능하다. Johnston과 Pennypacker(1993a)는 이 점을 반복적으로 지적했다.

집단 설계는 어폐가 있다. 다수로 구성된 집단을 다양한 수준의 독립변인에 노출시키고, 이 결과가 모집단에 적용되는지 알아보기 위해 평균 반응을 살펴보는 것은 그 집단의 개인에 대해 어떤 정보도 제공하지 못한다. 개인에 대한 정보를 주지 못하는 이 실험 방법으로는 변인 간의 관계에 대한 정보를 제공하지 못하므로 일반화에 대한 정보를 주지 못한다. (1993a, p. 352)

연구자의 첫 번째 목표는 각 대상자에 있어 실험 조건과 종속변인 간의 실제적인 관계를 대표하는 자료를 얻는 것이다. 이 답을 얻지 못하면 의미가 없다. 그 결과가 '사실'일 때만 그 결과의 유의미함과 일반성에 대한 질문이 적절해진다. (1993a, p. 250)

집단 비교 설계와 통계적 추론은 심리학, 교육학, 그리고 다른 사회과학 분야에서 오랫동안 주된 연구 방법이었다. 그러나 이 연구 방법이 행동변화의 효과적인 방법 개발에 기여했는지는 의문이다(Baer, 1977b; Birnbrauer, 1981; Michael, 1974). 집단 설계 연구가 행동 향상에 기여하지 못함은 교육학을 예로 들 수 있다(Greer, 1983; Heward & Cooper, 1992). 교실 내 수업 방식은 학습과 관련있는 변인에 대한 철저하고 꾸준한 실험 분석보다는 유행, 교사 개인차, 철학의 영향을 더 많이 받는다(Heron, Tincani, Peterson, & Miller, 2005; Kozloff, 2005; Zane, 2005).

집단 비교 실험법은 응용행동분석 학자가 가장 관

심 있는 질문, 즉 개인의 행동을 반복적으로 측정한 것을 분석해야만 답을 얻을 수 있는 실험 질문에 대답하기에 부적합하다. Johnston과 Pennypacker(1993b)의 의견에 동의한다.

집단 비교 실험의 논리는 우리 연구주제나 행동과학의 목적과는 동떨어져 있으며, 자료를 얼마나 수학적으로 다룰 수 있느냐에 상관없이 유용성(utility)에서는 매우 제한된다. [집단 비교 실험은 과학적 조사 과정으로 구성된다.] … 실험설계에 대한 결정을 내리기 위해 자연현상에 대한 질문을 하기보다는 연구 디자인이 묻고자 하는 질문의 형태와 내용을 결정한다. 이는 과학에서 실험의 역할을 역행할 뿐 아니라 집단 비교 설계를 통해 물을 수 있는 질문이 행동의 결정인자를 이해하기에는 아주 부적절하거나 무관하다. (pp. 94~95)

행동분석 측면에서 본 집단 비교 설계의 단점에 대한 비판을 집단 설계와 통계적 추론에 대한 무용성을 주장하는 것이라고 간주해서는 안 된다. 집단 비교 설계와 통계적 추론은 연구 질문에 대한 답을 찾는 효과적 도구이다. 적절하게 설계되고 잘 실행된 집단 비교 실험은 특정 질문에 신뢰성 있는 답을 제공한다. 예를 들면, 정부 기관은 새로운 법이 개인에게 주는 영향(기능적 관계 규명)보다는 집단 전체에 주는 영향에 관심이 더 많다. 전자는 행동에 대한 관심으로 행동분석 실험 방법이 필요하다. 후자는 실제적인 질문의 무작위 추출법, 집단 비교, 통계적 추론을 통해 가장 잘 설명된다.

외적 타당도와 응용행동분석

응용행동분석에서 연구 결과의 외적 타당도(일반성)는 실험 반복을 통해 평가되고, 입증되며, 구체화된다.

다른 연구나 상황에서 특정 대상자에 대해 동일한 결과를 얻을 것인지 알기 위해서는 효과를 보기 위해 어떤 변인이 필요한지, 어떤 변인의 발생을 막아야 하는지, 어떤 변인이 조절하는지를 알아야 한다. 이 정보는 통제 집단과 실험집단의 크기를 늘려서 알 수 있는 것이 아니다. 이 세 범주에 관여되는 변인을 알아내고 연구하는 실험이 진행되어야 한다. (Johnston & Pennypacker, 1993a, p. 251)

여기서 **반복**은 이전 실험의 반복을 의미한다.[7] Sidman (1960)은 과학적 반복의 주요한 두 가지 종류, 직접 반복과 체계적 반복을 설명했다.

직접 반복

직접 반복은 연구자가 이전 실험의 모든 조건을 똑같이 복제하는 것이다. 실험이 같은 대상자에게 반복되었다면 **참가자 내(intrasubject) 직접 반복**이다. 참가자 내 반복은 응용행동분석 연구의 특징이며 기능적 관계를 규명하고 신뢰도를 입증하기 위한 주요한 전략이다. **참가자 간(intersubject) 직접 반복**은 동일한 실험을 다른 참가자에게 적용하는 것이다(즉 같은 연령대, 비슷한 레퍼토리). 참가자 간 반복은 연구 결과의 일반화를 판단하는 주요한 방법이다.

자연적 환경에서 통제되지 않은 수많은 변인 때문에 직접 반복 실험은 아주 어렵다. 그러나 응용행동분석에서 참가자 간 반복은 예외가 아닌 규칙이다. 단일 대상 연구는 주로 1명을 대상으로 하지만(예 : Ahearn, 2003; Dixon & Falcomata, 2004; Kodak, Grow, &

Northrup, 2004; Tarbox, Williams, & Friman, 2004), 응용행동분석에서 출판된 거의 대부분의 연구는 참가자 간 직접 반복 연구이다. 이는 각 대상자를 하나의 실험으로 간주하기 때문이다. 예를 들어, 독립변인이 같은 환경에 있는 6명의 참가자에게 동일하게 적용된 행동분석 연구는 참가자 내 반복을 5번 한 것으로 볼 수 있다.

체계적 반복

실험의 직접 반복을 통해 기능적 관계의 신뢰도를 입증할 수 있다. 그러나 실험 결과의 일반화는 체계적이며 반복된 실험을 통해서만 입증될 수 있다. **체계적 반복**에서 연구자는 이전 실험에서 한 가지 혹은 그 이상을 의도적으로 변형시킨다. 체계적 반복을 통해 이전 연구의 결과를 재현함으로써 이전 연구결과의 신뢰도를 입증할 수 있을 뿐 아니라, 다른 조건에서도 같은 효과를 얻을 수 있다는 것을 보여 줌으로써 이전 결과의 외적 타당도를 높일 수 있다. 체계적 반복에서는 실험 대상, 환경, 독립변인 관리, 목표행동 등 어떠한 측면도 바뀔 수 있다.

체계적 반복은 변인에 대한 새로운 정보를 제공하기 때문에 직접 반복보다 잠재적 가치가 크지만 몇 가지 위험이 따른다. Sidman(1960)은 체계적 반복을 도박에 비유했다.

체계적 반복이 실패하더라도 결과 불일치가 두 번째 실험에서 새로운 변인을 소개했기 때문인지, 첫 번째 실험에서 관련이 있는 요인 통제가 적절하지 않았기 때문인지 판단해야 하기 때문에 원 실험을 다시 반복해야 한다. 반면, 체계적 반복의 성공으로 많은 것을 얻을 수 있다. 이전 연구 결과의 신뢰도를 높일 뿐 아니라 다른 참가자와 실험절차에 대한 보편성이 크게 강화된다. 게다가 단순 반복해서는 얻을 수 없었던 자료 수집이 가능하다. (pp. 111~112)

---

7) Johnston과 Pennypacker(1980)는 실험을 반복하는 것과 결과를 재생산해 내는 것 사이의 차이를 지적했다. 그들은 반복의 질은 원실험과 관련된 환경조작이 어느 정도 유사했는지에 의해서만 평가되어야 한다고 주장했다. 따라서 효과를 재생산하기 위해 절차를 반복한다(pp.303-304). 그러나 대다수의 연구자들이 보고하는 '반복의 실패'는 반복의 결과가 이전 연구의 결과와 일치하지 않는 경우를 말한다(예 : Ecott, Foate, Taylor, & Critchfield, 1999; Friedling & O'Leary, 1979).

Sidman은 제한된 자원을 경제적으로 이용하는 것 역시 과학자가 어떻게 연구 프로그램을 진행할 것인지 결정하는 데 고려해야 한다고 주장한다. 장기적이고 값비싼 실험의 직접 반복은 기능적 관계의 신뢰도에 대한 자료만 제공하는데 그치지만, 체계적 반복은 조사 중에 있는 현상의 신뢰도와 보편성에 대한 정보뿐 아니라 추가적인 실험에 대한 새로운 정보를 제공한다.

집단 비교연구 결과의 외적 타당도는 그 연구를 수행하는데 사용된 방법(예 : 표본추출)을 조사함으로써 직접 평가할 수 있기 때문에, 주어진 실험의 고유한 특징으로 간주된다. 이 논리를 적용하면 단일 대상 실험의 결과는 외적 타당도가 있다고 할 수 없다. 하지만 Birnbrauer(1981)가 지적했듯이, 외적 타당도는 단일 연구가 아닌 반복된 많은 연구의 산물이다. 외적 타당도는 체계적 반복 과정을 통해서만 실현될 수 있다.

> 보편성은 내적으로 타당한 연구를 반복 시행하고 그 결과를 체계적인 맥락(예 : 그 특정 절차가 작동하는 원리와 변수에 대한 규명)에 대입함으로써 구축할 수 있다. 가장 유익한 연구는 이전의 긍정적인 결과를 어떻게 현재 문제에 대해 현재 상황에 적용될 수 있는지를 묻는다. (p. 122)

응용행동분석 논문에는 체계적 반복이 많다. 사실 거의 모든 응용행동분석 연구는 선행 실험의 어떤 측면에 대한 체계적 반복이라고 해도 과언이 아니다. 저자가 언급하지 않았어도 실제 출판된 거의 대부분의 실험이 선행 실험과 절차상으로 매우 유사하다. 하지만 체계적 반복은 단순한 반복이 아니라 기능적 관계의 보편성을 입증하고 구체화하기 위해 계획되고 관리된 노력이다. 예를 들면, Hamlet, Axelrod, Kuerschner(1984)는 2명의 11세 학생에게서 눈 맞춤(예 : "[이름],

여기 봐.")과 어른의 지시에 대한 순응 간의 기능적 관계를 발견했다. 이 연구자들은 같은 논문에 1년 동안 2세에서 21세의 학생 9명을 대상으로 이를 반복 실험했다. 9명의 반복 대상 중 8명에게서 비슷한 결과가 보고되었다. 혹자는 이를 참가자 간 직접 반복의 예시라고 생각할 수 있으나, Hamlet과 동료들의 반복연구는 다양한 연령과 환경(예 : 교실, 집, 시설)을 대상으로 진행되었으며 따라서 반복수행 연구를 통해 결과의 신뢰도를 높이고 다른 연령으로의 보편성을 입증한 체계적 반복으로 볼 수 있다.

대상자 간 체계적 반복은 때로 다른 패턴의 효과를 보여 주기도 하는데, 이 연구에서 연구자들은 대상자 특징이나 맥락 변인의 기능을 연구한다. 예를 들면, Hagopian, Fisher, Sullivan, Acquisto, LeBlanc(1998)은 21명의 입원 환자를 대상으로 소거와 벌을 수반한 기능적 의사소통을 사용한 사례와 사용하지 않은 사례를 체계적 반복하고 그 결과를 발표했다.[8] Lerman, Iwata, Shore, DeLeon(1997)은 간헐 처벌에서 벌의 FR 1 계획의 간격을 늘리는 것이 심한 지적장애를 가진 다섯 성인의 자해 행동에 서로 다른 영향을 미친다는 것을 발견했다.

어떤 체계적 반복은 보고된 것과 다소 다른 환경이나 맥락에서 진행된다. 예를 들어, Saigh와 Umar(1983)는 미국 교실에서 긍정적인 결과를 보였던 좋은 행동 게임(Good Behavior Game)을 수단의 교실에서 성공적으로 재현했다(Barrish, Saunders & Wolf, 1969; 그림 12.13 참조). Saigh와 Umar는 "게임의 문화 간 유용성(cross- cultural utility)이 지지되었다."고 발표했다(p. 343).

연구자는 때로 특정 기능적 관계에 영향을 미치는 변인을 조사하기 위해 각 변인에 대한 각각의 체계적

---

8) 기능적 의사소통 훈련(FCT)은 상권 제14장에 소개되어 있다.

반복 실험을 진행하기도 한다. 예를 들어, Fisher와 동료들(1993)은 소거와 벌이 수반되거나 수반되지 않는 기능적 의사소통 훈련(FCT)의 효과를 조사하기 위해 4개의 연구를 진행했다.

체계적 반복은 연구자들이 지속적으로 관련된 연구를 수행할 때 분명해진다. 그 예시들은 다음과 같다― Van Houten과 동료들이 운전 행동과 보행자의 안전에 영향을 미치는 변인을 조사한 연구(예 : Huybers, Van Houten, & Malenfant, 2004; Van Houten & Nau, 1981, 1983; Van Houten, Nau, & Marini, 1980; Van Houten, & Malenfant, 2004; Van Houten, Malenfant, & Rolider, 1985; Van Houten & Retting, 2001), Neef, Markel과 동료들이 주의력 결핍 과잉행동장애(ADHD)가 있는 학생들의 충동성에 대해 수행한 실험(예 : Bicard & Neef, 2002; Ferreri, Neef & Wait, 2006; Neef, Bicard, & Endo, 2001; Neef, Bicard, Endo, Coury, & Aman, 2005; Neef, Markel et al., 2005), Miltenberger와 동료들이 아이들에게 안전 기술을 가르친 연구(예 : Himle, Miltenberger, Flessner, & Gatheridge, 2004; Himle, Miltenberger, Gatheridge & Flessner, & 2004; Johnson, Miltenberger et al., 2005; Johnson, Miltenberger et al., 2006; Miltenberger et al., 2004; Miltenberger et al., 2005)

상당한 조사와 확장이 요구되는 체계적 반복은 다른 연구자의 연구를 인지하고 그를 확장시키는 또 다른 연구자의 노력을 필요로 한다. 다른 장소에 있는 독립적인 연구팀이 비슷한 결과를 보고한다면 그 결과는 과학적으로 통합되어 기술적 가치를 지닌 지식 체계가 된다. 이 노력은 근거 기반 개입의 발전과 강화에 필수적인 개입에 대한 정교화와 철저한 검증을 촉진하고 고무시킨다(Horner et al., 2005; Peters & Heron, 1993). 수업 중 반응 카드가 학생들의 학습적 몰입, 학습, 태도에 미치는 영향을 조사한 수많은 연

구들은 여러 세팅에서 독립적인 연구팀이 체계적으로 반복을 수행한 예이다. 연구자들은 다양한 범위의 학생(일반교육 학생, 특수교육 학생, ESL 학생), 교육과정 내용(예 : 수학, 과학, 사회, 철자), 수업 환경(예 : 초, 중, 고, 대학 교실)에 반응 카드를 적용했으며, 이 방법이 수업 참여도의 증가, 수업 내용에 대한 향상된 기억 향상, 그리고/또는 과제 외 행동의 감소에 유용함을 보여 주었다(예 : Armendariz & Umbreit, 1999; Cavanaugh, Heward, & Donelson, 1996; Christle & Schuster, 2003; Davis & O'Neill, 2004; Gardner, Heward & Grossi, 1994; Kellum, Carr, & Dozier, 2001; Lambert, Cartledge, Lo, & Heward, 2006; Marmolejo, Wilder, & Bradley, 2004).

응용행동분석 연구 평가

응용행동분석에서 연구가 충족해야 할 특징은 매우 많다. 이 장에서는 응용행동분석에 필수적인 사항을 살펴보았다. 다음에서는 응용행동분석 연구의 질을 평가할 때 질문해야 하는 필수적인 사항을 소개한다. 이 질문들은 내적 타당도, 사회적 타당도, 외적 타당도, 과학적·이론적 중요도 등 네 가지로 요약된다.

내적 타당도

적절한 행동분석이 수행되었는지 판단하기 위해서 응용행동분석 연구의 독자는 기능적 관계가 정확하게 설명되었는지를 판단해야 한다. 이 결정은 측정 체계, 실험 설계, 잠재적 오염변인에 대한 통제 정도, 시각적 분석과 자료 해석에 대한 철저한 조사를 필요로 한다.

종속변인의 정의와 측정

내적 타당도 평가의 첫 단계는 실험 과정 동안 수집한

- 종속변인이 명확하고 완벽하며 분명하게 정의되었는가?
- 목표행동에 대한 적절한 예와 그렇지 않은 예가 제공되었는가? 그것이 정의를 명확하게 만들었는가?
- 목표행동과 가장 관련된 측정치를 선택했는가?(예 : 비율, 지속 시간)
- 중요한 부수적인 행동도 측정했는가?
- 관찰 방법과 기록 방법은 목표행동에 적절한가?
- 측정치가 문제나 연구 질문에 대해 타당한(즉 의미 있는) 자료를 제공하는가?
- 측정 단위가 사회적으로 중요한 행동변화를 보여 줄 수 있을 정도로 민감하며 폭이 넓은가?
- 연구자가 관찰자의 훈련과 교정 방법에 대해 충분한 정보를 제공했는가?
- 측정의 정확성을 평가하고 확인하기 위해 어떤 방법이 사용되었는가?
- 관찰자 간 일치도(IOA)가 보고되었는가?(예 : 참가자와 실험적 조건)
- 관찰 회기가 문제나 연구 질문에 가장 관련 있는 시간, 활동, 장소에서 이루어졌는가?
- 시간 경과에 따른 행동변화를 신뢰성 있게 평가할 수 있게 관찰이 충분히 자주 가까이서 이루어졌는가?
- 연구 중에 관찰자의 행동에 영향을 미칠 수 있는 다른 유관은 없었는가?
- 종속변인 측정 시 반응성에 대한 예측이나 암시가 있었는가? 만일 그렇다면 반응성을 통제하고 평가하기 위한 조치가 있었는가?
- 자료의 정확도 또는 신뢰도 평가가 적절하게 보고되었는가?

| **그림 5.8** | 응용행동분석 연구에서 종속변인의 정의와 측정 시 고려해야 하는 질문

자료를 목표행동에 대한 타당하고 정확한 측정으로 받아들일지 결정하는 것이다. 그림 5.8에는 이 결정을 위해 고려해야 할 질문이 나열되어 있다.

그래프화

자료가 종속변인에 대해 타당하고 정확한 측정치로 판단되면 다음으로 연구의 각 단계에서 목표행동 자료의 안정성을 평가해야 한다. 자료 경로의 안정성을 정확히 평가하기 위해, 그래프를 그릴 때 관련된 사항(예 : 축의 눈금 그리기, 수평축의 시간 왜곡, 제1장 참조)을 고려해야 한다. 그래프가 자료에 대한 오해석을 일으킨다고 의심하는 연구자나 소비자는 적절한 눈금이 그려진 축을 사용하여 다시 그래프를 그릴 수 있다. 종속변인의 안정성 평가나 각 단계 또는 조건의 길이 및 자료 경로의 경향도 함께 살펴봐야 한다. 독자는 각 조건이 연습 효과를 조장했는지 살펴야 한다. 만일 그렇다면 이 효과는 실험변인이 조작되기 이전에 작용한 것인가?

기저선 조건의 적절함

독립변인 제시 후 수행에 대한 평가의 기초로 기저선 조건이 적절하고 공정했는지 평가해야 한다. 즉 기저선 조건이 목표행동, 환경, 실험에서 언급되었던 연구 질문에 적절하게 수행되었는가? 예를 들면, Miller, Hall, Heward(1995)의 두 실험에서는 10분간 연습 시행 후 학생의 수학 문제에 대한 정답률과 정확도에 대한 두 절차의 효과를 알아보기 위해 매일 1분 평가를 진행했다. 두 실험의 조건 동안 학생들에게 될 수 있는 한 많은 문제에 답하라 하고 수행에 대해 피드백을 주었다. 두 조건에서 학생들이 문제지를 통해 받은 피드백은 다음과 같다.

실험자는 오답 옆에 'X' 표시를 했다. 문제지 맨 앞 장의 위편에는 전체 문제 대비 맞은 문제 수를 썼고 계속 노력하라고 북돋는 긍정적인 코멘트도 함께 달았다. 학생의 점수가 이전의 최고점보다 낮다면 "계속 노력해, 샐리!", "더 빨리 해 봐!", 또는 "계속 노력해 봐!" 등을 적었다. 학생이 이전의 최고점을 넘었다면 "잘했어, 지미!

이게 네 최고점이야!"라고 적었다. 학생이 자신의 최고점과 같은 점수를 받았을 때에는 "최고점을 다시 받았구나!"라고 적었다.

각 회기 직전에 학생들에게 그 전날 회기의 문제지를 채점한 것을 나누어 주었다. 각 회기 시작 시 10분 동안 계속 문제 풀이 시간을 주고 "열심히 최선을 다하자. 최대한 많이 풀어라. 하지만 문제가 상당히 많이 제시되니 다 못 풀어도 걱정은 하지 말고 최선을 다하자(p. 326)."라는 설명을 했다.

첫 기저선 단계(A) 후에 두 가지 시행 조건(B와 C)이 A-B-A-B-C-B-C 순으로 시행되었다. 연구 결과, 두 교실 모두에서 기저선 조건보다 시간-시행(time-trial)조건에서 정답률과 정확도가 증가하는 것으로 나타났다. 그러나 교사가 학생들에게 최선을 다하고 최대한 많은 문제를 풀도록 지시하지 않았다면, 그리고 학생들이 피드백을 받지 않았다면 시간-시행 조건 동안 수행이 향상되었을지는 미지수이다. 연구를 통해 기능적 관계가 밝혀졌더라도 결과에 대해 의문을 가질 수 있고, 가져야 한다. 학생들은 문제를 빨리 풀어야 한다는 것을 몰랐을 수도 있다. 학생들에게 "빨리 하라"고 얘기하고 수행에 대한 피드백을 주며, 점수가 올랐을 때 칭찬해 주고 더 많은 문제를 풀도록 격려했더라면 학생들이 기저선 조건에서도 시간-시행 조건에서와 같이 높은 비율로 문제를 풀었을지도 모른다. Miller와 동료들은 기저선 조건에서 최대한 많은 문제를 풀라고 지시하고 문제지를 돌려줌으로써, 두 가지 실험 조건의 효과와 비교 가능한 자료를 수집할 수 있었다.

실험 설계

실험 설계는 실험 논리 유형에 따라 결정되어야 한다. 어떻게 설계해야 예측, 검증, 반복을 할 수 있는가? 설계가 연구 질문을 답하기에 적절한가? 설계가 오염변인을 효과적으로 통제하는가? 요인 분석 또는 모수 분석이 가능한 설계인가?

시각적 분석과 해석

단일 참가자 설계에서 행동 자료를 평가하고 기능적 관계를 확인하기 위한 다양한 통계적 방법이 있으나 (예 : Gentile, Rhoden, & Klein, 1972; Hartmann, 1974; Hartmann et al., 1980; Jones, Vaught, & Weinrott, 1977; Pfadt & Wheeler, 1995; Sarideris & Greenwood, 1996), 응용행동분석의 자료를 해석하는 데 가장 흔히 사용되며 가장 적절하다고 판단되는 방법은 시각적 조사이다. 아래에서는 응용행동분석에서 통계적 유의성보다 시각 분석을 선호하는 네 가지 이유를 설명한다.

첫째로, 응용행동분석은 개입으로 인한 행동변화가 통계적으로 유의미한지 아닌지를 아는 것에 관심이 없다. 응용행동분석은 사회적으로 유의미한 행동변화에 관심이 있다. "문제가 해결되었다면 관찰이 가능해야 한다. 통계적인 유의미성은 관찰이 불가능하다 (Baer, 1977a, p. 171)."

둘째로, 시각적 분석은 효과가 크고 신뢰성 있으며 강력한 변인 확인에 적절하다. 반면에 강력한 통계적 분석은 독립변인과 종속변인 간 최소한의 가능한 상관관계를 보여 주는데 이는 효과가 작거나 신뢰성 있지 않은 변인을 포함하도록 만들 수 있다.

실험적 영향을 판단할 때 두 종류의 오류가 가능하다(그림 5.9 참조). **제1종 오류**(긍정 오류라고도 불림)는 실제로는 관계가 없으나 독립변인이 종속변인에 영향을 미친다고 결론 내릴 때 발생한다. **제2종 오류**(부정 오류라고도 불림)는 제1종 오류와 반대이다. 실제로 관계가 있으나 독립변인이 종속변인에 영향을 미치지 않는다고 결론 내릴 때 발생한다. 실험 설계가

実제로 존재하는 기능적 관계

		예	아니오
연구자가 기능관계가 있다고 결론지음	예	옳은 결론	제1종 오류 (긍정 오류)
	아니오	제2종 오류 (부정 오류)	옳은 결론

| **그림 5.9** | 이론적으로 실험 설계와 자료 분석의 방법은 연구자들이 독립변인과 종속변인의 기능적 관계가 실제로 존재할 때(또는 존재하지 않을 때) 정확하게 존재한다고 (또는 존재하지 않는다고) 결론 내리는 것을 돕는다. 기능적 관계가 존재하지 않을 때 실험이 그런 관계가 존재한다고 결론짓는 것을 제1종 오류라고 한다. 반대로, 독립변인이 종속변인에 영향을 미칠 때 그런 관계가 존재하지 않는다고 결론짓는 것을 제2종 오류라고 한다.

타당하여 자료 분석이 적절한 아주 잘 고안된 실험 전략을 사용한 연구자는 독립변인과 종속변인 사이의 기능적 관계에 대해 정확한 결론을 내릴 수 있다.

Baer(1977b)는 행동분석가가 실험효과를 결정하는 데 있어 시각적 분석에 의존하는 것은 제1종 오류를 줄일 수 있게 하지만 제2종 오류를 일으킬 확률은 증가시킨다고 지적하였다. 통계적 유의도 검증에 의해 실험효과를 결정하는 연구자는 행동분석 학자에 비해 제1종 오류를 범할 가능성이 높지만 제2종 오류를 범할 가능성은 낮다.

제1종 오류를 범할 확률이 높은 연구자는 행동에 영향을 미칠 것으로 추정되는 다양한 변인과 전혀 영향을 미치지 않을 것이라고 생각되는 변인까지 모두 고려해야 한다. 반면, 제1종 오류를 범할 확률이 낮은 연구자는 고려해야 할 변인 수가 적다. 즉, 강력하고 일관적이라고 간주되는 변인만 고려하면 된다. 제1종 오류의 확률이 높은 연구의 경우, 영향력이 아주 적은 변인까지 찾아낸다. 당연히 많은 변인을 찾아낼 것이지만 어떤 변인은 영향이 없고 다른 변인은 애매하다. … 제2종 오류의 확률이 낮은 연구를 하는 연구자는 그 확률이 높은 연구를 하는 연구자에 비해 영향력이 있는 변인을 기각하지 않을 가능성이 높다. 제2종 오류의 확률이 낮은 연구자들은 그 확률이 높은 연구자들에 비해 아는 것이 많을 것이다. 그러나 더 많이 안다는 것은 약점, 기능의 비일

관성 제한점이 될 수 있다. 개별 참가자 연구 설계를 하는 연구자는 집단 연구를 하는 연구자에 비해 제1종 오류를 범할 확률이 아주 낮고 제2종 오류를 범할 확률은 아주 높다. 따라서 알게 되는 변인의 수는 적을 수 있으나 그 변인들은 강력하고, 일반적이고, 신뢰성 있으며, 더 중요하게는 실제로 기능하고 있다. 이것들이 행동 기술의 근간이 되는 변인이다. (Baer, 1977b, pp. 170~171)

행동자료에서 기능적 관계를 알아내기 위해 통계적 방법을 사용하는 것의 세 번째 문제점은 변산성이 심한 자료를 다룰 때 발생한다. 이 경우 연구자는 보다 일관적으로 실험을 통제하고, 변산성에 영향을 주는 요인을 밝혀내기 위해 추가적인 실험을 시행해야 한다. 추가적 실험 없이 통계적으로 유의성만 가지고 기능적 관계를 결론짓는 연구자는 결론의 불분명한 부분을 방관하는 것이다.

통계적 유의도 검증은 종속변인에 통제되지 않는 변산성이 너무 커서 연구자나 독자 모두 가능한 관계에 대해 확신할 수 없을 때 유용하다. 이는 행동이 적절한 실험 통제하에 있지 않음을 시사하며 복잡한 의사결정보다는 보다 효율적인 실험 설계가 필요하다는 증거이다. (Michael, 1974, p. 650)

넷째로, 통계적 검증은 미리 결정한 기준을 확인하

는 자료에만 작용 가능하다. 실험 효과를 결정하는 통계적 방법이 응용행동분석에서 높이 평가된다면 연구자들은 그런 검사가 가능하도록 실험을 설계할지 모른다. 실험 설계에서 융통성 감소는 행동분석의 계속적인 발전을 저해할 것이다(Johnston & Pennypacker, 1993b; Michael, 1974).

사회적 타당도

응용행동분석과 관련된 연구를 읽는 독자는 목표행동의 사회적 중요성, 방법의 적절함, 결과의 사회적 중요성을 판단해야 한다(Wolf, 1978).

상권의 제3장에서는 응용행동분석 학자들이 선택한 목표행동에 대해 고려해야 할 사항을 자세히 설명했다. 종속변인의 사회적 타당도는 이 요인들의 관점에서 평가되어야 한다. 목표행동 선택과 관련한 고려 사항은 다음 질문으로 수렴된다. 이 행동의 증가 혹은 감소가 직접적 또는 간접적으로 그 사람의 삶을 향상할 것인가?

독립변인은 종속변인에 미치는 영향뿐 아니라 사회적 수용도, 복잡성, 실용성, 비용 측면에서도 평가되어야 한다. 치료사, 부모, 그리고/또는 내담자가 어떤 이유에서든 치료를 받아들일 수 없거나 바람직하지 않다고 느낀다면 그 치료는 효과성에 관계없이 사용되지 않을 것이다. 결과적으로 그런 치료는 행동변화에 기여하지 못할 것이다. 너무 복잡해서 배우고, 가르치고, 적용하기 어려운 개입 또한 마찬가지일 것이다. 적용하는 데 너무 많은 시간이나 돈을 요하는 치료 방법 역시 빠르게 그리고 저렴하게 적용될 수 있는 방법에 비해 낮은 사회적 타당도를 가질 것이다.

그래프상에서는 행동변화가 분명히 보이더라도 참가자 그리고/또는 중요한 타인에게는 사회적으로 타당한 향상이 나타나지 않을 수 있다. 응용행동분석 연구의 결과를 평가할 때 독자는 다음과 같은 질문을 해야 할 것이다. 참가자(또는 그의 삶에 중요한 타인)는 행동이 변화하여 더 좋아졌는가? 새로운 단계의 수행이 현재나 미래에 더 큰 강화(또는 더 적은 처벌)를 가져올 것인가?(Hawkins, 1984) 어떤 경우에는 참가자(혹은 중요한 타인)가 자신의 행동이 향상되었다고 믿는지를 물어야 한다(Wolf, 1978).

행동변화의 유지와 일반화

개선된 행동이 오래 유지되고, 다른 환경에서도 발생하며, 다른 행동에도 영향을 미칠 때 가장 바람직하다. 이러한 효과를 내는 것이 응용행동분석의 주된 목표이다. (제14장에서 행동변화의 유지와 일반화를 촉진하는 전략과 방법을 살펴본다.) 응용행동분석 연구를 평가할 때, 소비자는 행동변화의 유지와 일반화를 고려해야 한다. 변화가 유지되지 않거나 특수한 훈련 환경에 제한된다면 그 행동변화는 사회적으로 중요하지 않을 것이다. 연구자들이 후속 관찰과 새로운 환경에서의 훈련 환경의 측정을 통해 유지와 일반화에 대해 보고하는가? 후속 관찰에서 유지와 일반화가 관찰되지 않았다면 유지나 일반화를 분석하고 촉진하기 위해 설계를 변경하고 절차를 수행하였는가? 또한 독자는 반응 일반화(목표행동의 변화에 수반된, 기능적으로 비슷하나 치료되지 않은 행동에 변화)가 현 연구에 적절한 문제인지를 물어야 한다. 그렇다면 실험자가 그 현상을 평가하고, 분석하고, 논의했는가?

외적 타당도

이 장의 앞에서 논의했듯이 다른 대상, 환경, 행동으로 연구의 결과를 일반화하는 것은 하나의 연구 내에서 평가할 수 없다. 행동-환경 관계의 보편성은 체계적 반복 과정을 통해서만 입증할 수 있다. 따라서 응용행동분석 연구의 독자는 비슷한 특징을 가진 다른 출판된 연구와 결과를 비교해야 한다. 연구의 저자들은 일반적으로 논문의 서론에 가장 관련 있다고 생각하는 실험을 언급한다. 연구 결과의 외적 타당도에 대한 판단을 하기 위해서 독자는 이전 연구 결과와 현재 실험의 결과를 비교해야 한다.

외적 타당도가 연구의 특징으로 간주되어서는 안 되지만(Birnbrauer, 1981) 실험의 다양한 측면이 독자에게 기대되는 일반화 수준에 대한 정보를 제시한다. 예를 들면, 연령, 배경 그리고 현재 행동이 다른 6명의 참가자에게서 관찰된 비슷한 수준과 형태의 기능적 관계를 보여 주는 실험은 동일한 나이, 배경, 행동을 보이는 6명의 참가자를 대상으로 같은 결과를 보고한 연구보다 높은 보편성을 시사한다. 유사하게, 서로 다른 환경에서 여러 명을 대상으로 독립변인을 적용한 경우, 결과의 외적 타당도에 대해 보다 확신을 가질 수 있다.

이론적 의의와 개념

여러 출판물에 대한 과학적 가치 평가도 필수적이다. 연구를 통해 종속변인과 사회적으로 중요한 목표행동의 기능적인 관계를 입증할 경우, 이는 응용적 관점에서 유의할 수 있으나 과학의 진보에는 전혀 기여하지 못할 수 있다.[9) 어떤 변인이 기능적 관계에 영향을 미치는지 완전히 이해하지 못하더라도 신뢰성 있게 행동변화를 일으킬 수 있다. Sidman(1960)은 이런 단순한 신뢰도를 '지식 재생산 가능성(knowledgeable repro-ducibility)'—모든 중요한 요소가 규명되고 통제되는 철저한 수준의 분석—과 구분지었다.

---

9) 응용행동분석의 일부 연구는 행동에 대한 개념적인 이해에 기여하는 바가 적기 때문에 피상적이라 비판받지만, 사회적으로 타당한 치료변인을 적용함으로써 의미있는 목표행동이 사회적으로 타당한 수준으로 증가함을 보여 주는 연구는 참가자나 그 주변인들에게 전혀 피상적이지 않다.

사회적으로 중요한 행동에 대한 철저한 분석의 필요성

어떤 행동분석자도 체계적 반복의 필요성과 이것이 행동변화에 대한 효과적인 기술의 기발에 기여하는 바나 현실적으로는 느슨한 형태의 체계적 반복이 행해지는 것에 대해 토를 달지는 않겠지만, 기존 연구에 대한 비판적인 관점들은 기능적 관계에 대한 철저한 분석의 필요성에 대해 강조하고 있다. 수많은 저자들이 응용적 측면뿐만 아니라 응용행동분석의 분석적 측면에 초점을 맞추는 것의 중요성에 대해 논의했다(예 : Baer, 1991; Birnbrauer, 1979, 1981; Deitz, 1982; Hayes, 1991; Iwata, 1991; Michael, 1980; Morris, 1991; Johnston, 1991; Pennypacker, 1981). 『응용행동분석학회지』의 첫 10호(1968~1977년)에 출판된 실험적 논문을 고찰한 후, Hayes, Rincover, Solnick(1980)은 개념적 분석 없이 현장에서 개개인의 치료를 강조할 때 기술적 표류가 발생한다고 결론지었다. 이들은 현장에서 행동 개선의 기술적 측면을 너무 강조하는 것은 과학적 이해를 저해한다고 경고하면서 행동의 분석에 더 집중할 것을 권고했다.

요인 분석, 모수 분석, 그리고 보다 복잡한 분석의 중요성은 '통제'(적용)보다 '이해'(과학적 측면)에 있다. 어떤 연구자는 공격에 대한 이해를 추구하기보다는 처벌을 이용한 공격 행동을 통제하는 데 관심을 둘 수 있다. 예를 들어, 어떤 사람이 효과적인 치료 프로그램을 가지고 있다면 요인 분석에 가치를 두지 않을 것이다. 하지만 복잡한 분석은 실제 기능적 변인에 대한 지식을 향상하고 차후에 더 효과적이고 일반적인 행동 프로그램을 만들어내는 능력 또한 향상시킨다. 즉각적으로 적용 가능한 방법에 관심을 두느라 **궁극적으로 보다 효과적일 수 있는** 방법에 관심을 기울이지 않는 경우가 많다. 이로 인해 치료적 함의를 지닌 아날로그적이며 분석적인 연구를 장려하는 데 실패해 왔다. (Hayes, Rincover, & Solnick, 1980, pp. 282~283)

Baer, Wolf, Risley(1987)는 『응용행동분석학회지』의 20주년 기념호를 쓰면서, 행동변화에 대한 증명에서 개입을 하게 만드는 성공 원리에 대한 이해와 분석이 필요함을 강조했다.

20년 전에 분석적이란 말은 신뢰성 있는 실험 설계를 의미했고, 개념적이란 말은 행동에 대한 포괄적인 이론과의 관계를 의미했다. 이제 응용행동분석에서는 특정한 행동변화가 어떻게 만들어지는지 설득력 있게 입증하는 동시에 행동-변화 방법이 체계적·개념적으로 이해될 때만 분석적 훈련이라고 간주한다. 지난 20년 동안 구체적인 행동변화는 신뢰성 있게 입증했으나 체계적·개념적으로 왜 그 방법이 어떻게 작용했는지 분명하게 이해하지 못하고 있다. 이런 예들은 응용행동분석이 응용적이고 행동적이지만 충분히 분석적이지 않았다는 것을 보여 준다. (p. 318)

사회적으로 중요한 행동의 변인 통제를 위한 더 철저하고 정교한 분석이 필요하다는 것은 의심의 여지가 없다. 다행스럽게도 최근 문헌 조사는 행동을 더 잘 이해하기 위해 요인 분석과 모수 분석이 활발하게 진행되고 있음을 보여 준다. 행동에 대한 완전한 이해란 행동변화의 효과적인 기술의 발달을 위한 전제조건이다. 이 장에서 체계적 반복의 예시로 인용했던 몇 개의 연구는 요인 분석과 모수 분석을 통합했다.

일반화는 재생산을 위해 필요하며 충분한 조건이 모두 구체화되었을 때만 가능하다. 기능적 관계에 영향을 미치는 모든 변인이 확인되고 고려되었을 때만 분석이 끝났다고 할 수 있다. 그 경우에도 분석이 끝났다는 표현은 잘못된 표현이다. "기능의 관계에 있는 변인을 더 정교하게 다듬고 분석하면 불가피하게 새로운 변수가 나타나고 새로 분석이 진행된다. 행동의 분석은 영원히 끝나지 않는다(Pennypacker, 1981, p. 159)."

과학적 중요성을 평가할 때, 결과 해석과 논의뿐 아니라 실험에 대한 저자의 기술적 설명을 고려해야 한다. 연구를 반복할 수 있도록 충분하고 자세하게 방법이 설명되어 있는가?

독자는 실험 보고서에 보고된 개념적 통합 정도를 평가해야 한다. 문헌조사가 기존연구를 주의 깊게 통합하였는가? 문헌조사가 연구 문제를 정당화하는가? 저자의 결론은 연구에서 얻은 자료를 바탕으로 하는가? 저자가 기본적 행동 원리와 행동변화 전략 사이의 차이점을 고려했는가? 저자가 자료를 넘어선 추측을 하면서 그것을 인식하고 있는가? 저자가 연구 문제를 추가적으로 분석하는 데 필요한 방향을 제안하는가? 연구가 실제로 얻은 결과뿐 아니라 다른 이유로도 중요한가? 예를 들면, 새로운 측정 기법을 조사하거나, 새로운 종속변인 또는 독립변인을 조사하거나, 오염 변인을 통제하기 위한 새로운 전략에 대해 조사하는 연구는 실험 통제나 사회적으로 의미 있는 행동변화를 보여 주지 않더라도 행동분석의 과학적 진보에 기여한다고 볼 수 있다.

수많은 기준과 고려 사항은 응용행동분석 연구의 적절성 평가에 유용하다. 그러나 어떤 실험도 모든 기준을 충족하기는 거의 불가능하다. 그리고 실제로 그런 실험은 불필요하다. 그러나 최대한 많은 사항을 고려함으로써 응용행동분석 연구의 사회적 중요성과 과학적 가치를 강화할 수 있다.

요약

행동 연구에서 대상의 중요성

1. 개별 대상자의 행동에 초점을 맞춤으로써 응용행동분석은 사회적으로 중요한 다양한 행동에 대해 효과적인 개입을 찾아내고 발전시킨다.

2. 집단 평균 수행의 변화에 대한 정보는 개별 대상자의 수행에 대한 정보를 제공하지 않는다.

3. 치료가 유용하기 위해서는 사람들이 쉽게 접하고 영향받을 수 있는 개별 수준에서 이해되어야 한다.

4. 반복된 측정에 상당한 변산성이 관찰되면, 연구자는 이에 영향을 미치는 요인을 찾고 통제해야 한다.

5. 통계적 조작을 통해 변수를 상쇄하는 방법은 자료 내 변수를 제거하지도, 그것에 영향을 미치는 요인을 통제하지도 못한다.

6. 알려지지 않거나 통제되지 않은 변인의 영향을 우연으로 간주하는 연구자는 중요한 변수를 확인하고 분석할 확률이 매우 낮다.

7. 특정 변인의 효과를 통제하기 위해 연구자는 그 변인을 실험 동안 일관되게 유지하거나 독립변인으로 조작해야 한다.

8. 참가자 내 실험 설계의 큰 장점은 실험 내 반복을 통해 기능적 관계를 설득력 있게 증명한다는 것이다.

9. 집단의 수행에 대한 정보는 사회적으로 중요하다.

10. 집단의 결과가 개인의 수행을 보여 주지 못하는 경우, 연구자는 개별 결과와 집단 자료를 동시에 제공해야 한다.

11. 행동분석 학자가 실험 환경에의 접근이 불가능하거나 통제할 개별 참가자를 알 수 없다면, 종속변인은 실험 세팅의 개인이 보이는 반응의 집합으로 구성되어야 한다.

실험 설계 유연성의 중요성

12. 다양한 유형과 순서의 잘 고안된 실험 설계는 자료를 효과적으로 생산하고 연구 문제를 확실하게 보여 줄 수 있는 독립변인의 조작을 포함한다.

13. 연구 질문에 답하기 위해 연구자는 분석적 전략을 조합하여 실험 설계를 해야 한다.

14. 가장 효과적인 실험 설계는 예측, 검증, 반복의 기본적인 세 가지 요인을 기초로 개별 참가자의 자료를 지속적으로 평가할 수 있게 하는 것이다.

내적 타당도 : 실험 설계에서 잠재적 오염변인의 통제

15. 독립변인과 목표행동 간의 기능적 관계를 분명히 설명하는 실험은 내적 타당도가 높다.

16. 실험 설계의 힘은 (a) 개입 효과를 설명하는 정도, (b) 독립변인의 기타 오염변인의 가능성을 제거하거나 줄이는 정도로 결정된다.

17. 행동 통제는 실험자가 참가자의 환경의 일부만을 통제하기 때문에 원칙적으로 틀린 말이다.

18. 오염변인은 종속변인에 영향을 미칠 수 있다고 알려지거나 의심되는, 통제되지 않은 요인이다.

19. 변동 없는 반응 상태는 실험 통제 평가에 필수적이다.

20. 오염변인은 실험의 네 가지 요소 중 하나와 주로 연관이 있다.

21. 위약 통제 집단은 실제 치료가 주는 효과와, 참가자가 치료의 결과로 호전을 기대하기 때문에 나타나는 효과를 분리하기 위해 사용된다.

22. 이중맹목 통제 방법에서는 독립변인의 유무에 대해 참가자와 관찰자 모두가 알지 못한다.

23. 치료 충실도와 절차적 신뢰성은 독립변인이 계획대로 적용되거나 행해진 정도를 보여 준다.

24. 낮은 치료 충실도는 실험에 주요한 오염변인으로, 확신을 가지고 결과를 해석하는 것을 매우 어렵게 만든다.

25. 낮은 치료 충실도의 원인이 되는 치료 표류는 독립변인이 치료 초반과 다르게 치료 후반부에 적용되는 것을 말한다.

26. 높은 치료 충실도를 확립하기 위해서 치료 방법의 조작적 정의를 명확하게 해야 한다.

27. 간단하고, 명확하고, 간결하며, 비교적 적은 노력이 필요한 치료는 그렇지 않은 치료보다 더 일관적으로 적용될 확률이 높다.

28. 연구자들은 실험에서 치료사의 경험이나 능력 혹은 치료사에게 자세한 설명서를 제공함으로써 치료 충실도를 보장할 수 있다고 가정해서는 안 된다.

29. 치료 충실도(또는 절차적 신뢰성) 자료는 실험의 실제 절차가 논문의 방법 부분 설명에서 기술된 것과 일치하는지의 정도를 측정한다.

사회적 타당도 : 행동변화의 가치와 이를 목적으로 하는 치료의 평가

30. 응용행동분석의 사회적 타당도는 목표행동의 사회적 중요성, 방법의 적절성, 결과의 사회적 중요성, 이렇게 세 가지 방법으로 평가될 수 있다.

31. 사회적 타당도는 소비자의 의견 조사를 통해 평가된다.

32. 사회적으로 타당한 목표는 기능을 잘하는 개인이 수행에 대한 경험적 평가와 사회적으로 타당한 결과를 결정하기 위해 수행의 수준을 실험적으로 조작하는 과정을 통해 결정된다.

33. 행동 개입의 수용 정도에 대한 소비자들의 의견을 조사하기 위해 몇 가지 척도와 설문이 개발되었다.

34. 결과의 사회적 타당성을 평가하는 방법에는 (a) 참가자들의 수행을 규준과 비교하는 것, (b) 소비자들에게 참가자들의 수행에 대한 사회적 타당도를 평가하라고 하는 것, (c) 전문가에게 참가자들의 수행을 평가하도록 하는 것, (d) 표준화된 평가 도구를 사용하는 것, (e) 자연적 환경에서 참가자들이 새로 배운 수행 수준을 평가하는 것이 있다.

외적 타당도 : 연구 결과의 일반화를 판단하기 위한 실험 반복

35. 외적 타당도는 실험에서 신뢰성 있고 사회적으로 타당하다고 밝혀진 기능적 관계가 다른 상황에 적용되는 정도를 의미한다.

36. 집단 설계 연구의 결과로는 모집단에 대한 추론이 가능하나 개인에 대한 추론은 불가능하다.

37. 집단 설계 연구에서는 한 대상의 행동과 그 대상의 환경과의 기능적 관계를 설명하지 못하기 때문에 결과의 외적 타당도를 논의할 수 없다.

38. 집단 비교 설계와 통계적 유의도 검증이 특정한 종류의 연구 질문에 필요하며 효과적인 도구이기는 하지만, 행동변화의 효과적인 기술에 대한 기여도는 낮다.

39. 응용행동분석에서 연구 결과의 보편성은 실험의 반복을 통해 평가되고, 정립되고, 구체화된다.

40. 직접 반복에서 연구자는 이전 실험의 조건을 똑같이 복제하기 위해 노력한다.

41. 체계적 반복에서 연구자는 이전 실험에서 하나 이상의 변인을 의도적으로 변경한다.

42. 체계적 반복이 이전 연구 결과를 성공적으로 재현하는 경우, 이전 결과에 대한 신뢰도를 높일 뿐 아니라 다른 조건에서도 같은 효과를 얻을 수 있다는 것을 보여 줌으로써 이전 결과에 대한 외적 타당도를 추가한다.

43. 체계적 반복은 계획적으로 그리고 비계획적으로

일어나며, 그 최종 결과는 과학적 통합과 기술적 가치를 지닌 지식 체계를 확립하게 해 준다.

응용행동분석 연구 평가

44. 응용행동분석 연구의 질과 가치는 연구의 내적 타당도, 사회적 타당도, 외적 타당도, 그리고 과학적 이론적 중요도에 관련된 순차적 질문을 통해 평가할 수 있다.

45. 제1종 오류는 독립변인이 종속변인에 대해 영향이 없으나 영향이 있다고 결론지을 때 나타난다. 제2종 오류는 독립변인이 종속변인에 대해 영향이 있으나 영향이 없다고 결론지을 때 나타난다.

46. 시각 분석은 뚜렷하고 확실하며 신뢰성 있는 효과를 내는 변인을 효과적으로 밝히게 해 주며 이는 행동변화의 효과적이고 강력한 기술축적에 기

여한다. 통계적 분석을 통해 독립변인과 종속변인 간의 상관관계를 알 수 있는데, 이 정보는 기술 측면에서 약하고 신뢰성 있지 않은 변인을 규명하고 조사하게 해 준다.

47. 독립변인과 사회적으로 중요한 목표행동 간의 기능적 관계를 설명할 수 있는 연구는 응용적 관점에서 유의미하지만 분야의 발전에는 기여하지 않는다.

48. 기능적 관계에 영향을 미치는 모든 변인이 확인되고 설명되었을 때만 분석이 완료되었다고 할 수 있다.

49. 연구 논문의 과학적 중요성을 평가할 때, 독자는 실험의 기술적 설명, 결과의 해석과 논의, 이론적 통합의 수준을 고려해야 한다.

제2부

선행사건
Antecedent Variables

상권 제3부와 제4부에서는 행동에 뒤따르는 다양한 유형의 자극 변화의 효과에 대해 상세히 다루었다. 하권 제2부의 2개 장에서는 행동에 선행되어 나타나는 자극 조건과 변화의 효과에 대해 다룬다. 행동은 환경과 단절된 공간에서 나타나지 않는다. 각 반응은 특정 선행사건 맥락에서 발생하며, 이런 선행사건은 동기와 학습의 중요한 역할을 한다.

어떤 순간에 사람들이 무엇을 하는지는 적어도 부분적으로 그 순간에 그들이 무엇을 원했는지를 반영한다. 제6장에서 잭 마이클은 동기 조작에 대해 자세히 설명한다. 동기조작은 (a) 자극, 사물, 사건이 보상 혹은 처벌제로서 갖는 일시적인 효과를 바꾸고, (b) 강화에 뒤따르는 모든 행동의 빈도를 바꾸는 환경변인이다. 최근 몇 년간 행동분석에서의 주요 발전 중 하나는 동기조작에 대한 이해가 높아졌다는 것이다.

강화의 결정적인 특징이 행동의 빈도 증가이기는 하지만, 강화는 또 다른 효과를 가져오기도 한다. 자극통제를 다루는 장에서는 반응 직전에 제시된 자극이나 강화 도중 제시된 자료가 어떻게 미래 행동 빈도에 영향력을 갖게 되는지 설명한다. 제7장은 자극 변별과 동등한 자극 범주를 개발하기 위해 행동분석가가 선행사건 조건하에서 어떻게 차별강화를 사용하는지 기술한다.

제6장

동기조작

주요 용어

가치변화 효과	레퍼토리 변화 효과	처벌에 대한 변별 자극(S^D)
감소 효과	반사적 CMO(CMO-R)	처벌 절차로부터의 회복
강화제 폐지 효과	연합철회	해지조작(AO)
강화제 확립 효과	유발 효과	행동변화 효과
기능변화 효과	이동적 CMO(CMO-T)	확립조작(EO)
대리적 CMO(CMO-S)	조건화되지 않은 동기조작(UMO)	
동기조작(MO)	조건화된 동기조작(CMO)	

BCBA와 BCABA의 행동분석 자격심사위원회
행동분석과제 목록, 제3판

내용 영역 3 : 원리, 절차, 개념

3-8	확립조작의 정의와 예시

심리학적 관점에서 보았을 때, 인간이 어떤 행동을 한다면 그 행동은 최소한 부분적으로라도 그 순간 그가 원하는 것이 있기 때문에 발생하는 것이다. Skinner의 분석(1938, 1953)에 근거한 행동주의적 관점에서 무엇인가를 원한다는 것은 (a) 원했던 것이 주어지면 그 순간 그것이 강화제로서 기능한다는 것, (b) 이러한 방식으로 이전에 강화되었던 행동이 있다면 그 행동의 현재 빈도가 증가할 것임을 시사한다. 이 장에서는 이 두 가지의 동기 효과를 지닌 변인에 대해 논의하고 분류한다.

동기조작의 정의와 특성

기본 특징

Keller와 Schoenfeld(1950)는 동기치료에서 욕구라는 개념을 환경적 변인과 행동변화 간의 관계를 지칭하는 확립조작이란 용어를 사용하여 정의했다. 이와 동일하지는 않지만, **확립조작**(establishing operation, EO)이라는 용어는 (a) 강화로서 어떤 자극, 사물, 사건의 효과를 변화시키고, (b) 그 자극, 사물, 사건으로 인해 강화된 모든 행동의 현재 발생 빈도를 변화시키는 환경적 변인을 일컫는 말로 1982년에 다시 소개되었다(Michael, 1982, 1993). 확립조작(EO)이라는 용어는 현재 응용행동분석에서 사용되고 있다(예 : Iwata, Smith, & Michael, 2000; McGill, 1999; Michael, 2000; Smith & Iwata, 1997; Vollmer & Iwata, 1991).

앞서 소개된 확립조작의 두 가지 효과를 정의할 때 가치변화와 행동변화라는 용어를 사용하는데, **동기조작**(motivating operation, MO)은 최근에 확립조작을 대체하기 위해 소개된 용어이다(Laraway, Snycerski, Michael, & Poling, 2001). 이 장에서는 최근 동향에 대해 소개할 것이다.[1]

가치변화 효과(value-altering effect)는 (a) 어떤 자극, 사물, 사건이 강화제로서 효과가 증가되거나[이때 MO는 확립조작(EO)임], 또는 (b) 효과가 감소[이때 MO는 **해지조작**(abolishing operation, AO)]되는 것을 말한다. **행동변화 효과**(behavior-altering effect)는 (a) 어떤 자극, 사물, 사건에 의해 강화된 행동의 현재 발생 빈도가 증가하는 **유발 효과**(evocative effect), 또는 (b) 어떤 자극, 사물, 사건에 의해 강화된 행동의 현재 발생 빈도가 감소되는 **감소 효과**(abative effect)[2]를 지칭한다. 이 관계는 그림 6.1에 자세히 나와 있다.

예를 들어, 배고픈 상태는 확립조작(EO)으로, 음식의 강화제로서의 효과를 증가시키고 음식에 의해 강화되었던 모든 행동을 유발한다. 반면, 음식의 섭취는 해지조작(AO)으로 음식이 강화제로서 가진 효과를 감소시키고 음식으로 강화된 모든 행동을 감소(abate)시킨다. 이 관계는 그림 6.2를 참고하여 보자.

고통스러운 자극의 증가는 통증 감소가 강화제로서 가지는 효과를 증가시키며, 통증 감소로 인해 강화된 모든 행동을 유발하는 EO이다. 반면, 고통스러운 자극의 감소는 통증 감소가 강화제로서 가지는 효과를 줄이며 통증 감소로 인해 강화된 모든 행동을 감소시키므로 AO가 된다. 이 관계는 그림 6.3에 정리되어 있다.

이 장에 나오는 가치변화 및 행동변화 효과에 대한 설명은 대부분 처벌보다는 강화와 관련이 있다. 물론 MO가 처벌제로 작용하여(확립 효과나 폐지 효과를 통해) 어떤 자극, 사물, 사건의 효과를 바꿀 수 있다. 이 경우, MO는 그 자극, 사물이나 사건으로 인해 처벌된 모든 행동을 감소시키거나 유발함으로써 행동의 현재

---

1) R. Kantor의 세팅 요인(1959d, p. 14)은 앞서 설명한 동기조작의 개념도 포함하지만, 두 가지 효과의 정의와 부합하지 않는 사건도 포함한다. Smith와 Iwata(1997, pp. 346~348)의 행동에 선행사건 요인이 되는 세팅 요인의 처치 방법을 참고하라.

2) 감소 효과라는 새로운 용어에 관해서는 Laraway, Snycerski, Michael과 Poling(2001)에 자세히 설명되어 있다.

확립조작(EO)
- 가치변화 효과 : 어떤 자극, 사물, 사건이 강화제로서 가지는 효과를 증가시키는 것
- 행동변화 효과 : 그 자극, 사물, 사건에 의해 강화된 모든 행동의 현재 빈도수를 증가시키는 것(즉 유발 효과)

해지조작(AO)
- 가치변화 효과 : 어떤 자극, 사물, 사건이 강화제로서 가지는 효과를 감소시키는 것
- 행동변화 효과 : 그 자극, 사물, 사건에 의해 강화된 모든 행동의 현재 빈도수를 감소시키는 것(즉 감소 효과)

| **그림 6.1** | 동기조작(MO)과 두 가지 효과

확립조작(EO)으로 작용하는 배고픔
- 가치변화 효과 : 음식이라는 강화제의 효과를 증가시킴
- 행동변화 유발 효과 : 음식에 의해 강화된 모든 행동의 현재 빈도수를 증가시킴

해지조작(AO)으로 작용하는 음식 섭취
- 가치변화 효과 : 음식이라는 강화제의 효과를 감소시킴
- 행동변화 감소 효과 : 음식에 의해 강화된 모든 행동의 현재 빈도수를 감소시킴

| **그림 6.2** | 음식과 관련된 동기조작

확립조작(EO)으로 작용하는 고통의 증가
- 가치변화 효과 : 통증 감소라는 강화제의 효과를 증가시킴
- 행동변화 유발 효과 : 통증 감소로 강화된 모든 행동의 현재 빈도수를 증가시킴

해지조작(AO)으로 작용하는 고통의 감소
- 가치변화 효과 : 통증 감소라는 강화제의 효과를 감소시킴
- 행동변화 감소 효과 : 통증 감소에 의해 강화된 모든 행동의 현재 빈도수를 감소시킴

| **그림 6.3** | 고통스러운 자극과 관련된 동기조작

빈도를 변화시킨다. 그러나 처벌과 관련된 동기조작은 응용행동분석에서 최근에야 논의되기 시작했다. 이 장의 후반부에서 처벌과 관련된, 조건화되지 않은 동기조작(unconditioned motivating operation, UMO)의 역할에 관해 간략히 소개할 것이다. 이 장에서 다룰 대부분의 MO와 강화에 대한 내용은 머지않아 처벌에까지 확장되어 적용될 것이다.

기타 고려 사항

직접적 · 간접적 효과

행동변화 효과는 지금까지 설명한 것보다 훨씬 더 복잡하다. 어떤 행동의 빈도수 변화는 (a) 행동 빈도에 대한 MO의 직접적 유발 또는 감소 효과의 결과이거나, (b) 관련된 변별 자극(S^Ds)의 유발 또는 감소로 인한 간접적 효과의 결과일 수 있다. MO는 연관된 조건

화된 강화제에 대해 가치변화 효과를 가질 것이며, 그로 인해 영향을 받는 행동에 대해 행동변화 효과를 가지게 된다. 이 현상은 뒤에서 조건화된 동기조작과 연관지어 설명할 것이다.

빈도 외 행동의 다른 측면에도 영향을 준다

행동의 빈도와 더불어 행동의 다른 측면들도 MO의 변화에 영향을 받을 수 있다. 예를 들어, 반응 크기(반응의 강약 정도), 반응 잠재 기간(MO나 변별 자극의 발생으로부터 첫 반응이 나타나기까지 걸리는 시간), 상대적 빈도(전체 반응 기회 중 실제 반응을 보인 비율) 등이 있다. 하지만 조작적 관계의 측정치로 빈도가 가장 잘 알려져 있으므로 이 장에서는 이를 기준으로 하여 행동변화를 살펴볼 것이다.

일반적 오해

때로 행동변화 효과는 유기체가 덜 혹은 더 효과적인 강화제와의 접촉으로 인한 빈도의 변화로 해석되기도 한다. 이는 행동의 감소나 변화가 반드시 강화제를 제공받은 이후에만 나타남을 전제한다. 그러나 MO의 수준과 소거하에 있는 반응(아무런 강화제도 받지 않는 상태) 간에 높은 상관이 있다는 사실은 이 가정에 위배된다(Keller & Schoenfeld, 1950, pp. 266~267, 그림 60 참조). 유기체의 일반적인 효과성으로 보면 초반에 실패하기긴 하지만 MO는 적절한 행동을 유발하기 때문이다. 이 장에서는 가치변화 효과와 행동변화 효과가 신경학적으로 서로 연관되어 있을 수 있지만, 각 효과가 서로에 의해서 파생된 것이 아니라는 전제하에 독립적인 개념으로 다룰 것이다.

현재 및 미래의 효과 : 행동변화 효과 대 기능변화 효과

환경으로부터 학습된 경험의 결과로서 유기체는 MO (동기조작), S^D(변별 자극), R(반응) 간 조작적 레퍼토리를 습득한다(상권 제2장에 소개되었듯이 유기체는 또한 반응을 이끌어내는 자극의 반응적 레퍼토리도 습득한다). MO와 S^D는 행동변화 효과를 가져오는 선행 변인으로, 레퍼토리의 구성요소이다. 선행 사건은 반응을 유발하거나 감소시킬 수 있지만, 이 사건만으로 유기체가 가진 기능적 관계의 조작적 레퍼토리가 변화되는 것은 아니다. 선행 변인은 결과 변인과 대조되는데, 이는 결과 변인의 주 효과가 유기체의 조작적 레퍼토리를 변화시켜 미래에 다른 행동을 하도록 만들기 때문이다. 결과 변인에는 강화제, 처벌제, 강화제가 제공되지 않는 반응의 발생(소거 절차), 처벌제가 제공되지 않는 반응의 발생(**처벌 절차로부터의 회복**)이 있다. 이것이 'MO와 S^D가 MO와 관련된 모든 행동의 현재 빈도를 바꾼다'는 말이 뜻하는 바이다. 그러나 강화제, 처벌제, 그리고 결과가 뒤따르지 않는 반응의 발생은 그 결과에 선행된 행동의 미래 빈도를 바꾼다.

행동적으로는 연관되어 있으나 서로 다른 이 두 효과를 명명할 필요가 있다. 따라서 이 장에서는 **레퍼토리 변화 효과**(repertoire-altering effect)(Schlinger & Blakely, 1987)를 행동변화 효과와 대비되는 개념으로 사용할 것이며, 이 두 개념 간의 차이를 주로 행동의 현재 빈도와 미래 빈도로 구분지을 것이다.

동기화 관계와 변별적 관계의 중요한 차이

MO와 S^D는 모두 특정 행동 유형의 현재 발생 빈도를 변화시키는 선행 변인이다. 또한 이 둘은 강화나 처벌이라는 결과와 연관되어 있으므로, 반응 빈도를 통제한다는 측면에서 반응적 변인이 아닌 조작적 변인이다. 그러므로 이 시점에서 이 두 가지 선행 변인을 비교해 보는 것이 중요하다.

특정 행동 유형에 대해 특정 강화제의 **차별적 가용성**(differential availability)을 가진 어떤 자극이 그 행동 유형을 통제한다면 그 자극을 S^{D}라고 한다. 차별적 가용성이란 특정한 자극이 제시되었을 때만 행동에 대한 결과가 주어지고, 그 자극이 없을 때에는 결과가 주어지지 않음을 의미한다. 배고픔과 고통의 증가를 S^{D}로 보려면 S^{D}하에서 항상 음식과 통증 제거라는 강화가 가능해야 한다. 그러나 배고픔과 고통의 증가는 강화제가 불가능한 조건에서도 발생할 수 있으므로 문제가 된다. S^{D}라면 특정 결과가 행동에 뒤따른다는 것이 어느 정도 보장되어야 한다. 그러나 생물체는 상당히 오랜 기간 동안 배고픔과 고통의 상태에 있어야 할 때도 있다.

배고픔이나 고통 제거를 S^{D}로 볼 때 더 문제가 되는 것은, 자극 부재 시 강화제가 불가능하다는 사실이 그 강화제를 (만약 사용할 수만 있다면) 효과적으로 만든다는 것이다. 대부분의 동기화 변인(motivative variables)이 변별 자극이 될 수 없는 이유는 위의 필요조건과 관련이 있다. 배고프지 않은 상태에서는 음식이 강화가 될 수 없으며, 고통의 부재 시에는 통증 제거라는 강화제를 사용할 수 없다. 하지만 이는 변별 훈련에서 S^{D}의 유발 효과를 일으키는 불가용성과는 다르다(Michael, 1982). 배고픔이나 고통스러움이라는 MO도 자극 없이는 음식이나 고통 제거를 효과적인 강화제로 만들 수 없다. 변별 자극에 대한 불가용성하에서 강화제는 존재하지 않기 때문이다.

배고픔이나 고통은 어떤 자극, 사물, 혹은 사건의 강화제로서의 효과를 변화시키고 그러한 자극, 사물, 사건으로 강화된 행동의 발생 빈도를 변화시키기 때문에 MO가 된다.

요약하자면 두 개념을 다음과 같이 비교할 수 있다. 변별 자극은 특정 행동 유형에 현재 효과적인 강화제의 차별적 가용성과 관련이 있다. 반면, MO는 특정 환경적 사건의 차별적 강화 효과와 관련이 있다.

조건화되지 않은 동기조작

모든 유기체에게는 학습되지 않았지만 **가치를 변화시키는 동기화 효과**(value-altering motivating effect)를 지닌 사건, 조작, 자극 조건이 있다. 사람은 배고플 때 음식 강화에 더 영향을 받으며, 고통스러울 때 고통의 감소라는 강화에 의해 더 큰 영향을 받도록 태어났다. 그래서 배고픔과 고통은 **조건화되지 않은 동기조작**(unconditioned motivating operations, UMOs)[3]이라고 불린다. 반대로, 잠긴 문을 열고 들어가야 하는 경우라면 그 문의 열쇠가 효과적인 강화제가 되지만, 이 가치변화 효과는 문과 열쇠의 관계를 학습한 결과물이다. 이런 종류의 MO를 조건화된 동기 조작(conditioned motivating operations, CMOs)이라 부르며, 이 장의 뒷부분에서 더 자세히 다룰 것이다.

MO의 가치변화 효과가 학습된 것이 아닐 경우에 그 MO를 조건화되지 않은 것으로 분류한다는 사실에 주목하라. MO의 행동변화 효과는 대부분 학습된 것이다. 다시 말해, 배고픔의 결과로 인해 음식이 효과적인 강화제가 되는 것은 자연스러운 현상이지만, 음식을 얻는 행동(음식을 달라고 하는 것, 음식이 저장된 곳을 찾아가는 것 등)은 대부분 학습된 것이다.

---

3) '조건화되지 않은' 그리고 '조건화된'이라는 용어는 반응을 이끌어 내는(respondent-eliciting) 자극, 조작적 강화제와 처벌제를 설명할 때와 같은 방식으로 MO를 설명하는 데 사용된다. 조건화되지 않은 동기조작은 반응적 행동을 이끌어 내는 조건화되지 않은 자극으로, 조건화되지 않은 강화제, 처벌제와 마찬가지로 학습과는 독립적인 효과를 가진다. 조건화된 동기조작에서는 (조건화된 자극, 강화제, 처벌제에서와 같이) 그 효과가 학습에 의존적이다.

인간에게 주요한 아홉 가지 UMO

결핍 UMO와 포만 UMO

음식, 물, 산소, 활동, 잠의 결핍은 **강화제 확립 효과**(reinforcer-establishing effect) 및 유발 효과(evocative effect)를 가진다. 반대로 음식과 물의 섭취, 산소 호흡, 활동 참여, 수면은 **강화제 폐지 효과**(reinforcer-abolishing effect) 및 감소 효과(abative effect)를 가진다.

성적 강화와 관련된 UMO

인간을 제외한 포유동물의 경우, 암컷의 호르몬 변화는 시간, 주위의 밝기, 일일 평균 기온 등의 (계통 발생론적으로 각 개체의 성공적인 번식과 관련된) 환경적 특징과 깊은 관계가 있다. 이러한 환경적 요인 또는 호르몬의 변화는 암컷에게 수컷과의 접촉을 효과적인 강화제로 만드는 UMO가 될 수 있다. 이러한 UMO로 인해 암컷의 몸에는 외적인 변화가 일어나며, 수컷에게 UMO로서 기능하는 화학적(후각적) 유인 물질을 방출한다. 이때 수컷에게는 암컷과의 접촉이 강화제가 되며, 이 UMO(암컷의 화학적 물질)는 그러한 접촉을 목표로 하는 모든 행동을 유발한다. 다양한 호르몬 변화는 또한 암컷에게 특정 행동(예 : 짝짓기를 위한 자세)을 유발하는데 그 행동은 수컷의 성적 행동에 대해 UMO로 작용한다. 이러한 UMO 및 조건화되지 않은 자극과 더불어 결핍 효과(deprivation effect) 역시 UMO로 기능할 수 있다.

인간의 경우 성적 행동을 결정짓는 데 학습의 영향이 워낙 크기 때문에 학습되지 않은 환경과 성적 행동 간의 관계를 설명하는 데 어려움이 있다. 여성 호르몬 변화가 여성의 행동에 미치는 영향은 불분명하며, 남성의 행동에 화학적 유인 물질이 미치는 영향 역시 분명하지 않다. 다만 다른 요소를 통제했을 때 마지막 성적 활동으로부터 흐른 시간(성적 결핍)이 남성과 여성 모두의 성적 행동에 영향을 미치는 것으로 보인다. 이 성적 결핍은 UMO로 기능하여 성적 자극의 강한 효과를 증가시키고, 이전에 이 강화를 얻는 데 성공한 경험이 있었던 행동을 유발해 낸다. 이와 반대로 성적 오르가즘은 성적 자극이 강화로서 지니는 효과를 감소시키고, 그 자극을 받게 한 행동을 억제하는(빈도를 줄이는) UMO로 작용한다. 또한 성감대의 촉각적 자극은 이러한 종류의 성적 자극을 더 효과적인 강화로 만들고, 과거에 더 강한 자극을 성공적으로 얻도록 했던 모든 행동을 유발하는 UMO로 작용하는 것으로 보인다.

온도 변화

불편감을 느낄 정도로 추운 것은 따뜻해지는 것을 강화제로 만들고, 강화제의 효과를 가져온 모든 행동을 유발하는 UMO라고 할 수 있다. 정상 체온으로 돌아오는 것은 따뜻함이란 강화제의 효과를 폐지하고 지금까지 따뜻함을 얻게 했던 행동을 감소시키는 UMO이다. 불편감이 들 정도로 몸이 덥다고 느끼는 것은 온도를 낮추는 것을 강화제로 만들고 몸을 시원하게 만드는 행동을 유발하는 UMO이다. 정상 체온으로 돌아오는 것은 시원해지는 것의 강화 효과를 폐지하고 체온을 낮추는 행동을 감소시킨다.

이렇듯 온도와 관련된 UMO는 온도로 인해 불편해지는 것을 말하며, 좀 더 편안해질 수 있는 자극을 강화제로 만들고 그에 달성하게 했던 모든 행동을 유발한다. 다시 정상적인 상태로 돌아오는 것은 그에 따른 UMO 폐지 및 감소 효과로 일으킨다. 하지만 아직은 이 온도 관련 UMO는 상황별로 분류하는 것이 더 적절하다. 또한 이 UMO는 고통과 관련된 UMO와 함께 혐오 자극(aversive stimulation)이라는 광범위한 범주 안에 포함할 수도 있지만, 지금은 이 자극을 별도로 분류하는 것이 이해하기 더 쉬울 것이다.

표 6.1 아홉 가지 조건화되지 않은 동기조작(UMO)과 강화제 확립 효과 및 행동 유발 효과

조건화되지 않은 동기조작(UMO)	강화제 확립 효과	유발 효과
음식 결핍	음식물 섭취의 강화 효과를 증가시킴	음식 섭취로 인해 강화된 모든 행동의 현재 빈도를 증가시킴
수분 결핍	수분 섭취의 강화 효과를 증가시킴	수분 섭취로 인해 강화된 모든 행동의 현재 빈도를 증가시킴
수면 결핍	수면의 강화 효과를 증가시킴	수면으로 인해 강화된 모든 행동의 현재 빈도를 증가시킴
활동 결핍	활동의 강화 효과를 증가시킴	활동으로 인해 강화된 모든 행동의 현재 빈도를 증가시킴
산소 결핍*	호흡의 강화 효과를 증가시킴	산소 증가로 인해 강화된 모든 행동의 현재 빈도를 증가시킴
성적자극 결핍	성적 자극의 강화 효과를 증가시킴	성적 자극으로 인해 강화된 모든 행동의 현재 빈도를 증가시킴
온도가 너무 올라가는 현상	온도를 낮추는 것의 강화 효과를 증가시킴	온도 저하로 인해 강화된 모든 행동의 현재 빈도를 증가시킴
온도가 너무 내려감	온도를 높이는 것의 강화 효과를 증가시킴	온도 증가로 인해 강화된 모든 행동의 현재 빈도를 증가시킴
고통의 증가	고통 감소의 강화 효과를 증가시킴	고통 감소로 인해 강화된 모든 행동의 현재 빈도를 증가시킴

*실제로 UMO는 산소 부족이 아니라 혈액 내 탄소이산화물의 축적이다. 이는 산소를 호흡하지 못함으로써 탄소이산화물을 방출해 내지 못하기 때문에 생긴다.

고통스러운 자극

고통스러운 자극의 증가는 고통의 감소를 강화제로 만들고 그 고통 감소를 가져왔던 행동(도피 행동)을 유발한다. 고통이 감소되면 고통 감소의 강화 효과가 폐지되고, 고통 감소에 의해 강화된 행동은 감소한다.

고통 감소를 강화제로 만들고 이에 달성하게 했던 행동을 유발하는 것과 더불어, 다른 생물체로부터 이런 자극을 받으면 그 생물체를 향한 공격적인 행동까지 유발해 낸다. 인간을 포함하여 몇몇 생물체가 이러한 공격성을 보이는 것은 고통이 반응적으로 조건화되지 않은 자극(respondent unconditioned stimulus, US)으로 기능하여 생긴 결과물이다(Ulrich & Azrin, 1962). 하지만 반대로 이 과정을 고통스러운 자극이 UMO로 작용하는 경우로 해석할 수 있는데, 이때 UMO는 다른 생물체가 해를 가할 것이라는 신호를 보냄으로써 사건을 효과적인 강화제로 만들며, 이러한 신호를 통해 강화되었던 행동을 유발한다. Skinner는 분노의 분석에 이 논리를 적용했으며, 더 나아가 사랑과 두려움의 감정을 분석하는 데까지 확장했다(1953, pp. 162~170).[4]

UMO 효과에 대한 정리

표 6.1에는 인간에게 있는 아홉 가지 UMO가 지닌 강화제 확립 효과 및 행동 유발 효과가 요약되어 있다. 그리고 표 6.2에는 강화제 폐지 효과 및 행동 감소 효과가 요약되어 있다.

인지적 오해석

이제 UMO의 행동변화 효과가 사람들에게 미치는 영향은 어느 정도 이해가 갈 것이다. 추워졌을 때 따뜻해지려는 행동이 증가하는 것과 정상 체온으로 돌아왔을 때 그 행동이 감소되는 것은 우리가 늘 일상적으로 경험하는 것이다. 수분 결핍이 과거에 물을 얻었던 행동을 유발하고, 물을 섭취한 후에는 그 행동이 중단

---

4) Skinner가 MO의 일반적 맥락을 통해 감정 특성을 다룬 접근 방식은 Michael(1993, pp. 197)에 자세히 설명되어 있다.

표 6.2 강화 효과를 감소시키고 관련된 행동을 줄이는 UMO

조건화되지 않은 동기조작(UMO)	강화제 폐지 효과	감소 효과
음식 섭취(음식 결핍 후)	음식의 강화 효과를 감소시킴	음식을 섭취하기 위한 모든 행동을 감소시킴
수분 섭취(수분 결핍 후)	물의 강화 효과를 감소시킴	물을 섭취하기 위한 모든 행동을 감소시킴
수면(수면 결핍 후)	수면의 강화 효과를 감소시킴	수면을 하기 위한 모든 행동을 감소시킴
활동(활동 결핍 후)	활동의 강화 효과를 감소시킴	활동을 하기 위한 모든 행동을 감소시킴
산소 호흡(산소 결핍 후)	호흡의 강화 효과를 감소시킴	호흡하기 위한 모든 행동을 감소시킴
오르가슴 혹은 성적 자극(성적 자극 결핍 후)	성적 자극의 강화 효과를 감소시킴	성적 자극을 얻기 위한 모든 행동을 감소시킴
온도가 내려감(온도가 너무 올라간 후)	온도를 낮추는 것의 강화 효과를 감소시킴	온도를 낮추기 위한 모든 행동을 감소시킴
온도가 올라감(온도가 너무 내려간 후)	온도를 높이는 것의 강화 효과를 감소시킴	온도를 높이기 위한 모든 행동을 감소시킴
고통의 감소(고통스러운 자극이 있는 중)	고통 감소의 강화 효과를 감소시킴	고통 감소를 위한 모든 행동을 감소시킴

되는 것이 매우 당연해 보인다. 그러나 이러한 효과를 일으키는 변인에 대한 이해는 잘못된 경우가 많다.

UMO가 행동에 미치는 행동변화 효과에 대한 인지적 해석은 언어적 능력이 있는 사람이면 상황을 이해하고(언어적 묘사를 할 수 있음) 그 결과 적절한 행동을 보인다는 데 근거한다. 하지만 **자동적으로** 강화된 행동을 개인의 레퍼토리(상황에 따라 관련된 UMO에 의해 유발되기도, 감소되기도 할 레퍼토리)에 포함할 것인가에 대해선 의견이 분분하다. 그러나 행동주의적 관점에서 볼 때 개인이 (언어 구사 여부와 무관하게) 꼭 무언가를 '이해'해야만 MO의 가치변화 효과나 행동변화 효과에 영향을 받는 것은 아니다.

행동변화 효과의 인지적 오해석은 두 가지 유형의 비효율적인 결과를 낳을 수 있다. 첫째, 언어적 능력이 제한된 사람은 환경-행동 간의 관계를 이해하지 못할 것이라고 생각하여 그 사람에게 적절한 행동을 가르치려는 노력을 하지 않게 만들 수 있다. 둘째, 개인이 행동과 결과의 관계를 이해하지 못한다고 가정해 선행하는 행동(소리 지르기, 울기와 같은 부적절한 행동)이 증가할 경우에 대한 대비를 충분히 하지 못할

수 있다.

동기조작(MO)과 효과의 보편성 간 관계

최근 임상 현장에서는 MO의 강화제 확립 효과에 대한 이해가 높아지고 있다. 예를 들면, 어떤 행동을 학습시킬 때 특정 음식을 강화제로 사용하고자 하는 경우, 그 음식을 학습자에게 한동안 제공하지 않음으로써 이를 더욱 효과적인 강화제로 만들었다. 이는 음악, 장난감, 어른의 관심을 강화제로 사용할 때도 마찬가지이다. 하지만 행동이 잘 학습되어 학습자의 레퍼토리에 속해 있다고 해도 관련된 MO가 적절한 상황에서 작용하지 않으면 그 행동이 미래에 다시 일어날 확률이 높지 않다는 것은 잘 알려져 있지 않다. 이 문제는 처벌 시에도 적용되는데, 처벌 시에는 MO가 미래의 행동 발생에 영향을 미치는 역할이 더 복잡하고 파악이 어렵다('처벌과 관련된 UMO' 부분 참조).

학습시킬 행동의 일반화가 바람직한 경우, 학습에 포함시킬 자극 조건을 실제 세팅과 유사하게 만드는 것이 중요하다는 것은 보편적으로 잘 알려져 있다. 하지만 학습된 행동의 일반화 및 유지를 위해서 MO 또

한 효과적으로 작동해야 한다는 사실은 쉽게 간과된다.

조건화되지 않은 동기조작(UMO) 효과의 약화

현실적인 이유로 MO의 효과를 약화할 필요가 있을 때도 있다. UMO의 강화제 확립 효과 및 유발 효과는 관련된 강화제 폐지 작용과 감소 작용에 의해 일시적으로 약화될 수 있다. 예를 들어, 음식 섭취는 배고픔으로 인해 유발되는 부적절한 행동(예 : 음식 훔치기)을 감소시키는 효과가 있지만, 그 행동은 배고픔이 나타날 때면 다시 일어날 것이다. 일반적으로 UMO의 가치변화 효과를 영구적으로 약화하는 것은 불가능하다. 수분 결핍은 언제나 물을 효과적인 강화제로 만들 것이고, 고통이라는 자극은 고통 감소를 더욱더 효과적인 강화제로 만들 것이다. 그러나 행동변화 효과는 분명히 강화의 역사에 근거하며, 그러한 역사는 소거 과정을 거쳐(즉 유발된 반응을 강화 없이도 일어나게끔 함으로써) 바꿀 수 있다. 마찬가지로 처벌 역사를 통해 생긴 감소 효과 역시 반응 후에 처벌을 주지 않음으로써(즉 처벌 절차로부터의 회복을 통해) 바꿀 수 있다. 그러나 UMO의 경우, 부적절한 행동이 소거되는 동안에도 관련된 강화제는 적절한 방식으로 제공되어야 한다. UMO에 의해 통제되는 조건화되지 않은 강화제를 다양하게 사용해야만 원하는 효과를 얻을 수 있을 것이다.

처벌과 관련된 UMO

특정 자극, 사물, 사건이 가지는 처벌의 효과성을 변화시키고 처벌된 행동의 빈도를 변화시키는 환경적 변인이 처벌과 관련된 MO이다. 이때 가치변화 효과가 학습 경험에 의한 것이 아니라면 그 변인은 UMO가 된다.

가치변화 효과

현재 고통 수준이 더 이상 높아질 수 있을 정도로 높은 것이 아닌 이상, 고통스러운 자극의 증가는 벌로서 기능한다. 따라서 UMO는 증가할 수 있는 현재의 고통 수준 또는 (현재의 고통이 더 이상의 증가가 불가능할 정도로 높은 수준인 경우) 기존의 고통으로부터 변화된 다른 고통의 수준이어야 한다. 이는 일반적으로 고통의 증가가 거의 항상 조건화되지 않은 처벌제로서 기능할 것임을 의미한다.[5] 또한 이는 다른 조건화되지 않은 처벌제(예 : 소리, 냄새, 맛 등)로 작용하는 자극의 경우에도 적용된다.

그러나 사람에게 영향을 미치는 대부분의 처벌제는 학습의 결과로 그 효과성이 습득된 것이다. 다시 말해 사람에게 있어 처벌은 **조건화되지 않은** 처벌제라기보다 **조건화된** 처벌제이다. 학습 시 조건화된 처벌제와 조건화되지 않은 처벌제가 함께 짝지어 반복적으로 제공된다. 조건화되지 않은 처벌제의 UMO는 조건화된 처벌제의 CMO가 된다. (UMO와 CMO의 관계는 다음에 나오는 CMO에 대한 절에서 더 자세히 설명할 것이다.) 강화제의 제한된 가용성으로 인한 학습된 처벌제의 경우, 그 강화제의 MO는 조건화된 처벌제의 MO가 된다. 음식이 부족함을 보여 주는 자극으로의 변환은 음식이 강화제로서 효력을 가지고 있어야만 처벌제로서 기능한다. 따라서 처벌제로 기능하는 음식 제거의 MO는 음식 결핍이다.

사회적 반감(찡그림이나 고개 젓기, 혹은 "안 돼", "나빠"와 같은 특정 언어적 반응)은 이를 표현하는 사람이 제공하는 강화제가 보류될 때 자극 조건이 된다.

---

5) 고통이 처벌제와 연관되어 과거에 우리에게 어떤 다른 심각한 결과를 일으켰다면 고통 자극은 조건화된 처벌제가 될 수 있다. 한편, 근육통이 효과적인 운동과 연관되거나 고통스러운 자극이 성적 강화와 연합되는 경우처럼, 고통스러운 자극의 종결과 특정 강화제가 연관된 적이 있다면 고통 자극은 조건화된 강화제가 될 수 있다.

그러나 그 자극 조건은 보류되는 강화제의 MO가 현재 유효할 때만 처벌로 기능할 수 있다. **강화로부터의 타임아웃**(time-out from reinforcement)이라고 불리는 처벌 절차 역시 이와 비슷하다. 이는 벌을 받는 동안 (타임아웃 된 상황에서) 얻지 못하는 강화제가 효과적인 경우에만 처벌제로 작용할 것이다. 반응 대가 (response cost)는 토큰과 같이 나중에 다양한 강화제와 바꿀 수 있는 물건을 빼앗거나, 벌금을 물게 하는 것, 또는 점수 은행(score bank) 제도를 사용하여 점수를 차감하는 것을 의미하는데, 이는 처벌이 일어나는 시점과 강화제가 줄어드는 시점 사이의 시간지연을 고려하는 복잡한 절차이다. 하지만 마찬가지로 강화제의 반응 대가가 실행될 당시에 지연된 제거의 대상 (토큰, 점수, 돈과 바꿀 수 있는 것들)이 강화제로서 효과적이지 않다면 처벌은 일어나지 않는다. 처벌에 대해서는 상권 제9장과 제10장에서 보다 자세히 다루었다.

행동변화 효과

일반적으로 처벌 효과는 강화 효과보다 더 복잡한데, 이는 처벌되는 행동을 발생시키는 여러 변인을 함께 고려해야 하기 때문이다. 이는 MO의 효과에 대해서도 마찬가지로 적용된다. 강화에 있어 MO의 행동변화 유발 효과는 지금까지 강화된 모든 행동의 현재 빈도 증가로 볼 수 있다. 예를 들어, 음식의 결핍은 음식으로 인해 강화된 역사가 있는 모든 행동을 유발한다 (행동 빈도의 증가). 처벌에 있어 MO의 행동변화 효과란 지금까지 처벌된 모든 행동의 빈도가 감소함을 의미한다. MO의 발생은 과거에 처벌된 역사가 있는 행동에 대해 감소 효과를 가질 것이다. 하지만 그런 감소 효과는 이전에 처벌된 행동이 (처벌에 대해 MO가 일어났을 때 빈도수의 감소를 관찰할 수 있을 만큼) 이미 충분히 높은 빈도로 일어나지 않는 한 나타

나기 어렵다. 즉 처벌에 대한 MO의 감소 효과를 보려면 우선 처벌될 행동의 강화에 대한 MO가 유발 효과를 가진다는 것을 확인해야 한다. 처벌에 대한 MO가 감소 효과를 지닌다고 하더라도 강화에 의한 MO가 없다면 처벌에 의해 감소될 행동이 없을 것이기 때문이다.

치료 중 발생한 문제행동을 처벌하는 방법으로 타임아웃을 사용했다고 가정해 보자. 이때 강화제와 관련된 MO가 있어야만 타임아웃이 처벌로 작용할 수 있다. 또한 그 MO가 효과가 있어야만 처벌 과정을 통해 문제행동의 감소 효과를 볼 수 있을 것이다. 문제행동에 대한 MO가 작동해야만 비로소 감소시킬 문제행동이 있음을 명심해야 한다. 이 복잡한 관계는 아직 개념적·실험적, 응용 연구를 통해 검증되지 못했지만 강화, 처벌, 동기조작과 같은 기존 지식을 통해 자연스럽게 추측이 가능하다. 행동분석가들은 처벌이 포함된 모든 상황에서 이 관계의 영향에 대해 알고 있어야 한다.[6]

복잡성 : 같은 변인이 보이는 다양한 효과

행동 측면에서 중요한 사건은 일반적으로 한 가지 이상의 효과를 가진다. 이를 개념적·임상적 측면 모두에서 이해하고 구별하는 것은 매우 중요하다(Skinner, 1953, pp. 204-224). 이 복잡한 효과는 동물 실험실의 단순한 조작적 연쇄(simple operant chain) 모델에서도 잘 나타난다. 예를 들어, 배고픈 쥐가 방 천장에 매달린 줄을 당기면 버저 소리와 같은 청각적 자극이 발생하며, 이때 지렛대를 누르면 먹이를 받도록 훈련되었

---

6) 행동주의 원칙이 복잡한 인간 행동을 분석하기에는 너무 단순하여 행동 외의 측면—주로 인지적인—에 대한 접근이 필요하다는 주장이 있다. 이러한 주장을 하는 사람들에게는 레퍼토리가 인간을 분석하기에 너무 단순할 수 있다. 하지만 처벌 MO의 효과를 이해하려는 노력이나 고통스러운 자극의 학습된 기능에 대한 분석(각주 5번 참조) 등에서 볼 수 있듯이 행동주의 원칙은 결코 단순하지 않다.

표 6.3 환경 요인의 UMO와 처벌제로서의 행동변화 효과 및 기능변화 효과

환경 요인	UMO로서의 현재 행동변화 효과	처벌제로서의 미래 행동에 대한 기능변화 효과
음식, 물, 수면, 활동, 성적 활동 결핍	음식, 물, 수면, 활동, 성적 활동에 의해 강화된 모든 행동의 현재 빈도를 증가시킴	처벌이지만 사건의 시작이 행동의 결과로 작용하기에 너무 미약함
산소 결핍	산소 호흡으로 강화된 모든 행동의 현재 빈도를 증가시킴	갑자기 호흡이 어려워진다면 미래에 그 사건 이 전에 나타났던 행동이 감소
너무 낮은 온도	온도를 높이는 것으로 강화된 모든 행동의 현재 빈도를 증가시킴	미래에 갑자기 추워지는 사건 바로 전에 나타났던 행동이 감소
너무 높은 온도	온도를 낮추는 것으로 강화된 모든 행동의 현재 빈도를 증가시킴	미래에 갑자기 더워지는 사건 바로 전에 나타났던 행동이 감소
고통의 증가	고통을 줄이는 것으로 강화된 모든 행동의 현재 빈도를 증가시킴	미래에 고통이 생기기 바로 전에 나타났던 행동이 감소

다고 하자. 이제 버저 소리는 명백한 두 가지 조작적 효과를 가진다. 첫째, 지렛대를 누르는 반응을 발생시키는 변별 자극(S^D)이다. 둘째, 조건화된 강화제로 인해 쥐가 천장의 줄을 당기는 행동의 미래 빈도가 증가될 것이다. 첫 번째는 행동변화의 유발 효과이고, 두 번째는 기능변화의 강화 효과이다. 비록 이 두 효과가 반드시 같은 종류의 반응에 영향을 미치는 것은 아니지만, 둘은 같은 방향으로 (현재와 미래의 행동 빈도를 증가시킨다는 면에서) 작용한다.[7]

비슷한 원리로, **처벌에 대한 변별 자극**(S^D)은 어떤 반응에 대해 현재 빈도를 줄이는 감소 효과를 가짐과 동시에, 처벌에 선행되었던 행동의 미래 빈도를 감소시키는 조건화된 처벌제로도 작용할 것이다. 이 경우 효과의 방향은 다르지만 두 경우 모두 감소 효과를 보여준다.

UMO로 작용하는 환경적 사건은 (변별 자극으로 기능하는 사건과 같이) 전형적으로 특정 행동 유형의 현

재 빈도를 변화시키는 효과를 가지며, (그 결과로서) 그 사건을 선행한 행동에 대해서는 미래 행동 빈도를 변화시키는 레퍼토리 변화 효과를 지니게 될 것이다. MO로서 고통스러운 자극의 증가는 고통을 줄이는 데 도움이 되었던 모든 행동의 현재 빈도를 증가시키고, 동시에 (행동적 결과로서) 그 고통을 선행했던 행동의 미래 빈도를 감소시킬 것이다. 이러한 다중 통제의 경우 두 효과가 반대 방향으로 나타날 것이다.

일반적으로, UMO의 유발 효과를 갖는 사건은 그 사건 바로 이전에 일어났던 행동에 대해 처벌로도 기능할 것이다. 이는 매우 천천히 발생하기 때문에 반응의 결과로 작용하기 어려운 사건(예: 배고픔)에도 적용된다. 표 6.3은 특정 사건의 강화제로서의 효과성을 확립하는 UMO의 다중 효과를 나타낸다. 현재 행동 빈도에 대해 UMO의 감소 효과를 갖는 사건들은 일반적으로 행동적 결과로 작용하기에 충분할 만큼 사건의 시작이 분명하며(예: 음식 섭취), 그 사건 바로 이전에 일어났던 행동을 강화하는 역할을 할 것이다.

임상적 함의

대부분의 행동적 개입에서는 조작 기법을 선택할 때

---

7) 버저 소리는 음식이 입안에 들어갔을 때 평활근이나 침샘 반응에 대한 반응적으로 조건화된 자극으로 작용할 수 있고, 그 당시 제시되는 자극에 대해 그 반응을 조건화할 수 있지만, 이 장에서는 조작적 관계에 대해서만 집중한다.

(a) MO의 가치변화 효과 및 행동변화 효과, 혹은 (b) 처벌제로서의 기능변화 효과를 따져 본다. 그러나 조작의 목적과는 상관없이 효과가 반대 방향으로 나타날 수도 있다(이것이 문제가 되건 되지 않건 간에). 강화가 포만(satiation)의 한 유형인 것은 사실이지만 강화의 크기(magnitude)가 작다면 문제가 되지 않는다. 포만 조작(satiation operation)이 선행 행동도 강화하는데, 이는 그 선행 행동이 부적절한 것만 아니라면 문제가 되지 않을 것이다. 처벌제로서 효과적으로 활용될 사건에 대한 결핍 조작(deprivation operation)은 이를 선행한 행동에 대해서도 처벌제로 작용할 수 있는데, 이는 결핍 상태의 시작이 매우 느리거나 처벌받은 행동이 개인의 행동 레퍼토리의 중요한 부분이 아닌 경우 문제가 되지 않을 것이다.

표 6.3은 어떤 사건을 강화제로서 더 효과적으로 만들거나 그 사건으로 인해 강화된 행동을 유발하는 UMO가 조작이 있기 바로 이전 행동에 대해 처벌제로 작용함을 보여 준다. 산소 호흡을 제한하는 것, 주변의 온도를 너무 높이거나 낮추는 것, 고통을 증가시키는 것 등은 실제 임상 현장에서 행동을 통제할 목적으로 의도적으로 사용하지는 못하지만 발생할 수는 있다(행동분석가의 통제가 없는 다른 상황에서). 그렇기 때문에 이것들이 가지는 두 가지 효과를 알아 두는 것이 중요하다.

악화가 학습 역사과 관련 있는 것은 사실이나 개인의 상황을 어떤 방식으로든 악화[8]하는 조작 방법을 쓸 때도 위에서 언급된 것과 비슷한 반대 효과가 나타

날 수 있다. 이때 악화는 향상된 상태를 강화제로서 확립하고 지금까지 이로써 강화되어 왔던 모든 행동을 유발할 것이다. 강화제로서의 사회적 관심은 그 기원이 불분명하지만(Michael, 2000, p. 404) 강화제로서 관심의 효과(주의 결핍과 같은)를 증가시키기 위한 조작적 기법은 조작을 선행한 행동에 대해 처벌제로 작용할 가능성이 크다.

대조적으로, 조작을 선행하는 행동의 미래 빈도를 줄이기 위해 처벌제로서 선택된 조작(예 : 타임아웃 과정)은 또한 조작으로 인해 발생된 조건을 피하는 행동을 유발하는 MO로도 작용할 것이다.

또한 행동분석가는 어떤 사건을 덜 효과적인 강화제로 만들거나(예 : 만족 절차) 이런 강화를 받게 만든 행동을 감소시키기 위한 해지조작이, 조작을 선행하는 행동에 대한 강화제로도 기능한다는 것을 염두에 두어야 한다. 음식 섭취는 음식이라는 강화에 대한 폐지 효과로 이어지며 음식으로 강화된 모든 행동을 감소시키지만, 음식 섭취 바로 이전에 선행되어 일어난 행동을 강화하는 역할을 한다. 높은 수준으로 비유관적 관심을 주면 강화제 폐지 효과와 감소 효과가 나타나지만, 조작에 선행하는 행동에 대한 강화제로도 작용할 것이다. 반대로, 강화로 작용하도록 고안된 모든 조작은 MO의 강화제 폐지 효과와 행동 감소 효과를 가지게 될 것이다.

혐오 자극

특정 행동적 기능[MO, 조건화되지 않은 자극(S^D)이나 분명하지 않은 상태에서 특정 평활근(smooth muscle) 및 내분비계 반응(심장 박동 수 증가, 아드레날린 분비 등)과 관련된 MO의 유발 효과, 기능변화 처벌 효과, 반응적 유발 효과를 모두 가진 환경적 사건은 **혐오 자극**(aversive stimuli)이 될 수 있다.

이런 다양한 기능이 서로 어떤 상관관계를 갖는지,

---

8) 악화라는 말은 자극 변화 전에 일어났던 행동에 대해 처벌의 기능을 하도록 자극이 변화되는 것을 의미한다. 여기서 처벌이라는 용어는 행동의 미래 빈도가 감소한다는 의미를 포함하지 않기 때문에 이 CMO를 설명하는 데 적절하지 않다. 마찬가지로 향상은 선행하는 행동을 강화하는 기능의 변화를 나타내는 데 쓰이지만 행동의 미래 빈도가 증가한다는 의미가 포함되지 않을 때만 쓰인다. 악화와 향상은 유용하게 쓰이는 단어이지만 전문적인 용어는 아니다.

그리고 이런 포괄적인 용어가 구체적인 용어를 사용하지 않는 것에서 오는 단점을 보완하는지는 분명하지 않다. 혐오 자극이라는 용어는 흔히 얘기하는 '기분 나쁜 느낌', '불쾌한 마음' 등의 상식적 표현을 단순히 행동학적 관점으로 옮길 때 사용하는 경우가 많다. 그러나 이 용어가 특수성을 가지지 않기 때문에 더 강화되어 더 빈번히 사용되었을 수 있다. 따라서 이 장에서는 MO나 기능변화 변인을 가리키는 목적으로 혐오 자극이라는 용어를 사용하지 않는다.

조건화된 동기조작

어떤 자극, 사물, 사건의 강화 효과성을 변화시키는 동기 변인이 오로지 유기체의 학습 역사의 결과일 때, 이를 **조건화된 동기조작**(conditioned motivating operation, CMO)이라고 한다. 조건화되지 않은 동기조작(UMO)과 마찬가지로 CMO 역시 다른 사건으로 인해 강화된 모든 행동의 현재 빈도를 변화시킨다. 어떤 환경적 변인은 경험을 통해 그 변인을 접하기 전과는 다른 것을 원하게 만들고 그것을 획득할 수 있는 행동을 하게 만든다.

CMO에는 최소한 세 가지 종류가 있는데, 이것들은 다른 MO나 다른 유형의 강화 또는 처벌과 연관되기 전에는 동기화되지 않은 중립 자극이었다. 이것들은 행동적으로 유의미한 사건 또는 상황과 어떤 관련이 있느냐에 따라 대리적(surrogate), 반사적(reflexive), 이동적(transitive) CMO로 분류된다. **대리적 CMO**(surrogate CMO, CMO-S)는 그것과 짝지어진 MO가 달성하는 것을 달성하고(짝지어진 MO의 대리 역할), **반사적 CMO**(reflexive CMO, CMO-R)는 자체적으로 관계를 변화시키며(스스로의 제거를 강화제로 만듦), **이동적 CMO**(transitive CMO, CMO-T)는 (스스로를 변화시키기보

다는) 다른 무언가가 강화제로서의 효과성을 가지게 만든다.

대리적 CMO(CMO-S) : 다른 MO와 연합된 자극

CMO-S

반응적으로 조건화된 자극(respondent conditioned stimulus, CS), 조작적으로 조건화된 강화제(operant conditioned reinforcer, S^r), 조작적으로 조건화된 처벌제(operant conditioned punisher, S^p)는 모두 다른 행동적 효과성을 지닌 자극과 연합됨으로써 효과성을 얻은 자극이다. 조건화되지 않은 동기조작(UMO)[9]과 연합이 된 자극은 그 UMO와 동일한 가치변화 효과와 행동변화 효과를 낼 수 있다. 이렇게 MO와 같은 특징을 가진 자극을 대리적 CMO 혹은 CMO-S라 칭한다.

어떤 자극이 일시적으로 온도의 저하와 연합되면 그 자극은 온도 저하와 비슷한 MO 효과를 나타낼 것이다. 즉 온도 저하와 관련된 자극이 있을 때 온도의 증가는 더 효과적인 강화제가 될 것이고, 온도를 증가시키는 행동의 빈도도 실제 동일한 온도에서 나타나는 것에 비해 더 높은 빈도로 나타날 것이다. 이 분야에 관한 연구는 Michael(1993, pp. 199-202)에 자세히 설명되어 있으며 여기에서는 더 깊게 다루지 않을 것이다. 그러나 그 효과에 대한 증거는 아직 충분하지 않다. 게다가 학습된 MO의 존재는 진화론적 관점에서 볼 때 문제의 소지가 있다(Mineka, 1975). MO가 실제로는 작용하지 않을 때에도 그것이 작용하는 것처럼 행동하는 것은 생물체가 생존하는 데 최선의 방법이 아닌 듯 보인다. 현재 온도보다 필요 이상으로 따뜻해지려고 하는 것은 건강한 행동으로 볼 수 없으며, 그 행동 때문에 더 중요한 행동이 일어나지 못할 수도

---

9) 중립 자극은 같은 효과의 이동성을 갖더라도 UMO가 아닌 CMO와 연관되었을 수 있다.

있다. 하지만 진화론이 늘 모든 것을 설명할 수 있는 것은 아니다.

앞서 다룬 성적 동기, 공격적 행동에 관한 MO, 그리고 그 외의 감정적 MO에 대해서는 CMO에 초점을 맞춰 설명하지 않았는데, 이는 CS, S^r, S^p에 대한 구분이 명확하지 않기 때문이다. 대리적 CMO는 응용행동분석 분야에서 최근에야 관심을 받고 있으나(McGill, 1999, p. 396) 그 효과는 꽤 클 수 있다. 실용적 측면에서 볼 때 이해하기 어려운 상황이나 특히 비이성적 행동의 원인을 파악하려고 한다면 CMO-S를 이용해 보는 것이 도움이 될 수도 있다.

대리적 CMO의 효과 약화하기

연합 절차를 통해 확립된 관계는 일반적으로 두 가지의 **연합철회**(unpairing)를 통해 그 효과를 약화할 수 있다. (a) 이전에는 중립적이었던 자극을 효과적인 자극 없이 제공하는 것, (b) 이전에 중립적이었던 자극과 함께 효과적인 자극을 제공하고, 동시에 중립 자극의 부재 시에도 효과적인 자극을 제공하는 것. 예를 들어, 과거에 극심한 추위와 연합된 적이 있는 시각적 자극 CMO-S가 정상 기온에서 지속된다고 하자. 이 경우 이 CMO-S의 가치변화 효과와 행동변화 효과는 약화될 것이다. 마찬가지로 CMO-S가 없을 때에도 CMO-S가 있을 때와 같은 빈도로 극심한 추위가 계속된다면 CMO-S의 효과는 줄어들 것이다.

앞에서 언급했듯이 CMO-S는 최근에 와서야 응용행동분석에서 다뤄지기 시작했다(예 : McGill, 1999, p. 396 참조). 하지만 문제행동과 CMO-S가 관련이 있다는 것은 행동분석가가 문제행동을 다룰 때 어떻게 CMO를 약화해야 할지 알아야 함을 의미한다.

반사적 CMO(CMO-R) : 행동의 약화나 향상에 체계적으로 선행된 자극

CMO-R

전통적인 '변별적 회피 절차(discriminated avoidance procedure)'[10]에서는 일정한 시행 간 시간 간격(intertrial interval)에 따라 중립적인 경고 자극을 주고, 뒤따라 고통스러운 자극(대개는 전기충격)을 제시한다(시행 간 시간 간격—중립적인 경고 자극—고통스러운 자극). 지렛대 누르기와 같은 어떤 임의의 반응(동물이 고통으로부터 벗어나기 위해 사용하는 계통 발생학적 반응이 아닌 학습된 반응) 직후에 고통스러운 자극을 제거하고(즉 동물이 고통으로부터 도피함), 일정 시행 간 시간 간격 후에 이 과정을 반복한다. 경고 자극이 제시되었을 때 동물이 임의의 반응을 보이면 경고 자극이 중지되며 그 시행에서는 전기충격이 발생하지 않는다. 이 단계에서 나타난 반응은 고통을 회피했다고 하여 **회피 반응**(avoidance response)이라 한다. 많은 생물체들이 이 과정을 통해 경고 자극이 제시되었을 때 적절한 반응을 보이도록 학습할 수 있고, 학습의 결과로 전기충격을 받지 않게 된다.

위의 예시에서 전기충격은 도피 반응을 위한 MO로 작용했으며, 이 도피 반응에 뒤따르는 강화제는 전기충격의 제거였다. 경고 자극도 비슷한 기능을 하지만, 다른 점은 자극 자체의 제거가 효과적인 강화로서 작용하게 만드는 능력이 개체 발생적 기원(ontogenic provenance)—개인이 경고 자극과 고통스러운 자극 시작 간의 관계를 경험한 역사를 통해—으로부터 나온다는 것이다. 다시 말해 고통스러운 자극이 UMO로서 도피 반응을 유발하는 것처럼 경고 자극은 CMO로서 회피 반응을 유발한다. 두 자극 모두 반응에 뒤따

---

10) 변별적이라는 용어는 전기충격에 대한 경고 자극이 없는 회피 절차(가끔 경고 자극 없는 회피라고도 불림)와 이 절차를 구별하기 위해 생긴 용어이다.

르는 결과의 **가용성**(availability)과 관련된 것이 아니라 **강화의 효과성**(reinforcing effectiveness)과 관련되어 있는 것이다.

더 일반적인 맥락에서 설명하자면, 고통스러운 자극에 체계적으로 선행되어 나타난 자극은 CMO-R이 되고, 이 자극의 제거는 강화제로서 작용하며, 이 자극의 제시는 그 강화제에 의해 강화된 행동을 유발한다. 이러한 기능적 관계는 악화 패턴을 보이는 고통스러운 자극에만 국한되는 것은 아니다(심지어 일반적으로 악화되는 행동에만 국한되는 것도 아니다). 생물체가 고통 이외의 자극 변화를 경고하는 자극도 중단하게 학습될 수 있음은 누구나 다 아는 사실이다(예 : 제공되는 먹이의 감소, 필요한 노력의 증가, 필요한 반응 횟수의 증가, 먹이의 지연 등). 이러한 현상들은 공통적으로 악화의 유형을 조금씩은 포함하는데, 이러한 사건과 관련된 자극을 보통 조건화된 혐오자극이라 부른다(특정한 행동의 기능에 세분화된 용어는 아니다).

재차 강조하지만 이러한 자극은 변별 자극(S^Ds)이 아니다. 변별 자극은 주어진 유형의 행동에 뒤따르는 결과물의 현재 가용성 여부와 관련되어 있다. 가용성은 다음의 두 요소를 지닌다. (a) 자극을 제시했을 때 행동에 대해 효과적인 결과(이때의 MO는 현재 효력을 지녀야 한다)가 뒤따라야 한다. (b) 자극의 부재 시에는 반응에 결과가 주어지지 않아야 한다(이때의 결과는 강화제로서의 효력을 지니는 결과를 뜻한다). 경고 자극과 결과물의 가용성 간에는 두 번째 요건이 충족되지 않는다. 경고 자극 부재 시, 반응에 뒤따르는 효과적인 결과가 없다는 사실은 SD 부재 시 발생하는 소거와 같다. 회피 반응이 경고 자극의 부재를 없애지 못한다는 것이 곧 소거 반응을 보여 주는 것이 아니며 오히려 유기체가 행동적으로 중립적(배부른 유기체에게 음식이란 강화제를 사용하지 못하는 것처럼)임을

보여 준다.

이제 개선(혹은 향상)의 형태와 정적 상관관계에 있는 자극에 대해 생각해 보자. 자극 자체가 효과적인 처벌제의 역할을 하고 이렇게 처벌된 적이 있는 행동을 감소시킨다면 그 자극은 CMO-R로서의 효과를 보여 주었다고 할 수 있다. 이에 직접적으로 관련된 연구는 거의 없지만 그 관계성은 꽤 그럴듯해 보인다.

사람에게 관찰되는 CMO-R의 예

CMO-R은 사람들 사이의 관계에서 일상적으로 나타나는 상호작용의 부정적인 측면을 규명하는 데에 중요한 역할을 한다. 여기서 부정적인 측면은 꼭 한 사람이 다른 사람을 의도적으로 싫어하는 것에 국한되지 않는다. 보통 앞서 언급된 상호작용은 서로에게 긍정적인 강화를 제공할 수 있는 기회의 연속(변별 자극의 연속)으로 해석할 수 있다.

요구에 대한 반응. 낯선 사람이 길을 묻거나 시간을 물어본다고 하자. (질문은 보통 언어적 대응을 받기 위한 요구이다. 제11장 참조) 이 질문에 대한 적절한 반응은 바로 묻는 정보를 알려 주거나 모른다고 얘기하는 것이다. 그러면 보통 질문을 한 사람은 미소를 지으며 고맙다고 얘기할 것이다. 또한 누군가가 질문을 함으로써 도움을 받았다는 것을 알게 됨으로써, 답을 한 사람에게 다시 질문하는 행동이 강화되는 결과로까지 이어질 수 있다. 이러한 맥락에서 본다면 상대방의 질문은 질문을 받기 전에는 존재하지 않았던 강화제를 얻게 되는 기회로 작용한다. 그 기회는 질문이 있기 전에는 유효하지 않았기 때문이다. 하지만 상대방의 질문과 대답 사이에는 경고 자극으로 해석될 수 있는 시간 간격(대답이 돌아오지 않는 시간)이 생기는데, 질문에 대한 대답이 즉각적으로 제공되지 않으면 사회적 악화(social worsening)로 이어질 수 있다. 빨

리 대답하지 않을 경우, 상대방은 질문을 되풀이하거나 조금 더 큰 소리로 또박또박 물어볼 수 있다. 그래도 대답을 하지 않으면 상대방은 여러분을 이상한 사람으로 여길 것이다. 게다가 여러분 스스로도 이러한 상황에서 아무런 대답을 하지 않는 것이 사회적으로 부적절한 행동임을 알고 있을 것이다. 대답을 하지 않는다고 해서 여러분에게 위협이 가해지지 않아도, 이러한 상황에서 계속적으로 부적절한 행동을 하는 것은 상황의 악화로 이어진다는 것을 사회적 경험을 통해 알고 있다. 대부분의 사회적 상황이 긍정적·부정적 측면을 모두 가지지만, 질문에 대답하기 불편한 상황(예 : 바빠서 서두르고 있는데 낯선 사람이 다가와 질문하는 경우)이라면 질문을 한 상대방의 감사하다는 말이나 다른 사람을 도왔다는 느낌은 당신에게 그리 효과적인 강화제가 되지 않는다. 이 경우, 아마도 반사적 CMO(CMO-R)가 그 상황을 통제하는 주요 변인이 될 것이다.

자극 제거와 관련된 복잡성

일반적으로 실험실에서 이루어지는 회피 절차에서 반응은 경고 자극을 종결한다. 이 분석을 사람에게 적용할 때, 경고 자극을 단순히 상호작용을 시작한 사건으로만 보아서는 안 된다. 위의 예에서 반사적 CMO는 단순히 언어 요청 그 자체가 아니었다. (언어요청은 실제로 종결해야 할 자극으로 보기엔 너무나 단순하다.) 반사적 CMO는 그러한 질문을 받고 반응을 보여야 할 적절한 시간 내에 아무 반응도 보이지 않는 것으로 이루어진 보다 복잡한 자극 상황이다. 이러한 자극 상황의 종결이 사람들을 반응하도록 만드는 강화로서 작용한다. 표정이나 공격적인 자세와 같은 자극을 포함하는 몇몇 사회적 상호작용은 실험실에서 회피 반응으로 멈출 수 있는 경고 자극과 비슷해 보일 수 있다. 하지만 실제로 이러한 상호작용의 대부분은

요청, 반응을 기다리는 시간의 길이 등과 같이 보다 복잡한 자극 조건과 관련되어 있다.

"고맙습니다"와 "천만에요". 누군가가 친절을 베풀었을 때 고맙다고 말하는 것은 관례이다. 고맙다는 반응은 어떻게 유발되며, 어떤 강화 작용으로 인해 이루어지는 것일까? 그것은 분명 상대방의 호의로부터 유발된다. 개인이 보인 고맙다는 반응에 대한 강화가 "천만에요."라는 답의 형태로 일어날 때, 이 호의는 순전히 S^D로 취급되어야 할까? 대부분의 경우 일상적인 인사말들은 CMO-R의 요소를 포함한다. 다음의 시나리오를 한번 살펴보자. 양손 가득 짐을 든 A라는 사람이 건물 밖에 있는 자기 차에 짐을 옮기려 하고 있다. B라는 사람이 건물의 현관문을 열고서 기다려 주어 A가 지나갈 수 있도록 해 주었다. 보통 이런 경우 A는 웃으며 "감사합니다."라고 말할 것이다. 하지만 이때 A가 B의 호의에 아무런 반응도 보이지 않은 채 그냥 걸어 나갔다고 가정해 보자. 이 경우, 아무런 감사의 표시도 하지 않은 A를 향해 B가 비꼬는 말투로 "천만에요."라고 말했다면 이는 충분히 이해가 가는 반응이다. 이때 한 사람이 다른 사람에게 베푸는 호의가 (인정받거나 감사받지 못했으므로) 어떤 불만의 유형에 체계적으로 선행한 경고 자극(CMO-R)이 된다.

 응용행동분석에서 CMO-R은 사회적 어려움이나 언어적 어려움이 있는 사람을 훈련할 때 사용된다. 예를 들어, 언어 훈련 프로그램에서 학습자는 전형적으로 반사적 CMO의 기능을 하는 질문이나 지시를 받는다. 만약 학습자가 그에 적절히 대답하지 못했다면 더 강도 높은 사회적 상호작용이 뒤따를 것이다. 이런 질문이나 지시는 칭찬이나 긍정적 보상의 가능성을 지닌 변별 자극보다는 일차적으로 반사적 CMO의 기능을 가진다. 이 유형의 혐오 자극을 완전히 제거할 수는 없어도 그 특성과 근원을 이해하는 것은 매우 중요하다.

반사적 CMO 효과의 약화

CMO-R의 효과는 소거, 그리고 두 가지 유형의 연합 철회를 통해 약화될 수 있다. 강화 없이 반응이 발생하면 소거가 이뤄졌다고 할 수 있다. CMO-R로 인해 유발된 행동에 대한 강화제는 경고 자극의 제거이다. 경고 자극이 없어지지 않은 상태로 계속해서 반응이 일어나고 그 상태로 어느 정도의 시간이 지나 궁극적으로 약화가 발생한다면 여느 소거 과정과 마찬가지로 그 반응이 약화될 것이다.

연합철회의 두 가지 형식도 반사적 CMO 관계를 약화한다. 연합철회의 한 유형은 경고 자극이 제거되지 않았음에도 약화의 최후 형태가 발생하지 않는 것을 말한다.[11] 이는 경고 자극의 제거라는 강화를 약화함으로써 CMO 관계를 약화한다. 경고 자극의 제거는 경고 자극이 제거된 상태가 경고 자극이 있는 상태에 비해 더 나은 경우에만 강화로 작용한다. 최악의 약화 상태가 아니라면, 경고 자극이 있는 상태는 경고 자극이 없는 상태보다 더 나쁠 것이 없기 때문에 회피반응에 대한 강화가 줄어든다.

연합철회의 또 다른 유형은 반응이 경고 자극을 종결함에도 불구하고 경고 자극이 있을 때와 비슷하게 최악의 약화 상태가 발생하는 경우이다. 이 경우, 경고 자극이 제거된 상태가 경고 자극이 있었던 때에 비해 더 나을 것이 없으므로 회피 반응에 대한 강화가 약화된다.

일반적인 학습 환경에서 발달장애를 가진 아동과 일할 때 전형적으로 발생하는 문제행동(예 : 떼쓰기, 자해, 공격적 행동)은 주로 연속 지시가 내려지는 훈련 초반에 일어나는데, 이 경우 문제행동은 그 초반 단계를 중단하고 (큰 어려움이 예상되는) 다음 단계의

지시로 넘어가지 않는 것에 의해 강화된다. 학습시키려는 레퍼토리가 매우 중요하기 때문에 최후 단계의 지시까지 가르쳐야 한다면, 그리고 학습자가 그 훈련을 덜 싫어하게 만들 수 없다면, 실질적으로 문제행동에 대한 소거만이 그 상황에 도움이 되는 유일한 접근 방법일 것이다. 이를 위해서는 문제행동의 발생 여부와 상관없이 연속 지시를 내려 훈련을 지속하는 방법을 사용할 수 있다. 이 경우 두 가지 연합철회 방법 모두 효과적이지 않은데, 첫 번째 유형의 연합철회로는 훈련 효과가 나타나지 않을 것이며, 두 번째 유형을 사용하면 훈련 후반 단계에 문제행동이 유발될 것이기 때문이다.

물론 어떤 훈련에서도 학습자가 지시를 덜 혐오스럽게 느끼도록 만들 수 없다고 단정 지어서는 안 된다. 지시의 효과성을 높이면 실패율을 낮추고 강화 빈도를 증가시키며 지시 상황에서의 여러 가지 향상을 가져올 것이다. 이 과정을 통해 지시는 (단순한 지시보다) 칭찬과 보상을 받는 기회로 바뀔 수 있다.

이동적 CMO(CMO-T) : 또 다른 자극의 가치를 변화시키는 자극

CMO-T

환경적 변인이 어떤 자극과 행동 개선 간의 관계에 영향을 미칠 때, 그 변인은 두 번째 조건의 강화 효과성을 확립하고 그 강화제가 뒤따랐던 행동을 유발하는 이동적 조건화된 동기조작(transitive CMO, CMO-T)으로 기능한다. UMO로서 기능하는 모든 변인은 조건화된 강화제인 자극에 CMO-T로서 기능하는데, 이는 조건화되지 않은 강화제와 UMO의 관계 때문이다. 이 장의 초반에서 기술된 간단한 조작 연쇄를 생각해 보라. 배고픈 쥐는 버저 소리를 내는 줄을 잡아당긴다. 버저 소리가 날 때 쥐는 음식을 받을 수 있는 반응을

---

11) 이 과정은 회피 반응의 소거로 잘못 인용되지만, 진정한 회피 소거에서는 경고 자극이 멈추지 않은 상태에서도 반응이 계속 발생한다.

보인다. 배고픔은 음식을 (학습이 필요 없는) 조건화 되지 않은 강화제로 만든다. 또한 음식 결핍은 버저 소리를 효과적인 조건화된 강화제로 만드는데, 이 과정이 이뤄지기 위해서는 분명 학습이 필요하다. 그러므로 음식 결핍은 음식이라는 강화를 효과적으로 만든다는 측면에서 UMO라고 할 수 있지만, 버저 소리를 효과적인 강화제로 만든다는 측면에서는 CMO-T라고 볼 수 있다. 인간에게 있어 음식 결핍은 음식을 강화제로 만들 뿐만 아니라 음식을 얻는 것과 관련된 모든 자극(예 : 레스토랑의 세심한 종업원, 메뉴, 수저)을 강화제로 만든다.

이러한 방식으로 UMO의 효과를 이해하면 UMO와 관련된 CMO-T를 이해할 수 있다. 또한 CMO-T의 유발 효과는 S^D의 유발 효과와 쉽게 구별된다. 음식으로 인해 강화된 행동과 관련하여 음식 결핍을 S^D가 아닌 MO로 보면, 음식과 관련이 있는 다양한 조건화된 강화제(예 : 식기구, 메뉴판 등)에 의해 강화된 행동에 대한 (S^D가 아닌) MO의 기능 역시 쉽게 이해할 수 있을 것이다.

대부분의 조건화된 강화제의 강화 효과성은 UMO뿐 아니라 학습된 다른 자극 조건에 의해서도 변화된다. 이러한 개념은 조건화된 강화 효과가 '맥락'에 의존한다는 사실을 뒷받침한다. 부적절한 맥락에서는 자극이 있어도 강화제로서의 효과를 가지지 못하므로 그 자극에 대한 접근이 이뤄지지 않는다. 하지만 적절한 맥락으로 바뀌면 자극이 조건화된 강화제로서 효력을 가지며, 이로써 강화 역사를 가진 특정 행동을 유발할 것이다. 행동의 발생은 결과의 가용성과 관련이 있는 것이 아니라 결과물의 가치와 관련이 있다. 예를 들어, 손전등은 가정에서 흔히 찾아볼 수 있는 물건이지만 정전이 되기 전까진 거의 쓸모가 없다. 이러한 맥락에서 정전은 과거에 손전등을 찾아내게 한 (특정 서랍을 뒤지는) 행동을 유발하는 것이다. 하지

만 이러한 CMO-T 관계의 동기화 특성은 널리 인식되지 않아서 유발 변인(정전)은 보통 S^D로 해석된다.

사람에게 적용되는 CMO-T의 사례

도구를 분해하는 기술자의 경우를 생각해 보자. 그는 조수와 함께 일을 하고 있으며, 그 조수는 기술자가 장비를 필요로 할 때 장비를 건네준다.[12] 기술자는 빼내야 할 (잘못 조인) 일자 나사를 발견하고 조수에게 드라이버를 건네줄 것을 부탁한다. 기술자가 나사를 보고 조수에게 드라이버를 요구했고, 그 요구에 대한 강화는 도구를 건네받는 행동이 된다. CMO-T에 관한 분석을 하기 전이었다면 나사를 본 것은 요구에 대한 S^D로 간주되었을 것이다. 하지만 나사는 도구를 요구하는 것에 대한 강화의 차별적 가용성과 관련이 없다. 기술자가 일하는 환경에서 조수는 기술자가 도구를 요청하게 된 자극 조건(잘못 조인 나사를 발견한 것)이 어떤 것인지와는 관계없이 그 도구를 건네줄 것이기 때문이다. 그러므로 나사를 본 사건은 S^D가 아니라 CMO-T로 해석되어야 한다.

이 복잡한 상황에는 몇 개의 S^D가 포함되어 있어 상황의 분석을 더욱 어렵게 만든다. 나사는 드라이버를 사용하여 나사를 푸는 행동에 대한 S^D이다. 기술자의 요청이 잘못 조인 나사를 보고 난 후 유발된 것은 사실이나, 만약 조수가 없었더라면 발생하지 않았을 것이다. 그러므로 기술자의 요청은 조수의 존재 여부에 의존적인 S^D가 된다. 또한 기술자에게 건네진 드라이버는 그것을 잡기 위해 손을 뻗는 동작에 대한 S^D이다. 하지만 중요한 쟁점은 나사가 기술자의 요구 행동을 유추해 냈고, 이것은 변별 관계가 아닌 동기화 관계라는 것이다.

또 다른 예는 방어 행동을 일으키는 위험 자극과 관

---

12) 이 시나리오는 Michael(1982)에 의해 처음 기술되었다. 그 당시 CMO-T는 S^E로 표기되었다.

련이 있다. 밤에 순찰을 돌던 경비원이 수상한 소리를 듣게 된다. 다른 경비원을 호출하기 위해 전화 버튼을 눌렀을 때 신호를 받은 경비원이 자신의 전화 버튼을 눌러 도움 요청에 반응을 하게 된다. (이 두 번째 경비원의 응답은 첫 번째 경비원의 호출 행동을 강화한다). 이때 수상한 소리는 신호를 받은 두 번째 경비원의 반응을 더 유발하는 S^D가 아니라, 반응을 더 가치 있게 만드는 CMO-T라고 할 수 있다. 하지만 이 과정에서 S^D가 하는 역할이 있다. 전화벨이 울리는 것은 전화를 받는 사람이 통화 연결을 수락하여 수화기에 무언가를 말하고, 그에 대한 상대방의 반응을 들음으로써 강화되는 S^D이다. 울리지 않는 전화를 받는 것은 강화된 행동이 아니다. 덧붙이자면 위험 신호의 효과는 CMO-R과 같이 스스로의 제거로 이어지는 행동을 유발하는 것이 아니라, 다른 사건(이 경우에는 동료 경비원의 도와주겠다는 목소리)을 발생시킬 행동을 유발하는 것이다.

CMO-T를 보여 주는 동물의 예[13]로, 접이식 레버가 설치되어 있고 천장에 체인이 달린 방 안에 갇힌 배고픈 원숭이를 들 수 있다. 체인을 밑으로 잡아당기면 5초 동안 레버가 제시된다. 방 벽에 달려 있는 조명이 켜져 있을 때 레버를 누르면 원숭이는 음식을 받게 된다. 하지만 불이 꺼져 있을 때 레버를 누르는 것은 아무런 효과가 없다. 불빛은 원숭이의 행동과 상관없이 무작위로 켜졌다가 꺼진다. 하지만 불빛의 유무와 관계없이 줄을 잡아당기는 행동은 5초 동안 방 안에 레버가 들어오게 한다. 보이는 줄을 잡아당기는 행동은 불이 꺼져 있을 때 감소되지만 불이 켜질 때는 유발될 것이다. 이 상황에서 불빛은 잘못 조인 나사나 수상한 소리처럼 CMO-T로 작용한다.

최근까지 대부분의 행동분석가들은 CMO-T를 S^D로

─────────────

13) 이 동물 예는 Michael(1982)에서 처음 기술되었다. 용어는 나중에 현재 사용되는 용어로 변경되었다.

해석해 왔다. 하지만 이 둘의 구분은 전적으로 강화제의 가용성과 자극의 유무 간의 관계에 달려 있다. 자극이 없을 때보다 자극이 있을 때 강화제의 가용성이 높다면 자극은 S^D이다. 그러나 강화제가 자극의 존재 여부와 상관없이 유효하다면 자극은 CMO-T이다. 일반적으로 드라이버는 나사와 상관없이 기술자들이 작업을 하는 환경에서 사용 가능하다. 경비원 동료의 반응 또한 수상한 소리의 유무와는 상관없이 얻을 수 있다. 레버는 불빛의 유무와 상관없이 원숭이가 (체인을 잡아당겼을 때) 늘 사용 가능했다.

CMO-T 효과의 약화

CMO-T의 유발 효과는 행동 연쇄의 궁극적 결과와 관련된 MO를 약화함으로써 일시적으로 약화될 수 있다. 드라이버를 요청한 기술자의 예와 레버를 누르기 위해 체인을 당긴 원숭이의 예를 생각해 보라. 그 행동을 하게 만드는 이유를 제거한다면 CMO 관계를 일시적으로 약화할 수 있다. 즉 기술자에게 기계를 분해할 필요가 없다고 말하고, 원숭이는 방 안에 가두기 전 음식을 배불리 먹이는 것이다. 물론 다음에 기술자가 풀어야 할 나사를 본다면 그는 또다시 조수에게 드라이버를 요청할 것이고, 원숭이는 다시 배고파지면 조명이 켜 있을 때 체인을 당기는 반응을 할 것이다.

더 영구적인 약화를 위해서는 소거 과정과 두 종류의 연합철회를 사용할 수 있다. 일자 나사에 의해 발생되는 드라이버 요청을 소거하고자 한다면 그 요구가 더 이상 중요하게 여겨지지 않게 무언가를 바꿔야 한다(예 : 조수는 이제 기술자가 스스로 도구를 찾아야 한다고 생각한다). 원숭이의 예에서는 체인을 당겨도 레버가 나오지 않으면 소거 효과가 나타날 것이다. 다음은 연합철회의 예이다. 모든 나사가 용접되어 있다면 드라이버를 이용해 나사를 풀 수 없다. 물론 기술자는 여전히 드라이버를 요청하여 건네받을 수 있

지만, 나사를 푸는 데에 드라이버를 사용할 수 없으므로 드라이버의 가치는 궁극적으로 사라지게 된다. 원숭이는 계속 체인을 당김으로써 레버가 나오게 할 수 있다. 하지만 이때 레버를 눌러도 더 이상 음식이 제공되지 않으면 그 행동은 사라지게 될 것이다. 또한 잘못 조립된 나사를 드라이버뿐만이 아니라 손으로도 쉽게 풀 수 있다든지, 레버만 누르면 불빛의 유무와 상관없이 음식을 받게 되는 경우 연합철회가 발생할 수 있다.

언어 훈련에서 CMO-T의 중요성

요구(mand) 훈련은 구두언어 능력에 심각한 결함을 가진 사람들을 위한 핵심적인 언어 프로그램이다(제11장 참조). 이들은 지칭(tact)과 수용언어(receptive language) 훈련을 통해 저절로 요구를 학습하지 못한다. 학습자는 무언가를 원해야 하고, 적절한 구두 언어를 사용하여 반응해야 하며, 원했던 것을 얻음으로써 강화를 받아야 한다. 이러한 과정에서 반응은 관련된 MO의 통제하에 놓인다. UMO가 조건화되지 않은 강화제를 요구하도록 가르치는 데 유용할 수 있다고는 하나, 이로 인해 얻어지는 결과는 비교적 작은 레퍼토리이다. 반면, CMO-T는 학습자가 무엇이든 원하게 만들 수 있으며, 이는 또 다른 것을 학습하는 수단이 된다. 자극이 조건화된 강화제로서 기능할 수 있도록 환경을 조작하기만 하면 어떤 자극, 물건, 사건이든 요구의 대상으로 만들 수 있다. 원하는 장난감을 가지고 놀기 위해 연필로 종이에 뭔가를 써야 한다면 그 지시를 가르칠 수 있다. 위와 같은 훈련에 대한 합리적 근거와 이에 요구되는 다양한 과정은 제11장에 기술되어 있다.

CMO-T가 지닌 임상적 함의

CMO-T는 결과물의 가용성이 아닌 가치와의 관계로 인해 행동을 유발하는 자극을 만들어 낸다. 이 점은 행동변인을 효과적으로 이해하고 조작하는 데 미묘하게 영향을 미친다. 행동 통제의 두 가지 형태인 S^D와 CMO-T는 근본적으로 매우 다르기 때문에 여러 측면에서 차이가 있다. 이 점은 어떤 새로운 경험적 관계에 대한 발견이 아니더라도 새 용어의 사용만으로 개선을 필요로 하는 예에서 찾아볼 수 있다. 새 용어를 사용하여 이론적·실용적으로 더 효과적인 발전이 이뤄진다면 이러한 용어 개선이 가치가 있음을 알 수 있을 것이다.

 ## 행동분석에서 동기조작의 함의

행동분석가는 자극, 반응, 결과의 3요인 유관(three-term contingency)을 광범위하게 사용한다. 하지만 자극통제를 발달시킬 때 결과물의 강화적 또는 처벌적 효과성은 MO에 의존적이며, 반응 유발 시 그 자극의 효과성은 그 조건에서 MO가 작동하는지 여부에 달려 있다. 동기조작을 완벽히 이해하지 않고서는 3요인 유관 역시 완벽히 이해할 수 없으며, 이를 실용적이고 효과적으로 사용될 수 없을 것이다.

요약

동기조작(MO)의 정의와 특성

1. MO는 (a) 어떤 자극이 강화제로서 지니는 효과를 변화시키며(가치변화 효과), (b) 그 자극에 의해 강화된 모든 행동의 현재 빈도를 변화시킨다(행동변화 효과).

2. 가치변화 효과란 (a) MO가 EO인 어떤 자극의 강화적 효과의 증가를 말하거나, (b) MO가 AO인 자극의 강화적 효과의 감소를 말한다.

3. 행동변화 효과란 (a) 어떤 자극으로 인해 강화된 행동의 현재 빈도 증가(유발 효과), 또는 (b) 어떤 자극에 의해 강화된 행동의 현재 빈도 감소(감소 효과)를 말한다.

4. 빈도 변화는 (a) 반응 빈도에 대한 MO의 직접적인 유발 또는 감소 효과일 수 있고, (b) 관련된 S^D로 인한 유발 또는 감소 강도에 대한 간접적 효과일 수 있다.

5. 빈도뿐만 아니라 반응 크기, 잠재 기간, 상대적인 빈도와 같은 행동의 측면도 MO에 의해 변화될 수 있다.

6. MO의 행동변화 효과를 유기체가 접촉하는 강화제의 가용성 여부에 기인하여 해석하는 것은 옳지 않다. 강화제를 받지 못해도 MO 수준과 반응 사이에는 강력한 관계성이 있을 수 있다.

7. 행동변화 대 기능변화 효과 : MO와 S^D는 행동변화 효과를 가진 선행 변인이다. 강화제, 처벌제, 또는 강화제(소거 과정)나 처벌제(처벌 과정으로부터의 회복)가 없는 반응의 발생은 유기체의 레퍼토리를 바꾸어 미래의 행동을 바꾸는 결과물이다. S^D와 MO는 행동의 현재 빈도를 변화시키지만 강화제, 처벌제, 그리고 결과물이 없는 반응의 발생은 그 행동의 미래 빈도를 변화시킨다.

동기화 관계와 변별적 관계의 중요한 차이

8. 특정 행동 유형에 효과적인 강화제의 차별적 가용성(differential availability)과 관련이 있는 어떤 자극이 그 행동 유형을 통제한다면 그 자극을 S^D라고 한다. 즉 관련된 결과물이 자극이 있을 때는 유효하지만 자극이 없을 경우 유효하지 않다는 뜻이다. 동기 조작으로 검증받은 대부분의 변인은 이 두 번째 조건을 충족하지 못한다. 변인의 부재 시에는 MO와 연관된 강화제가 없기 때문에 차별적 가용성도 있을 수 없다.

9. 유용한 대조 : S^D는 특정 행동 유형에 현재 효과적인 강화제의 차별적 가용성과 관련이 있고, MO는 특정 환경적 사건의 차별적 강화 효과와 관련이 있다.

조건화되지 않은 동기조작(UMO)

10. 인간의 주요한 UMO에는 음식, 물, 공기, 활동, 수면과 관련된 결핍과 포만이 있다. 또한 성적 강화, 쾌적한 온도, 고통스러운 자극과 관련된 UMO도 있다. 각 변인에는 두 가지 MO가 있다(EO와 AO). 또한 각 변인은 유발 효과와 감소 효과를 가진다. 그러므로 음식 결핍은 EO이며 연관된 행동에 대한 유발 효과를 가지고, 음식 섭취는 AO이며 연관된 행동에 대한 감소 효과를 갖는다.

11. 행동변화 효과의 인지적 해석은 개인이 상황을 이해하고(언어적 묘사를 할 수 있음) 그 이해의 결과로서 적절한 행동을 보이므로 행동변화 효과가 나타난다는 것에 기반을 둔다. 그러나 사실 강화는 강화된 행동을 (UMO에 의해 유발되거나 감소될) 개인의 레퍼토리에 자동적으로 포함시킨다. MO가 유효성을 갖기 위해 개인은 MO에 대해

아무것도 '이해'할 필요가 없다. 위와 같은 오해석은 두 가지 유형의 비효율적인 결과를 초래한다. 첫째, 언어적 능력이 제한된 사람은 환경-행동 간의 관계를 이해하지 못할 것이라고 생각하여 그 사람에게 적절한 행동을 가르치려는 노력을 충분히 들이지 않을 수 있다. 둘째, 개인이 행동과 결과의 관계를 이해하지 못한다고 생각하여 강화를 선행하는 행동(부적절한 행동)이 증가할 경우에 대한 대비를 충분히 하지 않을 수 있다.

12. 훈련 효과를 일반화할 때 자극 조건의 역할은 잘 알려졌지만, 훈련에 사용된 강화제에 대한 MO가 유효하지 않다면 훈련된 행동은 새로운 조건에서 발생하지 않을 것이다.

13. EO 효과의 일시적 약화는 관련된 AO와 감소 조작에 의해 달성될 수 있다. 예를 들어, 음식 결핍에 근거한 문제행동은 음식 섭취로 감소될 수 있지만, 다시 결핍 상태가 되었을 때 문제행동이 재발하게 된다. 행동변화 효과의 영구적 약화는 소거 과정을 통해 달성될 수 있다(예 : MO에 의해 강화된 문제행동을 강화 없이 발생하도록 두는 것).

14. 특정 자극, 사물, 사건의 처벌의 효과성을 변화시키고 처벌된 행동의 빈도를 변화시키는 환경적 변인이 처벌과 관련된 MO이다. 이때, 가치변화 효과가 학습 경험에 의한 것이 아니라면 그 변인은 UMO이다. 고통의 증가는 현재 수준이 더 이상 올라갈 수 없는 시점에 이를 때까지 처벌로서 기능할 수 있다. 자극이 강화제의 제한된 가용성으로 인해 학습된 처벌제라면, 그 강화제의 MO는 조건화된 처벌제의 MO가 된다. 따라서 처벌제로 기능하는 음식 제거의 MO는 음식 결핍이다.

15. 사회적 반감, 강화로부터의 타임아웃, 그리고 반응 대가는 특정 유형의 강화제의 가용성을 감소시키는 것과 연관되기 때문에 처벌제로서 기능하는 자극 조건이다. 이러한 처벌제의 MO는 가용성이 줄어든 강화제에 대한 MO이다.

16. 다중 효과 : UMO로 작용하는 환경적 사건은 (변별 자극으로 기능하는 것들과 같이) 전형적으로 특정 행동에 대해 행동변화 효과를 가지며, (그 결과로서) 그 사건을 선행한 행동에 대해 미래 행동 빈도를 변화시키는 기능변화 효과를 가지게 될 것이다.

17. 행동적 개입은 (a) MO 행동변화 효과, 또는 (b) (강화제 또는 처벌제로서) 레퍼토리 변화 효과에 근거해 선택된다. 그러나 개입의 목적과 관계없이 목표와 반대되는 방향의 효과 또한 일어날 수 있기 때문에 이 같은 상황은 미리 고려해야 한다.

조건화된 동기조작(CMO)

18. 어떤 자극, 사물, 사건의 강화 효과성을 변화시키는 동기 변인이 오로지 유기체의 학습 역사의 결과로 인해 이루어졌을 때 이를 조건화된 동기조작(CMO)이라고 한다. UMO와 마찬가지로 CMO도 다른 사건에 의해 강화된(또는 처벌된) 모든 행동의 현재 빈도를 변화시킨다.

19. 대리적으로 조건화된 동기조작(CMO-S)은 또 다른 MO와 연합되어 그 MO의 기능을 가지게 되며 같은 가치변화와 행동변화 효과를 획득한다.

20. 어떤 행동의 악화 또는 향상을 선행함으로써 MO 효과를 습득하는 자극은 반사적으로 조건화된 동기조작(CMO-R)이라 부른다. 이는 전형적인 도피-회피 과정에서 나타나고, 자극의 제거가 강화제로 작용하여 이를 가능하게 했던 모든 행동을 유발한다.

21. 회피 반응을 유발하는 경우, CMO-R은 보통 S^D로 해석되어 왔으나 CMO-R은 S^D가 될 수 없다. 왜냐하면 CMO-R의 부재 시에는 강화제의 부재에

대한 MO가 있을 수 없으며 따라서 강화제가 가능하지 않기 때문이다. CMO-R은 MO로 기능하며 MO는 학습 역사에 의존하므로 CMO로서의 자격도 가진다.

22. CMO-R은 인간 관계에서 일상적으로 나타나는 상호작용의 부정적인 측면을 설명하는데, 이는 정적 강화를 위한 기회의 연속으로 해석될 수 있다. 예를 들어 누군가에게 어떤 정보를 요구할 때 빨리 대답이 돌아오지 않으면 어색함이 이어지기 때문에 정보 요구는 빠른 대답을 강화한다.

23. CMO-R은 효과적인 사회 행동과 구두언어행동을 학습시키는 데 유용하나 잘 알려져 있지 않다. 어떤 질문이나 지시에 적절한 대답을 못한 학습자는 더 어려운 사회적 상호작용 상황에 처하게 된다. 이때 질문이나 지시는 칭찬이나 긍정적 보상의 가능성이 있는 변별 자극이라기보다는 일차적으로 경고 자극(즉 반사적 CMO)의 기능을 한다.

24. CMO-R은 소거를 사용하여 경고 자극을 제거하지 않은 채로(예 : 문제행동 발생과 상관없이 요구 연쇄를 지속하는 것) 혹은 연합철회의 (최종 악화가 발생하는 데 실패하거나 회피 반응과 상관없이 발생하는) 두 가지 유형을 통해 약화될 수 있다.

25. 다른 자극은 강화하고(또는 폐지하는) 그 자극에 의해 강화된 행동을 유발하는(또는 감소시키는) 환경적 변인을 이동적으로 조건화된 동기조작(CMO-T)이라 한다.

26. UMO로서 기능하는 변인은 조건화되지 않은 강화제와의 관계로 인해 조건화된 강화제인 자극에 대한 CMO-T로서도 기능한다. 음식 결핍은(UMO로서) 음식뿐 아니라 (CMO-T로서) 음식을 얻는 데 관련된 모든 자극(예 : 음식을 입으로 전달하는 데 사용되는 식기류)을 강화제로 만든다.

27. 다수의 조건화된 강화제의 강화 효과성은 UMO에 의해서뿐 아니라 추가적으로 학습된 다른 자극 조건에 의해서도 변화된다. 그러한 자극 조건은 CMO-T로서 조건화된 강화제를 획득해 온 행동을 유발한다. 행동의 발생은 결과물의 가용성과는 관련이 없으며, 결과물의 가치와 관련이 있다.

28. CMO-T를 위한 모델은 도구에 의해 조작되어야 하는(그 도구를 얻는 행동을 유발하는) 환경의 특징이다. 방어 행동을 유발하는 위험과 연관된 자극이 그 예이다.

29. CMO-T의 유발 효과는 행동 연쇄(예 : 도구로 하려 했던 일을 더 이상 하지 않아도 된다)의 궁극적 결과와 관련된 MO를 약화함으로써 일시적으로 약화될 수 있다. 더 영구적인 약화는 소거 과정과(예 : 도구에 대한 요청이 더 이상 들어지지 않는다.), 두 유형의 연합철회(예 : 도구가 더 이상 과제를 달성하지 못하거나, 도구 없이도 과제가 달성될 수 있다.) 시 발생한다.

30. CMO-T는 요구(mand)를 가르치는 언어 프로그램에 특별히 유용하다. 이는 학습자가 어떤 것을 원하도록 만들고, 그 물건을 강화제로 사용해 적절한 요구를 강화하는 하나의 방법이다.

행동분석에서 동기조작의 함의

31. 행동분석의 3요인 유관인 자극, 반응, 결과는 필수적인 요소이지만, 이 관계는 동기조작의 철저한 이해 없이는 완전히 이해될 수 없으며 가장 효과적인 방법으로 사용될 수 없다.

제7장

자극통제

주요 용어

개념형성	선행자극 범주	자극 일반화
대칭성	이동성	자극 일반화도표
반사성	임의적 자극 범주	자극변별 훈련
변별 자극(S^D)	자극델타($S^\triangle$)	자극통제
샘플대응	자극의 등가성	특징자극 범주

BCBA와 BCABA의 행동분석 자격심사위원회
행동분석과제 목록, 제3판

내용 영역 3 : 원리, 절차, 개념

3-2	자극과 자극 범주의 정의와 예시
3-7	자극통제의 정의와 예시
3-8	확립조작의 정의와 예시
3-12	일반화와 변별의 정의와 예시

내용 영역 9 : 행동변화 절차

9-7	변별 훈련 절차 사용
9-8	촉진과 촉진 용암법 사용
9-21	자극의 등가성 절차 사용

조작 반응(operant response)에서 강화는 추후 그 반응이 더 자주 일어나게 만든다. 뿐만 아니라 강화가 수반되었던 반응을 선행하는 자극(즉 선행자극) 역시 이 강화의 영향을 받는데, 선행자극(antecedent stimuli)은 강화를 통해 관련 행동을 일으키는 효과가 있다. 조작적 조건화를 실험적으로 증명한 연구에서는(laboratory demonstration) 실험용 우리 안에 쥐를 놓고 레버를 누를 기회를 준다. 그리고 쥐가 레버를 누르면 음식을 줌으로써 강화를 제공한다. 이러한 강화는 쥐가 레버를 누르는 행동의 빈도를 증가시킨다.

연구자들은 다른 변인을 조작함으로써 이 간단한 증명을 더 복잡하게 만들 수도 있다. 예를 들면, 가끔씩 버저 소리가 나게 하고 버저 소리가 나는 동안 쥐가 레버를 누를 때 음식을 준다. 레버를 누르는 행동을 선행하는 자극인 버저 소리는 **변별 자극**(discriminative stimulus, S^D; '에스디'라고 읽음)이라고 부른다. 몇 번의 경험을 거쳐 쥐는 버저 소리가 없을 때보다 있을 때(S^D) 레버를 더 많이 누르게 된다. 변별 자극(이 경우 버저 소리)이 없는 조건은 **자극델타**(stimulus delta, S^△; '에스델타'라고 읽음)라고 부른다. 자극통제 하에 있는 행동은 변별 자극(S^D)이 없을 때보다 있을 때 더 자주 발생한다. 기술적으로, **자극통제**(stimulus control)는 선행자극 때문에 학습자의 반응률, 잠재 기간, 지속 기간, 또는 반응의 크기가 변하는 것을 뜻한다(Dinsmoor, 1995a, b). 학습자가 같은 행동을 표출하더라도 특정 자극이 존재할 때 표출함으로써 더 자주 강화를 얻게 된다면 이 자극은 통제를 가지게 된다.

자극통제를 단지 실험실에서 증명되는 흥미로운 과정이라고만 여겨서는 안 된다. 자극통제는 일상적으로 일어나는 복잡한 행동(예 : 언어 체계, 개념적 행동, 문제해결), 교육, 치료에서 핵심적인 역할을 한다(Shahan & Chase, 2002; Stromer, 2000). 사람들은 전화벨이 울리지 않을 때 전화를 받지 않는다. 운전자는 신호등에 빨간 불이 켜졌을 때(그렇지 않을 때보다) 더 차를 세운다. 스페인어와 영어를 모두 구사하는 사람이라면, 스페인어를 쓰는 사람들과 대화할 때 영어가 아닌 스페인어로 말할 가능성이 더 높다.

어떤 맥락에서는 부적절하다고 여겨지는 행동도 다른 맥락에서는 적절한 것으로 받아들여질 수 있다. 예를 들면, 교사들은 학생들이 놀이터에서 내는 큰 소리는 문제가 없다고 보지만 교실에서 떠드는 것은 부적절하다고 여길 것이다. 파티에 15~20분 정도 늦는 것은 적절할 수 있지만 입사 면접에서는 아니다. 부모나 교사의 입장 혹은 사회적인 시각에서 보았을 때 일반적으로 부적절하다고 불리는 행동도 그 자체가 문제가 되는 행동은 아닐 수 있다. 문제는 그 행동이 부적절하다고 여겨지는 시간, 장소, 또는 환경에서 발생하는 것이다. 이것이 자극통제의 대표적인 문제점인데, 응용행동분석가들의 큰 고민거리이기도 하다. 이 장에서는 자극통제의 발달에 관련된 요인을 다룰 것이다.

선행자극

조작 반응의 자극통제는 조건화된 자극(conditioned stimulus)에 의해 일어나는 반응 행동(respondent behavior)의 통제와 비슷해 보인다. 변별 자극(S^D)과 조건화된 자극은 행동을 유발하는 선행자극이라는 점에서 동일하다. 그러나 응용행동분석가들은 조작 행동을 일으키는 변별 자극의 기능과 반응의 조건화를 이끌어 내는 조건화된 자극을 구별할 필요가 있다. 조작 행동의 환경적 통제를 이해하기 위해서는 이 둘을 분별하는 것이 매우 중요하다. 전형적인 반응적 조건화의 실험적 증명에서 실험자는 개에게 음식을 제공한다. 음식은 무조건적 반응(침 분비)을 일으키는 무조건적 자극의 기능을 한다. 그 후에 실험자는 중성자극인 벨 소리를 도입한다. 벨 소리는 침 분비를 일으키지 못한다. 하지만 계속해서 벨 소리와 음식을 짝지어 개에게 전달한다면 벨 소리는 음식(무조건적 자극)이 없어도 침 분비(조건화된 반응)를 일으키는 조건화된 자극이 된다.

　조작적 조건화와 반응적 조건화에 대한 실험은 선행자극이 행동에 대한 통제성을 갖출 수 있음을 지속적으로 입증해 왔다. 버저 소리를 들은 쥐는 레버를 누른다. 벨 소리를 내자 개가 침을 흘린다. 이 행동이 유사한 것은 사실이지만, 레버를 누르는 것은 조작 행동(operant behavior)인 반면에 침을 분비하는 것은 반응 행동이다. 게다가 변별 자극(S^D)과 조건화된 자극은 통제 기능을 얻는 방식 역시 매우 다르다. 변별 자극은 행동에 바로 잇따라 일어나는 자극변화와의 연계로 인해 통제 기능을 얻는다. 이와는 반대로, 조건화된 자극은 행동을 유발하는 다른 선행자극과의 연계를 통해 통제 기능을 얻는다(즉 무조건적 자극 또는 조건화된 자극).

　환경에는 사람이 인지할 수 있는 여러 가지 형태의 에너지가 있다. 생물체들은 환경에 진화적으로 적응해 나가는 과정에서 점차 이러한 에너지 형태를 감지할 수 있는 해부학적 구조(즉 장기의 수용기)를 가지게 되었다. 예를 들어, 눈은 전자기 방사선을 감지하고, 귀는 기압 진동을 감지하며, 혀와 코는 화학적 에너지를, 피부의 수용기는 물리적 압력과 열 변화를 감지한다(Michael, 1993).

　응용행동분석가들은 자극이 행동에 미치는 영향을 조사하기 위해 자극의 물리적 성질을 이용한다. 하지만 이때 사용되는 물리적 에너지는 생물체의 감각 능력과 반드시 관련이 있어야 한다. 예를 들면, 자외선은 물리적 에너지이긴 하지만 이를 감지할 특별한 기계가 없는 한 사람에게 자극으로 기능할 수 없다. 따라서 이 에너지는 조작 행동을 이끌어 내지 않을 것이다. 또 다른 예로, 개를 부르는 호각 소리는 개에게는 자극으로서 기능하지만 사람에게는 아무런 영향도 주지 않는다. 개는 호각의 기압 진동을 들을 수 있지만 사람은 이를 감지할 수 없기 때문이다. 어떤 형태의 물리적 에너지이든 생물체가 이를 감지할 수 있어야 변별 자극으로서 기능할 수 있는 것이다.

자극의 변별 기능과 동기부여 기능

변별 자극과 확립조작(establishing operation, EO)은 다음과 같은 두 가지 중요한 유사성을 가진다. (a) 두 사건 모두 행동이 발생하기 이전에 일어나며, (b) 두 사건 모두 행동을 유발하는 기능을 가지고 있다. 행동을 유발한다는 것은 행동을 일으키거나 발생시키는 등 행동의 원인이 되는 것을 뜻한다. 일반적으로 선행통제의 특성을 구분하여 분류하는 것은 어렵다. 행동은 변별 자극에 의해 일어났는가, 아니면 확립조작에 의해 일어났는가? 혹은 둘 다에 의해 일어났는가?

　어떤 상황에서는 선행자극의 변화가 반응의 빈도를 변화시키기 때문에 변별 자극 효과를 가지는 것처럼 보일 수도 있다. 전형적인 충격-도피(shock-escape) 과정이 그 예이다. 실험실용 우리 안에 동물을 넣어 두고 충격을 준다. 이 충격은 동물이 특정 반응을 보일 때 제거되는데, 그 후 일정한 시간이 흐르면 또다시 충격을 준다. 이 충격은 동물이 또다시 같은 반응을 보일 때까지 지속된다. 이 과정에 숙련된 동물은 충격이 주어지자마자 즉시 반응을 보여 충격을 멈출 수 있게 된다. 이 경우 충격이 변별 자극의 역할을 하는 듯 보일 수도 있다. 충격(선행자극)은 동물로 하여금 반응을 하게 만들며, 이 반응은 부적 강화를 받는다(충격이 제거되므로). 그러나 이 경우 충격은 변별 자극이라 할 수 없다. 반응에 대한 강화는 변별 자극이 없을 때보다 있을 때 더 자주 일어나야 하기 때문이다. 동물이 '충격의 제거'라는 강화를 받기는 하지만, 충격이 부재된 이 상태가 강화 빈도가 낮은 상태는 아니다. 이미 충격이 있는 상황이어야 반응이 강화될 수 있기 때문이다. 충격은 변별 자극이 아닌 확립조작(EO)으로서 기능한다. 충격은 강화가 주어질 것인지의 여부보다 무엇이 강화로서 기능할 것인지를 변화시키기 때문이다(Michael, 2000). 겉보기에는 변별 자극 효과인 듯 보이면서도 실제로는 효과적인 차별강화에 의해 반응의 빈도가 변화된 역사가 없는 경우가 종종 있다. 이러한 상황이라면 아마도 자극통제보다 동기조작(motivating operation, MO)과 더 연관이 있을 것이다.

다음의 시나리오는 방금 소개했던 실험실 사례를 응용 맥락에서 본 것이다. 교사가 학생에게 특정한 반응을 요구한다. 하지만 학생은 즉각적으로 공격적인 태도를 보이고, 결국 교사는 학생에게 반응을 요구하는 것을 포기한다. 후에 교사가 다시 반응을 요구하지만, 학생이 공격적 행동을 보이면 교사가 요구를 그만두는 순환이 반복될 것이다. 위 문단의 실험실 사례에서 충격이 변별 자극의 역할을 하는 듯 보였던 것과 비슷하게, 이 시나리오에서도 선생님의 요구가 변별 자극의 역할을 하는 듯 보일 수 있다. 하지만 교사의 요구(선행자극)에 따라 학생이 보이는 공격성은 부적으로 강화되므로(교사의 요구가 철회됨), 교사의 요구는 변별 자극이 아닌 공격적 행동을 일으키는 확립조작의 역할을 한다. '교사의 요구'가 철회되었는데 요구가 변별 자극으로서 공격적 행동을 유발했다고 말하는 것은 이치에 맞지 않다. 이는 충격이 더 이상 주어지지 않는 상태에서 충격이 변별 자극으로서 반응을 일으켰다고 말하는 것과 같다(McGill, 1999). 생물체는 충격이나 요구와 같은 확립조작이 없는 상태라면 도피를 '원하지' 않는다. 선행자극이 변별 자극으로 기능했다고 해석되기 위해서는 이 선행자극이 있을 때 반응이 강화로 이어져야만 하며, 이 자극의 부재 시에는 같은 반응이 강화를 발생시키지 않아야만 한다(Michael, 2000).

위에 소개된 실험실 사례와 응용 사례의 몇 가지 부분을 바꾼다면 동기조작의 유발 기능과 자극통제의 유발 기능 간의 차이를 확인해 볼 수 있다. 예를 들어, 동물에게 충격을 주었던 실험 조건을 변경하여, 회기가 진행되는 동안 몇 번에 걸쳐 버저가 울리게 만들 수 있다. 버저가 울리고 있는 동안에 동물이 반응을 보여야만 충격을 제거한다. 또한 버저 소리가 나지 않을 때에는 동일한 반응을 보이더라도 강화를 주지 않는다(즉 충격을 제거하지 않는다). 이 조건에서는 버저가 변별 자극으로서 기능할 것이고, 자극통제를 증명할 수 있다. 교사와 학생의 응용 사례에서는 1명의 교사 대신 2명의 교사가 학생을 가르치는 조건으로 바꿀 수 있다. 한 교사는 요구를 한 후에 학생이 공격적 행동을 보이면 더 이상 요구를 하지 않는다. 다른 교사는 학생의 공격적 행동에도 계속 반응을 요구한다. 첫 번째 교사의 수업에서는 학생의 행동이 효과적인 부적 강화로 이어지는 반면, 두 번째 교사의 수업에서는 그렇지 않게 만든다. 이 과정을 통해 학생의 공격적 행동에 요구를 철회했던 교사는 변별 자극이 되며 학생에게 공격적 행동을 일으키는 역할을 하게 된다. 이 두 가지 사례에서 선행통제의 특징은 버저 소리나 요구를 철회시키는 교사의 존재 여부에 따라 달라질 것이며, 버저와 그 교사가 있을 때 강화가 더 자주 일어날 것이다.

변별 자극과 동기조작의 유발 기능에 대한 이해는 선행통제의 기술적 서술과 행동변화의 이해에 큰 도움이 될 것이다(Laraway, Snycerski, Michael, Poling, 2001). 궁극적으로 이러한 이해는 더욱 효과적인 교육과 치료를 가능하게 만들 것이다.

자극 일반화

선행자극이 유발해 낸 반응이 선행자극의 존재 시에 강화된 적이 있다고 하자. 이 경우, 일반적으로 선행자극과 유사한 자극에 의해서도 같은 반응이 일어나게 된다. 통제력을 가진 선행자극과 유사한 물리적 특징을 공유하는 자극이 이러한 유발 기능을 지니게 되는 것이다. 이러한 성향을 **자극 일반화**(stimulus generalization)라고 한다. 반대로, 선행자극과 상이한 자극이 반응을 일으키지 않는다면 **자극변별**(stimulus discrimination)이 일어났다고 할 수 있다. 자극 일반화가 일어날 것인지 혹은 자극변별이 일어날 것인지는 자극통제가 어느 정도로 일어났느냐에 따라 달라진다. 자극 일반화와 자극변별은 상대적 관계에 놓여 있다. 자극 일반화는 자극통제가 느슨함을 반영하는 반면에, 자극변별은 자극통제가 비교적 엄격함을 반영한다. 일상 속에서 다음과 같은 상황에서 자극 일반화가 관찰된다. 아빠와 함께 있을 때 아빠에게 '아빠'라고 부르는 것을 배운 아동이 이웃, 상점의 점원, 삼촌 등 다른 남자 어른들에게도 '아빠'라고 부른다. 이를 조건화한다면 자극통제의 정도가 단일 특정 자극인 아동의 아빠로 국한될 것이다.

자극 일반화는 통제 선행자극과 유사한 물리적 차원을 공유하는 새로운 자극으로 인해 일어난다. 예를 들면, 파란색 자극이 제시될 때 어떤 반응을 보임으로써 강화를 받은 적이 있다면, 자극 일반화는 아마도 빨간색 또는 노란색의 자극보다는 밝은 파란색이나 어두운 파란색의 자극이 제시될 때 일어날 것이다. 자극 일반화는 새로운 자극과 통제 자극이 그 외의 공통적인 요소를 가지고 있을 때(예 : 크기, 모양) 일어나기 쉬운데, 만약 어떤 학생이 원에 대해 반응을 함으로써 강화를 받았다면 그는 삼각형보다는 타원형에 같은 반응을 보일 확률이 높다.

자극 일반화도표(stimulus generalization gradient)는 한 자극 조건에서 강화된 반응이 훈련받은 적 없는 다른 자극 조건에서 발생하는 정도를 보여 주는 도표로, 자극 일반화와 자극변별의 정도를 묘사한다. 도표의 기울기가 비교적 평평하다면 자극통제가 약함을 뜻하는 반면, 도표의 기울기가 증가한다면 이는 강한 자극통제를 뜻한다.

행동분석가들은 자극 일반화도표를 산출하기 위해 여러 가지 절차를 사용했다. Guttman과 Kalish(1956)가 사용했던 고전적 기술이 대표적인 예가 된다. 그 이전의 많은 연구자들은 자극 일반화도표를 산출하기 위해 참가자들을 그룹지어 동일한 자극가치(stimulus value)에 조건화한 후, 자극 일반화의 정도를 측정할 때 참가자마다 각각 다른 자극가치를 사용했다. 이런 기술로는 각 개인의 자극통제 정도를 입증할 수 없었다. 반면, Guttman과 Kalish가 사용했던 기술은 개별화된 도표를 만드는 방법을 제공했으며 자극통제를 지배하는 원리를 더욱 심도 깊게 이해하는 기초가 되었다.

Guttman과 Kalish는 비둘기들이 황녹색의 빛을 내는 디스크를 쪼도록 VI 1분 계획을 적용하여 강화했다(예 : 550mμ 파장). 황녹빛 디스크를 쪼는 행동이 안정화된 후에는 소거 조건에서 자극 일반화의 여부를 시험했는데, 이때 비둘기에게 초기 자극(황녹빛 디스크)뿐 아니라 훈련 동안 한 번도 제시되지 않았던 11개의 다른 색 디스크도 무작위 연쇄로 제시했다.

한 반응이 특정 자극이 존재하는 상황에서 조건화된 후에 그 자극과 유사한 새로운 자극에 대해서도 동일한 반응이 발생된다면 자극 일반화가 일어났다고 할 수 있다. 하지만 자극 일반화를 실험하는 동안 반응이 강화를 일으키면, 학습자가 새로운 자극에 대해 보인 반응이 일반화가 일어났음을 의미하는지 혹은 강화로 인해 나타난 것인지를 구분하기 힘들다. 이러

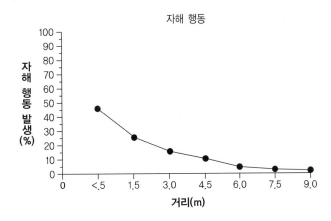

자해 행동

| 그림 7.1 | 일반화 시행 동안 거리에 따른 회기당 총반응률(%). 치료사와 아동 간의 거리는 0.5m, 1.5m, 3.0m, 4.5m, 6.0m, 7.5m, 9.0m 미만이다.

출처 : "Assessment of Stimulus Generalization Gradients in the Treatment of Self-Injurious Behavior" by J. S. Lalli, F. C. Mace, K. Livezey, and K. Kates(1998). *Journal of Applied Behavior Analysis, 31,* p. 481. Copyright 1988 by the Society for the Experimental Analysis of Behavior, Inc. Used by permission.

한 문제점을 없애기 위해 Guttman과 Kalish는 일반화 실험을 소거 동안 실시했다.

Lalli, Mace, Livezey, Kates(1998)는 자극 일반화도표를 사용하여 자극 일반화 정도를 평가했다. 이 연구자들은 심각한 지적장애를 가진 10세 여아를 대상으로 했으며, 어른과의 물리적 거리(즉 주변에 얼마나 가까이에 어른이 있는지)와 이 여아의 자해 행동 간의 관계를 평가하기 위해 자극 일반화도표를 사용했다. 그림 7.1은 아동이 여러 회기에 걸쳐 보인 자해 행동의 총백분율을 나타내며, 치료사와 아동 간의 거리가 멀어질수록 자해 행동의 백분율이 점차 낮아졌음을 보여 준다.

 ## 자극통제의 발달

자극변별 훈련

자극변별 훈련(stimulus discrimination training) 과정은

일반적으로 한 가지 행동과 두 가지 선행자극 조건을 필요로 한다. 반응은 한 자극 조건(즉 변별 자극)에서는 강화되지만, 다른 자극(즉 자극델타)이 제시될 때는 강화되지 않는다. 교사가 이 훈련 과정을 꾸준히 적절하게 적용한다면 변별 자극이 제공될 때 학습자가 보이는 반응률이 자극델타가 제공될 때의 반응률보다 높을 것이다. 대개의 경우, 시간이 지남에 따라 참가자는 자극델타가 있을 때는 반응을 보이지 말아야 한다는 것을 학습하게 된다.

차별강화를 포함하는 전통적 변별 훈련 절차에서는 일반적으로 강화 조건과 소거 조건을 번갈아 가며 사용한다. 즉 변별 자극 조건에서는 반응이 강화를 받지만 자극델타 조건에서는 강화를 받지 못한다. 더 정확히 말하자면, 강화가 아예 제공되지 않는 조건(소거)뿐 아니라 변별 자극 조건보다 더 적은 양이나 더 낮은 질의 강화가 제공되는 조건 역시 자극델타에 포함된다(Michael, 1993).

Maglieri, DeLeon, Rodriguez-Catter, Sevin(2000)은 프래더-윌리 증후군을 가진 14세 여학생을 대상으로 개입을 시행했다. 프래더-윌리 증후군은 주로 비만 및 음식 절도와 관련이 있는 심각한 질병이다. 이 연구에서는 여학생의 음식 절도 행위를 줄이기 위해 개입을 시행했는데, 개입 방법의 하나로 변별 훈련을 실시했다. 변별 훈련이 진행되는 동안 교사는 여학생에게 과자 두 통을 보여 주었다. 한 통에는 경고 스티커(자극델타)가 붙어 있고 다른 통에는 경고 스티커가 없었다(변별 자극). 교사는 여학생에게 경고 스티커가 없는 통에 들어 있는 쿠키만 먹을 수 있다고 말했다. 교사는 쿠키 두 통을 모두 보여 주며 "어떤 통에 있는 과자를 먹어도 될까?"라고 물었다. 만약 여학생이 경고 표시가 없는 통의 과자를 먹을 수 있다고 대답하면 교사는 그 통에서 과자를 하나 꺼내 여학생에게 주었다. 이 변별 훈련 과정을 통해 경고 스티커가 있는 통

의 음식을 훔치는 학생의 행동이 감소되었다.

개념형성

앞의 변별 훈련에 대한 기술에서 어떻게 선행자극이 반응에 대한 통제성을 갖추게 되는지를 기술했다. 반응에 대해 통제성을 갖춘다는 것은 자극이 없을 때보다 있을 때 행동이 더 빈번하게 발생한다는 뜻이다. 변별 훈련 과정은 취학 전 아동들에게 색깔 이름을 가르치는 데 사용될 수 있다. 예를 들어, 빨간색을 가르치기 위해 교사는 빨간색 사물(예 : 빨간 공)을 변별자극 조건으로 이용하고, 빨간색이 아닌 사물(예 : 노란 공)을 자극델타로 이용할 수 있다. 교사는 두 공의 위치를 무작위로 정하여 학생 앞에 두고, 학생에게 공의 색깔을 말한 후 빨간 공을 고르라고 지시할 수 있다. 교사는 학생이 정반응을 보일 때는 강화를 주지만 틀린 반응에는 강화를 주지 않는다. 이러한 시행을 몇 번 반복하면 빨간 공은 학생의 반응에 대한 통제성을 가지게 될 것이고, 이에 따라 학생은 일관성 있게 빨간 공과 노란 공을 구별하게 될 것이다. 하지만 만약 교사가 설정한 수업 목표가 빨간 공과 다른 색깔의 공을 구별하는 데에 그치지 않고 빨간색의 개념을 배우는 데까지 확장하면, 이러한 간단한 변별 훈련만으로는 수업 목표를 달성할 수 없을 것이다.

대부분의 사람들에게 **개념형성**(concept formation) 또는 **개념습득**(concept acquisition)과 같은 용어는 심리 작용의 가설적 구조를 암시한다. 하지만 개념습득은 선행자극 존재 시 반응과 그 반응에 잇따르는 결과에 매우 의존적이다. 결국 개념형성은 자극 일반화와 자극변별의 행동적 결과인 것이다(Keller & Schoenfeld, 1950/1995). **개념형성**은 자극의 범주 내에서의 자극 일반화뿐만 아니라 자극의 범주 간 변별까지 할 수 있을 때 비로소 발생하는 자극통제의 복잡한 예이다. **선행자극 범주**(antecedent stimulus class)는 공통적 관계를 공유하는 자극의 집단이다. 선행자극 범주에 속하는 모든 자극은 같은 범주의 조작 반응이나 반응적 행동을 끌어낼 것이다. 한 범주 내 자극의 공통점은 이러한 유발적(혹은 유도적) 기능이다(Cuvo, 2000). 예를 들면, 빨간색이라는 개념에 대한 자극 범주를 생각해 볼 수 있다. 빨간 사물이 빨간색이라고 불리는 것은 이전에 빨간색으로 불리도록 조건화된 역사가 있기 때문이다. 이렇듯 차별강화로 인해 조건화된 역사 덕분에 우리는 옅은 빨강에서 짙은 빨강까지를 모두 **빨간색**으로 감지하여 반응을 보인다. 빨간색의 여러 색조는 조건화 역사를 공유하므로 이러한 **빨간색** 반응을 일으키는 것이며, 때문에 동일한 자극 범주 내에 포함된다. 만약 빨간색의 어떤 색조(예 : 옅은 빨강)가 **빨간색** 반응을 일으키지 않는다면 그 색조는 자극 범주의 구성원이 아니다. 그러므로 빨간색이라는 개념은 훈련된 자극에서부터 자극 범주 내에 있는 다른 여러 자극으로까지의 자극 일반화를 필요로 한다. 만약 취학 전 아동이 빨간색의 개념을 습득했다면 그 아동은 빨간 공을 구별해낼 수 있을 뿐 아니라, 추가적으로 특정 훈련이나 강화를 받지 않더라도 빨간 풍선, 빨간 장난감 자동차, 빨간 연필 등을 구별할 수 있을 것이다.

개념은 자극 일반화뿐만 아니라 자극 범주 요소와 비요소 간의 변별을 요구한다. 예를 들어, 빨간색의 개념은 빨간색과 다른 색깔의 변별, 그리고 모양이나 크기와 같은 관련 없는 자극 범위를 분별해낼 것을 요구한다. 개념의 습득은 빨간 공과 노란 공을 구별해내는 것부터 시작되지만, 궁극적으로는 파란 드레스와 빨간 드레스를, 하얀 장난감 자동차와 빨간 장난감 자동차를, 검은 연필과 빨간 연필을 구별하게 만들어준다.

변별 훈련은 개념적인 행동을 가르치는 데 핵심적이다. 변별 훈련 시에는 반드시 공통적 관계를 공유하는 자극들의 집단(즉 자극 범주)을 대표하는 선행자극과 다른 자극 범주에서 나온 선행자극을 모두 소개해야 한다. 즉 교사는 한 개념을 가르치기 위해 어떤 것이 개념에 해당되는지(즉 변별 자극 조건) 그리고 어떤 것이 개념에 해당되지 않는지(즉 자극델타 조건)에 관한 표본을 제시해야만 한다. 이 접근은 모든 개념 발달에 효과적인데, 매우 추상적인 개념(예 : 정직, 애국심, 정의, 자유, 나눔)의 발달에도 적용된다. 또한 개념의 습득은 간접적인 변별 훈련과 차별강화를 통해서도 가능하다. 개념의 언어적 정의를 제시하고 개념의 예와 예가 아닌 것을 포함하면 직접적 훈련 없이도 충분히 개념형성이 될 수 있다.

아동문학 작가들은 선과 악, 정직과 부정직, 용감함과 비겁함 같은 개념을 간접적으로 가르친다. 한 예로 가게에서 일할 젊은 사람을 고용하고 싶어 하는 가게 주인의 이야기를 떠올려 볼 수 있다. 점원이 해야 할 일에는 바닥 쓸기, 손님이 구매한 물건을 봉지에 담아 주기, 선반을 깔끔하게 정리하기 등이 포함된다. 또한 주인은 정직한 사람을 원했기 때문에 지원자 모두의 정직성을 테스트해 보기로 결정했다. 주인은 첫 번째 지원자를 고용하기 전에 그에게 식품점에서 일해 볼 기회를 먼저 주었다. 지원자가 일하러 오기 전에 주인은 1달러를 잘 보이는 장소에 두었다. 테스트 기간이 끝날 무렵 주인은 지원자에게 가게에서 일하는 것이 어땠는지, 이 일을 계속하고 싶은지, 그리고 일했던 기간 동안 특별한 일은 없었는지 물었다. 지원자는 이 일을 하고 싶으며 일한 기간 동안 어떤 특별한 일도 발생하지 않았다고 대답했다. 주인은 이 지원자에게 다른 지원자들도 테스트하고 싶다고 언급한 뒤 채용을 보류했다. 두 번째 지원자는 테스트 기간 후 첫 번째 지원자와 같은 대답을 했고 일자리를 얻지 못했다. 세 번째 여성 지원자는 바닥을 쓸던 도중 1달러 지폐를 발견하고 즉시 주인에게 갖다 주었다. 이 지원자는

고객이나 주인이 돈을 떨어뜨린 것일지도 모르니 주인에게 그 돈을 주는 것이라고 덧붙였다. 주인은 이 세 번째 지원자에게 이 직업이 잘 맞는지 그리고 자신의 가게에서 일하고 싶은지를 물었고, 이 지원자는 그렇다고 대답했다. 주인은 세 번째 지원자가 정직했기 때문에 고용하는 것이라고 밝혔다. 주인은 이 지원자에게 1달러도 주었다.

위 이야기는 정직한 행동과 부정직한 행동의 표본을 제시한다. 정직한 행동은 보상을 받고(즉 정직한 사람이 일자리를 구함), 부정직한 행동은 보상을 받지 못했다(즉 처음 두 지원자는 일자리를 얻지 못함). 이 이야기는 정직함의 특정 개념을 간접적으로 가르칠 수 있다.

한 범주를 구성하는 자극들은 특징자극 범주와 임의적 자극 범주 내에서 기능할 수 있다(McIlvane, Dube, Green & Serna, 1993). **특징자극 범주**(feature stimulus class) 내의 자극은 동일한 물리적 형태(예 : 지형상의 구조) 또는 동일한 상대적 관계(예 : 공간적 배치)를 공유한다. 특징자극 범주에는 무한한 수의 자극이 있으며, 우리의 개념 행동의 상당히 많은 부분을 차지한다. 예를 들어, 개라는 개념은 특징자극 범주에 속한다. 모든 개에 공통되는 물리적 형태가 그 자극 범주의 구성요소이다. 어린아이는 차별강화를 통해 말, 고양이, 소 등의 동물과 개를 구별하는 법을 배우게 된다. 대개의 특징자국범주에서 물리적 형태는 공통점이 있는데, 책, 탁자, 집, 나무, 컵, 고양이, 깔개, 양파, 차 같은 반응을 일으키는 자극 범주가 그 예이다. 다른 특징 범주 내의 자극 중에 상관적 또는 상대적 관계가 가능하다. 이러한 상대적 관계에 기초한 특징자극 범주의 예에는 더 큰, 더 뜨거운, 더 높은, ~의 위에, ~의 왼쪽과 같은 개념이 있다.

임의적 자극 범주(arbitrary stimulus class)를 구성하는 자극은 같은 반응을 일으키지만, 공통된 자극 특징

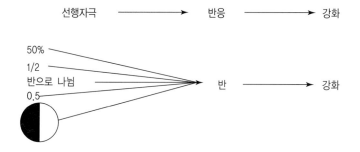

선행자극 ────→ 반응 ────→ 강화

50%
1/2
반으로 나눔 ────→ 반 ────→ 강화
0.5

| **그림 7.2** | '반'이라는 반응을 유발하는 다른 물리적 형태의 선행자극. 임의적 자극 범주의 예

을 공유하지는 않는다(즉 이 범주의 자극들은 서로 다른 물리적 형태를 띠며, 상대적 관계가 없다). 임의적 자극 범주를 구성하는 자극은 수적으로 제한되어 있다. 예를 들어, 교사는 50%, 1/2, 반으로 똑같이 나눔, 0.5 (그림 7.2 참조)라는 자극을 사용하여 임의적 자극 범주를 형성할 수 있다. 훈련 후에는, 서로 다른 물리적 형태를 가진 자극들이 모두 반이라는 같은 반응을 일으키게 될 것이다. 완두콩, 아스파라거스, 감자, 옥수수는 채소라는 반응을 일으키는 임의적 자극 범주가 될 수 있다. 학생들은 A, E, I, O, U, Y를 모음이라는 임의적 자극 범주와 연관시키는 것을 배운다.

개념과 복잡한 언어 관계의 발달은 육아, 양육, 교육, 치료에서 중요한 역할을 한다. 응용행동분석가들은 특정 자극 범주와 임의적 자극 범주를 구성하는 개념과 복잡한 언어 관계를 가르칠 때 다양한 지시 방법을 고려해야 한다. 특정자극 범주를 가르칠 때 일반적으로 사용되는 교육 과정은 변별 자극 사례와 자극델타 사례에 대한 반응을 차별적으로 강화하는 것이다. 특정자극 범주에서는 일반화가 폭넓게 발생한다. 참가자의 기능 수준에 따라 몇 가지의 사례를 훈련하는 것만으로 개념의 발달이 가능하기 때문이다. 하지만 임의적 자극 범주에서는 자극 일반화가 그렇게 쉽게 일어나지 않는다. 응용행동분석가들은 임의적 자극들 사이에서 자극의 등가성(stimulus equivalence)을 이끌어 내기 위해 **샘플대응**(matching-to-sample) 과정을 사용하여 임의적 자극 범주를 가르쳐 왔다.

자극의 등가성

Sidman(1971)은 연구를 통해 임의적 자극 사이에서 자극 등가 범주(stimulus equivalence class)가 발달함을 보여 주었다. 이 실험은 심각한 지적장애를 가진 한 소년을 대상으로 했는데, 실험 이전에 이 소년은

1. 사물의 이름을 듣고 그 사물이 그려진 그림을 고를 수 있었다.
2. 그림을 보고 그림에 묘사된 사물의 이름을 말할 수 있었다.

하지만 그는

3. 단어를 그 단어의 소리와 매치할 수 없었다.
4. 사물의 이름을 보고 이에 대응하는 사물의 그림을 고를 수 없었다.
5. 그림을 보고 이에 대응하는 단어를 고를 수 없었다.
6. 단어를 소리 내어 읽을 수 없었다.

Sidman은 아동이 단어를 단어의 소리와 매치할 수 있도록 가르쳤다(#3). 그랬더니 이 아동은 추가적인 학습 없이도 단어를 보고 이에 걸맞은 그림을 고르고(#4), 그림을 단어에 대응시키고(#5), 단어를 소리 내어 읽을 수 있게 되었다(#6). 다시 말해, 하나의 새로운 자극-자극의 관계(#3)를 배움으로써 추가적인 훈련이나 강화 없이도 나머지 세 자극-자극 관계(#4, #5, #6)가 발생한 것이다. Sidman이 2개 이상 자극-자극

관계의 집단을 연결했을 때, 추가 훈련 없이 강화받지 않은 자극-자극 관계가 발생했다. 다시 말해, 추가 훈련 없이 아동의 이해와 표현 언어 능력이 실험 이전에 비해 향상된 것이다. 이러한 결과는 우리가 교육과정이나 훈련 프로그램을 설계할 때 이 방법을 시도해 볼 만한 가치가 있음을 보여 준다.

Sidman의 연구(Sidman, 1994 참조)에 뒤이어 자극의 등가성은 읽기(Kennedy, Itkonen & Lindquist, 1994), 어학(Lane & Critchfield, 1998), 수학(Lynch & Cuvo, 1995)과 같은 복잡한 언어 관계와 관련된 기초 연구 및 응용 연구의 주요한 연구 분야가 되었다. 예를 들어, Rose, De Souza, Hanna(1996)는 글을 읽지 못하는 7명의 아동에게 51개의 단어를 읽도록 훈련시켰다. 아동들은 단어를 단어의 소리에 대응시키고, 단어를 따라 쓰고, 읽었다. 7명의 아동 모두가 51개의 훈련용 단어를 읽는 것을 배웠고, 이 중 5명은 훈련받지 않은 단어까지도 읽을 수 있게 되었다. Rose와 동료들의 연구는 읽기를 가르치는 과정을 통해 자극의 등가성이 지닌 잠재력을 입증했다.

자극의 등가성에 대한 연구는 복잡한 인간 행동 사이에 존재하는 자극-자극 관계의 이해에 크게 기여했다. 1970년대에 이루어진 Sidman(1971)과 다른 연구자들의 자극의 등가성에 관한 연구(예 : Sidman & Cresson, 1973; Spradlin, Cotter, & Baxley, 1973)는 응용행동분석가들에게 자극-자극 관계를 교육하기 위한 효과적인 방법을 제공했다(즉 조건적 자극통제).

자극의 등가성 정의하기

등가성(equivalence)이란 어떤 자극-자극 관계에 대한 반응을 강화했을 때 학습자가 훈련이나 강화가 없었던 다른 자극-자극 관계에 대해서도 정확한 반응을 보이는 것을 뜻한다. 행동분석가들은 자극-자극 관계 간의 반사성, 대칭성, 이동성을 테스트한 후, 그 결과를 통해 **자극의 등가성**(stimulus equivalence)을 정의한다. 임의적 자극 집단 내에 존재하는 등가 관계의 정의에 부합하기 위해서는 이 세 가지(반사성, 대칭성, 이동성)를 모두 증명해야 한다. Sidman과 Tailby (1982)는 다음의 수학 공식에 기초하여 이러한 정의를 내렸다.

a. 만약 A＝B이고

b. B＝C라면

c. A＝C이다.

반사성(reflexivity)은 훈련과 강화 없이 주어진 자극과 대응하는 자극(예 : A＝A)을 선택할 때 일어난다. 예를 들면, 참가자에게 자전거 사진을 보여 준 후 자동차, 비행기, 자전거 사진 중 하나를 고르도록 한다. 만약 참가자가 아무런 지시 없이도 세 가지 사진 중 자전거 사진을 선택한다면 반사성 또는 **일반화된 동일성 대응**(generalized identity matching)이 일어난 것이다.

Lane과 Critchfield(1998)는 경도의 정신지체를 가진 2명의 청소년에게 글자와 글자의 소리(모음 또는 자음)에 대해 일반화된 동일성 대응을 보이도록 가르쳤다. 샘플자극으로는 모음 소리를 제공했으며, 이를 듣고 참가자가 골라야 할 비교자극의 선택지로는 A와 D, 그리고 O와 V가 주어졌다. 모음 소리를 들은 후에 참가자가 O와 V 자극 중 비교자극 O를 선택하고 대응하지 않는 샘플인 V를 선택하지 않는다면, 그리고 A와 D 자극 중 비교자극 A를 선택하고 대응하지 않는 샘플인 D를 무시한다면 일반화된 동일성 대응이 일어났다고 할 수 있다.

대칭성(symmetry)은 샘플자극과 비교자극이 전도될 수 있음을 의미한다(예 : 만약 A＝B라면 B＝A이다). 예를 들어, 학습자가 **자동차**라는 단어를 들었을 때(샘플자극 A), 비교 그림인 자동차(비교자극 B)를 선택하도록 배웠다고 하자. 이 학습자가 자동차 그림(샘플자

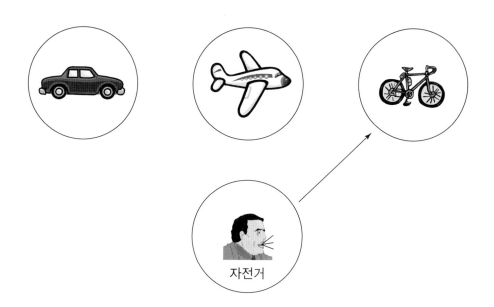

| **그림 7.3** | A＝B 관계의 예
(단어의 소리와 그림)

극 B)이 제시되었을 때 추가적인 훈련이나 강화 없이도 자동차 단어 소리(비교자극 A)를 선택한다면 대칭성이 입증된다.

자극의 등가성을 증명하기 위한 마지막 핵심적 요인인 **이동성**(transitivity)은 두 가지 다른 자극-자극 관계(예 : A＝B, B＝C)를 훈련시킨 결과, (훈련한 적 없는) 다른 자극-자극 관계(예 : A＝C, C＝A)가 발생하는 것을 일컫는다. 예를 들면, 다음의 1과 2에 제시된 두 가지 자극-자극 관계를 훈련시킨 후 추가적인 지시나 강화 없이 3에서 보이는 관계가 나타난다면 이동성이 있음이 입증된다.

1. 만약 A(예 : 자전거라는 단어 소리)＝B(예 : 자전거 그림)(그림 7.3 참조)이고
2. B(자전거 그림)＝C(예 : 자전거라고 쓰인 단어)(그림 7.4 참조)라면,
3. C(자전거라고 쓰인 단어)＝A(자전거라는 단어 소리)(그림 7.5 참조)이다.

샘플대응 방법

기초 연구와 응용 연구에서는 자극의 등가성을 발달

시키고 테스트하기 위해 샘플대응 방법을 사용해 왔다. Dinsmoor(1995b)는 Skinner가 샘플대응이라는 실험적 과정을 소개했다고 보고했으며 Skinner의 과정을 다음과 같이 설명했다. 비둘기에게 세 종류의 수평 건반을 보여 주었다. 시행이 시작되면 중간 건반에 빛이 들어오고, 비둘기가 빛이 나는 건반을 쪼면 그 건반의 불이 꺼지는 동시에 양 옆의 두 건반에 불빛이 들어온다. 두 건반 중 하나는 중간 건반(샘플 건반)과 같은 색깔의 빛이 들어온다. 샘플 건반과 같은 색깔의 건반을 쪼면 강화가 제공되었고, 다른 색의 건반을 쪼면 강화가 주어지지 않았다.

3요인 유관(three-term contingency)은 복잡한 자극-통제 레퍼토리를 발달시키는 데 분석의 기초가 되는 단위이다. Skinner의 샘플대응 과정은 3요인 유관을 다음과 같이 보여 준다.

변별 자극 --------→ 반응 --------→ 강화

양 옆 건반의 색깔   건반 쪼기   곡물

하지만 이러한 기초적인 유관은 환경적 맥락의 제약 때문에 완전하지 않다. 3요인 유관에 영향을 끼치는

| **그림 7.4** | B=C 관계의 예
(그림과 단어)

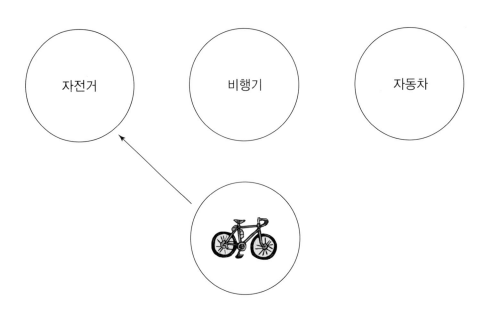

| **그림 7.5** | 전이된 관계의 예
[C=A(단어와 단어 소리) 관계,
A=B 관계, B=C 관계]

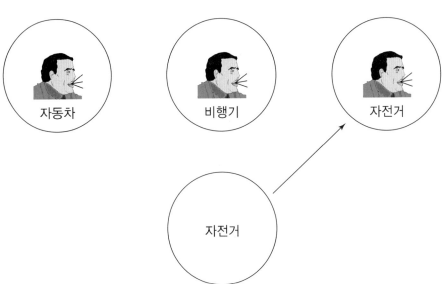

사건의 맥락이 있는 경우, 조건변별(conditional discrimination)로 이어진다(Sidman, 1994). Skinner의 과정에서는 샘플자극이 조건자극(conditional stimulus)이며, 3요인 유관은 샘플자극과 대응할 때만 효과를 발휘한다. 샘플자극과 대응되지 않는 다른 3요인 유관은 효과적이지 않은 유관인 것이다. 강화는 변별 자극뿐 아니라 변별 자극의 맥락에도 영향을 받는다. 즉 3요인 유관의 효과는 맥락에 의해 통제된다는 것이다. 조건변별은 다음의 4요인 유관으로서 작동한다.

맥락자극 ──▶ 변별 자극 ──▶ 반응 ──▶ 강화

조건 샘플   양 옆 건반 색깔   건반 쪼기   곡물
중간 건반 색깔
자극델타라면 색깔이
샘플과 대응하지 않음

샘플대응 시행의 초기 단계에서 참가자는 샘플자극(즉 조건 샘플)을 제시하는 반응(관찰 반응이라고 부름)을 볼 것이다. 비교자극(즉 변별 사건)은 보통 이 샘플자극이 제거된 뒤에 제시된다(항상 그런 것은 아니다). 또한 비교자극은 효과적인 3요인 유관과 그 외

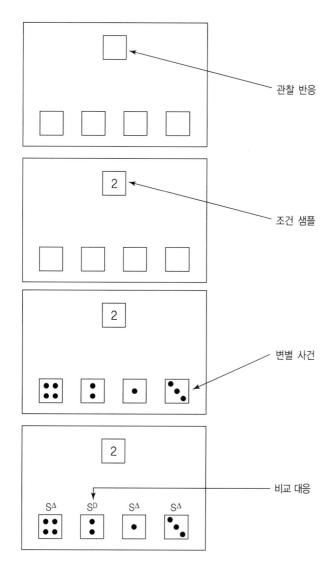

| 그림 7.6 | 샘플대응 시행에서 관찰 반응, 조건 샘플, 변별 사건, 비교 대응의 예

분의 샘플대응법을 응용하는 방법에서는 오반응에 교정 과정을 실시한다. 어떤 교정 과정에서는 같은 샘플과 비교자극을 반복적으로 제시하여 학습자가 계속 반응하도록 하는데, 이 과정은 학습자가 정반응을 보여 강화를 받을 때까지 지속된다. 오반응에 교정 과정을 실시하되 비교자극의 위치를 무작위로 배치하여 제시한다면, 학습자가 자극의 위치에 의거하여 반응하는 것을 막을 수 있을 것이다.

자극통제의 발달에 영향을 주는 요인

응용행동분석가들은 변별 자극 조건이 있는 경우와 없는 경우에 차별강화를 주어 자극통제를 학습시킨다. 차별강화는 강화제로서 기능하는 결과물을 일관되게 사용해야 효과적일 수 있다. 사전 참여 기술(preattending skill), 자극 돌출(stimulus salience), 가장하기(masking), 뒤덮기(overshadowing)와 같은 추가적인 요인 역시 자극통제의 발달에 영향을 끼칠 것이다.

사전 참여 기술

자극통제의 발달은 특정 선행 기술을 필요로 한다. 학생이 학습 및 사회 기술을 배울 때, 지시 세팅의 변별 자극에 대해 적절한 행동을 할 수 있어야 한다. 이를 가능케 하는 사전 참여 기술로는 수업 자료 보기, 반응을 모방할 때마다 교사 쳐다보기, 구두 지시 듣기, 짧은 시간 동안 조용히 앉아 있기 등이 있다. 만약 이러한 기술이 발달하지 않은 학습자가 있다면 교사는 직접적인 행동 개입을 사용하여 이 기술을 명확하게 가르쳐야 한다. 자극통제가 발달하려면 우선 학습자가 적절한 변별 자극에 대한 감각수용기(sensory receptor)를 가지고 있어야 한다.

의 효과적이지 않은 3요인 유관으로 구성된다. 어떤 비교자극은 조건 샘플과 대응할 것이다. 학습자는 대응된 비교자극을 선택하고 대응하지 않는 비교자극을 무시한다면 강화를 받을 것이다. 그림 7.6에 관찰 반응, 조건 샘플, 변별 사건, 비교 대응의 예를 제시했다. 대응하지 않는 비교자극을 선택하는 행동에는 강화가 주어지지 않는다. 조건변별 훈련에서는 이 행동이 정반응인 조건자극이 하나 제시되며, 오반응으로 간주되는 다른 샘플자극이 하나 이상 제시된다. 대부

자극 돌출

자극 돌출은 학습자로 하여금 자극에 대해 관심을 가지도록 만들어 자극통제의 발달에 영향을 준다 (Dinsmoor, 1995b). 환경에서 자극이 두드러지게 나타나는 경우를 일컬어 돌출(salience)이라고 한다. 예를 들면, Conners와 동료들(2000)은 돌출 신호(예 : 특정 방 색깔, 특정 치료사)를 다중요소 기능 분석의 맥락에 포함했다. 그들은 돌출 신호는 빠르고 명확한 결과를 일으키므로 이 신호가 없는 경우보다 있는 경우 기능 분석의 효율성이 더욱 높아짐을 밝혀냈다.

어떤 자극은 개인의 감각 능력, 강화 역사, 그리고 환경의 맥락에 따라 다른 자극보다 더 두드러지게 보인다. 예를 들어, 어떤 학생은 시력이 좋지 않아서 칠판에 써 있는 단어에 집중하지 못할 수 있다. 또는 청력이 나빠서 교사의 구두 지시를 따르지 못할 수도 있고, 과거에 학습에 실패했던 경험 때문에 수업 자료에 집중하지 않을 수 있으며, 책상 위에 있는 장난감에만 관심이 쏠려 교사의 지시를 듣지 못할 수도 있다.

가장하기와 뒤덮기

가장하기와 뒤덮기는 자극의 돌출을 줄이는 방법이다 (Dinsmoor, 1995b). 가장을 사용한다면 한 자극이 행동에 대한 자극통제를 획득했어도 경쟁자극으로 인해 그 자극의 유발 기능이 봉쇄될 수 있다. 예를 들면, 학생은 다른 친구들과 떠드느라 교사의 질문에 대한 대답을 알고 있으면서도 대답하지 못할 수가 있다. 이때 변별 자극에 '집중'하지 못하게 만드는 것은 선행자극 그 자체가 아니라, 또래 친구들로 인해 강화 유관이 경쟁하게 되기 때문이다. 뒤덮기에서는 한 자극 조건 때문에 다른 자극에 의한 자극통제의 습득이 방해받는다. 다른 자극에 비해 더욱 두드러지는 자극이 있는데, 예를 들면 수학 시간에 운동장에서 치어리더가 연습을 하고 있다면 일부 학생들은 치어리더를 창문 밖으로 바라보느라 수업에 집중하지 못할 것이다.

응용행동분석가는 가장하기와 뒤덮기가 자극통제의 발달을 방해할 수 있음을 인지하고, 이러한 영향을 줄이는 과정을 적용해야 한다. 가장하기와 뒤덮기의 영향을 줄일 수 있는 방법은 (a) 물리적 환경에 변화를 주는 것(예 : 창문의 커튼 치기, 방해물 제거하기, 자리 배치 바꾸기), (b) 수업 자극을 적절히 강하게 만드는 것(예 : 빠른 속도로 수업하기, 학생이 발표할 수 있는 기회를 많이 제공하기, 적절한 수준의 난이도로 수업하기, 학생이 직접 수업 목표를 정할 기회 주기), (c) 수업 관련 자극이 있는 데에서 지속적으로 행동을 강화하는 것 등이 있다.

자극통제를 발달시키기 위한 촉진 사용

촉진이란 행동을 통제해야 할 변별 자극이 있을 때 정반응을 일으키도록 사용하는 보충적인 선행자극이다. 응용행동분석가는 행동 수행 전에 그리고 행동 수행 동안 반응과 자극촉진을 사용한다. 반응촉진은 반응에 직접적으로 작용한다. 자극촉진은 학습자가 핵심적인 변별 자극에서 정반응을 보이도록 힌트를 주어 선행 과제 자극에 직접적인 영향을 미친다.

반응촉진

반응촉진의 세 가지 주요한 형태는 구두 지시(verbal instruction), 모델링(modeling), 신체적 지도(physical guidance)이다.

구두 지시

응용행동분석가는 기능적으로 적절한 구두 지시를 보충 반응촉진으로 사용할 수 있다. 거의 모든 훈련 상황에서 구두 반응촉진은 음성 구두 지시(예 : 말하기)와 비음성 구두 지시(예 : 적혀 있는 단어, 수신호, 그림)의 형태로 발생한다.

교사들은 주로 음성 구두 지시를 사용하여 촉진한다. 한 교사가 "식물이 자라려면 흙, 공기, 물이 필요하다."라는 문장을 학생에게 읽게 시켰다고 가정해 보자. 만약 학생이 이 문장을 "식물이 자라려면… 식물이 자라려면… 식물이 자라려면…"이라고 읽는다면, 교사는 그다음에 이어질 단어를 읽게 하기 위해 다양한 구두 촉진을 사용할 수 있다. 예를 들어, 교사는 "다음 단어는 흙이야. 흙이란 단어를 가리켜 봐. 이제 흙이라고 말해 봐."라고 말할 수 있다. 또는 교사는 흙과 비슷한 발음을 가진 단어를 사용하여 학생이 이 단어를 발음하도록 가르칠 수 있다. 다른 예를 들자면, Adkins과 Mathews(1997)는 요실금과 인지장애가 있는 성인 2명의 배뇨 훈련을 위해 집에서 일하는 간병인에게 음성 구두 반응촉진을 사용하도록 가르쳤다. 간병인은 오전 6시에서 오후 9시 사이에 1시간이나 2시간 간격으로 기저귀가 젖어 있는지 확인했으며, 이때 기저귀가 건조하면 이를 칭찬하고 화장실을 사용하라고 말하며, 도움이 필요하면 도움을 주었다. 이 간단한 반응촉진 과정은 기저선 조건 이후에 도입되었다. 첫 번째 참가자는 2시간마다 화장실을 사용하도록 촉진받는 조건과 1시간마다 촉진받는 조건 모두에 노출되었다. 2시간마다 촉진받는 기간 동안은 기저귀에 배뇨한 양이 하루 평균 22% 감소했다. 이 참가자가 1시간마다 촉진받았던 조건에서는 기저귀 배뇨량이 하루 평균 69% 감소했다. 두 번째 참가자는 1시간 간격으로만 촉진을 받았는데 기저귀 배뇨량이 하루 평균 55% 감소했다.

Krantz와 McClannahan(1998) 그리고 Sarokoff, Taylor와 Poulson(2001)은 자폐 아동들의 자발적인 사회적 교류를 촉진하기 위해 비음성 구두 지시 반응촉진을 스크립트의 형태로 사용했다. 시각 스케줄을 통해 아동들에게 '저길 봐', '이것 봐', '간식 먹자' 등의 스크립트를 사용했다. 비음성 구두 지시를 사용한 반응촉진의 또 다른 예는 Wong, Seroka, Ogisi(2000)의 연구에서 찾아볼 수 있는데, 그들은 기억장애가 있는 당뇨병 환자의 혈당치에 대한 자기평가를 촉진하고자 54단계의 검사 항목을 체크리스트로 만들었다. 이 참가자는 체크리스트에 나열된 단계의 순서를 따라 차례대로 한 단계씩 완수했으며, 매 단계를 완수할 때마다 해당 항목에 체크 표시를 했다.

모델링

응용행동분석가들은 학습자에게서 이끌어내고자 하는 행동을 모델링을 통해 촉진할 수 있다. 모방에 필요한 행동 요소를 이미 배운 학습자라면 특히 모델링으로 행동을 효과적으로 촉진할 수 있다. 예를 들어 운동선수가 공을 들어서 머리 위로 올려 던지는 방법을 이미 알고 있다고 하자. 이때 코치가 선수에게 농구대에 공을 넣는 적절한 포즈를 가르치고 싶다면 모델링이 쉽고도 실용적인 방법일 것이다. 하지만 신발 끈을 손으로 쥐지 못할 정도로 심각한 장애를 가진 아동에게 신발 끈을 묶는 법을 가르치기 위해 모델링을 사용하는 교사는 거의 없을 것이다. 또한 학습자가 집중하는 능력도 중요하다. 수행을 모방하기 위해서는 학습자가 모델을 관찰해야만 하기 때문이다. 마지막으로, 반응촉진으로서의 모델링은 이미 모방 기술을 습득한 학생들에게만 사용되어야 한다. 모델링을 통해 적절한 학업적·사회적 행동의 발달을 도울 수 있다는 것은 반복적으로 입증되었다. 제8장은 모델링과 모방에 관한 더 자세한 설명을 제공한다.

신체적 지도

신체적 지도는 어린 아동, 심각한 장애를 지닌 학습

자, 신체적 능력이 심각하게 제약된 노인에게 가장 자주 사용되는 반응촉진법이다. 교사는 신체적 지도법을 사용하여 학생에게 필요한 동작을 부분적으로 또는 전체적으로 가르칠 수 있다.

Hanley, Iwata, Thompson, Lindberg(2000)는 심각한 정신지체를 가진 참가자들에게 장난감과 그 외의 물건을 다루는 방법을 가르치기 위해 신체적 지도를 사용했다. Conaghan, Singh, Moe, Landrum, Ellis(1992)는 정신지체와 청각장애를 가진 성인의 수화 사용 촉진에 신체적 지도를 사용했다. 교사는 참가자가 틀린 수신호를 할 때마다 정반응을 보여 주기 위해 참가자의 손을 직접 잡고 신체적 지도를 제공했다. 어떤 트레이너는 심각한 장애, 골다공증, 관절염을 가진 3명의 노인을 훈련시켰다. 이 트레이너는 참가자들이 자발적으로 아령을 들지 않거나 목표에 도달하기 전에 아령 운동을 멈추면 참가자가 팔 동작을 하도록 신체적으로 도움을 주었다(K. Cooper & Browder, 1997).

신체적 지도가 효과적인 반응촉진이긴 하지만 구두 지시와 모델링보다 강제성을 띠므로 능동적인 반응을 일으키기가 더 어렵다. 또한 이 방법에는 교사와 학생 간의 신체적 접촉이 필수이기 때문에 실제로 학생이 얼마나 향상되고 있는지 정확하게 평가하기가 어렵다. 게다가 신체적 반응촉진을 받는 학생에게는 교사의 직접적인 도움 없이 능동적으로 행동할 기회가 거의 주어지지 않는다. 이 방법의 또 다른 문제는 학습자가 신체 접촉을 거부할 수 있다는 것이다. 이런 잠재적인 문제점이 있긴 하지만 일부 학습자들에게는 신체적 지도가 필수적이다.

자극촉진

응용행동분석가가 사용하는 자극촉진법에는 동작촉진, 위치촉진, 선행자극 중복 등이 있다. 예를 들면, 학습자는 1센트와 10센트 동전을 구별하기 위해 가리

키고, 두드리고, 만져 보고, 동전을 바라보는 등의 동작을 힌트로 사용할 수 있다. 또는 교사가 동전의 위치로 힌트를 주고자 한다면 학생이 골라야 할 동전을 학생 가까이에 둘 수 있다. 중복 힌트는 하나 이상의 자극이나 반응의 차원(예 : 색깔, 크기, 모양)이 정반응과 짝지어질 때 일어난다. 예를 들어, 교사는 색깔과 숫자를 연관시키기 위해 색깔 중재 과정을 사용할 수 있다. 그리고 나서 색깔의 이름을 연산 문제에 대한 대답과 연결시킬 수 있다(Van Houten & Rolider, 1990).

자극통제의 전이

응용행동분석가는 반응과 자극촉진을 보충 선행자극으로 사용하되 지시 습득 단계에서만 이용해야 한다. 전문가는 행동이 신뢰성 있게 발생하기 시작하면 반응과 자극촉진을 자연적으로 발생하는 자극으로 전이시켜야 한다. 응용행동분석가는 자극을 점차 확실하게 혹은 불분명하게 만들거나 선행자극을 점차적으로 제시 하거나 제거하는 과정을 통해 자극통제를 전이시킨다. 궁극적으로는 학습자가 자연적 자극이나 부분적으로 변화된 자극, 혹은 새로운 자극에도 반응을 일으키게 될 것이다. 반응촉진과 자극촉진을 점차 불분명하게 혹은 뚜렷하게 만드는 것은 자극통제를 촉진으로부터 자연적 자극으로 전이할 때 사용하는 과정으로, 자연적 자극이 주어질 때 발생할 수 있는 오류 반응을 최소화하기 위해 사용하기도 한다.

Terrace의 연구(1963a, b)는 고전적인 자극통제 전이 사례인데, 연구자들은 전이를 위해 용암법(fading)과 자극의 합성법(superimposition)을 사용했다. Terrace는 최소 오류법을 이용해 비둘기가 빨간색-녹색 그리고 수직-수평을 변별할 수 있도록 가르쳤다. 그가 자

극통제를 점진적으로 전이시키기 위해 사용했던 기술은 무오류 학습(errorless learning)이라고 불렸다. Terrace는 비둘기에게 빨간색-녹색 변별을 가르치기 위해 변별 자극(초록 불)이 비둘기의 반응에 자극통제를 획득하기 이전인 변별 훈련 초기에 자극델타(빨간 불)를 제시했다. 초기에는 짧은 시간 동안 약한 조명으로 빨간 불빛을 보여 주었다. 빨간 불 자극과 초록 불 자극을 연속적으로 제시하는 동안 빨간 불빛의 강도와 지속 시간을 점차적으로 늘렸고, 빨간 불 자극과 초록 불 자극이 오직 색만 차이가 나도록 만들었다. 이 과정을 통해 Terrace는 비둘기들에게 최소 오류법(자극델타에 대한 반응)을 이용해 빨간 불과 초록 불을 구별하도록 가르쳤다.

Terrace는 또한 빨간 불과 초록 불에 대해 습득된 자극통제가 무오류 학습법을 통해 수직선과 수평선의 학습으로 전이될 수 있다는 것을 입증했다. 먼저 흰색 수직선은 초록 불(변별 자극) 위에, 흰색 수평선은 빨간 불(자극델타) 위에 겹쳐 놓았다. 그리고 나서 비둘기에게 이렇게 합성된 두 가지 자극을 여러 번 제시했다. 점차적으로 빨간 불과 초록 불의 강도를 줄여 마침내 수직선과 수평선만이 자극 조건으로 남을 때까지 지속했다. 비둘기는 빨간 불-초록 불에서 수직선-수평선으로의 거의 완벽한 자극통제의 전이를 보였다. 비둘기는 수직선(변별 자극)이 제시될 때 반응했으며, 수평선(자극델타)이 제시될 때에는 거의 반응하지 않았다.

Terrace의 연구에 뒤이어 다른 연구자들(예 : Moore & Goldiamond, 1964)은 사람들도 거의 오류 없이 자극통제의 전이가 일어날 수 있음을 밝혀냈다. 이러한 연구들을 기반으로 (응용된 맥락에서의) 자극통제를 반응촉진에서 자연적 자극으로 전이시키는 효과적인 과정이 발달되었다.

반응촉진에서 자연적으로 존재하는 자극으로 자극통제 전이하기

Wolery와 Gast(1984)는 자극통제를 반응촉진에서 자연적 자극으로 전이시키는 네 가지 과정을 기술했다. 이 네 가지 과정은 최대에서 최소로의 촉진(most-to-least prompts), 단계적 지도(graduated guidance), 최소에서 최대로의 촉진(least-to-most prompts), 시간 지연(time delay)이다.

최대에서 최소로의 촉진

대상자가 자연적 자극에 반응하지 않거나 틀린 반응을 보이면 응용행동분석가는 언제든지 최대에서 최소로의 반응촉진을 사용하여 자극통제를 자연적 자극으로 전이시킬 수 있다. 먼저 분석가는 최대에서 최소로의 반응촉진을 적용하기 위해 실행 연쇄의 전체를 참가자에게 신체적으로 지도한다. 그리고 나서 훈련이 다음 시행으로, 다음 회기로 진행됨에 따라 신체적 지도의 양을 점진적으로 감소시킨다. 관례상 최대에서 최소로의 촉진은 신체적 지도에서 시각적 촉진으로, 시각적 촉진에서 구두 지시로, 마지막으로는 촉진이 없는 자연적 자극으로까지 전이된다.

단계적 지도

응용행동분석가는 필요에 따라 신체적 지도를 이용한다. 하지만 단계적 지도를 이용해 자극통제를 전이시키기 위한 신체적 촉진을 즉각적으로 줄일 수 있다. 단계적 지도의 초기 단계에 교사는 학생과 신체적 접촉은 하지 않지만 자신의 손을 학생의 손 가까이에 두고 함께 동작을 한다. 그 후 교사는 점차적으로 자신의 손이 학생의 손에서 서서히 멀어지도록 신체적 촉진의 위치를 변화시킨다. 예를 들어, 교사가 신체적 지도를 사용하여 코트의 지퍼를 올리는 손동작을 가르칠 때, 손에서 손목으로, 손목에서 팔꿈치로, 팔꿈치에서 어깨로, 마침내 신체적 접촉이 없는 상태로 전이시킬 수 있다. 필요하다면 단계적 지도 중에도 즉각적으로 신체적 촉진을 사용할 수 있다.

최소에서 최대로의 촉진

반응촉진으로부터 자극통제를 전이시킬 때 최소에서 최대로의 촉진을 사용하는 경우, 참가자에게 매 시행 최소한의 도움으로 반응을 수행할 기회가 주어진다. 참가자가 연속적으로 틀린 반응을 하면 다음 시행에서는 더 높은 단계의 도움을 받게 된다. 최소에서 최대로의 촉진 과정에서 학습자는 자연적 변별 자극이 제시될 때 정해진 제한 시간(예 : 3초) 내에 정반응을 보여야만 한다. 반응이 이 시간 내에 일어나지 않으면 응용행동분석가는 다시 자연적 변별 자극을 제시하고 최소한의 도움(예 : 구두 반응촉진)을 제공하며 반응을 촉진할 것이다. 이 제한 시간이 지날 동안(예 : 다음 3초)에도 참가자가 정반응을 보이지 않으면 분석가는 자연적 변별 자극을 다시 제공하며 또 다른 반응촉진(예 : 몸동작으로 힌트)을 준다. 참가자가 이 촉진을 받고도 정반응을 하지 못한다면 부분적인 또는 전체적인 신체적 지도를 받게 된다. 최소에서 최대로의 반응촉진 과정을 사용하는 응용행동분석가는 학습자에게 훈련 시행마다 자연적 변별 자극과 동일한 제한 시간을 준다. 예를 들면, Heckaman, Alber, Hooper, Heward(1998)는 자폐 아동 4명의 파괴 행동을 개선하기 위하여 최소에서 최대로의 신체적 촉진을 사용했는데, 제한 시간은 5초였으며 지시, 비특성적 구두촉진, 모델링, 신체적 촉진을 단계적으로 밟았다.

시간 지연

자극통제를 전이시키기 위해서는 자연적 자극이 제시될 때 학습자가 일으키는 반응의 형태, 위치, 또는 강도의 점진적 변화에 대한 결과로서 최대에서 최소로의 촉진, 단계적 지도, 최소에서 최대로의 촉진을 한다. 이와 대조적으로 시간 지연 과정은 선행적인 반응촉진이며, 자연적 자극과 반응촉진이 얼마의 시간 간격을 두고 제시되는지에만 변화를 준다. 고정 시간 지연(constant time delay)과 점진적 시간 지연(progressive time delay)은 자연적 자극이 제시된 후에 촉진을 주기까지의 시간을 지연시킴으로써 촉진으로부터 자연적 자극으로의 전이를 이끌어낸다.

고정 시간 지연 과정을 사용하는 경우 우선 초기의 몇 시행에서는 0초 간격 지연으로 시작한다(즉 자연적 자극과 반응 자극을 동시에 제시한다). 항상 그런 것은 아니지만 대개(Schuster, Griffen & Wolery, 1992) 이 동시 자극 조건을 뒤따르는 시행에서는 자연적 자극 제시 후에 반응촉진을 제시하기까지 걸리는 시간을 고정된 시간만큼(예 : 3초) 지연시킨다(Caldwell, Wolery, Werts & Caldwell, 1996).

마찬가지로, 점진적 시간 지연 과정도 자연적 자극과 반응촉진이 0초 간격(즉 동시적으로)이 되게 시작한다. 보통 지연 시간을 늘리기 전에 학습자가 0초 시행을 여러 번 경험하게 하기 위해서이다. 이때 0초 시행을 몇 번 실행해야 하는지는 과제의 난이도와 참가자의 기능 수준에 따라 정해진다. 자연적 자극과 반응촉진을 동시에 제시하는 시행 후, 교사는 점진적 · 체계적으로 시간 지연을 늘려 간다(보통은 1초 간격으로). 정해진 시간 간격을 특정 횟수만큼 제시하거나, 매 세션 후, 특정 수의 회기가 끝난 후, 혹은 수행기준을 달성했을 때 시간 지연을 늘인다.

Heckaman과 동료들(1998)은 다음과 같은 방법으로 점진적 시간 지연 과정을 사용했다. 먼저 통제적인 반응촉진(예 : 신체적 촉진, 모델링)과 과제 지시를 동시에 제공하는 0초 간격 시행을 시작했다. 참가자가 기준(9개의 정반응)을 달성할 때까지 동시 제시를 했다. 첫 번째 시간 지연은 0.5초로 설정했다. 학습자가 0.5초 간격 시행에서 기준을 달성하자 연구자들은 시간 지연을 1초씩 늘려 5초까지 증가시켰다. 학습자가 반응 촉진이 제공되기 전에 혹은 촉진이 제공된 후 3초 이내에 정반응을 보이면 정적 피드백(예 : "맞았어요.")을 제공했다. 반면, 오류 반응에는 부적 피드백(예 : "아니에요, 틀렸어요.")과 통제적인 촉진을 사용했고, 그다음의 시행에서 이전 지연 단계로 되돌아갔다(즉 지연 시간이 다시 짧아졌다). 파괴 행동에도 통제적 촉진을 사용했다.

자극통제 조형을 통한 자극통제의 전이

앞 문단에서는 과제 자극이나 과제물을 변화시키지 않는 반응촉진에 초점을 두었다. 이 부분에서 소개될 자극통제 조형(stimulus control shaping)은 과제 자극이나 과제물을 체계적으로 변화시켜 이것들이 반응을 촉진하도록 만드는 과정이다. 이때 자극통제를 자극촉진에서 자연적 자극으로 전이시키기 위해 보충 자극 조건을 점차 분명하게 혹은 뚜렷하지 않게 만든다. 자극통제 조형은 자극 용암법(stimulus fading)과 자극 모양 변형(stimulus shape transformation)을 통해 가능하다(McIlvane & Dube, 1992; Sidman & Stoddard, 1967).

자극 용암법

자극 용암법은 학습자가 정반응을 보일 확률을 높이기 위해 자극의 물리적 차원(예 : 색깔, 크기, 위치)을 부각하는 것을 말한다. 이렇게 강조되거나 과장된 자극의 차원은 점차적으로 분명하거나 뚜렷하지 않게 만든다. 다음 그림은 각각 (a) 대문자 A를 손으로 쓰거나, (b) 정답이 9인 연산 문제에 대한 정답을 가르치기 위해 자극을 체계적으로 약화한 실례이다.

$$\text{A A A A A A}$$

$$4 + 5 = 9, 4 + 5 = 9, 4 + 5 = 9, 4 + 5 = 9.$$

Krantz와 McClannahan(1998)은 사진 활동 스케줄에 쓰인 스크립트('여기 봐', '나를 봐'라는 단어)를 점차적으로 제거했다. 스크립트는 자폐 아동의 사회적 교류를 촉진하는 데 사용되었다. 연구자들은 '여기 봐'와 '나를 봐'라는 단어를 가로와 세로가 9cm인 흰색 메모 카드에 72폰트의 굵은 글씨로 썼다. 그들은 먼저 카드의 1/3을 제거하고, 후에 또 1/3을 제거하는 방식으로 단어를 점차적으로 제거했다. 스크립트 용암법을 사용하는 동안 가끔씩은 카드에 스크립의 일부분(예 : '여기 봐'의 일부분)이 남아 있게 만들었다. 이러한 과정을 거쳐 마침내 글자와 카드가 완전히 제거되었다.

Patel, Piazza, Kelly, Ochsner, Santana(2001)의 섭식장애 치료 연구에서도 자극을 점차 분명하게 혹은 흐리게 조절한 예를 볼 수 있다. 섭식장애 아동에게 흔히 발견되는 문제점은 심각한 편식이다. 예를 들어, 오랫동안 꼭꼭 씹어야 하는 음식은 아동의 목에 걸릴 수 있기 때문에 위험하고, 그렇기 때문에 어떤 아동은 이런 음식을 굉장히 기피한다. Patel과 동료들은 6세 아동의 섭식장애를 치료하기 위해 카네이션 인스턴트 아침 식사(이하 CIB, 생식처럼 분말로 되어 우유나 물에 타 먹을 수 있는 식사 대체용 음식)를 점차적으로 늘려갔으며 물을 우유로 대체하였다. 그들의 목표는 아동이 물 대신 우유에 CIB 한 봉지를 모두 타서 먹을 수 있도록 하는 것이었다. 초기에 아동은 적은 양의 물만을 마실 수 있었다. 연구자들은 용암법을 적용하면서 처음에 240ml의 물에 CIB 봉지 안에 있는 분말 20%를 탔다. 아동은 세 번의 회기 동안 CIB 한 봉지의 20%를 물에 탄 음료를 마신 뒤 점차적으로 더 많은 CIB 분말이 첨가된 음료를 마셨는데, 처음에는 물에

섞는 분말의 양을 5%씩 늘리다가 나중에는 10%씩 늘렸다. 이 과정을 통해 아동이 CIB 한 봉지 전체를 240 ml의 물에 타서 마실 수 있게 되자 연구자들은 CIB와 물의 혼합물에 우유를 첨가하기 시작했다. CIB +물 혼합물에 우유를 10%씩 증가시켜 첨가하고, 추가된 우유의 양만큼 물은 덜 섞었다(예 : 우유 10%+물 90%+CIB 한 봉지 → 우유 20%+물 80%+CIB 한 봉지).

응용행동분석가들은 자극 용암법과 함께 자극의 합성을 사용해 왔다. 어떤 경우에는 한 자극이 점차 희미해질 때 자극통제의 전이가 일어난다. 또 다른 경우에는 한 자극이 점차 희미해지며 다른 자극이 뚜렷해진다. 대표적인 예로는 자극통제가 빨간색-녹색의 변별에서 수직-수평의 변별로 전이될 수 있음을 입증했던 Terrace의 연구(1963a, b)를 들 수 있다. 이 연구에서는 두 가지 특정 자극 범주를 합한 후에 한 자극 범위를 점차 약화함으로써 자극통제의 전이를 달성했다. 각 선(수직선, 수평선)을 불빛(빨간 불, 초록 불)에 합성하고, 불빛들을 점진적으로 소멸시켜 결국에는 수직선과 수평선만이 변별 자극으로 남도록 만든 것이다. 그림 7.7은 Terrace가 사용했던 합성과 자극 용암법 과정을 응용한 사례를 보여 준다. 이 그림은 7−2=＿＿을 가르치기 위한 연산 단계를 보여 준다.

이 밖에도 빈번하게 사용되는 다른 절차로는 자연적 자극을 점차적으로 뚜렷하게 만들고 자극촉진은 약화하는 방법이 있다. 그림 7.8의 촉진은 이 방법들이 결합된 것을 보여 주는데, 이를 통해 촉진이 점차 사라지고 자연적 자극인 8+5=＿＿는 점차 뚜렷해진다.

자극 모양 변형

자극 모양 변형이라는 과정의 초반에는 정반응을 촉진할 초기 자극 모양을 사용한다. 이 초기 모양을 점진적으로 변화시켜 자연적 자극의 모양으로 바꾸는데, 그동안 정반응이 계속 유지되도록 한다. 예를 들어 학생이 숫자를 인식할 수 있도록 가르치기 위해 자극 모양변형 프로그램을 사용하고자 한다면 다음과 같은 과정을 포함할 수 있을 것이다(Johnston, 1973).

학생이 계속 정반응을 하도록 만들기 위해서는 자극촉진의 모양을 점진적으로 변화시켜야만 한다. 단어를 식별하도록 가르치려면, 자극 모양 변형을 사용할 때 다음과 같은 단계를 포함할 수 있다(Johnston, 1973).

그림 7.9는 수학 수업 중 자극의 합성과 자극조형이 함께 사용된 예를 보여 준다. 자극조형 과정에서 +와 = 기호를 합성하고, 이 기호들을 점진적으로 뚜렷하게 만든다.

요컨대, 자극통제를 반응과 자극촉진에서 자연적 자극으로 전이시키는 방법은 다양하다. 현재까지는 어떤 상황을 가르치는 데 반응촉진의 자극통제를 전이하는 것이 자극 모양 변형 과정을 사용하는 것보다 더 실용적이라 할 수 있는데, 이는 자극 모양 변형 과정에 더 많은 기술과 시간이 요구되기 때문이다.

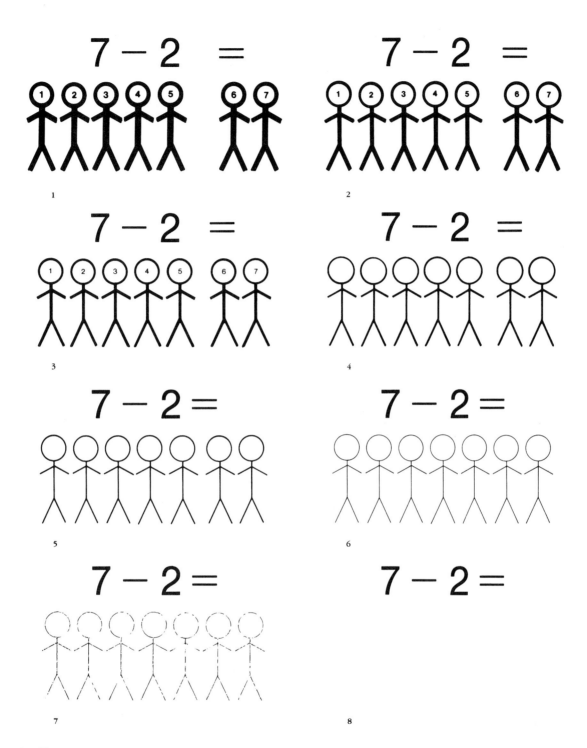

| **그림 7.7** | 두 범주의 자극이 합성되고 한 범주가 사라지는 예

출처 : *Addition and Subtraction Math Program with Stimulus Shaping and Stimulus Fading* by T. Johnson, 1973, unpublished project, Ohio Department of Education. Reprinted by permission.

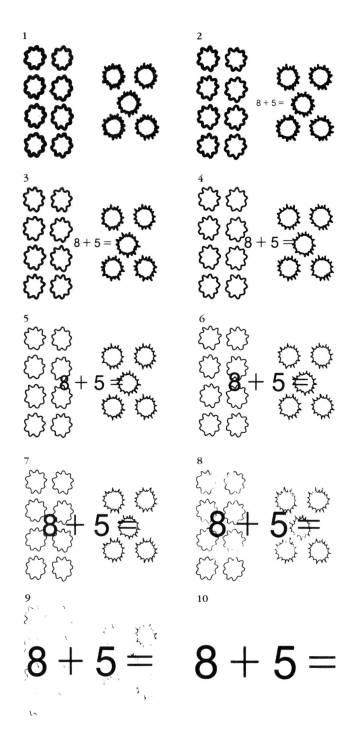

| 그림 7.8 | 자연 자극이 점차 뚜렷해지고 자극 촉진은 약화되는 합성과 자극 용암법의 예

출처 : *Addition and Subtraction Math Program with Stimulus Shaping and Stimulus Fading* by T. Johnson, 1973, unpublished project, Ohio Department of Education. Reprinted by permission.

| **그림 7.9** | 자극 합성과 자극조형의 예

출처 : *Addition and Subtraction Math Program with Stimulus Shaping and Stimulus Fading* by T. Johnson, 1973, unpublished project, Ohio Department of Education. Reprinted by permission.

요약

선행자극

1. 조작 반응의 강화는 미래의 반응 빈도를 증가시키며, 반응 바로 이전에 제시되었던 자극에 영향을 미친다. 반응 이전에 제시된 자극(즉 선행자극)은 관련 행동에 대한 유발 효과를 가지게 된다.

2. 자극통제는 선행자극이 존재할 때 학습자의 반응률, 잠재 기간, 지속 기간, 또는 반응의 크기가 변하는 것을 뜻한다(Dinsmoor, 1995a, b). 자극은 그 자극이 존재할 때 나타난 반응이 강화로 이어질 경우에만 그 반응에 대한 통제성을 갖게 된다.

3. 변별 자극과 동기조작은 두 가지 중요한 유사성을 공유한다. (a) 두 사건 모두 목표행동 이전에 발생한다. (b) 두 사건 모두 유발 기능을 가진다.

4. 변별 자극의 기능처럼 보이는 대부분의 유발 효과는 사실 반응의 변화된 빈도와 연관성이 있는 차별강화의 역사로 얻은 결과물이 아니다. 이는 자극통제보다는 동기조작과 관련이 있을 것으로 보인다.

자극 일반화

5. 선행자극이 있을 때 유발되었던 행동이 강화받은 적이 있다면 다른 선행자극 또한 그 행동을 유발하는 경향을 띠게 된다. 통제적인 선행자극과 유사한 물리적 특징을 공유하는 자극들이 이러한 유발 기능을 가지게 된다. 이를 자극 일반화라고 한다. 반대로, 자극변별은 새로운 자극이 반응을

유발하지 않을 때 발생한다.

6. 자극 일반화는 느슨한 정도의 자극통제를 반영하는 반면, 변별 자극은 비교적 엄격한 정도의 자극통제를 나타낸다.

7. 자극 일반화도표는 자극 일반화와 자극변별의 정도를 도표로 나타낸 것인데, 한 자극 조건에서 강화된 반응이 훈련되지 않은 자극의 존재 시에 나타나는 정도를 보여 준다.

자극통제의 발달

8. 자극변별 훈련은 전통적으로 하나의 행동과 두가지의 선행자극 조건을 필요로 한다. 변별 자극조건에서는 반응이 강화되지만 자극델타 조건에서는 강화되지 않는다.

9. 개념형성은 한 자극 범주 내에서의 자극 일반화와 상이한 자극 범주 간의 변별을 요구하는 자극통제의 복잡한 예이다.

10. 선행자극 범주는 공통적 관계를 공유하는 자극들의 집단이다. 이 범주 안에 있는 모든 자극은 한범주 내의 반응을 유발하거나(조작 반응의 경우)같은 반응을 이끌어 낸다(반응적 행동의 경우).

11. 한 범주를 구성하는 자극은 특징자극 범주와 임의적 자극 범주 내에서 기능할 수 있다.

자극의 등가성

12. 등가성이란 어떤 자극-자극 관계에 대한 반응을강화했을 때 학습자가 훈련이나 강화가 없었던다른 자극-자극 관계에 대해서도 정확한 반응을보이는 것을 뜻한다.

13. 행동분석가들은 자극-자극 관계 간의 반사성, 대칭성, 이동성을 시험한 후, 그 결과를 통해 자극의 등가성을 정의한다. 임의적 자극의 집단 내에존재하는 등가 관계의 정의에 부합하기 위해서는

이 세 가지(반사성, 대칭성, 이동성) 모두가 증명되어야만 한다.

14. 기초 연구와 응용 연구에서는 자극의 등가성을발달시키고 시험하기 위해 샘플대응 과정이 사용된다.

자극통제의 발달에 영향을 주는 요인

15. 응용행동분석가는 변별 자극 조건이 있는 상황과없는 상황에서 행동에 대한 차별강화를 이용하여자극통제를 확립한다. 차별강화는 강화제로서 기능하는 결과물을 일관되게 사용해야 효과적일 수있다. 사전 참여 기술, 자극 돌출, 가장하기, 뒤덮기와 같은 추가적인 요인 역시 자극통제의 발달에 영향을 끼칠 것이다.

자극통제를 발달시키기 위한 촉진 사용

16. 촉진이란 행동을 통제해야 할 변별 자극이 있을때 정반응을 이끌어내는 데 이용되는 보충적인선행자극이다(예 : 지시, 모델링, 신체적 지도) 응용행동분석가는 행동의 수행 전에 그리고 수행동안에 반응과 자극촉진을 사용한다.

17. 반응촉진은 반응에 직접적으로 작용한다. 자극촉진은 학습자가 핵심적인 변별 자극에서 정반응을보이도록 힌트를 주는 방향으로 선행 과제 자극에 직접적인 영향을 미친다.

자극통제의 전이

18. 응용행동분석가는 반응과 자극촉진을 보충 선행자극으로 제공해야 하며, 습득 단계에만 사용하여야 한다.

19. 반응과 자극촉진의 용암법은 자극통제를 촉진으로부터 자연적 자극으로 전이하는 데 사용하는과정이며, 또한 자연적 자극이 주어질 때 발생할

수 있는 오류 반응의 수를 최소화하기 위해 사용하기도 한다.

20. 자극통제를 반응촉진에서 자연적 자극으로 전이시키는 과정에는 (a) 최대에서 최소로의 촉진, (b) 단계적 지도, (c) 최소에서 최대로의 촉진, (d) 시간 지연 등이 있다.

21. 자극 용암법은 학습자가 정반응을 보일 확률을 높이기 위해 자극의 차원(예 : 색깔, 크기, 위치)을 과장하는 것을 말한다. 이렇게 과장된 자극의 차원은 점진적으로 뚜렷해지거나 희미해진다.

22. 자극 모양 변형 과정의 초기에는 정반응을 촉진할 초기 자극 모양을 사용한다. 이 모양을 점진적으로 변화시켜 자연적 자극의 모양으로 바꾸는데, 그동안 정반응이 계속 유지되도록 한다.

제3부

새로운 행동의 형성
Developing New Behavior

제3부의 3개 장에서는 새로운 행동을 개발시키는 방법에 대해 기술한다. 모방을 다루는 제8장에서는 여러 가지 유형의 모방과 모방행동의 특징, 모방행동을 가르치는 데 필요한 절차 및 모방 훈련 기술에 대해 소개한다. 조형법을 다루는 제9장에서는 종착행동에 대한 연속적 접근을 어떻게 차별 강화하여 새로운 행동을 형성시키는지 기술한다. 이 장에서는 또한 행동조형의 효과를 증가시키는 절차와 응용 세팅에서 조형에 대한 지침을 소개한다. 제10장 행동연쇄에서는 개별 행동이 어떻게 보다 복잡한 행동으로 연결되는지에 대해 기술한다. 이 장에서는 과제분석 절차뿐 아니라 행동연쇄의 사용과 이에 영향을 주는 요인에 대해 설명한다.

제8장

모방

주요 용어

모방

BCBA와 BCABA의 행동분석 자격심사위원회
행동분석과제 목록, 제3판

내용 영역 3 : 원리, 절차, 개념

| 3–15 | 반향과 모방의 정의와 예시 |

모방은 아동이 사회성이나 의사소통 기술과 같은 행동을 보다 빠르게 습득할 수 있도록 해 준다. 모방 과정을 이해함으로써 새로운 행동을 발달시키는 데 모방을 이용할 수 있다. 모방을 통하지 않고 새로운 행동을 빠르게 습득하기는 매우 어렵다.

모방은 여러 세기에 걸쳐 실험적·이론적으로 주목을 받았다(예 : Baer & Sherman, 1964; Carr & Kologinsky, 1983; Garcia & Batista-Wallace, 1977; Garfinkle & Schwartz, 2002; Wolery & Schuster, 1997). 기존 연구 결과는 아동이 다른 조작적 행동을 습득하고 유지하는 것과 같이 모방행동 및 반향어를 습득함을 보여 주었다.[1] 이것은 (a) 강화를 통해 모방이 증가할 수 있으며, (b) 한 모방행동이 강화되면 다른 모방행동이 특정한 훈련과 강화 없이 일어날 수 있고, (c) 모방을 하지 않는 아이들에게 모방하는 것을 교육할 수 있음을 시사한다. 이 장은 모방을 정의하고 모방하지 않는 학습자를 참가자로 한 모방 훈련 방법을 제시한다.

 ## 모방의 정의

다음과 같은 네 가지 행동-환경의 관계를 통해 **모방**을 기능적으로 정의할 수 있다. (a) 모델이란 모방행동을 유발하는 선행자극으로 어떤 신체적 움직임도 모델이 될 수 있다. (b) 모방행동은 모델이 일어난 후 즉각적으로 따라 일어나야 한다(예 : 3~5초 내). (c) 모델과 모방행동 사이에 형태적 유사성이 있어야 한다. (d) 모델이 모방행동의 통제 요인이어야 한다(Holth, 2003).

---

1) 제11장에서 반향어를 정의하고 이를 모방과 기능적으로 구분한다. 반향어는 음성적 언어 행동에서 쓰이는 기술적 용어이고, 모방은 비음성적 언어 및 비언어적 행동에 적용되는 용어이다.

모델

계획적 모델

계획적 모델이란 학습자로 하여금 새로운 기술을 습득하거나 기존에 가지고 있던 기술의 특정 부분을 개선하는 데 도움을 주는 미리 계획된 선행자극이다. 계획적 모델은 학습자가 정확하게 무엇을 해야 할지 알려 준다. 특정 행동을 보이는 사람을 비디오로 녹화한 것은 계획된 모델의 예가 된다. 예를 들어, LaBlanc와 동료들(2003)은 비디오 모델을 통해 자폐증을 가진 세 아이들에게 다른 사람의 관점을 공유하는 기술을 가르쳤다. 아이들은 비디오 모델을 통해 그릇이나 상자와 같은 사물을 손가락으로 가리키는 것을 학습했다(이때 아이들은 1이라고 쓰인 상자를 가리키며 '하나'라고 따라 하면서 음성적·언어적 반향 행동을 보였다).

비계획적 모델

모방을 일으킬 능력을 지닌 선행자극은 잠재적인 비계획적 모델이라고 말할 수 있다. 비계획적 모델은 수많은 새로운 형태의 행동을 유발하는데, 이는 일상적인 상호작용 속에서(예 : 학교, 일, 놀이) 다른 사람의 행동을 모방하는 것이 새롭고 유익한 적응 행동을 유발하기 때문이다. 예를 들어, 시내에서 처음 버스를 타 본 젊은이는 다른 승객의 행동에 대한 모방을 통해 버스 요금을 내는 방법을 배울 수 있다.

형태적 유사성

형태적 유사성은 모델과 모방행동이 물리적으로 유사하거나 공통적 감각 특성(예 : 같은 모양, 같은 소리 등)을 보이는 것을 말한다(Michael, 2004). 예를 들어, 선생님이 손가락으로 집이라는 단어를 쓰는 것(모델)을 보고 학생이 똑같이 '집'이라는 단어를 손가락으로 쓴다면(모방), 이때 손가락으로 단어를 쓰는 행위는 모델과 형태적 유사성을 갖는다. 의자에 앉아 있던 아이가 엄마가 손으로 식탁을 두드리는 모습을 본 후 따라서 식탁을 두드린다면, 아이의 모방행동, 즉 식탁을 두드리는 행동은 엄마의 행동과 형태적 유사성을 갖는다.

즉각성

모델 후 모방행동이 따라오는 것(즉각성)은 모방의 중요한 특징이다. 그런데 모방의 형태(topography)는 일상적인 맥락에서 모델과 시간적으로 떨어져 나중에 발생할 수 있다. 예를 들어, 버스를 처음으로 타 본 젊은이가 앞에 있던 승객을 보고 요금을 내는 것을 모방을 통해 배웠다면, 나중에 집으로 돌아오는 길에 앞서 요금을 내는 승객이 없어도 새롭게 학습된 행동, 즉 요금을 내는 행동을 할 수 있다. 집이라는 단어를 손으로 쓰는 것을 배운 학생의 부모가 "학교에서 뭐 배웠니?"라고 물었을 때, 집이라는 단어를 손으로 써서 보여 줄 수 있다.

　과거에 습득한 모방의 형태가 모델(예 : 다른 승객이 요금을 내는 행위, 손가락으로 글쓰기) 없이 일어날 때 그 지연된 행동은 모방행동이 아니다. 버스 요금을 내는 행동이나 손가락으로 글쓰기와 같은 지연된 행동은 모방행동과 유사한 형태를 보이지만 서로 다른 통제변인의 결과이다. 변별 자극(예 : 버스 요금 수납통) 혹은 동기조작(예 : 부모의 질문)과 지연된 행동의 관계는 모델과 모방행동의 관계와 기능적인 차이가 있다. 따라서 이전 모델의 행동양상을 보이는 지연된 행동은 모방이라고 정의할 수 없다.[2]

---

[2] 그러나 **지연된** 모방은 모방 관련 연구 논문에서 많이 사용되는 용어이다(예 : Garcia, 1976).

통제적 관계

우리는 보통 모방행동이라고 할 때 **똑같이 행동하는 것**이라고 생각한다. **똑같이 행동한다**라는 형태적 유사성은 모방의 필요조건이긴 하지만 충분조건은 아니다. 모델이 다른 유사한 행동을 기능적으로 통제하지 않아도 둘은 형태적으로 유사할 수 있다. 모델과 그에 뒤따르는 행동 간의 통제적 관계는 모방을 정의하는 가장 중요한 특징이다. 과거에 유사한 행동에 대해 강화를 받은 적 없이 새로운 모델이 비슷한 행동을 유발시킬 때 모델의 행동과 모방하는 자의 행동 간에 통제적 관계가 성립되었다고 할 수 있다. 모방행동은 선행사건(즉 모델) 후에 일어나는 새로운 행동이다. 모델이 모방을 유발시킨 후 그 행동이 강화 유관을 접하게 된다. 이러한 강화의 새로운 유관은 변별 조작의 통제변인이 된다(즉 $MO/S^D \rightarrow R \rightarrow S^R$).

　Holth(2003)는 모방 훈련의 맥락 안에서 변별 조작을 아래와 같이 설명했다.

　주인이 의자에 앉으면 따라 앉고, 한 바퀴 돌면 따라 돌게 개를 훈련시켰다고 가정하자. 그 개는 주인의 행동을 모방하고 있는가? 아니다. 주인이 자리를 돌 때마다 앉고, 앉으면 돌도록 개를 훈련시킬 수 있기 때문이다. 즉 모방처럼 보이는 행동이 실제로는 직접적으로 훈련된 일련의 **변별 조작**일 수 있다. 통제의 여부는 새로운 사례를 접했을 때만 알 수 있다. 개가 새로운 행동에 대해 '똑같이 따라' 반응한다는 것을 입증할 수 없는 한, 주인의 행동과의 유사성이 개의 반응 형태를 결정짓는 요인이라고 결론 내릴 수 없다. 그러므로 개가 주인의 새로운 행동도 똑같이 따라 하지 않는 한 개가 주인을 모방했다는 것을 입증할 수 없다. (p. 157)

통제적 관계성 및 모방의 사례와 아닌 사례

2명의 기타리스트가 밴드에서 합주를 한다고 하자. 한 사람이 먼저 짧은 악절(즉 새로운 모델)을 즉흥적으로 연주한다. 다른 기타리스트가 그 악절을 듣고 같은 코드와 음절로 즉시 따라 연주한다(즉 모방행동—새로운 행동). 이것은 모방의 조건인 즉각성, 형태적 유사성, 모델(즉 흥적으로 연주된 악절)의 통제적 관계를 모두 갖춘 예이다.

록 밴드에서 연주하는 두 기타리스트의 예를 계속 살펴보자. 한 명이 다른 사람에게 다음과 같이 말했다. "곡의 도입 부분에 대해 좋은 생각이 있어. 내가 먼저 연주해 볼게. 마음에 들면 어떻게 하는지 가르쳐 줄게." 두 번째 기타리스트는 그 부분이 마음에 들었으므로 익숙해질 때까지 첫 번째 기타리스트와 함께 연습했다. 이렇게 도입부에 새로운 연주가 추가되었다. 무대 위에서 한 사람은 그 악절을 연주하고 다음 사람이 바로 똑같은 악절을 되풀이해 연주했다고 하자. 이것은 모방의 예가 아니다. 왜냐하면 첫 번째 기타리스트에 의해 연주된 악절은 새로운 모델이 아니며 두 번째 기타리스트가 한 유사한 행동은 과거 강화를 통해 학습되었기 때문이다. 이것은 변별 조작의 예이다.

모방이 아닌 예로, 2명의 클래식 음악가가 악보를 보고 푸가를 연주한다고 하자. 푸가란 돌림노래와 같이 도입부의 앙상블에서 한 명이나 한 섹션이 짧은 악절을 먼저 연주하면 다음 사람 혹은 다음 섹션이 같은 선율을 따라 연주하는 음악이다. 푸가의 연주는 처음 연주자가 선율을 연주하고 다음 연주자가 즉시 그것을 따라 한다는 의미에서, 또 두 선율이 형태적 유사성을 갖는다는 점에서 모방과 비슷하다. 그러나 푸가는 첫 연주의 선율이 그다음의 유사 행동을 통제하지 않기 때문에 모방이 아니다. 종이에 기록된 악보가 통제변인이 된다. 따라서 악보에 따라 연주된 푸가는 모방이 아닌 변별 조작의 예에 속한다.

모방이 아닌 마지막 예로, 팀이 빌(이 사람은 어느 정도의 야구 경험이 있다.)에게 야구공을 던진다고 하자. 빌은 공을 잡고 즉시 팀에게 공을 다시 던진다. 이 때 빌은 팀이 던진 행동을 모방했을까? 외관적으로는 모방처럼 보인다. 팀이 던진 행동이 선행사건(모델)이었고, 빌이 즉시 비슷한 형태로 다시 공을 던졌다. 그러나 이것은 빌의 던지는 행동이 팀의 행동에 영향을 받은 새로운 행동이 아니므로 모방의 예가 아니다. 다시 말해, 이때의 통제변인은 변별 자극을 발생시킨 강화의 학습이었다.

 ## 모방 훈련

일반적으로 아동은 비계획적 모델을 모방하며 많은 기술을 습득한다. 보통, 부모와 다른 보호자는 아동의 모방 기술을 촉진하기 위해 주로 어떤 특별한 방법을 사용하지 않는다. 그러나 발달장애를 가진 유아나 아동은 다른 사람을 흉내 내지 않는 경우가 많다. 다른 사람을 모방하지 않고서는 가장 기본적인 기술 이상을 학습하기가 매우 힘들다. 하지만 이렇게 모방하지 않는 아동에게 모방 기술을 가르치는 것이 가능하다.

응용행동분석에서 여러 연구자들은 Baer와 동료들이 소개한 모방을 가르치는 방법에 대해 여러 차례에 걸친 검증을 했다(예 : Baer, Peterson, & Sherman, 1967; Baer & Sherman, 1964). 예를 들어, 중증의 정신지체를 가진 3명의 아동을 대상으로 연구가 진행되었다(Baer, Peterson, & Sherman, 1967). 모방 훈련 동안 선생님이 "이렇게 하세요." 하고 구두언어행동적 촉진을 준 후 모델(예 : 손 들기)을 보여 주면 아이들이 그에 대해 변별(모델 행동과 비슷한) 반응(예 : 손 들기)을 하게 가르쳤다. Baer와 동료들은 아이들의 수준에 적절한 몇 가지 행동을 골랐다(예 : 대근육을 사용한 행동, 소근육을 사용한 행동). 이때 선생님들은 비슷한 반응을 촉진하기 위해 처음에는 신체적 지도

(physical guidance)를 한 후 훈련 동안 점차적으로 그 도움을 줄여 나갔다. 또한 모델과 점차적으로 유사한 행동을 하도록 음식을 사용하여 강화함으로써 변별 반응을 조형했다.

Baer와 동료들에 의해 개발된 모방 훈련은 모방이 어려웠던 학습자가 모방을 할 수 있게 만들었는데, 이것은 특별한 훈련 과정이나 그 행동에 대한 강화 없이도 새로운 모델이 모방행동을 통제하도록 학습한다는 것을 의미한다. 첫 번째 참가자는 130개의 모델 행동에 대한 유사성 모방 훈련을 받은 후에 새로운 모델을 모방할 수 있었다. 두 번째 참가자에게도 비슷한 결과가 나타났다. 세 번째 참가자는 그보다 더 적은 훈련 후에 모방을 학습했다. 이 참가자는 특별한 훈련이나 강화 작용 없이 아홉 번째 제시된 행동을 모방할 수 있었다.

Baer와 동료들의 연구 결과를 요약하면 다음과 같다. 첫째, 모방 레퍼토리가 없던 아동들이 반응 단서, 촉진, 조형, 강화 등을 이용한 훈련을 통해 모방을 익혔다. 둘째, 어떤 모방행동이 강화를 받은 후 참가자들은 새로운 모델을 강화 없이 모방했다. 셋째, 참가자들은 학습 세트(learning set)(Harlow, 1959) 혹은 학습을 위한 학습 현상(learning-to-learn phenomenon)이라고도 알려진 효과를 보였다. 즉 모방 훈련을 받으면 받을수록, 모델과 유사한 변별 반응을 보이기까지 필요한 훈련의 수가 적어진다.

모방 훈련의 가장 중요한 목표는 모델이 된 행동의 유형과는 관계없이 학습자들에게 모델을 제공하는 사람을 따라 하도록 가르치는 것이다. 일단 모델 행동을 따라 하는 것을 학습한 아동은 특별한 훈련과 관련 없는 다른 모델을 모방할 가능성이 더 높아질 것이고, 이러한 모방은 계획적 강화 없이도 다양한 상황과 환경에서 나타날 가능성이 높아질 것이다.3) 그러나 모방은 훈련 동안 사용된 반응 범주에 달려 있다. 예를

들어, Young, Krantz, McClannahan과 Poulson의 연구 (1994)에서는 자폐 아동들이 훈련에 사용된 음성 반응, 장난감 놀이, 무언극 반응 유형 내에서 새로운 모델을 모방했지만, 반응 유형 간 일반화는 관찰되지 않았다. 그렇기는 하지만 모방은 새롭고 복잡한 행동을 보다 빠르게 습득할 수 있도록 만들어 준다. 모방은 과도한 신체적 유도에 의존하거나 이전 강화의 역사 없이 새로운 행동을 발생시킨다.

Baer와 동료들의 연구법을 기초로 Striefel(1974)은 임상가들을 위한 모방 훈련을 개발했다. Striefel의 훈련은 다음과 같은 요소로 구성된다. (a) 모방 훈련을 위한 필수적인 기술을 평가하고 필요한 것을 가르치기, (b) 모방 훈련에 필요한 모델 선택하기, (c) 예비 검사 실시하기, (d) 모방 훈련을 위해 모델 행동을 순차적으로 배열하기, (e) 모방 훈련 시행하기.

모방 훈련을 위한 필수적인 기술을 평가하고 필요한 것을 가르치기

모방에서는 학습자가 모델에 집중해야 가능하기 때문에 모방에 대한 주의집중은 모방 훈련에서 필수적인 선행 기술이다. Striefel(1974)은 이름을 부르면 자리에 앉아 손을 무릎에 가지런히 올려놓고 치료사를 쳐다보는 것으로 주의집중을 정의했다. 또한 훈련 중에 보이는, 학습에 방해가 되는 문제행동(예 : 공격성, 소리 지르기, 특이한 손의 상동행동 등)이 없어져야 한다. 그는 또한 주의집중 기술을 평가하는 순서를 다음과 같이 제시했다.

1. **자리에 앉아있기.** 아동을 자리에 착석시킨 후 앉아

---

3) 일반화된 모방은 모방 연구 논문에서 참가자의 도움을 받지 않고, 훈련 받지 않은, 강화가 주어지지 않은 반응이 모델의 행동과 형태적 유사성을 가질 때 그 반응을 지칭하는 용어로 자주 쓰인다. 여기서는 그런 새로운 모델에 대한 반응을 단순히 모방이라 지칭한다.

있는 시간을 잰다.

2. **치료사 쳐다보기.** 아동의 이름을 부른 뒤 아동이 쳐다보는지를 기록한다.

3. **손을 무릎에 올려놓기.** 아동의 손을 무릎에 올리도록 촉진한 후 손이 그 위치에 있는 시간을 기록한다.

4. **사물 쳐다보기.** 다양한 사물을 책상 위에 올려놓은 후 "이거 봐."라고 지시한다. 이때 지시 후 바로 손가락을 아동의 눈에서 사물로 이동시켜 주의를 끌고 아동이 사물을 쳐다보는지 기록한다.

최소 3회기에 걸쳐 주의집중 기술을 평가한다. 아동이 적절한 주의집중 기술을 가지고 있다고 평가되면 모방 훈련을 시작한다. 주의집중 기술을 발달시켜야 한다면 위에 제시된 기술을 모방 훈련에 앞서 훈련시켜야 한다.

모방 훈련에 필요한 모델 선택하기

치료사는 모방 훈련 초기에 약 25가지 정도의 행동을 선택한다. 이때 대근육 운동(예 : 손 들기)과 소근육 운동(예 : 수화)의 모델을 통해 아동이 모방 기술을 점차적으로 차별화 시키는 기회를 제공한다.

전문가들은 보통 모방 훈련의 초기 단계에는 동시에 여러 가지 모델을 보여 주기보다는 한 가지 모델을 먼저 훈련시키라고 권한다. 아동이 한 가지 모델을 성공적으로 모방한 후, 연속적인 행동과 같은 더 복잡한 모델을 모방하게 될 수 있다. 또한 훈련 초기에는 주로 (a) 신체 부분의 움직임(예 : 코 만지기, 한 발로 뛰기, 손으로 입 가리기), (b) 사물 조작(예 : 공 전달하기, 사물 집어 들기, 지퍼 올리기)을 다룬다.

예비 검사

선택된 모델에 대한 아동의 반응을 미리 평가해야 한다. 예비 검사는 아동이 훈련 없이도 모방할 수 있는 행동을 보여 준다. 다음은 Striefel(1974)이 개발한 예비 검사의 절차이다.

1. 예비 검사를 위해 아동이 주의집중할 수 있도록 준비시킨다(예 : 착석, 무릎 위에 손 올리기; 학습자의 준비자세로 간주).

2. 사물 모델을 사용할 경우 물건 하나는 아동 앞에, 또 하나는 치료사 앞에 놓는다.

3. 아동의 이름을 불러 주의를 집중시키고, 아동이 쳐다보면 "이거 해."라고 말한다(예 : 아동의 이름, 잠깐 기다림, "이거 해.").

4. 모델을 제시한다. 예를 들어, 공을 집어 드는 모델을 가르치려면 치료사가 공을 집어 들고 몇 초 기다린다.

5. 아동의 반응이 모델과 형태적으로 유사하면 매 반응을 즉각 칭찬하고 강화제(예 : 안아 주기, 음식)를 제공한다.

6. 아동의 반응을 정반응, 오반응(혹은 무응답) 또는 모델에 접근한 반응(예 : 공을 만지기는 했지만 집어 들지 않음)으로 기록한다.

7. 남아 있는 모델에 대해 검사를 계속한다.

치료사는 동작과 음성적 구두언어행동 모델(motor and vocal verbal model)(예 : 아동의 이름, 잠깐 기다림, "이거 해.", "공이라고 해.")에 대해 예비 검사 절차를 사용할 수 있다. Striefel은 각 모델에 최소 3회 이상 예비 검사를 실시할 것을 권한다. 학습자가 검사 중 선택된 모델에 대해 기준 이상으로 정반응을 보이면(예 : 세 차례 연속으로 성공) 치료사는 다음 단계의 모델로 넘어간다. 아동이 기준에 미치지 못하면 그 모델을 선택하여 모방 훈련을 시킨다.

모델 행동을 순차적으로 배열하기

전문가들은 어떤 모델을 먼저 학습시킬 것인지를 결정하기 위해 예비 검사 결과를 사용하는데, 주로 모방이 쉬운 모델부터 가장 어려운 모델로 배열한다. 모방 훈련에서 처음 선택하는 모델은 예비 검사에서 아동이 부분적으로 정반응을 보인 항목이다. 그다음으로 아동이 틀리게 반응했지만 모델에 어느 정도 접근한 항목을 선택한다. 마지막으로 아동이 전혀 수행하지 못했거나 틀리게 수행한 모델을 가르친다.

모방 훈련 시행하기

Striefel(1974)은 네 단계의 모방 훈련 과정, 즉 예비 평가, 훈련, 사후 평가, 모방행동에 대한 프로브를 제안했다. 모방 훈련에 사용된 절차는 예비 검사와 동일하며 치료사가 언제 어떻게 선택된 모델을 제시하는가에만 차이가 있다.

예비 평가

예비 평가란 각 훈련 회기 전에 시행되는 짧은 예비 검사이다. 치료사는 모방 훈련을 위해 세 가지 모델을 선택한다. 예비 평가 동안 이 세 가지 모델을 무작위로 세 번씩 제시한다. 이때 아동이 세 번 모두 모델과 같은 행동을 보이면 이 모델들은 훈련에서 제외한다. 이 예비 평가는 현재 학습자가 모델로 선택된 행동에 어떻게 반응할지 평가하게 해 줄 뿐 아니라 모델에 대한 모방 학습 발전 정도를 알 수 있게 해 준다.

훈련

훈련 동안 예비 평가에서 사용된 세 가지 모델 중 하나를 반복적으로 제시한다. 훈련에서 처음 제시되는 모델은 예비 평가에서 아동이 가장 많이 반응한 모델이다(즉 예비 평가 중 어느 정도 모델과 유사했으나 정반응이 아닌 행동). 아동이 모델과 근접한 반응만

보였을 경우 가장 비슷한 반응을 첫 훈련 항목으로 정한다. 아동이 다섯 번 연속 정반응을 보일 때까지 훈련한다.

모방 훈련 중에 아동이 반응을 보이지 않을 경우 치료사는 촉진을 주기 위해 신체적 지도를 한다. 예를 들어, 치료사는 아동이 모델 동작을 하도록 처음부터 끝까지 신체적으로 지도할 수 있다. 신체적 지도는 학습자가 그 반응을 몸으로 익히게 해 주고, 또한 반응에 대한 강화제를 체험하게 해 준다. 치료사는 이렇게 처음에는 아동에게 처음부터 끝까지 신체적 지도를 한 후, 다음 단계에서는 그 학생이 움직임을 완전히 끝내기 전에 도움을 주던 손을 놓는 등, 각 움직임의 단계에 따라 신체적 지도를 점차적으로 줄인다. 마지막에 아동은 아무런 도움 없이 동작을 따라 할 수 있게 된다. 아동이 도움 없이 다섯 번 연속으로 정반응을 보이면 그 모델을 사후 평가에 포함시킨다.

사후 평가

사후 평가에서 치료사는 이전에 학습된 모델 다섯 가지와 현재 훈련 중인 모델 다섯 가지를 각각 세 번씩 제시한다. 세 번의 연속적인 사후 평가에서 15번 중 14번의 기회에서 신체적 지도 없이 학습자가 정반응을 보이면 가장 최근에 학습한 행동에 대한 모방 훈련을 중단한다. 그러나 신체적 지도는 사후 평가에서만 사용이 적절하다. Striefel(1974)은 아동이 15번 중 14번의 성공이라는 기준에 미치지 못할 경우 그 행동에 대한 모방 훈련을 계속할 것을 권장했다. 사후 평가는 아동이 이전에 익힌 행동과 가장 최근에 익힌 행동을 얼마나 잘 수행하고 있는지 평가할 수 있도록 도와준다.

모방행동에 대한 프로브

치료사는 모방이 발생했는지 확인하기 위해 각 모방

훈련 회기 마지막에 약 5개의 훈련되지 않은 새로운 모델에 대한 모방 정도를 프로브한다. 프로브 시 사전평가와 같은 방법을 사용할 수도 있지만, 구두언어행동적 촉진(즉 아동의 이름, 멈춤, "따라 해.")이나 그 밖의 다른 형태의 반응촉진(예 : 신체적 도움)은 사용하지 않는다. 훈련되지 않은 모방을 프로브함으로써 아동의 모방 레퍼토리 향상 수준 정도, 즉 아동이 얼마나 모델을 따라 할 수 있는지에 대한 정보를 얻을 수 있다.

 ## 모방 훈련의 지침

훈련 회기는 활동적이고 짧게 유지하라

많은 치료사들은 모방 훈련에서 훈련 회기를 보통 10~15분 정도로 짧게 잡되 하루에 한 회기 이상을 실행한다. 2~3개의 짧은 회기가 하나의 긴 회기보다 효과적이다. 신속하고 활동적인 훈련을 하기 위해서는 각 시행 간격이 몇 초 이내로 짧아야 한다.

촉진받은 행동과 모방행동을 모두 강화하라

모방 훈련의 초기 단계에 치료사는 촉진받은 반응이나 독립적 모방에 모두 강화를 제공해야 한다. 아동의 참여도를 높이기 위해 칭찬이 아닌 다른 강화제를 사용할 경우 아동이 빨리 먹을 수 있게 작은 단위로 쪼개어 즉각적으로 제공해야 한다(예 : 작은 과자 조각, 음악 5초). 또한 치료사는 모델 제시 후 3~5초 이내에 아동의 반응이나 모방행동이 일어났을 경우에만 강화를 제공해야 한다. 정반응을 보이기는 하지만 즉각적으로 반응하지 않는 아동은 반응 잠재 기간(예 : 유관을 7초에서 6초, 5초, 4초로 줄이는 것)을 줄여 가며 강화해야 한다.

유형의 강화제와 함께 언어적 칭찬과 관심을 연합하라

많은 학습자들, 특히 중증에서 최중증 발달장애를 가진 아동들은 모방 훈련 동안 먹을 것이나 마실 것과 같은 유형의 강화제가 필요하다. 훈련이 진행될수록 치료사는 아동의 반응이나 모방행동을 유지하기 위해 사회적 관심이나 칭찬을 사용하는데, 이는 다른 강화제와 사회적·언어적 칭찬을 연합하는 과정이다. 다른 결과들과 사회적 관심(예 : 다정하게 학생의 팔을 토닥이기) 혹은 언어적 칭찬은 정반응이나 모델에 근접한 반응을 보이면 즉각적으로 제시해야 한다. 치료사가 아동이 선호하는 활동을 훈련 회기 직후에 하게 해주면 모방 훈련에 참여하려는 아동의 의지를 높일 수 있다.

수행이 악화되면 이전 단계로 돌아가고 천천히 계획을 예정대로 진행하라

아동의 수행이 악화되는 원인은 강화제 포만, 주의를 산만하게 하는 환경, 또는 아동에게 너무 복잡하고 어려운 모델 등 여러 가지가 있을 수 있다. 악화 이유를 알든 알지 못하든 간에 치료사는 이전 단계로 돌아가야 한다. 성공적인 모방을 확립한 후에 훈련을 계속 진행한다.

기록하라

모든 행동수정 프로그램과 같이 응용행동분석가들은 학습자의 수행을 직접적으로 측정하고 기록하며 각 회기 후 그 기록을 검토한다. 분명하고 직접적인 측정을 통해 치료사는 훈련 프로그램의 효과에 대해 객관적이고 정확한 자료 기반 결정을 내릴 수 있다.

언어적 촉진과 신체적 도움을 점차로 줄인다

부모나 양육자는 일상에서 거의 매일 구두언어행동 촉진과 신체적 지도를 사용하여 아동에게 모방 기술을 가르친다. 예를 들어, 양육자는 아이에게 "손을 흔들어 봐."라고 얘기하며 손 흔드는 동작을 보여 주면서 아동의 팔을 움직여 손을 흔들게 만든다. 또는 부모가 아이에게 "소가 어떻게 울지?"라고 질문한 후 모델을 제시하며("소는 음메음메라고 하지.") 아동에게 '음메'라고 말해 보라고 한다. 아동에 따라 '음메'라고 말했을 경우 칭찬과 관심을 준다. 이 자연스러운 교육 과정은 이 장에서 소개된 모방 기술 훈련과 같은 단계를 거친다. 즉 언어적 촉진이 제시되고("이거 해."), 모델이 제시되고, 필요시 신체적 지도가 제공된다. 그러나 모든 반응촉진이 철회되기 전까지 모방 훈련이 완료될 수 없다. 아동들은 반응촉진의 도움 없이도 모델의 행동을 배워야 한다. 따라서 모방을 효과적으로 만들기 위해 치료사는 반드시 훈련대응반응의 습득 중 사용된 반응촉진을 점차로 줄여야 한다.

모방 훈련 마무리

모방 훈련을 언제 끝내느냐는 아동의 반응과 프로그램의 목표에 달려 있다. 예를 들어 새로운 모델 행동이 제시되었을 때 아동이 그것을 따라 하거나, 여러 행동이 연속으로 제시되었을 때(예 : 손 씻기, 양치하기, 손가락으로 글쓰기) 모방할 수 있다면 신체 모방 훈련을 끝낼 수 있다.

 요약

모방의 정의

1. 네 가지 행동-환경의 관계로 모방을 정의할 수 있다. (a) 어떠한 신체적 움직임도 모방의 모델이 될 수 있다. 모델이란 모방행동을 유발하는 선행자극이다. (b) 모방행동은 모델이 제시된 후 3초 이내에 일어나야 한다. (c) 모델과 행동은 형태적 유사성을 가져야 한다. (d) 모델이 모방행동의 통제변인이어야 한다.

형태적 유사성

2. 모델과 행동이 서로 신체적으로 비슷하고 감각적으로 같은 범주(즉 비슷하게 생겼거나 비슷한 소리가 나거나)에 속할 때 형태적 유사성이 있다고 한다.

즉각성

3. 모델과 모방행동 사이의 즉각성은 모방의 중요한 특징이다. 모방과 유사한 행동은 많이 볼 수 있지만 모방의 형태는 일반적인 생활 상황 맥락에서, 그리고 어느 시간에나 발생할 수 있다. 그러나 모델이 없는 상태에서 이전에 모방했던 행동이 나타나면 그 지연된 행동은 모방행동이 아니다.

통제적 관계

4. 흔히 모방행동을 똑같이 행동하는 것으로 생각한다. 똑같이 행동하는 것의 형태적 유사성이 모방의 필요조건이기는 하지만 충분조건은 아니다. 모델이 기능적으로 유사한 행동을 통제하지 않을 때에도 형태적 유사성이 존재할 수 있다.

5. 모델의 행동과 모방자의 행동 간 통제적 관계는 새로운 모델이 과거 강화의 역사 없이 유사한 행동을 할 때 발생한다.

6. 모방행동은 새로운 선행사건(즉 모델) 후에 일어나는 새로운 행동이다. 일단 모델을 모방하면 그

행동은 강화 유관을 접하게 된다. 이 새로운 강화는 변별 조작의 통제변인이 된다(즉 MO/$S^D \rightarrow R \rightarrow S^R$).

모방이 힘든 학습자에 대한 모방 훈련

7. Baer와 동료들이 사용한 교육 방법은 응용행동분석의 많은 연구를 통해 모방이 어려운 아동을 가르치는 효과적 방법으로 검증되었다.

8. Baer와 동료들의 연구 방법에 기초하여 Striefel (1974)은 임상가를 위한 모방 훈련 프로그램을 개발했다.

9. Striefel의 훈련법에는 다음과 같은 요소가 포함된다. (a) 모방 훈련을 위한 필수적인 기술을 평가하고 필요한 것을 가르치기, (b) 모방 훈련에 필요한 모델 선택하기, (c) 예비 검사 실시하기, (d) 모방 훈련을 위해 모델 행동을 순차적으로 배열하기, (e) 모방 훈련 시행하기

모방 훈련의 지침

10. 훈련 회기는 활동적이고 짧게 유지한다.

11. 아동의 참여를 촉진하기 위해 칭찬 이외의 강화제를 사용하는 경우, 아동이 빨리 먹을 수 있도록 적은 양을 즉각적으로 제공한다.

12. 언어적 칭찬과 관심을 유형의 강화제와 함께 연합하여 제공한다.

13. 수행이 악화되면 전 단계로 돌아가 천천히 다시 훈련한다.

14. 아동의 수행을 측정하고 기록하여 각 회기 후에 검토한다.

15. 구두언어행동적 촉진과 신체적 지도를 점차적으로 줄인다.

16. 학생이 새로운 모델이나 연속적으로 일어나는 행동(예 : 손 씻기, 양치질, 손가락으로 글쓰기)을 모방한다면 모방 훈련을 멈춘다.

제9장

조형

주요 용어

반응 차별화	조형	클리커 훈련
연속적 접근	차별 강화	

BCBA와 BCABA의 행동분석 자격심사위원회
행동분석과제 목록, 제3판

내용 영역 9 : 행동변화 절차

9-6	차별 강화 사용
9-11	조형법 사용

© 2006 The Behavior Analyst Certification Board, Inc.,® (BACB®). All rights reserved. A current version of this document may be found at www.bacb.com. Requests to reprint, copy, or distribute this document and questions about this document must be submitted directly to the BACB.

조형(shaping)은 종착행동(terminal behavior)에 대한 연속적 접근(successive approximation)을 체계적이고 차별적으로 강화하는 방법이다. 조형은 학습자가 일상의 다양한 상황 속에서 새로운 행동을 습득할 수 있게 한다. 예를 들면, 언어치료사는 조형을 이용해 환자의 언어 발달을 위해 먼저 입술의 움직임을 강화하고, 다음으로 소리의 발생, 마지막으로 단어와 문장 표현을 강화한다. 심각한 장애를 가진 학생들을 가르치는 교사는 눈 맞추기, 한 단어로 된 인사말, 대화를 차별적으로 강화하면서 사회적 상호작용을 조형한다. 농구 코치는 선수가 농구대 몇 피트 앞에서 정확히 슈팅할 때와 15피트 파울 규정 라인 가까이에서 정확히 슈팅할 때를 차별적으로 강화하여 선수들의 파울 행동을 조형한다. 또한 동물 조련사는 기능을 가르치거나(예 : 조련사와 말이 부상을 입지 않고 말을 트레일러 안으로 이동시키기), 쇼나 공연을 준비할 때(예 : 돌고래에게 쇼의 순서와 내용 가르치기) 원하는 행동을 가르치기 위해 조형을 사용한다.

조형은 주어진 행동의 복잡성과 그 행동을 학습할 때 요구되는 필요조건에 따라, 종착행동에 달성하기까지 수많은 연속적 접근이 필요할 수 있다. 종착행동에 달성하기까지의 시간이나 시행 또는 방향성은 예측하기가 쉽지 않으며, 즉각적이거나 직선적이지 않다. 학습자가 종착행동에 더 가까이 접근했을 때 치료사가 그것을 감지하지 못해 강화하지 못했다면 종착행동의 달성이 지연될 것이다. 그러나 체계적인 접근을 사용하면(즉 종착행동에 더 가까이 접근할 때마다 매번 성공적으로 강화한다면) 더 빨리 조형이 진행될 수 있다. 조형은 많은 시간을 필요로 할지만, 설명이나 우연적 경험, 노출, 모방, 물리적 신호, 또는 언어 촉진을 통해 쉽게 배울 수 없는 새로운 행동을 가르치는 데 매우 유용한 접근법이다.

이 장에서는 조형을 정의하고, 반응 형태에 따라 행동을 어떻게 조형할 수 있는지에 대한 예를 보여 주며, 조형의 효율을 향상하는 방법을 제시할 것이다. 클리커 훈련은 조련사가 동물의 새로운 행동을 조형할 때 사용해 온 방법 중 하나이다. 다음으로 조형을 시행할 때 필요한 지침을 제시하고, 마지막으로 조형의 임상적 적용에 관해 다루면서 이 장을 마칠 것이다.

 ## 조형의 정의

Skinner(1953)는 자신의 책 『과학과 인간 행동(Science and human Behavior)』에서 조형의 개념을 다음과 같은 비유를 들어 설명했다.

> 조작적 조건 형성을 이용해 조각가가 진흙 덩어리를 만지는 것처럼 행동을 조형한다. … 최종 결과물은 어떤 통일성이나 원칙을 가진 것처럼 보이지만, 그 결과가 나타나는 시점을 명확히 알기 어렵다. 같은 맥락에서 조작(operant)은 유기체의 행동에서 한 번에 완전한 형태로 나타나지 않는다. 그것은 지속적인 조형 과정의 결과물이다. (p. 91)

공예가는 세심하고 숙련된 솜씨로 형태가 없는 진흙 덩어리를 어떤 부분은 본래 대로 놔두고, 어떤 부분은 잘라 내며, 또 다른 부분은 끊임없이 형태를 바꾸고 주조하는 과정을 통해 서서히 최종 작품으로 변화시켜 나간다. 이처럼 숙련된 치료사도 최종 목표행동과 유사성이 없는 반응을 새로운 행동 형태로 조형할 수 있다. 치료사는 행동 **조형**을 사용하여 종착행동에 이르는 연속적 접근을 차별 강화한다. 목표행동의 형태, 빈도, 잠복기, 지속 기간, 강도 등이 사전에 정해진 기준에 도달했을 때, **종착행동**이라고 부르는 행동 조형의 최종 결과물이 완성되었다고 할 수 있다. 조형 과정의 두 가지 중요한 요소는 아래에 기술될 차별 강화와 연속적 접근이다.

차별 강화

> 무거운 공이 표시된 지점보다 멀리 떨어졌을 때, 장대높이뛰기를 하여 철봉대를 넘었을 때, 공이 울타리를 넘어 날아갔을 때(그리고 그 결과로 점수를 얻고 시합에서 이겼을 때), 차별 강화가 작용하고 있는 것이다.
>
> — B. F. Skinner(1953, p. 97)

차별 강화(differential reinforcement)는 미리 정해 놓은 기준에 부합하는 반응에 대해서는 강화를 제공하고, 그 기준을 충족하지 않는 반응에 대해서는 강화를 주지 않는 방법을 말한다. 예를 들어, 아동이 저녁 식사 중에 "~해 주세요." 또는 "~해도 되나요?"와 같은 공손한 말을 사용하는지에 따라 부모는 아동이 요청한 사물을 주거나 주지 않는 방법으로 차별 강화를 사용할 수 있다. 차별 강화에는 두 가지 효과가 있다. (a) 과거에 강화되었던 반응과 비슷한 반응을 더 자주 발생시키고, (b) 강화되지 않았던 반응의 발생 빈도는 낮춘다(즉 소거된다).

차별 강화가 한 반응 범주 내에서 일관적으로 적용되면 그 차별 강화로 인해 강화되었던 반응들이 모여 새로운 반응 범주를 구성하게 된다. 이 새 반응 범주의 출현을 **반응 차별화**(response differentiation)라고 한다. 저녁 식사 중 부모의 차별 강화로 인해 아동이 공손하게 말하게 되는 것은 반응 차별화가 발생한 좋은 예이다.

연속적 접근

치료사는 조형을 사용하여 종착행동과 유사한 반응을 차별 강화한다. 조형의 과정은 학습자가 보이는 행동 중 종착행동과 중요한 특징을 공유하거나 종착행동의 전제가 되는 반응을 보일 때 이를 강화하는 것에서부터 시작한다. 초기에 강화된 반응이 더 자주 일어나면 치료사는 강화의 기준을 종착행동에 조금 더 근접한 행동으로 바꾼다. 이렇게 조형 기간 동안 점차적으로 변하는 강화의 기준에 따라 각 반응이 이전보다 종착행동에 더 가까운 형태를 띠는 새로운 반응 범주, 즉 **연속적 접근**이 형성된다. Skinner(1953)는 연속적 접근의 본질에 대해 다음과 같이 설명했다.

> 처음부터 종착행동이 일어날 확률은 본래 매우 낮다. 어떤 경우에는 확률이 0일 수도 있다. 하지만 이 방법(연속적 접근)을 사용하여 (이를 사용하지 않고서는) 유기체의 레퍼토리에 결코 나타나지 않을 복잡한 조작을 만들 수 있다. 일련의 연속적 접근을 강화함으로써 드물게 일어나는 반응을 단기간 내에 매우 높은 확률의 반응으로 만들 수 있다. 이 절차가 효과적인 이유는 복잡한 행동이 갖는 연속적인 속성을 인지하고 활용하기 때문이다. (p.92)

그림 9.1은 시력교정 안경을 쓰지 않으면 시력을 잃을 위험이 있는 취학 전 아동에게 안경 끼는 행동을 조형하기 위해 Wolf, Risley, Mees(1964)가 사용한 연속적 접근의 단계를 보여 준다. 가장 처음에 강화한 것은 안경을 만지는 행동이다. 안경 만지기가 달성되

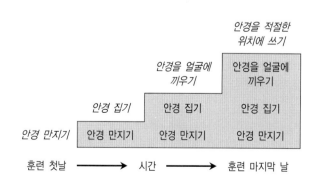

| **그림 9.1** | 안경 쓰는 행동을 차별적으로 강화하는 접근법. 음영 부분은 더 이상 강화되지 않는 행동을 나타낸다.

출처 : *How to Use Shaping* by M. Panyan, 1980, p. 4, Austin, TX: PRO-ED. Copyright 1980 by PRO-ED. Reprinted by permission.

자 안경 집기 행동을 강화했고, 안경 만지기가 소거되었다(그림에서 음영으로 표시된 부분 참조). 다음으로는 안경을 쓰는 행동이 강화되었고, 앞에서 강화되었던 두 행동이 소거되었다. 훈련은 종착행동인 안경 쓰기 행동이 일어날 때까지 지속되고 이전의 모든 행동은 소거되었다.

다른 차원의 수행 조형하기

행동은 형태, 빈도, 잠복기, 지속 기간, 또는 정도/크기(표 9.1 참조)의 측면에서 조형될 수 있다. 아동이 대화에 적합한 크기의 목소리로 말하는 것을 가르치는 데 차별 강화를 사용할 수 있다. 어떤 학생이 대화할 때 너무 작은 목소리로 말해(예 : 45dB 미만) 교사와 친구들이 이를 알아듣기 어렵다고 가정해 보자. 일상 대화에 적합한 65dB로의 연속적 접근 단계를 45dB, 55dB, 그리고 65dB로 잡았을 때, 최소 수준인 45dB에 대한 차별 강화는 그 45dB 미만의 반응을 소거시킬 것이다. 학생이 지속적으로 45dB 이상으로 말하게 되면 차별 강화의 기준을 55dB로 올린다. 마찬가지의 방법으로 55dB에서 마지막으로 65dB까지 달

성되면 그것보다 작은 데시벨 소리는 강화되지 않는다(즉 소거된다).

Fleece와 동료들(1981)은 장애 아동을 위한 사립 특수 유치원에 입학한 2명의 아동을 대상으로 목소리 크기를 증가시키기 위해 조형법을 사용했다. 기저선 자료를 위해 평소 교실에서의 목소리 크기를 측정했다. 목소리 크기는 0점에서 20점 척도로 기록되었는데, 0점은 아동의 목소리가 들리지 않는 수준, 10점은 보통 크기, 20점은 소리를 지르는 수준으로 정했다. 목소리를 감지하면 불빛이 나오는 기계 앞에서 아동들이 동요를 부르는 것으로 조형을 진행했다. 이 기계에서 나오는 불빛의 강도는 목소리 크기에 따라 달라졌는데, 감지된 목소리가 클수록 불의 밝기가 더 밝아지고 목소리가 작을수록 불의 밝기가 더 어두워졌다. 교사는 이 기계의 민감도를 조정하여 아동의 목소리 크기를 조형했다. 훈련 초기에는 작은 목소리만 내도 기계에 밝은 불이 들어왔지만, 다음 단계로 훈련이 진행됨에 따라 아동은 같은 밝기로 불을 밝히기 위해 더 큰 목소리를 내야만 했다. 단계가 높아질 때마다 불을 켜는 데 필요한 목소리 크기가 증가되었는데, 이는 종

표 9.1 다양한 차원에서 조형될 수 있는 수행 향상의 예

형태	예
형태(행동의 형태)	• 골프 스윙, 던지는 동작, 또는 높이뛰기와 연관된 운동 동작 개선하기 • 글씨 쓰기 연습 동안 흘려 쓰는 글씨체 개선하기
빈도(관찰 시간 단위당 반응의 수)	• 수학 시간 동안 매 분마다 풀어야 하는 문제 수 늘리기 • 매 분마다 정확하고 적절하게 단어를 쓰는 수 늘리기
잠복기(선행자극과 행동 발생 사이의 시간)	• "방을 청소해."라는 부모의 지시와 방을 청소하는 행동이 일어나는 사이의 시간 줄이기 • 심각한 정서장애를 가진 학생에게 공격적인 발언을 한 시점과 보복 행동 사이의 시간 간격 늘리기
지속 기간(행동이 발생한 총시간의 양)	• 학생이 주어진 과제를 지속하는 시간 늘리기 • 공부에 집중하는 시간 늘리기
진폭/규모(반응의 강도 또는 힘)	• 화자의 목소리 크기를 45dB에서 65dB까지 증가시키기 • 체육 시간에 높이뛰기 평행봉의 높이 높이기

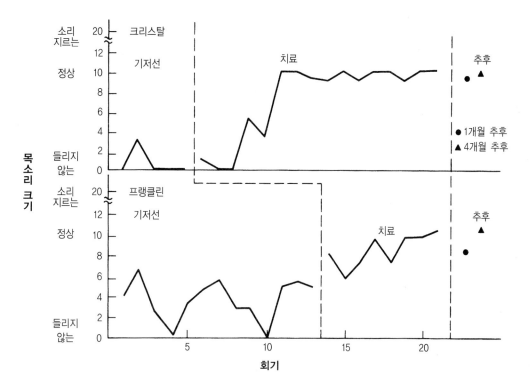

| 그림 9.2 | 교실 세팅에서 매 회기당 목소리 크기의 수준

출처 : "Elevation of Voice Volume in Young Developmentally Delayed Children via an Operant Shaping Procedure" by L. Fleece, A. Gross, T. O'Brien, J. Kistner, E. Rothblum, and R. Drabman, 1981, *Journal of Applied Behavioral Analysis, 14,* p.354. Copyright by the Society for the Experimental Analysis of Behavior, Inc. Reprinted by permission.

착행동으로의 연속적 접근을 보여 준다.

참가자 간 다중 기저선 설계를 통해 아동들의 수행을 분석한 결과, 치료를 통해 아동들의 (교실에서의) 목소리 크기가 증가했음을 알 수 있었다(그림 9.2 참조). 또한 목소리 크기의 변화는 4개월 뒤에도 여전히 유지되었으며, 학교 관계자에 의하면 아동들의 목소리 크기는 교실뿐만 아니라 다른 장소로까지도 일반화되었다.

실용적인 관점에서, 감지되는 소리의 크기가 특정 수준에 도달할 때만 신호(빛 또는 소리)를 내는 목소리 감지 녹음기나 주파수 녹음기를 이용하면 dB의 증가를 측정할 수 있다(Fleece et al., 1981). 기준 수준 이하의 소리는 녹음기를 작동시키지 못할 것이다.

 ## 반응 형태 간 조형과 반응 형태 내 조형

여러 반응 형태 간 행동을 조형한다는 것(shaping behavior across different response topographies)은 선택된 반응 범주에 포함되는 반응을 차별 강화하는 반면, 다른 반응 범주에 속하는 행동은 강화하지 않는 것을 뜻한다. 앞서 언급된 말하기 연습을 예로 들자면 입술의 움직임, 말소리 내기, 한 단어 발성, 구나 문장 만들기는 '말하기' 반응 범주에 포함되는 행동이다. 즉 이 반응들은 모두 말을 하기 위한 필수 선행 조건이다. 서로 다른 반응 형태 간의 조형에서는 강화가 주어지는 수행의 기준을 점진적으로 높인다.

Isaacs, Thomas, Goldiamond(1960)의 고전적인 연

구는 어떻게 행동이 반응 형태 간, 그리고 각 반응 형태 내에서 조형될 수 있는지를 보여 주었다. 그들은 긴장성 분열증(catatonic schizophrenia)으로 진단 받은 앤드류의 음성 행동(vocal behavior)을 성공적으로 조형했다. 연구 시작 당시 앤드류는 말을 하게 하려는 주변의 많은 노력에도 불구하고 19년째 말을 하지 않던 환자였다. 앤드류는 평소 수동적인 의사표현만 했는데, 우연히 껌 한 통이 바닥에 떨어졌을 때 앤드류의 의사표현 방식이 약간 변한다는 것을 알아챈 한 심리학자가 조형법을 시작했다. 그 심리학자는 말하기 행동을 형성하는 데 껌이 효과적인 강화물이 될 수 있음을 인식했고, 이를 사용하여 언어 산출(language production)을 종착행동으로 정할 수 있었다.

조형 과정의 다음 단계는 강화할 초기 행동을 정하는 것이었다. 첫 단계는 입술 움직이기로 정해졌는데, 그 이유는 껌을 보았을 때 입술에서 경미한 움직임이 관찰되었기 때문이고, 더 중요하게는 입술의 움직임이 말하기의 반응 범주에 속하기 때문이었다. 차별 강화를 통해 입술을 움직이는 행동이 확립되자마자, 심리학자는 앤드류가 종착행동으로의 다음 접근을 보일 때까지 기다렸다. 이 기간 동안 앤드류는 단순히 입술의 움직임만으로는 강화를 받을 수 없었고, 소리를 동반한 입술 움직임만이 강화되었다. 앤드류가 후두음을 내기 시작하자 발성을 차별 강화하기 시작했다. 그리고 앤드류가 '껌'이라는 단어를 발음할 때까지 이 후두음 소리가 조형되었다(반응 형태 내의 차별 강화). 6주간의 조형 후 심리학자가 앤드류에게 껌이라고 말하기 지시를 내리자 앤드류는 "껌 주세요."라고 반응했다. 앤드류는 치료가 진행되는 동안, 그리고 치료가 끝난 후에 심리학자뿐 아니라 자신이 거주하는 시설 내의 다른 사람과 대화하기 시작했다. 조형을 강력히 입증한 이 예에서는 우선 종착행동과 초기 시작점을 정한 후 종착행동에 대한 연속적 접근을 차별 강화함으로써 반응 범주에 속하는 각 행동을 조형했다.

반응 형태 내에서 행동 조형을 한다는 것은, 행동의 '형태'는 유지하되 그 행동의 측정 가능한 다른 측면에 대해 차별 강화를 적용하는 것을 뜻한다. 대학교 체육 시간에 강사가 학생들에게 수상 안전에 대해 교육한다고 가정해 보자. 강사는 학생들에게 주어진 거리에서 물에 빠진 사람에게 구명구를 어떻게 던지는지 가르치려 한다. 여기에서 중요한 기술은 구명구를 물에 빠진 사람 가까이에 던지는 것이기 때문에, 체육 강사는 주어진 거리에서 구명구를 던지는 행동에 대한 연속적 접근을 강화함으로써 정확한 구명구 던지기 행동을 조형할 수 있다. 다시 말해, 목표물 가까이(예 : 2미터 내로)에 던질 때에는 학생에게 칭찬을 해 주는 반면, 목표물 멀리 구명구를 던지면 칭찬을 하지 않는다. 학생들의 구명구 던지는 실력이 더 향상되면 목표물로부터 팔 길이 이내의 거리로 구명구를 던지는 종착행동까지 그 구역을 좁혀 간다. 이 경우 행동의 정도(magnitude)는 조형되지만 '던지기'라는 행동의 형태는 변하지 않는다.

아동의 피아노 연습 시간을 늘리는 것을 또 하나의 반응 형태 내 조형의 예로 볼 수 있다. 이 경우, 아동이 하루 30분씩 일주일에 세 번(예 : 월, 수, 금) 피아노 연습을 하는 것을 성공의 기준(종착행동)으로 세울 수 있다. 부모는 이 목표를 달성하기 위해 일주일에 한 번, 몇 분이라도 연습하는 것으로 시작하여 연습 시간 점차 늘려 가며 강화할 수 있다. 다음으로 부모는 월요일 하루에만 10분, 12분, 15분, 20분, 25분, 그리고 최종적으로 30분까지 연습 시간을 늘리는 것을 강화할 수 있다. 수요일과 금요일에는 유관이 적용되지 않는다. 아동이 중간 정도의 기준에 도달하면(예 : 20분) 20분 미만의 연습은 더 이상 강화되지 않는다.

조형의 그다음 단계에서는 위의 과정이 수요일에도 적용된다. 이제 아동은 월요일과 수요일 모두 기준에 도달해야 강화를 받을 수 있다. 마지막으로 이 연속적 접근은 월, 수, 금 3일 모두에 적용된다. 이 예에서 조형되는 행동은 피아노를 치는 것이 아니라는 것을 기억해야 한다. 아동은 이미 피아노를 칠 수 있으며, 반응 범주의 '형태'는 이미 습득되어 있다. 차별 강화를 통해 조형되는 것은 '피아노 연습'이라는 반응 범주 내의 다른 행동 차원인 '연습 시간'이다.

조형의 긍정적 측면

조형은 새로운 행동을 가르친다. 조형이 체계적이고 점진적으로 시행되기 때문에 종착행동이 분명하다. 또한 조형은 새로운 행동을 가르치는 데 긍정적인 (positive) 접근법을 사용한다. 종착행동에 대한 연속적 접근을 통해 지속적으로 강화가 주어지며, 종착행동과 상관없는 행동은 소거된다. 전형적으로 처벌이나 다른 혐오적인 절차는 조형법에 포함되지 않는다. 마지막으로, 조형은 이미 확립된 행동변화나 행동형성 절차(예 : 연쇄)와 연합될 수 있다. 예를 들어, 행동분석가가 아동에게 신발 끈 묶는 법을 가르치기 위해 7단계 과제분석을 설계했다고 가정하자. 그러나 아동이 과제분석의 5단계를 실행하지 못한다면 조형법을 사용하여 5단계만 개별적으로 가르칠 수 있다. 조형을 통해 5단계가 학습되면 과제분석의 다른 단계들과 함께 연쇄가 지속될 수 있을 것이다.

조형의 한계점

조형법은 최소한 다섯 가지의 한계를 가진다. 전문가들은 이러한 한계를 인지하고 한계가 발생할 때를 대비해야 한다. 첫째, 새로운 행동을 조형하려면 시간이 오래 걸릴 수 있는데, 이는 종착행동을 달성하는 데까지 많은 수의 접근 단계가 필요할 수 있기 때문이다 (Cipani & Spooner, 1994).

둘째, 종착행동을 향한 과정이 항상 직선적인 것은

아니다. 이는 학습자가 한 단계에서 그다음 단계로 이동할 때 늘 연속적이고 정해진 순서를 따르지 않음을 뜻한다. 행동의 진행은 불규칙할 수 있다. 행동이 너무 불규칙하면(즉 종착행동에 더 가까운 접근 혹은 그런 유사한 반응을 보이지 않음) 강화를 더 주어 행동을 증진하는 방향으로 접근을 축소할 필요가 있다. 종착행동을 달성하기 위한 그다음 가장 최소한의 접근을 알아내고 강화하는 기술은 조형의 성공에 매우 중요하다. 치료사가 무지함, 미숙함, 또는 바쁘다는 이유로 그다음 접근 단계의 반응을 강화하는 데 실패한다면, 이와 비슷한 반응이 발생하지 않거나 아주 미미한 수준으로 발생할 수 있다. 주어진 접근 단계에서 수행에 대한 강화가 필요 이상으로 지속되면 종착행동으로의 진행이 방해될 것이다.

셋째, 조형에서는 치료사가 학습자를 지속적으로 관찰하여 학습자가 종착행동에 더 가까운 접근을 보이는지에 대해 작은 단서라도 재빨리 발견해야 한다. 치료사(예 : 교실에서 할 일이 많고 바쁜 교사)가 행동의 작은 변화를 가까이에서 감지하기 힘들 수도 있다. 결과적으로 이런 상황에서의 조형은 부적절하거나 또는 비효율적일 수 있다.

넷째, 조형법이 잘못 적용될 수 있다. 아동이 아버지의 관심을 끌기 위해 작은 목소리로 이야기하는 경우를 생각해 보자(예 : "아빠, 아이스크림 먹고 싶어요."). 처음에 아버지는 아동의 목소리가 작은 탓에 아동이 자신에게 무언가를 요청하고 있음을 알아차리지 못한다. 아동의 시도가 계속해서 성공하지 못하면 아동은 아버지의 관심을 끌기 위해 더욱 노력하게 되고, 그 과정에서 요청의 빈도와 강도가 증가할 수 있다 (예 : "아빠! 나 아이스크림 먹고 싶어요!"). 아버지는 아이의 목소리가 커진 후에야 아이스크림을 준다. 다음 기회에 아동은 아버지의 관심을 끌어 원하는 것을 얻기 위해 전보다 더 큰 목소리로 말한다. 아버지가 관심을 끌기 위한 행동 단계를 차별 강화했으며, 아동은 아이스크림을 얻기 위해 더 큰 목소리로 외치도록 조형되었기 때문이다. 이러한 예를 배경으로 Skinner(1953)는 "아이를 성가신 아이로 훈련시키려면 다른 일에 몰두하여 정신이 없거나 태만한 부모의 차별 강화 방법을 배우면 될 것이다(p. 98)."라고 했다.

다섯째, 해로운 행동이 조형될 수도 있다. 한 예로 Rasey와 Iversen(1993)은 차별 강화를 사용하여 실험 쥐가 발판의 가장자리에서 떨어지는 행동을 조형할 수 있음을 보여 주었다. 실험자들은 쥐들이 가장자리 너머로 음식을 향해 코를 갖다 대는 행동을 차별 강화했고, 이로 인해 쥐는 결국에 그 선반에서 떨어졌다.[1] 청소년들의 무모한 행동 역시 이러한 맥락에서 생각해 볼 수 있다. 특히 청소년들이 즐겨 하는 내기 게임은, 더 높은 단계의 위험을 감수할 때마다 차별 강화를 받는 사람들을 보여 주어 흥분과 공포를 조장하는 TV 프로그램에서 발전된 것이다.

조형 대 자극 용암법

조형법과 용암법은 서로 굉장히 다른 방법이지만, 이 둘 모두 행동을 점진적으로 변화시킨다는 공통점을 지닌다. 조형에서는 반응이 점차 더 차별화되지만 선행자극이 변하지 않는다. 용암법에서는 그 반대의 현상이 일어난다. 학습자의 반응은 근본적으로 변하지 않지만 선행자극이 점진적으로 변화한다.

 조형의 효율성 증가시키기

반응 형태 간, 그리고 반응 형태 내에서 어떻게 행동이 조형되는지 보여 주는 것 이외에도, Isaacs와 대학

동료들(1960)의 연구는 조형의 또 다른 측면인 효율성에 대해 설명한다. 조형의 초기 단계 동안 심리학자들은 강화물을 주기 전에, 행동에서 다음 접근 단계의 행동이 발생하길 기다렸다. 기다리는 것은 시간이 걸리고 소모적일 수 있기에 Isaacs과 연구자들은 6회기 이후에 "껌이라고 말해."라는 언어 촉진을 사용함으로써 효율성을 증가시켰다. 언어 촉진을 사용하지 않았다면 성공적인 결과에 달성하기까지 좀 더 많은 회기가 필요했을 것이다.

조형을 향상하는 방법은 세 가지가 있다. 첫 번째는 변별 자극을 조형과 결합하는 방법이다. 예를 들면, 발달장애를 가진 성인에게 인사법으로 악수하는 것을 가르칠 때 교사는 "프랭크, 팔을 뻗어."라고 말할 수 있다. Scott, Scott과 Goldwater(1997)는 대학의 음성 촉진("뻗어.")을 사용해 장대높이뛰기 선수의 도약을 조형했다. 선수가 도약 지점에서 도약하기 전 팔을 뻗는데, 즉 주의 집중하게 촉진을 하였다. Kazdin(2001)은 다양한 촉진법을 사용하여 반응을 미리 가르쳐 주는 것이 유용할 수 있다고 제안했는데, 이는 특히 개인이 이미 가지고 있는 행동의 범위가 좁고 연속적 접근의 단계 수가 적은 경우 효과적이라고 했다. "제시된 반응이 환자의 반응 레퍼토리에 없어도, 촉진(priming)을 이용해 반응을 시작하고 조형을 용이하게 만들 수 있다(p. 277)." 조형을 향상하는 두 번째 방법은 신체적 지도이다. 앞에서 인용했던 프랭크의 경우를 예로 들면, 교사는 프랭크의 팔을 잡아 앞으로 내밀며 행동의 조형을 도울 수 있다. 세 번째 조형 향상 기술인 모방 촉진인데 이 경우 교사는 팔 뻗기를 실제로 보여 주며 행동 조형을 향상할 수 있다(예 : "프랭크, 이렇게 팔을 내밀어 봐."). 행동 조형의 속도를 높이기 위한 모든 촉진은 후에 모두 점차적으로 없애야 한다.

---

1) 연구자는 쥐가 다치지 않도록 안전망을 설치했다.

클리커 훈련

Pryor(1999)는 **클리커 훈련**(clicker training)을 정적 강화를 이용해 행동을 조형하는 과학적 체계라고 기술했다. 클리커는 금속 탭을 누르면 클릭 소리를 내는 휴대용 기구이다. 강화가 클리커 소리와 짝지어지면 클리커 소리는 조건화된 강화제가 된다. 신체적 지도 없이 돌고래를 훈련시키는 데 처음 사용되었던 클리커 훈련법(Pryor & Norris, 1991)은 다른 동물(예 : 고양이, 말)에게도 적용되었고, 비행기 조종 기술과 같은 복잡한 행동을 조형하기 위해 사람에게도 적용되었다(Pryor, 2005).

> 클리커 훈련가들은 행동을 멈추는 것이 아니라 행동을 형성하는 데 초점을 둔다. 개에게 뛰지 말라고 소리 지르는 대신 클릭 소리를 내어 앉힐 수 있다. 말을 발로 차서 앞으로 가게 하는 대신 클릭 소리로 움직이게 만들 수 있다. 원하는 최종 결과에 이를 때까지 클릭을 되풀이하면서, 학습자가 더 오래 앉아 있거나 더 오래 걷도록 행동을 조형할 수 있다. 한 번 행동이 학습되면 칭찬과 인정으로 그 행동을 유지하고, 원하는 새로운 행동을 훈련시키기 위해 클리커를 다시 사용할 수 있다. (Pryor, 2003, p. 1)

그림 9.3은 클리커 훈련을 시작하기 위한 열다섯 가지 유의사항이다.

조형 사용을 위한 지침

치료사는 조형을 사용하기로 결정하기 전 여러 가지 요소를 고려해야 한다. 먼저, 가르칠 종착행동의 특성과 이를 가르치는 데 사용할 수 있는 자원을 평가해야 한다. 예를 들어, 학습장애가 있는 학생이 더 많은 수학 문제를 풀게 하고 싶은 5학년 교사가 있다고 하자. 이 학생은 현재 수학 시간 동안 10문제 중 5문제를 푼다고 가정해 보자. 학생이 수업 시간 동안 스스로 과제를 끝내고 수행 정도를 확인할 능력이 되면, 수학 문제 풀이 개수를 차별 강화하는 방식으로 조형을 사용할 수 있다. 수업 시간 중 5문제, 7문제, 9문제, 11문제, 그리고 그 이상을 정확하게 풀 때마다 강화를 준다. 이 경우, 수학 문제를 푸는 것은 특정 반응 형태 내에 있으며, 학생은 자신의 수행을 직접 관리하고 있다.

또한 조형은 다양한 접근 단계를 거치므로 그 방향성을 예측할 수 없기 때문에, 치료사는 종착행동을 달성하기 위해 필요한 총시간을 추정해 보는 것이 좋다. 동료들에게 비슷한 행동을 조형하는 데 얼마나 많은 회기가 필요했는지 물어보거나, 종착행동과 비슷한 행동을 시험삼아 차별 강화해 봄으로써 종착행동을 조형하는 데 필요한 전체 시간을 가늠해 볼 수 있다. 하지만 예측하지 못한 모든 요소가 전체 과정의 진행 속도에 영향을 줄 수 있기 때문에, 이 두 가지 방법으로는 대략적인 값만 예측할 수 있다. 만약 준비한 것보다 더 많은 시간이 필요한 경우라면 치료사는 다른 전략을 고려해야 한다. 어떤 행동에는 행동 형성 기술인 조형의 적용이 불가능하다. 예를 들어, 한 고등학교 영어 선생님이 학생들의 영어 말하기 능력을 향상하고자 한다면 촉진, 모델링, 또는 또래 교습(peer tutoring)이 조형보다 더 효율적일 수 있다. 즉 학생들에게 제스처, 억양, 은유를 어떻게 사용하는지 말해 주거나 보여 주는 것이 각 반응 범주를 일일이 조형하는 것보다 더 **빠를** 수 있다는 것이다.

조형을 사용하기로 결정했다면, Pryor의 조형의 열 가지 법칙이 현장에서 이 과정을 적용하는 데 도움이 될 것이다(그림 9.4 참조).

1. 클리커의 끝 부분에 위치한 탭을 눌러 클릭 소리를 내고 음식을 준다. 음식은 소량을 주되, 처음에는 맛있는 음식을 사용한다. 개나 고양이에게는 빵 덩어리 대신 작게 자른 닭고기가 좋다.
2. 목표행동을 할 때(행동 이후가 아님) 클릭한다. 클릭을 하는 시점이 매우 중요하다. 만약 애완동물이 클릭 소리를 듣고 행동을 멈추어도 당황하지 않는다. 클릭은 행동을 마치게 만든다. 음식은 그다음에 준다. 음식을 주는 시점은 중요하지 않다.
3. 훈련 대상이 좋아하는 행동을 했을 때 클릭한다. 애완동물이 혼자서 쉽게 할 수 있는 것으로 시작하는 것이 좋다(예 : 앉기, 주인에게 다가오기, 손에 코 갖다 대기, 다리 들기, 연필이나 숟가락 같은 목표 사물 따라가기 등).
4. 클릭은 한 번만 한다. 좀 더 효과적으로 만들고 싶다면 클릭의 수가 아닌 음식의 수를 늘려라.
5. 연습 세션은 짧게 유지한다. 5분씩 세 번 반복하는 것이 1시간 내내 하는 것보다 효과적이다. 일상에서 적은 수의 클릭을 적절히 사용함으로써 극적인 결과를 얻을 수 있다.
6. 나쁜 행동은 좋은 행동을 클릭해서 고친다. 강아지가 화장실에 용변을 볼 때 클릭한다. 사람에게 안겨 있을 때가 아닌 바닥에 서 있을 때 클릭한다. 시끄러울 때 혼내는 대신 조용히 할 때 클릭한다. 끈을 잡아당기는 행동은 클릭을 이용해 고치고, 끈이 느슨할 때 음식을 준다.
7. 목표와 관련된 자발적이거나 우연한 동작에 클릭한다. 애완동물이 원하는 행동을 하도록 어르고 달래거나 밀고 당기고 붙잡지 않는다. 동물이 스스로 어떻게 행동해야 하는지 알아내도록 둔다. 안전을 위해 끈이 필요하다면 훈련가의 어깨나 허리에 끈을 묶어 애완동물과 연결한다.
8. '종착행동' 또는 완벽한 행동을 기다리지 않는다. 적절한 작은 동작에 클릭하고 음식을 준다. 개를 앉게 하려면 등을 구부리기 시작할 때 클릭한다. 개가 부를 때 오기를 원한다면 개가 훈련가를 향해 몇 발자국 왔을 때 클릭한다.
9. 목표를 계속해서 높인다. 원하는 반응(예 : 개가 자발적으로 눕고, 오고, 또는 반복해서 앉는다면)을 얻자마자 더 많은 것을 요구하라. 개가 스스로 눕고, 다가오고, 앉을 때까지 기다렸다 클릭한다. 이것이 행동의 '조형'이다.
10. 클릭 소리를 위해 무언가 하는 것을 배웠다면 동물은 훈련가가 클릭을 하도록 자발적으로 행동하기 시작할 것이다. 이제는 단어나 손짓 같은 신호를 가르치기 시작할 때이다. 신호를 보내는 동안이나 그 이후에 원하는 행동이 일어나면 클릭한다. 신호가 주어지지 않았을 때 그 행동을 하면 무시한다.
11. 동물에게 명령하지 않는다. 클리커 훈련은 명령에 기반을 두지 않는다. 만약 애완동물이 신호에 반응하지 않는다면, 이는 거역하는 것이 아니라 신호를 완전하게 배우지 못한 것이다. 애완동물에게 힌트를 줄 수 있는 다양한 방법을 찾고 목표행동에 클릭한다. 한동안은 조용하고 산만하지 않은 장소에서 시도한다. 한 마리 이상의 애완동물을 가지고 있다면 훈련 동안은 분리해 놓고 번갈아 훈련시켜라.
12. 클리커를 갖고 다니면서 머리를 흔들거나, 꼬리를 잡거나, 다리를 드는 것과 같은 귀여운 행동을 '포착'한다. 다른 행동을 발견할 때마다 애완동물을 혼란스럽게 하지 않고 클릭할 수 있게 될 것이다.
13. 화가 날 때는 클리커를 사용하지 않는다. 비난하거나, 목줄을 잡아당기거나, 과잉 교정 훈련을 하는 등의 행동과 클리커 훈련을 동시에 진행하지 않는다. 클리커에 대한 (그리고 훈련가에 대한) 동물의 신뢰를 잃을 수 있다.
14. 특정 행동에 진척이 없다면 너무 늦게 클릭을 하고 있는 것일 수 있다. 클릭을 하는 정확한 시점이 중요하다. 다른 사람에게 클릭하는 모습을 보여 주고, 몇 번 정도는 다른 사람이 대신 클릭하게 해 본다.
15. 무엇보다도 과정을 즐긴다. 클리커 훈련은 훈련가와 학습자 간 관계의 질을 높이는 훌륭한 방법이다.

| **그림 9.3** | Pryor가 제안한 클리커 훈련을 시작하기 위한 열다섯 가지 팁

출처 : *Click to Win!* by Karen Pryor, 2002. Sunshine Books, Waltham, MA.

> 1. 기준을 조금씩 높여서 언제나 학생이 강화받을 수 있는 기회를 갖게 만든다.
> 2. 한 번에 행동의 한 측면만 훈련한다. 두 가지를 동시에 조형하지 않는다.
> 3. 조형하는 동안, 기준을 높이기 전에 현재 단계의 반응이 변동 비율 계획(variable ratio schedule)하에 작동하게 만든다.
> 4. 새로운 기준이나 행동 기술을 도입할 때는 기존의 것을 일시적으로 완화해야 한다.
> 5. 학생의 행동을 정확히 파악한다. 조형 프로그램을 완전하게 계획하여, 학생의 행동이 갑자기 좋아져도 그다음 어떤 행동에 강화해야 할지 알고 있어야 한다.
> 6. 중간에 훈련가를 바꾸지 않아야 한다. 여러 명의 훈련가가 한 참가자를 훈련시킬 수 있지만, 한 사람의 훈련가는 한 행동만 조형한다.
> 7. 조형 과정에 향상이 없으면 다른 방법을 찾는다. 행동을 이끌어 낼 수 있는 방법은 여러 가지가 있다.
> 8. 훈련 회기를 불필요하게 중단하지 않는다. 학생은 중단을 처벌로 생각할 수 있다.
> 9. 행동이 더 악화되면 '처음으로 돌아간다.' 즉 연속적으로 쉽게 얻을 수 있는 강화제를 사용하여 조형 과정 전체를 빠르게 복습시켜라.
> 10. 각 회기는 가능한 한 성공적으로 끝마치는 것이 좋지만, 만약 그렇지 못한 경우에는 적어도 훈련가가 학생보다 앞서 있을 때 끝내야 한다.

| **그림 9.4** | Pryor의 조형의 열 가지 법칙

출처 : Reprinted with the permission of Simon & Schuster Adult Publishing Group from *Don't Shoot the Dog! The New Art of Teaching and Training* (revised edition) by K. Pryor, 1999, pp. 38-39. Copyright © 1984 by Karen Pryor.

종착행동 선택

치료사들은 다양한 행동에 변화가 필요한 학습자와 일하게 된다. 따라서 우선순위가 가장 높은 행동을 빠르게 파악하는 것이 중요하다. 우선순위를 정하는 결정적인 기준은 행동이 변화의 결과가 가져다주는 개인의 독립성이다. 이때의 독립성은 주변 환경으로부터 부가적인 강화제를 얻을 수 있는 확률이 높음을 뜻한다(Snell & Brown, 2006). 예를 들어, 한 학생이 자주 교실을 돌아다니며 다른 학생들을 찌르고 종이를 빼앗고 말로 괴롭힌다면, 조형은 교실을 돌아다니는 행동과 양립할 수 없는 행동으로 시작하는 것이 가장 좋다. 그것이 학생과 급우들에게 가장 도움이 되는 것이기 때문이다. 만약 그 학생이 자리에 잘 앉아 있을 수 있게 되면 선생님이 이를 알아채고 강화할 수 있을 것이다. 이 경우 학생이 자리에 앉아 있는 시간이 점점 길어지도록 차별 강화를 해야 한다.

종착행동을 정확하게 정의하는 것 또한 중요하다.

예를 들어, 행동분석가가 중증 발달장애 환자에게 적절한 앉기 행동을 조형하려 할 때 '앉기 행동'은 아침 조회 시간 15분 동안 의자에 똑바로 앉아 교실의 전면을 바라보며 엉덩이는 의자에, 등은 등받이에 댄 채로 있는 것으로 정의할 수 있다. 이 정의를 통해 분석가는 목표행동이 언제 달성되었고 앉기 행동이 아닌 행동이 무엇인지 결정할 수 있다. 어떤 반응이 목표행동이고 어떤 반응이 목표행동에서 제외되는지를 구분하는 것은 조형을 효과적으로 진행하기 위해 매우 중요하다. 조형이 효과적으로 진행되지 않는다면 이는 중요한 판별 기준이 된다(예 : 학생이 의자에 반만 걸터앉거나 거꾸로 앉아 교실 뒤쪽을 바라보고 있을 경우).

성공의 기준 정하기

종착행동을 결정한 후에는 성공의 기준도 명시해야 한다. 여기서 치료사는 어떤 행동이 조형되었다고 판단하기 위해 그 행동이 얼마나 정확하고 빠르며 오래 지속되어야 하는지 결정해야 한다. 조형에 대한 성공의 기준을 세우는 데 척도를 사용할 수 있다. 일반적으로 척도에서는 정확도와 빈도, 강도, 지속 시간을 평가한다. 종착행동의 종류에 따라서 성취를 평가하는 데 서로 다른 척도가 사용될 수 있으며, 때에 따라 여러 척도를 함께 사용할 수도 있다. 예를 들면, 특수교사는 학생들이 수학 문제를 현재 수행 수준(예 : 1분에 반 문제)보다 더 많이 풀도록(예 : 1분에 4문제) 문제 풀이의 빈도를 조형할 수 있다.

성공 기준은 비슷한 또래 집단의 행동이나 문헌 조사를 통해 알려진 내용을 통해 결정할 수 있다. 예를 들면, 학년별 읽는 속도의 표준 및 지침(Kame'enui, 2002), 아동의 연령별 체육 기술(President's Council on Physical Fitness, 2005). 학년별 과제 지침(Heron, Hippler, & Tincani, 2003) 등은 종착행동까지의 각 단계가 적절한지를 판단하는 참고 자료로 사용될 수 있다.

앞서 언급된 예에서, 행동 조형의 성공 기준은 5일 연속 아침 조회 시간의 90% 이상을 자리에 적절하게 앉아 있는 것으로 정할 수 있다. 여기서는 두 가지 기준이 명시되었는데, 하나는 한 회기당 충족되어야 하는 앉기 행동의 백분율(예 : 90%)이고, 다른 하나는 조형 전체를 완성하기 위해 앉기에 성공해야 하는 날의 수(예 : 5일 연속)이다.

반응 범주 분석하기

반응 범주를 분석하는 목적은 조형 과정에서 나타날 수 있는 접근 행동을 파악하기 위해서이다. 치료사가 접근 행동을 잘 알고 예측할 수 있어야 이러한 행동이 나타났을 때 보다 정확히 관찰하고 강화할 수 있다. 그러나 치료사는 현재 가능한 접근 행동이 실제로 나타날 수 있는 행동에 대한 추측임을 인지하고 있어야 한다. 실제로는 학습자는 기대와는 다른 행동을 보일

수 있다. 치료사는 지금 보이는 행동이 과거에 일어났고 강화되었던 행동보다 더 종착행동에 가까운지 아닌지에 대해 전문적인 판단을 할 수 있어야만 한다. 이에 대해 Galbicka(1994)는 다음과 같이 말했다.

> 성공적인 조형가라면 학습자가 보이는 반응의 특징을 파악하고 훈련 후에 보일 종착행동의 특징을 명확하게 정의해야 하며, 반응 전체를 유지하면서 종착행동연쇄를 형성하도록 알맞은 때에 알맞은 반응을 이끌어 낼 수 있는 강화 및 소거 계획을 만들어야 한다. (p. 739)

반응 범주 간 또는 반응 범주 내에서 진행할 수 있는 몇 가지 접근법이 있다. 첫째, 주어진 행동에 대한 접근 순서가 적절한지에 대해 현장 전문가와 상의할 수 있다(Snell & Brown, 2006). 예를 들면, 교수 경험이 많은 교사는 세 자리 수 곱셈을 하는 데 필요한 선행 행동에 대해 조언해 줄 수 있을 것이다. 둘째, 앞에서 언급했듯이, 관련된 접근 단계를 예측하는 데 출판된 연구가 유용할 수 있다. 셋째, 행동 요소를 분석하는 데 비디오테이프를 사용할 수 있다. 비디오테이프는 치료사가 초기에는 발견하지 못했지만 관찰에 익숙해지면서 후에 중요 행동을 파악할 수 있게 해 준다. 마지막으로, 치료사는 각각의 행동 요소에 주목해 가며 목표행동을 직접 수행해 볼 수 있다.

접근 단계의 결정, 각 접근 단계의 순서, 각 접근 단계에서 강화가 주어져야 할 시간의 길이, 각 단계를 생략하거나 반복하는 기준은 치료사의 능력과 판단에 따른다. 궁극적으로는 접근 단계의 증가 유지 감소에 대한 결정은 학습자의 수행에 달려 있기 때문에 치료사의 일관적이고 주의 깊은 관찰 능력이 매우 중요하다.

강화할 초기 행동 확인하기

어떤 초기 행동을 강화할 것인지 결정할 때 다음 두

가지 기준을 따른다. (a) 행동이 최소한의 빈도로 일어나고 있어야 하며, (b) 행동은 목표한 반응의 범주에 속하는 것이어야 한다. 첫 번째 조건은 첫 행동이 나타날 때까지의 시간을 감축해 준다. 치료적 측면에서 보았을 때, 행동이 나타나기를 기다리는 것은 역효과를 낳을 수 있으며 대부분 불필요하다. 두 번째 기준은 종착행동과 공통되는 부분을 갖고 있는 기존 행동에 대한 강화와 관련된다. 예를 들어, 앤드류의 사례처럼 종착행동이 표현 언어인 경우, 초기 행동으로 입술 움직임이 적절하다.

방해가 되거나 관련 없는 자극 제거하기

행동 조형에 방해가 될 수 있는 자극을 제거하는 것은 조형의 효과성을 향상한다. 예를 들어, 어떤 부모가 딸이 체육관에서 옷을 갈아입는 행동의 한 측면(예 : 옷 입는 속도)을 조형하려 한다고 하자. 이때 조형 절차를 TV에서 만화가 나오고 있는 방에서 시작한다면 아동은 만화에 주의를 빼앗기게 되므로 이 조형 프로그램이 성공하기가 쉽지 않을 것이다. 따라서 학습자를 방해하는 자극이 적거나 제거된 시간과 장소를 선택하는 것이 더 효율적이다.

점진적인 단계로 진행하기

최종 목표로의 진행은 점진적인 단계를 거쳐 반드시 순차적으로 발생되어야 한다. 치료사는 진행 속도 변화를 예측할 수 있어야 하고, 학습자의 행동에 따라 한 단계에서 다음 단계로 옮겨 갈 준비가 되어 있어야 한다. 종착행동으로 이어질 수 있는 새로운 단계는 반드시 감지하여 강화해야 한다. 그렇지 않으면 최악의 경우 조형이 성공하지 못할 것이고, 성공한다 해도 우연히 일어난 것이므로 결국 더 많은 시간이 들게 될 것이다. 게다가 어떤 접근 단계에서 행동이 발생했다고 해서 그다음 단계에서 종착행동과 가까운 반응이

즉각적이고 정확하게 나타나는 것은 아니다. 그림 9.5는 장대높이뛰기에서 바의 높이가 올라갈수록 선수들이 정확히 팔을 뻗는 비율이 낮아짐을 보여 준 Scott과 동료들(1997)의 연구 결과이다. 시작점의 높이에서는 90%의 정확한 팔 뻗기 수행도가 기록된 반면, 바의 높이가 올라갈 때마다 이 비율은 약 70% 정도로 떨어졌다. 새로운 높이에서의 반복적인 시도를 거쳐 정확도를 다시 90%가량으로 향상되었다.

또한 치료사는 대상자가 다음 접근 단계로 옮겨 가기 이전에 우선 현재 접근 단계에서 여러 번의 시도를 거칠 수도 있음을 인지해야 한다. 그림 9.5는 이를 잘 보여 준다. 반면, 어떤 경우에는 많은 시도가 필요하지 않을 수도 있다. 치료사는 주의 깊게 관찰하여 특정 접근 단계에서 여러 번 강화를 주거나 빠르게 최종 목표로 넘어갈 준비를 해야 한다.

각 수준의 접근 단계 수 제한하기

각 접근 단계에서 다음 단계로 점진적인 진행도 중요하지만, 한 접근 단계에서 너무 많은 시행을 하여 진행에 방해를 받는 일이 생기지 않도록 해야 한다. 한 접근 단계를 너무 많이 시행하면 이 행동이 확고하게 형성되어 다음 단계로 넘어가기 전에 소거해야 할 수 있다(Catania, 1998). 때문에 한 접근 단계에서 강화를 더 많이 제공할수록 진행 속도가 더 느려질 수 있다. 일반적으로, 학습자가 차근차근 진행하고 있다면 강화가 적절한 속도로 제공되고 있다고 생각할 수 있다. 하지만 학습자가 너무 많이 실수하거나 행동을 완전히 중단한다면 강화의 기준을 너무 빨리 높인 것일 수 있다. 또한 수행이 어떤 특정 단계에서 안정화되었다면 조형이 너무 천천히 이루어지고 있는 것이다. 치료사들은 최종 목표행동으로의 연속적 접근을 진행하는 중에 이 세 가지 경우를 모두 경험할 것이다. 그러므로 끊임없이 주의를 기울여야 하며, 필요

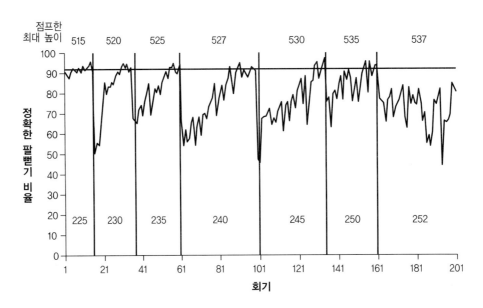

| 그림 9.5 | 7단계의 바 높이에 따른 정확한 팔 뻗기의 백분율. 각 기준 조건에서 쓰인 숫자는 광전자 광선의 높이를 의미한다.

출처 : "A Performance Improvement Program for an International-Level Track and Field Athlete" by D. Scott, L. M. Scott, & B. Goldwater, 1997, *Journal of Applied Behavior Analysis, 30* (3), p.575. Copyright by the Society for the Experimental Analysis of Behavior, Inc. Reprinted by permission.

에 따라 조형 절차를 조정해야 할 수도 있음을 알아야 한다.

종착행동 달성 후 강화 지속하기

종착행동이 발생하고 이를 강화한 후에는 그 행동을 계속해서 강화하는 작업이 필요하다. 그렇지 않으면 종착행동이 사라지고 수행은 다시 낮은 단계로 돌아가게 될 것이기 때문이다. 성공의 기준이 달성될 때까지 강화가 지속되어야 하고, 강화를 지속적으로 제공하기 위한 계획이 수립되어야 한다.

 ### 조형의 응용

조형의 새로운 응용법에 대한 연구들은 조형의 유용성을 넓히고, 효율성을 촉진하며, 짧아진 훈련 기간 및 발달된 기술로 개인에게 도움을 줄 수 있는 새로운 방법을 보고하고 있다(Shimoff & Catania, 1995). 최소한 세 가지 방법이 주목받는데, 백분위 계획(percentile schedule), 컴퓨터를 이용한 조형 기술 교육, 로봇공학 기술과의 결합이 그것이다.

백분위 계획

Galbicka(1994)는 조형이 과학이 아니라 예술이며, 치료사가 직접 고생하여 얻은 경험을 통해서만 조형을 학습할 수 있다는 일반적인 개념에 반대했다. 20년 이상 진행된 백분위 계획에 관한 연구 결과에 근거해 Galbicka는 반응과 강화의 기준을 수학적으로 제시하여 조형 과정을 표준화했다. 그는 다음과 같이 이야기했다.

백분위 계획은 조형을 하위 구성요소로 분해하고, 이러한 요소를 간단한 수학적 수식으로 바꾼 뒤, 이 수식에 실험자나 훈련가가 제시한 변수를 대입하여, 각 반응에

대한 행동 기준은 무엇이며 무엇을 강화해야 하는지 알아내는 데 사용한다. (p. 740)

Galbicka(1994)는 백분위 계획이 임상 현장에서 효과적으로 사용되려면 (a) 행동을 꾸준히 측정해야 하며, (b) 이전 반응과의 비교를 통해 행동이 순위대로 정리되어야 한다고 했다. 만약 반응이 기준값을 초과하면 강화가 주어지며, 그렇지 않을 경우에는 강화가 보류된다. Galbicka는 백분위 계획이 작동하는 원리에 대한 이해는

행동을 조형하는 복잡한 사회적·비사회적 역동에 대한 이해를 증가시킬 것이다. … 조작적 조건형성 및 차별과 관련된 자극에 대해서는 통제를 해 주며, 확대와 응용에 무한한 가능성을 제공한다. (p. 759)

컴퓨터를 이용한 조형 기술 교육

컴퓨터 혹은 전문 소프트웨어와 컴퓨터 기반 응용 프로그램의 조합을 이용하여 조형 기술을 가르치는 몇 가지 최신 방법이 있다. 예를 들면, 'Sniffy, the Virtual Rat'은 Skinner 상자의 흰 쥐에 관해 디지털화한 컴퓨터 만화이다. 학생들은 자신의 컴퓨터로 이 가상 시뮬레이션을 이용해 기초적인 행동 조형을 연습할 수 있다.

많은 학생들에게 행동분석 원리(예 : 조형)에 관한 교육을 실시하는 것이 현실적으로 한계가 있음을 인식한 Shimoff와 Catania(1995)는 조형의 개념을 가르치기 위한 컴퓨터 시뮬레이션을 개발, 발전시켰다.[2] 4단계(쉬움, 중간, 어려움, 매우 어려움)로 이루어진 조형 게임은 정교하게 프로그래밍되어 있다. 학생들은 쉬운 단계부터 시작해 가장 어려운 단계로 올라가게 되는데, 이때 바를 누르는 행동에 대한 연속적 접근 단계 중 강화되어야 하는 행동과 강화되어서는 안 되

는 행동을 찾아내는 법을 배운다. 더 최근 버전에서는, 학생들에게 애니메이션 쥐가 Skinner 상자의 한쪽 면에서 다른 면으로 움직이도록 조형하게 한다. Shimoff와 Catania는 "컴퓨터는 실제 실험실 경험이 불가능한 교실에서도 마치 실험을 통해 조형된 것처럼 정교한 행동을 형성하는 데 효과적인 도구가 될 수 있다(pp. 315~316)."라고 서술하며 컴퓨터 시뮬레이션에 대한 사례를 제공했다.

Martin과 Pear(2003)는 컴퓨터가 계량화되고 프로그래밍된 규칙에 의해 강화를 줄 수 있기 때문에, 특정 행동의 어떤 차원(예 : 형태)에 관해서는 오히려 사람보다 더 빠르게 행동을 조형할 수 있다고 주장했다. 더 나아가 임상 사례(예 : 사지 절단 수술을 받은 사람, 뇌졸중 환자)에서 마이크로프로세서는 인간의 눈으로는 감지할 수 없는 미세한 근육의 움직임을 조형할 수 있는 반응 탐지가 가능하다고 했다. 이 연구자들은 "컴퓨터는 … 정확하고 빠르기 때문에 어떤 조형 과정이 더 효과적인지에 관한 답을 찾는 데 유용할 수 있다. … 최소한 몇몇 행동에서 컴퓨터는 사람 만큼이나 효과적으로 행동을 조형할 수 있다(p. 133)."

로봇공학 기술과 조형의 조합

일부 연구자들은 어떻게 조형이 로봇 훈련에 응용될 수 있는지 연구해 왔다(예 : Dorigo & Colombetti, 1998; Saksida, Raymond, & Touretzky, 1997). 본질적으로 조형은 로봇이 더 복잡한 명령을 수행하도록 하기 위해 초기 상태부터 중간, 최종 목표 상태까지 연속되는 과정을 프로그래밍하는 한 방법으로 간주된다. Savage(1998)에 따르면

조형은 다양한 유기체가 어떻게 현실 세계의 변화하는 환경에 적응하는지를 결정하는 핵심적인 요인이므로 현

---

[2] 그들은 강화 계획을 위한 시뮬레이션도 개발했다.

실 세계에서 실제 로봇의 상호작용을 위한 모델이 될 가능성이 있다. 하지만 이 방법이 성공하려면 로봇 연구자가 생물학적 조형의 원리에 대해 정확히 이해하고, 이를 효과적으로 로봇에 적용할 수 있어야 한다. (p. 321)

Dorigo와 Colombetti(1998), 그리고 Saksida와 동료들(1997)은 연속적 접근의 행동 원리를 로봇에 적용하기가 어렵다는 것을 인정했으나, 최근 이 분야에서 각광받고 있는 인공지능은 미래에 대해 긍정적인 가능성을 시사한다.

 요약

조형의 정의

1. 조형은 원하는 행동에 대한 연속적 접근에 대한 차별 강화이다. 조형에서 차별 강화는 서로 조금씩 다르면서 각 단계가 이전 단계보다 종착행동에 조금씩 더 가까워지는 연속된 반응 범주를 만들어내는 데 사용된다.

2. 종착행동(조형의 결과물)은 목표행동의 형태, 빈도, 잠복기, 지속 기간, 또는 정도/크기가 미리 정해 놓은 기준에 도달했을 때 완성된다.

3. 차별 강화는 정해진 범위나 특징을 공유하는 반응에 강화를 주고 그렇지 않은 반응에는 강화를 주지 않는 과정이다.

4. 차별 강화는 다음의 두 가지 효과를 가진다. (a) 이전에 강화된 행동과 비슷한 반응은 더 자주 나타나고, (b) 이전에 강화되지 않은 행동과 유사한 반응은 줄어든다(즉 소거된다).

5. 차별 강화의 이중 효과는 주로 반응 차별화를 일으키는데, 이는 이전에 강화되었던 하위 범주 행동과 비슷한 반응으로 구성된 새로운 반응 범주의 출현을 뜻한다.

6. 조형 기간 동안 점진적으로 변화하는 강화 기준은 새로운 반응 범주나 연속적 접근으로 이어진다. 새로운 반응 범주는 그것이 대체하는 이전의 반응 범주보다 종착행동에 더 가까워진 행동 형태를 가진다.

반응 형태 간 조형과 반응 형태 내 조형

7. 반응 형태 간의 행동 조형은 선택된 반응 범주만 차별 강화되는 것을 의미한다.

8. 반응 형태 내의 행동 조형에서는 행동의 '형태'가 변하지 않지만, 행동의 다른 범주(예 : 빈도, 기간)에 차별강화가 적용된다.

9. 조형법은 적용하기에 앞서 치료사가 고려해야 할 몇 가지 한계점이 있다.

10. 조형법에서는 학습자의 반응이 계속해서 변화되는 반면 선행자극은 변하지 않는다. 이와 대조적으로 자극 용암법에서는 선행자극이 점진적으로 변해 가지만 반응은 변하지 않는다.

조형의 효율성 증가시키기

11. 조형의 효율성은 변별 자극, 음성 촉진, 신체적 지도, 모방 촉진, 점화 등의 몇 가지 방법으로 향상될 수 있다. 사용된 모든 촉진은 나중에 점차 사라져야 한다.

클리커 훈련

12. 클리커 훈련은 정적 강화를 이용해 행동을 조형하는 과학적 체계이다.

13. 클리커는 금속 탭을 누르면 클릭 소리를 내는 휴대용 기구이다. 클리커 소리가 날 때 보인 행동에는 강화가 뒤따른다.

조형 사용을 위한 지침

14. 조형을 사용하기로 결정하기 전에 우선 학습될 행동의 특징과 활용 가능한 자원을 평가해야 한다.

15. 조형을 사용하기로 했다면 치료사는 다음 단계를 실행해야 한다─종착행동 선택, 성공의 기준 결정, 반응 범주 분석, 강화할 초기 행동 확인, 방해되거나 관련 없는 자극 제거, 점진적 단계로 진행, 각 수준의 접근 단계 수 제한, 종착행동 달성 후 강화 지속.

조형의 응용

16. 조형의 응용 분야에는 백분위 계획 적용, 조형을 이용한 행동분석의 교육을 위한 컴퓨터 기술의 통합, 조형과 로봇공학 기술의 결합 등이 있다.

제10장

연쇄

주요 용어

건너뛰기 역행연쇄	연쇄짓기	제한이 있는 행동연쇄
과제분석	역행연쇄	행동연쇄
순행연쇄	전체 과제 연쇄	행동연쇄 방해 전략(BCIS)

BCBA와 BCABA의 행동분석 자격심사위원회
행동분석과제 목록, 제3판

	내용 영역 8 : 개입 결과와 전략 선택하기
8-1	과제분석 시행

	내용 영역 9 : 행동변화 절차
9-12	연쇄법 사용

이 장에서는 행동연쇄를 정의하고 임상 현장에서 행동연쇄를 적용하는 원리를 설명할 것이며, 행동연쇄 훈련에서 과제분석의 중요성을 논의할 것이다. 또한 과제분석의 구성 및 타당화 절차와 각 단계의 숙달 수준을 평가하는 절차를 설명할 것이다. 순행연쇄, 전체 과제 연쇄, 역행연쇄, 건너뛰기 역행연쇄를 다룬 후에는 임상 현장에 적합한 행동연쇄를 선택하는 방법과 제한이 있는 행동연쇄를 서술할 것이다. 적절하지 않은 연쇄를 끊는 기술과 행동연쇄 수행에 영향을 끼치는 요인을 검토한 후 이 장을 마칠 것이다.

행동연쇄의 정의

행동연쇄(behavior chain)란 독립된 반응이 특정한 순서로 이어져 있는 것을 뜻하며, 이 반응은 각각 특정한 자극 조건과 연결되어 있다. 각각의 독립 반응과 연합된 자극 조건은 연쇄를 구성하는 개별 요소가 된다. 이 개별 요소를 서로 연결한 것이 최종 결과를 생산해 낼 행동연쇄인 것이다. 연쇄 내 각 반응은 자극

의 변화를 일으키는데, 이 자극의 변화는 이 변화를 일으킨 반응의 조건화된 강화제로 작용하는 동시에 연쇄 내 다음 반응의 변별 자극(S^D)으로 작용한다. 즉, 두 반응 요소를 연결하는 각각의 자극은 조건화된 강화제와 변별 자극의 이중 기능을 하는 것이다(Reynolds, 1975; Skinner, 1953). 이렇듯 연쇄 내 각 반응에 대해 조건화된 강화제이자 변별 자극 역할을 하는 자극변화는 연쇄의 최종 반응으로 생산되는 강화로 인해 그 효과가 유지된다. 이러한 요소들의 이중 기능에는 예외가 있는데, 연쇄의 맨 처음과 마지막 자극이 바로 그것이다. 이 자극은 변별 자극 또는 조건 강화제 중 단 하나만의 기능을 가진다.

Reynolds(1975)는 실험 상황에서 일어난 행동연쇄의 사례를 다음과 같이 기술했다(그림 10.1 참조).

연쇄 실험 사례는 비둘기에게 파란색 키를 제시함과 동시에 시작된다. 비둘기가 부리로 키를 쪼면 키는 빨간색으로 변한다. 키가 빨간색으로 변하면 비둘기가 페달을 밟고, 그러면 키가 노란색으로 변한다. 이때 비둘기가 막대기를 옮기면 키의 색깔이 초록색으로 변한다. 마지막으로 키의 색깔이 초록색일 동안 비둘기가 모이통으

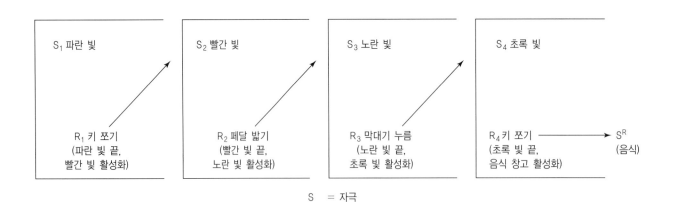

| **그림 10.1** | 네 가지 요소로 구성된 행동연쇄

출처 : Based on a chain described by Reynolds(1975, pp. 59-60).

로 가서 모이를 먹음으로써, 쪼는 행동은 이러한 모이 전달 과정과 그에 관련된 자극의 작동을 통해 강화된다. (pp. 59~60)

Reynolds의 사례에서 각 단계는 다음과 같이 배열된다. 파랑-키 쪼기-빨강, 빨강-페달 밟기-노랑, 노랑-막대기 누르기-초록, 초록-키 쪼기-모이통, 모이통-먹기-음식 섭취. "각각의 자극은 변별 자극이며 조건화 강화제의 이중 기능을 가지므로 각 단계가 서로 겹치게 된다. 실제로 자극의 이러한 이중 기능이 연쇄를 유지시킨다(Reynolds, 1975, p. 60)."

그림 10.1에 나타나듯 이 연쇄는 4개의 반응(R_1, R_2, R_3, R_4)으로 이루어졌으며, 각 반응은 특정 자극조건과 연관되어 있다(S_1, S_2, S_3, S_4). 파란 키(S_1)는 변별 자극으로서 파란 키를 끄고 빨간 키(S_2)를 켜는 반응(R^1)을 일으킨다. 빨간 키는 R_1의 조건화된 강화제인 동시에 R_2(페달 밟기)의 변별 자극으로 작용한다. 페달 밟기(R_2)는 빨간 키를 끄고 노란 키를(S_3) 켜게 만들어 연쇄를 지속시킨다. 최종 반응은 음식의 제공으로 이어짐으로써 연쇄를 완성하는 동시에 유지시킨다.

표 10.1은 교실에서의 사례를 통해 행동연쇄를 보여준다. 유치원생에게 야외 활동을 준비시키기 위해 교사가 "코트를 입어라."라고 지시한다. 교사의 지시는 변별 자극(S_1)이 되며 연쇄의 첫 반응인 옷장에서 코트 꺼내기(R_1)를 유발한다. 교사의 지시(S_1)에 따라 나

타나는 반응(R_1)은 학생이 코트를 손에 쥐는 행동(S_2)을 유발한다. 손에 쥔 코트는 옷장에서 코트 꺼내기(R_1)의 조건 강화제이며, 다음 행동인 소매에 한쪽 팔 넣기(R_2)의 변별 자극(S_2)으로 작용한다. 양손에 쥔 코트의 한쪽 소매에 팔 하나를 넣는 반응은 들고 있는 코트의 자극 조건을 끝내며, 한쪽 팔은 소매 안에 있고 다른 쪽 팔은 소매 밖에 있는 행동(S_3)을 시작시킨다. 이러한 자극 변화는 팔 한쪽을 소매에 넣게 하는 조건화된 강화제로 작용하는 동시에 나머지 다른 한 팔을 소매에 넣는 행동(R_3)의 변별 자극(S_3)으로 작용한다. 그리고 이 반응은 한쪽 팔은 소매 안에, 나머지 팔은 소매 밖에 있는 조건을 끝내며 코트를 완전히 입는 것의 변별 자극(S_4)이 된다. 코트를 완전히 입는 것(양 팔을 모두 넣는 것)은 나머지 소매에 남은 팔을 넣는 것의 조건화된 강화제가 되며 코트의 지퍼 올리기(R^4)의 변별 자극(S^4)이 된다. 마지막으로 코트 지퍼 올리기는 연쇄를 완성시키고 교사의 칭찬을 만들어낸다.

행동연쇄는 다음과 같은 세 가지 주요 특징을 갖추고 있다. (a) 행동연쇄는 별개 반응의 연속적 수행으로 구성된다. (b) 연쇄 내 각 행동의 수행은 환경에 변화를 주어 사전 반응에 대한 조건 강화가 되며 다음 반응의 변별 자극으로 작용한다. (c) 연쇄 내 반응은 특정한 차례에 따라 진행되어야 하며, 대개는 짧은 시간 내에 연달아 수행된다.

표 10.1 샘플 행동연쇄에서 각각의 변별 자극, 반응 및 강화 간의 관계 윤곽

변별 자극	반응	조건화된 강화제
S_1 "코트를 입어라."	R_1 옷장에서 코트 꺼내기	손으로 코트를 잡음
S_2 코트를 잡음	R_2 소매에 팔 넣기	팔 한쪽이 소매에 들어감
S_3 한쪽 팔은 소매 안/다른 쪽 팔은 소매 밖에	R_3 다른 쪽 팔 나머지 소매에 넣기	코트를 완전히 입음
S_4 코트를 완전히 입음	R_4 코트 지퍼 올리기	교사의 칭찬

제한이 있는 행동연쇄

제한이 있는 행동연쇄(behavior chain with a limited hold)는 정해진 시간 내에 정확하게 수행되어야만 강화를 생산해 내는 행동의 연쇄이다. 즉 제한이 있는 행동연쇄의 특성은 정확하고도 능숙한 수행이라 할 수 있다. 공장 생산 라인에서 조립 작업은 제한이 있는 행동연쇄의 사례이다. 직원은 생산량을 충족시키기 위해 30분에 30개의 결합기를 30개의 손잡이에 조립할 수 있어야 한다(1분에 1개). 결합기를 손잡이에 올려놓고 나사를 조여 정해진 시간 내에 제품을 라인 내의 다음 사람에게 넘길 때 강화를 받는다. 제한이 있는 행동연쇄에서 강화를 얻기 위해서는 연쇄 내의 행동이 이미 개인의 레퍼토리에 포함되어 있어야 할 뿐 아니라, 이 행동들이 짧은 시간을 두고 연속적으로 시행되어야 된다.

행동분석가는 제한이 있는 행동연쇄에서 정확성과 속도가 필수적임을 명심해야 한다. 예를 들어, 어떤 사람이 정확한 차례로 연쇄를 완성했지만 연쇄 과정 중 하나 이상의 수행이 느렸다면, 반응 속도를 향상하는 데 초점을 맞춰야 한다. 그 방법 중 하나는 각 반응이 완료되어야 하는 시간의 기준을 정하는 것이고, 또 하나의 방법은 전체 연쇄가 완료되어야 하는 시간의 기준을 정하는 것이다.

연쇄 사용의 원리

행동연쇄가 강화로 끝나는 특정한 반응연쇄를 뜻한다면 **연쇄짓기**(chaining)라는 용어는 자극과 반응을 특정한 순서로 연결하여 새로운 수행을 형성하는 다양한 방법을 뜻한다. 순행연쇄에서의 행동은 연쇄의 첫 번째 행동으로 시작하여 연결되며, 역행연쇄의 행동은 연쇄의 마지막 행동부터 시작하여 연결된다. 이 두 절

차와 응용된 연쇄법에 뒤에서 추후에 상세히 설명할 것이다.

새로운 행동연쇄를 가르치는 데는 다양한 이유가 있다. 첫째, 발달장애 학생 교육의 중요한 특성 중 하나인 독립적인 생활 기술(공공시설 사용, 개인적 욕구 충족, 혼자 돌아다니기, 적절한 사교성 등)을 향상하기 위함이다. 이와 같은 생활 기술이 발달될수록 학생은 실제 환경에서 효과적으로 기능할 수 있으며, 성인의 감독 없이도 여러 활동에 참여할 수 있게 된다. 연쇄짓기를 통해 습득한 복잡한 행동은 개인이 보다 독립적으로 기능할 수 있게 돕는다.

둘째, 연쇄짓기는 여러 독립적인 행동을 연결할 수 있는 수단을 제공하여 정적 강화가 주어지는 반응연쇄를 형성할 수 있게 해 준다. 즉 근본적으로 연쇄 짓기를 사용하면 이미 습득된 행동 레퍼토리에 행동을 추가할 수 있는 것이다. 예를 들어, 발달장애 환자가 조립 작업을 할 때 동료나 직업 코치의 도움을 수시로 요청한다고 하자. 이때 연쇄짓기 과정을 사용하여 강화를 받기 이전에 수행해야 할 과제의 개수를 증가시킬 수 있다. 그러기 위해 교사는 작업을 완료하기 위해 조립해야 할 부속품을 글이나 그림으로 된 목록으로 만들어 줄 수 있다. 과제의 첫 번째 부분이 완성되면 학생은 목록의 첫 번째 단어나 그림에 줄을 그어 지우고 두 번째 과제를 시작한다. 행동 용어로 설명하자면 목록의 첫 단어나 그림은 첫 번째 과제를 완료하는 반응에 대한 변별 자극(S^D)으로 작용하는 것이다. 이 반응은 단어나 그림 목록의 첫 번째 자극을 완료하기 위한 것이고, 그다음 자극(즉 목록의 두 번째 단어나 그림)을 제공한다. 두 번째 과제의 완성은 과제완성의 조건화된 강화가 되며 세 번째 변별 자극을 활성화한다. 이렇게 연쇄짓기 절차는 단순한 행동을 결합하여 보다 길고 복합적인 반응연쇄를 가능하게 한다.

마지막으로, 연쇄짓기는 다른 행동변화의 촉진, 지

시, 강화 절차와 결합하여 보다 복합적이고 새로운 상황에도 적용 가능한 레퍼토리를 만들 수 있다(McWilliams, Nietupski, & Hamre-Nietupski, 1990).

 ## 과제분석

행동분석가는 행동연쇄 내의 개별 요소를 서로 연결하기 이전에 각 구성요소에 대한 과제분석을 하고 그 타당성을 확인해야 하며, 과제분석의 각 행동에 대한 학습자의 숙달된 습득 수준을 평가해야 한다. **과제분석**(task analysis)은 복잡한 기술을 보다 작고 가르치기 쉬운 단위로 나누는 것을 뜻하며, 그 결과 차례로 나열된 단계나 과제의 연쇄를 얻을 수 있다.

과제분석의 구성 및 타당화

과제분석을 구성하고 타당성을 검증하는 목적은 주어진 과제를 효과적으로 완성하는 데 필요한 일련의 행동을 결정하기 위함이다. 동일한 결과를 목표로 하더라도 개인에 따라 요구되는 행동이 다를 수 있다. 그렇기 때문에 과제분석은 개인의 나이나 기술 수준, 사전 경험 등을 고려하여 개별적으로 실행되어야 한다. 더 나아가, 어떤 과제분석의 경우 제한된 수의 주요 단계를 결정하고 각 단계가 네다섯 가지의 하위 과제를 포함하게 구성한다. 그림 10.2는 McWilliams 와 동료들(1990)이 침대 정리를 위해 개발한 과제분석이다.

과제분석의 요소를 알아내고 타당성을 검증하는 방법으로 최소 세 가지를 들 수 있다. 첫 번째 방법은 정확한 목표행동을 하는 개인에게 숙련된 행동 과정을 수행하게 한 후 관찰을 통해 연쇄의 행동 요소를 정하는 것이다. 예를 들어, Test, Spooner, Keul과 Grossi (1990)는 두 성인이 공중전화를 사용하는 것을 관찰하여 과제분석을 실시하고, 그에 따라 발달장애인을 훈련시킴으로써 과제분석의 타당성을 입증했다. 이 훈련에 근거하여 연구자들은 기존 연쇄를 다시 수정했다. 표 10.2는 17단계로 구성된 최종 과제분석을 보여준다.

공중전화 사용에 대한 과제분석은 순서나 방법을 다르게 결합할 수 있다. 예를 들어, 정확한 동전을 고르는 단계 3을 전화번호를 찾는 단계 2와 바꿀 수 있으며, '잔돈을 다시 주머니에 넣는다'라는 18번째 단계를 추가할 수도 있을 것이다. 단계의 개수나 순서를 정할 때 절대적인 규칙은 없다. 하지만 각 단계의 범위나 순서를 정할 때 학습자의 신체, 감각, 운동 능력의 수준을 고려해야 하며, 필요시 범위나 순서를 조정할 수 있어야 한다.

과제분석 타당화의 두 번째 방법은 해당 과제 수행에 능숙한 사람이나 전문가의 도움을 받는 것이다(Snell & Brown, 2006). 예를 들어, 발달장애 청소년들에게 수선 기술을 가르치려 한다면 재봉사나 중학교 가정 교사에게 도움을 청하는 것이 현명한 선택이다. 이와 같은 전문적인 평가에 기반을 둔다면 평가와 훈련의 기본이 될 수 있는 과제분석을 할 수 있다.

과제분석의 행동연쇄를 결정하고 타당성을 입증하는 세 번째 방법은 자신이 직접 행동 수행을 해 보는 것이다(Snell & Brown, 2006). 예를 들어, 신발 끈 묶기를 가르치려는 전문가는 직접 자신의 신발 끈을 반복적으로 묶어 봄으로써, 신발 끈을 정확히 묶기 위해 필요한 개별적이며 관찰 가능한 단계를 확인할 수 있다. 전문가가 과제 수행을 직접 해 보는 방법의 장점은 학습자를 훈련시키기 전에 연쇄에 요구되는 과제를 직접 경험해 봄으로써, 가르쳐야 할 행동과 각각의 행동을 이끌어 내기 위해 필요한 변별 자극을 보다 명확하게 알 수 있다는 것이다. 또한 이 방법을 통해 학습자가 연쇄를 가장 효과적으로 사용하는 데 필요한

어지러진 침대 커버, 이불, 베개, 플랫 시트, 아래 시트 등 정돈되지 않은 침대가 있을 때 학생은

구분 1 : 침대 준비
1. 침대에서 베개를 치운다.
2. 침대 커버를 침대 끝 부분으로 당긴다.
3. 이불을 침대 끝 부분으로 당긴다.
4. 플랫 시트를 침대 끝 부분으로 당긴다.
5. 아래 시트의 주름을 편다.

구분 2 : 침대 깔개
6. 깔개의 윗부분을 침대 머리 쪽으로 당긴다.
7. 깔개의 오른쪽 모퉁이를 침대 끝 부분에 정리한다.
8. 7번 과정을 왼쪽 모퉁이에 반복한다.
9. 매트리스 윗부분에 깔개를 맞춘다.
10. 주름을 편다.

구분 3 : 이불
11. 이불 끝을 침대 머리 쪽으로 당긴다.
12. 이불의 오른쪽 모퉁이를 침대 끝 부분에 정리한다.
13. 12번 과정을 왼쪽 모퉁이에 반복한다.
14. 시트 윗부분에 이불을 맞춘다.
15. 주름을 편다.

구분 4 : 침대 커버
16. 침대 커버 끝을 침대 머리 쪽으로 당긴다.
17. 침대 커버의 오른쪽 모퉁이를 바닥에 닿도록 당긴다.
18. 17번 과정을 왼쪽에 반복한다.
19. 침대 커버 양쪽을 바닥과 맞춘다.
20. 주름을 편다.

구분 5 : 베개
21. 시트의 윗부분을 베개 너비에서 4인치 내로 접는다.
22. 베개를 접은 부분 위에 놓는다.
23. 접은 부분으로 베개를 덮는다.
24. 베개 위 그리고 주위의 시트 주름을 편다.

| **그림 10.2** | 침대 정리 기술 과제분석

출처 : "Teaching Complex Activities to Students with Moderate Handicaps Through the Forward Chaining of Shorter Total Cycle Response Sequences," by R. McWilliams, J. Nietupski, & S. Hamre-Nietupski, 1990, *Education and Training in Mental Retardation, 25*, p. 296. Copyright 1990 by the Council for Exceptional Children. Reprinted by permission.

반응의 형태를 더 명료하게 만들어 줄 것이다. 표 10.3은 신발 끈 묶기의 초기 7단계 행동을 전문가가 직접 수행해 본 이후에 이를 14단계로 확장한 것을 보여 준다(예 : Bailey & Wolery, 1992).

체계적인 시행착오 절차는 행동분석가의 과제분석 개발에 도움이 될 수 있다. 이를 통해 초기 과제분석을 하고, 이렇게 형성된 과제분석을 다시 시험해 봄으로써 이를 다듬고 수정할 수 있기 때문이다. 실제 시행을 통한 검토와 개선을 통해 보다 기능적이고 적절한 과제분석을 할 수 있다. 예를 들어, 앞에 언급한 바

표 10.2 공중전화기 사용을 위한 과제분석 및 각 과제의 제한 시간

단계	제한시간
1. 주변에서 공중전화기 찾기	2분
2. 전화번호 찾기	1분
3. 정확한 동전 고르기	30초
4. 왼손을 사용하여 수화기 들기	10초
5. 수화기를 왼쪽 귀에 대고 신호음 듣기	10초
6. 첫 번째 동전 넣기	20초
7. 두 번째 동전 넣기	20초
8~14. 일곱 자리 번호 입력하기	10초씩
15. 최소 다섯 번 신호가 울리기를 기다리기	25초
16. 누군가 전화를 받으면 대화 시작하기	5초
17. 통화 중이라면 전화를 끊고 동전 꺼내기	15초

출처 : "Teaching Adolescents with Severe Disabilities to Use the Public Telephone," by D. W. Test, F. Spooner, P. K. Keul, & T. A. Grossi, 1990, *Behavior Modification,* 3rd ed., p. 161. Copyright 1990 by Sage Publications. Reprinted by permission.

표 10.3 신발 끈 묶기를 가르치기 위한 초기 단계 및 확장된 단계

짧은 연쇄[a]	확장된 연쇄[b]
1. 신발 끈을 부분적으로 조인다.	1. 신발 끈을 두 손가락으로 잡는다.
2. 신발 끈을 세게 당긴다―세로 당김.	2. 신발 끈을 당긴다.
3. 신발 끈을 엇건다.	3. 신발 끈을 각 방향에 맞게 신발의 양쪽으로 늘어뜨린다.
4. 신발 끈을 세게 당긴다―가로 당김.	4. 다른 손으로 신발 끈을 잡는다.
5. 신발 끈을 묶는다.	5. 신발 끈의 양쪽을 신발 위로 올린다.
6. 리본을 만든다.	6. 오른쪽 끈을 왼쪽으로 끌어당긴다.
7. 리본을 조인다.	7. 왼쪽 끈은 오른쪽으로 끌어당겨 양쪽 끈이 X자로 교차하도록 한다.
	8. 왼쪽 끈을 오른쪽 끈의 밑으로 돌려 넣어 꼬이도록 한다.
	9. 끈을 서로 반대 방향으로 당긴다.
	10. 왼쪽 끈을 접어 고리를 만든다.
	11. 고리를 왼쪽 손으로 잡는다.
	12. 오른쪽 끈을 손가락 위로 (고리 모양으로) 돌린다.
	13. 오른쪽 끈을 구멍을 통해 밀어 넣는다.
	14. 고리를 서로 반대 방향으로 당긴다.

출처 : (a) Santa Cruz County Office of Education, Behavioral Characteristics Progression. Palo Alto, California, VORT Corporation, 1973. (b) Smith, D. D., Smith, J. O., & Edgar, E. "Research and Application of Instructional Materials Development." In N. G. Haring & L. Brown (Eds.), *Teaching the Severely Handicapped* (Vol. 1). New York: Grune & Stratton, 1976. From *Teaching Infants and Preschoolers with Handicaps,* p. 47, by D. B. Balley & Wolery, 1984, Columbus, OH: Charles E. Merrill. Used by permission.

와 같이 Test와 동료들(1990)은 성인 2명이 과제를 수행하는 과정을 관찰하여 공중전화 사용법의 초기 과제분석을 했다. 그 후 한 단계 더 나아가 발달장애인들에게 동일한 과제를 수행시키면서 과제분석을 수정했다.

단계를 순서대로 정하는 데 어떤 방법을 사용하든 변별 자극과 이에 대응하는 반응을 결정해야 한다. 하지만 단지 반응을 수행할 수 있는 것만으로는 충분하지 않으며, 주어진 반응을 보여야 할 조건을 변별해 낼 수 있어야 한다. 변별 자극과 그에 대한 반응의 목록을 만들면 자연스럽게 발생하는 변별 자극이 다른 반응이나 다중 반응을 일으킬 수 있는지 알아보는 데 도움이 된다. 이 주제는 나중에 보다 자세하게 논의할 것이다.

숙달 수준 평가

숙달 수준 평가는 과제분석의 요인 중 개인이 독립적으로 수행할 수 있는 행동에 어떤 것이 있는지를 알아내기 위해 실행한다. 훈련을 시작하기 전에 개인의 과제분석 숙달 수준을 평가할 수 있는 주요 방법에는 단일기회 방법(single-opportunity method)과 다중기회 방법(multiple-opportunity method)이 있다(Snell & Brown, 2006).

단일기회 방법

단일기회 방법은 학습자가 과제분석의 각 행동을 정확한 순서대로 수행할 수 있는지를 평가한다. 그림 10.3은 학습자의 수행을 기록할 때 사용할 수 있는 서식의 예이다. 각 행동이 올바르게 수행되었는지의 여부를 표시하기 위해 더하기(+)나 빼기(−)를 사용한다.

이 사례에서 교사가 "톰, 보청기를 해라."라고 지시하면서 평가가 시작되었고, 교사는 각 단계에 대한 톰의 반응을 기록했다. 그림 10.3은 평가 첫 4일 동안 톰

의 기록을 보여 준다. 첫째 날에 톰은 보청기 용기를 열어 보청 장치의 장착 띠를 제거했으며, 각각의 단계는 6초의 제한시간 내에 정확하게 독립적이며 순서대로 수행되었다. 하지만 그 후 톰은 단계 3과 4를 수행하지 않은 채로 장치를 머리 위에 끼려고 했다(5단계). 5단계를 10초 이상 수행하려고 했기 때문에 선생님은 평가를 중지하고 3단계와 4단계, 그리고 나머지 모든 단계를 틀린 것으로 채점했다. 둘째 날에는 톰이 1단계 이후의 단계를 순서대로 수행하지 않았기 때문에 1단계에서 중단되었다. 셋째와 넷째 날에는 5단계를 수행하는 데 6초 이상 걸렸으므로 평가를 중단했다. 평가 시 연속 세 번 6초 이내에 100% 완벽한 수행을 하는 것을 기준으로, 톰이 1단계의 기준만을 수행할 수 있다는 자료를 얻을 수 있었다(2단계에서는 '+' 수행이 세 번 있었으나, 이 세 번이 연속으로 기록되지 않았다).

다중기회 방법

과제분석 평가의 다중기회 방법은 과제분석 내 모든 행동의 숙달 수준을 평가한다. 학습자가 어떤 단계든 틀리게 또는 순서를 뒤바꾸어 수행하거나 제한시간을 넘기는 경우, 행동분석가는 학습자 대신 그 단계를 완성해 주고 다음 단계를 시킨다. 학습자가 그 전 단계에서 실수를 하더라도 그 후 정확하게 수행하는 단계에서는 정확한 수행으로 점수를 준다.

그림 10.4는 지시 후 캐시가 연쇄의 첫 단계(용기 열기)를 수행하지 않았기 때문에 '−'로 기록된 것을 보여 준다. 그 뒤에 교사가 캐시를 보청기 상자 앞으로 데려갔는데, 이때 캐시가 보청기를 꺼내서(2단계) 끈에 팔을 넣었으므로(3단계) 각 단계에 '+'를 기록했다. 캐시가 4단계를 완료하기 전에 6초가 지났기 때문에 교사가 캐시 대신 4단계를 수행해 준 후 이를 '−'로 기록했고, 캐시가 5단계를 수행하도록 준비시켰다.

보청기 끼기 과제분석 평가
지시 암시 : "보청기를 해라."
교사 : 크리스틴
평가 방법 : 단일기회
학생 : 톰

단계 행동	날짜			
	10/1	10/2	10/3	10/4
1. 용기 열기	+	+	+	+
2. 장착 띠 제거	+	−	+	+
3. 고리 1/띠 1	−	−	+	+
4. 고리 2/띠 2	−	−	+	+
5. 장치를 머리 위로	−	−	−	−
6. 장치 착용	−	−	−	−
7. 주머니 열기	−	−	−	−
8. 보청기 용기에서 꺼내기	−	−	−	−
9. 보청기 주머니에 끼워 넣기	−	−	−	−
10. 주머니 열기	−	−	−	−
11. 귀 틀 꺼내기	−	−	−	−
12. 귀 틀 귀에 넣기	−	−	−	−
13. 보청기 켜기	−	−	−	−
14. 제어기 조작	−	−	−	−
정확한 단계 비율	14%	7%	28%	28%

재료 : 보청기 용기, 보청 장치, 귀 틀
반응 잠재기 : 6초
기록 기호 : +(정반응), −(오반응)
기준 : 세 번 연속으로 100% 정확한 수행

| **그림 10.3** | 보청기 끼기 : 단일기회 평가를 위한 과제분석 자료 용지

출처 : "Teaching Severely Multihandicapped Students to Put on Their Own Hearing Aids," by D. J. Tucker & G. W. Berry, 1980, *Journal of Applied Behavior, 13*, p. 69. Copyright 1980 by the Society for the Experimental Analysis of Behavior, Inc. Adapted by permission.

캐시는 5단계를 수행했고, 나머지 평가 역시 이런 방식으로 진행되었다.

과제분석 평가에서 다중기회 방법을 잘 사용하기 위해서는 가르친 내용이 평가와 섞이지 않도록 해야 한다. 즉 교사가 신체적으로 행동을 지도하거나 모델링한다면 정확한 평가 결과를 얻을 수 없으므로 그 어떤 단계에서도 학생을 돕지 않는 것이 중요하다.

단일기회 방법과 다중기회 방법 모두 행동연쇄의 초기 기술 숙달 여부를 알아보는 데 효과적일 수 있다. 이 중 단일기회 방법은 수행에 처음 실패를 보이는 단계에서 평가를 종결하기 때문에 보수적인 측정법이라 할 수 있다. 또한 이 방법에서는 지시가 주어진 후 평가자에게 제공되는 정보가 보다 적은 편이라는 단점이 있으나, 과제분석이 길 경우에는 평가를 빠르게 진행할 수 있으며 평가 중 학습이 일어날 가능성을 줄여 준다는 장점이 있다(Snell & Brown, 2006). 다

보청기 끼기 과제분석 평가

지시 암시 : "보청기를 해라."

교사 : 마지

평가방법 : 다중기회

학생 : 캐시

단계 행동	날짜			
	10/1	10/2	10/3	10/4
1. 용기 열기	−	+	+	+
2. 장착 띠 제거	+	−	+	+
3. 고리 1/띠 1	+	−	+	+
4. 고리 2/띠 2	−	−	+	+
5. 장치를 머리 위로	+	−	+	−
6. 장치 착용	−	+	−	+
7. 주머니 열기	+	−	+	+
8. 보청기 용기에서 꺼내기	+	−	+	+
9. 보청기 주머니에 끼워 넣기	+	+	−	+
10. 주머니 열기	+	−	+	−
11. 귀 틀 꺼내기	+	−	+	−
12. 귀 틀 귀에 넣기	−	−	−	+
13. 보청기 켜기	−	−	−	−
14. 제어기 조작	−	−	−	−
정확한 단계 비율	57%	21%	57%	64%

재료 : 보청기 용기, 보청 장치, 귀 틀

반응 잠재기 : 6초

기록 기호 : +(정반응), −(오반응)

기준 : 세 번 연속으로 100% 정확한 수행

| **그림 10.4** | 보청기 끼기 : 다중기회 평가를 위한 과제분석 자료 용지

출처 : "Teaching Severely Multihandicapped Students to Put on Their Own Hearing Aids," by D. J. Tucker & G. W. Berry, 1980, *Journal of Applied Behavior, 13*, p. 69. Copyright 1980 by the Society for the Experimental Analysis of Behavior, Inc. Adapted by permission.

중기회 방법의 경우에는 실행에 시간이 더 오래 걸리지만 더 많은 정보를 얻을 수 있다. 즉 평가자는 학습자가 이미 습득한 과제분석 단계가 어떤 것인지를 알 수 있게 되며, 이를 통해 이미 학습자의 레퍼토리에 있는 단계를 가르치지 않아도 된다.

지금까지 연쇄 내의 요소들을 연결하기 위해 필요한 두 가지 필수조건을 살펴보았다. 그 필수조건은 (a) 행동연쇄 요소들의 과제분석 시행 및 타당성 입증, (b) 연쇄의 각 요소에 포함되는 기술 중 학습자가 이미 숙달한 기술에 대한 평가이다. 다음 절에서는 세 번째 필수조건을 살펴볼 것이다. 그 세 번째 요소는 개인에게 연쇄의 각 단계를 짧은 시간 내에 연달아 수행할 수 있도록 가르치는 것이다.

행동연쇄 방법

과제분석이 끝난 후, 타당성이 입증되고 수행 성공 기준 및 자료 수집 절차가 정해졌다면, 그다음 단계는 새로운 행동연쇄를 가르치기 위해 어떤 연쇄 방법을 사용할지를 결정하는 것이다. 이때 행동분석가는 순행연쇄, 전체 과제 연쇄, 역행연쇄, 건너뛰기 역행연쇄 중에서 선택할 수 있다.

순행연쇄

순행연쇄(forward chaining)란 과제분석에서 정한 행동을 자연스럽게 일어나는 순서대로 가르치는 것을 말한다. 정확하게 말하자면 연쇄의 첫 번째 행동에서 미리 정해 놓은 기준을 성공적으로 달성할 경우 강화를 주는 것이다. 그 이후에는 1단계와 2단계 완료의 기준이 달성되면 강화를 준다. 다음 단계를 위해서는 그전 모든 단계가 정해진 순서대로 수행되어야 한다.

예를 들어, 표 10.3에 소개된 14단계 과제분석을 따라 신발 끈 묶는 방법을 배우는 아이는, 첫 단계인 "신발 끈을 두 손가락으로 잡는다."를 세 번 연속으로 정확하게 수행할 때 강화를 받게 될 것이다. 그 후 같은 기준으로 이 단계와 그다음 단계인 "신발 끈을 당긴다."를 수행하면 강화를 받게 된다. 그런 다음에는 "신발 끈을 각 방향에 맞게 신발의 양쪽으로 늘어뜨린다." 단계가 추가되며, 이때 강화를 받기 위해서는 세 단계를 모두 정확하게 수행해야 한다. 궁극적으로 과제분석의 14단계 모두가 이런 방식으로 수행되어야 한다. 하지만 각 훈련 단계에서 반응을 일으키기 위해 반응촉진과 그 외의 다양한 전략을 사용할 수도 있다.

보다 긴 행동연쇄의 경우, 이를 더 작은 연쇄나 기술 집단으로 나누고 각 집단을 단일반응 단위와 유사한 방법을 사용하여 가르칠 수 있다. 학습자가 한 기술 집단의 습득을 마치면 그다음 집단과 연결시킨다.

첫 번째 기술 집단의 마지막 반응은 두 번째 기술 집단의 첫 번째 반응을 일으키는 것이 된다. 본질적으로 이 응용에서 기술 집단은 행동 단위와 유사한 것으로 보며 각 기술 집단은 서로 연결되어 있다.

McWilliams와 동료들(1990)은 3명의 발달장애 학생에게 침대 정리 기술을 가르치기 위해 그에 필요한 기술을 집단으로 묶었다. 침대 정리 과제분석을 근거로 (그림 10.2 참조) 5개의 기술 집단을 만들었고, 각 집단을 4~5개의 하위 과제로 구성했다. 기저선 시행에서 "침대를 정리해라."라는 지시가 주어졌을 때 학생들의 전체 연쇄 완성 수행 정도가 매우 낮았다. 따라서 연구자들은 복잡한 행동을 더 작은 단위의 연쇄로 쪼개어 각각의 기술 집단을 한 번에 하나씩 가르치는 교육과정을 선택했다(그림 10.5 참조).

초기 훈련은 교사가 1구획과 2구획의 과제연쇄에 대해 모델링하는 것으로 시작했다. 그다음 훈련은 이전 구획, 현재 지시의 목표가 되는 구획, 그리고 연쇄의 다음 구획을 가르치는 것으로 구성되었다. 예를 들어, 2구획의 훈련을 실행할 것이라면 1구획, 2구획, 3구획의 모델을 보여 주었다. 다음으로 학생들이 목표 연쇄를 두 번에서 다섯 번 정도 연습하게 했고, 연쇄를 정확하게 수행했을 때 칭찬을 해 주었다. 실수 시 언어적 재지시, 재지시 및 모델링, 그리고/또는 신체적 지도(physical guidance)를 포함하는 '3단계 수정 절차'를 적용해 바른 시행을 보일 때까지 실행했다. 첫 기술집단(S_1) 습득 후 둘째 기술 집단(S_2)을 소개했고, 그 후 셋째(S_3), 넷째(S_4) 집단을 차례대로 소개하며 훈련을 진행했다.

훈련의 결과는 학생들에게 침대 정리 기술을 가르치는 데 순행연쇄 절차가 효과적임을 보여 주었다. 즉 학생들 모두 교사의 지시에 따라 독립적으로 혹은 최소한의 도움만을 받아 침대를 정리할 수 있게 되었다. 더불어 학생들은 모두 일반화 세팅(예 : 집에서)에서

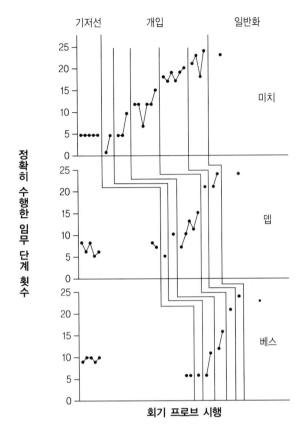

| 그림 10.5 | 기저선, 개입, 일반화 프로브 시행 시 정확히 수행한 과제 단계

출처 : "Teaching Complex Activities to Students with Moderate Handicaps Through the Forwards Chaining of Shorter Total Cycle Response Sequences," by R. McWilliams, J. Nietupski, & S. Hamre-Nietupski, 1990. *Education and Training in Mental Retardation, 25*, p. 296. Copyright 1990 by the Council for Exceptional Children. Reprinted by permission.

침대 정리를 성공적으로 실행할 수 있었다.

McWilliams와 동료들(1990)의 연구를 통해 순행연쇄의 두 가지 큰 장점을 볼 수 있다. (a) 짧은 연쇄를 사용해 보다 긴 연쇄로까지 연결할 수 있으며, (b) 비교적 쉽기 때문에 교실에서 교사들이 사용할 수 있는 가능성이 높다는 것이다.

지금까지는 교사의 직접적인 지시를 통해 행동연쇄 내의 행동을 가르치는 데 초점을 맞추었으나, 관찰을 통해서도 반응연쇄를 배울 수 있다는 실례가 소개된 바 있다(Wolery, Ault, Gast, Doyle & Griffen, 1991). Griffen, Wolery와 Schuster(1992)는 고정 시간 지연

(constant time delay, CTD) 과정을 사용하여 지적장애를 가진 학생들에게 음식 준비 연쇄를 가르쳤다. 한 학생에게 연쇄 반응을 가르치는 고정 시간 지연 동안 나머지 2명의 학생은 그 수행을 관찰했다. 그 결과, 각 단계에 대한 직접적인 지시가 없었음에도 관찰을 한 두 학생이 연쇄의 정확한 단계의 최소 85%를 학습한 것으로 나타났다.

전체 과제 연쇄

전체 과제 연쇄(total-task chaining)는 전체 과제 제시(total-task presentation 또는 whole-task presentation)라고도 불리며, 순행연쇄의 변형된 형태로서 학습자가 매 회기마다 과제분석의 각 단계에 대한 훈련을 받는 방법이다. 개인이 독립적으로 수행하지 못하는 단계마다 훈련자가 도움을 주며, 이를 통해 학습자가 미리 정해 놓은 기준 수준으로 연쇄의 모든 행동을 수행할 수 있을 때까지 연쇄를 훈련시킨다. 연쇄의 복잡성에 따라 학습자의 레퍼토리나 사용 가능한 자원, 그리고/또는 단계별 지도가 포함될 수 있다.

Werts, Caldwell과 Wolery(1996)는 또래 시범자 및 전체 과제 연쇄를 통해 일반 초등교육을 받고 있는 3명의 장애 학생에게 오디오테이프 틀기, 연필 깎기, 계산기 사용하기 등의 기술을 가르쳤다. 이때 교사가 추천하는 반응의 순서를 참고하여 각 학생에게 알맞은 반응연쇄를 설계했다. 각 회기는 (a) 전체 과제 반응연쇄에 대한 장애 학생들의 수행 능력을 조사하고, (b) 해당 연쇄에 능숙한 또래 시범자가 연쇄의 모든 단계를 각각 설명하고 수행하며, (c) 짝지어진 학생의 연쇄 수행을 재평가하는 세 부분으로 나누어졌다. 또래 모델링을 기준으로 사전 및 사후 평가에서 장애 학생은 연쇄를 해 보라는 지시를 받았다. 성공하면 정반응으로 기록했지만 피드백은 주지 않았다. 실패 시에는 교사가 그 단계를 완성하되 이를 학생이 볼 수 없

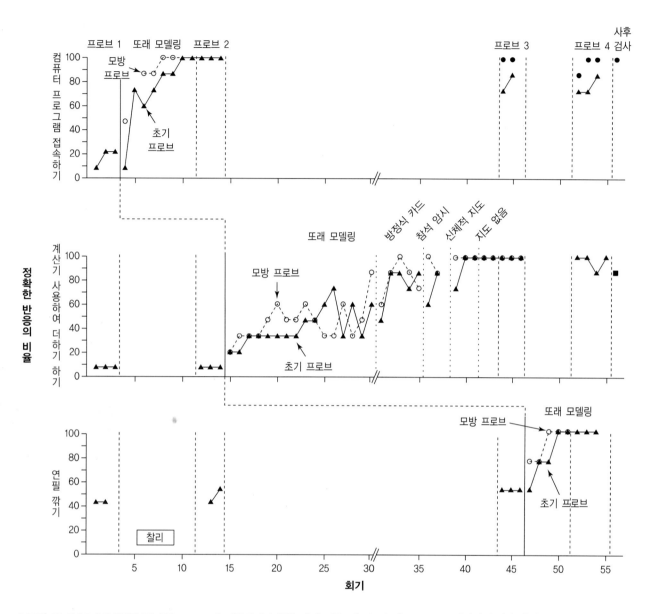

| **그림 10.6** | 3개의 반응연쇄에서 Charlie가 정확하게 수행한 단계 비율. 세모는 초기 프로브 중 정확히 수행한 단계 비율을, 하얀 동그라미는 모방 프로브 중 정확히 수행한 단계 비율을 나타낸다.

출처 : "Peer Modeling of Response Chains: Observational Learning by Students with Disabilities," by M. G. Wets, N. K. Caldwell, & M. Wolery, 1996, *Journal of Applied Behavior Analysis, 29*, p.60. Copyright 1996 by the Society for the Experimental Analysis of Behavior, Inc. Reprinted by permission.

도록 했고, 그 후 나머지 단계를 학생이 완성하게 했다. 반응연쇄의 각 행동에는 점수를 매겼다.

또래 모델링 후 세 학생 모두 반응연쇄를 완성할 수 있게 되었으며, 연구 진행 과정에서 반응연쇄의 기준을 달성했다(3일 중 2일을 100% 정확하게 수행). 세

학생 중 찰리의 결과를 그림 10.6에 제시했다.

Test와 동료들(1990)은 중증 발달장애 청소년에게 공중전화 사용법을 가르치기 위해 전체 과제 연쇄에 최소에서 최대로의 촉진 과정을 사용했다. 17단계로 과제분석을 하고 타당화한 후(표 10.2 참조), 학생들

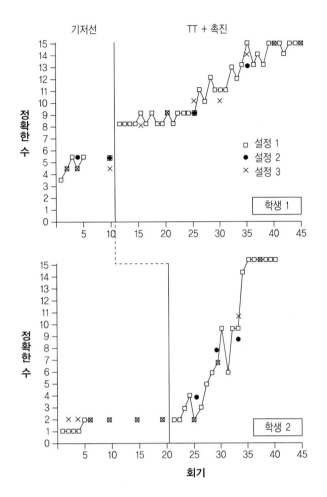

| 그림 10.7 | 기저선 및 반응촉진을 포함하는 전체 과제 연쇄(TT) 중 2명의 학생이 공중전화 과제분석 단계를 정확하게 수행한 횟수. 설정 2와 설정 3의 자료는 일반화 프로브의 수행을 보여 준다.

출처 : "Teaching Adolescents with Severe Disabilities to Use the Public Telephone," by D. W. Test, F. Spooner, P. K. Keul, and T. A. Grossi, 1990, *Behavior Modification*, p. 165. Copyright 1990 by Sage Publications. Reprinted by permission.

에게 집 전화번호가 적혀 있는 메모 카드와 10센트 동전 2개를 주고 "집에 전화해라."라는 지시를 하여 기저선 자료를 얻었다. 훈련 시 과제분석의 17단계 중 실수가 있었던 단계에는 세 가지 수준의 촉진(구두 촉진, 구두 및 몸짓 촉진, 구두 촉진과 신체적 지도)으로 구성된 최소에서 최대로의 촉진 절차를 적용했다. 각 지시 회기는 두 번의 훈련 시행과 완료된 단계의 개수를 측정하기 위한 한 번의 프로브 시행으로 구성되었다. 추가적으로 다른 두 세팅에서 최소 주 1회 일반화

프로브를 실시했다.

연구 결과, 전체 과제 연쇄와 촉진의 결합을 통해 각 학생이 과제분석에서 정확히 수행한 단계의 수가 증가했으며, 이 기술이 다른 두 지역사회 세팅으로도 일반화되었음을 확인했다(그림 10.7). Test와 동료들 (1990)은 전체 과정 연쇄가 (특히 주 2회 훈련 계획을 사용할 때) 지역사회에 기반을 둔 학습자를 돕는 전문가에게 도움을 줄 수 있을 것이라는 결론을 내렸다.

역행연쇄

역행연쇄(backward chaining) 절차에서는 연쇄의 마지막 행동을 제외한 과제분석의 모든 행동을 훈련자가 완료한다. 그 후에 학습자가 사전에 정해진 기준에 맞추어 연쇄의 최종 행동을 수행하면 강화를 준다. 다음으로, 마지막과 그 이전 행동을 기준 수준으로 수행하면 강화를 제공한다. 다음 단계에서는 마지막 세 행동을 기준에 맞게 수행할 때 강화가 주어진다. 이 연쇄는 과제분석의 각 단계가 역순으로 학습되며, 단계를 누적 학습하는 방식으로 진행된다.

Pierrel과 Sherman(1963)은 브라운대학교에서 바나버스라는 이름의 흰쥐를 가지고 전형적인 역행연쇄를 시연했다. Pierrel과 Sherman은 흰쥐에게 나선형 계단을 올라가 도개교를 아래로 밀고 이 다리를 건너가서 사다리를 올라간 후, 체인에 묶인 장난감 자동차를 당기고 자동차에 들어가 페달을 밟아 터널을 통과한 다음, 계단을 올라가서 터널형 튜브를 통과하여 엘리베이터에 타고 브라운대학교 깃발 미니어처 모형을 들어 올리며, 엘리베이터에서 내려 마지막으로 막대를 눌러 먹이를 받는 것을 순서대로 가르쳤다. 이처럼 정교한 연쇄를 성공적으로 수행하여 유명해진 흰쥐 바나버스는 '대학 교육을 받은 쥐'라는 명성까지 얻었다. 11개의 반응으로 구성된 이 연쇄 훈련은 버저 소리에 연쇄의 마지막 반응(막대 누르기)을 조건화하는

것으로부터 시작되었으며, 버저 소리는 막대 누르기의 변별 자극이 되었다. 그 후 연쇄의 마지막 반응 바로 전 반응(엘리베이터에서 내리기)을 엘리베이터가 바닥에 있을 때 조건화했다. 연쇄의 각 반응을 차례로 추가할 때, 각 자극이 다음 반응에는 변별 자극이 되도록, 그리고 그 전 반응에는 조건화된 강화제로 작용하도록 했다.

유치원 교사가 학생에게 신발 끈 묶는 방법을 가르치는 과제를 통해 학교 현장에서의 역행연쇄 사례를 살펴보자. 우선 교사는 과제분석을 실행하여 행동 요소를 논리적인 순서로 배치한다.

1. 신발 끈을 서로 엇갈리게 한다.
2. 매듭을 짓는다.
3. 신발 오른쪽에 있는 끈으로 고리를 만들어 오른손으로 잡는다.
4. 왼손을 사용하여 나머지 끈으로 고리를 감는다.
5. 왼손 집게 또는 가운데 손가락을 사용하여 왼쪽 끈을 끈 사이 틈으로 당긴다.
6. 두 고리를 한 손에 하나씩 잡는다.
7. 고리를 꼭 맞게 당긴다.

교사는 연쇄의 마지막 단계인 7단계부터 시작하여 학생이 세 번 연속 실수 없이 단계를 완성할 때까지 훈련을 반복한다. 아동이 7단계를 정확히 실행할 때마다 교사는 강화를 제공한다. 그 후 교사는 최종 단계의 바로 전 단계인 6단계를 알려 주고, 이 단계를 마지막 단계의 수행과 결합하여 훈련시킨다. 6단계와 7단계에 성공하면 강화를 준다. 다음으로 5단계를 소개하는데, 강화를 주기 전에 우선 훈련 중인 단계와 사전에 배운 단계 모두(즉 5단계, 6단계, 7단계)가 옳은 순서로 수행되는지를 확인한다. 어느 단계에서든 교사는 정확한 반응을 이끌어 내기 위해 추가적인 반응촉진을 사용할 수 있다. 그러나 훈련 중 소개되는

언어, 그림, 모델링, 신체적 촉진을 포함한 모든 추가적인 반응촉진은 추후에 점차 제거하여, 아동의 행동이 자연적으로 발생하는 변별 자극에 의해 통제받도록 해야 한다. 요약하자면, 역행연쇄 절차를 사용할 때에는 과제분석의 체계를 역순으로 배열하여 마지막 단계를 가장 먼저 훈련시킨다.

역행연쇄에서는 학습자가 독립적으로 처음 수행하는 행동이 최종 강화를 만들어 낸다. 즉 위 사례의 경우 신발 끈을 묶는 행동에 강화를 준다. 마지막 행동 직전의 반응에서 시작되는 자극 조건은 (이제 학습자의 레퍼토리에 포함되는) 마지막 단계 반응의 변별 자극으로서 기능하는 단계를 강화한다. 나머지 단계에서도 이와 같은 강화 방식이 반복된다.

Hagopian, Farrell과 Amari(1996)는 자폐증과 정신지체를 가진 12세 남아의 생명에 위협을 주는 행동을 감소시키기 위해 역행연쇄와 용암법(fading)을 결합했다. 연구 진행 전 6개월 동안 조시는 위장 문제, 빈번한 구토와 변비 등의 건강 문제로 인해 모든 음식과 음료 섭취를 거부했다. 실제로 조시는 입으로 음식을 섭취하더라도 바로 내뱉고 있었다.

70일 동안 진행된 치료 프로그램 기간 동안 음료 섭취, 뱉기, 삼키기, 그리고 목표행동인 컵을 사용하여 물 마시기에서 조시가 보이는 거부 행동에 대한 자료를 수집했다. 기저선에서는 조쉬가 10cc의 물을 섭취할 수 있는지 측정했다. 그런 뒤에 물이 없는 삼키기 조건을 실행했는데, 이 조건에서는 빈 주사기를 아이의 입에 넣어 누른 후 아이에게 삼키도록 지시했다. 다음 단계에서는 주사기에 물을 조금 넣어 조시가 물을 삼킬 때마다 강화를 주었고, 그 후에는 주사기에 담긴 물의 양을 0.2cc에서 0.5cc, 1cc, 그리고 3cc까지 점차 늘렸다. 그다음 조건에서는 조시가 강화를 받기 위해 물컵을 사용하여 물을 3cc에서 최종적으로 30cc까지 마시도록 연쇄를 진행했다. 그 결과, 조시는 훈

| **그림 10.8** | 성공적인 음료 섭취가 나타난 시행 및 회피 행동이 나타난 시행 비율

출처: "Treating Total Liquid Refusal with Backward Chaining and Fading," by L. P. Hagopian, D. A. Farrell, & A. Amari, 1996, *Journal of Applied Behavior Analysis, 29* p. 575. Copyright 1996 by the Society for the Experimental Analysis of Behavior, Inc. Used with permission.

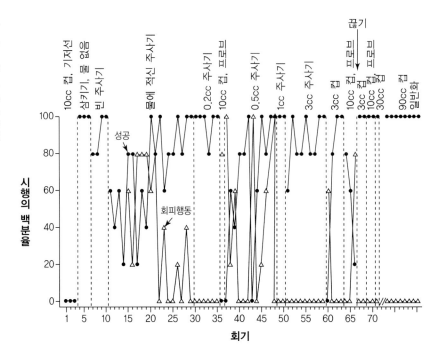

련의 마지막에 시행된 일반화 프로브에서 물과 주스를 희석한 음료 90cc를 마셔 성공적으로 수행을 마쳤다. 그림 10.8은 연쇄 절차가 목표연쇄를 통해 조시의 음료 섭취 정도를 향상했다는 결과를 보여 준다. Hagopian과 동료들은 자신들이 사용한 절차를 다음과 같이 설명했다.

우리는 조시가 이미 할 줄 아는 행동(삼키기)을 첫 목표로 삼았으며, 이 행동은 컵을 사용하여 물을 마시는 행동연쇄에서 세 번째이자 마지막 반응이었다. 그 후 연쇄의 마지막 두 반응에 강화를 주었고(입에 넣기와 삼키기), 마지막으로 연쇄의 모든 세 행동을 실행했을 때만 강화를 주었다. (p. 575)

역행연쇄의 가장 큰 장점은 지시마다 학습자가 최종 강화제를 받는다는 것이다. 그 결과, 강화를 받을 당시에 있는 자극의 변별성이 증가한다. 게다가 연쇄의 모든 행동이 반복적으로 강화받기 때문에 그 행동 및 강화제와 관련된 모든 자극의 변별 능력 역시 증가

하게 된다. 역행연쇄의 가장 큰 단점은 연쇄 훈련 초기에 학습자가 수동적으로 참여할 가능성이 있어 주어진 훈련 회기 내에 학습자가 보이는 반응 횟수가 한정적일 수 있다는 것이다.

건너뛰기 역행연쇄

Spooner, Spooner과 Ulicny(1986)는 건너뛰기 역행연쇄라 불리는 역행연쇄 변형 형태의 사용에 대해 보고한 바 있다. **건너뛰기 역행연쇄**(backward chaining with leap aheads)는 과제분석의 모든 단계를 훈련하지 않는다는 점을 제외하고는 본질적으로 역행연쇄와 동일한 절차를 따른다. 이 연쇄의 몇몇 단계에서는 단순히 평가만 진행하는데, 건너뛰기 변형의 목적은 연쇄 학습에 필요한 총 훈련 시간을 줄이는 것이다. 전형적인 역행연쇄에서 실행하는 행동의 반복은 학습 속도를 늦출 수 있는데, 학습자가 연쇄의 몇몇 단계를 이미 완벽히 숙달한 상태일 경우에 특히 더 그렇다. 앞서 언급한 신발 끈 묶기를 예로 들면, 5단계와 6단계가

이미 아이의 레퍼토리에 있는 경우라면 아이가 연쇄의 마지막 행동인 7단계를 실행한 후에 바로 4단계로 건너뛸 수 있다는 것이다. 하지만 학습자는 다른 단계에서도 5단계와 6단계를 정확히 순서대로 수행해야만 강화를 받을 수 있다.

순행연쇄, 전체 과제 연쇄, 역행연쇄 중 어떤 것을 선택할 것인가

순행연쇄, 전체 과제 연쇄, 역행연쇄는 각각 자기관리, 직업적·독립적인 삶에 필요한 다양한 행동에 효과적이라고 보고된 바 있다. 그렇다면 어떤 연쇄절차를 우선적으로 선택해야 할 것인가? 현재까지의 연구는 이에 대해 명확한 답을 제시하지는 않는다. 1980년에서 2001년 사이의 문헌을 검토한 Kazdin (2001)은 "직접적인 비교를 통해서는 이 중 어떤 방법[건너뛰기 역행연쇄, 전체 과제 연쇄, 또는 역행연쇄]이 일관되게 더 효과적인지 밝혀내지 못했다(p. 49)."라고 결론을 내렸다.

특정한 연쇄 방법이 다른 방법보다 유의미하게 효과적이라는 결과 자료는 없으나, 일화적인 증거와 논리적 분석을 바탕으로는 전체 과제 연쇄가 (a) 연쇄 내의 여러 과제를 수행할 수는 있으나 순서를 배워야 하는 학생, (b) 모방 레퍼토리를 갖고 있는 학생, (c) 중등도에서 중증까지의 장애 학생(Test et al., 1990), 또는 (d) 너무 길거나 복잡하지 않은 과제연쇄(Miltenberger, 2001) 등의 경우에 더 적절함을 보여 준다.

각 학습자를 위한 개별 과제분석, 훈련의 시작점을 결정하기 위한 단일기회 또는 다중기회 방법의 체계적인 적용, 문헌 내 과학적인 근거를 기반으로 한 연구 활용, 개인에 대한 효과성을 확인하기 위한 훈련 과정에서의 평가 자료 수집 등이 학습자에게 어떠한 접근을 사용해야 하는가에 대한 불확실성을 최소화할 수 있다.

 ## 행동연쇄 방해 및 끊기

지금까지의 논의는 행동연쇄를 설계하는 절차에 초점을 맞추었다. 앞서 소개한 바와 같이 연쇄짓기는 다양한 범주의 사람들에게 여러 종류의 레퍼토리를 개발시키고 개선시키는 데 성공적으로 사용되어 왔다. 하지만 전문가들이 행동과 행동을 연결하는 방법을 아는 것만으로는 충분치 않다. 때로는 행동연쇄의 원리에 대한 지식을 사용하여 이미 레퍼토리에 있는 연쇄의 실행(예 : 토스트 만들기)을 시작할 수 없게 만들어 새로운 반응을 만들어낼 수 있다(예 : 말하기 기술). 더불어 부적절한 연쇄의 경우(예 : 과도한 음식 섭취) 그 연쇄를 끊는 방법을 안다면 긍정적인 결과를 얻을 수 있다(예 : 음식을 적정량만 섭취한 후 그만 먹기).

행동연쇄 방해 전략

행동연쇄 방해 전략(behavior chain interruption strategy, BCIS)은 학습자가 연쇄 내의 중요한 요소를 독립적으로 수행하는 능력에 의존하기는 하나, 미리 정해 놓은 단계에서 이 연쇄를 방해함으로써 또 다른 행동을 발생시키는 전략이다. 이 방법은 처음에는 언어 및 구두 반응 증가를 목적으로 개발되었고(Goetz, Gee, & Sailor, 1985; Hunt & Goetz, 1988), 후에 그림소통체계(Roberts-Pennell & Sigafoos, 1999), 수화(Romer, Cullinan, & Schoenberg, 1994), 스위치 누르기(Gee, Graham, Goetz, Oshima, & Yoshioka, 1991)로까지 확대되었다.

BCIS의 원리는 다음과 같다. 첫째, 참가자가 3개 이상의 연쇄를 스스로 수행할 수 있는지 알아보는 평가를 실시한다. 그림 10.9는 토스트 만들기 연쇄를 5단계로 나누어, 참가자가 각 단계를 어려워한 정도와 특정 단계를 관찰자가 막거나 방해했을 때 이를 완성하려는 시도를 평가한 예시를 보여 준다. 참가자가 느낀 주관적 난이도는 3점 척도를 사용하여 측정했고, 시도

연쇄 예비평가

학생 이름 : 척   연쇄 : <u>토스트 만들기</u>

날짜 : 5/2   * 단계 초기 시 방해

단계 순서	스트레스 정도	완성 시도	기타
1. 봉지에서 빵 꺼내기*	1 ② 3 (낮음) (높음)	예 아니오	
2. 토스터에 넣기	1 2 3	예 아니오	
3. 버튼 누르기*	1 ② 3	예 아니오	손잡이를 만지려 함
4. 토스트 꺼내기	1 2 3	예 아니오	
5. 그릇에 담기*	1 2 ③	예 아니오	매우 기분 상함, 자기 학대적

스트레스 $\bar{x} : \dfrac{7}{3} = 2.3$ 총 2/3 = 66%

| **그림 10.9** | 연쇄 평가에 사용되는 점수 용지 예시

출처 : "Using a Chain Interruption Strategy to Teach Communication Skills to Students with Severe Disabilities," by L. Goetz, K. Gee, & W. Sailor, *Journal of the Association of Persons with Severe Handicaps, 13* (1), p. 24. Copyright by the Association for Persons with Severe Handicaps. Used by permission.

는 이분법적 척도(예/아니오)를 사용하여 기록했다. 평가 결과, 주관적 난이도가 평균 2.3점, 시도의 총비율이 66%로 나타났다.

임상 환경에서 행동을 증가시킬 목적으로 행동연쇄 방해 전략을 사용한다면, 훈련에 사용될 연쇄는 개인이 연쇄 실행 중 방해를 받을 때 어느 정도는 스트레스를 받되 행동이 일시적이거나 자해를 일으킬 정도로 스트레스를 주지는 않는 것을 선택한다. 이 전략에서는 우선 목표행동(예 : 발성)에 대한 기저선을 수집한 후에 연쇄를 시작하도록 지시한다(예 : "토스트를 만들어라."). 미리 정해 놓은 연쇄 단계(예 : 3단계—버튼 누르기)에서 학습자가 연쇄를 완성할 수 있는 행동을 제지한다. 예를 들면 위의 단계에서 일시적으로 학습자가 토스터를 사용하지 못하게 막는다. 그리고 "무엇을 하고 싶니?"라는 말로 촉진한다. 연쇄를 완성시키려면 환자의 발성 행동이 있어야 한다. 즉 "버튼 누르기요." 등의 반응을 보여야 한다.

행동연쇄 방해 전략을 통한 행동 개선의 정확한 기제는 확실히 밝혀지지 않았지만, 이는 특히 심각한 장애를 갖고 있는 사람들에게 매우 효과적인 접근이라는 것이 일반화 연구(Grunsell & Carter, 2002) 결과를 통해 나타났다. 예를 들어, Carter와 Grunsell(2001)이 행동연쇄 방해 전략의 효과를 검증했던 문헌을 검토한 리뷰 논문은 행동연쇄 방해 전략이 긍정적이며 유익하다는 것을 보여 준다. 이들의 결론은 다음과 같다.

행동연쇄 방해 전략은 경험적인 근거에 바탕하며 다른 자연적 기법을 보완한다고 할 수 있다. … 이에 대한 연구 문헌은 많지 않지만 현재 증가하는 추세이며, 중증 장애를 가진 환자들이 행동연쇄 방해 전략으로 인해 구두로 요청할 수 있는 능력을 배웠다는 것이 밝혀졌다. 더불어 행동연쇄 방해 전략의 실행은 요구 행동의 빈도 역시 증가시킬 수 있음이 연구를 통해 밝혀졌다. (p. 48)

- 연쇄 초기가 아닌 중간에 지시를 시작하므로 순행연쇄 및 역행연쇄 절차와 구별된다. 연쇄 중간에 지시를 시작하기 때문에 연쇄의 방해는 이동적으로 조건화된 동기조작 또는 부적 강화로 기능할 수 있어 이의 제거가 행동 증가를 발생시킬 수 있다.
- 행동연쇄 방해 전략은 개인이 독립적으로 연쇄를 완성할 수 있으나 연쇄 수행 중 방해를 받았을 때 적당한 스트레스를 받는다는 것을 보여 준 평가 결과에 그 근거가 있다.
- 방해 시점에 구두 촉진을 사용하지만(예 : "무엇을 원하세요?") 폭넓은 반응촉진 —모델링 및 신체적 지도 —도 사용할 수 있다.
- 자연스러운 세팅에서 방해 훈련을 수행한다(예 : 세숫대야에서 머리 감기, 오븐으로 쿠키 굽기).
- 모든 연구가 유지 및 일반화와 사회적 타당도에 대한 긍정적인 결과를 보고하지는 않지만, 연구 자료는 행동연쇄 방해 전략을 다른 개입[예 : 요구 모델(mand-model), 시간 지연, 추가적 교육]과 함께 실행하는 것이 유리하다는 것을 보여 준다.

| **그림 10.10** | 행동연쇄 방해 전략(BCIS)의 주요 요소 및 특징

행동연쇄 방해 전략 평가의 기저가 되는 가정은 "'과제 완성에 대한 높은 동기'는 '과제를 완성하고자 하는 의지와 과제 수행이 방해받을 때 개인이 보이는 감정적 반응'으로서 조작적으로 정의된다(Goetz et al., 1985, p. 23)"는 것이다. 또한 행동 방해는 과제 완성에 대한 강화를 일시적으로 받지 못하게 함으로써 차단된 확립조작(establishing operation, EO)으로서 기능한다. 차단된 확립조작은 다른 추가적인 행동이 발생하지 않는 한 강화를 받을 수 없는 경우에 생기는 조건이다(제6장 참조). 그러나 행동연쇄 방해 전략에서 부적 강화의 역할과 방해의 시점에 일어나는 체계적인 환경 변화는 완전히 분석되지 않았으므로 그것의 상대적인 기여 수준은 알 수 없다.

Carter와 Grunell(2001)에 따르면, 행동연쇄 방해 전략은 다양한 요소와 특징으로 구성되기 때문에 자연스러운 세팅에서 유용한 행동수정 전략이다. 그림 10.10에 이러한 주요 특징을 정리했다.

부적절한 연쇄 끊기

부적절한 연쇄(예 : 손톱 깨물기, 담배 피기, 과식)는 초기 변별 자극을 알아낸 후 그것을 대안행동으로 대체하거나 연쇄를 확장하여 시간 지연을 도입함으로써 끊을 수 있다. 이렇게 하는 것이 가능한 이유는 연쇄의 첫 변별 자극이 첫 반응을 일으키고 그 반응이 첫 변별 자극을 중단하여 두 번째 변별 자극을 만들어 내는 방식으로 연쇄가 끝까지 지속되기 때문이다. 따라서 첫 변별 자극의 빈도가 낮게 나타난다면 전반적인 연쇄의 빈도 역시 낮아진다. Martin과 Pear(2003)는 과식을 강화하는 행동연쇄가 음식을 한입 먹을 때마다 수저를 식탁에 올리게 하거나 다음 한입을 먹기 전 3~5초간의 시간 지연을 두게 함으로써 끊을 수 있다고 제안했다. "바람직하지 않은 연쇄에서는 현재 먹고 있는 것을 다 삼키기도 전에 다음 먹을 것을 준비하는데, 보다 바람직한 연쇄는 이와 같은 요소를 분리하여 그 사이에 짧은 시간 지연을 만들어 주는 것이다(p. 143)."

연쇄 요소 분리를 통해 테이블을 치우는 방법을 배운, 경도 정신지체를 가진 레스토랑 수습 직원의 경우를 예로 살펴보자. 훈련 프로그램을 끝낸 후 훈련생은 테이블 치우기 연쇄에 필요한 모든 행동을 정확하고 능숙하게 수행할 수 있었다(그림 10.11의 위 그림 참조). 하지만 근무 현장에서 부적절한 행동연쇄를 보이기 시작했다. 빈 테이블의 더러운 그릇을 카트에 담는 대신 그릇에 남은 음식을 모아 테이블 위에 버린 것이

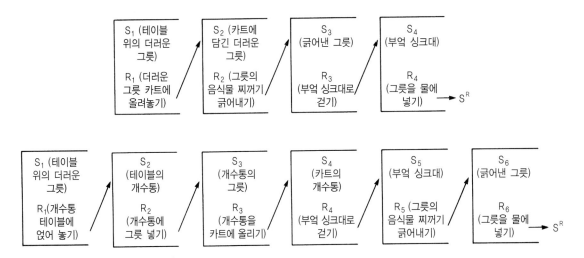

| **그림 10.11** | 부적절한 반응 연쇄를 끊기 위한 원래 행동연쇄(위) 및 검토(아래)

다. 즉 테이블 치우기 연쇄의 초기 변별 자극은 빈 테이블 위에 놓인 더러운 그릇이었는데, 이것이 연쇄의 더 나중 단계에 발생했어야 할 반응(남은 음식물 한데 모으기)의 원인이 된 것이다. 행동분석가는 이 부적절한 연쇄를 끊기 위해 다양한 원인을 고려해야 하며, 이때 (a) 변별 자극 및 반응의 재검토, (b) 유사한 변별 자극이 다른 반응을 유도할 수 있는지에 대한 결정, (c) 관련된 변별 자극과 무관한 변별 자극을 규명하기 위한 근무 현장의 분석, (d) 훈련 프로그램에서의 변별 자극과 근무 현장의 변별 자극이 다른지에 대한 결정, (e) 환경 내 새로운 자극의 존재 여부 규명 등을 포함해야 한다.

변별 자극 및 반응 재검토하기

과제분석의 변별 자극 및 반응의 목록을 재검토하는 목적은 그것이 야기하는 관련된 반응의 본래 연쇄가 임의적인지 혹은 전문가의 의견, 시간·동작 연구(시간과 작업 능률의 상호 관계에 대한 연구), 그리고 실용적 효율성에 근거하는지를 결정하기 위해서이다. 앞 사례의 경우, 훈련가는 빈 테이블 위에 놓인 더러운 그릇이 그 그릇을 카트에 담는 반응을 이끌어 내기를 원한다. 그 결과에 따라 재배치된 변별 자극과 반응 연쇄의 훈련이 시행되었다(그림 10.11의 아래 그림 참조).

유사한 변별 자극이 다른 반응을 유도하는지 결정하기

그림 10.11(위 그림)은 2개의 유사한 변별 자극(빈 테이블 위에 있는 더러운 그릇과 카트에 담긴 더러운 그릇)은 학습자가 그릇에 남은 음식을 모아 테이블 위에 버린 행동에 영향을 미쳤을 수 있다. 즉 R_2(그릇의 음식물 찌꺼기 긁어내기)가 S_1(테이블 위의 더러운 그릇)의 통제를 받게 된 것일 수 있다는 것이다. 그림 10.11(아래 그림)은 행동분석가가 변별 자극과 관련 반응을 재배열하여 연쇄를 수정한 것을 보여 준다. 그릇에 남은 음식물을 긁어내는 행동은 이제 연쇄의 다섯 번째 반응이 되고 부엌 싱크대에서 이뤄져야 하므로 식당 테이블과 식사 구역에서 멀리 떨어져 있게 된다. 따라서 혼란이 생길 수 있는 가능성이 줄어들거나 제거된다.

자연적인 환경을 분석하여 관련 있는 변별 자극과 무관한 변별 자극 규명하기

훈련 프로그램은 학습자가 자극과 관련된(즉 중요한) 요소 및 그와 무관한 변형 자극을 구별할 수 있도록 설계되어야 한다. 그림 10.11(아래 그림)은 S_1과 관련된 특징을 적어도 2개 이상 소개하고 있다. 첫 번째로, 빈 테이블과 그 테이블 위의 더러운 그릇이 관련된 자극이다. 그 외에 관련되지 않은 자극은 식당 내 테이블의 위치, 테이블에 배치된 의자 수, 또는 자리 배치 등이다. S_5, 즉 부엌 싱크대의 존재와 관련된 특징은 수도꼭지, 싱크대 구성, 혹은 더러운 그릇이다. 이때 무관한 자극은 부엌 싱크대의 크기, 수도꼭지의 종류나 모양이다.

자연적인 환경의 변별 자극이 훈련 변별 자극과 다른지 결정하기

훈련 단계에서 어떤 변형된 형태의 변별 자극은 가르치지 못할 가능성이 있다. 여러 연구자들은 이러한 이유로 행동연쇄 훈련 시 마지막 훈련 회기는 자연적인 환경에서 시행할 것을 권고한다. 이를 통해 훈련가가 훈련 상황과 실제 상황의 차이점을 알 수 있고, 그 자리에서 (차이점에 따른) 변별 훈련을 보다 정교하게 할 수 있기 때문이다.

환경 내 새로운 자극의 존재 여부 규명하기

기존 훈련 상황에서는 예상하지 못했던 새로운 자극의 존재 역시 부적절한 연쇄를 촉진할 수 있다. 앞의 음식점 예시에서 만약 단체 손님이 온다면 연쇄가 뒤죽박죽이 될지도 모른다. 유사하게 방해 자극(예 : 오고 가는 고객, 테이블에 놓인 팁) 역시 부적절한 연쇄가 일어날 수 있는 상황을 야기할 수 있다. 동료가 무의식 중에 수습 직원에게 모순된 지시를 할 수도 있는데, 이 역시 방해 자극의 한 예이다. 이러한 모든 상황에서 새로운 자극을 규명하는 것이 중요하며, 학습자가 이런 환경의 새로운 자극과 변별 자극을 구분할 수 있도록 가르쳐야 한다.

행동연쇄의 수행에 영향을 주는 요소

행동연쇄의 수행에 영향을 주는 요소는 다양하다. 이 절에서는 이러한 요소와 이를 다룰 수 있는 방법을 요약한다.

과제분석의 완성도

과제분석의 완성도와 정확도가 높을수록 개인이 효과적으로 연쇄를 진행할 수 있는 가능성이 높아진다. 연쇄의 구성요소가 적절하게 배치되어 있지 않거나, 각 반응에 대응하는 변별 자극이 규명되지 않은 경우에는 연쇄 습득 과정이 더 어려워진다.

　정확한 과제분석을 개발하고자 하는 행동분석가라면 다음의 중요한 요점 두 가지를 기억해야 할 것이다. 첫째, 반드시 훈련 이전에 계획을 세워야 한다. 과제분석을 하고 타당성을 입증하는 데 시간을 투자하는 것은 가치 있는 일이다. 둘째, 과제분석 후 훈련을 시작할 때에는 추후에 과제분석을 조정하거나 더 침해적인 촉진을 사용할 수 있음을 미리 예상하고 있어야 한다. 한 예로, McWilliams와 동료들(1990)은 한 학생이 수행에서 개선을 보일 때까지 과제분석 단계를 확장하고 더 침해적인 촉진을 사용했어야 했다고 보고한다.

연쇄의 길이와 복잡성

길거나 복합적인 행동연쇄는 비교적 짧고 단순한 행동연쇄에 비해 더 많은 습득 시간이 소요된다. 마찬가지로, 과제분석가는 둘 이상의 연쇄가 연결되어 있을

| **그림 10.12** | 캠 스위치 축에 끼기 전후의 캠 스위치 베어링(위)과 캠 스위치 조립에 사용되는 네 가지 종류의 베어링(아래)

출처 : *Vocational Habilitation of Severely Retarded Adults,* pp. 40 & 42 by G. T. Bellamy, R. H. Horner, and D. P. Inman, 1979, Austin, TX: PRO-ED. Copyright 1979 by PRO-ED. Reprinted by permission.

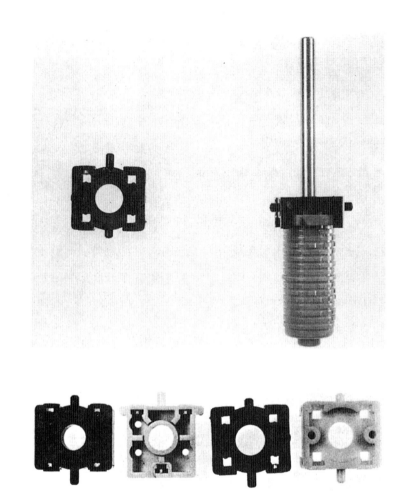

경우 훈련 시간이 더 필요할 것임을 예측할 수 있다.

강화 계획

강화가 연쇄 내 행동의 수행에 잇따라 주어지는 경우, 그 강화는 연쇄를 구성하는 각 반응에 영향을 끼친다. 하지만 각 반응에 나타나는 효과가 동일하지 않다. 예를 들어, 역행연쇄의 경우 연쇄에서 마지막으로 수행되는 반응은 같은 연쇄 내의 다른 반응에 비해 더 자주 강화제로 이어지기 때문에 더 빠르게 습득된다. 행동분석가는 다음의 두 가지를 기억해야 할 것이다. (a) 적절한 강화 계획을 사용한다면 연쇄를 유지할 수 있으며(상권 제8장 참조), (b) 강화 계획을 규정하는 데 한 연쇄에 포함될 반응의 수를 고려해야 한다.

자극 변이

Bellamy, Horner와 Inman(1979)은 자극 변이(stimulus variation)가 연쇄의 수행에 미치는 영향을 설명하는 훌륭한 도식을 제시했다. 그림 10.12의 위 사진은 캠 스위치 베어링을 캠 스위치 축에 끼우기 전후이고, 아래 사진은 조립 과정에서 사용할 수 있는 네 가지 종류의 베어링을 보여 준다. 베어링을 축에 끼우는 반응은 베어링(변별 자극)의 유무에 따라 통제되어야 한다. 하지만 베어링의 형태가 다양할 수 있으므로 이 반응은 모든 베어링의 핵심적인 특징을 공유하는 여러 변별 자극에 의해 통제되어야 한다. 그림에 나타난 각 베어링은 중앙에 1.12cm의 구멍이 있으며, 표면에는 하나 이상의 육각형 너트 구멍이 있다. 이와 같은

펜치를 사용하여 끼워 넣기

누르기 도구(렌치 유형의 도구)를 사용하여 끼워 넣기

| 그림 10.13 | 캠 축에 베어링을 붙일 때 리테이너링을 적용할 수 있는 두 가지 방법

출처 : *Vocational Habilitation of Severely Retarded Adults*, p. 44 by G. T. Bellamy, R. H. Horner, and D. P. Inman, 1979, Austin, TX: PRO-ED. Copyright 1979 by PRO-ED. Reprinted by permission.

자극 특징을 갖고 있는 모든 베어링은 축에 베어링을 끼는 반응을 유발해야 하는데, 부적절한 특징(예 : 색깔, 재질, 무게)과는 상관없이 반응이 나타나야 한다. 이와 같은 특징을 갖지 않은 자극이라면 반응을 일으키지 않아야 할 것이다.

행동분석가는 가능한 한 학습자가 접촉할 가능성이 있는 모든 변별 자극의 변이 형태를 소개해야 한다. 행동연쇄와는 상관없이 자극의 변이를 알려 주는 것은 변이가 나타났을 때 정확한 반응이 나타날 가능성을 높여 준다. 조립 업무의 경우 다양한 모양의 통과 손잡이, 옷 입기 기술의 경우 다양한 지퍼와 단추, 이 닦기의 경우는 가지각색의 치약 및 수도꼭지가 그러한 예이다.

반응 변이

자극의 변이가 나타날 경우 동일한 효과를 내기 위해 대개는 반응 역시 변화해야 한다. Bellamy와 동료들(1979)은 캠 손잡이의 조립을 예로 들어 이를 설명했는데, 그림 10.13의 왼쪽 위 사진에서 베어링은 캠 손잡이에 끼워져 있으며 리테이너링은 펜치를 사용하여 배치하도록 되어 있다. 아래 사진은 다른 베어링(즉 다른 변별 자극)을 보여 주는데, 이때 조립에 요구되는 반응 역시 달라진다. 펜치를 사용하여 리테이너링을 베어링 뚜껑 위로 들어 올리는 대신 렌치종류의 도구를 사용하여 이를 뚜껑 위로 밀어 올려야 한다. 올리기 또는 누르기라는 반응이 다르므로 각각에 적합한 도구 역시 다르다. 즉 행동분석가는 자극의 변이가 도입될 때에는 반응에 대한 연쇄 내 훈련이나 재훈련이 필요할 수 있다는 것을 인지해야 한다.

요약

행동연쇄의 정의

1. 행동연쇄란 독립된 반응이 특정한 순서로 이어져 있는 것을 뜻하며, 이 반응은 각각 특정한 자극 조건과 연결되어 있다. 각각의 독립 반응과 연합된 자극 조건은 연쇄를 구성하는 개별적 요소가 된다. 이 개별적 요소를 서로 연결한 것이 최종결과를 생산해 낼 행동연쇄이다.

2. 연쇄 내에서 2개의 반응을 연결하는 각 자극은 이중 기능을 하는데, 하나는 그 자극을 생산해 낸 반응의 조건화된 강화제로서의 기능이고, 또 하나는 연쇄 내 다음 행동의 변별 자극으로서의 역할이다.

3. 제한이 있는 행동연쇄에서 강화를 받기 위해서는 행동연쇄를 정해진 시간 내에 정확하게 수행해야 한다. 숙달된 반응은 제한이 있는 연쇄의 차별화된 특징이다.

연쇄 사용의 원리

4. 행동분석가가 행동연쇄 개발에 능숙해야 할 세 가지 이유는, (a) 연쇄는 독립적인 생활 기술을 향상시키는 데 사용될 수 있고, (b) 여러 독립적인 행동을 결합하는 수단으로 사용할 수 있으며, (c) 다른 절차와 결합하여 보다 복합적이고 새로운 상황에도 적용 가능한 레퍼토리를 발달시킬 수 있기 때문이다.

5. 연쇄란 자극 및 반응이 특정한 순서로 연결되어 새로운 행동을 구성하는 것을 뜻한다. 순행연쇄에서의 행동들은 연쇄의 첫 행동으로부터 연결되며, 역행연쇄에서 행동들은 연쇄의 마지막 행동으로부터 연결된다.

과제분석

6. 과제분석이란 복잡한 기술을 보다 작고 가르치기 쉬운 단위로 나누는 것을 뜻하며, 그 결과 차례로 나열된 단계나 과제의 연쇄를 얻을 수 있다.

7. 과제분석을 구성하고 타당성을 검증하는 목적은, 완전한 과제를 구성하고 이를 효율적으로 수행하는 데 필수적인 행동의 순서를 정하는 데 있다. 과제분석의 구성은 목표행동에 능숙한 사람의 과제 수행 과정을 관찰하거나, 전문가의 조언을 듣거나, 스스로 연쇄를 수행해 봄으로써 이루어질 수 있다.

8. 숙달 수준 평가의 목적은 과제분석의 요소 중 이미 독립적으로 수행할 수 있는 것을 찾는 것이다. 평가는 단일기회 또는 다중기회 방법을 통해 실시할 수 있다.

행동연쇄 방법

9. 순행연쇄에서는 과제분석을 통해 밝혀진 행동을 자연스러운 순서에 따라 가르친다. 정확히 말하자면, 사전에 정한 연쇄의 첫 행동에 대한 기준을 달성할 때 강화가 주어진다. 그다음에는 1단계와 2단계의 완성 기준을 달성할 때 강화가 주어진다. 이어지는 단계가 추가될 때마다 그 시점까지 훈련한 모든 단계를 정확하게 수행하면 강화가 주어진다.

10. 전체 과제 연쇄는 순행연쇄의 변형된 형태로서 학습자가 회기마다 과제분석의 각 단계에 대한 훈련을 받게 된다. 이때 훈련가는 개인이 수행하지 못하는 모든 단계에서 반응촉진을 사용하여 도움을 준다. 학습자가 연쇄의 모든 행동을 기준에 맞게 수행할 수 있을 때까지 연쇄를 훈련한다.

11. 역행연쇄에서는 훈련가가 과제분석의 마지막 단계를 제외한 모든 단계를 실행한다. 첫 강화는 학습자가 연쇄의 최종 단계를 정해진 기준에 맞게 수행할 때 주어진다. 그다음에는 최종 단계의 바로 전 단계와 최종 단계를 올바르게 수행할 때 강화가 주어진다. 그 후 강화를 받기 위해서 학습자는 마지막 세 단계를 수행해야 하며, 이러한 방식으로 과제분석의 첫 단계까지 반복한다. 역행연쇄의 가장 큰 장점은 학습자가 강화 유관과 즉시 접촉할 수 있으며, 기능적인 관계가 발달하기 시작한다는 데 있다.

12. 건너뛰기 역행연쇄는 과제분석의 모든 단계를 훈련하지 않는다는 것을 제외하고는 역행연쇄와 동일한 절차를 따른다. 연쇄 내의 행동에 대한 기존 수행을 평가함으로써 미리 연쇄를 수정할 수 있는데, 그 목적은 행동연쇄 훈련의 속도를 높이는 데 있다.

13. 순행연쇄, 전체과제 연쇄, 역행연쇄 중 어떤 것을 사용해야 하는지에 대한 결정은 과제분석 평가, 실험적인 자료에 근거한 연구, 기능 평가 등에 기반해야 하며, 개인의 인지적, 신체적, 운동 능력을 고려해야 한다.

행동연쇄 방해 및 끊기

14. 행동연쇄 방해 전략은 연쇄의 필수 요소를 독립적으로 수행할 수 있는 참가자의 능력을 기반으로 하되, 미리 정해 놓은 단계에서 연쇄를 방해하여 학습자가 다른 행동을 보이도록 유도하는 전략이다.

15. 부적절한 연쇄를 끊는 방법은 연쇄의 최초 행동을 유발하는 첫 변별 자극을 밝힌 뒤 이를 대안 변별 자극으로 대체하는 것이다. 과제분석에서 밝힌 변별 자극과 반응 목록의 재검토, 유사한 변별 자극이 다른 반응을 유도하는지의 여부, 자연적인 세팅에서 변별 자극의 적절성, 실제 세팅의 변별 자극과 훈련 세팅의 변별 자극 간 관련성, 또는 환경 내 새로운 변별 자극의 존재 여부를 밝힘으로써 대안 변별 자극을 결정할 수 있다.

행동연쇄의 수행에 영향을 주는 요소

16. 행동연쇄의 수행에 영향을 주는 요소는 (a) 과제분석의 완성도, (b) 연쇄의 길이와 복잡성, (c) 강화 계획, (d) 자극 변이, (e) 반응 변이 등이다.

제4부

구두언어행동
Verbal Behavior

제11장에서는 구두언어행동이라는 인간행동의 독특한 특징에 대해 다룬다. 언어행동은 인간을 특별히 흥미로운 존재로 만들 뿐 아니라 그 흥미를 표현할 수 있게 하는 수단이다. 구두언어행동은 한 세대에서 다음 세대로의 진화를 가능하게 하며, 과학, 기술, 예술을 발달시킨다. Skinner(1957)의 개념 분석을 기반으로 하여 Mark Sundberg는 언어행동을 전형적인 인간 발달의 한 분야로 소개했으며, 특히 자폐증과 발달장애 아동들을 위한 언어 평가와 치료 프로그램에 중점을 두었다.

구두언어행동

BCBA와 BCABA의 행동분석 자격심사위원회
행동분석과제 목록, 제3판

응용행동분석가는 왜 구두언어행동에 주목해야 하는가? 상권 제1장에서 설명한 응용행동분석의 정의는 이 질문에 대한 답을 제시한다.

> 응용행동분석은 사회적으로 중요한 행동을 향상하기 위해 행동 법칙에서 파생된 전략을 적용한 과학이며, 행동 변화에 변인을 가져오는 요인을 알아내기 위해 실험을 한다. (p. 20)

여기에서 '사회적으로 중요한 행동을 향상하기 위해'라는 부분에 주목하라. 인간행동에서 사회적으로 가장 중요한 측면 중 하나는 구두언어행동(verbal behavior)이다. 언어 습득, 사회적 상호작용, 학문, 지능, 이해, 사고, 문제해결, 지식, 인지, 역사, 과학, 정치, 종교는 모두 구두언어행동과 직접적으로 관련이 있다. 게다가 자폐증, 학습장애, 문맹, 반사회적 행동, 부부갈등, 공격성, 전쟁과 같은 많은 인간의 문제도 언어행동과 관련되어 있다. 간단히 말하면, 구두언어행동은 개인의 삶뿐만 아니라 법, 관습, 공문서, 사회적 활동에서 중요한 역할을 한다. 이 주제는 대부분의 심리학 입문서에서 주요하게 다루어지고 있으며, 응용행동분석가가 다루어야 할 사회적으로 중요한 행동이다. 그러나 이에 관한 언어분석은 이제 막 시작되었으며, 아직 이에 대한 작업 역시 충분히 이루어지지 않았다.

 ## 구두언어행동과 언어의 특성

언어의 형식과 기능

언어학에서 언어의 형식적인 특성과 기능적 특성을 구분하는 것은 중요하다(Skinner, 1957). **형식적 특성**은 언어 반응의 형태(즉 형식, 구조)를 말하고, **기능적 특성**은 반응의 원인을 지칭한다. 언어를 완전히 설명하기 위해서는 반드시 이 두 가지 요소를 모두 고려해야 한다.

구조 언어학은 언어 형태에 대한 기술(형식적 기술, formal description)을 전문적으로 다루는 영역이다. 표현 언어는 다음과 같은 단위를 사용하여 측정할 수 있다. (a) 음소(phoneme) : 단어를 구성하는 음성상의 최소 단위, (b) 형태소(morpheme) : 의미를 담고 있는 최소 단위, (c) 어휘(lexicon) : 특정 언어를 만드는 모든 단어의 총체적 집합체, (d) 통사(syntax) : 문장 내 단어, 구 또는 절의 구성, (e) 문법(grammar) : 특정 언어에서 확립된 관습의 규칙, (f) 의미소(semantic) : 단어의 의미(Barry, 1998; Owens, 2001).

언어의 형식적 기술에서는 또한 단어를 명사, 동사, 전치사, 형용사, 부사, 대명사, 접속사, 관사로 분류한다. 언어 형태 기술은 전치사적 구, 절, 수식어구, 동명사, 시제 표현, 불변화사, 술어 등으로 분류할 수 있다. 문장은 각 언어의 문법에 따라 발화의 어휘적 범주를 통사론적으로 배치하여 만든다. 언어의 형식적 특성으로는 분절, 운율, 억양, 고저, 강조 등이 있다(Barry, 1998).

화자가 없어도 혹은 화자가 왜 그렇게 말했는지 알지 못해도 언어의 형식적 분류가 가능하다. 문장이 문법적으로 옳은지 틀린지는 문서나 녹음용 테이프를 통해서도 분석할 수 있다. 예를 들면, "주스가 다 갔다(Juice all goned)."라는 아동의 표현은 듣기만 해도 어법에 맞지 않다는 것을 알 수 있다.

Skinner의 언어행동분석에 대해 사람들은 그가 일반적인 언어 분류법을 거부했다고 오해한다. 그러나 Skinner가 비판한 것은 반응의 분류나 기술 그 자체가 아니라, 그 분류가 원인이나 기능을 설명하지 못한다는 사실이었다. 누가 어떻게, 그리고 왜 그렇게 말하는지에 관한 분석은 주로 심리학과 언어학을 결합한 분야, 즉 언어심리학에서 다루어진다.

언어 이론

언어의 원인을 밝히기 위해 다양한 종류의 언어 이론이 생겨났다. 이러한 이론들은 서로 독립적이지만 생물학적, 인지적, 환경적이라는 세 가지 입장으로 분류할 수 있다. 생물학적 이론의 기본적 관점은 언어가 생리적 과정 및 기능의 역할을 한다는 것이다. 한 예로 Chomsky(1965)는 언어가 선천적인 것이라고 말했다.[1] 다른 말로 하면, 인간은 이미 태어날 때부터 언어능력을 지니고 있다는 것이다.

아마 언어의 발달에 대해 가장 널리 받아들여지고 있는 견해는 인지심리학적 관점에서 파생된 것일 것이다(예 : Bloom, 1970; Piaget, 1952). 언어에 대한 인지적 접근을 지지하는 사람들은 언어가 언어 정보를 받아들이고, 분류하고, 암호화하고, 부호화하고, 저장하는 내적 처리 시스템(internal processing system)에 의해 통제된다고 주장한다. 구어나 문자언어는 생각이 조직화된 것으로 간주된다. 대개의 경우, 생물학적 견해와 인지적 견해를 구별 짓기란 어렵다. 왜냐하면 많은 경우 두 견해가 혼재되어 있으며(예 : Pinker, 1994), 언어행동을 설명하기 위해 저장이나 처리 같은 인지적 은유를 사용하거나, 뇌와 마음을 서로 바꾸어 사용하는 경우가 많기 때문이다(예 : Chomsky, 1965).

 ## 구두언어행동의 발달

Skinner는 하버드에서 열린 저녁 만찬에서 옆에 앉았던 Alfred North Whitehead[2]의 도전에 자극을 받아 1934년부터 언어행동분석에 대해 연구하기 시작했다.

---

1) 더 자세한 사항을 알고 싶으면 Mabry(1994, 1995)와 Novak(1994)를 참고하라.
2) Whitehead는 당시 가장 저명한 철학자로 Bertrand Russell과 공동 저작한 3권짜리 『수학 원리(Pricipia Mathematica)』(1910, 1912, 1913)로 잘 알려져 있었다.

Skinner(1957)는 그 대화를 다음과 같이 기술했다.

그 당시 우리는 여전히 큰 이슈이자 내가 열성적으로 추종하던 '이론'인 행동주의에 관한 토론에 빠져 있었다. 여기서 Whitehead가 과학이 인간행동을 잘 설명해 왔지만 언어행동은 설명할 수 없다는 주장을 했고, 나는 거기에 반대하였다. Whitehead는 언어행동을 담당하는 기제가 따로 있다고 주장했다. 그는 "내가 지금 여기 앉아서 '이 탁자 위에 흑전갈이 떨어지지 않아.'라고 말한다면 과연 나의 이런 행동을 어떻게 설명할 수 있습니까?"라고 말하며 토론을 마쳤고, 나는 바로 다음 날 아침 본 연구의 개요를 잡았다. (p. 457)

Skinner가 이 개요에 세부 사항을 채워 넣어 『언어행동(Verbal Behavior)』(1953)이라는 책으로 출판하기까지는 무려 23년이 걸렸다. 그는 이 책의 결론을 매우 중대하게 여겨, 구두언어행동이 그의 가장 중요한 업적임이 증명될 것이라고 믿었다(1978). 그러나 '중요한 업적임이 증명될 것'이라고 한 Skinner의 말은 책이 출판된 지 20년이 지난 지금도 그가 생각했던 것만큼의 영향을 미치지 못하고 있다.

『언어행동』의 가치가 인정받기까지 오랜 시간이 걸린 데는 몇 가지 이유가 있다. 이 책은 출판되자마자 언어학뿐만 아니라 신흥 학문이었던 언어심리학 분야로부터 즉각적인 도전을 받았다. 가장 주목할 만한 것은 『언어행동』이 출판된 해에 언어에 관한 자신의 견해를 출판한 MIT의 젊은 언어학자 Noam Chomsky(1959)의 비평이었다(Chomsky, 1957). Chomsky는 Skinner의 분석이 아무런 가치가 없다고 주장했다. Chomsky는 Skinner 분석의 모든 면을 비판했으며, 더 나아가 전반적인 행동주의 철학까지 비판했다. 그러나 『언어행동』을 이해한 사람이라면 Chomsky가 (다른 많은 학자들과 마찬가지로) 『언어행동』의 철학적·인식론적 기초가 되는 Skinner의 급진적 행동주의를 크게 잘못 이해하고 있음을 알 수 있을 것이다 (Catania, 1972; MacCorqoudale, 1970).

Skinner는 Chomsky의 비평에 대해 어떠한 반응도 하지 않았고, 이는 많은 사람들로 하여금 Chomsky가 반박할 수 없는 타당한 비평을 했기 때문이라는 결론에 이르게 만들었다. 이에 대해 MacCorqoudale(1970)은, 아무도 Chomsky의 비평에 도전하지 않았던 이유는 그가 Skinner의 행동 이론에 대해 명백히 오해하고 있었을 뿐 아니라, 남을 비하하는 어조로 비평을 했기 때문이라고 지적했다.

Skinner는 언어학자들의 이러한 반응에 대해 전혀 놀라지 않았다. 왜냐하면 그들의 관심은 언어의 구조이지 기능이 아니었기 때문이다. 그러나 최근에는 언어학 분야에서 Skinner가 언어학의 역사를 바꿨음을 인식하는, Skinner의 책에 대해 우호적인 비평이 출판되어 나오고 있다(Andresen, 1991).

비록 Skinner가 행동분석 분야 밖으로부터의 비평은 예측했을지라도, 아마 내부로부터의 전반적인 무관심과 노골적인 부정까지는 예상하지 못했을 것이다. 많은 행동주의자들이 이 현상에 대해 고찰해 왔고, 행동분석가들이 『언어행동』을 곧바로 받아들이지 않은 이유를 설명했다(예 : Eshleman, 1991; Michael, 1984; E. Vargas, 1986). 아마도 그 시대의 행동분석가들에게 가장 문제가 되었던 점은 『언어행동』이 추측에 근거했을 뿐 실험 자료를 포함하지 않았다는 사실이었을 것이다(Salzinger, 1978).

구두언어행동에 대한 연구가 부족하다는 점은 1980년대까지도 계속 행동분석가들의 큰 우려 중 하나였다(예 : McPherson, Bonem, Green, & Osborne, 1984). 하지만 최근 『언어행동』과 직접적으로 관련된 연구 및 적용에 큰 발전과 함께 이런 상황은 크게 변화하고 있다(Eshleman, 2004; Sundberg, 1991, 1998). 관련 연구는 주로 『언어행동분석』이라는 학술지에 발간되었다.

 ## 구두언어행동의 정의

Skinner(1957)는 언어가 학습되는 행동이며, 이 역시 비언어행동을 제어하는 환경 요인 및 법칙(자극통제, 동기조작, 강화제, 소거 등)에 의해 습득되고 확장되며 유지됨을 주장했다. 그는 **구두언어행동**(verbal behavior)을 타인의 행동을 매개로 하여 강화되는 행동으로 정의했다. 예를 들어, "문 열어."라는 언어적 반응은 청자가 문을 열게 하는 강화제를 만들어낼 수 있다. 이 강화제는 간접적으로 얻어지기는 하나, 또한 문을 여는 비구두적 행동을 통해서도 얻어질 수 있다.

Skinner는 구두언어행동을 반응의 형식보다는 기능에 따라 정의했다. 따라서 그의 기능적 정의에 따르면 반응의 모든 형태는 언어가 될 수 있다. 예를 들어, 2개월 된 아기가 우는 것, 손가락으로 가리키기, 주의를 끌기 위한 손뼉 치기나 팔 흔들기, 글쓰기, 타자치기와 같은 행동도 다른 반응과 마찬가지로 언어적일 수 있다. 다시 말해, 구두언어행동은 화자와 청자 간의 사회적 상호작용을 포함하는 것이다.

화자와 청자

구두언어행동의 정의는 **화자**(speaker)의 행동과 **청자**(listener)의 행동을 분명하게 구분한다. 구두언어행동은 화자와 청자 간의 사회적 상호작용을 포함하며, 이 상호작용 내에서 화자는 청자의 행동을 통해 강화와 접촉할 수 있게 되고 또한 환경에 대한 통제를 얻는다. 언어에 대한 대부분의 접근과 달리 Skinner의 구두언어행동은 화자의 행동에 중심을 둔다. 그는 **표현언어**(expressive language)나 **수용언어**(receptive language)와 같은 용어는 사용하지 않았는데, 이 용어가 결국은 근본적으로 동일한 인지 과정을 다르게 표현한 것이기 때문이다.

청자는 화자의 구두언어행동을 어떻게 강화할 수

있는지 알아야 한다. 다시 말해, 청자는 단어에 반응하고 화자와 상호작용하는 법을 배워야만 한다. 아동에게 화자가 제시한 언어 자극에 적절하게 반응하는 법과 화자로서 언어적 행동을 보이는 법을 가르치는 것은 중요하다. 하지만 이것의 기능은 다르다. 어떤 경우, 한 유형의 행동(즉 화자나 청자의 행동 중 한 가지)을 배우는 것이 다른 유형을 배우는 것을 쉽게 만들어 준다. 하지만 이러한 현상을, 청자로서 단어의 뜻을 배워 화자로서 그 단어를 다양한 방법으로 사용하는 것으로 이해하기보다는 동기조작, 선행자극, 반응, 그리고 그에 대한 결과로서 이해해야 한다.

구두언어행동 : 전문 용어

Skinner는 언어분석의 주제를 찾으면서 (a) 화자 개개인을 강조할 수 있고, (b) 결과에 의해 선택되고 유지되는 행동을 나타낼 수 있으며, (c) 언어 전문가가 사용하지 않는 용어를 원했다. 그는 결국 **구두언어행동**(verbal behavior)이라는 용어를 선택했다. 그러나 최근 들어 **구두언어행동**이란 용어는 Skinner가 사용했던 것과 전혀 다른 새로운 의미를 얻게 되었다. 언어병리학 분야에서의 구두언어행동은 발성행동(vocal behavior)과 동의어로 사용된다. 또한 심리학에서는 1970년대에 유행한 비언어 의사소통(nonverbal communication)이 구두언어행동과 대조되어, 은연중에 언어행동은 음성(vocal) 의사소통을, 비언어행동은 비음성(nonvocal) 의사소통을 뜻하게 되었다. 또한 GRE나 SAT 같은 미국 대학 입학시험에서 구두언어(verbal) 영역은 수리(quantitative) 영역과 대조되었다. 이 대조는 수학적 행동이 구두언어적이 아님을 시사한다. 하지만 Skinner의 정의에 따르면, 대부분의 수학적 행동은 구두언어행동이다. Skinner의 분석에서는 구두언어행동이 **발성 구두언어행동**(vocal-verbal behavior)과 **비발성 구두언어행동**(nonvocal-verbal behavior)을 모두 포함한다는 것

을 주의해야 한다.

분석 단위

구두언어행동의 분석 단위는 반응의 유형과 (a) 동기화 변인(motivating variables), (b) 변별 자극, (c) 결과물 등의 비구두언어행동을 통제하는 것과 같은 독립 변인 간의 기능적 관계이다. Skinner(1957)는 이러한 단위를 **구두언어 조작**(verbal operant)이라고 했는데, 여기서 조작은 특정 반응 사례로부터 구별되는 행동의 유형이나 범주를 뜻한다. 또한 그는 개인이 가진 이런 단위들의 집단을 **구두언어 레퍼토리**(verbal repertoire)라고 했다. 이 구두언어 레퍼토리는 단어, 구, 절, 문장, 평균 발화 길이로 구성된 언어학의 단위들과 대조된다.

 ## 기본 구두언어 조작

Skinner(1957)는 요구(mand), 기술(tact), 반향(echoic), 상호 구두언어(intraverbal), 축어(textual), 전사(transcription)를 여섯 가지 기본 구두언어 조작으로 정의했다. 그는 또한 청중과의 관계(audience relation)와 베껴 쓰기(copying a text)도 이에 포함했다. 하지만 이 장에서 청중(또는 청자)은 독립적으로 다루어질 것이며 베껴 쓰기는 반향 행동에 포함될 것이다. 표 11.1에는 이러한 용어의 사전적 정의가 제시되어 있다. 아래에서는 각 기본 구두언어 조작의 기술적인(technical) 정의와 사례를 다룰 것이다.

요구

요구는 화자가 자신이 필요하거나 원하는 것을 요청하는(또는 표현하거나, 요구하거나, 암시하는) 구두언어 조작의 한 유형이다. 예를 들면, 길을 잃었을 때 방향을 물어보는 행동은 요구이다. Skinner(1957)는 요

표 11.1   일상적 관점에서 본 Skinner의 여섯 가지 기본 구두언어 조작의 정의

요구	원하는 강화제를 요청하는 것. 신발을 원하기 때문에 *신발*이라고 말하는 것
기술	사물, 동작, 사건 등의 이름을 부르거나 감별하는 것. 신발을 보았기 때문에 *신발*이라고 말하는 것
반향	들은 것을 따라 하는 것. 누군가가 *신발*이라고 말한 뒤, *신발*이라고 말하는 것
상호 구두언어	질문에 대답하는 것 혹은 다른 단어에 의해 단어가 통제되는 대화를 하는 것. 다른 사람이 "*발에 신는 게 뭐니?*" 하고 물어봤을 때, *신발*이라고 말하는 것
축어	쓰인 단어를 읽는 것. 신발이라고 쓰인 단어를 보고 *신발*이라고 말하는 것
전사	구두로 말한 단어를 쓰는 것과 철자법. *신발*이라고 말한 것을 들었을 때, *신발*이라고 쓰는 것

구(mand)라는 용어가 간결할 뿐 아니라 **명령하다**(command), **요구하다**(demand), 반대 **명령을 내리다**(countermand)와 같은 일상적인 영어 단어와 비슷하기 때문에 선택했다. **요구**는 반응이 동기조작(MO)과 특정한 강화의 기능적인 통제하에 있는 구두언어 조작이다(표 11.2 참조). 예를 들면, "과자"라고 말한 후 과자를 얻은 경험이 있는 사람에게 음식의 결핍은 (a) 음식을 효과적인 강화제로 만들 것이며, (b) "과자"라고 요구하는 행동을 유발할 것이다.

요구를 강화하는 특정한 강화제는 관련된 동기조작과 직접적으로 연관이 있다. 예를 들어, 엄마와 신체 접촉에 대한 동기조작이 있는 경우, 이때 확립된 특정 강화제는 신체 접촉이다. 반응 형태는 울기, 형제 밀치기, 뻗치기, 안아 달라고 말하기 등 여러 가지로 나타날 수 있다. 동기조작, 반응, 특정 강화제 간에 기능적 관계의 역사가 있는 모든 행동은 신체 접촉에 대한 요구로 볼 수 있다. 그러나 반응 형태 하나만으로 요구 혹은 다른 어떤 구두언어 조작의 범주로서 분류하기는 어렵다. 예를 들어, 아기가 우는 것이 조건화된 자극이지만, 조건화되지 않은 자극에 의해 유도된 것이라면 이는 단순한 반응적 행동일 수 있다.

요구는 초기의 언어 발달뿐 아니라 아동과 어른 간의 일상적 언어 상호작용에도 매우 중요한 역할을 한

다. 요구는 아동이 처음으로 습득하게 되는 구두언어 조작이다(Bijou & Baer, 1965; Novak, 1996). 이러한 초기의 요구는 아동이 배고프거나, 피곤하거나, 아프거나, 춥거나, 두려울 때, 또는 장난감, 관심, 도움, 사물이나 사람의 움직임, 지시 등이 필요하거나 혐오스러운 자극의 제거 등을 원할 때 보이는 각각 다른 형태의 울음으로서 나타난다. 정상 발달 아동은 큰 어려움 없이 우는 행동을 단어나 몸짓, 또는 다른 형태의 일반적 의사소통 형태로 대체할 수 있게 된다. 요구는 아동이 강화제의 전달을 통제할 수 있도록 할 뿐만 아니라, 더 높은 수준의 언어 발달에 꼭 필요한 화자와 청자의 역할을 확립하기도 한다.

Skinner(1957)는 요구가 유일하게 화자에게 직접적인 이익을 주는 구두언어행동이라고 했는데, 이는 요구가 화자에게 음식이나 장난감, 관심, 혐오자극의 제거와 같은 강화제로 이어지기 때문이다. 결과적으로 요구는 특정 강화제로 인해 강력한 구두언어행동의 형태를 띄게 되며, 그 강화제는 보통 즉각적으로 결핍 상태를 충족하거나 혐오스러운 자극을 제거한다. 예를 들면, 어린 아동은 요구 행동을 빈번하게 보이는데, 이것은 요구에 청자를 조정하는 효과가 있기 때문이다. 또한 구두언어 레퍼토리 발달이 약하거나, 늦거나, 결함이 있는 아동의 문제행동 대부분은 요구일 수

있다(예 : Carr & Durand, 1985). 후에 아동이 누가, 무엇을, 어디서를 사용하는 언어적 질문으로 요청하는 법을 배우면 더욱 빠르게 새로운 구두언어행동을 습득하게 된다(Brown, Cazden, & Bellugi, 1969). 궁극적으로, 요구는 상당히 복잡해지며 사회적 상호작용, 대화, 학업, 취업 등 사실상 모든 인간행동의 측면에 중대한 역할을 하게 된다.

기술

기술은 화자가 어떠한 감각기관을 통해 직접적으로 접촉한 사물이나 행동의 이름을 말하는 구두언어 조작의 한 유형이다. 예를 들면, 아동이 자동차를 보고 "자동차"라고 말하는 것이 기술이다. Skinner(1957)는 기술(tact)이라는 단어가 물리적 환경과의 접촉(contact)을 암시하므로 이를 선택했다. **기술**은 비언어적 변별 자극의 기능적 통제하에 있는 구두언어 조작이며, 이는 일반화된 조건 강화(generalized conditioned rein-forcement)를 생산해 낸다(표 11.2 참조). 비구두언어 자극(nonverbal stimulus)은 변별 훈련 과정을 통해 변별 자극이 된다. 예를 들면, 신발이 있는 곳에서 "신발"이라고 말하는 행동이 차별강화로 이어지기 전까지 신발은 "신발"이라는 구두언어 반응의 변별 자극으로 기능하지 못할 수도 있다.

다양한 종류의 비언어 자극은 기술 관계(tact relation)를 유발한다. 예를 들어, 케이크는 비언어적인 시각, 촉각, 후각, 미각적 자극을 발생시키는데, 이 모든 것이 '케이크'라는 기술의 변별 자극이 될 수 있다. 비언어 자극에는 고정된 것(명사), 움직이는 것(동사), 사물 간의 관계(전치사), 사물의 특징(형용사), 행동의 특징(부사) 등이 있다. 즉 비언어 자극은 '신발'과 같이 간단한 것일 수도 있고, '암을 유발하는 세포'와 같이 복잡한 것일 수도 있다는 것이다. 자극의 형태는 여러 비언어적 속성을 가질 수 있으며, 반응은 "빨간 트럭이 작은 테이블 위에 있다."와 같은 기술에서처럼 여러 속성에 의해 통제될 수 있다. 비언어 자극은 눈에 보일 수도 있고, 아닐 수도 있으며(예 : 고통), 감지하기 힘들거나 눈에 잘 띌 수도 있고(예 : 네온사인), 다른 비언어 자극과 관련이 있을 수도 있다(예 : 크기). 비언어 자극의 다양성과 편재성(ubiquity)을 고려해 볼 때, 기술이 언어학의 주요한 주제라는 것은 놀

표 11.2 여섯 가지 기본 구두언어 조작에 대한 선행 통제변인과 결과 통제변인

선행변인	반응	결과
동기조작(4시간 동안 물을 마시지 못함)	요구("물 주세요.")	특정한 강화제(물 한 컵)
비구두언어 자극(장난감 트럭을 봄)	기술("트럭")	일반화된 조건 강화제(칭찬과 인정)
일대일 대응과 형식적 유사성이 있는 구두언어 자극("책"이라는 단어를 들음)	반향("책"이라고 말하기)	일반화된 조건 강화제
일대일 대응이나 형식적 유사성이 없는 구두언어 자극("고양이와 …"라는 말을 들음)	상호 구두언어("강아지"라고 말하기)	일반화된 조건 강화제
일대일 대응은 되지만 형식적 유사성이 없는 구두언어 자극('사과'라고 쓰인 것을 봄)	축어("사과"라고 말하기)	일반화된 조건 강화제
일대일 대응은 되지만 형식적 유사성이 없는 구두언어 자극("사과"라는 단어를 들음)	전사('사과'라고 쓰기)	일반화된 조건 강화제

라운 일이 아니다.

반향

반향은 화자가 다른 화자의 구두언어행동을 따라 할 때 나타나는 구두언어 조작의 유형이다. 예를 들어, 엄마가 "과자"라고 말하는 것을 듣고 아동이 "과자"라고 말한다면 반향을 보인 것이다. 평상시에 주위에서 흔히 볼 수 있는 다른 사람의 단어나 구, 발화행동(vocal behavior)을 따라 하는 것 또한 반향이다. **반향 조작**(echoic operant)은 반응과 일대일 대응이 되며 형식적 유사성을 가진 구두언어 변별 자극에 의해 통제된다(Michael, 1982)(표 11.2 참조).

자극과 반응, 혹은 자극과 반응의 결과 간 **일대일 대응**(point-to-point correspondence)은 구두언어 자극의 처음, 중간, 끝이 반응의 처음, 중간, 끝과 일치할 때 발생한다. **형식적 유사성**(formal similarity)은 통제하는 선행자극과 반응 혹은 반응물이 (a) 같은 감각을 공유하며(예 : 자극과 반응 모두 시각적이거나, 청각적이거나, 촉각적일 때), (b) 물리적으로 서로 유사할 때 발생한다(Michael, 1982). 반향 관계에서 자극이 청각적이면 반응 역시 청각적이며(들은 것을 따라 하기), 자극과 반응은 서로 물리적으로 유사하다.

반향행동은 칭찬이나 관심 같은 일반화된 조건 강화제를 생산해 낸다. 다른 사람들의 음소와 단어를 따라 말할 수 있는 능력은 사물과 행동을 분별하는 법을 배우는 데 필수적이다. 부모가 "저건 곰이야, '곰'이라고 말해 볼래?"라고 말할 수 있다. 만약 아동이 "곰"이라고 반응하면 부모는 "맞았어!"라고 한다. 이러한 과정을 거쳐 아동은 반향 촉진 없이도 곰이라고 명명하는 것을 배우게 된다. 이는 반복을 통해 발생한다. 예를 들면, 부모가 "곰"이라고 말한 뒤 아동이 "곰"이라고(또는 그와 비슷하게) 말할 수 있게 되면, 곰 그림이나 동물원에 있는 곰을 보여 주며 "곰"이라고 말하도

록 가르칠 수 있다. 반향 레퍼토리는 언어 발달이 늦는 아동에게 언어를 가르치는 데 매우 중요하며, 더 복잡한 구두언어 능력을 가르치는 과정에도 중대한 역할을 한다(예 : Lovaas, 1977; Sundberg & Partington, 1998).

동작의 모방은 반향행동과 같이 구두언어적 특징을 가질 수 있는데, 이는 청각장애 아동이 수화를 배우는 것에서도 볼 수 있다. 예를 들어, 아동이 과자를 가리키는 손짓을 모방하도록 배우는 경우, 나중에는 모방 촉진 없이도 과자를 요구할 수 있다. 또한 모방은 들을 수는 있지만 목소리를 내지 못하는 아동에게 수화를 가르치는 데 대단히 중요하다. 음성언어 수업을 하기엔 적절한 반향 레퍼토리가 확립되어 있지 않은 많은 아동들에게 다른 어떤 구두언어행동보다 반향행동을 가르치는 데 시간을 쏟는다. 강력한 모방 레퍼토리를 가진 학생이라면 교사는 곧바로 수화를 사용해 더 복잡한 형태의 언어(요구, 기술, 상호 구두언어)를 가르칠 수 있다. 이것은 아동이 부적절한 행동(예 : 떼쓰기) 대신 다른 사람과의 의사소통을 통해 원하는 것을 얻는 방법을 빠르게 배우도록 만든다.

Skinner는 또한 **베껴 쓰기**가 문어적 구두언어 자극과 문어적 구두언어 반응이 일대일 대응과 형식적 유사성을 보이는 구두언어행동이라고 했다. 이 관계도 수화와 마찬가지로 반향과 모방 같은 명백한 특징을 갖기 때문에 이 책에서는 이 세 가지 모두를 반향으로 취급할 것이다.

상호 구두언어

상호 구두언어는 화자가 타인의 구두언어행동에 대해 차별적으로 반응하는 구두언어 조작의 한 유형이다. 예를 들면, 다른 사람이 "토요일 경기에서 누가 이겼어?"라고 말하는 것을 듣고, "우리나라"라고 대답하는 것이 상호 구두언어행동이다. 정상 발달 아동은 노래

하고, 이야기를 들려주고, 자신이 한 일을 설명하고, 문제를 설명하는 형태로 상호 구두언어를 많이 사용한다. 또한 "캘리포니아의 수도가 어디입니까?"라는 질문에 "새크라멘토"라고 대답하는 것, "8×8"을 듣고 "64"라고 대답하는 것, 또는 "3요인 유관이 무엇입니까?"라고 물었을 때 "선행, 반응, 결과"라고 대답하는 것과 같은 상호 구두언어 반응은 수많은 지적 레퍼토리의 중요한 구성요소이기도 하다. 전형적인 성인 화자의 상호 구두언어 레퍼토리는 이러한 관계를 무수히 포함한다.

상호 구두언어는 구두언어 변별 자극이 구두언어 자극과 일대일 대응이 되지 않는 구두언어 반응을 일으킬 때 발생한다(Skinner, 1957). 즉 반향과 문자의 관계처럼 구두언어 자극과 구두언어 반응이 서로 일치하지 않는다는 것이다. 요구를 제외한 모든 구두언어 조작과 마찬가지로, 상호 구두언어는 일반화된 조건 강화제를 발생시킨다. 예를 들면, 지시 세팅에서 정답에 대한 강화제는 보통 "맞았어!"라는 반응이나 점수, 또는 다음 문제로 넘어갈 수 있는 기회와 같이 일반화된 조건 강화제를 포함한다(표 11.2 참조).

상호 구두언어 레퍼토리는 다른 언어, 비언어 행동의 습득을 용이하게 해 준다. 상호 구두언어행동은 화자가 빠르고 정확하게 이후의 자극에 대하여 반응하도록 준비시키며, 또한 대화를 지속하는 데 중요한 역할을 한다. 예를 들어, 한 아동이 어떤 상황에서 어른 화자가 "농장"이라고 말하는 것을 들었다고 하자. 농장이라는 자극이 "곳간," "소," "수탉," "말"과 같이 관련된 상호 구두언어 반응을 유발한다면, 아동은 성인이 농장 여행에 관해 보이는 구두언어행동에도 더 잘 반응할 것임을 예측할 수 있다. 이제 아동은 농장에 대해 생각하고 있으므로, 성인이 보일 관련된 다른 구두언어행동에 대해서도 적절한 구두언어 반응을 보일 것이다. 상호 구두언어 자극은 청자의 레퍼토리를 조

사하고 그 외의 자극에 대해서도 준비되도록 만들어 준다. 요구, 기술, 상호 구두언어는 다음과 같은 방법으로 대화에 전체적으로 기여한다. (a) 요구 레퍼토리는 화자가 질문을 할 수 있도록 하고, (b) 기술 레퍼토리는 실재하는 사물과 사건에 대한 구두언어행동을 가능하게 하며, (c) 상호 구두언어 레퍼토리는 화자가 물리적으로 존재하지 않는 사물과 사건에 대해 답하고 이야기하고 생각할 수 있도록 한다.

축어

축어적 행동(Skinner, 1957)은 읽는 행위를 뜻하지만 무엇을 읽고 있는지에 대한 이해가 꼭 포함된 개념은 아니다. 읽은 것을 이해하는 능력은 보통 상호 구두언어행동 및 수용언어(지시 따르기, 요구 준수)와 같은 다른 언어적, 비언어적 조작을 포함한다. 예를 들면, 신발이라고 쓰인 단어를 보고 "신발"이라고 말하는 것은 축어적인 행동이다. 신발이 사람의 발에 신는 것임을 이해하는 것은 축어적 행동이 아니다. 그러한 이해 능력은 일반적으로 독해(reading comprehension) 능력으로 불린다. Skinner는 '축어적인(textual)'이라는 용어를 선택했는데, 읽기(reading)라는 용어는 동시에 많은 과정을 내포하기 때문이다.

축어 조작(textual operant)에서 자극과 반응물 간의 관계는 일대일 대응이지만 형식적으로는 유사하지 않다. 예를 들면, (a) 구두언어 자극은 시각적이거나 촉각적인(즉 한 가지 감각 양상) 반면 반응은 청각적이다(자극과 다른 감각 양상). 그리고 (b) 이 청각적 반응은 시각적이거나 촉각적인 자극과 대응된다. 표 11.2는 축어 관계의 도표를 나타낸다.

축어와 반향은 세 가지 면에서 유사한데, 둘 다 (a) 일반화된 조건 강화제를 발생시키고, (b) 선행되는 구두언어 자극에 의해 통제되며, (c) 선행자극과 반응 간의 일대일 대응이 가능하다. 축어와 반향 사이에는

중요한 차이점이 있는데, 축어적 행동의 반응물(예 : 발화된 단어)은 이를 통제하는 자극과 유사하지 않다는 것이다(쓰인 단어가 발성 반응이나 청각적 반응을 유발한다). 축어적 조작은 형식적 유사성을 조건으로 하지 않는다. 즉 변별 자극이 축어적 반응과 같거나 물리적으로 동일한 감각일 필요가 없다. 단어는 시각적이고 각각의 글자로 구성되어 있지만, 읽기 반응물은 음소로 구성된 (대개는 겉으로 드러나지 않는) 청각적 반응물을 발생시킨다. 반면, 반향 반응물은 반향을 야기한 구두언어 자극과 형식적 유사성을 가진다.

전사

전사(transcription)는 발화된 단어를 받아쓰고 철자를 쓰는 행동이다(Skinner, 1957). Skinner는 전사가 들은 단어를 손으로 직접 쓰는 것뿐 아니라 그 단어를 정확한 맞춤법에 따라 쓰는 것이 중요하다고 보았기 때문에 **받아쓰기**(taking dictation)라고 불렀다. 전문 용어로서 전사는 구두로 산출된 구두언어 자극이 글씨로 쓰이거나, 타이핑되거나, 손가락으로 쓰인 반응을 생산해 내는 구두언어행동의 한 유형이다. 전사에서는 축어 조작에서와 마찬가지로 자극과 반응물 사이에 일대일 대응은 되지만 형식적 유사성이 없다(표 11.2 참조). 예를 들면, "모자"라는 단어를 듣고 그 철자를 쓰라고 했을 때, 'ㅁ-ㅗ-ㅈ-ㅏ'라고 쓰는 것이 전사이다. 자극과 반응물은 일대일 대응이 되지만, 동일한 감각 양상을 띠지 않으며 서로 물리적으로 유사하지 않다. 영어에서는 다수의 단어가 소리 나는 대로 쓰이지 않으므로 영어 철자법은 익히기 어렵다. 그래서 적절한 변별레퍼토리를 조형하는 일이 어렵다.

 ## 청자의 역할

대부분의 언어학자들과 언어심리학자들은 청자를 강조하는 반면, Skinner의 구두언어행동 분석은 주로 화자에 초점을 맞춘다. Skinner는 청자의 역할이 일반적으로 간주되는 것보다 덜 중요하다고 보았는데, 그 이유는 보통 청자행동이라고 설명되는 것(예 : 사고, 이해)을 화자행동으로 분류하는 것이 더 정확하다고 판단했기 때문이다. 대부분의 경우 화자와 청자는 동시에 존재한다(이에 대한 논의는 아래에서 계속될 것이다).

그렇다면 Skinner의 언어적 관점에서 청자는 어떤 역할을 하는가? Skinner는 청자행동 분석에서 구두언어 사건(verbal episode)에는 화자와 청자가 필요하다는 데 주목했다. 청자는 화자의 행동에 대한 강화제의 매개체로서 중대한 역할을 할 뿐 아니라 화자의 행동에 대한 변별 자극이 된다. 이렇듯 변별 자극으로 기능한다는 점에서 청자는 구두언어행동의 **청중**(audience)이다. "청중은 구두언어행동을 차별적으로 강화함에 따라 그 존재가 화자로부터 더 강력한 구두언어행동을 이끌어 내는 변별 자극이 된다(Skinner, 1957, p. 172)." Skinner(1978)가 "청자의 행동 중 언어적인 것으로 구별될 수 있는 행동은 매우 적다(p. 122)."라고 기술했는데, 이는 청자가 청중으로서 변별 자극의 역할을 할 경우를 말한다.

청자는 강화제의 매개체와 변별 자극으로서의 역할 외에 다른 기능도 한다. 예를 들어, 화자가 청자에게 말할 때 구두언어행동은 변별 자극(자극, 자극통제)으로서의 역할을 한다. 문제는 구두언어행동이 청자의 행동에 미치는 영향이 무엇인가 하는 것이다. 구두언어 변별 자극은 청자의 반향, 축어, 전사, 상호 구두언어 조작을 야기할 수 있다. 그때 청자는 화자가 된다. 이것이 Skinner가 주장한 것의 요점이다. 화자와 청자는 동시에 존재할 수 있다. 즉 청자가 청자인 동시에 화자로서 행동한다. 구두언어 자극에 대한 가장 중요하고 복잡한 반응은 청자가 화자가 되고 스스로가 자신의 청중으로서 기능할 때, 즉 청자로부터 겉으로는 드러나지 않는 상호 구두언어행동을 야기할 때 나타난다고 할 수 있다. 예를 들면, 화자의 구두언어 변별 자극은 Pavlov의 반응적 조건형성과 관련이 있다. 예를 들어, "Pavlov가 사용한 방법은 무엇이었는가?"라는 질문에 청자가 '그는 메트로놈 소리를 고기 가루와 연합시켰다'고 생각하는 것과 같이 드러나지 않는 상호 구두언어행동을 일으킬 수 있다.[3]

구두언어 자극통제는 청자의 비언어행동도 일으킬 수 있다. 예를 들어, 누군가가 "문 닫아."라고 말했을 때 문을 닫는 행동은 비언어적이지만, 문이 닫힌 것은 구두언어 자극에 의해 일어난 것이다. Skinner(1957)는 이러한 유형의 청자행동을 이해(understanding)라고 했다. "청자가 적절하게 행동했다면 청자는 화자를 이해했다고 말할 수 있다(p. 277)."

청자의 구두언어행동과 비구두언어행동을 분리하는 것은 어렵기 때문에 구두언어 자극은 매우 복잡해질 수 있다(Parrott, 1984; Schoenberger, 1990, 1991). 예를 들어, 지시에 따라 철물점에서 어떤 특정한 관 이음쇠를 사고자 한다면 여러 종류의 관 이음쇠 중에 필요한 제품을 구별해내는 비언어행동뿐 아니라 자기 반향적 촉진(self-echoic prompt)(예 : "나는 3/4인치의 관 이음쇠가 필요해, 3/4인치."), 관 이음쇠에 대한 기술(예 : "이 정도면 3/4인치로 보이네."), 정보에 대한 요구(예 : "이 이음쇠가 3/4인치 관에 맞나요?") 등의

---

3) Skinner는 자신의 책 3권에 사고(thinking)를 주제로 하는 장(章)을 하나씩 실었다—『과학과 인간행동』(1953, 제16장), 『언어행동』(1957, 제19장), 『행동주의에 대하여』(1974, 제7장). 이 중 몇 절에서는 이해(understanding)를 주제로 다룬다(예 : 『언어행동』, pp. 277~280; 『행동주의에 관하여』, pp. 141~142). 사고와 이해의 행동분석은 많은 부분에서 청자와 화자가 동시에 존재하는 상황을 포함한다.

구두언어행동이 모두 수반되어야 한다.

 ## 구두언어 조작의 감별

'행동의 형태(topography)'나 '행동의 형식(form)' 같은 단어는 모든 기본 구두언어 조작의 정의에서 공통적으로 나타나는데, 이는 통제변인이 구두언어 자극의 형식이 아닌 구두언어 조작을 정의하기 때문이다. 구두언어행동은 그 행동의 형태 또는 형식에 의해(즉 단어 그 자체로서) 분류되거나 정의되지 않는다. 구두언어 조작의 분류는 특정 반응 형태를 야기하는 관련 통제변인에 대한 몇 가지 질문을 통해 이루어질 수 있다(그림 11.1 참조). 구두언어행동 분류 방법의 예시는 표 11.3에 나타나 있다.

1. 동기조작(MO)이 반응 형태를 통제하는가? 그렇다면 조작은 요구(mand)로 간주될 수 있다.
2. 변별 자극이 반응 형태에 영향을 주는가? 만약 그렇다면 3, 4번으로 넘어가라.
3. 변별 자극이 비언어적인가? 그렇다면 조작은 최소한 기술(tact)의 일부이다.
4. 변별 자극이 구두언어적인가? 만약 그렇다면 5번으로 넘어가라.
5. 구두언어 변별 자극과 반응 간에 일대일 대응이 되는가? 아니라면 조작은 최소한 상호 구두언어의 일부이다. 일대일 대응이 된다면 6번으로 넘어가라.
6. 구두언어 변별 자극과 반응 사이에 형식적 유사성이 있는가? 그렇다면 조작은 반향, 모방 또는 베껴 쓰기이다. 형식적 유사성이 없다면 조작은 축어 또는 전사일 것이다.

통제변인	구두언어 관계

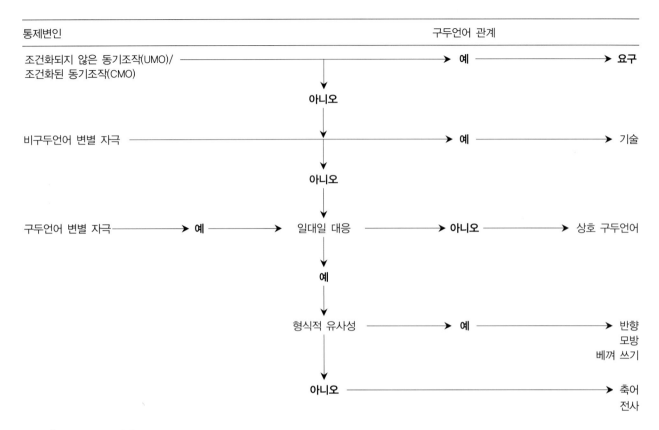

| **그림 11.1** | 구두언어 분류 도표

 ## 복잡한 구두언어행동의 분석

보다 복잡한 구두언어행동의 분석은 자동적 강화, 기술 확장(일반화), 개인적 사건을 포함한다. 이러한 주제는 아래에서 다룰 것이다.

자동적 강화

구두언어행동에서 강화제에 관한 보편적인 오해는 구두언어행동이 청자가 강화제를 매개할 때만 일어난다는 것이다. 행동이 뚜렷한 강화제 없이 일어나는 경우 더 고차원적인 심리 작용이 발생한다고 볼 수 있다 (예 : Brown, 1973; Neisser, 1976). 간헐강화로 관찰된 결과물 없이 일어나는 일부 행동을 설명할 수 있으나, 이런 식으로 강화가 뒤따르지 않는 모든 행동을 설명할 수는 없다. 어떤 행동은 외적인 결과물이 아닌 강화나 처벌의 효과를 가진 반응물에 의해 강화되거나 약화된다. Skinner는 누군가가 의도한 것이 아님에도 효과적인 결과가 일어날 수 있음을 설명하기 위해 **자동적 강화**(automatic reinforcement)와 **자동적 처벌**(automatic punishment)이라는 용어를 여러 저서에서 사용했다(예 : Vaughan & Michael, 1982).

구두언어행동은 자동적 강화를 생산해 낼 수 있는데, 이는 구두언어행동의 습득 및 유지에 중요한 역할을 한다. 예를 들어, 자동적 강화는 왜 정상 발달 아동이 뚜렷한 강화 없이도 수많은 옹알이를 하는지를 설명한다. Skinner(1957)는 어린 아동의 발성 행동은 그 소리가 부모나 돌보는 사람 등 다른 사람의 말소리와 일치할 때 자동적 강화를 생산해 낸다고 했다.

Skinner(1957)는 발성 반응을 자동적 강화제로 만드는 2단계 조건화 역사를 설명했다. 먼저, 중립적인 구

표 11.3 구두언어행동분류법 연습문제

…의 결과로서	…한 반응을 보인다	이것은
1. 개를 봄	"개"라고 말함	_____
2. 비행기 소리를 들음	"비행기"라고 말함	_____
3. 목이 마름	"물"이라고 말함	_____
4. 어떻게 지내냐는 질문을 들음	"잘 지내."라고 말함	_____
5. 쿠키 굽는 냄새를 맡음	"쿠키"라고 말함	_____
6. 스프를 맛봄	"소금 좀 건네줘."라고 말함	_____
7. "책"이라는 단어를 들음	'책'이라고 씀	_____
8. "책"이라는 단어를 들음	"책"이라고 수화로 말함	_____
9. "책"이라는 단어를 들음	"책"이라고 말함	_____
10. "책"이라는 단어를 들음	"읽다"라고 말함	_____
11. "책"이라는 단어를 들음	"읽다"라고 수화로 말함	_____
12. "책"이라는 단어를 들음	'책'이라고 손가락으로 씀	_____
13. 책을 봄	'책'이라고 씀	_____
14. 책을 원함	'책'이라고 씀	_____
15. "책"이라고 수화로 말함	'책'이라고 씀	_____
16. "색깔"이라는 단어를 들음	"빨강"이라고 말함	_____
17. 개가 탁자 위에 있는 것을 봄	"나가"라고 말함	_____
18. '정지'라고 쓰인 것을 봄	브레이크를 밟음	_____
19. "스키너"라는 단어를 들음	'행동'이라고 씀	_____
20. 연기 냄새를 맡음	"불"이라고 말함	_____
21. 배가 고픔	가게로 감	_____
22. '사과'라고 쓰인 것을 봄	"사과"라고 수화로 말함	_____
23. 숫자 5를 봄	"다섯"이라고 말함	_____
24. 어떤 것을 원함	"고맙습니다."라고 말함	_____
25. "이름을 쓰세요."라는 말을 들음	이름을 씀	_____
26. "달려라."라는 말을 들음	"달려라."라고 손가락으로 씀	_____
27. "집"이라고 수화로 말하는 것을 봄	"15번지"라고 수화로 말함	_____
28. 전화벨을 들음	"전화"라고 말함	_____
29. 스컹크 방귀 냄새를 맡음	"스컹크"라고 말함	_____
30. "탁자"라는 단어를 들음	"메사"(스페인어)라고 말함	_____
31. 기쁨	미소 지음	_____
32. 조종사가 어떤 것을 보기를 바람	'SOS'라고 씀	_____
33. 파란색을 원함	"파란색"이라고 말함	_____
34. "빨간색, 흰색 그리고"라는 말을 들음	"파란색"이라고 말함	_____
35. 사탕을 맛봄	"음~"이라고 함	_____

구두언어행동의 예를 드시오.
36. 형용사를 포함한 요청의 예를 드시오.
37. 후각의 예를 드시오.
38. 요구이기도 하고 기술이기도 한 반응의 예를 드시오.
39. 기술이기도 하고 상호 구두언어이기도 한 반응의 예를 드시오.
40. 다양한 반응을 포함한 기술의 예를 드시오.
41. 쓰기를 이용한 상호 구두언어의 예를 드시오.
42. 수화를 사용한 수용언어의 예를 드시오.

표 11.3의 구두언어행동분류법 연습문제 답
1. T, 2. T, 3. M, 4. IV, 5. T/M, 6. M, 7. TR, 8. IV, 9. E, 10. IV, 11. IV, 12. TR, 13. T, 14. M, 15. IV, 16. IV/T, 17. M, 18. NV, 19. IV, 20. T/M, 21. NV, 22. IV, 23. IV, 24. M, 25. IV, 26. TR, 27. IV, 28. T/M, 29. T, 30. IV, 31. NV, 32. M, 33. M, 34. IV, 35. T, 36. "난 빨간색을 원합니다.", 37. "누가 담배를 피고 있어요.", 38. "목이 마릅니다.", 39. "그걸 어디서 샀나요?"라고 물으면 "메이시 백화점"이라고 대답한다, 40. "햄버거가 크네요!", 41. 이메일에 대한 답, 42. "stop"이라고 수화로 하면 멈추기.

두언어가 이미 존재하는 형태의 조건화된 혹은 조건화되지 않은 강화제와 연합된다. 예를 들어, 엄마의 목소리는 음식과 온기 그리고 혐오자극의 제거(예 : 기저귀로 인한 발진에 약을 바름)와 연합되어 있다. 그 결과 본래 중성자극이었던 엄마의 목소리는 조건화된 강화제가 된다. 이제 엄마의 목소리는 선행했던 어떠한 행동이든 강화할 것이다. 둘째, 성대 근육의 무작위적인 움직임 혹은 반사 행동에 의한 아동의 발성 반응은 가끔 엄마의 단어, 억양, 발성 음조와 유사한 청각 반응을 만들어 낼 수 있다. 따라서 이 발성 반응은 아동의 발성 행동의 빈도를 자동적으로 증가시킴으로써 강화제로서 기능하게 된다.[4]

자동적 강화제는 통사론이나 문법 습득 같은 보다 복잡한 형태의 구두언어행동 발달에도 중요한 역할을 한다. 예를 들어, Donahoe와 Palmer(1994), 그리고 Palmer(1996, 1998)는 아동의 문법 사용이 평소에 다른 사람들이 사용한 문법과 같을 때에는 자동적으로 강화되지만, 아동이 사용한 문법이 이상하고 다른 사람들과 다르게 들릴 때에는 자동적으로 처벌된다고 설명했다. Palmer(1996)는 이를 동등성의 성취(achieving parity)라고 명명했다.

자동적으로 강화된 행동을 유발하는 자극 조건은 어디서든 쉽게 접할 수 있다. 왜냐하면 반응이 자동적으로 강화될 때마다 그 당시 공존하던 모든 자극 조건의 유발 효과를 변화시키기 때문이다. 예를 들어, 어떤 사람은 이전에 형성된 2단계 조건화 과정으로 인

해, 영화를 보고 집으로 돌아가는 차 안에서 영화 주제곡을 계속해서 흥얼거릴 수 있다. 이 영화 주제가를 흥얼거리는 행동은 영화를 본지 몇 시간 후에, 혹은 심지어 며칠 후에도 계속해서 주기적으로 나타날 수 있는데, 이는 노래를 반복해 부를 때마다 그때 있는 신호등, 길가, 혹은 네온사인과 같은 새로운 자극이 어느 정도의 자극통제를 얻기 때문이다. 따라서 다음에 그 사람이 빨간 불을 보게 되면 그 노래를 또 부르거나 흥얼거릴 수 있다. 이러한 효과로 자폐증 아동들에게서 관찰되는 지연된 반향어(delayed echolalia)를 설명할 수 있다(Sundberg & Partington, 1998). 이러한 것들이 흥미롭고 중요한 연구 영역처럼 보이지만 현재까지 자동적 결과를 포함하는 자극통제에 대한 실증적인 연구는 이루어지지 않고 있다.

기술 확장

자극 범주 및 반응 범주, 일반화를 확립하는 유관은 여러 새로운 변별 자극이 구두언어행동을 유발하게 만든다. Skinner(1957)는 다음과 같이 말했다.

구두언어 레퍼토리는 누구의 이름도 빠지거나 중복되지 않게 하나의 이름이 한 사람에 대응되는 배나 비행기의 탑승자 목록과는 다르다. 자극통제는 결코 그렇게 정확하지 않다. 반응이 주어진 상황이나 반응의 범주에 따라 강화된다면 그 상황이나 범주의 일부 특성이 어느 정도 통제를 얻는다. 이때 이러한 상황이나 범주와 관련된 새로운 자극은 반응을 야기할 수 있다. 이런 새로운 자극이 이전에 반응이 강화를 받을 때 존재했던 자극과 어떠한 면에서든 유사할 가능성은 충분히 있으며, 따라서 우리가 '확장된 기술(extended tact)'이라고 부를 수 있는 유형은 다양하다. (p. 91)

Skinner(1957)는 기술 확장을 일반적, 은유적, 환유적, 단독적 기술 확장의 네 종류로 구별했다. 이러한

---

4) Miller와 Dollard(1941)는 최초로 자동적 강화 절차가 유아의 잦은 옹알이의 부분적인 원인이 될 수 있다고 제안했다. 제안 이후, 다른 많은 학자들이 자동적 강화 절차가 어떻게 언어 습득에 기여하는지에 대해 토론하고 연구하기 시작했다(예 : Bijou & Baer, 1965; Braine, 1963; Miguel, Carr, & Michael, 2002; Mowrer, 1950; Novak, 1996; Osgood, 1953; Smith, Michael, & Sundberg, 1996; Spradlin, 1966; Staats & Staats, 1963; Sundberg, Michael, Partington, & Sundberg, 1996; Vaughan & Michael, 1982; Yoon & Bennett, 2000).

구분은 새로운 자극이 본래의 자극과 어느 정도 특징을 공유하는지에 달렸다.

일반적 확장

일반적 확장(generic extension)에서 새로운 자극은 본래의 자극과 관련되거나 특징적인 요소를 모두 공유한다. 예를 들어, 흰색 소나타를 보며 '자동차'에 대한 기술(tact) 행동을 배운 화자는 새로운 파란색 아반떼를 보면서도 '자동차'에 대한 기술 행동을 보인다. 일반적 기술 확장은 단순한 자극 일반화로 인해 일어난다.

은유적 확장

은유적 확장(metaphorical extension)에서 새로운 자극은 본래의 자극과 관련된 일부의 특징을 공유한다. 예를 들어, 로미오는 아름답고 화창하고 따뜻한 날씨를 즐기고 있었고, 이 멋진 날씨는 반응적 행동(예 : 좋은 기분)을 이끌어 냈다. 줄리엣의 존재는 로미오로 하여금 화창한 날씨와 유사한 반응적 행동을 보이게끔 했고, 로미오는 줄리엣을 보았을 때 "줄리엣은 태양 같아."라고 말했다. 태양과 줄리엣은 로미오에게 비슷한 효과를 야기하며, '줄리엣은 태양과 같다'는 은유적 기술 확장을 통제한다.

환유적 확장

환유적 확장(metonymical extension)은 본래의 자극 형태과 관련 있는 특징을 전혀 공유하지 않는 새로운 자극에 대한 구두언어 반응이다. 이 무관한 특징들은 연결이 되며 자극통제를 갖게 된다. 간단히 말하면, 환유적 기술 확장에서는 한 단어가 다른 단어를 대체하는데, 이때 일부가 전체를 대표하게 된다. 주차장 그림을 보고 "자동차"라고 말하거나, "링컨 대통령이 요청했습니다."라고 하는 대신 "백악관이 요청했습니다."라고 말하는 것이 그 예이다.

단독적 확장

단독적 확장(solistic extension)은 기술 관계에 간접적으로만 관련되어 있는 자극의 속성이 말라프로피즘(malapropism, 말하려던 단어와 음은 비슷하지만 뜻은 다른 단어를 내뱉음으로써 범하게 되는 재미있는 실수, 말의 익살스러운 오용)과 같은 수준 이하의 구두언어행동을 불러일으킬 때 일어난다. 예를 들어, 단독적 확장으로 인해 "너 잘 읽는다."라고 말하는 대신 "너 꽤 읽는다."라고 말할 수도 있을 것이다. 또한 특정 자동차를 운전하고 있는 운전사를 가리켜 '차'라고 부르는 것(예 : "저 차 운전사가 끼어들었어." 대신 "저 차가 끼어들었어.") 역시 단독적 기술 확장이다.

개인적 사건

Skinner는 1945년에 처음으로 자신의 철학인 급진적 행동주의를 설명했다. 급진적 행동주의의 중심에는 개인적인 자극에 대한 분석이 있다(Skinner, 1953, 1974 참조). 개인적 자극의 통제하에 있는 구두언어행동은 이론적·철학적 행동분석의 중요한 주제가 되었다. 1957년 Skinner는 "우주의 작지만 중요한 부분은 개개인의 피부 속에 있다. 하지만 그것이 피부 밖의 세상이나 다른 사람의 피부 속과 전혀 다른 것은 아니다(p. 130)."라고 말했다.

일상적 구두언어행동은 일정수준 개인적 사건에 의해 통제된다. 보통 '사고(thinking)'라고 불리는 것은 겉으로 명백히 드러나는 자극통제(overt stimulus control)와 개인적 사건(예 : 겉으로 드러나지 않는 자극통제)을 모두 포함한다. 개인적인 자극과 그 자극이 자극통제를 얻는 방법에 대해 분석하는 것은 다음과 같은 두 가지 이유로 복잡하다. (a) 대상자는 개인적 자극을 직접적으로 관찰할 수 있으나 응용행동분석가는 그것을 관찰할 수 없다(행동의 예측 및 통제를 제한하는 요소). (b) 개인적 자극과 행동을 감지하기 위해 아무리 세심한 도구를 개발하더라도 자연적인 환경에서 구두언어 사건에 대한 개인적 자극통제는 개인적인 것으로 남을 것이다. Skinner(1957)는 양육자가 어린 아동에게 개인적 자극을 기술(tact)하는 것을 가르치는 방법을 공개적 동반, 부수적 반응, 일반적 속성, 반응 축소로 분류했다.

공개적 동반

공개적 동반(public accompaniment)은 관찰 가능한 자극이 개인적 자극과 동반될 때 일어난다. 예를 들어, 아버지는 아동이 공을 쫓다가 탁자에 머리를 부딪히는 것을 관찰한다. 이때 아버지는 공개적 자극이 무엇인지 알아챌 수 있지만, 아동이 경험한 개인적이고 더 핵심적인 고통 자극은 아버지에게 전해지지 않았다. 아버지는 자신이 과거에 머리를 부딪혔던 경험에 근거해 아동이 부딪혀 아플 것이라 여기고 "아얏" 또는 "다쳤구나."라고 말할 수 있다. 이런 방법으로 아버지는 아동이 부딪혔다는 사실(관찰 가능한 자극)을 이용하여 개인적 자극의 통제하에 있는 구두언어행동을 발전시킬 수 있다. 이는 개인적 사건에 대한 반향과 함께 나타날 수 있는데, 이 경우 후에 자극통제가 개인적 자극으로 이동될 수 있다. 아동은 다음에 고통 자극이 나타나면 아버지가 말했던 "아얏"을 따라 말할 수 있게 되며, 머지않아(얼마나 걸리는지는 아동이 반향을 감각행동으로 전환했던 과거 경험에 따라 달라짐) 고통 자극만으로도 "아얏"이라는 기술이 유발된다.

부수적 반응

양육자들은 또한 개인적 자극과 꾸준히 함께 나타나는 부수적 반응(collateral responses, 즉 관찰 가능한 행동)을 이용해 어린 아동에게 개인적 자극에 대한 기술(tact)을 가르친다. 예를 들어, 아버지는 아동이 머리를 부딪히는 것을 보지 못했으나 아동이 머리를 잡고 우는 것을 발견할 수도 있다. 울기라는 부수적 행동은 아동에게 고통스러운 자극이 있었다는 정보를 아버지에게 제공한다. 공개적 동반과 동일한 훈련 과정이 부수적 반응에도 사용될 수 있다. 고통스러운 개인적 자극은 매우 명확하게 드러나므로, 기술 관계의 자극통제를 얻기 위한 개인적 자극은 한 번이면 충분할 수 있다.

부모는 기술 훈련의 초기 단계 동안 공개적 동반과 부수적 반응을 사용해야 한다. 하지만 개인적 사건의 기술 레퍼토리가 발달한 후에도 부모나 청자는 "배가 아파요." 혹은 "머리가 아파요."라는 개인적 사건의 실질적 존재를 확인하기 어렵다.

또한 개인적 행동에 대한 기술을 배우는 것은 보통 공개적 동반 및 부수적 반응과 함께 얻어진다. 행복, 슬픔, 두려움, 화와 같은 개인적 감정(행동)을 일으키는 개인적 자극이 그 예이다. 만약 훈련 시 개인적 자극이 존재하지 않는다면 이러한 개인적 사건에 대한 감각을 배우기가 어렵다. 예를 들어, 아동에게 감정에 대한 감각을 가르치기 위해 사람들이 웃거나 찡그리고 있는 사진(즉 공개적 자극)을 사용하는 것은, 훈련 중에 즐거움이나 불쾌감(즉 개인적 자극)을 일으키는 요인을 사용하는 것보다 그 효과가 더 적을 것이다.

일반적 속성

앞에서 설명한 두 가지 절차는 개인적 사건의 기술을 확립하기 위해 공개적 자극을 사용한다. 일반적 속성(common properties) 역시 공개적 자극을 포함하지만 그 방식이 다르다. 화자는 사물의 시간적, 기하학적, 또는 기술적 특징을 기술하는 것을 배운 뒤, 이러한 기술 관계를 개인적 자극으로 일반화할 수 있다. Skinner

(1957)가 주목했듯이 대부분의 감정에 대한 어휘는 은유적이다. "'흥분한', '우울한' 또는 '정열적인'과 같은 내적 상태를 기술한다면, 이는 어떤 기하학적, 시간적, 집약적인 특징으로 인해 반응의 은유적 확장이 발생된 것이다(p. 132)." 감정적 사건에 대한 구두언어행동의 대부분은 이러한 유형의 자극 일반화를 통해 얻은 것이다.

반응 축소(response reduction)

대부분의 화자들은 동작이나 자세 같은 자신의 신체 요소에 대해 기술하는 법을 배운다. 동작과 자세로 인해 일어나는 운동감각 자극은 구두언어 자극에 대한 통제를 얻을 수 있다. 동작의 크기가 작아도 (즉 겉으로 드러나지 않아도) 학습자의 기술은 겉으로 드러나는 움직임에 의한 운동감각 자극에 대한 것과 비슷하게 자극 일반화의 일부로서 나타날 수 있다. 예를 들면, 아동은 수영하는 것을 상상하거나, 다른 사람을 만날 것에 대비하여 대화를 혼잣말로 연습해 보거나, 새로운 장난감을 사 달라고 하는 장면을 상상할 수 있다(Michael & Sundberg, 2003). 개인적이며 겉으로는 드러나지 않는 구두언어행동에 의해 발생된 반응은 다른 구두언어행동을 야기할 수 있으며, 이에 대해서는 뒤에서 더 자세하게 살펴볼 것이다.

 ## 다중통제

모든 구두언어행동은 선행자극, 행동 결과 간의 다중 기능적 관계를 포함한다. "어떤 구두언어행동이든 많은 변인이 동시에 작동하여 발생하는 것일 것이다(Skinner, 1957, p. 228)." 요구, 기술, 반향, 상호 구두언어, 축어 관계의 기능적인 단위가 구두언어행동분석의 기초를 형성한다. 이러한 기능적 단위에 대한 실용적인 지식은 다중통제(multiple control)와 복잡한 구두언어행동의 분석을 이해하는 데 필수적이다.

수렴다중통제

Michael(2003)은 단일 구두언어 반응이 하나 이상의 변인의 작용으로 인해 일어나는 상황을 설명하기 위해 **수렴다중통제**(convergent multiple control)라는 용어를 사용했다. 응용행동분석가의 과제는 구두언어행동을 통제하는 원인을 밝혀내는 것이다. 예를 들어, "왜 미국이 2차 세계 대전에 참전했을까?"라는 질문은 (a) 동기조작(따라서 이 말은 요구가 됨), (b) 구두언어 변별 자극(따라서 이 말이 반향, 상호 구두언어, 혹은 축어가 됨), (c) 비언어 자극(따라서 이 말은 기술이 됨), 또는 특정 청중에 의해 유발될 수 있다. 예를 들어, 전쟁에 대해 비판적인 청중은(즉 동기조작) "왜 미국이 전쟁에 참여했을까?"라는 질문(요구)을 할 수 있다. 이러한 질문은 방 안에서 일어나는 대화나 비언어 자극, 축어나 상호 구두언어로 보기보다는 변인의 기능으로 보아야 한다. 또는 화자는 자신이 묻는 질문의 대답에 대한 강력한 동기조작이 있어서가 아니라 이 질문이 정치적 문제와 관련된 사회적 강화의 동기조작과 관련이 있어서 물은 것일 수도 있다.

발산다중통제

다중통제는 하나의 선행변인이 반응의 강도에 영향을 줄 때 나타난다. 예를 들어, 한 단어(예 : 축구)는 여러 사람에게 노출되거나 한 사람에게 여러 번 노출될 때마다 각기 다른 다양한 상호 구두언어 반응을 일으킨다. Michael(2003)은 이러한 통제를 설명하기 위해 **발산다중통제**(divergent multiple control)라는 용어를 사용했다. 발산다중통제는 요구 및 기술 관계에서 동시에 일어날 수 있다. 음식의 결핍이 "배고파." 또는 "밥 먹으러 가자."라는 반응을 강화할 수 있는 것처럼, 단일 동기조작은 여러 반응을 강화할 수 있다. 또한 자동차 그림이 '차', '자동차', 또는 '포드'라는 반응을 강화하는 것처럼 단일 비언어 자극도 여러 가지 반응 형태를 강화할 수 있다.

주제적 구두언어 조작 및 형식적 구두언어 조작

Skinner(1957)는 다중통제의 수단으로 기능할 수 있는 주제적, 형식적 구두언어 조작이라는 개념을 제시했다. 주제적 구두언어 조작(thematic verbal operant)은 요구, 기술, 상호 구두언어 및 일반적인 변인에 의해 통제되는 다양한 반응을 말한다. 상호 구두언어의 예로 '파란색'이라는 단어는 변별 자극으로 '호수', '바다', '하늘'과 같은 구두언어 반응을 불러일으킬 수 있다. 형식적 구두언어 조작(formal verbal operant)에는 반향(모방, 베껴 쓰기)과 축어(그리고 전사)가 있으며, 일대일 대응을 통해 일반적인 변인에 의해 통제된다. 예를 들어, 변별 자극으로서의 '리'는 '개나리', '오리', '울타리' 등의 구두언어 반응을 일으킬 수 있다.

다중청중

청중의 역할은 다중청중(multiple audience) 문제를 유발한다. 청중이 달라지면 반응 형식 역시 달라질 수 있다. 예를 들어, 응용행동분석가 둘(즉 전문적인 화자와 전문적인 청자)의 대화는 행동분석가와 부모(즉 전문적인 화자와 비전문적인 청자)의 대화와는 다른 반응 형식을 사용할 것이다. **긍정적 청중**(positive audience)은 특별한 효과를 지니는데, 특히 그 수가 많을수록(예 : 집회 같은 경우) 그 효과가 더 크다. 이는 부정적 청중(negative audience) 역시 마찬가지이다. 이 두 종류의 청중이 섞여 있을 때 부정적 청중의 효과가 더 잘 나타난다. "선동적인 거리집회에서 가두 연설자가 멀리서부터 경찰이 다가오고 있는 것을 보는 경우, 연설자에게는 이 부정적 청중이 더 중요해지고, 따라서 연설자의 행동 강도는 감소하게 된다(Skinner, 1957, p. 231)."

다중통제의 정교화

대부분의 구두언어행동 사건에서는 수렴다중통제가 일어난다. 청중은 (심지어 화자 스스로가 청중의 역할을 할 때에도) 항상 구두언어행동에 관련된 자극통제의 근원이다. 또한 서로 다른 언어와 관련된 통제변인 중의 하나 이상이 특정 구두언어조작과 관련된다. 수렴통제는 보통 동기조작 및 비언어 자극과 함께 나타나며, 요구이자 기술이기도 한 반응 결과를 만들어 낸다. 예를 들어, "오늘 멋지시네요."라는 말은 화자 앞의 비언어 자극에 의해 유발되지만 자리를 피하려는 마음이나 어색한 순간을 피하려는 요구는 동기조작에 의해서 부분적으로 통제받을 수 있다. Skinner(1957)는 통제변인이 이런 식으로 결합되는 것을 **복합기술**(impure tact)(동기조작이 기술에 영향을 미치므로 '복합')이라고 했다.

구두언어와 비구두언어 자극은 특정 반응을 함께 통제할 수 있다. 예를 들어, "녹색 자동차"라고 말하는 것은 "저 차는 어떤 색이지?"라는 구두언어 자극과 녹색이라는 비언어 자극 모두에 의해 유발된다.

언어는 다양한 주제적 · 형식적 조직의 조합에 의해 통제되기 때문에 다중기술이나 다중상호 구두언어조작처럼 구두언어조작 내에서 파생된 조합도 가능하다. Skinner는 이렇게 서로 다른 조합이 가능하기 때문에 "다중인과관계는 말장난, 유머, 어조, 시의 장치, 형태 왜곡, 말실수, 언어 사고의 기술 등 흥미로운 구두언어 효과를 만들어 낸다(pp. 228~229)"고 했다. 부차적인 통제가 분명히 드러날 수도 있다. 예를 들어, 비만인 친구가 새 모자를 쓰고 온 경우, 모자(hat)를 칭찬하려는 의도로 "너 참 지방(fat)이 잘 어울린다."라고 말실수를 하는 경우가 있다. 흔히 'Freudian slip'이라고 부르는 이 실수는 속마음을 드러내기도 한다. 이렇듯 다중 통제에 의해 청중을 즐겁게 하는 유머가 가능하다.

 부차적 언어 관계

이 장에서는 화자가 자신의 청자가 될 수 있으며 실제로 그렇다는 것을 강조해 왔다. 화자가 어떻게 그리고 왜 스스로 구두언어행동의 청자가 되며 추가적인 구두언어행동으로 자신의 구두언어행동을 조정하는지에 대한 분석은 보조 언어 관계라는 주제에서 다룬다. Skinner(1957)는 화자가 자신의 구두언어행동이 추가적인 구두언어행동을 위한 변별 자극이나 동기조작으로서 작동하는 경우를 정의하기 위해 **부차적**(autoclitic)이라는 용어를 소개했다. 다른 말로 하면 부차적 언어는 화자 자신의 구두언어행동에 관한 구두언어행동이다. 부차적 행동의 결과는 최후 청자로부터의 차별 강화를 포함하는데, 이는 곧 이 청자가 이 구두언어 자극에 대한 강화제의 매개체로서 역할을 할지 안 할지를 변별한다는 뜻이다. 화자는 스스로의 청자가 되고, 자신의 구두언어행동 및 통제변인의 관찰자가 되며, 다시 되돌아가 화자가 된다. 이러한 과정은 매우 빠르게 일어날 수 있으며, 전형적으로는 두 반응 단계로 구성된 문장의 표출 시에 발생한다.

1차적 구두언어 조작과 2차적 구두언어 조작

Michael(1991, 1992)은 화자의 구두언어행동을 1차적 구두언어 조작(1단계)과 2차적 구두언어 조작(2단계)으로 분류했다. 1단계에는 동기조작과 변별 자극이 포함되며 이는 1차적 구두언어 조작에 영향을 준다. 화자는 무언가 할 말이 있는 상태인 것이다. 2단계에서 화자는 1차적 구두언어행동을 실행하기 위해 자신

의 구두언어행동과 결과물에 대한 1차적 통제변인을 관찰한다. 화자는 이 통제변인을 구별하여 청자에게 그것을 설명한다. 2차적(부차적) 구두언어 조작은 청자의 행동이 강화제의 매개체로서 작동하게 만든다. 예를 들어, 어떤 동기조작이나 변별 자극은 "그녀는 오하이오 주의 콜럼버스 시에 있어."라는 반응을 일으킨다. 여기서 청자는 강화제의 매개체로서 화자의 행동을 통제하는 주요(1차적) 변인을 변별해 내는 것이 중요하다. 청자는 "그녀는 오하이오 주 콜럼버스 시에 있어."라는 구두언어 조작만으로는 화자가 왜 이 말을 꺼냈는지 알 수 없다. 하지만 화자가 "나는 그녀가 오하이오 주 콜럼버스 시에 있다는 것을 **콜럼버스 지역신문**에서 읽었어."라고 말한다면, 이는 청자에게 주요 통제변인에 대한 정보를 제공할 것이다. 이때 1단계는 "그녀는 오하이오 주 콜럼버스 시에 있어."(1차적 구두언어 조작)이고, 2단계는 "나는 이것을 **콜럼버스 지역신문**에서 읽었어."(부차적 언어)이다.

부차적 기술 관계

어떤 부차적 언어는 청자에게 부차적 언어가 동반된 1차적 구두언어조작의 유형에 대한 정보를 제공한다(Peterson, 1978). 부차적 기술(autoclitic tact)은 청자에게 1차적 구두언어 조작의 비언어적 측면에 대한 정보를 제공한다. 예를 들어, "엄마가 보인다!"라는 아동의 말은 부차적 기술을 포함하고 있다. 1차적 구두언어 조작(즉 기술)은 (a) 아동의 엄마, (b) "엄마"라는 반응, (c) 관련된 강화제의 역사를 포함하는 비언어적 변별 자극이다. 부차적 구두언어 조작(부차적 기술)은 1차적 구두언어 조작이 일으킨 비언어적 변별 자극에 대한 정보를 제공하는 화자의 기술이다. 이 경우에 비언어적 변별 자극은 아동의 엄마라는 시각적 자극이고, '보인다'는 반응은 청자에게 1차적 기술을 일으킨 통제의 출처를 알려 준다. 만약 아동이 엄마를 본 것

이 아니라 엄마의 목소리를 들었다면 '들린다'가 부차적 기술로 더 적합할 것이다.

청자는 부차적 기술의 유무와 특성을 확인할 수 있다. 예를 들어, "그 사람이 엄마인지 어떻게 아니?"라는 질문을 통해 효과적인 부차적 행동을 조형하고 적절한 자극의 통제를 받도록 할 수 있다.

또한 부차적 기술은 청자에게 1차적 조작의 강도에 대한 정보를 제공한다. "난 저 사람이 엄마라고 생각해."와 "난 저 사람이 엄마라는 걸 알아."와 같은 구두언어 자극의 예에서 청자는 '생각한다'는 것을 통해 '엄마'라는 1차적 기술에 대한 통제가 약하다는 것을 알 수 있으며, '알아'의 경우는 그 통제가 강하다는 것을 알 수 있다.

부차적 요구 관계

가끔 화자는 청자가 효과적인 강화를 제시하게 만들기 위해 부차적 요구(autoclitic mand)를 사용한다(Peterson, 1978). 어떤 동기조작은 **부차적 요구**를 통제하는데, 이는 화자가 청자에게 1차적 구두언어 조작에 대해 특정한 방법으로 반응하도록 요구하는 역할을 한다. "난 저 사람이 엄마라는 걸 알아."라는 말은 부차적인 요구를 포함할 수 있는데, 만약 '알아'가 반응 강도에 대한 기술이 아니라면 이것은 '빨리 와'와 같은 맥락에 있는 동기조작일 수 있다.

부차적 요구는 어디서나 일어나지만 청자의 입장에서는 동기조작이 부차적 요구를 통제하고 있음을 인식하기가 쉽지 않은데, 이는 통제의 출처가 개인적이기 때문이다. 부차적 요구와 같이 숨겨진 내용은 보통 주의 깊은 관찰자에게만 관찰될 수 있다. 예를 들어, 어떤 물건의 매상에 관련한 질문에 대한 1차적 상호 구두언어적 대답은 부차적 요구를 포함할 수 있는데,

"이번 매상에 대해 만족하실 것을 확신합니다."라는 대답은, "매상에 대해 더 이상 자세히 묻지 마십시오."라는 반응과 동일한 동기조작에 의해 통제된다.

부차적 관계의 발달

화자는 여러 가지 방법으로 부차적 관계를 발달시킨다. 예를 들어, 아버지가 아이의 어머니를 위해 선물을 포장하는데 아이가 다가와서 "엄마"라고 말한다. 아버지는 아이의 반응을 통제하는 1차적 변인을 확인하기 위해 "엄마 봤니?"라고 물을 수 있다. 이때 아이가 "봤어요."라고 대답하여 "엄마"가 분명한 기술 반응이었음이 드러난다면 아버지는 선물을 숨길 것이다. 하지만 아동의 "엄마"란 말이 엄마에 대한 요구였을 경우, 아버지는 선물 포장을 계속할 것이다. 또한 아동의 반응은 "저건 엄마를 위한 선물이야."와 같이 "엄마"라는 반응에 대한 통제 근원이 선물이었을 수도 있다. 이 경우 아버지는 "저건 ~을 위한 것이야."(즉 부차적 언어)라는 말과 동일하게 "엄마"라는 1차적 기술을 통제한 것은 선물이라는 비언어적 자극이었음을 깨닫고 계속해서 선물을 포장할 수 있다. Skinner (1957)가 지적했듯이, "부차적 언어는 화자의 행동 속성이나 그 속성과 관련된 환경을 알려 줌으로써 청자에게 영향을 미친다(p. 329)."

초보 언어 학습자는 부차적 반응을 잘 하지 않는다. Skinner는 이 부분에 대해 "다른 구두언어행동 없이는 부차적 언어가 절대 일어날 수 없다. 기본 구두언어 조작이 강도 있게 확립되어서, 화자 자신이 부차적 언어행동을 형성하는 부가적인 유관을 겪을 때에만 가능하다(p. 330)."라고 명시했다. 그러므로 초기의 언어 개입 프로그램은 부차적 언어 훈련을 포함해서는 안 된다.

구두언어행동의 적용

Skinner의 구두언어행동분석은 응용행동분석가들에게 매우 유용한 언어의 개념적 체계를 제공한다. Skinner는 언어를 화자와 청자 간의 사회적 상호작용에 관련된, 언어 조작을 기본 단위로 하는 학습되는 행동으로 보았고, 그의 관점은 임상가와 연구자가 언어와 관련된 문제에 접근하고 개선하는 방법을 바꿔 놓았다. Skinner의 언어 이론은 인간에 관한 많은 학문 영역에서 성공적으로 응용되고 있다. 예를 들어, Skinner의 분석은 아동 발달 및 언어 발달(Bijou & Baer, 1965), 초등교육과 고등교육(Johnson & Layng, 1994), 대학교육(Chase, Johnson, & Sulzar-Azaroff, 1985), 문학(Moxley, 1990), 작곡(J. Vargas, 1978), 기억(Palmer, 1991), 제2외국어 습득(Shimamune & Jitsumori, 1999), 임상적 개입(Layng & Andronis, 1984), 행동 문제(McGill, 1999), 외상성 뇌 손상(Sundberg, San Juan, Dawdy, & Arguelles, 1990), 인공지능(Stephens & Hutchison, 1992), 유인원의 언어 습득(Savage-Rumbaugh, 1984), 행동약리학(Critchfield, 1993) 등에 사용되었다. Skinner의 구두언어행동분석이 가장 많이 응용되는 분야는 자폐와 그 외의 발달장애 아동을 위한 언어 검사 및 개입 프로그램이다. 이 분야들은 다음 절에서 더 자세하게 다룰 것이다.

언어 평가

언어장애가 있는 아동을 위해 개발되고 표준화된 대부분의 언어 평가는 아동의 수용 언어와 표현 언어 능력을 테스트하여 연령에 맞는 점수와 비교한다[예 : Peabody Picture Vocabulary Test III(Dunn & Dunn, 1997), Comprehensive Receptive and Expressive Vocabulary Test(Hammill & Newcomer, 1997)]. 물론 평가 정보가 여러 면에서 도움이 되는 것은 사실이나,

이 평가 도구는 요구, 기술, 상호 구두언어의 레퍼토리를 구별하지 않으므로 어느 분야에서 언어 문제가 발생하는지 알려 주지 않는다. 예를 들어, 이러한 평가도구들은 변별 자극(예 : 사진, 단어, 질문 등)의 통제하에 있는 언어 능력을 평가한다. 그러나 상당수의 구두언어행동은 동기조작의 기능적 통제하에 있다. 요구는 매우 중요한 구두언어행동의 유형이나 표준화된 평가 도구로는 이 부분을 거의 평가할 수 없다. 자폐증이나 발달장애인 중 상당히 광범위한 기술이나 수용 언어 레퍼토리를 갖추고 있으면서도 요구는 하지 못하는 경우를 볼 수 있다. 언어 평가를 통해 동기조작 통제와 관련되어 있으며 지연되거나 결핍된 언어 능력이 어떤 것인지 알아내지 못한다면, 적합한 개입 프로그램을 찾아내기가 어려울 수 있다. 이와 유사하게 가장 잘 표준화된 평가로도 상호 구두언어 레퍼토리를 적절히 평가하지 못할 수 있다.

언어 발달이 지연된 아동이 언어 평가를 위해 행동분석가에게 의뢰되면 아동은 언어병리학자에게 표준화된 검사뿐 아니라, 행동분석가에게 각 구두언어조작의 효과성에 대해 반드시 평가받아야 한다. 행동분석가는 아동의 요구 레퍼토리에 대한 정보부터 수집해야 한다. 알려진 동기조작이 작동하고 있을 때 아동이 강화제를 얻기 위해 보이는 행동은 무엇인가? 강화제를 제공하면 요구 행동이 사라지는가? 여러 요구 단위는 얼마나 빈번하고 복잡한가? 또한 반향 레퍼토리의 질과 강도에 대한 정보는 다른 구두언어 상호작용에 필수적인 반응 형태의 문제점을 알려 준다. 기술 레퍼토리를 꼼꼼히 검사하면 구두언어 반응에 대한 비언어적 자극통제의 성질과 정도를 알 수 있을 것이다. 그리고 수용, 상호 구두언어 레퍼토리에 대한 체계적인 검사는 구두언어 자극의 통제에 대한 정보를 제공할 것이다. 따라서 언어 결핍에 대해 보다 잘 이해하고 보다 효과적인 개입을 만들려면 각 구두언어

조작의 장단점뿐 아니라 그와 관련된 기술을 파악해야 한다(예 : Partington & Sundberg, 1998; Sundberg, 1983; Sundberg & Partington, 1998).

언어 개입

Skinner의 분석에 따르면, 완전한 구두언어 레퍼토리는 다양한 기본 조작과 화자와 청자의 레퍼토리로 구성된다. 개인의 구두언어 조작은 더 발달된 언어행동을 발달시키기 위한 기초가 된다. 그러므로 언어 개입 프로그램에서는 보조 언어나 다중통제 반응처럼 보다 복잡한 구두언어를 가르치기 전에 먼저 이러한 각각의 레퍼토리를 견고하게 확립할 필요가 있다. 요구, 반향, 기술, 상호 구두언어 레퍼토리를 가르치기 위한 과정은 관련 연구에 대한 논의와 함께 다음 절에서 간결하게 다루어질 것이다.

요구 훈련

앞서 언급했듯이 요구는 초기 언어 학습자에게 매우 중요하다. 요구는 아동에게 강화제가 가장 유용할 때 아동 스스로 강화제의 전달을 제어할 수 있도록 해 준다. 그 결과 부모나 언어 훈련가의 행동(특히 음성 행동)이 적시에(즉 어떤 물건에 대한 동기조작이 강력할 때) 강화제와 연합될 수 있다. 또한 요구는 아동이 청자뿐만 아니라 화자로서의 역할을 확립하게 도와 아동에게 사회적 환경에 대한 통제권을 준다. 요구가 정상적으로 발달하지 못하면, 요구의 기능을 하는(그리고 그렇게 함으로써 사회적 환경을 통제하는) 분노, 공격, 사회적 위축, 또는 자해와 같은 부정적인 행동이 나타나기도 한다. 따라서 말을 하지 못하는 아동을 위한 언어 개입 프로그램에선 반드시 바르게 요구하는 법을 가르쳐야 한다. 다른 형식의 구두언어행동을 무시해서는 안 되지만, 요구는 특히 아이가 원하는 것을 원할 때 얻을 수 있도록 돕기 때문에 중요하다.

요구 훈련에서 가장 복잡한 부분은 반응이 관련 동기조작의 기능적 통제하에 있어야 한다는 것이다. 그러므로 요구 훈련은 관련된 동기조작이 강력할 때만 가능하며, 부가적인 통제(예 : 비언어적 자극)로부터 자유로워야 한다. 요구 훈련이 어려운 또 다른 이유는 동기조작에 따라 반응형태가 서로 다르기 때문이다. 물론 음성 단어가 가장 일반적인 반응 형태이지만 수화, 사진, 또는 문자 등의 반응 형태도 가능하다.

요구는 촉진, 용암법, 차별강화를 사용하여 통제를 자극변인에서 동기변인으로 이동하게 가르치는 과정이다(Sundberg & Partington, 1998). 예를 들어, 어떤 아이가 비눗방울을 향해 팔을 뻗고 비눗방울을 보며 웃는 등 동기조작을 보여 주고 있다면 요구 훈련의 적시이다. 아이가 '방울'이나 '방'과 같이 목표단어와 비슷하게 따라 말한다면 요구 가르치기가 더 쉬워진다(표 11.4 참조). 훈련가는 먼저 비눗방울 통(비언어 자극)을 반향 촉진(구두언어 자극)과 함께 제시하고, 비눗방울을 불면서(구체적인 강화) 방울에 대한 연속적 접근을 차별 강화한다. 다음 단계에는 '방울'이라는 반응을 동기조작과 비언어 자극(비눗방울 통)의 다중통제하에 두기 위해 반향촉진을 점차 줄인다. 마지막 단계에는 반응 형태가 오로지 동기조작에 의해서만 통제되도록 비언어 자극을 점차 없애 나간다.

초기 언어 개입 프로그램에서 요구를 가르치는 가장 쉬운 방법은 동기조작이 빈번하고 강하게 일어나지만 포만(satiation)까지는 시간이 걸리는 사물(음식, 장난감, 비디오 등)을 사용하는 것이다. 여기서 조작되지 않은(즉 요구가 없는) 상황에서 아동이 좋아하는 것을 선택해 보게 한다거나 아동의 행동을 관찰하여 강화에 접촉하기까지 걸리는 시간, 그리고 아동이 강화를 즉각적으로 소모하는지 등을 알아봄으로써 그 사물에 대한 동기조작의 현재 강도를 평가하는 것이 중요하다. 초기 요구 훈련의 목적은 어떤 반응 형태

표 11.4 자극통제를 동기조작통제로 전이하여 요구 가르치기

선행	행동	결과
동기조작 비언어 자극 반향 촉진	"비눗방울"	비눗방울 불기
동기조작 비언어 자극	"비눗방울"	비눗방울 불기
동기조작	"비눗방울"	비눗방울 불기

(즉 단어)가 다른 동기조작의 기능적 통제를 받게 만들어 더 많은 다른 요구 행동을 확립하는 것이다. 동기조작의 강도는 시간에 걸쳐 변하며 동기조작의 효과 역시 일시적임을 염두에 두어야 한다. 아동의 반응에 대한 필요조건은 동기조작의 강도를 약화하여 요구 훈련을 더 어렵게 만드는 것이다. 그 외에도 의사소통, 신체적 촉진, 구두언어 촉진, 그리고 용암법과 차별 강화 과정 같은 여러 추가적인 전략은 까다로운 학습자를 대상으로 초기 요구 훈련을 하는 데 도움이 될 것이다(Sundberg & Partington, 1998 참조).

요구는 다른 구두언어 조작이 습득되어도 계속해서 구두언어 레퍼토리의 중요한 부분을 차지한다. 먹고 만질 수 있는 강화제에 대한 요구 행동이 습득되면 정상 발달 아동은 곧 행동(동사), 관심, 혐오자극의 제거, 특정 장소로의 이동(전치사), 사물의 특정 속성(형용사), 행동(부사), 구두언어 정보(질문) 등에 대해서도 요구할 수 있게 된다. 언어 발달이 지연된 아동들에게 이러한 요구를 가르치기는 쉽지 않은데 이 아동들을 훈련시키기 위해서는 반드시 관련 동기조작을 파악하거나 인위적으로 계획해야 하기 때문이다(Sundberg, 1993, 2004). 다행히도 Michael(1993)이 분류한 동기조작 유형의 범주가 이런 경우에 유용한 지침으로 사용될 수 있다. 예를 들어, 일상생활에서 이동적으로 조건화된 동기조작(CMO-T)을 파악하기 위

해서는 자극이 다음 자극의 가치를 증가시키는 상황을 관찰해야 한다. 소방차를 좋아하는 아이가 창 밖에 세워진 소방차를 보았다. 이러한 자극 조건은 열려 있는 문이라는 두 번째 자극 조건의 가치를 증가시켜 과거 문이 열리게 했던 행동을 야기할 것이다. 숙련된 훈련가는 이러한 사건을 고려해 재빨리 '열다'나 '밖'과 같은 단어에 대한 요구 연습을 시킬 것이다. Hart와 Risley(1975)의 우연적 교수 모델(incidental teaching model)은 이러한 교수 전략의 좋은 예이다.

또한 이동적으로 조건화된 동기조작(CMO-T)을 요구 훈련에 사용할 수 있다(예 : Hall & Sundberg, 1987; Sigafoos, Doss, & Reichele, 1989; Sundberg, Loeb, Hale, & Eigenheer, 2002). 예를 들어, Hall과 Sundberg(1987)는 커피를 매우 좋아하는 청력장애를 가진 자폐 청소년에게 뜨거운 물 없이 인스턴트커피(CMO-T)를 주었다. 커피는 뜨거운 물의 가치를 변화시켰고, 과거에 뜨거운 물을 얻게 해 주었던 행동을 발생시켰다. 기저선 기간 동안 이 청소년은 원하는 것이 있을 때마다 떼쓰기 행동을 보였다. 하지만 CMO-T를 통해 통제를 이동시켜 적절한 요구(즉 "뜨거운 물"이라고 수화로 말하기)를 쉽게 가르칠 수 있었다. 실제로 이 절차를 통해 수많은 요구를 학습했고, 훈련받지 않은 요구도 하게 되었으며, 부정적 행동이 상당히 감소했다.

요구 훈련은 자폐증이나 다른 심각한 언어 발달 지

연을 보이는 아동을 위한 모든 개입 프로그램에서 중요히 다뤄야 한다. 적절한 요구 레퍼토리가 없는 아동은 동기조작이 강해도 강화제를 얻을 수 없으며, 사회적 환경에 대한 통제권을 가질 수 없다. 그 결과 아동과 상호작용하는 사람들이 조건화된 혐오자극이 될 수 있으며, 아동은 요구의 기능을 하는 문제행동을 습득하게 될 것이다. 이러한 행동이나 사회적 관계는 이를 대체하는 요구 행동을 습득할 때까지 변화시키기 어렵다. 언어개입 프로그램 초기에 요구를 가르치면 아동이 요구 행동으로 부정적 행동을 습득하지 않도록 예방할 수 있다. 또한 부모와 교사는 성공적인 요구 행동과 짝지어져 조건화된 강화제가 될 수 있다. 사람들이 아동에게 강화가 된다면 사회적 위축, 도피, 회피, 불순응의 행동 역시 감소될 것이다.

반향 훈련

어린 언어 학습자가 단어를 따라 말할 수 있는 능력은 다른 구두언어 조작의 발달에도 중요한 역할(앞서 제시된 비눗방울의 예)을 한다. 아동이 반향자극의 통제 하에 단어를 말할 수 있다면, 자극통제 과정을 전이시켜 같은 반응이 동기조작뿐 아니라 사물(기술)이나 질문(상호 구두언어) 같은 자극의 통제하에도 형성되게 만들 수 있다. 자폐증이나 언어 발달 지연을 보이는 아동의 다수가 반향 행동을 할 수 없기 때문에 반향 레퍼토리를 발달시키기 위한 특별한 훈련 절차가 필요하다.

반향 훈련의 첫 번째 목표는 아동이 부모나 교사가 말한 단어나 구절을 따라 하게 가르치는 것이다. 초기에 반향 통제를 확립한 후 아동이 새로운 단어나 단어의 조합을 따라 말할 수 있게 일반화된 레퍼토리를 확립하는 것으로 목표를 바꾼다. 그러나 반향 레퍼토리의 궁극적인 목표는 이 반응 형태를 다른 구두언어 조작으로 이동시키는 것이다. 이 이동 과정은 곧바로 시작될 수 있으며, 일반화된 레퍼토리의 습득과는 별개이다. 이제 초기의 반향 자극통제라는 첫 번째 목표를 달성하기 위한 다양한 방법을 소개하겠다.

반향 훈련의 가장 일반적인 형태는, 음성 자극이 제시되고 목표 반응에 대한 연속적 접근이 차별적으로 강화되는 직접적인 반향 훈련이다. 이 절차에서는 촉진, 용암법, 조형, 소거, 강화 기술을 결합하여 사용한다. 언어치료사는 일반적으로 입 가리키기, 과장된 동작, 입술 만지기, 입술의 움직임을 볼 수 있는 거울 등의 촉진을 사용한다. 발성 목표에 대한 연속적 접근은 강화되고 다른 반응들은 무시된다. 후에 촉진은 점차 제거되고 정확한 반향 반응이 강화된다. 이 절차는 많은 아동들이 반향 통제를 확립하고, 강화를 받고 발음을 향상하는 데 효과적이다. 그러나 어떤 아동에게는 이 절차가 효과적이지 않아 부가적인 방법이 필요하다.

요구 훈련에 반향 시행을 포함하면 보다 효과적으로 반향 자극통제를 확립할 수 있다. 동기조작은 언어 훈련에서 강력한 독립변인이며, 다른 구두언어 조작을 형성하기 위해 일시적으로 사용될 수 있다(예 : Carroll & Hesse, 1987; Drash, High, & Tudor, 1999; Sundberg, 2004; Sundberg & Partington, 1998). 반향 훈련에서 행동을 발생시키기 위해 동기조작과 비구두언어 자극을 목표 반향(선행자극)에 추가할 수 있다(표 11.5 참조). 예를 들어, 아동이 비눗방울에 대한 동기조작이 높다면 동기조작이 강하고 비언어 자극인 비눗방울이 있는 상태에서 반향 시행을 진행한다. 이 상태에서 "'비눗방울'이라고 말해 봐."라는 반향촉진을 통해 아동의 음성 반응을 촉진할 수 있다. '비눗방울 불기'라는 구체적인 강화는 이제 '비눗방울'에 대한 모든 연속적 접근에 유관된다. 이런 추가적인 선행변인은 반드시 점진적으로 제거되어야 하며, 강화는 구체적인 강화에서 일반화된 조건강화로 바뀌어야 한다. 어떤 학습자의 경우 실제 사물 대신에 사물의 그

표 11.5 요구 프레임을 사용한 반향 학습과 다중통제에서 반향 통제로의 통제 이동

선행	행동	결과
동기조작 비구두언어 촉진 ────▶ 반향 자극	"비눗방울" ────▶	비눗방울 불기
비구두언어 촉진 반향 자극 ────▶	"비눗방울" ────▶	칭찬(GCR)
반향 자극 ────▶	"비눗방울" ────▶	칭찬(GCR)

림을 사용하면(이는 동기조작의 유발 효과를 감소시킴) 동기조작에서 반향으로의 통제 전환이 더 빠르게 일어날 수 있다.

음성 행동을 잘 하지 못하는 아동이라면 반향 통제 형성에 어려움을 겪을 수 있다. 이 경우, 단순히 발성 행동을 증가시키기 위한 절차가 반향 통제를 형성하는 데 용이할 수 있다. 한 가지 방법은 모든 음성 행동을 직접적으로 강화하는 것이다. 이 절차에서 한 단계 더 나아가서, 아동이 무작위로 특정한 소리를 내면 행동분석가는 이 행동에 강화를 주고, 강화 바로 뒤에 그 소리에 대한 반향 시행을 할 수 있다. 아동은 처음에 냈던 소리를 반복할 것이고, 이런 상호작용은 반향 통제를 촉진하는 기본 변인을 제공한다.

자동적 강화 절차 역시 음성 행동의 빈도를 높이는 데 사용될 수 있다. 중성자극을 이미 형성된 강화와 짝지어 이를 조건화된 강화제로 만들 수 있다. 예를 들면, 훈련가가 비눗방울을 불기 전에 "비눗방울"이라고 말한다면 이 단어는 강화제가 될 수 있다. 여러 연구는 이러한 연합 과정이 아동의 음성 활동 비율을 증가시키며, 한 번도 따라 말한 적 없던 소리나 단어의 발화로 이어질 수 있음을 보여 주었다(Miguel, Carr, & Michael, 2002; Sundberg, Michael, Partington, & Sundberg, 1996; Smith, Michael, & Sundberg, 1996; Yoon & Bennett, 2000). 예를 들어, Yoon과 Bennett

(2000)은 목표 소리를 발생시키는 연합 과정이 직접적 반향 훈련보다 더 효과적임을 증명했다. 반향 레퍼토리를 습득하는 데 어려움을 겪는 아동에게 여기서 기술한 과정이나 이 과정을 조합하여 사용하면 도움이 될 수 있을 것이다.

기술 훈련

기술 레퍼토리는 언어 개입 프로그램에서 광범위하게 주로 다루는 주제이다. 아동은 사물, 행동, 사물과 행동의 특징, 전치사적 관계, 추상, 개인적 사건 등을 기술하는 법을 배워야만 한다. 교수 과정의 목표는 구두언어 반응이 비언어 자극의 통제를 받도록 하는 것이다. 아동이 강력한 반향 레퍼토리를 갖고 있다면 기술 훈련은 매우 간단할 수 있다. 언어 훈련가는 반향 촉진과 함께 비언어 자극을 제시하고, 옳은 반응을 차별적으로 강화한 뒤, 반향 촉진을 점차 감소시킬 수 있다. 그러나 어떤 아동에게는 기술 훈련이 다소 어려우며 특별한 절차가 필요할 수 있다.

기술 행동을 확립하는 데 요구 체계를 사용할 수 있다(Caroll & Hesse, 1987). 이 과정은 반향 반응의 학습 과정과 비슷하다. 아동이 원하는 물건에 대한 동기조작, 비언어 사물, 반향 촉진으로 훈련을 시작한다(표 11.6 참조). 비눗방울의 예에서 첫 번째 단계와 두 번째 단계는 똑같은데, 여기서도 구체적인 강화대신

표 11.6 요구 프레임을 사용한 기술 학습과 다중통제에서 비구두언어로의 통제 이동

선행	행동	결과
동기조작 비구두언어 자극 ⟶ 반향 촉진	"비눗방울" ⟶	비눗방울 불기
비구두언어 자극 반향 촉진 ⟶	"비눗방울" ⟶	칭찬(GCR)
비구두언어 자극 ⟶	"비눗방울" ⟶	칭찬(GCR)

일반화된 조건 강화를 만들어 반응을 동기의 통제로부터 벗어나게 하는 것이 목적이다. 반향 훈련에서와 마찬가지로, 이 시점에서 실제 사물 대신 사물의 그림을 사용한다면 통제의 전환이 더 빠르게 일어날 수 있다. 또한 어떤 아동의 경우, 동기조작이 사라지기 전에 미리 반향 촉진을 점진적으로 제거하는 것이 더 효과적일 수 있다. 훈련 과정의 세 번째 단계는 반향 촉진을 점차 제거하여 비언어 자극에 의해서만 반응이 통제되도록 하는 것이다. "저게 뭐야?"와 같은 추가적인 비반향 구두언어 촉진도 유용할 수 있다. 그러나 이 역시 기술 습득의 분석에서 설명되어야 하는 부가적인 근원인 구두 촉진이다(Sundberg & Partington, 1998).

　보다 복잡한 기술을 가르치기 위해서 자극통제 과정의 전환을 이용할 수도 있다. 예를 들어, 행동에 관한 기술을 가르칠 때 동작에 대한 비언어 자극이 제시되어야 하며, "뛰어"에 대한 반응은 뛰는 행동의 통제 하에 있어야 한다. 전치사, 형용사, 대명사, 부사를 포함하는 기술을 가르칠 때도 비언어 자극통제를 확립해야 한다. 그러나 이런 높은 수준의 기술은 매우 복잡하며, 형태 훈련을 통해 확립되는 자극통제의 유형은 정상 발달 아동의 기술 자극통제와 다르다(Sundberg & Michael, 2001). 예를 들어, 어떤 훈련 프로그램이 정서 상태(슬픔, 기쁨, 두려움), 고통, 가려움, 배고픔,

메스꺼움과 같은 개인적 자극을 이용해 아동의 구두언어행동 통제를 목표로 한다고 하자. 이러한 구두언어행동은 개인의 레퍼토리에서 중요하지만 교사나 부모가 학습자에게 영향을 미치는 통제변인과 직접적으로 연결시킬 수 없기 때문에 정확한 기술 관계를 발전시키기 어렵다. 교사가 학생의 신체 경험을 유발할 수 없기 때문에, 물건이나 행동에 대한 기술을 강화하는 것과 같은 방법으로 차별 강화할 수 없다. 아동이 팔에서 느끼는 자극을 "가려워"라고 적절하게 말하게 가르치려고 한다면, 교사는 그런 반응을 동반하는 자극(피부 발진이 일어난 것을 관찰할 때)에 반응하거나 부수적인 반응(아동이 몸을 긁는 것을 관찰할 때)에 반응하는 방식으로 간접적인 훈련을 시행한다. 그러나 이 방법에는 문제가 많고(발진이 가렵지 않을 수도 있고, 긁는 행위는 모방된 것일 수 있음), 이 레퍼토리는 정상 성인에게도 불분명할 경우가 많다.

상호 구두언어 훈련

일부 자폐증, 발달장애나 언어 지연을 보이는 아동은 수많은 요구, 기술, 수용 반응을 갖추고 있지만, 상호 구두언어 레퍼토리가 없거나 레퍼토리에 결함이 있다. 예를 들어, 어떤 아동은 (a) 다른 사람이 말하는 "침대"라는 단어를 듣고서 "침대"라고 말할 수 있고(반향), (b) 침대를 보고 "침대"라고 말할 수 있으며(기

술), (c) 피곤할 때 침대를 찾을 수 있지만(요청), (d) "너는 어디서 잠을 자니?" 혹은 "네가 자는 곳은?"이라는 질문을 받았을 때 "침대"라고 대답하지 못할 수도 있다. 인지적인 관점에서 이러한 유형의 언어장애는 아동이 청각 자극 처리에 실패한 것으로 설명되거나, 그 외의 다른 내적 처리로 설명될 것이다. 그러나 구두언어 자극통제는 비언어 자극통제와 다르며, 아동이 기술로서 습득한 반응이 특별한 훈련 없이 자연적으로 상호 구두언어로 전환되기 어려울 수 있다(예 : Braam & Poling, 1982; Luciano, 1986; Partington & Bailey, 1993; Watkins, Pack-Teixteiria, & Howard, 1989).

일반적으로 구두언어 반응에 대한 구두언어 자극통제를 확립하는 일이 비구두언어 통제를 확립하는 것보다 어렵다. 그렇다고 상호 구두언어가 항상 기술보다 더 어려운 것은 아니다. 어떤 상호 구두언어행동은 간단하며 쉽게 습득된다. 그러나 언어 발달이 지연된 아동을 위한 상호 구두언어 훈련은 아동이 요구, 기술, 반향, 모방, 수용, 샘플대응 레퍼토리가 제대로 형성되고 난 이후에 시작되어야 한다(Sundberg & Partington, 1998). 초기 상호 구두언어 훈련에서 자주 저지르는 실수는, 상호 구두언어 관계를 너무 일찍 가르치려 하거나, 너무 복잡한 상호 구두언어 또는 개인의 신상 정보와 같이 발달 순서에서 동떨어진 것(예 : "너의 이름과 전화번호가 무엇이니?")을 가르치는 것이다. 가장 쉬운 상호 구두언어 관계는 빈칸 채우기를 노래(예 : "학교 종이…")나 다른 흥미로운 활동(예 : "꼭꼭 숨어라 머리카락…")에 적용하는 방법이다. 초기 상호 구두언어 훈련의 목표는 구두언어 반응을 요구나 반향, 기술의 통제로부터 벗어나게 하는 것이다. 즉 새로운 반응 형태를 가르치는 대신 이미 알고 있는 단어를 새로운 자극통제하에 두는 것이다.

동기조작은 빈칸 채우기 방법이나 앞서 반향과 기

술에서 설명된 요구 체계를 사용한 절차처럼 자극통제의 전환을 촉진하는 데 유용한 독립변인이 될 수 있다. 그러나 궁극적으로 아동은 동기조작의 통제를 벗어난 상호 구두언어 반응을 보일 수 있게 되어야 한다. 예를 들어, 아동이 비눗방울을 좋아한다는 조건하에 "나는 …을 분다."라는 구두언어 자극이 주어질 때 목표 상호 구두언어가 "비눗방울"이라는 구두언어 반응이라면 상호 구두언어 훈련은 동기조작과 비언어 자극의 통제를 구두언어 자극으로 전환하는 작업을 포함해야 한다(반향 촉진을 사용할 수도 있다). 언어 훈련가는 비언어 자극(예 : 비눗방울 통)과 동기조작이 강력할 때 구두언어 자극(예 : "나는 …을 분다.")을 제시한다. 그런 다음 훈련가는 구체적인 강화 대신 일반화된 조건 강화를 주기 시작할 수 있으며, 실제 사물대신 사물의 사진을 사용할 수 있고, 결국 비언어적 촉진을 제거할 수 있게 된다(표 11.7 참조).

상호 구두언어 레퍼토리는 구두언어 자극과 관련 반응이 점점 다양해지고 복잡해짐에 따라 아동에게 점점 더 중요해진다. 일반적 연합(예 : 엄마와…), 빈칸 채우기(예 : …을 튕겨 보자), 동물 소리(예 : 고양이는 …), 그리고 궁극적으로 무엇에 대한 질문(예 : 무엇을 먹고 있니?)은 구두언어 자극과 반응의 내용 및 다양성을 확장하여 상호 구두언어 행동을 강화하는 데 도움이 될 것이다. 게다가 이러한 절차는 구두언어 자극과 반응의 범주를 형성하고, 기술 및 반향의 자극통제 근원에 의해 제한받지 않는 보다 매끄러운 상호 구두언어 반응을 발달시킬 것이다. 다양한 방법을 통해 더 수준 높은 상호 구두언어 훈련을 할 수 있다(Sundberg & Partington, 1998). 예를 들어, 구두언어 자극은 한 구두언어 자극이 다른 자극의 유발 효과를 변화시키는 조건적 변별을 포함하여 다양한 요소를 가질 수 있다. "너는 아침으로 무엇을 먹니?"와 "너는 저녁으로 무엇을 먹니?"가 그 예이다. 또한 "너는 점

표 11.7 요구 프레임을 사용한 상호 구두언어 학습과 다중통제에서 구두언어로의 통제 이동

선행	행동	결과
동기조작 비구두언어 촉진 ──────▶ 구두언어 자극	"비눗방울" ──────▶	비눗방울 불기
비구두언어 촉진 ──────▶ 구두언어 자극	"비눗방울" ──────▶	칭찬(GCR)
구두언어 자극 ──────▶	"비눗방울" ──────▶	칭찬(GCR)

심에 그거 말고 또 무엇을 먹니?"와 같은 확장 촉진을 사용할 수 있으며, "너는 어디서 점심을 먹니?", "너는 언제 점심을 먹니?"와 같은 육하원칙에 근거한 질문도 할 수 있다. 다른 구두언어 레퍼토리와 마찬가지로, 점점 더 복잡해지는 상호 구두언어 행동을 가르칠 때 정상 발달 단계는 좋은 길잡이가 될 수 있으며, 『기본 학습의 평가와 언어 능력(Assessment of Basic Learning and Language Skills : The ABLLS)』(Partington & Sundberg, 1998)에서 제시된 구두언어 조작의 과제 분석 역시 도움이 될 수 있다.

언어 훈련의 부가적 측면

네 가지 기본 레퍼토리 이외에 수용 언어 훈련(receptive language training)이나 샘플대응(matching-to-sample), 혼합 및 변화 시행(mixing and varying trials), 다중반응 훈련(multiple response training), 문장 구성(sentence construction), 대화 기술(conversational skills), 또래 상호작용(peer interaction), 읽기, 쓰기 등과 같은 다양한 구두언어행동 프로그램과 교육과정이 있다(Sundberg & Partington, 1998). 이러한 프로그램은 이 장에서 다룰 수 있는 범위를 벗어나지만 이러한 기술을 가르치는 과정의 다수는 이 장에서 기술된 자극통제 전환 방법과 같은 기본적 요소를 사용한다.

 요약

구두언어행동과 언어의 특성

1. 구두언어행동은 다른 사람의 행동을 매개로 강화되는 행동을 말한다.
2. 구두언어행동의 형식은 구두언어 반응의 형태(즉 형태나 구조)를 가진다.
3. 구두언어행동의 기능은 반응의 원인(즉 선행물과 결과)과 연관된다.
4. Skinner의 구두언어행동분석은 언어학 분야의 강한 비판을 받았고 행동분석 분야 내에서도 냉대를 받았다. 하지만 1978년에 Skinner는 구두언어행동이 자신의 가장 중요한 업적이 될 것이라고 예측했다.

구두언어행동의 정의

5. 구두언어행동은 화자와 청자의 사회적 상호작용을 포함하는데, 여기서 화자는 청자의 행동을 통

해 강화제에 접근하고 환경을 통제한다.

6. 구두언어 조작은 구두언어행동분석의 단위이며, 반응 유형과 (a) 동기화 변인, (b) 변별 자극, (c) 결과 사이의 기능적 관계이다.

7. 구두언어 레퍼토리는 개인이 행하는 구두언어 조작의 집합이다.

기본 구두언어 조작

8. 요구는 반응 형태가 동기조작과 구체적인 강화의 기능적 통제하에 있는 구두언어 조작이다.

9. 기술은 비언어적 변별 자극의 기능적 통제하에 있는 구두언어 조작이고, 이는 일반화된 조건강화를 발생시킨다.

10. 반향은 구두언어 변별 자극으로 구성된 구두언어 조작이다. 이 변별 자극은 구두언어 반응과 일대일 대응되며 형식적으로 유사하다.

11. 자극과 반응, 또는 자극과 반응물 간의 일대일 대응은 구두언어 자극의 처음, 중간, 끝이 구두언어 반응의 처음, 중간, 끝과 일치할 때 일어난다.

12. 형식적 유사성은 선행 자극통제와 반응 또는 반응물이 (a) 동일한 감각이거나(예 : 자극과 반응 모두 시각적이거나, 청각적이거나, 촉각적일 때), (b) 물리적으로 유사할 때 생긴다.

13. 상호 구두언어는 일대일 대응이 되지 않는 구두언어 반응을 일으키는 변별 자극으로 구성된 구두언어 조작이다.

14. 축어 관계는 자극과 반응물 간에 일대일 대응은 되지만 형식적 유사성은 없는 구두언어 변별 자극으로 구성된 구두언어 조작이다.

15. 전사 관계는 글로 쓰였거나, 타이핑되었거나, 손가락으로 쓰인 반응을 통제하는 구두언어 변별 자극으로 구성된 구두언어 조작이다. 축어 관계와 마찬가지로 자극과 반응물 사이에 일대일 대

응은 있으나 형식적 유사성은 없다.

청자의 역할

16. 청자는 강화를 중재할 뿐 아니라 구두언어행동을 위한 변별 자극으로서 기능한다. 때로 청자행동의 대부분은 겉으로는 드러나지 않는 구두언어행동이다.

17. 청중은 구두언어행동이 강화되는 변별 자극이다.

18. 구두언어 반응을 요구, 기술, 상호 구두언어 등으로 분류함으로써 관련된 통제변인을 분석할 수 있다.

복잡한 구두언어행동의 분석

19. 자동적 강화는 과거 조건화 경험의 결과로 반응물이 이미 강화적 속성을 지니고 있는 조건화된 강화의 한 종류이다.

20. 자동적 처벌은 과거 조건화 경험의 결과로 반응물이 이미 처벌적 속성을 지니고 있는 조건화된 처벌의 한 종류이다.

21. 일반적 기술 확장에서 새로운 자극은 기존 자극과 관련된 모든 특징 및 핵심 특징을 공유해야 한다.

22. 은유적 기술 확장에서 새로운 자극은 기존 자극과 관련된 특징을 일부만 공유한다.

23. 환유적 기술 확장에서 새로운 자극은 기존 자극과 관련된 특징을 전혀 공유하지 않는다. 하지만 무관한 특징이 연관되어 자극통제를 얻게 된다.

24. 단독적 기술 확장에서 기술 관계와 간접적으로만 연관된 자극 특징이 표준화된 구두언어행동을 일으킨다.

25. 개인적 사건은 개개인의 신체 내에서 발생하는 자극이다.

26. 공개적 동반은 공개적으로 관찰할 수 있는 자극

이 개인적 자극을 동반할 때 일어난다.

27. 부수적 반응은 개인적 자극과 확실하게 함께 일어나는, 공개적으로 관찰 가능한 행동이다.

28. 일반적 속성은 개인적 자극이 공개적 자극의 일부 특징을 공유하는 일반화의 한 유형이다.

29. 반응 축소는 동작과 자세로부터 일어나는 운동감각 자극이 구두언어 반응에 대한 통제를 가지는 일반화의 한 유형이다. 동작의 크기가 줄어들어도(겉으로 잘 드러나지 않게 됨), 운동감각 자극은 관찰 가능한 동작의 결과물처럼 남아 있을 수 있다.

다중통제

30. 수렴다중통제는 하나의 구두언어 반응이 여러 통제변인 기능을 할 때 일어난다.

31. 발산다중통제는 단일 선행변인이 여러 반응의 강도에 영향을 줄 때 일어난다.

32. 주제적 구두언어 조작은 요구와 기술, 상호 구두언어이며, 일반적 변인에 의해 통제되는 다양한 반응 형태를 말한다.

33. 형식적 구두언어 조작은 반향(그리고 수화나 모사에 관련된 모방)과 축어, 전사이며, 일대일 대응을 가진 일반적 변인에 의해 통제된다.

34. 다중청중은 다른 반응 형태를 야기할 수 있는 다수의 서로 다른 청중을 지칭한다.

35. 복합 기술은 동기조작이 비구두언어 자극과 통제를 공유할 때 일어난다.

부차적 언어 관계

36. 부차적 언어 관계는 화자 스스로의 구두언어행동이 자신의 부가적인 구두언어행동에 대한 변별자극이나 동기조작으로 기능하는, 서로 연관되어 있으면서도 분리된 두 3요인 유관을 말한다.

37. 1차적 구두언어행동은 화자에 의해 발화된 기본적 구두언어 조작을 말한다.

38. 부차적 구두언어행동은 화자가 현재 진행 중인 구두언어행동의 특정 측면에 의해 통제되는 구두언어 반응을 말한다.

39. 부차적 언어 기술은 청자에게 1차적 구두언어 조작의 비언어적 측면에 대한 정보를 제공하며, 따라서 비언어적 자극의 통제를 받는다.

40. 부차적 언어 요구는 동기조작에 의해 통제되며, 청자가 1차적 구두언어 조작에 대해 특정한 방식으로 반응하도록 한다.

구두언어행동의 적용

41. 구두언어 조작은 다양한 언어 문제를 평가하는 데 사용될 수 있다.

42. 요구 훈련은 구두언어 반응을 동기조작의 기능적 통제 아래 두는 것을 말한다.

43. 반향 훈련은 구두언어 반응을 반응과 일대일 대응뿐 아니라 형식적 유사성을 가지는 구두언어 변별 자극의 기능적 통제 아래 두는 것을 말한다.

44. 기술 훈련은 구두언어 반응을 비언어 변별 자극의 기능적 통제 아래 두는 것을 말한다.

45. 상호 구두언어 훈련은 구두언어 반응을 반응과 일대일 대응이 되지 않는 구두언어 변별 자극의 기능적 통제 아래 두는 것을 말한다.

제5부

특별 적용방법
Special Applications

이제까지는 행동의 기본 원리와 이를 기반으로 한 행동변화 방법을 설명했다. 제5부에서는 문제행동 기술 중 특별한 네 가지 응용에 대해 설명한다. 각 응용법은 다양한 원리와 방법을 이용해 행동을 변화시키는 전략적인 접근이다. 제12장에서는 유관계약, 토큰경제, 집단유관 치료를 설명한다. 제13장 '자기관리'를 특별히 따로 설명하는 이유는 다양한 영역에서 자기관리 기술의 효과성을 증명하는 연구 문헌이 많기 때문이다.

제12장

유관계약, 토큰경제 및 집단유관

주요 용어

독립 집단유관	유관계약	집단유관
상호 의존적 집단유관	종속 집단유관	토큰
수준 체계	자기계약	토큰경제
영웅 절차	지원 강화제	행동계약

BCBA와 BCABA의 행동분석 자격심사위원회

행동분석과제 목록, 제3판

내용 영역 9 : 행동변화 절차

9-18	유관계약(예 : 행동계약) 사용
9-19	수준 체계를 포함한 토큰경제 절차 사용
9-20	독립, 상호 의존적, 종속 집단유관 사용

제12장에서는 특별한 행동 절차 방법으로 유관계약, 토큰경제 및 집단유관을 소개한다. 각 방법에 대해 정의를 내리고 행동 원칙과의 관계를 설명하며, 필수 요소를 다루고 각 방법의 설계, 실행 및 평가 지침을 소개할 것이다. 이 방법들은 비슷한 특징을 가졌기 때문에 같이 소개한다. 첫째, 효과가 검증된 연구가 많다. 둘째, 각 접근법을 다른 접근법과 결합해 패키지 프로그램을 만들면 추가 효과를 낼 수 있다. 또한 각 접근법은 개인과 그룹 세팅 모두에 적용할 수 있다. 이 세 가지 접근법은 융통성이 있기 때문에 치료사의 관심을 끈다.

 ## 유관계약

유관계약의 정의

유관계약(contingency contract) 또는 **행동계약**(behavioral contract)이란 최종목표 행동과 자유 시간, 점수, 또는 선호하는 활동 등 특정한 강화 사이의 유관 관계를 명시하는 문서를 말한다.

계약은 일반적으로 2명 이상의 개인이 서로 어떻게 행동할 것인지에 대해 구체적으로 알려 준다. 이와 같이 보상이 포함된 계약에서 한 개인의 행동(예 : 저녁 준비)은 다른 사람의 행동(예 : 전날 밤에 지정된 시간에 그릇을 치우고 설거지하기)에 뒤따르게 된다. 구두계약도 법적인 의미에서 계약으로 간주될 수는 있으나, 유관계약처럼 설계, 실행 및 평가가 구체적이지 않기 때문에 유관계약으로 볼 수 없다. 또한 실제로 계약서에 서명하고 그 실행을 눈으로 확인하는 것이 유관계약의 필수 구성요소이다.

유관 및 행동계약은 학습 성과(Newstrom, McLaughlin & Seeney, 1999; Wilkinson, 2003), 체중 조절(Solanto, Jacobson, Heller Golden, & Hertz, 1994), 식이요법 유

지(Miller & Stark, 1994), 운동 능력(Simek, O'Brien, & Figlerski, 1994)에 사용되었다. 실제로 유관계약의 큰 장점은 단독으로 사용할 수도 있고, 2개 이상의 개입을 동시에 포함하는 패키지 프로그램으로 사용할 수도 있다는 것이다(De Martini-Scully, Bray, & Kehle, 2000).

유관계약

전형적으로 유관계약의 세 가지 주요 구성요소는 과제 설명, 보상 설명, 과제 기록이다. 본질적으로 계약은 과제를 실행할 사람(들), 과제의 범위 및 순서, 과제 완수에 대한 조건 또는 기준을 포함한다. 그림 12.1은 10세 아동의 부모가 아이가 매일 등교할 수 있게 일어나고 준비하는 과정을 촉진하기 위해 작성한 유관계약이다.

과제

과제는 네 부분으로 구성된다. 누구란 과제를 수행하고 보상을 받게 될 대상자를 말한다—이 예에선 마크이다. 무엇은 개인이 수행해야 할 과제를 말한다—이 예에선 마크가 학교 가기 위한 준비이다. 언제란 과제가 완성되는 때를 말한다—이 예에서는 학교 가는 날이다. 얼마나 잘은 과제 수행 정도를 말하며 계약에서 가장 중요한 부분이다. 여기서 과제의 특이 사항을 포함할 수 있다. 어떤 경우에는 단계적인 목록이나 하위 과제 목록을 작성하여 대상자가 해야 할 일에 대한 점검표로 사용할 수 있다. 여기서 모든 예외 사항을 언급해야 한다.

보상

보상은 과제만큼이나 완전하고 정확하게 기술되어야 한다(Ruth, 1996). 어떤 사람들은 과제를 아주 정확하게 기술한다. 이들은 상대방에게 어떤 행동을 기대하

계약

과제	보상
누구 : 마크	누구 : 엄마 아빠
무엇 : 등교 준비하기	무엇 : 지미가 집에 와서 잠 그리고 선물
언제 : 학교 가는 날	언제 : 약속을 완벽히 수행한 주의 금요일
얼마나 잘 : 마크는 학교 가는 날에는 침대에서 일어나 옷을 입고 아침 식사를 7시 15분까지 마친다. 엄마나 아빠는 마크가 해야 할 일을 한 번 이상 얘기해 주지 않는다. 보상을 받기 위해서는 5일 내내 버스를 탈 수 있어야 한다.	얼마큼 : 지미가 방과 후에 마크와 함께 집으로 와서 자고 간다. 피자와 아이스크림을 야식으로 먹는다.

서명 : *Mark Davidson*　날짜 : 2007년 2월 12일

서명 : *Belinda Davidson*　날짜 : 2007년 2월 12일

과제 기록

월	화	수	목	금	월	화	수	목	금	월	화	수	목	금
★	★		★	★	★	★	★	★	★	★	★	★	★	★
		이런	아주 잘했어, 마크						보상!!					보상

| **그림 12.1** | 유관계약의 예시

출처 : *Sign Here: A Contracting Book for Children and Their Parents* (2nd ed., p. 31) by J. C. Dardig and W. I. Heward, 1981, Bridgewater, NJ: Fournies and Associates. Copyright 1981 by Fournies and Associates. Reprinted by permission.

는지 정확하게 기술한다. 하지만 보상 부분에서 정확하게 기술하지 못할 수 있다. "TV 시청을 좀 할 수 있다." 또는 "내가 시간이 될 때 공놀이를 할 것이다."와 같은 보상문구는 과제를 완수하는 사람에게 뚜렷하지도, 구체적이지도, 공평하지도 않다.

보상 부분에서 누구란 과제 완수를 판단하고 보상 제공을 결정하는 사람을 말한다. 마크의 등교 준비 계약에서 '누구'는 부모님이다. 무엇은 보상이다. 언제는 보상을 받을 사람이 이를 언제 받을 수 있을지를 알려 준다. 어떤 계약이건 보상은 과제를 성공적으로 완수한 후에 제공되어야 한다. 그러나 과제 완수 즉시 보상을 제공하기 어려운 경우가 많다. 또한 어떤 보상의 경우 접근이 한정되어 있고 한정된 시기에만 제공할 수 있다(예 : 야구 경기 보러 가기). 마크의 계약에서는 보상을 받게 될 시간을 금요일 밤으로 정했다. 얼마큼이란 과제 완성 시 받을 수 있는 보상의 양을 뜻한다. 추가적인 보너스 유관도 여기 포함해야 한다. 예를 들어, "월요일에서 금요일까지 계약을 잘 지키면 아일린은 토요일과 일요일에 추가 보상을 받는다." 등을 추가할 수 있다.

과제 기록

계약 시 과제 완수 기록은 두 가지 목적을 가진다. 첫째, 기록지에 과제 완수와 보상 제공 유무를 기록함으로써 계약이행 정도를 정기적으로 검토할 수 있다. 둘째, 연속해서 며칠동안 과제가 수행되었을 때만 보상을 제공한다면(예 : 5일 연속으로 아동이 등교 전 혼자 옷을 입어야 한다.) 과제를 완성할 때마다 과제 기록지에 체크, 웃는 그림, 또는 별을 그려 넣는다. 기록지 표시는 아동이 과제를 완성해 보상을 받을 수 있도록 집중하게 만든다. 마크의 부모님은 기록지 첫 열에 학교 가는 날을 표시하고, 마크가 계약 조건을 완성할 때마다 중간 열에 별을 붙여 주었다. 마지막 열에는 마크의 계약 진행 정도에 대한 의견을 썼다.

유관계약 실행하기

유관계약은 어떻게 작용하는가

언뜻 보면 유관계약을 지속시키는 행동 원리는 매우 간단해 보인다. 행동에 따라 유관강화가 제공된다―정적 강화. 강화가 유관되긴 하지만 특정한 행동을 직접적으로 강화한다고 하기에는 지연 기간이 너무 길 뿐 아니라 때로 과제에 대한 강화로 기능하지 않을 것처럼 보이는 즉각적인 보상을 제시한다. 또한 행동계약은 어떤 한 가지 행동과 한 가지 강화제에 대한 약속이 아니다. 계약을 보다 정확하게 개념화한다면 다양한 행동 원칙 및 절차를 연합하는 개입 패키지라고 할 수 있을 것이다.

그렇다면 계약은 어떤 방식으로 작용하는 것인가? 다양한 원칙, 절차와 요인이 적용될 가능성이 크다. 강화와 확실히 관련이 있긴 하지만 보이는 것처럼 그리 단순하거나 직접적이지 않다. 그보다는 규칙 지배행동(rule-governed behavior)과 관련되어 있을 가능성이 높다(Malott, 1989; Malott & Garcia, 1991; Skinner,

1969). 계약이란 규칙을 말한다. 어떤 특정한 행동을 한다면 특정한 (그리고 비교적 즉각적인) 결과가 뒤따른다. 계약은 목표행동을 실행할 수 있게 하는 반응촉진으로 기능하며 특정 행동(예 : 화요일에 트럼펫 연습하기)을 강화하기에는 너무 지연되는 결과(예 : 토요일 밤에 영화 보러 가기)를 효과적으로 사용할 수 있게 해 준다. 계약은 지연된 결과를 규칙과 구두 행동(예 : "트럼펫 연습을 방금 끝냈네. 토요일에 영화를 볼 수 있는 체크가 하나 늘었다.")이나 중간에 제공되는 토큰 강화제(interim token reinforcer)와 연결함으로써(예 : 연습 후 계약에 체크 표시를 하는 것) 몇 시간 또는 며칠 전에 있었던 행동을 통제할 수 있게 도움을 준다. 계약은 눈으로 확인할 수 있기 때문에 '죄책감'을 회피하게 하는 자극의 촉진제 역할도 할 수 있다(Mallot & Garcia, 1991). 현재 이 분야의 연구결과를 고려하면 계약을 단순한 프리맥 원리(상권 제6장 참조)에 기반을 둔 정적 강화라고 보기는 어렵다. 그보다는 독립적으로 연합되어 작용하는, 정적 및 부적 강화유관과 규칙에 좌우되는 행동의 복합적인 개입 패키지라고 할 수 있다.

유관계약 적용하기

교실에서 계약 맺기

교실에서 계약 사용법은 아주 잘 정립되어 있다. 예를 들어, 많은 교사들이 특정 과목의 수행 및 학습 문제를 다루는 데 행동계약을 효과적으로 사용해 왔다(Kehle, Bray, Theodore, Jenson & Clark, 2000; Ruth, 1996). 예를 들면, Newstrom과 동료들(1999)은 행동장애를 가진 중학생에게 유관계약을 적용하여 철자 및 쓰기 기술을 향상시킬 수 있었다. 철자 및 문장 쓰기에서 정확한 대문자 및 구두법 사용 비율에 대한 기저선을 수집한 후, 수행 개선 시 교실에서 컴퓨터를 쓸

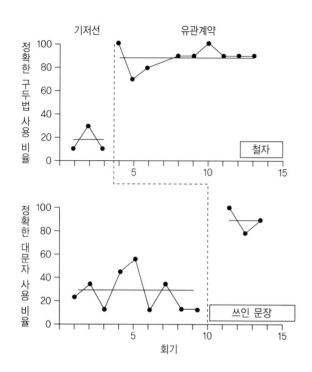

| **그림 12.2** | 기저선 및 유관계약 시 글쓰기 수업과 작문 수업에 정확하게 이용한 대문자 및 구두법 사용 비율

출처 : "The Effects of Contingency Contracting to Improve the Mechanics of Written Language with a Middle School Student with Behavior Disorders" by J. Newstrom, T. F. McLaughlin, & W. J. Sweeney, 1999, *Child & Family Behavior Therapy, 21* (1) p. 44. Copyright 1999 by the Haworth Press, Inc. Reprinted by permission.

수 있는 자유 시간을 제공한다는 유관계약을 학생과 협의하고 서명했다. 글쓰기 수업 및 작문 수업을 포함한 언어 관련 수업 전에 학생에게 계약 조건을 다시 말해 주었다.

그림 12.2는 유관계약 개입 결과를 보여 준다. 기저선 시 철자 및 문장 쓰기의 평균 정확도는 20%였다. 계약 후 학생의 글쓰기 수업과 작문 수업 수행은 즉각적으로 평균 84%의 정확도로 향상되었다. 글쓰기 수업에 유관계약을 실행했을 때 정확한 수행 비율은 즉시 증가했으나(4~12회기), 작문 수업의 수행은 11회기까지 증가하지 않았기 때문에 계약과 수행 개선 간의 기능적 관계가 증명되었다고 볼 수 있다. 저자들은 다른 교사들이 학생들의 철자 및 쓰기에서 향상을 보

여 주는 일화를 보고했다고 기술했다.

Wilkinson(2003)은 1학년 학생의 방해 행동을 감소시키기 위해 유관계약을 사용했다. 방해 행동은 과제외 행동, 과제 및 지시 불복종, 친구와 싸우기 및 떼쓰기를 포함했다. 또한 담임교사에게 문제행동 규명, 분석, 개입 및 평가를 포함하는 행동 자문을 제공했다. 유관계약을 통해 학생들이 세 가지 행동—과제 수행 시간 증가, 또래와 적절한 상호작용, 교사의 지시에 대한 순응—을 수행하면 선호하는 보상과 교사의 칭찬을 받게 만들었다. 기저선 및 유관계약이 진행된 13회기에 대한 결과는 유관계약 후 방해 행동이 감소되었음을 보여 준다. Wilkinson은 학생의 방해 행동이 현격하게 감소되었으며 4주 추적기간 동안에도 낮게 유지되었다고 보고했다.

Ruth(1996)는 정서장애 학생을 대상으로 유관계약과 목표 설정을 연합한 기법을 사용하여 5년 종단연구를 시행했다. 학생과 교사가 합의를 통해 매일 그리고 매주 달성해야 할 목표와 성공 기준을 기술한 목표 행동 설정을 추가하였다. 5년 프로그램을 마친 학생 43명 중 37명은 매일 목표의 75%, 매주 목표의 72%, 그리고 전체 목표의 86%를 성공적으로 달성했다. Ruth는 연합 전략의 장점을 다음과 같이 요약했다. "[목표 설정] 방법이 계약에 포함되면 행동계약과 목표 설정의 동기부여가 연합되어 최대의 노력과 성공을 산출하게 된다(p. 156)."

가정에서 계약 맺기

Miller와 Kelley(1994)는 유관계약과 목표 설정을 연합하여 숙제를 하지 않고 학업 문제가 심각했던(예 : 해야 할 일을 미루는 것, 과제 외의 행동을 하는 것, 오류가 많은 과제를 제출하는 것 등) 청소년 4명의 숙제 완료 행동을 개선시켰다. 부모는 청소년의 숙제 수행 시간, 완성된 숙제의 종류 및 정확도, 정확하게 완성

| **그림 12.3** | 기저선과 목표 설정 및 유관계약으로 구성된 치료 조건에서 정확하게 푼 숙제의 백분율. 회기는 숙제가 주어지는 수업일(예 : 월요일에서 목요일까지)을 뜻한다. 숙제가 주어지지 않는 날에는 자료 수집을 하지 않았다.

출처 : "The Use of Goal Settings and Contingency Contracting for Improving Children's Homework Performance" by D. L. Miller & M. L. Kelley, 1994, *Journal of Applied Behavior Analysis, 27*, p. 80. Copyright 1994 by the Society for the Experimental Analysis of Behavior, Inc. Reprinted by permission.

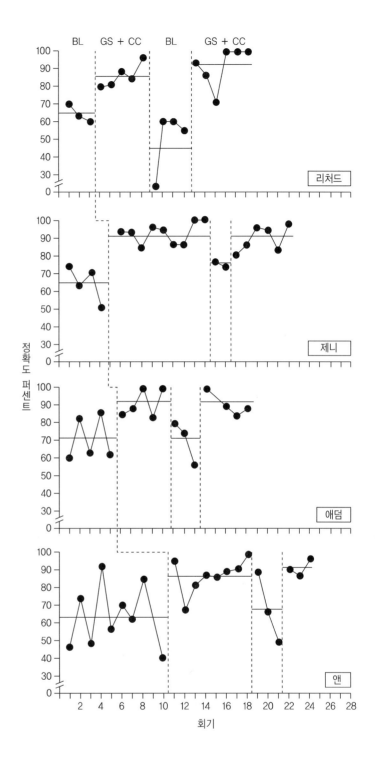

된 문제 수를 기록했다. 기저선 자료 수집 후 목표 설정 및 유관계약 단계를 실시했다. 부모는 사전에 목표 설정 및 합의 그리고 계약을 맺는 방법에 대한 훈련을 받았다. 매일 밤 부모와 청소년은 협의를 통해 목표를 설정했고, 매주 위반한 계약 사항, 보상 및 제재에 대

해 재협의를 했다. 향상 정도를 측정하기 위해 기록지를 사용했다.

그림 12.3은 연구 결과를 보여 준다. 목표행동과 유관계약이 연합되었을 때 모든 학생의 수행 정확도가 향상되었다. Miller과 Kelley의 연구 결과는 유관계약

이 다른 전략과 연합되었을 때 성공적인 결과가 나올 수 있음을 재차 확인해 주었다.

계약 맺기의 임상적 적용

Flood와 Wilder(2002)는 심각한 과제 외 행동으로 클리닉 기반 프로그램(clinic-based program)에 의뢰된, 주의력 결핍 및 과잉행동장애(ADHD) 진단을 받은 초등학생의 과제 이외의 행동을 감소시키기 위해 유관계약과 기능적 소통 훈련을 결합했다. 상담실에서 선행 평가, 기능적 소통 훈련, 유관계약을 진행했다. 학교 과제의 난이도(쉬움~어려움)와 주의집중(낮음~높음) 정도에 따른 과제 외 행동을 결정하기 위해 선행 평가를 실행했다. 선호도 평가도 실시했다. 분리 시행 훈련을 통해 학생이 과제를 할 때 도움이 필요하면 손을 들게 가르쳤다(예 : "이 문제를 풀게 도와주세요."). 치료사는 학생이 적절한 도움을 요청했을 경우에만 학생을 도와주었고 그 외의 모든 요청은 무시하였다. 적절한 도움 요청 방법을 가르친 후 학생이 정확한 과제 수행에 수반하여 선호도 평가를 통해 확인된 물건을 얻을 수 있게 유관계약을 맺었다. 기저선 동안 산수 시간이나 주관식 과제를 할 때 과제 외 행동 빈도가 가장 높다는 것을 알 수 있다. 개입 후 산수 시간이나 주관식 문제 풀이 때 과제 외 행동이 즉시 감소하였다. 또한 수학 및 주관식 문제의 정답률도 향상되었다. 기저선 동안 학생의 산수 및 문제 해독 정답 비율은 각각 5%와 33%였으나 개입 후에는 24%와 92%로 향상되었다.

아동에게 자기관리를 가르치기 위한 계약 맺기

이상적인 유관계약에서는 대상자가 계약서를 작성하고 평가하는 단계 모두에 적극적으로 참여하게 고무한다. 계약 맺기 절차는 많은 아동으로 하여금 자신이 바라는 행동이 무엇인지 알게 하고, 이 행동이 발생하고 보상받게 하는 경험을 갖게 해 준다. 계약 맺기의 모든 과정에서 아동에게 결정권을 점진적으로 그리고 체계적으로 넘기면 아동은 자기계약을 능숙하게 할 수 있게 될 것이다. **자기계약**(self-contract)이란 자신과 맺는 유관계약을 말하는데, 자신이 선택한 과제 및 보상, 과제 완성에 대한 자기감시, 자신에게 보상을 주는 일까지 포함한다. 어른이 과제 및 보상에 대해 모든 결정을 내린 후, 점차적으로 이를 아동에게 넘기는 다중 절차를 통해 자기계약 기술을 숙련시킬 수 있다.

유관계약 만들기

아이 또는 내담자를 위해 교사, 치료사 또는 부모가 일방적으로 계약을 만들 수도 있으나, 쌍방이 계약서 작성에 적극적으로 참여하는 것이 가장 효과적이다. 유관계약 수립에 대한 다양한 방법 또는 가이드라인이 개발되었다(Dardig & Heward, 1981; Downing, 1990; Homme Csanyi, Gonzales, & Rechs, 1970). 계약 수립은 모두에게 유익하며 합의 가능한 과제 및 보상을 만들어 내는 과정을 포함한다. Dardig과 Heward (1981)는 교사와 가족이 따를 수 있는 5단계의 과제 및 보상 절차를 설명했다.

1단계 : 회의를 한다. 계약 절차에 집단 구성원(가족이나 학급)을 모두 포함하는 회의를 소집한다. 회의 시 구성원들은 계약을 작동하게 만드는 방법, 집단 협동 및 상호작용 개선 방법, 계약을 통한 개인 목표 달성 방법에 대해 논의한다. 부모 또는 교사는 계약수립까지 모든 단계에 참여하면서 계약 수립의 필요성을 강조해야 한다. 계약 맺기 절차가 어른들이 강요하는 것이 아닌 집단의 모든 구성원들이 공유하는 행동변화 절차라고 아동이 인지할 수 있도록 도와주어야 한다. 아래에 소개된 목록 설정 절차는 실제 상황에서 검증

목록 A   이름 : 진

가족을 돕기 위해 내가 하는 일	나와 가족을 돕기 위해 내가 할 수 있는 다른 일
1. 퀴니와 치피에게 밥을 준다.	1. 저녁 식사 시간까지 집에 돌아온다.
2. 방을 치운다.	2. 방에서 나갈 때 불을 끈다.
3. 피아노 연습을 한다.	3. 거실 먼지를 치운다.
4. 설거지를 돕는다.	4. 마당을 치운다.
5. 아빠가 빨래하실 때 돕는다.	5. 학교에서 집에 돌아왔을 때 겉옷을 건다.
6.	6.
7.	7.

출처 : *Sign Here: A Contracting Book for Children and Their Parents* (2nd ed., p. 111) by J. C. Dardig and W. L. Heward, 1981. Bridgewater, NJ: Fournies and Associates. Copyright 1981 by Fournies and Associates. Reprinted by permission.

| **그림 12.4** | 유관계약에 사용 가능한 과제를 스스로 작성하게 하는 서식

되었으며, 가족 및 교실 계약 시 과제와 보상을 선택할 때 유용한 간단하고 논리적인 틀을 제시한다. 대부분의 집단은 1~2시간 내로 절차를 완성한다.

2단계 : 목록 A를 작성한다. 최종 계약서를 완성하기 전에 각 구성원은 세 가지 목록을 작성한다. 목록 A(그림 12.4 참조)는 대상자가 실행해야 하는 일을 보여줄 뿐 아니라, 다른 가족을 위해 할 수 있는 일들이 무엇인지 보여 준다. 이를 통해 집단 구성원들이 대상자가 현재 실행하고 있는 적절한 행동을 파악하고 고무할 수 있다. 각 집단 구성원에게 목록 A를 준다. 집단 구성원들은 가능한 한 상세하게 과제를 기술해야 한다. 목록을 완성한 후 3단계로 넘어간다. 집단 구성원 중 글을 쓰지 못하는 사람이 있다면 구두로 진행한다.

3단계 : 목록 B를 작성한다. 목록 B(그림 12.5 참조)는 집단의 각 구성원이 다른 구성원의 계약 과제와 그 사람이 할 수 있는 계약과 관련된 행동을 적어 놓은 목록이다. 목록 B를 통해 특정 과제가 실제로 규칙적으로 적절히 실행되고 있는지에 대한 집단 구성원의 의견 일치 정도를 확인할 수 있다.

각 구성원은 목록 B를 한 장씩 받아 위에 있는 빈칸(이름 쓰는 난)에 자신의 이름을 쓴다. 그다음 모든 집단 구성원이 돌아가며 (자신의 이름이 쓰인 목록을 제외한) 서로의 목록에 최소한 하나의 행동을 쓴다. 자신의 목록 B를 제외한 모든 구성원의 목록 B를 작성해야 하며, 다른 구성원의 목록 B에 긍정적인 행동을 최소한 하나를 포함한다. 모두 돌아가며 목록 B 작성을 마치면 완성된 목록을 치우고 다음 단계로 이동한다.

4단계 : 목록 C를 작성한다. 목록 C(그림 12.6 참조)는 번호가 매겨진 종이이다. 집단의 각 구성원은 목록 C에 자신이 계약 과제를 완성했을 때 보상으로 받고 싶은 것을 적는다. 이때 선호하는 물건과 활동은 물론, 오랫동안 바라던 특별한 물건 또는 활동이 있다면 포

목록 B   이름 : <u>보비</u>

가족을 돕기 위해 보비가 해야 할 일

1. 요청 시 청소기를 돌린다. _____
2. 침대 정리를 한다. _____
3. 동생에게 동화책을 읽어 준다. _____
4. 쓰레기통을 비운다. _____
5. 나뭇잎을 치운다. _____
6. _____

보비가 가족을 돕기 위해 할 수 있는 다른 일

1. 빨래할 옷을 바구니에 넣는다. _____
2. 시키지 않아도 저녁에 숙제를 한다. _____
3. 점심 도시락으로 갖고 갈 샌드위치를 직접 만든다.
4. 저녁 식사 후 식탁을 치우고 닦는다. _____
5. _____
6. _____

출처 : *Sign Here: A Contracting Book for Children and Their Parents* (2nd ed., p.111) by J. C. Dardig and W. L. Heward, 1981. Bridgewater, NJ: Fournies and Associates. Copyright 1981 by Fournies and Associates. Reprinted by permission.

| **그림 12.5** | 타인이 사용 가능한 계약 과제를 작성하게 하는 서식

목록 C   이름 : <u>수 앤</u>

내가 선호하는 물건, 활동 및 특별한 선물

1. 음악 듣기 _____
2. 영화 _____
3. 핀볼 _____
4. 미니골프 _____
5. 수영 _____
6. 아이스 스케이팅 _____
7. 아이스크림 선디 _____
8. 수족관과 물고기 _____
9. 피크닉 _____
10. 동전 모으기 _____
11. 승마 _____
12. 아빠랑 낚시하기 _____
13. _____
14. _____

출처 : *Sign Here: A Contracting Book for Children and Their Parents* (2nd ed., p.111) by J. C. Dardig and W. L. Heward, 1981. Bridgewater, NJ: Fournies and Associates. Copyright 1981 by Fournies and Associates. Reprinted by permission.

| **그림 12.6** | 유관계약에 사용 가능한 보상을 본인이 직접 작성하도록 하는 서식

함한다. 구성원 간에 원하는 보상이 겹쳐도 상관없다. 목록 C를 작성한 후 각 구성원은 자신의 이름이 쓰인 나머지 두 목록을 모아 주의 깊게 읽고 잘 이해되지 않는 목록이 있다면 이에 대해 의논한다.

5단계 : 계약을 작성한다. 마지막 단계에서 먼저 각 구성원의 첫 번째 계약에 사용될 과제를 선택한다. 구성원은 협의하에 가장 중요한 과제를 첫 과제로 선택한다. 각 구성원은 누가 과제를 수행할 것이고, 그 과제가 정확히 무엇이며, 이를 얼마나 잘 그리고 언제 수행해야 할지, 예외가 있다면 어떤 상황일지를 작성한다. 또한 구성원은 목록 C를 기반으로 하여 과제에 비해 과하지도, 무의미하지도 않을 적절한 보상을 선택한다. 각 구성원은 누가 보상을 통제할 것이며, 보상이 무엇이고 언제 그리고 얼마큼의 보상을 제공할 것인지를 결정해야 한다. 모든 구성원은 첫 회의를 통해 각자 하나의 계약서를 작성해야 한다.

계약 이행을 위한 지침 및 주의점

주어진 문제에 유관계약이 적절한 개입인지 아닌지 결정하기 위해 치료사는 바람직한 행동변화의 특징,

| **그림 12.7** | 읽지 못하는 사람을 위한 유관계약

참가자의 구두적 · 개념적 능력, 계약을 같이 맺게 될 사람들 간의 관계, 사용 가능한 자원 등을 고려해야 한다. 유관계약을 통해 바뀔 목표행동은 대상자의 레퍼토리에 이미 있어야 하며, 반응이 바람직한 환경에서 적절한 자극통제를 받고 있어야 한다. 대상자의 레퍼토리에 없는 행동이라면 여러 기법을 사용해 행동을 확립할 수 있도록 시도해야 한다(예 : 조형, 연쇄짓기). 계약 맺기가 가장 효과적인 경우는 행동이 영구적인 결과를 가져오거나(예 : 숙제 완성하기, 방 치우기) 행동이 보상을 줄 사람(예 : 선생님, 부모님) 앞에서 나타날 때이다.

참가자의 읽기 능력이 성공적인 계약 맺기에 필수조건은 아니지만, 계약의 시각적 또는 청각적인 문구(규칙)가 참가자를 통제할 수는 있어야 한다. 다음과 같이 글을 읽지 못하는 참가자와 계약을 맺을 경우가 있다. (a) 구두 기술이 뛰어난 유치원생, (b) 읽기 능력이 한정된 학령 아동, 또는 (c) 적절한 언어 및 개념 기술을 갖추고 있으나 읽고 쓰는 능력이 부족한 어른. 이와 같은 세 유형의 참가자와 계약을 맺기 위해서는 각자의 능력에 맞추어 기호, 표상, 그림, 사진, 녹음 테이프 등의 비단어적 특성을 사용하는 계약을 고안해 낸다(그림 12.7 참고).

유관계약을 거부하는 경우 개별적인 고려가 필요하다. 대다수의 아동이 계약 맺기를 원하거나 시도하려 하지만, 일부 아동의 경우 계약에 대해 전혀 관심이 없다. 불순응의 가능성을 감소시키고 단계별 진행 방식을 따르는 협동적인 접근(Lassman, Jolivette, & Wehby, 1999)을 사용한다면 보다 순조롭게 계약의 결정적인 부분에 대한 합의를 할 수 있을 것이다(Downing, 1990). 하지만 일부 아동은 가장 긍정적인 접근인 유관계약을 맺지 않으려고 할 수 있다. 이

표 12.1 유관계약 가이드라인 및 규칙

계약 가이드라인 및 규칙	설명
공평한 계약을 하라.	과제의 난이도와 보상의 관계는 공평해야 한다. 어느 한쪽만 유리한 것이 아니라 모두가 윈윈하는 상황을 만드는 것이 목표이다.
명확한 계약을 하라.	계약의 가장 큰 장점은 각 개인의 기대치를 확고히 한다는 것이다. 교사 또는 부모의 기대치가 확실하면 행동 개선 가능성이 높아진다. 유관계약에선 있는 그대로를 설명해야 하며 설명한대로 실행해야 한다.
정직한 계약을 하라.	과제 완성 시 협의된 보상을 지정된 시간내에 제공할 때 그 계약은 정직하다고 볼 수 있다. 또한 정직한 계약에서는 과제가 정해 놓은 대로 실행되지 않았으면 보상을 주지 않는다.
보상을 여러 단계로 만들라.	일일, 주간, 또는 매월 최고 기록을 갱신했을 때 주는 보너스 보상도 계약에 포함할 수 있다. 이와 같은 보너스는 동기 효과를 증가시킨다.
반응 대가 유관(response cost contingency)을 포함하라.	때로 합의된 과제가 완성되지 않을 경우에 대비해 '벌금', 즉 보상 제거를 포함할 수도 있다.
계약을 잘 보이는 곳에 붙여라.	계약을 공개적으로 붙임으로써 계약 목표를 향한 향상 정도를 쌍방이 볼 수 있게 한다.
한쪽이라도 계약에 대해 불만을 보인다면 다시 합의하여 이를 변경하라.	계약 맺기는 누가 지루함을 이길 수 있는 인내력을 갖췄는지를 보기 위한 도구가 아니다. 계약을 맺는 이들에게 긍정적인 경험을 제공하기 위해 설계된 것이므로 계약이 효과적이지 않다면 과제, 보상, 또는 이 둘 모두를 다시 고려해 볼 필요가 있다.
유관계약을 종결하라.	유관계약은 목표에 달성하기 위한 수단일 뿐 결과물이 아니다. 독립적이며 능숙한 수행을 할 수 있게 되면 계약을 종결해도 좋다. 더 나아가 계약의 한쪽 또는 쌍방이 계약 조건을 지키지 않으면 계약을 종결한다. 그렇게 하는 것이 바람직하다.

경우 다른 행동변화 전략을 사용하여 목표행동을 달성하는 것이 최고의 대안이다. 효과적인 유관계약 맺기에 대한 규칙과 지침을 다루는 문헌은 다양하다 (예 : Dardig & Heward, 1976; Downing, 1990; Homme et al., 1970). 표 12.1은 자주 인용되는 지침과 규칙 목록이다.

계약 평가

유관계약은 목표행동의 객관적인 측정에 초점을 두어 평가한다. 계약을 평가하는 가장 쉬운 방법은 과제 완성 빈도를 기록하는 것이다. 계약에 과제 기록을 포함하면 자연스레 평가를 계약 절차의 부가적인 결과로 만들 수 있다. 기저선(계약 전의 과제 완성 실행 정도)과 과제 실행 기록을 비교함으로써 개선 여부를 객관적으로 판단할 수 있다. 특정한 과제 완성 빈도수가 계약 전보다 높아지는 것이 바람직하다.

때로 계약 전보다 더 자주, 더 일관되게 과제가 수행되고 있어도 쌍방이 만족하지 못할 때가 있다. 이는 계약을 시작하게 만든 문제나 목표가 달성되고 있지 않거나, 한 사람 이상의 참가자가 계약 실행에 만족하지 못한다는 것을 뜻한다. 첫 번째 경우는 계약에서 과제가 될 행동을 잘못 선택한 결과이다. 예를 들어, 중학교 3학년인 존이 D와 F를 받는 수학 성적을 향상하기 위해 부모와 계약을 맺어, 주중 저녁에 1시간씩 '수학 공부하기'라는 목표를 세웠다고 하자. 존은 이틀만 빼고 몇 주 동안 매일 계약한 1시간 동안 공부를 했으나 수학 성적에는 변화가 없었다. 존의 계약은 성공적이었을까? 정답은 "예"이기도 하고 "아니오"이기도 하다. 존이 정해진 과제(하루에 1시간씩 일관되게 공부하기)를 실행했다는 측면에서 계약은 성공적이었다. 하지만 그의 본래 목표(성적 향상)를 달성하지는 못했다. 존의 계약은 목표행동변화를 이끌어 내는 데 도움이 되었으나 과제가 잘못 규명되어 있다. 다시 말해, 1시간 공부가 목표와 직접적으로 관련되어 있지 않았던 것이다. 계약을 매일 밤 수학 문제 10개씩 정확하게 풀기(수학 시험에서 좋은 성적을 받기 위해 필요한 행동)로 바꾸자 존은 성적 향상이라는 계약의 본래 목표를 달성할 수 있었다.

마지막으로 고려해야 할 점은 계약에 대한 참가자의 반응이다. 계약을 통해 바람직한 목표행동이라는 목표를 달성해도 부가적인 산물로 참가자가 부적절한 반응 또는 감정적인 반응을 보인다면 그 계약은 좋은 해결책이 아니다. 계약 합의를 하고 정기적으로 진행 상황을 점검하는 과정에 대상자를 포함한다면 이러한 상황을 피할 수 있다.

토큰경제

토큰경제는 매우 활발히 연구되고 발전되어 온 행동변화 체계이다. 이 체계는 실제로 많은 교육 및 상담 세팅에서 성공적으로 적용되었다. 교육 또는 상담에 대한 저항을 효과적으로 변화시키는 토큰경제의 유용성은 널리 입증되었다(Glynn, 1990; Musser, Bray, Kehle, & Jenson, 2001). 여기서는 토큰경제를 설명하고 정의하며 응용 세팅에서 사용할 수 있는 효과적인 절차에 대해 요약할 것이다.

토큰경제의 정의

토큰경제(token economy)는 다음의 세 가지 주요 요소를 갖춘 행동변화 체계이다. (a) 자세히 정의된 목표행동 목록, (b) 목표행동 실행 시 참가자에게 주어지는 토큰 또는 점수, (c) 참가자가 얻은 토큰을 교환하여 얻을 수 있는 지원 강화제(선호하는 물건, 활동, 또는 특권)의 목록. 토큰은 목표행동에 대한 일반화된 조건 강화제(generalized conditioned reinforcer)로서 기능한다. 첫째, 강화될 행동을 밝히고 정의한다. 둘째, 교환 수단을 선택한다. 교환 수단은 **토큰**(token)이라 불리는 기호, 물건, 또는 항목이다. 셋째, 토큰으로 교환할 수 있는 **지원 강화제**(backup reinforcer)를 제공한다. 가게나 제조업자가 제공하는 쿠폰은 토큰경제와 유사하다. 고객이 매점에서 물건을 구매할 때마다 판매원은 쿠폰(즉 교환 수단)을 제공하며 이 쿠폰은 토큰과 같은 기능을 한다. 추후 쿠폰을 사용해 할인된 가격으로 다른 물건을 구입하거나 지원 강화제로 즉시 상환할 수 있다. 돈도 추후에 물건이나 활동(예 : 음식, 옷, 교통수단, 오락거리)과 교환할 수 있는 토큰 중 하나이다.

상권 제6장에서 언급된 바와 같이 토큰은 일반화된 조건 강화제 중 하나이다. 토큰은 다양한 지원 강화제로 교환할 수 있기 때문이다. 일반화된 조건 강화제는 다양한 지원 강화제와 관련되어 있기 때문에 특정한 동기 상태에 의존하지 않는다. 하지만 일반화된 조건 강화제란 상대적인 개념이다. 그 효과가 지원 강화제의 범위에 따라 달라지기 때문이다. 다양한 지원 강화제와 교환이 가능한 토큰은 학교, 상담소, 병원과 같이 직원이 내담자의 결핍 상태를 통제하기 어려운 세팅에서 유용하다.

Carton과 Schweitzer(1996)는 심한 신장병으로 입원 중이며 지속적인 혈액투석이 필요한 10세 남자 아동의 지시 따르기를 향상하기 위해 토큰경제를 이용했다. 연구 직전 환자의 불순응이 환자와 간호사, 그리고 환자와 보호자 간의 상호작용에 악영향을 미치고 있는 상태였다. 기저선 시 4시간을 8개의 구간으로 나

뒤 30분 간격으로 불순응 빈도를 측정했다. 연구자는 참가자에게 토큰경제를 소개했고, 30분 동안 불순응을 보이지 않으면 토큰을 하나씩 받을 수 있다고 설명했다. 아동은 토큰으로 매주 야구 카드, 만화책, 장난감을 교환할 수 있었다.

Carton과 Schweitzer는 토큰경제 적용과 불순응 행동 감소 간에 기능적인 관계가 있다고 보고했다. 토큰이 적용된 후 불순응 행동이 사라졌다. 토큰 강화가 종결된 지 3개월과 6개월 후에도 아동은 지속적으로 간호사와 보호자의 요청에 대해 낮은 불순응 빈도를 보였으며, 이는 추적 자료를 통해 확인할 수 있다.

Higgins, Williams와 McLaughlin(2001)은 학습장애 초등학생의 방해 행동을 감소시키기 위해 토큰경제를 사용했다. 학생은 자리에서 벗어나기, 큰 소리로 말하기, 바르지 않은 자세로 앉기 등의 행동을 빈번하게 보이고 있었다. 연구자들은 이 세 가지 행동에 대해 기저선 반응 횟수 자료를 수집한 후 토큰경제를 시작했다. 학생은 감소를 목표로 하는 이 행동 외의 다른 행동을 보일 때마다 토큰을 하나씩 받았고, 이 토큰을 1분이 지날 때마다 자유 시간으로 교환할 수 있었다. 지속적인 효과를 확인하기 위해 추후 두 차례에 걸쳐 유지 자료를 수집했다. 그림 12.8은 세 가지 종속변인에 대한 결과를 보여 준다. 이 연구를 통해 토큰경제의 실행과 행동 감소 간의 기능적 관계를 확인할 수 있었다. 또한 토큰경제가 종결된 이후에도 낮은 방해행동 빈도가 유지되었음을 유지 점검을 통해 확인할 수 있었다.

수준 체계

수준 체계(level system)란 토큰경제의 한 유형으로, 특정한 목표행동의 수행에 유관되어 참가자의 수준이 올라가는(가끔은 내려가기도 함) 체계를 말한다. 참가자가 어느 한 단계에서 다음 단계로 '올라갈' 때마다 더 많은 특권을 받으며, 보다 독립적이 된다. 토큰 강화 계획을 점차 성기게 하여, 높은 단계에 있는 참가자가 자연 세팅과 유사한 강화 계획하에 기능할 수 있게 만든다.

Smith와 Farrell(1993)은, 수준 체계가 1960년대 후반과 1970년대에 시작되어 두 가지 주요한 교육 발전을 이끌어냈던 (a) Hewett의 『Engineered Classroom』(1968)과 (b) Phillips, Phillips, Fixen, Wolf의 『Achievement Place』(1971)의 결과라고 기술한다. 이 두 경우 모두 체계적인 교육 프로그램과 사회적 프로그램내에 토큰강화, 지도 체계, 학생의 자기조절, 관리 조정(managerial arrangement)과 결합했다. Smith와 Farrell(1993)은 수준 체계 설계에 대해 다음과 같이 기술했다.

> 수준 체계는 학생이 자기관리를 통해 향상되는 과정을 강화하기 위해, 그리고 사회적·정서적·개인적·학업적인 책임감을 증대시키기 위해, … 그리고 학생이 환경에 덜 제약받도록 하기 위해 필요하다. … 학생들은 각 수준에서 목표를 달성하여 다음 단계로 발전해 나간다. (p. 252)

수준 체계에서는 시간의 경과에 따라 토큰이나 사회적인 칭찬, 또는 그 외에 주어지는 강화제는 감소시키는 반면, 학생이 습득하고 달성해야 할 레퍼토리는 더욱 정교하게 만든다. 수준 체계는 구조적 장치로 참가자가 특권의 연쇄를 통해 발전하게 만드는데, 다음 최소한 세 가지 가정에 그 근거를 둔다. (a) '패키지 프로그램'이라고도 불리는 이 기법은 각 유관이 개별적으로 소개되는 것보다 더 효과적이다. (b) 학생의 행동과 기대를 명확히 기술해야 한다. (c) 다음 단계에 점점 더 가까이 접근시키기 위해서는 차별화된 강화제가 반드시 필요하다(Smith & Farrell, 1993).

Lyon과 Lagarde(1997)는 세 수준으로 구성된 강화제를 사용하였는데 수준 1은 가장 약한 강화제였다. 연

| **그림 12.8** | 기저선, 토큰경제 및 유지 조건 동안 큰 소리로 말하기, 자리에서 벗어나기, 바르지 않은 자세의 빈도수

출처 : "The Effects of a Token Economy Employing Instructional Consequences for a Third-Grade Student with Learning Disabilities: A Data-based Case Study" by J. W. Higgins, R. L. Williams, and T. F. McLaughlin, 2001, *Education and Treatment of Children, 24*(1), p. 103. Copyright 2001 by The H. W. Wilson Company. Reprinted by permission.

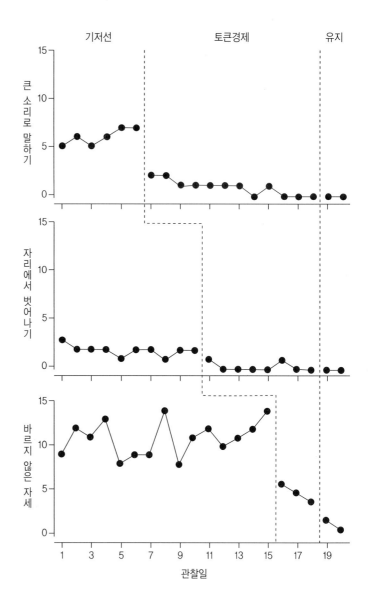

구자들은 학생이 일주일 동안 얻을 수 있는 최고 점수인 185점 중 80%인 148점을 받아야 특정한 물건을 구입할 수 있도록 만들었다. 수준 3에서도 학생이 원하는 물건을 구입할 수 있으나, 최소한 최고 점수의 90%인 167점을 받아야 했다. 수준이 높아질수록 수행에 대한 기대치를 높게 책정하였다.

Cavalier, Ferretti, Hodges(1997)는 학습장애 청소년 2명의 학습 및 사회적 행동을 개선하기 위해 이미 실행 중이던 수준 체계에 자기관리 접근을 결합했다. 이 학생들의 개인교육 프로그램(individualized education program, IEP) 목표는 일반학급 수업 참여의 증가였다. 교사가 개발한 6수준 점수 체계를 적용하자 대다수 학생들의 수행이 전반적으로 향상되었으나 이중 2명이 적절하게 동사를 사용하지 못하여 계속 수준 1에서 올라가지 못했다. 부적절한 동사 사용에 대한 기저선 자료를 수집한 후, 연구자들은 하루에 두 번(각각 50분씩) 이 행동이 나타나는 빈도를 스스로 기록하게 가르쳤다. 부적절한 동사 사용에 대한 정의를 명확하게 내린 후 모의 시행(mock trial)을 통해 자기기록을 연습시켰으며, 동시에 교사 관찰에 근거해 피드백을 제공했다. 학생의 기록 정확도에 따라 강화제를 제공했다. 개입(수준 체계 및 자기기록)과 동시에 학생들에게 50분 동안 정확도를 관찰할 것이라고 설명했다. 각 수준에 요구되는 기준을 달성했을 때(예 : 이전 회기에 나타났던 부적절한 동사의 개수가 5개 이상 감소됨) 강화제를 제공했다. 학생들이 높은 수준으로 올라갈 때마다 더 선호하는 강화제를 제공하였다. 학생 1의 경우 기저선 시 높았던 부적절한 동사 사용 빈도가 패키지 개입을 시작한 후 감소되었다. 학생 2의 경우도 동일한 결과가 관찰되었고 이를 통해 개입과 부적절한 동사 사용 감소 간의 기능적 관계를 확인할 수 있었다.

토큰경제 설계

토큰경제 설계 및 수행 준비 단계는 다음과 같다.

1. 교환 수단으로 사용할 토큰을 선택한다(예 : 점수, 스티커, 플라스틱 칩).
2. 목표행동 및 규칙을 확인한다.
3. 지원 강화제 목록을 선택한다.
4. 교환 비율을 확립한다.
5. 토큰을 언제 어떻게 제공할 것인지에 대한 구체적인 절차를 문서로 작성하고, 기준을 충족하지 못했을 경우 어떤 결과를 제공할 것인지 결정한다. 반응 대가 절차를 포함할 것인가?
6. 개입을 실행하기 전에 체계에 대한 필드 테스트(field test)를 진행한다.

토큰 선택

토큰은 상징으로서 행동이 발생하는 즉시 제공되며, 추후에 미리 정한 강화제로 교환이 가능하다. 동전, 체커, 쿠폰, 포커 칩, 점수 또는 점표, 교사 이름의 이니셜, 카드에 구멍 뚫기, 또는 플라스틱 조각 등이 토

큰으로 자주 쓰인다. 토큰을 선택할 때 다음 기준을 고려한다. 첫째, 토큰은 안전해야 한다. 즉 학습자에게 해롭지 않아야 한다. 아주 어린 아이 또는 심각한 학습 문제나 행동 문제를 갖고 있는 아동에게 쉽게 삼킬 수 있거나 해를 입힐 수 있는 물건을 토큰으로 사용해선 안 된다. 둘째, 분석가가 토큰 분배에 대한 통제권을 가져야 한다. 즉 학습자가 토큰을 위조할 수 없어야 한다. 점표를 사용한다면 특별한 카드를 사용하거나 분석가만 사용할 수 있는 특정한 펜을 사용해야 한다. 마찬가지로, 카드에 구멍을 뚫는 방법을 사용한다면 구멍 뚫는 기계는 분석가만 사용할 수 있어야 한다.

토큰은 오랫동안 사용할 수 있기 때문에 내구성이 있어야 하며 휴대하기, 다루기, 거래하기, 저장하기, 누적하기가 쉬워야 한다. 또한 치료사가 즉시 사용할 수 있도록 준비되어야 하며, 목표행동 달성 시 즉각적으로 제공해야 한다. 토큰은 싼 값에 구입할 수 있어야 한다. 즉 토큰을 사기 위해 돈을 많이 쓸 필요가 없어야 한다. 고무 도장, 별, 단추 등은 토큰으로 사용 가능한 값싼 물건이다. 마지막으로, 토큰 자체가 학습자가 원하는 물건이 아니어야 한다. 예를 들어, 어떤 아동에게 야구 카드를 토큰으로 사용한 경우, 학생이 토큰을 가지고 상호작용(예 : 선수에 대한 정보 읽기)하는 시간이 너무 길었고, 목표보다도 토큰에 더 집중하였다.

일부 학생의 경우 강박이 있는 물건을 토큰 강화제로 선택할 수 있다(Charlop-Christy & Haymes, 1998). 이 연구자들은 방과 후 프로그램에 참여하고 있는 자폐 아동 3명을 대상으로 연구를 진행하였다. 세 아동 모두 과제 외의 행동을 자주 보였고, 특정한 물건에 대해 열중했으며, 자기자극 행동을 보였다. 기저선 동안 학생들은 적절한 행동을 했을 때마다 별표(토큰)를 받았다. 부적절한 행동 또는 정확하지 않은 반응을 보

이면 "다시 한 번 해 봐." 또는 "아니."라는 피드백을 주었다. 별 5개를 모으면 지원 강화제(예 : 음식, 연필)로 교환할 수 있게 만들었다. 토큰 조건에는 '강박' 물건(아동이 사전에 몰입을 보였던 물건)을 토큰으로 사용했다. 아동이 5개의 강박 물건을 얻으면 이것을 음식 또는 다른 강화제로 교환할 수 있었다. Charlop-Christy와 Haymes는 전체적인 반응 패턴을 보면 토큰으로 강박 물건을 사용했을 때 학생의 수행이 더 좋았다고 보고했다.

목표행동 및 규칙 확인

상권 제3장에서 목표가 되는 행동의 선택 및 정의에 대해 언급했다. 상권 제3장에 소개된 기준은 토큰경제의 규칙 및 목표행동의 선택과 정의에도 적용될 수 있다. 일반적으로 토큰경제를 실행할 때 사용되는 행동 선택 지침은 다음과 같다. (a) 측정 및 관찰 가능한 행동만 선택한다. (b) 성공적인 과제 완성 기준을 명시한다. (c) 처음에는 몇 가지 행동으로 시작하되, 여기에 성공하기 쉬운 행동 몇 가지를 포함한다. (d) 대상자가 모든 목표행동에 필수적이며 선행되어야 하는 행동을 수행할 수 있는지 확인한다(Myles, Moran, Ormsbee, & Downing, 1992).

모두에게 적용되는 규칙과 행동을 정했다면 각 학습자를 위한 특정한 기준과 행동을 정한다. 토큰경제가 실패한 사례는 대부분 모든 학습자에게 동일한 행동을 요구하고 똑같은 기준을 세웠기 때문이다. 토큰경제는 개별화될 필요가 있다. 예를 들면, 교사는 각 학생에게 적절한 개별 행동을 선택해야 한다. 교실에 있는 모든 학생에게 토큰경제를 적용할 필요는 없다. 기능이 낮은 학생에게만 토큰경제를 적용하는 것도 한 방법이다. 하지만 토큰 체계가 필요하지 않은 학생들에게도 어떤 방식이든 강화를 지속적으로 제공해야 한다.

지원 강화제 목록 선택

대부분 토큰경제의 경우, 자연적인 활동과 사건을 지원 강화제로 사용할 수 있다. 예를 들어, 교실 또는 학교 세팅이라면 학생들이 토큰을 이용하여 선호하는 게임을 하거나 물건받기, 또는 수업 중 교무실로 심부름 가기, 유인물 나눠 주기, 선생님 돕기, 미디어 관리 등 선호하는 일을 하게 해 준다. 도서관 또는 독서실 이용권, 다른 반과의 특별 합동 수업(예 : 체육), 선도부, 교내 식당 도우미, 개인 교습과 같은 특권을 얻는 데도 토큰을 사용할 수 있다. Higgins과 동료들(2001)은 자연적인 활동 및 사건을 토큰경제의 지원 강화제로 사용했다(예 : 컴퓨터 게임이나 원하는 책). 그 외에도 장난감, 게임, 간식, TV 시청, 용돈, 집으로 가거나 시내에 놀러 나갈 수 있는 권리, 스포츠, 선물이나 특별한 옷 쿠폰 등 다양한 세팅에서 찾을 수 있는 물건 또는 항목을 지원 강화제로 사용할 수 있다.

자연적인 활동이나 사건이 효과적이지 않다면 특별 활동을 지원 항목으로 고려해 볼 수 있다(예 : 영화 포스터, 스포츠 스타의 사진, CD나 DVD, 잡지, 먹을거리). 이 항목은 자연적인 활동이 효과가 없을 때 사용한다. 가장 방해가 적고 자연스러운 강화제를 사용하기를 제안한다.

지원 강화제를 선택할 경우 윤리 및 법적 문제를 고려해야 하며, 지역 교육기관의 정책도 따라야 한다. 또한 학습자의 기본적인 욕구(예 : 음식)나 개인 정보, 또는 인권과 관련된 사항(예 : 우편물 열어 보기, 전화하기, 종교적인 의식에 참여하기, 의료 서비스 받기 등)은 사용하지 말아야 한다. 더불어 토큰 프로그램에서는 인간의 기본적인 권리와 관련된 사항도 사용하지 말아야 한다(예 : 청결한 옷, 적절한 난방, 환기, 온수의 공급).

교환 비율 정하기

초기에는 학습자가 성공을 빠르게 경험할 수 있도록 지원 강화제의 값, 즉 지원 강화제를 얻는 데 필요한 토큰 개수를 낮게 책정해야 한다. 이후에는 참가자의 반응을 유지하면서 이 교환 비율을 조정해 간다. 교환을 하기 위해 얻어야 할 토큰의 개수와 지원 강화제 간의 비율을 정하는 지침은 다음과 같다.

1. 초기 비율을 낮게 정한다.
2. 토큰을 얻는 행동과 토큰 수입이 증가하면 지원 강화제 값은 올리고 토큰 값은 내리며 지원 강화제의 총항목 개수를 늘린다.
3. 수입이 늘수록 더 질 좋은(사치) 지원 강화제를 더 많이 포함한다.
4. 사치 지원 강화제 값에 비해 필요한 지원 강화제의 값을 더 올린다.

Myles와 동료들(1992)은 토큰 배분과 상환을 포함한 토큰경제의 확립 및 유지에 대한 지침을 제시했다. 다음은 토큰과 관련해 자주 묻는 질문이다.

토큰 분배에 어떠한 절차를 사용할 것인가? 종이에 마크하기나 카드에 구멍 뚫기를 토큰으로 사용하는 경우, 학습자가 토큰 획득 정도를 쉽게 파악할 수 있다. 쿠폰이나 포커 칩과 같은 물건을 토큰으로 사용한다면 토큰을 지원 강화제로 교환할 때까지 보관할 수 있는 용기를 준비해 두는 것이 좋다. 치료사 중 일부는 학습자가 토큰을 저장할 수 있는 폴더나 용기를 직접 만들게 하기도 한다. 또한 커피 캔의 플라스틱 뚜껑에 구멍을 뚫어 토큰을 저장하게 하는 방법도 있다. 어린 아동의 경우 토큰을 목걸이 또는 팔찌 모양으로 연결하여 보관하게 할 수도 있다.

토큰 교환은 어떻게 이루어지는가? 각 항목에 대한 값을 포함한 지원 강화제 목록을 제공한다. 학습자는 이 목록에서 강화제를 선택할 수 있다. 대부분의 교사는 모든 항목(예 : 게임, 풍선, 장난감, 특권 증권)을 책상에 전시해 놓고 이를 가게처럼 사용한다. 구매 시 소란을 방지하기 위해 개별 주문서에 구매할 항목을 작성하거나 체크하게 한다. 교사는 학생이 체크한 항목만 봉지에 담은 후, 학생의 주문서를 그 봉지에 스테이플러로 찍어 학생에게 건네준다. 처음에는 이 가게를 하루에 두 번 정도로 자주 연다. 기능이 낮은 학습자의 경우 교환 시기를 더 자주 주어야 한다. 추후에는 교환할 수 있는 시간을 줄여 매주 수요일과 금요일만, 또는 금요일만 여는 방식으로 바꾼다. 최대한 빨리 토큰 교환을 간헐적인 체제로 바꿔 나간다.

토큰을 얻기 위한 요구가 충족되지 않을 경우의 결과를 명시하기 위해 관련 절차를 글로 작성한다

때로 토큰을 얻기 위한 기준을 충족시키지 못하는 경우가 발생한다. 이때 사용할 수 있는 해결책 중 하나는 잔소리이다. 예를 들면, "숙제를 하지 않았구나. 토큰을 받기 위해서는 숙제를 해야 된다는 것을 알고 있잖아. 왜 숙제를 하지 않았니?" 등의 말을 할 수 있다. 하지만 이보다 더 나은 접근은 유관에 대해 실질적으로 다시 설명해 주는 것이다. 예를 들면 "미안하구나. 너는 다른 물건과 교환할 만큼 토큰을 가지고 있지 않네. 더 노력해라."라고 설명한다. 이때 참가자가 토큰을 얻는 데 필요한 선능력이 있는지 확인한다. 학습자가 수행할 능력이 있는 행동만을 요구해야 한다.

학습자가 토큰 체계를 시험할 경우 어떻게 해야 하는가? 학습자가 토큰 또는 지원 강화제를 원하지 않는다고 하는 경우 치료사는 어떻게 반응해야 할 것인가? 이때 치료사는 학습자와 다투거나, 논쟁을 하거나, 부추길 수 있다. 하지만 이보다 좋은 접근은 우선 중립적인 발언(예 : "결정은 네가 하는 거야.")을 먼저 한 후 이에 대한 논쟁이 벌어지기 이전에 자리를 비우는 것이다. 이런 태도를 보임으로써 싸움을 피하면서도 학습자가 토큰을 받을 기회를 다시금 제공할 수 있다. 학습자는 지원 강화제를 선택하고, 경제 규칙을 정하고, 강화제의 값을 결정하며, 토큰 체계를 관리할 능력을 지니고 있어야 한다. 학습자에게 가게의 판매자 역할을 맡기거나, 또는 누가 토큰을 얼마나 가지고 있고 무엇을 구매했는지를 기록하는 장부 관리자의 역할을 맡길 수 있다. 학습자가 토큰경제에 관심 있고, 토큰경제 내 학습자의 책임이 강조된다면 학습자가 체계를 시험할 가능성은 낮다.

토큰경제에 반응 대가 절차를 포함할 것인가? 토큰경제에 반응 대가(response cost)를 포함하는 절차는 상권 제10장에 설명되어 있다. 토큰경제의 대부분은 부적절한 행동이나 규칙 위반에 토큰을 잃는 유관을 포함한다(Musser et al., 2001). 반응 대가에 포함되는 모든 행동은 규칙에 규정되고 명시되어 있어야 한다. 학습자가 어떤 행동을 보일 때 토큰을 잃고, 각 행동으로 인해 얼마의 토큰을 잃는지 알고 있어야 한다. 행동이 부적절할수록 토큰을 더 많이 잃어야 한다. 싸우기, 공격적인 행동, 커닝 등의 행동은 비교적 덜 심각한 규칙 위반 행위(예 : 수업 중 자리이탈 혹은 떠들기)보다 더 많은 토큰을 잃어야 한다. 하지만 학습자에게 토큰이 없을 때 토큰손실 절차를 절대 적용해서는 안 된다. 학생에게 빚이 생길 경우 토큰의 강화 가치가 떨어지기 때문이다. 학습자에게는 항상 잃는 토큰보다 얻는 토큰이 더 많아야 한다.

토큰 체계의 필드 실험

토큰 체계를 실질적으로 적용하기 바로 전에 토큰 체계의 필드 실험을 한다. 필드 실험은 3~5일 동안 이뤄지는데, 이때 실제와 동일하게 토큰 배분 정도에 대해 기록하지만 실제로 토큰을 주지는 않는다. 필드 실험 결과 자료는 평가를 위해 사용한다. 학습자는 실질적으로 목표 행동을 수행하지 못하는가? 개입 목표로 선택한 행동을 능숙하게 실행하는가? 토큰을 얻지 못하는 학습자는 없는가? 이와 같은 질문에 대한 답을 토대로 하여 토큰 체계를 마지막으로 수정한다. 일부 학습자에게는 목표행동의 난이도를 올려야 할 수 있으며, 다른 학습자에게는 이를 낮춰야 할 수도 있다. 또한 지원 강화제의 값을 고려하여 토큰 배분을 늘리거나 줄여야 할 수도 있다.

토큰경제 실행

초기 토큰 훈련

토큰경제에 대한 초반 훈련은 학습자의 기능 수준에 따라 달라야 한다. 고기능이며 경도 장애를 지닌 학습자의 초기 훈련은 최소한의 시간과 노력만을 필요로 하며, 구두 지시나 모델링만으로 훈련이 가능하다. 이런 경우 초기 토큰 훈련은 30~60분의 단일 회기로 충분하며, 3단계 구성이면 충분하다. 첫 번째 단계에는 예시를 제공해야 한다. 치료사는 다음과 같이 토큰 체계를 설명한다.

이것은 토큰이며 [행동 설명]을 하면 얻을 수 있습니다. 나는 여러분의 행동을 관찰할 것입니다. 여러분은 [행동 설명]을 완성하면 토큰 하나를 받을 것입니다. 또한 [행동 설명]을 유지하면 더 많은 토큰을 받게 될 것입니다. [시간을 구체적으로 명시에는 벌어들인 토큰과 이 책상 위의 물건 중 원하는 것을 교환할 수 있습니다. 각 항목에는 교환 시 필요한 토큰의 개수가 적혀 있습니다. 반드시 벌어들인 토큰만 사용할 수 있습니다. 가지고 있는 토큰 수보다 더 많은 토큰이 필요한 물건을 갖고 싶다면 더 많은 [시간을 구체적으로 명시] 동안 토큰을 모아야 합니다.

두 번째 단계에는 토큰 배분 절차에 대한 모델링을 한다. 예를 들어, 각 학습자가 특정한 행동을 하도록 지시한다. 행동을 하는 즉시 학습자를 칭찬하고(예 : "엔리크, 혼자서도 잘하는구나!") 토큰을 준다.

세 번째 단계는 토큰 교환 절차에 대한 모델링이다. 모든 학습자는 토큰 배분 모델링(이전 단계) 때 받은 토큰을 하나씩 가지고 가게로 가서 교환 가능한 항목을 살펴본다. 이때 토큰 하나로 교환 가능한 항목이 여러 개(예 : 게임, 5분 자유 시간, 연필깎이 이용권, 교사 도우미 특권 등) 있어야 한다(추후에 가격이 오를 수 있다). 학생이 항목을 받기 위해서는 실제로 토큰을 사용해야 한다. 기능이 낮은 학습자의 경우, 토큰 체계를 이해할 때까지 몇 차례 초기 토큰 훈련을 해야 하며, 추후에는 반응촉진이 필요할 수 있다.

토큰 훈련 진행

토큰 강화 훈련 시 치료사와 학습자는 효과적인 강화를 위해 지침을 따라야 한다(상권 제6장 참조). 예를 들어, 바람직한 행동이 발생하는 즉시 이에 유관한 토큰을 제공해야 한다. 분배와 교환 절차는 명확하고 일관되게 이뤄져야 한다. 토큰을 받고 교환하는 방식에 대한 학습자의 이해가 부족하다면 프로그램 초기에 추가적인 훈련을 제공해야 한다. 마지막으로, 반응 대가를 통해 바람직하지 않은 행동을 감소시키는 것보다는, 토큰을 통해 바람직한 행동을 고무하는 데 초점을 맞춰야 한다.

행동분석가는 때로 토큰 훈련의 일환으로 토큰경제에 참여할 수 있다. 행동분석가는 증가시켜야 할 행동을 정한 후, 토큰을 받기 위한 행동이 기준에 맞지 않을 경우에 대한 대처법, 토큰을 모으는 방식, 향상 정도를 기록하고 관리하는 방법 등을 모델링할 수 있다. 2~3주 후 토큰경제 체계에 대한 수정이 필요할 수 있다. 학습자와 같이 변화시키고자 하는 행동, 원하는

강화제, 교환 일정에 대해 결정을 내리는 것이 바람직하다. 또한 토큰을 거의 얻지 못하는 참가자가 있다면 목표를 단순화하거나, 선행 조건 기술을 더 간단한 반응으로 수정해야 할 수도 있다. 반면, 참가자 중 매번 토큰을 받는 참가자가 있다면 요구 사항을 보다 복합적인 기술로 바꿔야 할 필요가 있다.

진행 중 관리 문제

행동분석가는 학습자가 스스로 획득한 토큰을 관리하도록 가르쳐야 한다. 예를 들면, 토큰을 받았을 때 안전하고 접근이 용이한 용기에 넣게 하여, 토큰이 방해가 되지는 않지만 언제든지 사용 가능하게 가르친다. 하지만 토큰을 투명하고 접근이 용이한 용기에 보관하면 어떤 학생은 교사가 주는 과제보다 토큰에 더 관심을 가질 수 있으므로 주의해야 한다. 토큰을 안전한 곳에 보관하면 다른 학생이 이를 위조하거나 훔칠 가능성을 줄일 수 있다. 토큰을 쉽게 위조할 수 없게 하며 받는 사람 외에는 접근이 불가능하게 만들어야 한다. 위조나 절도가 발생할 경우에는 토큰을 바꿔 예전 토큰이 교환될 가능성을 줄인다.

토큰 관리에 또 다른 문제가 될 수 있는 것은 학생이 가지고 있는 토큰 목록이다. 예를 들어, 어떤 학생은 토큰을 지원 강화제로 교환하지 않고 모으기만 할 수 있다. 또 다른 학생은 토큰을 지원 강화제로 교환하고 싶어 하지만 필요한 만큼의 토큰을 모으지 못했을 수도 있다. 이와 같은 극단적인 두 경우는 그냥 놔두면 안 된다. 즉 학생이 받은 토큰 중 몇 개라도 주기적으로 교환할 수 있게 만들어야 하며, 필요한 만큼의 토큰을 모으지 못한 학생은 교환이 불가능하게 만들어야 한다. 즉 외상으로 지원 강화제를 구매할 수 없게 해야 한다.

마지막으로, 상습적으로 규칙을 어기거나 매번 토큰 체계를 시험하는 학생에 대한 관리 문제가 있다.

이와 같은 상황을 줄이기 위해 치료사는 (a) 토큰이 일반화된 조건 강화제로 기능하지 않게 하고, (b) 강화제 평가를 통해 학생이 지원 강화제를 선호하는지, 그리고 지원 강화제가 강화로서의 기능을 하는지를 확인해야 하며, (c) 상습적으로 규칙을 어기는 학생에게 반응 대가 절차를 적용하는 등의 대책을 세워야 한다.

토큰경제의 제거

토큰 프로그램 또는 수준 체계를 설계 및 실행할 때 토큰 또는 수준 체계가 사용되지 않는 세팅에서의 목표행동 일반화 및 유지를 촉진할 수 있는 전략을 고려해야 한다. 행동분석가는 초기 토큰 프로그램을 적용하기 이전에 이 프로그램을 어떻게 제거할 것인지에 대해서도 미리 계획해야 한다. 토큰 프로그램의 목표 중 하나는 토큰과 함께 제공되는 칭찬이 추후에 토큰과 동일한 강화 능력을 갖게 만드는 것이다. 처음부터 토큰경제의 체계적인 목표는 토큰 프로그램의 제거가 되어야 한다. 이와 같은 접근은 치료사에게 기능적으로 유용하며(즉 영구적으로 토큰을 제공할 필요가 없음) 학습자에게도 이득이 된다. 예를 들어, 일반학급으로 옮겨 갈 특수학생에게 토큰경제를 사용하고 있다면, 토큰경제가 없어도 학생의 반응이 유지될 수 있을지 확인해야 한다. 일반학급에서 특수교사가 사용하고 있는 것과 동일한 토큰 시스템이 이 학생에게 적용될 가능성은 희박하기 때문이다.

행동 목표를 달성한 후 점차 토큰 강화제를 제거하는 데는 다양한 방법이 사용된다. 다음의 여섯 가지 지침은 토큰 강화제를 효과적으로 개발하고 추후에 제거하는 데 도움이 될 것이다. 첫째, 토큰은 항상 사회적 승인 및 칭찬과 짝지어져 제공되어야 한다. 이는 사회적 승인의 강화 효과를 증가시키고 토큰이 제거된 후에도 행동을 유지하는 데 도움이 된다.

둘째, 토큰을 얻기 위해 해야 하는 반응을 점차 늘려야 할 것이다. 예를 들어, 학생이 초기에는 한 장을 읽은 후 토큰을 받는다면 추후에는 토큰을 받기 위해 한 장보다 더 많이 읽게 만들어야 한다.

셋째, 토큰경제가 효력을 지니는 기간을 점차 줄여야 할 것이다. 예를 들어, 9월 동안에는 시스템의 효력이 하루 종일 유효하다면, 10월에는 오전 8시 반에서 오후 12시까지, 그리고 오후 2시에서 오후 3시까지 유효하게 만든다. 그런 다음 11월에는 오전 8시 반에서 오전 10시, 그리고 오후 2시에서 오후 3시까지 유효하게 12월에는 11월과 동일한 시간대에 효력이 있으나 주중 4일 동안만 적용되는 등의 방식을 사용한다.

넷째, 지원 강화제의 역할을 하며 훈련되지 않은 세팅에서 할 수 있는 활동과 특권을 점차 늘려 나가야 한다. 예를 들어, 행동분석가는 일반학급에서 불가능한 항목을 가게에서 제외하기 시작해야 한다. 가게에 음식물이 있는가? 일반학급에서는 음식물을 강화제로 사용하는 경우가 드물다. 일반학급에서 사용되는 항목을 점차적으로 도입해야 한다(예 : 특별 수료증, 금색 별, 각 가정으로 발송되는 칭찬노트).

다섯째, 학습자가 상대적으로 덜 원하는 항목의 교환 대가는 아주 낮게 책정하고, 학습자가 원하는 항목의 대가는 체계적으로 증가시켜야 한다. 지적장애 여학생에게 토큰 체계를 적용했던 사례를 보자. 초기에는 사탕, 매점 가기, 미용용품(빗, 데오도란트) 등 항목을 동일한 가격에 제공하였다. 점차로 사탕과 같은 항목의 가격을 올려 학생들이 이런 항목을 얻기 위해 토큰을 모으지 않게 만들었다. 결과적으로 사탕보다 비교적 가격이 낮은 미용용품을 사는 데 토큰을 사용하는 학생이 늘어나기 시작했다.

여섯 번째, 사물을 이용하는 토큰을 점차 제거해야 한다. 다음의 연쇄는 사물을 이용하는 토큰을 제거하는 방법이다.

- 학습자는 플라스틱 칩이나 동전과 같은 사물을 이용하는 토큰을 받는다.
- 사물을 이용하는 토큰을 쪽지로 교체한다.
- 쪽지 대신 학습자가 보유하고 있는 메모카드에 표시를 하는 방법을 사용한다.
- 이때 학교 세팅에서는 메모카드를 학습자 책상에 붙여 둘 수 있다.
- 메모카드를 걷어 행동분석가가 보관하되 원한다면 언제든지 학습자가 확인할 수 있도록 한다.
- 행동분석가는 계속 기록을 하지만 학습자는 낮 동안 점수를 확인할 수 없다. 하루에 한 번 귀가 전에 기록된 총점수를 알려 주고, 점차적으로 이틀에 한 번씩 알려 준다.
- 토큰 체계를 더 이상 사용하지 않는다. 행동분석가는 계속 총점수를 기록하지만 더 이상 점수를 알려 주지 않는다.

토큰경제 평가

토큰경제를 평가하기 위해서는 신뢰성 있고 타당하며 현장에서 증명된 가장 효과적인 설계(practice design)를 사용한다. 대부분의 토큰경제는 소수 집단에 적용되기 때문에 참가자를 직접 통제집단으로 사용하는 단일 참가자 평가 설계를 사용한다. 또한 목표 참가자와 가깝게 지내는 이들에 대한 사회적 타당도 자료를 토큰 개입 전, 중, 후에 수집할 것을 제안한다.

토큰경제가 효과적인 이유

토큰경제는 다음과 같은 세 가지 이유로 응용 세팅에서 효과적이다. 첫째, 토큰은 행동과 지원 강화제가 제공되는 시간 간격을 연결해 주는 역할을 한다. 예를 들어 토큰을 오후에 얻고 다음날 아침 지원 강화제를 제공할 수 있다. 둘째, 토큰은 행동과 지원 강화제가 제공되는 세팅을 연결해 준다. 예를 들어, 학교에서

받은 토큰을 집에 있는 강화제와 교환할 수 있게 하거나 오전에 일반교실에서 받은 토큰을 오후에 특수교실에서 교환하게 할 수도 있다. 마지막으로, 토큰은 일반화된 조건 강화제이기 때문에 행동분석가가 동기 관리에 신경을 덜 써도 된다.

추후 고려 사항

침입적. 토큰 체계는 침입적일 수 있다. 토큰 프로그램의 확립, 실행 및 평가에는 시간, 에너지, 자원이 요구된다. 더불어, 자연적인 세팅에서 개인의 행동이 토큰으로 강화되는 경우는 거의 없으므로, 어떤 방식으로 토큰의 사용 기간을 줄이며 수행을 유지시킬 것인가에 대한 고려가 필요하다. 어찌되었건 토큰경제 프로그램에는 '유동적인 부분'이 많기 때문에 행동분석가로서 이에 대처하기 위한 준비가 되어 있어야 한다.

영구 유지. 토큰경제 절차는 행동 관리에 효과적인 결과를 가져오기 때문에 행동분석가는 시스템을 제거하고 싶지 않을 수도 있다. 그렇게 되면 학습자는 자연스러운 환경에서는 제공되기 어려운 강화를 받기 위해 지속적인 노력을 하게 될 것이다.

번거로움. 참가자가 많고 사용되는 강화가 다양할 경우, 토큰경제의 확립이 특히 번거로울 수 있다. 때문에 때로는 이 체계의 확립을 위해 학습자와 행동분석가가 추가적인 시간과 노력을 투자해야 한다.

전반적인 취지. 토큰 사용에 수준 체계를 도입하는 경우, 전문가는 학습자가 다음 수준으로 넘어가기 위해 얻어야 할 토큰의 개수에 대한 명확하고 일관적인 기준이 오히려 개별화된 프로그램의 전반적인 취지에 위반되는 것은 아닌지 확인해야 한다. Scheuermann과 Webber(1996)는 수준 체계에 통합된 토큰경제와 다른

프로그램은 개별화되어야 하며, 보다 성공적인 통합 프로그램을 실행하기 위해서는 자기관리 기술도 포함해야 한다고 제안했다.

 ## 집단유관

지금까지는 주로 개인의 행동변화를 위해 강화유관을 어떻게 적용할 것인가에 초점을 맞추었다. 하지만 최근 연구들은 이러한 유관을 집단에 적용할 수 있는 방법을 소개하고 있으며, 그 결과 여가 활동(Davis & Chittum, 1994)이나 학교 적용(Skinner, Skinner, Skinner, & Cashwell, 1999), 교실(Brantley & Webster, 1993; Kelshaw-Levering, Sterling-Turner, Henry, & Skinner, 2000; Skinner, Cashwell, & Skinner, 2000), 놀이터(Lewis, Powers, Kelk, & Newcomer, 2002)에서 사용되는 집단유관에 대한 행동분석가의 관심이 높아졌다. 다양한 응용 사례는 집단유관이 적절하게 관리되었을 때 많은 사람들의 행동을 동시에 바꿀 수 있는 효과적이며 실용적인 접근이 될 수 있음을 보여 준다(Stage & Quiroz, 1997).

집단유관의 정의

집단유관(group contingency)이란 공통된 결과물(꼭 그래야 하는 것은 아니지만 대개 이 결과물은 강화로 기능할 보상임)이 집단 참가자 중 1명, 몇 명, 또는 전체의 행동에 유관되는 경우를 말한다. 집단유관은 종속 집단유관, 독립 집단유관, 상호 의존적 집단유관으로 나눌 수 있다(Litow & Pumroy, 1975).

집단유관의 논리 및 장점

응용 세팅에서 집단유관을 사용하는 이유는 다양하다. 첫째, 시행 시간을 줄일 수 있다(Skinner, Skinner, Skinner, & Cashwell, 1999). 참가자 한 사람 한 사람에게 결과물을 반복적으로 주는 대신 하나의 결과를 집단 내 모든 참가자에게 적용할 수 있다. 논리적으로 이는 치료사가 해야 할 일에 대한 부담을 줄일 수 있음을 뜻한다. 연구들은 집단유관이 행동변화에 효과적임을 보여 준다(Brantley & Webster, 1993). 집단유관 시행에 요구되는 치료사의 수 또는 시간이 비교적 적기 때문에 효과적이고 경제적이다.

또 하나의 장점은 개인유관이 실용적이지 않을 때 집단유관을 활용할 수 있다는 것이다. 예를 들어, 일부 학생의 방해 행동을 감소시켜야 하는 교사의 경우, 학생 개개인에게 개인유관을 실행한다는 것은 어려운 과제일 수 있다. 특히 개별 학생의 강화 역사에 대한 지식이 한정되어 있는 임시교사의 경우, 다양한 행동, 세팅 또는 학생에게 적용될 수 있는 집단유관이 실용적인 대안이 될 수 있다.

심각한 수준의 방해 행동과 같은 문제행동은 신속한 해결책이 필요한데, 이 경우에도 집단유관을 시행할 수 있다. 이때 치료사는 집단유관을 사용해 방해 행동을 신속히 줄일 뿐 아니라 그 외 적절한 행동을 높이는 데에도 관심이 있을 수 있다(Skinner et al., 2000).

더 나아가 치료사는 또래 영향(peer influence)이나 또래 모니터링(peer monitoring)에 집단유관을 사용할 수 있다. 이런 유형의 유관에서는 또래가 행동변화에 중요한 역할을 한다(Gable, Arllen, & Hendrickson, 1994; Skinner et al., 1999). 물론 사람에 따라 또래로부터 받는 압력이 해로울 수 있다. 그런 상황이라면 희생양이 되는 개인에게 부정적인 효과가 나타날 수도 있다(Romeo, 1998). 하지만 유관 요소를 무작위로 구성한다면 부정적 혹은 유해한 영향을 최소화할 수 있다(Kelshaw-Levering et al., 2000; Poplin & Skinner, 2003).

치료사는 집단 내에서 긍정적인 사회적 상호작용 및 긍정적인 행동을 촉진하기 위해 집단유관을 만들 수 있다(Kohler, Strain, Maretsky & DeCesare, 1990). 예를 들어, 교사가 장애 학생 1명을 위해 또는 장애 학생의 집단을 위해 집단유관을 사용한다고 가정하자. 이때 교사는 장애 학생을 일반교실에 통합시켜 장애 학생 1명 이상의 수행에 따라 교실 전체가 자유 시간을 받도록 하는 방법을 사용할 수 있다.

독립 집단유관 응용

독립 집단유관(independent group contingency)은 유관이 집단 전체에 소개되지만 기준을 달성한 구성원에게만 강화가 주어지는 제도를 말한다(그림 12.9 참조). 독립 집단유관은 유관계약 및 토큰 강화 프로그램과 함께 결합되는데, 그 이유는 이 프로그램에선 집단 내 다른 구성원의 수행과는 상관없이 강화 계획을 적용할 수 있기 때문이다.

Brantley와 Webster(1993)는 일반학급에서 4학년 학생 25명의 방해 행동을 감소시키기 위해 독립 집단유관을 사용했다. 과제 외 행동, 큰 소리 내기, 자리에서 벗어나기 등 이 세 가지 행동에 관한 자료를 수집한 후 교사는 집중하기, 말하기 전 선생님의 허락받기, 자리에 앉아 있기 등 세 가지 규칙을 소개했다. 지정된 관찰 시간 동안 각 학생이 칠판에 적힌 자신의 이름 옆에 체크 표시를 받을 수 있도록 독립 집단유관을

적용했다. 각 학생은 적절하거나 사회 지향적인 행동을 보일 때 자신의 이름 옆에 체크 표시를 받았다. 강화를 받을 수 있는 기준을 주 5일 중 4일 동안 표시 4개에서 6개로 점차 늘려 나갔다.

8주 후 전반적인 방해 행동(예 : 과제 외 행동, 큰 소리 내기, 자리에서 벗어나기) 총횟수가 70% 이상 감소되었으며, 몇 가지 과제 외 행동(예 : 손으로 다른 사람 방해하기)은 완전히 없어졌다. 교사는 이 접근 방법에 만족했으며 부모는 학교에서 아이들에게 적용한 절차에 만족한다고 보고했다. Brantley와 Webster(1993)는 다음과 같은 결론을 내렸다.

> 독립 유관을 통해 관찰되는 시간뿐 아니라 학생이 따라야 할 규칙을 제시하였다. 동시에 행동을 기능적으로 정의하고, 객관적으로 관찰하며, 행동 기준을 제시함으로써 교사의 기대치를 명확히 전달했다. 이로써 독립 유관은 학생에게 행동의 틀을 명확히 제공했다고 할 수 있다. (p. 65)

종속 집단유관 응용

종속 집단유관(dependent group contingency)에서 강화는 집단 내 한 학생 또는 일부 학생의 수행에 따라 주어진다. 그림 12.10은 종속 집단유관을 3요인 유관의 맥락에서 설명한다. 유관은 다음과 같이 작용한다. 개인(또는 집단 일부)의 행동이 주어진 특정한 기준을

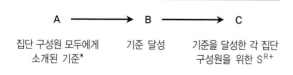

* (예 : "금요일 시험 시 10단어 중 9단어를 정확히 철자하는 학생은 각각 보너스 점수 10점을 받게 된다.")

| **그림 12.9** | 독립 집단유관

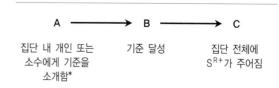

* (예 : "2번 책상에 있는 모든 학생들이 수학 과제를 끝내면 교실 전체에 5분간의 자유 시간을 준다.")

| **그림 12.10** | 종속 집단유관

달성하면 집단 전체가 강화를 받는다. 수행이 기준을 달성하지 못하면 강화제를 받지 못한다. 개인 또는 집단 일부로 인해 교실 전체가 보상을 받게 될 때, 이와 같은 유관을 **영웅 절차**(hero procedure)라 부르기도 한다. Kerr와 Nelson(2002)은 집단유관에서는 목표 학생의 행동 개선을 통해 전체 학생이 보상을 받기 때문에 학생들 간의 긍정적인 상호작용을 촉진한다고 했다.

Gresham(1983)은 집에서 적용된 유관에 대한 보상을 학교에서 받게 하는 종속 집단유관을 시행했다. 이 연구의 참가자는 8세 남자 아동 빌리였는데 빌리는 집에서 심각한 수준의 파괴 행동(예 : 불 지르기, 가구 부수기)을 보였다. 집단유관을 시행하면서 빌리가 집에서 파괴적인 행동을 보이지 않는 날마다 일일 성적표에 칭찬 마크를 하나씩 주었다. 이 칭찬이 적힌 일일 성적표로 빌리는 다음 날 학교에서 주스, 휴식, 또는 토큰 5개로 교환할 수 있었다. 빌리가 칭찬 성적표를 다섯 번 받게 되면 교실 전체는 파티를 할 수 있었으며, 그때 빌리는 파티의 주최자 역할을 맡았다. Gresham은 종속 집단유관을 통해 파괴적인 행동 횟수가 감소되었다고 보고했으며, 그의 연구는 처음으로 학교-집 세팅을 결합하여 종속 집단유관을 응용한 사례로 알려졌다.

Allen, Gottselig와 Boylan(1982)은 종속 집단유관을 흥미롭게 변형시켜 사용하였다. 이 연구의 참가자는 초등학교 3학년 학생 29명 중 방해 행동을 보이는 8명이었다. 개입 첫날 교사는 손 들기, 자리 벗어나기, 다른 학생 방해하기, 도움 요청하기에 대한 규칙을 소개하고 설명했다. 수학과 영어 시간 중 이 학생들의 방해 행동이 5분 간격으로 측정되었고, 5분 동안 방해 행동이 줄어들면 그에 유관하여 교실전체의 쉬는 시간이 1분이 추가되었다. 5분 간격 내에 방해 행동이 발생하면 교사는 방해 행동을 보인 학생에게 주의를 주고(예 : "제임스, 넌 지금 수지를 방해했다."), 5분

간격을 다시 처음부터 시작했다. 또한 누적 시간을 모든 학생이 볼 수 있도록 칠판에 공개했다. 연구의 결과는 종속 집단유관으로 방해 행동이 감소했음을 보여 주었다.

상호 의존적 집단유관

상호 의존적 집단유관(interdependent group contingency)이란 집단의 구성원 전체가 유관 기준을 달성해야만(개인으로서 그리고 집단으로서) 보상을 받을 수 있는 유관이다(Elliot, Busse, & Shapiro, 1999; Kelshaw-Levering et al., 2000; Lewis et al., 2002; Skinner et al., 1999; Skinner et al., 2000). 상호 의존적 집단유관은 동료 압력(peer pressure)과 집단 응집성(group cohesiveness)을 이용하여 학생들이 공통된 목표를 달성하도록 요구하며, 이론적으로 종속 혹은 독립 집단유관에 비해 부가적인 이점을 지닌다.

일부 또는 모든 유관 요소를 무작위로 배열하여 종속 집단유관과 상호 의존적 집단유관의 효과를 높일 수 있다(Poplin & Skinner, 2003). 즉 무작위로 선정된 학생, 행동, 또는 강화제를 유관목표로 삼는 것이다(Kelshaw-Levering et al., 2000; Skinner et al., 1999). Kelshaw-Levering과 동료들(2000)은 보상만 무작위로 선택하거나 유관의 다양한 요소(예 : 학생, 행동, 또는 강화제)를 보상과 함께 무작위로 결합하면 방해 행동을 효과적으로 감소시킬 수 있다는 것을 보여 주었다.

절차상 상호 의존적 집단유관은 (a) 집단 전체가 기준에 달성했을 때, (b) 집단이 집단 평균 기준을 달성했을 때, 또는 (c) 좋은 행동 게임(Good Behavior Game)이나 좋은 학생 게임(Good Student Game)의 결과를 바탕으로 하여 실행할 수 있다. 상호 의존적 집단유관은 항상 '전부 혹은 전무(all or none)'의 법칙을 따른다. 즉 학생 모두가 보상을 받지 못하면 그 누구도 받을 수 없다는 것이다(Poplin & Skinner, 2003). 그림

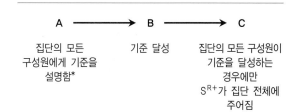

집단의 모든
구성원에게 기준을
설명함*

기준 달성

집단의 모든 구성원이
기준을 달성하는
경우에만
S^{R+}가 집단 전체에
주어짐

* (예 : "우리 교실이 견학을 가려면 이번 학기의 여섯째 주까지 모든 학생들이 과학 프로젝트 중 최소 4개를 제출해야 한다.")

| **그림 12.11** | 상호 의존적 집단유관

12.11은 상호 의존적 집단유관을 3단계 유관으로 설명했다.

집단 전체가 기준을 달성한다

Lewis와 동료들(2002)은 초등학교 학생들이 놀이터에서 보이는 문제행동을 감소시키기 위해 전 집단의 기준 달성이라는 변형된 형태의 유관을 사용했다. 놀이터 문제행동을 교사가 평가한 후, 교실과 놀이터에서의 사회 기술 훈련을 집단유관과 결합했다. 이 훈련을 통해 학생들은 친구와 어울리고 협동하며 서로에게 친절하게 대할 수 있는 방법을 배웠다. 집단유관 실행 동안 학생들은 자기 팔목에 팔찌처럼 찰 수 있는 고무 밴드를 받았다. 휴식 시간이 끝나면 학생들은 선생님 책상 위에 놓인 통 안에 고리를 넣었다. 이 통이 고리로 꽉 차면 집단 전체가 강화제를 얻을 수 있었다. 그림 12.12는 하루에 주어지는 3회의 휴식 시간에 걸쳐

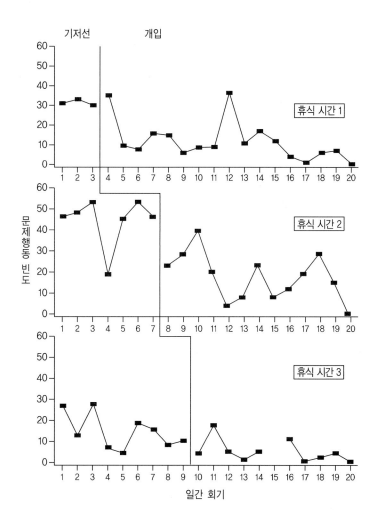

| **그림 12.12** | 휴식 시간 동안 발생한 문제행동 빈도. 휴식 시간 1은 2학년과 4학년 학생들, 휴식 시간 2는 1학년과 3학년 학생들, 휴식 시간 3은 5학년과 6학년 학생들에 대한 행동기록. 유치원생들은 휴식 시간 1과 휴식 시간 2 동안 놀이터에 있었다.

출처 : "Reducing Problem Behaviors on the Playground: An Investigation of the Application of School-Wide Positive Behavior Supports" by T. J. Lewis, L. J. Powers, M. K. Kelk, and L. L. Newcomer, 2002, *Psychology in the Schools, 39*(2), p. 186. Copyright 2002 by Wiley Periodicals, Inc. Reprinted by permission of John Wiley & Sons Inc.

시행된 사회 기술 훈련과 집단유관 개입의 결과를 보여 준다.

집단 평균 내기

Baer와 Richards(1980)는 초등학생 5명의 수학 및 영어 성적을 개선하기 위해 집단의 평균을 기준으로 상호 의존적 집단유관을 사용했다. 목표 학생 5명을 포함한 전체 학생 10명에게 학급의 평균 점수가 그 전주의 평균보다 1점씩 증가할 때마다 휴식 시간을 1분씩 늘려 주겠다고 약속했다. 더불어 동일한 내용을 설명하는 계약서를 학생들에게 나눠 주었다. 추가 휴식 시간은 그다음 주 내내 적용되었다. 예를 들어, 교실의 평균 점수가 전주에 비해 3점 올라갔다면 교실 전체가 그다음 주 내내 휴식 시간을 3분 더 얻게 되는 것이다. 이 연구는 22주간 지속되었고, 집단유관이 실행되는 동안 모든 학생들의 점수가 개선되었다. 또한 일화 자료는 연구가 실시되는 동안 모든 학생들이 이에 참여했으며 추가 휴식 시간을 받았다는 것을 보여 준다.

좋은 행동 게임

Barrish, Saunders, Wolf(1969)는 상호 의존적 집단유관을 설명하기 위해서 학급을 둘 이상의 팀으로 나누어 좋은 행동 게임을 실시하였다. 게임 시작에 앞서 교사는 학생들에게 게임이 끝났을 때 표시를 가장 적게 받은 팀에게 특권을 줄 것이라고 설명했다. 또한 정해 놓은 표시 횟수보다 적은 양의 표시를 받는 팀 역시 특권을 받을 수 있다고 설명했다(DRL 계획). 연구들은 이와 같은 전략이 교실 전체의 방해 행동을 감소시키는 데 효과적임을 보여 준다. 수학 또는 영어 수업 도중 큰 소리로 말하기와 자리에서 일어나기 등에 DRL을 적용하였다. 게임 조건이 적용되지 않았을 때 훨씬 높은 빈도로 방해 행동이 발생했다(그림 12.13 참조).

좋은 행동 게임에서 교사는 바람직하지 않은 행동을 관찰하고 기록하는 데 초점을 맞추며, 허용된 기준보다 낮은 빈도의 문제행동을 보인 팀에 강화를 준다. 좋은 행동 게임의 장점은 팀 내, 그리고 기저선에 대한 경쟁은 있지만 팀 간의 경쟁은 없다는 것이다.

좋은 학생 게임

좋은 학생 게임에서는 상호 의존적 집단유관(좋은 행동 게임과 동일하게)을 자기관리 방법과 결합한다(Babyak, Luze, & Kamps, 2000). 좋은 학생 게임은 문제행동이 발생하는 자습 시간에 사용할 수 있게 만들어졌다. 교사는 (a) 목표행동을 선택하고, (b) 목표 및 보상을 정하며, (c) 단체 관찰 또는 개인 관찰(혹은 둘 다)이 가능할지 결정한다.

학생들은 연쇄 지시를 통해 좋은 학생 게임을 연습한다. 교사는 학생들을 4명 또는 5명 단위의 집단으로 나누고 목표행동을 정한 후, 적절한 예시와 부적절한 예시를 보여 준다. 이때 1명 이상의 학생이 자기 자신 또는 집단의 수행을 기록한다. 표 12.2는 좋은 학생 게임과 좋은 행동 게임 간의 차이를 보여 준다. 이 두 방법은 목표행동, 보상 분배, 피드백에서 차이가 있다.

집단유관 수행

모든 행동변화 절차가 그렇듯이 집단유관의 수행에도 많은 준비가 필요하다. 집단유관을 응용하기 전과 시행 중에 따라야 할 여섯 가지 지침을 아래에 소개했다.

효과적인 보상을 선택하라

집단유관에서 가장 중요한 점의 하나는 결과물의 강도이다. 강화제는 효과적인 보상으로 작동할 수 있을

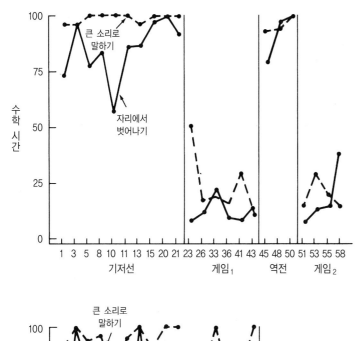

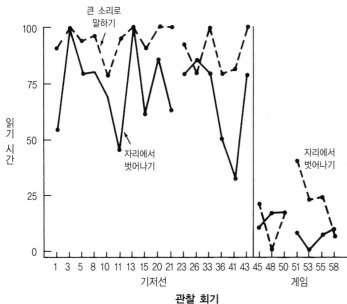

| **그림 12.13** | 학생수가 24명인 4학년 반에서 수학과 영어 수업 중 1분 동안 발생한 큰 소리로 말하기 및 자리에서 벗어나기 행동의 백분율

출처 : "Good Behavior Game: Effects of Individual Contingencies for Group Consequences on Disruptive Behavior in a Classroom" by H. H. Barrish, M. Saunders, and M. M. Wolf, 1969, *Journal of Applied Behavior Analysis, 2*, p. 122. Copyright 1969 by the Society of the Experiment Analysis of Behavior, Inc. Reprinted by permission.

만큼 강도가 높아야 한다. 가능하면 일반화된 조건 강화제나 강화제 목록을 사용할 것을 권장한다. 이런 점들은 유관을 개별화하여 유관의 힘, 유연성, 응용성을 함께 증가시킨다.

변화시킬 행동과 영향을 받을 법한 모든 부수적인 행동을 명시하라

발달장애 학생의 학업 개선에 수반하여 교실 전체에 휴식 시간을 10분 추가하는 종속 집단유관을 실시한다고 가정하자. 당연히 교사는 장애 학생들의 학업 수행에 대한 자료를 수집할 것이다. 하지만 그 외에도 교실 내외에서 발생하는 장애 학생과 다른 학생 간의 긍정적인 상호작용의 빈도 자료로 수집할 필요가 있다. 발달장애 학생이 다른 학생들에게 받는 긍정적인 관심과 격려는 집단유관 사용의 추가적인 장점이기 때문이다.

표 12.2 좋은 행동 게임과 좋은 학생 게임의 요소

요소	좋은 행동 게임	좋은 학생 게임
구성	팀 참여	팀 또는 개인 참여
관리	교사가 행동을 감시하고 기록함	학생들의 자기관찰 및 자기행동 기록
목표행동	행동을 규칙 위반 또는 규칙 준수로 부름	행동을 규칙 준수로 부름
기록	규칙 위반이 발생하면 교사가 이를 기록함	변화 간격 계획에 따른 규칙 따르기 행동을 학생들이 기록함
강화 체계	정적	정적
강화 기준	팀은 지정된 규칙 위반 행동 수를 넘으면 안 됨	개인 또는 집단은 정해진 규칙 따르기 행동의 백분율을 달성하거나 그것을 넘김
강화 전달	집단 수행에 따름	개인 또는 집단 수행에 따름
피드백	규칙 위반 행동 시 교사가 피드백을 제공함	교사가 간격을 두고 피드백을 제공함, 게임 실행 시 칭찬과 격려로 긍정적인 행동을 강화함

출처 : "The Good Student Game: Behavior Management for Diverse Classrooms" by A. E. Babyak, G. J. Luze, and D. M. Kamps, 2000, *Intervention in School and Clinic, 35* (2), p. 217. Copyright 2000 by PRO ED, Inc. Reprinted by permission.

적절한 수행 기준을 세워라

집단유관을 사용할 때 유관이 적용될 대상자들이 특정한 행동에 요구되는 기술을 갖추고 있는지를 우선적으로 확인해야 한다. 선행 요구 기술이 없는 학생들은 기준에 도달하지 못할 것이며 비웃음 또는 학대의 대상이 될 수도 있다(Stolz, 1978).

Hamblin, Hathaway, Wodarski(1971)는 집단의 평균 수행 수준, 높은 수행 수준, 또는 낮은 수행 수준에 의거하여 집단유관 기준을 정할 수 있다고 설명하였다. 평균 수행 집단유관에서는 집단의 평균 성과를 계산하여 그 평균 점수와 같거나 높은 점수를 달성할 경우 강화를 한다. 수학 문제의 평균 점수가 문제 20개를 정확하게 푸는 것이라면 그 이상의 점수를 받게 될 때 보상을 받는 것이다. 높은 수행 집단유관에서는 보상을 받기 위해 달성해야 하는 수행 수준을 높은 점수로 정한다. 철자 시험에서 95점이 높은 점수였다면 95점을 달성한 학생들만이 보상을 받을 수 있다. 낮은 수행 집단유관에서는 낮은 수행 점수를 기준으로 강화제가 제공된다. 사회 시험에서 C가 낮은 점수였다면 C 이상의 점수를 받은 학생들만 강화제를 받는다.

Hamblin과 동료들(1971)은 위와 같은 수행 유관이 차별적인 효과를 가진다고 주장했다. 이들은 일부 학생들은 높은 수행 유관에서 좋지 않은 성과를 보이는 반면, 능력있는 학생들은 이 유관에서 가장 좋은 성과를 보였다고 보고한다. Hamblin과 동료들의 자료는 집단유관이 행동 개선에 효과적일 수 있으나 그룹 구성원에 따라 다른 효과를 볼 수 있다는 것을 인지하고 그에 따라 적용해야 함을 시사한다.

다른 절차와 결합하는 것이 적절한 경우 그렇게 하라

LaRowe, Tucker와 McGuire(1980)에 의하면 성과를 체계적으로 변화시키기 위해 집단유관을 독립적으로 또는 다른 절차와 결합하여 사용할 수 있다. LaRowe와 동료들의 연구는 한 초등학교 교내 식당의 지나친 소음 감소를 목표로 설계되었다. 이들의 자료는 집단유관에 감소된 행동 비율에 따라 차별화된 강화제를 주는 과정(DRL, 저비율 차별강화)을 포함할 수 있음을 보여 준다. 높은 수준의 단체 행동 수행이 바람직한 경우 높은 행동 비율에 대해 차별화된 강화제를 제공하는 과정(DRH, 고비율 차별강화)을 집단유관에 결합할 수 있다. DRL나 DRH의 경우, 기준 변동 설계를 사용하면 치료 효과 분석이 더 용이하다.

가장 적절한 집단유관을 선택하라

어떤 집단유관을 사용할지는 치료사, 부모(적용 가능한 경우), 참가자들이 프로그램을 통해 달성하고자 하는 목표가 무엇인지에 따라 결정되어야 한다. 예를 들어, 개인 또는 집단 내 일부 학생의 행동 개선을 위한 집단유관을 설계한다면 종속 집단유관을 적용하는 것이 좋다. 치료사가 적절한 행동을 차별화된 방식으로

강화하고 싶다면 독립 집단유관을 고려한다. 하지만 치료사가 집단의 각 구성원 모두가 어느 특정 수준의 수행에 달성하길 원한다면 상호 의존적 집단유관을 선택해야 할 것이다. 어떤 집단유관을 선택하든 반드시 제15장에 논의되는 윤리적인 문제를 고려해야 한다.

개인 수행 및 집단 수행을 모두 관찰하라

집단유관의 경우 치료사는 집단과 개인의 성과 모두 관찰해야 한다. 전반적인 집단 수행에는 개선이 보이지만 개별적으로는 개선이 이뤄지지 않거나 집단 수행의 개선 속도에 뒤처지는 구성원이 있을 수도 있기 때문이다. 일부 집단 구성원들이 집단유관을 방해하려고 시도할 수도 있는데, 이 경우 집단 전체의 강화 달성이 방해를 받게 되므로 방해자에게 집단유관에 결합한 개인유관을 제공해야 할 것이다.

 요약

유관계약

1. 유관계약(또는 행동계약)이란 특정 행동의 완성과 특정 보상(예 : 자유 시간, 점수, 또는 선호하는 활동을 접할 수 있거나 받는 것) 간의 유관관계를 명시하는 문서이다.

2. 모든 계약은 다음의 주요 3요소를 포함한다—과제에 대한 기술(description), 보상에 대한 기술, 과제 기록. 과제에 대해 기술할 때 '누가, 무엇을, 언제, 얼마나 잘'을 명시해야 한다. 보상과 관련된 기술에는 '누가, 무엇을, 언제, 얼마큼'을 명시한다. 과제 기록에서는 계약의 진행을 기록하며, 이를 통해 중간 보상을 제공할 기회를 마련한다.

3. 계약의 시행은 관련된 정적 · 부적 강화제와 개별

적 · 통합적으로 작동하는 규칙 지배 행동을 포함한 복합적인 개입 패키지로 구성된다.

4. 계약 맺기는 교실, 집, 상담 세팅에서 널리 사용되고 있다.

5. 계약은 또한 학생들에게 자기관리를 가르치기 위해 사용된다.

6. 자기관리란 개인이 자기 자신과 맺는 유관계약으로 자신이 선택하는 과제, 보상, 과제 완성에 대한 자기감시 및 스스로에게 보상을 주는 것을 포함한다.

토큰경제

7. 토큰경제는 다음의 세 가지 요소를 포함하는 행동변화 체계를 말한다. (a) 강화될 목표행동을 특

정짓는 목록, (b) 참가자가 목표행동을 하면 받게 되는 토큰 또는 점수, (c) 참가자가 얻은 토큰을 사용하여 교환할 수 있는 항목, 활동, 특권, 지원 강화제를 나열한 목록.

8. 토큰은 다양한 지원 강화제와 짝지어져 있기 때문에 일반화된 조건 강화제로 기능한다.

9. 수준 체계는 토큰경제 중 하나로서, 참가자의 목표행동에 대한 특정 수행 기준 달성여부에 유관하여 수준이 올라가거나 내려가게 된다.

10. 토큰경제 설계의 여섯 가지 기본 단계는 다음과 같다. (a) 교환 수단으로 사용될 토큰을 선택한다. (b) 목표행동과 규칙을 정한다. (c) 지원 강화제의 목록을 선정한다. (d) 교환 비율을 정한다. (e) 토큰이 언제, 어떻게 교환될 것인지를 정하고, 토큰을 얻기 위한 기준이 충족되지 않을 경우 어떤 결과가 있을지 구체적으로 보여 주는 절차를 작성한다. (f) 실제 시행에 앞서 필드 실험을 실행한다.

11. 토큰경제를 시행할 때 토큰체계를 어떻게 시작하고, 어떻게 시행할 것이며, 어떻게 유지, 평가, 제거할 것인지에 대한 계획을 세워야 한다.

집단유관

12. 집단유관이란 공통적인 결과가 집단의 개인, 소수 집단, 또는 전체 구성원의 행동에 유관되는 것을 말한다.

13. 집단유관은 독립 집단유관, 종속 집단유관, 상호의존적 집단유관으로 분류된다.

14. 치료사의 집단유관 시행에 도움이 되는 여섯 가지 지침은 다음과 같다. (a) 강력한 보상을 선택한다. (b) 변화시킬 행동과 영향을 받을 수 있는 모든 부수적인 행동을 정한다. (c) 적절한 수행 기준을 정한다. (d) 적합할 때 다른 절차와 결합한다. (e) 가장 적절한 집단유관을 선택한다. (f) 개인 수행과 집단 수행을 모두 관찰한다.

제13장

자기관리

주요 용어

반복 연습	자기관찰	자기평가
습관 반전	자기지시	체계적 둔감화
자기관리	자기통제	

BCBA와 BCABA의 행동분석 자격심사위원회

행동분석과제 목록, 제3판

내용 영역 9 : 행동변화 절차

9-27	자기관리 전략 사용

레일린은 건망증이 심해서 해야 하는 것과 하고 싶은 것을 항상 못하곤 했다. 매일 너무 바쁘기만 했다. 그러나 레일린은 자신의 정신없는 삶을 정리하기 시작했다. 예를 들어, 오늘 아침에 옷장 문 안에 붙여 놓은 포스트잇 덕분에 점심 약속에 회색 정장을 입어야 한다는 것을 기억해 냈다. 냉장고의 메모로 완성한 판매 보고서를 사무실에 가져가야 한다는 것을 기억할 수 있었다. 그리고 회색 정장을 잘 차려입고 판매 보고서를 들고 차로 가서 어제 저녁에 운전석에 놓아 둔, 도서관에서 빌린 책 위에 앉았다. 오늘 도서관에 그 책을 반납하면 연체료를 물지 않을 가능성이 크다.

다릴은 석사학위 논문의 마지막 자료를 수집한 지 거의 1년이 지났다. 다릴이 재미있어 하고 중요하다고 생각되는 주제에 대한 괜찮은 연구이지만, 다릴은 논문 쓰는 것이 무척이나 힘들다. 다릴은 하루에 1~2시간씩 자리에 앉아 쓰면 된다는 것을 알고 있지만, 할 일이 너무 많고 어려워 보인다. 다릴은 앉아서 일하는 능력이 회피하는 능력의 반만 되어도 좋겠다고 생각한다.

 어떤 사람은 [자신의 행동을] 자주 그리고 잘 관리하지만, 어떤 사람은 관리를 거의 하지도 않고 잘하지도 못한다(Epstein, 1997a, p. 547). 레일린은 최근에 와서야 자기관리 능력을 습득(자신이 통제하고 싶어 하는 행동의 빈도를 바꾸는 것)했고, 날아갈 것 같은 기분을 느낀다. 자기관리가 절대로 필요한 다릴은 시간이 갈수록 더 괴로워지고 있다. 이 장에서는 자기관리를 정의하고, 유용성을 살펴보고, 자기관리 기술을 가르치고 배우는 이점을 논하고, 다양한 자기관리 방법을 설명하고, 성공적인 자기관리 프로그램을 실행하는 지침을 제공한다. 행동의 통제자로서 자신의 역할에 대한 논의로 시작해 보자.

 ## 행동의 통제자로서의 '나'

혁신적 행동주의는 행동의 원인을 환경에서 찾을 수 있다는 개념을 근간으로 한다(Skinner, 1974). 인간 진화의 역사에서 종의 유지를 위해 선택된 행동의 원인은 세대를 거쳐 전달된다. 또 다른 행동의 원인은 개인의 일생에 걸쳐 행동과 환경의 상호작용을 통한 강화 유관이다. 그렇다면 여기서 나는 어떤 역할을 하는가?

통제 위치 : 행동의 내적 혹은 외적 원인

어떤 행동의 직접 원인은 그 행동이 발생한 사건을 관찰하면 분명해진다. 엄마가 우는 아이를 안아서 달래 주자 아이가 울음을 멈춘다. 경고 사인을 무시하고 급속도로 달려오는 차를 본 고속도로 용역 근로자가 길가로 몸을 던져 피한다. 낚시꾼이 이전에 고기가 잡혔던 곳을 향해 낚싯대를 던진다. 행동분석가는 위의 예들이 도피, 회피, 긍정적 강화 유관과 관련 있다고 할 것이다. 행동분석가가 아닌 사람은 왜 각 시나리오에서 그 사람이 그렇게 행동했는가에 대한 유심론적 설명(mentalistic explanation)을 하겠지만, 교육이나 이론적 방향에 관계없이, 전문가가 아니거나 대부분의 사람들은 세 가지 예에서 동일한 선행사건(antecedent events; 아기가 우는 것, 차가 달려드는 것, 고기가 미끼를 무는 것)을 기능 변인으로 찾아낼 수 있을 것이다. 이 세 가지 일화의 분석은 바로 전에 생긴 사건이 기능적인 역할—우는 아이와 달려드는 차는 회피나 도피를 불러일으키는 동기 조작이고, 생선이 미끼를 무는 것은 강력한 보상이다—을 함을 잘 보여 준다.

 그러나 많은 인간의 행동은 그렇게 분명한 선행사건에 즉각적으로 따라오지 않는다. 그럼에도 불구하고 우리 인간은 오랫동안 행동 바로 전에 발생했던 사건에 원인이 있다고 생각해 왔다. 1974년에 Skinner는

"우리는 성급하게도 하나가 다른 하나를 뒤따라오면, 처음 것이 나중 것의 원인이라고 간주하는 경향이 있다[고대어 post hoc 혹은 ergo propter hoc(이게 다음에 오니까, 이게 원인)를 따라]고 기술한 바 있다(p. 7)." 우리를 둘러싼 환경에서 원인이 분명하게 즉각적으로 드러나지 않으면 우리는 그 행동의 원인을 내적인 것과 연결시킨다. Skinner는 다음과 같이 설명했다.

우리에게 가장 익숙한 사람은 자기 자신이다. 행동하기 바로 전에 관찰하는 모든 것은 우리 신체 내에서 발생하므로 그것을 행동의 원인으로 간주하기 쉽다. … 감정은 행동의 원인으로 간주되기 쉬운 시점에 발생하므로 오랫동안 감정이 행동의 원인으로 간주되어 왔다. 우리는 다른 사람이 나와 같은 행동을 할 때 나와 비슷하게 느낄 것이라고 간주한다. (pp.7, 8)

왜 어떤 학생은 학기 초부터 공부를 규칙적으로 하는 반면, 그 룸메이트는 모임에 쫓아다니느라 정신이 없을까? 살 빼기나 금연 프로그램에 가입하고 동일한 치료를 받는 사람 중에 왜 어떤 사람은 자기가 세운 목표에 도달하지만 어떤 사람들은 그렇지 못할까? 왜 재능이 별로 없는 고등학교 농구 선수가 재능을 가진 동료 선수들보다 더 잘할까? 열심히 공부하는 학생은 노력하지 않는 룸메이트보다 의지력이 강하다고 믿는다. 살을 빼거나 금연을 한 사람들은 목표에 도달하지 못했거나 중도 탈락자보다 갈망이 더 컸다고 본다. 재능 없는 선수가 좋은 경기를 보이면 그 선수의 동기가 높았기 때문이라고 생각한다. 일부 이론은 의지력, 갈망, 동기와 같은 가설적인 개념으로 원인을 설명하지만 이런 설명적 허구는 순환적인 추론을 만들고, 우리가 설명하고자 하는 행동을 이해하는 데 전혀 도움이 되지 못한다.[1]

---

1) 설명적 허구와 순환적 추리는 『응용행동분석』(상) 제1장과 제6장에서 다루었다.

Skinner의 자기통제에 대한 두 가지 반응 개념화

Skinner는 처음으로 혁신적 행동주의의 철학과 이론을 자기통제 행동에 적용했다. Skinner는 고전으로 간주되는 저서인 『과학과 인간행동(Science and Human Behavior)』(1953)에서 한 장(章)을 모두 자기통제에 할애했다.

사람이 스스로를 통제하고, 행동을 결정하고, 문제에 대한 해결책을 고안하고, 자기지식을 향상하려고 노력할 때, 행동한다고 할 수 있다. 행동의 기능에 대한 조작을 통해 다른 사람의 행동을 통제하는 것과 같은 방식으로 자신의 행동을 통제한다. 이 행동은 분석의 대상이며, 자신 밖에 있는 변인에 의해 설명된다. (pp. 228~229)

Skinner(1953)는 **자기통제**를 2요인 현상으로 개념화했다.

하나의 반응(통제하는 반응)은 다른 행동(통제되는 반응)의 가능성을 변화시켜 변인에 영향을 준다. 통제하는 반응은 통제되는 반응이 기능으로 작동하는 변인은 무엇이나 조작한다. 따라서 자기통제에는 매우 다양한 형태가 있다. (p. 231)

Skinner(1953)는 신체적 구속(예 : 하품하는 것을 숨기기 위해 손으로 입 가리기), 선행사건 변화(예 : 과식을 방지하기 위해 사탕 상자를 보이지 않는 곳에 놓기), 다른 일 하기(예 : 특정 주제를 피하기 위해 다른 주제에 대해 말하기) 등 다양한 자기통제 기술의 예를 보여 주었다. Skinner 이후로 다양한 자기통제 기술의 분류와 체계가 소개되었다(예 : Agran, 1997; Kazdin, 2001; Watson & Tharp, 2007). 자기통제 혹은 자기관리 기술은 두 가지 행동에 의해 조작화된다―(a) 변하기 원하는 목표행동(Skinner의 통제된 반응)과, (b) 목표행동을 통제하기 위해 행하는 자기관리 행동(Skinner

의 통제하는 반응). 다음 표를 보자.

목표행동	자기관리 행동
값싼 물건을 사는 대신 저금하기	자동 급여 이체 시스템에 가입하기
금요일 아침 쓰레기 수거에 대비해 목요일 밤 쓰레기와 재활 가능한 깡통을 쓰레기통에서 꺼내 쓰레기장에 버리기	목요일 아침에 일을 나갈 때 차를 빼고 쓰레기와 재활 가능한 깡통을 저녁에 차를 세울 주차 공간에 두기
매일 저녁 30분간 자전거 타기	자전거 탄 시간에 대한 그래프를 만들어 매일 아침 직장 동료에게 보여 주기
20쪽짜리 보고서 쓰기	(1) 전체 개요를 잡고, 4쪽 분량 5개로 나눈다. (2) 각 파트에 대한 마감일을 정하고, (3) 자기가 싫어하는 조직 앞으로 5개의 10달러짜리 수표를 만들어 룸메이트에게 준다. (4) 마감일에 룸메이트에게 완성된 보고서를 보여 주고, 10달러짜리 수표를 돌려받는다.

자기관리의 정의

자기관리에는 신비한 것이 없다.[2] 앞서 언급한 예들이 보여 주듯이 어떤 사람이 자신의 다른 행동에 영향을 주기 위해 행하는 행동이다. 그러나 그 사람이 매일 행하는 반응은 다른 행동의 빈도에 영향을 준다. 칫솔에 치약을 짜면 곧 양치질을 할 가능성이 커진다. 하지만 그것을 '자기관리'로 보진 않는다. 어떤 행동을 자기관리라고 부르는가? 자기관리와 다른 행동을 어떻게 구분할 것인가?

자기통제나 자기관리에 대해 무수히 많은 정의가 있는데 대부분은 Thoresen과 Mahoney(1974)의 정의와 유사하다. 자기통제란 직접적인 외부 통제가 약한

---

2) 자기관리는 전혀 새롭지 않다. Epstein(1997)이 지적했듯이 Skinner가 기술한 많은 자기통제 기술은 고대 그리스 · 로마 철학자들이 기술했고, 여러 종교의 가르침에도 나타나 있다(예 : Bolin & Goldberg, 1979; Shimmel, 1977, 1979).

상태에서 어떤 사람이 자신의 행동을 통제하기 위해 그것 대신 다른 행동을 하는 경우를 말한다. 예를 들어, 어떤 사람이 집에서 혼자 있을 시간이나 자신이 하고 싶은 것은 무엇이든 할 수 있는 '자유 시간'에 매일 먹던 땅콩과 맥주를 참고 20분간 자전거를 탔다면, 그 행동을 자기통제라 할 수 있다. Thoresen과 Mahoney 같은 학자들은 즉각적이고 분명한 외적 사건이 통제하는 반응을 하거나 행동이 강화되는 경우는 자기통제라 부르지 않았다. 아내가 과식하지 말라고 상기시켜 주고 자전거 타는 것을 칭찬하며 운동 시간과 거리를 기록하게 했다면 남편이 자기통제를 하고 있다고 볼 수 없다.

그러나 남편이 아내에게 운동을 상기시켜 주고 칭찬해 주고 기록해 달라고 부탁하는 경우는 어떤가? 남자가 자기통제를 하고 있다고 볼 것인가? 자기관리를 '외적 통제'의 부재로만 개념화하면 자신이 변화하고 싶은 행동에 대해 외적 통제를 유관으로 두는 경우를 제외하게 된다. 이렇게 개념화할 때 직면하는 또 다른 문제는 잘못된 방법으로 외적 통제와 내적 통제를 구분하게 만든다는 것이다. 실제로 행동의 원인이 되는 변인은 모두 환경 안에 있다.

Kazdin(2001)은 자기통제를 '사람이 자기가 선택한 결과를 달성하기 위해 의도적으로 행하는 행동(p. 303)'으로 개념화했는데, 이 개념이 응용행동분석 분야에 보다 적절하다. 자기통제는 어떤 사람이 다른 행동을 변화시키기 위해 환경을 변화하게 만드는 특정 행동을 의도적으로 행할 때 발생한다. 자기통제는 어떤 사람이 특정 결과를 얻을 목적으로 어떤 행동(예 : 하루에 피는 담배 개비 수 줄이기)을 만들어 내기 때문에 의도적이다.

자기관리(self-management)는 바람직한 방향으로 행동을 변화시키기 위해 자신에게 행동변화 기법을 적용하는 것으로 정의한다. 이는 넓은 의미의 기능적 정

의이다. 이 정의는 레일린이 다음 날 회색 정장을 입고 나가는 것을 잊지 않기 위해 옷장 문에 메모를 달아 두는 일회적인 자기관리 사건부터, 행동을 변화시키기 위해 1~2개 이상의 유관계획을 세우고 이를 실천하는 보다 복잡한 장기간의 자기지시 행동변화 프로그램까지 모두 포함한다. 이는 기능적인 정의이기도 한데, 자기관리가 효과적임을 보여 주기 위해서는 목표행동이 바람직한 방향으로 변해야 하기 때문이다.

자기관리는 상대적인 개념이다. 자기관리는 행동변화 프로그램에 포함될 수 있고, 자기관리만을 목적으로 프로그램을 고안하고 설계하고 실행할 수 있다. 자기관리는 행동변화 프로그램의 연속선상에 있다. 어떤 사람(예 : 교사, 치료사, 부모)이 다른 사람(예 : 학생, 내담자, 아동)을 통제하려는 목적으로 행동변화 프로그램을 시행하는 경우, 외적요소를 변화시켜 동기조작을 바꾸며, 변별 자극을 조정하고, 반응을 촉진을 하고, 차별적인 결과를 제공하며, 목표행동의 발생과 비발생을 관찰하고 기록한다. 따라서 행동을 변화시키는 프로그램은 어느 정도의 자기관리를 포함하게 마련이다.

개인 수준에서 바람직한 방향으로 행동을 변화시키기 위해 행동변화 기법을 사용하는 것이라고 정의하는 것은 정확하지 않다. 자기관리는 사용한 기법에 따라 정의를 내려야 한다. 자기관리 기법은 3단계 혹은 4단계 유관에서 어떤 요소를 강조하느냐 혹은 어떤 특정 행동 원칙과 유사한가(예 : 자극통제, 강화)에 따라 구별하지만, 모든 자기관리 기법은 다양한 행동 원칙과 관련되어 있다. 그러므로 연구자나 임상가가 자기관리 기법을 기술할 때, 사용한 절차를 상세하게 기술해야 한다. 행동분석가는 자기관리 중재의 효과를 설명할 때 그 효과를 증명하는 실험적 분석 없이 특정 행동 원칙으로 설명해서는 안 된다. 연구를 통해서만 자기관리의 효과를 설명하는 기제에 대해 완전한 이해가 가능하다.[3]

용어 : 자기통제 혹은 자기관리

행동 문헌에서는 자기통제와 자기관리를 구별 없이 사용하고 있지만 어떤 사람이 '후속 행동을 변화시키기 위해 특정하게' 행동하는 것을 지칭할 때는 자기관리가 더 적절한 용어이다(Epstein, 1997, p. 547). 여기에는 세 가지 이유가 있다. 첫째, 자기통제는 개인이 행동을 절대적으로 통제할 수 있음을 가정하기에 오해를 불러일으키는 용어이다(Bringham, 1980). Skinner(1953)는 사람들은 특정 행동의 빈도에 영향을 주는 변인을 조작함으로써 그 행동을 통제할 수 있음을 알고 있으나, 그는 행동 그 자체를 통제하는 것은 그 개인이 환경과 상호작용을 통해 습득한 것이라고 주장했다.

> 사람들은 인생을 설계하느라고 많은 시간을 보낸다 — 조심스럽게 환경을 선택하고, 매일 맞닥뜨리는 환경을 하나하나 계획할 수 있다. 이런 행동은 자기결심의 예로 보일 수 있다. 그러나 이 또한 행동이며, 이 행동을 환경 속에서 다른 변인과 개인의 역사를 이용해 설명할 수 있다. 우리의 행동을 통제하는 것은 바로 이런 변인들이다. (p. 240)

다른 말로 하면, '자기통제'(예 : 통제하는 행동)의 원인은 환경 속에서 개인이 한 경험에서 찾을 수 있다. 원하는 시간에 일어나기 위해(통제 행동) 알람 시계를 맞추는 사람의 예부터 자기통제의 예를 인상 깊게 보여 주는 호메로스의 『오디세이』에 나오는 주요 인물들이 그 예이다. Epstein(1997)은 자기통제의 기

---

3) 행동주의적 관점에서 본 자기통제/자기관리에 대한 다양한 견해는 Brigham(1983), Catania(1975, 1976), Goldiamond(1976), Hughes & Lloyd(1993), Kanfer and Karoly(1972), Malott(1984, 1989, 2005a, b), Nelson and Hayes(1981), Newman, Buffington, Hemmes, and Rosen(1996), Rachlin(1970, 1974, 1995), Watson and Tharp(2007)를 참조하라.

원을 다음과 같이 기술했다.

다른 조작과 마찬가지로 여러 방법(지시, 모델링, 조형, generative process)을 통해 [통제하는] 행동이 발생했을 수 있다(Epstein, 1990, 1996). 이 행동의 발생은 스스로 만들어 낸 법칙에 의해 언어적으로 매개되었을 수 있다(예 : "알람 시계를 맞춰 놓으면 아침에 일찍 일어날 수 있어."). 그리고 그 법칙은 여러 가지 요소에 의해 영향을 받아 형성되었을 것이다. 오디세우스는 자신이 사이렌의 노래에 흘려 배를 몰고 가지 않도록(통제되는 변인) 선원들에게 자기를 배 기둥에 묶으라고 했다(통제하는 변인). 이는 자기통제의 훌륭한 예임에 틀림없지만 오디세우스는 카르케의 조언(지시)에 따라 그런 명령을 내렸음을 기억할 필요가 있다. (p. 547)

둘째, 어떤 행동의 원인을 자기통제에 귀인하는 것은 설명적 허구이다. Baum(2005)이 지적했던 것과 같이 **자기통제**는 내 안에 있는 (또 다른) 나를 통제하는 것 혹은 외적 행동을 통제하는 내 안의 내가 있는 것처럼 들린다. 행동분석가들은 그런 관점을 정신주의라고 본다. 대신 사람들이 '자기통제'라고 부르는 행동은 무엇인가?(p. 191) 때로 자기는 마음과 동의어로 사용되며, 고대 용어인 homunculus—외면의 행동을 그대로 설명하도록 행동하는 내면의 자기—와 크게 다르지 않다(Skinner, 1974, p. 121).[4]

셋째, 일반인이나 행동분석가나 모두 **자기통제**를 '만족 지연(delayed gratification)'에 대한 능력을 지칭할 때 사용한다(Mischel & Gilligan, 1964). 조작적 용어로 자기통제는 즉각적이지만 가치가 적은 것을 얻기 위해 행동하기보다는, 지연되었으나 큰 혹은 질 좋은 보상을 얻기 위해 행동하는 것을 말한다(Schweitzer & Sulzer-Azaroff, 1988).[5] 같은 용어를 행동을 변화시키

기 위한 기법뿐 아니라 기법의 결과가 되는 특정 행동을 지칭하는 데 사용하는 것은 혼란스러울 뿐 아니라 논리적으로 옳지 않다. **자기통제**라는 용어를 특정 유형의 행동을 기술하는 데 국한하게 되면 **자기통제**를 종속변인과 독립변인 모두에 사용함으로써 오는 혼란을 막을 수 있다. 이 경우 자기통제는 어떤 행동이 제삼자나 자신에 의해 행해지는 중재법의 결과이건 아니건 상관없이 행동변화 프로그램의 목적이나 결과가 될 수 있다. 그러므로 자기통제를 성취하기 위해 자기관리를 사용할 수 있다.

자기관리의 적용, 장점 및 이점

이 절에서는 네 가지 기본적인 자기관리의 적용법에 대해 다룰 것이며, 자기관리를 하는 사람들이나 이를 가르치는 임상가, 혹은 사회 전체에의 기여점과 장점에 대해 설명할 것이다.

자기관리의 적용

자기관리는 사람들이 자신의 삶을 효과적이고 효율적으로 대처하게 만들어 주고, 나쁜 습관을 좋은 것으로 바꾸고 어려운 과제를 하게 만들며, 목표를 성취하게 해 준다.

하루를 보다 효과적이고 효율적으로 살기

레일린이 메모를 하고 도서관에서 빌린 책을 운전석에 놓았던 예는 건망증이나 조직력 부족을 극복하는

---

4) 초기 생물학 이론에서 'homunculus'는 달걀이나 spermatozoon 안에 있다고 믿었던 사람을 말한다.

5) 자기통제가 부재한 행동을 '충동적'이라고 한다. Neef와 동료들(예 : Neef, Bicard, & Endo, 2001; Neef, Mace, & Shade, 1993), Dixon과 동료들(예 : Binder, Dixon, & Ghezzi, 2000; Dixon et al., 1998; Dixon, Rehfeldt, & Randich, 2003)은 충동성을 평가하고, 인내나 지연된 보상을 통해 자기통제를 가르치는 절차를 개발했다.

데 사용할 수 있는 자기관리의 예이다. 대부분의 사람들은 장을 보러 가기 전에 쇼핑 목록을 만들거나 하루를 조직하는 방법으로 '해야 할 일'을 정리하는 간단한 자기관리 기술을 이용한다. 그러나 자신이 '자기관리'를 사용하고 있다고 생각하는 사람은 드물다. 대다수의 사람들은 자기관리 기술이 상식이라고 생각하지만, 행동의 기본 원리를 이해하는 사람은 그 상식적인 기술을 보다 조직적이고 일관적으로 일상에 적용할 수 있다.

나쁜 버릇 없애고 좋은 버릇 갖기

우리가 좀 더 하기를 원하는 혹은 좀 더 해야 한다고 믿는 많은 행동은 강화의 덫에 걸려 있다. Baum(2005)은 충동성, 나쁜 버릇, 미루기 등은 자연적으로 작동하는 강화의 덫의 산물이라고 했다. 즉각적이나 작은 결과가, 지연되었으나 큰 결과보다 우리의 행동에 더 큰 영향을 준다. Baum은 흡연에 대한 강화의 덫을 다음과 같이 설명한다.

충동적으로 행동하는 것은 작지만 즉각적인 강화를 제공한다. 흡연은 니코틴과 사회 강화(성인처럼 혹은 세련되어 보이는 것)라는 단기보상을 제공한다. 충동 행동은 장기적으로 나쁜 효과를 가져온다. 나쁜 습관이 암, 심장 질환이나 폐기종과 같은 결과를 가져오기까지는 몇 달이나 몇 년이 걸릴 수 있다.

충동성의 대체방법인 금연 역시 단기와 장기적 결과를 산출한다. 단기적으로는 처벌을 받지만(금단현상과 사회적 불편감) 이 처벌은 상대적으로 심하지 않고 오래 가지 않는다. 그러나 금연은 장기적으로 암, 심장 질환과 폐기종의 위험을 줄이고 건강을 증진시킨다. (pp. 191~192)

강화의 덫은 나쁜 버릇을 지속시키고 동시에 장기적으로 도움이 되는 행동을 하지 않게 만드는 두 가지

측면의 유관을 말한다. 유관에 대한 법칙을 알아도 법칙을 따르기는 매우 힘들다. Malott(1984)은 지연되고 축적되며 예측 불가능한 결과를 가져오는 약한 법칙에 대해 서술했다. 따르기 힘든 약한 법칙의 예로는 "금연하는 게 나아. 그렇지 않으면 언젠가 암에 걸려 죽을 거야." 같은 것이다. 잠재적인 결과가 암과 죽음이라는 치명적인 것이어도 그것은 먼 미래이고 언제 일어날지 모르기 때문에(15세부터 하루에 2갑씩 담배를 피워도 85세까지 산 사람을 알고 있다.) 행동 결과로서 효과성이 제한된다. 따라서 위와 같은 법칙은 따르기 어렵다. 담배 한 개비의 영향은 매우 작아서 알아차리지 못할 수도 있다. 폐기종과 폐암은 몇 년 후 몇 천 개비 후에 발생할 수 있다. 한 개비 더 피우는 것이 나쁠까?

자기관리는 강화의 덫이 주는 부정적인 결과를 피하는 한 방법이다. 자기관리 기법을 이용하여 현재 자기파괴 행동을 유지하는 결과에 반하는 즉각적인 유관을 만들 수 있다.

어려운 과제 성취하기

원하는 결과를 '너무 조금씩' 주게 되면 행동을 통제할 수 없다(Malott, 1989, 2005a). 자기관리 문제는 작지만 그래도 의미 있을 정도의 행동이 누적되어 나타난 결과물이기 때문이다.

Malott(2005a)은 우리의 행동이 각 반응의 즉각적 결과에 의해 통제되지 그 결과들의 누적 효과에 의해서 통제되는 것이 아니라고 했다.

반응과 결과 사이의 **자연적인 유관**은 그 결과의 누적 효과가 아무리 크더라도 각 행동의 즉각적인 결과가 너무 작고 보잘것없으면 효과적이지 않을 것이다. 반복된 행동의 결과가 아무리 의미 있어도 각 행동의 즉각적 결과가 보잘것없기 때문에 우리는 스스로의 행동을 관리하

는 데 어려움을 겪는다. 반면 각 행동이 즉각적으로 의미 있는 결과를 가져오는 경우, 결과가 지연되더라도 행동을 관리하는 것이 어렵지 않다.

비만한 사람들은 유관을 설명하는 법칙─반복해서 과식을 하면 뚱뚱해질 것이다─에 대해 알고 있다. 문제는 비만의 법칙을 알고 있는 것이 휘핑크림과 설탕 절인 체리를 얹은 맛있는 아이스크림선디에 대한 유혹을 막아 주지 못한다는 것이다. 왜냐하면 디저트 한입은 문제를 일으키지 않을 것이며, 그리고 분명히 맛이 좋을 것이기 때문이다. 자연적 유관을 기술하는 법칙에 대한 지식으로는 폭식을 통제할 수 없다.

그러나 행동의 결과는 예측 가능하다. 안전벨트를 매지 않는 사람들은 큰 교통사고를 당할 위험이 크다. 안전벨트를 매는 것과 교통사고의 관련성이 매우 높아도 교통사고의 확률이 매우 적기 때문에 안전벨트를 매지 않는 것이다. 그러나 아주 위험한 자동차 경주나 스턴트 쇼에서 차를 몰게 되면 심각한 사고를 당할 확률이 높기 때문에 항상 안전벨트를 할 것이다. (pp. 516~517)

사람들이 담배 한 개비나 아이스크림선디 한 입이 폐암이나 비만과 관련이 있다는 것을 탐지하지 못하는 것처럼, 대학원생인 다릴은 한 문장을 작성하는 것이 석사학위 논문이라는 장기적인 목표에 한 걸음 다가가는 것임을 지각하지 못한다. 다릴은 한 문장은 쓸 수 있지만 우리 모두처럼 시작하는 데 어려움이 있고, 각 반응이 전체 과제에서 눈에 보이는 변화를 가져오지 않기 때문에 어려운 과제를 지속하기가 힘들다. 그래서 미루는 행동을 한다.

이런 수행의 문제에 자기관리를 적용하는 것은 비효과적인 자연 유관과 대립할 수 있는 하나나 그 이상의 유관을 고안하고 적용하는 것이다. 자기관리 유관은 각 반응에 즉각적 혹은 단기적 결과를 가져온다. 이렇게 고안된 결과는 목표 반응의 빈도를 증가시키고 장기적으로는 과제의 완성에 필요한 누적 효과를 창출한다.

개인적인 목표 성취하기

자기관리를 이용해 악기나 외국어 배우기, 마라톤 뛰기나 요가 클래스에 매일 참석하기(Hammer-Kehoe, 2002), 매일 이완훈련하기(Harrell, 2002), 즐거운 음악 듣기(Dams, 2002)와 같은 개인적인 목표를 달성할 수 있다. 예를 들어, 기타를 잘 치고 싶은 어떤 대학원생이 자기관리를 이용해 연습 시간을 늘릴 수 있다(Rohn, 2002). 그 학생은 자기 전에 미리 정해 놓은 시간보다 적게 기타 연습을 한 날 친구에게 1달러를 벌금으로 냈다. Rohn의 자기관리 프로그램은 프리맥 원리에 근거한 다양한 유관을 포함한다(상권 제6장 참조). 예를 들어, 10분 동안 음계를 연습해야(저빈도 행동) 한 곡 전체를 칠 수 있게 순서를 정해 놓았다(고빈도 행동).

자기관리의 장점과 이점

자기관리 기술을 배우는 사람들과 이를 학생과 내담자에게 가르치는 사람들이 얻는 이익은 상당히 많다.

자기관리는 외적 통제자가 접근할 수 없는 행동까지 변화시킬 수 있다

자기관리는 다른 사람이 관찰할 수 없는 행동을 바꾸는 데 사용될 수 있다. 자기불신, 강박 사고 및 우울감 같은 행동은 자기관리 치료 접근이 필요한 내적인 사건이다(예 : Kostewicz, Kubina & Cooper, 2000; Kubina, Haertel, & Cooper, 1994).

외적으로 관찰 가능한 목표행동도 항상 외적 통제자가 볼 수 있는 세팅이나 상황에서 발생하는 것은 아니다. 변화시키고 싶은 행동은 그 사람이 맞닥뜨리는 모든 상황이나 환경에서 매일 혹은 매분마다 촉진되고, 감독되고, 평가되고, 강화되고, 처벌될 필요가 있다. 다른 사람이 고안하고 감독하는 행동변화 프로그램하에 있더라도, 성공적인 금연, 다이어트, 운동, 습관 개선 프로그램은 사람들이 치료 세팅에 있지 않을 때 다양한 자기관리 기술을 얼마나 잘 이용하느냐에 달려있다. 임상가에게 의뢰된 많은 사례 역시 비슷한 룰이 적용된다. 어떻게 효과적인 유관을 찾아내어 내담자를 그 유관 아래 있게 할 것인가? 예를 들어, 직업 세팅에서의 자존감과 자기주장력 향상을 목표로 치료실에서 연습을 할 수 있으나, 이를 직업세팅에서 작용하는 유관으로 만드는 것은 자기관리 기술을 요한다.

외적 통제자는 중요한 행동을 놓치기도 한다

거의 대부분의 교육 및 치료 현장에서는, 특히 대규모 집단에서는 행동변화 과정을 책임지고 실행하는 사람들이 중요한 반응을 놓치고 지나가는 때가 많다. 예를 들어, 많은 학생을 돌보거나 다른 일로 바쁜 교실 현장에서는 교사가 학생들의 바람직한 행동에 관심을 주지 못하는 경우가 많다. 이 경우 행동적으로는 교사가 부재하기 때문에, 결과적으로 학생들은 반응할 기회를 놓치거나, 혹은 반응을 해도 결과를 얻지 못하게 된다. 그러나 자신의 수행을 평가하도록 배운 학생은 도움을 찾거나, 필요할 때 교사에게 칭찬을 구할 뿐 아니라 자기강화나 실수 교정의 형태로 스스로에게 피드백을 줄 것이며(예 : Alber & Heward, 2000; Bennett & Cavanaugh, 1998; Olympia, Sheridan, Jenson, & Andrews, 1994), 학습 과제마다 교사의 지시나 피드백에 의존하지 않게 될 것이다.

자기관리는 행동변화의 일반화와 유지를 조장한다

행동변화가 (a) 치료가 끝난 후에 지속되고, (b) 학습한 세팅이나 환경이 아닌 곳에서 발생하며, (c) 다른 관련 행동까지 변화를 초래했을 때, 일반화되었다고 한다(Baer, Wolf & Risley, 1968). 일반화를 수반하지 않는 행동변화는 지속적인 치료가 필요하다.[6] 학생

혹은 내담자가 행동변화를 학습했던 환경에서 벗어나면 새로 습득한 행동을 하지 않을 수 있다. 원래 치료가 행해졌던 환경의 어떤 특정 요소, 예를 들어 치료 프로그램을 담당했던 사람이 새로이 학습된 행동의 변별 자극이 되어 학습자가 세팅 간 유관의 유무에 대해 변별하게 만들었을 수 있다. 치료가 행해지지 않은 상황으로의 일반화는, 그 세팅에서 자연적으로 내재된 유관이 목표행동에 대해 강화를 제공하지 않으면 발생하지 않게 된다.

학습자가 자기관리 기술을 가지고 있는 경우, 일반화가 가진 문제를 극복할 수 있다. Baer와 Fowler(1984)는 새로이 학습된 행동의 일반화와 유지를 방해하는 실제적인 문제들을 나열하고 이에 대한 해답을 제시했다.

> 매 회기마다 학습자의 바람직한 형태의 행동을 촉진하고 강화하기 위해 학습자가 커리큘럼을 통해 습득해야 하는 것은 무엇인가? 학생 '자신'은 그것이 무엇인지 항상 알고 있다. (p. 148)

간단한 자기관리로 많은 행동을 통제할 수 있다

몇 가지 자기관리 기술을 습득한 사람은 잠재적으로 무한한 종류의 행동을 통제할 수 있다. 예를 들어, 자기관찰(self-monitoring, 스스로의 행동에 대해 관찰하고 기록하는 것)은 집중력(예 : Blick & Test, 1987), 학습 생산성과 정확성(예 : Maag, Reid & DiGangi, 1993), 근로자 생산성과 직업 성공(예 : Christian & Poling, 1997), 독립심(예 : Dunlap, Dunlap, Koegel & Koegel, 1991)을 증진시키고, 습관이나 틱과 같은 바람직하지 않은 행동(예 : Koegel & Koegel, 1991)을 줄이는 데 사용되었다.

---

6) 일반화된 행동변화는 응용행동분석의 목표이자 제14장의 주제이다.

누구나 자기관리 기술을 배울 수 있다

자기관리 기술은 다양한 연령과 인지 능력을 가진 사람들에게 성공적으로 적용되었다. 유치원생(예 : Sainato, Strain, Lefebvre & Rapp, 1990; DeHaas-Warner, 1992), 초등학교부터 고등학교에 다니는 정상 발달 아동(예 : Sweeney, Salva, Cooper & Talbert-Johnson, 1993), 학습장애 아동(예 : Harris, 1986), 정서 및 행동장애 아동(예 : Gumpel & Shlomit, 2000), 자폐증 아동(예 : Koegel, Koegel, Hurley, & Frea, 1992; Newman, Reinecke & Meinberg, 2000), 지적장애나 다른 발달장애 아동(예 : Grossi & Heward, 1998)이 모두 자기관리를 성공적으로 사용했다. 심지어 대학교수들조차도 자신의 수행을 증대하기 위해 자기관리법을 사용한다.

어떤 사람들은 자기가 선택한 과제나 수행 기준이 있을 때 수행을 더 잘한다

자기 선택과 타인 선택을 비교한 많은 연구들은 특정 조건 아래에서는 자기 선택 유관이 다른 사람에 의해 결정된 유관만큼이나 효과적임을 보여 준다(예 : Felixbrod & O'Leary, 1973, 1974; Glynn, Thomas & Shee, 1973). 그러나 어떤 연구들은 자기 선택이나 결과를 사용한 연구가 수행이 더 좋다고 한다(예 : Baer, Tishelman, Degler, Osnes, & Stokes, 1992; Olympia et al., 1994; Parsons, Reid, Reynolds, & Bumgarner, 1990). 예를 들어, 한 학생을 대상으로 세 번의 짧은 실험에서 Lovitt과 Curtiss(1969)는 학생이 선택한 보상이나 결과가 교사의 수행 기준보다 더 높음을 보여 주었다. 실험 1에서 특수학급 1학년 남자 아동은 수학과 읽기 과제가 정확하게 완수되면 교사가 정한 자유 시간을 받았다. 다음 단계에서 아동은 자유 시간을 얻기 위해 수행해야 하는 수학 과제나 읽기 과제의 정답 수를 선택할 수 있었다. 마지막 단계에서는 첫 단계에서 사용했던 학습 생산성과 보상의 비율이 그대로 적용

되었다. 자기 선택 유관 동안 아동의 학습 수행의 중심치는 분당 2.5회로, 1.65와 1.9를 보인 두 가지의 부모 유관 조건보다 높았다.

Dickerson과 Creedon(1981)의 실험은 멍에통제(Sidman, 1960/1988)를 적용하여 초등학교 2~3학년을 대상으로 집단 비교 연구를 실시했는데, 그 결과 아동 선택 조건에서 아동의 수학이나 읽기 과제가 유의하게 높음을 보고하였다. Lovitt과 Curtiss, 그리고 Dickerson과 Creedon의 연구는 자기 선택 강화 유관이 교사 선택 강화 유관보다 효과적임을 보여 주었다. 그러나 이 분야의 연구들은 단순히 학생들에게 자신의 수행 기준을 결정하게 하는 것이 높은 수준의 수행을 보장하지는 않음을 보여 주었다. 일부 연구는 기회가 주어지면 아동들이 기준을 매우 낮게 잡는다는 것을 밝혀내었다(Felixbrod & O'Leary, 1973). 그러나 흥미롭게도 Olympia와 동료들(1994)이 진행한 학생 주도 숙제 동아리에 대한 연구에서는 수행 기준에 대한 결정권이 있는 집단에 속했던 학생들이, 교사 선정 목표인 정확도 90%를 달성해야 하는 집단에 속했던 학생들보다 기준을 낮게 잡은 것은 사실이지만, 수행은 더 높게 나타났다. 어떤 학생이 적절한 수행 기준을 선택하고 유지할 것인지에 대한 지속적인 연구가 필요하다.

자기관리 기술이 좋은 사람은 집단에 더 효과적이며 효율적으로 기여한다

한 사람이 각 집단 구성원의 수행에 대해 모니터링하고 감독하며 피드백을 주어야 하면 집단의 전체적인 효과성과 효율성이 제한된다. 각 학생이나 조직 구성원, 밴드 구성원과 고용인들이 교사나 코치, 밴드 책임자나 교대 책임자에 기대지 않고 일할 수 있는 자기관리 기술이 있으면 집단이나 조직의 전체적인 수행 수준이 향상될 것이다. 예를 들어, 일반적으로 교사는

교실에서 학생의 수행 기준과 목표를 정하고 수행 정도를 평가하며, 수행에 대한 결과를 제공하고, 학생들의 사회적 행동을 관리하는 책임을 진다. 이런 일들은 상당한 시간을 필요로 한다. 학생들이 자신의 수행에 점수를 매길 수 있게 되면 정답 맞추기를 통해 스스로에게 피드백을 줄 수 있고(Bennett & Cavanaugh, 1998; Goddard & Heron, 1998), 교사의 도움 없이 적절하게 행동할 수 있으며, 교사는 다른 일을 업무를 수행할 수 있게 된다(Mitchem, Young, West & Benyo, 2001).

Hall, Delquadri와 Harris(1977)는 초등학교 교실을 관찰한 후 학생들의 활동 수준이 낮다는 것을 보고함과 동시에 높은 수준의 학업 생산성이 교사에게는 오히려 벌이 될 수 있다고 설명했다. 학생들이 발표할 기회가 높을수록 학습 성취가 높다는 증거는 많으나(Ellis, Worthington & Larkin, 2002; Greenwood, Delquadri & Hall, 1984; Heward, 1994), 학생들의 학업 성취를 고무하는 대다수 학급의 경우 교사는 거의 모든 시간을 성적 관련 업무에 사용한다. 학생들이 아주 단순한 형태의 자기관리 기술을 사용하면 시간을 크게 절약할 수 있다. 한 연구에서 5명의 초등 특수학교 학생들에게 하루에 20분 동안 수학 문제를 풀 수 있을 만큼 풀게 했다(Hundert & Batstone, 1978). 교사가 성적을 매겼는데, 회기를 준비하고 실행하는 데 평균 50.5분이 소요되었다. 학생들이 자신의 시험지를 채점하게 했을 때 수학 시간을 진행하는 데 걸리는 시간이 33.4분으로 줄었는데 이는 교사의 시간이 50%나 절약됨을 의미한다.

학생들에게 자기관리 기술을 가르치는 것은 다른 기술을 경험하는 소중한 기회가 된다

학생들은 행동을 정의하고 측정하며, 반응을 그래프로 그리고 자신의 반응을 평가하고 분석하면서 다양한 수학과 과학 기술을 연습한다. 학생들은 자신의 자기관리 프로젝트를 평가하기 위해 A-B 설계와 같은 자기실험을 수행하는 것을 배우면서 논리적 사고와 과학적 방법에 대한 의미 있는 경험을 쌓게 된다(Marshall & Heward, 1979; Moxley, 1998).

자기관리는 교육의 궁극적 목표이다

사람들에게 학생들이 교육을 통해 성취해야 할 것이 무엇이냐고 물으면, 교육자이건 일반인이건 모두 다른 사람의 감독 없이 적절하게 행동하고 수행하는 능력을 가진 독립적이고 자기 주도적인 인재의 양성이라고 대답할 것이다. 가장 영향력 있는 교육철학자인 John Dewey(1939)는 '교육의 이상적인 목표는 자기통제'라고 했다(p. 75). 교사가 지도나 도움을 주는 여건에서 학생의 자기 주도성과 자신의 수행을 평가하는 능력은 교육의 중점으로 간주되어 왔다(Carter, 1993).

Lovitt(1973)은 이미 30년 전에 학교 교과과정의 일부로 자기관리 기술을 체계적으로 지도하고 있지 않음을 언급하면서, 이는 "학교가 표방하는 목표 중의 하나가 독립적이고 스스로 알아서 하는 인재를 육성하는 것이기 때문에 역설적이다(p. 139)."라고 주장하였다.

자기통제는 사회에서 기대되고 가치 있는 사회 기술이지만 학교 교과과정에서는 직접적으로 다루어지지 않는다. 자기관리를 통합된 교과과정의 일부로 가르치려면 학생들이 아주 정교한 기술을 습득해야 한다(예 : Marshall & Heward, 1979; McConnell, 1999). 따라서 자기관리 기술을 체계적으로 가르치려면 상당한 노력이 요구된다. 학생들은 외적 통제가 없거나 적은 상황을 다루는 효과적인 기술을 배워야 한다. 학생들을 독립적이고 자기 주도적인 학습자로 만들 수 있는 도구나 강의 계획이 준비되어야 한다(예 : Agran, 1997; Daly & Ranalli, 2003; Young, West, Smith, & Morgan, 1991).

자기관리는 사회에 이익이 된다

자기관리는 사회에 두 가지 중요한 기능을 한다(Epstein, 1997). 먼저, 자기관리 기술을 가진 시민은 자신의 잠재력을 발휘하여 사회에 더 큰 기여를 할 가능성이 높다. 둘째, 자기관리는 사람들에게 즉각적인 강화를 참아내는 행동(예 : 연료 절감 효율성이 뛰어난 자동차 사기, 대중 교통 시설 이용하기)을 하게 만들어 다음 세대에나 경험할 부정적 결과(예 : 자연 연료의 고갈과 지구 온난화)를 방지할 수 있게 해 준다. 자원을 아끼고, 재활용을 하고, 연소가 낮은 연료를 사용하는 것은 모두를 위해 좋은 세상을 만드는 길이다. 자기관리 기술은 마음은 있으나 지키기가 어려운 원칙, 크게 생각하고 작게 행동하기를 지킬 수 있게 하는 수단을 제공한다.

자기관리는 사람을 자유롭게 만들어 준다

Baum(2005)은 자신의 중독 행동과 충동성, 혹은 꾸물거리기와 그 결과 간의 인과관계를 인지하고 있는 강화의 덫에 빠진 사람은 불행하고 자유롭지 못하다고 했다. 더불어 "강화의 덫에서 빠져나온 사람은 협박의 늪에서 빠져나온 사람처럼 자유로워지며 행복해한다. 중독에서 벗어난 사람에게 물어보라(p. 193)."고 언급한 바 있다.

역설적으로, 결정주의의 가정 아래 예측된 행동-환경 간의 관계에 대한 과학적 분석에서 나온 자기관리 기술을 잘 사용하는 사람은 스스로의 행동이 자유 의지의 산물이라고 믿는 사람들보다 자유롭다. Epstein(1997)은 철학적 결정주의와 자기통제 간에 관계가 없다고 말하면서 두 종류의 사람, 즉 자기관리 기술이 없는 사람과 자신의 일을 관리하는 데 매우 기술적인 사람을 비교했다.

먼저 자기통제가 없는 사람을 생각해 보자. Skinner의 관점에 의하면 그 사람은 지연된 벌과 연결된 즉각적인 강화의 덫에 빠질 것이다. 초콜릿 케이크를 보면 먹을 것이고, 담배를 주면 피울 것이다. 계획을 세울 수는 있지만 당장 닥친 사건에 급급하기 때문에 계획을 지킬 능력은 없다. 그 사람은 마치 통제 불가능하게 움직이는 배에 있는 것과 같다.

또 다른 극단으로 유능한 자기관리를 하는 사람을 살펴보자. 그 사람은 목표를 세우면 그것을 지킬 능력이 있다. 그 사람은 위험한 강화를 피할 기술을 가지고 있다. 자기 행동에 영향을 주는 조건을 알아내고, 그것을 자기에게 맞게 변화시킨다. 그 사람은 자신이 목표를 세우는 데 일시적이지만 멀리 있는 가능성을 택한다. 바람은 불지만 배의 목적지를 정하고 그곳으로 항해한다.

이 두 사람은 근본적으로 다르다. 첫 번째 사람은 자신의 즉각적인 환경에 거의 매번 통제당한다. 두 번째 사람은 자신의 인생을 통제한다.

자기통제 기술이 부족한 사람은 **통제당한다**고 느낀다. 그 사람은 자유 의지를 믿을 수는 있어도(실제로 우리 문화에서 가장 안전한 방법을 선택한 것이다) 그 사람의 삶은 통제가 불가능하다. 자유 의지에 대한 믿음은 좌절과 함께 더 간절한 믿음이 된다. 잼을 먹지 않겠다고 의지를 굳건히 할 수는 있어도 '의지력'은 믿을 수가 없는 것임을 알게 될 것이다. 반면, 자기관리자는 자신이 스스로의 통제하에 있다고 느낄 것이다. 그 사람은 Skinner처럼 결정주의를 믿을 수는 있지만, 자신이 스스로의 통제하에 있다고 믿을 뿐 아니라 실제로 자신의 삶을 더 잘 통제하는 것을 연습하고 있는 것이다(p. 560, 고딕체는 원본에서 강조된 부분).

자기관리는 기분을 좋게 해 준다

마지막으로, 자기관리를 배우는 또 하나의 큰 이유는 자신의 삶에 대한 통제를 갖는 것이 기분을 좋게 해 주기 때문이다. 의도적으로 자신의 환경을 바람직한 행동을 하고 유지하게 만드는 사람은 생산적일 뿐 아니라 자신에 대해 좋은 느낌을 가질 것이다. Seymour

(2002)는 주 3회 조깅을 하는 목표를 달성하기 위한 자기관리 중재법에 대한 느낌을 다음과 같이 표현했다.

지난 2년 반 동안 죄책감이 나를 상당히 짓누르고 있었다. [소프트볼 장학생이었던] 나는 학교에 다니기 위해 연습을 해야 했으므로 하루에 3시간(주 6회) 운동을 했다. … 그러나 지금은 그럴 필요가 없어졌고 나는 전혀 운동을 하고 있지 않다. 이 프로젝트를 시작하고 나서 지금까지 나는 21번 중 15번을 뛰었다. 이 사실은 0%였던 기저선이 중재 기간 동안 71%로 증가했음을 나타낸다. 나는 결과에 만족한다. 중재가 효과적이었기 때문에 지난 2년 반 동안 느꼈던 죄책감이 훨씬 줄어들었다. 힘이 더 나고, 현재 내가 강하고 새로워졌음을 느낀다. 약간의 유관 변화로 내 삶의 질이 이렇게 좋아질 수 있다는 것이 참 놀랍다. (pp. 7~12)

 ## 선행사건 기반 자기관리 전략

다음의 4개 절에서는 행동 연구가와 임상가가 개발한 자기관리 전략의 일부를 소개할 것이다. 자기관리 전략에 대한 표준화된 방법이나 범주화 방법은 없지만, 상대적으로 목표행동의 어떤 측면, 선행사건 혹은 결과를 강조하느냐에 따라 소개했다. 선행사건 기반 자기관리 전략의 가장 중요한 특징은 목표행동을 선행하는 자극이나 사건의 조작과 관련된다. **환경 계획하기**(Bellack & Hersen, 1977; Thoresen & Mahoney, 1974) 혹은 **상황적 유도**(Martin & Pear, 2003)라고도 불리는 자기관리에 대한 선행사건 기반 접근은 다음과 같은 여러 가지 전략을 포함한다.

- 바람직한(바람직하지 않은) 행동을 증가시키기(감소시키기) 위해 동기조작을 변화시키기
- 반응촉진 제공하기
- 바람직한 행동을 유발하는 변별 자극에 대한 학

습이 가능하도록 행동연쇄의 첫 번째 단계를 수행하기
- 바람직하지 않은 행동 유지에 일조하는 자극 없애기
- 바람직하지 않은 행동을 제한된 자극 조건으로 한정하기
- 바람직한 행동에 대한 특정 환경 조건 만들기

동기조작 변화시키기

동기조작의 이중 효과를 이해하는 사람은 자기관리 시 그 지식을 이용할 수 있다. 동기조작(MO)은 (a) 강화제로서 어떤 자극, 사물, 혹은 사건의 효과성을 변화시키고, (b) 과거에 그 자극, 사물, 혹은 사건에 의해 강화받았던 모든 행동의 현재 빈도를 변화시키는 환경적 조건이나 자극이다. 강화제의 효과를 증가시키고, 그 강화제를 생산하는 행동에 유발 효과를 갖는 MO를 확립조작(EO)이라고 하며, 강화제로서의 효과성을 감소시키고 그 강화제를 생산하는 행동의 빈도를 약화하는 MO는 해지조작(AO)이라고 한다.[7]

MO를 자기관리 개입에 적용하는 일반적인 방법은 어떤 동기 상태가 되도록 행동하여(통제 행동), 그 목표행동의 빈도를 증가(혹은 바라는 바대로 감소)시키는 것이다. 아주 솜씨 좋은 요리사로 알려진 사람의 집에 저녁 초대를 받았다고 상상해 보자. 특별 메뉴를 최대로 즐기고 싶기도 하지만, 주는 것을 다 먹지 못할 것 같아 걱정스럽기도 할 것이다. 의도적으로 점심을 굶음으로써(통제 행동), 전채 요리에서 후식까지 모든 음식을 즐길(통제되는 행동) 가능성을 증가시키는 확립조작(EO)을 만들 수 있다. 반대로, 장 보러 가기 전의 식사(통제 행동)는, 설탕과 지방 함량이 많은 즉석식품이 강화제로서 가지는 가치를 일시적으로 줄

---

7) 동기조작은 제6장에서 자세히 설명했다.

이는 해지조작(AO)의 기능을 할 것이다.

반응촉진 제공하기

바람직한 행동에 대해 기억할 수 있도록 단서를 만드는 것은 가장 간단하면서도 가장 효과적이며 가장 많이 이용되는 자기관리 기술이다. 반응촉진은 시각, 청각, 촉각, 상징 등을 이용해 다양하게 만들 수 있으며, 규칙적으로 발생하는 사건처럼 영구적일 수도 있고 (예 : '오늘 저녁에 쓰레기 버리기'라는 문구를 달력이나 전자수첩의 목요일 칸에 적어 놓기), 레일린이 포스트잇에 '회색 양복'이라고 적어 옷장 문에 붙인 것처럼 일회성일 수 있다. 다이어트를 하는 사람들은 냉장고 문이나 아이스크림 옆, 선반 등 음식보관장소에 비만인 사람이나 자신의 뚱뚱한 사진을 붙여 놓을 수 있다. 그런 사진을 보는 것은 음식을 멀리하거나, 친구에게 전화하거나, 산책을 하거나, '나는 먹지 않았다'라는 자기 기록용지에 표시하기 등의 통제하는 행동을 유발할 수 있다.

손목에 고무줄을 차는 것처럼 특정한 물건을 어떤 일에 대한 단서로 만들어 다양한 행동에 대한 반응촉진으로 사용할 수 있다. 그러나 이런 형태의 반응촉진은 단서로 사용하려고 했던 물건을 기억하지 못하면 효과가 없다. 반응촉진과 함께 자기지시를 사용하면 후에 그 단서를 보았을 때 어떤 과제를 하려고 했는지 기억날 수 있다. 예를 들어, 이 책의 저자 중 한 사람은 '메모링'이라고 부르는 작은 기구를 반응촉진으로 이용하였다. 즉, 다른 세팅에서 끝내야 하는 중요한 과제를 기억하게 위해 메모링을 혁대나 가방 손잡이에 걸고 이를 활성화시키면, '메모링을 활성화해' 해야 할 과제가 세 번 반복된다(예 : '아프스관에서 낸시에게 학술지 빌리기', '아프스관에서 낸시에게 학술지 빌리기', '아프스관에서 낸시에게 학술지 빌리기'). 이런 연습은 나중에 '메모링'이 목표 과제를 완수하기

위한 효과적인 반응촉진의 기능을 하게 만든다.

다양한 세팅과 환경에서 원하는 행동의 발생을 촉진하기 위해서도 단서를 사용할 수 있다. 이 경우, 자신의 환경에 추가 반응 단서를 많이 심어 놓을 수 있다. 예를 들어, 자녀들과 더 많이 상호 작용하고 더 자주 칭찬해 주기위해 그림 13.1에서 제시된 ZAP!이라는 단서를 집안 곳곳에—전자레인지, TV 리모컨 등—붙여 놓을 수 있다. 단서는 아버지가 아이를 칭찬하는 말이나 행동을 더 적극적으로 찾게 만들어 준다.

사람들이 반응촉진의 역할을 하기도 한다. Watson과 Tharp(2007)는 2주간 금연에 성공한 사람이 사용한 자기관리 절차에 대해 소개하였다.

이 남성은 과거 몇 번이나 금연을 시도했으나 모두 실패했다. 다행히 이번에는 성공하고 있는데, 이를 지속하기 위해 자신이 과거에 실패한 사건들을 찾아서 이를 어떻게 다룰지 분석하였다. 문제 상황 중 하나는 파티이다. 파티에서 술과 분위기, 이완된 느낌은 '조금만 피우는 건 문제 없어'라는 피하기 힘든 유혹을 제공하는데 과거엔 이 때문에 다시 흡연을 시작한 적이 있다. 어느 날 파티에 갈 준비를 하면서 이 남성은 아내에게 "파티에서 다시 담배를 피울 것 같아. 부탁 하나만 들어줘. 내가 다른 사람에게 담배를 달라고 하는 것을 보면, 애들이 내가 금연하기를 얼마나 원하는지 상기시켜 줘."라고 부탁했다. (pp. 153~154)

행동연쇄의 첫 번째 단계 수행하기

선행사건을 조절하는 또 다른 방법 중 하나는 목표행동을 유발하는 변별 자극(S^D)에 빈번하게 노출시키는 것이다. 조작적 행동이 그 결과에 의해 선택되고 유지되지만, 행동의 발생은 차별 자극의 유무에 따라 순간적으로 통제된다.

환경 내에서 반응을 촉진할 수 있는 자극을 만드는 것보다 더 직접적인 자기관리 기술은 강력한 변별 자

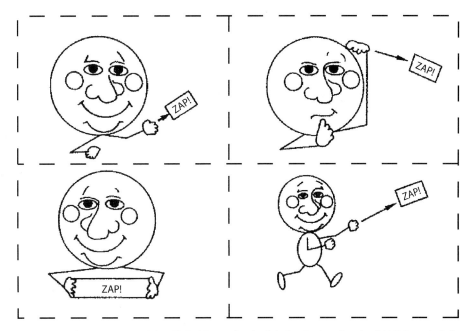

지시문 : 이 ZAP! 단서를 오려서 냉장고, 침실 거울, TV 리모컨, 아이 방문 등 잘 보이는 장소에 붙인다. ZAP! 단서는
목표 행동이 발생하도록 도와줄 것이다.

| **그림 13.1** | 목표 양육 행동을 발생하도록 상기시켜 주는 단서

출처 : Originally developed by Charles Novak. From *Working with Parents of Handicapped Children* by W.
L. Heward, J. C. Dardig, and A. Rossett, 1979, p. 26, Columbus, OH: Charles E. Merrill. Copyright 1979
by Charles E. Merrill. Reprinted by permission.

극에 자주 노출시키는 것이다. 많은 과제는 반응연쇄
로 만들어진다. 행동연쇄에서 각 반응은 그 반응을 선
행하는 자극에 대한 조건화된 강화제이자, 다음 행동
에 대한 S^D로 기능하며 반응을 발생시킨다(제10장 참
조). 연쇄가 성공적으로 끝나려면 행동연쇄에서 관련
된 차별 자극이 있을 때 반드시 반응이 발생해야 한
다. 어떤 순간에 행동연쇄의 일부를 수행함으로써(자
기관리 반응) 환경을 바꾸게 되고, 이는 연쇄에서 다
음 반응을 일으키는 S^D가 되며 이를 통해 과제를 완료
(자기관리 반응)할 수 있게 된다. Skinner(1983b)는 이
전략에 대한 좋은 예를 보여 준다.

집을 나오기 10분 전에 일기예보를 듣는다. 집에 오기
전에 비가 올 것 같다. 우산을 가져가면 되지만 아직 그
행동을 할 수는 없다. 10분 후에 우산 없이 집을 나선다.

이 문제를 해결하기 위해선 우산을 가져가야 한다는 생
각이 나는 순간 그 행동을 수행하면 된다. 즉, 우산을 현
관 문고리에 걸어 놓거나 가방에 걸거나, 혹은 우산을
가지고 나갈 다른 방법을 사용한다. (p. 240)

바람직하지 않은 행동을 유발하는 물건 치우기

선행사건 기반 자기관리 기술 중 하나는 환경을 변화
시켜서 바람직하지 않은 행동이 덜 혹은 발생하지 않
게 만드는 것이다. 집, 차, 사무실 등에서 담배를 모두
없애 버리거나, 과자나 군것질거리를 모두 치우면 적
어도 일시적으로 흡연이나 군것질을 효과적으로 통제
할 수 있다. 몸에 해로운 것을 찾거나 다시 구하지 않
으려면 다른 자기관리 노력이 필요하긴 하지만, 바람
직하지 않은 행동을 하게 만드는 물건을 치우는 것은
좋은 시작이다.

바람직하지 않은 행동을 제한된 자극 상황으로 제한하기

행동을 하는 조건이나 자극 상황을 제한함으로써 바람직하지 않은 행동의 빈도를 줄일 수 있다. 상황이 목표행동에 대해 자극통제를 하는 정도가 높고 그 상황에 대한 접근성이 거의 불가능하면 목표행동이 발생하지 않을 것이다. 얼굴을 습관적으로 만지고 긁는 남자가 있다고 생각해 보자. 이 사람은 아내가 그만두라고 잔소리를 하고 사정을 하기 때문에 이게 나쁜 버릇이라고 생각한다. 얼굴 만지는 행동의 빈도를 줄이려고 이 남자는 두 가지를 결심한다. 첫째, 얼굴을 만질 때마다 이를 인식하고 멈춘다. 둘째, 얼굴을 만지고 싶으면 아무 때고 화장실에 가서 원하는 만큼 얼굴을 만지거나 문지른다.

Nolan(1968)은 금연을 위해 제한적인 자극 조건을 사용한 여자의 사례를 소개했다. 이 여자는 주로 다른 사람이 주변에 있거나, 혼자 TV를 보거나 책을 읽거나 누워서 쉴 때 담배를 피운다는 것을 알아차렸다. 이 여자는 제한된 장소에서만 담배를 피우고, 그 장소에서는 다른 즐거운 행동을 하지 않기로 결심했다. 이 여자는 '흡연 의자'를 정하고, 그 의자에서는 TV를 시청하거나 대화를 하지 않기로 정했다. 여자는 가족들에게 자신이 담배를 피울 동안에는 자신에게 다가오거나 말을 걸지 말라고 부탁했다. 여자는 이 절차를 철저하게 지켰고, 흡연량이 기저선 동안 하루 30개비에서 12개비로 줄어들었다. 이 프로그램을 시작한 지 9일째 되던 날, 여자는 금연의자에 가는 횟수를 제한하여 흡연을 줄이기로 결심했다. 여자는 지하실로 의자를 옮겼고, 여자의 흡연량은 하루 5개피로 줄었다. 이 프로그램을 시작한 지 한 달이 되었을 때, 여자는 담배를 완전히 끊을 수 있었다.

Goldiamond(1965)는 자신의 아내와 대화를 할 때 신경질을 내는 남자를 치료하는 데 비슷한 방법을 사용했다. 이 남자는 차고에 있는 '신경질 의자'에서만 신경질을 내도록 지시받았다. 이 남자는 신경질이 날 것 같으면 차고로 가서 의자에 앉아 원하는 만큼 신경질을 냈고, 가라앉으면 차고에서 나왔다. 이 남자는 차고에서만 신경질을 낼 수 있게 되자 신경질이 급격히 줄어들었다고 보고했다.

바람직한 행동을 위해 특별한 환경 만들기

부지런함과 집중이 요구되는 행동을 하기 위해서 그 행동을 할 환경을 만들거나 조성함으로써 그 행동에 대해 어느 정도 자극통제를 할 수 있다. 예를 들어, 공부 습관을 키우고 싶은 학생이나 학술 활동을 늘리고 싶은 교수는 방해가 없는 특별한 장소를 공부/일하는 곳으로 선택하고 그곳에서는 공상이나 편지를 쓰는 등 다른 행동을 하지 않도록 규칙으로 정해 자신의 목적을 달성할 수 있다(Goldiamond, 1965). Skinner(1981b)는 작가를 열망하는 사람들에게 다음과 같은 조언을 하면서 이런 자극통제 전략을 소개했다.

비등하게 중요한 것은 그 행동이 일어나는 조건이다. 편리한 장소는 매우 중요하다. 글쓰기를 하는 데 필요한 모든 도구가 준비되어 있어야 한다. 필기도구, 타자기, 녹음기, 파일, 책, 편안한 의자와 책상… 이런 장소가 특정한 행동을 통제하기 때문에 이곳에서는 글쓰기 이외의 다른 어떤 행동도 하지 말아야 한다. (p. 2)

어떤 특정 행동만을 위한 공간을 만들 수 없다면, 다음에서 Watson과 Tharp(2007)가 보여 주듯이 한 공간을 여러 가지 목적을 가진 곳으로 바꿀 수 있도록 자극을 재배치한다.

어떤 남자는 방에 책상이 하나밖에 없었고, 그 책상에서 편지를 쓰거나 가계부를 적거나 TV를 보고 먹는 등 여러 가지 목적으로 사용했다. 그러나 그 남자는 공부나 글쓰기를 할 때면 책상을 벽에서 떨어뜨려 놓고 그 반대편에 앉았다. 이렇게 함으로써 책상 반대편에 앉는 것이 학업에 몰두하는 단서가 되게 만들었다. (p. 150)

대다수의 학생들은 한 대의 컴퓨터를 가지고 공부도 하고, 글도 쓰고, 일도 하고, 개인적인 메일을 보내거나 받기도 하며, 집안 일을 하거나, 게임, 온라인 쇼핑도 하고, 인터넷 서핑도 한다. 책상 반대편에 앉아 공부나 글쓰기를 하는 남자처럼 공부나 과제 시간을 나타내는 컴퓨터 배경화면을 지정해 놓을 수 있다. 예를 들어, 평소에는 자기가 키우는 개 사진을 컴퓨터 배경화면으로 두다가, 공부나 글쓰기 시간이 되면 원도 초록색 단색 배경으로 바꾼다. 초록색 단색 배경은 공부 관련 일을 하도록 신호해 준다. 시간이 지나면서 '공부시간 배경'은 공부 관련 작업에 대한 자극통제 능력을 갖게 된다. 공부를 끝내고 컴퓨터로 다른 일을 하고 싶으면 먼저 배경화면을 바꿔야 한다. 목표로 한 공부 시간이 되기 전에 혹은 할 일을 마치지 않고 화면을 바꾸면 자기가 할 일을 마치지 않고 회피한 것에 대한 죄책감이 들게 만든다.

이 전략은 바람직하지 않은 행동을 하느라 적절한 비율로 발생하지 않는 바람직한 행동을 증가시키는 데 사용할 수 있다. 불면증이 있는 어떤 남자가 자정 경에 침대에 눕지만 새벽 3시나 4시까지 잠들지 않는다고 하자. 잠을 자는 대신 이 남자는 여러 가지 일상적인 것들에 대해 걱정하고 TV를 시청한다. 치료는 졸릴 때 자러 가되, 잠을 잘 수 없다면 침대에 누워 있지 말라는 것이었다. 여러 문제에 대해 걱정을 하거나 TV를 보고 싶으면 그렇게 해도 되지만, 침대에서 나와 다른 방으로 가야 한다. 졸리기 시작하면 다시 침대로 가서 잠을 청할 수 있다. 여전히 잠을 잘 수 없다면 침대에서 다시 나와야 한다. 이 남자는 처음에는 하루에 네다섯 번 정도 침대에서 일어나서 나와야 했지만, 2주째에는 침대로 가서 잠을 잘 수 있게 되었다.

자기 관찰

자기관찰은 연구나 임상 현장에서 가장 많이 사용된 자기관리 전략이다. **자기관찰**(self-monitoring, 자기기록 혹은 자기감찰)은 스스로 자기 행동을 체계적으로 관찰하고 목표행동이 발생했는지 아닌지를 기록하는 절차이다. 처음에는 내담자 스스로가 관찰하고 기록할 수 있는 행동(예 : 먹기, 흡연, 손톱 물어뜯기)에 대한 자료를 수집하는 임상적인 평가 방법으로 개발되었으나, 자기관찰이 가진 반동 효과로 인해 주요 치료 방법이 되었다. 상권 제3장과 제4장에서 설명한 바와 같이, **반동성**이란 평가나 측정 절차가 행동에 주는 효과를 의미한다. 일반적으로 관찰과 측정법이 눈에 띌수록 반동성이 크다(Haynes & Horn, 1982; Kazdin, 2001). 목표행동을 관찰하거나 기록하는 것이 행동변화 프로그램의 목표일 때 침투적이고 반동성이 발생할 가능성이 높다.

연구자의 측정 체계 때문에 발생한 반동성은 오염변인에 의한 변산성을 보여 주지만, 자기관찰의 반동성 효과는 임상적인 관점에서는 환영할 만하다. 자기관찰은 행동을 변화시킬 뿐 아니라 교육적으로나 치료적으로 바람직한 방향으로 변화를 유발한다(Hayes & Cavior, 1997, 1980; Kirby, Fowler, & Baer, 1991; Malesky, 1974).

행동치료사는 성인의 과식을 줄이고, 금연을 높이거나(Lipinski, Black, Nelson, & Ciminero, 1975; McFall, 1977), 손톱 물어뜯기를 줄이기 위해(Maletzky, 1974) 자기관찰을 사용할 수 있다. 자기관찰은 장애 유무에 상관없이 교실에서 학생들의 집중도를 높이거나(Blick & Test, 1987; Kneedler & Hallahan, 1981; Wood, Murdock, Cronin, Dawson, & Kirby, 1998), 잡담이나 공격을 줄이고(Gumpel & Shlomit, 2000; Martella, Leonard, Marchand-Martella & Argan, 1993), 여러 과

| **그림 13.2** | 중학교 2학년 여자 아이가 사용한 자기기록의 예

출처 : "The Effect of Self-Recording on the Classroom Behavior of Two Eighth-Grade Students" by M. Broden, R. V. Hall, and B. Mitts, 1971, *Journal of Applied Behavior Analysis, 4, p.* 193. Copyright 1971 by the Society for the Experimental Analysis of Behavior, Inc. Reprinted by permission.

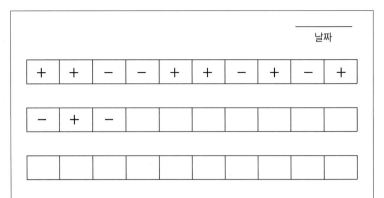

날짜

페이지의 위에는 빈칸으로 구성된 몇 개의 기록란이 있다. 특정 수업 시간 동안 생각날 때마다, 그러나 매일 똑같은 시간은 피하면서 기록하는데, 공부를 했으면 '+', 하지 않았으면 '−'를 기록한다. 예를 들어, 네모 칸에 체크하기 전에 스스로에게 지난 몇 분 동안 공부했는지 물어본다. 그동안 공부를 했으면 '+', 하지 않았으면 '−'를 표시한다.

목에서 수행을 증가시키며(Harris, 1986; Hundert & Bucher, 1978; Lee & Tindal, 1994; Maag, Reid & DiGangi, 1993; Moxley, Lutz, Ahlborn, Boley & Armstrong, 1995; Wolfe, Heron, & Goddard, 2000), 숙제를 끝내게 하는 데(Trammel, Schloss & Alper, 1994) 유용하다. 교사들은 강의 시간에 칭찬 사용을 늘리는 데 자기관찰을 사용하기도 했다(Silvestri, 2004).

교실에서 자기관찰을 사용한 첫 번째 논문에서 Broden, Hall, Mitts(1971)는 중학교 2학년 학생 2명의 행동에 대한 자기기록의 효과를 분석했다. 리사는 역사에서 D−를 받았고, 수업 시간에 학습 행동이 매우 나쁘다. 매일 30분간 10초 순간 시간 표집법을 사용하여(리사에게는 관찰에 대해 말하지 않았다.) 7일간 기저선을 구했는데, 리사는 두 번 정도 '열심히 노력하는' 모습이 관찰되었을 뿐, 평균적으로 전체 관찰시간의 30%만 학습 행동(예 : 선생님을 쳐다본다든지 필요할 때 필기하는 등)을 보였다. 8번 회기 전에 상담교사는 그림 13.2와 같이 10개의 네모 칸으로 구성된 3개 줄이 그려진 종이를 주고, 역사 시간 동안 생각나면 자신의 학습 행동을 기록하라고 지시했다. 무엇을 '학습'이라고 할 것인가를 포함해서 학습 행동에 대해

논의했다.

리사는 이 종이를 매일 수업 시간에 가지고 가서 적어도 몇 분 이상 공부를 했으면 네모 칸에 '+'를, 기록 시간에 공부를 하지 않았으면 '−'를 기록했다. 리사는 가끔 학교 일정이 끝나기 전에 이 종이를 상담교사에게 제출해야 했다. (p. 193)

그림 13.3은 리사의 자기관찰 결과를 보여 준다. 공부 행동은 78%(독립적인 관찰자에 의한 측정) 증가했고, 자기기록 1기간 동안 그 수준을 유지했으며, 기저선 2기간 동안 자기기록을 중단하자 기저선 수준으로 떨어졌고, 자기기록 2기간 동안에는 평균 80%를 유지했다. '자기기록과 칭찬' 동안에 리사의 선생님은 역사 시간에 시간이 날 때마다 리사를 관찰하고 공부를 하고 있는 경우 칭찬을 했다. 이 조건에서 리사의 학습 행동은 88%까지 증가했다.

그림 13.3의 하단 그림은 관찰자가 회기당 리사에 대한 교사의 관심 빈도수를 기록한 것이다. 교사의 관심 빈도수가 첫 4단계 동안 리사의 학습 행동변화와 크게 상관이 없었다는 사실은 리사의 학습 행동 향상이 일반적으로 학생의 행동에 지대한 영향을 주는 교

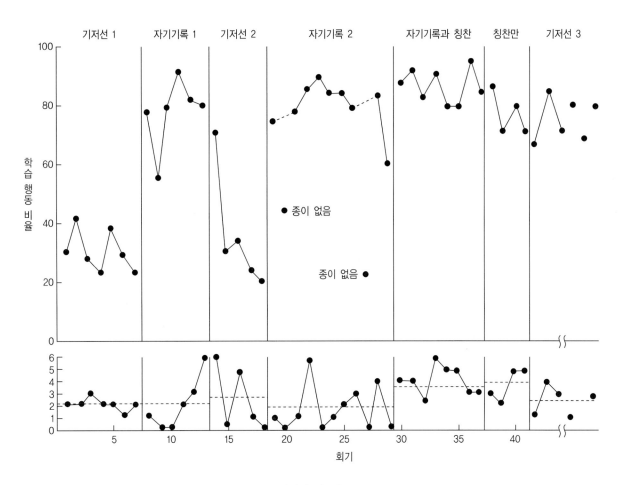

| **그림 13.3** | 8학년 여학생이 역사 시간에 공부에 집중한 간격의 백분율

출처 : "The Effect of Self-Recording on the Classroom Behavior of Two Eighth-Grade Students" by M. Broden, R. V. Hall, and B. Mitts, 1971, *Journal of Applied Behavior Analysis*, *4, p.* 194. Copyright 1971 by the Society for the Experimental Analysis of Behavior, Inc. Reprinted by permission.

사의 칭찬 때문이 아니라 리사의 자기기록 과정 때문임을 시사한다. 그러나 자기관찰의 효과는 리사가 매일 종료 시간 전에 자신의 자기기록 용지를 상담교사에게 제출한 것이나, 매주 실시한 학생과 상담교사의 미팅에서 기록 용지에 성실히 기록한 것에 대해 칭찬을 받았기 때문일 수 있다.

　Broden과 동료들(1971)이 실시한 두 번째 실험에서는 수업 시간에 끊임없이 떠드는 중학교 2학년 스투에게 자기관찰법을 사용했다. 10초 부분 간격 기록 방법을 사용해 분당 떠드는 빈도수를 조사하였다. 독립적인 관찰자들이 점심시간 전후에 진행된 수학 시간

동안 스투의 떠드는 행동 빈도수를 기록했다. 먼저 점심 전의 수학 시간에 자기기록을 시작했다. 교사는 5×12cm 크기의 직사각형 기록 용지를 스투에게 건네주고 "떠들 때마다 기록해라."라고 지시를 내렸다(p. 196). 스투는 점심 후에 기록 용지를 제출해야 했다. 기록 용지의 상단에는 이름과 날짜를 쓰는 난이 있다. 그 외의 다른 어떤 지시도 없었고, 행동에 어떤 결과도 주지 않았다. 자기기록은 나머지 수학 시간으로 확대했다. 점심 전 수학 시간 동안 스투의 분당 떠들기 비율은 1.1이었고, 자기기록 기간 동안에는 분당 0.3이었다. 점심 후 스투의 분당 떠들기 비율은 자기기록

을 하기 전에는 1.6이었고 자기 기록 동안에는 0.5였다.

반전과 다중 기저선 설계의 혼합 설계는 스투의 떠들기 행동의 감소가 자기기록과 관계가 있음을 분명히 보여 준다. 그러나 실험 마지막 단계에서는 자기기록을 계속했음에도 스투의 떠들기 행동이 기저선 수준으로 돌아갔다. Broden과 동료들(1971)은 마지막 단계에서 자기기록의 효과가 없던 것에 대해 '떠드는 정도에 따라 결과가 주어지는 것이 아니기 때문에 효과성이 떨어진 것(p. 198)'이라고 설명했다. 처음에 자기기록 때문에 줄어들었다고 본 떠들기 행동은 사실은 그 때문이 아니라, 스투가 교사의 강화에 대해 기대하고 있었기 때문으로 해석할 수도 있다.

앞선 두 실험에서 보았듯이 자기관찰을 명확하고 '확실한' 과정으로 보는 것은 매우 어렵다. 자기관찰은 다른 유관을 가지고 있다. 그럼에도 자기관찰을 포함하는 다양하고 복합적인 절차는 행동을 변화시키는 데 효과적임이 증명되었다. 그러나 목표행동에 대한 자기관찰의 효과는 일시적이고 강력하지 않으며 바람직한 행동변화를 유지하기 위한 강화 유관을 필요로 한다(예 : Ballard & Glynn, 1975; Critchfield & Vargas, 1991).

자기평가

자기평가는 목표 선정과 자기관찰을 통합한다. **자기평가**(self-evaluation, **자기사정**(self-assessment)]를 사용하는 사람은 자신의 수행 정도를 미리 정한 기준이나 목적과 비교한다(예 : Keller, Brady, & Taylor, 2005; Sweeney et al., 1993). 예를 들어, Grossi와 Heward(1998)는 발달장애를 가진 음식점 종업원 인턴 사원 4명에게 목표를 설정하고, 자신의 수행을 관찰하고 수행 기준(예 : 발달장애가 없는 음식점 종업원이 경쟁 세팅에서 일을 수행하는 정도)과 비교해 자신의 수행을 평가하도록 가르쳤다. 이 연구에서 업무는 냄비와

팬을 닦아서 식기세척기에 넣고, 테이블을 세팅하고, 바닥을 걸레질하고 청소하는 것이었다.

3회기에 걸쳐서 약 35분간 각각의 인턴사원에게 다음 5개 영역에 대해 자기평가 훈련을 시켰다. (1) 신속하게 일해야 하는 이유(예 : 경쟁 세팅에서 직업을 찾고 유지하기), (2) 목표 정하기(인턴사원에게 경쟁 기준과 비교해 자신의 기저선 수행에 대한 단순 선 그래프를 그리고 생산성 목표를 세우게 함), (3) 타이머나 스톱워치 사용하기, (4) 자기관찰을 하고, 회색 밴드로 표시된 기준이 있는 그래프에 자신의 수행 그리기, (5) 자기평가(자신의 수행을 경쟁적인 기준과 비교하고, "내 수행은 기준에 미치지 못했어. 좀 더 열심히 해야 해." 혹은 "잘했네. 기준에 도달했어."와 같은 자기평가 진술). 인턴사원이 3일 연속해서 기준을 충족했을 때 새 목표를 세웠다. 4명의 인턴사원 모두가 성취 가능한 수준의 목표를 세웠다.

자기평가 개입으로 인해 인턴사원 4명의 생산성이 증가했다. 그림 13.4는 참가자 중 경한 수준의 지적장애, 뇌성마비, 간질로 진단받은 20세 채드의 수행 결과를 비교했다. 이 연구가 실행되기 3개월 전, 채드는 설거지하는 곳에서 두 가지 과제, 즉 냄비와 팬을 닦고, 접시를 식기세척기 걸대에 순서대로 넣기(이미 사용한 접시를 빈 식기세척기 걸대에 쌓는 6단계 행동연쇄)를 훈련받았다. 이 연구 내내 매일 점심 수행 전 10분 관찰 회기 동안 냄비 닦기를 관찰하였다. 인턴사원이 접시를 채우는 데 걸리는 시간—점심 작업 시간 중 가장 바쁜 시간에 회기당 4~8개의 걸대를 채우는 데 걸린 시간—을 스톱워치로 측정하여 접시를 걸대에 놓는 행동을 측정하였다. 기저선 관찰 기간 후에 채드는 자신의 수행 정확도와 수행 정도에 대해 피드백을 받았다. 기저선 기간 동안에는 채드의 수행에 대한 피드백을 제공하지 않았다.

기저선 기간 동안 채드는 10분간 평균 4.5개의 냄비

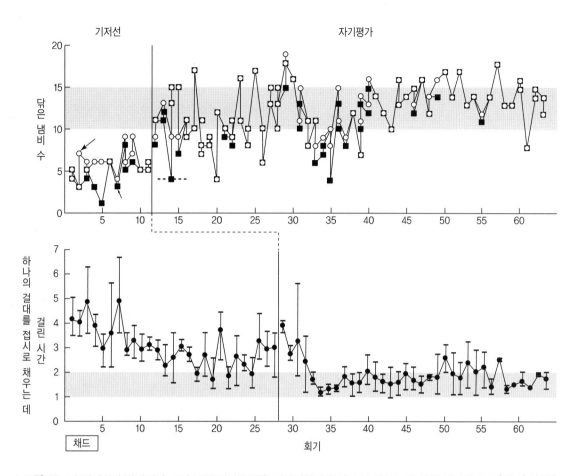

| **그림 13.4** | 기저선과 자기평가 조건 동안 접시를 채운 식기세척기 걸대 수와 10분 동안 닦은 냄비의 수. 빗금 친 부분은 장애가 없는 음식점 종업원들의 수행 수준을 나타낸다. 가로 점선은 채드가 스스로 정한 목표를 보여 주며 가로 점선이 없다는 것은 채드의 목표가 기준 내 속함을 나타낸다. 아래 그래프에서 자료점을 연결하는 세로 선들은 4~8번 수행에서 보인 채드의 수행 범위를 보여 준다.

출처 : "Using Self-Evaluation to Improve the Work Productivity of Trainees in a Community-Based Restaurant Training Program" by T. A. Grossi and W. L. Heward, 1998, *Education and Training in Mental Retardation and Developmental Disabilities, 33*, p. 256. Copyright 1998 by the Division on Developmental Disabilities. Reprinted by permission.

와 팬을 닦았고, 이 기간 동안 15번의 수행 모두가 10분당 10~15개를 닦아야 하는 기준에는 미치지 못했다. 채드의 냄비 닦기 수행은 자기평가 동안에는 평균 11.7개로 증가했고, 89번의 자기평가 동안 기준점 위로 올라간 수행이 76%나 되었다. 기저선 기간 동안 하나의 걸대를 접시로 채우는 데 걸린 시간은 평균 3분 2초였고, 97번의 수행 중 단지 19%만이 기준인 1~2분에 들어갔다. 자기평가 동안에 채드가 걸대 하나

에 접시를 채우는 시간은 평균 1분 55초가 되었고, 114번 중 70%가 기준 수행점을 넘었다. 연구 말미에 4명 중 3명의 인턴사원이 자신의 수행 시간을 측정하고 기록하는 것을 좋아한다고 보고했다. 비록 한 사람은 자신의 수행 시간을 측정하고 기록하는 것에 스트레스를 받았다고 했으나, 자기관리는 그가 일을 할 수 있다는 것을 다른 사람에게 보여 주는 데 도움이 되었다고 했다.

보상이 수반된 자기관찰

자기관찰은 자기 혹은 교사 선정 목표를 위해 보상을 사용하는 개입 패키지에 일부로 포함된다(Christian & Poling, 1997; Dunlap & Dunlap, 1989; Olympia et al., 1994; Rhode, Morgan, & Young, 1983). 강화제는 스스로 줄 수도 있고 교사가 줄 수도 있다. 예를 들어, Koegel과 동료들(1992)은 6~11세의 자폐증 아동 4명에게 다른 사람의 질문(예 : "오늘 누가 학교에 데려다 주었지?")에 적절히 응답한 수가 기준을 넘으면 그 수행에 대해 강화제를 받도록 가르쳤다.

Martella와 동료들(1993)은 경도 지적장애를 가진 12세의 브래드가 수업 시간 동안 한 부정적인 말(예 : "난 이 ××같은 계산기가 싫어.", "수학은 ×같아.")을 줄이기 위해 자기관리 개입 프로그램에 교사 제공 강화제를 포함했다. 브래드가 2시간의 수업 시간 동안 기록한 부정적 진술을 그래프로 그렸고, 그 기록을 보조교사가 수집한 자료와 비교했다. 브래드의 자기기록 자료가 보조교사와 80% 이상 일치하면 브래드는 자기가 고른 '작은' 강화제(예 : 25센트보다 싼 물건) 중에서 고를 수 있었다. 브래드의 자기기록 자료가 보조교사의 자료와 일치하고 연속해서 네 번 동안 지속적으로 감소하는 기준선 아래에 있게 되면, '큰' 강화제(25센트보다 비싼 물건)를 받게 된다.

왜 자기관찰이 효과 있는가

자기관찰의 효과성을 잘 설명하는 행동 기제는 없다. 어떤 행동 이론가는 자기관찰이 바람직한 행동을 강화하거나 바람직하지 않은 행동을 처벌하는 기능을 하는 자기평가 진술을 유발하므로 행동변화에 효과적이라고 주장한다. Cautela(1971)는 집안일을 완수했다는 것을 차트에 기록하는 아이는 집안일 완수를 강화하는 자기 언어(예 : "나는 착해.")를 만들어 낸다고 가정했다. Malott(1981)은 자기관찰이 죄책감 통제 때문에 수행을 증가시킨다고 설명한다. 바람직하지 않은 행동에 대한 자기관찰은 수행을 증진시키면 피할 수 있는 죄책감이 드는 진술을 하게 만든다. 즉 목표행동은 회피와 '나쁜' 행동이 발생했을 때 생기는 죄책감을 피하도록 해 주기 때문에 부적 강화를 통해 증가한다는 것이다.

유명한 작가 2명의 자기관찰 기술에 대한 설명은 Malott의 죄책감 통제 가설과 일치한다. 소설가 Anthony Trollope은 1883년 자서전에 다음과 같이 썼다.

새로운 책을 시작할 때면 나는 언제나 일기장을 구입해 주별로 나누고 책을 완성할 때까지 일기를 쓴다. 매일 내가 쓴 소설의 쪽수를 기록하는데, 하루나 이틀 일을 안 하고 빈둥거린 날에는 빈둥거렸다는 기록이 나에게 부족한 쪽수를 채우게 일을 하라고 재촉한다. … 나는 한 주에 일정 분량을 정한다. 평균적으로 약 40쪽 정도. 최소 20쪽이고 최대 112쪽까지 써 보았다. 1쪽이 다소 애매모호하다면—내 경우에는 1쪽에 약 250단어를 쓴다—감시가 없으면 단어 수가 비일관적으로 되는데, 그럼 단어를 센다. 나는 항상 기록을 하며, 쪽수 미달인 주는 내 눈과 입에 고통이고 내 심장에 슬픔을 준다. (Wallace, 1977, p. 518)

대작가 Ernest Hemingway는 죄책감 통제를 통해 자신을 동기화했다. 소설가 Irving Wallace(1977)는 Hemingway가 사용한 자기관리 기술에 대해 George Plimpton이 쓴 기사를 인용했다.

그는 카드 게임 상자 일부로 커다란 도표를 만들어 박제된 영양 머리 밑 벽에 세워 놓고 자신의 일일 수행정도를 기록한다 — '스스로를 속이지 않기 위해서'. 도표의 수는 매일 쓴 단어 수를 보여 주는데, 450, 575, 462, 1250, 다시 512 등 숫자가 매일 다르며, 높은 숫자는 Hemingway가 일을 많이 했음을 보여 준다. 그는 그다음 날 냇가로 가서 낚시를 해도 죄책감을 가질 필요가

없었다. (p. 518)

자기관찰 절차는 사적·내적 행동으로 구성되었기 때문에, 자기관찰이 어떻게 목표행동의 변화를 일으킨 것인지에 대한 정확한 행동 원리는 아직 모른다. 이렇게 사적 사건에 대한 접근이 불가능한 것 이외에, 자기관찰은 다른 변인에 의해서도 영향을 받는다. 자기관찰은 때로는 눈에 보이게(예 : "이 주에 10마일을 달리면 영화관에 갈 수 있다.") 혹은 함축적으로(예 : "칼로리 섭취량 기록을 아내에게 보여 줘야 한다.") 강화 처벌 혹은 둘 다에 대한 유관을 포함하는 자기관리 패키지의 일부이다. 관련된 행동 원리가 무엇이든 간에 자기관찰은 행동을 변화시키는 효과적인 절차이다.

자기관찰에 대한 지침과 절차

임상가는 학생들과 내담자에게 자기관찰을 실행할 때 다음 제안을 고려해야 한다.

자기관찰을 쉽게 해 주는 도구나 자료를 제공한다

자기관찰은 어렵고, 번거롭고, 시간이 많이 들며, 효과적이지도 않고 싫어할 뿐 아니라, 최악의 경우 행동에 부정적인 영향을 줄 수도 있다. 참가자는 자기관찰이 쉽고 효과적일 수 있게 만든 도구나 자료를 사용해야 한다. 행동을 측정하는 도구와 방법(예 : 지필, 손목 계수기, 손으로 누르는 계수기, 타이머, 스톱워치 등)은 상권 제4장에 기술되어 있다. 예를 들어, 수업 시간 동안 자신이 학생에게 한 칭찬의 수를 세고 싶은 교사는 수업 시작 전에 동전 10개를 주머니에 넣고 들어간다. 그리고 학생을 한 번 칭찬할 때마다 동전을 다른 주머니로 옮긴다.

대다수의 자기관찰 프로그램에서 사용된 기록지는 아주 간단하다. 효과적인 자기기록지는 그림 13.2에서 본 것과 같이 여러 개의 칸으로 만든다. 순간 시간

표집법을 사용해 해당 구간에 플러스나 마이너스, 예/아니오, 기쁘거나 슬픈 얼굴 아래 × 표시를 하거나, 혹은 그 구간에 발생한 행동의 수를 적을 수도 있다.

특정 과제나 행동연쇄를 위해 자기관찰 기록지를 만들 수도 있다. Dunlap과 Dunlap(1989)은 학습장애를 가진 학생들에게 올림과 내림이 필요한 빼기 문제를 푸는 단계에 대해 자기관찰을 사용하도록 가르쳤다. 각 학생은 특정한 실수를 범하지 않도록 자기 수준에 맞게 만들어진 단계 목록[예 : "뺄 숫자보다 작은 빼야 하는 숫자 아래 밑줄을 긋는다.", "밑줄 친 숫자 옆의 숫자에 × 표시를 하고 하나 작은 수를 적는다."(p. 311)]에서 각 단계에 대한 자신의 수행을 스스로 관찰하고 ＋나 －로 기록했다.

Lo(2003)는 행동장애 위험이 있는 초등학생에게 그림 13.5와 같은 용지를 사용해 자습 시간에 자신이 조용하게 공부하고 스스로를 평가하며 보조교사가 지시한 순서를 따르는지를 자기관찰하게 가르쳤다. 이 용지는 학생의 책상에 부착하여 학생이 바람직한 행동을 기억하는 기능과 동시에 그 행동을 기록하는 도구로 사용되었다.

'만화 기록지(countoons)'는 만화 같은 형식으로 유관을 나타낸 자기관찰 기록지이다. 만화 기록지는 아이들에게 어떤 행동을 기록해야 하는지 알려 줄 뿐 아니라 수행 기준을 충족하면 어떤 보상이 올지에 대해서도 알려 준다. Daly와 Ranalli(2003)는 6개 만화 기록지를 만들어서 학생들의 부적절한 행동 및 그와 공존 불가능한 적절한 행동을 기록하고 만들었다. 그림 13.6에서 보는 만화 기록지에서 F1과 F4는 학생들이 수학 공부하는 것을 보여 주며, 적절한 행동을 F5에 기록하게 되어 있다. 보상을 얻기 위해 풀어야 하는 수학 문제(이 경우 10개)가 F5에 나타나 있다. F2는 학생들이 친구와 떠드는 부적절한 모습을 보여 주며, F3에 이 행동을 기록하게 되어 있다. 학생들은 여섯

| 그림 13.5 | 초등학생에게 자기가 조용히 공부하고 있는지, 그리고 보조교사의 지시를 따르는지를 자기관찰하게 가르치는 데 사용된 기록지

출처 : "Functional Assessment and Individualized Intervention Plans: Increasing the Behavioral Adjustment of Urban Learners in General and Special Education Settings" by Y. Lo, 2003. Unpublished doctoral dissertation. Columbus, OH: The Ohio State University. Reprinted by permission.

번 이상 떠들면 보상을 얻지 못한다. '어떤 일이'라는 F6는 두 가지 행동을 다 잘했을 때 얻게 되는 보상을 보여 준다. Daly와 Ranalli는 아이들에게 자기관리 기술을 가르치기 위해 만화 기록지를 어떻게 만들고 이용하는지 자세하게 설명한다.

며칠 동안 다양한 과제를 기록하도록 자기관찰 기록지를 만들 수 있다. 예를 들어, 고등학교에서 근무하는 교사들은 Young과 동료들(1991)이 만든 학교수행 평가지(Classroom Performance Record, CPR)를 이용해 학생들이 할당된 공부를 하고, 과제를 마치고, 점수를 얻고, 최종 점수를 얻는 것을 도와줄 수 있다. 이 기록지는 또한 학생들에게 수업 시간에 자신의 수행 정도, 학기 말 성적, 수행 증진을 위한 팁에 대한 정보를 제공한다.

부수적인 단서나 촉진을 제공한다

자기기록 도구가 자기관찰을 기억나게 해 주는 구실을 하지만 자기관찰을 위한 부수적인 단서나 촉진도 도움이 된다. 연구자들과 임상가들은 자기관찰에 대한 촉진제나 단서로 여러 가지 청각적, 시각적, 혹은 촉각적 자극을 사용한다.

미리 녹음된 소리나 음을 사용하는 청각적 촉진은 주로 교실에서 자기관찰을 위한 단서로 사용된다(예 : Blick & Test, 1987; Todd, Horner, & Sugai, 1999). 예를 들어, Glynn, Thomas, Shee(1973)는 초등학교 2학년 학생들에게 여러 칸으로 구성된 기록지를 주고 녹음기에서 소리가 나면 그때 자기가 공부를 하고 있는지 아닌지를 표시하게 했다. 30분 수업 시간 동안 열 번의 버저 소리를 냈다. Hallahan, Lloyd, Kosiewicz, Kauffman, Graves(1979)는 8세 학생에게 녹음기에서 소리가 들리면 "내가 주의집중하고 있었나?"라고 쓴 종이에 '예/아니오'로 표시하게 가르쳤다.

Ludwig(2004)는 유치원생들에게 오전 학습 활동 시

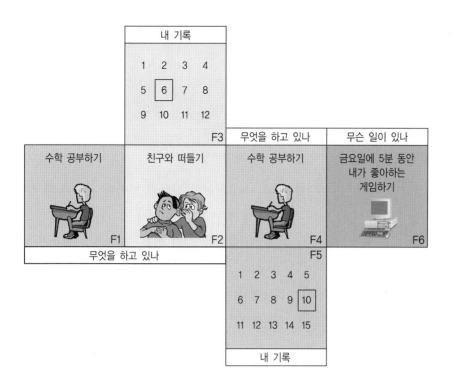

| **그림 13.6** | 목표행동과 자기기록을 상기시키며, 기준 충족 시 결과를 알려 주는, 학생들의 책상에 붙여 놓을 수 있는 '만화 기록지'

출처 : "Using Countoons to Teach Self-Monitoring Skills" by P. M. Daly and P. Ranalli, 2003, *Teaching Exceptional Children, 35* (5), p. 32. Copyright 2003 by the Council for Exceptional Children. Reprinted by permission.

간 동안 선생님이 크고 흰 칠판에 쓴 문제나 항목의 답을 개별 학습 용지에 쓰도록 촉진하기 위해 알림판에 시각 자극을 만들어 사용했다. 학생들이 할 일은 여러 학습영역(예 : 쓰기, 읽고 이해하기, 덧셈/뺄셈, 시간 말하기, 돈 등)을 포함하며 주제에 따라 14부분으로 나누었다. 각 회기가 끝날 때, 실험자는 최소 1개에서 최대 14개까지 웃는 얼굴을 그릴 수 있었다. 메모판에 그린 웃는 얼굴 수는 각 학생의 자기관찰 카드의 웃는 얼굴 숫자와 일치한다.

자기기록을 촉진하는 데 촉각 단서를 사용할 수 있다. 예를 들어, MotivAider(www.habitchange.com)는 고정된 시간에 혹은 일정 시간마다 한 번씩 진동하는 작은 전자 도구이다. 이 도구는 자기관찰을 상기시키고, 자기관리 과제를 수행하기 혹은 임상가가 내담자와의 약속 시간을 기억하게 만들어 주는 데 효과적이다.[8]

어떤 형태를 띠건 자기관찰에 대한 촉진은 눈에 띄지 않게 만들어 그 세팅에 있는 사람들을 방해하지 말아야 한다. 임상가는 자기관리의 초반에는 자기관찰을 위해 빈번하게 촉진을 주지만, 참가자가 자기관찰에 익숙해짐에 따라 촉진의 수를 줄이는 것이 일반적이다.

목표행동의 가장 중요한 측면을 자기관찰한다

자기관찰은 측정이다. 그러나 상권 제4장에서도 보았듯이 측정해야 하는 목표행동의 수준은 다양하다. 목표행동의 어떤 수준을 측정해야 할까? 자기관리 프로그램에서 개인의 목적을 성취하는 데 가장 직접적이고 의미 있는 향상을 초래하는, 가치가 있는 목표행동의 수준을 측정해야 한다. 예를 들어, 음식을 적게 먹어 체중을 줄이려는 남자는 종일 먹은 음식 숟가락 수(횟수), 끼니 때 분당 숟가락 수(비율), 식탁에 앉아서 첫 입을 먹을 때까지 걸린 시간(잠재 시간), 숟가락질

8) Flaute, Peterson, Van Norman, Riffle, Eakins(2005)는 교실에서 행동향상과 생산성을 높이기 위해 MotivAider를 이용한 20가지의 사례에 대해 설명했다.

사이의 시간(반응 간 시간), 혹은 음식을 먹은 시간(총시간) 등을 측정할 수 있다. 이 범주들에 대한 측정이 남자의 섭취에 대해 양적인 정보를 제공하는 것은 맞지만, 어떤 범주도 그 남자가 매일 먹은 전체 칼로리를 직접적으로 측정하지는 않는다.

많은 연구들은 학생들이 자신의 집중 시간이나 학업량을 자기관찰할 수 있는지에 대해 조사했다. Harris(1986)는 이 분야에서 가장 많이 인용되는 연구를 수행했다. 이 연구자는 학습장애를 가진 초등학교 학생 4명에게 쓰기 연습 시간 동안 자신의 집중시간이나 자신이 완성한 학업량을 자기관찰하게 가르쳤다. 집중 시간에 대한 자기관찰 조건에서 학생들은 녹음기에서 소리 날 때마다 "내가 집중했나?"를 스스로에게 묻고 '예/아니오'가 쓰인 기록지에 자신의 수행을 기록했다. 학업량에 대한 자기관찰 조건에서 학생들은 시간마다 자신이 쓴 단어 수를 적었다. 자기관찰 절차 둘 다 네 학생 모두의 집중력을 증가시켰다. 그러나 4명 중 세 학생의 경우, 학업량에 대한 자기관찰이 집중 시간에 대한 자기관찰 조건보다 학업 반응률이 높았다.

집중 행동과 학업량에 대한 자기관찰의 효과를 비교한 비슷한 연구에서 유사한 결과가 발표되었다(예 : Maag et al., 1993; Lloyd, Bateman, Landrum & Hallahan, 1989; Reid & Harris, 1993). 두 절차가 모두 집중 행동을 증가시키지만, 학생들은 집중 행동보다는 학업량을 자기관찰하게 했을 때 더 많은 과제를 완성했다. 또한 모든 학생이 집중도보다는 학업량에 대한 자기관찰을 선호했다.

일반적으로 학생들에게 집중도보다는 학업량(예 : 시도한 문제 수, 맞은 문제 수)에 대한 자기관찰을 가르칠 것을 권한다. 집중 행동을 증가시키는 것이 학업량 증가와 같지 않기 때문이다(예 : Marholin & Steinman, 1977; McLaughlin & Malaby, 1972). 반대로, 학업량이 증가하면 집중 행동이 향상되기 마련이다. 그러나 집중을 못하고 방해 행동을 보여 교실에서 자신과 남에게 문제를 일으키는 학생은 적어도 초반기에는 집중 행동을 자기관찰하는 것이 좋을 수 있다.

초반에 자주 자기관찰하기

일반적으로 목표행동이 발생할 때마다 가능한 한 빨리 자기기록을 해야 한다. 그러나 자기가 늘리고 싶은 행동을 자기관찰하는 것이 행동 그 자체를 방해해서는 안 된다(Critchfield, 1999). 자연스러운 반응을 일으키는 목표행동(예 : 학습지에 답 쓰기, 단어 적기)에 대한 자기관찰은 회기가 끝난 다음 영구 결과물을 보고 할 수 있다(상권 제4장 참조).

목표행동이 발생하기 전에도 행동의 어떤 측면을 자기관찰할 수 있다. 감소하기를 원하는 바람직하지 않은 행동을 일으키는 행동연쇄의 초기 반응에 대한 자기기록은 그 행동연쇄에서 마지막 행동에 대해 기록하는 것보다 행동을 바람직한 방향으로 변화시키는 데 더 효과적일 수 있다. 예를 들어, Rozensky(1974)는 25년간 골초였던 어떤 여성에게 담배를 피울 때마다 시간과 장소를 기록하게 했는데 흡연량에 약간의 변화가 있었다. 그 여성은 담배를 피우게 만드는 행동을 시작할 때마다 매번 같은 정보를 기록하기 시작했다—담배에 손을 뻗어서 담뱃갑에서 담배를 꺼내고 등등. 이 방법으로 그 여성은 자기관찰 몇 주 만에 담배를 끊었다.

일반적으로 행동변화 프로그램의 초반기에 자기관찰을 더 자주 해야 한다. 수행이 좋아지면 자기관찰의 빈도를 줄일 수 있다. 예를 들어, Rhode와 동료들(1983)은 행동장애를 가진 학생들에게 매일 15분 간격마다 교실 규칙을 따르고 학업량을 마쳤는지의 정도를 0~5점 척도로 자기관찰을 시켰다. 연구가 진행되면서 자기평가 간격을 처음 15분에서, 20분, 30분, 1시간으로 늘려 갔다. 최종적으로 자기평가 카드를 없앴고, 학생들은 구두로 자기평가를 했다. 마지막 자기평가 조건에서 학생들은 평균 2일에 한 번 자신의 학업량과 교실 규칙을 따르는 정도를 구두로 자기평가했다.

정확한 자기관찰을 강화하라

일부 연구는 자기관찰의 정확도와 측정되는 행동변화의 효과성 간에 관계가 없다고 보고한다(예 : Kneedler & Hallahan, 1981; Marshall, Lloyd, & Hallahan, 1993). 정확한 자기관찰은 행동변화에 필요조건도 충분조건도 아니다. 예를 들어, Hundert와 Bucher(1978)는 학생들이 자신의 수학 능력에 대해 점수를 매기는 게 정확해져도 수학 능력이 향상되지 않는다는 것을 발견했다. 반면에, Broden과 동료들(1971)의 연구에서는 리사와 스투의 자기기록과 독립적 관찰자의 기록이 일치하지 않았어도 그들의 행동은 향상되었다.

그렇지만 정확한 자기관찰은 바람직한데, 특히 대상자가 자신의 기록을 자기평가나 자기유관의 기본 자료로 사용하는 경우 더욱 그렇다.

어떤 연구는 어린 아동들이 정확도에 대한 외적인 유관이 없이도 자신의 행동을 정확하게 기록함을 보여 주지만(예 : Ballard & Glynn, 1975; Glynn, Thomas, & Shee, 1973), 다른 연구자들은 아동들의 자기기록과 독립적인 관찰자 사이에 일치도가 낮다고 보고한다 (Kaufman & O'Leary, 1972; Turkewitz, O'Leary & Ironsmith, 1975). 자기채점의 정확도에 영향을 주는 것으로 보이는 요소 중 하나는 자기보고 점수를 강화 기준으로 사용하는 것이다. Santogrossi, O'Leary, Romanczyk, Kaufman(1973)은 아동들에게 자신의 수행을 평가하게 하고 자기평가 결과를 토큰 강화 수준을 결정하는 기준으로 삼으면 자기관찰의 정확도가 점차로 떨어진다고 보고한다. 비슷하게, Hundert와

Bucher(1978)는 자신의 수학 수준에 대해 정확하게 자기채점을 했던 학생들이 높은 점수를 상과 바꾸게 하면 자신의 점수를 과장되게 보고한다는 결과를 발표했다.

독립적인 관찰자의 자료와 일치하는 자기기록 자료에 대해 보상을 하거나 학생들의 자기채점지를 불시에 검사하면 아동들의 자기관찰 정확도를 높일 수 있다. Drabman, Spitalnik, O'Leary(1973)는 이 절차를 이용해 행동 문제를 가진 아동들에게 교실 내 행동을 자기평가하게 했다.

> 이제 좀 다른 것을 해 보려고 해. 네 기록이 내 기록과 1점 이내로 차이가 나면 점수는 그대로야. 그런데 1점보다 더 많이 차이가 나면 점수를 모두 잃게 될 거야. 또한 내 점수와 완전히 일치하면 보너스 1점을 얻을 거야. (O'Leary, 1977, p. 204)

아동들이 자신의 행동을 신뢰성 있게 평가할 수 있음이 증명되면 교사는 매 시간마다 상자에서 전체 아동 중 50% 아동의 이름을 뽑아 그 아동들의 점수만 확인하고 점차적으로 그 비율을 33%, 25%, 12%로 줄여 나간다. 연구가 끝나기 12일 전부터는 아동의 자기평가를 확인하지 않는다. 확인하는 비율을 줄여 나가고 없애는 동안 아동들은 정확하게 자기평가를 지속한다. Rhode와 동료들(1983)은 비슷하게 점진적으로 일치도 확인을 줄여 나갔다.

자기실행 결과

어떤 행동의 발생(혹은 비발생)에 따라 특정 유관을 만드는 것은 자기관리의 기본적인 접근 방식이다. 이 장에서는 자기강화와 자기처벌에 사용된 몇 가지 전

략을 살펴볼 것이다. 먼저 '자기강화' 개념과 관련된 개념적인 문제를 다룰 것이다.

자기강화는 가능한가

Skinner(1953)는 자기강화가 조작적 강화의 원리와 동일하게 간주되어서는 안 된다고 주장했다.

> 자기통제에서 조작적 강화의 자리는 명확하지 않다. 어떤 면에서 모든 강화는 자기실행(self-administered)이라 할 수 있는데, 왜냐하면 반응은 결과를 '만든다'고 할 수 있지만, '자신의 행동을 강화하기'는 이것 이상이기 때문이다. 조작적 행동에 대한 자기강화는 개인이 강화를 얻을 능력이 있지만 특별한 반응이 나타날 때까지 그렇게 하지 않음을 가정하기 때문이다. 어떤 남자가 특정한 행동을 끝내기 전까지는 모든 사회적 접촉을 거부한다고 생각해 보자. 이 경우, 이건 조작적 강화인가? 크게 보면 다른 사람의 행동을 조건화하는 절차와 유사하다. 그러나 그 개인은 언제든지 그만두고 스스로에게 강화를 줄 수 있음을 명심해야 한다. 그 사람이 그렇게 하지 않는 것을 설명해야 한다. 그 사람의 행동은 이미 보상한 부분을 제외하곤 처벌 혹은 비승인되었기 때문일 수 있다. (pp. 237~238)

자기강화에 대한 논의에서 Goldiamond(1976)는 Skinner의 예를 들면서, 사람이 자신을 속이지 않고 그 일을 계속한다는 사실은 과제를 완수함으로써 얻는 사회적 접촉에 의한 자기강화에 의해 설명되지 않는다고 말했다. 다른 말로, 반응을 통제하는 데 영향을 주는 변인—이 경우 과제를 완수할 때까지 사회적 접촉을 하지 않는 것—이 설명되어야 한다. 자기강화를 원인으로 말하는 것은 설명적 허구이다.

이 문제는 이 절차를 '자기강화'로 명명된 절차가 강화의 효과와 비슷한 방법으로 행동을 변화시키느냐 아니냐의 문제가 아니다—행동을 변화시킨다. 그러나 자기강화의 예를 잘 살펴보면 정적 강화의 적용과 좀

다른 어떤 것을 발견할 수 있다(예 : Brigham, 1980; Catania, 1975, 1976; Goldiamond, 1976a, 1976b; Rachlin, 1977). 기술적인 용어로 자기강화(자기처벌)는 잘못 명명된 것인데, 일부 학자들이 주장했던 것처럼(예 : Mahoney, 1976) 단지 의미상에 문제가 있는 것만은 아니다. 현재 작동하는 원리 그 이상이 있을 때, 행동변화 전략의 효과성을 잘 정리된 행동의 원칙에 대입하는 것은 그 전략을 완전히 이해하는 열쇠를 가진 다른 관련된 변인을 간과하게 만든다. 자기강화처럼 이전에 잘 규명된 행동의 분석은 관련된 다른 변인에 대한 탐색을 방해한다.

우리는 자신이든 타인이든 누구에 의해 수행되느냐에 관련없이 수행-관리 유관은 반응-결과 지연이 너무 길면 강화와 처벌의 규칙 지배로 봐야 한다는 Malott의 주장(2005a; Malott & Harrison, 2002; Malott & Suarez, 2004)에 동의한다.[9] Malott(2005a)은 자기관리 유관을 부적 강화나 처벌 유관의 유추로 설명하면서 다음 사례를 들었다.

> 유관을 생각해 보자. 매일 나는 1,250칼로리 이상을 섭취하면 아주 싫어하는 룸메이트 혹은 별로 좋지 않은 자선단체에 5달러를 줄 것이다. 자선단체에 5달러를 뺏기는 것은 우리 대부분에게 혐오스럽기 때문에, 그걸 생각하는 것 자체가 과식에 대한 처벌이 될 것이다. 이 유관은 처벌 유관의 아날로그이지 실제 발생은 아닌데, 실제로는 1,250칼로리 이상을 섭취해야 5달러 벌금이 발생할 것이기 때문이다. 이런 유사 처벌 유관은 바람직하지 않은 행동을 감소시키는 데 효과적이다. 바람직한 행동을 증가시키려면 유사회피[부적 강화]가 효과적일 것이다—매일 1시간 운동을 하면 5달러 벌금을 피할 수 있다. 그러나 자정까지 운동을 하지 못하면 5달러를 벌금으로 내야 한다. (p. 519, 고딕체는 원본에 강조되었으며 괄호 안의 말은 추

---

9) 강화의 즉각성에 대해서는 『응용행동분석』(상) 제6장에서 논의했다.

가한 것)

바람직한 행동을 증가시키기 위한 자기실행 결과

자기관리 프로그램에서 정적 강화 및 부적 강화와 유사한 유관을 적용시킴으로써 목표행동의 빈도를 증가시킬 수 있다.

정적 강화와 유사한 자기관리

학생을 대상으로 한 여러 자기강화 연구는 정적 강화를 포함하는데, 주로 대상자들이 자기수행에 대한 자기평가에 근거해 스스로 정한 토큰과 점수, 자유 시간을 획득한다(Ballard & Glynn, 1975; Bolstad & Johnson, 1972; Glynn, 1970; Koegel et al., 1992; Olympia et al., 1994).

자기실행 보상을 포함하는 치료의 효과성은 평가가 어려운데, 일반적으로 자기관찰과 자기평가가 섞이기 때문이다. 그러나 Ballard와 Glynn(1975)의 연구에서 3학년 학생들에게 기저선 조건 후에 자신의 쓰기 능력에 대한 여러 측면(문장 수, 단어 수, 동사 수)을 자기채점하고 기록하도록 가르쳤다. 학생들은 매일 작문 시간에 자신의 기록을 제출했지만 자기관찰은 어떤 효과도 없었다. 학생들은 자신의 점수를 기록하는 노트를 받는다. 그 점수를 가지고 매일 자유 시간에 자신이 원하는 활동을 점수당 1분으로 바꿀 수 있다. 자기보상 절차는 3개 종속변인에 큰 향상을 가져왔다.

자기실행 보상이 꼭 본인에게서 행해질 필요는 없다. 다른 사람이 보상을 주는 반응을 만들 수 있다. 예를 들어, 자기실행 보상을 하는 연구에서 학생들이 자신의 수행에 대해 주기적으로 자기평가하고 수행 결과를 교사에게 보여 주고 피드백이나 도움을 받도록 가르쳤다(예 : Alber, Heward, & Hippler, 1999; Craft, Alber, & Heward, 1998; Mank & Horner, 1987; Smith & Sugai, 2000). 학생들은 결과적으로는 칭찬이나 다른 보상이 되는 교사의 관심을 끌면서 보상을 받은 것이었다.

Todd와 동료들(1999)은 초등학교 학생들에게 자기관찰, 자기평가, 자기시행 보상을 포함하는 자기관리 시스템을 사용하게 가르쳤다. 카일은 학습장애로 진단받은 9세 남아로 일기, 산수, 국어 과목에 대해 특수교육 서비스를 받고 있었다. 카일의 IEP(Individul Ed. Plan)[10]에는 문제행동(예 : 개별 활동이나 집단 활동 방해, 친구를 놀리거나 못살게 굴기, 성적으로 부적절한 말하기)에 대한 목표가 포함되어 있었다. 교사의 목표와 일일 평가는 효과적이지 않았다. '자문팀'이 기능 평가(상권 제14장 참조)를 실시했고 자기관리 체계를 포함한 계획을 세웠다.

카일은 15분의 개별 회기를 통해 자기관리 시스템의 운영에 대해 배웠고, 집중 행동과 집중하지 않는 행동, 그리고 적절하게 교사의 관심과 칭찬을 받는 행동에 대해 여러 번의 역할 연습을 통해 훈련받았다. 자기관찰을 위해 카일은 50분 지속되는 테이프를 이어폰을 이용해 들었는데, 그 테이프에서 VI 4분 계획으로 미리 녹음된 13번의 기록 시간(약 3~5분의 기록 간격)에 대한 안내를 들었다(예 : 기록 1, 기록 2). 기록 시간 안내를 들을 때마다 카일은 기록지에 +(그 시간에 자신이 조용히 공부를 하고 손, 발, 물건을 얌전히 하고 있었던 경우)나 0(친구를 놀리거나 떠들었을 경우)을 기록했다.

Todd와 동료들(1999)은 전체 수업 시간 동안 교사의 칭찬을 받는 법이나 어떻게 카일의 특별 프로그램이 학급 내의 강화 체계와 통합되었는지를 설명한다.

카일은 자기 카드에 3개의 +를 받을 때만 손을 들거나 선생님한테 가서 자신의 수행에 대한 피드백을 받을 수

---

10) 역자 주 : 개별적 교육계획으로 특수학급에 배정된 모든 학생에 대한 학습목표를 문서로 정리한 것

있었다. 선생님은 카일의 좋은 수행을 칭찬하고, 카일의 카드에 표시를 해서 언제부터 다시 +를 모을 수 있는지 알려 주었다. 교실 내 유관 이외에도 카일은 수업 종료 시 그 수업 동안 2개 이하의 0점을 받으면 자기관리 스티커를 얻었다. 반의 모든 학생들은 적절한 행동을 보이면 스티커를 얻을 수 있고, 그걸 모아서 주별로 학급 보상을 받을 수 있었다. 이 스티커는 합칠 수 있었기 때문에 카일의 스티커는 모든 학생들에게 가치가 있었으며 이로써 카일은 또래의 정적 관심을 받을 수 있었다. (p. 70)

두 번째 자기관리 단계(SM2)는 첫 단계와 같았다. 세 번째 단계(SM3) 동안 VI 5분 계획이 미리 녹음된 (16번의 자료 수집) 95분짜리 테이프를 이용했다. 카일이 자기관리 시스템을 이용하자 카일의 문제행동은 기저선보다 훨씬 낮아졌다(그림 13.7 참조). 집중 행동과 학업 완수 정도가 크게 증가했다. 이 연구의 중요한 결과는 카일의 선생님이 카일을 보다 자주 칭찬하게 되었다는 것이다. 수업 A에서 카일이 자기관찰을 시작하고 교사의 칭찬을 얻게 됨에 따라 카일의 수행이 급격하게 증가하자, 교사의 요청에 의해 수업 B (그림 13.7의 하단 그래프)에도 자기관리 개입이 시작되었다. 이 결과는 자기관리 개입의 사회적 타당도에 대한 강력한 증거이다.

부적 강화와 유사한 자기관리

성공적인 자기관리 개입은 부적 강화와 유사한 자기실행 도피와 회피 유관을 포함한다. Malott과 Harrison (2002)의 자기관리에 대한 좋은 책인『망설일 때 미루기 멈추기(I'll Stop Procrastinating When I Get Around To It)』에 나온 사례들은 목표행동을 함으로써 혐오 사건을 피하게 하는 도피와 회피 유관을 포함한다. 예는 다음과 같다.

목표행동	관리 유관
매주 부모님에게 쓰는 편지에 어떤 일이 발생했는지 기록하기 위해 매일 알림장에 기록하기	알림장에 기록하지 않을 때마다 친구의 일(설거지와 빨래)을 대신 해야 한다(Garner, 2002).
주 3회 30분/하루 뛰기	한 주 동안 3회 이하로 뛰는 경우, 일요일 밤 10시에 3달러를 벌금으로 내야 한다.
매일 밤 11시 전에 30분 동안 기타 연습하기	한 주 동안 매일 기타 연습을 하지 않으면 일요일 밤 11시에 윗몸 일으키기 50개를 한다.

자신의 행동을 통제하는 데 부적 강화를 쓰는 것이 싫은 사람들에게 Malott(2002)은 자기관리 프로그램에 '즐거운 혐오 통제'를 만든 다음 사례를 소개한다.

혐오 통제가 혐오스럽지 않을 수 있다. 즐거운 혐오 통제를 만들기 위해 해야 할 일은 다음과 같다. 먼저 혐오스러운 결과, 벌을 작게 만든다. 그리고 벌을 항상 피할 수 있게 해야 한다. 회피 반응은 항상 쉽게 할 수 있는 것으로 만들어야 한다.

우리는 일상에서 수많은 회피를 하는데, 이는 그리 나쁜 것만은 아니다. 문에 부딪혀 발을 다칠까 걱정되어 문을 열 때마다 불안을 느끼지는 않는다. 남은 음식이 상할까 봐 냉장고에 남은 음식을 넣을 때마다 긴장하지는 않는다. 이런 사실은 자기관리 규칙을 알려 준다—하고 싶은 일을 하려면 회피 절차 사용을 주저하지 마라. 회피 결과는 최소한으로 하고(효과가 없을 만큼 작은 혐오자극은 안 됨), 반응을 쉽게 만들라. (p. 8-2)

바람직하지 않은 행동을 줄이기 위한 자기실행 결과

바람직하지 않은 행동의 빈도는 정적 처벌이나 부적 처벌과 비슷한 자기실행 결과를 통해 줄일 수 있다.

정적 처벌과 유사한 자기관리

바람직하지 않은 행동에 고통스러운 자극이나 혐오스

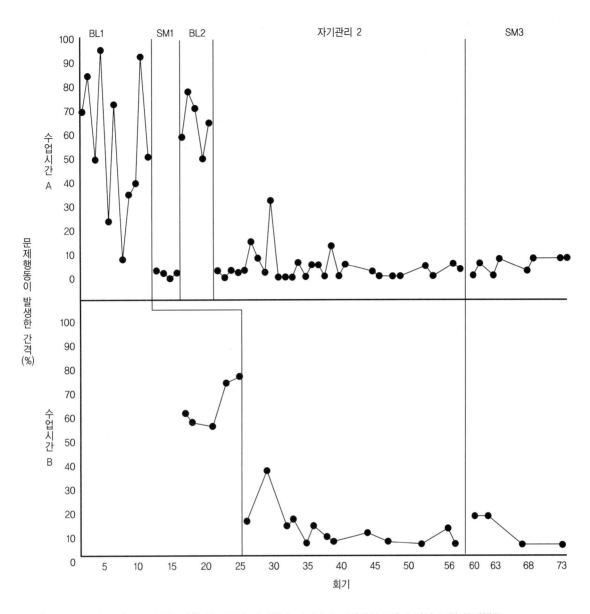

| **그림 13.7** | 2개 수업 중 10분을 관찰하는 동안 기저선과 자기관리 조건에서 9세 소년이 보인 문제행동

출처 : "Self-Monitoring and Self-Recruited Praise: Effects on Problem Behavior, Academic Engagement, and Work Completion in a Typical Classroom" by A. W. Todd, R. H. Horner, and G. Sugai, 1999, *Journal of Positive Behavior Interventions, 1,* p. 71. Copyright 1999 by Pro-Ed, Inc. Reprinted by permission.

러운 활동을 뒤따르게 함으로써 빈도를 줄일 수 있다. Mahoney(1971)는 강박적인 사고를 하는 남자에게 손목에 굵은 고무줄을 차고 다니게 한 사례 연구를 보고했다. 남자는 강박 사고를 할 때마다 고무줄을 잡아 튕겨 손목에 짧지만 매우 강렬한 고통을 느끼게 했다. 2년 반 동안 머리에 탈모가 생길 정도로 자신의 머리

카락을 강박적으로 뽑은 15세 소녀 역시 버릇을 고치기 위해 머리를 뽑을 때마다 고통을 줄 수 있는 고무줄을 사용했다(Matellone, 1974). 어떤 여성은 머리를 뽑을 때마다 혹은 뽑고 싶을 때마다 윗몸 일으키기를 15번씩 수행함으로써 머리 뽑는 행동을 멈출 수 있었다(MacNeil & Thomas, 1976). Powell과 Azrin(1968)은

열면 1초간 전기충격을 주는 담뱃갑을 만들었다. 자기관리 프로그램의 일부로 이런 도구를 사용하는 사람의 통제 반응은 그것을 가지고 다니면서 담배를 꺼내 피우는 것이다.

정적 연습 과잉 정정을 스스로 하는 것도 정적 처벌을 자기실행하는 것이다. 예를 들어, 정확한 문법인 'doesn't' 대신 'don't'를 자주 썼던(예 : "She don't like that one.") 10대 소녀는 자신의 문법 오류를 줄이기 위해 자기실행 정적 처벌 법을 사용했다(Heward, Dardig & Rossett, 1979). 'doesn't'를 사용해야 할 때 'don't'를 사용한 경우, 정확한 문법을 이용해 자기가 방금 한 문장을 열 번 반복했다. 자신이 반복하는 말을 들으면서 손목 계수기를 이용해 자신이 정적 연습 과정을 수행하는 수를 세었다.

부적 처벌과 유사한 자기관리

부적 처벌과 유사한 자기관리는 강화제를 잃거나(반응 대가), 일정 기간 동안 문제행동 발생에 유관하게 강화제에 대한 접근성을 차단(타임아웃)하는 것이다. 반응 대가와 타임아웃 유관은 가장 많이 이용되는 자기관리 전략이다. 가장 많이 적용되는 자기실행 반응 대가 절차는 문제행동이 발생할 때마다 벌금을 내는 것이다. 어떤 연구에서 흡연자들은 담배를 피울 때마다 벌금 1달러를 찢어 버림으로써 흡연율을 줄일 수 있었다(Axelrod, Hall, Weis, & Rohrer, 1971). 초등학생에게 부적절한 사회적 행동(Kaufman, & O'Leary, 1972)이나 학업 수행(Humphrey, Karoly, & Kirschenbaum, 1978)이 나쁠 때마다 토큰을 잃게 되는 반응 대가 프로그램을 효과적으로 사용했다.

James(1981)는 6세부터 말을 더듬는 것이 심했던 18세 남자에게 말하지 않는 타임아웃 절차를 사용하는 법을 가르쳤다. 자기가 말을 더듬는 것을 관찰할 때마다 2초간 말을 멈추었고, 그 후 다시 말을 할 수 있었

다. 남자의 말 더듬는 행동이 급격히 줄어들었다. 말하는 것이 보상이라면 이 절차는 타임아웃의 기능을 한 것이다(예 : 일정 기간 동안 선호하는 활동을 하지 못하게 하는 것).

자기실행 결과에 대한 권고 사항

자기실행 결과를 계획하고 실행하려는 사람은 다음 권고 사항을 고려해야 한다.

작고 쉽게 줄 수 있는 결과를 선택한다

자기관리 프로그램에 사용되는 보상과 처벌은 작고 쉽게 줄 수 있어야 한다. 자기관리 프로그램을 계획할 때 범하는 가장 흔한 실수는 크고 어려운 결과를 선택하는 것이다. 큰 보상(혹은 심각하게 혐오스러운 사건에 대한 위협)이 사람들로 하여금 자기결정 수행 기준을 달성하도록 동기화할 것 같지만, 큰 결과는 성공을 어렵게 만든다. 자기선정 보상과 처벌은 너무 복잡하고, 시간이 걸리고, 노력이 많이 들거나 강도가 세면 안 된다. 그럴 경우, 즉각적이고 일관적으로 보상을 제공하거나 처벌하기 어렵게 된다.

일반적으로, 자주 즉각적으로 획득 가능한 작은 보상을 선택하는 것이 좋다. 특히 줄이고 싶은 행동이 발생할 때마다 즉시 처벌해야 하는 처벌제를 사용할 때 매우 중요하다.

의미 있고 달성이 어렵지 않은 기준을 선택한다

자기실행 결과와 관련된 유관을 세우는 경우 사람들은 아동이나 내담자에게 보상을 사용할 때 두 가지 실수를 자주 범한다. (1) 보상 획득 기준이 너무 낮아서 자기실행 보상을 획득하기 위해 현재 수행 수준을 올릴 필요가 없는 경우, (2) 초기 수행 기준을 너무 높게 잡는 경우(이것이 더 흔함). 이 경우 소거 유관이 발생해서 자기관리를 포기하게 만든다. 강화 기반 중재 프

로그램을 효과적으로 만들려면 행동이 강화를 받을 수 있을 정도로 초반 기준을 잡고, 지속적인 강화로 기저선에 비해 증가하는 수행이 관찰되어야 한다. 상권 제6장에서 설명된 기준 설정 공식(Heward, 1980)은 이를 결정하는 데 지침을 제공한다.

부틀렉 강화를 제거한다

부틀렉(bootleg) 강화―특정 강화에 대한 접근, 유관에 필요한 반응 기준을 충족하지 못하고 강화를 받는 경우―는 자기관리 프로젝트에서 관찰되는 가장 흔한 문제이다. 만족스러울 정도로 강화를 받은 사람은 반응 유관 보상을 획득하려고 노력하지 않는다.

부틀렉 강화는 사람들이 일상적으로 선호하는 활동과 물건을 자기관리 프로그램의 보상으로 사용할 때를 말한다. 일상적인 즐거움과 활동을 사용할 수는 있지만, 보상으로 쓰려고 일상적으로 즐기고 있는 것을 일부러 하지 않기는 매우 어렵다. 예를 들어, 매일 밤 하루를 마감하며 〈오늘의 야구〉를 보면서 맥주와 땅콩을 마시는 남자가, 자기관리 프로그램에서 할 일을 해야 이런 여유를 가질 수 있게 만들기는 어려울 것이다.

이런 형태의 부틀렉 강화에 대항하는 한 가지 방법은 자기관리 프로그램을 시작하기 전에 자신이 일상적으로 즐겼던 모든 일이나 활동을 기준을 충족하기 전까지는 불가능하게 하고, 목표를 완수하면 평소와 다른 활동이나 물건을 주는 것이다. 예를 들어, 앞서 소개한 그 남자의 경우 기준을 달성하면 매일 먹던 맥주가 아니라 냉장고 뒤쪽에 숨겨 두었던 다른 브랜드의 맥주를 마실 수 있게 한다.

필요하면, 결과 제공 시 다른 사람을 이용한다

자기관리 프로그램이 실패하는 이유는 통제하는 행동이 통제되는 행동을 통제하는 데 실패하기 때문이 아니라, 통제하는 행동을 통제하는 유관이 약하기 때문이다. 다른 말로 하면, 통제하는 행동을 효과를 볼 때까지 충분히 일관적으로 행하지 않는다는 것이다. 자기가 해야 하는 행동을 다 했으니 자기실행 보상을 받아야 한다는 합리화를 막아 주는 요소는 무엇인가? 자기가 결정한 혐오스러운 결과를 자신에게 주지 않는 이유는 무엇인가? 이 두 질문에 대한 답은 '없다'이다.

자신의 행동을 진심으로 바꾸고 싶지만 자기가 결정한 결과를 스스로 실행하기가 힘든 사람은 수행 매니저로 다른 사람을 이용할 수 있다. 자기관리자는 자신이 계획한 결과가 수행 기준을 만족하지 않으면 스스로에게 혐오스런 결과를 주는 사람에게는 보상이 되는 유관을 설정함으로써 공정성을 유지하게 만들어야 한다. 그리고 유관을 책임지는 사람이 계획대로 수행을 하지 못하면 다른 사람에게 그 일을 맡겨야 한다. Malott과 Harrison(2002)은 다음과 같이 기술했다.

> 크리스티는 주 6회 하루 20분씩 트레드밀을 이용하고자 했다. 그녀는 남편에게 감시를 부탁하려 했지만, 남편은 그녀를 불쌍하게 생각해서 봐주기만 했다. 크리스티는 남편에게 부탁한 것을 철회하고 아들에게 감시자 역할을 맡겼다. 크리스티가 20분씩 운동을 하지 않으면 아들의 침대를 정리해 주기로 했고, 아들은 절대로 봐주지 않았다. (p. 18~7)

Kanfer(1976)는 이 같은 자기관리를 **결단적**(decisional) **자기통제**라 불렀다―자신의 행동을 어떻게 바꿀 것인지 계획을 세우고 첫 번째 결정을 내린다. 그러나 통제하는 반응을 하지 않을 가능성을 줄이기 위해 타인에게 절차를 맡긴다. Kanfer는 결단적 자기통제와 연장적 자기통제를 구분했다. 연장적 자기통제에서는 바람직한 행동변화를 위해 지속적으로 자기결핍 상태를 만든다. Bellack과 Hersen(1977)은 결단적 자기통제는 연장적 자기통제보다 권장되지 않는데, 결단적 자기통제 상황은 개인에게 지속적인 기술이나 자원을 제공해 주지 못하기 때문이라고 했다(p. 111).

다른 사람의 도움을 받는 자기관리 프로그램이 스스로 다 하는 자기관리 프로그램보다 바람직하지 않다는 주장에는 동의하지 않는다. 첫째, 다른 사람에게 의존하는 자기관리 프로그램은 타인이 결과를 보다 일관적으로 줄 수 있기 때문에 혼자 하는 것보다 더 효과적일 수 있다. 게다가 스스로 목표를 결정하고, 수행 기준을 정하고, 자기관찰 및 평가 시스템을 정하고, 다른 사람에게 자기가 결정한 결과를 주게 만드는 자기관리 프로그램을 성공적으로 진행한 경험을 통해 상당한 자기관리 기술을 습득할 것이다.

간단하게 만든다

될 수 있으면 너무 복잡한 자기관리 유관은 피해야 한다. 타인을 위한 행동변화 프로그램에 적용되는 원칙─최소로 간단하고 최소로 방해하는 효과적인 프로그램─이 자기관리 프로그램에도 적용된다. 자기실행 결과와 관련해서 Bellack과 Schwartz(1976)는 다음과 같이 경고했다.

첫째, 쓸데없이 복잡한 절차를 첨가하면 부정적인 결과를 초래할 가능성이 크다. 둘째, 많은 사람들은 단순한 자기강화 절차가 너무 지루하고 유치하며 눈속임이라고 생각한다.

자기강화 절차가 복잡할 필요는 없다. 많은 사람들은 자신의 수행 관리 유관을 지루하고 유치하게 생각하기보다는 그것을 만들어 내고 실행하는 일을 재미있게 생각한다.

 ## 다른 자기관리 전략

다른 자기관리 전략들은 행동분석 연구의 주제이기는 하지만 4용어 유관에 따라 쉽게 분류되지는 않는다. 이 전략에는 자기지시, 습관 반전, 자기주도 체계적 둔감화, 과한 연습 등이 있다.

자기지시

사람들은 자신의 행동에 대해 스스로를 위로하는 말(예 : "넌 할 수 있어. 전에도 했었지."), 자축(예 : "굿 샷! 5번 아이언이 망가질 정도인데!"), 자기충고(예 : "그렇게 말하지 마. 네 맘만 다쳐.")에서부터 특정한 지시(예 : "그 밧줄을 중간까지 당겨.")까지 항상 혼잣말을 한다. 이런 자기진술은 다른 행동의 발생에 영향을 미치는 통제하는 반응─언어적 중재자─으로 기능할 수 있다. **자기지시**(self-instruction)는 공개적일 수도 있고 사적일 수도 있는, 스스로 만들어 낸 언어적 반응이다. 자기관리 전략으로 자기지시는 행동연쇄나 과제의 순서를 결정하는 데 사용된다.

Bornstein과 Quevillon(1976)의 연구는 자기지시의 긍정적이고 지속적인 효과를 증명한 연구로 자주 인용된다. 이 연구자들은 수업 시간 동안 과제에 집중하도록 과잉 활동을 보이는 학령기 소년 3명에게 네 가지 유형의 자기지시를 가르쳤다.

1. 주어진 과제에 대한 질문(예 : "선생님은 내가 무엇을 하기 원하는가?")
2. 자기주도 질문에 대한 답(예 : "난 저 그림을 베껴야 해.")
3. 당장 주어진 과제에 대해 소리 내어 설명하기 (예 : "오케이. 먼저 여기에 선을 그어야 하고….")
4. 자기보상(예 : "정말 잘했어.")

2시간 회기 동안 학생들은 Meichenbaum과 Goodman (1971)이 개발한 훈련 방식에 따라 자기지시를 사용하는 방법을 배웠다.

1. 학생에게 과제를 설명하면서 실험자가 과제를 직접 보여 준다.
2. 실험자의 지시를 받으며 과제를 수행한다.
3. 실험자가 작은 소리로 지시를 내리고 학생은 스스로에게 큰 소리로 되뇌며 과제를 수행한다.
4. 실험자가 소리 내지 않고 입 모양만을 보여 주고, 학생은 자기 자신에게 속삭이면서 과제를 수행한다.
5. 입 모양을 내지만 소리는 내지 않고 과제를 수행한다.
6. 자신의 수행을 분명한 지시와 연합하면서 과제를 수행한다. (p.117에서 인용)

훈련 기간에는 단순한 선이나 도형 그리기부터 토막 짜기나 분류하기와 같은 복잡한 과제에 이르기까지 다양한 학습 과제를 사용했다. 아이들의 과제 집중 행동은 자기지시 훈련을 받자마자 명백하게 증가하기 시작했고, 그 행동은 오랫동안 지속되었다. 연구자들은 훈련 세팅에서 교실까지의 일반화는 훈련 기간 동안 연구자가 아닌 선생님과 함께 공부하는 것을 상상해 보라고 아이들에게 말한 결과라고 설명했다. 연구자들은 행동적 덫놓기 현상(Baer & Wolf, 1970)으로 과제 집중 행동이 지속되는 것을 설명할 수 있다고 가정했다. 즉 자기지시는 초반에 바람직한 행동을 만들었고, 이것이 과제 집중 행동을 지속하게 만드는 교사의 관심을 끈 것이다.

자기지시를 평가한 일부 연구는 Bornstein과 Quevillon (예 : Billings & Wasik, 1985; Friedling & O'Leary, 1979) 같은 동일한 결과를 얻는 데 실패했지만, 다른 연구들은 고무적인 결과를 보고했다(Barkley, Copeland,

& Sivage, 1980; Burgio, Whitman, & Johnson, 1980; Hughes, 1992; Kosiewicz, Hallahan, Lloyd, & Graves, 1982; Peters & Davies, 1981; Robin, Armel, & O'Leary, 1975). 자기지시 훈련은 고등학생들이 자신과 친하거나 친하지 않은 또래에게 말을 거는 빈도를 증가시킨다고 한다(Hughes, Harmer, Killian, & Niarhos, 1995; 그림 14.5 참조).

장애를 가진 근로자들은 자기 언어 촉진과 자기지시를 사용해 일의 생산성을 스스로 관리하도록 배울 수 있다(Hughes, 1997). 예를 들어, Salend, Ellis, Reynolds(1989)는 자기지시 전략을 이용해 심한 지적 장애를 가진 성인 4명에게 '일하면서 말하기'를 가르쳤다. 빗을 플라스틱 봉투에 담으면서 "빗을 위에 하나, 아래에 하나, 봉투에 넣고, 상자에 담자."라고 혼잣말을 하면서 일을 했을 때 생산성이 급격히 높아지고 오류율이 감소했다. Hughes와 Rusch(1989)는 청소 도구업체에서 일하는 근로자들에게 다음과 같이 4개 문장으로 된 자기지시 절차를 가르쳤다.

1. 문제에 대한 진술(예 : "테이프가 없다.")
2. 문제를 해결하는 데 필요한 반응에 대한 진술(예 : "테이프가 필요하다.")
3. 자기보고(예 : "해결해라.")
4. 자기강화(예 : "잘했어.")

O'Leary와 Dubey(1979)는 자기지시 훈련을 고찰하면서 아동들에게 효과적인 네 가지 요소를 언급했다.

사용하기만 한다면 자기지시는 아동들에게 효과적인 자기통제 절차로 보인다. 아동들이 자신에게 익숙한 행동에 자기지시를 사용하고, 과거에 자기지시를 했을 때 강화받았으며 지시가 결과를 가져오는 행동일 경우이다. (p. 451)

습관 반전

자기통제에 대한 최초의 논의에서 Skinner(1953)는 자기관리 전략으로 '다른 것 하기'를 언급했다. Robin, Schneider, Dolnick(1976)은 '다른 것 하기'를 잘 적용했는데, 그들은 정서행동장애를 가진 11세 아이들에게 거북이 기법(팔과 다리를 몸 쪽으로 당기고 머리를 책상 위로 숙이며 근육을 이완하고 자신이 거북이라고 상상하는 것)을 사용해 자신의 공격 행동을 통제하도록 가르쳤다. 아이들은 다른 친구와 싸움이 일어나기 직전에, 자기에게 화가 날 때, 화풀이를 할 것 같을 때, 혹은 선생님이나 친구들이 "거북이 자세"라고 외치면 거북이 자세를 사용하라고 배웠다.

Azrin과 Nunn(1973)은 **습관 반전**(habit reversal)이라는 기법을 개발했는데, 이는 내담자가 자신의 신경성 습관이 발생할 때마다 될 수 있으면 빨리 그 행동과 양립 불가능한 다른 행동을 함으로써 행동연쇄를 막는 방법이다. 예를 들어, 손톱을 물어뜯는 사람은 손톱 물어뜯기가 시작될 때마다 2~3분간 주먹을 꽉 쥐거나(Azrin, Nunn, & Frantz, 1980), 손을 엉덩이 밑에 넣는다(Long, Miltenberger, Ellingson, & Ott, 1999). 임상 현장에서 **습관 반전**은 반응을 감지하는 자기인식, 그 반응을 선행하거나 그 반응 뒤에 나오는 사건을 규명하고, 자기실행 결과, 사회 지지, 치료 효과에 대한 일반화와 유지를 촉진하는 절차에 대한 동기 기법 등을 포함하는 다중 요소 치료 패키지로 적용된다(Long et al., 1999). 습관 반전은 다양한 방법에 매우 효과적인 자기관리 기법으로 증명되었다. 습관 반전 절차와 연구에 대한 고찰은 Miltenberger, Fuqua, Wood(1998)를 살펴보라.

자기주도 체계적 둔감화

체계적 둔감화는 대안 행동을 하게 하는 자기관리 전략으로 불안, 공포, 두려움의 치료에 가장 많이 사용하는 행동 치료법이다. Wolpe(1958, 1973)에 의해 고안된 **체계적 둔감화**(systematic desensitization)에서는 원하지 않는 행동(불안과 공포)을 다른 행동(일반적으로 근육 이완)으로 대체한다. 내담자는 가장 덜 두려운 것에서 최고로 두려운 것에 이르기까지 위계를 만들고, 가장 덜 두려운 상황에서 시작해 다음 상황으로 차례대로 상상을 하면서 이완하는 것을 배운다. 그림 13.8은 어떤 사람이 고양이에 대한 공포를 극복하고자 개발한 불안-자극 위계를 보여 준다. 가장 깊게 이완한 상태에서 각 상황을 구체적으로 상상하면서 위계를 모두 마치고, 더 이상 불안을 느끼지 않게 되면 점차로 실제 상황(in vivo)에서 연습하기 시작한다.

불안 혹은 공포를 일으키는 상황에 대해 위계를 만들고 타당화하며, 깊은 근육 이완을 하면서 자기주도 체계적 둔감화 프로그램을 실행하는 자세한 절차는 Martin과 Pear(2003), Wenrich, Dawley, General(1976)에서 확인할 수 있다.

반복 연습

바람직하지 않은 행동을 반복적으로 하게 만드는 방법을 **반복 연습**(massed practice)이라고 하며, 이 방법으로 행동의 빈도를 줄일 수 있다. Wolff(1977)는 아파트에 들어올 때마다 강박적이고 의식적으로 13단계의 안전 확인을 하는(예 : 침대 아래 확인, 장롱 안 확인, 부엌 확인) 여성에 대한 재미있는 사례를 소개했다. 그 여성이 아주 정확하게 13단계를 네 번 반복하도록 치료 프로그램을 만들었다. 1주가 지나자 자신이 원하면 이 단계를 할 수 있지만, 이 단계를 시작하면 반드시 다섯 번을 반복하게 만들었다. 얼마 지나지 않아 그 여성은 강박 행동을 멈추었다.

지시

1. 집에서 TV를 보면서 아주 편안한 의자에 앉아 있다.
2. 고양이 음식에 대한 광고를 보고 있다—고양이는 보이지 않음.
3. 광고가 계속되고 이제 고양이가 음식을 먹고 있다.
4. 어떤 남자가 고양이를 쓰다듬고 있다.
5. 어떤 남자가 고양이를 껴안고 있다.
6. 어떤 여자가 고양이를 안고 있고, 고양이는 여자의 손과 얼굴을 핥고 있다.
7. 창문을 바라보니 길 건너 잔디밭에 고양이가 보인다.
8. 집 앞에 앉아 있는데 길 건너 인도로 고양이가 지나간다.
9. 뒷마당에 있는데 고양이가 옆으로 지나간다.
10. 고양이가 50m 전방에 걸어간다.
11. 친구가 고양이를 들어 같이 놀고 있다.
12. 친구가 약 30m 떨어진 곳에 있고, 고양이는 그 친구의 얼굴을 핥고 있다.
13. 친구가 고양이를 안고 약 15m 떨어진 곳에 있다.
14. 친구가 60cm 떨어진 곳에서 고양이와 놀고 있다.
15. 친구가 고양이를 쓰다듬고 싶냐고 묻는다.
16. 친구가 손을 뻗어 고양이를 건넨다.
17. 고양이를 땅에 내려놓았고 고양이가 다가온다.
18. 고양이가 다리에 몸을 비비적댄다.
19. 고양이가 그르렁거리는 소리를 내면서 다리 사이로 통과한다.
20. 몸을 숙여 고양이를 만진다.
21. 고양이를 쓰다듬는다.
22. 고양이를 들어올려 쓰다듬는다. (p. 71)

| **그림 13.8** | 체계적 자기둔감화에 사용되는, 고양이에 대한 공포와 관련된 상상 장면 위계

출처 : "Self-Directed Systematic Desensitization: A Guide for the Student, Client, and Therapist" by W. W. Wenrich, H. H. Dawley, and D. A. General, 1976, p. 71. Copyright 1976 by Behaviordelia, Kalamazoo, MI. Used by permission.

 효과적인 자기관리 프로그램을 위한 제언

다음 제안을 계획에 반영하여 자기관리 프로그램을 진행하면 성공 확률이 높아질 것이다. 다음 제언은 실험 분석을 통해 그 효과성이 확실히 증명된 것은 아니지만—자기관리에 대해 연구할 것이 많다—각각은 응용행동분석에서 효과적이라고 증명된 것으로 자기관리 연구에서 '가장 좋은 방법'으로 간주된다(예 : Agran, 1997; Malott & Harrison, 2002; Martin & Pear, 2003; Watson & Tharp, 2007).

1. 목표를 정확하게 하고 변화시킬 행동을 정의하라.
2. 행동에 대한 자기관찰을 시작하라.
3. 자연적 유관으로 연결될 유관을 고안하라.
4. 행동을 변화시킬 결심을 모두에게 알려라.
5. 자기관리 파트너를 구하라.
6. 자기관리 프로그램을 지속적으로 평가하고 필요 시 변경하라.

목표를 정확하게 하고 변화시킬 행동을 정의하라

자기관리 프로그램은 목적이나 목표, 그리고 이를 성취하기 위해 필요한 특별한 행동변화를 규명하는 것에서부터 시작한다. 자기가 정한 목표행동변화의 중요성을 판단하고 사회적 유의성을 평가하기 위해, 임상가가 내담자의 목표행동을 선정할 때 고려해야 할 것을 모두 고려해야 한다(상권 제3장 참조).

행동에 대한 자기관찰을 시작하라

목표행동을 정하자마자 자기관찰을 시작해야 한다. 개입하기 전에 실시한 모든 자기관찰은 제2장에서 언급한 기저선 자료와 같은 역할을 한다.

1. 자기관찰은 목표행동 발생 전후로 일어난 모든 사건에 대해 관찰하게 만든다―효과적인 개입을 만드는 데 유용한 선행사건-행동-결과에 대한 정보.
2. 자기관찰 기저선은 자기가 정한 결과에 대한 초반 수행 기준을 결정하는 데 중요한 지침을 제공한다.
3. 자기관찰 기저선은 개입의 효과성을 평가하는 데 객관적인 근거를 제공한다.

자기관리 전략을 사용하기 전에 될 수 있으면 빨리 자기관찰을 시작해야 하는 다른 이유는 자기관찰 하나만으로 바람직한 방향으로 행동을 개선할 수 있기 때문이다.

자연적 유관으로 연결될 유관을 고안하라

자기관찰 하나만으로 바람직한 행동변화가 어려울 때, 다음 단계로 비효과적인 자연 유관을 대체할 유관을 고안하는 것이다. 목표행동이 발생할 때마다 즉각적이고 확실한 결과를 주는 유관을 만들면 이전에 어려웠던 자기관리 목표를 달성할 가능성이 높아질 것이다. 예를 들면, 자기기록을 하고 피운 담배 개비 수에 따라 결과를 달리 줄 파트너에게 보고하는 것은, 자연 유관보다 흡연 행동을 보다 즉각적이고 효과적으로 줄이는 유관이다. 폐암과 폐 질환에 대한 위협은 즉각적으로 담배 개비 수를 줄이는 데 별로 도움이 되지 않는다.

행동을 변화시킬 결심을 모두에게 알려라

자기관리 노력의 효과성은 그 프로그램의 의도를 다른 사람에게 얘기할 때 증가하게 된다. 다른 사람에게 자신의 계획에 대해 말하거나 미래 행동에 대해 말하면, 목표에 도달하거나 그렇지 못했을 때 오는 결과―칭찬이나 비난―를 함께 고려할 수 있게 된다. 자기가 무엇을 하려고 하는지, 언제가 마감인지에 대해 구체적으로 말해야 한다. 타인에게 약속을 하는 것뿐 아니라 공적 발표(예 : 계약직 교수가 자신의 연구 논문 작업 수행 정도를 학과장이나 학장이 보고 코멘트를 할 수 있게 도표를 만들어 붙임)의 강력한 효과성에 대해서 고려한다.

Malott(1981)은 이를 '자기관리에 대한 공적인 공표'라고 명명했다.

> 목적을 공공연하게 말하면 수행이 증가한다. 그러나 공적 약속과 연관된 사회적 유관은 어떻게 변화를 일으키는가? 공적 약속은 성공에 대한 보상 가치와 실패에 대한 혐오 가치를 증대시키는 것 같다. 그러나 그런 결과는 지연되어 제공되기 때문에 문제해결을 직접적인 강화라고 보긴 어렵다. 그보다 공적 약속은 결정적인 순간에 스스로 말하는 법칙으로 작용하는 듯하다. "목표를 달성하지 않으면, 바보처럼 보일 거야. 그러나 달성하면 멋져 보일 거야." 이런 법칙은 주의집중 행동에 대한 즉각적인 자기보상과 집중하지 않은 행동에 대한 자기처벌의 단서로 가능할 것이다. (II권, 18장, p. 5)

Skinner(1953) 역시 자기관리 목표를 다른 사람에게 말하는 것에 대한 행동 원칙에 대해 설명했다.

> 목표가 지켜지지 않았을 때 혐오자극을 제시하는 사람을 둠으로써, 바라는 행동을 강력하게 만드는 결과를 만

들 수 있다. 기대했던 대로 행동했을 때만 결심을 지키지 못한 것에 대한 혐오스러운 결과에서 회피할 수 있다. (p. 237)

자기관리 파트너를 구하라

자기관리 교환을 만드는 것도, 자기관리 프로젝트를 효과적으로 만들 수 있도록 타인을 이용하는 좋은 방법이다. 장기 목표를 가지고 있거나 규칙적으로 해야 할 일이 있는 두 사람은 매일 혹은 주별로 서로의 목표행동이나 수행 정도에 대해 의견을 교환할 수 있다. 자기관찰 자료를 서로 보고 칭찬을 해 주거나, 수행에 따라 물건이나 물품을 줄 수도 있다. Malott(1981)은 자기와 동료가 스스로 정한 일일 운동 계획, 집안일, 혹은 글쓰기 중 하나라도 달성하지 못하면 1달러씩 주기로 한 자기관리 교환 프로그램에 대해 설명했다. 그들은 매일 아침 전화 통화를 하면서 지난 24시간 동안의 수행에 대해 보고했다고 한다.

시험공부를 하고 연구나 글쓰기 과제를 성공적으로 마치기 위해 박사 과정 학생들이 '논문 클럽'이라는 자기관리 집단을 만들었다(Ferreri et al., 2006). 주 모임에서 각 집단 성원들은 자신이 목표로 한 '학습 행동'에 대한 자료를 교환했다(예 : 매일 쓴 글쓰기 양, 공부 시간). 집단 구성원은 지속적으로 일을 열심히 하기 위해 서로 격려를 하는 등 사회적 지지를 제공했고, 완수한 것에 대해서 칭찬을 했으며, 서로서로 자기관리 프로그램의 설계에 대해 행동 자문의 역할을 수행했고, 때로는 서로 보상과 벌금을 적용했다. 이 집단의 6명 모두는 자신들이 세운 시간 안에 성공적으로 논문을 마칠 수 있었다.

자기관리 프로그램을 지속적으로 평가하고 필요시 변경하라

자기관리 프로젝트는 처음부터 잘되지 않을 수 있다. 때

로는 완전히 작동하지 않을 수도 있기 때문에 그때 다시 정리하고 조정할 준비가 되어 있어야 한다.

－ Malott & Harrison(2002, p. 18~7)

자기관리 프로그램의 개발과 평가는 실험 분석이나 통제를 강조하는 철저한 연구보다는 개별 문제해결에 대한 실질적인 자료 기반 접근을 취해야 한다. 그러나 자기관리자는 연구자처럼 자료에 의한 결정을 내려야 한다. 자료가 프로그램이 만족스럽게 진행됨을 보여 주지 못하면 개입을 수정해야 한다.

대부분의 자기관리 프로젝트의 효과성을 평가하는 데 A-B 설계면 충분하다. 자신의 행동을 정의하고 관찰하고 기록하고 그래프를 그리는 것을 배운 사람들은 자기실험을 통해 어떻게 자기관리 노력을 평가하는지 쉽게 배울 수 있다. 간단한 A-B 설계(제2장)는 자기평가 방법으로 충분한 사전·사후 결과를 제공한다. 자기관리 개입과 그 효과에 대한 기능적 관계를 실험적으로 증명하려면 행동을 변화시키려는 실제적인 목적은 뒷전이 된다. 그러나 기준선 변동 설계(changing criterion design)법(제4장)은 수행을 증진시키려는 목적으로 수행을 조금씩 올릴 뿐 아니라, 목표행동의 변화와 개입의 관계를 명확하게 증명하고 이해하는 데 유용하다.

자료 기반 평가뿐 아니라 자기관리 프로젝트의 사회적 유용성에 대해서도 평가해야 한다(Wolf, 1978). 다른 사람들에게 자기관리를 가르치는 사람들은 자신의 방법이 얼마나 실제적인가, 측정하지 않은 측면 확인 목록을 제공함으로써 자기관리자들이 스스로의 사회적 타당성을 평가하도록 돕는다.

행동변화 프로그램의 가장 중요한 사회적 타당성의 척도는 목표행동의 변화로 측정되는 결과가 실제 대상자의 삶에 변화를 가져왔느냐이다. 자기관리 프로그램 결과에 대한 사회적 타당성을 측정하는 방법 중

하나는 Malott과 Harrison(2002)이 이익 측정(benefit measure)이라고 명명한 자료를 수집하는 것이다. 예를 들어 다음을 측정할 수 있다.

- 음식 섭취를 줄이고 운동을 늘린 결과로 인한 체중 감소의 정도
- 담배 개비 수의 감소 결과로 향상된 폐 기능(약국에서 쉽게 구입 가능한 저렴한 도구로 측정한 초당 최대 산소량)
- 매일 달리기의 결과로 1마일을 달리는 데 걸린 시간의 감소
- 유산소 운동의 결과로 안정 시 심장 박동 수 감소와 빠른 회복 시간
- 영어 공부의 결과로 인한 외국어 시험에서의 높은 점수

이익 측정 결과는 자기관리 개입의 사회적 타당도를 평가할 수 있게 할 뿐 아니라 자기관리 프로그램을 보상하고 지속하게 만든다.

글상자 13.1에는 이 장에서 기술한 전략과 제언을 고려한 자기관리 체중 감량 프로그램 "몸무게를 줄여요."의 예를 보여 준다.

 행동이 행동을 변화시킨다

Epstein(1997)이 대중을 위해서 쓴 자기관리에 관한 책에 다음과 같이 기술했다.

> 무절제한 행동으로 살고 있는 젊은 청년이 부모, 교사, 친구로부터 도움을 구했으나 아무도 도와줄 수 없었다. 그 청년은 완전한 삶을 살고 있는 프레드 삼촌(Skinner의 이름을 따서 모델을 만듦)을 생각해 냈다. 여러 번 만남을 통해 프레드 삼촌은 자기관리의 세 가지 비밀, 3M을 알려 주었다―환경을 개선하고(modify), 행동을 관찰하고(monitor), 몰입하라(make commitment). 프레드 삼촌은 또한 '자기관리 원리'를 설명해 주었다―행동이 행동을 변화시킨다. 삼촌을 만나면서 그 청년은 새로운 방법을 시도했고 삶이 크게 변화했다. 한번은 그 청년이 공립학교에서 자기관리 기술을 훈련받는 아주 창의적이고 통찰력 있는 교실을 관찰했다. 물론 이는 소설이지만 기법이 잘 설명되어 있고 실천 가능성이 있다. (p. 563. 고딕체는 원본에서 강조)

50년 전 Skinner의 자기통제 개념을 기반으로 행동분석 학자들은 상당히 많은 자기관리 기법을 개발하고, 다양한 능력을 가진 대상자들에게 그 기법을 어떻게 적용할 것인지 방법을 고안해 냈다. 이런 노력과 발견은 행동이 행동을 변화시킨다는, 간단하지만 심오한 원리에 근거한다.

글상자 **13.1** "몸무게를 줄여요."
자기관리 체중 감량 프로그램

조는 63세 남성으로 그의 주치의는 현재 180cm에 88kg인 몸무게를 79kg으로 줄이지 않으면 심각한 건강문제를 경험하게 될 것이라 경고했다. 조는 잔디 깎기와 정원 가꾸기, 장작 패기, 토끼에 밥 주기, 다른 가사일 등으로 규칙적인 신체활동을 하고 있지만, 엄청난 식욕-전국에서 제일가는 식욕-이 그를 잡고 있다. 의사의 경고와 고등학교 동창의 죽음은 그를 불안하게 만들었고, 그는 아들과 함께 자기관리 체중 감량 프로그램을 짜게 되었다.

조의 프로그램은 선행사건 기반 기술, 자기기록, 자기평가, 유관계약, 자기선택/자기실행 결과, 그리고 가족의 유관관리고 구성되었다.

목표

일주에 0.5kg씩 체중을 89kg에서 79kg으로 줄이기

목표성취를 위해 필요한 행동변화

최대 2,100kcal/일로 줄이기

규칙과 절차

1. 매일 아침 옷을 입거나 먹기 전에 체중을 측정하고 욕실 거울에 붙은 '조의 체중'이라는 그래프에 몸무게를 넣기
2. 하루 종일 주머니에 노트와 종이 칼로리 계산기를 가지고 다니면서 모은 음식과 물을 제외한 음료수를 섭취하자 마자 그 양과 종류를 기록하기
3. 매일 저녁 자러가기 전에 그날 섭취한 최종 칼로리를 더하고, 욕실 거울에 붙은 '조의 체중'이라는 그래프에 이를 넣기
4. 체중 변화에 관계없이 1~3을 반드시 수행하기

즉각적인 유관/결과

- 주머니 안의 칼로리 계산기, 노트와 연필은 반응 촉진을 준다.
- 섭취한 모든 음식과 음료수에 대한 기록은 즉각적인 결과를 제공한다.
- 먹고 싶었던 음식을 참으면, 노트에 별을 그려 넣고 자기칭찬("훌륭해! 조")을 한다.

일일 유관/결과

- 하루 동안 섭취한 칼로리가 2,100을 넘지 않으면, '조의 정원 저금통'에 50센트를 넣는다.
- 섭취한 칼로리가 2,100을 넘으면, '조의 정원 저금통'에서 1달러를 꺼낸다.
- 3일 동안 칼로리 기준을 충족하면, '조의 정원 저금통'에 추가적으로 50센트를 보너스로 넣는다.
- 매일 칼로리 기준을 충족했다는 것을 헬렌에게 계약서에 확인 서명하게 한다.

주 유관/결과

- 매주 일요일 밤에 이전 주에 매일 섭취한 칼로리를 미리 준비한 주소가 적히고 우표가 붙은 포스트카드에 기록한다. 헬렌이 자기기록의 정확도를 사인하고 월요일에 빌과 질에게 부친다.
- 매주 월요일, 7일 중 적어도 6일 동안 칼로리 기준을 충족시켰으면, '조의 보상메뉴'에서 물건이나 항목을 획득한다.

즉각적인 유관/결과

- 일일 칼로리 제한 내에서 섭취한 것이 충분하고 '조의 정원 저금통'에 충분한 돈이 있으면 채소 정원을 가꾸기 위한 씨앗과 식물을 구입한다.
- 5월 오하이오 방문 시 체중이 매주 적어도 0.5kg을 감량한 것으로 나타나면, 식당을 선택해 사람들을 초대한다.

장기 결과

- 기분이 더 좋아진다.
- 보기가 더 좋아진다.
- 더 건강해진다.
- 오래 산다.

결과

조는 규칙이나 절차를 지키는 데 어려움이 있기 했지만, 자기관리 프로그램을 지켜 16주에는 10kg(체중 78kg 달성)을 뺄 수 있었다. 이 보고서가 쓰인 현재 시점은 조가 자기관리를 시작한지 26년이 된다. 조는 아직 식사시간에 참고 있어야 하지만, 몸무게는 유지하고 있고 정원 가꾸기, 노래하기, 라디오 듣기를 즐기고 있다.

요약

행동의 통제자로서의 '나'

1. 우리는 행동 바로 전에 발생하는 사건을 원인으로 생각하며, 이런 원인이 즉각적이고 주변 환경에서 분명하게 보이지 않으면 내적인 원인으로 돌리는 성향이 강하다.

2. 의지력이나 추동과 같은 가설적인 개념은 설명하려고 하는 행동을 이해하는 데 전혀 도움을 주지 않으며 순환론을 가져오는 허구 개념이다.

3. Skinner(1953)는 자기통제를 2개 반응 현상으로 개념화했다—통제하는 반응은 통제되는 반응의 발생 가능성을 변화하는 방식으로 다른 변인에 영향을 준다.

4. 자기관리는 행동을 바람직한 방향으로 변화시키는 행동변화 전략의 적용으로 정의된다.

5. 자기관리는 상대적인 개념이다. 행동변화 프로그램은 철저하게 고려하여 개발하고 적용하는 작은 단위의 자기관리로 볼 수 있다.

6. **자기통제**나 **자기관리**는 행동주의 문헌에서 구분 없이 사용되지만, **자기관리**는 자신의 행동을 변화시키기 위해 어떤 형식으로 행동하는 사람을 일컬을 때 사용한다.
   - 자기통제는 행동의 완벽한 통제가 개인에 의존하지만, '자기통제'의 원인은 행동에서 개인이 경험하는 것에서 찾을 수 있다고 본다.
   - 자기통제는 자신을 통제하거나, 외적 행동을 통제하는 자기 자신을 의미한다(Baum, 1994, p. 157).
   - 자기통제는 즉각적이나 가치가 상대적으로 적은 보상보다는, 지연되지만 좀 더 좋은 보상을 얻기 위한 개인의 '지연된 보상에 대한 능력'을 말한다.

자기관리의 적용, 장점 및 이점

7. 자기관리를 사용하는 네 가지 이유는 다음과 같다.
   - 좀 더 효과적이고 효율적인 일상생활을 유지할 수 있다.
   - 나쁜 습관을 버리고 좋은 습관을 들일 수 있다.
   - 어려운 과제를 수행할 수 있다.
   - 개인적 생활 습관 목표를 달성할 수 있다.

8. 자기관리 기술을 배우고 가르치는 것의 장점은 다음과 같다.
   - 자기관리를 이용하면 다른 사람의 도움 없이 행동을 개선할 수 있다.
   - 외부 행동변화 보조자는 때로는 행동이 발생한 중요한 시점을 놓칠 수 있다.
   - 자기관리는 행동변화의 일반화와 유지를 촉진한다.
   - 몇 개의 자기관리 기술로 많은 행동을 통제할 수 있다.
   - 다양한 능력을 가진 사람은 자기관리 기술을 습득할 수 있다.
   - 어떤 사람들은 스스로 과제를 선정하고 수행 기준을 정했을 때 더 잘 행동한다.
   - 자기관리 기술이 좋은 사람은 효율적이고 효과적인 집단 환경을 만든다.
   - 학생들에게 자기관리 기술을 가르치는 것은 다른 교육과정에 도움이 된다.
   - 자기관리는 교육의 궁극적인 목표이다.
   - 자기관리는 사회에 이롭다.
   - 자기관리는 사람들을 자유롭게 해 준다.
   - 자기관리는 기분을 좋게 해 준다.

선행사건 기반 자기관리 전략

9. 선행사건 기반 자기관리 전략은 다음과 같이 목표(통제되는) 행동에 선행하는 사건이나 자극을 조작한다.

  - 바람직한 행동이 더 많이 발생하도록 만들기 위해 동기 조작을 바꾼다.
  - 반응촉진을 제공한다.
  - 바람직한 행동을 유발하는 차별 자극에 반응하기 위해 행동연쇄의 처음 단계를 수행한다.
  - 바람직하지 않은 행동을 하게 하는 것을 치운다.
  - 제한된 자극 조건하에서만 바람직하지 않은 행동을 한다.
  - 바람직하지 않은 행동은 특정 장소에서만 하게 만든다.

자기관찰

10. 자기관찰은 자신이 변화하고자 하는 행동에 대해 기록을 통해 관찰하고 반응하는 절차이다.

11. 내담자만이 관찰할 수 있는 행동에 대한 자료를 수집하기 위한 목적으로 개발된 방법으로, 자기관찰은 가장 널리 사용되고 연구된 자기관리 전략이며 바람직한 행동변화를 촉진한다.

12. 자기관찰은 목표 설정 및 자기평가와 결합된다. 자기평가를 사용하는 사람은 자신의 수행과 미리 정한 목표나 기준을 비교한다.

13. 자기관찰은 자기가 혹은 교사가 선정한 목표를 달성했을 때 강화를 주는 개입에 사용된다.

14. 자기관찰이 어떻게 작동하는지 밝히기는 어려운데, 이 절차는 객관적인 관찰이 어려운 내적 사건(관찰이 어려운 언어 행동)을 포함하기 때문이다. 이 절차는 분명하게 보이거나 추측만이 가능한 강화를 포함한다.

15. 어른과 기록을 비교하는 과정을 통해 아동들에게 자신의 행동을 정확하게 관찰하고 기록하는 것을 가르칠 수 있는데, 아동들은 처음에는 교사의 자료와 비교해 일치하면 강화를 받는다. 시간이 지나면서 일치도 확인을 줄이고, 마지막에는 독립적으로 행동을 관찰하게 된다.

16. 자기관찰의 정확도는 관찰되고 있는 행동의 향상을 위해 필요조건도 충분조건도 아니다.

17. 자기관찰을 위한 지침은 다음과 같다.

  - 자기관찰이 쉽도록 자료를 제공한다.
  - 추가적인 단서나 촉진을 제공한다.
  - 목표행동의 가장 중요한 측면을 자기관찰한다.
  - 초반에 자주 자기 관찰을 하지만, 목표로 하는 행동의 발생을 방해해서는 안 된다.
  - 정확한 자기관찰을 보상한다.

자기실행 결과

18. 자기보상(혹은 자기처벌)은 잘못된 용어이다. 비록 행동이 자기실행 결과로 바뀔 수는 있지만, 통제하는 반응에 영향을 주는 변인은 자기 관리기술을 조작적 강화의 적용 이상으로 만든다.

19. 자기관리 프로그램에 정적·부적 보상, 정적·부적 처벌을 모사한 자기실행 유관을 포함할 수 있다.

20. 자기실행 결과를 포함하는 자기관리 프로그램을 만들 때 다음을 고려해야 한다.

  - 작고 쉽게 줄 수 있는 결과를 선택한다.
  - 의미 있고 달성이 어렵지 않은 강화제를 선택한다.
  - 부틀렉 강화를 제거한다.
  - 필요하면, 결과 제공 시 다른 사람을 이용한다.
  - 가장 덜 복잡하고 방해가 적은 결과를 준다.

다른 자기관리 전략

21. 자기지시(스스로에게 말하기)는 다른 행동의 발

생에 영향을 주는 통제 반응(언어적 매개)으로 기능한다.

22. 습관 반전은 원하지 않는 버릇을 자기관찰하게 가르치고 문제행동과 공존 불가능한 행동을 하게 해서 행동연쇄를 방해하도록 짜인 다중 요소 치료 패키지이다.

23. 공포 체계적 둔감화는 원하지 않는 행동(불안과 공포)을 다른 행동(일반적으로 근육 이완)으로 대체하도록 가르치는, 불안, 공포, 두려움의 치료에 가장 많이 사용하는 행동 치료법이다. 자기주도 체계적 둔감화에서 내담자는 가장 덜 두려운 것에서 최고로 두려운 것에 이르기까지 위계를 만들고, 가장 덜 두려운 상황에서 시작해 다음 상황으로 차례대로 상상을 하면서 이완하는 것을 배운다.

24. 바람직하지 않은 행동을 억지로 반복 수행(Massed practice)시키면 그 행동의 빈도를 줄일 수 있다.

효과적인 자기관리 프로그램을 위한 제언

25. 자기관리 프로그램을 만들고 적용하기 위해 다음 6단계를 따른다.

    1단계 : 목표를 정확하게 하고 변화시킬 행동을 정의하라.

    2단계 : 행동에 대한 자기관찰을 시작하라.

    3단계 : 자연적 유관으로 연결될 유관을 고안하라.

    4단계 : 행동을 변화시킬 결심을 모두에게 알려라.

    5단계 : 자기관리 파트너를 구하라.

    6단계 : 자기관리 프로그램을 지속적으로 평가하고 필요시 변경하라.

행동이 행동을 변화시킨다

26. 자기관리의 가장 기본적인 원칙은 행동이 행동을 변화시킨다는 것이다.

제6부

일반화된 행동변화 촉진
Promoting Generalized Behavior Change

사회적으로 중요한 행동은 의도적으로 바꿀 수 있다. 다음에 소개되는 장에서는 행동의 기본 원리와 이 원리에 근거한 행동변화 전략을 사용하여 적절한 행동을 증가시키고, 자극통제를 달성하고, 새로운 행동을 가르치며, 문제행동을 감소시킬 수 있는 방법을 설명한다. 초기 행동변화 달성을 위한 절차는 강제적이거나 비용이 많이 들 수도 있고, 여러 가지 이유로 인해 지속될 수 없는 경우도 있다. 하지만 새로 형성된 행동변화를 지속시키는 것은 매우 중요하다. 그러나 이와 같이 새로운 반응 패턴을 유발하는 개입을 학습자에게 이익이 될 수 있는 모든 환경에서 적용하기란 쉽지 않다. 또한 학습자에게 필요한 목표행동을 일일이 다 직접 가르칠 수 없는 경우도 있다. 전문가는 개입이 종결된 후에도 지속적으로 행동변화가 발생하도록, 개입 이외의 상황에서 관련된 상황과 자극 상황에서 목표하는 행동변화가 나타나도록, 또한 간접적으로 배운 관련된 행동으로 변화가 확산되도록 개입을 설계, 시행 및 평가해야 하며 이는 매우 어렵고도 중요한 과제이다. 제14장은 일반화된 행동변화의 주요 유형을 정의하며, 이를 달성하기 위해 응용행동분석가가 사용하는 전략 및 방책을 설명한다.

제14장

행동변화의 일반화 및 유지

주요 용어

개인 간 일반화	사례 충분히 가르치기	일반화 프로브
공통적인 자극의 계획	세팅/상황 일반화	자연적으로 존재하는 유관
느슨하게 가르치기	인위적 유관	지시 세팅
다중사례 훈련	인위적 중재자극	느슨한 강화 계획
반응 유지	일반적 사례 분석	행동함정
반응 일반화	일반화	
변별 불가능한 유관	일반화 세팅	

BCBA와 BCABA의 행동분석 자격심사위원회
행동분석과제 목록, 제3판

내용 영역 3 : 원리, 절차, 개념

3-12	일반화와 변별 정의와 예시

내용 영역 9 : 행동변화 절차

9-28	자극 일반화와 반응 일반화를 촉진할 행동변화 절차 사용
9-29	유지를 촉진하기 위한 행동변화 절차 사용

셰리의 선생님은 셰리가 주어진 과제를 수행할 때 문제 하나하나를 독립적으로 수행하는 개입을 시작했다. 이 개입은 셰리가 주어진 과제를 끈기 있게 마치도록 하기 위한 것이었고, 이를 위해 선생님은 셰리가 한 과제를 시작할 때부터 마칠 때까지 도와주었다. 하지만 개입이 끝난 지 3주가 지난 현재, 셰리는 과제를 미완성의 상태로 제출하고 있으며, '과제를 시작해서 마칠 때까지 꾸준히 과제를 수행하는 정도'가 개입 전과 비슷하게 미흡한 수준으로 돌아갔음을 알 수 있다.

리카도는 오랫동안 주의산만성(distractibility)과 낮은 지구력 때문에 어려움을 겪어 왔다. 하지만 그는 직업훈련소에서의 훈련을 통해 복사실에서 오랜 시간 동안 쉬지 않고 독립적으로 일할 수 있게 되었다. 그리하여 최근 리카도는 도심지에 위치한 비즈니스 사무실에서 복사기 기사로 일하기 시작했으며, 이는 그의 첫 정식 직업이다. 하지만 현재 일터의 고용주는 리카도가 일을 할 때 몇 분을 버티지 못하고 자주 업무를 중단하며, 타인의 관심을 끄는 데 정신을 판다고 불평하고 있다. 리카도는 머지않아 이 일자리를 잃을지도 모른다.

브라이언은 자폐증 진단을 받은 10세의 남자 아동이다. 현재 그는 기능적 언어(functional language)와 의사소통 기술을 습득하기 위해 개별 맞춤교육 프로그램을 받고 있다. 브라이언의 선생님은 다른 사람을 만날 때 "안녕, 잘 지내?"라고 인사하도록 가르쳤다. 그 결과, 현재 브라이언은 누구를 만나든 간에 "안녕, 잘 지내?"라는 인사로만 일관한다. 브라이언의 부모는 브라이언의 인사말이 앵무새가 말하듯 딱딱하고 기계적이라며 심각하게 고민하고 있다.

  사회적으로 가장 유의미한 행동변화를 (1) 시간이 흘러도 여전히 지속되고, (2) 관련된 모든 환경과 상황 속에서도 나타나며, (3) 목표행동과 관련된 다른 행동에도 이 변화가 수반되는 것으로 본다면, 위에 소개된 세 가지 사례는 개입의 실패로 볼 수 있다. 오늘 교실에서 돈을 세고 이를 잔돈으로 교환하는 방법을 배웠다면 내일 편의점에 가서도, 그리고 다음 달에 슈퍼마켓에 가서도 돈을 세고 잔돈으로 교환할 수 있어야 한다. 학교에서 몇 가지 좋은 문장을 배웠다면, 필기를 하거나 편지를 쓸 때 여태까지 배운 것보다 훨씬 더 많은 뜻깊은 문장을 써낼 수 있어야 할 것이다. 학습자가 이보다 낮은 수준의 성과를 보인다면, 그것은 당초의 의도가 완전히 성공하지 못했음을 명확히 보여 주는 것이다.

첫 번째 시나리오의 셰리는 행동변화 개입 이후, 시간이 경과함에 따라 개입을 통해 습득했던 과제 완성 능력을 잃었다. 리카도는 작업 환경이 바뀌었다는 이 유만으로 실패를 맛보게 되었다. 리카도가 직업훈련소에서 습득했던 적절한 작업 습관이 일터에서는 완전히 사라진 것이다. 브라이언은 새로 배운 인사법을 사용하긴 했지만 그 인사법을 판에 박힌 방식으로만 사용했기 때문에 현실에서 적절하게 적용될 수 없었다. 아주 현실적으로 본다면 이 3명이 받았던 훈련은 이들이 배운 것을 일반화하지 못했다는 점에서 결국 실패로 끝났다고 볼 수 있다.

응용행동분석가가 직면하는 과제 중 가장 어렵고도 중요한 것은 일반화된 결과를 도출해 낼 수 있도록 개입을 설계하고 실행하며 평가하는 것이다. 이 장에서는 일반화된 행동변화의 주요 유형을 정의하고, 연구자와 전문가가 이러한 변화를 촉진하기 위해 가장 자주 사용하는 전략과 방책을 설명하려고 한다.

일반화된 행동변화 : 정의 및 주요 개념

Baer, Wolf와 Risley(1968)는 새롭게 시작된 응용행동분석의 분야를 설명했다. 그들은 **행동변화의 일반성**을 행동변화 훈련을 대표하는 7개의 특징 중 하나로 포함했다.

행동변화가 시간이 지나도 지속됨을 증명해 보이거나, 실제 있을 법한 다양한 환경에서 나타나거나, 관련된 다양한 행동으로 확산되는 경우에 비로소 행동변화가 일반성을 가진다고 할 수 있다. (p. 96)

Stokes와 Baer(1977) 역시 세미나 리뷰 논문 「일반화의 함축적 기술(An Implicit Technology of Generalization)」에서 일반화된 행동변화의 이러한 세 가지 측면—시간, 환경 및 행동을 넘어서 지속됨—을 강조하며 **일반화**를 다음과 같이 정의했다.

훈련받던 때와는 다른 새로운 조건하에서(즉 개인, 상황, 주변인, 행동, 그리고/또는 시간의 변화에 구애받지 않고), 훈련받던 상황과 동일한 사건이 일어나지 않더라도 여전히 훈련과 관련된 행동변화가 발생하는 것, 즉 훈련 외의 상황에서 어떠한 조작이나 개입이 없이도 행동변화가 나타난다면 일반화가 이루어졌다 할 수 있을 것이다. 혹은 훈련 외의 상황에서 행동변화를 이끌어 내기 위해 어느 정도의 추가적인 조작이 필요하더라도, 그 조작의 수준이 직접적인 개입의 수준보다 명확히 낮다면 이 역시 일반화가 이루어졌다 할 수 있다. 서로 다른 조건하에서 유사한 행동변화를 관찰하기 위해 유사한 사건이 일어나야만 한다면 일반화가 이루어졌다고 할 수 없다. (p. 350)

일반화된 행동변화에 대한 Stokes와 Baer의 실용지향주의(pragmatic orientation)는 응용행동분석 분야에서 유용한 개념으로 받아들여진다. 그들은 훈련 시기가 아닌 다른 때 또는 훈련 장소가 아닌 다른 장소에서 완전히 재훈련을 받지 않고도 훈련된 행동이 발생하거나, 직접 가르치지 않았으나 목표행동과 기능적으로 관련된 다른 행동에서 변화를 보인다면 행동변화가 일반화된 것으로 볼 수 있다고 했다. 이어지는 절에서는 일반화된 행동변화의 세 가지 기본 형태—반응 유지, 세팅/상황 일반화, 반응 일반화—의 정의

와 사례를 제공할 것이다. 글상자 14.1 '오해하기 쉬운 일반화 관련 전문 용어에 대한 시각'에서는 응용행동분석가가 행동변화를 목표로 하는 개입의 결과를 설명하기 위해 사용하는 다양한 용어를 논의한다.

반응 유지

반응 유지(response maintenance)란 학습자에게서 목표행동을 처음 이끌어 냈던 개입이 종결된 이후에도 학습자가 목표행동(target behavior)을 지속적으로 수행하는 정도를 뜻한다. 다음과 같은 예를 들 수 있다.

- 사야카는 분수를 더하고 뺄 때 최소공통분모(lowest common denominator, LCD)를 찾는 데 어려움을 겪었다. 이에 선생님은 사야카에게 최소공통분모를 찾는 단계를 메모카드에 적도록 시켰고, 필요할 때마다 이 카드를 참조할 수 있도록 허용했다. 사야카가 이 힌트카드를 사용하기 시작하면서부터 수학 과제 점수가 향상되었다. 일주일 후 사야카는 힌트카드가 더 이상 필요하지 않다며 카드를 선생님에게 돌려주었다. 다음 날 이 학생은 수학 시험에 출제된 모든 분수의 덧셈, 뺄셈 문제에서 최소공통분모를 정확히 계산했다.
- 로레인은 조경 회사에서 일하게 된 첫날, 회사 동료로부터 긴 손잡이가 달린 연장으로 민들레꽃을 뿌리째 뽑는 법을 배웠다. 연장 사용법을 배운 것은 그때 한 번뿐이었으나 한 달 후인 지금도 여전히 이 연장을 정확히 사용하고 있다.
- 데릭은 중학교 1학년 때의 담임선생님으로부터 알림장에 과제를 적고 수업 자료를 과목별로 폴더에 보관하는 법을 배웠다. 데릭은 현재 대학교 2학년이며, 여전히 그때 배웠던 정리 및 분류 기술을 학업 생활에 적용하고 있다.

오해하기 쉬운 일반화 전문 용어

응용행동분석가는 직접적인 개입의 결과와 함께 나타나는 부속물 또는 부산물을 설명하기 위해 많은 용어를 사용하고 있다. 하지만 유감스럽게도 이 용어 중 일부는 그 의미가 중복되거나 복합적이기 때문에 혼란과 오해의 소지가 있다. 예를 들어, 개입이 철회되거나 종결된 후 지속되는 행동변화를 말할 때 가장 자주 사용되는 *유지*(maintenance)라는 용어는 치료가 중단되거나 부분적으로 철수되는 조건의 명칭으로 자주 사용된다. 응용행동분석가는 반응 유지(response maintenance)를 행동의 측정치로(즉 종속변인으로), 그리고 유지는 환경적인 조건의 명칭으로(즉 독립변인으로) 정의함으로써 이 두 용어를 구별한다. 이 밖에도 행동분석 문헌에서 계획된 유관(programmed contingencies)이 없어도 지속되는 반응을 지칭할 때 자주 사용되는 용어로는 *내구력*(durability), *행동지속성*(behavioral persistence), 그리고 (부정확하게는) *소거에 대한 저항성*(resistance to extinction)*이 있다.

응용행동분석 학문에서 훈련 외의 상황 또는 자극 조건에서 발생하는 행동변화를 기술하는 데 사용되는 용어로는 자극 일반화(stimulus generalization), *세팅 일반화*(setting generalization), *훈련의 전이*(transfer of training), 또는 단순히 *일반화*(generalization)가 있다. 기술적으로, 여러 응용 개입을 통해 달성되는 일반화된 행동변화를 자극 일반화라고 명명해서는 안 된다. *자극 일반화*는 특정 자극에 의해 강화되었던 행동이 소거 조건에서 다른 유사한 자극에도 높은 빈도로 나타나는 현상을 일컫는다(Guttman & Kalish, 1956; 제7장 참조). *조건 일반화*란 특정한 행동 절차를 뜻하는 기술적인 용어로 그 목적으로만 사용해야 한다(Cuvo, 2003; Johnston, 1979).

부차적인 효과(collateral effect) 또는 *부작용*(side effect), *반응 변산성*(response variability), *유도*(induction), *동반되는 행동변화*(concomitant behavior change)와 같은 용어는 직접적으로 훈련되지 않은 행동의 발생을 기술하기 위해 사용한다. 때로 일반화된 행동변화의 세 가지 유형을 통합적으로 표현하는 데 *일반화*라는 용어를 사용해 혼란을 가중시킨다.

Johnston(1979)은 *일반화*를 특정한 행동 절차를 위한 용어로 정의했다. 그는 이 용어가 일반화의 과정에서 요구되는 바람직한 어떤 행동변화를 묘사하기 위해 사용될 경우 다음과 같은 문제를 야기한다고 경고했다.

이 용어를 이런 식으로 사용하면, 실제로는 다양한 현상을 설명해야 할 때에도 한 가지 현상만 발생하는 것처럼 보일 수 있다.… 자극 및 반응 일반화가 최적화되게 절차를 설계한다면 훈련 외의 상황에서도 개인은 바람직하게 행동하게 될 것이다. 모든 행동 원리와 절차를 철저히 고려해야 하지만, 특히 훈련 외 상황에서 행동변화가 최대화되어야 함을 인식하고 있어야 한다. 이를 깨달아야만 성공적인 결과를 얻게 될 것이다. (pp. 1~2)

'일반화의 전문 용어'를 일관되지 않게 사용한다면 결국 일반화된 결과의 유무에 대해 그릇된 가정과 결론에 도달하게 될 수도 있다. 그럼에도 불구하고 응용행동분석가들은 **일반화**라는 용어를 이중의 목적으로(때로는 행동변화의 유형을 일컫기 위해, 때로는 이러한 변화를 일으킬 수 있는 행동의 절차를 뜻하기 위해) 사용하고 있다. Stokes와 Baer(1977)의 논문에서는 이러한 차이를 정의에서 잘 설명하고 있다.

여기서 설명하는 일반화라는 개념은 본질적으로 실용적 측면에서 살펴본 것이다. 우리가 사용하는 일반화의 개념은 일반적으로 쓰는 일반화의 개념과는 다르다(Keller & Schoenfeld, 1950; Skinner, 1953). 여러 가지 이유로 이 논쟁은 전문 용어와 관련된 논쟁과는 다르다. (p. 350)

Baer(1999)는 계획된 행동변화를 유지하고 그 행동변화의 영역을 확장하기 위해 사용되는 자연적으로 존재하는 강화 유관을 논의함과 동시에, 자신이 왜 *일반화*라는 용어를 선호하는지도 설명했다.

*일반화*는 여기에 묘사된 기술 중 최고의 기술이지만, 흥미롭게도 교과서적인 '일반화'의 정의와는 다르다. 실용적 측면에서의 *일반화*는 강화 기술이지만, 일반화의 교과서적 정의는 '직접적으로 강화된 행동변화가 초래하는 강화되지 않은 다른 행동의 변화'이다. … [그러나] 우리는 *일반화*라는 단어의 교과서적 의미가 아닌 실용적 사용법을 다룬다. 우리는 여태까지 이 단어를 실용적인 의미로 사용하도록 서로를 강화해 왔으며, 이에 익숙해져 있기도 하다. 따라서 아마도 계속해서 이 단어가 부정확하게 사용되는 것을 보게 될 것이다. (p. 30, 이탤릭체는 원문에서 강조됨)

행동분석의 정확한 기술적 용어 사용을 촉진하기 위해, 그리고 흥미로운 현상은 대개 여러 가지 행동 원리와 과정이 합쳐져 일어나는 것임을 기억하기 위해 우리는 행동의 원리나 절차가 아닌 행동변화의 유형에 중점을 두고 일반화된 행동변화에 관한 용어를 사용한다.

---

* 반응 유지는 소거 조건하에 측정될 수 있는데, 이 경우 지속적인 반응의 상대적 빈도를 소거에 대한 저항성으로 표현하는 것이 정확하다. 그러나 반응 유지를 설명하기 위해 소거에 대한 저항성의 개념을 사용하는 것은 응용 상황에서 부적절한데, 강화는 전형적으로 치료 후 환경에서 목표행동이 발생한 뒤에 주어지기 때문이다.

이 사례들은 일반화된 행동변화의 특징을 보여 준다. 힌트카드를 사용한 개입이 종결된 다음 날 사야카가 수학 시험에서 거둔 성과와 데릭이 몇 년 전에 습득했던 정리 및 분류 기술을 지속적으로 사용하는 모습에서 반응 유지를 볼 수 있다. 새로이 습득된 행동이 얼마나 오랫동안 유지되어야 하는가는 그 행동이 그 사람의 인생에서 얼마나 중요한가에 따라 다르다. 만약 어떤 사람이 전화번호를 듣는 즉시 그 번호를 세 번 머릿속으로 되뇌어서 몇 분 후 가까운 전화기를 찾았을 때 그 전화번호를 정확히 기억하여 입력했다면 반응 유지가 달성되었다고 할 수 있다. 하지만 자기돌봄(self-care)이나 사회 기술(social skill)과 같은 다른 행동은 평생 동안 유지되어야 한다.

세팅/상황 일반화

세팅/상황 일반화는 직접적으로 훈련된 자극 조건 외의 다른 자극에도 동일한 목표행동이 발견되는 현상이다. 우리는 **세팅/상황 일반화**(setting/situation generalization)를 훈련 외의 장면이나 자극 상황에서 학습자가 목표행동을 표출하는 정도라고 정의한다. 예시는 다음과 같다.

- 채즈는 전자동 휠체어를 새로 주문했다. 배송을 기다리는 동안, 그는 컴퓨터 시뮬레이션 프로그램과 조이스틱을 이용하여 휠체어 사용법을 미리 익혀 두었다. 새 휠체어가 도착하자마자 채즈는 조이스틱을 잡고 복도를 휘젓고 다녔으며 심지어 휠체어로 완벽한 원형을 그릴 정도로 능숙하게 조작했다.
- 로레인은 들판에서 잡초 뽑는 방법을 배웠다. 로레인은 상사로부터 아직 어떤 지시도 받지 않았으나 길가에 보이는 잔디밭에서 민들레와 잡초를 제거하기 시작했다.

- 브랜디는 선생님에게 자음-모음-자음-알파벳으로 구성된 10개의 영어 단어를 읽는 방법을 배웠다(예 : bike, cute, made). 그 후 브랜디는 배우지 않은 다른 자음-모음-자음-E 단어까지도 읽을 수 있게 되었다(예 : cake, bite, mute).

van den Pol과 동료들(1981)의 연구는 세팅/상황 일반화와 관련된 우수한 사례이다. 그들은 복합장애를 가진 3명의 청소년에게 패스트푸드 음식점에서 독립적으로 식사할 수 있도록 가르쳤다. 이 훈련 이전에도 세 학생 모두 음식점에서 식사를 한 경험이 있었으나 타인의 도움 없이는 음식을 시키거나 음식 값을 지불하지 못했다. 우선 연구자들은 과제분석(task analysis)을 통해 음식점에서 주문, 결제 및 식사하는 데 필요한 단계를 고안해 냈고, 각 단계에서 학습자들이 실행해야 할 행동도 정했다. 지시는 학습자들의 교실에서 이루어졌다. 학습자들은 역할극을 통해 고객과 점원 간의 상호작용을 단계적으로 훈련받았다. 또한 그들은 제시되는 사진(고객이 패스트푸드 음식점에서 특정 단계를 수행하는 장면을 담은 사진)을 보고 질문에 대답하는 훈련도 했다. 학습자들이 수행해야 하는 과제는 총 22단계로 구성되었으며, 이는 음식점의 위치 찾기, 주문하기, 지불하기, 식사하고 나가기의 네 가지 주요 하위 요소로 나누어졌다. 각 하위 요소를 숙달한 학생에게는 '2~5달러 사이의 금액을 무작위로 주고 점심을 사 먹으라며' 주변 식당으로 보냈다(p. 64). 이때 관찰자들은 학생이 각 단계를 어떻게 수행하는지 기록했다. 훈련 전(baseline)과 추적 조사(follow-up) 시 일반화 프로브(generalization probe)를 했고, 결과는 그림 14.1에 나와 있다. 연구자들은 대부분의 프로브가 진행된 맥도날드에서의 학습자의 수행에 근거하여 교실에서 배운 행동의 일반화 정도를 평가했고, 버거킹에서 추적 프로브(follow-up probe)를 실행

| **그림 14.1** | 장애를 가진 3명의 학생이 패스트푸드 음식점에서 식사를 올바르게 주문하는 데 필요한 모든 단계 중 올바르게 수행한 단계의 비율을 백분율로 나타낸 도표(교실 내 지시 개입의 시작 전, 개입 중, 개입 종결 이후).

추적 시 검은 삼각형은 버거킹에서 관찰 절차를 사용하여 실행된 프로브를 나타내며 하얀 삼각형은 자신이 관찰되고 있다는 사실을 학습자들이 모르는 프로브를 나타낸다. 하얀 원은 훈련 1년 후 별도의 맥도날드에서 몰래 실행한 프로브를 나타낸다.

출처 : "Teaching the Handicapped to Eat in Public Places: Acquisition, Generalization and Maintenance of Restaurant Skills" by R. A. van den Pol, B. A. Iwata, M. T. Ivanic, T. J. Page, N. A. Neef, and F. P. Whitley, 1981, *Journal for Applied Behavior Analysis, 14*, p. 66. Copyright 1981 by the Society for the Experimental Analysis of Behavior, Inc. Reprinted by permission.

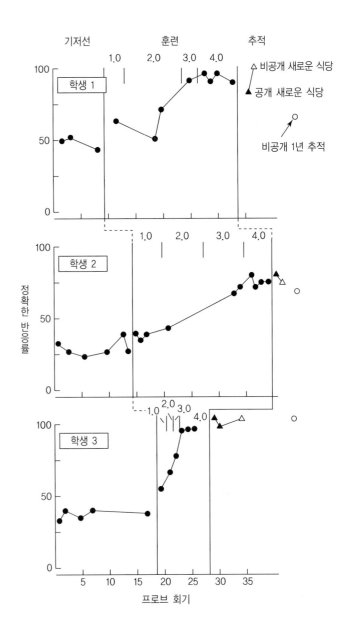

했다(유지 측정).

위 연구는 일반화된 행동변화를 평가하고 촉진하는 실용적인 접근을 보여 준다(대부분의 응용행동분석가는 이 접근을 사용한다). 지시 외의 세팅에서 일반화된 반응을 살펴볼 때 지시 세팅에서 사용하던 개입 요소를 일반화 세팅에 하나 이상 포함할 수는 있다. 하지만 개입 시 사용되었던 요소를 모두 포함해서는 안 된다. 새로운 환경에서의 행동변화를 위해 개입 때 사용했던 프로그램이 실시되어야 하면 이는 세팅/상황

일반화가 일어나지 않았음을 뜻하기 때문이다. 그러나 일반화 세팅에서 훈련 환경에서 달성했던 행동변화를 발생시키기 어려운 경우도 있다. 이런 경우, 훈련 프로그램에서 사용되었던 몇 가지의 요소를 일반화 세팅에 포함해 유의미한 행동변화를 초래한다면, 이 경우도 세팅/상황 일반화가 있었다고 할 수 있다.

한 예로 van den Pol과 동료들이 청각장애를 갖고 있는 학습자 3에게 교실에서 인공 주문장치 사용법을 가르친 사례를 들 수 있다. 이 장치는 보드마커가 달

린 작은 칠판이었고, 이 칠판에는 미리 인쇄된 질문 (예 : "…의 가격은 얼마인가요?")과 음식 이름(예 : 햄버거), 그리고 판매자(점원)가 대답을 적을 수 있는 공간이 마련되어 있었다. 물론 학습자에게 돈과 인공주문 칠판을 준다고 해서 그가 갑자기 독립적으로 식사를 주문하고 구매하여 먹을 수 있게 되는 것은 아니다. 하지만 교실에서의 학습을 통해 지침에 따른 연습, 역할극, 사회적 강화["잘했어요! 잊지 않고 잔돈을 달라고 했네(p. 64)."], 행동 교정을 목적으로 하는 피드백, 그리고 인공 주문장치 사용 방법의 복습 등을 훈련받은 학습자 3은 훈련 상황 내에서 바람직한 행동을 일으킬 수 있게 되었으며, 마침내 실제 음식점에서도 칠판만을 사용하여(타인의 도움 없이) 식사를 주문하고 값을 지불하여 먹을 수 있다.

지시 세팅과 일반화 세팅의 구별

지시 세팅(instructional setting)이라는 용어는 학습자가 목표행동을 배우고 일반화하는 것에 영향을 미칠 수 있는 훈련 환경, 즉 지시가 이루어지는 환경 전체(환경의 계획된 부분과 계획되지 않은 부분을 모두 포함하여)를 가리킨다.[1] 계획된 요소란 초기의 행동변화를 달성하고 일반화를 촉진하기 위해 교사가 계획하는 자극 및 사건을 뜻한다. 예를 들어, 수학 수업이 지시 세팅이라면 계획된 요소는 수업 중 소개될 특정한 수학 문제의 유형과 각 유형의 문제 풀이법을 지칭한다. 지시 세팅에서 계획되지 않은 부분이란 학습자의 목표행동 습득 및 일반화에 영향을 끼칠 수 있음에도 교사가 인지하지 못했거나 고려하지 않은 요소를

---

[1] 이 장에서는 사례의 대다수가 학교에서 진행되었기 때문에 교육 현장에서 사용하는 언어를 사용했다. 여기에서 말하는 지시 (instruction)란 **치료**(treatment), 개입(intervention), 테라피(therapy)와 동일한 의미를 가지며, 지시 세팅(instructional setting)이란 임상 세팅(clinical setting), 테라피 세팅(therapy setting)과 동일한 의미를 가진다.

뜻한다. 예를 들어, '얼마나 많이(how much)'라는 단어가 학생에게 덧셈을 떠올리게 만드는 자극통제(stimulus control) 기능을 한다고 하자. 이 경우, 학생은 이 단어가 포함된 문장형 수학 문제가 제시될 때마다 무조건 문장 속의 모든 숫자를 더하여 답을 얻으려 할 수 있다. 실제로 정답을 얻으려면 덧셈이 아닌 다른 연산을 해야 함에도 불구하고 학생은 덧셈을 한다. 또 다른 예로 지시 세팅에서 교사가 수업 시작 시에 늘 **뺄셈** 문제부터 가르치는 경우를 생각해 볼 수 있다. 이 경우 학생은 시험지를 받을 때마다 첫 번째 문제부터 뺄셈을 하게 될지도 모른다.

일반화 세팅(generalization setting)은 바람직한 목표 행동의 수행이 요구되면서 지시 세팅과는 유의미하게 다른 장소 혹은 그러한 자극 상황을 말한다. 대부분의 중요한 목표행동의 경우, 행동변화가 적용되어야 할 일반화 세팅이 많다. 어떤 학생이 수업 시간에 덧셈과 뺄셈을 배웠다면 이런 셈법을 집에서, 가게에서, 그리고 친구와의 게임에서도 수행할 수 있어야 한다.

그림 14.2에서는 6개의 목표행동에 대한 지시 및 일반화 세팅의 사례를 소개한다. 개인이 학습한 기술을 학습이 이루어졌던 환경과 물리적으로 다른 환경에서 사용하는 경우—그림 14.2의 행동 1에서 3까지와 같이—세팅 간 일반화(generalization across settings)가 일어났음을 알 수 있다. 하지만 중요한 일반화된 행동변화는 지시 세팅과 일반화 세팅 간의 차이가 이보다 훨씬 작을 때도 발생한다. 다시 말해, 일반화 세팅이 지시가 이루어지는 장소와 다른 어떤 곳이어야 한다는 생각은 잘못된 것이다. 학생들은 자신이 학습한 것을 유지하고 일반화해야 할 장소에서 지시를 받기 때문이다. 즉 지시 세팅과 일반화 세팅은 물리적으로 동일한 장소일 수도 있으며, 실제로도 그런 경우가 많다(그림 14.2의 행동 4에서 6까지와 같이).

지시 세팅

1. *특수교육 교사가 특수교실에서 질문*을 했을 때 손 들기
2. *학교에서 언어 치료사와* 의사소통 기술 연습하기
3. 학교 농구장에서 *연습 경기 중* 농구공 패스하기
4. 교실 책상에서 *세로로 제시된 덧셈 문제* 풀기
5. 숙제로 답과 비슷한 숫자가 없는 *문장형 수학 문제* 풀기
6. 지역사회 일터에서 *감독관이 보는 앞에서* 소포 포장하기

일반화 세팅

1. *일반 교사가 일반교실에서 질문*을 했을 때 손 들기
2. *동네 친구들과* 대화하기
3. 다른 학교 농구장에서 *실제 경기 중* 농구공 패스하기
4. 학교 책상에서 *가로로 제시된 덧셈 문제* 풀기
5. 숙제로 답과 비슷한 숫자가 있는 *문장형 수학 문제* 풀기
6. 지역사회 일터에서 *감독관이 없을 때* 소포 포장하기

| **그림 14.2** | 6개의 목표행동을 위한 지시 세팅과 일반화 세팅의 사례

세팅/상황 일반화와 반응 유지의 구별

모든 세팅/상황 일반화의 측정은 어느 정도 지시가 이루어진 후에 실시된다. 따라서 세팅/상황 일반화와 반응 유지는 동일한 현상이거나 최소한 떼어 낼 수 없는 현상이라고 볼 수 있다. 세팅/상황 일반화 측정치의 대부분은 반응 유지에 대한 정보를 제공하고, 역으로 반응 유지 측정치의 대부분 역시 세팅/상황 일반화에 대한 정보를 제공하게 마련이다. 예를 들어 van den Pol과 동료들(1981)이 버거킹과 두 번째 맥도날드에서 훈련 후 일반화 프로브(post-training generalization probe)를 실시했는데, 이는 세팅/상황 일반화(즉 새로운 음식점으로의 일반화)에 대한 자료와 훈련 후 1년까지의 반응 유지에 대한 자료 모두를 제공했다. 그러나 세팅/상황 일반화와 반응 유지는 기능적으로 구별되며, 이 둘은 지속성 있는 행동변화를 계획하고 확인하는 데 각기 다른 어려움을 가진다. 교실이나 임상 장면에서 관찰되었던 행동변화가 일반화 세팅에서는 관찰되지 않았다면 이를 통해 세팅/상황 일반화가 발생하지 않았음을 알 수 있다. 반면, 만약 교실이나 임상 장면에서 관찰되었던 행동변화가 일반화 세팅에서 최소한 한 번 이상 발생한 후 없어졌다면 반응 유지에 문제가 있음을 알 수 있다.

Koegel와 Rincover(1977)의 연구는 세팅/상황 일반화와 반응 유지 간의 기능적인 차이를 보여 준다. 3명의 참가자는 모두 자폐증이 있는 남자 아동이었다. 이 3명의 아동은 각각 말을 하지 못하거나, 반향 언어만을 구사하거나, 또는 문맥상 적절치 않은 언어를 구사하고 있었다. 이 아동들을 대상으로 작은 치료실에서 일대일로 지시 회기를 진행하였다. 치료사는 아동과 책상을 가운데 두고 서로 마주 보며 앉아 40분간 모방 반응(imitative response) 훈련을 시켰다[예 : 전문가가 "(코, 귀) 만져."라고 말하거나 혹은 "이거 해."라고 말한 뒤 (팔을 든다, 박수를 친다)]. 일반화 세팅은 공원에서 낯선 어른과 함께 있는 조건이었다. 치료사가 진행한 세팅(지시 세팅)과 낯선 어른이 진행한 세팅(일반화 세팅)은 각각 10회기로 번갈아 진행되었다. 지시 세팅에서는 아동이 지시에 알맞게 반응할 때 보상(사탕과 사회적 칭찬)을 주었다. 반면, 일반화 세팅에서는 교실에서와 같은 지시를 주었으나 정반응 강화나 결과물을 제공하지 않았다.

그림 14.3은 각 아동이 지시 세팅 및 일반화 세팅에서 정확히 반응한 시행률을 보여 준다. 세 아동은 지시 세팅에서 모방 모델(imitative model)에 반응하는 방법을 익혔지만 일반화 세팅에서는 모두 0%의 정반

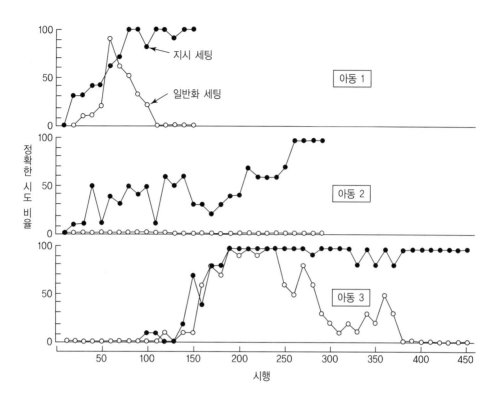

| **그림 14.3** | 지시 세팅에서의 시행 열 번과 일반화 세팅에서의 시행 열 번을 번갈아 실행했을 시 아동 3명의 정반응

출처 : "Research on the Differences Between Generalization and Maintenance in Extra-Therapy Responding" by R. L. Koegel and A. Rincover, 1977, *Journal of Applied Behavior Analysis, 10,* p. 4. Copyright 1977 by the Society for the Experimental Analysis of Behavior, Inc. Reprinted by permission.

응률을 보였는데, 이유는 각각 다르다. 아동 1과 아동 3은 지시 세팅에서 성과가 향상됨에 따라 일반화 세팅에서도 정답률이 증가했으나 이 일반화된 반응을 유지하지 못했다(일반화 세팅에서의 소거 현상으로 인해 이러한 결과가 나왔을 가능성이 크다). 한편, 아동 2의 경우 지시 세팅에서 습득한 모방 반응을 다른 환경으로 일반화하지 못했다. 그러므로 연구 종결 시 일반화 세팅에서 보인 0%의 정반응률은 아동 1과 아동 3의 경우 반응 유지의 실패로, 아동 2의 경우는 세팅 일반화의 실패로 볼 수 있다.

반응 일반화

반응 일반화(response generalization)는 훈련받은 목표 행동과 동일한 기능을 하면서도 학습자가 직접적으로 훈련받은 적이 없는 반응을 표출하는 정도를 말한다. 즉 반응 일반화에서는 특정 반응에 적용되어 온 유관에 의해 계획된 유관(programmed contingencies)이 적용된 적 없는 다른 행동의 형태가 나타나게 된다. 다음과 같은 사례를 예로 들 수 있다.

● 트레이시는 오빠의 잔디 깎는 사업을 도와 돈을 벌고 싶었다. 오빠는 트레이시에게 잔디 깎는 기계의 사용법을 알려 주며, 정원의 한쪽에서 반대편까지 일직선으로 다니며 잔디를 깎으라고 알려 주었다. 하지만 트레이시는 어떤 정원의 경우 정원의 테두리를 빙 둘러 깎은 후 정원의 바깥부터 중앙으로 점점 작은 사각형을 그리며 잔디를 깎

아도 동일한 시간에 일을 마칠 수 있다는 것을 알
아차렸다.

- 로레인은 긴 잡초 뽑는 연장을 사용하여 잡초 제
거하는 방식을 배웠다. 아무도 다른 도구를 사용
하라고 가르치거나 부탁한 적이 없지만, 로레인
은 가끔 모종삽이나 맨손을 사용해서도 잡초를
뽑는다.

- 마이클의 어머니는 마이클에게 집으로 전화가 오
면 메모지에 발신자의 이름, 전화번호 및 용건을
적어 두라고 가르쳤다. 하루는 어머니가 집에 돌
아왔을 때 전화기 옆에 놓인 아들의 녹음기를 발
견했다. 어머니가 재생 버튼을 누르자 마이클의
목소리가 흘러나왔으며, "할머니가 전화함. 수요
일 저녁 가족 식사 때 무슨 음식을 먹고 싶은지
물어봄. 스톤씨에게 전화 옴. 전화번호는 555-
1234이며 오늘이 보험금 납입일이라고 전해 달라
했음."이라고 녹음되어 있었다.

제3장에서 소개된 바 있는 Goetz와 Baer(1973)의
유치원생 3명의 여아의 블록 놀이 연구는 반응 일반
화의 좋은 사례이다. 기저선에서 교사는 블록을 가지
고 노는 각 아동 옆에 조용히 앉아 그들을 유의 깊게
관찰했다. 이때 교사는 칭찬이나 비판도 하지 않았
다. 실험의 다음 단계에서 아동이 그 회기 동안 한 번
도 사용한 적 없던 새로운 형태로 블록을 배열하거
나 재배치할 때마다 교사가 아동에게 열의와 관심을
표현했다(예 : "와, 아주 멋있다. 이건 지난 번 것과
다르네!"). 그다음 단계에서 아동은 회기 동안 이미
만든 적이 있는 디자인과 유사한 형태로 블록을 배치
할 때마다 칭찬을 받았다(예 : "정말 멋지다. 아치를
하나 더 만들었네!"). 그다음 단계에서 교사는 다시
아동이 새로운 형태로 블록을 쌓을 때마다 칭찬을 곁
들였고, 이 단계를 마지막으로 연구가 종결되었다.

세 아동 모두 기저선 또는 동일한 형태에 대해 강화
가 주어졌던 때보다 다양한 형태에 대해 강화가 주어
졌을 때 더 자주 새로운 형태로 블록을 만들었다(그
림 3.7 참조).

아동의 특정한 반응에 대해 강화(칭찬받은 특정한
블록의 형태를 다시 재현해 내도록)뿐 아니라 동일한
기능적 특징을 가진 새로운 행동(즉 아동이 이전에 만
든 것과는 다른 새로운 블록의 형태를 만드는 것) 또
한 교사의 칭찬에 반응하여 증가함을 볼 수 있었다.
결과적으로, 새로운 배치에 대한 강화가 주어졌을 때
아동은 이전에 한 번도 칭찬받은 적이 없는(이전에는
나타난 적이 없는 형태였으므로) 새로운 형태의 블록
형태를 만들었다. 일부 참가자에게만 주어졌을 경우
에도 새로운 블록구성에 대해 강화를 주어도 그 집단
의 다른 참가자의 행동 빈도가 증가되었다.

일반화된 행동변화 : 상대적이며 혼합된 개념

위 사례에서도 볼 수 있듯이 일반화된 행동변화란 상
대적인 개념이다. 우리는 이를 연속적인 개념으로 생
각할 수 있다. 일반화 연속선상의 한쪽 끝에는 다양한
일반화된 행동변화를 일으키는 개입이 있다. 즉 개입
이 종결된 후에 학습자는 새로이 습득한 목표행동뿐
아니라 목표행동과 기능적으로 연관되면서도 이전에
는 관찰된 적 없었던 다른 여러 가지 행동을 (적절한
기회만 주어진다면) 비슷한 환경에서 지속해서 보일
수 있게 되는 것이다. 반면, 일반화 연속선상의 다른
끝에는 아주 제한된 일반화된 행동변화만을 산출하는
개입이 있다. 이 경우, 학습자가 지시받던 곳이 아닌 다
른 세팅 및 상황에서 습득한 기술을 사용하는 능력은
제한적이며, 학습자가 인위적인 자극 혹은 상황을 통
해서만 새로운 환경에서도 행동변화를 보이게 된다.

일반화된 행동변화의 세 가지의 주요 형태가 가진
특징을 구분하기 위해 이것들을 따로 소개했으나, 실

제로 이것들은 중복적으로 그리고 집합적으로 발생한다. 굳이 세팅/상황 간 또는 행동 간의 일반화가 없다고 하더라도 반응 유지를 보일 수는 있으나(훈련 상황이 종결된 이후에도 훈련이 이루어진 곳과 동일한 환경에서는 목표행동이 지속되는 방식으로), 세팅 일반화를 측정해보면 이는 반드시 어느 정도의 반응 유지가 남아 있는 상태임을 뜻한다. 그리고 일반화된 행동변화의 세 가지 유형이 하나의 상황에서 한꺼번에 나타나는 것은 흔한 일이기도 하다. 예를 들어, 한 부품 공장에서 상대적으로 일이 많지 않아 한가하던 어느 월요일의 근무 시간에 조이스의 감독관은 혹시 자신의 도움이 필요한 경우에 "존슨 씨, 도움이 좀 필요해요."라는 말로 자신에게 도움을 요청하라고 가르쳐 주었다. 며칠 뒤(반응 유지) 할 일이 많고 공장 안이 매우 시끄럽던 날(세팅/상황 일반화), 조이스는 감독관에게 손을 흔들어 도움을 요청하는 신호를 보냈다(반응 일반화).

일반화된 행동변화가 항상 바람직하지는 않다

체계적인 훈련을 통해 달성해야 할 만큼 중요한 행동이라고 해서 반응 유지가 항상 바람직한 것만은 아니다. 즉 세팅/상황 일반화와 반응 일반화가 불필요하거나 일어나서는 안 되는 상황도 있다. 전문가는 개입계획을 설계할 때 행동변화가 바람직하지 않은 결과로 이어지는 것을 예방하거나 최소화할 수 있도록 고심해야 한다. 흔히 바람직하지 않은 세팅/상황 일반화는 과잉 일반화(overgeneralization)와 그릇된 자극통제(faulty stimulus control)의 형태로 나타난다.

과잉 일반화는 기술적(technical)인 용어는 아니지만 효과적인 기술(descriptive) 용어이다. 이는 특정 행동이 지나치게 포괄적인 자극 범주에 의해 통제된 결과를 일컫는다. 지시 사례나 상황과 어느 정도 유사한 자극이지만 목표행동을 보여서는 안 되는 상황이 있다. 이러한 상황에서 학습자가 그 유사 자극에 반응하여 목표행동을 보인다면 이를 과잉 일반화라 한다. 예를 들어, 어느 학생이 '-sion'으로 끝나는 영어 단어로 'division, mission, fusion'의 철자를 배웠다고 하자. 이 지시를 과잉 일반화한 학생은 'fraction'이란 단어의 철자를 'f-r-a-c-s-i-o-n'이라고 쓸 것이다.

그릇된 자극통제는 목표행동이 현재의 상황과는 무관한 선행자극(irrelevant antecedent stimulus)에 의해 통제받게 되는 경우를 일컫는다. 예를 들어, "내털리는 3권의 책을, 에이미는 5권의 책을 갖고 있다. 이 둘의 책을 모두 합하면 총 몇 권인가?"라는 문장형 수학 문제를 풀 때 문제에 나오는 숫자를 모두 더하여 풀도록 배운 학생이라면, '총(몇)'이라는 단어가 나오는 문장형 수학 문제를 풀 때마다 문제에 나온 모든 숫자를 더하게 될 것이다.(예 : "코린은 사탕을 3개 가지고 있다. 어맨다와 코린의 사탕을 모두 합치면 총 8개가 된다. 어맨다가 갖고 있는 사탕은 몇 개인가?"라는 문제에 11이라고 대답하는 경우).[2]

학습자가 직접적으로 훈련받은 적이 없는 자극에 노출되었을 때, 훈련 때와 기능적으로 유사한 반응을 보이기 때문에 낮은 성과 또는 바람직하지 않은 결과가 나타난다면 이는 바람직하지 않은 반응 일반화가 일어난 것이라 할 수 있다. 예를 들어, 부품 공장에서 잭은 감독관으로부터 드릴을 가장 안전하게 다루려면 양손으로 작동시켜야 한다는 것을 배웠다. 하지만 잭은 때때로 드릴을 한 손으로 작동시킨다. 물론 이렇게 해도 부품을 생산해 낼 수 있으므로 기능적인 면에서는 양손으로 사용할 때와 별 다를 바가 없다. 하지만 그가 한 손만 사용하여 드릴을 다루는 것은 자신의 안전을 위협할 뿐 아니라 부품 공장의 안전기록에도 부

---

2) 지시를 잘못 주었을 때 발생할 수 있는 그릇된 자극통제 사례와 이러한 문제점을 발견하고 정정하도록 돕는 제안은 J. S. Vargas(1984)에 소개되었다.

정적인 영향을 끼칠 수 있다. 또 다른 예로, 트레이시가 일직선이 아닌 사각형을 그리며 잔디를 깎을 때 남는 자국(동심 직사각형)이 고객의 마음에 들지 않을 수도 있다.

일반화된 결과의 기타 유형

행동분석 문헌에서는 반응 유지, 세팅/상황 일반화, 반응 일반화의 범주로 쉽게 분류될 수 없는 일반화된 결과의 다른 유형을 보고한다. 예를 들어, 제7장에 설명된 **자극의 등가성 관계**(stimulus equivalence relations)에서도 볼 수 있듯이, 어떤 복잡한 행동은 직접적인 조건화가 거의 혹은 전혀 없이도 굉장히 짧은 시간 내에 일어날 수 있다(Sidman, 1994). 이러한 빠른 습득의 또 다른 유형으로는 **유관 인용**(contingency adduction)이라 불리는 현상이 있으며, 이는 다른 사건으로부터 일반화된 결과로 보인다. 유관 인용은 초기에 특정한 한 가지의 조건하에 선택적으로 강화되었던 행동이 다른 유관에서 또다시 선택되어 발생하고, 이를 기점으로 그 행동이 개인에게 새로운 기능을 갖게 되는 현상이다(Adronis, 1983; Johnson & Layng, 1992).

때로는 1명 이상의 개인에게 적용된 개입이나 치료로 인해, 동일한 개입이나 치료를 직접적으로 받지 않은 다른 사람들에게서도 (유관이 형성되어) 행동변화가 생길 수 있다. 이를 **개인 간 일반화**(generalization across subjects)라 부른다. 이 현상은 대리 **강화**(vicarious reinforcement)(Bandura, 1971; Kazdin, 1973), **파급 효과**(ripple effect)(Kounin, 1970), **스필오버 효과**(spillover effect)(Strain, Shores, & Kerr, 1976)와 같은 유사한 용어로 다양하게 설명되었으며, 또 다른 차원에서 치료 효과의 일반화를 평가할 수 있는 방법이다. 한 예로, Fantuzzo와 Clement(1981)는 수학 문제 풀이 시 특정 아동에게만 토큰 강화를 주고, 그 아동의 행동변화가 옆자리의 친구에게로 일반화되는 정도를 연구했다.

Drabman, Hammer와 Rosenbaum(1979)은 일반화된 치료 효과의 네 가지 기본 유형—(a) 시간 간(즉 반응 유지), (b) 세팅 간(즉 세팅/상황 일반화), (c) 행동 간(즉 반응 일반화), (d) 개인 간 일반화—을 **일반화 지도**(generalization map)라는 하나의 구성 개념으로 통합했다. Drabman과 동료들은 일반화의 각 유형을 양분된 것으로 보았다(즉 일반화 또는 일반화되지 않음). 그들은 네 가지 종류 일반화의 순열을 조합하여 유지(유형 1)에서 개인-행동-환경-시간 일반화(유형 16)까지 일반화된 행동변화의 16개 부류를 산출했다. 만약 대상자가 '실험 내에서 통제된 유관'이 모두 종결된 후 치료 세팅에서 목표행동을 지속적으로 보인다면 유형 1 일반화(유지)가 있었다고 할 수 있다. Drabman과 동료들이 일반화의 '최종 형태'라 부른 유형 16 일반화는 '치료 세팅에서 유관이 제거된 후, 치료 세팅과는 상이한 세팅에서, 치료의 대상이 아닌 개인(nontarget subject)에게서, 목표행동 외 행동(nontarget behavior)의 변화가 지속(p. 213)'되는 경우이다.

Drabman과 동료들은 '어떤 휴리스틱스(heuristic)[3]를 사용하든 이 16개의 분류가 임의적일 수 있음(p. 204)'을 인식하고 있었으나 각 행동 사건이 16개의 일반화 유형 중 어느 것에 해당되는지를 결정할 수 있게 필요조건을 객관적인 규칙으로 제시했다. 일반화된 행동변화가 Drabman과 동료들이 분류한 것과 같이 명백히 차별화되는 몇 개의 범주로 나눠질 수 있는지 아닌지를 떠나 일반화 분류는 행동 개입의 광범위한 효과를 설명하고 이를 분류하는 객관적인 기반을 제공했다는 데 의의가 있다. 예를 들어, Stevenson과 Fantuzzo(1984)는 한 5학년 남학생에게 자기관리 기술을 가르치고, 효과성을 평가하는 연구를 통해 16개의 일반화 유형 중 15개를 측정했다. 그들은 지시 세팅

---

3) 역자 주 : 비구조화된 엉성한 사태나 환경에서 질서나 원리를 찾아내는 것(교육학용어사전)

(학교)에서의 목표행동(수학 수행 능력)에 대한 개입 효과를 평가했을 뿐 아니라, 가정에서 학생이 보이는 수학 관련 행동, 가정과 학교에서 보이는 파괴적 행동, 이 두 세팅에서 직접적 개입을 받지 않은 동료의 수학 관련 및 파괴적 행동, 그리고 위에 언급된 모든 행동의 유지에 미치는 효과도 함께 평가했다.

 ## 일반화된 행동변화 계획하기

일반화는 계획되어야 한다. 그렇지 않으면 막연히 기대하거나 후회하게 된다.

— Baer, Wolf, Risley(1968, p. 97)

Stokes와 Baer(1977)는 일반화된 행동변화에 관해 출판된 270개의 논문을 취합·분석 및 평가한 후, 전문가는 "일반화란 어느 정도의 계획 없이는 일어나지 않는다고 가정해야 하며 … '공짜로 얻는' 일반화란 없음을 인지하고 행동해야 함을 강조했다. 다시 말해, 일반화란 절대 '자연스럽게 저절로' 일어나지 않으며 항상 계획을 필요로 한다고 가정해야 한다(p. 365)."라고 결론 내렸다. 물론 특정 종류의 그리고 어느 정도의 일반화는 계획의 유무와 상관없이도 흔히 일어난다. 이렇게 계획되거나 예정되지 않은 일반화만으로도 충분할 수 있으나, 대부분의 경우에는 그렇지 않다. 특히나 응용행동분석가의 도움을 필요로 하는 학습자의 경우에는 더더욱 일반화 계획이 필요하다(예 : 학습장애와 발달장애가 있는 아동과 성인의 경우). 그리고 계획하지 않은 일반화가 일어났다면 평가를 통해 이 일반화의 결과가 바람직한 것인지 확인해야 할 것이다.

최적의 일반화된 결과를 얻기 위해서는 신중하고 체계적인 계획이 필요하다. 이러한 계획은 두 가지의 주요한 단계로부터 시작한다. 먼저 자연적인 강화 유관(natural contingencies reinforcement)과의 접촉이 이루어질 법한 목표행동을 선택해야 하고, 둘째 목표행동의 변형 지시 종결 후에 목표행동이 일어나야 할(그리고 일어나서는 안 되는) 세팅/상황을 명시해야 한다.

자연적으로 존재하는 강화 유관과의 접촉이 이루어질 법한 목표행동 선택하기

환경은 우리에게 자연스러워 보이는 대부분의 행동에 대해 고정적이고 꾸준한 강화를 풍부하게 제공한다. 그렇기 때문에 그 행동들이 우리에게 자연스럽게 느껴지는 것이다.

— Donald M. Baer(1999, p. 15)

제시된 지시의 목적이 학습자와 관련이 있거나 실용적인 것인지를 결정하기 위한 기준이 논의되어 왔다. 예를 들어, 장애 학생의 목표행동을 선택할 때 가르치려는 기술이 학습자의 연령대에 적합한지, 그리고 이 기술이 어느 정도 습득되어야 평균화되었다(평균의 기술습득 범주에 들었다.)고 할 수 있는지가 중요한 기준으로 꼽힌다(예 : Snell & Brown, 2006). 이 기준은 상권의 제3장에서 논의된 바 있으며, 목표행동을 선택하고 목표행동의 우선순위를 정할 때 고려되어야 할 다른 문제점 역시 함께 제시하였다. 하지만 결국 행동의 기능(functionality)을 결정하는 궁극적 기준은 단 하나뿐이다. 행동은 학습자에게 강화가 주어지는 범위 내에서만 기능적이다. 그 행동이 개인의 건강이나 안녕감에 얼마나 중요한지, 또는 교사, 가족, 친구나 학습자 자신이 그 행동을 얼마나 바람직하다고 여기는지와는 상관없이 위 기준은 변하지 않는다. 다시 말하지만, 학습자가 어떤 행동을 했을 때 이로 인한 강화가 학습자에게 주어지지 않는다면 이는 기능적이지 않은 행동이다. 다른 말로 하자면, 최소한 가끔이라도 강화제가 뒤따르지 않는 행동은 유지되지 않는다는 것이다.

Ayllon과 Azrin(1968)은 위와 같은 근본적인 사실을 인지하고 전문가에게 목표행동을 선정함에 있어 **행동의 관련성 규정**(relevance-of-behavior rule)을 따를 것을 제안했다. 이 규정은 개입 후 환경에서 강화를 받을만한 행동만을 목표행동으로 선택하라고 권고한다. Baer (1999)는 전문가에게 다음과 같이 충고할 만큼 이 기준을 매우 중요시 여겼다.

> 좋은 규칙은 자연적인 상황에서 강화가 뒤따르지 않을 행동변화를 고의적으로 선택하지 않는다. 이 규칙을 어긴다면 혼자만 원하는 행동변화를 무기한으로 유지하고 확장하는 것이 된다. 이 규칙을 무시하려면 이 점을 잘 인지하고 무시하라. 예기치 않은 상황이 닥쳤을 때 무엇이라도 다 할 의지와 능력이 있다고 확신한다면 무시해도 좋다. (p. 16, 고딕체는 원본에서 강조됨)

어떠한 작전을 사용하든지, 자연적인 강화 유관이 있는 행동의 일반화와 유지를 계획할 때에는 학습자가 강화 유관과 자연스레 접촉할 수 있을 만큼 자주 일반화 세팅에서 목표행동을 하게 만들어야 한다. 그렇게 되면 훈련 후 행동 일반화와 유지가 (보장되는 것은 아니더라도) 일어날 가능성이 아주 높아진다. 예를 들어 차의 핸들, 가속 페달, 브레이크의 작동방법에 대한 기초적인 지시를 받게 되었다면, 효과적인 핸들 조종법, 가속 페달, 브레이크의 사용법은 결국 실제 자동차 도로 주행 상황에서 겪게 되는 자연적으로 존재하는 강화 및 처벌 유관에 의해 선택되고 유지될 것이다. 대부분의 운전자들에게 핸들, 가속페달, 브레이크의 기본 작동 방법에 대한 집중적 훈련회기가 필요하지 않은 것은 이러한 이유에서이다.

행동분석가나 전문가의 노력과는 별도로 작동하는

모든 강화(또는 처벌)를 **자연적으로 존재하는 유관**(naturally existing contingency)이라 정의한다. 이것은 '행동분석가의 노력 부재'로 정의되는 자연적으로 존재하는 유관의 실용적이고도 기능적인 개념이다. 자연적으로 존재하는 유관은 사회적 중재 없이 작동하는 유관(예 : 얼음이 덮인 인도에서 빨리 걷는 행동에는 종종 미끄러져 넘어지는 처벌이 잇따름), 그리고 일반화 세팅에서 타인에 의해 인위적으로 설계 및 실행되는 사회적으로 중재된 유관을 포함한다. 예를 들어, 특수학생에게 사회적 기술과 학습적 기술의 습득을 목표로 하여 가르치려는 특수교사의 경우를 보자. 이 특수학생에게 일반수업이 일반화 세팅을 대표한다면, 특수교사의 입장에서는 일반수업(일반화 세팅)에서 일반교사가 사용하는 토큰경제가 위에서 언급된 후자(일반화 세팅에서 타인에 의해 인위적으로 설계 및 실행되는 유관)의 예시이다.[4] 토큰경제가 일반교육 교실에서 교사에 의해 인위적으로 실행된 것이기는 하지만, 일반화 세팅에서 이미 작동하고 있기 때문에 이를 자연적으로 존재하는 유관이라 할 수 있는 것이다.

인위적 유관(contrived contingency)은 목표하는 행동변화를 습득, 유지, 그리고/또는 일반화할 목적으로 행동분석가나 전문가가 설계하고 실행하는 모든 강화(혹은 처벌)로 정의된다. 앞서 다룬 예시의 토큰경제를 일반교사의 시각으로 바라본다면, 일반교사가 이를 설계하고 실행했으므로 이는 인위적 유관이 된다.

사실상 전문가는 자연적으로 존재하는 강화 유관이 없는 행동임에도 불구하고 그 행동이 중요하기 때문에 가르쳐야 하는 상황에 직면한다. 이러한 상황이라면 전문가는 목표행동의 일반화와 유지를 무기한으로 인위적 유관을 사용하여 지지해 주어야 할 수도 있다

---

4) 토큰경제는 제12장에 설명되어 있다.

는 사실을 인지하고, 이에 대비한 계획을 세워야 할 것이다.

바람직한 행동의 변형과 그것을 유발시켜야 할(유발시키지 말아야 할) 세팅/상황을 구체적으로 명시하기

일반화된 결과를 얻기 위해 계획을 세우는 단계에서는 학습자에게 필요한 모든 바람직한 행동변화와 학습자가 직접적인 훈련이 종결된 후에 이러한 목표행동을 보여야 할 모든 환경 및 자극 조건을 찾아내야 한다(Baer, 1999). 어떤 목표행동의 경우 가장 중요한 자극통제(stimulus control)가 명확하게 정의되어 있고 (예: 자음-모음-자음-E 단어 읽기), 이 자극통제의 수역시 한정되어 있다(예: 구구단 문제 풀기). 하지만 대다수의 중요한 목표행동의 경우, 학습자는 다양한 형태로 여러 환경 및 자극 조건에서 목표행동을 수행해야 할 가능성이 높다. 행동분석가는 훈련을 시작하기 전에 이 가능성을 먼저 고려해야 한다. 그래야만 학습자가 다양한 상황에 대처하도록 돕는 최적의 개입을 설계할 수 있다.

어떻게 보면, 일반화된 결과를 계획하는 것은 학생들이 시험에 어떤 문제가 나올지 모르지만 시험에 대비할 수 있게 돕는 것과 같다. 자극 조건과 강화 유관이 일반화 세팅에서 학습자에게 시험과 같은 역할을 한다. 계획은 기말 고사의 범위를 정하고(문제의 유형 및 형식), 속임수 문제가 나올 것인지(예: 목표반응이 일어나서는 안 될 때에도 목표반응을 유발해 낼 가능성이 있는 헷갈리는 자극), 그리고 학습자가 새로이 습득한 지식이나 기술을 다른 방식으로 다양하게 사용할 필요가 있을지(반응 일반화)를 결정하는 것을 포함한다.

변화되어야 할 모든 행동 열거하기

변화가 필요한 모든 목표행동의 목록을 만들어야 할 것이다. 쉽지 않지만 계획하고 있는 큰 목표를 달성하기 위해서 필수적이다. 예를 들어, 자폐증을 가진 남자 아동인 브라이언에게 인사하는 법을 가르치는 것이 목표행동이라면, 이 아동은 "안녕, 잘 지내?" 외에도 다양한 인사말을 추가적으로 더 배워야 할 것이다. 또한 브라이언이 대화를 시작하고 유지하기 위해서는 질문에 답하기, 번갈아 말하기, 대화의 주제에서 벗어나지 않기 등과 같은 (인사말 건네기 외의) 다양한 행동이 추가적으로 필요할 수 있다. 그 밖에도 브라이언은 언제, 누구에게 자신을 소개해야 하는지를 배워야 할 것이다. 전문가는 행동의 모든 궁극적인 목표를 가지고 있어야 비로소 어떤 행동을 학습자에게 직접 가르치고 어떤 행동을 일반화에 맡길지 결정할 수 있다.

전문가는 우선 목표하는 행동변화가 일반화에 적절한 것인지, 그리고 만약 적절하다면 어느 정도의 변화가 적절한 것인지를 정해야 한다. 그다음에는 일반화의 결과로 나타나길 바라는 목표행동의 우선순위 목록을 작성해야 한다.

목표행동이 일어나야 할 모든 세팅과 상황 열거하기

최적의 일반화가 이루어졌을 때 학습자가 목표행동을 보일 모든 바람직한 세팅과 상황을 목록화하라. 브라이언이 또래, 어른, 남녀 모두를 상대로 자신을 소개하고 대화를 할 수 있어야 하나? 혹은 몇몇 특정 집단만을 대상으로 소개법 및 대화법을 배워도 충분할 것인가? 집, 학교, 교내식당과 놀이터에서 타인과의 대화를 할 수 있어야 하는가? 브라이언에게는 대화의 기회로 보이지만 실제론 대화가 불가능한 상황에 처할 가능성이 있는가?(예: 모르는 어른이 다가와서 사탕을 건넨다.) 그런 상황에서 어떤 반응을 보여야 하는가?(예: 낯선 어른으로부터 도망쳐서 아는 어른을 찾는다.) (이와 같은 분석을 거치면 학습자가 배워야 할 추가적인 행동을 찾아낼 수 있다.)

모든 가능한 상황과 세팅을 확인한 후 각각의 중요성과 학습자에게 발생할 가능성에 따라 우선순위를 매겨야 한다. 가능성에 대한 파악이 먼저 이루어진 후에야 우선순위가 매겨진 환경에 대한 좀 더 깊은 분석이 가능해진다. 다양한 세팅 및 상황에서 어떤 차별 자극이 목표행동을 발생시키는가? 훈련 환경에서 목표행동에 대한 강화가 얼마나 자주 발생하는가? 각 세팅에서 목표행동 뒤에 어떤 종류의 강화제가 제공되는가? 행동분석가는 이러한 질문에 (객관적 관찰을 통해서, 혹은 적어도 신중한 평가를 통해서) 모두 대답한 후에야 비로소 과제에 대한 전체그림을 파악할 수 있다.

개입 전 계획(pre-intervention planning)은 세울 만한 가치가 있는가

위에서 기술한 모든 정보를 얻는 데는 상당한 시간과 노력이 필요하다. 주어진 자원이 제한적이라면 차라리 개입을 통해 즉각적으로 목표행동의 변화에 착수하는 편이 더 낫지 않을까 하는 의문이 들 수도 있다. 사실 행동변화를 시간의 흐름에 따라, 환경 간에, 그리고 다른 행동으로까지 확장되도록 사전에 계획하지 않더라도 많은 행동변화에는 일반화가 발생한다. 선택된 목표행동이 개인에게 확실히 기능적이고 일반화 세팅과 관련된 변별 자극에 의해 그 행동을 숙달하게 만들면 일반화가 이뤄질 가능성이 높은 것도 사실이다. 하지만 다음과 같은 질문을 고려해 보라. 다양한 환경에서 특정한 행동에 숙달되었을 때 그것을 구성하는 요소는 무엇인가? 모든 세팅에서 유사한 변별 자극에는 어떤 것들이 있는가? 관련된 세팅은 무엇인가? 체계적인 계획을 세우지 않은 전문가라면 웬만해서는 이와 같은 매우 중요한 질문에 답할 수 없을 것이다. 계획하지 않아도 이 질문에 답할 수 있을 만큼 한정적인 범위 내에서만 일반화가 필요한 행동은 목표

로 할 만큼 중요한 행동이 아닐 경우가 많다. 앞서 기술했듯이 아동의 자기소개와 관련된 행동, 환경, 그리고 대인관계에 대한 단순 관찰만으로 계획에 추가되어야 할 요소를 밝힐 수 있다. 더 철저히 분석하면 계획에 포함해야 할 요소를 더 많이 밝힐 수 있을 것이다. 사실 완전한 분석은 아무리 많은 시간과 자원이 주어진다고 해도 다 배울 수 없을 정도로 많은 양의 행동 목록을 요한다. 예를 들어 사람들에게 인사하고 자기소개하는 방법을 배우고 있는 10세의 남아 브라이언의 경우, 교사는 모든 가능성을 고려하여 자립, 학습, 레크리에이션, 여가 등에 쓰이는 다른 많은 기술을 추가적으로 가르쳐야 할 것이며, 이는 사실상 불가능하다. 그렇다면 어차피 모든 것을 다 가르칠 수 없는데도 굳이 이 많은 목록을 작성해야 하는 이유는 무엇인가? 그럴 바에야 차라리 훈련부터 실시하고 일반화가 나타나기를 기다리는 편이 더 낫지 않은가?[5]

Baer(1999)는 모든 형태의 행동변화가 발생할 상황을 열거함으로써 얻을 수 있는 장점 여섯 가지를 설명했다.

1. 문제 전체를 보게 되므로 프로그램이 갖춰야 할 요소의 범위를 파악할 수 있게 된다.
2. 문제의 전체를 훈련하지 않는다면, 이는 중요한 행동이나 상황을 모르기 때문이 아니라 선택한 행동/상황이 중요하기 때문임을 확인해 준다.
3. 완전하지 않은 교육 프로그램이 완전하지 않은 행동변화로 이어진다고 해도 놀랍지 않을 것이다.
4. 실용성 또는 가능성을 따져 본 후, 가르칠 수 있는 모든 것을 다 가르치기보다는 제한된 수를 선택적으로 가르칠 수 있다.

---

5) Stokes와 Baer(1977)는 유지와 일반화를 촉진하기 위해 새로운 행동을 가르칠 때 계획에 없던 지시를 많이 포함하는 경우를 일반화를 위한 '훈련하고 희망하기(train and hope)' 접근이라 불렀다.

5. 가르쳐야 할 것들 중 무엇이 가장 중요한지 결정할 수 있다. 또한 다른 유형의 바람직한 행동에도 영향을 줄 수 있게 가르칠 수 있다. 덧붙여, 직접적으로 가르칠 수 없거나 가르치지 않을 (그러나 행동이 일어나기에는 바람직한) 상황에서 행동이 간접적으로 발달될 수 있게 가르칠 수 있다.

6. 모든 바람직한 행동변화를 직접적으로 가르쳐야 바람직한 결과를 얻을 확률이 더욱 높다는 사실을 알아도 1번에서 제시하는 전반적인 프로그램의 대체 방안으로서 5번을 선택할 수 있다. 직접적으로 가르치지 않는 행동에도 변화가 일어나길 원한다면, 최선의 선택은 이를 촉진하는 것이다. 그러므로 가능성, 비용, 이익, 필요성이나 다른 모든 사항을 충분히 고려해 본 뒤에 5번에 대해 신중히 결정을 내려야 한다. (pp. 10~11)

행동분석가는 우선 직접적으로 가르칠 행동과 지시를 내릴 상황 및 세팅을 정해야 한다. 그래야만 훈련되지 않은 행동과 세팅까지 일반화를 달성하기 위한 전략과 방책을 세울 수 있을 것이다.

 ## 일반화된 행동변화 촉진을 위한 전략 및 방책

많은 연구자가 일반화된 행동변화를 촉진하기 위한 계획과 방법의 분류법을 제시했다(예 : Egel, 1982; Horner, Dunlap & Koegel, 1988; Osnes & Lieblein, 2003; Stokes & Baer, 1977; Stokes & Osnes, 1989). 여기서 소개되는 설계는 여러 연구자들의 연구를 참조한 것이다. 또한 일반화된 결과 촉진 절차를 설계, 실행, 평가하고 이를 적용하게 가르쳤던 우리의 경험에 의거한 것이기도 하다. 일반화된 행동변화를 효과적으로

촉진하기 위해 사용할 수 있는 방법론과 기술은 상당히 많다. 하지만 대부분의 전략은 다음과 같이 크게 5개로 분류할 수 있다.

- 가능한 모든 자극조건과 반응 필요조건을 가르쳐라.
- 지시 세팅을 일반화 세팅과 유사하게 만들라.
- 일반화 세팅에서 목표행동과 강화 간의 접촉을 최대화하라.
- 일반화를 중재하라.
- 일반화하도록 훈련하라.

다음 절에서는 이 다섯 가지 전략을 달성하기 위해 응용행동분석가가 사용하는 열세 가지 전략에 대한 사례를 설명하고 제공할 것이다(그림 14.4 참조). 각 전략은 개별적으로 설명할 것이나, 일반화된 행동변화를 촉진하기 위해서는 대부분 이 전략을 결합하여 사용하는 것이 좋다(예 : Ducharme & Holborn, 1997; Grossi, Kimball, & Heward, 1994; Hughes, Harmer, Killina, & Niarhos, 1995; Ninness, Fuerst, & Rutherford, 1991; Trask-Tyler, Grossi, & Heward, 1994).

가능한 모든 자극 조건과 반응 필요조건을 가르쳐라

일반화된 행동변화를 확립하고자 할 때 교사들이 가장 흔히 저지르는 실수는 좋은 행동변화 사례를 한 가지 보여 주고 학생이 그 사례로부터 일반화할 수 있기를 기대하는 것이다.

— Donald M. Baer(1999, p. 15)

가장 중요한 행동이 실제로 적용되려면 가능한 모든 자극 조건에 걸쳐 다양한 방식으로 수행되어야만 한다. 독서, 수학, 타인과의 대화와 요리에 능숙한 사람을 떠올려 보라. 그 사람은 수천 개의 단어를 읽을 수 있고, 어떤 숫자로든 더하고 빼고 곱하고 나눌 수 있

가능한 모든 자극 조건과 반응 필요조건을 가르쳐라.
1. 자극 사례를 충분히 가르쳐라.
2. 반응 사례를 충분히 가르쳐라.
지시 세팅을 일반화 세팅과 유사하게 만들라.
3. 공통 자극을 만들어라.
4. 느슨하게 가르쳐라.
일반화 세팅에서 목표행동과 강화 간의 접촉을 최대화하라.
5. 목표행동이 자연적으로 존재하는 강화 유관에서 요구되는 수행 수준에 이를 때까지 가르쳐라.
6. 변별 불가능한 유관을 계획하라.
7. 행동함정에 대비하라.
8. 일반화 세팅에 있는 사람들에게 목표행동을 강화해 달라고 부탁하라.
9. 학습자가 직접 강화를 이끌어 낼 수 있도록 가르쳐라.
일반화를 중재하라.
10. 중재자극을 고안하라.
11. 자기관리 기술을 가르쳐라.
일반화하도록 훈련하라.
12. 반응의 변산성을 강화하라.
13. 학습자가 일반화할 수 있게 훈련시켜라.

| **그림 14.4** | 일반화된 행동변화의 촉진을 위한 전략과 방책

으며, 타인과 대화를 할 때 주제와 상황에 적절한 수많은 의사표현을 할 수 있고, 수백 개에 달하는 요리의 재료를 계량하고 섞어 가며 적절한 방식으로 조리할 수 있다. 학습자가 이와 같이 넓은 범위의 작업 수준에 도달할 수 있도록 돕는 것은 전문가에게 상당한 도전일 수밖에 없다.

이러한 도전에 대한 접근 방법 중 하나는 학습자가 미래에 맞닥뜨리게 될 가능한 모든 세팅/상황에서 바람직한 목표행동 형태를 하나하나 다 가르치는 것이다. 이와 같은 접근법을 취하면 반응 일반화와 세팅/상황 일반화를 일으키기 위한 별개의 계획이 필요하지 않게 될 것이다(반응 유지만 나타나면 되므로). 하지만 이 방법은 가능하지도 실용적이지도 않다. 교사는 앞으로 학생이 알아야 하는 모든 단어를 직접 가르쳐 줄 수 없다. 또한 학생이 만들게 될 수 있는 음식의 요리에 필요한 계량하기, 붓기, 휘젓기, 기름에 튀기기 등의 방법을 일일이 다 가르칠 수도 없다. 혹여 가

능한 모든 사례를 가르칠 수 있다 해도(예 : 900개 경우 수의 '한 자리 수 곱하기 두 자리 수'를 모두 가르치기) 이는 실용적이지 않은데, 이 학생은 이 과제 외에도 다른 유형의 수학 문제를 배워야 할 뿐 아니라 다른 과목도 익혀야 하기 때문이다.

사례 충분히 가르치기(teaching sufficient examples) 전략은 학생에게 자극과 반응 사례에 공통적인 능력을 훈련시킨 후, 이를 훈련 없는 조건에서 학생의 수행과 비교하는 것이다.[6] 예를 들어, '두 자리 수 빼기 두 자리 수' 수학 문제를 풀도록 배운 학생의 일반화를 평가하기 위해서는 이전에 풀어 본 적이 없거나 푸는 방법을 모르는 문제를 여러 개 풀게 할 수 있다. 이 **일반화 프로브**(generalization probe)에서 학생이 배우지 않은 문제를 정확하게 푼다면 더 이상 이러한 종류

---

6) 일반화된 행동변화를 촉진하기 위한 이 전략은 **사례를 충분히 훈련하기**(Stokes & Baer, 1977), 다양하게 훈련하기(Stokes & Osnes, 1989)라고 불리기도 한다.

의 문제풀이를 가르칠 필요가 없다. 반면 학생이 일반화 프로브에서 성적이 좋지 않다면 전문가는 새로운 사례로 학생을 재평가하기 전에 추가적인 사례를 먼저 가르쳐야 한다. 이와 같이 학습자가 훈련되지 않은 사례에서도 지속적으로 정반응을 보일 때까지 새로운 사례를 가르친 후에 훈련한 적 없는 사례로 프로브를 시행하는 순환을 반복한다. 이때 훈련되지 않은 사례란, 일반화 세팅에 있는 모든 자극 조건 및 반응 필요 조건을 포괄해야 한다.

자극 사례를 충분히 가르쳐라

세팅/상황 일반화를 촉진하기 위해 **자극 사례 충분히 가르치기**라는 전략을 사용할 수 있다. 이 전략은 학습자에게 하나 이상의 선행 자극 조건의 사례에 정반응하도록 가르치고, 이 정반응이 가르치지 않은 자극에까지 일반화되도록 프로브하는 것을 말한다. 지시 항목이나 혹은 그 항목을 가르쳤던 환경적 맥락에 변화가 생길 때마다 다른 자극을 지시 프로그램에 포함한다. 학습자에게 필요한 지시를 파악하고 계획할 때 고려해야 할 네 가지 차원은 다음과 같다.

- 학습된 특정한 항목(예 : 곱하기 : 7×2, 4×5; 알파벳 소리 : a, t)
- 학습된 **자극의 맥락**(예 : 세로 형식, 가로 형식, 문장형 문제 형식의 곱하기 문제; 알파벳 t가 단어의 시작과 끝에 나타날 때의 소리 : tab, bat)
- 지시가 이뤄지는 세팅(예 : 학교에서의 전체 교실 수업, 합동교습 그룹, 가정)
- 가르치는 사람(예 : 교사, 동료, 부모)

일반적으로 교육할 때 더 많은 사례를 사용할수록 학습자가 훈련받지 않은 사례나 상황에서 옳게 반응할 가능성도 더 커진다. 충분한 일반화가 이뤄지기까지 가르쳐야 할 사례의 수는 가르치는 목표행동의 복

잡성, 지시자가 사용하는 교육절차, 다양한 조건에서 목표행동을 보이도록 학생에게 주어지는 기회, 자연적으로 존재하는 강화 유관, 학습자가 일반화된 반응에 대해 강화를 얻었던 경험 등의 요인에 따라 달라질 것이다.

때로 한 두 가지 사례만 가르쳤는데도 가르치지 않은 사례로의 유의한 일반화가 나타날 수 있다. Stokes, Baer, Jackson(1974)은 타인을 만나면 알아보거나 인사하는 일이 거의 없었던, 심각한 정신 지체를 가진 아동 4명에게 인사 반응을 가르쳤다. 치료사는 아동의 인사 반응(손을 들어 두 번 이상 흔들기)을 강화하기 위해 조건화되지 않은 강화제(감자칩과 초콜릿)와 칭찬을 사용했다. 그리고 다양한 환경(예 : 놀이방, 복도, 기숙사, 마당)에서 아동과 하루에 세 번에서 여섯 번 정도 의도적으로 접촉하며 새로 배운 손 흔들기 동작을 유지시켰다. 연구가 진행되는 동안 23명의 직원이 체계적으로(하루에 몇 번씩, 다양한 장소에서, 각기 다른 시간에) 아동에게 접근했고, 아동이 손을 흔들며 인사하는지를 기록했다. 아동이 손을 흔들어 인사하면 "안녕, (아동의 이름)"이라고 반응해 주었다. 일반화 프로브를 각 아동에게 매일 약 20회씩 진행하였다.

아동들은 교사 한 사람만 대상으로 인사 반응을 배웠지만 아동 중 한 명(케리)은 인사를 배우자마자 다른 직원에게 인사를 하는 세팅/상황 일반화를 보였다. 그러나 나머지 세 아동의 경우, 인사를 가르쳐 준 교사를 제외한 다른 직원에게 인사하는 반응을 보이지 않았다. 두 번째 교사가 이 세 아동의 인사반응을 강화하고 유지시키기 시작하자 아동들의 인사 행동이 나머지 다른 직원에게 일반화되었다. Stokes와 동료들(1974)이 시행한 이 연구는 최소 두 가지 이유에서 중요하다. 첫째, 인사의 대상이 되는 사람으로 일반화를 평가하는 데 사용할 수 있는 효과적인 방법을 제시했

다. 둘째, 두 사례만으로도 일반화가 가능함을 보여주었다.

반응 사례를 충분히 가르쳐라

다양한 반응 형태를 연습할 기회를 제공하는 지시는 바람직한 반응을 습득하게 할 뿐 아니라 훈련되지 않은 반응에까지 일반화를 촉진한다. **다중사례 훈련**(multiple exemplar training)이라 불리는 이 전략은 전형적으로 여러 가지 형태의 자극과 반응을 포함해 훈련을 실시한다. 다중사례 훈련은 자폐 아동의 정서 행동(Gena, Krantz, McClannahan, & Poulson, 1996), 장애를 가진 청년의 요리(Trask-Tyler, Grossi, & Heward, 1994), 가사(Neef, Lensbower, Hockersmith, DePalma, & Gray, 1990), 직업(Horner, Eberhard, & Sheehan, 1986), 일상생활(Horner, Williams, & Steveley, 1987), 기술 및 도움 요청하기(Chadsey-Rusch, Drasgow, Reinoehl, Halle, & Collet-Klingenberg, 1993) 등의 습득 및 일반화 훈련에 사용되었다.

Hughes와 동료들(1995)은 다중사례 자기지시 훈련(multiple-exemplar self-instructional training)이라 명명한 개입의 효과를 평가했다. 경도 지적장애로 진단받은 여자 고등학생 4명을 대상으로 이 방법이 '또래와 대화하기' 기술을 습득하고 일반화하는 데 어떤 영향을 미치는지 알아보았다. 처음에 이 참가자들은 대화를 먼저 시작하거나 또래의 대화 시도에 반응하는 빈도가 '낮거나 없는 수준'이었으며, 상대방과 눈 맞춤 역시 거의 하지 않았다. 타냐라는 학생은 '면접 중 말이 없고 눈을 마주치지 않았다(p. 202)'는 이유로 음식점 아르바이트 면접에서 떨어진 경험도 있었다.

Hughes와 동료들은 참가자들이 여러 명의 친구에게 말을 걸거나 다양한 대화를 하게 훈련시켰다. 일반학급에서 모집된 남녀학생 10명은 참가자에게 대화 기술을 가르치는 또래교사 역할을 하였다. 이 또래교사들은 고 1에서 고 3으로 아프리카계 미국인, 아시아계 미국인, 유럽계 미국인 등 다양한 인종을 포함했다. 참가자들은 대본을 통해 몇 가지 대화 시작문을 배웠고 일반학급 학생들이 사용하는 대화 시작문을 연습했다. 또한 참가자들은 배운 문장을 자신만의 문장으로 각색하여 활용하게 고무되었는데, 이는 후에 대화에서 사용할 수 있는 문장의 수와 범위를 확대함으로써 반응 일반화를 촉진시켰다.

일반화 프로브는 다중사례 훈련 시행 전, 시행 중, 시행 후에 실시되었으며, 각 참가자들의 자기지시, 눈맞춤, 타인과 대화 시작하기, 대화 상대에게 반응하기 항목이 측정되었다. 또래교사들은 전체 학생을 대표하는 대표집단으로(성별, 나이, 인종, 장애의 유무 측면에서), 참가자들이 사전에 알고 지내던 학생들과 모르고 지내던 학생들을 모두 포함되었다. 4명의 참가자 모두가 훈련 중 프로브에서 일반 학생과 거의 유사한 수준의 대화 시작 비율을 보였고, 이는 개입이 완전히 종결된 후에도 유지되었다(그림 14.5 참조).

일반적 사례 분석

학습자에게 여러 가지 사례에서 정반응을 보이도록 가르쳐도 배우지 않은 사례까지 자동적으로 일반화된 반응을 보이는 것은 아니다. 최적 수준의 일반화와 변별력을 달성하려면 행동분석가는 지시 중에 사용되는 사례 하나하나에 특별히 신경 써야 할 것이다. 아무 사례나 이를 달성하도록 해 주지는 못하기 때문이다. 지시를 통해 최적의 효과를 보기 위해서는 자연적인 환경에서 주어지는 자극 상황과 반응 필요조건을 대표할 수 있는 사례를 선택해야만 한다.[7] **일반적 사례**

---

7) Engelmann과 Carnine(1982)의 『지시이론 : 원리와 적용(Theory of Instruction: Principles and Applications)』은 효과적이며 효율적인 커리큘럼 설계를 위한 지시 사례의 선택 및 연쇄를 매우 깊이 있고 세련된 방식으로 설명한다.

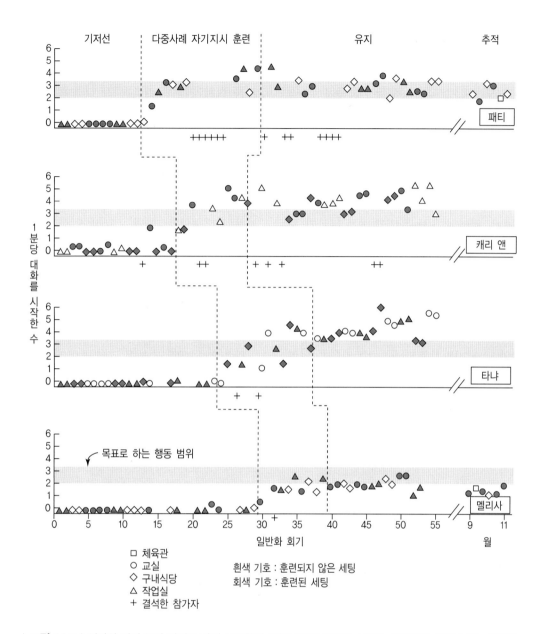

| **그림 14.5** | 일반화 회기 동안 장애를 가진 고등학생 4명이 1분당 대화를 시작한 수(장애가 있거나 없는 또래를 상대로). 음영 부분은 일반학급 학생들의 전형적인 수행도이다.

출처 : "The Effects of Multiple-Exemplar Training on High-School Students' Generalized Conversational Interactions" by C. Hughes, M. L. Harmer, D. J. Killina, and F. Niarhos, 1995. *Journal of Applied Behavior Analysis, 28,* p. 210. Copyright 1995 by the Society for the Experimental Analysis of Behavior, Inc. Reprinted by permission.

분석[general case analysis; 일반적 사례 전략 (general case strategy)이라고도 함]은 일반화 세팅에서 볼 수 있는 자극의 변이 및 반응 필요조건을 총체적으로 대표하는 지시 사례를 체계적으로 선택하는 방법이다 (Albin & Horner, 1988; Becker & Engelmann, 1978;

Engelmann & Carnine, 1982).

Horner와 동료들은 일련의 연구를 통해 일반적 사례를 가르치는 것이 매우 중요함을 보여 주었다(예 : Horner, Eberhard, & Sheehan, 1986; Horner & McDonald, 1982; Horner, Williams, & Steveley, 1987). 이를 증명

하는 고전적인 사례로는 Sprague와 Horner(1984)의 실험을 들 수 있다. 이 연구에서는 일반적 사례 지시를 사용하여 경도에서 중도의 지적장애 고등학생 6명에게 자판기 작동법을 가르쳤다. 종속변인은 일반화 프로브 시 사용한 지역사회 내 10개 자판기에서 판매된 물품의 수였다. 학생들이 각 자판기에서 5개의 연쇄반응을 정확히 수행하였을 때 정반응으로 기록하였다(즉 동전 넣기, 원하는 음식/음료의 버튼 누르기 등의 연쇄). 그 도시에서 흔히 볼 수 있는 자판기 10대가 프로브용 자판기로 선정되었으며 지시용 자판기와는 달랐다.

연구자들은 단일 기저선 프로브를 통해 각 학생이 지역사회 내의 10개 자판기를 사용할 수 없음을 확인했고, '단일상황 지시(single-instance instruction)'라는 조건을 실시했다. 이 조건하에 각 학생은 이틀 동안 학교에 있는 하나의 자판기만을 사용하여 개별 훈련을 받았다. 이 훈련은 학습자가 하루에 세 번 연달아 타인의 도움 없이 자판기를 올바로 사용할 수 있을 때까지 계속되었다. 이 조건을 통해 각 학생은 훈련용 자판기를 실수 없이 작동하게 되었으나, 잇따른 일반화 프로브에서는 지역사회 내의 자판기를 제대로 사용하는 경우가 없거나 드물었다(그림 14.6의 프로브 회기 2 참조). 이에 단일 상황 지시용 자판기를 사용하여 추가적인 훈련을 실시했으나, 그 후의 프로브에서도 학생 2, 학생 3, 학생 5, 학생 6은 수행이 향상되지 않았다. 결과는 단일사례의 과잉학습이 꼭 일반화에 도움이 되지는 않음을 보여 준다. 단일상황 지시를 통해 얻어지는 일반화가 제한적이라는 증거는 단일상황 지시 후 모든 학생들이 여덟 번의 프로브 시행 중 일곱 번을 올바르게 수행했던 자판기가 프로브용 자판기 1이었다는 점에서도 찾아볼 수 있는데, 이 자판기는 학습자들이 훈련받았던 자판기와 가장 유사한 것이었다.

학생 4, 학생 5, 학생 6에게는 다중상황 훈련(multiple instance training)이 실시되었다. 다중상황 훈련의 교육 절차와 수행 기준은 각 학생이 3개의 다른 자판기를 기준에 맞게 사용하게 교육을 받았다는 점을 제외하면 단일상황 조건과 동일했다. Sprague와 Horner(1984)는 의도적으로 다중상황의 다른 자판기와 유사하나 지역사회 내의 다른 자판기와는 비슷하지 않은 것을 선택하였다. 학생 4, 학생 5, 학생 6은 추가된 이 3개의 자판기로 훈련 기준에 도달한 이후에도 여전히 지역사회 내의 자판기를 제대로 사용하지 못했다. 이 다중상황 지시에 뒤따른 6번의 프로브 회기 동안 학생들은 총 60번의 시행 중 9번만 정확한 수행을 보였다.

다음으로, 연구자들은 학생들에게 다중 기저선을 이용해 일반적 사례 지시를 실시하였다. 이 일반적 사례 지시의 조건에서는 학생들에게 일반적 사례 훈련 시 사용하는 3개의 자판기와 단일상황 훈련 시 사용한 자판기를 포함해 지역사회 내 다른 자판기를 사용할 기회를 제공했다는 것을 제외하고는 다중상황 훈련과 동일했다. 하지만 어떠한 자판기도 일반화 프로브에서 사용된 자판기와 완전히 동일하지는 않았다. 일반적 사례 훈련을 통해 훈련 기준에 도달한 후, 6명의 학생 모두가 훈련되지 않은 10개의 자판기를 작동하는 데 상당한 개선을 보였다. 학생 3만 유일하게 일반적 사례 지시 후 첫 번째 일반화 프로브에서 좋지 않은 수행을 보였는데, 연구자들은 그 이유가 학생 3이 선행조건에서 보였던 이상한 패턴의 동전 넣기 방식 때문이라 추측했다. 이에 따라 이 학생에게 프로브 회기 5와 6 사이의 훈련 회기 동안 동전 넣기 단계를 반복적으로 훈련시켰고, 그 결과 일반화용 자판기 사용이 크게 향상되었다.

부적 교육 혹은 '하지 마' 교육 사례

모든 조건 및 상황으로 일반화는 가능하지 않다. 학생

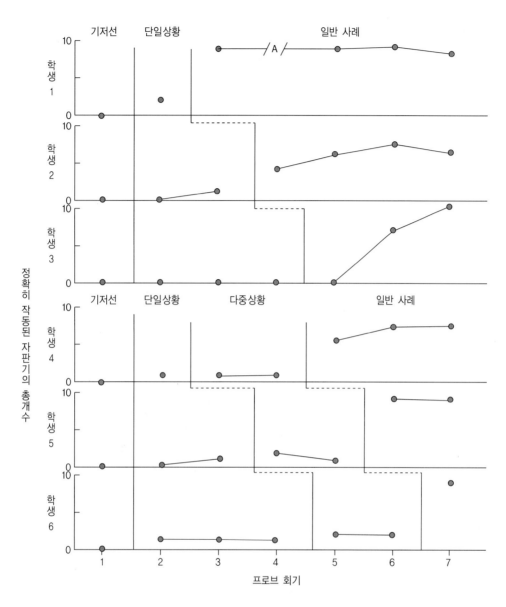

| **그림 14.6** | 단계 및 프로브 회기 간 학습자들이 훈련되지 않은 프로브 기계를 정확하게 작동한 횟수

출처 : "The Effects of Single Instance, Multiple Instance, and General Cases Training on Generalized Vending Machine Use by Moderately and Severely Handicapped Students" by J. R. Sprague and R. H. Horner, 1984, *Journal of Applied Behavior Analysis, 17,* p. 276. Copyright 1984 by the Society for the Experimental Analysis of Behavior, Inc. Reprinted by permission.

에게 새로 배운 기술이나 지식을 언제, 어디서 사용할지를 가르쳐도 언제 어디서 사용하면 안 되는지 구분할 수 있게 되는 것은 아니다. 브라이언은 만나서 인사한 지 채 한 시간도 지나지 않은 사람을 또 만났을 때 다시 인사하는 것은 적절치 않음을 배워야 한다. 학습자들은 행동이 적절함을 신호하는 자극 조건과

행동이 부적절함을 신호하는 자극 조건을 구별하게 배워야 한다.

긍정적인 지시(또는 정적 사례)뿐 아니라 '하지 마'와 같은 지시를 섞어 사용한다면, 학습자들은 목표행동을 보여야 할 자극(S^D)과 보이지 말아야 할 자극($S^\triangle$)을 구별해 내는 연습을 할 수 있다. 이는 개념과

표 14.1 장애 학생에게 구내식당과 유사한 식탁을 치우는 방법을 가르치기 위해 사용된 6개의 훈련 사례

훈련 사례	사람 또는 사물 유무	식사 중인 사람 유무	식기 : 음식 없음/ 일부/새 음식	쓰레기 유무	쓰레기 및 식기 위치	정확한 반응
1	사람+사물 0	무	일부	유	식탁, 의자	치우지 않음
2	사람 0	무	일부	유	식탁, 바닥, 의자	치움
3	사람 2	식사 중	새 음식	유	식탁, 의자, 바닥	치우지 않음
4	사람 0	무	음식 없음	유	식탁, 바닥	치움
5	사람 1	식사 안 함	음식 없음	유	의자, 바닥	치움
6	사람 2	식사 안 함	음식 없음	유	식탁	치움

출처 : "Teaching Generalized Table Bussing: The Importance of Negative Teaching Examples" by R. H. Horner, J. M. Eberhard, and M. R. Sheehan, 1986, *Behavior Modification, 10*, p. 465. Copyright 1986 by the Sage Publications, Inc. Used by permission.

기술 숙달에 필수적인 자극통제(Engelmann & Carnine, 1982)[8]를 형성하게 돕는다.

Horner, Eberhard와 Sheehan(1986)은 경도에서 중도 지적장애 고등학생 4명에게 구내 식당의 식탁을 치우는 방식을 가르치는 훈련 프로그램에 '하지 마' 지시를 넣었다. 식탁을 정확하게 치우기 위해서는 식탁과 의자 및 바닥에 놓여 있는 모든 식기와 쓰레기를 치우고, 식탁을 닦은 후, 의자를 정렬하고, 사용된 접시와 쓰레기는 적절한 통에 넣어야 했다. 또한 학생들은 카드를 사용하여 손님이 비운 접시를 치워도 괜찮은지 물어보는 법을 배웠다. 한 번의 훈련 세팅과 두 번의 일반화 프로브로 구성된 세 가지 세팅에서 식당의 크기와 가구의 특징 및 배열을 다르게 구성하였다.

각 훈련 시행 시 학생은 식탁을 치우기 전에 다음에 열거된 사항에 주의를 기울여야 했다. (a) 손님 유무,

(b) 식탁에서 손님이 식사를 하고 있는지의 여부, (c) 그릇에 놓인 음식의 양 및 상태, (d) 식탁 위 쓰레기의 유무, (e) 식탁 위 쓰레기와 사용된 식기가 놓인 위치. 훈련은 교내 식당에서 볼 수 있는 여섯 가지 종류의 식탁을 포함했고, 각 회기는 30분 동안 진행되었다. 교육자는 식탁을 바르게 치우는 방법을 직접 보여 주었고, 지시를 통해 정반응을 촉진했으며 학생이 실수를 했을 때는 학생에게 상황을 다시 재현해 보였고 그 밖에도 추가적인 모방 학습(modeling)과 도움을 제공했다. 훈련 사례는 치워야 할 테이블 사례 4개와 치우지 말아야 할 테이블 사례 2개로 구성되었다(표 14.1 참조).

일반화 프로브는 훈련을 실시한 곳과는 다른 두 음식점에서 실행하였고, 구내식당에서 볼 수 있는 대표적인 식탁 종류 15개로 구성되었다. 15개의 프로브용 식탁은 치워야 할 식탁 10개와 치우지 말아야 할 식탁 5개로 구성되었다. 그 결과 학습자가 치우지 말아야 할 식탁을 포함한 일반적 사례 지시에서 '학생이 정반응을 보인 즉각적이고도 유의한 개선(p. 467)'이 관찰되었다.

적절하고 부적절한 조건 간 변별이 필요한 반응을

---

8) 학습자가 반응하지 말아야 할 때(즉 $S^\Delta s$)를 변별하도록 다르게 구성하였다. 이렇게 훈련시키는 것을 부적 사례(negative examples)라고 부르며, 이는 정적 사례(positive examples, 즉 $S^D s$)와 대조된다. 그러나 **부적 교육 사례**(negative teaching example)라는 용어는 교사가 학습자에게 목표행동 불이행을 모델링하거나 가르친다는 인상을 줄 수 있다는 비판을 받아 왔다. 하지 말아야 할 특정한 행동(즉 부적 사례)을 학생들에게 가르치는 '하지 마'라는 지시는 부적절한 반응을 신호하는 선행조건을 구별하도록 도움을 주는 것이다.

교육시킬 때는 부적 교육(negative teaching)이 필수적
이다. 전문가는 다음 질문을 고려해야 한다. 반응이
일반화 세팅에 적절한가? 답이 "아니오"라면 '지금 하
지 마(don't do it now)' 라는 지시가 교육에 포함되어
야 한다.

　지시 세팅이나 상황이 충분한 수와 범위의 부적 사
례를 포함하고 있는가? 이 질문에 답할 수 있으려면
우선 교육 상황을 분석해 보아야 한다. 전문가가 부적
교육 사례를 고안해 내야 할 수도 있다. 전문가는 자연
스러운 환경이라고 하여 그 환경이 부적 사례를 쉽게 그리고
충분히 제공할 것이라고 가정해서는 안 된다. 아무리 자연
스러운 환경에서 훈련을 실시한다고 해도 학습자가
일반화 세팅에서 접할 자극 상황에 반드시 노출될 것
이라고 보장할 수 없기 때문이다. 예를 들어, Horner
와 동료들(1986)은 앞서 언급한 식탁 치우기 교육에
대한 연구에서 "하루는 '자연적으로는' 쉽게 경험하기
어려운 식탁 배치를 학생이 경험할 수 있게 가능한 식
탁 배치에 대해 고심해야 했다(p. 464)."라고 밝힌 바
있다.

　'하지 마' 교육 사례는 정적 사례(즉 S^D)로부터 구별
되어야 할 뿐 아니라 점진적으로 소개되어야 한다. 가
장 효과적인 부적 교육 사례는 정적 교육 사례의 특징
을 상당히 많이 공유한다(Horner, Dunlap, & Koegel,
1988). 이를 **최소 차이의 부적 교육 사례**(minimum differ-
ence negative teaching examples)라 부르는데, 이러한
부적 사례는 자연적인 환경에서 경험할 가능성이 있
는 목표행동을 수행하게 돕는다. 더 나아가, 최소 차
이 부적 교육 사례는 과잉 일반화(overgeneralization)
와 그릇된 자극통제(faulty stimulus control)에서 비롯
되는 '일반화 오류(generalization error)'를 제거하는
데 도움이 된다. 예를 들어, Horner과 동료들(1986)이
사용한 '치우지 말아야 하는' 식탁은 '치워야 하는' 식
탁과 여러 모로 비슷했다(표 14.1 참조).

지시 세팅을 일반화 세팅과 유사하게 만들라

프레즈노주립대학교(FSU)의 미식축구팀 감독 팻 힐은
곧 다가올 원정경기에 대해 걱정하고 있다. 자신의 팀
선수들이 상대팀의 경기장인 오하이오 스타디움에서 뛰
어 본 적이 없기 때문이다. 힐은 이에 대한 대비책으로
선수들이 본교 경기장에서 마지막 훈련을 하는 동안 상
대팀 오하이오의 응원가를 2시간 내내 90데시벨 정도의
엄청난 소음 수준으로 틀어 놓았다. 힐은 "선수들이 실
제 원정경기라고 느낄 수 있을 정도로 오하이오 스타디
움과 최대한 비슷한 분위기를 만든 것이다."라고 말했다.
― 「컬럼버스 지역신문」(2000년 8월 27일)

일반화를 촉진하기 위한 기본적인 전략은 학습자가
일반화 세팅에서 접할 만한 자극을 지시 세팅에 포함
하는 것이다. 지시 세팅과 일반화 세팅 간의 유사성이
클수록 목표행동이 일반화 세팅에서 나타날 가능성
역시 커진다. 자극 일반화의 원리에 의하면, 사전에
강화되었던 적이 있는 행동은 자극 조건과 매우 유사
한 자극이 제시되면 다시 발생할 가능성이 크지만, 훈
련 자극과 유의하게 다른 자극 조건이 주어지는 상황
에서는 그 행동이 나타나지 않을 가능성이 더 크다.

　자극 일반화는 상대적인 현상이다. 지시 중에 접했
던 자극 조건과 유사한 자극으로 구성될수록 훈련된
반응이 나타날 가능성이 크며, 그 반대 또한 사실이
다. 지시 세팅과 유의하게 다른 일반화 세팅이라면 목
표행동에 대해 충분한 자극통제가 되지 않을 수도 있
다. 게다가 이렇게 다른 세팅은 학습자를 혼란스럽게
혹은 당황하게 만드는 새로운 자극을 포함할 수 있으
며, 그 때문에 학습자가 목표행동을 수행하는 데 방해
받을 수도 있다. 반면, 지시 시 학습자를 일반화 세팅
에서 흔히 관찰되는 자극에 노출시킨다면 이 자극이
목표행동에 대한 자극통제를 갖출 가능성이 높아진
다. 또한 학습자는 이를 통해 목표행동의 수행을 방해
할 법한 자극이 포함된 일반화 세팅에 대비할 수 있

다. 이와 같은 기본적인 전략을 확립하기 위해 응용행동분석가가 사용하는 두 가지 방법은 공통적인 자극을 계획하는 것과 느슨하게 가르치는 것이다.

공통적인 자극을 계획하라

공통적인 자극의 계획(programming common stimuli)이란 일반화 세팅의 전형적인 특징을 지시 세팅에 포함하는 것을 뜻한다. 이 방법에 특별한 용어를 붙인 것은 행동분석가였지만, 이 방법은 다양한 분야에서 일반화된 행동변화를 촉진하는 수단으로 오랫동안 사용되어 왔다. 예를 들어, 스포츠 감독, 음악 교사, 연극 감독은 운동선수, 음악가, 배우가 실전 연습, 모의 오디션, 총연습(실제 연극을 할 때처럼 옷을 입고 무대장치를 써서 하는)에 참가하도록 하는데, 이는 그들이 '실제 상황'과 최대한 유사한 풍경, 소리, 사물, 사람, 절차로 구성된 세팅에서 중요한 기술을 수행할 수 있도록 대비시킨다.

van den Pol과 동료들(1981)은 장애를 가진 3명의 청년에게 패스트푸드 음식점에서 음식을 주문하고 식사하는 것을 가르칠 때 공통적인 자극을 적용했다. 연구자들은 교실을 실제 음식점과 비슷하게 꾸미기 위해 실제 음식점에서 사용되는 다양한 사진과 물건을 교실 내에 배치했다. 교실 벽에는 여러 가지 맥도날드의 햄버거 사진과 이름이 쓰여 있는 플라스틱 포스터를 부착했고, 결제/계산 역할극을 하기 위해 책상 하나를 모의 계산대로 바꿔 놓았다. 또한 학생들은 실제 맥도날드에서 찍은 사진 슬라이드 60개를 사용해 고객이 접할 법한 정적·부적('하지 마') 상황 사례에 올바르게 반응하는 연습을 했다.

이렇게까지 공들여 일반화 세팅을 시뮬레이션해야 하는 이유는 무엇인가? 그럴 바에는 아예 일반화 세팅에서 지시를 내려 학습자가 일반화 세팅과 관련된 모든 특징을 경험할 수 있도록 하는 편이 더 효과적이지

않은가? 이에 대한 대답은 다음과 같다. 첫째, 자연적인 세팅에서 지시하는 것이 항상 가능하거나 실용적인 것은 아니다. 학생들을 지역사회에 기반을 둔 세팅에서 실습시키려면 방대한 양의 자원과 시간이 들 수 있기 때문이다.

둘째, 지역사회 기반 훈련을 한다고 해도 학생들이 추후 동일한 세팅에서 접할 법한 모든 사례의 범위에 노출되는 것은 아니다. 예를 들어, 학생들이 훈련 시에 실제 환경(실제 마트나 건널목에서)에서 장을 보거나 길을 건널 수 있도록 지시를 받았다고 해도, 사람이 많이 몰리는 저녁 시간대에 길어진 계산대의 줄이나 극심해진 길거리 교통량은 경험하지 못할 가능성이 있다.

셋째, 자연적인 세팅에서 내리는 지시 훈련에서는 자연적으로 발생하는 상황의 흐름을 멈출 수 없다. 때문에 학습자가 필요한 만큼 훈련을 여러 번 시도하거나 올바른 행동의 연쇄를 모두 정확히 보이기 힘들다. 이러한 이유로 오히려 자연환경에서의 지시가 교실에서의 지시보다 덜 효과적이며 덜 효율적일 수 있다 (예 : Neef, Lensbower, Hockersmith, DePalma, & Gray, 1990).

넷째, 모의 세팅에서의 지시가 더 안전할 수 있는데, 이는 환경에 위험성이 내재된 경우나 학습자가 정확한 수행을 하지 않을 때 심각한 결과가 초래될 수 있는 목표행동을 수행해야 할 경우에 그렇다(예 : Miltenberger et al., 2005). 또한 학습장애를 가진 아동 혹은 성인이 복잡한 절차를 수행해야 할 때 역시 마찬가지이다. 절차가 신체에 침해적인 것이거나 연습 중의 실수가 위협적인 결과를 초래할 가능성이 있다면 모의 훈련을 사용해야 할 것이다. 예를 들어, Neef, Parrish, Hannigan, Page와 Iwata(1990)는 신경인성 방광 합병증(neurogenic bladder complications)을 가진 아동들에게 주머니카테터 자기삽입(self-catheterization)

기술을 인형에 연습하게 했다.

공통적인 자극을 계획하는 것은 두 단계로 이루어진 간단명료한 절차이다. 이는 (a) 일반화 세팅을 특징짓는 주요 자극을 밝히고, (b) 이 자극을 지시 세팅에 포함하는 것으로 구성된다. 첫 번째 단계는 전문가의 직접적인 관찰 또는 환경을 잘 알고 있는 사람에게 질문해 봄으로써 달성될 수 있다. 전문가는 일반화 세팅에서의 관찰을 통해 훈련 시 포함해야 할 일반화 세팅의 두드러진 특징을 기록해 두어야 할 것이다. 그러나 직접적인 관찰이 불가능할 경우에는 일반화 세팅에 대한 직접적인 지식을 갖고 있는 사람—훈련에서 모방하고자 하는 일반화 세팅 조건하에 살거나, 그곳에서 일하는 등 그 세팅을 잘 알고 있는 사람—을 면접하거나 그들에게 체크리스트를 작성하게 하는 방식으로 간접적인 지식을 얻을 수 있다.

지시 세팅에서는 재구성되거나 모방될 수 없는 중요한 자극이 일반화 세팅에 있다면 최소한 몇 번 정도는 일반화 세팅에서 훈련을 진행해야 할 것이다. 하지만 앞서 언급된 바와 같이, 전문가는 지역사회 세팅에서 지시를 한다고 하여 학습자가 일반화 세팅에 있는 모든 주요 자극에 노출될 것이라고 가정해서는 안 된다.

느슨하게 가르쳐라

응용행동분석가는 개입 절차를 통제하고 표준화하는데, 이는 개입의 직접적 효과를 최적화하고 이 개입 효과가 해석 및 반복될 수 있도록 하기 위해서이다. 그러나 지시를 "소수의 자극이나 형태로만 제한한다면, 사실상 학습자가 실제적으로 습득하는 기술의 일반화 역시 그만큼 제한적이게 된다(Stokes & Baer, 1977, p. 358)." 일반화된 행동변화를 엄격한 자극통제 및 변별과는 정반대의 것으로 본다면, 일반화를 촉진하는 방법 중 하나는 지시 동안에 중요하지 않은 선행

자극의 차원을 최대한 많이 바꾸는 것이다.

느슨하게 가르치기(teaching loosely)는 지시 회기 내에서, 그리고 지시 회기 간에 지시 세팅의 주요 특징이 아닌 요소를 무작위로 바꾸는 방법을 일컫는다. 이 방법은 일반화를 촉진하는 데 두 가지 장점을 가진다. 첫째, 느슨하게 가르치기는 하나 이상의 중요하지 않은(목표행동에 영향을 끼치는 것이 바람직하지 않은) 자극이 목표행동에 대해 독단적인 영향력 및 통제력을 가지게 될 가능성을 감소시킨다. 지시 세팅에는 있으나 일반화 세팅에는 없는 자극이 있다면 이 자극에 목표행동이 통제되지 않도록 특별히 주의해야 할 것이다. 그렇지 않으면 일반화 세팅에서 목표행동이 나타나지 않을 수도 있다. 다음에 소개되는 두 사례는 그릇된 자극통제의 예를 보여 준다.

- 교사의 지시 따르기 : 교사가 엄격한 표정을 지으며 큰 목소리로 명령했을 때 교사의 명령을 따름으로써 강화를 받은 적이 있는 학생이라면, 이 주요하지 않은 변인(교사의 큰 목소리, 엄격한 표정) 중 하나 또는 두 가지 모두가 다 없는 명령을 받을 경우에는 이를 따르지 않을 수도 있다. 교사가 명령을 내렸을 때 학생이 이에 따를지를 결정하는 변별 자극은 교사의 목소리 크기나 표정이 아니라 교사가 말한 문장의 내용이어야 한다.

- 자전거 사슬톱니바퀴 세트 조립하기 : 어느 자전거 공장에 직원 1명이 새로 들어왔다. 이날 공장에서 생산해 내야 할 자전거 모델의 색상은 한 가지로만 한정되어 있었다. 이날 신입 직원은 훈련을 받는 동안 무심코 자전거의 뒷바퀴를 조립하려면 파란색 사슬톱니바퀴 위에 초록색 사슬톱니바퀴를 얹고, 그 위에 빨간 사슬톱니바퀴를 놓게 배운다. 하지만 사슬톱니바퀴 세트의 조립은 각각 사슬톱니바퀴의 색상과는 아무런 상관이 없다. 중

요한 것은 사슬톱니바퀴의 크기이다(즉 큰 톱니바퀴는 아래에, 그다음 크기의 톱니바퀴가 그 위에 등).

지시 중에 주요하지 않은 자극의 유무에 체계적인 변화를 주는 것은 교사의 목소리 톤이나 사슬톱니바퀴의 색상처럼 목표행동과 기능적으로 무관한 요인이 그 행동에 대한 통제를 갖출 가능성을 의미 있게 감소시킨다(Kirby & Bickel, 1988).

느슨하게 가르치기의 두 번째 장점은 지시 중 중요하지 않은 자극을 다양하게 변화시킴으로써 학습자가 지시 상황에서 경험했던 자극 중 일부를 일반화 세팅에서 경험할 가능성을 증가시킨다는 것이다. 이러한 맥락에서 느슨한 가르침이란 공통적인 자극에 노출시키는 포괄적인 노력으로 볼 수 있다. 이를 통해 '생소한' 자극이 나타날 경우 학생의 목표행동 수행이 방해되거나 '실패할' 가능성이 감소될 것이다.

앞서 소개된 두 가지 사례에서 다음과 같이 느슨한 가르침을 적용해 볼 수 있다.

- **교사의 지시 따르기** : 지시상황에서 교사는 사전에 계획한 요인(예 : 목소리 크기, 표정)뿐 아니라 서서, 앉아서, 교실 내 다양한 위치에서, 하루 중 다양한 시간에, 학생이 혼자일 때와 집단에 있을 때, 교사가 학생을 보고 있지 않을 때 등 다양한 조건에서 명령을 내린다. 각 조건에 관계없이 교사는 학생의 지시 순응에만 강화를 제공한다.

- **자전거 사슬톱니바퀴 세트 조립하기** : 신입 직원은 훈련을 통해 다양한 순서로 사슬톱니바퀴 세트를 조립하게 훈련받은 후, 공장이 바쁠 때, 다양한 시간대에, 노래가 나오거나 나오지 않는 상황에서 여러 색의 사슬톱니바퀴 세트를 가지고 바퀴를 조립한다. 이와 같은 다양한 요인의 유무 또는 영향도와는 무관하게 신입 직원이 사슬톱니바퀴

의 상대적인 크기에 맞춰 조립할 때만 강화가 주어진다.

느슨하게 가르치기 전략이 단독으로 사용되는 경우는 드물며, 변화가 많고 다양한 세팅/상황으로 일반화가 요구될 때 주로 사용된다. 예를 들어, Horner와 동료들(1986)은 식탁의 위치, 식탁에 앉은 사람 수, 고객이 음식을 다 먹었는지의 여부, 쓰레기의 양과 위치 등을 체계적이면서도 무작위하게 변화시켜 식탁 치우기 훈련 프로그램에 느슨한 가르침을 적용하였다. Hughes와 동료들(1995)은 교사와 대화훈련을 실시하는 장소를 달리하여 느슨한 가르치기 방법을 사용하였다. 느슨한 가르침은 환경적·우발적·자연적인 교육법을 사용하는 언어 훈련 프로그램에서도 적용된다 (예 : Charlop-Christy & Carpenter, 2000; McGee, Morrier, & Daly, 1999; Warner, 1992).

느슨한 가르침만을 독자적으로 사용해 프로그램의 효과를 평가한 연구는 흔하지 않다. Campbell과 Stremel-Campbell(1982)의 실험에선 경도 지적장애 학생 2명이 새로 배운 언어를 일반화하도록 돕기 위해 느슨한 가르침을 사용했다. 학생들에게 'wh-'로 시작하는(육하원칙 중 하나를 묻는) 질문에 'is'와 'are'를 올바르게 사용하고(예 : "What are you doing?"), 상대방이 "예/아니오"로 대답하게 유도하는 질문을 만들어 내어(예 : "Is this mine?"), 평서문을 정확히 사용하도록 (예 : "These are mine.") 가르쳤다. 각 아동이 참여하는 개별 학습 프로그램에 두 번의 언어 훈련 회기(각 15분)를 포함하였다. 그중 한 회기는 학습 과제 시, 다른 회기는 자립 과제 시 실시하였다. 학생들이 언어적 상호작용을 시작할 수 있도록(예 : 문장을 말하거나 질문하도록 유도) 다양한 자연적인 자극(예 : 의도적으로 수업 자료를 엉뚱한 곳에 두거나 간접적인 촉진을 제공)을 사용하였다. 일반화 프로브는 하루 2회 진

행되는 15분간의 자유놀이 시간 동안 실시되었으며, 이 관찰에서 느슨하게 가르치기 회기 중 습득한 언어 구조에 상당한 일반화가 있었음을 확인할 수 있었다.

'느슨하게 가르치기'를 도입하기 전 학생의 목표행동 수행은 제한적이고 단순하며 일관된 조건하에 확립되어 있어야 한다. 이는 복잡하고 어려운 기술을 가르칠 때 특히 중요하다. 중요하지 않은(즉 목표행동과 기능적으로 무관한) 자극만을 '느슨하게' 해야 할 것이다. 일반화 세팅에서 변별 자극(S^D) 또는 '하지 마(S$^\triangle$)'라는 목표행동을 이끌어내는 기능을 하는 자극은 느슨하게 가르치면 안 된다. 학습자가 언제 반응해야 하고 언제 반응하지 말아야 할지를 알려주는 중요한 자극은 반드시 지시 프로그램 안에 체계적으로 포함해야 한다. 어떤 기술과 기능적으로 무관한 자극도 다른 기술에는 결정적인 변별 자극(S^D)이 될 수 있음에 유의하라.

Baer(1999)는 지시 세팅 및 절차에서 중요하지 않은 자극에 변화를 주는 느슨한 가르침의 사용법에 대해 다음과 같이 조언했다.

- 2명 이상의 교사를 포함하라.
- 두 곳 이상의 장소에서 가르쳐라.
- (지시 장소 내의) 다양한 위치에서 가르쳐라.
- 다양한 목소리 톤을 사용하라.
- 단어 선택에 변화를 주어라.
- 두 손을 번갈아 가며 사용함으로써 자극을 다양한 각도에서 보여 주어라.
- 지시 장소에 다른 사람들이 있도록, 다른 경우엔 없도록 만든다.
- 매일 다른 복장으로 지시하라.
- 강화제를 바꿔라.
- 때로는 밝은 빛 아래에서, 때로는 어두운 빛 아래에서 가르쳐라.

- 때로는 시끄러운 환경에서, 때로는 조용한 환경에서 가르쳐라.
- 어떠한 세팅에서든 가구와 장식을 바꾸고 배열에도 변화를 주어라.
- (같은 대상에게 교육을 실시하는) 교사들의 교육 시간에 변화를 주어라.
- 지시 세팅의 온도에 변화를 주어라.
- 지시 세팅의 향/냄새에 변화를 주어라.
- 가능하면 지시 내용을 달리하라.
- 가능한 한 자주 그리고 예측할 수 없는 방법으로 지시를 실행하라.

교사가 모든 목표행동에 대해 이 모든 요인을 모두 변화시켜야 하는 것은 아니다. 하지만 훈련 후 일반화를 기대하기 보다는 가르칠 때 '느슨함'을 계획하는 노력이 필요하다.

일반화 세팅에서 목표행동과 강화를 최대화하라

자연적으로 존재하는 강화 유관이 있는 일반화 세팅에서 학습자가 새로이 습득한 목표행동을 실행하게 훈련시켰다고 해도 행동에 강화가 충분히 주어지지 않으면 일반화와 유지는 일시적인 현상으로 그칠 수 있다. 이러한 경우, 전문가는 일반화 세팅에서 목표행동에 강화가 주어지게 만들어야 한다. 이 장에서 소개되는 일반화된 행동변화의 촉진을 위한 13개의 전략 중 5개는 일반화 세팅에서 목표행동이 강화될 방법을 고안하거나 조정하는 데 초점을 둔다.

자연적인 세팅에서 목표행동이 수행 수준에 이를 때까지 가르쳐라

Baer(1999)는 자연적인 강화 유관을 사용하려 할 때 전문가들이 흔히 저지르는 실수 중 하나가 행동변화에 강화가 주어진다는 것을 가르치는 데 실패하기 때문이라고 했다.

> 때로는 행동변화의 일반화를 위해 지속적인 훈련이 최선일 경우가 있다. 학습자가 능숙해지도록 훈련시킨 뒤 일반화에 도움이 필요한지 확인해라. 능숙도는 높은 수행률과 수행 정확성, 목표행동을 보이기까지 걸리는 시간의 단축(즉 짧은 잠재 기간), 그리고 강한 반응으로 평가할 수 있다. (p. 17)

새로운 행동이 일반화 세팅에서 발생하기는 하지만, 이 행동이 자연적인 강화 유관까지 연결되지 않을 수 있다. 일반화 세팅에서 강화를 증대시키는 요인으로 행동의 정확성, 행동 차원의 질(즉 빈도, 지속력, 잠재 기간, 규모), 행동의 형태가 있다. 전문가는 새로운 행동에 자연적인 강화 유관이 뒤따르게 하기 위해 학습자의 목표행동 수행정도를 개선해야 할 필요가 있다. 예를 들어, 어떤 학생에게 문제지를 주고 풀도록 지시했다고 하자. 그 학생이 문제지에 있는 모든 문항을 정확하게 풀 능력이 있더라도 다음과 같이 행동하면 과제 완성에 대한 강화를 받을 가능성이 낮다.

- 잠재 기간이 너무 길다. 문제지를 받고도 '공상에 빠져' 실제로 문제를 풀기 시작하기까지 5분이나 걸린다면 이 학생은 강화를 얻을 수 있는 시간 내에 문제를 다 풀지 못할 수도 있다.
- 평균치와 비교했을 때 동일한 시간 동안 수행하는 목표행동의 비율이 너무 낮다. 또래가 1분 내로 읽을 수 있는 자습 과제의 지시문을 읽는 데 5분이 걸린다면 강화를 얻을 수 있는 시간 내에 문제를 다 풀지 못할 수 있다.
- 지속력이 너무 짧다. 선생님의 감시가 없으면 한 번에 5분 이상 목표행동을 꾸준히 수행하지 못하는 학생의 경우, 5분 이상 꾸준히 독립적으로 해야 하는 과제를 완성하지 못할 것이다.

이와 같은 일반화 문제에 대한 해결책은 간단명료하다. 학습자가 행동변화를 보다 더 능숙한 수준으로까지 숙달하면 된다. 다시 말하자면 목표행동을 보다 정확히, 보다 짧은 기간 내에, 그리고/또는 보다 많이 수행할 수 있어야 한다. 즉 학습자가 자연적인 유관이 주어지는 기준을 넘게 목표행동을 보이게 학습시켜야 한다. 따라서 강화 기준에 달성 여부를 확인하는 단계가 일반화 계획에 포함되어야 한다.

변별 불가능한 유관을 계획하라

응용행동분석가는 개입 시 학습자가 목표행동을 수행할 때마다 일관성 있게 즉각적인 결과물을 준다. 물론 이러한 일관되고 즉각적인 결과물은 학습자가 새로운 행동을 습득하는 데 필수적이다. 그러나 한편으론 이것이 일반화와 유지를 방해하는 요소가 될 수도 있다. 다시 말해, 체계적 지시에 따른 명확하고 예측 가능하며 즉각적인 결과는 실질적으로 일반화 반응에 역효과를 낼 수 있다는 것이다. 역효과는 새로운 행동에 자연적인 강화 유관이 제공된 적이 없고 학습자가 일반화 세팅에서는 지시 유관이 일어나지 않는다는 것을 알게 될 때 나타날 수 있다. 일반화 세팅에서 학습자가 유관관계를 예측할 수 있다면("흠, 지시 회기가 끝났네. 지금은 반응할 필요 없어.") 학습자는 일반화 세팅에서 반응하는 것을 중단할 수 있으며, 결국 전문가가 열심히 노력해 만들어 낸 행동변화는 자연적인 강화 유관을 경험하기도 전에 사라질 수 있다.

변별 불가능한 유관(indiscriminable contingency)이란 학습자가 자신의 반응에 강화가 주어질지 변별해낼 수 없는 유관을 말한다. 변별 불가능한 유관을 계획하는 것은 일반화와 유지를 촉진하는 방법으로서, 다음과 같은 유관을 의도적으로 이끌어 내는 것을 말한다. (a) 강화는 일반화 세팅에서 발생하는 모든 목표행동이 아닌 일부 목표행동에만 뒤따르며, (b) 학습자는 어떤 반응이 강화를 이끌어 낼 것인지 예측할 수 없다.

변별 불가능한 유관 계획의 근본적인 목표는 학습자가 일반화 세팅에서 목표행동을 충분히 자주, 충분히 오랫동안 보이게 하는 것이다. 그래야 목표행동이 자연적인 강화 유관을 받을 수 있을 것이기 때문이다. 일반화를 촉진하기 위해 인위적 유관을 만들어야 할지는 그 후에 논의되어야 할 것이다. 응용행동분석가는 변별 불가능한 유관을 계획하기 위해 이와 관련된 두 기술—간헐 강화 계획(intermittent schedules of reinforcement)과 지연된 보상(delayed rewards)—을 사용한다.

간헐 강화 계획. 대부분의 경우, 새로 습득한 행동이 자연적인 강화 유관과 연결되려면 일반화 세팅에서 그 행동이 특정 기간 동안 반복해서 발생해야 한다. 그 기간 동안 학습자가 일반화 세팅에서 보이는 반응은 소거 상황에 놓이게 된다. 현재 혹은 가장 최근에 지시 세팅에서 사용되었던 행동 강화 계획은 학습자가 일반화 세팅에서 첫 강화가 주어지기까지 얼마나 꾸준히 반응을 보일 수 있는지를 결정짓는 데 큰 영향을 미친다. 연속 강화 계획(continuous schedule of reinforcement, CRF)으로 훈련된 행동은 소거 상황에 놓이게 되면 반응 유지가 오래 지속되지 않는다. 강화가 더 이상 주어지지 않으면 반응은 강화가 주어지기 이전 수준으로 되돌아갈 가능성이 높다. 반면, 간헐 강화 계획하에 있던 행동이라면 강화가 더 이상 주어지지 않아도 상대적으로 오랫동안 지속될 가능성이 크다(예 : Dunlap & Johnson, 1985; Hoch, McComas, Thompson, & Paone, 2002).

Koegel과 Rincover(1977, 실험 II)는 실험을 통해 간헐 강화 계획이 일반화 세팅에서 반응 유지에 효과적임을 보여 주었다. 이 실험에는 자폐와 중도에서 최중

도의 지적장애 진단을 받은 7~12세의 남아 6명이 참가했다. 이들은 이전에 일반화 연구에 참가하였고 추후 회기에서 일반화 반응을 보인 바 있었다(Rincover & Koegel, 1975). 이 장의 앞부분에서 설명된 Koegel와 Rincover(1977)의 실험 I과 동일하게 지시 세팅에서 각 아동과 전문가는 작은 방에 배치된 탁자에 마주 앉아 일대일 훈련을 진행했으며, 일반화 세팅은 낯선 어른과 다른 장소에서 이루어졌다. 아동이 보여야 했던 모방 반응은 (a) "이렇게 해."라는 언어 지시와 함께 모방 동작을 보여 주면 비언어적 모방(예 : 손 들기) 반응을 하는 것과, (b) "코를 만져."와 같은 언어 지시가 주어지면 해당 부위를 만지는 반응을 보이는 것이었다. 이 두 가지 모방 반응을 모두 습득한 아동에게 CRF, FR 2, FR 5 중 무작위로 선택된 강화 계획 하나를 사용하여 추가적인 훈련을 진행하였다. 이 훈련은 지시 세팅에서 진행되었고, 진행된 후에는 일반화 세팅에서 이 반응에 대한 유지가 지속되는지 확인하였다. 일반화 세팅에서의 회기는 100번의 연속 시행 동안 아동의 정반응률이 0%로 감소되거나 80% 이상으로 유지될 때까지 지속되었다.

지시 세팅에서 CRF 계획을 사용했던 행동은 일반화 세팅에서 빠르게 소거되었다(그림 14.7 참조). FR 2로 훈련된 행동의 경우 일반화 반응은 오래 유지되었으며, FR 5 계획으로 강화된 행동의 경우는 반응이 더 오랫동안 유지되었다. 이 결과는 지시 세팅에서 사용된 강화 계획의 종류에 따라 일반화 세팅에서 강화가 주어지지 않을 때 행동유지에 대해 예측해 볼 수 있음을 보여 준다. 즉 지시 세팅에서 강화 계획이 성길수록 일반화 세팅에서 반응 유지는 더 오래 지속됨을 알 수 있다.

모든 간헐 강화 계획의 특징은 일부 반응에만 강화가 주어지고 나머지 반응에는 강화가 주어지지 않음을 뜻한다. 그러므로 간헐 계획을 사용했을 때 행동이

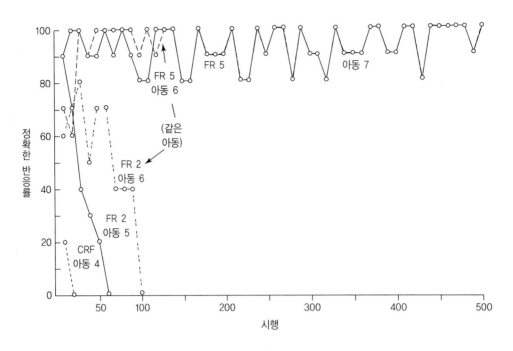

| **그림 14.7** | 지시 세팅의 마지막 회기에서 사용된 강화 계획의 결과로서 나타난 일반화 세팅에서 3명의 아동이 보인 정확한 반응률

출처 : "Research on the Differences between Generalization and Maintenance in Extra-Therapy Responding" by R. L. Koegel and A. Rincover, 1977, *Journal of Applied Behavior Analysis, 10,* p. 8. Copyright 1977 by the Society for the Experimental Analysis of Behavior, Inc. Reprinted by permission.

소거되는 동안에도 반응이 유지되는 이유 중 하나는 학습자가 강화가 더 이상 제공되지 않음을 파악하는 데(연속 강화로 훈련받은 학습자에 비해) 오래 걸리기 때문이다. 즉 간헐 강화 계획의 예측 불가능성이 계획이 종결된 후에도 행동이 유지되는 원인이 되는 것이다.

전문가는 간헐 계획에서 강화유관을 파악하는 것이 어렵기는 하지만 불가능한 것은 아니라는 점을 인지해야 한다. 예를 들어, Koegel과 Rincover(1977)가 사용한 FR 2와 FR 5 간헐 강화 계획의 경우 대부분의 학습자는 곧 자신의 다음 반응에 강화가 주어질지 여부를 구별할 수 있게 될 것이다. 대조적으로, VR 5 강화 계획으로 훈련받은 학생의 경우 자신이 다음에 보일 반응에 강화가 제공될지의 여부를 구별할 수 없을 것이다.

지연된 보상. Stokes와 Baer(1977)는 어느 세팅에서 행동이 강화될지 구별할 수 없다는 것은 다음 반응이 강화될지의 여부를 구별할 수 없는 것과 유사하다고 설명한다. 이들은 Schwarz와 Hawkins(1970)의 연구를 인용했는데, 이 연구에서는 6학년 여학생의 수학 시간 동안의 태도를 매일 비디오로 녹화했다. 연구자들은 녹화된 비디오테이프를 그날 방과 후에 학생에게 보여 주었으며, 이 학생이 수업 시간 동안 보였던 자세 개선, 얼굴을 만지는 행동의 횟수 감소, 그리고 대화 수준의 목소리 크기에 대해 칭찬과 토큰 강화를 주었다. 방과 후 강화는 수학 시간에 나타난 행동에 기반해 제공하였으나 철자 수업에서도 비슷한 수준의 행동 개선이 관찰되었다. 아동의 철자 수업을 녹화한 비디오테이프는 일반화를 평가하는 자료로 사용되었으나, 아동에게는 이 수업의 비디오테이프를 보여 주지 않았다. Stokes와 Baer는 이 실험에서 지연된 보상이 주어졌으므로(칭찬과 토큰을 받는 행동은 수학 시간에 발생했으나 이에 대한 보상은 방과 후에 주어졌음) 학생이 강화를 받기 위해 언제 행동이 개선되어야 하는지 구별하는 데 어려움이 있었을 것이라는 가설을 세웠다. 그들은 목표행동이 세팅 간에 일반화될 수 있었던 것은 반응에서 강화까지 지연 때문에 보상이 변별 불가능했기 때문이라 설명하였다.

지연된 보상과 간헐 강화 계획은 다음 두 가지 점에서 유사하다. (a) 목표행동이 발생할 때마다 강화가 주어지지 않는다(일부 반응만 강화가 제공된다). 또한 (b) 어떤 반응에 강화가 제공될지 신호가 분명하지 않다. 간헐 강화 계획은 목표행동이 발생하는 즉시 결과를 주는 반면, 지연된 보상은 행동이 발생하고 나서 일정 시간이 경과한 후에야 그에 대한 보상이 주어진다는 점(즉 반응과 강화 사이의 지연)이 상이하다. 지연된 보상은 학습자가 일반화 세팅에서 이전에 **목표행동**을 실행했을 때 주어진다. 효과적인 지연 보상 유관에서 학습자가 언제(혹은 '어디에서') 목표행동을 나타내야 강화를 받을 수 있을지 구별할 수 없다. 강화를 받을 가능성을 최대화하기 위해 학습자는 '매순간 잘 행동'해야 한다(Fowler & Baer, 1981).

Freeland와 Noell(1999, 2002)은 2개의 유사한 연구를 통해 지연된 보상이 학생의 수학 수행과 유지에 미치는 영향을 조사했다. 두 번째 연구의 참가자는 수학을 어려워하는 2명의 초등학교 3학년 여학생이었다. 두 학생의 목표행동은 합이 18 이하인 한 자리 숫자 2개의 합을 내는 것이었다. 학생들은 매일 5분 동안 한 자리 숫자 2개를 더하는 문제를 풀었다. 연구자들은 다중치료 반전 설계(multiple-treatment reversal design)를 사용하여 이 과제 수행의 효과를 비교하였다.

- 기저선 : 초록색 문제지 사용. 결과물(강화제) 없음. 학생들은 원하는 만큼의 문제를 풀도록 지시받음.
- 강화 : 파란색 문제지 사용. 문제지 윗부분에는 '선물 상자'에 있는 보상 중 하나를 고르기 위해 맞혀야 하는 정답(숫자)의 개수가 쓰여 있음. 각 학생의 목표 개수는 최근에 푼 세 문제지에서 얻은 점수의 중앙치였음. 모든 문제지는 각 회기가 종결될 때마다 채점됨.
- 지연 2 : 하얀색 문제지 위에 목표 점수를 적음. 두 회기가 종결될 때마다 학생이 완성한 문제지 2개 중 하나를 무작위로 선택하여 채점함. 학습자가 연구의 현재 시점까지 푼 모든 문제지를 3개씩 순차적으로 묶어(문제지 1~3, 문제지 4~6, …) 각 세트의 중앙치를 계산하고, 채점된 문제지의 점수가 이제까지 가장 높았던 중앙치를 달성할 경우 보상을 제공함.
- 지연 4 : 지연 2와 동일하게 목표 점수가 적힌 하얀색 문제지 사용. 지연 2와 동일한 절차를 사용했으나, 4회기마다 문제지를 채점. 채점 시 각 학생이 4회기 동안 푼 4개의 문제지 중 하나를 무작위로 선택하여 점수 매김.
- 유지 : 이전과 동일하게 목표 점수가 지정되어 있는 하얀색 문제지 사용. 문제지는 채점되지 않으며, 성과에 대한 피드백이나 보상도 제공되지 않음.

이 연구에서는 학생들이 강화를 쉽게 예측할 수 있도록 각 조건마다 다른 색의 문제지를 사용하였다. 초록색 문제지는 정답 수와 상관없이 '선물 상자'나 피드백이 제공되지 않음을 암시했다. 반면, 하얀색 문제지가 주어졌을 때에는 수행 기준을 달성했을 경우 때때로 강화가 제공되었다. 이 연구는 일반화 세팅에서 효력을 가지는 유관과 '유사한' 유관을 지시 세팅에서

| **그림 14.8** | 기저선 조건(BL), 각 회기 후에 무작위로 선택된 한 과제의 수행에 유관하여 강화가 주어지는 조건(RF), 두 회기마다 무작위로 선택된 한 과제의 수행에 유관하여 강화가 주어지는 조건(D2), 네 회기마다 무작위로 선택된 한 과제의 수행에 유관하여 강화가 주어지는 조건(D4), 그리고 유지 조건에서 3학년 학생 2명이 수학 문제를 풀며 1분당 올바르게 쓴 숫자의 수

출처 : "Programming for Maintenance: An Investigation of Delayed Intermittent Reinforcement and Common Stimuli to Create Indiscriminable Contingencies" by J. T. Freeland and G. H. Noell, 2002, *Journal of Behavioral Education, 11,* p. 13. Copyright 2002 by Human Sciences Press. Reprinted by permission.

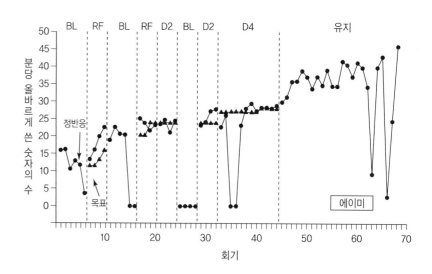

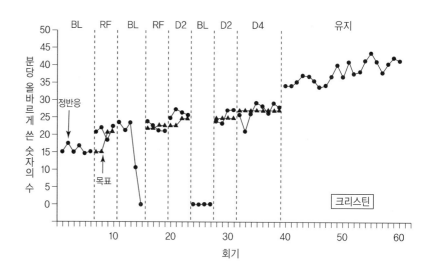

도 제공해야 함을 다음의 두 가지 증거를 통해 보여주고 있다. (a) 기저선 조건으로의 복귀는 두 학생 모두의 과제 수행 감소를 초래했고, 두 번째 기저선 조건으로 복귀 시 역시 즉각적인 수행 하락을 가져왔다. (b) 유지 조건에서는 강화가 제공되지 않음에도 불구하고 학생들의 과제 완성 비율이 지속적으로 높았다(그림 14.8 참조).

지연(변별 불가능한) 결과물을 사용했을 때, 모든 학생들은 강화 단계에 비해 동일하거나 높은 수준의 정반응을 보였다. 유지 조건에서 두 학생 중 에이미는 18회기 동안 높은 수준의 반응을 유지했으나 마지막 6회기에서는 수행이 일정하게 유지되지 않았다. 다른 학생인 크리스틴은 24회기 내내 점차 높아지는 수행률을 보였다. 이 결과는 지연 유관에서의 행동이 유관이 분명한 조건 만큼이나 높은 수준으로 유지될 수 있음을 보여 준다. 또한 이때 목표행동의 소거에 대한 저항력은 유관이 분명한 조건보다 강하다.

지연된 결과는 자폐증 환자들의 학업적 · 직업적 과제(Dunlap, Koegel, Johnson, & O'Neill, 1987), 장난감 놀이, 사교 행동의 시작, 건강한 간식 선택(R. A. Baer, Blount, Dietrich, & Stokes, 1987; R. A. Baer, Williams, Osnes, & Stokes, 1984; Osnes, Guevremont, & Stokes,

1986), 또래의 사회적 행동에 적절히 반응하기(Grossi et al., 1994), 읽기 및 쓰기 과제 수행(Brame, 2001; Heward, Heron, Gardner, & Prayzer, 1991) 등과도 같은 다양한 범위의 목표행동의 세팅/상황 일반화 촉진과 반응 유지에 사용되어 왔다.

지연된 보상이 효과적으로 사용되면, 학습자가 어떤 상황에서 보상이 제공되고 어떤 상황에서 그렇지 않은지를 분별해 내기 어려워진다. 그 결과 학습자는 항상 '바람직한 행동'을 유지해야 한다(즉 항상 목표행동을 보여야 한다). 학습자가 세팅과 목표행동의 변화 시 보상 유관을 파악하지 못하게 만들면 학습자는 장소와 행동에 관계없이 목표행동을 유지해야 한다.

다음에서는 교실에서 지연된 보상을 사용하여 변별 불가능한 유관을 적용하는 네 가지 사례를 소개한다. 각 사례는 무작위로 선택된 학생의 수행에 근거해 교실 내 다른 모든 학생에게 보상을 주는 상호의존 그룹 유관(interdependent group contingency)을 사용한다(제12장 참조).

- **주사위 던지기.** 이 절차는 착석 과제 수행 학습 시간을 보다 효과적으로 만들 수 있다. 교사는 몇 분 간격으로(예 : VI 5분 간격 스케줄) (a) 무작위로 학생을 선택하고, (b) 그 학생의 책상으로 걸어가 주사위를 주고 던지게 한 후, (c) 학생이 현재 풀고 있는 문제 번호에서 주사위 수만큼 거꾸로 세게 한다. (d) 학생이 선택된 문제를 정확히 맞히면 학생에게 토큰을 준다. 과제가 주어지는 즉시 빠르고 신중히 문제를 푸는 학생이 이와 같은 변별 불가능한 유관에서 보상을 받을 가능성이 크다.
- **이야기 기억하기 게임.** 일반적으로 교사들은 학생이 매일 조용히 지속적으로 책을 읽을 수 있도록 (sustained silent reading, SSR) 20~30분 정도 독서 시간을 배정한다. 학생들은 이 시간 동안 선택한 책을 조용히 읽는다. 이야기 기억하기 게임은 학생이 독서 시간 동안 목적을 가지고 책을 읽게 돕는다. 이 시간이 끝나면 교사는 무작위로 학생을 선택해 읽은 책에 대해 질문한다. 예를 들어, Elizabeth Winthrop가 쓴 『The Castle in the Attic』의 제3장을 읽고 있는 학생에게는 "윌리엄이 실버 나이트에게 먹으라고 준 음식은 무엇이지?"라는 질문을 한다(정답 : 베이컨과 토스트). 학생이 정답을 맞히는 경우, 교사의 칭찬과 또래의 박수를 받으며 학급 전체가 보상을 받기 위해 함께 모으고 있는 구슬을 하나 받아 병에 넣을 수 있다. 학생은 언제 자신이 호명 될지, 어떤 질문을 받게 될지 모른다(Brame, Bicard, Heward, & Greulich, 2007).
- **조원들에게 번호 매기기.** 협동학습 집단(학생들이 소수 집단을 만들어 학습 활동을 함께 함)은 효과적일 수 있다. 하지만 이 활동을 효과적으로 만들려면 교사가 모든 학생들에게 동기를 부여할 수 있는 절차를 선택해야 한다. 교사가 학생에게 번호를 부여해 적극적 참여를 고무할 수 있다(Maheady, Mallete, Harper, & Saca, 1991). 학생들을 3명 또는 4명의 소집단으로 앉히고, 집단마다 학생에게 1~4의 숫자를 부여한다. 교사가 학급 전체에 질문을 하면 각 집단은 그 문제에 대해 논의를 하여 답을 찾아낸다. 교사는 무작위로 1~4의 번호 중 하나를 선택하고 몇 개 집단에서 그 번호에 해당하는 학생을 선택하여 답을 발표하게 한다. 이때 선택된 학생의 조원 모두가 답을 알고 있는지 확인해야 한다. 이 전략은 집단 내 경쟁보다 협동을 촉진한다. 모든 학생이 답을 알고 있어야 하기 때문에 구성원 전체가 답뿐 아니라 그 답을 이끌어낸 논리와 이유 역시 이해하도록 서로

도와야 한다. 또한 이 전략은 각 학생이 책임감을 느끼도록 만든다.

- **간헐적인 채점.** 대다수의 학생에게는 쓰기 연습을 충분히 할 시간이 없고 쓰기 연습 기회가 주어져도 받는 피드백이 대부분 비효과적이다. 아무리 헌신적인 교사라도 각 학생이 매일 작성하는 글에 상세한 피드백을 줄 정도로 많은 시간과 노력을 투자하는 것은 불가능하기 때문이다. 간헐적인 채점이라고 불리는 절차는 이러한 문제에 대한 하나의 해결책이 될 수 있다(Heward, Heron, Gardner & Prayzer, 1991). 모든 학생은 매일 10분에서 15분 동안 글을 쓰고 교사는 학생 중 20~25%의 글을 무작위로 선택하여 상세한 피드백을 제공한다. 채택된 학생들은 각기 개별 수행 기준에 따라 점수를 받게 되며, 글의 질에 따라 교실 전체에 보너스 점수가 주어질 수 있다(예 : 점수를 매긴 5개의 글 중 4명의 작성자가 개별 기준을 달성했을 때). 채점된 학생의 글은 다음 수업 때 예로 이용된다.

보상을 지연하는 책략이 일반화 및 유지를 촉진하는 데 성공적인 이유는 (a) 유관의 변별이 불가능하며(즉 학습자는 일반화 상황에서 언제 목표행동을 해야 추후에 강화를 받을 수 있는지 정확히 알 수 없음), (b) 사전에 목표행동을 함으로써 추후에 보상을 받게 된다는 사실을 학습자가 이해하게 되기 때문이다. 단, 지연된 보상 개입은 심각한 인지장애를 지닌 학습자에게 효과적이지 않을 수 있다.

변별 불가능한 유관을 계획하기 위한 지침. 변별 불가능한 유관을 실행할 때 전문가는 다음과 같은 지침을 고려해야 한다.

- 새로운 행동이나 자주 사용되지 않는 행동을 가

르칠 때는 지시의 초기 단계에 연속 강화를 사용하라.

- 학습자의 수행 및 성과에 의거하여 강화 계획을 체계적으로 줄여 강화가 점점 성기게 주어지도록 만들라(상권의 제8장 참조). 강화 계획이 성길수록 변별이 어려워지며(예 : FR 5 계획은 FR 2 계획보다 변별이 더 불가능하다), 변동 강화 계획(예 : VR, VI 계획)은 고정 계획(예 : FR, FI 계획)보다 변별이 더 어려움을 기억하라.

- 지연된 보상을 사용할 경우 학습자가 목표행동을 보이는 즉시 강화제를 주는 것에서 시작하여 반응에서 강화까지 지연(response-to-reinforcement delay)을 점차적으로 늘려 가라.

- 지연된 보상을 제공할 때마다 학습자에게 '그가 사전에 수행한 특정 행동에 대해 보상을 받고 있음'을 상기시켜라. 이는 학습자가 이 유관의 규칙에 대한 이해를 쌓고 공고히 하는 데 도움이 된다.

지시 중에 사용할 강화제를 선택할 때, 전문가는 학습자가 일반화 세팅에서 얻게 될 강화제를 사용하거나 혹은 궁극적으로 같은 강화제로 바꾸기 위해 노력해야 할 것이다. 강화제 자체가 목표행동의 변별 자극이 될 수도 있기 때문이다(예 : Koegel & Rincover, 1977).

행동함정을 준비하라

일부 강화 유관은 강력하고 의미 있으면서 장기간 지속되는 행동변화를 이끌어 낸다. Baer과 Wolf (1970)는 이와 같은 유관을 **행동함정**(behavior trap)이라고 불렀다. 이들은 이 개념을 쥐덫에 비유하여 설명했는데 집주인이 쥐에 대해 상대적으로 적은 양의 행동 통제(쥐가 치즈 냄새를 맡게 함으로써 행동을 통제)만을 사용하여 쥐 행동을 상당한 수준으로 일반화하고 유지할 수 있음을 보여 주었다.

집주인은 쥐덫을 사용하지 않고서도 쥐를 죽일 수 있다. 인내심을 가지고 쥐구멍 밖에서 기다리다 빠른 속도로 쥐를 잡아챈 후, 다양한 방법으로 고문해 가며 쥐에게서 원하는 행동변화를 일으킬 수도 있다. 그러나 이 방법은 엄청난 인내심과 뛰어난 순발력, 손재주, 그리고 아주 강한 비위 등의 상당한 능력이 요구된다. 대조적으로, 쥐덫을 사용하는 경우 해야 할 일이 적다. 쥐가 치즈 냄새를 맡을 만한 곳에 치즈를 올린 쥐덫을 놓기만 하면 쥐가 할 행동(혹은 일반화된)이 발생할 것이다.

함정의 핵심은 함정에 빠지는 데 필요한 반응은 비교적 단순하지만, 한 번 함정에 빠지면 빠져 나오기 어렵기 때문에 결국 일반적인 행동변화가 일어나게 된다는 것이다. 쥐의 경우 단순히 치즈 냄새를 맡는 것만으로 덫에 들어가는 반응을 보인다. 그 시점부터는 모든 것이 거의 자동적으로 이뤄진다. (p. 321, 고딕체는 추가로 강조한 것임)

행동함정은 누구나 한 번씩은 경험하게 되는 꽤나 흔한 현상이다. '멈출 수 없는, 자꾸만 더 하고 싶은' 활동이나 행동에서 행동함정을 보다 뚜렷하게 확인할 수 있다. 가장 효과적인 행동함정은 다음에 열거되는 네 가지 핵심적인 특징을 가진다. (a) 강력한 '미끼(강화제)'가 학습자를 함정까지 '유혹'한다. (b) 매혹된 학습자가 함정에 발을 들여놓기 위해 필요한 반응은 이미 수행할 줄 아는 그리고 노력이 필요하지 않은 반응이다. (c) 함정 속 내재한 강화 유관은 학습자가 학업 및 사회 기술을 습득하고 확장하며 유지하도록 동기를 준다(Kohler & Greenwood, 1986). 마지막으로 (d) 포만 효과(satiation effect)가 생기지 않거나 생긴다고 해도 아주 미미할 것이므로 함정 효과가 아주 오랫동안 유지될 수 있다.

'볼링에 관심없던 볼링 선수'의 경우를 살펴보자. 한 청년이 친구의 볼링팀에 대타를 해달라는 부탁을 받게 된다. 이 청년은 늘 볼링이 품위 없는 스포츠라고 생각해 왔다. TV에서 본 볼링은 너무 쉬워 보였기에 왜 이 종목이 스포츠로 분류되는지 이해하지 못했

다. 그러나 친구를 위해 볼링 경기에 참가하기로 결정했다. 그는 곧 볼링이 생각했던 것만큼 쉽지 않다는 것을 깨달았다. 게다가 자기 팀에 친해지고 싶은 사람들이 있었고(즉 남녀 혼합 리그), 사람들이 볼링을 아주 열심히 한다는 것도 경험하게 된다. 일주일 안에 그 청년은 볼링 선수복과 어울리는 볼링 공, 가방, 신발을 구매했고, 혼자 2번 연습을 했으며, 다음 시즌부터 정식 볼링 선수가 되기 위해 팀과 계약했다.

'볼링에 관심없던 볼링선수'의 사례는 행동함정의 특징(들어가기 쉬우나 빠져나오기는 어려움)을 보여 준다. 자연적으로 존재하는 행동함정 중 일부는 알코올 중독, 마약 중독, 청소년 비행과 같은 부적응 행동으로 이어질 수 있다. 일상에서 자주 사용하는 악순환(vicious circle)이라는 용어는 파괴적인 행동함정에 작용하고 있는 자연 강화 유관을 뜻한다. 하지만 역으로 대상자가 긍정적이며 건설적인 지식 및 기술을 배우도록 행동함정을 개발해 낼 수도 있다. Alber와 Heward(1996)는 야구 카드 게임을 무척 좋아하는 어떤 학생의 성향을 역으로 이용하여 행동함정 형성을 위한 성공적인 지침을 개발한 교사 사례를 소개했다.

카를로스는 여느 5학년 학생처럼 읽기와 수학을 어려워하여 학교를 지루하고 보람 없는 곳으로 생각한다. 친구가 별로 없는 카를로스에겐 쉬는 시간도 즐겁지 않다. 하지만 카를로스는 야구 카드 게임을 통해 위안을 얻고, 수업 중에 그 카드를 꺼내어 연구하고 분류해 가며 가지고 논다. 담임인 그린 선생님은 카를로스가 수업시간에 야구 카드를 사용하지 못하게 수도 없이 강의를 중단해야 했다. 그러던 어느 날, 그린 선생님이 알파벳의 순서를 가르치는 수업 중에 카를로스의 카드를 압수하기 위해 그의 책상으로 다가갔다가 카를로스가 이미 내셔널 리그의 왼손잡이 투수들을 알파벳순으로 나열했다는 것을 발견했다! 이 순간 그린 선생님은 카를로스의 학업수행을 촉진할 방법을 찾아내었다고 생각했다.

이후 그린 선생님은 카를로스가 수업 중 야구 카드를 책상에 두는 것뿐 아니라 이를 '가지고 놀 수 있도록' 격려해 주었고, 카를로스는 이러한 선생님의 모습에 대해 당황하면서도 즐겼다. 곧 그린 선생님은 수업 내 학습활동에서 야구 카드를 활용하기 시작했다. 수학 시간에 카를로스는 타율을 계산했고, 지리 수업 시간에는 그가 살고 있는 주의 메이저리그팀 선수들의 고향을 찾았으며, 언어 수업에는 자신이 가장 좋아하는 선수들에게 사인을 보내 달라는 내용의 편지를 썼다. 카를로스는 이를 통해 상당한 학업적 성취를 달성했으며, 학교에 대한 자세와 태도 역시 눈에 띄게 긍정적으로 변화했다.

하지만 카를로스가 학교생활에 정말로 재미를 붙이게 된 것은 또래들이 카를로스가 가지고 있는 야구 카드와 이 카드로 할 수 있는 다양한 활동에 대해 관심을 보이기 시작하면서부터이다. 그린 선생님은 카를로스가 야구 카드 동아리를 만들도록 도왔고, 이 동아리 구성원들에게 야구 카드를 이용할 수 있는 방법을 제안해 보라는 과제를 주었다. 이 과제를 통해 카를로스와 친구들은 새로운 사회 기술까지 배우고 연습할 수 있게 되었다. (p. 285)

일반화 세팅에 있는 사람들에게 행동을 강화하라고 부탁하라

> 자연적인 강화 유관을 찾아내어 작동하게 만드는 게 핵심일 수 있다.
>
> — Donald M. Baer(1999, p. 16)

때론 일반화 세팅에 잠재적으로 효과적인 강화 유관이 있어도 학습자가 목표행동을 얼마나 자주 또는 잘 수행하는가와 무관하게 제공될 수 있다. 유관이 있긴 하지만 작동하지 않는 것이다. 이 문제를 해결하는 방법 중 하나는 학습자가 있는 일반화 세팅의 주요 인물을 촉진하는 것이다. 즉 학습자가 새로운 기술을 습득하고 활용하려는 노력에 그들이 보이는 관심이 얼마나 중요하고 가치 있는 것인지를 알려 주고, 학습자를 강화하게 도움을 요청해야 한다.

예를 들어, 학생에게 토론참여의 기회를 주고 반복적인 피드백을 제공하여 수업 내 토의 참여를 가르치는 특수교사는 일반수업 교사에게 협조를 요청할 수 있다. 일반 교사에게 학생이 행동변화 프로그램에 참여하고 있다는 것을 알리고, 학생이 보이는 수업 참여 노력에 주의를 기울이다가 이 노력이 보이면 강화를 해 달라고 부탁할 수 있다. 어쩌면 그 학습자가 새로 배운 토의 기술이 일반화로 이어지기 위해 필요한 것은 일반교사의 유관적 관심과 칭찬뿐일지도 모른다.

행동 일반화를 촉진하는, 단순하면서도 효과적인 이 기술은 Stokes와 동료들(1974)의 연구에서 검증되었는데 이 연구에서는 학생들이 손을 흔들어 인사할 때마다 인사를 받은 일반 직원들이 "안녕, (학생의 이름)"이라며 반응해 주었다. 각 아동에게는 매일 이와 같은 일반화 프로브가 20번 정도 실시되었다.

Williams, Donley와 Keller(2000)는 자폐증 진단을 받은 두 유치원생의 어머니가 아이에게 숨겨져 있는 물건에 대한 질문(예 : "그건 뭐예요?", "제가 그걸 좀 봐도 될까요?")을 가르칠 때 어떻게 모방 기회, 반응촉진, 강화를 제공할지 설명해 주었다.

학습자가 (부모 및 교사와 같은) 중요한 타인에게 받는 유관적(contingent) 칭찬과 관심은 다른 전략의 효과를 증대시킬 수 있다. Broden, Hall과 Mitts(1971)는 제13장에서 소개된 바 있는 자기관찰(self-monitoring) 연구를 통해 이를 보여 주었다. 중학교 2학년생인 리사는 자기기록(self- recording)을 통해 역사 수업에서 학습 행동에 향상을 보였다. 연구자들은 리사의 교사에게 리사의 학습 행동을 칭찬해 줄 것을 부탁했다. 리사의 학습 행동 수준은 자기기록과 교사의 칭찬을 통해 평균 88%까지 증가했으며, 이는 추후에 (자기기록 없이) 칭찬만 제공되는 조건에서도 거의 동일한 수준으로 유지되었다(그림 13.3 참조).

학습자가 직접 강화를 받을 수 있게 가르쳐라

강력한 잠재력을 가진 자연적인 강화 유관을 '만드는' 또 하나의 방법은 학습자가 자신에게 중요한 타인으로부터 강화를 직접 이끌어 내는 방법을 가르치는 것이다. 예를 들어, Seymour와 Stokes(1976)는 비행 소녀들에게 직업훈련소에서 더 생산적으로 일할 수 있도록 가르쳤다. 하지만 연구자들이 직업훈련소를 관찰한 결과, 소녀들의 수행의 질이 더 나아졌음에도 그곳의 직원들이 칭찬이나 긍정적인 상호작용을 제공하지 않음을 알게 되었다. 개선된 행동의 일반화에 필수적인 자연 강화가 작동하지 않고 있었던 것이다. 이를 해결하기 위해 연구자들은 소녀들에게 직원들이 자신의 성과에 관심을 가지도록 유도하는 방법을 가르쳤다. 이 전략을 통해 좋은 성과에 대한 직원들의 칭찬이 증가했다. 소녀들에게 강화를 요구하는 추가적인 반응을 가르침으로써 학습된 행동이 자연 강화를 받게 만들었고, 결과적으로 소녀들은 바람직한 행동을 확장 및 유지할 수 있게 되었다.

많은 학생들(각기 다른 조건의, 다양한 나이대의 학생들)이 교실 및 지역사회 세팅에서 다양한 과제를 수행한 대가로 교사와 또래의 관심을 받는 방법을 학습한다. 그 예로 발달지연을 가진 유치원생에게 쉬는 시간 동안 학습과 관련 없는 과제를 지속적으로 수행하게 가르치거나(Connell, Carta, & Baer, 1993; Stokes, Fowler, & Baer, 1978), 학습장애(Alber, Heward, & Hippler, 1999; Wolford, Alber, & Heward, 2001), 행동장애(Morgan, Young, & Goldstein, 1983) 및 지적장애 학생에게 일반학급에서 학습과제를 수행하는 것(Craft, Alber, & Heward, 1998), 그리고 지적장애 중학생이 직업훈련 세팅에서 과제 수행향상을 가르치는 것을 들 수 있다(Mank & Horner, 1987).

Craft와 동료들(1998)은 학습 과제 수행 시 교사의 관심을 요구하도록 훈련받은 학생들이 이 훈련을 통해 얼마나 효과를 보았는지를 평가했다. 특수교사(제1 저자)는 4명의 초등학생에게 언제, 어떻게, 얼마나 자주 일반학급 교사의 관심을 요구해야 할지를 훈련시켰다. 이 훈련은 모방 학습(modeling), 역할극, 실수 정정, 칭찬을 사용해 특수교실에서 실시되었으며, 이 학생들은 수행한 과제를 교사에게 보여 주거나 한 쪽을 풀 때마다 두세 번씩 도움을 요청하며 "저 잘하고 있나요?" 또는 "이렇게 하는 게 맞나요?" 등의 적절한 문장을 사용하도록 배웠다.

학생의 요구하기 빈도 및 교사의 칭찬 횟수에 대한 자료는 매일 일반학급에서 진행되는 20분의 조회 시간 동안 수집되었다. 이 시간 동안 일반학급 학생들은 자리에 앉아 교사가 내준 다양한 독립 과제(읽기, 언어, 수학)를 수행했으며, 4명의 특수학급 학생들은 이 시간 동안 특수교사가 미리 나눠 준 철자 문제지를 풀었다. 과제 수행에 도움이 필요한 경우, 학생들은 교사의 책상으로 과제를 가져가 도움을 요청했다.

요구 훈련이 아동들의 강화 요구 빈도와 교사에게 받은 칭찬 횟수에 미친 효과는 그림 14.9에서 확인할 수 있다. 기저선에서 20분의 과제 회기마다 평균 0.01~0.8이었던 네 학생들의 강화 요구는 훈련 후에는 평균 1.8~2.7로까지 증가했다. 학생들이 받은 교사의 칭찬 비율은 기저선에서는 회기마다 평균 0.1~0.8이었으나, 훈련 후에는 1.0~1.7로 증가했다. 이 개입에선 학생 4명 모두 학습 수행의 양이 증가하고 수행의 정확도가 개선되었다는 점에서 의의를 찾을 수 있다(그림 1.9 참조).

Alber와 Heward(2000)는 아동이 중요한 타인에게 강화를 받는 방식에 대해 열 가지 제안을 하였다. 글상자 14.2 '선생님, 보세요! 다 했어요!'에서는 학생이 교사의 관심을 받는 방법을 제시한다.

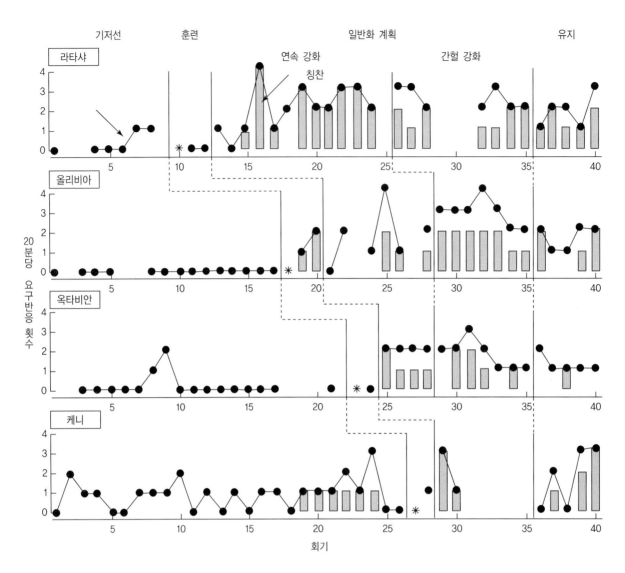

| 그림 14.9 | 20분 과제 회기당 학생이 보인 요구 반응의 횟수(점) 및 교사가 보인 칭찬 횟수(막대). 실험에서 목표로 설정한 반응 횟수는 한 회기당 두세 번이었다. 별표는 특수교실에서 언제 훈련이 실시되었는지를 나타낸다.

출처 : "Teaching Elementary Students with Developmental Disabilities to Recruit Teacher Attention in a General Education Classroom: Effects on Teacher Praise and Academic Productivity" by M. A. Craft, S. R. Alber, and W. L. Heward, 1998, *Journal of Applied Behavior Analysis, 31,* p. 407. Copyright 1998 by the Society for the Experimental Analysis of behavior, Inc. Reprinted by permission.

일반화를 중재하라

일반화된 행동변화를 촉진하는 또 다른 전략은 목표 행동이 지시 세팅에서 일반화 세팅까지 전이될 수 있도록 매개체(물체 혹은 사람)를 마련하는 것이다. 이를 위한 두 가지 전략으로 중재자극을 고안해 내는 것과 자기관리를 통해 학생이 일반화를 직접 중재하도록 가르치는 방법이 있다.

중재자극을 고안하라

일반화를 중재하는 방법 중 하나는 지시 세팅에서 목표행동이 특정한 자극의 통제를 받도록 하는 것인데, 이때 행동통제에 사용되는 자극은 일반화 세팅에서도 신뢰성 있게 학습자의 목표행동 수행을 촉진하거나 돕는 기능을 해야만 한다. 이 중요한 역할을 맡게 될 자극은 일반화 세팅에 이미 존재하는 것일 수도 있

글상자 14.2 "선생님 보세요! 다 했어요!" 교사의 관심을 받는 방법을 가르치기

교실은 매우 바쁜 장소이며 아무리 성실한 교사일지라도 학생들의 중요한 학습적·사회적인 행동을 간과하기 십상이다. 교사가 조용하고 열심히 공부하는 학생보다 방해 행동을 보이는 학생에게 관심을 줄 가능성이 더 크다는 것은 연구를 통해서도 알 수 있다(Walker, 1997). 교사로서 어떤 학생이 도움이 필요한지 인지하는 일은 쉽지 않으며, 특히나 학업 달성률이 낮으면서도 도움을 잘 요청하지 않는 학생들에게 관심을 가지는 것은 더더욱 어렵다(Newman & Golding, 1990).

우리는 일반학급 교사들이 수업 시간에 장애 학생들에게 도움을 주기 위한 지시를 적용할 것이라 기대하지만, 이것이 항상 현실화되는 것은 아니다. Schumm과 동료들(1995)이 면접한 중학교 교사들의 대부분은 장애 학생들이 필요한 도움을 얻는 데에 대한 책임이 그들 스스로에게 있다고 생각하고 있었다. 따라서 장애 학생들이 예의에 어긋나지 않게 교사의 관심과 도움을 요청할 수 있는 방식을 배운다면, 보다 독립적으로 기능하고 자신이 받는 학습의 질에 적극적으로 영향을 끼칠 수 있게 될 것이다.

요구하는 방법을 가르쳐야 할 대상은 누구인가?

교사의 칭찬과 피드백을 요구하는 방법을 배우는 것은 대부분의 학생들에게 도움이 되겠지만, 요구 훈련을 실행할 이상적인 대상은 다음과 같다.

수줍은 윌라메나. 윌라메나는 선생님에게 거의 질문을 하지 않는다. 윌라메나가 아주 조용하고 착하기 때문에 때때로 선생님들은 이 학생이 교실에 있다는 사실조차 잊는다.

성급한 해리. 보통 해리는 선생님이 과제에 대한 설명을 채 마치기도 전에 이미 과제의 반을 끝마친 상태이다. 그는 과제를 아주 서둘러 하기 때문에 과제를 제일 먼저 제출한다. 하지만 제출된 그의 과제는 주로 미완성이며 오답이 많기 때문에 선생님에게 칭찬을 받는 경우가 드물다. 자기검증(self-checking)과 자기수정(self-correction)을 포함하는 요구 훈련은 해리에게 도움이 될 것이다.

꽥꽥대는 셸리. 셸리는 방금 과제를 완성했으며 선생님이 완성된 과제를 봐 주기를 바란다. 바로 지금 당장 말이다! 하지만 셸리는 손을 드는 대신 선생님의 관심을 끌기 위해 교실 반대편에서 고래고래 소리를 지르고, 이는 반 친구들에게 방해가 된다. 셸리는 교사의 관심을 적절한 방식으로 요청하는 법을 배워야 한다.

졸라 대는 피트. 피트는 항상 손을 든 후 선생님이 책상에 올 때까지 조용히 기다리며, "제가 이걸 맞게 푼 건가요?"라고 예의 바르게 묻는다. 하지만 그는 이 과정을 20분간 적어도 열두 번 이상 반복하기 때문에 선생님은 이 행동을 성가시게 생각한다. 선생님도 처음에는 긍정적인 관심을 보이지만 이는 이내 꾸짖음으로 변하곤 한다. 요구 훈련은 피트에게 선생님의 관심을 요구하는 횟수를 한정하도록 가르칠 것이다.

시작하는 방법

1. *목표행동을 명확히 하라.* 글씨 또박또박 깨끗이 쓰기, 정확하게 문제 풀기, 과제 완성하기, 자리를 옮길 때 앉아 있던 자리 정리하기, 협동 그룹 활동 시 참여하기 등의 강화받을 가치와 가능성이 높은 행동을 통해 선생의 관심을 요구해야 한다.

2. *자기평가를 가르쳐라.* 학생들은 교사의 관심을 요구하기 전에 과제를 스스로 평가해 봐야 할 것이다(예 : 수는 "내가 과제를 모두 완성했나?"라고 자신에게 물음). 우선 학생이 완성된 과제와 미완성된 과제의 견본을 확실하게 구별할 수 있도록 한다. 그런 다음에는 학생이 자신이 작성한 답지, 과제 제출 전 체크리스트, 혹은 푼 문제 중 몇 개의 항목을 다시 검토해 보는 방법을 사용하도록 한다. 학생은 이를 통해 교사에게 자신의 과제를 확인해 줄 것을 요청하기 전에 스스로 과제의 정확성을 확인할 수 있다.

3. *적절한 요구 방법을 가르쳐라.* 학생들에게 언제, 어떻게, 얼마나 자주 요구 행동을 보여야 하며, 교사의 관심을 받은 후에는 어떻게 반응해야 할지를 가르쳐라.
   - *언제?* 학생들은 먼저 과제의 상당 부분을 완성하고 이를 스스로 검토해 본 후에 교사의 관심을 받기 위한 신호를 보내야 한다. 또한 학생들은 언제 선생의 관심을 요구해선 안 되는지도 배워야 한다(예 : 교사가 다른 학생을 봐 주고 있거나, 다른 어른과 대화 중이거나, 또는 점심시간에 학생들을 구내식당으로 데려가기 위해 학생 수를 세고 있을 때).
   - *어떻게?* 손 들기는 어떤 학생의 요구 훈련에든지 필수적으로 포함되어야 하는 요구 행동이다. 이 밖에도 학생이 일반교실에서 만날 일반교사의 선호도와 교육 방식을 고려하여 그에 걸맞는 관심 요구 방법을 추가적으로 가르쳐야 한다(예 : 책상 위에 놓인 작은 깃발을 올려 도움이 필요하다는 것을 신호한다. 도움과 피드백을 받기 위해 과제를 교사의 책상으로 가져간다).
   - *얼마나 자주?* 수줍은 윌라메나가 교사의 관심을 요구할 수 있도록 도움을 주되, 졸라 대는 피트처럼 되게 하지

는 말라. 학생이 얼마나 자주 요구해야 하는지는 교사 간 그리고 학생이 수업에서 하는 활동 간에 차이가 있다(예 : 자습 시간, 협동학습 그룹, 전체 교실 수업). 얼마나 자주 요구하는 것이 적절한지를 알아보는 데에는 교실을 직접 관찰하는 것이 최고의 방법이다. 또한 일반 학급 교사가 언제, 어떻게, 얼마나 자주 학생이 도움을 요청하길 선호하는지를 직접 물어보는 것도 좋은 방법이다.

- *무슨 말을 해야 하는가?* 학생들은 교사에게서 긍정적인 피드백을 받을 만한 다양한 문장을 배워야 한다(예 : "제 과제 좀 봐 주실 수 있나요?", "저 잘했나요?", "저 잘하고 있나요?"). 그들이 배우는 문장을 간단명료히 하되, 앵무새처럼 같은 말만 반복하지 않도록 다양한 표현을 가르친다.

- *어떻게 반응할 것인가?* 교사의 피드백을 받은 학생은 교사와 눈을 맞추고 미소를 지으며 "감사합니다."라는 말로 반응해야 할 것이다. 예의 바른 감사의 표현은 교사에게 큰 강화가 되며, 이는 학생이 다음번에 더욱 긍정적인 관심을 받을 가능성을 높일 것이다.

4. *전체적인 절차를 모방 학습과 역할극을 통해 시행하라.* 우선적으로, 요구해야 하는 이유를 학생들에게 제공하라(예 : 과제를 잘 해냈다는 데에 선생님이 기뻐할 것이다. 더 많은 과제를 완성할 수 있게 될 것이다. 성적이 향상될 것이다). 모방 학습 시에 특수교사가 생각을 소리 내어 말하는 것은 학생에게 요구 행동의 순서를 보여 줄 수 있는 좋은 방법이다. 교사가 학생이 모방해야 할 각 단계를 보여 주며 "좋아, 과제를 다 끝냈어. 이제 확인해 봐야지. 종이에 내 이름을 썼나? 썼군. 문제를 다 풀었나? 다 풀었군. 모든 단계를 따랐나? 응, 좋아. 선생님이 바쁘지 않아 보이는구나. 손을 들고 선생님이 내 책상으로 오실 때까지 조용히 기다려야지."라고 말한다. 다른 도우미 학생에게 일반학급 교사 역할을 맡게 하고, 당신이 손을 들었을 때 당신에게로 다가오게 한다. "패터슨 선생님, 제 과제 좀 봐 주세요."라고 말한다. 도우미는 "와, 정말 잘했구나."라고 한다. 그때 미소를 지으며 "감사합니다, 패터슨 선생님."이라고 말한다. 칭찬이 포함된 역할극을 하고, 학생들이 행동연쇄를 적어도 몇 번은 연속적으로 정확히 수행해 낼 때까지 수정 피드백을 제공한다.

5. *학생들에게 교사의 대안 반응에 대해서도 준비시켜라.* 물론 학생의 요구 시도가 매번 교사의 칭찬으로 끝나지만은 않을 것이다. 몇몇 요구 반응에 대해서는 교사의 비난이 뒤따를 수도 있다(예 : "이거 다 틀렸네. 다음번에는 더 집중하렴."). 학생들을 이와 같은 가능성에 대비시키기 위해 역할극을 사용하여 예의 바른 반응을 연습시켜야 한다(예 : "도와주셔서 감사합니다.").

6. *일반교실로의 일반화를 촉진하라.* 요구를 훈련시키려는 노력의 성공 여부는 결국 학생이 이 새로운 기술을 일반교실에서 실질적으로 사용하느냐에 달려 있다.

출처 : "Recruit it or lose it! Training students to recruit contingent teacher attention" by S. R. Alber and W. L. Heward, 1997, Intervention in School and Clinic, 5, pp. 275-282. Used with permission.

고, 지시 프로그램에 새롭게 추가된 자극으로서 차후에 일반화 세팅에 소개될 자극일 수도 있다. 자극이 일반화 세팅에 이미 존재하든 혹은 지시 세팅에 추가된 요소이든 이 **인위적 중재자극**(contrived mediating stimulus)이 일반화를 효과적으로 중재할 수 있기 위해서는 (a) 지시훈련 동안 목표행동과 기능적 관계를 형성해야 하며, (b) 일반화 세팅으로의 이동이 쉽게 이루어질 수 있어야 한다(Baer, 1999). 중재자극이 기능적이라는 것은 학습자의 목표행동 수행을 촉진하거나 돕는다는 뜻이다. 중재자극이 이동 가능하다는 것은 중요한 모든 일반화 세팅에서 학습자에게 쉽게 제공됨을 뜻한다.

일반화 세팅에 이미 존재하는 자극은 인위적 중재자극으로 사용될 수 있으며, 이는 물건 또는 사람일 수 있다. van den Pol과 동료들(1981)은 어느 패스트푸드 음식점에서나 흔히 볼 수 있는 냅킨을 인위적 중재자극으로 사용했다. 학생들은 냅킨 위에만 음식물을 놓게 훈련받았다. 이를 통해 연구자들은 학생들이 깨끗하고 더러운 테이블을 구별하게 가르침으로써 추가적으로 고객을 깨끗한 테이블로만 안내하거나 더러운 테이블은 닦는 등의 행동을 훈련시키지 않을 수 있었다. 또한 이를 통해 어려운 목표행동의 일반화 및 유지 프로그램을 설계해야 하는 수고도 피할 수 있었다. 냅킨 훈련 하나 만으로도 훈련이 충분했으며, 냅킨은 훈련 후 목표행동의 중재자극이 되었다.

사람을 선택하는 데 지시 세팅과 일반화 세팅 모두

에 공통적인 중재자극으로 사용하는 것이 좋다. 사람은 사회적 세팅의 필수적인 특징일 뿐 아니라 이동 가능하며 많은 행동에 중요한 강화 제공원이 될 수 있다. Stokes와 Baer(1976)의 연구는 지시 세팅에서 학습자가 목표행동을 습득하는 데 기능적인 역할을 했던 사람이 일반화 세팅에 존재할 경우에, 이 사람이 일반화 세팅에서도 목표행동을 발생시킬 수 있다는 것을 보여 주는 좋은 사례이다. 학습장애를 지닌 유치원생 2명이 서로 번갈아 가며 또래 교사 역할을 하면서 단어 인지 기술을 배웠다. 하지만 습득된 기술은 상대 유치원생이 일반화 세팅에 함께 있는 경우를 제외하곤 다른 훈련 세팅에서 일반화되지 않았다(두 아동 모두).

어떤 인위적 중재자극은 반응촉진 이상의 기능을 하기도 한다. 학습자가 목표행동을 수행할 수 있도록 도움을 제공하는 인위적 장치가 이러한 경우에 해당한다. 이러한 장치는 복잡한 상황을 단순화하므로, 특히 복잡한 행동의 일반화 및 유지를 촉진하는 데 유용할 수 있으며 반응연쇄를 확장하기도 한다. 인위적 장치의 가장 보편적인 세 가지 형태에는 힌트카드(cue card), 사진/그림 활동 및 계획표(photographic activity scedule), 자가작동 촉진 장치(self-operated prompting device)가 있다.

Sprague와 Horner(1984)는 학생들이 타인의 도움 없이 자판기를 사용할 수 있도록 힌트카드를 주었다. 힌트카드의 앞면에는 음식이나 음료의 사진이 있었으며, 뒷면에는 그 음식/음료를 구매하는 데 필요한 25센트 동전의 개수가 그림으로 그려져 있었다. 이 힌트카드는 지시 세팅과 일반화 프로브 시에 사용되었고, 프로그램이 종결된 후에도 계속 학생이 보관하고 사용할 수 있었다. 연구 종결 18개월 후(추적 프로브 시) 학생 6명 중 5명은 여전히 이 힌트카드를 가지고 다녔으며 자판기를 독립적으로 사용하고 있었다.

MacDuff, Krantz와 McClannahan(1993)은 9~14세의 자폐증 아동 4명에게 사진 활동 계획표를 사용하도록 가르쳤다. 이 계획표는 청소기 돌리기, 식사 차리기와 같은 가사 기술을 수행할 때와 레고 쌓기 같은 여가 활동을 할 때 사용되었다.

이 계획표가 사용되기 이전에 아동들은 감시와 언어적 촉진이 있어야만 자조(self-help), 가사 및 여가 활동을 하였다. … 아동들이 훈련을 통해 성인 감독관의 언어적 촉진을 받지 않게 되면서 그룹 홈의 사진과 물건으로 자극통제가 이전되었다. 연구 종결 시 아동 4명 모두 어른의 촉진 없이 그룹 홈의 다양한 곳에서 하는 활동을 변경하면서 복잡한 가사 및 여가 활동을 1시간 동안 수행할 수 있게 되었다. 사진 활동 계획표는 훈련 종결 후에도 지속적으로 행동을 촉진하는 기능적인 변별 자극이 되었을 뿐 아니라 새로운 활동연쇄 및 여가 활동으로 일반화된 반응도 촉진했다. (pp. 90, 97)

다수의 연구들은 중등도의 지적장애를 포함하여 나이와 인지 수준에서 서로 다른 학습자들이 휴대용 음원 재생 장치를 사용하여 다양한 학습, 직업 및 가사 과제의 독립 수행에 도움을 얻을 수 있음을 보여 주었다(예 : Briggs et al., 1990; Davis, Brady, Williams, & Burta, 1992; Grossi, 1998; Mechling & Gast, 1997; Post, Storey, & Karabin, 2002; Trask-Tyler, Grossi, & Heward, 1994). '워크맨 유형' 테이프 플레이어와 아이팟 같은 개인 음악 재생 장치 덕분에 타인을 방해하거나 자신의 사생활을 노출하지 않는 선에서 스스로에게 반응촉진을 할 수 있게 되었다.

자기관리 기술을 가르쳐라

일반화된 행동변화를 중재하는 데 잠재적으로 가장 효과적인 접근은 모든 지시 및 일반화 세팅에 항상 존재하는 한 가지 요소—바로 학습자 자신을 다루는 것이다. 제13장에서는 개인이 스스로의 행동을 변화시키기 위해 사용할 수 있는 다양한 자기관리 전략을 소개했다. 일반화된 행동변화를 중재하기 위해 자기관리를 사용하는 논리는 다음과 같다. 학습자에게 관련된 모든 환경에서, 적절한 모든 때 목표행동 모두를 촉진하거나 강화하는 행동(이는 원래 설정된 목표행동이 아닌 다른 행동이어야 하며, 자기관리 시각에서 봤을 때에는 통제하는 반응이어야 함)을 가르칠 수 있다면 목표행동의 일반화가 보장된다는 것이다. 하지만 Baer과 Fowler(1984)는 다음과 같이 경고했다.

> 중요한 행동변화의 일반화를 위해 자기통제라는 중재 반응을 학습자에게 가르친다고 해서 이 중재 반응이 실제 사용될 것이라는 보장은 없다. 결국 이 중재 반응도 반응일 뿐이다. 다시 말해, 목표로 하는 행동변화에 일반화와 유지가 필요하듯이 중재 반응에도 일반화 및 유지가 필요한 것이다. 한 행동이 다른 행동의 일반화를 중재하도록 설계할 수 있다. 그러나 이때 2개의 반응이 모두 일반화될 것이라는 확신이 있어야 하므로, 하나의 반응만을 일반화해야 했던 이전에 비해 오히려 문제가 늘어나는 것이 될 수도 있다! (p. 149)

일반화하도록 훈련하라

> 일반화를 하나의 반응으로 본다면, 다른 조작과 마찬가지로 일반화에도 강화 유관을 적용할 수 있을 것이다.
> — Stokes와 Baer(1977, p. 362)

'일반화하도록' 훈련시키기(training 'to generalize')는 Stokes와 Baer(1977)의 개념 설계(비전략, 훈련하고 희망하기도 이에 포함됨)에 소개되는, 일반화된 행동변화를 계획하기 위한 여덟 가지의 전략 중 하나였다. '일반화하도록'의 따옴표는 저자들이 '일반화'를 조작적 반응으로 간주했음을 의미하며, 또한 '행동주의자들이 일반화를 하나의 행동으로 여기기보다는 행동의 결과로 생각함'을 인식하고 있음을 보여 준다(p.

363). Stokes와 Baer의 리뷰 논문이 출판된 이후 기본 및 응용 연구를 통해 이들의 가정이 실용적 가치가 있음을 지지해 왔다(예 : Neuringer, 1993, 2004; Ross & Neuringer, 2002; Shahan & Chase, 2002). 응용행동분석가들이 사용해 온 두 가지 전략에는 다양한 반응을 학습자에게 일반화하도록 지시하는 것이 있다.

다양한 반응을 강화하라

반응의 다양성은 개인이 문제를 해결하는 데 도움이 될 수 있다. 표준적인 반응에 강화가 없는 경우 즉각적으로 다른 반응을 보일 수 있다면, 그렇지 않은 사람보다 이 상황에서 주어진 문제를 해결할 가능성이 더 높을 것이다(예 : Arnesen, 2000; Marckel, Neef, & Ferreri, 2006; Miller & Neuringer, 2000; Shahan & Chase, 2002). 반응의 다양성은 가치 있는(즉 새롭거나 창의적인) 행동을 결과로 이끌어낼 수 있다(예 : Goetz & Baer, 1973; Holman, Goetz, & Baer, 1977; Pryor, Haag, & O'Reilly, 1969). 다양한 반응은 제한된 형태의 반응만 보여서는 경험할 수 없는 강화와 유관을 경험하게 해 준다. 새로운 유관을 통한 학습은 개인의 능력을 더욱 확장할 것이다.

바람직한 반응의 일반화를 계획하는 직접적인 방법 중 하나는 다양한 반응이 일어날 때 이를 강화하는 것이다. 다양한 반응과 강화 간의 유관은 강화 계획을 통해 연결할 수 있다(Lee, McComas, & Jawar, 2002). 이전의 반응과는 어떤 측면에서 상이한 반응이 일어나거나(느슨한 1 계획) 사전 반응과 상이한 반응을 보일 때(느슨한 2 또는 그 이상) 강화 유관을 제공하는 것을 **느슨한 강화 계획**(lag reinforcement schedule)이라 한다. Cammilleri와 Hanley(2005)는 정상 발달 여아 2명이 다양한 수업 활동을 하게 만들기 위하여(즉 '수업 활동 선택하기'를 증가시키기 위해) 느슨한 강화 유관을 사용했다. 이 두 아동은 평소 '학습에 필요한

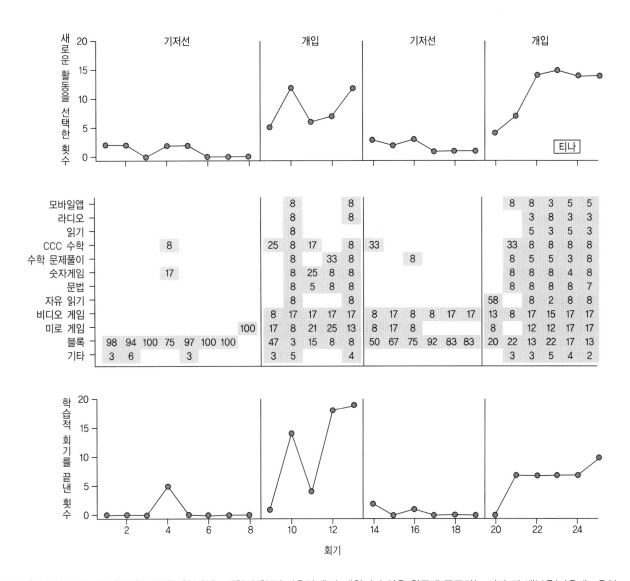

| 그림 14.10 | 새로운 활동을 선택한 횟수(위), 계획된 활동(*기울임체*)과 계획되지 않은 활동에 몰두하는 시간 간 백분율(가운데 : 음영 부분은 몰두한 활동을 의미), 학습적 회기를 끝낸 횟수(아래)

출처 : "Use of a Lag Differential Reinforcement Contingency to Increase Varied Selections of Classroom Activities" by A. P. Cammilleri and G. P. Hanley, 2005, *Journal of Applied Behavior Analysis, 38,* p. 114. Copyright 2005 by the Society for the Experimental Analysis of Behavior, Inc. Reprinted by permission.

기술습득을 배우는 활동이 아닌 다른 활동(즉 학업적인 측면에서는 비생산적인 활동)에만 주로 보였기 때문에 이 연구의 참가자로 선택되었다.

아동들은 60분 회기 시작 시 회기 동안 원하는 활동을 자유롭게 선택할 수 있으며 언제든지 하던 다른 활동으로 바꿀 수 있다고 설명을 들었다. 5분마다 타이머를 울려 다른 활동을 선택할 기회를 주었다. 기저선에서는 활동 선택에 대한 결과물을 제공하지 않았다. 개입에서는 느슨한 강화 계획을 사용했다. 아동이 활동을 선택할 때마다 초록색 카드를 주었다. 이 초록색 카드를 제출하면 2분 동안 교사의 관심을 받을 수 있었다(느슨한 12 유관을 사용, 한 회기 동안 제시되는 12개의 활동을 모두 선택하는 경우 강화 제공).

기저선에서는 활동의 선택에 다양성이 없었고 두

아동 모두 블록 쌓기 활동에 높은 선호도를 보였다(그림 14.10은 아동 중 한 명의 결과를 보여 준다). 그러나 느슨한 강화 유관이 도입되자 두 아동은 즉각적으로 보다 다양한 활동을 선택하고 수행하게 되었다. 연구자들은 "다양한 선택의 결과로 아동들의 학업 과제의 완성률이 눈에 띄게 높아졌다."고 보고하였다(p. 115).

학습자에게 일반화하도록 지시하라

행동변화의 일반화를 촉진하는 데 가장 단순하고 비용을 절약하는 방법은 '학습자에게 일반화의 가능성에 대해 설명한 후 일반화를 하도록 부탁하는 것'이다(Stokes & Baer, 1977, p. 363). 한 예로 Ninness와 동료들(1991)이 정서장애를 지닌 중학생 3명에게 교실에서 자기관리 절차를 가르친 사례가 있다. 연구자들은 학생들이 구내식당에서 교실로 걸어가는 동안 자신의 행동에 대해 자기평가 및 자기기록을 함으로써 교실에서 배운 절차를 사용하도록 직접적으로 지시했다. Hughes와 동료들(1995) 역시 유사한 절차를 사용하여 일반화를 촉진했다. "매 회기가 종결될 때마다 교사는 참가자에게 다른 사람과 대화를 시작하고 싶을 때에는 자기지시(self-instruct) 절차를 밟도록 상기시켰다(p. 207)." Wolford와 동료들(2001)은 학습장애를 지닌 중학생을 상대로 협동학습 집단 활동 시 또래에게 도움을 요청하는 방법을 훈련시켰다. 학생들은 각 회기가 끝날 때마다 언어 수업(일반화 세팅)에서 진행되는 협동학습 집단 활동 시 최소 두 번에서 최대 네 번까지 동료의 도움을 요청하도록 촉진받았다.

일반화가 발생하고 이 일반화 자체가 또 일반화된다면 개인은 새롭게 습득한 기술을 일반화하는 데 숙련될 것이다. 즉 Stokes와 Baer(1977)의 말을 빌리자면 개인은 '일반화된 일반화하는 사람(generalized generalizer)'이 되는 것이다.

성공적인 개입의 수정 및 종결

대부분의 성공적인 행동변화 프로그램에서 개입을 무기한으로 지속하는 것은 불가능할 뿐 아니라 실용적이지도 바람직하지도 않다. 성공적인 개입의 철회(withdrawal)는 체계적으로 이뤄져야 하며, 이는 가장 중요한 일반화 세팅에서 학습자가 목표행동을 보이는지를 보고 판단해야 할 것이다. 개입 시 인위적인 조건에서 일상 환경으로의 이동이 점진적으로 이루어진다면 학습자가 새로운 행동 패턴을 유지할 가능성이 증대된다. 전문가가 개입 요소를 얼마나 즉각적으로 신속히 철회할 것인가를 결정할 때 고려해야 할 요소로는 개입의 복잡성, 행동변화의 난이도나 속도, 자연 세팅에 있는 강화 유관이 학습자에게 유효할 것인지의 여부 등이 있다.

개입 조건에서 개입 후 환경(postintervention environment)으로의 전환은 다음 중 하나 이상을 수정함으로써 이뤄질 수 있으며, 이들은 3요인 유관(three-term contingency)을 대표한다.

- 선행 사건, 촉진, 또는 단서와 관련된 자극
- 과제 수행의 필요조건 및 과제수행 기준
- 결과물 또는 강화변인

개입 요소가 철회되는 순서는 결과에 영향을 거의 미치지 않는다. 하지만 대부분의 프로그램의 경우 선행 요소나 결과를 철회하기에 앞서, 먼저 과제와 관련된 모든 필요조건을 개입 후 환경과 최대한 유사하게 만드는 것이 가장 좋을 것이다. 이렇게 하면 학습자는 개입 후 환경에서 요구되는 숙련도와 동일한 수준의 목표행동을 (개입 철회 이전에) 보이게 될 것이다.

몇 년 전 수강생 중 한 대학원생의 행동변화 프로그램을 실시했던 적이 있다. 이 학생의 사례는 점진적이며 체계적으로 프로그램 요소를 철회하는 방법을 잘

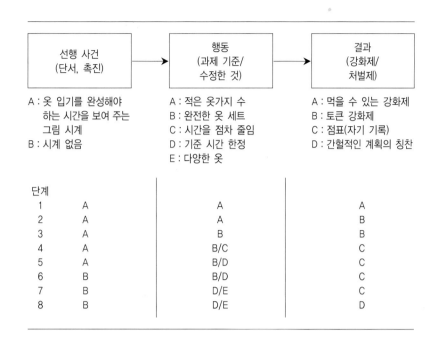

| 그림 14.11 | 유지 및 일반화의 촉진을 목적으로 발달장애를 지닌 성인을 위해 개발한 아침에 혼자 옷 입기 프로그램의 요소 수정 및 철회 사례

선행 사건
(단서, 촉진)

A : 옷 입기를 완성해야
　하는 시간을 보여 주는
　그림 시계
B : 시계 없음

행동
(과제 기준/
수정한 것)

A : 적은 옷가지 수
B : 완전한 옷 세트
C : 시간을 점차 줄임
D : 기준 시간 한정
E : 다양한 옷

결과
(강화제/
처벌제)

A : 먹을 수 있는 강화제
B : 토큰 강화제
C : 점표(자기 기록)
D : 간헐적인 계획의 칭찬

단계			
1	A	A	A
2	A	A	B
3	A	B	B
4	A	B/C	C
5	A	B/D	C
6	B	B/D	C
7	B	D/E	C
8	B	D/E	D

보여 준다. 대상은 옷 입기 기술은 있으나 아침마다 옷을 입는 데 지나치게 오랜 시간이 걸리는 발달장애 성인 남성이었다(기저선 추정 시 40~70분). 첫 번째 개입 요소는 강화를 받기 위해 옷 입기를 마쳐야 하는 시간을 가리키는 종이 시계(시침과 분침 고정)를 침대 옆에 걸어놓는 것이었다. 이 남성은 시간을 볼 줄 몰랐지만, 실제 시계의 바늘 위치가 종이 시계의 바늘 위치와 일치하는지를 분별할 수 있었다. 초기 성공률을 높이기 위해 두 가지 요소가 추가적으로 도입되었다. 첫째, 매일 아침 입어야 할 옷가지의 수를 줄이고 입기 쉬운 옷을 주었다(예 : 입어야 할 옷의 목록에서 벨트를 제외, 끈을 묶어야 하는 신발보다는 발을 넣기만 하면 되는 슬리퍼). 둘째, 최종목표는 10분 내로 옷 입기였으나 기저선 수행을 고려해 초반에는 옷 입을 시간을 30분 주었다. 초반엔 음식(강화제)과 칭찬이 함께 제공되는 연속 강화 계획을 사용하였다. 개입 종결 시 이 남성은 직원들의 간헐적인 칭찬을 제외한 시계나 차트, 또는 인위적 강화에 의존하지 않고 10분 내로 완전히 옷을 입을 수 있게 되었다. 이렇게 되기

까지 각 개입 요소(선행사건, 행동, 결과물)가 어떻게 변화되었으며 이 개입 요소가 어떻게 완전한 철회까지 이어졌는지 그림 14.11을 통해 볼 수 있다.

Rusch와 Kazdin(1981)은 개입 요소를 체계적으로 철회하는 동시에 반응 유지를 평가하는 방법을 소개했는데, 그들은 이 방법을 '부분적 · 연쇄적 철회(partial-sequential withdrawal)'라 칭했다. Martella, Leonard, Marchand-Martella와 Agran(1993)은 경도 지적장애를 가진 12세의 학생 브래드가 수업 활동 중 내뱉는 부정적인 발언(예 : "이 ×같은 계산기 정말 싫어.", "수학은 진절머리 나.")의 횟수를 줄이기 위해 자기관찰을 시행했고, 점차적으로 부분적 · 연쇄적 철회를 적용하였다. 자기관찰은 네 가지 단계로 구성되었다. 브래드 스스로 (a) 두 수업 동안 한 부정적 발언을 용지에 자기기록하기, (b) 부정적 발언을 한 횟수를 그래프로 만들기, (c) '작은' 강화제(25센트 이하의 물건) 목록에서 자신이 고른 항목 받기, (d) 자기기록 자료가 4회기 연속으로 교사 자료와 일치하며, 횟수가 점차 줄어드는 경향을 보이면 '큰' 강화제(25센트 이상의 물건) 고

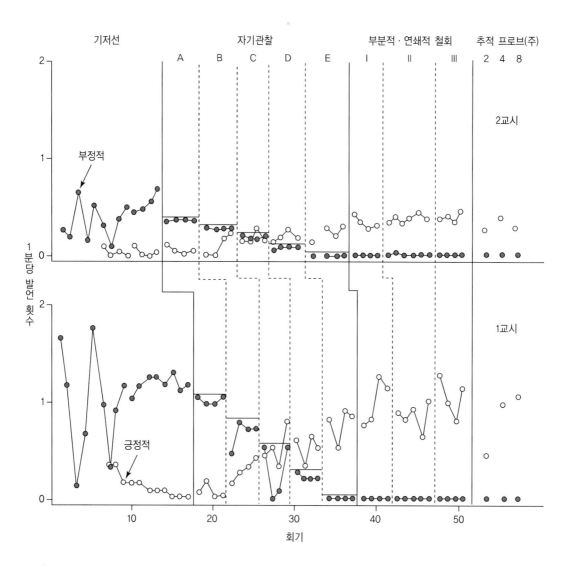

| **그림 14.12** | 기저선, 자기관찰, 부분적 · 연쇄적 철회 조건 시 두 수업시간 동안 장애 청소년의 부정적(회색 동그라미) 긍정적(하얀 동그라미) 발언 횟수. 자기관찰 시 수평선은 교사가 정한 강화 기준의 변화를 보여준다.

출처 : "Self-Monitoring Negative Statements" by R. Martella, I. J. Leonard, N. E. Marchand-Martella, and M. Agran, 1993, *Journal of Behavioral Education, 3*, p. 84. Copyright 1993 by Human Sciences Press. Reprinted by permission.

르기. 브래드의 부정적인 발언의 빈도가 감소하자 4단계의 부분적 · 연쇄적 철회를 시작했다. 첫 번째 단계에서는 그래프 그리기와 '큰' 강화받기를 철회했다. 두 번째 단계에서는 브래드가 두 수업 내내 부정적 발언을 한 번도 하지 않았을 때만 '작은' 강화를 받을 수 있었다. 세 번째 단계에서는 브래드가 각 수업마다 1장씩(하루에 총 2장) 사용하던 자기기록 용지를 두 수업 내내 1장으로(하루에 총 1장) 줄여 사용하게 했으

며, 작은 강화제는 더 이상 제공하지 않았다. 그리고 마지막 단계(추적 조건)에서는 자기관찰 용지에 기준 횟수를 적지 않았고, 용지 외의 모든 개입 요소를 철회하였다. 브래드의 부정적인 발언은 점진적 · 부분적으로 진행된 개입 철회 기간 동안 낮은 수준을 유지했다(그림 14.12 참조).

성공적인 행동변화 프로그램 종결과 관련하여 유의사항이 있다. 응용행동분석에서는 사회적으로 유의한

행동 개선을 목적으로 한다. 개선된 행동은 유지되어야 하며 관련된 세팅으로 일반화되어야 한다. 대부분의 경우, 행동변화가 최적으로 일반화되기 위해서는 개입 요소가 완전히 또는 거의 모두 철회되어야 한다. 하지만 아동이 중요한 행동을 배우도록 도와야 할 전문가, 부모, 그리고 그 밖의 책임자들은 때로 개입이 과연 필요한 행동변화를 이끌어 낼 수 있을 것인지에 대해 고민하기보다 이 개입을 어떻게 철회할 수 있을지 그리고 이것을 완전히 철회할 수는 있는지를 더 우려하기도 한다. 물론 개입이 궁극적으로 철회될 수 있는지 또는 자연적인 환경에서 잘 적용될 수 있는지는 반드시 고려해야 한다. 동일한 효과를 낼 가능성이 있는 2개 이상의 개입 중 하나를 선택해야 할 경우 자연적인 환경과 가장 유사하며 철회와 종결이 쉬운 개입을 먼저 고려해야 한다. 하지만 개입의 철회가 어렵다는 이유로 중요한 행동을 방치해서는 안 된다. 어떤 행동의 경우 개입을 철회할 수 없으며 이 경우는 필요한 개입을 지속할 필요가 있다.

자판기 사용법의 일반화를 가르쳤던 Sprague와 Horner(1984)의 연구는 이 점을 잘 보여 준다. 프로그램에 참가한 중도에서 중등도의 지적장애를 가진 학생 6명은 힌트카드만으로 타인의 도움 없이 자판기를 사용하는 방법을 배웠다. 이 힌트카드의 한 면에는 음식이나 음료의 로고가 있었으며, 다른 면에는 25센트 동전이 가격에 맞는 수만큼 그려져 있었다. 이 힌트카드는 지시와 일반화 프로브에서만 사용된 것이 아니라 프로그램이 종결된 후에도 지속적으로 사용되었다. 연구 종결 18개월 후 진행된 추적 프로브를 통하여 실험에 참가했던 6명의 학생 중 5명은 이 힌트카드를 계속 가지고 다니며 사용하고 있다.

일반화된 결과 촉진의 지도 원칙

어떤 책략을 선택하고 적용하든 다음의 5개 원칙(guiding principle)을 따른다면 행동변화의 일반화를 촉진할 수 있다.

- 일반화의 필요성은 가능한 만큼 최소화하라.
- 일반화 프로브는 지시 전, 중, 후에 실행하라.
- 참가자에게 중요한 인물을 최대한 많이 포함하라.
- 가장 덜 침투적이며 최소한의 비용이 드는 책략을 이용해 일반화를 촉진하라.
- 중요한 일반화된 결과에 도달하기 위해 필요하다면 개입 방법을 고안 및 설계하라.

일반화 필요성을 최소화하라

전문가들은 학습자의 일반화가 배우지 않은 기술이나 세팅 및 상황으로까지 이어져야 할 필요성을 최대한 감소시켜야 한다. 이를 위해서 어떤 행동변화가 가장 필수적인지 신중하고도 체계적으로 평가할 필요가 있다. 전문가는 학습자에게 가장 많이 요구되는 지식과 기술, 그리고 기술 사용을 통해 가장 이득이 큰 세팅 및 상황을 우선순위로 두어야 할 것이다. 또한 전문가는 현재 학습자가 기능하고 있는 환경뿐 아니라 가까운 미래와 먼 미래에 학습자가 기능해야 할 환경까지도 고려해야 할 것이다.

확실하지 않은 일반화 기술을 사용하여 가장 중요한 행동변화를 다루는 것은 금물이다. 가장 중요한 기술-환경-자극의 조합은 항상 직접적으로, 그리고 가능하다면 가장 먼저 가르쳐야 한다. 예를 들어, 훈련 프로그램을 통해 장애를 가진 젊은이에게 버스 타는 방법을 가르치고자 한다면 그 사람이 실제로 가장 자주 사용할 버스 노선(예 : 집, 학교, 일, 그리고 지역사회 내의 문화센터를 왕복할 수 있는 노선)을 교육 사례로 사용해야 한다. 훈련 종결 후 학습자가 거의 가지 않는 장소에까지 가는 노선은 직접적인 지시보다는 일반화 프로브용 노선으로 교육하는 것이 낫다. 이렇게 해도 훈련시킨 (학습자가 가장 많이 사용할) 노선에서 높은 수준의 반응을 유지하긴 쉽지 않을 것이다.

일반화 프로브를 지시 전, 중, 후에 시행하라

일반화 프로브는 지시 전, 중, 이후에 실행한다.

지시 전 프로브

지시 전의 일반화 프로브는 학습자가 일반화 세팅에서 얼마나 많은 행동을 바르게 수행하고 있는지를 알려 준다. 지시 세팅에서 학습자가 특정 행동을 보이지 않는다고 해서 일반화 세팅에서도 이를 하지 않거나 못할 것이라고 가정하는 것은 맞지 않다. 지시 후 학습자가 보이는 목표행동이 일반화의 결과인지 판단하는 객관적인 기준은 지시 전 실시된 일반화 프로브 자료이다.

지시 전 프로브는 일반화 세팅에서 작동하는 유관을 관찰 가능하게 한다. 정보는 보다 효과적인 치료나 교육에 도움이 될 수 있다.

지시 중 프로브

지시 중 실행되는 프로브는 일반화가 언제 일어났는지, 언제 지시를 종결할지, 또는 언제 지시의 초점을 습득에서 유지로 변경할지 알려 준다. 예를 들어, 한 수학 교사가 학생에게 어떤 공식을 가르친 후 학생이 가르치지 않은 문제까지 풀 수 있음을 알아차리고 다른 공식을 가르치기 시작한다면, 이 교사는 같은 유형의 수학 문제만 계속해서 연습시키는 교사보다 더 효과적으로 수학 수업을 진행할 수 있을 것이다.

또한 지시 중 프로브의 결과는 일반화가 일어났는

지의 여부를 보여 주기 때문에 이를 기반으로 지시 전략에 변화가 필요한지 결정할 수 있다. 예를 들어, Sprague와 Horner(1984)가 첫 번째 일반화 프로브를 통하여 학생 중 1명의 낮은 수행이 이상한 동전 넣기 패턴을 사용하기 때문임을 깨닫자 지시 회기에 올바른 동전 넣기 단계를 반복적으로 훈련시켰다. 그 결과, 학생의 일반화된 과제 수행이 크게 개선되었다.

프로브 시행 시 학습자가 새로 배운 지식이나 기술을 활용할 기회를 인위적으로 만들어 준다면 프로브를 보다 효과적으로 만들 수 있다. 예를 들어, 일반화 환경에서 학습자가 새로 배운 대화 기술을 사용해 볼 기회가 자연적으로 일어날 때까지(어쩌면 아예 오지 않을 기회일 수도 있음) 마냥 기다리기보다는 차라리 '협조자'에게 지원을 요청하여 학습자에게 접근하도록 할 수 있다. Ninness, Fuerst와 Rutherford(1991)는 인위적 일반화 프로브를 사용했는데, 학습자가 자기관리를 사용하는 정도를 알아보기 위해 일반화 프로브 시에 일부러 학생을 화나게 만들거나 산만하게 만들었다.

인위적 일반화 프로브는 습득 및 일반화의 주요한 측정치로도 사용될 수 있다. Miltenberger와 동료들(2005)은 아동들에게 총기 사용을 위한 안전 행동을 측정하고 가르치기 위해 잘 보이는 위치에 총을 놓았다. 아동이 총을 보고 안전 행동(즉 총을 만지지 않고 멀리 떨어지며 어른에게 이에 대해 알리기)을 실행하지 않을 경우 전문가가 그 자리에서 훈련 회기를 실시했다. 이때 전문가는 아동에게 어떻게 했어야 할지를 묻고 전체적인 행동연쇄를 다섯 번 연습했다.

지시 후 프로브

지시 후 프로브는 반응이 유지되는 정도를 알려 준다. 지시 종결 후 얼마나 오랫동안 프로브를 실행해야 할지를 결정하기 위해서는 목표행동의 심각성, 행동이 삶의 질에 끼치는 영향, 현재까지 프로브를 통해 얻은 반응 유지의 강도 및 일관성 등을 고려해야 할 것이다. 어떤 행동은 수개월 혹은 수년 동안 유지 프로브를 실시해야 할 수도 있다(예 : Derby et al., 1997; Foxx, Bittle, & Faw, 1989; Wagman, Miltenberger, & Woods, 1995).

체계적인 일반화 및 유지 프로브가 너무 어렵거나 인위적인 노력이 너무 많이 필요하다고 느낀다면 목표행동이 대상자에게 얼마나 중요한지를 고려해 보아야 한다. 행동에 개입이 필요할 정도로 중요하다면 평가에 요구되는 노력과 상관없이 그 개입의 일반화된 결과의 평가를 실행할 가치가 있다.

참가자에게 중요한 인물을 포함하라

모든 사람은 타인에게 어떠한 행동변화도 가르칠 수 있는 잠재적인 교사이다. '선생님' 또는 '행동분석가'만이 행동변화를 만들 수 있는 독점적 특권을 가지고 있는 것은 아니다. 실제 이런 특권은 없다. 상호 작용하는 모든 사람은 서로의 행동변화와 유지에 기여한다.

— Donald M. Baer(1999, p. 12)

일반화를 가르치는 것은 중대하고 어려운 과제이며, 전문가들은 이에 대해 가능한 한 많은 도움을 받으려고 노력해야 한다. 중요한 행동이 촉진되고 강화받아야 할 때와 장소에는 거의 항상 그 주위에 사람이 있다. 특히나 목표행동이 사회적 행동이라면 '사회적'이라는 용어의 정의에 따라 이 행동이 일어나야 하는 모든 환경에는 타인이 필수적으로 포함되기 마련이다. Foxx(1996)는 성공적인 행동변화 개입 계획의 "10%는 무엇을 해야 할지 아는 것, 90%는 그것을 할 사람을 찾는 것이다.… 많은 계획이 실패하는 이유는 이 비율이 뒤바뀌었기 때문이다."라고 설명한다(p. 230). 비록 여기에서 Foxx는 직원들이 (성공적인 목표 달성을 위해 필수적인) 일관성과 충실함을 가지고 계획을 실행

하도록 하는 것의 중요성과 어려움에 대해 언급하고 있으나, 이 대목은 계획에 중요한 타인을 포함하는 데에서도 똑같이 적용된다.

Baer(1999)는 행동변화 계획에 관련되거나 될 법한 사람을 적극적인 지지자(active supporter) 또는 인내자(tolerator)로 분류하여 부를 것을 제안했다. 적극적인 지지자란 일반화 세팅에 자연적으로 존재하며, 특정한 행동을 통해 학습자의 목표행동 일반화 및 유지를 촉진하는 사람을 뜻한다. 적극적인 지지자는 학습자가 새로 배운 기술을 사용하거나 연습할 수 있는 기회를 마련하고, 올바른 반응에 대하여 힌트와 촉진을 제공하며, 목표행동이 실행될 경우에는 강화를 제공함으로써 바람직한 일반화된 결과가 보다 쉽게 이뤄지도록 돕는다.

심각한 장애를 가진 아동에게 혼자(독립적으로) 식사하는 방법을 가르치고자 하는 행동변화 프로그램을 예로 들자면, 적극적인 지지자는 구내식당의 주요 직원 1~2명, 아동을 정기적으로 만나는 자원봉사자 또는 도우미, 아동의 부모, 그리고 아동의 형제자매를 포함할 수 있다. 이 사람들은 교육팀에 필수적인 구성원이다. 최적의 일반화가 일어나도록 하려면 적극적인 지지자들은 일반화 세팅에서 학습자에게 새로운 기술을 사용할 기회가 많이 주어지도록 노력해야 하며, 이러한 환경에서 그들이 통제할 수 있는 자연적인 강화제(예 : 칭찬, 신체적 접촉, 미소, 동료애/우정)를 반드시 목표행동의 결과물로 사용해야 한다. 적극적인 지지자를 꼭 학교 직원, 가족, 동료로만 제한할 필요는 없으며, 그렇게 하는 것은 바람직하지도 않다. 모든 환경 및 상황에서 일반화가 항상 이들이 있는 곳에서 발생하는 것은 아니기 때문이다.

인내자란 일반화 세팅에 존재하며, 일반화 계획을 방해하는 행동을 하지 않기로 동의하는 사람이다. 인내자에게는 학습자가 새로운 기술을 일반화 세팅에서

사용할 것임을 사전에 미리 알려야 하며, 이에 대해 인내를 가져 줄 것을 부탁해야 한다. 독립적으로 식사하기 프로그램에서 아동의 가족 중 일부, 구내식당 직원, 또래가 인내자가 된다. 행동분석가는 집과 학교 외의 환경에서도 아동이 같은 식탁 또는 같은 장소에서 타인과 함께 식사하게 될 가능성을 배제해서는 안 된다. 이러한 상황이 생길 법한 식당에서 일반인의 행동도 고려해야 한다. 학습자가 집과 학교 등 친숙한 장소를 벗어나 익숙하지 않은 장소에 처음 갔다면 굼뜨고 느린 행동을 보일 것이다(이 아동은 항상 다른 사람에 비해 굼뜨고 느릴 가능성이 크다). 아동의 행동은 처음 만난 사람들에게 다양한 반응을 불러일으킬 것이며, 이러한 타인의 반응은 아동이 새로이 배우는 식사 기술을 처벌할 수도 있다. 자신을 계속 응시하거나, 비웃거나, 자신에 대해 수군거리거나, 서두르라고 재촉하거나, 심지어는 도와주려 하는 타인의 반응조차도 일반화의 가능성을 감소시킬 것이다. 당연히 행동분석가는 아동과 항상 식사를 같이 하는 학교 및 가정 내의 구성원에겐 아동의 독립적인 식사 시도를 방해하지 말아 달라 부탁할 수 있다. 하지만 프로그램에 포함될 모든 사람에게 학습자의 상황을 알리기란 불가능하다. 하지만 일반화 세팅에서 학습자에 대해 일반인이 보일 법한 성마른 행동을 고려해 봄으로써, 학습자에게 이런 상황에서 대처 방법을 연습시킬 교육 프로그램을 고안할 수 있다. 예를 들면, 학습자가 주변의 무례한 발언을 무시하고 계속 혼자 식사하도록 강화하는 회기를 설계할 수 있다.

가장 덜 침투적이며 최소한의 비용이 드는 방법을 사용하라

행동분석가는 침투적이고 비용이 드는 방법을 사용하기 전에 우선 덜 침투적이며 적은 비용이 드는 방법을 사용하여 일반화를 촉진해야 한다. 이전에 언급한 바와 같이 학습자에게 일반화 세팅에서 새로운 기술을 사용하라고 상기시키는 것(일반화하도록 가르치기)이 일반화를 촉진하는 가장 쉽고 경제적인 방법이다. 전문가가 학습자에게 일반화할 것을 상기시킨다고 해서 바람직한 결과를 얻을 수 있는 것은 아니지만 단순하고 비용이 들지 않는 방법이 있음을 기억해야 한다. 일반화 세팅에서 가장 주요한 특징을 지시 세팅에 포함하는 것(즉 공통된 자극 계획하기)은 일반화에 도움이 되며, 이 역시 자연적인 세팅에서 지시를 실행하는 것보다 경제적이다(예 : Neef, Lensbower et al., 1990; van den Pol et al., 1981).

비용이 덜 드는 방법을 사용하면 교육에 사용 가능한 한정된 자원을 보존할 수 있고 변화의 양이 적고 덜 침투적인 개입은 개입 종결 시 철회를 더욱 쉽게 만든다. 체계적인 일반화 프로브는 일반화가 일어났는지의 여부를 밝혀 줄 것이며, 보다 정교하고 침투적인 개입과 지지가 필요한지에 대한 정보를 제공할 것이다.

필요하다면 일반화를 위한 개입을 고안 및 설계하라

전문가가 개입의 침투적인 특성 때문에 학습자에게 잠재적으로 효과적인 개입 또는 절차를 포기하는 일은 없어야 할 것이다. 필요에 따라 전문가들은 가이드라인을 무시하고서라도 학습자가 중요한 지식 및 기술을 일반화하고 유지하는 데 필요한 지시 및 일반화 방법을 고안해 내야 한다.

행동분석가는 일반화 부족을 안타까워하거나 일반화를 하지 못한 학습자를 탓하는 대신, 목표행동을 확장하고 유지하는 데 필요한 사회적으로 타당한 유관을 찾는 데 노력을 기울여야 할 것이다.

Don Baer의 충고

행동 전문가가 직면하는 가장 어렵고도 중요한 과제

는 학습자가 사회적으로 중요한 행동의 일반화를 달성할 수 있도록 돕는 것이다. 애초에 이루고자 하는 행동변화가 얼마나 중요한 것이었든 행동변화가 오래 가지 못하거나, 적절한 세팅 및 상황에서 발생하지 않거나, 제한된 형태의 행동만 보인다면 결국 학습자에게 큰 의미가 없게 된다.

지난 30년간의 연구를 통해 Stokes와 Baer(1977)의 '일반화 기술'로부터 지식기반을 축적해 왔고 덕분에 일반화된 행동변화를 촉진시키는 데 보다 확실하고 효과적인 전략을 개발할 수 있었다. 기본 원리에 대한 지식 및 이 책 전체에 걸쳐 설명된 행동변화 방법이 결합된 지식으로 행동분석가들은 사람들이 건강하고 행복하며 생산적인 삶을 사는 데 도움을 줄 강력한 접근 방법을 사용할 수 있게 되었다.

Don Baer의 바람직한 관찰에 대한 견해를 인용하며 이 장을 마치려고 한다. 그는 이 인용에서 개인의 경험(이 경우, 학습의 특성)과 그 경험을 통해 배우거나 배우지 못하는 것에 대한 기본적인 사실을 지적한다. Skinner와 같이 Baer는 우리가 생각하는 대로 학습자가 행동하지 않는다고 하여 그를 탓하지 말아야 함을 지혜롭게 다시 한 번 상기시켜 준다.

어떤 것의 한 면을 배웠다고 하여 그것에 대한 모든 것을 알게 되는 것은 절대 아니다. 지금 무엇을 잘한다고 해서 앞으로도 항상 이를 잘할 것이라는 보장은 절대 없다. 하나의 유혹을 일관되게 뿌리칠 수 있다 해서 품성, 정신력, 절제력을 갖추고 있다는 것은 절대 아니다. 그러므로 둔하고, 학습에 뒤처지고, 미숙한 것은 학습자의 잘못이 아니다. 왜냐하면 모든 학습자는 **일반화를 가르치지 않으면 그 누구도 일반화된 배움을 얻지 못한다**는 점에서 동일하기 때문이다. (p. 1, 고딕체는 원문에서 강조됨)

 요약

일반화된 행동변화 : 정의 및 주요 개념

1. 훈련된 행동이 학습된 시간/장소 외의 다른 시간이나 다른 장소에서 재훈련 없이도 나타나거나, 직접적으로 가르치지 않았으나 목표행동과 기능적으로 관련된 행동이 나타난다면 일반화된 행동변화가 있었다고 할 수 있다.

2. 학습자가 처음으로 목표행동을 보이도록 도왔던 개입이 부분적으로 또는 완전히 종결된 이후에도 학습자가 그 행동을 수행하는 정도를 반응 유지라 한다.

3. 지시 세팅과 다른 세팅이나 상황에서 학습자가 목표행동을 보이는 정도를 세팅/상황 일반화라 한다.

4. 지시가 실행되며 학습자의 목표행동 습득 및 일반화에 영향을 끼칠 수 있게 계획되거나 그렇지 않은 모든 특징을 포함한 환경을 지시 세팅이라 한다.

5. 지시 세팅과 유의하게 다르며, 목표행동의 수행이 바람직한 모든 장소나 자극 상황을 일반화 세팅이라 한다.

6. 훈련된 반응과 기능적으로 동일하나 훈련되지 않은 반응을 학습자가 보이는 정도를 반응 일반화라 한다.

7. 일부 개입은 시간, 환경 그리고 다른 행동 간 유의한 일반화를 이끌어 낸다. 나머지는 제한된 행동변화를 일으켜 지속성과 확산될 수 있는 폭이 한정되어 있다.

8. 두 가지 형태의 바람직하지 않은 세팅/상황 일반

화가 있다. 첫째는 행동이 지나치게 광범위한 자극 범주의 통제를 받게 되는 과잉 일반화이며, 둘째는 무관한 선행자극의 통제를 받게 되는 잘못된 자극통제이다.

9. 바람직하지 않은 반응 일반화란 학습자가 훈련받지 않았으나 기능적으로 동일한 반응을 보였을 때, 이것이 바람직하지 않은 결과로 이어지는 경우를 말한다.

10. 그 밖의 일반화된 결과(예 : 자극 동일성, 유관 인용, 개인 간 일반화)는 반응 유지, 세팅/상황 일반화, 반응 일반화의 범주로 분류되지 않는다.

11. 일반화 지도란 다양한 일반화된 행동변화를 결합하여 분류하는 개념적인 체제를 뜻한다.

일반화된 행동변화 계획하기

12. 일반화된 행동변화를 촉진하는 첫 번째 단계는 자연적으로 존재하는 강화 유관이 제공될 수 있는 목표행동을 선택하는 것이다.

13. 자연적으로 존재하는 유관이란 행동분석가 또는 전문가의 노력과는 상관없이 작동하는 모든 강화(또는 처벌)의 유관을 뜻하며, 이는 타인에 의해 인위적으로 중재되고 관련된 세팅에서 이미 효력을 가지고 있는 사회적으로 중재된 유관을 포함한다.

14. 인위적 유관은 목표행동변화, 유지, 그리고/또는 일반화를 달성하기 위해 행동분석가가 설계하고 실행하는 모든 강화(또는 처벌) 유관을 포함한다.

15. 일반화 계획하기는 직접적인 훈련이 종결된 후 학습자가 보여야 할 모든 바람직한 행동변화와 모든 환경 밝히기를 포함한다.

16. 계획 목록을 작성하는 장점은 교육 과제에 대해 보다 깊게 이해할 수 있다는 것과 직접적인 지시가 필요한 가장 중요한 행동변화와 세팅을 밝혀

낼 수 있다는 것이다.

일반화된 행동변화 촉진을 위한 전략 및 방책

17. 연구자들은 Stokes와 Baer(1977)가 '일반화의 함축적인 기술'이라 부른 방법을 더욱 정교화하고 효과적이며 일반화된 행동변화를 촉진할 수 있는 방법으로 개발하고 진보시켰다.

18. 사례 충분히 가르치기 전략에서는 자극과 반응 사례가 공통적으로 포함하는 가능한 모든 영역을 다 가르친 후, 훈련되지 않은 사례에서 보이는 학습자의 수행을 평가한다.

19. 직접적인 훈련이 제공되지 않는 세팅과 자극 상황에서 실행되는 학습자의 목표행동 수행에 대한 측정을 일반화 프로브라 한다.

20. 자극 사례 충분히 가르치기는 학습자에게 하나 이상의 선행자극 사례에 대한 정반응을 가르친 후, 가르치지 않은 자극 사례에 대해 일반화 프로브를 시행하는 것으로 구성된다.

21. 일반적으로, 많은 사례를 사용하여 지시 내리기를 훈련하면, 학습자가 훈련되지 않은 사례나 상황에서 정반응을 보일 가능성이 높아진다.

22. 학습자가 다양한 반응 형태를 연습하게 만들면 바람직한 반응 형태의 습득이 용이해지며 반응 일반화가 촉진된다. 다중사례 훈련이라 불리는 이 방법은 다수의 자극 사례와 다양한 반응을 포함한다.

23. 일반적 사례 분석은 일반화 세팅에 있는 자극의 변이와 반응 필요조건의 범위를 대표할 수 있는 지시 사례를 선택하는 데 사용하는 체계적인 방법이다.

24. 부정적(또는 '하지 마') 교육 사례는 학습자들이 목표행동을 하지 말아야 할 상황을 분별해 낼 수 있게 돕는다.

25. 비슷한 부정적 교육 사례는 긍정적 교육 사례와 많은 특성을 공유하며, 과잉 일반화와 그릇된 자극통제로 인해 일어나는 '일반화 오류'를 제거하는 데 도움이 된다.

26. 지시 세팅과 일반화 세팅 간의 유사성이 높을수록 일반화 세팅에서 목표행동이 나타날 가능성이 크다.

27. 공통적인 자극 계획하기는 일반화 세팅의 전형적인 자극 특징을 지시 세팅에 포함하는 것을 말한다. 전문가는 일반화 세팅을 직접적으로 관찰하거나, 일반화 세팅에 익숙한 사람들에게 질문함으로써 사용 가능한 공통적인 자극을 밝힐 수 있다.

28. 느슨하게 가르치기—교육 회기 내, 교육회기 간에 지시 세팅의 주요 특징이 아닌 요소들을 무작위로 다르게 하는 것—는 (a) 무관한 자극이 목표행동에 대해 통제성을 가질 가능성을 감소시키고, (b) 일반화 세팅에서 '낯선' 자극이 학습자의 수행을 막거나 '방해'할 가능성을 감소시킨다.

29. 새로이 습득된 행동은 '학습이 충분히 이루어지지 않았기 때문에' 기존의 강화 유관과 접촉하지 못할 수 있다. 이와 같은 일반화 문제에 대한 해결책은 자연적으로 일어나는 강화 유관에 필요한 비율, 정확도, 형태, 잠재 기간, 지속 기간, 그리고 /또는 크기(magnitude)로 학습자가 목표행동을 수행할 수 있도록 가르치는 것이다.

30. 간헐 강화 계획과 지연된 보상을 사용하여 변별 불가능한 유관을 만들어 낼 수 있는데, 이는 학습자가 자신의 다음 반응이 강화를 발생시킬지 구별하는 것을 어렵게 만들어 반응 일반화를 촉진한다.

31. 행동함정은 강력한 강화 유관으로 네 가지의 뚜렷한 특징을 갖고 있다. (a) 강력한 '미끼(강화제)'가 학습자를 '유혹'한다. (b) 매혹된 학습자가 함정에 발을 들여놓는 데 필요한 반응은 적은 노력이 필요한 이미 수행할 줄 아는 반응이다. (c) 함정 속의 서로 관련된 강화 유관들은 학습자가 목표로 정해진 학업적 또는 사회적 기술을 습득하고 확장하며 유지하도록 동기를 준다. (d) 효과가 오랜 시간 동안 유지된다.

32. 이미 존재하나 작동되지 않는 강화 유관을 발생시키는 방법 중 하나는 일반화 세팅에 있는 주요 인물들에게 학습자의 목표행동 수행에 주목하고 칭찬해 달라는 부탁을 하는 것이다.

33. 자연적인 강화 유관을 발생시키는 또 다른 방법은 학습자에게 일반화 세팅에서 강화를 직접적으로 요구하는 방법을 가르치는 것이다.

34. 일반화를 중재하는 방법 중 하나는 지시 세팅에서 인위적인 자극을 사용해 목표행동을 통제하는 것으로 이 자극은 일반화 세팅에서 학습자의 목표행동 수행을 신뢰적으로 촉진하거나 도움을 주는 것이어야 한다.

35. 관련된 모든 환경에서 항상 학습자 스스로가 목표행동을 촉진하고 유지할 수 있도록 자기관리 기술을 가르치는 것은 일반화된 행동변화를 중재하는 데 가장 효과적인 접근이다.

36. 일반화하도록 훈련시키기 전략은 '일반화'가 조작적 반응의 범주에 포함된다는 가정을 기반으로 하며, 이는 다른 조작 반응과 마찬가지로 강화 유관에 의해 선택되고 유지된다.

37. 반응 일반화를 촉진하기 위한 방법 중 하나는 반응의 변산성을 강화하는 것이다. 지연된 강화 계획에서는 사전 반응(느슨한 1 계획) 또는 특정 수의 사전 반응(느슨한 2 이상)과 일부 다른 측면에서 반응에 강화제가 주어진다.

38. 일반화된 행동변화를 촉진하는 방법 중 가장 단순하고 경제적인 방법은 일반화의 유용성에 대해

학습자에게 설명하고 일반화하도록 직접적으로 지시하는 것이다.

성공적인 개입의 수정 및 종결

39. 대부분의 성공적인 행동변화 프로그램에서는 개입을 무기한으로 지속하는 것이 불가능하고 실용적이지 않으며 바람직하지 않다.

40. 개입에서 정상적인 일상 환경으로의 이동은 훈련 프로그램 요소 중 다음 세 가지를 포함한 요소들을 점차 철회함으로써 달성된다—(a) 선행사건, 촉진 또는 단서와 관련된 자극, (b) 과제 수정 및 기준, (c) 결과물 또는 강화변인.

41. 필요한 개입이 완전히 철회될 수 없다는 이유로 중요한 행동을 변화시키지 않는 일이 없어야 한다. 일부 행동은 유지를 위해 어느 수준의 개입이 요구될 수도 있으며, 이런 경우 전문가는 필요한 계획을 지속적으로 실행하기 위한 노력을 해야 할 것이다.

일반화된 결과 촉진의 지도 원칙

42. 다음의 다섯 가지 지도 원칙을 따름으로써 일반화된 행동변화를 촉진하기 위한 노력을 할 수 있다.

- 일반화의 필요성을 최소화하라.
- 일반화 프로브를 지시 전, 중, 후에 실시하라.
- 참가자에게 중요한 타인들을 최대한 자주 포함하라.
- 가장 덜 침투적이고 최소한의 비용이 드는 방법으로 일반화된 행동변화를 촉진하라.
- 중요한 일반화된 결과를 달성하기 위해 필요하다면 개입 방법을 고안 및 설계하라.

제7부

윤리
Ethics

제7부는 앞에서 다룬 행동변화 전략 및 절차를 윤리적인 맥락과 관련시킨다. 제15장 '응용행동분석가를 위한 윤리적 고려 사항'에서 Jose Martinez-Diaz, Tom Freeman과 Matt Normand는 연구자, 전문가, 보호자가 윤리적인 행동과 관련된 세 가지 기본적인 질문에 답할 수 있게 해 준다. (a) 어떤 선택이 옳은 것인가? (b) 어떤 선택을 할 만한 가치가 있는가? (c) 좋은 전문가가 된다는 것은 어떤 의미인가? 저자들은 윤리적인 행동을 정의하며 윤리적인 갈등이 될 수 있는 요소를 다루는 전략을 소개하고, 전문적인 행위를 위한 규칙을 설명하며, 행동분석가로서의 전문성을 획득, 유지, 확장할 수 있는 방법에 대한 지침을 제공한다.

제15장

응용행동분석가를 위한
윤리적 고려 사항

주요 용어

비밀 보장	이해 충돌	행동에 관한 윤리규정
윤리	참가자 동의	

BCBA와 BCABA의 행동분석 자격심사위원회
행동분석과제 목록, 제3판

내용 영역 1 : 윤리적 고려 사항

1–1	내담자에게 치료를 권하거나 다른 방식으로 영향을 줄 때에는 응용행동분석의 전문 영역 내에 개입의 효과에 대해 확실하고 정확한 정보를 사용한다.
1–2	응용행동분석 전문가의 전문 영역 내에서만 활동, 자문, 관리감독, 훈련을 하며, 필요할 경우 타 전문가에게 의뢰한다.
1–3	전문가 관련 활동에 지속적으로 참여함으로써 전문가로서의 능력과 권한을 유지한다.
1–4	적용 가능한 법적 · 윤리적 규정 내에서 참가자의 동의를 구한다.
1–5	내담자의 고유한 생활 방식이나 변화 목표를 파악하고, 아래의 규정 내에서 행동변화 목표를 수립한다.
(a)	응용행동분석의 응용 범주(Baer, Wolf, & Risley, 1968)
(b)	적용 가능한 법규
(c)	응용행동분석 직업의 윤리적 · 전문적 규정
1–6	행동분석 서비스를 시작, 지속, 수정 또는 중단하는 것의 위험-이득 비율이 다른 대안 서비스를 제공하는 것의 위험-이득 비율보다 낮을 때만 행동분석 서비스를 제공한다.
1–7	임상가, 내담자 그리고 그 외 관계자 간의 관계를 손상시킬 수 있는 사건을 파악하고 이를 조정한다.
1–8	적용 가능한 윤리적 규정 내에서 가장 덜 침투적인 지침을 고려하여 내담자에게 가장 효과적인 평가와 행동변화 과정을 적용한다.
1–9	비밀 보장을 엄수한다.
1–10	임상, 훈련, 응용행동분석의 전문성에 대한 임상가 본인과 관계자의 기여도를 사실만 정확하게 보고한다.

| 1–11 | 내담자의 존엄성, 건강, 안전을 항상 철저하게 보호한다. |
| 1–12 | 과학적으로 타당한 평가와 개입 방법을 우선시하고 과학적으로 타당하지 않은 개입 방법은 과학적인 방법을 이용하여 평가한다. |

내용 영역 8 : 개입 결과와 전략 선택하기

| 8–2 | 내담자가 다음에 근거하여 목표를 결정하도록 돕는다 — 내담자 선호도, 과제분석, 최근의 레퍼토리, 지지 환경, 제한점, 사회적 타당도, 평가 결과, 가장 가능한 과학적 증거. |
| 8–4 | 내담자에게 다음과 같은 요소에 근거하여 개입 방법에 대해 권한다 — 내담자 선호도, 과제분석, 최근의 레퍼토리, 지지 환경, 제한점, 사회적 타당도, 평가 결과, 가장 가능한 과학적 증거. |

 윤리와 관련된 딜레마는 교육 그리고 상담 현장 및 실제 임상 상황에서 자주 나타난다. 다음과 같은 상황을 고려해 보자.

- 발달장애인을 위한 영리 목적 사립 지역 기반 거주지에 살고 있는 발달장애인이 관리자를 찾아가 근방 도시에 있는 아파트로 이사하고 싶다고 말한다. 거주인의 이사는 기관의 수익 손실을 의미하며, 추가적인 지출(예 : 이사 비용, 추후 현장 감시)뿐 아니라, 비용을 댈 수 있다 하더라도 위치적으로 거주자에게 위험할 수도 있다. 관리자는 이해충돌에 치우치지 않고 어떻게 거주자에게 이사에 대한 얘기해 줄 수 있을까?

- 심각한 장애를 가진 줄리언은 수시로 심한 자해 행동(SIB)을 한다(예 : 머리 박기, 눈 후벼 파기). 줄리언의 자해 행동을 감소시키기 위해 여러 가지 긍정적·정적 감소법을 사용했으나 어떠한 방법도 성공적이지 못했다. 치료사는 자해 행동 억제체계(Self-Injurious Behavior Inhibition System, SIBIS)라는 전기충격 요법을 제안했지만, 부모는 아들이 전기충격으로 다칠 것을 염려하여 반대한다. 기존에 연구된 바 있는 정적 접근이 실패했으므로 SIBIS 치료를 제안하는 것은 윤리적일까?

- 개별 교육 프로그램(IEP) 회의 중, 교직 생활 1년 차인 교사 도허티는 장학사가 정서장애를 가진 아이의 부모에게 팀 구성원들 대부분이 제안하는 학교 기반의 응용행동분석 서비스를 넣지 않은 개정된 IEP를 수용하라고 종용하는 것을 목격했다. 도허티는 제한된 재정 내에서 아동에게 필요한 서비스 제공 시 학교 지역이 추가적으로 감당해야 할 비용 때문에 장학사가 학부모에게 강요하고 있다고 생각한다. 신입 교사인 도허티는 자신이 의견을 피력한다면 교장에게 안 좋은 인상을 남기는 것은 물론이고, 어쩌면 실직할 수 있기 때문에 고민 중이다. 만일 아무런 말을 하지 않고 있으면 학생은 필요한 서비스를 받지 못하게 될 것이다. 이럴 경우 도허티가 직위를 잃지 않으면서 학생을 변호할 수 있는 방법은 무엇일까?

이런 상황에서 행동분석가는 어떻게 윤리적으로 대응할 수 있을까? 이 장에서는 이런 상황의 원인 및 이와 관계된 문제점을 다룬다. 먼저 윤리란 무엇이며 왜 중요한지 논의할 것이다. 다음으로 전문가들이 일반 상담 현장에서 겪게 되는 딜레마를 다룰 수 있는 윤리적인 행동과 그에 맞는 행동분석 기준을 소개한다. 마지막으로 고객에게 서비스를 제공할 때의 윤리적인 사항을 논의할 것이다(예: 사전 동의서 및 이해충돌).

윤리란 무엇이며 왜 중요한가

윤리의 정의

윤리란 다음 세 가지 기본적인 질문에 대한 행동, 실행, 결정을 뜻한다. 어떤 선택이 옳은 것인가? 선택할 만한 가치가 있는가? 좋은 전문가가 된다는 것은 어떤 의미인가?(Reich, 1988; Smith, 1987, 1993). 치료사는 환자의 신체적, 사회적, 심리적, 가족 또는 개인 상황을 개선하고자 내담자에게 개별적이고 전문적인 치료를 제공한다. Corey, Corey, Callanan (1993)이 말했듯이 "윤리적 행동의 기본 목표는 고객의 복지를 확장하는 것이다(p. 4)."

어떤 선택이 옳은 것인가

어떤 선택이 옳은 것인가에 답하기 위해서는 선택에 영향을 끼치는 요소를 관찰할 필요가 있다—옳고 그름에 대한 과거의 결정과 합법적이거나 불법적인, 또는 윤리적이거나 비윤리적인 행위 측면에서 응용행동분석의 행동 윤리 규정에 대해 논의해 볼 수 있다. 어떤 선택이 옳은가는 도움을 받는 환자들의 행복과 치료사의 직업적 생존, 혹은 다른 행동분석가가 성공적으로 사용한 원칙, 방법과 결정에 따라 달라진다(Skinner, 1953, 1971).

행동의 윤리성과 비윤리성의 판단은 문화, 관습과 관련되어 있다. 윤리적 기준은 서로 다른 문화적 배경과 시대에 따라 달라질 수밖에 없다. 어떤 문화에서는 허용되는 행동이 다른 문화에서는 허용되지 않을 수 있다. 마찬가지로 어느 한 시대에 받아들여졌던 것이 20년 후에는 받아들여지지 않을 수 있다.

과거 경험. 행동분석가들은 진단과 치료에 대한 결정을 내릴 때 과거 유사한 상황에서 자신이 내렸던 결정의 영향을 받는다. 하지만 전문적인 훈련과 경험을 통해 개인적/문화적 배경에서 나온 부정적인 편견을 극복할 수 있다. 예를 들어, 자해 행동(SIB)을 하는 형제를 둔 행동분석가가 환자를 치료한다고 가정해 보자. 이 행동분석가는 심각한 자해 행동을 보이는 아동을 어떻게 도와야 할지에 대한 결정을 내려야 한다. 이때 자신의 형제를 대상으로 부모가 사용했던(또는 사용하지 않았던) 절차에 대한 기억이 있는 전문가의 경우, 이 경험이 결정에 영향을 끼칠 수 있다. 부모가 처벌을 사용했는가? 가족 모임에 형제를 포함했는가? 문제행동을 위한 적절한 프로그램 및 서비스를 모색했는가? 행동분석가는 다양한 진단 및 개입에 대한 훈련을 통해 이러한 영향을 줄이고 적절한 치료법을 선택할 수 있게 된다.

또한 전문가가 받은 문화 또는 종교와 관련된 교육이 행동 방침에 대한 결정을 내릴 때 영향을 줄 수 있다. '매는 아끼고 무조건 아이의 응석을 받아 줘야 한다'는 가족 문화 속에서 자란 전문가는 '크면 나아지겠지'라는 문화 속에서 성장한 전문가와는 다른 방법으로 심각한 문제행동을 다룰 것이다. 하지만 실습과 훈련은 이러한 편견을 줄이고, 전문가가 객관적인 정보에 의거한 결정을 내릴 수 있도록 돕는다.

마지막으로, 여러 가지 사례를 통한 전문적인 훈련과 경험은 행동분석가가 어떤 행동 문제에 대한 결정을 내릴 때 방법 A(예: 차별 강화 절차)와 방법 B(예: 과잉교정) 중 어느 것을 이용할지에 대한 결정에 영향을 준다. 또한 행동분석가는 자신의 과거 경험이 의사결정에 영향을 준다는 사실을 인지하고 있어야 하며 개인적인 경험 때문에 부적절하거나 효과적이지 않은 개입 방법을 선택하는 실수를 하지 않도록 주의해야 한다. 행동분석가는 자신의 경험과 배경보다는 전문적인 지식과 경험에 의해 결정을 내려야 한다. 이를 위해서 감독이나 동료의 도움을 받고, 연구 문헌을 재검토하고, 성공한 기존 사례를 참고하거나 다른 전문가에게 사례를 의뢰하는 방법까지 고려해야 할 것이다.

수행 현장.　응용행동분석가는 학교, 집, 지역사회, 직장, 그리고 그 외 다양한 현장에서 활동한다. 각 현장에는 다양한 행동에 대한 규정이 있다(예 : 출석, 병가 사용). 이러한 규정 중에는 전문가가 법적인 사항과 윤리적인 사항을 구별할 수 있도록 기술해 놓은 규정이 있다. 예를 들어, 경우에 따라 법적인 문제는 없으나 윤리적 측면에서 문제가 될 수 있다. 비밀 보장을 지키지 않거나, 법정 상속을 서비스 보수 대신 받는 것, 또는 19세 이상의 고객과 합의하에 성적 행위를 하는 것은 법적으로는 문제가 없으나 비윤리적이다. 어떤 행위는 불법이면서 비윤리적이기도 하다. 예를 들어, 자신의 능력 또는 서비스에 대한 허위 정보를 제공하는 것, 서비스 제공 중 고객의 물건을 훔치는 것, 고객을 육체적, 감정적, 성적, 또는 사회적으로 학대하는 것, 19세 이하의 내담자와 성적 행위를 하는 것은 모두 불법인 동시에 비윤리적인 행위이다(Greenspan & Negron, 1994). 법적·윤리적인 차이를 정확히 인식하고 있는 행동분석가는 내담자에게 보다 효과적인 서비스를 제공하고 이들의 요구에 민감하며 법의 기준 혹은 전문가의 행동 기준을 벗어나지 않을 가능성이 더 높다.

윤리규정.　모든 전문 기관은 **행동에 관한 윤리규정**을 만들었거나 차용하고 있다. 규정은 조직 구성원의 행동과 전문 과제 수행에 대한 지침을 제공해 준다. 또한 지침은 규정에서 벗어났을 때 어떤 수준의 제재가 가해질 것인지에 대한 기준을 제공한다(예 : 징계, 견책, 조직에서의 제명). 행동분석협회는 미국심리협회의 윤리규정을 차용했다. 이 장 후반부에서 이에 대해 보다 깊이 있게 논의할 것이다.

이 선택이 가치가 있는가

이 선택이 가치가 있는가? 의 답은 개입의 목표 및 목적과 직접적으로 관련되어 있다. 치료사의 목적은 무엇이며 어떤 방법을 통해 목적을 달성하려고 하는가? 선택의 가치에 대해 논할 때 사회적 타당도, 비용–편익 비율(cost-effect ratio), 사태의 위급함 등은 매우 중요한 부분을 차지한다.

사회적 타당도.　사회적 타당도는 다음 질문과 관련있다. 계획된 행동변화 개입을 위해 세운 지금의 목표가 적절한가? 수용 가능한 절차를 사용하고 있으며, 이 방법이 최선의 치료 행위인가?(Peters & Heron, 1993) 마지막으로, 결과가 유의하고 중요하며, 지속 가능한 변화를 가져오는가?(Wolf, 1978) 대부분의 사람들은 아동에게 읽는 방법을 가르치는 것이 바람직한 목표라는 데 동의할 것이다. 직접적인 지시 또는 그 외의 측정 가능한 효과적인 지시 방법은 절차적인 면에서 타당하며, 읽기 능력 향상이라는 결과는 사회적으로 의미가 있다. 모든 면에서 볼 때, 아동이나 어른에게 읽기를 가르치는 것은 사회적으로 타당하다고 말할 수 있다. 새로운 읽기 능력은 개인의 삶에 긍정적인 효과를 가져다줄 것이다. 하지만 모든 상황에서 모든 능력에 대해 사회적 타당성이 부여된다고 말할 수는 없다. 시청각장애와 이동의 제한이 있는 아동에게 교통 안전판 읽는 방법을 가르치는 것이 그 사람에게 얼마나 의미 있는 일일까? 알츠하이머 환자에게 미국 대통령의 순서를 외우게 가르치는 것은? 발달장애를 가진 성인에게 색칠하기를 가르치는 것은? 자폐증을 가진 1학년 학생에게 하루에 20분씩 일대일 분리 시행 훈련(discrete trial instruction) 통해 봄과 가을 옷을 입고 있는 여성을 구별할 수 있도록 가르칠 필요가 있는가? 전신마비가 있는 학생이 일반 연필 사용법을 배울 필요가 있는가? 위에 소개된 모든 사례는 치료의 목표, 절차, 결과적인 측면에서 '가치'가 있다고 보기 어렵다. 발전된 교육 방법과 과학 기술을 이용해 시청각 장애와 이동의 제한이 있는 사람에게 교통 안전 신호를, 알츠하이머 환자에게 대통령 순서를, 발달장애를 가진 성인에게 색칠하는 법을, 자폐증을 가진 아이에게 계절 패션을, 또는 전신마비 환자에게 연필 잡기 기술을 가르칠 수는 있을 것이다. 하지만 윤리적인 측면에서 볼 때, 이런 일을 꼭 해야 하며, 그럴 만한 가치가 있을까?

비용−편익 비율. 비용−편익 비율에 관한 결정은 맥락에 따라 다르며, 치료 계획, 실행 치료 또는 치료의 평가(즉 비용 면), 그리고 내담자가 미래에 얻을 수 있는 이익(즉 편익 면)의 균형에 따라 이루어져야 한다. 쉽게 말해 개인이 얻을 수 있는 이득이 서비스 제공의 단기 장기적인 비용을 정당화하는가에 대한 문제이다. 예를 들면, (a) 지역 공립학교에서 유사한 서비스를 무료로 제공받을 수 있고, (b) 전학을 가는 것이 학생의 학습 능력과 사회적 행동 향상에 도움을 줄 것이 확실하지 않을 때, 학습장애가 있는 학생을 다른 주의 비싼 사립학교로 보내는 것은 시간, 비용, 감정 면에서 투자 가치가 있는가? 발달장애를 가진 11학년 학생에게 기능적 커리큘럼을 적용했을 때 학생의 취업 가능성, 자립심, 독립성을 증가시킬 가능성이 많음에도

불구하고, 대학 진학 위주의 교육에 초점을 두는 전문가의 노력은 비용과 시간 면에서 그만한 가치가 있는가? 공립 학군의 재정으로 사립 서비스를 이용하는 것을 정당화하기는 어렵다. 사립 서비스는 학군이 아닌 공적인 지원을 받아 이용해야 한다. 학생이 단기 및 장기 목표를 이루는 데 기능 교육과정(학습자의 생활, 경험, 흥미 활동을 중심으로 구성된 교육과정)이 적절하다는 것을 알면서 학업 수행에 대한 부적 강화를 방지하기 위해 학생에게 이 프로그램을 적용하는 것은 윤리적이지 않다. Sprague와 Horner(1991)는 이런 문제의 비용−편익 비율을 제대로 파악하려면 위원회를 통한 의사결정이 필요하며, 특히 결과를 중시하는 사람의 의견을 존중하라고 제안했다. 또한 다양한 견해를 모으기 위해 여러 의견 및 조언을 찾아야 한다고 조언했다.

위급 사태. 어떤 행동에 대해서는 단시일 내에 효과적인 해결법을 찾을 필요가 있다. 자해, 음식 섭취 문제, 혹은 심각한 방해 행동을 보이는 아동의 경우가 이에 속한다. 개인 또는 타인을 해칠 가능성을 최소화하기 위해 이런 행동은 즉각적으로 개선되어야 한다. 아무런 조치를 취하지 않는다면 이러한 행동이 악화될 수 있기 때문이다. 즉 윤리적인 관점에서 볼 때, 심각한 행동은 비교적 문제가 적은 행동보다 먼저 개입해야 한다. 하지만 빠르고 신속한 치료가 필요하다는 것이 단기적인 결과를 위해 장기적인 결과를 고려하지 않아도 된다는 것은 아니다. 즉각적 개입을 연기하더라도 효과성, 인권 침해, 치료의 부작용 가능성, 독립성과 같은 문제도 고려해야 한다(Sprague, 1994).

좋은 행동분석가가 된다는 것은 어떤 의미인가

단지 윤리규정을 따르는 것만으로 좋은 행동분석가가 되었다고 보긴 어렵다. 행동분석협회 및 행동분석가

자격위원회의 윤리규정을 따르는 것은 필수적이지만 충분하지 않기 때문이다. 환자의 복지에 우선순위를 두어 결정을 내리는 것 또한 충분치 않다. 거의 모든 문화권과 종교에서 공통적으로 다루는 황금률(다른 사람이 네게 해 주길 바라는 대로 다른 사람에게 해 주어라.)을 따르는 것도 확실한 답은 아니다(Maxwell, 2003). 좋은 전문가는 융통성을 보인다. 즉 윤리적인 전문가는 가치, 유관, 권리 및 책임을 동시에 고려하여 정보를 통합하고 이를 근거로 결정을 내린다(Smith, 1993).

윤리는 왜 중요한가

행동분석 전문가가 윤리적 원칙을 지키는 이유는 (a) 자신이 담당하는 내담자에게 사회적으로 '유의한' 행동변화를 발생시키고(Hawkins, 1984), (b) 피해를 감소시키거나 제거하며(예 : 효과적이지 않은 치료, 자해), (c) 학회와 전문협회의 윤리적 기준에 순응하기 위해서이다. 윤리적 기준이 없다면 전문가의 결정이 도덕적으로 옳은지, 그 결정이 편의, 압박 또는 잘못된 우선순위에 의해 내려진 상황 윤리인지 알 수 없다(Maxwell, 2003). 앞서 언급한 예에서 교사가 행동분석 서비스의 필요성을 무시하는 관리자의 압력에 저항하지 못했으나 동료 교사가 자신의 의견에 동조했다면 자신의 의사를 보다 확고하게 표현했을 수도 있다. 이때 우리는 상황 윤리가 작용했다고 볼 수 있을 것이다.

　더 나아가 윤리규정은 내담자에게 보다 적절한 서비스를 제공할 수 있게 해 주며, 궁극적으로 개인과 문화를 개선하는 데 도움을 주기 때문에 중요하다. 여러 관습은 시대가 바뀌면서 개선되었고, 윤리규정으로 자리 잡게 되었다. 윤리규정은 시대의 흐름에 따라 새로운 논쟁, 딜레마, 문제를 해결하는 과정을 통해 변화되어 왔다.

응용행동분석가를 위한 전문가 이행 지침

전문가 이행지침이란 무엇인가

전문가 이행지침이란 조직과 관련된 일을 수행하는 방법을 서면화한 지침 혹은 규정이다. 전문자격증위원회는 전문가를 관리하는 규정을 개발하고 개정하여 구성원들에게 동적이며 변화하는 환경에 대한 적절한 행동 기준을 제공한다. 각 조직에서 먼저 대책위원회를 구성하여 규정을 정하면 이사 및 구성위원회가 이를 개정하고 승인한다. 대부분의 전문 조직에서는 규정을 만드는 것과 더불어 규정을 따르지 않는 구성원들에 대한 제재를 가한다. 주요 규정 위반은 제명 또는 증명서나 자격증의 박탈이라는 결과를 초래할 수 있다.

　아래 5개 문서는 응용행동분석가가 준수해야 하는 전문 이행 지침과 윤리적 이행 기준에 대한 설명을 포함하고 있다.

- 심리학자의 윤리원칙 및 윤리규정(Ethical Principles of Psychologists and Code of Conduct)(American Psychological Association, 2002)
- 효과적인 행동치료를 받을 권리(The Right to Effective Behavioral Treatment)(Association for Behavior Analysis, 1989)
- 효과적인 교육을 받을 권리(The Right to Effective Education)(Association for Behavior Analysis, 1990)
- 행동분석가를 위한 책임 있는 행동 지침서(Guidelines for Responsible Conduct for Behavior Analysts)(Behavior Analyst Certification Board, 2001)
- BCBA와 BCABA 행동분석가 과제 목록(The BCBA and BCABA Behavior Analyst Task List, Third Edition)(Behavior Analyst Certification Board, 2005)

통칙	윤리기준
원칙 A : 선행 및 무해(nonmaleficence)	1. 윤리적 문제해결
원칙 B : 충실 및 책임	2. 권한
원칙 C : 진실성	3. 인간관계
원칙 D : 정당성	4. 사생활 및 비밀 보장
원칙 E : 개인의 권리 및 존엄에 대한 존중	5. 광고 및 그 외 공표
	6. 기록 및 요금
	7. 교육 및 훈련
	8. 연구 및 발행
	9. 평가
	10. 상담

출처 : "Ethical Principles of Psychologists and Code of Conduct," by the American Psychological Association, 2002. Retrieved November 11, 2003, from www.apa.org/ethics/code2002.html. Copyright 2002 by the American Psychological Association. Adapted with permission from the author.

| **그림 15.1** | 심리학자의 윤리원칙 및 윤리규정

심리학자의 윤리원칙 및 윤리규정 – 미국심리학회

미국심리학회는 1953년에 처음으로 심리학자를 위한 윤리규정(Ethical Standards of Psychologists) (American Psychological Association, 1953)을 발행했다. 이 규정은 시대적 요구의 변화에 따라 1959년과 2002년 사이에 여덟 번 개정되었다. 1988년 행동분석협회는 처음으로 미국심리학회의 윤리규정(American Psychological Association, 2002)을 기준으로 전문가 행동지침서를 만들었다. 그림 15.1에 근간이 되는 5개의 통칙과 10개의 윤리 기준이 제시되어 있다.

효과적인 행동치료를 받을 권리

행동분석협회는 내담자의 권리에 대한 2개의 포지션 페이퍼(position paper, 중대 문제에 관해 입장을 밝힌 문서)를 발행했다. 1986년 협회는 행동치료를 받는 사람들의 권리와 행동분석가의 적절한 서비스 제공에 대한 대책을 마련하고자 위원회를 구성했다. 2년의 연구 후 위원회는 윤리적이며 적절한 행동치료의 기반이 되는 내담자의 여섯 가지 권리를 발표했다(그림

15.2 참조)(Van Houten et al., 1988).

효과적인 교육을 받을 권리

행동분석협회는 효과적인 교육을 받을 권리(Association for Behavior Analysis, 1989)라는 포지션 페이퍼를 도입했다. 대체위원회의 보고서(Barrett et al., 1991)는 ABA 실행위원회의 승인을 받았다. 그림 15.3에 소개된 축약된 보고서는 차후 일반 회원 과반수 투표로 인해 최종 승인을 받아 ABA 규정이 되었다. 이 포지션 페이퍼는 평가 및 교육 개입이 (a) 효과가 검증된 실질적인 연구에 기반하고, (b) 행동과 환경 사건 간의 기능적인 관계를 다루며, (c) 체계적이고 지속적인 방식으로 감독 및 평가받아야 함을 명시한다(Van Houten, 1994). 개입은 경험적 증거 및 평가 결과를 고려했을 때 효과적이라고 판단될 때만 채택되어야 한다.

행동분석가를 위한 책임 있는 행동 지침서

행동분석자격위원회(Behavior Analyst Certification Board)의 행동분석가를 위한 책임 있는 행동 지침서(2004)

1. 개인에게는 치료에 도움이 되는 환경(therapeutic environment)에서 치료를 받을 권리가 있다.
2. 개인에게는 개인 복지를 우선 목적으로 하는 서비스를 받을 권리가 있다.
3. 개인에게는 유능한 행동분석가에게 치료받을 권리가 있다.
4. 개인에게는 기능적인 기술을 가르치는 프로그램을 받을 권리가 있다.
5. 개인에게는 행동 평가 및 지속적인 평가를 받을 권리가 있다.
6. 개인에게는 가장 효과적인 치료를 받을 권리가 있다.

출처 : "The Right to Effective Behavioral Treatment" by the Association for Behavioral Analysis, 1989. Retrieved November 11, 2006, from www.abainternational.org/ABA/statements/treatment.asp. Copyright 1989 by the Association for Behavior Analysis. Adapted with permission.

| **그림 15.2** | 효과적인 행동치료를 받을 권리

는 10개의 주요 영역에 걸쳐 행동분석가에게 요구되는 구체적인 기대 및 행동을 포함한다(그림 15.4 참조). BACB의 지침서는 **벨몬트 리포트**(The Belmont Report) (The National Commission for the Protection of Human Subjects of Biomedical and Behavioral Research, 1979), 행동분석 분야와 관련된 9개의 조직에서 개발하거나 채택한 윤리규정(예 : American Psychological Association, 2002; Florida Association for Behavior Analysis, 1988; National Association for School Psychologists, 2000; National Association of Social Workers, 1996)에 근거하여 개발되었다.

BCBA와 BCaBA 행동분석가 과제 목록

BCBA와 BCaBA 행동분석가 과제 목록은 자격증을 가진 행동분석가에게 기대되는 지식, 기술, 행위를 알려 준다. 과제 목록은 10개 영역 111개의 과제를 포함한다(일부 항목에는 다수 하위 과제가 있다). '내용 영역 1, 윤리적 고려 사항'은 이 장 도입부에 열거한 열두 가지 과제로 구성되어 있다.[1] 이장의 나머지 부분에서는 이 12개의 과제를 자세히 다룰 것이다.

과제 중 3개는 전문적인 능력(즉 행동분석가가 전문

성을 갖추고 유지하기 위해 해야 할 일)을 다루고 목록 1의 나머지 9개는 내담자 서비스와 관련된 윤리규정에 초점을 맞춘다.

 전문가 자격증 취득

응용행동분석에서 전문가 자격증은 정식 교과과정 이수, 실습, 그리고 감독자 전문 지도하의 경험을 충족하여 취득할 수 있다. 많은 훌륭한 행동분석가들은 심리학, 교육학, 사회복지, 그 외 보건복지와 관련된 석사 및 박사 프로그램을 통해 훈련을 받았다.[2]

ABA에서 인준한 자격증 관련 기관들은 행동분석가가 되기 위해 필수적으로 들어야 할 교과과정과 감독자 전문 지도하의 수련을 명시하고 있다. 행동분석협회(1993, 1997)와 행동분석자격위원회는 행동분석 훈련에 요구되는 최소 기준을 정했다. 행동분석협회는 대학 훈련 프로그램을 인준하고, BACB는 개별 전문가에게 자격증을 부여해 준다. 전문가는 자격증 기준을 달성해야 할 뿐 아니라 자격 시험도 통과해야 한다.

---

1) 이 책 표지 안쪽 면에 전체 과제 목록이 소개되어 있다.

2) 응용분석 대학원 프로그램을 갖추고 있는 단과대학 및 대학 목록 검색은 ABA Directory of Graduate Training in Behavior Analysis를 참조하라.

1. 학생의 전반적인 교육적 배경은 다음과 같아야 한다.
   a. 학습 성취와 학습 향상을 촉진하고 유지하며, 목표에 상충되는 행동을 억제하는 사회적 · 윤리적 학교 환경
   b. 학생을 가족처럼 보호하고, 개별적으로 관심을 주며, 돌볼 수 있는 학교
   c. 부모에게 지지와 양육, 훈련을 제공할 수 있는 학교 프로그램
   d. 학교에서의 성공이 격려받고 지속될 수 있는 가정의 관심
2. 커리큘럼 및 교육 목적은 다음과 같아야 한다.
   a. 점진적으로 숙달할 수 있고 장기적으로 사회적 가치가 있다고 입증된 적절한 위계를 가진 교육 내용, 목표의 연속성, 수행 기준에 근거해야 함
   b. 수행의 정확도와 속도를 고려한 숙달 기준 포함
   c. 개인적 · 직업적 측면에서 단기 및 장기 성공이 가능하고 숙달 후 자연적인 결과에 의해 유지될 수 있는 목표
   d. 교육 목적에 명시되어 있듯이 장기적인 기술 습득과 지식 유지를 측정할 수 있는 목표
3. 평가와 학생 배치 시 다음을 고려해야 한다.
   a. '감정적으로 불안함' 또는 '학습에 장애가 있는'과 같은 범주의 분류가 아닌 실질적인 기술 및 지식 수준에 기반을 둔 평가 및 보고 방법의 사용
   b. 위계적으로 구성된 커리큘럼 내에서 현재 기량과 커리큘럼을 수용하는 데 필요한 필수 기량 간의 관계를 고려한 학급 배치
4. 교육 방법은 다음과 같아야 한다.
   a. 학생이 자신의 속도에 맞춰 학습 목표를 습득하고, 그 목표에 빈번하고 신속하게 반응할 수 있도록 기회를 제공할 것
   b. 커리큘럼의 각 단계에서 기술과 지식을 숙달할 수 있도록 충분한 연습 기회를 제공할 것
   c. 학생이 스스로 실수를 정정하고 반응 횟수를 조절할 수 있으며, 바람직한 결과를 달성할 수 있을 때까지 개인 수행에 대한 결과를 제공할 것
   d. 집단 지시가 바람직한 결과를 발생시키지 못했을 경우 개별 지시를 사용하는 것을 포함해서 개개인의 습득 및 수행 정도에 민감하게 반응할 것
   e. 본 문서에서 기술하는 측면을 포함하는 프로그램에서 학생이 목표로 하는 기술 습득을 위해 가장 최신의 교육 도구를 사용할 것
   f. 수행 기반 훈련, 관리 및 지도적 지지, 효과적이며 과학적으로 측정 가능한 검증을 받은 지시 절차, 프로그램, 수단 사용에 대한 평가를 받은 지도자가 이를 이행할 것
5. 측정 및 요약평가는 다음을 포함해야 한다.
   a. 객관적인 커리큘럼 기반의 수행 측정을 통한 결정
   b. 주관적인 평가, 규준 지향 비교 또는 문자 등급 점수보다는 개인 성취나 발달을 객관적으로 측정하는 보고
6. 성공 여부 평가 시 다음을 규정해야 한다.
   a. 학교 직원의 재무 및 운영 결과는 학생의 목표 달성에 대한 객관적인 측정을 근거로 한다.
   b. 교사, 관리자 및 전반적인 교육 프로그램은 학생의 성공에 대한 책임이 있으며 학생이 최고의 수행 수준에 달성할 때까지 프로그램을 바꾼다.
   c. 학생 및 학부모는 자신의 교육 요구가 충족될 때까지 학교 또는 교육 프로그램을 변경하거나 그렇게 할 수 있도록 격려되어야 한다.

| **그림 15.3** | 효과적인 교육을 받을 권리

1.0 행동분석가의 책임 있는 행동
  1.01 과학적인 지식에 의거함
  1.02 자격 및 전문성 계발
  1.03 자격
  1.04 전문성 계발
  1.05 진실성
  1.06 전문적 및 과학적인 관계
  1.07 이중적인 관계
  1.08 착취하는 관계
2.0 내담자에 대한 행동분석가의 책임
  2.01 내담자의 정의
  2.02 책임감
  2.03 상담
  2.04 제3자의 서비스 요구
  2.05 내담자의 권리 및 특권
  2.06 비밀 유지
  2.07 기록 유지
  2.08 정보 개방
  2.09 치료 효력
  2.10 전문적 및 과학적 작업 기록
  2.11 기록 및 자료
  2.12 비용 및 재정적인 합의
  2.13 서비스 비용 제공자에게 제공되는 기록의 정확성
  2.14 위탁 및 요금
  2.15 서비스 중단 및 종결
3.0 행동 평가
  3.01 수행을 불가능하게 하는 환경 조건
  3.02 수행을 방해하는 환경 조건
  3.03 기능적 평가
  3.04 내담자 수용
  3.05 동의 – 내담자 기록
  3.06 프로그램 목적 설명
  3.07 행동 평가 승인
  3.08 프로그램 성공을 위한 조건 설명
  3.09 평가 결과 설명
4.0 행동분석가와 개인 행동변화 프로그램
  4.01 개입 승인
  4.02 강화/처벌
  4.03 해로운 강화제 사용하지 말기
  4.04 지속적 자료 수집
  4.05 프로그램 수정
  4.06 프로그램 수정 동의
  4.07 최소 제한주의
  4.08 종결의 기준
  4.09 내담자의 종결
5.0 교사 그리고/또는 감독자로서의 행동분석가
  5.01 적절한 훈련 프로그램 설계
  5.02 훈련의 한계
  5.03 과정 목적 제공
  5.04 과정 필수조건 설명
  5.05 평가 조건 설명
  5.06 학생/감독자에게 피드백 제공
  5.07 교수 상황에서 행동분석 원칙 제공
  5.08 감독받는 자의 필수조건

| **그림 15.4** | 행동분석자격위원회®의 책임 있는 행동분석가 행동 지침서

| **그림 15.4** | 행동분석자격위원회®의 책임 있는 행동분석가 행동 지침서(계속)

BACB는 철저한 업무 분석을 통해 행동분석가가 습득해야 할 최소한의 내용을 담은 행동분석가 과제 목록을 개발했다(Behavior Analyst Certification Board, 2005)(BACB, 2005; Shook, Johnston, & Mellichamp, 2004; Martinez-Diaz, 2003 참조).[3]

수료증 및 자격증 받기

소비자는 훈련 및 자격의 최소 기준을 충족한 행동분석가를 식별할 수 있어야 한다(Moore & Shook, 2001; Shook & Favell, 1996; Shook & Neisworth, 2005). 과거에는 대부분의 행동분석 서비스를 제공하였기 때문에 소비자들은 심리, 교육 또는 임상복지 자격증을 소지한 전문가가 응용행동분석에 대한 특정 훈련을 받았는지를 알 수 있는 방법이 없었다(Martinez-Diaz, 2003). 1999년 BACB는 미국을 포함한 일부 나라에서 행동분석가에게 자격증을 수여하기 시작했다. 이 BACB의 자격증 프로그램은 플로리다 주의 오래 지속된 혁신적인 자격증 프로그램에 기반을 두었다(Shook, 1993; Strarin, Hemingway, & Hartsfield, 1993).

전문 분야에서의 활동

행동분석가는 자신이 받은 전문적인 훈련 및 경험 및 자격 범위 내에서 활동해야 한다. 예를 들어, 주로 발달장애를 가지고 있는 성인을 치료한 경험이 많은 전문가는 자신의 서비스를 이 대상에 한정해야 하며 갑자기 자폐스펙트럼장애 아동을 치료하는 것은 옳지 않다. 마찬가지로, 주로 청소년 및 청년 치료에 경험이 있는 행동분석가는 자신의 전문 밖인 유치원생을 대상으로 서비스를 제공해서는 안 된다. 유치원이나 가정 기반 환경에서 일해 온 행동분석가는 조직 행동 유지와 관련된 서비스를 제공해서는 안 된다.

능력이 있더라도 자신의 훈련 또는 경험을 넘어서는 사례의 경우, 치료사는 다른 행동분석가 또는 컨설턴트에게 의뢰해야 한다. 자신이 경험한 전문적인 실습에 부족함이 있을 경우 워크숍, 세미나, 수업, 그리고 지속적인 교육 활동을 통해 자신의 전문성을 넓힐 수 있다. 행동분석가는 가능한 범위 내에서 전문적인 훈련과 개입을 제공할 수 있도록 멘토, 감독, 또는 동료와 함께 공동 작업을 해야 한다.

전문적 능력의 유지 및 확대

행동분석가는 각 영역에 대한 새로운 정보를 지속적으로 수집해야 할 윤리적인 책임이 있다. 예를 들어, 1990년대의 선행 개입, 기능 분석, 동기조작의 개념에 대한 기술적인 혁신은 임상 및 교육 실행에 큰 영향을 끼쳤다. 행동분석가는 지속적으로 교육을 받고 전문 학회에 참석하며, 전문 문헌을 구독하고, 동료 및 감독위원회에 사례 발표를 함으로써 전문적 능력을 유지하고 확장해 나갈 수 있다.

보수교육

행동분석가는 보수교육(continuing education unit, CEU) 점수를 제공하는 훈련 프로그램에 참여함으로써 자신의 전문성을 확장하고 행동분석 분야의 최신 경향을 파악하고 있어야 한다. BACB는 전문가에게 자격증 갱신 기간인 3년마다 최소한의 CEU를 획득해 자격증을 유지할 것을 요구한다. 행동분석가는 행동분석가협회와 지회, 또는 BACB가 CEU 제공자로 인정한 대학 및 기관에서 후원하는 행사 등 국제 및 지역 워크숍에 참여하여 CEU 점수를 획득할 수 있다. 보수교육 점수는 행동분석가가 관련된 의식, 지식, 기술을 지속적으로 획득하고 있음을 증명해 준다.

---

3) 자격증 필수조건과 절차는 BACB 웹사이트(www.BACB.com)에서 확인할 수 있다.

학회 참석 및 발표

지역, 주, 또는 전국 규모의 학회에 참석하는 것은 모든 행동분석가의 실력을 향상해 준다. "가르칠 때만큼 잘 배울 수 있는 방법은 없다."라는 원칙은 이 분야에서도 통한다. 즉 학회 참석은 전문가가 실력을 향상하는 데 도움을 준다.

전문 잡지 및 독서 구독

독학은 지속적으로 변화하는 분야에서 현재성을 유지할 수 있는 근본적인 방법이다. 「Journal of Applied Behavior Analysis(JABA)」와 「The Behavior Analyst」의 구독을 일상화하는 것은 물론이고, 자신의 전문 및 관심 분야에 관한 내용의 발행 잡지도 가까이 해야 한다.

감독 및 동료 평가

행동분석가는 어려운 문제에 당면했을 때 자신의 경험에서 나온 기술을 문제해결에 적용한다. 예를 들어, 빈번하게 심각한 뺨 때리기 행동을 보이는 아동의 경우, 행동을 바로잡기 위해 적절한 사물 집기와 같은 방법을 차별강화의 도구로 사용함으로써 헬멧 또는 그 외의 안전장치 사용을 점차 줄일 수 있다. 행동원리에 근거하고, 연구 문헌에 언급되어 있으며, 본 사례에 효과적이라는 조건을 충족한다면 이러한 헬멧 용암법을 사용하는 것은 윤리적으로 문제가 없다. 그러나 아무리 숙련된 기술과 전문성을 가진 치료사라고 해도 실수나 부작용은 피할 수 없다. 감독 및 동료 평가의 중요성은 이 부분에 있다.

여러 주에서는 행동의 종류, 심각성 또는 절차의 제한 정도에 따라 치료사가 감독자 참석하에 개입을 할 것을 요구하는 법률이 있다. 동료 리뷰와 감독 절차는 지역의 법 제도와 상관없이 이루어져야 한다. 이와 같은 절차는 행동분석 서비스 대상자뿐만 아니라 행동분석가도 보호한다.

행동분석가가 아닌 다른 전문가에게 평가 결과를 알리는 경우, 행동분석가는 임상적 · 전문적 기준에 합당한 명확한 절차를 시연할 수 있어야 한다. 이러한 절차는 행동분석가로 하여금 행동의 성과를 확신하고, 왜 다양한 교육적 · 임상적 선택이 만들어졌는지 설명하며, 해석을 용이하게 해 주는 그래프를 사용해 결과와 제언을 분명히 설명할 수 있는 기회를 제공한다.

전문적인 주장 및 입증

어떤 행동분석가는 조작 및 반응 원칙의 우월성을 지나치게 확신한 나머지 비현실적인 제안을 하기도 한다. 예를 들어, "아드님을 확실하게 도울 수 있습니다."라는 주장은 비윤리적이다. "아드님과 비슷한 문제를 가진 아이를 성공적으로 치료한 경험이 있습니다."가 더 윤리적이고 적절한 주장이다. 목표행동의 치료 효과에 대한 문헌, 행동의 기능(예 : 주의, 도피), 그리고 특정 집단을 잘 알고 있는 경우 비현실적인 주장을 할 가능성이 낮다.

전문성의 기준에 관련된 두 번째 사항은 자격이나 경험이 없는 사람이 수료증, 자격증, 교육 경험 또는 훈련을 갖춘 전문가인 양 행세하는 것과 관련 있다. 행동분석 경험 또는 자격증이 없는데 있다고 하는 허위주장은 비윤리적이며 미국의 대부분의 주에서 불법이다.

 내담자 서비스 제공 시 윤리적 문제

앞서 다룬 바와 같이 행동분석가의 윤리적인 고려 사항은 다른 분야와 유사하지만 행동분석 서비스 제공에만 한정되어 있는 특수한 사항도 있다. 예를 들어 개입 시 유해한 자극 절차를 사용하는 경우, 사용 전 고려해야 할 복잡한 윤리 문제가 먼저 해결되어야 한다(Herr, O'Sullivan, & Dinerstein, 1999; Iwata, 1988; Repp & Singh, 1990).

이 장에서는 가장 보편적으로 고려되는 BACB 기준에 명시된 윤리적 문제만을 다루지만 학생과 행동분석가는 BACB 가이드라인 및 과제 목록과 목적을 숙지하여 다양한 윤리적 기준에 익숙해질 것을 권한다.

참가자 동의

참가자 동의란 연구 참가자 또는 서비스 수령자가 모든 평가나 치료가 행해지기 전 그에 대해 수락함을 뜻한다. 참가자 동의는 허가를 받는 것 이상인데, 참가자에게 치료에 대해 완전히 개방하고 정보를 제공한 후 허가를 구해야 한다. 그림 15.5는 참가자 동의서의 예를 보여 준다.

참가자 동의서가 효력을 발휘하기 위해서는 다음 세 가지가 충족되어야 한다. (a) 동의를 하는 개인은 결정할 수 있는 능력이 있어야 하고, (b) 그 결정은 자발적이어야 하며, (c) 참가자는 치료의 핵심에 대한 정확한 정보를 충분히 가지고 있어야 한다.

결정할 수 있는 능력

참가자가 제공된 정보에 근거하여 결정을 내릴 수 있

참가자 동의서 형식
A.B.A. TECHNOLOGIES, INC.

내담자 : _____   생년월일 : _____

동의할 권리
나는 위 내담자와 관련된 평가, 정보 공유를 포함한 모든 법적 사안에 동의할 권리가 있음을 인지하고 있다. 필요시 A.B.A. Technologies, Inc.에 이를 증명하는 문서를 제공하는 데 동의한다. 법적 후견인이 바뀌는 경우, 이를 증명하는 새로운 후견인의 이름, 주소, 전화번호를 A.B.A. Technologies, Inc.에 즉시 알리는 데 동의한다.

치료 동의 : A.B.A. Technologies, Inc.의 치료사들이 위 내담자에게 행동치료를 제공하는 데 동의한다. 행동 개선을 위한 절차는 선행 및 결과의 조작으로 구성된다는 것을 이해한다. 치료 초기에는 치료 환경이나 그 외의 장소에서 행동 악화(소거 폭발)가 발생할 수 있음을 인지한다. 행동치료의 일환으로 신체적 촉진이 사용되는 데 동의한다. 치료 프로토콜에 대한 설명을 들었다.

이 동의서는 언제든지 철회할 수 있지만 이미 발생한 서비스에 대한 동의를 철회할 수는 없다. 본 동의서의 사본은 원본과 동일한 효력을 갖는다.

부모/보호자 : _____   날짜 : _____
증인 : _____   날짜 : _____

출처 : *ABA Technologies, Inc.*, by José A. Martinez-Diaz, Ph.D., BCBA, 129 W. Hibiscus Blvd., Melbourne, FL. Used with permission.

| **그림 15.5** | 참가자 동의서 예시

다는 것을 증명하기 위해서는 다음의 역량을 갖춰야 한다. (a) 지식 습득이 가능한 정신적 능력 및 기능, (b) 선택을 스스로 하고 그것을 표현할 수 있는 능력, (c) 이성적인 결정을 할 수 있는 능력. 정신적 능력 및 기능이라는 개념은 추상적이며, 이를 평가하는 도구는 없다. 어떤 사람이 '사고, 기억, 선택, 행동결과의 이해, 그리고 미래 계획을 할 수 없거나 이 능력이 제한됨을 보일 때' 정신적 능력 및 기능을 의심할 수 있다(O'Sullivan, 1999, p. 13). 장애로 인해 자신의 행동에 대한 결과를 이해하는 능력이 제한된다면 정신적으로 장애가 있다고 의심된다(Turnbull & Turnbull, 1998).

Hurley와 O'Sullivan(1999)에 의하면 "제공된 정보에 근거해 결정을 내리는 능력이란 유동적인 개념으로 개인에 따라 혹은 절차에 따라 변한다(p. 39)." 예를 들어 어떤 이는 위험이 적거나 없는 정적 강화 프로그램은 이해하나 과잉 수정과 반응 대가를 결합한 것과 같은 복합적인 치료는 이해하지 못할 수 있다. 즉 어떤 치료를 이해할 능력이 있다고 해서 복잡한 치료도 이해하고 동의할 능력이 있다고 가정해서는 안 된다. 개인의 이러한 수용 능력은 행동 맥락뿐 아니라 법적인 측면에서도 고려되어야 한다. 법적 의미에서 개인의 능력은 '절차의 성격, 위험, 그리고 그 외 주요 정보를 이성적으로 이해하는 것'을 뜻한다(Kaimowitz v. Michigan Department of Mental Health, 1973, as cited in Neef, Iwata, & Page, 1986, p. 237). 발달장애를 가진 개인의 능력에 대한 판단은 매우 어려우며, 이러한 개인을 대하는 경우 법정 전문가의 도움을 청하는 것이 좋다.

정신적으로 장애가 있다고 간주되는 경우 대리인 또는 후견인을 통해 참가자 동의서를 받을 수 있다.

대리인 동의. 대리인 동의란 결정 능력이 없다고 판단된 정신적 장애가 있는 사람을 대신해 그 사람이 내렸을 것이라고 생각되는 결정에 근거해 대신 결정을 내리는 행위를 뜻한다. 대부분의 경우 가족 또는 가까운 친구가 대리인의 역할을 한다.

미국의 대다수 주에서 대리인의 권한은 제한되어 있다. 내담자가 적극적으로 치료를 거부하거나(예 : 발달장애가 있는 성인이 치과 의자에 앉는 것을 거부하는 경우), 피임, 낙태와 같은 논쟁 대상의 의학 절차, 또는 특정 정신장애 치료법(예 : 전기충격 요법 또는 향정신성 약물)을 거부하는 경우에는 대리인이 치료에 동의할 수 없다(Hurley & O'Sullivan, 1999). 대리인은 반드시 대상자와 관련된 다양한 정보를 고려해 결정을 내려야 한다. 벨처주립학교 교장 Saikewicz (1977) 사례는 정신적 장애로 결정이 어려운 사람을 위해 대리인이 동의서를 작성할 때 유의해야 할 사항을 알려 준다(Hurley & O'Sullivan, 1999). 그림 15.6은 두 가지 주요 부문에서 대리인이 고려해야 할 사항을 보여 준다. 정신적 장애가 있는 내담자가 (a) 원하는 것이 무엇인지 알거나 추측이 가능한 경우, (b) 원하는 것이 무엇인지 모르고 파악이 어려운 경우(예 : 심각한 장애를 갖고 있는 사람).

후견인 동의. 후견인 동의는 법정에서 개인의 법적 보호자로 지정된 사람, 즉 후견인에게 받는다. 후견인 권리는 복합적인 법적인 문제로 미국의 주마다 차이가 있다. 그러므로 다음에서는 두 가지 주요 요점만 다룬다. 첫째, 치료가 필수적이나 내담자가 결정을 내릴 능력이 없는 상태에서 치료를 거부하여 대리인이 문제를 해결할 수 없을 때 후견인을 찾을 수 있다. 하지만 후견인의 권한이 커질수록 내담자가 가진 법적 능력이 제한된다. 행동분석가의 목적 중 하나는 개인이 보다 독립적일 수 있도록 도와주는 것이기 때문에 어느 단계에서라도 후견인을 찾는 것은 최후의 수단이

내담자가 원하는 것이 무엇인지 알거나 추측이 가능한 경우

1. 현재 진단 및 예후
2. 치료에 대한 내담자의 선호도
3. 내담자의 종교 또는 신념
4. 치료에 대한 행동 및 태도
5. 타인에게 행해진 유사한 치료에 대한 내담자의 태도
6. 내담자의 병과 치료가 가족 및 친구에게 끼치는 영향에 대한 염려

내담자가 원하는 것이 무엇인지 모르고 파악이 어려운 경우

1. 내담자의 신체적 · 감정적 · 정신적 기능에 치료가 끼칠 영향
2. 치료나 치료 보류 또는 소거로 인해 내담자가 겪어야 할 육체적인 고통
3. 건강 상태 또는 치료 결과로 인해 내담자가 겪고 있는 굴욕, 존엄성 손상, 의존성
4. 내담자 기대 수명에 치료가 끼칠 영향
5. 치료 유무 시 내담자의 완치 가능성
6. 치료 위험, 부작용과 이득

출처 : "Informed Consent for Health Care" by A. D. N. Hurley & J. L. O'Sullivan, 1999, in R. D. Dinerstein, S. S. Herr, & J. L. O'Sullivan (Eds.), *A Guide to Consent*, Washington DC, American Association on Mental Retardation, pp. 50-51. Used by permission.

| **그림 15.6** | 장애가 있는 개인을 대신해 참가자 동의를 해 주는 대리인이 고려해야 할 점

되어야 하고, 그 전에 다른 방법으로 문제해결이 가능한지 탐색해야 한다.

둘째, 후견인의 권리는 법정이 정하는 한도 내에서 제한적이다. 미국의 대다수 주에서 후견인은 개인 삶의 모든 중요한 결정에 대한 책임을 지게 된다. 법정은 개인의 권리를 보호하기 위하여 후견인의 권리를 한정하거나 임시적인 권한을 주는 것이 보다 적절하다고 판단할 수 있다. 예를 들어, 후견인의 권리는 재정적 문제나 의학적 문제에 한하거나 특정 문제가 제기되는 경우(수술이 필요한 경우와 같이)에만 효력이 발생할 수 있다. 후견인의 권리 철회 또는 누가 후견인의 역할을 할 것인지 등 후견인 권리에 대한 모든 최종 결정은 법정에서 내린다(O'Sullivan, 1999).

자발적 동의

내담자가 강압, 압력, 또는 그 외 어떠한 영향도 받지 않으며 언제든지 철회할 수 있다는 것을 이해하고 동의서에 사인을 하는 경우, 동의서가 '자발적'이라고 할 수 있다. Yell(1998)이 말한 바와 같이 "동의서 철회는 최초에 동의서를 거절하는 것과 동일한 효력을 가진다(p. 274)."

가족이나 의사, 지지팀 또는 그 외 사람들은 개인이 동의서에 동의하거나 거절하는 데 강력한 영향을 미칠 수 있다(Hayes, Adams, & Rydeen, 1994). 예를 들어 발달장애 환자는 다학제적 팀 회의에서 주된 결정을 해줄 수 있는데, 이때 내담자에게 어떤 방식으로 질문을 하느냐에 따라 동의서가 완벽하게 자발적이지 않을 수 있으므로 조심해야 한다(예 : "이 개입을 통해 도움 받기를 원하는 게 맞죠?"라고 묻는 것은 중립적인 질문이 아니다).

내담자의 동의가 완벽하게 자발적이기 위해서 치료사는 변호인의 입회하에 평가와 치료에 관련된 요점

필수 문서

아래 목록에 소개되는 다양한 이슈에 대한 정보를 이해했으며 동의한다는 문서에 서명 및 날짜 기재

소개/논의된 요점

1. 비밀 보장과 이의 한계 : 정보가 사용되는 방식 및 공유되는 사람

2. 서비스 제공자 자격

3. 치료 위험/이익

4. 절차의 특성 및 대안

5. 서비스 실행 계획
   - 재무 관련 : 요금 구성, 청구, 납부 방법, 보험 문제, 그 외 비용
   - 소통 : 전화, 문서 등을 사용하여 상담 사이에 연락할 수 있는 방법
   - 상담 취소 및 결석
   - 서비스 종결

6. 내담자 및 행동분석가의 책임

출처 : "Ethical and Risk Management Issues in the Practice of ABA" by E. Cipani, S. Robinson, and H. Toro (2003). Paper presented at the annual conference of the Florida Association for Behavior Analysis, St. Petersburg. Adapted with permission of the authors.

| **그림 15.7** | 참가자 동의를 확보하기 위해 고객에게 주어야 할 정보

을 내담자와 논의하는 방법을 생각해 볼 수 있다. 시간 제한 없이 논의한 후 결정을 내리게 하여 압력을 줄여 주고, 내담자가 자신이 신뢰하는 사람들과 충분히 논의하고 검토할 수 있도록 시간을 줌으로써 자발적 동의를 할 수 있게 해야 한다.

치료 지식

서비스 제공자는 서비스 또는 연구 참가를 고려하는 사람에게 쉽고 명확한 용어를 사용해 다음의 정보를 제공해야 한다. (a) 치료의 중요한 특징, (b) 절차의 위험도와 이점, (c) 대안치료, (d) 내담자가 아무 때나 치료를 거부할 수 있는 치료 거부 권한. 내담자는 제공된 정보에 대한 질문에 정확하게 답할 수 있어야 하며, 자신의 용어로 절차를 설명할 수 있어야 한다. 예를 들어, 개입 절차에 타임아웃이 포함된다면 내담자는 타임아웃이 가져올 수 있는 가능한 결과를 모두 인지할 뿐만 아니라, 단순히 자신에게 안 좋은 결과가

있으리라는 막연한 결과(예 : 내가 다른 사람들을 때리면 혼이 날 것이다)보다는 구체적인 결과를 알고 있어야 한다. 그림 15.7은 자발적인 동의를 얻기 위해 내담자에게 제공해야 할 추가적인 정보 목록이다 (Cipani, Robinson, & Toro, 2003).

동의 없는 치료

미국 대부분의 주에서는 꼭 필요한 절차의 경우 내담자의 동의를 얻지 못해도 치료사가 개입하게 허락하는 정책을 가지고 있다. 삶을 위협하는 비상사태 또는 심각한 해를 끼칠 가능성이 큰 경우, 개입이 동의 없이 행해질 수 있다. 학교에서 어떤 서비스가 필요하거나 바람직하다고 판단했는데(예 : 특수교육 프로그램) 부모가 거부하는 경우, 학교는 행정 검토, 중재, 그리고 최후의 경우 법정 체계를 통해 실행 청구를 할 수 있다(Turnbull & Turnbull, 1998). 미국의 주마다 동의 없이 행해지는 절차에 대한 기준이 다르기 때문에 치

A.B.A. TECHNOLOGIES, INC
정보 공개 및 평가 동의서

내담자 : _____ 생년월일 : _____

부모/후견인 : _____

상기 내담자가 A.B.A. Technologies, Inc.에서 평가를 받는 것에 동의한다. 다음 장소에서 상기 내담자에 대한 평가가 실행되는 것에 동의한다. (관련 장소 표시)

　　　집　　　　　　　　　학교　　　　　　　　　기타 : _____

위의 장소에서 평가할 경우 위의 내담자를 보호하는 것에 동의한다. 상기 장소에서 평가를 진행하기 위해 이를 관리하는 책임자에게 다음과 같은 기록을 공개하는 것에 동의한다.

평가/진단서 : _____
_____

IEP 및 기타 기록 : _____

기타 : _____

이 기록에는 정신치료, 그리고/또는 약물 및 알코올 관련 정보가 포함될 수 있음을 이해한다. 또한 이 기록에 혈액 관련 병리(예 : HIV, AIDS)에 대한 정보가 포함될 수 있음을 이해한다. 이 동의서를 언제든지 철회할 수 있으나 이미 실행된 일에 대한 동의를 철회할 수는 없음을 이해한다. 본 동의서의 사본은 원본과 같은 효력을 갖춘다. **본 동의서의 효력은 서비스 종결 30일 후 자동적으로 상실된다.**

부모/후견인 : _____ 날짜 : _____
_____

출처 : *ABA Technologies, Inc.,* by José A. Martinez-Diaz, Ph.D., BCBA, 129 W. Hibiscus Blvd., Melbourne, FL. Used with permission.

| **그림 15.8** | 정보 공개 용지

료사들은 지역이나 주 법정에 조언을 구하는 것이 바람직하다. 더 나아가 전문가들은 주 법률과 관련된 규칙과 규정이 지속적으로 개정됨을 고려하여 정기적으로 이를 검토해야 할 것이다.

비밀 보장

전문적인 관계에서는 **비밀 보장**이 필수적인데, 이는 서비스를 받고 있거나 이미 받은 개인에 관한 모든 정보는 개인이 정보 공개를 허락하지 않는 한 제3자에게 정보를 제공하거나 논의하지 말아야 한다는 뜻이다. 비밀 보장은 행동분석가에게 있어 윤리 기준일 뿐

아니라 일부 주에서는 법적 사항이기도 하다(Koocher & Keith-Spiegel, 1998). 그림 15.8은 정보 공개(release of information, ROI) 문서이다. ROI 용지에는 어떤 정보가 공개될 수 있는지, 또 그에 따른 유효 기간이 얼마나 되는지 상세하고 명확하게 기입되어 있다. 이를 주의 깊게 보자.

비밀 보장의 한계

서비스 제공자는 서비스를 시작하기 전 내담자에게 비밀 보장의 한계점에 대한 충분한 설명을 제공해야 한다. 예를 들어, 폭력적인 상황 또는 개인/타인에게

A.B.A. TECHNOLOGIES, INC
정보 공개 및 평가 동의서

내담자 : _____

내담자의 평가와 치료에 관련된 모든 정보는 철저하게 비밀을 보장한다. 구두로 하든 서면으로 하든 내담자와 관련된 그 어떤 정보도 내담자의 법정 후견인의 서면 동의 없이 기타 기관 또는 개인에게 공개되지 않는다. 법에 의거하여 다음과 같은 경우 비밀 보장이 지켜지지 않는다.

1. 미성년자, 장애인이나 노인 학대 또는 방치가 보고되거나 의심될 때 관련 전문가는 아동 및 가족 부서에 이 사실을 알려 수사를 하게 해야 한다.
2. 서비스 중 누군가의 삶이 위험하다는 정보를 수집한 전문가는 피해자가 될 가능성이 있는 사람에게 이 사실을 알려야 할 의무가 있다.
3. 법정 명령에 의해 전문가의 기록, 이하 계약자 기록 또는 직원이 증인으로 소환된다면, 정보를 제공하거나 질문에 답하기 위해 법정에 출석해야 할 의무가 있다.

본 동의서의 유효 기간은 아래 서명 날짜로부터 1년이다.

부모/후견인 : _____   날짜 : _____
_____

출처 : *ABA Technologies, Inc.*, by José A. Martinez-Diaz, Ph.D., BCBA, 129 W. Hibiscus Blvd., Melbourne, FL. Used with permission.

| **그림 15.9** | 학대 보고 프로토콜 용지 예시

위험이 가해지는 경우 비밀 보장이 되지 않는다. 모든 전문가는 아동 학대가 의심되는 경우 항상 보고해야 하며, 노인 학대가 의심되는 경우도 마찬가지이다. 그림 15.9는 내담자에게 학대 보고 요구에 대한 정보를 제공하는 데 사용되는 형식을 보여 준다.

앞서 말한 바와 같이 개인 또는 타인에게 심각한 해가 예상되는 경우 비밀 보장이 되지 않는다. 이 경우 전문가는 감독, 관리자, 또는 기타 보호자에게 해가 될 수 있음을 알려 적절한 예방 조치를 취하는 것이 윤리적이다.

비밀 보장의 파기

비밀 보장의 파기는 보통 다음 두 가지 상황에서 발생한다. (a) 누군가를 위험에서 보호하기 위한 의도적인 파기, 또는 (b) 의도치 않은 부주의, 방치, 비밀 보장에 대한 잘못된 이해로 상해나 위험이 예상되는 경우의 파기. 비밀 보장을 의도적으로 파기하는 것은 위험성에 대해 확실한 정보가 있을 때 정당화될 수 있다. 예를 들어, 어떤 학생이 다른 학생이 총을 가지고 학교에 왔다는 것을 알고 교사에게 보고했다면, 이는 피해자 발생의 예방을 위해 행해진 것이므로 비밀 보장 약속의 파기가 정당화된다. 이와 같은 파기는 공공의 이익을 위한 것이다(즉 위험이 임박한 상황에서 타인을 보호한다). 정보를 요구하는 부모가 아이의 법적인 후견인인지를 확인하지 않고 교사가 비밀 정보를 제공하는 경우 비의도적인 파기로 볼 수 있다. 두 번째 상황을 예방하기 위해서는 정보 공개에 대해 세밀한 주의를 기울여야 할 것이다.

1. *선호되는 환경이다.* 강화가 즉시 제공될 수 있다. 문제행동이 감소된다. 강화유관이 효과적이다. 탐구적인 놀이와 실행이 가능하다. 인간적인 환경으로 정의할 수 있다.
2. *기능적인 기술을 가르치고 이를 유지하는 환경이다.* 문서 또는 기록이 아닌 훈련과 향상 정도에 대한 관찰에 근거해 환경을 평가한다. 자연스럽게 일상 환경 속에서 기술 습득 및 유지를 촉진할 수 있게 만든다.
3. *행동 문제가 개선되어야 한다.* 행동과 절차를 고려한 기능적인 절차로 효과적인 개입이 가능하다. 형태에 근거한 분류를 기능에 근거한 분류로 대처한다.
4. *제한이 최소화된 환경이다.* 기능에 의해 정의되며, 활동에 자유가 있고 활동 참여 범위가 얼마나 넓은지에 근거해 평가한다. 행동 효과에 따라 지역 환경 설정은 기관 환경보다 더 제한적일 수 있다.
5. *환경이 안정적이다.* 계획, 프로그램, 동료, 보호자 등의 변화를 최소화한다. 습득된 기술이 유지된다(일관성과 예측성의 중요성).
6. *환경이 안전하다.* 신체적 안전은 최고 수준이다. 감시 및 감독이 충분히 있다. 동료 리뷰를 통해 프로그램 절차가 기능에 근거를 두고 있음을 확인한다.
7. *내담자가 그 환경에 거주하길 원한다.* 내담자가 선택을 할 수 있도록 노력한다. 대안 환경을 샘플화한다.

출처 : "Defining an Acceptable Treatment Environment" by J. E. McGimsey, 1993. In R. Van Houten & S. Axelrod (Eds.), *Behavior Analysis and Treatment* (pp. 25-45). New York: Plenum Press. Copyright 1993 by Plenum Press. Used with permission.

| **그림 15.10** | 바람직한 치료 환경의 정의

주어진 상황에서 비밀 보장을 해야 할지 말아야 할지 모르는 경우 비밀 보장을 할 것을 권한다. 비밀 보장을 위해서는 서류 서랍장 잠그기, 컴퓨터 파일에 비밀번호 걸어 놓기, 무전 시스템을 통해 암호화되지 않은 정보를 내보는 것 피하기, 정보 제공 전 대리인 또는 법적 후견인임을 확인하기 등을 고려해야 한다.

내담자의 존엄성, 건강 및 안전의 보호

존엄성, 건강, 안전 문제는 사람들이 생활하고 일하는 환경에서 사건 및 물리적 구조의 중심을 차지한다. 행동분석가는 이런 이슈에 민감해야 한다. Favell 와 McGimsey(1993)는 존엄성, 건강, 안전이 보장되는 치료 환경의 특성에 대해 기술했다(그림 15.10).

존엄성은 다음 질문을 다룸으로써 깊게 생각해 볼 수 있다. 개인의 선택을 존중하고 있는가? 사생활 보호에 필요한 적절한 공간을 제공하고 있는가? 내담자의 장애에 관련없이 개인을 존중하고 있는가? 행동분석가가 내담자의 존엄성 확보를 돕기 위해서는 자신의 역할을 확실히 알아야 한다. 행동분석가는 행동조작의 원리를 이용해 내담자가 자신의 환경에 대한 통제력을 가질 수 있도록 도와야 한다. 모든 사람은 "예" 또는 "아니오"라고 대답할 수 있는 권리가 있고, 묵비권을 행사할 수 있는 권리가 있다(예 : Bannerman, Sheldon, Sherman, & Harchik, 1990).

윤리적인 행동 서비스 제공에 있어 선택은 핵심적인 원칙이다. 선택을 한다는 것은 행동적 용어로 말하자면 행동과 그에 대한 대안 행동이 있다는 뜻이다 (Hayes et al., 1994). 전문가는 내담자에게 대안행동을 제시해야 하고, 내담자는 그 행동이 요구하는 것들을 할 수 있는 능력이 있어야 한다. 한 예로, 내담자가 방에서 나가길 원한다면 문이 잠겨 있거나 막혀 있지 않아야 하고, 내담자는 혼자 문을 열 수 있어야 한다. 대안자극은 선택할 수 있는 항목이 하나 이상 있음을 뜻한다(예 : 오렌지나 배 대신 사과를 선택하는 것). 내담자가 선택하기 위해서는 대안이 있어야 하며 그 대안을 실행할 수 있어야 한다. 또 선택한 대안이 초래하는 결과를 경험할 수 있어야 한다.

내담자가 스스로 결과 및 행동변화 목표를 선택할 수 있도록 돕기

성과란 내담자가 행동분석 서비스의 최종 목표로 정한 생활 방식의 변화를 뜻한다. 어떤 면에서 성과란 개인의 삶의 질을 뜻한다(Felce & Emerson, 2000; Risley, 1996). 더 나아가 직업을 가지고 사랑하는 사람과 관계를 형성하고 개인적인 목표를 추구하며, 지역 기반 활동에 참여하고 독립적으로 사는 것은 성과의 예이다. 최종적 목표로 하는 행동변화는 치료사 또는 보호자가 아닌 내담자 개인에게 이익이 될 수 있어야 한다. Peterson, Neef, Van Norman과 Ferreri(2005)는 이점을 간략하게 정리했다.

> 선택할 수 있게 기회를 제공하는 것은 자기 결정과 권한 위임 같은 사회적 가치와 일맥상통한다. 내담자에게 이로운 선택을 제시하고, 내담자가 선택에 영향을 미치는 요인을 파악할 수 있게 도와줌으로써 개인의 권리를 극대화할 수 있다. (p. 126)

초기의 행동분석가들은 내담자보다는 기관 종사자에게 이로운 행동을 목표로 정해 비난을 받았다(예 : Winett & Winkler, 1972). 예를 들어, 일과 관련된 내담자의 기능적 또는 사회적 기술보다 단순히 '성인 보호 작업장에서 온순하고 유순하게 행동하는 것'을 목표로 정하는 것은 부적절하다. 행동 프로그램에서는 주로 순응을 다루지만 이는 적합한 목표가 될 수 없다. 순응을 가르침으로써 내담자가 보다 독립적이 될수 있고 내담자의 기능 및 사회 기술이 발전할 수 있을 때 순응이 윤리적인 목표가 될 수 있다.

내담자가 윤리적으로 적절한 목표행동과 결과를 선택하게 돕기 위해, 치료사는 강화제 평가에 영향을 끼치는 요소, 평가 시 강화제로 밝혀진 자극의 기능, 그리고 선택했을 때 이러한 변수들이 어떻게 상호 작용하는지에 대해 정확히 파악하고 있어야 한다. Peterson과 동료들은 다음과 같이 기술한다(2005).

> 선택은 좋아하는 강화제가 이용 가능할 때만 효과적이다. 내담자가 무엇을 선호하냐에 영향을 주는 변수들이 바람직한 선택을 촉진하는 데 기여한다. (p. 132)

기록 보관

행동분석가는 행동변화에 대한 자료뿐만 아니라 내담자와의 상호작용에 대한 기록을 보관해야 한다. 평가 자료, 개입에 대한 설명, 비밀 보장이 필수인 내담자의 향상 정도에 대한 기록이 이에 속한다. 응용행동분석에서의 기록 보관과 관련된 조항은 미국심리학회의 **심리학자의 윤리원칙 및 윤리규정**(2002)을 따른다.

- 타인과 기록을 공유하기 전에 내담자 또는 후견인에게 허락을 받아야 한다(판사의 요청 시는 제외).
- 기록은 안전한 장소에 보관해야 한다.
- 기록을 철저하게 유지하는 것은 추후 서비스 제공, 보험 회사 및 기관이 요구하는 조건 충족, 보험 청구, 추후 연구를 용이하게 할 뿐만 아니라 법적 기준을 충족시킨다.
- 기록 파기는 철저하게 이루어져야 한다(파쇄기를 사용하는 것이 가장 좋다).
- 보안 없이 기록을 전자 전송하는 것(예 : 공공장소의 팩스, 이메일)은 Health Insurance Portability and Accountability Act(HIPAA) 규정을 위반하는 일이다(1996).

내담자의 대변자

필수적이며 반드시 필요한 서비스 제공

서비스를 제공하기 전 행동분석가는 의뢰된 사례가 더 나은 결과를 가져올 수 있는지 확인할 의무가 있다. 이는 전문가가 직면하는 첫 번째 윤리적인 결정이다—사례를 받을 것인가, 거부할 것인가? 치료 제공에 대한 결정은 다음 두 가지로 나누어 생각해 볼 수 있다. (a) 행동치료를 통해 내담자의 문제를 해결할 수 있는가? (b) 선택한 개입 방법이 성공적일 가능성이 높은가?

행동치료를 통해 내담자의 문제를 해결할 수 있는가

행동분석가는 행동치료의 필요성과 적절성을 판단하기 위해 다음 질문의 답을 찾아야 한다.

1. 문제가 갑자기 생긴 것인가?
    a. 문제에 의학적인 요인이 있을 가능성이 있는가?
    b. 의학적인 평가가 실행되었는가?
2. 문제가 내담자에게 있는가, 아니면 타인에게 있는가? (예를 들어, 4학년 때는 문제행동을 보이지 않던 아이가 5학년부터 문제행동을 보이기 시작한다. 하지만 집에서는 특별한 문제행동을 보이지 않는다. 이때 단순히 교사 교체를 통해 문제 해결을 하는 것이 더 바람직할 수 있다.)
3. 다른 개입을 시도해 본 적이 있는가?
4. 이 문제는 실제로 문제가 되는가? (예 : '먹는 것을 완전히 거부하는' 3세 아이에 대한 부모의 걱정)
5. 간단한 방법으로, 또는 공식적인 절차 없이 문제 해결이 가능한가? (예 : 3세 아동이 하루 종일 열려 있는 문을 통해 허락 없이 밖으로 나가는 경우 간단한 방법으로 문제해결이 가능하다.)
6. 문제를 다루는 데 다른 방법이 더 효과적일 수 있

는가? (예 : 뇌성마비 아동의 경우 행동치료보다 재활치료가 더 필요할 수도 있다.)
7. 행동 문제가 응급 상황으로 간주되는가?

치료가 성공할 가능성이 높은가

치료 성공률과 관련해 다음과 같은 질문을 해야 한다.

1. 내담자는 치료받을 의사가 있는가?
2. 내담자의 보호자는 참여 의사가 있고, 또 참여가 가능한가?
3. 이 행동이 성공적으로 치료된 사례가 있는가?
4. 이 치료는 사회적으로 받아들여질 가능성이 높은가?
5. 행동분석가는 이 문제를 다루었던 경험이 있는가?
6. 치료 제공자에게 중요한 환경적 상황에 대한 통제력이 있는가?

위 문제의 모든 답이 "예"라면 치료를 시작해도 좋다. 그러나 위의 질문 중 하나라도 답이 "아니오"라면 행동 치료 제공 여부를 심각하게 고려해야 할 것이다.

과학적인 방법의 이용

과학은 무엇이며 이것이 행동 연구 및 개선에 어떻게 적용되는가는 상권 제1장에서 자세히 다루었다. 과학적인 방법이 어떻게 윤리와 연결되는지 알기 위해 전문가들은 효과가 있고 연구를 통해 효과적으로 밝혀진 방법을 사용하여 개입 전 치료의 유효성을 평가한다. 우주공학자 James Oberg는 "과학에서 열린 사고를 갖는 것은 필수적이지만, 뇌가 사라질 만큼 머리가 열려 있으면 안 된다(즉 비판적인 시각이 필수이다)." 라고 언급한 바 있다(cited in Sagan, 1996, p. 187). 일부 치료 및 개입법이 그 효과성에 대한 평가 없이 무작위로 수용되고 있는 이 시점에 과학적인 적용은 필수적이다(Shermer, 1997). Sagan(1996)은 훌륭한 주장

에는 반드시 훌륭한 증거가 필요함을 강조하고 있다.

Heward와 Silvestri(2005)는 증거의 필요성에 대해 자세히 설명한다.

확실한 증거란 무엇인가? 치료의 효과성을 평가함에 있어서 증거란 주장, 이론, 또는 치료의 효과를 시험하기 위한 과학적 적용의 결과물이다. 따라서 증거가 확실하다는 것은 증거가 잘 축적되었다는 뜻이다. 또한 확실한 증거는 반복적으로 검증되어야 한다. 단일 연구, 일화 또는 이론적 고찰은 결과가 아무리 좋아도, 이론이 아무리 복잡해도 증거가 될 수 없다. (p. 209)

응용행동분석가는 다음 두 가지에 따라 실행 여부를 결정해야 한다—과학 문헌과 직접적으로 반복된 행동측정. 문헌 자료는 개입 초기의 치료 결정 시 필요한 정보를 제공한다. 그러나 윤리적인 결정을 내리려면 유사한 문제를 다뤘던 다른 전문가의 도움이 필요하기도 하다.[4]

동료 평가가 철저하게 진행된 학술지는 효과적인 개입 전략에 대한 객관적인 정보를 제공한다. 동료 리뷰가 된 학술지의 문헌과 자신의 자료가 상충된다면 반드시 그 자료를 보다 철저하게 조사해야 한다. 주요 변인들과 변인들의 상호작용 조사를 통해 전문가는 어떤 점이 내담자에게 도움이 되는지 결정한다.

행동 문제를 치료하는 교사와 관련인의 수가 셀 수 없이 많은 만큼 지시 전략 및 행동 치료에 대한 의견도 다양하다. 불행히도 그중 다수 의견은 과학적 방법으로 입증되지 않았다. 예를 들어, 반복적인 기술 연습은 학생들의 동기를 저하하고 학교에 대한 거부감을 일으키기 때문에 좋지 않다는 의견을 생각해 보자 (예 : Heron, Tincani, Peterson, & Miller, 2005; Kohn, 1997). 많은 사람들이 이 주장을 지지하지만 이는 근

거 없는 주장이다. 엄격하게 통제되고 수없이 반복된 다년간의 연구 결과는 반복적인 연습이 기술 숙달에 필수조건임을 입증해 왔다(Binder, 1996; Ericsson & Charness, 1994).

자폐 치료 분야에도 증명되지 않은 방법이 만연하다. 1990년대에는 촉진적 의사소통 기술이라는 방법이 자폐증 치료에 획기적인 방법으로 소개되어 인기를 끌었다. 촉진자의 도움으로 인해 의사소통 능력이 없던 아동이 소통을 할 수 있게 되었으며, 수준 높은 언어를 구사하게 되었다는 보고가 쏟아져 나왔다. 이 촉진된 의사소통 방법에서는 아동이 키보드에 메시지를 입력하는 동안 촉진자가 손을 잡아 메시지 입력을 돕는다. 하지만 여러 연구는 이 방법에서 메시지 입력을 한 사람이 아동이 아니라 촉진자였다는 것을 증명해 보였다(예 : Green & Shane, 1994; Szempruch & Jacobson, 1993; Wheeler, Jacobson, Paglieri, & Schwartz, 1993).

이처럼 철저하게 통제된 과학적인 연구는 절실한 부모와 교사들에게 위와 같은 유명한 방법이 잘못된 것임을 증명해 주었다. 행동분석가에게 윤리적 실행이란 실질적이며 반복된 연구 결과에 기반을 둔 효과적인 서비스를 제공하는 것에서 시작한다.

근거 기반 실행 및 최소 제한적인 대안

윤리적인 행동분석의 기본은 근거에 기반을 둔 치료법의 선택과 가장 강력하지만 최소 제한적인 방법의 사용이라 할 수 있다. 더불어 치료는 체계적으로 설계, 실행, 평가되어야 한다. 내담자의 상태에 진전이 없다면 자료를 다시 검토하고 필요하면 치료법을 변경해야 한다. 내담자의 상태가 호전된다면 점차 개입을 줄여 나가야 하며 나아진 상태의 일반화 및 유지에 신경을 써야 한다. 치료 전 단계에서의 모든 결정은 자료와 직접적인 관찰에 의거해야 한다.

---

4) 응용행동분석에서 유사함이란 기능적인 유사(즉 통제변인)와 형태적인 유사성(즉 형태)을 의미함을 기억하라.

이해 충돌

이해 충돌이란 주요 당사자나 개인의 가족, 친구, 동료가 상호작용의 결과로 기득권을 가질 때 발생한다. 가장 자주 일어나는 충돌은 이중 관계에 온다. 치료사가 내담자, 내담자의 가족, 또는 내담자와 관련된 사람과 또 다른 관계를 맺거나 맺을 것이 예상될 때 갈등이 발생한다. 이러한 관계는 개인적, 경제적, 전문적 관계(예 : 또 다른 서비스를 제공하는 것)가 될 수 있으며, 치료사에게 어떤 식으로든 이익이 되는 관계를 말한다.

행동분석가는 평가 및 개입이 이루어지는 다양한 자연적인 환경에서 직접적이며 빈번한 관찰을 통해 내담자(그리고 종종 가족, 기타 전문가 및 보호자)와 가까이 접촉하게 된다. 이때 개인적인 관계가 형성될 수 있다. 예를 들어 행동분석가가 내담자의 가족에게 선물을 받거나 파티 또는 그 외의 이벤트에 초대받는 상황을 생각해 보자. 행동분석가는 모든 상호작용 시 주의해야 하며 개인적 또는 전문적인 경계를 넘어서지 않도록 주의해야 한다. 이 부분은 특히 치료가 개인의 집에서 이루어질 때 중요하다. 모든 유형의 개인 관계는 윤리적인 문제를 일으킬 수 있으므로 피하는 것이 좋다.

다른 종류의 직업에서도 이해 충돌이 발생할 수 있다. 한 환경에서의 행동은 다른 환경에서의 행동에 영향을 끼칠 수 있기 때문에, 예를 들어 교사의 경우 학교 밖에서 학생을 지도하는 것은 피해야 한다. 감독자는 피감독자와 이성 관계를 맺어서는 안 된다. 또 연구에 대한 동료 평가 시 자신의 연구 또는 자신이 감독하는 자의 평가에는 관여하지 않아야 한다. 이해 충돌을 다루는 바람직한 방법은 그것을 최대한 피하는 것이다. 이해 충돌의 판단이 어려운 경우 감독자 또는 신뢰할 수 있고 경험이 많은 동료의 조언을 구하는 것이 좋다.

 결론

어떤 결정에 대한 결과는 예측하기 어렵고 어떤 행동은 실행이 불가능하므로 윤리적으로 행동한다는 것은 어렵고 불확실할 수 있다. 더군다나 윤리적 실행은 매 사례마다 조심성, 자기관찰, 지침과 원칙의 역동적인 적용이 필요하므로 쉬운 일이 아니다.

이 장의 초반에 소개한 예로 돌아가 보자. 교장, 학교 지역 관리자, 교사는 어떻게 행동해야 하는가? 정확한 답은 없지만, 전문가들은 혼란에 빠지지 않고 윤리적인 문제가 무엇이든 상관없이 앞에서 언급한 세 가지 질문을 통해 가장 적절한 방법을 찾아야 한다. 옳은 선택은 무엇인가? 선택할 만한 가치가 있는 것은 무엇인가? 좋은 행동분석가가 된다는 것은 무엇인가? 행동 결정 시 이 세 가지 질문을 하는 행동분석가라면 문제해결에 대한 방법을 찾을 수 있을 것이다. 더불어 전문가가 정직하고 솔직하게, 그리고 편견 없이 문제를 다룬다면 윤리적인 어려움을 피할 수 있을 것이며 내담자나 학생을 중심에 놓고 결정을 내릴 수 있을 것이다.

마지막으로, 과학적 방법을 수용하고 응용행동분석의 원칙, 절차에 근거해 결정을 내린다면, 결정을 내릴 때 언제든지 타당하며 정확하고 신뢰성 있고 믿을 만한 자료를 사용할 수 있게 될 것이다. 이를 통해 응용행동분석의 근본적인 목표인 사회적 중요성이 있는 문제에 실험 분석을 적용할 수 있을 것이다.

요약

윤리란 무엇이며 왜 중요한가

1. 윤리란 '윤리적인 올바른 선택은 무엇인가? 선택할 만한 가치가 있는 것은 무엇인가? 좋은 행동분석가란 무엇인가?'라는 질문을 다루는 행동, 실행 및 결정을 설명한다.

2. 윤리는 어떤 행동이 도덕적으로 옳은지 아닌지를 판단하고, 편의성, 압력 또는 우선적인 요구와 관련 없이 자유로운 결정을 할 수 있게 해 주므로 매우 중요하다.

3. 윤리적 행동이란 (a) 내담자, (b) 전문가, (c) 사회 전체의 복지를 위해 다른 행동분석가 및 전문가에 의해 만들어진 것이다. 시대에 따라 여러 사람들의 경험이 윤리규정이 되었고 세상의 변화에 따라 윤리규정은 조금씩 변해 왔다.

4. 문화적·종교적 경험을 포함한 개인의 배경은 주어진 상황에 대한 전문가의 결정에 영향을 끼친다.

5. 행동분석가는 자신이 일하는 환경과 그 환경에 있는 특정 규정 및 윤리적 기준에 대해 정확히 파악하고 있어야 한다. 행동은 불법이지만 윤리적일 수 있고, 법적으로는 문제가 되지 않으나 비윤리적일 수도 있으며, 동시에 불법이면서 비윤리적일 수도 있다.

응용행동분석가를 위한 전문가 이행 지침

6. 전문적인 조직은 행동 강령, 행동 규칙, 또는 행동의 윤리적인 기준을 만들어 구성원들이 행동에 대한 지침을 따르도록 한다. 또한 규칙을 위반했을 경우 엄격한 제한을 내린다.

7. 전문가는 윤리적 결정보다 내담자의 복지를 우선시해야 한다.

8. 행동분석가는 자기 스스로 직업적 품행을 조절할 수 있게 훈련을 받아야 한다.

9. 전문적인 기준, 지침 또는 행동 규칙이란 조직과 관련된 행동의 지침을 제공하는 문서이다.

10. 행동분석가는 윤리와 관련해 다음 5개의 문서에 따라 행동한다―심리학자의 윤리원칙 및 윤리규정(Ethical Principles of Psychologists and Code of Conduct) (APA, 2002), 효과적인 행동치료를 받을 권리(The Right to Effective Behavioral Treatment) (ABA, 1989), 효과적인 교육을 받을 권리(The Right to Effective Education) (ABA, 1990), 행동분석가를 위한 책임 있는 행동 지침서(Guidelines for Responsible Conduct for Behavior Analysts) (BACB, 2001), BCBA와 BCABA 행동분석가 과제 목록(The BCBA and BCABA Behavior Analyst Task List) (BACB, 2005).

전문가 자격증 취득

11. 응용행동분석에서의 전문적인 능력은 수업, 실습, 멘토링을 받는 전문적 경험을 포함하는 정식 교육과정을 통해 습득된다.

12. 행동분석가는 모든 전문적·개인적 상호작용에 있어 정직하고 정확해야 한다.

내담자 서비스 제공 시 윤리적 문제

13. 참가자 동의가 타당하기 위해서는 다음 세 가지를 충족해야 한다―결정을 할 수 있는 능력, 자발적인 결정, 치료에 대한 지식.

14. 비밀 보장이란 행동분석가가 자신이 치료하고 있는 개인에 대한 정보를 논의하거나 공개하지 말아야 함을 명시하는 전문적인 기준이다. 개인 또는 개인의 후견인에게서 정식 허가를 받았을 경우에만 정보 공개가 가능하다.

15. 행동분석가는 내담자의 존엄성, 건강과 안전을 보호해야 할 의무가 있다. 결정을 할 권리, 사생활에 대한 권리, 치료적인 환경에 대한 권리, 치료를 거부할 권리를 포함한 다양한 권리를 준수하고 보호해야 한다.

16. 서비스를 받는 사람에게 치료 목표를 선택하고 결정할 기회를 주어야 한다. 전문가는 서비스를 받는 개인의 이익이 우선적인 목표가 될 수 있도록 목표를 선택해야 한다.

17. 서비스에 관한 기록은 철저하게 유지 및 보관되어야 하며 비밀이 보장되어야 한다.

18. 서비스 제공 시 행동분석가는 서비스가 필요한지, 의학적인 문제는 없는지, 치료 환경에서 서비스 제공이 가능한지, 치료가 성공적일 가능성이 있는지 고려해야 한다.

19. 모든 갈등의 원인, 특히 이중적인 관계는 피해야 할 것이다.

내담자의 대변자

20. 치료 제공 여부는 다음 두 가지에 의해 결정한다.
    (a) 행동 개입을 통해 문제를 해결할 수 있는가?
    (b) 개입이 성공 가능한가?

21. 이해 충돌이란 주요 당사자나 그의 가족, 친구 또는 동료가 상호작용의 결과로 기득권을 가질 때 발생한다.

용어해설

가외변인(extraneous variable) 계획하지 않은 환경 변인의 영향을 없애기 위해 실험 세팅(예 : 불빛, 기온)은 일정하게 유지되어야 함.(제2장)

가치변화 효과(value-altering effect) 어떤 자극, 사물, 사건의 강화제로서 효과가 증가함. 예를 들어, 음식 결핍 및 섭취는 음식의 강화 효과를 변화시킴.(제6장)

감소 효과(abative effect) 어떤 자극, 사물, 사건에 의해 강화된 행동의 현재 발생 빈도가 감소함. 예를 들어, 음식 섭취는 음식으로 인해 강화 받았던 행동을 감소시킴. (현재 발생 빈도 감소).(제6장)

감소경향의 기저선(descending baseline) 시간이 지날수록 반응의 측정치가 감소하는 경향을 보여 주는 자료 경로. (증가경향의 기저선과 비교).(제2장)

강화제 폐지 효과(reinforcer-abolishing effect) 동기조작으로 유발된 자극, 사물, 사건의 강화 효과가 감소함. 예를 들어, 음식 섭취는 음식의 강화 효과를 감소시킴.(제6장)

강화제 확립 효과(reinforcer-establishing effect) 동기조작으로 유발된 자극, 사물, 사건의 강화 효과가 증가함. 예를 들어, 음식 결핍은 음식의 강화 효과를 증가시킴.(제6장)

개념형성(concept formation) 자극의 범주 내에서의 자극일반화뿐만 아니라 자극의 범주 간 변별까지 할 수 있을 때 일어나는 자극통제의 복잡한 예.(제7장)

개인 간 일반화(generalization across subject) 동일한 개입이나 치료를 직접적으로 받지 않은 다른 사람들에게서도 유관이 형성되어 행동변화가 나타남.(제14장)

건너뛰기 역행연쇄(backward chaining with leap ahead) 과제분석의 몇몇 단계를 훈련하지 않음. 학습자가 이미 몇몇 단계를 완벽히 숙달한 상태일 경우, 학습의 효율성을 높이기 위해 사용됨.(제10장)

검증(verification) 실험적 추론 혹은 기저선 논리의 세 가지 요소 중 하나로서 단일 참가자 설계에서 사용됨. 독립변인이 개입되지 않았다면 기존의 기저선 반응수준에 변화가 없었을 것임을 증명함으로써 달성됨. 기존 예측의 정확성이 검증되면 행동 변화에 영향을 줄 수 있는 오염 변인의 가능성이 줄어듦. (예측, 반복 참조).(제2장)

결과의 확인(affirmation of the consequent) 선행사건-결과(A 다음에 B)에 대한 진술과 과정을 통해 시작되는 3단계의 추론 형태. (1) 만약 A가 참이면, B도 참이다. (2) B는 참이다. (3) 그러므로, A는 참이다. 다른 요소가 A의 참에 영향을 줄 수 있지만 수많은 실행을 통해 A 다음에 B라는 관계를 확인함으로써, 독립변인이 이 행동변화의 원인일 가능성을 높일 수 있음.(제2장)

경향(trend) 자료 경로가 보이는 전반적 방향. 경향은 그 방향성(증가, 하락, 움직임이 없음), 정도(경사의 있고 없음), 경향선 근처에 있는 자료점들의 변산성의 정도 등으로 설명함. 경향은 변화하지 않는 조건 하에서 행동을 예측하는 측정치로 사용됨.(제1장)

공통적인 자극의 계획(programming common stimuli) 일반화 세팅의 특징을 지시 세팅에 포함시켜 세팅/상황 일반화를 촉진시키는 방법. (1) 일반화 세팅의 특징을 나타내는 가장 핵심적인 자극을 확인함. (2) 해당 자극들을 지시 세팅에 배치함.(제14장)

과제분석(task analysis) 복잡한 기술을 보다 작고 가르치기 쉬운 단위로 나누는 것을 뜻하며 이러한 과정의 결과를 의미하기도 함.(제10장)

교차치료 설계(alternating treatments design) 반응의 수준과

는 독립적으로 둘 혹은 그 이상의 치료(무처치 통제 조건 포함될 수 있음)가 연속적으로(예 : 회기 혹은 날짜를 번갈아) 빠르게 교차되는 실험 설계. 조건 간 혹은 조건 내 반응의 변화는 조건의 효과로 인한 것임. (동시 계획, 다중 요소 설계, 다중 계획 설계라고도 함).(제3장)

구두언어행동(verbal behavior) 청자의 행동을 매개로 하여 강화되는 행동. 언어행동(예 : "물 주세요."라고 말하고 물을 얻음)과 비언어행동(물을 얻기 위해 물이 따라져 있는 컵을 가리킴)을 모두 포함함. 사고, 문법, 작문, 이해와 같은 주제도 포함함.(제11장)

그래프(graph) 자료를 시각적으로 제시하는 형태. 측정치들과 관계 변인 간의 관계를 나타냄.(제1장)

기능변화 효과(function-altering effect) 유기체의 동기조작 레퍼토리, 자극, 반응 관계, 강화, 처벌, 소거 절차로 인한 영구적 변화 혹은 처벌 절차로부터 회복. 사전 자극의 연합 및 비연합의 결과로 나타나는 반응적 기능변화 효과.(제6장)

기술(tact) 비언어적 변별자극의 기능적 통제하에 있는 구두언어 조작이고, 이는 일반화된 조건강화를 발생시킴.(제11장)

기저선 논리(baseline logic) 단일 참가자 설계에서 사용되는 실험적 추론. 예측, 검증, 반복의 세 가지 요소를 포함. (안정된 상태 전략 참조).(제2장)

기저선(baseline) 독립변인이 제시되지 않은 실험 조건. 기저선 자료는 독립변인의 효과를 결정하는 데 사용됨. 기저선은 실험의 주목적인 특정 독립변인의 부재를 나타낼 뿐 치료의 부재를 의미하지 않음.(제2장)

기준선 변동 설계(changing criterion design) 강화 혹은 처벌을 위한 기준을 초기 기저선 단계로부터 단계별로 점진적으로 증가시키는 실험 설계. 행동이 점진적으로 변동하는 기준을 근접하게 따를 때, 실험 통제가 입증됨.(제4장)

내적 타당도(internal validity) 실험은 행동의 변화가 독립변인의 기능이며 통제되지 않은 다른 변인의 결과가 아님을 보여 줌. (외적 타당도와 비교).(제2장)

누적 기록(cumulative record) 그래프의 일종으로 수직 축에 반응의 누적 수를 표시함. 경사가 급할수록 반응 비율이 높음.(제1장)

누적 기록기(cumulative recorder) 관찰 기간 동안 나타난 반응 비율을 보여주는 누적 기록(그래프)을 자동적으로 그려주는 장치. 반응이 발생하면 일정한 속도로 지속적으로 움직이는 기록지 위로 펜이 움직임.(제1장)

느슨하게 가르치기(teaching loosely) 지시 회기 내에서, 그리고 지시 회기 간에 지시 세팅의 주요 특징이 아닌 요소들을 무작위로 바꾸는 방법. (a) 무관한 자극이 목표행동에 대해 독재적인 통제성을 갖출 가능성을 감소시키고 (b) 일반화 세팅에서의 '이상한' 자극의 존재가 학습자의 수행을 막거나 '방해'할 가능성을 감소시킴.(제14장)

느슨한 강화 계획(lag reinforcement schedule) 이전의 반응과는 어떤 특정한 면에서 상이한 반응이 일어날 때에(느슨한 1 계획) 또는 특정한 수의 사전 반응들과 상이한 반응을 보일 때에(느슨한 2 또는 그 이상) 강화 유관을 제공하는 강화 계획.(제14장)

다중 기저선 설계(multiple baseline design) 기저선 조건에서 두 가지 혹은 그 이상의 행동을 측정하면서 그중 한 가지 행동에는 치료변인을 적용하고 다른 행동은 그대로 기저선 조건에 두는 실험 설계. 첫 번째 행동에 대한 변화가 상당히 크게 나타나면 다른 행동에도 연속적으로 치료변인을 적용함. 치료변인이 도입될 때와 그렇지 않을 때에 각각의 행동이 비슷한 수준으로 나타나면 실험 통제가 입증됨.(제4장)

다중 요소 설계(multielement design) 교차치료 설계 참조.(제3장)

다중 치료 간섭(multiple tretment interference) 치료에서 참가자의 행동이 같은 연구에서 실행된 다른 치료에 의해 영향을 받는 오염효과.(제3장)

다중 치료 반전 설계(multiple treatment reversal design) 두 가지 혹은 그 이상 실험 조건을 기저선 그리고/또는 서로 비교하기 위해 반전 전략을 사용함. (예 : A-B-A-B-C-B-C, A-B-A-C-A-D-A-C-A-D, A-B-A-B-B+C-B-B+C).(제3장)

다중 프로브 설계(multiple probe design) 다중 기저선 설계의 변형으로 기저선 단계에서 간헐적으로 측정(혹은 프로브)함. 이전 단계의 습득 없이 추후 단계에서의 참가자의 수행이 향상될 가능성이 매우 낮을 때에 일련의 기술 순서에 대한 지시의 효과를 평가하는 데 쓰임.(제4장)

다중사례 훈련(multiple exemplar training) 학습자에게 다양한 자극과 반응의 변이 형태를 지시하여 바람직한 반응 형태의 습득을 보장함. 세팅/상황 일반화와 반응 일반화

모두를 촉진시킴. (사례 충분히 가르치기 참조).(제14장)

다중통제(multiple control) 두 가지 종류가 있음. (a) 수렴다중통제는 하나의 구두언어반응이 여러 통제변인 기능을 할 때 일어남. (b) 발산다중통제는 단일 선행변인이 여러 반응의 강도에 영향을 줄 때 일어남.(제11장)

단독적 (기술) 확장[solistic (tact) extension] 기술 관계와 간접적으로만 연관된 자극 속성이 표준화된 구두언어행동을 불러일으킴(예 : Yogi Berra의 말라프로피 : "야구는 90퍼센트가 정신력이고, 나머지 반이 신체다.").(제11장)

단일 참가자 설계(single-subject designs) 개별 참가자의 행동에 대한 독립변인의 효과를 보여 주기 위해 기저선 논리라고 불리우는 실험적 추론의 포괄적인 연구 설계. (단일 사례, 참가자 내, 참가자 내 설계라고도 함)(교차치료 설계, 기저선 논리, 기준선 변동 설계, 다중 기저선 설계, 반전 설계, 안정된 상태 전략 참조).(제2장)

대리적 CMO(CMO-S)(surrogate CMO, CMO-S) 다른 MO와 연합되어 그 MO의 효과를 획득하고 그와 같은 가치변화 그리고 행동변화 효과를 갖는 자극.(제6장)

대칭성(symmetry) 참가자가 훈련이나 강화가 없이도 샘플자극과 비교자극을 전도할 수 있음(예 : 만약 A=B라면, B=A). 대칭성은 다음의 절차에 따름. 참가자가 자동차라는 단어를 들었을 때(샘플자극 A), 비교그림인 자동차를(비교자극 B) 선택하도록 학습. 이 참가자가 자동차그림이(샘플자극 B) 제시되었을 때, 추가적인 훈련이나 강화 없이도 자동차 단어 소리를(비교자극 A) 선택한다면 대칭성이 입증됨. (자극의 등가성 참조; 반사성, 이동성과 비교).(제7장)

독립 집단유관(independent group contingency) 집단 전체에게 소개되지만 기준을 달성한 구성원에게만 강화가 주어지는 유관.(제12장)

독립변인(independent variable) 독립변인의 변화가 종속변인의 변화에 신뢰성 있는 영향을 주는지를 알아보기 위해 연구자가 체계적으로 조작하는 변인. 응용행동분석에서는 일반적으로 환경적 사건이나 종속변인에 대한 선행조건 혹은 결과를 의미하며 개입 혹은 치료변인이라고 불리기도 함. (종속변인과 비교)(제1, 2장)

동기조작(motivating operation, MO) (a) 어떤 자극, 사물, 사건의 강화 효과를 변화(증가 혹은 감소)시키고, (b) 자극, 사물, 사건으로 인해 강화된 모든 행동의 현재 발생 빈도를 변화(증가 혹은 감소)시키는 환경적 변인. (감소 효과, 해지조작(AO), 행동 대체 효과, 유발 효과, 확립조작(EO), 가치변화 효과 참조).(제6장)

막대그래프(bar graph) 행동의 자료를 간단하면서도 다양하게 요약해 주는 시각적 형태. 선 그래프와 유사한 특징을 갖지만 시간의 흐름에 따른 연속적 반응을 보여 주지 않음. 히스토그램이라고도 함.(제1장)

모방(imitation) 음성-언어 행동을 제외하고 새로운 모델로 제시되는 어떠한 신체적 움직임에 의해 통제되는 행동은 모델과 형태적 유사성을 가지고 있으며 모델 직후에 따라옴(예 : 모델 제시 후 몇 초 안에). 모방 행동은 새로운 선행 사건(예 : 모델)에 따라 시행되는 새로운 행동이다. (형태적 유사성 참조, 반향과 비교).(제8장)

모수 분석(parametric analysis) 독립변인의 수준에 따른 효과를 밝힘.(제2장)

반복 연습(massed practice) 향후 행동의 빈도를 감소시키기도 하는 자기지시 행동 변화 방법으로서 바람직하지 않은 행동을 반복적으로 하게 만드는 방법.(제13장)

반복(replication) (a) 행동변화의 신뢰성을 증명하고 내적 타당도를 향상시키기 위하여 실험 조건을 반복함. (기저선 논리, 예측, 검증 참조). (b) 이전 실험의 결과를 다른 참가자, 세팅, 행동에 일반화할 수 있는지 결정하기 위하여 전체 실험을 반복함. (직접 반복, 외적 타당도, 체계적 반복 참조).(제2, 5장)

반분 경과 선(split-middle line of progress) 자료의 전반적 경향을 나타내는 자료점들 사이에 그려지는 선. 자료점의 수직축, 수평축을 각각 2등분하여 교차로 연결하고 선 위 아래로 속한 자료점의 숫자가 절반이 되도록 선을 위 아래로 조절함.(제1장)

반사성(reflexivity) 참가자가 훈련이나 강화가 없이도 샘플자극과 동일하게 대응하는 자극을 선택함(예 : A=A). 반사성은 다음의 절차에 따름. 나무 사진을 샘플자극으로 제시하고 쥐, 쿠키, 나무 사진 중 하나를 고르도록 함. 참가자가 이전의 강화 경험 없이 나무 사진을 선택함(일반화된 동일성 대응이라고도 함). (자극의 등가성 참조; 이동성, 대칭성 비교).(제7장)

반사적 CMO(CMO-R)(reflexive CMO, CMO-R) 어떤 행동의 악화 또는 향상을 선행함으로써 MO 효과를 습득하는 자극. 이는 전형적인 도피-회피 과정에서 나타나고, 스스로

의 제거가 강화제로서 작용하여 이를 달성했던 모든 행동을 유발함.(제6장)

반응 유지(response maintenance) 학습자에게서 목표행동을 처음 이끌어 냈던 개입이 부분적 또는 전체적으로 종결된 이후에도 학습자가 목표행동(target behavior)을 지속적으로 수행하는 정도. 유지, 내구력, 행동지속성, 소거에 대한 저항성으로도 불림. (반응 일반화, 세팅/상황 일반화와 비교).(제14장)

반응 일반화(response generalization) 훈련받은 목표행동과 동일한 기능을 하면서도 학습자가 직접적으로 훈련받은 적은 없는 반응을 표출해 내는 정도. (반응 유지, 세팅/상황 일반화와 비교).(제14장)

반응 차별화(response differentiation) 차별 강화로 인한 행동 변화. 과거에 강화되었던 반응과 비슷한 반응을 더 자주 발생시키고, 강화되지 않았던 반응의 발생 빈도는 낮춤(소거됨). 차별 강화로 인해 강화됐던 반응들이 모여 새로운 반응 범주를 구성하게 됨.(제9장)

반전 설계(reversal design) 이전 조건에서 얻은 반응 수준으로 '반전'시켜 독립변인의 효과인지를 검증하기 위한 실험 설계. 독립변인을 철회(A-B-A-B)하거나 초점을 반전(예 : DRI/DRA)하는 것도 포함됨. (A-B-A 설계, A-B-A-B 설계, B-A-B, DRI/DRA 반전 기법, DRO 반전 기법, 비유관 강화 반전 기법 참조).(제3장)

반향(echoic) 구두언어반응과 일대일대응 및 형식적 유사성을 보이는 음성 변별 자극으로 구성된 구두언어 조작. (제11장)

베껴 쓰기(copying a text) 일대일 대응과 형식적 유사성을 보이는 비음성 언어변별자극으로 구성된 구두언어 조작. (제11장)

변동적인 기저선(variable baseline) 자료점들이 일정 범위 내에 있지 않고 명확한 경향을 나타내지 않음.(제2장)

변별 불가능한 유관(indiscriminable contingency) 학습자가 자신이 다음에 보일 반응에 강화가 잇따를지 변별해 낼 수 없는 유관. 응용행동분석가들은 이를 간헐 강화와 지연된 보상을 이용하여 행동변화의 일반화를 촉진시킴. (제14장)

변별 자극(discriminative stimulus, SD) 어떤 자극의 존재 시 어떤 유형의 반응은 강화받고 자극의 부재 시 같은 반응 발생 시 강화받지 않는 것. 이러한 차별 강화의 역사는 변별 자극이 순간적으로 행동의 빈도를 증가시키는 원인이 됨. (차별 강화, 자극통제, 자극변별 훈련, 자극델타 참조).(제7장)

변산성(variability) 행동측정 때마다 빈도와 정도가 서로 다른 결과를 냄.(제1장)

복합기술(impure tact) 동기조작과 비언어자극에 의해 유발되는 반응을 포함하는 구두언어 조작. 반응은 요구의 일부와 기술의 일부로 구성됨. (요구, 기술 참조).(제11장)

부분 반응 비율(local response rate) 전체 반응 비율에 적용된 시간보다 작은 단위의 시간에 일어난 반응 비율. (전체 반응 비율 참조).(제1장)

부차적(autoclitic) 2차적 구두언어 조작으로서 화자의 스스로의 언어행동이 추가적인 구두행동을 위한 변별자극 혹은 동기조작으로서 기능함. 화자 자신의 구두언어행동에 관한 구두언어행동임.(제11장)

비가역성(irreversibility) 어떤 행동은 일단 개선되면 독립변인이 철회되더라도 기저선 수준으로 반전될 수 없음.(제3장)

비밀 보장(confidentiality) 자신에게 서비스를 받는 개인에 대한 정보 혹은 받는 서비스에 대한 정보를 논의해서는 안 되며 다른 사람 혹은 집단에 공개되어서는 안 됨. 개인에게 정식적인 허가를 받았을 경우에만 가능함.(제15장)

비유관 강화(NCR) **반전 기법**[(NCR) revereasl technique] 통제조건으로 무강화 조건(기저선)이 아닌 비유관 강화(NCR)의 효과를 사용하는 실험 기법. NCR 조건에서는 참가자의 행동과 독립적으로 고정 혹은 변화시간 계획에 따라 강화를 제공함. NCR 조건보다 강화 조건에서 반응이 높게 나타나면 행동 변화가 단순한 자극 제시나 접촉 때문이 아니라 강화 유관에 의한 것임을 증명함. (DRI/DRA 반전 기법, DRO 반전 기법과 비교).(제3장)

사례 충분하게 가르치기(teaching sufficient examples) 모든 가능한 자극과 반응의 사례에 공통적으로 포함되는 영역(subset)에 대해 학생이 반응할 수 있도록 가르친 후, 훈련되지 않은 사례에서의 학생의 성과를 평가하는 것으로 구성된 행동의 일반화 증진 전략. (다중사례 훈련 참조). (제14장)

산포도(scatterplot) x축과 y축으로 나타나는 변인의 개별 측정값의 상대적 분포를 시각적으로 표현한 2차원적 그래프. 산포도에서는 자료점을 연결하지 않음.(제1장)

상호 구두언어(intraverbal) 일대일 대응이 되지 않는 구두언어반응을 일으키는 변별 자극으로 구성된 구두언어 조작.(제11장)

상호 의존적 집단유관(interdependent group contingency) 집단의 구성원 전체가 유관기준에 달성해야만(개인으로서 그리고 집단으로서) 보상을 받을 수 있는 유관.(제12장)

샘플대응(matching-to-sample) 조건적 관계와 자극의 등가성을 조사하기 위한 절차. 참가자가 샘플자극을 제시하는 반응에서 시작함. 그다음 샘플은 제거될 수도, 제거되지 않을 수도 있으며 둘 혹은 그 이상의 자극을 비교함. 참가자는 비교 자극 중 하나를 선택함. 비교 자극으로 선택한 반응이 샘플자극에 매치되면 강화를 받고 대응 자극에 매치되지 않으면 강화를 받지 않음.(제7장)

선그래프(line graph) 데카르트 평면, 즉 2개의 선이 교차하는 이차적 평면의 형태로 나타남. 평면 안의 모든 지점은 교차하는 선이 의미하는 특별한 관계를 보여 줌. 응용행동분석에서 가장 많이 사용되는 그래프 형태.(제1장)

선행자극 범주(antecedent stimulus class) 공통적 관계를 공유하는 자극의 집단. 선행자극범주에 속하는 모든 자극은 같은 범주의 조작반응이나 반응적 행동을 이끌어 냄. (임의적 자극 범주, 특징자극 범주 참조).(제7장)

세팅 간 다중 기저선 설계(multiple baseline across settings design) 치료변인이 같은 참가자, 같은 행동, 둘 혹은 그 이상의 다른 세팅, 상황, 시간 간격에 적용된 다중 기저선 설계.(제4장)

세팅/상황 일반화(setting/situation generalization) 지시 세팅과 다른 세팅이나 상황에서 학습자가 목표행동을 보이는 정도.(제14장)

수준 체계(level system) 토큰경제 중 하나로서, 참가자가 목표행동에 대해 특정 수행 기준에 달성함에 유관하여 수준이 올라가거나 내려가게 됨. 각 단계에서 요구되는 수행기준, 정교화 정도, 난이도는 이전 수준보다 높음. 참가자들이 높은 수준으로 향상됨에 따라 바람직한 강화를 더 많이 받게 되고, 특권을 더 많이 갖게 되고, 독립성이 증가됨.(제12장)

수준(level) 측정된 행동이 모여 있는 지점의 수직축 눈금 값.(제1장)

순서 효과(sequence effects) 참가자의 행동에 대한 효과가 이전 조건에서 참가자의 경험으로 인해 나타남.(제3장)

순행연쇄(forward chaining) 과제분석에서 정한 행동을 첫 번째 단계부터 촉진하고 가르쳐서 연쇄의 나머지 단계까지 수행하도록 하는 방식으로 행동연쇄를 가르치는 방법. 학습자가 연쇄의 첫 번째 행동에서 미리 정해 놓은 기준에 성공적으로 달성할 경우 그 이후에는 1단계와 2단계를 가르침. 이 절차는 학습자가 독립적으로 마지막 단계까지 완료할 때까지 계속됨.(제10장)

습관 반전(habit reversal) 원하지 않는 버릇(손톱 물어뜯기, 근육을 까딱까딱거림 등)을 감소시키는 다중 요소 치료 패키지. 치료는 일반적으로 반응을 감지하는 자기인식, 그 반응을 선행하거나 그 반응 뒤에 나오는 사건 규명을 포함함. 자기실행 결과, 사회 지지 그리고 치료 효과에 대한 일반화와 유지를 촉진하는 절차에 대한 동기 기법 등을 포함함.(제13장)

시각 분석(visual analysis) 실험적 조건 내 혹은 조건 간의 변산성, 수준, 경향이 나타나 있는 그래프화된 자료를 포함하는 행동적 연구 혹은 치료 프로그램의 결과를 해석하기 위한 체계적인 방법.(제1장)

실험 질문(experimental question) 실험을 통해 연구자가 배우고자 하는 것이 무엇인지에 대한 진술. 질문의 형태로 기술되는데 주로 연구 목적에 포함됨. 실험 설계와 수행의 모든 측면은 실험 질문을 따라야 함.(제2장)

실험 설계(experimental design) 특정한 연구조건을 지칭하는 것으로 독립변인의 유무 혹은 정도에 따른 효과를 비교할 수 있게 함.(제2장)

실험 통제(experimental control) (a) 개인 환경의 어떤 측면을 체계적으로 조작함으로써(독립변인) 행동에 예측할 수 있는 변화(종속변인)가 반복적으로 나타날 때 얻어지는 실험적 통제로 기능적 관계를 명확하게 증명하는 실험의 결과. (b) 연구자가 독립변인을 제시, 철회, 가치를 변화시키거나 오염변인, 외부변인을 제거하거나 중단시킴으로써 통제하는 정도.(제2장)

안정된 상태 반응(steady state responding) 일정한 시간 동안 비교적 적은 변이를 보이는 반응패턴.(제2장)

안정된 상태 전략(steady state strategy) 행동에 영향을 줄 수 있는 다른 외적 조건을 제거하거나 통제하고, 다음 조건을 개입하기 전에 안정된 반응의 상태를 확보하기 위해 참가자를 주어진 조건에 반복적으로 노출함.(제2장)

안정형 기저선(stable baseline) 자료가 올라가거나 내려가는

경향을 보이지 않으며, 모든 측정값들이 일정 범위 안에 있음(안정된 상태 반응 참조).(제2장)

역행연쇄(backward chaining) 연쇄의 마지막 행동을 제외한 과제분석의 모든 행동을 훈련자가 완료함. 그 후에, 학습자가 사전에 정해진 기준에 맞추어 연쇄의 최종행동을 수행하면 강화를 줌. 학습자가 연쇄의 마지막 행동을 잘 수행하면 마지막 두 행동을 가르치고 이를 학습자가 성공적으로 수행하면 강화를 제공함. 이 절차는 학습자가 독립적으로 모든 단계를 완료할 때까지 계속됨.(제10장)

연속적 접근(successive approximation) 차별 강화의 결과로 조형기간 동안 연속적인 새로운 반응 범주가 형성됨. 각각의 연속적 반응 범주는 이전보다 종착행동에 더 가까운 형태를 보임.(제9장)

연쇄짓기(chaining) 행동연쇄를 가르치는 다양한 절차. (역행연쇄, 건너뛰기 역행연쇄, 행동연쇄, 순행연쇄 참조).(제10장)

연습 효과(practice effects) 목표행동에 대한 기회를 반복제공에 따라 참가자의 수행이 향상됨.(제2장)

연합철회(unpairing) (a)기존의 효과적인 자극과 연합됨으로써 기능을 획득한 자극을 단독으로 제시함. 혹은 (b) 효과적인 자극이 존재할 때와 존재하지 않을 때에도 자극을 제시함. 두 가지 유형의 연합철회는 연합의 결과를 약화시킴. 단독으로 제시하는 자극이 조건화된 강화제가 됨. 조건화된 강화제의 존재 여부와 관련 없이 무조건강화제가 됨.(제6장)

영웅 절차(hero procedure) 종속 집단유관의 다른 표현 (예 : 개인으로 인해 집단 전체가 보상을 받음).(제12장)

예측(prediction) 현재 알려지지 않았거나, 미래 측정치에 대해 예상되는 결과에 대한 진술문. 실험적 추론의 세 가지 요소 중 하나이며 기저선 논리, 단일 참가자 설계에서도 사용됨. (반복, 검증 참조).(제2장)

오염변인(confounding variable) 종속변인에 영향을 줄 것으로 알려지거나 의심되는 통제되지 않은 변인.(제2장)

외적 타당도(external validity) 어떤 연구 결과가 다른 참가자, 환경, 행동으로 일반화될 수 있는 정도. (내적 타당도와 비교).(제2장)

요구(mand) 반응형태가 동기조작과 구체적인 강화의 기능적 통제하에 있는 구두언어 조작.(제11장)

요인 분석(component analysis) 치료 조건의 활성화된 요인을 밝히고, 치료 패키지 내의 다른 변인들의 상대적인 공헌도 그리고/혹은 개입을 위한 필요 및 충분 요인을 확인하기 위해 고안된 실험. 요인 분석에는 많은 형태가 있지만 기본 전략은 하나 혹은 그 이상의 치료 요인을 제외해가면서 연속적 단계에서 반응 수준을 비교하는 것.(제5장)

위약 통제(placebo control) 치료변인의 존재 여부를 참가자가 알지 못하도록 하는 절차. 위약 조건을 치료 조건과 동일(예 : 위약은 비활성 물질을 담고 있지만 보이는 것, 느낌, 맛은 치료 약과 동일함)하게 함. (이중맹목 통제 참조).(제5장)

유관계약(contingency contract) 특정한 행동의 마침과 특정한 강화 간의 유관관계를 지정하는 개인 간(예 : 부모님과 아동)의 문서.(제12장)

유발 효과(evocative effect) 어떤 자극, 사물, 사건에 의해 강화된 행동의 현재 발생 빈도가 증가함. 예를 들어, 음식 결핍은 음식으로 인해 강화받았던 행동을 유발함. (현재 발생 빈도 증가).(제6장)

윤리(ethics) 윤리적인 올바른 선택은 무엇인가? 할 만한 가치가 있는 선택은 무엇인가? 좋은 행동분석가란 무엇인가의 질문을 다루는 행동, 실행 및 결정을 설명함.(제15장)

은유적 (기술) 확장[metaphorical (tact) extension]-새로운 자극이 본래의 자극과 관련된 일부의 특징을 공유함으로 유발되는 기술.(제11장)

이동성(transitivity) 두 가지 다른 자극-자극 관계(예 : A=B 그리고 B=C)를 훈련시킨 결과, (훈련한 적 없는) 다른 자극-자극 관계(예 : A=C, C=A)가 발생함. 예를 들면, 다음의 1과 2에 제시된 두 가지 자극-자극 관계를 훈련시킨 후 추가적인 지시나 강화 없이 3에서 보이는 관계가 나타난다면 이동성이 있음이 입증됨. 1. 만약 A(예 : 자전거 단어 소리)=B(예 : 자전거 그림)(그림 7.3 참조)이고 2. B(자전거 그림)=C(예 : 써진 단어 자전거)(그림 7.4 참조)라면, 3. C(써진 단어 자전거)=A(자전거 단어 소리)(그림7.5 참조).(제7장)

이동적 CMO(transitive CMO, CMO-T) 다른 자극에 강화적 효과를 발생시키고(또는 폐지하는) 그 자극에 의해 강화된 행동을 유발하는(또는 감소시키는) 환경적 변인.(제6장)

이중맹목 통제(double-blind control) 실험 참가자와 관찰자가 치료변인의 존재 여부에 대해 알지 못하도록 하는 절차. 대상의 기대, 부모님과 선생님의 기대, 다른 사람들

로부터의 차별적인 치료, 관찰자의 편견으로부터 생기는 오염을 제거함. (위약 통제 참조).(제5장)

이해 충돌(conflict of interest) 책임 있는 지위의 사람들이 전문적 혹은 개인적 흥미와 관련한 경쟁으로 자신의 임무를 완수하는 것이 어려워지는 상황.(제15장)

인위적 유관(contrived contingency) 목표행동변화의 습득, 유지 그리고 또는 일반화를 달성하기 위해 행동분석가가 설계하고 실행하는 모든 강화(또는 처벌)의 유관. (자연적으로 존재하는 유관과 비교).(제14장)

인위적 중재자극(contrived mediating stimulus) 일반화 세팅에서 목표행동의 수행을 촉진할 수 있도록 지시 세팅에서 기능성을 가지는 자극.(제14장)

일대일 대응(point-to-point correspondence) 자극과 반응 간의 관계 혹은 언어자극의 처음, 중간, 끝이 언어반응의 처음, 중간, 끝에 동일하게 맞는 반응 결과물. 일대일 대응이 되는 언어 관계에는 반향, 베껴 쓰기, 수화와 관련한 모방, 축어, 전사가 있음.(제11장)

일반적 (기술) 확장[generic (tact) extension]-새로운 자극은 본래의 자극과 관련되거나 특징적인 요소를 모두를 공유함으로 유발되는 기술.(제11장)

일반적 사례 분석(general case analysis) 일반화 세팅에 존재하는 자극의 변이들과 반응 필요조건의 전반적인 범위를 대표할 수 있을 지시 사례를 선택하는 데에 사용하는 체계적인 방법. (다중사례 훈련, 사례 충분하기 가르치기 참조).(제14장)

일반화 세팅(generalization setting) 바람직한 목표행동의 수행이 요구되면서 지시 세팅과는 유의미하게 다른 장소 혹은 그러한 자극상황.(제14장)

일반화 프로브(generalization probe) 직접적인 훈련이 제공되지 않은 세팅과 자극상황에서 실행되는 학습자의 목표행동 수행의 모든 측정.(제14장)

일반화(generalization) 행동적 절차와 행동 변화의 결과물의 변이를 의미하는 일반적인 용어. (일반화 도표, 일반화된 행동 변화, 반응 일반화, 반응 유지, 세팅/상황 일반화, 자극 일반화 참조).(제14장)

임의적 자극 범주(arbitrary stimulus class) 선행자극은 같은 반응을 일으키지만, 물리적으로 공통된 자극 특징을 공유하지는 않음(예 : 땅콩, 치즈, 코코넛밀크, 닭가슴살이 '단백질의 근원'이라는 반응을 일으키면 임의적 자극 범

주의 구성요소가 됨). (특징자극 범주와 비교).(제7장)

자극 일반화(stimulus generalization) 선행자극이 있을 때 유발됐던 행동이 강화 받은 역사가 있다면, 다른 선행자극 또한 그 행동을 유발하는 경향을 띠게 됨. 통제적인 선행자극과 유사한 물리적 특징을 공유하는 자극들이 이러한 유발기능을 가지게 됨.(제7장)

자극 일반화도표(stimulus generalization gradient) 한 자극조건에서 강화된 반응이 다른 훈련받은 적 없는 자극조건에서 발생하는 정도를 보여주는 도표로, 자극일반화와 자극변별의 정도를 나타냄. 평평한 도표의 기울기는 높은 수준의 자극 일반화와 훈련된 자극과 다른 자극 간의 상대적으로 낮은 수준의 변별을 의미함. 도표의 기울기가 최고점으로부터 급격하게 떨어진다면 이는 높은 수준의 자극통제(변별)와 상대적으로 낮은 수준의 자극 일반화를 의미함.(제7장)

자극델타(stimulus delta, $S^{\triangle}$) 자극이 제시될 때 행동이 강화되지 않음. (변별 자극 참조).(제7장)

자극변별 훈련(stimulus discrimination training) 한 가지 행동과 두 가지 선행자극 조건을 필요로 함. 한 자극 조건(변별 자극)에서 반응이 강화되고 다른 조건(자극델타)에서는 강화되지 않음.(제7장)

자극의 등가성(stimulus equivalence) 자극-자극 관계에 대한 반응을 강화하였을 때에 참가자가 훈련이나 강화가 없었던 다른 자극-자극 관계에 대해서도 정확한 반응을 보임. 자극의 등가성을 정의하기 위해 반사성, 대칭성, 이동성이 입증되어야 함.(제7장)

자극통제(stimulus control) 선행자극이 존재할 때에 학습자의 반응률, 잠재기간, 지속기간, 또는 반응의 크기가 변하는 것을 뜻함. (변별, 변별 자극 참조).(제7장)

자기계약(self-contract) 자신과 맺는 유관계약으로 자신이 선택한 과제 및 보상, 과제완성에 대한 자기감시 그리고 자신에게 보상을 주는 일까지 포함.(제12장)

자기관리(self-management) 행동을 바람직한 방향으로 변화시키는 행동 변화 전략의 개인적 적용.(제13장)

자기관찰(self-monitoring) 스스로 자기 행동을 체계적으로 관찰하고 목표 행동이 발생했는지 아닌지를 기록하는 절차(자기기록 혹은 자기관찰(self-observation)이라고도 불림).(제13장)

자기지시(self-instruction) 공개적일 수도 사적일 수도 있는,

스스로 만들어 낸 언어적 반응. 바람직한 행동에 대한 반응 촉진이나 규칙으로 기능함. 자기관리 전략으로 행동연쇄나 과제의 순서를 결정하는 데 사용됨.(제13장)

자기통제(self-control)　두 가지 의미. (a) 즉각적이나 가치가 적은 것을 얻기 위해 움직이기 보다는 지연되었으나, 큰 혹은 질 좋은 보상을 얻기 위해 행동하는 것(충동 조절로 간주되기도 함), (b) 뒤따르는 행동을 바꾸기 위해 특정한 방식으로 행동하는 것(예 : 자신의 행동을 스스로 조절함). Skinner(1953)는 자기통제를 2요인 현상으로 개념화함. 통제하는 반응은 통제되는 반응의 가능성을 변화시키는 방법으로 변인에 영향을 줌. (자기관리 참조).(제13장)

자기평가(self-evaluation)　자신의 목표행동에 대한 수행을 미리 정해 놓은 목표나 기준과 비교하는 절차. 자기관리의 요소가 되며 자기평가(self-assessment)라고도 불림.(제13장)

자동적 강화(automatic reinforcement)　다른 사람의 사회적 중재 없이 독립적으로 일어나는 강화(예 : 벌레에게 물린 후 가려움을 가라앉히기 위해 긁는 것).(제11장)

자동적 처벌(automatic punishment)　다른 사람의 사회적 중재 없이 독립적으로 일어나는 처벌(예 : 사회적 환경과 무관하게 처벌로 작용하는 반응).(제11장)

자료 경로(data path)　연속적인 자료점들 간의 행동의 수준과 경향을 나타냄. 집단 내 한 자료점의 중앙에서 다음 자료점의 중앙을 잇는 직선.(제1장)

자료(data)　수량화된 형태를 가진 측정의 결과.(제1장)

자연적으로 존재하는 유관(naturally existing contingency)　행동분석가나 전문가의 노력과는 별도로 작동하는 모든 강화(또는 처벌). 다른 사람에 의한 사회적으로 중재된 유관과 이미 일반화 세팅에서 작동하고 있는 유관도 포함함. (인위적 유관과 비교).(제14장)

전사(transcription)　글로 쓰여졌거나, 타이핑되었거나, 손가락으로 쓰여진 반응을 통제하는 구두언어 변별자극으로 구성된 구두언어 조작. 축어 관계와 마찬가지로, 자극과 반응물 사이에 일대일대응은 있으나 형식적 유사성은 없음.(제11장)

전체 과제 연쇄(total-task chaining)　순행연쇄의 변형된 형태로서 학습자가 매 회기마다 과제분석의 각 단계에 대한 훈련을 받음.(제10장)

전체 반응 비율(overall response rate)　주어진 시간 내에 발생한 반응의 평균. (부분 반응 비율 참조).(제1장)

절차적 신뢰도(procedural fidelity)　치료 충실도 참조.(제5장)

제1종 오류(Type I error)　실제로는 관계가 없는데 독립변인이 종속변인에 영향을 미친다고 결론 내릴 때 발생하는 오류. 긍정 오류. (제2종 오류와 반대).(제5장)

제2종 오류(Type II error)　실제로는 관계가 있으나, 독립변인이 종속변인에 영향을 미치지 않는다고 결론 내릴 때 발생하는 오류. 부정 오류. (제1종 오류와 반대).(제5장)

제한이 있는 행동연쇄(behavior chain with a limited hold)　정해진 시간 내에 정확하게 수행되어야만 강화를 생산해 내는 행동의 연쇄.(제10장)

조건화되지 않은 동기조작(unconditioned motivating operation, UMO)　학습되지 않았지만 가치를 변화시키는 효과를 지니는 동기조작. 예를 들어, 음식 결핍은 학습 경험과 무관하게 음식의 강화 효과를 높임.(제6장)

조건화된 동기조작(conditioned motivating operation, CMO)　학습에 의해 가치를 변화시키는 효과를 지니는 동기조작. 예를 들어, 잠긴 문과 열쇠의 관계를 학습했기 때문에 열쇠가 잠긴 문에 대해 더 효과적인 강화제가 되고 열쇠를 얻기 위한 행동을 유발시킴.(제6장)

조형(shaping)　반응 집합을 점차적으로 변화시키기 위해 차별강화를 사용함. 각 반응집단은 최종 행동에 대한 성공적인 근사치가 있음. 현재의 반응 집합의 구성원은 최종 행동과 더 비슷하기 때문에 차별 강화로 선택됨. (차별 강화, 반응집합, 반응변별, 지속적인 근접 참조).(제9장)

종속 집단유관(dependent group contingency)　집단의 강화가 집단 내 개인 혹은 일부 집단의 수행에 따라 주어짐.(제12장)

종속변인(dependent variable)　응용행동분석 실험에서 행동의 변화가 독립변인을 조작한 결과로 나타난 것인지를 결정하기 위한 변인. 사회적으로 중요한 행동을 측정하는 데 사용되기도 함. (목표행동 참조; 독립변인과 비교).(제1, 2장)

준대수 차트(semilogarithmic chart)　대수법으로 표시된 y축을 사용하기 때문에 같은 간격으로 나타난 행동변화가 수직축에 같은 간격으로 표시되는 2차원적 그래프. (표준 셀러레이션 차트 참조).(제1장)

증가경향의 기저선(ascending baseline)　시간이 지날수록 반

응의 측정치가 증가하는 경향을 보여 주는 자료 경로. (감소경향의 기저선과 비교).(제2장)

지시 세팅(instructional setting) 지시가 실행되며 학습자의 목표행동 습득 및 일반화에 영향을 끼칠 수 있을 계획되거나 그렇지 않은 환경의 모든 특징을 포함시킨 환경. (일반화 세팅과 반대).(제14장)

지연된 다중 기저선 설계(delayed multiple baseline design) 다중 기저선 설계의 변형으로 초기 기저선 혹은 치료를 한 행동(혹은 세팅, 참가자)에 적용하고 뒤따르는 기저선들을 시차를 두고 추가함.(제4장)

지원 강화제(backup reinforcer) 선호하는 물건, 활동 또는 특권으로 토큰을 통해 얻을 수 있음.(제12장)

직접 반복(direct replication) 연구자가 이전 실험의 모든 조건을 똑같이 복제함.(제5장)

집단유관(group contingency) 집단 구성원에 대한 강화의 유관이 (a)집단 내 개인의 행동, (b) 대그룹 내의 일부 집단의 행동 혹은 (c) 집단 내 모든 개인의 수행이 기준을 달성했는지에 따라 주어짐. (종속 집단유관, 독립 집단유관, 상호 의존적 집단유관 참조).(제12장)

차별 강화(differential reinforcement) 어떤 범주에 따르는 특정한 기준과 만나는 반응에 대해서만 강화(예 : 빈도, 형태, 기간, 잠재기간, 강도)하는 것과 모든 다른 반응들은 소거의 집단에 두는 것. (대안 행동 차별 강화, 상반된 행동에 대한 차별 강화, 다른 행동에 대한 차별 강화, 변별 훈련, 조형 참조).(제9장)

참가자 간 다중 기저선 설계(multiple baseline across subjects design) 치료변인이 같은 세팅에서 둘 혹은 그 이상의 참가자(혹은 그룹)의 같은 행동에 적용된 다중 기저선 설계.(제4장)

참가자 동의(informed consent) 연구 참가자 또는 서비스 수령자가 모든 평가나 치료가 행해지기 전 그에 대한 명백한 허가를 내림. 치료효과 및 부작용에 대해서 완전하게 개방해야 함. 동의를 얻기 위하여 (a) 동의를 하는 개인은 결정할 수 있는 능력이 있어야 하고, (b) 그 결정은 자발적이어야 하며, (c)참가자는 치료의 핵심에 대한 정확한 정보를 충분히 가지고 있어야 함.(제15장)

처벌 절차로부터의 회복(recovery from punishment procedure) 처벌이 뒤따르지 않으면 이전에 처벌 받았던 반응이 발생함. 이전에 강화받았던 행동에 대한 소거와 유사하며

처벌의 실패 원인이 됨.(제6장)

철회 설계(withdrawal design) 어떤 저자들은 A-B-A-B 설계와 동의어로 사용함. 또한 행동 유지를 증진시키기 위하여 효과적인 치료가 연속적으로 혹은 부분적으로 철회되는 실험에서 사용됨.(제3장)

청자(listener) 언어행동에 대한 강화를 제공하는 사람. 언어행동을 유발하는 청중으로서 기능하기도 함. (화자와 반대).(제11장)

청중(audience) 구두언어행동을 유발하는 변별 자극으로 기능하는 사람. 차별 강화의 경험으로 인해 다른 청중은 동일한 주제에 대한 다른 언어행동을 통제함. 청소년들은 동일한 사건을 친구와 부모에게 다른 방식으로 설명함.(제11장)

체계적 둔감화(systematic desensitization) 원하지 않는 행동(불안과 공포)을 다른 행동(일반적으로 근육이완)으로 대체하게 가르치는 불안, 공포, 두려움의 치료에 가장 많이 사용하는 행동 치료법. 내담자는 가장 덜 두려운 것에서 최고로 두려운 것에 이르기까지 위계를 만들고, 가장 덜 두려운 상황에서 시작해 다음 상황으로 차례대로 상상을 하면서 이완하는 것을 배움.(제13장)

체계적 반복(systematic replication) 연구자가 고의적으로 이전 실험의 하나 혹은 그 이상의 변인을 변화시키는 실험. 이전 연구의 결과를 재현함으로써, 결과의 신뢰도를 입증할 수 있을 뿐 아니라, 다른 조건에서도 같은 효과를 얻을 수 있다는 것을 보여 줌으로써 외적 타당도를 높임.(제5장)

축어(textual) 자극과 반응물 간에 일대일 대응은 되지만, 형식적 유사성은 없는 구두언어 변별 자극으로 구성된 구두언어 조작.(제11장)

치료 충실도(treatment integrity) 독립변인이 정확히 계획대로 적용됐는지 그리고 계획되거나 계획되지 않은 변인들이 제대로 관리되고 있는 정도. 절차적 신뢰성이라고도 함.(제5장)

치료표류(treatment drift) 독립변인이 초기 단계와는 다르게 후반부에 적용되는 바람직하지 않은 상황.(제5장)

클리커 훈련(clicker training) 청각 자극 형태에 대한 조건화된 강화를 이용하여 행동을 조형하는 방법으로 Pryor(1999)에 의해 널리 알려짐. 클리커는 누르면 소리가 나는 휴대용 기구임. 훈련자는 클리커 소리를 다른 형태의

강화(예 : 먹을 것)와 연합시켜 소리가 조건화된 강화제가 되도록 함.(제9장)

토큰(token) 적절한 행동에 대한 유관으로 얻는 것. 지원 강화제에 대한 중간 교환 수단으로 사용됨.(제12장)

토큰경제(token economy) 참가자가 특정 행동에 대한 즉각적 결과로서 얻은 일반화된 조건 강화제(예 : 토큰, 칩, 점수)참가자가 얻는 체계. 참가자는 토큰을 모아 지원 강화제를 나열한 목록 내의 활동으로 교환함. (일반화된 조건 강화제 참조).(제12장)

특징자극 범주(feature stimulus class) 동일한 물리적 형태나 구조(예 : 나무로부터 만들어짐, 다리 4개, 원형, 파란색)나 동일한 상대적 관계(예 : 보다 큰, 보다 뜨거운, 보다 높은, 옆에)를 공유하는 자극. (임의적 자극 범주와 비교).(제7장)

표준 셀러레이션 차트(Standard celeration Chart) 6개의 10배수 주기가 세로축에 표기되어 24시간에 1회 일어나는 반응(분당 0.000695)부터 분당 1000회 일어나는 반응까지의 반응 비율을 표현할 수 있는 준대수 차트. 시간에 따라 곱하거나 나누는 횟수로 시간에 따라 생기는 반응 횟수에 대한 일정한 비율의 변화를 나타낼 수 있음. (준대수 차트 참조).(제1장)

해지조작(abolishing operation, AO) 자극, 사물, 사건의 강화 효과를 감소시키는 동기조작. 예를 들어, 음식의 강화 효과는 음식 섭취의 결과로 인해 감소됨.(제6장)

행동 간 다중 기저선 설계(multiple baseline across behaviors design) 치료변인이 같은 세팅에서, 같은 사람의 둘 혹은 그 이상의 다른 행동에 적용된 다중 기저선 설계.(제4장)

행동계약(behavioral contract) 유관 계약 참조.(제12장)

행동변화 효과(behavior-altering effect) 동기조작의 효과성 변화로 인해 강화된 행동의 현재 발생 빈도가 변화함. 예를 들어, 음식 결핍 및 섭취는 음식의 강화 효과를 변화시킴. 예를 들어, 음식으로 강화된 행동의 빈도는 음식 결핍 혹은 음식 섭취로 인해 증가하거나 감소함.(제6장)

행동에 관한 윤리규정(ethical codes of behavior) 구성원의 전문가로서의 행동이나 의무에 대한 지침을 제공해 줌. 규정에서 벗어났을 때 어떤 수준의 제재가 가해질 것인지에 대한 기준을 제공함. (예 : 징계, 견책, 조직에서의 제명).(제15장)

행동연쇄 방해 전략(behavior chain interruption strategy,

BCIS) 연쇄의 특정 요소의 수행에서 참가자에게 어떤 기술을 하게 만드는 개입. 새로운 행동의 시행으로 연쇄가 방해받음.(제10장)

행동연쇄(behavior chain) 각 반응이 어떤 자극 변화가 그 반응에 대한 조건화된 강화물과 다음 반응의 변별 자극으로써 가능하도록 만드는 반응 연쇄. 어떤 연쇄에서 마지막 반응에 대한 강화는 연쇄의 모든 이전 반응에 의해 만들어진 자극 변화의 강화 효과를 유지함.(제10장)

행동함정(behavior trap) 강력하여 의미 있으면서도 오랫동안 지속되는 행동변화를 이끌어 내는 강화 유관. 효과적인 행동함정은 다음의 네 가지 핵심적인 특징을 지님. (a) 떨쳐낼 수 없는 '미끼'(강화제)가 학습자를 함정까지 '유혹'함. (b) 학습자가 함정에 발을 들여놓기 위해 필요한 반응은 이미 수행할 줄 알고 적은 노력만을 필요로 함. (c) 함정 속에 존재하는 서로 관련된 강화 유관들은 학습자가 학업적 또는 사회적 기술을 습득하고 확장하며 유지하도록 동기화 함. (d) 포만효과가 아주 미미하게 혹은 생기지 않아 함정 효과가 오래 유지됨.(제14장)

형식적 유사성(formal similarity) 선행자극통제와 반응 또는 반응물이 (a) 같은 감각을 공유하거나(예 : 자극과 반응 모두 시각적, 청각적 혹은 촉각적일 때), (b) 서로 물리적으로 유사할 때 발생함. 형식적 유사성을 지니는 언어 관계에는 반향, 베껴 쓰기, 수화와 관련한 모방이 있음.(제11장)

화자(speaker) 요구, 기술, 상호 구두언어, 부차적 언어 등을 발생시키는 언어행동에 참여하는 사람. 또한 수화, 제스처, 신호, 쓰여진 단어, 코드, 사진, 다른 형태의 언어행동에 참여하기도 함. (청자와 반대).(제11장)

확립조작(establishing operation, EO) 자극, 사물, 사건의 강화 효과를 증가시키는 동기조작. 예를 들어, 음식의 강화 효과는 음식 결핍의 결과로 인해 증가됨.(제6장)

환유적 (기술) 확장[metonymical (tact) extension]] 새로운 자극은 기존자극과 관련된 특징을 전혀 공유하지 않지만 무관한 특징이 연관되어 자극통제를 얻게 됨.(제11장)

A-B 설계(A-B design) 치료 전 기저선 조건(A)과 치료 조건(B)으로 구성된 두 단계 실험 설계.(제2, 3장)

A-B-A 설계(A-B-A design) 치료 전 기저선 조건(A)에서 안정적인 반응이 나오면 치료 조건(B)을 적용하고 여기에서 행동이 변화하고 반응이 안정되면 독립변인을 철회하

여 다시 기저선 조건(A)으로 돌아가는 것으로 구성된 세 단계 실험 설계. (A-B-A-B 설계, 반전 설계, 철회 설계 참조).(제3장)

A-B-A-B 설계(A-B-A-B design) (1)치료 전 기저선 조건 (A)에서 안정적인 반응이 나오면, (2)치료 조건(B)을 적용하고 여기에서 행동이 변화하고 반응이 안정되면, (3) 독립변인을 철회하여 다시 기저선 조건(A)으로 돌아간 후, (4)두 번째 개입 조건(B)을 적용하여 이전의 치료 효과가 반복되는지를 확인함. (반전 설계, 철회 설계라고도 불림).(제3장)

B-A-B 설계(B-A-B design) 치료 조건으로 시작하는 세 단계 실험 설계. 치료 조건(B)에서 안정적인 반응이 얻어지면 치료변인은 철회(A)하여 독립변인의 부재 시에 반응이 어떻게 달라지는지를 봄. 이후 치료변인을 재도입(B)하여 초기 치료 기간 나타났던 자료 경로에 근거한 예측이 맞는지 확인함.(제3장)

DRI/DRA 반전 기법(DRI/DRA reversal technique) 강화의 효과를 설명하는 실험 기법. 통제조건으로 무강화 조건(기저선)이 아닌 상반되거나 대안적인 행동(DRI/DRA)에 대한 차별 강화를 사용함. DRI/DRA 조건에서는 목표행동과 상반되거나 목표행동에 대한 대안행동으로 나타나는 특정한 행동에 유관 강화를 제공함. DRI/DRA 조건보다 강화 조건에서 반응이 높게 나타나면 행동변화가 단순한 자극 제시나 접촉 때문이 아니라 강화 유관에 의한 것임을 증명함. (DRO 반전 기법, 비유관 강화 반전 기법과 비교).(제3장)

DRO 반전 기법(DRO reversal technique) 통제조건으로 무강화 조건(기저선)이 아닌 다른 행동에 대한 차별 강화 (DRO)의 효과를 사용하는 실험 기법. DRO 조건에서는 목표행동이 아닌 모든 다른 행동의 발생에 강화를 제공함. DRO 조건보다 강화 조건에서 반응이 높게 나타나면 행동변화가 단순한 자극 제시나 접촉 때문이 아니라 강화 유관에 의한 것임을 증명함. (DRI/DRA 반전 기법, 비유관 강화 반전 기법과 비교).(제3장)

Achenbach, T. M., & Edelbrock, C. S. (1991). *Manual for the Child Behavior Checklist.* Burlington: University of Vermont, Department of Psychiatry.

Adams, C., & Kelley, M. (1992). Managing sibling aggression: Overcorrection as an alternative to timeout. *Behavior Modification, 23,* 707–717.

Adelinis, J. D., Piazza, C. C., & Goh, H. L. (2001). Treatment of multiply controlled destructive behavior with food reinforcement. *Journal of Applied Behavior Analysis, 34,* 97–100.

Adkins, V. K., & Mathews, R. M. (1997). Prompted voiding to reduce incontinence in community-dwelling older adults. *Journal of Applied Behavior Analysis, 30,* 153–156.

Adronis, P. T. (1983). *Symbolic aggression by pigeons: Contingency coadduction.* Unpublished doctoral dissertation, University of Chicago, Department of Psychiatry and Behavior Analysis, Chicago.

Agran, M. (Ed.). (1997). *Self-directed learning: Teaching self-determination skills.* Pacific Grove, CA: Brooks/Cole.

Ahearn, W. H. (2003). Using simultaneous presentation to increase vegetable consumption in a mildly selective child with autism. *Journal of Applied Behavior Analysis, 36,* 361–365.

Ahearn, W. H., Clark, K. M., Gardenier, N. C., Chung, B. I., & Dube, W. V. (2003). Persistence of stereotypic behavior: Examining the effects of external reinforcers. *Journal of Applied Behavior Analysis, 36,* 439–448.

Ahearn, W. H., Kerwin, M. E., Eicher, P. S., Shantz, J., & Swearingin, W. (1996). An alternating treatments comparison of two intensive interventions for food refusal. *Journal of Applied Behavior Analysis, 29,* 321–332.

Alber, S. R., & Heward, W. L. (1996). "GOTCHA!" Twenty-five behavior traps guaranteed to extend your students' academic and social skills. *Intervention in School and Clinic, 31* (5), 285–289.

Alber, S. R., & Heward, W. L. (2000). Teaching students to recruit positive attention: A review and recommendations. *Journal of Behavioral Education, 10,* 177–204.

Alber, S. R., Heward, W. L., & Hippler, B. J. (1999). Training middle school students with learning disabilities to recruit positive teacher attention. *Exceptional Children, 65,* 253–270.

Alber, S. R., Nelson, J. S., & Brennan, K. B. (2002). A comparative analysis of two homework study methods on elementary and secondary students' acquisition and maintenance of social studies content. *Education and Treatment of Children, 25,* 172–196.

Alberto, P. A., & Troutman, A. C. (2006) *Applied behavior analysis for teachers* (7th ed.). Upper Saddle River, NJ: Merrill/Prentice Hall.

Alberto, P. A., Heflin, L. J., & Andrews, D. (2002). Use of the timeout ribbon procedure during community-based instruction. *Behavior Modification, 26* (2), 297–311.

Albin, R. W., & Horner, R. H. (1988). Generalization with precision. In R. H. Horner, G. Dunlap, & R. L. Koegel (Eds.), *Generalization and maintenance: Life-style changes in applied settings* (pp. 99–120). Baltimore: Brookes.

Alessi, G. (1992). Models of proximate and ultimate causation in psychology. *American Psychologist, 48,* 1359–1370.

Alexander, D. F. (1985). The effect of study skill training on learning disabled students' retelling of expository material. *Journal of Applied Behavior Analysis, 18,* 263–267.

Allen, K, E., Hart, B. M., Buell, J. S., Harris, F. R., & Wolf, M. M. (1964). Effects of social reinforcement on isolate behavior of a nursery school child. *Child Development, 35,* 511–518.

Allen, K. D., & Evans, J. H. (2001). Exposure-based treatment to control excessive blood glucose monitoring. *Journal of Applied Behavior Analysis, 34,* 497–500.

Allen, L. D., Gottselig, M., & Boylan, S. (1982). A practical mechanism for using free time as a reinforcer in the classroom. *Education and Treatment of Children, 5* (4), 347–353.

Allison, J. (1993). Response deprivation, reinforcement, and economics. *Journal of the Experimental Analysis of Behavior, 60,* 129–140.

Altschuld, J. W., & Witkin, B. R. (2000). *From needs assessment to action: Transforming needs into solution strategies.* Thousand Oaks, CA: Sage.

Altus, D. E., Welsh, T. M., & Miller, L. K. (1991). A technology for program maintenance: Programming key researcher behaviors in a student housing cooperative. *Journal of Applied Behavior Analysis, 24,* 667–675.

American Psychological Association. (1953). *Ethical standards of psychologists.* Washington, DC: Author.

American Psychological Association. (2001). *Publication Manual of the American Psychological Association* (5th ed.). Washington, DC: Author

American Psychological Association. (2002). *Ethical principles of psychologists and code of conduct.* Washington, DC: Author. Retrieved November 11, 2003, from www.apa.org/ethics/code2002.html.

American Psychological Association. (2004). Ethical principles of psychologists and code of conduct. Retrieved October 21, 2004, from www.apa .org/ethics.

Andersen, B. L., & Redd, W. H. (1980). Programming generalization through stimulus fading with children participating in a remedial reading program. *Education and Treatment of Children, 3*, 297–314.

Anderson, C. M., & Long, E. S. (2002). Use of a structured descriptive assessment methodology to identify variable affecting problem behavior. *Journal of Applied Behavior Analysis, 35*, 137–154.

Andresen, J. T. (1991). Skinner and Chomsky 30 years later OR: The return of the repressed. *The Behavior Analyst, 14*, 49–60.

Ardoin, S. P., Martens, B. K., & Wolfe, L. A. (1999). Using high-probability instruction sequences with fading to increase student compliance during transitions. *Journal of Applied Behavior Analysis, 32*, 339–351.

Armendariz, F., & Umbreit, J. (1999). Using active responding to reduce disruptive behavior in a general education classroom. *Journal of Positive Behavior Interventions, 1*, 152–158.

Arndorfer, R. E., Miltenberger, R. G., Woster, S. H., Rortvedt, A. K., & Gaffaney, T. (1994). Home-based descriptive and experimental analysis of problem behaviors in children. *Topics in Early Childhood Special Education, 14*, 64–87.

Arndorfer, R., & Miltenberger, R. (1993). Functional assessment and treatment of challenging behavior: A review with implications for early childhood. *Topics in Early Childhood Special Education, 13*, 82–105.

Arnesen, E. M. (2000). *Reinforcement of object manipulation increases discovery.* Unpublished bachelor's thesis, Reed College, Portland, OR.

Arntzen, E., Halstadtrø, A., & Halstadtrø, M. (2003). Training play behavior in a 5-year-old boy with developmental disabilities. *Journal of Applied Behavior Analysis, 36*, 367–370.

Ashbaugh, R., & Peck, S. M. (1998). Treatment of sleep problems in a toddler: A replication of the faded bedtime with response cost protocol. *Journal of Applied Behavior Analysis, 31*, 127–129.

Association for Behavior Analysis. (1989). *The right to effective education.* Kalamazoo, MI: Author. Retrieved November 11, 2006, from www. abainternational.org/ABA/statements/ treatment.asp.

Association for Behavior Analysis. (1990). *Students' right to effective education.* Kalamazoo, MI: Author. Retrieved November 11, 2006, from www. abainternational.org/ABA/statements/ treatment.asp

Association for Behavior Analysis. (1993, 1997). *Guidelines for the accreditation of programs in behavior analysis.* Kalamazoo, MI: Author. Retrieved December 2, 2003, from www. abainternational. org/sub/behaviorfield/education/ accreditation/index.asp.

Association for Persons with Severe Handicaps. (1987, May). Resolution on the cessation of intrusive interventions. *TASH Newsletter, 5*, 3.

Atwater, J. B., & Morris, E. K. (1988). Teachers' instructions and children's compliance in preschool classrooms: A descriptive analysis. *Journal of Applied Behavior Analysis, 21*, 157–167.

Axelrod, S. A. (1990). Myths that (mis)guide our profession. In A. C. Repp & N. N. Singh (Eds.), *Perspectives on the use of nonaversive and aversive interventions for persons with developmental disabilities* (pp. 59–72). Sycamore, IL: Sycamore.

Axelrod, S., Hall, R. V., Weis, L., & Rohrer, S. (1971). *Use of self-imposed contingencies to reduce the frequency of smoking behavior.* Paper presented at the Fifth Annual Meeting of the Association for the Advancement of Behavior Therapy, Washington, DC.

Ayllon, T., & Azrin, N. H. (1968). *The token economy: A motivational system for therapy and rehabilitation.* New York: Appleton-Century-Crofts.

Ayllon, T., & Michael, J. (1959). The psychiatric nurse as a behavioral engineer. *Journal of the Experimental Analysis of Behavior, 2*, 323–334.

Azrin, N. H. (1960). Sequential effects of punishment. *Science, 131*, 605–606.

Azrin, N. H., & Besalel, V. A. (1999). *How to use positive practice, self-correction, and overcorrection* (2nd ed.). Austin, TX: Pro-Ed.

Azrin, N. H., & Foxx, R. M. (1971). A rapid method of toilet training the institu-

tionalized retarded. *Journal of Applied Behavior Analysis, 4*, 89–99.

Azrin, N. H., & Holz, W. C. (1966). Punishment. In W. K. Honig (Ed.), *Operant behavior: Areas of research and application* (pp. 380–447). New York: Appleton-Century-Crofts.

Azrin, N. H., & Nunn, R. G. (1973). Habit-reversal for habits and tics. *Behavior Research and Therapy, 11*, 619–628.

Azrin, N. H., & Powers, M. A. (1975). Eliminating classroom disturbances of emotionally disturbed children by positive practice procedures. *Behavior Therapy, 6*, 525–534.

Azrin, N. H., & Wesolowski, M. D. (1974). Theft reversal: An overcorrection procedure for eliminating stealing by retarded persons. *Journal of Applied Behavior Analysis, 7*, 577–581.

Azrin, N. H., Holz, W. C., & Hake, D. C. (1963). Fixed-ratio punishment by intense noise. *Journal of the Experimental Analysis of Behavior, 6*, 141–148.

Azrin, N. H., Hutchinson, R. R., & Hake, D. C. (1963). Pain-induced fighting in the squirrel monkey. *Journal of the Experimental Analysis of Behavior, 6*, 620.

Azrin, N. H., Kaplan, S. J., & Foxx, R. M. (1973). Autism reversal: Eliminating stereotyped self-stimulation of retarded individuals. *American Journal of Mental Deficiency, 78*, 241–248.

Azrin, N. H., Nunn, R. G., & Frantz, S. E. (1980). Habit reversal vs. negative practice treatment of nail biting. *Behavior Research and Therapy, 18*, 281–285.

Azrin, N. H., Rubin, H., O'Brien, F., Ayllon, T., & Roll, D. (1968). Behavioral engineering: Postural control by a portable operant apparatus. *Journal of Applied Behavior Analysis, 1*, 99–108.

Babyak, A. E., Luze, G. J., & Kamps, D. M. (2000). The good student game: Behavior management for diverse classrooms. *Intervention in School and Clinic, 35* (4), 216–223.

Bacon-Prue, A., Blount, R., Pickering, D., & Drabman, R. (1980). An evaluation of three litter control procedures: Trash receptacles, paid workers, and the marked item techniques. *Journal of Applied Behavior Analysis, 13*, 165–170.

Baer, D. M. (1960). Escape and avoidance response of preschool children to two schedules of reinforcement withdrawal. *Journal of the Experimental Analysis of Behavior, 3*, 155–159.

Baer, D. M. (1961). Effect of withdrawal of positive reinforcement on an extinguishing response in young children. *Child Development, 32,* 67–74.

Baer, D. M. (1962). Laboratory control of thumbsucking by withdrawal and representation of reinforcement. *Journal of the Experimental Analysis of Behavior, 5,* 525–528.

Baer, D. M. (1970). An age-irrelevant concept of development. *Merrill-Palmer Quarterly, 16,* 238–245.

Baer, D. M. (1971). Let's take another look at punishment. *Psychology Today, 5,* 5–32.

Baer, D. M. (1975). In the beginning, there was the response. In E. Ramp & G. Semb (Eds.), *Behavior analysis: Areas of research and application* (pp. 16–30). Upper Saddle River, NJ: Prentice Hall.

Baer, D. M. (1977a). Reviewer's comment: Just because it's reliable doesn't mean that you can use it. *Journal of Applied Behavior Analysis, 10,* 117–119.

Baer, D. M. (1977b). "Perhaps it would be better not to know everything." *Journal of Applied Behavior Analysis, 10,* 167–172.

Baer, D. M. (1981). A hung jury and a Scottish verdict: "Not proven." *Analysis and Intervention in Developmental Disabilities, 1,* 91–97.

Baer, D. M. (1982). Applied behavior analysis. In G. T. Wilson & C. M. Franks (Eds.), *Contemporary behavior therapy: Conceptual and empirical foundations* (pp. 277–309). New York: Guilford Press.

Baer, D. M. (1985). [Symposium discussant]. In C. E. Naumann (Chair), *Developing response classes: Why reinvent the wheel?* Symposium conducted at the Annual Conference of the Association for Behavior Analysis, Columbus, OH.

Baer, D. M. (1987). Weak contingencies, strong contingencies, and too many behaviors to change. *Journal of Applied Behavior Analysis, 20,* 335–337.

Baer, D. M. (1991). Tacting "to a fault". *Journal of Applied Behavior Analysis, 24,* 429–431.

Baer, D. M. (1999). *How to plan for generalization* (2nd ed.). Austin, TX: Pro-Ed.

Baer, D. M. (2005). Letters to a lawyer. In W. L. Heward, T. E. Heron, N. A. Neef, S. M. Peterson, D. M. Sainato, G. Cartledge, R. Gardner, III, L. D. Peterson, S. B. Hersh, & J. C. Dardig (Eds.), *Focus on behavior analysis in education: Achievements, challenges, and opportunities* (pp. 3–30). Upper Saddle River, NJ: Merrill/Prentice Hall.

Baer, D. M., & Bushell, Jr., D. (1981). The future of behavior analysis in the schools? Consider its recent pact, and then ask a different question. *School Psychology Review, 10*(2), 259–270.

Baer, D. M., & Fowler, S. A. (1984). How should we measure the potential of self-control procedures for generalized educational outcomes? In W. L. Heward, T. E. Heron, D. S. Hill, & J. Trap-Porter (Eds.), *Focus on behavior analysis in education* (pp. 145–161). Columbus, OH: Charles E. Merrill.

Baer, D. M., & Richards, H. C. (1980). An interdependent group-oriented contingency system for improving academic performance. *School Psychology Review, 9,* 190–193.

Baer, D. M., & Schwartz, I. S. (1991). If reliance on epidemiology were to become epidemic, we would need to assess its social validity. *Journal of Applied Behavior Analysis, 24,* 321–234.

Baer, D. M., & Sherman, J. A. (1964). Reinforcement control of generalized imitation in young children. *Journal of Experimental Child Psychology, 1,* 37–49.

Baer, D. M., & Wolf, M. M. (1970a). Recent examples of behavior modification in preschool settings. In C. Neuringer & J. L. Michael (Eds.), *Behavior modification in clinical psychology* (pp. 10–55). Upper Saddle River, NJ: Prentice Hall.

Baer, D. M., & Wolf, M. M. (1970b). The entry into natural communities of reinforcement. In R. Ulrich, T. Stachnik, & J. Mabry (Eds.), *Control of human behavior* (Vol. 2, pp. 319–324). Glenview, IL: Scott, Foresman.

Baer, D. M., Peterson, R. F., & Sherman, J. A. (1967). The development of imitation by reinforcing behavioral similarity of a model. *Journal of the Experimental Analysis of Behavior, 10,* 405–416.

Baer, D. M., Wolf, M. M., & Risley, T. R. (1968). Some current dimensions of applied behavior analysis. *Journal of Applied Behavior Analysis, 1,* 91–97.

Baer, D. M., Wolf, M. M., & Risley, T. (1987). Some still-current dimensions of applied behavior analysis. *Journal of Applied Behavior Analysis, 20,* 313–327.

Baer, R. A. (1987). Effects of caffeine on classroom behavior, sustained attention, and a memory task in preschool children. *Journal of Applied Behavior Analysis, 20,* 225–234.

Baer, R. A., Blount, R., L., Detrich, R., & Stokes, T. F. (1987). Using intermittent reinforcement to program maintenance of verbal/nonverbal correspondence. *Journal of Applied Behavior Analysis, 20,* 179–184.

Baer, R. A., Tishelman, A. C., Degler, J. D., Osnes, P. G., & Stokes, T. F. (1992). Effects of self- vs. experimenter-selection of rewards on classroom behavior in young children. *Education and Treatment of Children, 15,* 1–14.

Baer, R. A., Williams, J. A., Osnes, P. G., & Stokes, T. F. (1984). Delayed reinforcement as an indiscriminable contingency in verbal/nonverbal correspondence training. *Journal of Applied Behavior Analysis, 17,* 429–440.

Bailey, D. B. (1984). Effects of lines of progress and semilogarithmic charts on ratings of charted data. *Journal of Applied Behavior Analysis, 17,* 359–365.

Bailey, D. B., Jr., & Wolery, M. (1992). *Teaching infants and preschoolers with disabilities* (2nd ed). Upper Saddle River, NJ: Merrill/Prentice Hall.

Bailey, J. S. (2000). A futurist perspective for applied behavior analysis. In J. Austin & J. E. Carr (Eds.), *Handbook of applied behavior analysis* (pp. 473–488). Reno, NV: Context Press.

Bailey, J., & Meyerson, L. (1969). Vibration as a reinforcer with a profoundly retarded child. *Journal of Applied Behavior Analysis, 2,* 135–137.

Bailey, J. S. & Pyles, D. A. M. (1989). Behavioral diagnostics. In E. Cipani (Ed.), *The treatment of severe behavior disorders: Behavior analysis approach* (pp. 85–107). Washington, DC: American Association on Mental Retardation.

Bailey, S. L., & Lessen, E. I. (1984). An analysis of target behaviors in education: Applied but how useful? In W. L. Heward, T. E. Heron, D. S. Hill, & J. Trap-Porter (Eds.), *Focus on behavior analysis in education* (pp. 162–176). Columbus, OH: Charles E. Merrill.

Ballard, K. D., & Glynn, T. (1975). Behavioral self-management in story writing with elementary school children. *Journal of Applied Behavior Analysis, 8,* 387–398.

Bandura, A. (1969). *Principles of behavior modification.* New York: Holt, Rinehart & Winston.

Bandura, A. (1971). Vicarious and self-reinforcement processes. In R. Glaser (Ed.), *The nature of reinforcement.* New York: Academic Press.

Bannerman, D. J., Sheldon, J. B., Sherman, J. A., & Harchik, A. E. (1990). Balancing the rights to habilitation with the right to personal liberties: The rights of people with developmental disabilities to eat too many doughnuts and take a nap. *Journal of Applied Behavior Analysis, 23,* 79–89.

Barbetta, P. M., Heron, T. E., & Heward, W. L. (1993). Effects of active student response during error correction on the acquisition, maintenance, and generalization of sight words by students with developmental disabilities. *Journal of Applied Behavior Analysis, 26,* 111–119.

Barker, M. R., Bailey, J. S., & Lee, N. (2004). The impact of verbal prompts on child safety-belt use in shopping carts. *Journal of Applied Behavior Analysis, 37,* 527–530.

Barkley, R., Copeland, A., & Sivage, C. (1980). A self-control classroom for hyperactive children. *Journal of Autism and Developmental Disorders, 10,* 75–89.

Barlow, D. H., & Hayes, S. C. (1979). Alternating treatments design: One strategy for comparing the effects of two treatments in a single behavior. *Journal of Applied Behavior Analysis, 12,* 199–210.

Baron, A., & Galizio, M. (2005). Positive and negative reinforcement: Should the distinction be preserved? *The Behavior Analyst, 28,* 85–98.

Baron, A., & Galizio, M. (2006). The distinction between positive and negative reinforcement: Use with care. *The Behavior Analyst, 29,* 141–151.

Barrett, B. H., Beck, R., Binder, C., Cook, D. A., Engelmann, S., Greer, R. D., Kyrklund, S. J., Johnson, K. R., Maloney, M., McCorkle, N., Vargas, J. S., & Watkins, C. L. (1991). The right to effective education. *The Behavior Analyst, 14* (1), 79–82.

Barrish, H. H., Saunders, M., & Wolf, M. M. (1969). Good behavior game: Effects of individual contingencies for group consequences on disruptive behavior in a classroom. *Journal of Applied Behavior Analysis, 2,* 119–124.

Barry, A. K. (1998). *English grammar: Language as human behavior.* Upper Saddle River, NJ: Prentice Hall.

Barton, E. S., Guess, D., Garcia, E., & Baer, D. M. (1970). Improvement of retardates' mealtime behaviors by timeout procedures using multiple baseline techniques. *Journal of Applied Behavior Analysis, 3,* 77–84.

Barton, L. E., Brulle, A. R., & Repp, A. C. (1986). Maintenance of therapeutic change by momentary DRO. *Journal of Applied Behavior Analysis, 19,* 277–282.

Barton-Arwood, S. M., Wehby, J. H., Gunter, P. L., & Lane, K. L. (2003). Functional behavior assessment rating scales: Intrarater reliability with students with emotional or behavioral disorders. *Behavior Disorders, 28,* 386–400.

Baum, W. M. (1994). *Understanding behaviorism: Science, behavior, and culture.* New York: Harper Collins.

Baum, W. M. (2005). *Understanding behaviorism: Science, behavior, and culture* (2nd ed.). Malden, MA: Blackwell Publishing.

Bay-Hinitz, A. K., Peterson, R. F., & Quilitch, H. R. (1994). Cooerative games: A way to modify aggressive and cooperative behaviors in young children. *Journal of Applied Behavior Analysis, 27,* 435–446.

Becker, W. C., & Engelmann, S. E. (1978). Systems for basic instruction: Theory and applications. In A. Catania & T. Brigham (Eds.), *Handbook of applied behavior analysis: Social and instructional processes.* New York: Irvington.

Becker, W. C., Engelmann, S., & Thomas, D. R. (1975). *Teaching 2: Cognitive learning and instruction.* Chicago: Science Research Associates.

Behavior Analyst Certification Board. (2001). *Guidelines for responsible conduct for behavior analysts.* Tallahassee, FL: Author. Retrieved November 11, 2003, from http://bacb.com/consum_frame.html.

Behavior Analyst Certification Board. (2005). *Behavior analyst task list, third edition.* Tallahassee, FL: Author. Retrieved November 11, 2003, from http:// bacb.com/consum_frame.html.

Belfiore, P. J., Skinner, C. H., & Ferkis, M. A. (1995). Effects of response and trial repetition on sight-word training for students with learning disabilities. *Journal of Applied Behavior Analysis, 28,* 347–348.

Bell, K. E., Young, K. R., Salzberg, C. L., & West, R. P. (1991). High school driver education using peer tutors, direct instruction, and precision teaching. *Journal of Applied Behavior Analysis, 24,* 45–51.

Bellack, A. S., & Hersen, M. (1977). *Behavior modification: An introductory textbook.* New York: Oxford University Press.

Bellack, A. S., & Schwartz, J. S. (1976). Assessment for self-control programs. In M. Hersen & A. S. Bellack (Eds.), *Behavioral assessment: A practical handbook* (pp. 111–142). New York: Pergamon Press.

Bellamy, G. T., Horner, R. H., & Inman, D. P. (1979). *Vocational habilitation of severely retarded adults.* Austin, TX: Pro-Ed.

Bender, W. N., & Mathes, M. Y. (1995). Students with ADHD in the inclusive classroom: A hierarchical approach to strategy selection. *Intervention in School & Clinic, 30* (4), 226–234.

Bennett, K., & Cavanaugh, R. A. (1998). Effects of immediate self-correction, delayed self-correction, and no correction on the acquisition and maintenance of multiplication facts by a fourth-grade student with learning disabilities. *Journal of Applied Behavior Analysis, 31,* 303–306.

Bicard, D. F. & Neef, N. A. (2002). Effects of strategic versus tactical instructions on adaptation to changing contingencies in children with ADHD. *Journal of Applied Behavior Analysis, 35,* 375–389.

Bijou, S. W. (1955). A systematic approach to an experimental analysis of young children. *Child Development, 26,* 161–168.

Bijou, S. W. (1957). Patterns of reinforcement and resistance to extinction in young children. *Child Development, 28,* 47–54.

Bijou, S. W. (1958). Operant extinction after fixed-interval schedules with young children. *Journal of the Experimental Analysis of Behavior, 1,* 25–29.

Bijou, S. W., & Baer, D. M. (1961). *Child development: Vol. 1. A systematic and empirical theory.* New York: Appleton-Century-Crofts.

Bijou, S. W., & Baer, D. M. (1965). *Child development: Vol. 2. Universal stage of infancy.* New York: Appleton-Century-Crofts.

Bijou, S. W., Birnbrauer, J. S., Kidder, J. D., & Tague, C. (1966). Programmed instruction as an approach to teaching of reading, writing, and arithmetic to retarded children. *The Psychological Record, 16,* 505–522.

Bijou, S. W., Peterson, R. F., & Ault, M. H. (1968). A method to integrate descriptive and experimental field studies at the level of data and empirical concepts. *Journal of Applied Behavior Analysis, 1,* 175–191.

Billings, D. C., & Wasik, B. H. (1985). Self-instructional training with preschoolers: An attempt to replicate. *Journal of Applied Behavior Analysis, 18,* 61–67.

Billingsley, F., White, D. R., & Munson, R. (1980). Procedural reliability: A rationale and an example. *Behavioral Assessment, 2,* 247–256.

Binder, C. (1996). Behavioral fluency: Evolution of a new paradigm. *The Behavior Analyst, 19,* 163–197.

Binder, L. M., Dixon, M. R., & Ghezzi, P. M. (2000). A procedure to teach self-control to children with attention deficit hyperactivity disorder. *Journal of Applied Behavior Analysis, 33,* 233–237.

Birnbrauer, J. S. (1979). Applied behavior analysis, service, and the acquisition of knowledge. *The Behavior Analyst, 2,* 15–21.

Birnbrauer, J. S. (1981). External validity and experimental investigation of individual behavior. *Analysis and Intervention in Developmental Disabilities, 1,* 117–132.

Birnbrauer, J. S., Wolf, M. M., Kidder, J. D., & Tague, C. E. (1965). Classroom behavior of retarded pupils with token reinforcement. *Journal of Experimental Child Psychology, 2,* 219–235.

Bishop, B. R., & Stumphauzer, J. S. (1973). Behavior therapy of thumb sucking in children: A punishment (time out) and generalization effect—what's a mother to do? *Psychological Reports, 33,* 939–944.

Bjork, D. W. (1997). *B. F. Skinner: A life.* Washington, DC: American Psychological Association.

Blew, P. A., Schwartz, I. S., & Luce, S. C. (1985). Teaching functional community skills to autistic children using nonhandicapped peer tutors. *Journal*

of Applied Behavior Analysis, 18, 337–342.

Blick, D. W., & Test, D. W. (1987). Effects of self-recording on high school students' on-task behavior. *Learning Disability Quarterly, 10,* 203–213.

Bloom, L. (1970). *Language development: Form and function in emerging grammars.* Cambridge, MA: MIT Press.

Bloom, M., Fischer, J., & Orme, J. G. (2003). *Evaluating practice: Guidelines for the accountable professional* (4th ed.). Boston: Allyn & Bacon.

Bolin, E. P., & Goldberg, G. M. (1979). Behavioral psychology and the Bible: General and specific considerations. *Journal of Psychology and Theology, 7,* 167–175.

Bolstad, O., & Johnson, S. (1972). Self-regulation in the modification of disruptive classroom behavior. *Journal of Applied Behavior Analysis, 5,* 443–454.

Bondy, A., & Frost, L. (2002). *The Picture Exchange Communication System.* Newark, DE: Pyramid Educational Products.

Boring, E. G. (1941). Statistical frequencies as dynamic equilibria. *Psychological Review, 48,* 279–301.

Bornstein, P. H., & Quevillon, R. P. (1976). The effects of a self-instructional package on overactive preschool boys. *Journal of Applied Behavior Analysis, 9,* 179–188.

Bosch, S., & Fuqua, W. R. (2001). Behavioral cusps: A model for selecting target behaviors. *Journal of Applied Behavior Analysis, 34,* 123–125.

Bourret, J., Vollmer, T. R., & Rapp, J. T. (2004). Evaluation of a vocal mand assessment and vocal mand procedures. *Journal of Applied Behavior Analysis, 37,* 129–144.

Bowers, F. E., Woods, D. W., Carlyon, W. D., & Friman, P. C. (2000). Using positive peer reporting to improve the social interactions and acceptance of socially isolated adolescents in residential care: A systematic replication. *Journal of Applied Behavior Analysis, 33,* 239–242.

Bowman, L. G., Piazza, C. C., Fisher, W., Hagopian, L. P., & Kogan, J. S. (1997). Assessment of preference for varied versus constant reinforcement. *Journal of Applied Behavior Analysis, 30,* 451–458.

Boyajian, A. E., DuPaul, G. J., Wartel Handler, M., Eckert, T. L., & McGoey, K. E. (2001). The use of classroom-based brief functional analyses with preschoolers at risk for attention deficit hyperactivity disorder. *School Psychology Review, 30,* 278–293.

Boyce, T. E., & Geller, E. S. (2001). A technology to measure multiple driving behaviors without self-report or participant reactivity. *Journal of Applied Behavior Analysis, 34,* 39–55.

Boyle, J. R., & Hughes, C. A. (1994). Effects of self-monitoring and subsequent fading of external prompts on the on-task behavior and task productivity of elementary students with moderate mental retardation. *Journal of Behavioral Education, 4,* 439–457.

Braam, S. J., & Poling, A. (1982). Development of intraverbal behavior in mentally retarded individuals through transfer of stimulus control procedures: Classification of verbal responses. *Applied Research in Mental Retardation, 4,* 279–302.

Braine, M. D. S. (1963). The ontogeny of English phrase structure: The first phrase. *Language, 39,* 1–13.

Brame, P. B. (2001). *Making sustained silent reading (SSR) more effective: Effects of a story fact recall game on students' off-task behavior during SSR and retention of story facts.* Unpublished doctoral dissertation, The Ohio State University, Columbus, OH.

Brame, P., Bicard, S. C., Heward, W. L., & Greulich, H. (2007). *Using an indiscriminable group contingency to "wake up" sustained silent reading: Effects on off-task behavior and recall of story facts.* Manuscript submitted for publication review.

Brantley, D. C., & Webster, R. E. (1993). Use of an independent group contingency management system in a regular classroom setting. *Psychology in the Schools, 30,* 60–66.

Brantner, J. P., & Doherty, M. A. (1983). A review of timeout: A conceptual and methodological analysis. In S. Axelrod & J. Apsche (Eds.), *The effects of punishment on human behavior* (pp. 87–132). New York: Academic Press.

Brethower, D. C., & Reynolds, G. S. (1962). A facilitative effect of punishment on unpunished behavior. *Journal of the Experimental Analysis of Behavior, 5*, 191–199.

Briggs, A., Alberto, P., Sharpton, W., Berlin, K., McKinley, C., & Ritts, C. (1990). Generalized use of a self-operated audio prompt system. *Education and Training in Mental Retardation, 25*, 381–389.

Brigham, T. A. (1980). Self-control revisited: Or why doesn't anyone read Skinner anymore? *The Behavior Analyst, 3*, 25–33.

Brigham, T. A. (1983). Self-management: A radical behavioral perspective. In P. Karoly & F. H. Kanfer (Eds.), *Self-management and behavior change: From theory to practice* (pp. 32–59). New York: Pergamon Press.

Brobst, B., & Ward, P. (2002). Effects of public posting, goal setting, and oral feedback on the skills of female soccer players. *Journal of Applied Behavior Analysis, 27*, 247–257.

Broden, M., Hall, R. V., & Mitts, B. (1971). The effect of self-recording on the classroom behavior of two eighth-grade students. *Journal of Applied Behavior Analysis, 4*, 191–199.

Brothers, K. J., Krantz, P. J., & McClannahan, L. E. (1994). Office paper recycling: A function of container proximity. *Journal of Applied Behavior Analysis, 27*, 153–160.

Browder, D. M. (2001). *Curriculum and assessment for students with moderate and severe disabilities.* New York: Guilford Press.

Brown, K. A., Wacker, D. P., Derby, K. M., Peck, S. M., Richman, D. M., Sasso, G. M., Knutson, C. L., & Harding, J. W. (2000). Evaluating the effects of functional communication training in the presence and absence of establishing operations. *Journal of Applied Behavior Analysis, 33*, 53–71.

Brown, R. (1973). *A first language: The early stages.* Cambridge, MA: Harvard University Press.

Brown, R., Cazden, C., & Bellugi, U. (1969). The child's grammar from I to III (pp. 28–73). In J. P. Hill (Ed.), *The 1967 symposium on child psychology.* Minneapolis: University of Minnesota Press.

Brown, S. A., Dunne, J. D., & Cooper, J. O. (1996) Immediate retelling's effect on student retention. *Education and Treatment of Children, 19*, 387–407.

Browning, R. M. (1967). A same-subject design for simultaneous comparison of three reinforcement contingencies. *Behavior Research and Therapy, 5*, 237–243.

Budd, K. S., & Baer, D. M. (1976). Behavior modification and the law: Implications of recent judicial decisions. *Journal of Psychiatry and Law, 4*, 171–244.

Burgio, L. D., Whitman, T. L., & Johnson, M. R. (1980). A self-instructional package for increasing attending behavior in educable mentally retarded children. *Journal of Applied Behavior Analysis, 13*, 443–459.

Bushell, D., Jr., & Baer, D. M. (1994). Measurably superior instruction means close, continual contact with the relevant outcome data. Revolutionary! In R. Gardner, III, D. M. Sainato, J. O. Cooper, T. E. Heron, W. L. Heward, J. Eshleman, & T. A. Grossi (Eds.), *Behavior analysis in education: Focus on measurably superior instruction* (pp. 3–10). Pacific Grove, CA: Brooks/Cole.

Byrd, M. R., Richards, D. F., Hove, G., & Friman, P. C. (2002). Treatment of early onset hair pulling as a simple habit. *Behavior Modification, 26* (3), 400–411.

Byrne, T., LeSage, M. G., & Poling, A. (1997). Effects of chlorpromazine on rats' acquisition of lever-press responding with immediate and delayed reinforcement. *Pharmacology Biochemistry and Behavior, 58*, 31–35.

Caldwell, N. K., Wolery, M., Werts, M. G., & Caldwell, Y. (1996). Embedding instructive feedback into teacher-student interactions during independent seatwork. *Journal of Behavioral Education, 6*, 459–480.

Cameron, J. (2005). The detrimental effects of reward hypothesis: Persistence of a view in the face of disconfirming evidence. In W. L. Heward, T. E. Heron, N. A. Neef, S. M. Peterson, D. M. Sainato, G. Cartledge, R. Gardner, III, L. D. Peterson, S. B. Hersh, & J. C. Dardig (Eds.), *Focus on behavior analysis in education: Achievements, challenges, and opportunities* (pp. 304–315). Upper Saddle River, NJ: Merrill/Prentice Hall.

Cammilleri, A. P., & Hanley, G. P. (2005). Use of a lag differential reinforcement contingency to increase varied selections of classroom activities. *Journal of Applied Behavior Analysis, 38*, 111–115.

Campbell, D. T., & Stanley, J. C. (1966). *Experimental and quasi-experimental designs for research.* Chicago: Rand McNally.

Campbell, R. C., & Stremel-Campbell, K. (1982). Programming "loose training" as a strategy to facilitate language generalization. *Journal of Applied Behavior Analysis, 15*, 295–301.

Carr, E. G., & Durand, V. M. (1985). Reducing behavior problems through functional communication training. *Journal of Applied Behavior Analysis, 18*, 111–126.

Carr, E. G., & Kologinsky, E. (1983). Acquisition of sign language by autistic children II: Spontaneity and generalization effects. *Journal of Applied Behavior Analysis, 16*, 297–314.

Carr, E. G., & Lovaas, I. O. (1983). Contingent electric shock as a treatment for severe behavior problems. In S. Axelrod & J. Apsche (Eds.), *The effects of punishment on human behavior* (pp. 221–245). New York: Academic Press.

Carr, J. E., & Burkholder, E. O. (1998). Creating single-subject design graphs with Microsoft Excel. *Journal of Applied Behavior Analysis, 31* (2), 245–251.

Carr, J. E., Kellum, K. K., & Chong, I. M. (2001). The reductive effects of noncontingent reinforcement: Fixed-time versus variable-time schedules. *Journal of Applied Behavior Analysis, 34*, 505–509.

Carr, J. E., Nicolson, A. C., & Higbee, T. S. (2000). Evaluation of a brief multiple-stimulus preference assessment in a naturalistic context. *Journal of Applied Behavior Analysis, 33*, 353–357.

Carroll, R. J., & Hesse, B. E. (1987). The effects of alternating mand and tact training on the acquisition of tacts. *The Analysis of Verbal Behavior, 5*, 55–65.

Carter, J. F. (1993). Self-management: Education's ultimate goal. *Teaching Exceptional Children, 25*(3), 28–32.

Carter, M., & Grunsell, J. (2001). The behavior chain interruption strategy: A review of research and discussion of future directions. *Journal of the Association for Persons with Severe Handicaps, 26* (1), 37–49.

Carton, J. S., & Schweitzer, J. B. (1996). Use of token economy to increase compliance during hemodialysis. *Journal of Applied Behavior Analysis, 29*, 111–113.

Catania, A. C. (1972). Chomsky's formal analysis of natural languages: A behavioral translation. *Behaviorism, 1,* 1–15.

Catania, A. C. (1975). The myth of self-reinforcement. *Behaviorism, 3,* 192–199.

Catania, A. C. (1976). Self-reinforcement revisited. *Behaviorism, 4,* 157–162.

Catania, A. C. (1992). B.F. Skinner, Organism. *American Psychologist, 48,* 1521–1530.

Catania, A. C. (1998). *Learning* (4th ed.). Upper Saddle River, NJ: Prentice Hall.

Catania, A. C., & Harnad, S. (Eds.). (1988). *The selection of behavior: The operant behaviorism of B. F. Skinner: Comments and controversies.* New York: Cambridge University Press.

Catania, A. C., & Hineline, P. N. (Eds.). (1996). *Variations and selections: An anthology of reviews from the* Journal of the Experimental Analysis of Behavior. Bloomington, IN: Society for the Experimental Analysis of Behavior.

Cautela, J. R. (1971). Covert conditioning. In A. Jacobs & L. B. Sachs (Eds.), *The psychology of private events: Perspective on covert response systems* (pp. 109–130). New York: Academic Press.

Cavalier, A., Ferretti, R., & Hodges, A. (1997). Self-management within a classroom token economy for students with learning disabilities. *Research in Developmental Disabilities, 18* (3), 167–178.

Cavanaugh, R. A., Heward, W. L., & Donelson, F. (1996). Effects of response cards during lesson closure on the academic performance of secondary students in an earth science course. *Journal of Applied Behavior Analysis, 29,* 403–406.

Chadsey-Rusch, J., Drasgow, E., Reinoehl, B., Halle, J., & Collet-Klingenberg, L. (1993). Using general-case instruction to teach spontaneous and generalized requests for assistance to learners with severe disabilities. *Journal of the Association for Persons with Severe Handicaps, 18,* 177–187.

Charlop, M. H., Burgio, L. D., Iwata, B. A., & Ivancic, M. T. (1988). Stimulus variation as a means of enhancing punishment effects. *Journal of Applied Behavior Analysis, 21,* 89–95.

Charlop-Christy, M. H., & Carpenter, M. H. (2000). Modified incidental teaching sessions: A procedure for parents to increase spontaneous speech in their children with autism. *Journal of Positive Behavioral Interventions, 2,* 98–112.

Charlop-Christy, M. H., & Haymes, L. K. (1998). Using objects of obsession as token reinforcers for children with autism. *Journal of Autism and Developmental Disorders, 28* (3), 189–198.

Chase, P. N. (2006). Teaching the distinction between positive and negative reinforcement. *The Behavior Analyst, 29,* 113–115.

Chase, P. N., & Danforth, J. S. (1991). The role of rules in concept learning. In L. J. Hayes and P. N. Chase (Eds.), *Dialogues on verbal behavior* (pp. 205–225). Reno, NV: Context Press.

Chase, P., Johnson, K., & Sulzer-Azaroff, B. (1985). Verbal relations within instruction: Are there subclasses of the intraverbal? *Journal of the Experimental Analysis of Behavior, 43,* 301–314.

Chiang, S. J., Iwata, B. A., & Dorsey, M. F. (1979). Elimination of disruptive bus riding behavior via token reinforcement on a "distance-based" schedule. *Education and Treatment of Children, 2,* 101–109.

Chiesa, M. (1994). *Radical behaviorism: The philosophy and the science.* Boston: Authors Cooperative.

Chomsky, N. (1957). *Syntactic structures.* The Hague: Mouton and Company.

Chomsky, N. (1959). Review of B. F. Skinner's *Verbal behavior. Language, 35,* 26–58.

Chomsky, N. (1965). *Aspects of a theory of syntax.* Cambridge, MA: MIT Press.

Christian, L., & Poling, A. (1997). Using self-management procedures to improve the productivity of adults with developmental disabilities in a competitive employment setting. *Journal of Applied Behavior Analysis, 30,* 169–172.

Christle, C. A., & Schuster, J. W. (2003). The effects of using response cards on student participation, academic achievement, and on-task behavior during whole-class, math instruction. *Journal of Behavioral Education, 12,* 147–165.

Ciccone, F. J., Graff, R. B., & Ahearn, W. H. (2006). Stimulus preference assessments and the utility of a moderate category. *Behavioral Intervention, 21,* 59–63.

Cipani, E. C., & Spooner, F. (1994*). Curricular and instructional approaches for persons with severe disabilities.* Boston: Allyn & Bacon.

Cipani, E., Brendlinger, J., McDowell, L., & Usher, S. (1991). Continuous vs. intermittent punishment: A case study. *Journal of Developmental and Physical Disabilities, 3,* 147–156.

Cipani, E., Robinson, S., & Toro, H. (2003). *Ethical and risk management issues in the practice of ABA.* Paper presented at annual conference of the Florida Association for Behavior Analysis, St. Petersburg.

Clark, H. B., Rowbury, T., Baer, A., & Baer, D. M. (1973). Time out as a punishing stimulus in continuous and intermittent schedules. *Journal of Applied Behavior Analysis, 6,* 443–455.

Codding, R. S., Feinberg, A. B., Dunn, E. K., & Pace, G. M. (2005). Effects of immediate performance feedback on implementation of behavior support plans. *Journal of Applied Behavior Analysis, 38,* 205–219.

Cohen, J. A. (1960). A coefficient of agreement for nominal scales. *Educational and Psychological Measurement, 20,* 37–46.

Cohen-Almeida, D., Graff, R. B., & Ahearn, W. H. (2000). A comparison of verbal and tangible stimulus preference assessments. *Journal of Applied Behavior Analysis, 33,* 329–334.

Cole, G. A., Montgomery, R. W., Wilson, K. M., & Milan, M. A. (2000). Parametric analysis of overcorrection duration effects: Is longer really better than shorter? *Behavior Modification, 24,* 359–378.

Coleman-Martin, M. B., & Wolff Heller, K. (2004). Using a modified constant prompt-delay procedure to teach spelling to students with physical disabilities. *Journal of Applied Behavior Analysis, 37,* 469–480.

Conaghan, B. P., Singh, N. N., Moe, T. L., Landrum, T. J., & Ellis, C. R. (1992). Acquisition and generalization of manual signs by hearing-impaired adults with mental retardation. *Journal of Behavioral Education, 2,* 175–203.

Connell, M. C., Carta, J. J., & Baer, D. M. (1993). Programming generalization of in-class transition skills: Teaching preschoolers with developmental delays to self-assess and recruit contingent teacher praise. *Journal of Applied Behavior Analysis, 26,* 345–352.

Conners, J., Iwata, B. A., Kahng, S. W., Hanley, G. P, Worsdell, A. S., & Thompson,

R. H. (2000). Differential responding in the presence and absence of discriminative stimuli during multi-element functional analyses. *Journal of Applied Behavior Analysis, 33,* 299–308.

Conroy, M. A., Fox, J. J., Bucklin, A., & Good, W. (1996). An analysis of the reliability and stability of the Motivation Assessment Scale in assessing the challenging behaviors of persons with developmental disabilities. *Education and Training in Mental Retardation and Developmental Disabilities, 31,* 243–250.

Cooke, N. L. (1984). Misrepresentations of the behavioral model in preservice teacher education textbooks. In W. L. Heward, T. E. Heron, D. S. Hill, & J. Trap-Porter (Eds.), *Focus on behavior analysis in education* (pp. 197–217). Columbus, OH: Charles E. Merrill.

Cooper, J. O. (1981). *Measuring behavior* (2nd ed.). Columbus, OH: Charles E. Merrill.

Cooper, J. O. (2005). Applied research: The separation of applied behavior analysis and precision teaching. In W. L. Heward, T. E. Heron, N. A. Neef, S. M. Peterson, D. M. Sainato, G. Cartledge, R. Gardner, III, L. D. Peterson, S. B. Hersh, & J. C. Dardig (Eds.), *Focus on behavior analysis in education: Achievements, challenges, and opportunities* (pp. 295–303). Upper Saddle River, NJ: Prentice Hall/Merrill.

Cooper, J. O., Kubina, R., & Malanga, P. (1998). Six procedures for showing standard celeration charts. *Journal of Precision Teaching & Celeration, 15* (2), 58–76.

Cooper, K. J., & Browder, D. M. (1997). The use of a personal trainer to enhance participation of older adults with severe disabilities in a community water exercise class. *Journal of Behavioral Education, 7,* 421–434.

Cooper, L. J., Wacker, D. P., McComas, J. J., Brown, K., Peck, S. M., Richman, D., Drew, J., Frischmeyer, P., & Millard, T. (1995). Use of component analysis to identify active variables in treatment packages for children with feeding disorders. *Journal of Applied Behavior Analysis, 28,* 139–153.

Cooper, L. J., Wacker, D. P., Thursby, D., Plagmann, L. A., Harding, J., Millard, T., & Derby, M. (1992). Analysis of the effects of task preferences, task demands, and adult attention on child be-

havior in outpatient and classroom settings. *Journal of Applied Behavior Analysis, 25,* 823–840.

Copeland, R. E., Brown, R. E., & Hall, R. V. (1974). The effects of principal-implemented techniques on the behavior of pupils. *Journal of Applied Behavior Analysis, 7,* 77–86.

Corey, G., Corey, M. S., & Callanan, P. (1993). *Issues and ethics in the helping professions* (4th ed.). Pacific Grove, CA: Brooks/Cole.

Costenbader, V., & Reading-Brown, M. (1995). Isolation timeout used with students with emotional disturbance. *Exceptional Children, 61* (4), 353–364.

Cowdery, G., Iwata, B. A., & Pace, G. M. (1990). Effects and side effects of DRO as treatment for self-injurious behavior. *Journal of Applied Behavior Analysis, 23,* 497–506.

Cox, B. S., Cox, A. B., & Cox, D. J. (2000). Motivating signage prompts safety belt use among drivers exiting senior communities. *Journal of Applied Behavior Analysis, 33,* 635–638.

Craft, M. A., Alber, S. R., & Heward, W. L. (1998). Teaching elementary students with developmental disabilities to recruit teacher attention in a general education classroom: Effects on teacher praise and academic productivity. *Journal of Applied Behavior Analysis, 31,* 399–415.

Crawford, J., Brockel, B., Schauss, S., & Miltenberger, R. G. (1992). A comparison of methods for the functional assessment of stereotypic behavior. *Journal of the Association for Persons with Severe Handicaps, 17,* 77–86.

Critchfield, T. S. (1993). Behavioral pharmacology and verbal behavior: Diazepam effects on verbal self-reports. *The Analysis of Verbal Behavior, 11,* 43–54.

Critchfield, T. S. (1999). An unexpected effect of recording frequency in reactive self-monitoring. *Journal of Applied Behavior Analysis, 32,* 389–391.

Critchfield, T. S., & Kollins, S. H. (2001). Temporal discounting: Basic research and the analysis of socially important behavior. *Journal of Applied Behavior Analysis, 34,* 101–122.

Critchfield, T. S., & Lattal, K. A. (1993). Acquisition of a spatially defined operant with delayed reinforcement. *Journal of the Experimental Analysis of Behavior, 59,* 373–387.

Critchfield, T. S., & Vargas, E. A. (1991). Self-recording, instructions, and public self-graphing: Effects on swimming in the absence of coach verbal interaction. *Behavior Modification, 15,* 95–112.

Critchfield, T. S., Tucker, J. A., & Vuchinich, R. E. (1998). Self-report methods. In K. A. Lattal & M. Perone (Eds.), *Handbook of research methods in human operant behavior* (pp. 435–470). New York: Plenum.

Cromwell, O. (1650, August 3). Letter to the general assembly of the Church of Scotland. Available online: http://en.wikiquote.org/wiki/Oliver_Cromwell

Crosbie, J. (1999). Statistical inference in behavior analysis: Useful friend. *The Behavior Analyst, 22,* 105–108.

Cushing, L. S., & Kennedy, C. H. (1997). Academic effects of providing peer support in general education classrooms on students without disabilities. *Journal of Applied Behavior Analysis, 30,* 139–151.

Cuvo, A. J. (1979). Multiple-baseline design in instructional research: Pitfalls of measurement and procedural advantages. *American Journal of Mental Deficiency, 84,* 219–228.

Cuvo, A. J. (2000). Development and function of consequence classes in operant behavior. *The Behavior Analyst, 23,* 57–68.

Cuvo, A. J. (2003). On stimulus generalization and stimulus classes. *Journal of Behavioral Education, 12,* 77–83.

Cuvo, A. J., Lerch, L. J., Leurquin, D. A., Gaffaney, T. J., & Poppen, R. L. (1998). Response allocation to concurrent fixed-ratio reinforcement schedules with work requirements by adults with mental retardation and typical preschool children. *Journal of Applied Behavior Analysis, 31,* 43–63.

Dalton, T., Martella, R., & Marchand-Martella, N. E. (1999). The effects of a self-management program in reducing off-task behavior. *Journal of Behavioral Education, 9,* 157–176.

Daly, P. M., & Ranalli, P. (2003). Using countoons to teach self-monitoring skills. *Teaching Exceptional Children, 35* (5), 30–35.

Dams, P-C. (2002). A little night music. In R. W. Malott & H. Harrison, *I'll stop procrastinating when I get around to it: Plus other cool ways to succeed in school and life using behavior analysis to get your act together* (pp. 7–3–7-4).

Kalamazoo, MI: Department of Psychology, Western Michigan University.

Dardig, J. C., & Heward, W. L. (1976). *Sign here: A contracting book for children and their families.* Kalamazoo, MI: Behaviordelia.

Dardig, J. C., & Heward, W. L. (1981a). A systematic procedure for prioritizing IEP goals. *The Directive Teacher, 3,* 6–8.

Dardig, J. C., & Heward, W. L. (1981b). *Sign here: A contracting book for children and their parents* (2nd ed.). Bridgewater, NJ: Fournies.

Darwin, C. (1872/1958). *The origin of species* (6th ed.). New York: Mentor. (Original work published 1872)

Davis, C. A., & Reichle, J. (1996). Variant and invariant high-probability requests: Increasing appropriate behaviors in children with emotional-behavioral disorders. *Journal of Applied Behavior Analysis, 29,* 471–482.

Davis, C. A., Brady, M. P., Williams, R. E., & Burta, M. (1992). The effects of self-operated auditory prompting tapes on the performance fluency of persons with severe mental retardation. *Education and Training in Mental Retardation, 27,* 39–50.

Davis, L. L., & O'Neill, R. E. (2004). Use of response cards with a group of students with learning disabilities including those for whom English is a second language. *Journal of Applied Behavior Analysis, 37,* 219–222.

Davis, P. K., & Chittum, R. (1994). A group-oriented contingency to increase leisure activities of adults with traumatic brain injury. *Journal of Applied Behavior Analysis, 27,* 553–554.

Davison, M. (1999). Statistical inference in behavior analysis: Having my cake and eating it too. *The Behavior Analyst, 22,* 99-103.

Dawson, J. E., Piazza, C. C., Sevin, B. M., Gulotta, C. S., Lerman, D. & Kelley, M. L. (2003). Use of the high-probability instructional sequence and escape extinction in a child with food refusal. *Journal of Applied Behavior Analysis, 36,* 105–108.

De Luca, R. B., & Holborn, S. W. (1990). Effects of fixed-interval and fixed-ratio schedules of token reinforcement on exercise with obese and nonobese boys. *Psychological Record, 40,* 67–82.

De Luca, R. B., & Holborn, S. W. (1992). Effects of a variable-ratio reinforce-

ment schedule with changing criteria on exercise in obese and nonobese boys. *Journal of Applied Behavior Analysis, 25,* 671–679.

De Martini-Scully, D., Bray, M. A., & Kehle, T. J. (2000). A packaged intervention to reduce disruptive behaviors in general education students. *Psychology in the Schools, 37* (2), 149–156.

de Zubicaray, G., & Clair, A. (1998). An evaluation of differential reinforcement of other behavior, differential reinforcement of incompatible behaviors, and restitution for the management of aggressive behaviors. *Behavioral Interventions, 13,* 157–168.

Deaver, C. M., Miltenberger, R. G., & Stricker, J. M. (2001). Functional analysis and treatment of hair twirling in a young child. *Journal of Applied Behavior Analysis, 34,* 535–538.

DeCatanzaro, D., & Baldwin, G. (1978). Effective treatment of self-injurious behavior through a forced arm exercise. *Journal of Applied Behavior Analysis, 1,* 433–439.

DeHaas-Warner, S. (1992). The utility of self-monitoring for preschool on-task behavior. *Topics in Early Childhood Special Education, 12,* 478–495.

Deitz, D. E. D. (1977). An analysis of programming DRL schedules in educational settings. *Behavior Research and Therapy, 15,* 103–111.

Deitz, D. E. D., & Repp, A. C. (1983). Reducing behavior through reinforcement. *Exceptional Education Quarterly, 3,* 34–46.

Deitz, S. M. (1977). An analysis of programming DRL schedules in educational settings. *Behavior Research and Therapy, 15,* 103–111.

Deitz, S. M., & Repp, A. C. (1973). Decreasing classroom misbehavior through the use of DRL schedules of reinforcement. *Journal of Applied Behavior Analysis, 6,* 457–463.

Deitz, S. M. (1982). Defining applied behavior analysis: An historical analogy. *The Behavior Analyst, 5,* 53–64.

Deitz, S. M., & Repp, A. C. (1983). Reducing behavior through reinforcement. *Exceptional Education Quarterly, 3,* 34–46.

Deitz, S. M., Slack, D. J., Schwarzmueller, E. B., Wilander, A. P., Weatherly, T. J., & Hilliard, G. (1978). Reducing inappropriate behavior in special class-

rooms by reinforcing average interresponse times: Interval DRL. *Behavior Therapy, 9,* 37–46.

DeLeon, I. G., & Iwata, B. A. (1996). Evaluation of a multiple-stimulus presentation format for assessing reinforcer preferences. *Journal of Applied Behavior Analysis, 29,* 519–533.

Deleon, I. G., Anders, B. M., Rodriguez-Catter, V., & Neidert, P. L. (2000). The effects of noncontingent access to single-versus multiple-stimulus sets on self-injurious behavior. *Journal of Applied Behavior Analysis, 33,* 623–626.

DeLeon, I. G., Fisher, W. W., Rodriguez-Catter, V., Maglieri, K., Herman, K., & Marhefka, J. M. (2001). Examination of relative reinforcement effects of stimuli identified through pretreatment and daily brief preference assessments. *Journal of Applied Behavior Analysis, 34,* 463–473.

DeLeon, I. G., Iwata, B. A., Conners, J., & Wallace, M. D. (1999). Examination of ambiguous stimulus preferences with duration-based measures. *Journal of Applied Behavior Analysis, 32,* 111–114.

DeLeon, I. G., Iwata, B. A., Goh, H., & Worsdell, A. S. (1997). Emergence of reinforcer preference as a function of schedule requirements and stimulus similarity. *Journal of Applied Behavior Analysis, 30,* 439–449.

DeLissovoy, V. (1963). Head banging in early childhood: A suggested cause. *Journal of Genetic Psychology, 102,* 109–114.

Delprato, D. J. (2002). Countercontrol in behavior analysis. *The Behavior Analyst, 25,* 191–200.

Delprato, D. J., & Midgley, B. D. (1992). Some fundamentals of B. F. Skinner's behaviorism. *American Psychologist, 48,* 1507–1520.

DeLuca, R. V., & Holborn, S. W. (1992). Effects of a variable-ratio reinforcement schedule with changing criteria on exercise in obese and nonobese boys. *Journal of Applied Behavior Analysis, 25,* 671–679.

DeMyer, M. K., & Ferster, C. B. (1962). Teaching new social behavior to schizophrenic children. *Journal of the American Academy of Child Psychiatry, 1,* 443–461.

Derby, K. M., Wacker, D. P., Berg, W., DeRaad, A., Ulrich, S., Asmus, J., Harding, J., Prouty, A., Laffey, P., & Stoner, E. A. (1997). The long-term effects of functional communication training in home settings. *Journal of Applied Behavior Analysis, 30,* 507–531.

Derby, K. M., Wacker, D. P., Sasso, G., Steege, M., Northup, J., Cigrand, K., & Asmus, J. (1992). Brief functional assessment techniques to evaluate aberrant behavior in an outpatient setting: A summary of 79 cases. *Journal of Applied Behavior Analysis, 25,* 713–721.

DeVries, J. E., Burnette, M. M., & Redmon, W. K. (1991). AIDS prevention: Improving nurses' compliance with glove wearing through performance feedback. *Journal of Applied Behavior Analysis, 24,* 705–711.

Dewey, J. (1939). *Experience and education.* New York: Macmillan.

Dickerson, E. A., & Creedon, C. F. (1981). Self-selection of standards by children: The relative effectiveness of pupil-selected and teacher-selected standards of performance. *Journal of Applied Behavior Analysis, 14,* 425–433.

Didden, R., Prinsen, H., & Sigafoos, J. (2000). The blocking effect of pictorial prompts on sight-word reading. *Journal of Applied Behavior Analysis, 33,* 317–320.

Dinsmoor, J. A. (1952). A discrimination based on punishment. *Quarterly Journal of Experimental Psychology, 4,* 27–45.

Dinsmoor, J. A. (1995a). Stimulus control: Part I. *The Behavior Analyst, 18,* 51–68.

Dinsmoor, J. A. (1995b). Stimulus control: Part II. *The Behavior Analyst, 18,* 253–269.

Dinsmoor, J. A. (2003). Experimental. *The Behavior Analyst, 26,* 151–153.

Dixon, M. R., & Cummins, A. (2001), Self-control in children with autism: Response allocation during delays to reinforcement. *Journal of Applied Behavior Analysis, 34,* 491–495.

Dixon, M. R., & Falcomata, T. S. (2004). Preference for progressive delays and concurrent physical therapy exercise in an adult with acquired brain injury. *Journal of Applied Behavior Analysis, 37,* 101–105.

Dixon, M. R., & Holcomb, S. (2000). Teaching self-control to small groups of dually diagnosed adults. *Journal of Applied Behavior Analysis, 33,* 611–614.

Dixon, M. R., Benedict, H., & Larson, T. (2001). Functional analysis and treatment of inappropriate verbal behavior. *Journal of Applied Behavior Analysis, 34,* 361–363.

Dixon, M. R., Hayes, L. J., Binder, L. M., Manthey, S., Sigman, C., & Zdanowski, D. M. (1998). Using a self-control training procedure to increase appropriate behavior. *Journal of Applied Behavior Analysis, 31,* 203–210.

Dixon, M. R., Rehfeldt, R. A., & Randich, L. (2003). Enhancing tolerance to delayed reinforcers: The role of intervening activities. *Journal of Applied Behavior Analysis, 36,* 263–266.

Doke, L. A., & Risley, T. R. (1972). The organization of day care environments: Required vs. optional activities. *Journal of Applied Behavior Analysis, 5,* 453–454.

Donahoe, J. W., & Palmer, D. C. (1994). *Learning and complex behavior.* Boston: Allyn and Bacon.

Dorigo, M., & Colombetti, M. (1998). *Robot shaping: An experiment in behavior engineering.* Cambridge, MA: MIT Press.

Dorow, L. G., & Boyle, M. E. (1998). Instructor feedback for college writing assignments in introductory classes. *Journal of Behavioral Education, 8,* 115–129.

Downing, J. A. (1990). Contingency contracting: A step-by-step format. *Teaching Exceptional Children, 26* (2), 111–113.

Drabman, R. S., Hammer, D., & Rosenbaum, M. S. (1979). Assessing generalization in behavior modification with children: The generalization map. *Behavioral Assessment, 1,* 203–219.

Drabman, R. S., Spitalnik, R., & O'Leary, K. D. (1973). Teaching self-control to disruptive children. *Journal of Abnormal Psychology, 82,* 10–16.

Drasgow, E., Halle, J., & Ostrosky, M. M. (1998). Effects of differential reinforcement on the generalization of a replacement mand in three children with severe language delays. *Journal of Applied Behavior Analysis, 31,* 357–374.

Drash, P. W., High, R. L., & Tudor, R. M. (1999). Using mand training to establish an echoic repertoire in young children with autism. *The Analysis of Verbal Behavior, 16,* 29–44.

Ducharme, D. W., & Holborn, S. W. (1997). Programming generalization of social skills in preschool children with hearing impairments. *Journal of Applied Behavior Analysis, 30,* 639–651.

Ducharme, J. M., & Rushford, N. (2001). Proximal and distal effects of play on child compliance with a brain-injured parent. *Journal of Applied Behavior Analysis, 34,* 221–224.

Duker, P. C., & Seys, D. M. (1996). Long-term use of electrical aversion treatment with self-injurious behavior. *Research in Developmental Disabilities, 17,* 293–301.

Duker, P. C., & van Lent, C. (1991). Inducing variability in communicative gestures used by severely retarded individuals. *Journal of Applied Behavior Analysis, 24,* 379–386.

Dunlap, G., & Johnson, J. (1985). Increasing the independent responding of autistic children with unpredictable supervision. *Journal of Applied Behavior Analysis, 18,* 227–236.

Dunlap, G., de Perczel, M., Clarke, S., Wilson, D., Wright, S., White, R., & Gomez, A. (1994). Choice making to promote adaptive behavior for students with emotional and behavioral challenges. *Journal of Applied Behavior Analysis, 27,* 505–518.

Dunlap, G., Kern-Dunlap, L., Clarke, S., & Robbins, F. R. (1991). Functional assessment, curricular revision, and severe behavior problems. *Journal of Applied Behavior Analysis, 24,* 387–397.

Dunlap, G., Koegel, R. L., Johnson, J., & O'Neill, R. E. (1987). Maintaining performance of autistic clients in community settings with delayed contingencies. *Journal of Applied Behavior Analysis, 20,* 185–191.

Dunlap, L. K., & Dunlap, G. (1989). A self-monitoring package for teaching subtraction with regrouping to students with learning disabilities. *Journal of Applied Behavior Analysis, 22,* 309–314.

Dunlap, L. K., Dunlap, G., Koegel, L. K., & Koegel, R. L. (1991). Using self-monitoring to increase independence. *Teaching Exceptional Children, 23*(3), 17–22.

Dunn, L. M., & Dunn, L. M. (1997). *Peabody Picture Vocabulary Test—III.* Circle Pines, MN: American Guidance Service.

Durand, V. M. (1999). Functional communication training using assistive devices: Recruiting natural communities of reinforcement. *Journal of Applied Behavior Analysis, 32,* 247–267.

Durand, V. M., & Carr, E. G. (1987). Social influences on "self-stimulatory" behavior: Analysis and treatment application. *Journal of Applied Behavior Analysis, 20,* 119–132.

Durand, V. M., & Carr, E. G. (1992). An analysis of maintenance following functional communication training. *Journal of Applied Behavior Analysis, 25,* 777–794.

Durand, V. M., & Crimmins, D. (1992). *The Motivation Assessment Scale.* Topeka, KS: Monaco & Associates.

Durand, V. M., Crimmins, D. B., Caufield, M., & Taylor, J. (1989). Reinforcer assessment I: Using problem behavior to select reinforcers. *Journal of the Association for Persons with Severe Handicaps, 14,* 113–126.

Duvinsky, J. D., & Poppen, R. (1982). Human performance on conjunctive fixed-interval fixed-ratio schedules. *Journal of the Experimental Analysis of Behavior, 37,* 243–250.

Dyer, K., Schwartz, I., & Luce, S. C. (1984). A supervision program for increasing functional activities for severely handicapped students in a residential setting. *Journal of Applied Behavior Analysis, 17,* 249–259.

Ebanks, M. E., & Fisher, W. W. (2003). Altering the timing of academic prompts to treat destructive behavior maintained by escape. *Journal of Applied Behavior Analysis, 36,* 355–359.

Eckert, T. L., Ardoin, S., P., Daly, III, E. J., & Martens, B. K. (2002). Improving oral reading fluency: A brief experimental analysis of combining an antecedent intervention with consequences. *Journal of Applied Behavior Analysis, 35,* 271–281.

Ecott, C. L., Foate, B. A. L., Taylor, B., & Critchfield, T. S. (1999). Further evaluation of reinforcer magnitude effects in noncontingent schedules. *Journal of Applied Behavior Analysis, 32,* 529–532.

Edwards, K. J., & Christophersen, E. R. (1993). Automated data acquisition through time-lapse videotape recording. *Journal of Applied Behavior Analysis, 24,* 503–504.

Egel, A. L. (1981). Reinforcer variation: Implications for motivating developmentally disabled children. *Journal of Applied Behavior Analysis, 14,* 345–350.

Egel, A. L. (1982). Programming the generalization and maintenance of treatment gains. In R. L. Koegal, A. Rincover, & A. L. Egel (Eds.), *Edu-cating and understanding autistic children* (pp. 281–299). San Diego, CA: College-Hill Press.

Elliot, S. N., Busse, R. T., & Shapiro, E. S. (1999). Intervention techniques for academic problems. In C. R. Reynolds & T. B. Gutkin (Eds.), *The handbook of school psychology* (3rd ed., pp. 664–685). New York: John Wiley & Sons.

Ellis, E. S., Worthington, L. A., & Larkin, M. J. (2002). *Executive summary of the research synthesis on effective teaching principles and the design of quality tools for educators.* [available online: http://idea.uoregon.edu/~ncite/documents/techrep/tech06.html]

Emerson, E., Reever, D. J., & Felce, D. (2000). Palmtop computer technologies for behavioral observation research. In T. Thompson, D. Felce, & F. J. Symons (Eds.), *Behavioral observation: Technology and applications in developmental disabilities* (pp. 47–59). Baltimore: Paul H. Brookes.

Engelmann, S. (1975). *Your child can succeed.* New York: Simon & Shuster.

Engelmann, S., & Carnine, D. (1982). *Theory of instruction: Principles and applications.* New York: Irvington.

Engelmann, S., & Colvin, D. (1983). *Generalized compliance training: A direct-instruction program for managing severe behavior problems.* Austin, TX: Pro-Ed.

Epling, W. F., & Pierce, W. D. (1983). Applied behavior analysis: New directions from the laboratory. *The Behavior Analyst, 6,* 27–37.

Epstein, L. H., Beck, B., Figueroa, J., Farkas, G., Kazdin, A., Daneman, D., & Becker, D. (1981). The effects of targeting improvement in urine glucose on metabolic control in children with insulin dependent diabetes. *Journal of Applied Behavior Analysis, 14,* 365–375.

Epstein, R. (1982). *Skinner for the classroom.* Champaign, IL: Research Press.

Epstein, R. (1990). Generativity theory and creativity. In M. A. Runco & R. S. Albert (Eds.), *Theories of creativity* (pp. 116–140). Newbury Park, CA: Sage.

Epstein, R. (1991). Skinner, creativity, and the problem of spontaneous behavior. *Psychological Science, 2,* 362–370.

Epstein, R. (1996). *Cognition, creativity, and behavior: Selected essays.* Westport, CT: Praeger.

Epstein, R. (1997). Skinner as self-manager. *Journal of Applied Behavior Analysis, 30,* 545–568.

Ericsson, K. A., & Charness, N. (1994). Expert performance. Its structure and acquisition. *American Psychologist, 49* (8), 725–747.

Ervin, R., Radford, P., Bertsch, K., Piper, A., Ehrhardt, K., & Poling, A. (2001). A descriptive analysis and critique of the empirical literature on school-based functional assessment. *School Psychology Review, 30,* 193–210.

Eshleman, J. W. (1991). Quantified trends in the history of verbal behavior research. *The Analysis of Verbal Behavior, 9,* 61–80.

Eshleman, J. W. (2004, May 31). *Celeration analysis of verbal behavior: Research papers presented at ABA 1975–present.* Paper presented at the 30th Annual Convention of the Association for Behavior Analysis, Boston, MA.

Falcomata, T. S., Roane, H. S., Hovanetz, A. N., Kettering, T. L., & Keeney, K. M. (2004). An evaluation of response cost in the treatment of inappropriate vocalizations maintained by automatic reinforcement. *Journal of Applied Behavior Analysis, 37,* 83–87.

Falk, J. L. (1961). Production of polydipsia in normal rats by an intermittent food schedule. *Science, 133,* 195–196.

Falk, J. L. (1971). The nature and determinants of adjunctive behavior. *Physiology and Behavior, 6,* 577–588.

Fantuzzo, J. W., & Clement, P. W. (1981). Generalization of the effects of teacher- and self-administered token reinforcers to nontreated students. *Journal of Applied Behavior Analysis, 14,* 435–447.

Fantuzzo, J. W., Rohrbeck, C. A., Hightower, A. D., & Work, W. C. (1991). Teacher's use and children's preferences of rewards in elementary school. *Psychology in the Schools, 28,* 175–181.

Farrell, A. D. (1991). Computers and behavioral assessment: Current applications, future possibilities, and obstacles to routine use. *Behavioral Assessment, 13,* 159–179.

Favell, J. E., & McGimsey, J. E. (1993). Defining an acceptable treatment environment. In R. Van Houten & S. Axelrod (Eds.), *Behavior analysis and treatment* (pp. 25–45). New York: Plenum Press.

Favell, J. E., Azrin, N. H., Baumeister, A. A., Carr, E. G., Dorsey, M. F., Forehand, R., Foxx, R. M., Lovaas, I. O., Rincover, A., Risley, T. R., Romanczyk, R. G., Russo, D. C., Schroeder, S. R., & Solnick, J. V. (1982). The treatment of self-injurious behavior. *Behavior Therapy, 13,* 529–554.

Favell, J. E., McGimsey, J. F., & Jones, M. L. (1980). Rapid eating in the retarded: Reduction by nonaversive procedures. *Behavior Modification, 4,* 481–492.

Fawcett, S. B. (1991). Social validity: A note on methodology. *Journal of Applied Behavior Analysis, 24,* 235–239.

Felce, D., & Emerson, E. (2000). Observational methods in assessment of quality of life. In T. Thompson, D. Felce, & F. J. Symons (Eds.), *Behavioral observation: Technology and applications in developmental disabilities* (pp. 159–174). Baltimore: Paul H. Brookes.

Felixbrod, J. J., & O'Leary, K. D. (1973). Effects of reinforcement on children's academic behavior as a function of self-determined and externally imposed systems. *Journal of Applied Behavior Analysis, 6,* 241–250.

Felixbrod, J. J., & O'Leary, K. D. (1974). Self-determination of academic standards by children: Toward freedom from external control. *Journal of Educational Psychology, 66,* 845–850.

Ferguson, D. L., & Rosales-Ruiz, J. (2001). Loading the problem loader: The effects of target training and shaping on trailer-loading behavior of horses. *Journal of Applied Behavior Analysis, 34,* 409–424.

Ferrari, M., & Harris, S. (1981). The limits and motivational potential of sensory stimuli as reinforcers for autistic children. *Journal of Applied Behavior Analysis, 14,* 339–343.

Ferreri, S. J., Allen, N., Hessler, T., Nobel, M., Musti-Rao, S., & Salmon, M. (2006). *Battling procrastination: Self-managing studying and writing for candidacy exams and dissertation defenses.* Symposium at 32nd Annual Convention of the Association for Behavior Analysis, Atlanta, GA.

Ferreri, S. J., Neef, N. A., & Wait, T. A. (2006). *The assessment of impulsive choice as a function of the point of reinforcer delay.* Manuscript submitted for publication review.

Ferster, C. B., & DeMyer, M. K. (1961). The development of performances in autistic children in an automatically controlled environment. *Journal of Chronic Diseases, 13,* 312–345.

Ferster, C. B., & DeMyer, M. K. (1962). A method for the experimental analysis of the behavior of autistic children. *American Journal of Orthopsychiatry, 32,* 89–98.

Ferster, C. B., & Skinner, B. F. (1957). *Schedules of reinforcement.* Englewood Cliffs, NJ: Prentice Hall.

Fink, W. T., & Carnine, D. W. (1975). Control of arithmetic errors using informational feedback and graphing. *Journal of Applied Behavior Analysis, 8,* 461.

Finney, J. W., Putnam, D. E., & Boyd, C. M. (1998). Improving the accuracy of self-reports of adherence. *Journal of Applied Behavior Analysis, 31,* 485–488.

Fisher, R. (1956). *Statistical methods and statistical inference.* London: Oliver & Boyd.

Fisher, W. W., & Mazur, J. E. (1997). Basic and applied research on choice responding. *Journal of Applied Behavior Analysis, 30,* 387–410.

Fisher, W. W., Kelley, M. E., & Lomas, J. E. (2003). Visual aids and structured criteria for improving visual inspection and interpretation of single-case designs. *Journal of Applied Behavior Analysis, 36,* 387–406.

Fisher, W. W., Kuhn, D. E., & Thompson, R. H. (1998). Establishing discriminative control of responding using functional and alternative reinforcers during functional communication training. *Journal of Applied Behavior Analysis, 31,* 543–560.

Fisher, W. W., Lindauer, S. E., Alterson, C. J., & Thompson, R. H. (1998). Assessment and treatment of destructive behavior maintained by stereotypic object manipulation. *Journal of Applied Behavior Analysis, 31,* 513–527.

Fisher, W. W., Piazza, C. C., Bowman, L. G., & Almari, A. (1996). Integrating caregiver report with a systematic choice assessment to enhance reinforcer identification. *American Journal on Mental Retardation, 101,* 15–25.

Fisher, W. W., Piazza, C. C., Bowman, L. G., Hagopian, L. P., Owens, J. C., & Slevin, I. (1992). A comparison of two approaches for identifying reinforcers for persons with severe and profound disabilities. *Journal of Applied Behavior Analysis, 25,* 491–498.

Fisher, W. W., Piazza, C. C., Bowman, L. G., Kurtz, P. F., Sherer, M. R., & Lachman, S. R. (1994). A preliminary evaluation of empirically derived consequences for the treatment of pica. *Journal of Applied Behavior Analysis, 27,* 447–457.

Fisher, W. W., Piazza, C. C., Cataldo, M. E., Harrell, R., Jefferson, G., & Conner, R. (1993). Functional communication training with and without extinction and punishment. *Journal of Applied Behavior Analysis, 26,* 23–36.

Flaute, A. J., Peterson, S. M., Van Norman, R. K., Riffle, T., & Eakins, A. (2005). Motivate me! 20 tips for using a MotivAider® to improve your classroom. *Teaching Exceptional Children Plus, 2* (2) Article 3. Retrieved March 1, 2006, from http://escholarship.bc.edu/education/tecplus/vol2/iss2/art3.

Fleece, L., Gross, A., O'Brien, T., Kistner, J., Rothblum, E., & Drabman, R. (1981). Elevation of voice volume in young developmentally delayed children via an operant shaping procedure. *Journal of Applied Behavior Analysis, 14,* 351–355.

Flood, W. A., & Wilder, D. A. (2002). Antecedent assessment and assessment-based treatment of off-task behavior in a child diagnosed with Attention Deficit-Hyperactivity Disorder (ADHD). *Education and Treatment of Children, 25* (3), 331–338.

Flora, S. R. (2004). *The power of reinforcement.* Albany: State University of New York Press.

Florida Association for Behavior Analysis. (1988). *The behavior analyst's code of ethics.* Tallahassee, FL: Author.

Forthman, D. L., & Ogden, J. J. (1992). The role of applied behavior analysis in zoo management: Today and tomorrow. *Journal of Applied Behavior Analysis, 25,* 647–652

Foster, W. S. (1978). Adjunctive behavior: An underreported phenomenon in applied behavior analysis? *Journal of Applied Behavioral Analysis, 11,* 545–546.

Fowler, S. A., & Baer, D. M. (1981). "Do I have to be good all day?" The timing of delayed reinforcement as a factor in generalization. *Journal of Applied Behavior Analysis, 14,* 13–24.

Fox, D. K., Hopkins, B. L., & Anger, A. K. (1987). The long-term effects of a token economy on safety performance in open-pit mining. *Journal of Applied Behavior Analysis, 20,* 215–224.

Foxx, R. M. (1982). *Decreasing behaviors of persons with severe retardation and autism.* Champaign, IL: Research Press.

Foxx, R. M. (1996). Twenty years of applied behavior analysis in treating the most severe problem behavior: Lessons learned. *The Behavior Analyst, 19,* 225–235.

Foxx, R. M., & Azrin, N. H. (1972). Restitution: A method of eliminating aggressive-disruptive behavior of retarded and brain damaged patients. *Behavior Research and Therapy, 10,* 15–27.

Foxx, R. M., & Azrin, N. H. (1973). The elimination of autistic self-stimulatory behavior by overcorrection. *Journal of Applied Behavior Analysis, 6,* 1–14.

Foxx, R. M., & Bechtel, D. R. (1983). Overcorrection: A review and analysis. In S. Axelrod & J. Apsche (Eds.), *The effects of punishment on human behavior* (pp. 133–220). New York: Academic Press.

Foxx, R. M., & Rubinoff, A. (1979). Behavioral treatment of caffeinism: Reducing excessive coffee drinking. *Journal of Applied Behavior Analysis, 12,* 335–344.

Foxx, R. M., & Shapiro, S. T. (1978). The timeout ribbon: A non-exclusionary timeout procedure. *Journal of Applied Behavior Analysis, 11,* 125–143.

Foxx, R. M., Bittle, R. G., & Faw, G. D. (1989). A maintenance strategy for discontinuing aversive procedures: A 52-month follow-up of the treatment of aggression. *American Journal on Mental Retardation, 94,* 27–36.

Freeland, J. T., & Noell, G. H. (1999). Maintaining accurate math responses in elementary school students: The effects of delayed intermittent reinforcement and programming common stimuli. *Journal of Applied Behavior Analysis, 32,* 211–215.

Freeland, J. T., & Noell, G. H. (2002). Programming for maintenance: An investigation of delayed intermittent reinforcement and common stimuli to create indiscriminable contingencies. *Journal of Behavioral Education, 11,* 5–18.

Friedling, C., & O'Leary, S. G. (1979). Effects of self-instructional training on second- and third-grade hyperactive children: A failure to replicate. *Journal of Applied Behavior Analysis, 12,* 211–219.

Friman, P. C. (1990). Nonaversive treatment of high-rate disruptions: Child and provider effects. *Exceptional Children, 57,* 64–69.

Friman, P. C. (2004). Up with this I shall not put: 10 reasons why I disagree with Branch and Vollmer on *behavior* used as a count noun. *The Behavior Analyst, 27,* 99–106.

Friman, P. C., & Poling, A. (1995). Making life easier with effort: Basic findings and applied research on response effort. *Journal of Applied Behavior Analysis, 28,* 538–590.

Friman, P. C., Hayes, S. C., & Wilson, K. G. (1998). Why behavior analysts should study emotion: The example of anxiety. *Journal of Applied Behavior Analysis, 31,* 137–156.

Fuller, P. R. (1949). Operant conditioning of a vegetative organism. *American Journal of Psychology, 62,* 587–590.

Fuqua, R. W., & Schwade, J. (1986). Social validation of applied research: A selective review and critique. In A. Poling & R. W. Fuqua (Eds.), *Research methods in applied behavior analysis* (pp. 265–292). New York: Plenum Press.

Gable, R. A., Arllen, N. L., & Hendrickson, J. M. (1994). Use of students with emotional/behavioral disorders as behavior change agents. *Education and Treatment of Children, 17* (3), 267–276.

Galbicka, G. (1994). Shaping in the 21st century: Moving percentile schedules into applied settings. *Journal of Applied Behavior Analysis, 27,* 739–760.

Gallagher, S. M., & Keenan, M (2000). Independent use of activity materials by the elderly in a residential setting. *Journal of Applied Behavior Analysis, 33,* 325–328.

Gambrill, E. (2003). Science and its use and neglect in the human services. In K. S. Budd & T. Stokes (Eds.), *A small matter of proof: The legacy of Donald M. Baer* (pp. 63–76). Reno, NV: Context Press.

Gambrill, E. D. (1977). *Behavior modification: Handbook of assessment, intervention, and evaluation.* San Francisco: Jossey-Bass.

Garcia, E. E. (1976). The development and generalization of delayed imitation. *Journal of Applied Behavior Analysis, 9,* 499.

Garcia, E. E., & Batista-Wallace, M. (1977). Parental training of the plural morpheme in normal toddlers. *Journal of Applied Behavior Analysis, 10,* 505.

Gardner, III, R., Heward, W. L., & Grossi, T. A. (1994). Effects of response cards on student participation and academic achievement: A systematic replication with inner-city students during whole-class science instruction. *Journal of Applied Behavior Analysis, 27,* 63–71.

Garfinkle, A. N., & Schwartz, I. S. (2002). Peer imitation: Increasing social interactions in children with autism and other developmental disabilities in inclusive preschool classrooms. *Topics in Early Childhood Special Education, 22,* 26–38.

Garner, K. (2002). Case study: The conscientious kid. In R. W. Malott & H. Harrison, *I'll stop procrastinating when I get around to it: Plus other cool ways to succeed in school and life using behavior analysis to get your act together* (p. 3-13). Kalamazoo, MI: Department of Psychology, Western Michigan University.

Gast, D. L., Jacobs, H. A., Logan, K. R., Murray, A. S., Holloway, A., & Long, L. (2000). Pre-session assessment of preferences for students with profound multiple disabilities. *Education and Training in Mental Retardation and Developmental Disabilities, 35,* 393–405.

Gaylord-Ross, R. (1980). A decision model for the treatment of aberrant behavior in applied settings. In W. Sailor, B. Wilcox, & L. Brown (Eds.), *Methods of instruction for severely handicapped students* (pp. 135–158). Baltimore: Paul H. Brookes.

Gaylord-Ross, R. J., Haring, T. G., Breen, C., & Pitts-Conway, V. (1984). The training and generalization of social interaction skills with autistic youth. *Journal of Applied Behavior Analysis, 17,* 229–247.

Gee, K., Graham, N., Goetz, L., Oshima, G., & Yoshioka, K. (1991). Teaching students to request the continuation of routine activities by using time delay and decreasing physical assistance in the context of chain interruption. *Journal of the Association for Persons with Severe Handicaps, 10,* 154–167.

Geller, E. S., Paterson, L., & Talbott, E. (1982). A behavioral analysis of incentive prompts for motivating seat belt use. *Journal of Applied Behavior Analysis, 15,* 403–415.

Gena, A., Krantz, P. J., McClannahan, L. E., & Poulson, C. L. (1996). Training and generalization of affective behavior displayed by youth with autism. *Journal of Applied Behavior Analysis, 29,* 291–304.

Gentile, J. R., Roden, A. H., & Klein, R. D. (1972). An analysis-of-variance model for the intrasubject replication design. *Journal of Applied Behavior Analysis, 5,* 193–198.

Gewirtz, J. L., & Baer, D. M. (1958). The effect of brief social deprivation on behaviors for a social reinforcer. *Journal of Abnormal Social Psychology, 56,* 49–56.

Gewirtz, J. L., & Pelaez-Nogueras, M. (2000). Infant emotions under the positive-reinforcer control of caregiver attention and touch. In J. C. Leslie & D. Blackman (Eds.), *Issues in experimental and applied analyses of human behavior* (pp. 271–291). Reno, NV: Context Press.

Glenn, S. S. (2004). Individual behavior, culture, and social change. *The Behavior Analyst, 27,* 133–151.

Glenn, S. S., Ellis, J., & Greenspoon, J. (1992). On the revolutionary nature of the operant as a unit of behavioral selection. *American Psychologist, 47,* 1329–1336.

Glynn, E. L. (1970). Classroom applications of self-determined reinforcement. *Journal of Applied Behavior Analysis, 3,* 123–132.

Glynn, E. L., Thomas, J. D., & Shee, S. M. (1973). Behavioral self-control of on-task behavior in an elementary classroom. *Journal of Applied Behavior Analysis, 6,* 105–114.

Glynn, S. M. (1990). Token economy: Approaches for psychiatric patients: Progress and pitfalls over 25 years. *Behavior Modification, 14* (4), 383–407.

Goetz, E. M., & Baer, D. M. (1973). Social control of form diversity and the emergence of new forms in children's block-building. *Journal of Applied Behavior Analysis, 6,* 209–217.

Goetz, L., Gee, K., & Sailor, W. (1985). Using a behavior chain interruption strategy to teach communication skills to students with severe disabilities. *Journal of the Association for Persons with Severe Handicaps, 10,* 21–30.

Goh, H-L., & Iwata, B. A. (1994). Behavioral persistence and variability during extinction of self-injury maintained by escape. *Journal of Applied Behavior Analysis, 27,* 173–174.

Goldiamond, I. (1965). Self-control procedures in personal behavior problems. *Psychological Reports, 17,* 851–868.

Goldiamond, I. (1974). Toward a constructional approach to social problems: Ethical and constitutional issues raised by applied behavior analysis. *Behaviorism, 2,* 1–85.

Goldiamond, I. (1976a). Self-reinforcement. *Journal of Applied Behavior Analysis, 9,* 509–514.

Goldiamond, I. (1976b). Fables, armadyllics, and self-reinforcement. *Journal of Applied Behavior Analysis, 9,* 521–525.

Gottschalk, J. M., Libby, M. E., & Graff, R. B. (2000). The effects of establishing operations on preference assessment outcomes. *Journal of Applied Behavior Analysis, 33,* 85–88.

Grace, N. C., Kahng, S., & Fisher, W. W. (1994). Balancing social acceptability with treatment effectiveness of an intrusive procedure: A case report. *Journal of Applied Behavior Analysis, 27,* 171–172.

Graf, S. A., & Lindsley, O. R. (2002). *Standard Celeration Charting 2002.* Poland, OH: Graf Implements.

Gray, J. A. (1979). *Ivan Pavlov.* New York: Penguin Books.

Green, C. W., & Reid, D. H. (1996). Defining, validating, and increasing indices of happiness among people with profound multiple disabilities. *Journal of Applied Behavior Analysis, 29,* 67–78.

Green, C. W., Gardner, S. M., & Reid, D. H. (1997). Increasing indices of happiness among people with profound multiple disabilities: A program replication and component analysis. *Journal of Applied Behavior Analysis, 30,* 217–228.

Green, G., & Shane, H. C. (1994). Science, reason, and facilitated communication. *Journal of the Association for Persons with Severe Handicaps, 19,* 151–172.

Green, L., & Freed, D. W. (1993). The substitutability of reinforcers. *Journal of the Experimental Analysis of Behavior, 60,* 141–158.

Greene, B. F., Bailey, J. S., & Barber, F. (1981). An analysis and reduction of disruptive behavior on school buses. *Journal of Applied Behavior Analysis, 14,* 177–192.

Greenspan, S., & Negron, E. (1994). Ethical obligations of special services personnel. *Special Services in the Schools, 8* (2), 185–209.

Greenwood, C. R., & Maheady, L. (1997). Measurable change in student performance: Forgotten standard in teacher preparation? *Teacher Education and Special Education, 20,* 265–275.

Greenwood, C. R., Delquadri, J. C., & Hall, R. V. (1984). Opportunity to respond and student academic achievement. In W. L. Heward, T. E. Heron, D. S. Hill, & J. Trap-Porter (Eds.), *Focus on behavior analysis in education* (pp. 58–88). Columbus, OH: Merrill.

Greer, R. D. (1983). Contingencies of the science and technology of teaching and pre-behavioristic research practices in education. *Educational Researcher, 12,* 3–9.

Gresham, F. M. (1983). Use of a home-based dependent group contingency system in controlling destructive behavior: A case study. *School Psychology Review, 12* (2), 195–199.

Gresham, F. M., Gansle, K. A., & Noell, G. H. (1993). Treatment integrity in applied behavior analysis with children. *Journal of Applied Behavior Analysis, 26,* 257–263.

Griffen, A. K., Wolery, M., & Schuster J. W. (1992). Triadic instruction of chained food preparation responses: Acquisition and observational learning. *Journal of Applied Behavior Analysis, 25,* 193–204.

Griffith, R. G. (1983). The administrative issues: An ethical and legal perspective. In S. Axelrod & J. Apsche (Eds.), *The effects of punishment on human behavior* (pp. 317–338). New York: Academic Press.

Grossi, T. A. (1998). Using a self-operated auditory prompting system to improve the work performance of two employees with severe disabilities. *Journal of The Association for Persons with Severe Handicaps, 23,* 149–154.

Grossi, T. A., & Heward, W. L. (1998). Using self-evaluation to improve the work productivity of trainees in a community-based restaurant training program. *Education and Training in Mental Retardation and Developmental Disabilities, 33,* 248–263.

Grossi, T. A., Kimball, J. W., & Heward, W. L. (1994). What did you say? Using review of tape-recorded interactions to increase social acknowledgments by trainees in a community-based vocational program. *Research in Developmental Disabilities, 15,* 457–472.

Grunsell, J., & Carter, M. (2002). The behavior change interruption strategy: Generalization to out-of-routine contexts. *Education and Training in Mental Retardation and Developmental Disabilities, 37* (4), 378–390.

Guilford, J. P. (1965). *Fundamental statistics in psychology and education.* New York: McGraw-Hill.

Gumpel, T. P., & Shlomit, D. (2000). Exploring the efficacy of self-regulatory training as a possible alternative to social skills training. *Behavioral Disorders, 25,* 131–141.

Gunter, P. L., Venn, M. L., Patrick, J., Miller, K. A., & Kelly, L. (2003). Efficacy of using momentary time samples to determine on-task behavior of students with emotional/behavioral disorders. *Education and Treatment of Children, 26,* 400–412.

Gutowski, S. J., & Stromer, R. (2003). Delayed matching to two-picture samples by individuals with and without disabilities: An analysis of the role of naming. *Journal of Applied Behavior Analysis, 36,* 487–505.

Guttman, N., & Kalish, H. (1956). Discriminability and generalization. *Journal of Experimental Psychology, 51,* 79–88.

Haagbloom, S. J., Warnick, R., Warnick J. E., Jones, V. K., Yarbrough, G. L., Russell, T. M., et al. (2002). The 100 most eminent psychologists of the 20th century. *Review of General Psychology, 6,* 139–152.

Hackenberg, T. D. (1995). Jacques Loeb, B. F. Skinner, and the legacy of prediction and control. *The Behavior Analyst, 18,* 225–236.

Hackenberg, T. D., & Axtell, S. A. M. (1993). Humans' choices in situations of time-based diminishing returns. *Journal of the Experimental Analysis of Behavior, 59,* 445–470.

Hagopian, L. P., & Adelinis, J. D. (2001) Response blocking with and without redirection for the treatment of pica. *Journal of Applied Behavior Analysis, 34,* 527–530.

Hagopian, L. P., & Thompson, R. H. (1999). Reinforcement of compliance with respiratory treatment in a child with cystic fibrosis. *Journal of Applied Behavior Analysis, 32,* 233–236.

Hagopian, L. P., Farrell, D. A., & Amari, A. (1996). Treating total liquid refusal with backward chaining and fading. *Journal of Applied Behavior Analysis, 29,* 573–575.

Hagopian, L. P., Fisher, W. W., Sullivan, M. T., Acquisto, J., & Leblanc, L. A. (1998). Effectiveness of functional communication training with and without extinction and punishment: A summary of 21 inpatient cases. *Journal of Applied Behavior Analysis, 31,* 211–235.

Hagopian, L. P., Rush, K. S., Lewin, A. B., & Long, E. S. (2001). Evaluating the predictive validity of a single stimulus engagement preference assessment. *Journal of Applied Behavior Analysis, 34,* 475–485.

Hake, D. F., & Azrin, N. H. (1965). Conditioned punishment. *Journal of the Experimental Analysis of Behavior, 6,* 297–298.

Hake, D. F., Azrin, N. H., & Oxford, R. (1967). The effects of punishment intensity on squirrel monkeys. *Journal of the Experimental Analysis of Behavior, 10,* 95–107.

Hall, G. A., & Sundberg, M. L. (1987). Teaching mands by manipulating conditioned establishing operations. *The Analysis of Verbal Behavior, 5,* 41–53.

Hall, R. V., & Fox, R. G. (1977). Changing-criterion designs: An alternative applied behavior analysis procedure. In B. C. Etzel, J. M. LeBlanc, & D. M. Baer (Eds.), *New developments in behavioral research: Theory, method, and application* (pp. 151–166). Hillsdale, NJ: Erlbaum.

Hall, R. V., Cristler, C., Cranston, S. S., & Tucker, B. (1970). Teachers and parents as researchers using multiple baseline designs. *Journal of Applied Behavior Analysis, 3,* 247–255.

Hall, R. V., Delquadri, J. C., & Harris, J. (1977, May). *Opportunity to respond: A new focus in the field of applied behavior analysis.* Paper presented at the Midwest Association for Behavior Analysis, Chicago, IL.

Hall, R. V., Lund, D., & Jackson, D. (1968). Effects of teacher attention on study behavior. *Journal of Applied Behavior Analysis, 1,* 1–12.

Hall, R. V., Panyan, M., Rabon, D., & Broden. D. (1968). Instructing beginning teachers in reinforcement procedures which improve classroom control. *Journal of Applied Behavior Analysis, 1,* 315–322.

Hall, R., Axelrod, S., Foundopoulos, M., Shellman, J., Campbell, R. A., & Cranston, S. S. (1971). The effective use of punishment to modify behavior in the classroom. *Educational Technology, 11* (4), 24–26.

Hall, R.V., Fox, R., Williard, D., Goldsmith, L., Emerson, M., Owen, M., Porcia, E., & Davis, R. (1970). *Modification of disrupting and talking-out behavior with the teacher as observer and experimenter.* Paper presented at the American Educational Research Association Convention, Minneapolis, MN.

Hallahan, D. P., Lloyd, J. W., Kosiewicz, M. M., Kauffman, J. M., & Graves, A. W. (1979). Self-monitoring of attention as a treatment for a learning disabled boy's off-task behavior. *Learning Disability Quarterly, 2,* 24–32.

Hamblin, R. L., Hathaway, C., & Wodarski, J. S. (1971). Group contingencies, peer tutoring and accelerating academic achievement. In E. A. Ramp & B. L. Hopkins (Eds.), *A new direction for education: Behavior analysis* (Vol. 1, pp. 41–53). Lawrence: University of Kansas.

Hamlet, C. C., Axelrod, S., & Kuerschner, S. (1984). Eye contact as an antecedent to compliant behavior. *Journal of Applied Behavior Analysis, 17,* 553–557.

Hammer-Kehoe, J. (2002). Yoga. In R. W. Malott & H. Harrison (Eds.), *I'll stop procrastinating when I get around to it: Plus other cool ways to succeed in school and life using behavior analysis to get your act together* (p. 10-5). Kalamazoo, MI: Department of Psychology, Western Michigan University.

Hammill, D., & Newcomer, P. L. (1997). *Test of language development—3.* Austin, TX: Pro-Ed.

Hanley, G. P., Iwata, B. A., & Thompson, R. H. (2001). Reinforcement schedule thinning following treatment with functional communication training. *Journal of Applied Behavior Analysis, 34,* 17–38.

Hanley, G. P., Iwata, B. A., Thompson, R. H., & Lindberg, J. S. (2000). A component analysis of "stereotypy and reinforcement" for alternative behavior. *Journal of Applied Behavior Analysis, 33,* 299–308.

Hanley, G. P., Piazza, C. C., Fisher, W. W., Contrucci, S. A., & Maglieri, K. A. (1997). Evaluation of client preference of function-based treatment packages.

Journal of Applied Behavior Analysis, 30, 459–473.

Hanley, G. P., Piazza, C. C., Keeney, K. M., Blakeley-Smith, A. B., & Worsdell, A. S. (1998). Effects of wrist weights on self-injurious and adaptive behaviors. *Journal of Applied Behavior Analysis, 31,* 307–310.

Haring, T. G., & Kennedy, C. H. (1990). Contextual control of problem behavior. *Journal of Applied Behavior Analysis, 23,* 235–243.

Harlow, H. R. (1959). Learning set and error factor theory. In S. Kock (Ed.), *Psychology: A study of science* (Vol. 2, pp. 492–537). New York: McGraw-Hill.

Harrell, J. P. (2002). Case study: Taking time to relax. In R. W. Malott & H. Harrison, *I'll stop procrastinating when I get around to it: Plus other cool ways to succeed in school and life using behavior analysis to get your act together* (p. 10-2). Kalamazoo, MI: Department of Psychology, Western Michigan University.

Harris, F. R., Johnston, M. K., Kelly, C. S., & Wolf, M. M. (1964). Effects of positive social reinforcement on regressed crawling of a nursery school child. *Journal of Educational Psychology, 55,* 35–41.

Harris, K. R. (1986). Self-monitoring of attentional behavior versus self-monitoring of productivity: Effects on on-task behavior and academic response rate among learning disabled children. *Journal of Applied Behavior Analysis, 19,* 417–424.

Hart, B., & Risley, T. R. (1975). Incidental teaching of language in the preschool. *Journal of Applied Behavior Analysis, 8,* 411–420.

Hart, B. M., Allen, K. E., Buell, J. S., Harris, F. R., & Wolf, M. M. (1964). Effects of social reinforcement on operant crying. *Journal of Experimental Child Psychology, 1,* 145–153.

Hartmann, D. P. (1974). Forcing square pegs into round holes: Some comments on "an analysis-of-variance model for the intrasubject replication design". *Journal of Applied Behavior Analysis, 7,* 635–638.

Hartmann, D. P. (1977). Considerations in the choice of interobserver reliability estimates. *Journal of Applied Behavior Analysis, 10,* 103–116.

Hartmann, D. P., & Hall, R. V. (1976). The changing criterion design. *Journal of Applied Behavior Analysis, 9,* 527–532.

Hartmann, D. P., Gottman, J. M., Jones, R. R., Gardner, W., Kazdin, A. E., & Vaught, R. S. (1980). Interrupted time-series analysis and its application to behavioral data. *Journal of Applied Behavior Analysis, 13,* 543–559.

Harvey, M. T., May, M. E., & Kennedy, C. H. (2004). Nonconcurrent multiple baseline designs and the evaluation of educational systems. *Journal of Behavioral Education, 13,* 267–276.

Hawkins, R. P. (1975). Who decided *that* was the problem? Two stages of responsibility for applied behavior analysts. In W. S. Wood (Ed.), *Issues in evaluating behavior modification* (pp. 195–214). Champaign, IL: Research Press.

Hawkins, R. P. (1979). The functions of assessment. *Journal of Applied Behavior Analysis, 12,* 501–516.

Hawkins, R. P. (1984). What is "meaningful" behavior change in a severely/profoundly retarded learner: The view of a behavior analytic parent. In W. L Heward, T. E. Heron, D. S. Hill, & J. Trap-Porter (Eds.), *Focus on behavior analysis in education* (pp. 282–286). Upper Saddle River, NJ: Prentice-Hall/Merrill.

Hawkins, R. P. (1986). Selection of target behaviors. In R. O. Nelson & S. C. Hayes (Eds.), *Conceptual foundations of behavioral assessment* (pp. 331–385). New York: Guilford Press.

Hawkins, R. P. (1991). Is social validity what we are interested in? *Journal of Applied Behavior Analysis, 24,* 205–213.

Hawkins, R. P., & Anderson, C. M. (2002). On the distinction between science and practice: A reply to Thyer and Adkins. *The Behavior Analyst, 26,* 115–119.

Hawkins, R. P., & Dobes, R. W. (1977). Behavioral definitions in applied behavior analysis: Explicit or implicit? In B. C. Etzel, J. M. LeBlanc, & D. M. Baer (Eds.), *New developments in behavioral research: Theory, method, and application* (pp. 167–188). Hillsdale, NJ: Erlbaum.

Hawkins, R. P., & Dotson, V. A. (1975). Reliability scores that delude: An Alice in Wonderland trip through the misleading characteristics of interobserver agreement scores in interval recording. In E. Ramp & G. Semp (Eds.), *Behavior analysis: Areas of research and application* (pp. 359–376). Upper Saddle River, NJ: Prentice Hall.

Hawkins, R. P., & Hursh, D. E. (1992). Levels of research for clinical practice: It isn't as hard as you think. *West Virginia Journal of Psychological Research and Practice, 1,* 61–71.

Hawkins, R. P., Mathews, J. R., & Hamdan, L. (1999). *Measuring behavioral health outcomes: A practical guide.* New York: Kluwer Academic/Plenum.

Hayes, L. J., Adams, M. A., & Rydeen, K. L. (1994). Ethics, choice, and value. In L. J. Hayes et al. (Eds.), *Ethical issues in developmental disabilities* (pp. 11–39). Reno, NV: Context Press.

Hayes, S. C. (1991). The limits of technological talk. *Journal of Applied Behavior Analysis, 24,* 417–420.

Hayes, S. C. (Ed.). (1989). *Rule-governed behavior: Cognition, contingencies, and instructional control.* Reno, NV: Context Press.

Hayes, S. C., & Cavior, N. (1977). Multiple tracking and the reactivity of self-monitoring: I. Negative behaviors. *Behavior Therapy, 8,* 819–831.

Hayes, S. C., & Cavior, N. (1980). Multiple tracking and the reactivity of self-monitoring: II. Positive behaviors. *Behavioral Assessment, 2,* 238–296.

Hayes, S. C., & Hayes, L. J. (1993). Applied implications of current JEAB research on derived relations and delayed reinforcement. *Journal of Applied Behavior Analysis, 26,* 507–511.

Hayes, S. C., Rincover, A., & Solnick, J. V. (1980). The technical drift of applied behavior analysis. *Journal of Applied Behavior Analysis, 13,* 275–285.

Hayes, S. C., Rosenfarb, I., Wulfert, E., Munt, E. D., Korn, D., & Zettle, R. D. (1985). Self-reinforcement effects: An artifact of social standard setting? *Journal of Applied Behavior Analysis, 18,* 201–214.

Hayes, S. C., Zettle, R. D., & Rosenfarb, I. (1989). Rule-following. In S. C. Hayes (Ed.), *Rule-governed behavior: Cognition, contingencies, and instructional control* (pp. 191–220). New York: Plenum Press.

Haynes, S. N., & Horn, W. F. (1982). Reactivity in behavioral observation: A methodological and conceptual critique. *Behavioral Assessment, 4,* 369–385.

Health Insurance Portability and Accountability Act (HIPAA). (1996). Washington, DC: Office for Civil Rights. Retrieved December 14, 2003, from http://aspe.hhs.gov/admnsimp/pl104191.htm>http://aspe.hhs.gov/admnsimp/pl104191.htm.

Heckaman, K. A., Alber, S. R., Hooper, S., & Heward, W. L. (1998). A comparison of least-to-most prompts and progressive time delay on the disruptive behavior of students with autism. *Journal of Behavior Education, 8,* 171–201.

Heflin, L. J., & Simpson, R. L. (2002). Understanding intervention controversies. In B. Scheuermann & J. Weber (Eds.), *Autism: Teaching does make a difference* (pp. 248–277). Belmont, CA: Wadsworth.

Helwig, J. (1973). *Effects of manipulating an antecedent event on mathematics response rate.* Unpublished manuscript, Ohio State University, Columbus, OH.

Heron, T. E., & Harris, K. C. (2001). *The educational consultant: Helping professionals, parents, and students in inclusive classrooms* (4th ed.). Austin, TX: Pro-Ed.

Heron, T. E., & Heward, W. L. (1988). Ecological assessment: Implications for teachers of learning disabled students. *Learning Disability Quarterly, 11,* 224–232.

Heron, T. E., Heward, W. L., Cooke, N. L., & Hill, D. S. (1983). Evaluation of a classwide peer tutoring system: First graders teach each other sight words. *Education and Treatment of Children, 6,* 137–152.

Heron, T. E., Hippler, B. J., & Tincani, M. J. (2003). *How to help students complete classwork and homework assignments.* Austin, TX: Pro-Ed.

Heron, T. E., Tincani, M. J., Peterson, S. M., & Miller, A. D. (2005). Plato's allegory of the cave revisited. Disciples of the light appeal to the pied pipers and prisoners in the darkness. In W. L. Heward, T. E. Heron, N. A. Neef, S. M. Peterson, D. M. Sainato, G. Cartledge, R. Gardner, III, L. D. Peterson, S. B. Hersh, & J. C. Dardig (Eds.), *Focus on behavior analysis in education: Achievements, challenges, and opportunities* (pp. 267–282), Upper Saddle River, NJ: Merrill/Prentice Hall.

Herr, S. S., O'Sullivan, J. L., & Dinerstein, R. D. (1999). *Consent to extraordinary interventions.* In R. D. Dinerstein, S. S. Herr, & J. L. O'Sullivan (Eds.), *A guide to consent* (pp. 111–122). Washington DC: American Association on Mental Retardation.

Herrnstein, R. J. (1961). Relative and absolute strength of a response as a function of frequency of reinforcement. *Journal of the Experimental Analysis of Behavior 4,* 267–272.

Herrnstein, R. J. (1970). On the law of effect. *Journal of the Experimental Analysis of Behavior 13,* 243–266.

Hersen, M., & Barlow, D. H. (1976). *Single case experimental designs: Strategies for studying behavior change.* New York: Pergamon Press.

Heward, W. L. (1978, May). *The delayed multiple baseline design.* Paper presented at the Fourth Annual Convention of the Association for Behavior Analysis, Chicago.

Heward, W. L. (1980). A formula for individualizing initial criteria for reinforcement. *Exceptional Teacher, 1* (9), 7, 9.

Heward, W. L. (1994). Three "low-tech" strategies for increasing the frequency of active student response during group instruction. In R. Gardner, D. M. Sainato, J. O. Cooper, T. E. Heron, W. L. Heward, J. Eshleman, & T. A. Grossi (Eds.), *Behavior analysis in education: Focus on measurably superior instruction* (pp. 283–320). Monterey, CA: Brooks/Cole.

Heward, W. L. (2003). Ten faulty notions about teaching and learning that hinder the effectiveness of special education. *The Journal of Special Education, 36* (4), 186–205.

Heward, W. L. (2005). Reasons applied behavior analysis is good for education and why those reasons have been insufficient. In W. L. Heward, T. E. Heron, N. A. Neef, S. M. Peterson, D. M. Sainato, G. Cartledge, R. Gardner, III, L. D. Peterson, S. B. Hersh, & J. C. Dardig (Eds.), *Focus on behavior analysis in education: Achievements, challenges, and opportunities* (pp. 316–348). Upper Saddle River, NJ: Merrill/Prentice Hall.

Heward, W. L. (2006). *Exceptional children: An introduction to special education* (8th ed.). Upper Saddle River, NJ: Merrill/Prentice Hall.

Heward, W. L., & Cooper, J. O. (1992). Radical behaviorism: A productive and needed philosophy for education. *Journal of Behavioral Education, 2,* 345–365.

Heward, W. L., & Eachus, H. T. (1979). Acquisition of adjectives and adverbs in sentences written by hearing impaired and aphasic children. *Journal of Applied Behavior Analysis, 12,* 391–400.

Heward, W. L., & Silvestri, S. M. (2005a). The neutralization of special education. In J. W. Jacobson, J. A. Mulick, & R. M. Foxx (Eds.), *Fads: Dubious and improbable treatments for developmental disabilities.* Mahwah NJ: Erlbaum.

Heward, W. L., & Silvestri, S. M. (2005b). Antecedent. In G. Sugai & R. Horner (Eds.), *Encyclopedia of behavior modification and cognitive behavior therapy, Vol. 3: Educational applications* (pp. 1135–1137). Thousand Oaks, CA: Sage.

Heward, W. L., Dardig, J. C., & Rossett, A. (1979). *Working with parents of handicapped children.* Upper Saddle River, NJ: Merrill/Prentice Hall.

Heward, W. L., Heron, T. E., Gardner, III, R., & Prayzer, R. (1991). Two strategies for improving students' writing skills. In G. Stoner, M. R. Shinn, & H. M. Walker (Eds.), *A school psychologist's interventions for regular education* (pp. 379–398). Washington, DC: National Association of School Psychologists.

Heward, W. L., Heron, T. E., Neef, N. A., Peterson, S. M., Sainato, D. M., Cartledge, G., Gardner, III, R., Peterson, L. D., Hersh, S. B., & Dardig, J. C. (Eds.). (2005). *Focus on behavior analysis in education: Achievements, challenges, and opportunities.* Upper Saddle River, NJ: Prentice Hall/Merrill.

Hewett, F. M. (1968). *The emotionally disturbed child in the classroom.* New York: McGraw-Hill.

Higbee, T. S., Carr, J. E., & Harrison, C. D. (1999). The effects of pictorial versus tangible stimuli in stimulus preference assessments. *Research in Developmental Disabilities, 20,* 63–72.

Higbee, T. S., Carr, J. E., & Harrison, C. D. (2000). Further evaluation of the multiple-stimulus preference assessment. *Research in Developmental Disabilities, 21,* 61–73.

Higgins, J. W., Williams, R. L., & McLaughlin, T. F. (2001). The effects of a token economy employing instructional consequences for a third-grade student with learning disabilities: A data-based case study. *Education and Treatment of Children, 24* (1), 99–106.

Himle, M. B., Miltenberger, R. G., Flessner, C., & Gatheridge, B. (2004). Teaching safety skills to children to prevent gun play. *Journal of Applied Behavior Analysis, 1,* 1–9.

Himle, M. B., Miltenberger, R. G., Gatheridge, B., & Flessner, C., (2004). An evaluation of two procedures for training skills to prevent gun play in children. *Pediatrics, 113,* 70–77.

Hineline, P. N. (1977). Negative reinforcement and avoidance. In W. K. Honig & J. E. R. Staddon (Eds.), *Handbook of operant behavior* (pp. 364–414). Upper Saddle River, NJ: Prentice Hall.

Hineline, P. N. (1992). A self-interpretive behavior analysis. *American Psychologist, 47,* 1274–1286.

Hobbs, T. R., & Holt, M. M. (1976). The effects of token reinforcement on the behavior of delinquents in cottage settings. *Journal of Applied Behavior Analysis, 9,* 189–198.

Hoch, H., McComas, J. J., Johnson, L, Faranda, N., & Guenther, S. L. (2002). The effects of magnitude and quality of reinforcement on choice responding during play activities. *Journal of Applied Behavior Analysis, 35,* 171–181.

Hoch, H., McComas, J. J., Thompson, A. L., & Paone, D. (2002). Concurrent reinforcement schedules: Behavior change and maintenance without extinction. *Journal of Applied Behavior Analysis, 35,* 155–169.

Holcombe, A., Wolery, M., & Snyder, E. (1994). Effects of two levels of procedural fidelity with constant time delay with children's learning. *Journal of Behavioral Education, 4,* 49–73.

Holcombe, A., Wolery, M., Werts, M. G., & Hrenkevich, P. (1993). Effects of instructive feedback on future learning. *Journal of Behavioral Education, 3,* 259–285.

Holland, J. G. (1978). Behaviorism: Part of the problem or part of the solution? *Journal of Applied Behavior Analysis, 11,* 163–174.

Holland, J. G., & Skinner, B. F. (1961). *The analysis of behavior: A program for self-instruction.* New York: McGraw-Hill.

Holman, J., Goetz, E. M., & Baer, D. M. (1977). The training of creativity as an operant and an examination of its generalization characteristics. In B. C. Etzel, J. M. LeBlanc, & D. M. Baer (Eds.), *New developments in behavioral research: Theory, method, and practice* (pp. 441–471). Hillsdale, NJ: Erlbaum.

Holmes, G., Cautela, J., Simpson, M., Motes, P., & Gold, J. (1998). Factor structure of the School Reinforcement Survey Schedule: School is more than grades. *Journal of Behavioral Education, 8,* 131–140.

Holth, P. (2003), Generalized imitation and generalized matching to sample. *The Behavior Analyst, 26,* 155–158.

Holz, W. C., & Azrin, N. H. (1961). Discriminative properties of punishment. *Journal of the Experimental Analysis of Behavior, 4,* 225–232.

Holz, W. C., & Azrin, N. H. (1962). Recovery during punishment by intense noise. *Journal of the Experimental Analysis of Behavior, 6,* 407–412.

Holz, W. C., Azrin, N. H., & Ayllon, T. (1963). Elimination of behavior of mental patients by response-produced extinction. *Journal of the Experimental Analysis of Behavior, 6,* 407–412.

Homme, L., Csanyi, A. P., Gonzales, M. A., & Rechs, J. R. (1970). *How to use contingency contracting in the classroom.* Champaign, IL: Research Press.

Honig, W. K. (Ed.). (1966). *Operant behavior: Areas of research and application.* New York: Appleton-Century-Crofts.

Hoover, H. D., Hieronymus, A. N., Dunbar, S. B. Frisbie, D. A., & Switch (1996). *Iowa Tests of Basic Skills.* Chicago: Riverside.

Hopkins, B. L. (1995). Applied behavior analysis and statistical process control? *Journal of Applied Behavior Analysis, 28,* 379–386.

Horner, R. D., & Baer, D. M. (1978). Multiple-probe technique: A variation on the multiple baseline design. *Journal of Applied Behavior Analysis, 11,* 189–196.

Horner, R. D., & Keilitz, I. (1975). Training mentally retarded adolescents to brush their teeth. *Journal of Applied Behavior Analysis, 8,* 301–309.

Horner, R. H. (2002). On the status of knowledge for using punishment: A commentary. *Journal of Applied Behavior Analysis, 35,* 465–467.

Horner, R. H., & McDonald, R. S. (1982). Comparison of single instance and general case instruction in teaching of a generalized vocational skill. *Journal of the Association for Persons with Severe Handicaps, 7* (3), 7–20.

Horner, R. H., Carr, E. G., Halle, J., McGee, G., Odom, S., & Wolery, M. (2005). The use of single-subject research to

identify evidence-based practice in special education. *Exceptional Children, 71,* 165–179.

Horner, R. H., Day, M., Sprague, J., O'Brien, M., & Heathfield, L. (1991). Interspersed requests: A nonaversive procedure for reducing aggression and self-injury during instruction. *Journal of Applied Behavior Analysis, 24,* 265–278.

Horner, R. H., Dunlap, G., & Koegel, R. L. (1988). *Generalization and maintenance: Life-style changes in applied settings.* Baltimore: Paul H. Brookes.

Horner, R. H., Eberhard, J. M., & Sheehan, M. R. (1986). Teaching generalized table bussing: The importance of negative teaching examples. *Behavior Modification, 10,* 457–471.

Horner, R. H., Sprague, J., & Wilcox, B. (1982). Constructing general case programs for community activities. In B. Wilcox & G. T. Bellamy (Eds.), *Design of high school programs for severely handicapped students* (pp. 61–98). Baltimore: Paul H. Brookes.

Horner, R. H., Williams, J. A., & Steveley, J. D. (1987). Acquisition of generalized telephone use by students with moderate and severe mental retardation. *Research in Developmental Disabilities, 8,* 229–247.

Houten, R. V., & Rolider, A. (1990). The use of color mediation techniques to teach number identification and single digit multiplication problems to children with learning problems. *Education and Treatment of Children, 13,* 216–225.

Howell, K. W. (1998). *Curriculum-based evaluation: Teaching and decision making* (3rd ed.). Monterey, CA: Brooks/Cole.

Hughes, C. (1992). Teaching self-instruction using multiple exemplars to produce generalized problem-solving by individuals with severe mental retardation. *Journal on Mental Retardation, 97,* 302–314.

Hughes, C. (1997). Self-instruction. In M. Agran (Ed.), *Self-directed learning: Teaching self-determination skills* (pp. 144–170). Pacific Grove, CA: Brooks/Cole.

Hughes, C., & Lloyd, J. W. (1993). An analysis of self-management. *Journal of Behavioral Education, 3,* 405–424.

Hughes, C., & Rusch, F. R. (1989). Teaching supported employees with severe mental retardation to solve problems.

Journal of Applied Behavior Analysis, 22, 365–372.

Hughes, C., Harmer, M. L., Killian, D. J., & Niarhos, F. (1995). The effects of multiple-exemplar self-instructional training on high school students' generalized conversational interactions. *Journal of Applied Behavior Analysis, 28,* 201–218.

Hume, K. M., & Crossman, J. (1992). Musical reinforcement of practice behaviors among competitive swimmers. *Journal of Applied Behavior Analysis, 25,* 665–670.

Humphrey, L. L., Karoly, P., & Kirschenbaum, D. S. (1978). Self-management in the classroom: Self-imposed response cost versus self-reward. *Behavior Therapy, 9,* 592–601.

Hundert, J., & Bucher, B. (1978). Pupils' self-scored arithmetic performance: A practical procedure for maintaining accuracy. *Journal of Applied Behavior Analysis, 11,* 304.

Hunt, P., & Goetz, L. (1988). Teaching spontaneous communication in natural settings using interrupted behavior chains. *Topics in Language Disorders, 9,* 58–71.

Hurley, A. D. N., & O'Sullivan, J. L. (1999). *Informed consent for health care.* In R. D. Dinerstein, S. S. Herr, & J. L. O'Sullivan (Eds.), *A guide to consent* (pp. 39–55). Washington DC: American Association on Mental Retardation.

Hutchinson, R. R. (1977). By-products of aversive control In W. K. Honig & J. E. R. Staddon (Eds.), *Handbook of operant behavior* (pp. 415–431). Upper Saddle River, NJ: Prentice Hall.

Huybers, S., Van Houten, R., & Malenfant, J. E. L. (2004). Reducing conflicts between motor vehicles and pedestrians: The separate and combined effects of pavement markings and a sign prompt. *Journal of Applied Behavior Analysis, 37,* 445–456.

Individuals with Disabilities Education Act of 1997, P. L. 105–17, 20 U.S.C. para. 1400 *et seq.*

Irvin, D. S., Thompson, T. J., Turner, W. D., & Williams, D. E. (1998). Utilizing response effort to reduce chronic hand mouthing. *Journal of Applied Behavior Analysis, 31,* 375–385.

Isaacs, W., Thomas, I., & Goldiamond, I. (1960). Application of operant conditioning to reinstate verbal behavior in psychotics. *Journal of Speech and Hearing Disorders, 25,* 8–12.

Iwata, B. A. (1987). Negative reinforcement in applied behavior analysis: An emerging technology. *Journal of Applied Behavior Analysis, 20,* 361–378.

Iwata, B. A. (1988). The development and adoption of controversial default technologies. *The Behavior Analyst, 11,* 149–157.

Iwata, B. A. (1991). Applied behavior analysis as technological science. *Journal of Applied Behavior Analysis, 24,* 421–424.

Iwata, B. A. (2006). On the distinction between positive and negative reinforcement. *The Behavior Analyst, 29,* 121–123.

Iwata, B. A., & DeLeon, I. (1996). The functional analysis screening tool. Gainesville, FL: The Florida Center on Self-Injury, The University of Florida.

Iwata, B. A., & Michael, J. L. (1994). Applied implications of theory and research on the nature of reinforcement. *Journal of Applied Behavior Analysis, 27,* 183–193.

Iwata, B. A., Dorsey, M. F., Slifer, K. J., Bauman, K. E., & Richman, G. S. (1994). Toward a functional analysis of self-injury. *Journal of Applied Behavior Analysis, 27,* 197–209. (Reprinted from *Analysis and Intervention in Developmental Disabilities, 2,* 3–20, 1982).

Iwata, B. A., Pace, G. M., Cowdery, G. E., & Miltenberger, R. G. (1994). What makes extinction work: An analysis of procedural form and function. *Journal of Applied Behavior Analysis, 27,* 131–144.

Iwata, B. A., Pace, G. M., Dorsey, M. F., Zarcone, J. R., Vollmer, T. R., Smith, R. G., Rodgers, T. A., Lerman, D. C., Shore, B. A., Mazaleski, J. L., Goh, H., Cowdery, G. E., Kalsher, M. J., & Willis, K. D. (1994). The functions of self-injurious behavior: An experimental-epidemiological analysis. *Journal of Applied Behavior Analysis, 27,* 215–240.

Iwata, B. A., Pace, G. M., Kissel, R. C., Nau, P. A., & Farber, J. M. (1990). The Self-Injury Trauma (SIT) Scale: A method for quantifying surface tissue damage caused by self-injurious behavior. *Journal of Applied Behavior Analysis, 23,* 99–110.

Iwata, B. A., Smith, R. G., & Michael, J. (2000). Current research on the influence of establishing operations on be-havior in applied settings. *Journal of Applied Behavior Analysis, 33,* 411–418.

Iwata, B. A., Wallace, M. D., Kahng, S., Lindberg, J. S., Roscoe, E. M., Conners, J., Hanley, G. P., Thompson, R. H., & Worsdell, A. S. (2000). Skill acquisition in the implementation of functional analysis methodology. *Journal of Applied Behavior Analysis, 33,* 181–194.

Jacobs, H. E., Fairbanks, D., Poche, C. E., & Bailey, J. S. (1982). Multiple incentives in encouraging car pool formation on a university campus. *Journal of Applied Behavior Analysis, 15,* 141–149.

Jacobson, J. M., Bushell, D., & Risley, T. (1969). Switching requirements in a Head Start classroom. *Journal of Applied Behavior Analysis, 2,* 43–47.

Jacobson, J. W., Foxx, R. M., & Mulick, J. A. (Eds.). (2005). *Controversial therapies for developmental disabilities: Fads, fashion, and science in professional practice.* Hillsdale, NJ: Erlbaum.

Jason, L. A., & Liotta, R. F. (1982). Reduction of cigarette smoking in a university cafeteria. *Journal of Applied Behavior Analysis, 15,* 573–577.

Johnson, B. M., Miltenberger, R. G., Egemo-Helm, K. R., Jostad, C., Flessner, C. A., & Gatheridge, B. (2005). Evaluation of behavior skills training for teaching abduction prevention skills to young children. *Journal of Applied Behavior Analysis, 38,* 67–78.

Johnson, B. M., Miltenberger, R. G., Knudson, P., Egemo-Helm, K., Kelso, P., Jostad, C., & Langley, L. (2006). A preliminary evaluation of two behavioral skills training procedures for teaching abduction-prevention skills to school children. *Journal of Applied Behavior Analysis, 39,* 25–34.

Johnson, K. R., & Layng, T. V. J. (1992). Breaking the structuralist barrier: Literacy and numeracy with fluency. *American Psychologist, 47,* 1475–1490.

Johnson, K. R., & Layng, T. V. J. (1994). The Morningside model of generative instruction. In R. Gardner, D. M., III, Sainato, J. O., Cooper, T. E., Heron, W. L., Heward, J., Eshleman, & T. A. Grossi (Eds.), *Behavior analysis in education: Focus on measurably superior instruction* (pp. 173–197). Pacific Grove, CA: Brooks/Cole.

Johnson, T. (1973). *Addition and subtraction math program with stimulus shaping and stimulus fading.* Produced pursuant to a grant from the Ohio Department of Education, BEH Act, P.L. 91-203, Title VI-G; OE G-0-714438(604). J. E. Fisher & J. O. Cooper, project codirectors.

Johnston, J. M. (1979). On the relation between generalization and generality. *The Behavior Analyst, 2,* 1–6.

Johnston, J. M. (1991). We need a new model of technology. *Journal of Applied Behavior Analysis, 24,* 425–427.

Johnston, J. M., & Pennypacker, H. S. (1980). *Strategies and tactics for Human Behavioral Research.* Hillsdale, NJ: Erlbaum.

Johnston, J. M., & Pennypacker, H. S. (1993a). *Strategies and tactics for human behavioral research* (2nd ed.). Hillsdale, NJ: Erlbaum.

Johnston, J. M., & Pennypacker, H. S. (1993b). *Readings for Strategies and tactics of behavioral research* (2nd ed.). Hillsdale, NJ: Erlbaum.

Johnston, M. K., Kelly, C. S., Harris, F. R., & Wolf, M. M. (1966). An application of reinforcement principles to the development of motor skills of a young child. *Child Development, 37,* 370–387.

Johnston, R. J., & McLaughlin, T. F. (1982). The effects of free time on assignment completion and accuracy in arithmetic: A case study. *Education and Treatment of Children, 5,* 33–40.

Jones, F. H., & Miller, W. H. (1974). The effective use of negative attention for reducing group disruption in special elementary school classrooms. *Psychological Record, 24,* 435–448.

Jones, F. H., Fremouw, W., & Carples, S. (1977). Pyramid training of elementary school teachers to use a classroom management "skill package." *Journal of Applied Behavior Analysis, 10,* 239–254.

Jones, R. R., Vaught, R. S., & Weinrott, M. (1977). Time-series analysis in operant research. *Journal of Applied Behavior Analysis, 10,* 151–166.

Journal of Applied Behavior Analysis. (2000). Manuscript preparation checklist. *Journal of Applied Behavior Analysis, 33,* 399. Lawrence, KS: Society for the Experimental Analysis of Behavior.

Kachanoff, R., Leveille, R., McLelland, H., & Wayner, M. J. (1973). Schedule induced behavior in humans. *Physiology and Behavior, 11,* 395–398.

Kadushin, A. (1972). *The social work interview.* New York: Columbia University Press.

Kahng, S. W., & Iwata, B. A. (1998). Computerized systems for collecting real-time observational data. *Journal of Applied Behavior Analysis, 31,* 253–261.

Kahng, S. W., & Iwata, B. A. (2000). Computer systems for collecting real-time observational data. In T. Thompson, D. Felce, & F. J. Symons (Eds.), *Behavioral observation: Technology and applications in developmental disabilities* (pp. 35–45). Baltimore: Paul H. Brookes.

Kahng, S. W., Iwata, B. A., DeLeon, I. G., & Wallace, M. D. (2000). A comparison of procedures for programming noncontingent reinforcement schedules. *Journal of Applied Behavior Analysis, 33,* 223–231.

Kahng, S. W., Iwata, B. A., Fischer, S. M., Page, T. J., Treadwell, K. R. H., Williams, D. E., & Smith, R. G. (1998). Temporal distributions of problems behavior based on scatter plot analysis. *Journal of Applied Behavior Analysis, 31,* 593–604.

Kahng, S. W., Iwata, B. A., Thompson, R. H., & Hanley, G. P. (2000). A method for identifying satiation versus extinction effects under noncontingent reinforcement schedules. *Journal of Applied Behavior Analysis, 33,* 419–432.

Kahng, S. W., Tarbox, J., & Wilke, A. (2001). Use of multicomponent treatment for food refusal. *Journal of Applied Behavior Analysis, 34,* 93–96.

Kahng, S., & Iwata, B. A. (1999). Correspondence between outcomes of brief and extended functional analyses. *Journal of Applied Behavior Analysis, 32,* 149–159.

Kahng, S., Iwata, B. A., Fischer, S. M., Page, T. J., Treadwell, K. R. H., Williams, D. E., & Smith, R. G. (1998). Temporal distributions of problem behavior based on scatter plot analysis. *Journal of Applied Behavior Analysis, 31,* 593–604.

Kahng, S., Iwata, B. A., & Lewin, A. B. (2002). Behavioral treatment of self-injury, 1964 to 2000. *American Journal of Mental Retardation, 107* (3), 212–221.

Kame'enui, E. (2002, September). *Beginning reading failure and the quantification of risk: Behavior as the supreme index.* Presentation to the Focus on Behavior Analysis in Education Conference, Columbus, OH.

Kanfer, F. H. (1976). *The many faces of self-control, or behavior modification changes its focus.* Paper presented at the Fifth International Banff Conference, Banff, Alberta, Canada.

Kanfer, F. H., & Karoly P. (1972). Self-control: A behavioristic excursion into the lion's den. *Behavior Therapy, 3,* 398–416.

Kantor, J. R. (1959). *Interbehavioral psychology.* Granville, OH: Principia Press.

Katzenberg, A. C. (1975). *How to draw graphs.* Kalamazoo, MI: Behaviordelia.

Kauffman, J. M. (2005). *Characteristics of emotional and behavioral disorders of children and youth* (8th ed.). Upper Saddle River, NJ: Merrill/Prentice Hall.

Kaufman, K. F., & O'Leary, K. D. (1972). Reward, cost, and self-evaluation procedures for disruptive adolescents in a psychiatric hospital school. *Journal of Applied Behavior Analysis, 5,* 293–309.

Kazdin, A. E. (1973). The effects of vicarious reinforcement on attentive behavior in the classroom. *Journal of Applied Behavior Analysis, 6,* 77–78.

Kazdin, A. E. (1977). Artifact, bias, and complexity of assessment: The ABCs of reliability. *Journal of Applied Behavior Analysis, 10,* 141–150.

Kazdin, A. E. (1978). *History of behavior modification.* Austin: TX: Pro-Ed.

Kazdin, A. E. (1979). Unobtrusive measures in behavioral assessment. *Journal of Applied Behavior Analysis, 12,* 713–724.

Kazdin, A. E. (1980). Acceptability of alternative treatments for deviant child behavior. *Journal of Applied Behavior Analysis, 13,* 259–273.

Kazdin, A. E. (1982). *Single case research designs: Methods for clinical and applied settings.* Boston: Allyn and Bacon.

Kazdin, A. E. (1982). Observer effects: Reactivity of direct observation. *New Directions for Methodology of Social and Behavioral Science, 14,* 5–19.

Kazdin, A. E. (2001). *Behavior modification in applied settings* (6th ed.). Belmont, CA: Wadsworth.

Kazdin, A. E., & Hartmann, D. P. (1978). The simultaneous-treatment design. *Behavior Therapy, 9,* 912–922.

Kee, M., Hill, S. M., & Weist, M. D. (1999). School-based behavior management of cursing, hitting, and spitting in a girl with profound retardation. *Education and Treatment of Children, 22* (2), 171–178.

Kehle, T. J., Bray, M. A., Theodore, L. A., Jenson, W. R., & Clark, E. (2000). A multi-component intervention designed to reduce disruptive classroom behavior. *Psychology in the Schools, 37* (5), 475–481.

Keller, C. L., Brady, M. P., & Taylor, R. L. (2005). Using self-evaluation to improve student teacher interns' use of specific praise. *Education and Training in Mental Retardation and Developmental Disabilities, 40,* 368–376.

Keller, F. S. (1941). Light aversion in the white rat. *Psychological Record, 4,* 235–250.

Keller, F. S. (1982). *Pedagogue's progress.* Lawrence, KS: TRI Publications.

Keller, F. S. (1990). Burrhus Frederic Skinner (1904–1990) (a thank you). *Journal of Applied Behavior Analysis, 23,* 404–407.

Keller, F. S., & Schoenfeld, W. M. (1950/1995). *Principles of psychology.* Acton, MA: Copley Publishing Group.

Keller, F. S., & Schoenfeld, W. N. (1995). *Principles of psychology.* Acton, MA: Copley Publishing Group. (Reprinted from *Principles of psychology: A systematic text in the science of behavior.* New York: Appleton-Century-Crofts, 1950)

Kelley, M. E., Piazza, C. C., Fisher, W. W., & Oberdorff, A. J. (2003). Acquisition of cup drinking using previously refused foods as positive and negative reinforcement. *Journal of Applied Behavior Analysis, 36,* 89–93.

Kelley, M. L., Jarvie, G. J., Middlebrook, J. L., McNeer, M. F., & Drabman, R. S. (1984). Decreasing burned children's pain behavior: Impacting the trauma of hydrotherapy. *Journal of Applied Behavior Analysis, 17,* 147–158.

Kellum, K. K., Carr, J. E., & Dozier, C. L. (2001). Response-card instruction and student learning in a college classroom. *Teaching of Psychology, 28* (2), 101–104.

Kelshaw-Levering, K., Sterling-Turner, H., Henry, J. R., & Skinner, C. H. (2000). Randomized interdependent group contingencies: Group reinforcement with a twist. *Psychology in the Schools, 37* (6), 523–533.

Kennedy, C. H. (1994). Automatic reinforcement: Oxymoron or hypothetical construct. *Journal of Behavioral Education, 4* (4), 387–395.

Kennedy, C. H. (2005). *Single-case designs for educational research.* Boston: Allyn and Bacon.

Kennedy, C. H., & Haring, T. G. (1993). Teaching choice making during social interactions to students with profound

multiple disabilities. *Journal of Applied Behavior Analysis, 26,* 63–76.

Kennedy, C. H., & Sousa, G. (1995). Functional analysis and treatment of eye poking. *Journal of Applied Behavior Analysis, 28,* 27–37.

Kennedy, C. H., Meyer, K. A., Knowles, T., & Shukla, S. (2000). Analyzing the multiple functions of stereotypical behavior for students with autism: Implications for assessment and treatment. *Journal of Applied Behavior Analysis, 33,* 559–571.

Kennedy, G. H., Itkonen, T., & Lindquist, K. (1994). Nodality effects during equivalence class formation: An extension to sight-word reading and concept development. *Journal of Applied Behavior Analysis, 27,* 673–683.

Kern, L., Dunlap, G., Clarke, S., & Childs, K. E. (1995). Student-assisted functional assessment interview. *Diagnostique, 19,* 29–39.

Kern, L., Koegel, R., & Dunlap, G. (1984). The influence of vigorous versus mild exercise on autistic stereotyped behaviors. *Journal of Autism and Developmental Disorders, 14,* 57–67.

Kerr, M. M., & Nelson, C. M. (2002). *Strategies for addressing behavior problems in the classroom* (4th ed.). Upper Saddle River, NJ: Merrill/Prentice Hall.

Killu, K., Sainato, D. M., Davis, C. A., Ospelt, H., & Paul, J. N. (1998). Effects of high-probability request sequences on preschoolers' compliance and disruptive behavior. *Journal of Behavioral Education, 8,* 347–368.

Kimball, J. W. (2002). Behavior-analytic instruction for children with autism: Philosophy matters. *Focus on Autism and Other Developmental Disabilities, 17* (2), 66–75.

Kimball, J. W., & Heward, W. L. (1993). A synthesis of contemplation, prediction, and control. *American Psychologist, 48,* 587–588.

Kirby, K. C., & Bickel, W. K. (1988). Toward an explicit analysis of generalization: A stimulus control interpretation. *The Behavior Analyst, 11,* 115–129.

Kirby, K. C., Fowler, S. A., & Baer, D. M. (1991). Reactivity in self-recording: Obtrusiveness of recording procedure and peer comments. *Journal of Applied Behavior Analysis, 24,* 487–498.

Kladopoulos, C. N., & McComas, J. J. (2001). The effects of form training on

foul-shooting performance in members of a women's college basketball team. *Journal of Applied Behavior Analysis, 34,* 329–332.

Klatt, K. P., Sherman, J. A., & Sheldon, J. B. (2000). Effects of deprivation on engagement in preferred activities by persons with developmental disabilities. *Journal of Applied Behavior Analysis, 33,* 495–506.

Kneedler, R. D., & Hallahan, D. P. (1981). Self-monitoring of on-task behavior with learning disabled children: Current studies and directions. *Exceptional Education Quarterly, 2* (3), 73–82.

Knittel, D. (2002). Case study: A professional guitarist on comeback road. In R. W. Malott & H. Harrison (Eds.), *I'll stop procrastinating when I get around to it: Plus other cool ways to succeed in school and life using behavior analysis to get your act together* (pp. 8-5–8-6). Kalamazoo, MI: Department of Psychology, Western Michigan University.

Kodak, T., Grow, L., & Northrup, J. (2004). Functional analysis and treatment of elopement for a child with attention deficit hyperactivity disorder. *Journal of Applied Behavior Analysis, 37,* 229–232.

Kodak, T., Miltenberger, R. G., & Romaniuk, C. (2003). The effects of differential negative reinforcement of other behavior and noncontingent escape on compliance. *Journal of Applied Behavior Analysis, 36,* 379–382.

Koegal, R. L., & Rincover, A. (1977). Research on the differences between generalization and maintenance in extra-therapy responding. *Journal of Applied Behavior Analysis, 10,* 1–12.

Koegel, L. K., Carter, C. M., & Koegel, R. L. (2003). Teaching children with autism self-initiations as a pivotal response. *Topics in Language Disorders, 23* (2), 134–145.

Koegel, L. K., Koegel, R. L., Hurley, C., & Frea, W. D. (1992). Improving social skills and disruptive behavior in children with autism through self-management. *Journal of Applied Behavior Analysis, 25,* 341–353.

Koegel, R. L., & Frea, W. (1993). Treatment of social behavior in autism through the modification of pivotal social skills. *Journal of Applied Behavior Analysis, 26,* 369–377.

Koegel, R. L., & Koegel, L. K. (1988). Generalized responsivity and pivotal behaviors. In R. H. Horner, G. Dunlap, &

R. L. Koegel (Eds.), *Generalization and maintenance: Life-style changes in applied settings* (pp. 41–66). Baltimore; Paul H. Brookes.

Koegel, R. L., & Koegel, L. K. (1990). Extended reductions in stereoptypic behavior of students with autism through a self-management treatment package. *Journal of Applied Behavior Analysis, 23,* 119–127.

Koegel, R. L., & Williams, J. A. (1980). Direct versus indirect response-reinforcer relationships in teaching autistic children. *Journal of Abnormal Child Psychology, 8,* 537–547.

Koegel, R. L., Koegel, L. K., & Schreibman, L. (1991). Assessing and training parents in teaching pivotal behaviors. In R. J. Prinz (Ed.), *Advances in behavioral assessment of children and families* (Vol. 5, pp. 65–82). London: Jessica Kingsley.

Koehler, L. J., Iwata, B. A., Roscoe, E. M., Rolider, N. U., & O'Steen, L. E. (2005). Effects of stimulus variation on the reinforcing capability of nonpreferred stimuli. *Journal of Applied Behavior Analysis, 38,* 469–484.

Koenig, C. H., & Kunzelmann, H. P. (1980). *Classroom learning screening.* Columbus, OH: Charles E. Merrill.

Kohler, F. W., & Greenwood, C. R. (1986). Toward a technology of generalization: The identification of natural contingencies of reinforcement. *The Behavior Analyst, 9,* 19–26.

Kohler, F. W., Strain, P. S., Maretsky, S., & Decesare, L. (1990). Promoting positive and supportive interactions between preschoolers: An analysis of group-oriented contingencies. *Journal of Early Intervention, 14* (4), 327–341.

Kohn, A. (1997). Students don't "work"—they learn. *Education Week,* September 3, 1997. Retrieved January 1, 2004, from www.alfiekohn.org/teaching/edweek/sdwtl.htm.

Komaki, J. L. (1998). When performance improvement is the goal: A new set of criteria for criteria. *Journal of Applied Behavior Analysis, 31,* 263–280.

Konarski, E. A., Jr., Crowell, C. R., & Duggan, L. M. (1985). The use of response deprivation to increase the academic performance of EMR students. *Applied Research in Mental Retardation, 6,* 15–31.

Konarski, E. A., Jr., Crowell, C. R., Johnson, M. R., & Whitman T. L. (1982). Response deprivation, reinforcement, and instrumental academic performance in an EMR classroom. *Behavior Therapy, 13,* 94–102.

Konarski, E. A., Jr., Johnson, M. R., Crowell, C. R., & Whitman T. L. (1980). Response deprivation and reinforcement in applied settings: A preliminary report. *Journal of Applied Behavior Analysis, 13,* 595–609.

Koocher, G. P., & Keith-Spiegel, P. (1998). *Ethics in psychology: Professional standards and cases.* New York, Oxford: Oxford University Press.

Kosiewicz, M. M., Hallahan, D. P., Lloyd, J. W., & Graves, A. W. (1982). Effects of self-instruction and self-correction procedures on handwriting performance. *Learning Disability Quarterly, 5* (1), 71–78.

Kostewicz, D. E., Kubina, R. M., Jr., & Cooper, J. O. (2000). Managing aggressive thoughts and feelings with daily counts of non-aggressive thoughts and feelings: A self-experiment. *Journal of Behavior Therapy and Experimental Psychiatry, 31,* 177–187.

Kounin, J. (1970). *Discipline and group management in classrooms.* New York: Holt, Rinehart & Winston.

Kozloff, M. A. (2005). Fads in general education: Fad, fraud, and folly. In J. W. Jacobson, R. M. Foxx, & J. A. Mulick (Eds.), *Controversial therapies in developmental disabilities: Fads, fashion, and science in professional practice* (pp. 159–174). Hillsdale, NJ: Erlbaum.

Krantz, P. J., & McClannahan, L. E. (1993). Teaching children with autism to initiate to peers: Effects of a script-fading procedure. *Journal of Applied Behavior Analysis, 26,* 121–132.

Krantz, P. J., & McClannahan, L. E. (1998). Social interaction skills for children with autism: A script-fading procedure for beginning readers. *Journal of Applied Behavior Analysis, 31,* 191–202.

Krasner, L. A., & Ullmann, L. P. (Eds.). (1965). *Research in behavior modification: New developments and implications.* New York: Holt, Rinehart & Winston.

Kubina, R. M., Jr. (2005). The relations among fluency, rate building, and practice: A response to Doughty, Chase, and O'Shields (2004). *The Behavior Analyst, 28,* 73–76.

Kubina, R. M., & Cooper, J. O. (2001). Changing learning channels: An efficient strategy to facilitate instruction and learning. *Intervention in School and Clinic, 35,* 161–166.

Kubina, R. M., Haertel, M. W., & Cooper, J. O. (1994). Reducing negative inner behavior of senior citizens: The one-minute counting procedure. *Journal of Precision Teaching, 11* (2), 28–35.

Kuhn, S. A. C., Lerman, D. C., & Vorndran, C. M. (2003). Pyramidal training for families of children with problem behavior. *Journal of Applied Behavior Analysis, 36,* 77–88.

La Greca, A. M., & Schuman, W. B. (1995). Adherence to prescribed medical regimens. In M. C. Roberts (Ed.), *Handbook of pediatric psychology* (2nd ed., pp. 55–83). New York: Guildford.

LaBlanc, L. A., Coates, A. M., Daneshvar, S. Charlop-Christy, Morris, C., & Lancaster, B. M. (2003). *Journal of Applied Behavior Analysis, 36,* 253–257.

Lalli, J. S., Browder, D. M., Mace, F. C., & Brown, D. K. (1993). Teacher use of descriptive analysis data to implement interventions to decrease students' problem behaviors. *Journal of Applied Behavior Analysis, 26,* 227–238.

Lalli, J. S., Casey, S., & Kates, K. (1995). Reducing escape behavior and increasing task completion with functional communication training, extinction, and response chaining. *Journal of Applied Behavior Analysis, 28,* 261–268.

Lalli, J. S., Livezey, K., & Kates, D. (1996). Functional analysis and treatment of eye poking with response blocking. *Journal of Applied Behavior Analysis, 29,* 129–132.

Lalli, J. S., Mace, F. C., Livezey, K., & Kates, K. (1998). Assessment of stimulus generalization gradients in the treatment of self-injurious behavior. *Journal of Applied Behavior Analysis, 31,* 479–483.

Lalli, J. S., Zanolli, K., & Wohn, T. (1994). Using extinction to promote response variability. *Journal of Applied Behavior Analysis, 27,* 735–736.

Lambert, M. C., Cartledge, G., Lo, Y., & Heward, W. L. (2006). Effects of response cards on disruptive behavior and participation by fourth-grade students during math lessons in an urban school. *Journal of Positive Behavioral Interventions, 8,* 88–99.

Lambert, N., Nihira, K., & Leland, H. (1993). *Adaptive Behavior Scale—School* (2nd ed.). Austin, TX: Pro-Ed.

Landry, L., & McGreevy, P. (1984). The paper clip counter (PCC): An inexpensive and reliable device for collecting behavior frequencies. *Journal of Precision Teaching, 5,* 11–13.

Lane, S. D., & Critchfield, T. S. (1998). Classification of vowels and consonants by individuals with moderate mental retardation: Development of arbitrary relations via match-to-sample training with compound stimuli. *Journal of Applied Behavior Analysis, 31,* 21–41.

Laraway, S., Snycerski, S., Michael, J., & Poling, A. (2001). The abative effect: A new term to describe the action of antecedents that reduce operant responding. *The Analysis of Verbal Behavior, 18,* 101–104.

Larowe, L. N., Tucker, R. D., & McGuire, J. M. (1980). Lunchroom noise control using feedback and group reinforcement. *Journal of School Psychology, 18,* 51–57.

Lasiter, P. S. (1979). Influence of contingent responding on schedule-induced activity in human subjects. *Physiology and Behavior, 22,* 239–243.

Lassman, K. A., Jolivette, K., & Wehby, J. H. (1999). "My teacher said I did good work today!": Using collaborative behavioral contracting. *Teaching Exceptional Children, 31* (4), 12–18.

Lattal, K. A. (1969). Contingency management of toothbrushing behavior in a summer camp for children. *Journal of Applied Behavior Analysis, 2,* 195–198.

Lattal, K. A. (1995). Contingency and behavior analysis. *The Behavior Analyst, 18,* 209–224.

Lattal, K. A. (Ed.). (1992). Special issue: Reflections on B. F. Skinner and psychology. *American Psychologist, 47,* 1269–1533.

Lattal, K. A., & Griffin, M. A. (1972). Punishment contrast during free operant responding. *Journal of the Experimental Analysis of Behavior, 18,* 509–516.

Lattal, K. A., & Lattal, A. D. (2006). And yet . . .: Further comments on distinguishing positive and negative reinforcement. *The Behavior Analyst, 29,* 129–134.

Lattal, K. A., & Neef, N. A. (1996). Recent reinforcement-schedule research and applied behavior analysis. *Journal of Applied Behavior Analysis, 29,* 213–220.

Lattal, K. A., & Shahan, T. A. (1997). Differing views of contingencies: How contiguous. *The Behavior Analyst, 20,* 149–154.

LaVigna, G. W., & Donnellen, A. M. (1986). *Alternatives to punishment: Solving behavior problems with nonaversive strategies.* New York: Irvington.

Layng, T. V. J., & Andronis, P. T. (1984). Toward a functional analysis of delusional speech and hallucinatory behavior. *The Behavior Analyst, 7,* 139–156.

Lee, C., & Tindal, G. A. (1994). Self-recording and goal-setting: Task and math productivity of low-achieving Korean elementary school students. *Journal of Behavioral Education, 4,* 459–479.

Lee, R., McComas, J. J., & Jawor, J. (2002). The effects of differential and lag reinforcement schedules on varied verbal responding by individuals with autism. *Journal of Applied Behavior Analysis, 35,* 391–402.

Lee, V. L. (1988). *Beyond behaviorism.* Hillsdale, NJ: Erlbaum.

Leitenberg, H. (1973). The use of single-case methodology in psychotherapy research. *Journal of Abnormal Psychology, 82,* 87–101.

Lenz, M., Singh, N., & Hewett, A. (1991). Overcorrection as an academic remediation procedure. *Behavior Modification, 15,* 64–73.

Lerman, D. C. (2003). From the laboratory to community application: Translational research in behavior analysis. *Journal of Applied Behavior Analysis, 36,* 415–419.

Lerman, D. C., & Iwata, B. A. (1993). Descriptive and experimental analysis of variables maintaining self-injurious behavior. *Journal of Applied Behavior Analysis, 26,* 293–319.

Lerman, D. C., & Iwata, B. A. (1995). Prevalence of the extinction burst and its attenuation during treatment. *Journal of Applied Behavior Analysis, 28,* 93–94.

Lerman, D. C., & Iwata, B. A. (1996a). Developing a technology for the use of operant extinction in clinical settings: An examination of basic and applied research. *Journal of Applied Behavior Analysis, 29,* 345–382.

Lerman, D. C., & Iwata, B. A. (1996b). A methodology for distinguishing between extinction and punishment effects associated with response blocking. *Journal of Applied Behavior Analysis, 29,* 231–234.

Lerman, D. C., & Vorndran, C. M. (2002). On the status of knowledge for using punishment: Implications for treating behavior disorders. *Journal of Applied Behavior Analysis, 35,* 431–464.

Lerman, D. C., Iwata, B. A., & Wallace, M. D. (1999). Side effects of extinction: Prevalence of bursting and aggression during the treatment of self-injurious behavior. *Journal of Applied Behavior Analysis, 32,* 1–8.

Lerman, D. C., Iwata, B. A., Shore, B. A., & DeLeon, I. G. (1997). Effects of intermittent punishment on self-injurious behavior: An evaluation of schedule thinning. *Journal of Applied Behavior Analysis, 30,* 187–201.

Lerman, D. C., Iwata, B. A., Shore, B. A., & Kahng, S. W. (1996). Responding maintained by intermittent reinforcement: Implications for the use of extinction with problem behavior in clinical settings. *Journal of Applied Behavior Analysis, 29,* 153–171.

Lerman, D. C., Iwata, B. A., Smith, R. G., Zarcone, J. R., & Vollmer, T. R. (1994). Transfer of behavioral function as a contributing factor in treatment relapse. *Journal of Applied Behavior Analysis, 27,* 357–370.

Lerman, D. C., Iwata, B. A., Zarcone, J. R., & Ringdahl, J. (1994). Assessment of stereotypic and self-injurious behavior as adjunctive responses. *Journal of Applied Behavior Analysis, 27,* 715–728.

Lerman, D. C., Kelley, M. E., Vorndran, C. M., & Van Camp, C. M. (2003). Collateral effects of response blocking during the treatment of stereotypic behavior. *Journal of Applied Behavior Analysis, 36,* 119–123.

Lerman, D. C., Kelley, M. E., Vorndran, C. M., Kuhn, S. A. C., & LaRue, Jr., R. H. (2002). Reinforcement magnitude and responding during treatment with differential reinforcement. *Journal of Applied Behavior Analysis, 35,* 29–48.

Levondoski, L. S., & Cartledge, G. (2000). Self-monitoring for elementary school children with serious emotional disturbances: Classroom applications for increased academic responding. *Behavioral Disorders, 25,* 211–224.

Lewis, T. J., Powers, L. J., Kelk, M. J., & Newcomer, L. L. (2002). Reducing problem behaviors on the playground: An intervention of the application of school-wide positive behavior supports. *Psychology in the Schools, 39* (2), 181–190.

Lewis, T., Scott, T. & Sugai, G. (1994). The problem behavior questionnaire: A teacher-based instrument to develop functional hypotheses of problem behavior in general education class-rooms. *Diagnostique, 19,* 103–115.

Lindberg, J. S., Iwata, B. A., Kahng, S. W., & DeLeon, I. G. (1999). DRO contingencies: Analysis of variable-momentary schedules. *Journal of Applied Behavior Analysis, 32,* 123–136.

Lindberg, J. S., Iwata, B. A., Roscoe, E. M., Worsdell, A. S., & Hanley, G. P. (2003). Treatment efficacy of noncontingent reinforcement during brief and extended application. *Journal of Applied Behavior Analysis, 36,* 1–19.

Lindsley, O. R. (1956). Operant conditioning methods applied to research in chronic schizophrenia. *Psychiatric Research Reports, 5,* 118–139.

Lindsley, O. R. (1960). Characteristics of the behavior of chronic psychotics as revealed by free-operant conditioning methods. *Diseases of the Nervous System (Monograph Supplement), 21,* 66–78.

Lindsley, O. R. (1968). A reliable wrist counter for recording behavior rates. *Journal of Applied Behavior Analysis, 1,* 77–78.

Lindsley, O. R. (1971). An interview. *Teaching Exceptional Children, 3,* 114–119.

Lindsley, O. R. (1985). *Quantified trends in the results of behavior analysis.* Presidential address at the Eleventh Annual Convention of the Association for Behavior Analysis, Columbus, OH.

Lindsley, O. R. (1990). Precision teaching: By teachers for children. *Teaching Exceptional Children, 22,* 10–15.

Lindsley, O. R. (1992). Precision teaching: Discoveries and effects. *Journal of Applied Behavior Analysis, 25,* 51–57.

Lindsley, O. R. (1996). The four free-operant freedoms. *The Behavior Analyst, 19,* 199–210.

Linehan, M. (1977). Issues in behavioral interviewing. In J. D. Cone & R. P. Hawkins (Eds.), *Behavioral assessment: New directions in clinical psychology* (pp. 30–51). New York: Bruner/Mazel.

Linscheid, T. R, Iwata, B. A., Ricketts, R. W., Williams, D. E., & Griffin, J. C. (1990). Clinical evaluation of the self-injurious behavior inhibiting system (SIBIS). *Journal of Applied Behavior Analysis, 23,* 53–78.

Linscheid, T. R., & Meinhold, P. (1990). The controversy over aversives: Basic operant research and the side effects of punishment. In A. C. Repp & N. N. Singh (Eds.), *Perspectives on the use of non-aversive and aversive interventions for persons with developmental disabilities* (pp. 59–72). Sycamore, IL: Sycamore.

Linscheid, T. R., & Reichenbach, H. (2002). Multiple factors in the long-term effectiveness of contingent electric shock treatment for self-injurious behavior: A case example. *Research in Developmental Disabilities, 23,* 161–177.

Linscheid, T. R., Iwata, B. A., Ricketts, R. W., Williams, D. E., & Griffin, J. C. (1990). Clinical evaluation of SIBIS: The self-injurious behavior inhibiting system. *Journal of Applied Behavior Analysis, 23,* 53–78.

Linscheid, T. R., Pejeau C., Cohen S., & Footo-Lenz, M. (1994). Positive side effects in the treatment of SIB using the Self-Injurious Behavior Inhibiting System (SIBIS): Implications for operant and biochemical explanations of SIB. *Research in Developmental Disabilities, 15,* 81–90.

Lipinski, D. P., Black, J. L., Nelson, R. O., & Ciminero, A. R. (1975). Influence of motivational variables on the reactivity and reliability of self-recording. *Journal of Consulting and Clinical Psychology, 43,* 637–646.

Litow, L., & Pumroy, D. K. (1975). A brief review of classroom group-oriented contingencies. *Journal of Applied Behavior Analysis, 3,* 341–347.

Lloyd, J. W., Bateman, D. F., Landrum, T. J., & Hallahan, D. P. (1989). Self-recording of attention versus productivity. *Journal of Applied Behavior Analysis. 22,* 315–323.

Lloyd, J. W., Eberhardt, M. J., Drake, G. P., Jr. (1996). Group versus individual reinforcement contingencies with the context of group study conditions. *Journal of Applied Behavior Analysis, 29,* 189–200.

Lo, Y. (2003). *Functional assessment and individualized intervention plans: Increasing the behavior adjustment of urban learners in general and special education settings.* Unpublished doctoral dissertation. Columbus, OH: The Ohio State University.

Logan, K. R., & Gast, D. L. (2001). Conducting preference assessments and reinforcer testing for individuals with profound multiple disabilities: Issues and procedures. *Exceptionality, 9* (3), 123–134.

Logan, K. R., Jacobs, H. A., Gast, D. L., Smith, P. D., Daniel, J., & Rawls, J. (2001). Preferences and reinforcers for students with profound multiple disabilities: Can we identify them? *Journal of Developmental and Physical Disabilities, 13,* 97–122.

Long, E. S., Miltenberger, R. G., Ellingson, S. A., & Ott, S. M. (1999). Augmenting simplified habit reversal in the treatment of oral-digital habits exhibited by individuals with mental retardation. *Journal of Applied Behavior Analysis, 32,* 353–365.

Lovaas, O. I. (1977). *The autistic child: Language development through behavior modification.* New York: Irvington.

Lovitt, T. C. (1973). Self-management projects with children with behavioral disabilities. *Journal of Learning Disabilities, 6,* 138–150.

Lovitt, T. C., & Curtiss, K. A. (1969). Academic response rates as a function of teacher- and self-imposed contingencies. *Journal of Applied Behavior Analysis, 2,* 49–53.

Lowenkron, B. (2004). Meaning: A verbal behavior account. *The Analysis of Verbal Behavior, 20,* 77–97.

Luce, S. C., & Hall, R. V. (1981). Contingent exercise: A procedure used with differential reinforcement to reduce bizarre verbal behavior. *Education and Treatment of Children, 4,* 309–327.

Luce, S. C., Delquadri, J., & Hall, R. V. (1980). Contingent exercise: A mild but powerful procedure for suppressing inappropriate verbal and aggressive behavior. *Journal of Applied Behavior Analysis, 13,* 583–594.

Luciano, C. (1986). Acquisition, maintenance, and generalization of productive intraverbal behavior through transfer of stimulus control procedures. *Applied Research in Mental Retardation, 7,* 1–20.

Ludwig, R. L. (2004). *Smiley faces and spinners: Effects of self-monitoring of productivity with an indiscriminable contingency of reinforcement on the on-task behavior and academic productivity by kindergarteners during independent seatwork.* Unpublished master's thesis, The Ohio State University.

Luiselli, J. K. (1984). Controlling disruptive behaviors of an autistic child: Parent-mediated contingency management in the home setting. *Education and Treatment of Children, 3,* 195–203.

Lynch, D. C., & Cuvo, A. J. (1995). Stimulus equivalence instruction of fractiondecimal realations. *Journal of Applied Behavior Analysis, 28,* 115–126.

Lyon, C. S., & Lagarde, R. (1997). Tokens for success: Using the graduated reinforcement system. *Teaching Exceptional Children, 29* (6), 52–57.

Maag, J. W., Reid, R., & DiGangi, S. A. (1993). Differential effects of self-monitoring attention, accuracy, and productivity. *Journal of Applied Behavior Analysis, 26,* 329–344.

Mabry, J. H., (1994). Review of R. A. Harris' *Linguistic wars. The Analysis of Verbal Behavior, 12,* 79–86.

Mabry, J. H., (1995). Review of Pinker's *The language instinct. The Analysis of Verbal Behavior, 12,* 87–96.

MacCorquodale, K. (1970). On Chomsky's review of Skinner's *Verbal behavior. Journal of the Experimental Analysis of Behavior, 13,* 83–99.

MacCorquodale, K., & Meehl, P. (1948). On a distinction between hypothetical constructs and intervening variables. *Psychological Record, 55,* 95–107.

MacDuff, G.S. Krantz, P. J., & McClannahan, L. E. (1993). Teaching children with autism to use photographic activity schedules: Maintenance and generalization of complex response chains. *Journal of Applied Behavior Analysis, 26,* 89–97.

Mace, F. C. (1996). In pursuit of general behavioral relations. *Journal of Applied Behavior Analysis, 29,* 557–563.

Mace, F. C., & Belfiore, P. (1990). Behavioral momentum in the treatment of escape-motivated stereotypy. *Journal of Applied Behavior Analysis, 23,* 507–514.

Mace, F. C., Hock, M. L., Lalli, J. S., West, B. J., Belfiore, P., Pinter, E., & Brown, D. K. (1988). Behavioral momentum in the treatment of noncompliance. *Journal of Applied Behavior Analysis, 21,* 123–141.

Mace, F. C., Page, T. J., Ivancic, M. T., & O'Brien, S. (1986). Effectiveness of brief time-out with and without contingency delay: A comparative analysis. *Journal of Applied Behavior Analysis, 19,* 79–86.

MacNeil, J., & Thomas, M. R. (1976). Treatment of obsessive-compulsive hairpulling (trichotillomania) by behavioral and cognitive contingency manipulation. *Journal of Behavior Therapy and Experimental Psychiatry, 7,* 391–392.

Madden, G. J., Chase, P. N., & Joyce, J. H. (1998). Making sense of sensitivity in

the human operant literature. *The Behavior Analyst, 21,* 1–12.

Madsen, C. H., Becker, W. C., Thomas, D. R., Koser, L., & Plager, E. (1970). An analysis of the reinforcing function of "sit down" commands. In R. K. Parker (Ed.), *Readings in educational psychology* (pp. 71–82). Boston: Allyn & Bacon.

Maglieri, K. A., DeLeon, I. G., Rodriguez-Catter, V., & Sevin, B. M. (2000). Treatment of covert food stealing in an individual with Prader-Willi Syndrome. *Journal of Applied Behavior Analysis, 33,* 615–618.

Maheady, L., Mallete, B., Harper, G. F., & Saca, K. (1991). Heads together: A peer-mediated option for improving the academic achievement of heterogeneous learning groups. *Remedial and Special Education, 12* (2), 25–33.

Mahoney, M. J. (1971). The self-management of covert behavior: A case study. *Behavior Therapy, 2,* 575–578.

Mahoney, M. J. (1976). Terminal terminology. *Journal of Applied Behavior Analysis, 9,* 515–517.

Malesky, B. M. (1974). Behavior recording as treatment. *Behavior Therapy, 5,* 107–111.

Maloney, K. B., & Hopkins, B. L. (1973). The modification of sentence structure and its relationship to subjective judgments of creativity in writing. *Journal of Applied Behavior Analysis, 6,* 425–433.

Malott, R. W. (1981). *Notes from a radical behaviorist.* Kalamazoo, MI: Author.

Malott, R. W. (1984). Rule-governed behavior, self-management, and the developmentally disabled: A theoretical analysis. *Analysis and Intervention in Developmental Disabilities, 6,* 53–68.

Malott, R. W. (1988). Rule-governed behavior and behavioral anthropology. *The Behavior Analyst, 11,* 181–203.

Malott, R. W. (1989). The achievement of evasive goals: Control by rules describing contingencies that are not direct acting. In S. C. Hayes (Ed.), *Rule-governed behavior: Cognition, contingencies, and instructional control* (pp. 269–322). Reno, NV: Context Press.

Malott, R. W. (2005a). Self-management. In M. Hersen & J. Rosqvist, (Eds.), *Encyclopedia of behavior modification and cognitive behavior therapy (Volume I: Adult Clinical Applications)* (pp. 516–521). Newbury Park, CA: Sage.

Malott, R. W. (2005b). Behavioral systems analysis and higher education. In W. L.

Heward, T. E. Heron, N. A. Neef, S. M. Peterson, D. M. Sainato, G. Cartledge, R. Gardner III, L. D. Peterson, S. B. Hersh, & J. C. Dardig (Eds.), *Focus on behavior analysis in education: Achievements, challenges, and opportunities* (pp. 211–236). Upper Saddle River, NJ: Merrill/Prentice Hall.

Malott, R. W., & Garcia, M. E. (1991). The role of private events in rule-governed behavior. In L. J. Hayes & P. Chase (Eds.), *Dialogues on verbal behavior* (pp. 237–254). Reno, NV: Context Press.

Malott, R. W., & Harrison, H. (2002). *I'll stop procrastinating when I get around to it: Plus other cool ways to succeed in school and life using behavior analysis to get your act together.* Kalamazoo, MI: Department of Psychology, Western Michigan University.

Malott, R. W., & Suarez, E. A. (2004). *Elementary principles of behavior* (5th ed.). Upper Saddle River, NJ: Prentice Hall.

Malott, R. W., & Trojan Suarez, E. A. (2004). *Elementary principles of behavior* (5th ed.). Upper Saddle River, NJ: Prentice Hall.

Malott, R. W., General, D. A., & Snapper, V. B. (1973). *Issues in the analysis of behavior.* Kalamazoo, MI: Behaviordelia.

Malott, R. W., Tillema, M., & Glenn, S. (1978). *Behavior analysis and behavior modification: An introduction.* Kalamazoo, MI: Behaviordelia.

Mank, D. M., & Horner, R. H. (1987). Self-recruited feedback: A cost-effective procedure for maintaining behavior. *Research in Developmental Disabilities, 8,* 91–112.

March, R., Horner, R. H., Lewis-Palmer, T., Brown, D., Crone, D., Todd, A. W. et al. (2000). *Functional Assessment Checklist for Teachers and Staff (FACTS).* Eugene, OR: University of Oregon, Department of Educational and Community Supports.

Marckel, J. M., Neef, N. A., & Ferreri, S. J. (2006). A preliminary analysis of teaching improvisation with the picture exchange communication system to children with autism. *Journal of Applied Behavior Analysis, 39,* 109–115.

Marcus, B. A., & Vollmer, T. R. (1995). Effects of differential negative reinforcement on disruption and compliance. *Journal of Applied Behavior Analysis, 28,* 229–230.

Marholin, D., II, & Steinman, W. (1977). Stimulus control in the classroom as a function of the behavior reinforced. *Journal of Applied Behavior Analysis, 10,* 465–478.

Marholin, D., Touchette, P. E., & Stuart, R. M. (1979). Withdrawal of chronic chlorpromazine medication: An experimental analysis. *Journal of Applied Behavior Analysis, 12,* 150–171.

Markle, S. M. (1962). *Good frames and bad: A grammar of frame writing* (2nd ed.). New York: Wiley.

Markwardt, F. C. (2005). *Peabody Individual Achievement Test.* Circle Pines, MN: American Guidance Service.

Marmolejo, E. K., Wilder, D. A., & Bradley, L. (2004). A preliminary analysis of the effects of response cards on student performance and participation in an upper division university course. *Journal of Applied Behavior Analysis, 37,* 405–410.

Marr, J. (2003). Empiricism. In K. A. Lattal & P. C. Chase (Eds.), *Behavior theory and philosophy* (pp. 63–82). New York: Kluwer/Plenum.

Marshall, A. E., & Heward, W. L. (1979). Teaching self-management to incarcerated youth. *Behavioral Disorders, 4,* 215–226.

Marshall, K. J., Lloyd, J. W., & Hallahan, D. P. (1993). Effects of training to increase self-monitoring accuracy. *Journal of Behavioral Education, 3,* 445–459.

Martella, R., Leonard, I. J., Marchand-Martella, N. E., & Agran, M. (1993). Self-monitoring negative statements. *Journal of Behavioral Education, 3,* 77–86.

Martens, B. K., Hiralall, A. S., & Bradley, T. A. (1997). A note to teacher: Improving student behavior through goal setting and feedback. *School Psychology Quarterly, 12,* 33–41.

Martens, B. K., Lochner, D. G., & Kelly, S. Q. (1992). The effects of variable-interval reinforcement on academic engagement: A demonstration of matching theory. *Journal of Applied Behavior Analysis, 25,* 143–151.

Martens, B. K., Witt, J. C., Elliott, S. N., & Darveaux, D. (1985). Teacher judgments concerning the acceptability of school-based interventions. *Professional Psychology: Research and Practice, 16,* 191–198.

Martin, G., & Pear, J. (2003). *Behavior modification: What it is and how to do it* (7th ed.). Upper Saddle River, NJ: Prentice Hall.

Martinez-Diaz, J. A. (2003). *Raising the bar.* Presidential address presented at the annual conference of the Florida Association for Behavior Analysis, St. Petersburg.

Mastellone, M. (1974). Aversion therapy: A new use of the old rubberband. *Journal of Behavior Therapy and Experimental Psychiatry, 5,* 311–312.

Matson, J. L., & Taras, M. E., (1989). A 20-year review of punishment and alternative methods to treat problem behaviors in developmentally delayed persons. *Research in Developmental Disabilities, 10,* 85–104.

Mattaini, M. A. (1995). Contingency diagrams as teaching tools. *The Behavior Analyst, 18,* 93–98.

Maurice, C. (1993). *Let me hear your voice: A family's triumph over autism.* New York: Fawcett Columbine.

Maurice, C. (2006). The autism wars. In W. L. Heward (Ed.), *Exceptional children: An introduction to special education* (8th ed., pp. 291–293). Upper Saddle River, NJ: Merrill/Prentice Hall.

Maxwell, J. C. (2003). *There's no such thing as "business" ethics: There's only one rule for decision making.* New York: Warner Business Books: A Time Warner Company.

Mayer, G. R., Sulzer, B., & Cody, J. J. (1968). The use of punishment in modifying student behavior. *Journal of Special Education, 2,* 323–328.

Mayfield, K. H., & Chase, P. N. (2002). The effects of cumulative practice on mathematics problem solving. *Journal of Applied Behavior Analysis, 35,* 105–123.

Mayhew, G., & Harris, F. (1979). Decreasing self-injurious behavior. *Behavior Modification, 3,* 322–326.

Mazaleski, J. L., Iwata, B. A., Rodgers, T. A., Vollmer, T. R., & Zarcone, J. R. (1994). Protective equipments as treatment for stereotypic hand mouthing: Sensory extinction or punishment effects? *Journal of Applied Behavior Analysis, 27,* 345–355.

McAllister, L. W., Stachowiak, J. G., Baer, D. M., & Conderman, L. (1969). The application of operant conditioning techniques in a secondary school classroom. *Journal of Applied Behavior Analysis, 2,* 277–285.

McCain, L. J., & McCleary, R. (1979). The statistical analysis of the simple interrupted time series quasi-experiment. In T. D. Cook & D. T. Campbell (Eds.), *Quasi-experimentation: Design and analysis issues for field settings.* Chicago: Rand McNally.

McClannahan, L. E., & Krantz, P. J. (1999). *Activity schedules for children with autism: Teaching independent behavior.* Bethesda, MD: Woodbine House.

McClannahan, L. E., McGee, G. G., MacDuff, G. S., & Krantz, P. J. (1990). Assessing and improving child care: A person appearance index for children with autism. *Journal of Applied Behavior Analysis, 23,* 469–482.

McConnell, M. E. (1999). Self-monitoring, cueing, recording, and managing: Teaching students to manage their own behavior. *Teaching Exceptional Children, 32* (2), 14–21.

McCord, B. E., Iwata, B. A., Galensky, T. L., Ellingson, S. A., & Thomson, R. J. (2001). Functional analysis and treatment of problems behavior evoked by noise. *Journal of Applied Behavior Analysis, 34,* 447–462.

McCullough, J. P., Cornell, J. E., McDaniel, M. H., & Mueller, R. K. (1974). Utilization of the simultaneous treatment design to improve student behavior in a first-grade classroom. *Journal of Consulting and Clinical Psychology, 42,* 288–292.

McEntee, J. E., & Saunders, R. R. (1997). A response-restriction analysis of stereotypy in adolescents with mental retardation: Implications for applied behavior analysis. *Journal of Applied Behavior Analysis, 30,* 485–506.

McEvoy, M. A., & Brady, M. P. (1988). Contingent access to play materials as an academic motivator for autistic and behavior disordered children. *Education and Treatment of Children, 11,* 5–18.

McFall, R. M. (1977). Parameters of self-monitoring. In R. B. Stuart (Ed.), *Behavioral self-management* (pp. 196–214). New York: Bruner/Mazel.

McGee, G. G., Krantz, P. J., & McClannahan, L. E. (1985). The facilitative effects of incidental teaching on preposition use by autistic children. *Journal of Applied Behavior Analysis, 18,* 17–31.

McGee, G. G., Morrier, M., & Daly, T. (1999). An incidental teaching approach to early intervention for toddlers with autism. *Journal of the Association for Persons with Severe Handicaps, 24,* 133–146.

McGill, P. (1999). Establishing operations: Implications for assessment, treatment, and prevention of problem behavior. *Journal of Applied Behavior Analysis, 32,* 393–418.

McGinnis, E. (1984). Teaching social skills to behaviorally disordered youth. In J. K. Grosenick, S. L. Huntze, E. McGinnis, & C. R. Smith (Eds.), *Social/affective interventions in behaviorally disordered youth* (pp. 87–112). De Moines, IA: Department of Public Instruction.

McGonigle, J. J., Rojahn, J., Dixon, J., & Strain, P. S. (1987). Multiple treatment interference in the alternating treatments design as a function of the intercomponent interval length. *Journal of Applied Behavior Analysis, 20,* 171–178.

McGuffin, M. E., Martz, S. A., & Heron, T. E. (1997). The effects of self-correction versus traditional spelling on the spelling performance and maintenance of third grade students. *Journal of Behavioral Education, 7,* 463–476.

McGuire, M. T., Wing, R. R., Klem, M. L., & Hill, J. O. (1999). Behavioral strategies of individuals who have maintained long-term weight losses. *Obesity Research, 7,* 334–341.

McIlvane, W. J., & Dube, W. V. (1992). Stimulus control shaping and stimulus control topographies. *The Behavior Analyst, 15,* 89–94.

McIlvane, W. J., Dube, W. V., Green, G., & Serna, R. W. (1993). Programming conceptual and communication skill development: A methodological stimulus class analysis. In A. P. Kaiser & D. B. Gray (Eds.), *Enhancing children's communication* (Vol. 2, pp. 243–285). Baltimore: Brookes.

McKerchar, P. M., & Thompson, R. H. (2004). A descriptive analysis of potential reinforcement contingencies in the preschool classroom. *Journal of Applied Behavior Analysis, 21,* 157.

McLaughlin, T., & Malaby, J. (1972). Reducing and measuring inappropriate verbalizations in a token classroom. *Journal of Applied Behavior Analysis, 5,* 329–333.

McNeish, J., Heron, T. E., & Okyere, B. (1992). Effects of self-correction on the spelling performance of junior high students with learning disabilities. *Journal of Behavioral Education, 2,* 17–27.

McPherson, A., Bonem, M., Green, G., & Osborne, J. G. (1984). A citation analysis of the influence on research of Skinner's *Verbal behavior. The Behavior Analyst, 7,* 157–167.

McWilliams, R., Nietupski, J., & Hamre-Nietupski, S. (1990). Teaching complex activities to students with moderate handicaps through the forward chaining of shorter total cycle response sequences. *Education and Training in Mental Retardation, 25* (3), 292–298.

Mechling, L. C., & Gast, D. L. (1997). Combination audio/visual self-prompting system for teaching chained tasks to students with intellectual disabilities. *Education and Training in Mental Retardation and Developmental Disabilities, 32,* 138–153.

Meichenbaum, D., & Goodman, J. (1971). The developmental control of operant motor responding by verbal operants. *Journal of Experimental Child Psychology, 7,* 553–565.

Mercatoris, M., & Craighead, W. E. (1974). Effects of nonparticipant observation on teacher and pupil classroom behavior. *Journal of Educational Psychology, 66,* 512–519.

Meyer, L. H., & Evans, I. M. (1989). *Nonaversive intervention for behavior problems: A manual for home and community.* Baltimore: Paul H. Brookes.

Michael, J. (1974). Statistical inference for individual organism research: Mixed blessing or curse? *Journal of Applied Behavior Analysis, 7,* 647–653.

Michael, J. (1975). Positive and negative reinforcement, a distinction that is no longer necessary; or a better way to talk about bad things. *Behaviorism, 3,* 33–44.

Michael, J. (1980). Flight from behavior analysis. *The Behavior Analyst, 3,* 1–22.

Michael, J. (1982). Distinguishing between discriminative and motivational functions of stimuli. *Journal of the Experimental Analysis of Behavior, 37,* 149–155.

Michael, J. (1982). Skinner's elementary verbal relations: Some new categories. *The Analysis of Verbal Behavior, 1,* 1–4.

Michael, J. (1984). Verbal behavior. *Journal of the Experimental Analysis of Behavior, 42,* 363–376.

Michael, J. (1988). Establishing operations and the mand. *The Analysis of Verbal Behavior, 6,* 3–9.

Michael, J. (1991). *Verbal behavior: Objectives, exams, and exam answers.* Kalamazoo, MI: Western Michigan University.

Michael, J. (1992). *Introduction I.* In *Verbal behavior* by B. F. Skinner (Reprinted edition). Cambridge, MA: B. F. Skinner Foundation.

Michael, J. (1993). *Concepts and principles of behavior analysis.* Kalamazoo, MI: Society for the Advancement of Behavior Analysis.

Michael, J. (1993). Establishing operations. *The Behavior Analyst, 16,* 191–206.

Michael, J. (1995). What every student of behavior analysis ought to learn: A system for classifying the multiple effects of behavioral variables. *The Behavior Analyst, 18,* 273–284.

Michael, J. (2000). Implications and refinements of the establishing operation concept. *Journal of Applied Behavior Analysis, 33,* 401–410.

Michael, J. (2003). *The multiple control of verbal behavior.* Invited tutorial presented at the 29th Annual Convention of the Association for Behavior Analysis, San Francisco, CA.

Michael, J. (2004). *Concepts and principles of behavior analysis* (rev. ed.) Kalamazoo, MI: Society for the Advancement of Behavior Analysis.

Michael, J. (2006). Comment on Baron and Galizio. *The Behavior Analyst, 29,* 117–119.

Michael, J., & Shafer, E. (1995). State notation for teaching about behavioral procedures. *The Behavior Analyst, 18,* 123–140.

Michael, J., & Sundberg, M. L. (2003, May 23). *Skinner's analysis of verbal behavior: Beyond the elementary verbal operants.* Workshop conducted at the 29th Annual Convention of the Association for Behavior Analysis, San Francisco, CA.

Miguel, C. F., Carr, J. E., & Michael, J. (2002). Effects of stimulus-stimulus pairing procedure on the vocal behavior of children diagnosed with autism. *The Analysis of Verbal Behavior, 18,* 3–13.

Millenson, J. R. (1967). *Principles of behavioral analysis.* New York: Macmillan.

Miller, A. D., Hall, S. W., & Heward, W. L. (1995). Effects of sequential 1-minute time trials with and without inter-trial feedback and self-correction on general and special education students' fluency with math facts. *Journal of Behavioral Education, 5,* 319–345.

Miller, D. L., & Kelley, M. L. (1994). The use of goal setting and contingency contracting for improving children's homework performance. *Journal of Applied Behavior Analysis, 27,* 73–84.

Miller, D. L., & Stark, L. J. (1994). Contingency contracting for improving adherence in pediatric populations. *Journal of the American Medical Association, 271* (1), 81–83.

Miller, N., & Dollard, J. (1941). *Social learning and imitation.* New Haven, CT: Yale University Press.

Miller, N., & Neuringer, A. (2000). Reinforcing variability in adolescents with autism. *Journal of Applied Behavior Analysis, 33,* 151–165.

Miltenberger, R. (2004). *Behavior modification: Principles and procedures* (3rd ed.). Belmont, CA: Wadsworth/Thomson Learning.

Miltenberger, R. G. (2001). *Behavior modification: Principles and procedures* (2nd ed.). Belmont, CA: Wadsworth/ Thomson Learning.

Miltenberger, R. G., & Fuqua, R. W. (1981). Overcorrection: A review and critical analysis. *The Behavioral Analyst, 4,* 123–141.

Miltenberger, R. G., Flessner, C., Gatheridge, B., Johnson, B., Satterlund, M., & Egemo, K. (2004). Evaluation of behavior skills training to prevent gun play in children. *Journal of Applied Behavior Analysis, 37,* 513–516.

Miltenberger, R. G., Fuqua, R. W., & Woods, D. W. (1998). Applying behavior analysis to clinical problems: Review and analysis of habit reversal. *Journal of Applied Behavior Analysis, 31,* 447–469.

Miltenberger, R. G., Gatheridge, B., Satterlund, M., Egemo-Helm, K. R., Johnson, B. M., Jostad, C., Kelso, P., & Flessner, C. A. (2005). Teaching safety skills to children to prevent gun play: An evaluation of in situ training. *Journal of Applied Behavior Analysis, 38,* 395–398.

Miltenberger, R. G., Rapp, J., & Long, E. (1999). A low-tech method for conducting real time recording. *Journal of Applied Behavior Analysis, 32,* 119–120.

Mineka, S. (1975). Some new perspectives on conditioned hunger. *Journal of Experimental Psychology: Animal Behavior Processes, 104,* 143–148.

Mischel, H. N., Ebbesen, E. B., & Zeiss, A. R. (1972). Cognitive and attentional mechanisms in delay of gratification. *Journal of Personality and Social Psychology, 16,* 204–218.

Mischel, W., & Gilligan, C. (1964). Delay of gratification, motivation for the pro-

hibited gratification, and responses to temptation. *Journal of Abnormal and Social Psychology, 69,* 411–417.

Mitchell, R. J., Schuster, J. W., Collis, B. C., & Gassaway, L. J. (2000). Teaching vocational skills with a faded auditory prompting system. *Education and Training in Mental Retardation and Developmental Disabilities, 35,* 415–427.

Mitchem, K. J., & Young, K. R. (2001). Adapting self-management programs for classwide use: Acceptability, feasibility, and effectiveness. *Remedial and Special Education, 22,* 75–88.

Mitchem, K. J., Young, K. R., West, R. P., & Benyo, J. (2001). CWPASM: A classwide peer-assisted self-management program for general education classrooms. *Education and Treatment of Children, 24,* 3–14.

Molè, P. (2003). Ockham's razor cuts both ways: The uses and abuses of simplicity in scientific theories. *Skeptic, 10* (1), 40–47.

Moore, J. (1980). On behaviorism and private events. *Psychological Record, 30,* 459–475.

Moore, J. (1984). On behaviorism, knowledge, and causal explanation. *Psychological Record, 34,* 73–97.

Moore, J. (1985). Some historical and conceptual relations among logical positivism, operationism, and behaviorism. *The Behavior Analyst, 8,* 53–63.

Moore, J. (1995). Radical behaviorism and the subjective-objective distinction. *The Behavior Analyst, 18,* 33–49.

Moore, J. (2000). Thinking about thinking and feeling about feeling. *The Behavior Analyst, 23* (1), 45–56.

Moore, J. (2003). Behavior analysis, mentalism, and the path to social justice. *The Behavior Analyst, 26,* 181–193.

Moore, J. W., Mueller, M. M., Dubard, M., Roberts, D. S., & Sterling-Turner, H. E. (2002). The influence of therapist attention on self-injury during a tangible condition. *Journal of Applied Behavior Analysis, 35,* 283–286.

Moore, J., & Cooper, J. O. (2003). Some proposed relations among the domains of behavior analysis. *The Behavior Analyst, 26,* 69–84.

Moore, J., & Shook, G. L. (2001). Certification, accreditation and quality control in behavior analysis. *The Behavior Analyst, 24,* 45–55.

Moore, R., & Goldiamond, I. (1964). Errorless establishment of visual discrimi-

nation using fading procedures. *Journal of the Experimental Analysis of Behavior, 7,* 269–272.

Morales v. Turman, 364 F. Supp. 166 (E.D. Tx. 1973).

Morgan, D., Young, K. R., & Goldstein, S. (1983). Teaching behaviorally disordered students to increase teacher attention and praise in mainstreamed classrooms. *Behavioral Disorders, 8,* 265–273.

Morgan, Q. E. (1978). *Comparison of two "Good Behavior Game" group contingencies on the spelling accuracy of fourth-grade students.* Unpublished master's thesis, The Ohio State University, Columbus.

Morris, E. K. (1991). Deconstructing "technological to a fault". *Journal of Applied Behavior Analysis, 24,* 411–416.

Morris, E. K., & Smith, N. G. (2003). Bibliographic processes and products, and a bibliography of the published primary-source works of B. F. Skinner. *The Behavior Analyst, 26,* 41–67.

Morris, R. J. (1985). *Behavior modification with exceptional children: Principles and practices.* Glenview, IL: Scott, Foresman.

Morse, W. H., & Kelleher, R. T. (1977). Determinants of reinforcement and punishment. In W. K. Honig & J. E. R. Staddon (Eds.), *Handbook of operant behavior* (pp. 174–200). Upper Saddle River, NJ: Prentice Hall.

Morton, W. L., Heward, W. L., & Alber, S. R. (1998). When to self-correct? A comparison of two procedures on spelling performance. *Journal of Behavioral Education, 8,* 321–335.

Mowrer, O. H. (1950). *Learning theory and personality dynamics.* New York: The Ronald Press Company.

Moxley, R. A. (1990). On the relationship between speech and writing with implications for behavioral approaches to teaching literacy. *The Analysis of Verbal Behavior, 8,* 127–140.

Moxley, R. A. (1998). Treatment-only designs and student self-recording strategies for public school teachers. *Education and Treatment of Children, 21,* 37–61.

Moxley, R. A. (2004). Pragmatic selectionism: The philosophy of behavior analysis. *The Behavior Analyst Today, 5,* 108–125.

Moxley, R. A., Lutz, P. A., Ahlborn, P., Boley, N., & Armstrong, L. (1995). Self-recording word counts of freewriting in grades 1-4. *Education and Treatment of Children, 18,* 138–157.

Mudford, O. C. (1995). Review of the gentle teaching data. *American Journal on Mental Retardation, 99,* 345–355.

Mueller, M. M., Moore, J. W., Doggett, R. A., & Tingstrom, D. H. (2000). The effectiveness of contingency-specific prompts in controlling bathroom graffiti. *Journal of Applied Behavior Analysis, 33,* 89–92.

Mueller, M. M., Piazza, C. C., Moore, J. W., Kelley, M. E., Bethke, S. A., Pruett, A. E., Oberdorff, A. J., & Layer, S. A. (2003). Training parents to implement pediatric feeding protocols. *Journal of Applied Behavior Analysis, 36,* 545–562.

Mueller, M., Moore, J., Doggett, R. A., & Tingstrom, D. (2000). The effectiveness of contingency-specific and contingency nonspecific prompts in controlling bathroom graffiti. *Journal of Applied Behavior Analysis, 33,* 89–92.

Murphy, E. S., McSweeny, F. K., Smith, R. G., & McComas, J. J. (2003). Dynamic changes in reinforcer effectiveness: Theoretical, methodological, and practical implications for applied research. *Journal of Applied Behavior Analysis, 36,* 421–438.

Murphy, R. J., Ruprecht, M. J., Baggio, P., & Nunes, D. L. (1979). The use of mild punishment in combination with reinforcement of alternate behaviors to reduce the self-injurious behavior of a profoundly retarded individual. *AAESPH Review, 4,* 187–195.

Musser, E. H., Bray, M. A., Kehle, T. J., & Jenson, W. R. (2001). Reducing disruptive behaviors in students with serious emotional disturbance. *School Psychology Review, 30* (2), 294–304.

Myer, J. S. (1971). Some effects of noncontingent aversive stimulation. In R. F. Brush (Ed.), *Aversive conditioning and learning* (pp. 469–536). NY: Academic Press.

Myles, B. S., Moran, M. R., Ormsbee, C. K., & Downing, J. A. (1992). Guidelines for establishing and maintaining token economies. *Intervention in School and Clinic, 27* (3), 164–169.

Nakano, Y. (2004). Toward the establishment of behavioral ethics: Ethical principles of behavior analysis in the era of empirically supported treatment (EST). *Japanese Journal of Behavior Analysis, 19* (1), 18–51.

Narayan, J. S., Heward, W. L., Gardner R., III, Courson, F. H., & Omness, C. (1990). Using response cards to increase student participation in an elementary classroom. *Journal of Applied Behavior Analysis, 23,* 483–490.

National Association of School Psychologists. (2000). *Professional conduct manual: Principles for professional ethics and guidelines for the provision of school psychological services.* Bethesda, MD: NASP Publications.

National Association of Social Workers. (1996). The NASW code of ethics. Washington, DC: Author.

National Commission for the Protection of Human Subjects of Biomedical and Behavioral Research. (1979). *The Belmont Report: Ethical principles and guidelines for the protection of human subjects of research.* Washington, DC: Department of Health, Education, and Welfare. Retrieved November 11, 2003, from http://ohsr.od.nih.gov/mpa/belmont.php3.

National Reading Panel (2000). *Teaching children to read: An evidence-based assessment of the scientific research literature on reading and its implications for reading instruction: Reports of the subgroups.* (NIH Pub No. 00-4754). Bethesda, MD: National Institute of Child Health and Human Development. [Available at: www.nichd.nih.gov.publications/nrp.report/htm]

National Reading Panel. www.nationalreadingpanel.org. Retrieved November 29, 2005, from www.nationalreadingpanel.org

Neef, N. A., Bicard, D. F., & Endo, S. (2001). Assessment of impulsivity and the development of self-control by students with attention deficit hyperactivity disorder. *Journal of Applied Behavior Analysis, 34,* 397–408.

Neef, N. A., Bicard, D. F., Endo, S., Coury, D. L., & Aman, M. G. (2005). Evaluation of pharmacological treatment of impulsivity by students with attention deficit hyperactivity disorder. *Journal of Applied Behavior Analysis, 38,* 135–146.

Neef, N. A., Iwata, B. A., & Page, T. J. (1980). The effects of interspersal training versus high density reinforcement on spelling acquisition and retention. *Journal of Applied Behavior Analysis, 13,* 153–158.

Neef, N. A., Lensbower, J., Hockersmith, I., DePalma, V., & Gray, K. (1990). In vivo versus stimulation training: An interactional analysis of range and type of training exemplars. *Journal of Applied Behavior Analysis, 23,* 447–458.

Neef, N. A., Mace, F. C., & Shade, D. (1993). Impulsivity in students with serious emotional disturbance: The interactive effects of reinforcer rate, delay, and quality. *Journal of Applied Behavior Analysis, 26,* 37–52.

Neef, N. A., Mace, F. C., Shea, M. C., & Shade, D. (1992). Effects of reinforcer rate and reinforcer quality on time allocation: Extensions of matching theory to educational settings. *Journal of Applied Behavior Analysis, 25,* 691–699.

Neef, N. A., Markel, J., Ferreri, S., Bicard, D. F., Endo, S., Aman, M. G., Miller, K. M., Jung, S., Nist, L., & Armstrong, N. (2005). Effects of modeling versus instructions on sensitivity to reinforcement schedules. *Journal of Applied Behavior Analysis, 38,* 23–37.

Neef, N. A., Parrish, J. M., Hannigan, K. F., Page, T. J., & Iwata, B. A. (1990). Teaching self-catheterization skills to children with neurogenic bladder complications. *Journal of Applied Behavior Analysis, 22,* 237–243.

Neisser, U. (1976). *Cognition and reality.* San Francisco: Freeman.

Nelson, R. O., & Hayes, S. C. (1981). Theoretical explanations for reactivity in self-monitoring. *Behavior Modification, 5,* 3–14.

Neuringer, A. (1993). Reinforced variation and selection. *Animal Learning and Behavior, 21,* 83–91.

Neuringer, A. (2004). Reinforced variability in animals and people: Implication for adaptive action. *American Psychologist, 59,* 891–906.

Nevin, J. A. (1998). Choice and momentum. In W. O'Donohue (Ed.), *Learning and behavior therapy* (pp. 230–251). Boston: Allyn and Bacon.

Newman, B., Buffington, D. M., Hemmes, N. S., & Rosen, D. (1996). Answering objections to self-management and related concepts. *Behavior and Social Issues, 6,* 85–95.

Newman, B., Reinecke, D. R., & Meinberg, D. (2000). Self-management of varied responding in children with autism. *Behavioral Interventions, 15,* 145–151.

Newman, R. S., & Golding, L. (1990). Children's reluctance to seek help with school work. *Journal of Educational Psychology, 82,* 92–100.

Newstrom, J., McLaughlin, T. F., & Sweeney, W. J. (1999). The effects of contingency contracting to improve the mechanics of written language with a middle school student with behavior disorders. *Child & Family Behavior Therapy, 21* (1), 39–48.

Newton, J. T., & Sturmey, P. (1991). The Motivation Assessment Scale: Interrater reliability and internal consistency in a British sample. *Journal of Mental Deficiency Research, 35,* 472–474.

Nihira, K., Leland, H., & Lambert, N. K. (1993). *Adaptive Behavior Scale—Residential and Community* (2nd ed.). Austin, TX: Pro-Ed.

Ninness, H. A. C., Fuerst, J., & Rutherford, R. D. (1991). Effects of self-management training and reinforcement on the transfer of improved conduct in the absence of supervision. *Journal of Applied Behavior Analysis, 24,* 499–508.

Noell, G. H., VanDerHeyden, A. M., Gatti, S. L., & Whitmarsh, E. L. (2001). Functional assessment of the effects of escape and attention on students' compliance during instruction. *School Psychology Quarterly, 16,* 253–269.

Nolan, J. D. (1968). Self-control procedures in the modification of smoking behavior. *Journal of Consulting and Clinical Psychology, 32,* 92–93.

North, S. T., & Iwata, B. A. (2005). Motivational influences on performance maintained by food reinforcement. *Journal of Applied Behavior Analysis, 38,* 317–333.

Northup, J. (2000). Further evaluation of the accuracy of reinforcer surveys: A systematic replication. *Journal of Applied Behavior Analysis, 33,* 335–338.

Northup, J., George, T., Jones, K., Broussard, C., & Vollmer, T. R. (1996). A comparison of reinforcer assessment methods: The utility of verbal and pictorial choice procedures. *Journal of Applied Behavior Analysis, 29,* 201–212.

Northup, J., Vollmer, T. R., & Serrett, K. (1993). Publication trends in 25 years of the *Journal of Applied Behavior Analysis*. *Journal of Applied Behavior Analysis, 26,* 527–537.

Northup, J., Wacker, D., Sasso, G., Steege, M., Cigrand, K., Cook, J., & DeRaad, A. (1991). A brief functional analysis of aggressive and alternative behavior in an outclinic setting. *Journal of Applied Behavior Analysis, 24,* 509–522.

Novak, G. (1996). *Developmental psychology: Dynamical systems and behavior analysis.* Reno, NV: Context Press.

O'Brien, F. (1968). Sequential contrast effects with human subjects. *Journal of the Experimental Analysis of Behavior, 11,* 537–542.

O'Brien, S., & Karsh, K. G. (1990). Treatment acceptability, consumer, therapist, and society. In A. C. Repp & N. N. Singh (Eds.), *Perspectives on the use of nonaversive and aversive interventions for persons with developmental disabilities* (pp. 503–516). Sycamore, IL: Sycamore.

O'Donnell, J. (2001). The discriminative stimulus for punishment or S^{Dp}. *The Behavior Analyst, 24,* 261–262.

O'Leary, K. D. (1977). Teaching self-management skills to children. In D. Upper (Ed.), *Perspectives in behavior therapy.* Kalamazoo, MI: Behaviordelia.

O'Leary, K. D., & O'Leary, S. G. (Eds.). (1972). *Classroom management: The successful use of behavior modification.* New York: Pergamon.

O'Leary, K. D., Kaufman, K. F., Kass, R. E., & Drabman, R. S. (1970). The effects of loud and soft reprimands on the behavior of disruptive students. *Exceptional Children, 37,* 145–155.

O'Leary, S. G., & Dubey, D. R. (1979). Applications of self-control procedures by children: A review. *Journal of Applied Behavior Analysis, 12,* 449–465.

O'Neill, R. E. Horner, R. H., Albin, R. W., Sprague, J. R., Storey, K., & Newton, J. S. (1997). *Functional assessment for problem behavior: A practical handbook* (2nd ed.). Pacific Grove, CA: Brooks/Cole.

O'Reilly, M. F. (1995). Functional analysis and treatment of escape-maintained aggression correlated with sleep deprivation. *Journal of Applied Behavior Analysis, 28,* 225–226.

O'Reilly, M., Green, G., & Braunling-McMorrow, D. (1990). Self-administered written prompts to teach home accident prevention skills to adults with brain injuries. *Journal of Applied Behavior Analysis, 23,* 431–446.

O'Sullivan, J. L. (1999). Adult guardianship and alternatives. In R. D. Dinerstein, S. S. Herr, & J. L. O'Sullivan (Eds.), *A guide to consent* (pp. 7–37). Washington DC: American Association on Mental Retardation.

Odom, S. L., Hoyson, M., Jamieson, B., & Strain, P. S. (1985). Increasing handicapped preschoolers' peer social interactions: Cross-setting and component analysis. *Journal of Applied Behavior Analysis, 18,* 3–16.

Oliver, C. O., Oxener, G., Hearn, M., & Hall, S. (2001). Effects of social proximity on multiple aggressive behaviors. *Journal of Applied Behavior Analysis, 34,* 85–88.

Ollendick, T. H., Matson, J. L., Esvelt-Dawson, K., & Shapiro, E. S. (1980). Increasing spelling achievement: An analysis of treatment procedures utilizing an alternating treatments design. *Journal of Applied Behavior Analysis, 13,* 645–654.

Ollendick, T., Matson, J., Esveldt-Dawson, K., & Shapiro, E. (1980). An initial investigation into the parameters of overcorrection. *Psychological Reports, 39,* 1139–1142.

Olympia, D. W., Sheridan, S. M., Jenson, W. R., & Andrews, D. (1994). Using student-managed interventions to increase homework completion and accuracy. *Journal of Applied Behavior Analysis, 27,* 85–99.

Ortiz, K. R., & Carr, J. E. (2000). Multiple-stimulus preference assessments: A comparison of free-operant and restricted-operant formats. *Behavioral Interventions, 15,* 345–353.

Osborne, J. G. (1969). Free-time as a reinforcer in the management of classroom behavior. *Journal of Applied Behavior Analysis, 2,* 113–118.

Osgood, C. E. (1953). *Method and theory in experimental psychology.* New York: Oxford University Press.

Osnes, P. G., Guevremont, D. C., & Stokes, T. F. (1984). If I say I'll talk more, then I will: Correspondence training to increase peer-directed talk by socially withdrawn children. *Behavior Modification, 10,* 287–299.

Osnes, P. G., & Lieblein, T. (2003). An explicit technology of generalization. *The Behavior Analyst Today, 3,* 364–374.

Overton, T. (2006). *Assessing learners with special needs: An applied approach* (5th ed.). Upper Saddle River, NJ: Prentice Hall.

Owens, R. E. (2001). *Language development: An introduction* (5th ed.). Boston: Allyn & Bacon.

Pace, G. M., & Troyer, E. A. (2000). The effects of a vitamin supplement on the pica of a child with severe mental retardation. *Journal of Applied Behavior Analysis, 33,* 619–622.

Pace, G. M., Ivancic, M. T., Edwards, G. L., Iwata, B. A., & Page, T. J. (1985). Assessment of stimulus preference and reinforcer value with profoundly retarded individuals. *Journal of Applied Behavior Analysis, 18,* 249–255.

Paclawskyj, T. R., & Vollmer, T. R. (1995). Reinforcer assessment for children with developmental disabilities and visual impairments. *Journal of Applied Behavior Analysis, 28,* 219–224.

Paclawskyj, T., Matson, J., Rush, K., Smalls, Y., & Vollmer, T. (2000). Questions about behavioral function (QABF): Behavioral checklist for functional assessment of aberrant behavior. *Research in Developmental Disabilities, 21,* 223–229.

Page, T. J., & Iwata, B. A. (1986). Interobserver agreement: History, theory, and current methods. In A. Poling & R. W. Fuqua (Eds.), *Research methods in applied behavior analysis* (pp. 92–126). New York: Plenum Press.

Palmer, D. C. (1991). A behavioral interpretation of memory. In L. J. Hayes & P. N. Chase (Eds.), *Dialogues on verbal behavior* (pp. 261–279). Reno NV: Context Press.

Palmer, D. C. (1996). Achieving parity: The role of automatic reinforcement. *Journal of the Experimental Analysis of Behavior, 65,* 289–290.

Palmer, D. C. (1998). On Skinner's rejection of S-R psychology. *The Behavior Analyst, 21,* 93–96.

Palmer, D. C. (1998). The speaker as listener: The interpretations of structural regularities in verbal behavior. *The Analysis of Verbal Behavior, 15,* 3–16.

Panyan, M., Boozer, H., & Morris, N. (1970). Feedback to attendants as a reinforcer for applying operant techniques. *Journal of Applied Behavior Analysis, 3,* 1–4.

Parker, L. H., Cataldo, M. F., Bourland, G., Emurian, C. S., Corbin, R. J., & Page, J. M. (1984). Operant treatment of orofacial dysfunction in neuromuscular disorders. *Journal of Applied Behavior Analysis, 17,* 413–427.

Parrott, L. J. (1984). Listening and understanding. *The Behavior Analyst, 7,* 29–39.

Parsons, M. B., Reid, D. H., Reynolds, J., & Bumgarner, M. (1990). Effects of chosen versus assigned jobs on the work performance of persons with severe handicaps. *Journal of Applied Behavior Analysis, 23,* 253–258.

Parsonson, B. S. (2003). Visual analysis of graphs: Seeing *is* believing. In K. S. Budd & T. Stokes (Eds.), *A small matter of proof: The legacy of Donald M. Baer* (pp. 35–51). Reno, NV: Context Press.

Parsonson, B. S., & Baer, D. M. (1978). The analysis and presentation of graphic data. In T. R. Kratochwill (Ed.), *Single subject research: Strategies for evaluating change* (pp. 101–165). New York: Academic Press.

Parsonson, B. S., & Baer, D. M. (1986). The graphic analysis of data. In A. Poling & R. W. Fuqua (Eds.), *Research methods in applied behavior analysis* (pp. 157–186). New York: Plenum Press.

Parsonson, B. S., & Baer, D. M. (1992). The visual analysis of graphic data, and current research into the stimuli controlling it. In T. R. Kratochwill & J. R. Levin (Eds.), *Single subject research design and analysis: New directions for psychology and education* (pp. 15–40). New York: Academic Press.

Partington, J. W., & Bailey, J. S. (1993). Teaching intraverbal behavior to preschool children. *The Analysis of Verbal Behavior, 11,* 9–18.

Partington, J. W., & Sundberg, M. L. (1998). *The assessment of basic language and learning skills (The ABLLS).* Pleasant Hill, CA: Behavior Analysts, Inc.

Patel, M. R., Piazza, C. C., Kelly, M. L., Ochsner, C. A., & Santana, C. M. (2001). Using a fading procedure to increase fluid consumption in a child with feeding problems. *Journal of Applied Behavior Analysis, 34,* 357–360.

Patel, M. R., Piazza, C. C., Martinez, C. J., Volkert, V. M., & Santana, C. M. (2002). An evaluation of two differential reinforcement procedures with escape extinction to treat food refusal. *Journal of Applied Behavior Analysis, 35,* 363–374.

Patterson, G. R. (1982). *Coercive family process.* Eugene, OR: Castalia.

Patterson, G. R., Reid, J. B., & Dishion, T. J. (1992). *Antisocial boys. Vol. 4: A social interactional approach.* Eugene, OR: Castalia.

Pavlov, I. P. (1927). *Conditioned reflexes: An investigation of the physiological activity of the cerebral cortex* (W. H. Grant, Trans.). London: Oxford University Press.

Pavlov, I. P. (1927/1960). *Conditioned reflexes* (G. V. Anrep, Trans.). New York: Dover.

Pelaez-Nogueras, M., Gewirtz, J. L., Field, T., Cigales, M., Malphurs, J., Clasky, S., & Sanchez, A. (1996). Infants' preference for touch stimulation in face-to-face interactions. *Journal of Applied Developmental Psychology, 17,* 199–213.

Pelios, L., Morren, J., Tesch, D., & Axelrod, S. (1999). The impact of functional analysis methodology on treatment choice for self-injurious and aggressive behavior. *Journal of Applied Behavior Analysis, 32,* 185–195.

Pennypacker, H. S. (1981). On behavioral analysis. *The Behavior Analyst, 3,* 159–161.

Pennypacker, H. S. (1994). A selectionist view of the future of behavior analysis in education. In R. Gardner, III, D. M. Sainato, J. O. Cooper, T. E. Heron, W. L. Heward, J. Eshleman, & T. A. Grossi (Eds.), *Behavior analysis in education: Focus on measurably superior instruction* (pp. 11–18). Monterey, CA: Brooks/Cole.

Pennypacker, H. S., & Hench, L. L. (1997). Making behavioral technology transferable. *The Behavior Analyst, 20,* 97–108.

Pennypacker, H. S., Gutierrez, A., & Lindsley, O. R. (2003). *Handbook of the Standard Celeration Chart.* Gainesville, FL: Xerographics.

Pennypacker, H. S., Koenig, C., & Lindsley, O. (1972). *Handbook of the Standard Behavior Chart.* Kansas City: Precision Media.

Peters, M., & Heron, T. E. (1993). When the best is not good enough: An examination of best practice. *Journal of Special Education, 26* (4), 371–385.

Peters, R., & Davies, K. (1981). Effects of self-instructional training on cognitive impulsivity of mentally retarded adolescents. *American Journal of Mental Deficiency, 85,* 377–382.

Peterson, I., Homer, A. L., & Wonderlich, S. A. (1982). The integrity of independent variables in behavior analysis. *Journal of Applied Behavior Analysis, 15,* 477–492.

Peterson, N. (1978). *An introduction to verbal behavior.* Grand Rapids, MI: Behavior Associates, Inc.

Peterson, S. M., Neef, N. A., Van Norman, R., & Ferreri, S. J. (2005). Choice making in educational settings. In W. L. Heward, T. E. Heron, N. A. Neef, S. M. Peterson, D. M. Sainato, G. Cartledge, R. Gardner, III, L. D. Peterson, S. B.

Hersh, & J. C. Dardig (Eds.), *Focus on behavior analysis in education: Achievements, challenges, and opportunities* (pp. 125–136). Upper Saddle River, NJ: Merrill/Prentice Hall.

Pfadt, A., & Wheeler, D. J. (1995). Using statistical process control to make data-based clinical decisions. *Journal of Applied Behavior Analysis, 28,* 349–370.

Phillips, E. L., Phillips, E. A., Fixen, D. L., & Wolf, M. M. (1971). Achievement Place: Modification of the behaviors of predelinquent boys with a token economy. *Journal of Applied Behavior Analysis, 4,* 45–59.

Piaget, J. (1952). *The origins of intelligence in children.* (M. Cook, Trans.). New York: International University Press.

Piazza, C. C., & Fisher, W. (1991). A faded bedtime with response cost protocol for treatment of multiple-sleep problems in children. *Journal of Applied Behavior Analysis, 24,* 129–140.

Piazza, C. C., Bowman, L. G., Contrucci, S. A., Delia, M. D., Adelinis, J. D., & Goh, H-L. (1999). An evaluation of the properties of attention as reinforcement for destructive and appropriate behavior. *Journal of Applied Behavior Analysis, 32,* 437–449.

Piazza, C. C., Fisher, W. W., Hagopian, L. P., Bowman, L. G., & Toole, L. (1996). Using a choice assessment to predict reinforcer effectiveness. *Journal of Applied Behavior Analysis, 29,* 1–9.

Piazza, C. C., Moses, D. R., & Fisher, W. W. (1996). Differential reinforcement of alternative behavior and demand fading in the treatment of escape maintained destructive behavior. *Journal of Applied Behavior Analysis, 29,* 569–572.

Piazza, C. C., Roane, H. S., Kenney, K. M., Boney, B. R., & Abt, K. A. (2002). Varying response effort in the treatment of pica maintained by automatic reinforcement. *Journal of Applied Behavior Analysis, 35,* 233–246.

Pierce, K. L., & Schreibman, L. (1994). Teaching daily living skills to children with autism in unsupervised settings through pictorial self-management. *Journal of Applied Behavior Analysis, 27,* 471–481.

Pierce, W. D., & Epling, W. F. (1999). *Behavior analysis and learning* (2nd ed.). Upper Saddle River, NJ: Prentice Hall/Merrill.

Pindiprolu, S. S., Peterson, S. M. P., Rule, S., & Lignuaris/Kraft, B. (2003). Using web-mediated experiential case-based instruction to teach functional behavioral assessment skills. *Teacher Education in Special Education, 26,* 1–16.

Pinker, S. (1994). *The language instinct.* New York: Harper Perennial.

Pinkston, E. M., Reese, N. M., Leblanc, J. M., & Baer, D. M. (1973). Independent control of a preschool child's aggression and peer interaction by contingent teacher attention. *Journal of Applied Behavior Analysis, 6,* 115–124.

Plazza, C. C., Bowman, L. G., Contrucci, S. A., Delia, M. D., Adelinis, J. D., & Goh, H.-L. (1999). An evaluation of the properties of attention as reinforcement for destructive and appropriate behavior. *Journal of Applied Behavioral Analysis, 32,* 437–449.

Poche, C., Brouwer, R., & Swearingen, M. (1981). Teaching self-protection to young children. *Journal of Applied Behavior Analysis, 14,* 169–176.

Poling, A., & Normand, M. (1999). Noncontingent reinforcement: An inappropriate description of time-based schedules that reduce behavior. *Journal of Applied Behavior Analysis, 32,* 237–238.

Poling, A., & Ryan, C. (1982). Differential-reinforcement-of-other-behavior schedules: Therapeutic applications. *Behavior Modification, 6,* 3–21.

Poling, A., Methot, L. L., & LeSage, M. G. (Eds.). (1995). *Fundamentals of behavior analytic research.* New York: Plenum Press.

Poplin, J., & Skinner, C. (2003). Enhancing academic performance in a classroom serving students with serious emotional disturbance: Interdependent group contingencies with randomly selected components. *School Psychology Review, 32* (2), 282–296.

Post, M., Storey, K., & Karabin, M. (2002). Cool headphones for effective prompts: Supporting students and adults in work and community environments. *Teaching Exceptional Children, 34,* 60–65.

Potts, L., Eshleman, J. W., & Cooper, J. O. (1993). Ogden R. Lindsley and the historical development of Precision Teaching. *The Behavior Analyst, 16* (2), 177–189.

Poulson, C. L. (1983). Differential reinforcement of other-than-vocalization as a control procedure in the conditioning of infant vocalization rate. *Journal of Experimental Child Psychology, 36,* 471–489.

Powell, J., & Azrin, N. (1968). Behavioral engineering: Postural control by a portable operant apparatus. *Journal of Applied Behavior Analysis, 1,* 63–71.

Powell, J., Martindale, B., & Kulp, S. (1975). An evaluation of time-sample measures of behavior. *Journal of Applied Behavior Analysis, 8,* 463–469.

Powell, J., Martindale, B., Kulp, S., Martindale, A., & Bauman, R. (1977). Taking a closer look: Time sampling and measurement error. *Journal of Applied Behavior Analysis, 10,* 325–332.

Powell, T. H., & Powell, I. Q. (1982). The use and abuse of using the timeout procedure for disruptive pupils. *The Pointer, 26,* 18–22.

Powers, R. B., Osborne, J. G., & Anderson, E. G. (1973). Positive reinforcement of litter removal in the natural environment. *Journal of Applied Behavior Analysis, 6,* 579–586.

Premack, D. (1959). Toward empirical behavioral laws: I. Positive reinforcement. *Psychological Review, 66,* 219–233.

President's Council on Physical Fitness. www.fitness.gov.

Progar, P. R., North, S. T., Bruce, S. S., Dinovi, B. J., Nau, P. A., Eberman, E. M., Bailey, J. R., Jr., & Nussbaum, C. N. (2001). Putative behavioral history effects and aggression maintained by escape from therapists. *Journal of Applied Behavioral Analysis, 34,* 69–72.

Pryor, K. (1999). *Don't shoot the dog! The new art of teaching and training* (rev. ed.). New York: Bantam Books.

Pryor, K. (2005). *Clicker trained flight instruction.* Retrieved April 10, 2005, from http://clickertraining.com/training/humans/job/flight_training.

Pryor, K., Haag, R., & O'Reilly, J. (1969). The creative porpoise: Training for novel behavior. *Journal of the Experimental Analysis of Behavior, 12,* 653–661.

Pryor, K., & Norris, K. S. (1991). *Dolphin societies: Discoveries and puzzles.* Berkeley: University of California Press.

Rachlin, H. (1970). *The science of self-control.* Cambridge: Harvard University Press.

Rachlin, H. (1974). Self-control. *Behaviorism, 2,* 94–107.

Rachlin, H. (1977). *Introduction to modern behaviorism* (2nd ed.). San Francisco: W. H. Freeman.

Rachlin, H. (1995). *Self-control*. Cambridge: Harvard University Press.

Rapp, J. T., Miltenberger, R. G., & Long, E. S. (1998). Augmenting simplified habit reversal with an awareness enhancement device. *Journal of Applied Behavior Analysis, 31*, 665–668.

Rapp, J. T., Miltenberger, R. G., Galensky, T. L., Ellingson, S. A., & Long, E. S. (1999). A functional analysis of hair pulling. *Journal of Applied Behavior Analysis, 32*, 329–337.

Rasey, H. W., & Iversen, I. H. (1993). An experimental acquisition of maladaptive behaviors by shaping. *Journal of Behavior Therapy and Experimental Psychiatry, 24*, 37–43.

Readdick, C. A., & Chapman, P. L. (2000). Young children's perceptions of time out. *Journal of Research in Childhood Education, 15* (1), 81–87.

Reese, E. P. (1966). *The analysis of human operant behavior*. Dubuque, IA: Brown.

Rehfeldt, R. A., & Chambers, M. C. (2003). Functional analysis and treatment of verbal perseverations displayed by an adult with autism. *Journal of Applied Behavior Analysis, 36*, 259–261.

Reich, W. T. (1988). Experiential ethics as a foundation for dialogue between health communications and health-care ethics. *Journal of Applied Communication Research, 16*, 16–28.

Reid, D. H., Parsons, M. B., Green, C. W., & Browning, L. B. (2001). Increasing one aspect of self-determination among adults with severe multiple disabilities in supported work. *Journal of Applied Behavioral Analysis, 34*, 341–344.

Reid, D. H., Parsons, M. B., Phillips, J. F., & Green, C. W. (1993). Reduction of self-injurious hand mouthing using response blocking. *Journal of Applied Behavior Analysis, 26*, 139–140.

Reid, R., & Harris, K. R. (1993). Self-monitoring attention versus self-monitoring of performance: Effects on attention and academic performance. *Exceptional Children, 60*, 29–40.

Reimers, T. M., & Wacker, D. P. (1988). Parents' ratings of the acceptability of behavior treatment recommendations made in an outpatient clinic: A preliminary analysis of the influence of treatment effectiveness. *Behavioral Disorders, 14*, 7–15.

Reitman, D., & Drabman, R. S. (1999). Multifaceted uses of a simple timeout record in the treatment of a noncompliant 8-year-old boy. *Education and Treatment of Children, 22* (2), 136–145.

Reitman, D., & Gross, A. M. (1996). Delayed outcomes and rule-governed behavior among "noncompliant" and "compliant" boys: A replication and extension. *The Analysis of Verbal Behavior, 13*, 65–77.

Repp, A. C., & Horner, R. H. (Eds.). (1999). *Functional analysis of problem behavior: From effective assessment to effective support*. Belmont, CA: Wadsworth.

Repp, A. C., & Karsh, K. G. (1994). Laptop computer system for data recording and contextual analyses. In T. Thompson & D. B. Gray (Eds.), *Destructive behavior in developmental disabilities: Diagnosis and treatment* (pp. 83–101). Thousand Oaks, CA: Sage.

Repp, A. C., & Singh, N. N. (Eds.). (1990). *Perspectives on the use of nonaversive and aversive interventions for persons with developmental disabilities*. Sycamore, IL: Sycamore.

Repp, A. C., Barton, L. E., & Brulle, A. R. (1983). A comparison of two procedures for programming the differential reinforcement of other behaviors. *Journal of Applied Behavior Analysis, 16*, 435–445.

Repp, A. C., Dietz, D. E. D., Boles, S. M., Dietz, S. M., & Repp, C. F. (1976). Differences among common methods for calculating interobserver agreement. *Journal of Applied Behavior Analysis, 9*, 109–113.

Repp, A. C., Harman, M. L., Felce, D., Vanacker, R., & Karsh, K. L. (1989). Conducting behavioral assessments on computer collected data. *Behavioral Assessment, 2*, 249–268.

Repp, A. C., Karsh, K. G., Johnson, J. W., & VanLaarhoven, T. (1994). A comparison of multiple versus single examples of the correct stimulus on task acquisition and generalization by persons with developmental disabiliteis. *Journal of Behavioral Education, 6*, 213–230.

Rescorla, R. (1988). Pavlovian conditioning: It's not what you think it is. *American Psychologist, 43*, 151–160.

Reynolds, G. S. (1961). Behavioral contrast. *Journal of the Experimental Analysis of Behavior, 4*, 57–71.

Reynolds, G. S. (1968). *A primer of operant conditioning*. Glenview, IL: Scott, Foresman.

Reynolds, G. S. (1975). *A primer of operant conditioning* (Rev. ed.). Glenview, IL: Scott, Foresman.

Reynolds, N. J., & Risley, T. R. (1968). The role of social and material reinforcers in increasing talking of a disadvantaged preschool child. *Journal of Applied Behavior Analysis, 1*, 253–262.

Rhode, G., Morgan, D. P., & Young, K. R. (1983). Generalization and maintenance of treatment gains of behaviorally handicapped students from resource rooms to regular classrooms using self-evaluation procedures. *Journal of Applied Behavior Analysis, 16*, 171–188.

Richman, D. M., Berg, W. K., Wacker, D. P., Stephens, T., Rankin, B., & Kilroy, J. (1997). Using pretreatment assessments to enhance and evaluate existing treatment packages. *Journal of Applied Behavior Analysis, 30*, 709–712.

Richman, D. M., Wacker, D. P., Asmus, J. M., Casey, S. D., & Andelman, M. (1999). Further analysis of problem behavior in response class hierarchies. *Journal of Behavior Analysis, 32*, 269–283.

Ricketts, R. W., Goza, A. B., & Matese, M. (1993). A 4-year follow-up of treatment of self-injury. *Journal of Behavior Therapy and Experimental Psychiatry, 24* (1), 57–62.

Rincover, A. (1978). Sensory extinction: A procedure for eliminating self-stimulatory behavior in psychotic children. *Journal of Abnormal Child Psychology, 6*, 299–310.

Rincover, A. (1981). *How to use sensory extinction*. Austin, TX: Pro-Ed.

Rincover, A., & Koegel, R. L. (1975). Setting generality and stimulus control in autistic children. *Journal of Applied Behavior Analysis, 8*, 235–246.

Rincover, A., & Newsom, C. D. (1985). The relative motivational properties of sensory reinforcement with psychotic children. *Journal of Experimental Child Psychology, 24*, 312–323.

Rincover, A., Cook, R., Peoples, A., & Packard, D. (1979). Sensory extinction and sensory reinforcement principles for programming multiple adaptive behavior change. *Journal of Applied Behavior Analysis, 12,* 221–233.

Rindfuss, J. B., Al-Attrash, M., Morrison, H., & Heward, W. L. (1998, May). *Using guided notes and response cards to improve quiz and exam scores in an eighth grade American history class.* Paper presented at 24th Annual Convention of the Association for Behavior Analysis, Orlando, FL.

Ringdahl, J. E., Kitsukawa, K., Andelman, M. S., Call, N., Winborn, L. C., Barretto, A., & Reed, G. K. (2002). Differential reinforcement with and without instructional fading. *Journal of Applied Behavior Analysis, 35,* 291–294.

Ringdahl, J. E., Vollmer, T. R., Borrero, J. C., & Connell, J. E. (2001). Fixed-time schedule effects as a function of baseline reinforcement rate. *Journal of Applied Behavior Analysis, 34,* 1–15.

Ringdahl, J. E., Vollmer, T. R., Marcus, B. A., & Roane, H. S (1997). An analogue evaluation of environmental enrichment: The role of stimulus preference. *Journal of Applied Behavior Analysis, 30,* 203–216.

Riordan, M. M., Iwata, B. A., Finney, J. W., Wohl, M. K., & Stanley, A. E. (1984). Behavioral assessment and treatment of chronic food refusal in handicapped children. *Journal of Applied Behavior Analysis, 17,* 327–341.

Risley, T. (1996). Get a life! In L. Kern Koegel, R. L. Koegel, & G. Dunlap (Eds.), *Positive behavioral support* (pp. 425–437). Baltimore: Paul H. Brookes.

Risley, T. (2005). Montrose M. Wolf (1935–2004). *Journal of Applied Behavior Analysis, 38,* 279–287.

Risley, T. R. (1968). The effects and side effects of punishing the autistic behaviors of a deviant child. *Journal of Applied Behavior Analysis, 1,* 21–34.

Risley, T. R. (1969, April). *Behavior modification: An experimental-therapeutic endeavor.* Paper presented at the Banff International Conference on Behavior Modification, Banff, Alberta, Canada.

Risley, T. R. (1997). Montrose M. Wolf: The origin of the dimensions of applied behavior analysis. *Journal of Applied Behavior Analysis, 30,* 377–381.

Risley, T. R. (2005). Montrose M. Wolf (1935–2004). *Journal of Applied Behavior Analysis, 38,* 279–287.

Risley, T. R., & Hart, B. (1968). Developing correspondence between the non-verbal and verbal behavior of preschool children. *Journal of Applied Behavior Analysis, 1,* 267–281.

Roane, H. S., Fisher, W. W., & McDonough, E. M. (2003). Progressing from programmatic to discovery research: A case example with the overjustification effect. *Journal of Applied Behavior Analysis, 36,* 23–36.

Roane, H. S., Kelly, M. L., & Fisher, W. W. (2003). The effects of noncontingent access to food on the rate of object mouthing across three settings. *Journal of Applied Behavior Analysis, 36,* 579–582.

Roane, H. S., Lerman, D. C., & Vorndran, C. M. (2001). Assessing reinforcers under progressive schedule requirements. *Journal of Applied Behavior Analysis, 34,* 145–167.

Roane, H. S., Vollmer, T. R., Ringdahl, J. E., & Marcus, B. A. (1998). Evaluation of a brief stimulus preference assessment. *Journal of Applied Behavior Analysis, 31,* 605–620.

Roberts-Pennell, D., & Sigafoos, J. (1999). Teaching young children with developmental disabilities to request more play using the behavior chain interruption strategy. *Journal of Applied Research in Intellectual Disabilities, 12,* 100–112.

Robin, A. L., Armel, S., & O'Leary, K. D., (1975). The effects of self-instruction on writing deficiencies. *Behavior Therapy, 6,* 178–187.

Robin, A., Schneider, M., & Dolnick, M., (1976). The turtle technique: An extended case study of self-control in the classroom. *Psychology in the Schools, 13,* 449–453.

Robinson, P. W., Newby, T. J., & Gansell, S. L. (1981). A token system for a class of underachieving hyperactive children. *Journal of Applied Behavior Analysis, 14,* 307–315.

Rodgers, T. A., & Iwata, B. A. (1991). An analysis of error-correction procedures during discrimination training. *Journal of Applied Behavior Analysis, 24,* 775–781.

Rohn, D. (2002). Case study: Improving guitar skills. In R. W. Malott & H. Harrison, *I'll stop procrastinating when I get around to it: Plus other cool ways to succeed in school and life using behavior analysis to get your act together* (p. 8-4). Kalamazoo, MI: Department of Psychology, Western Michigan University.

Rolider, A., & Van Houten, R. (1984). The effects of DRO alone and DRO plus reprimands on the undesirable behavior of three children in home settings. *Education and Treatment of Children, 7,* 17–31.

Rolider, A., & Van Houten, R. (1984). Training parents to use extinction to eliminate nighttime crying by gradually increasing the criteria for ignoring crying. *Education and Treatment of Children, 7,* 119–124.

Rolider, A., & Van Houten, R. (1985). Suppressing tantrum behavior in public places through the use of delayed punishment mediated by audio recordings. *Behavior Therapy, 16,* 181–194.

Rolider, A. , & Van Houten, R. (1993). The interpersonal treatment model. In R. Van Houten & S. Axelrod (Eds.), *Behavior analysis and treatment* (pp. 127–168). New York: Plenum Press.

Romanczyk, R. G. (1977). Intermittent punishment of self-stimulation: Effectiveness during application and extinction. *Journal of Consulting and Clinical Psychology, 45,* 53–60.

Romaniuk, C., Miltenberger, R., Conyers, C., Jenner, N., Jurgens, M., & Ringenberg, C. (2002). The influence of activity choice on problem behaviors maintained by escape versus attention. *Journal of Applied Behavioral Analysis, 35,* 349–362.

Romaniuk, C., Miltenberger, R., Conyers, C., Jenner, N., Roscoe, E. M., Iwata, B. A., & Goh, H.-L. (1998). A comparison of noncontingent reinforcement and sensory extinction as treatments for self-injurious behavior. *Journal of Applied Behavior Analysis, 31,* 635–646.

Romeo, F. F. (1998). The negative effects of using a group contingency system of classroom management. *Journal of Instructional Psychology, 25* (2), 130–133.

Romer, L. T., Cullinan, T., & Schoenberg, B. (1994). General case training of requesting: A demonstration and analysis. *Education and Training in Mental Retardation, 29,* 57–68.

Rosales-Ruiz, J., & Baer, D. M. (1997). Behavioral cusps: A developmental and pragmatic concept for behavior analysis. *Journal of Applied Behavior Analysis, 30,* 533–544.

Roscoe, E. M., Iwata, B. A., & Goh, H.-L. (1998). A comparison of noncontingent reinforcement and sensory extinction as treatments for self-injurious behavior. *Journal of Applied Behavior Analysis, 31,* 635–646.

Roscoe, E. M., Iwata, B. A., & Kahng, S. (1999). Relative versus absolute reinforcement effects: Implications for preference assessments. *Journal of Applied Behavior Analysis, 32,* 479–493.

Rose, J. C., De Souza, D. G., & Hanna, E. S. (1996). Teaching reading and spelling: Exclusion and stimulus equivalence. *Journal of Applied Behavior Analysis, 29,* 451–469.

Rose, T. L. (1978). The functional relationship between artificial food colors and hyperactivity. *Journal of Applied Behavior Analysis, 11,* 439–446.

Ross, C., & Neuringer, A. (2002). Reinforcement of variations and repetitions along three independent response dimensions. *Behavioral Processes, 57,* 199–209.

Rozensky, R. H. (1974). The effect of timing of self-monitoring behavior on reducing cigarette consumption. *Journal of Consulting and Clinical Psychology, 5,* 301–307.

Rusch, F. R., & Kazdin, A. E. (1981). Toward a methodology of withdrawal designs for the assessment of response maintenance. *Journal of Applied Behavior Analysis, 14,* 131–140.

Russell, B., & Whitehead A. N. (1910–1913). *Principia mathematica.* Cambridge, MA: University Press.

Ruth, W. J. (1996). Goal setting and behavioral contracting for students with emotional and behavioral difficulties: Analysis of daily, weekly, and total goal attainment. *Psychology in the Schools, 33,* 153–158.

Ryan, C. S., & Hemmes, N. S. (2005). Effects of the contingency for homework submission on homework submission and quiz performance in a college course. *Journal of Applied Behavior Analysis, 38,* 79–88.

Ryan, S., Ormond, T., Imwold, C., & Rotunda, R. J. (2002). The effects of a public address system on the off-task behavior of elementary physical education students. *Journal of Applied Behavior Analysis, 35,* 305–308.

Sagan, C. (1996). *The demon-haunted world: Science as a candle in the dark.* New York: Ballantine.

Saigh, P. A., & Umar, A. M. (1983). The effects of a good behavior game on the disruptive behavior of Sudanese elementary school students. *Journal of Applied Behavior Analysis, 16,* 339–344.

Sainato, D. M., Strain, P. S., Lefebvre, D., & Rapp, N. (1990). Effects of self-evaluation on the independent work skills of preschool children with disabilities. *Exceptional Children, 56,* 540–549.

Sajwaj, T., Culver, P., Hall, C., & Lehr, L. (1972). Three simple punishment techniques for the control of classroom disruptions. In G. Semb (Ed.), *Behavior analysis and education.* Lawrence: University of Kansas.

Saksida, L. M., Raymond, S. M., & Touretzky, D.S. (1997). Shaping robot behavior using principles from instrumental conditioning. *Robotics and Autonomous Systems, 22,* 231–249.

Salend, S. J. (1984b). Integrity of treatment in special education research. *Mental Retardation, 22,* 309–315.

Salend, S. J., Ellis, L. L., & Reynolds, C. J. (1989). Using self-instruction to teach vocational skills to individuals who are severely retarded. *Education and Training of the Mentally Retarded, 24,* 248–254.

Salvy, S.-J., Mulick, J. A., Butter, E., Bartlett, R. K., & Linscheid, T. R. (2004). Contingent electric shock (SIBIS) and a conditioned punisher eliminate severe head banging in a preschool child. *Behavioral Interventions, 19,* 59–72.

Salzinger, K. (1978). Language behavior. In A. C. Catania & T. A. Brigham (Eds.), *Handbook of applied behavior analysis: Social and instructional processes* (pp. 275–321). New York: Irvington.

Santogrossi, D. A., O'Leary, K. D., Romanczyk, R. G., & Kaufman, K. F. (1973). Self-evaluation by adolescents in a psychiatric hospital school token program. *Journal of Applied Behavior Analysis, 6,* 277–287.

Sarakoff, R. A., & Strumey, P. (2004). The effects of behavioral skills training on staff implementation of discrete-trial teaching. *Journal of Applied Behavior Analysis, 37,* 535–538.

Saraokoff, R. A., Taylor, B. A., & Poulson, C. L. (2001). Teaching children with autism to engage in conversational exchanges: Script fading with embedded textual stimuli. *Journal of Applied Behavior Analysis, 34,* 81–84.

Sasso, G. M., Reimers, T. M., Cooper, L. J., Wacker, D., Berg, W., Steege, M., Kelly, L., & Allaire, A. (1992). Use of descriptive and experimental analysis to identify the functional properties of aberrant behavior in school settings. *Journal of Applied Behavior Analysis, 25,* 809–821.

Saudargas, R. A., & Bunn, R. D. (1989). A hand-held computer system for classroom observation. *Journal of Special Education, 9,* 200–206.

Saudargas, R. A., & Zanolli, K. (1990). Momentary time sampling as an estimate of percentage time: A field validation. *Journal of Applied Behavior Analysis, 23,* 533–537.

Saunders, M. D., Saunders, J. L., & Saunders, R. R. (1994). Data collection with bar code technology. In T. Thompson & D. B. Gray (Eds.), *Destructive behavior in developmental disabilities: Diagnosis and treatment* (pp. 102–116). Thousand Oaks, CA: Sage.

Savage, T. (1998). Shaping: The link between rats and robots. *Connection Science, 10* (3/4), 321–340.

Savage-Rumbaugh, E. S. (1984). Verbal behavior at the procedural level in the chimpanzee. *Journal of the Experimental Analysis of Behavior, 41,* 223–250.

Saville, B. K., Beal, S. A., & Buskist, W. (2002). Essential readings for graduate students in behavior analysis: A survey of the JEAB and JABA Boards of Editors. *The Behavior Analyst, 25,* 29–35.

Schepis, M. M., Reid, D. H., Behrmann, M. M., & Sutton, K. A. (1998). Increasing communicative interactions of young children with autism using a voice output communication aid and naturalistic teaching. *Journal of Applied Behavior Analysis, 31,* 561–578.

Scheuermann, B., & Webber, J. (1996). Level systems: Problems and solutions. *Beyond Behavior, 7,* 12–17.

Schleien, S. J., Wehman, P., & Kiernan, J. (1981). Teaching leisure skills to severely handicapped adults: An age-appropriate darts game. *Journal of Applied Behavior Analysis, 14,* 513–519.

Schlinger, H., & Blakely, E. (1987). Function-altering effects of contingency-specifying stimuli. *The Behavior Analyst, 10,* 41–45.

Schoenberger, T. (1990). Understanding and the listener: Conflicting views. *The Analysis of Verbal Behavior, 8,* 141–150.

Schoenberger, T. (1991). Verbal understanding: Integrating the conceptual analyses of Skinner, Ryle, and Wittgenstein. *The Analysis of Verbal Behavior, 9,* 145–151.

Schoenfeld, W. N. (1995). "Reinforcement" in behavior theory. *The Behavior Analyst, 18,* 173–185.

Schumm, J. S., Vaughn, D., Haager, D., McDowell, J., Rothlein, L., & Saumell, L. (1995). General education teacher planning: What can students with learning disabilities expect? *Exceptional Children, 61,* 335–352.

Schuster, J. W., Griffen, A. K., & Wolery, M. (1992). Comparison of simultaneous prompting and constant time delay procedures in teaching sight words to elementary students with moderate mental retardation. *Journal of Behavioral Education, 7,* 305–325.

Schwartz, B. (1974). On going back to nature: A review of Seligman and Hager's *Biological Boundaries of Learning. Journal of the Experimental Analysis of Behavior, 21,* 183–198.

Schwartz, I. S., & Baer, D. M. (1991). Social validity assessments: Is current practice state of the art? *Journal of Applied Behavior Analysis, 24,* 189–204.

Schwarz, M. L., & Hawkins, R. P. (1970). Application of delayed reinforcement procedures to the behavior of an elementary school child. *Journal of Applied Behavior Analysis, 3,* 85–96.

Schweitzer, J. B., & Sulzer-Azaroff, B. (1988). Self-control: Teaching tolerance for delay in impulsive children. *Journal of the Experimental Analysis of Behavior, 50,* 173–186.

Scott, D., Scott, L. M., & Goldwater, B. (1997). A performance improvement program for an international-level track and field athlete. *Journal of Applied Behavior Analysis, 30,* 573–575.

Seymour, F. W., & Stokes, T. F. (1976). Self-recording in training girls to increase work rate and evoke staff praise in an institution for offenders. *Journal of Applied Behavior Analysis, 9,* 41–54.

Seymour, M. A. (2002). Case study: A retired athlete runs down comeback road. In R. W. Malott & H. Harrison, *I'll stop procrastinating when I get around to it: Plus other cool ways to succeed in school and life using behavior analysis to get your act together* (p. 7-12). Kalamazoo, MI: Department of Psychology, Western Michigan University.

Shahan, T. A., & Chase, P. N. (2002). Novelty, stimulus control, and operant variability. *The Behavior Analyst, 25,* 175–190.

Shermer, S. (1997). *Why people believe weird things.* New York: W. H. Freeman.

Shimamune, S., & Jitsumori, M. (1999). Effects of grammar instruction and fluency training on the learning of *the* and *a* by native speakers of Japanese. *The Analysis of Verbal Behavior, 16,* 3–16.

Shimmel, S. (1977). Anger and its control in Greco-Roman and modern psychology. *Psychiatry, 42,* 320–327.

Shimmel, S. (1979). Free will, guilt, and self-control in rabbinic Judaism and contemporary psychology. *Judaism, 26,* 418–429.

Shimoff, E., & Catania, A. C. (1995). Using computers to teach behavior analysis. *The Behavior Analyst, 18,* 307–316.

Shirley, M. J., Iwata, B. A., Kahng, S. W., Mazaleski, J. L., & Lerman, D. C. (1997). Does functional communication training compete with ongoing contingencies of reinforcement? An analysis during response acquisition and maintenance. *Journal of Applied Behavior Analysis, 30,* 93–104.

Shook, G. L. (1993). The professional credential in behavior analysis. *The Behavior Analyst, 16,* 87–101.

Shook, G. L., & Favell, J. E. (1996). Identifying qualified professionals in behavior analysis. In C. Maurice, G. Green, & S. C. Luce (Eds.), *Behavioral intervention for young children with autism: A manual for parents and professionals* (pp. 221–229). Austin, TX: Pro-Ed.

Shook, G. L., & Neisworth, J. (2005). Ensuring appropriate qualifications for applied behavior analyst professionals: The Behavior Analyst Certification Board. *Exceptionality 13* (1), 3–10.

Shook, G. L., Johnston, J. M., & Mellichamp, F. (2004). Determining essential content for applied behavior analyst practitioners. *The Behavior Analyst, 27,* 67–94.

Shook, G. L., Rosales, S. A., & Glenn, S. (2002). Certification and training of behavior analyst professionals. *Behavior Modification, 26* (1), 27–48.

Shore, B. A., Iwata, B. A., DeLeon, I. G., Kahng, S., & Smith, R. G. (1997). An analysis of reinforcer substitutability using object manipulation and self-injury as competing responses. *Journal of Applied Behavior Analysis, 30,* 439–449.

Sideridis, G. D., & Greenwood, C. R. (1996). Evaluating treatment effects in single-subject behavioral experiments using quality-control charts. *Journal of Behavioral Education, 6,* 203–211.

Sidman, M. (1960). *Tactics of scientific research.* New York: Basic Books.

Sidman, M. (1960/1988). *Tactics of scientific research: Evaluating experimental data in psychology.* New York: Basic Books/Boston: Authors Cooperative (reprinted).

Sidman, M. (1971). Reading and auditory-visual equivalences. *Journal of Speech and Hearing Research, 14,* 5–13.

Sidman, M. (1994). *Equivalence relations and behavior: A research story.* Boston: Author's Cooperative.

Sidman, M. (2000). Applied behavior analysis: Back to basics. *Behaviorology, 5* (1), 15–37.

Sidman, M. (2002). Notes from the beginning of time. *The Behavior Analyst, 25,* 3–13.

Sidman, M. (2006). The distinction between positive and negative reinforcement: Some additional considerations. *The Behavior Analyst, 29,* 135–139.

Sidman, M., & Cresson, O., Jr. (1973). Reading and crossmodal transfer of stimulus equivalences in severe retardation. *American Journal of Mental Deficiency, 77,* 515–523.

Sidman, M., & Stoddard, L. T. (1967). The effectiveness of fading in programming a simultaneous form discrimination for retarded children. *Journal of the Experimental Analysis of Behavior, 10,* 3–15.

Sidman, M., & Tailby, W. (1982). Conditional discrimination vs. matching-to-sample: An expansion of the testing paradigm. *Journal of the Experimental Analysis of Behavior, 37,* 5–22.

Sigafoos, J., Doss, S., & Reichle, J. (1989). Developing mand and tact repertoires with persons with severe developmental disabilities with graphic symbols. *Research in Developmental Disabilities, 11,* 165–176.

Sigafoos, J., Kerr, M., & Roberts, D. (1994). Interrater reliability of the Motivation Assessment Scale: Failure to replicate with aggressive behavior.

Research in Developmental Disabilities, 15, 333–342.

Silvestri, S. M. (2004). *The effects of self-scoring on teachers' positive statements during classroom instruction.* Unpublished doctoral dissertation. Columbus, OH: The Ohio State University.

Silvestri, S. M. (2005). *How to make a graph using Microsoft Excel.* Unpublished manuscript. Columbus, OH: The Ohio State University.

Simek, T. C., O'Brien, R. M., & Figlerski, L. B. (1994). Contracting and chaining to improve the performance of a college golf team: Improvement and deterioration. *Perceptual and Motor Skills, 78* (3), 1099.

Simpson, M. J. A., & Simpson, A. E. (1977). One-zero and scan method for sampling behavior. *Animal Behavior, 25,* 726–731.

Singer, G., Singer, J., & Horner, R. (1987). Using pretask requests to increase the probability of compliance for students with severe disabilities. *Journal of the Association for Persons with Severe Handicaps, 12,* 287–291.

Singh, J., & Singh, N. N. (1985). Comparison of word-supply and word-analysis error-correction procedures on oral reading by mentally retarded children. *American Journal of Mental Deficiency, 90,* 64–70.

Singh, N. N. (1990). Effects of two error-correction procedures on oral reading errors. *Behavior Modification, 11,* 165–181.

Singh, N. N., & Katz, R. C. (1985). On the modification of acceptability ratings for alternative child treatments. *Behavior Modification, 9,* 375–386.

Singh, N. N., & Singh, J. (1984). Antecedent control of oral reading errors and self-corrections by mentally retarded children. *Journal of Applied Behavior Analysis, 17,* 111–119.

Singh, N. N., & Singh, J. (1986). Increasing oral reading proficiency: A comparative analyst off drill and positive practice overcorrection procedures. *Behavior Modification, 10,* 115–130.

Singh, N. N., & Winton, A. S. (1985). Controlling pica by components of an overcorrection procedure. *American Journal of Mental Deficiency, 90,* 40–45.

Singh, N. N., Dawson, M. J., & Manning, P. (1981). Effects of spaced responding DRI on the stereotyped behavior of profoundly retarded persons. *Journal of Applied Behavior Analysis, 14,* 521–526.

Singh, N. N., Dawson, M. J., & Manning, P. (1981). The effects of physical restraint on self-injurious behavior. *Journal of Mental Deficiency Research, 25,* 207–216.

Singh, N. N., Singh, J., & Winton, A. S. (1984). Positive practice overcorrection of oral reading errors. *Behavior Modification, 8,* 23–37.

Skiba, R., & Raison, J. (1990). Relationship between the use of timeout and academic achievement. *Exceptional Children, 57* (1), 36–46.

Skinner, B. F. (1938). *The behavior of organisms.* New York: Appleton-Century-Crofts.

Skinner, B. F. (1938/1966). *The behavior of organisms: An experimental analysis.* New York: Appleton-Century. (Copyright renewed in 1966 by the B. F. Skinner Foundation, Cambridge, MA.)

Skinner, B. F. (1948). *Walden two.* New York: Macmillan.

Skinner, B. F. (1948). Superstition in the pigeon. *Journal of Experimental Psychology, 38,* 168–172.

Skinner, B. F. (1953). *Science and human behavior.* New York: MacMillan.

Skinner, B. F. (1956). A case history in scientific method. *American Psychologist, 11,* 221–233.

Skinner, B. F. (1957). *Verbal behavior.* New York: Appleton-Century-Crofts.

Skinner, B. F. (1966). Operant behavior. In W. K. Honig (Ed.), *Operant behavior: Areas of research and application* (pp. 12–32). New York: Appleton-Century-Crofts.

Skinner, B. F. (1967). B. F. Skinner: An autobiography. In E. G. Boring & G. Lindzey (Eds.), *A history of psychology in autobiography* (Vol. 5, pp. 387–413). New York: Irvington.

Skinner, B. F. (1969). *Contingencies of reinforcement: A theoretical analysis.* New York: Appleton-Century-Crofts.

Skinner, B. F. (1971). *Beyond freedom and dignity.* New York: Knopf.

Skinner, B. F. (1974). *About behaviorism.* New York: Knopf.

Skinner, B. F. (1976). *Particulars of my life.* Washington Square, NY: New York University Press.

Skinner, B. F. (1978). *Reflections on behaviorism and society.* Upper Saddle River, NJ: Prentice Hall.

Skinner, B. F. (1979). *The shaping of a behaviorist.* Washington Square, NY: New York University Press.

Skinner, B. F. (1981a). Selection by consequences. *Science, 213,* 501–504.

Skinner, B. F. (1981b). How to discover what you have to say—A talk to students. *The Behavior Analyst, 4,* 1–7.

Skinner, B. F. (1982). Contrived reinforcement. *The Behavior Analyst, 5,* 3–8.

Skinner, B. F. (1983a). *A matter of consequences.* Washington Square, NY: New York University Press.

Skinner, B. F. (1983b). Intellectual self-management in old age. *American Psychologist, 38,* 239–244.

Skinner, B. F. (1989). *Recent issues in the analysis of behavior.* Columbus, OH: Merrill.

Skinner, B. F., & Vaughan, M. E. (1983). *Enjoy old age: A program of self-management.* New York: Norton.

Skinner, C. H., Cashwell, T. H., & Skinner, A. L (2000). Increasing tootling: The effects of a peer-mediated group contingency program on students' reports of peers' prosocial behavior. *Psychology in the Schools, 37* (3), 263–270.

Skinner, C. H., Fletcher, P. A., Wildmon, M., & Belfiore, P. J. (1996). Improving assignment preference through interspersing additional problems: Brief versus easy problems. *Journal of Behavioral Education, 6,* 427–436.

Skinner, C. H., Skinner, C. F., Skinner, A. L., & Cashwell, T. H. (1999). Using interdependent contingencies with groups of students: Why the principal kissed a pig. *Educational Administration Quarterly, 35* (Suppl.), 806–820.

Smith, B. W., & Sugai, G. (2000). A self-management functional assessment-based behavior support plan for a middle school student with EBD. *Journal of Positive Behavior Interventions, 2,* 208–217.

Smith, D. H. (1987). Telling stories as a way of doing ethics. *Journal of the Florida Medical Association, 74,* 581–588.

Smith, D. H. (1993). Stories, values, and patient care decisions. In C. Conrad (Ed.), *Ethical nexus* (pp. 123–148). Norwood, NJ: Ablex.

Smith, L. D. (1992). On prediction and control: B. F. Skinner and the technological ideal of science. *American Psychologist, 47,* 216–223.

Smith, R. G., & Iwata, B. A. (1997). Antecedent influences of behavior disorders. *Journal of Applied Behavior Analysis, 30,* 343–375.

Smith, R. G., Iwata, B. A., & Shore, B. A. (1995). Effects of subject-versus experimenter-selected reinforcers on the behavior of individuals with profound developmental disabilities. *Journal of Applied Behavior Analysis, 28,* 61–71.

Smith, R. G., Iwata, B. A., Goh, H., & Shore, B. A. (1995). Analysis of establishing operations for self-injury maintained by escape. *Journal of Applied Behavior Analysis, 28,* 515–535.

Smith, R. G., Russo, L., & Le, D. D. (1999). Distinguishing between extinction and punishment effects of response blocking: A replication. *Journal of Applied Behavior Analysis, 32,* 367–370.

Smith, R., Michael, J., & Sundberg, M. L. (1996). Automatic reinforcement and automatic punishment in infant vocal behavior. *The Analysis of Verbal Behavior, 13,* 39–48.

Smith, S., & Farrell, D. (1993). Level system use in special education: Classroom intervention with prima facie appeal. *Behavioral Disorders, 18* (4), 251–264.

Snell, M. E., & Brown, F. (2000). *Instruction of students with severe disabilities* (5th ed.). Upper Saddle River, NJ: Merrill Prentice Hall.

Snell, M. E., & Brown, F. (2006). *Instruction of students with severe disabilities* (6th ed.). Upper Saddle River, NJ: Prentice Hall.

Solanto, M. V., Jacobson, M. S., Heller, L., Golden, N. H., & Hertz, S. (1994). Rate of weight gain of inpatients with anorexia nervosa under two behavioral contracts. *Pediatrics, 93* (6), 989.

Solomon, R. L. (1964). Punishment. *American Psychologist, 19,* 239–253.

Spies, R. A., & Plake, B. S. (Eds.). (2005). *Sixteenth mental measurements yearbook.* Lincoln, NE: Buros Institute of Mental Measurements.

Spooner, F., Spooner, D., & Ulicny, G. R. (1986). Comparisons of modified backward chaining: Backward chaining with leaps ahead and reverse chaining with leaps ahead. *Education and Treatment of Children, 9* (2), 122–134.

Spradlin, J. E. (1966). Environmental factors and the language development of retarded children. In S. Rosenberg (Ed.), *Developments in applied psycholinguist research* (pp. 261–290). Riverside, NJ: MacMillian.

Spradlin, J. E. (1996). Comments on Lerman and Iwata (1996). *Journal of Applied Behavior Analysis, 29,* 383–385.

Spradlin, J. E. (2002). Punishment: A primary response. *Journal of Applied Behavior Analysis, 35,* 475–477.

Spradlin, J. E., Cotter, V. W., & Baxley, N. (1973). Establishing a conditional discrimination without direct training: A study of transfer with retarded adolescents. *American Journal of Mental Deficiency, 77,* 556–566.

Sprague, J. R., & Horner, R. H. (1984). The effects of single instance, multiple instance, and general case training on generalized vending machine used by moderately and severely handicapped students. *Journal of Applied Behavior Analysis, 17,* 273–278.

Sprague, J. R., & Horner, R. H. (1990). Easy does it: Preventing challenging behaviors. *Teaching Exceptional Children, 23,* 13–15.

Sprague, J. R., & Horner, R. H. (1991). Determining the acceptability of behavior support plans. In M. Wang, H. Walberg, & M. Reynolds (Eds.), *Handbook of special education* (pp. 125–142). Oxford, London: Pergamon Press.

Sprague, J. R., & Horner, R. H. (1992). Covariation within functional response classes: Implications for treatment of severe problem behavior. *Journal of Applied Behavior Analysis, 25,* 735–745.

Sprague, J., & Walker, H. (2000). Early identification and intervention for youth with antisocial and violent behavior. *Exceptional Children, 66,* 367–379.

Spreat, S., & Connelly, L. (1996). Reliability analysis of the Motivation Assessment Scale. *American Journal on Mental Retardation, 100,* 528–532.

Staats, A. W., & Staats, C. K. (1963). *Complex human behavior: A systematic extension of learning principles.* New York: Holt, Rinehart and Winston.

Stack, L. Z., & Milan, M. A. (1993). Improving dietary practices of elderly individuals: The power of prompting, feedback, and social reinforcement. *Journal of Applied Behavior Analysis, 26,* 379–387.

Staddon, J. E. R. (1977). Schedule-induced behavior. In W. K. Honig & J. E. R. Staddon (Eds.), *Handbook of operant behavior* (pp. 125–152). Upper Saddle River, NJ: Prentice Hall.

Stage, S. A., & Quiroz, D. R. (1997). A meta-analysis of interventions to decrease disruptive classroom behavior in public education settings. *School Psychology Review, 26,* 333–368.

Starin, S., Hemingway, M., & Hartsfield, F. (1993). Credentialing behavior analysts and the Florida behavior analysis certification program. *The Behavior Analyst, 16,* 153–166.

Steege, M. W., Wacker, D. P., Cigrand, K. C., Berg, W. K., Novak, C. G., Reimers, T. M., Sasso, G. M., & DeRaad, A. (1990). Use of negative reinforcement in the treatment of self-injurious behavior. *Journal of Applied Behavior Analysis, 23,* 459–467.

Stephens, K. R., & Hutchison, W. R. (1992). Behavioral personal digital assistants: The seventh generation of computing. *The Analysis of Verbal Behavior, 10,* 149–156.

Steuart, W. (1993). Effectiveness of arousal and arousal plus overcorrection to reduce nocturnal bruxism. *Journal of Behavior Therapy & Experimental Psychiatry, 24,* 181–185.

Stevenson, H. C., & Fantuzzo, J. W. (1984). Application of the "generalization map" to a self-control intervention with school-aged children. *Journal of Applied Behavior Analysis, 17,* 203–212.

Stewart, C. A., & Singh, N. N. (1986). Overcorrection of spelling deficits in mentally retarded persons. *Behavior Modification, 10,* 355–365.

Stitzer, M. L., Bigelow, G. E., Liebson, I. A., & Hawthorne, J. W. (1982). Contingent reinforcement for benzodiazepine-free urines: Evaluation of a drug abuse treatment intervention. *Journal of Applied Behavior Analysis, 15,* 493–503.

Stokes, T. (2003). A genealogy of applied behavior analysis. In K. S. Budd & T. Stokes (Eds.), *A small matter of proof: The legacy of Donald M. Baer* (pp. 257–272). Reno, NV: Context Press.

Stokes, T. F., & Baer, D. M. (1976). Preschool peers as mutual generalization-facilitating agents. *Behavior Therapy, 7,* 599–610.

Stokes, T. F., & Baer, D. M. (1977). An implicit technology of generalization.

Journal of Applied Behavior Analysis, 10, 349–367.

Stokes, T. F., & Osnes, P. G. (1982). Programming the generalization of children's social behavior. In P. S. Strain, M. J. Guralnick, & H. M. Walker (Eds.), *Children's social behavior: Development, assessment, and modification* (pp. 407–443) Orlando, FL: Academic Press.

Stokes, T. F., & Osnes, P. G. (1989). An operant pursuit of generalization. *Behavior Therapy, 20,* 337–355.

Stokes, T. F., Baer, D. M., & Jackson, R. L. (1974). Programming the generalization of a greeting response in four retarded children. *Journal of Applied Behavior Analysis, 7,* 599–610.

Stokes, T. F., Fowler, S. A., & Baer, D. M. (1978). Training preschool children to recruit natural communities of reinforcement. *Journal of Applied Behavior Analysis, 11,* 285–303.

Stolz, S. B. (1978). *Ethical issues in behavior modification.* San Francisco: Jossey-Bass.

Strain, P. S., & Joseph, G. E. (2004). A not so good job with "Good job." *Journal of Positive Behavior Interventions, 6* (1), 55–59.

Strain, P. S., McConnell, S. R., Carta, J. J., Fowler, S. A., Neisworth, J. T., & Wolery, M. (1992). Behaviorism in early intervention. *Topics in Early Childhood Special Education, 12,* 121–142.

Strain, P. S., Shores, R. E., & Kerr, M. M. (1976). An experimental analysis of "spillover" effects on the social interaction of behaviorally handicapped preschool children. *Journal of Applied Behavior Analysis, 9,* 31–40.

Striefel, S. (1974). *Behavior modification: Teaching a child to imitate.* Austin, TX: Pro-Ed.

Stromer, R. (2000). Integrating basic and applied research and the utility of Lattal and Perone's *Handbook of Research Methods in Human Operant Behavior. Journal of Applied Behavior Analysis, 33,* 119–136.

Stromer, R., McComas, J. J., & Rehfeldt, R. A. (2000). Designing interventions that include delayed reinforcement: Implications of recent laboratory research. *Journal of Applied Behavior Analysis, 33,* 359–371.

Sugai, G. M., & Tindal, G. A. (1993). *Effective school consultation: An interactive approach.* Pacific Grove, CA: Brooks/Cole.

Sulzer-Azaroff, B., & Mayer, G. R. (1977). *Applying behavior-analysis procedures with children and youth.* New York: Holt, Rinehart & Winston.

Sundberg, M. L. (1983). Language. In J. L. Matson, & S. E. Breuning (Eds.), *Assessing the mentally retarded* (pp. 285–310). New York: Grune & Stratton.

Sundberg, M. L. (1991). 301 research topics from Skinner's book *Verbal behavior. The Analysis of Verbal Behavior, 9,* 81–96.

Sundberg, M. L. (1993). The application of establishing operations. *The Behavior Analyst, 16,* 211–214.

Sundberg, M. L. (1998). Realizing the potential of Skinner's analysis of verbal behavior. *The Analysis of Verbal Behavior, 15,* 143–147.

Sundberg, M. L. (2004). A behavioral analysis of motivation and its relation to mand training. In L. W. Williams (Ed.), *Developmental disabilities: Etiology, assessment, intervention, and integration.* Reno, NV: Context Press.

Sundberg, M. L., & Michael, J. (2001). The value of Skinner's analysis of verbal behavior for teaching children with autism. *Behavior Modification, 25,* 698–724.

Sundberg, M. L., & Partington, J. W. (1998). *Teaching language to children with autism or other developmental disabilities.* Pleasant Hill, CA: Behavior Analysts, Inc.

Sundberg, M. L., Endicott, K., & Eigenheer, P. (2000). Using intraverbal prompts to establish tacts for children with autism. *The Analysis of Verbal Behavior, 17,* 89–104.

Sundberg, M. L., Loeb, M., Hale, L., & Eigenheer, P. (2002). Contriving establishing operations to teach mands for information. *The Analysis of Verbal Behavior, 18,* 14–28.

Sundberg, M. L., Michael, J., Partington, J. W., & Sundberg, C. A. (1996). The role of automatic reinforcement in early language acquisition. *The Analysis of Verbal Behavior, 13,* 21–37.

Sundberg, M. L., San Juan, B., Dawdy, M., & Arguelles, M. (1990). The acquisition of tacts, mands, and intraverbals by individuals with traumatic brain injury. *The Analysis of Verbal Behavior, 8,* 83–99.

Surratt, P.R., Ulrich, R.E., & Hawkins, R. P. (1969). An elementary student as a behavioral engineer. *Journal of Applied Behavior Analysis.* 85–92.

Sutherland, K. S., Wehby, J. H., & Yoder, P. J. (2002). An examination of the relation between teacher praise and students with emotional/behavioral disorders' opportunities to respond to academic requests. *Journal of Emotional and Behavioral Disorders, 10,* 5–13.

Swanson, H. L., & Sachse-Lee, C. (2000). A meta-analysis of single-subject-design intervention research for students with LD. *Journal of Learning Disabilities, 38,* 114–136.

Sweeney, W. J., Salva, E., Cooper, J. O., & Talbert-Johnson, C. (1993). Using self-evaluation to improve difficult-to-read handwriting of secondary students. *Journal of Behavioral Education, 3,* 427–443.

Symons, F. J., Hoch, J., Dahl, N. A., & McComas, J. J. (2003). Sequential and matching analyses of self-injurious behavior: A case of overmatching in the natural environment. *Journal of Applied Behavior Analysis, 36,* 267–270.

Symons, F. J., McDonald, L. M., & Wehby, J. H. (1998). Functional assessment and teacher collected data. *Education and Treatment of Children, 21* (2), 135–159.

Szempruch, J., & Jacobson, J. W. (1993). Evaluating the facilitated communications of people with developmental disabilities. *Research in Developmental Disabilities, 14,* 253–264.

Tang, J., Kennedy, C. H., Koppekin, A., & Caruso, M. (2002). Functional analysis of stereotypical ear covering in a child with autism. *Journal of Applied Behavior Analysis, 35,* 95–98.

Tapp, J. T., & Walden, T. A. (2000). A system for collecting and analysis of observational data from videotape. In T. Thompson, D. Felce, & F. J. Symons (Eds.), *Behavioral observation: Technology and applications in developmental disabilities* (pp. 61–70). Baltimore: Paul H. Brookes.

Tapp, J. T., & Wehby, J. H. (2000). Observational software for laptop computers and optical bar code readers. In T. Thompson, D. Felce, & F. J. Symons (Eds.), *Behavioral observation: Technology and applications in developmental disabilities* (pp. 71–81). Baltimore: Paul H. Brookes.

Tapp, J. T., Wehby, J. H., & Ellis, D. M. (1995). A multiple option observation system for experimental studies: MOOSES. *Behavior Research Methods Instruments & Computers, 27,* 25–31.

Tarbox, R. S. F., Wallace, M. D., & Williams, L. (2003). Assessment and treatment of elopement: A replication and extension. *Journal of Applied Behavior Analysis, 36,* 239–244.

Tarbox, R. S. F., Williams, W. L., & Friman, P. C. (2004). Extended diaper wearing: Effects on continence in and out of the diaper. *Journal of Applied Behavior Analysis, 37,* 101–105.

Tawney, J., & Gast, D. (1984). *Single subject research in special education.* Columbus, OH: Charles E. Merrill.

Taylor, L. K., & Alber, S. R. (2003). The effects of classwide peer tutoring on the spelling achievement of first graders with disabilities. *The Behavior Analyst Today, 4,* 181–189.

Taylor, R. L. (2006). Assessment of exceptional students: *Educational and psychological procedures* (7th ed.). Boston: Pearson/Allyn and Bacon.

Terrace, H. S. (1963a). Discrimination learning with and without "errors." *Journal of the Experimental Analysis of Behavior, 6,* 1–27.

Terrace, H. S. (1963b). Errorless transfer of a discrimination across two continua. *Journal of the Experimental Analysis of Behavior, 6,* 223–232.

Terris, W., & Barnes, M. (1969). Learned resistance to punishment and subsequent responsiveness to the same and novel punishers. *Psychonomic Science, 15,* 49–50.

Test, D. W., & Heward, W. L. (1983). Teaching road signs and traffic laws to learning disabled students. *Science Education, 64,* 129–139.

Test, D. W., & Heward, W. L. (1984). Accuracy of momentary time sampling: A comparison of fixed- and variable-interval observation schedules. In W. L. Heward, T. E. Heron, D. S. Hill, and J. Trap-Porter (Eds.), *Focus on behavior analysis in education* (pp. 177–194). Columbus, OH: Charles E. Merrill.

Test, D. W., Spooner, F., Keul, P. K., & Grossi, T. (1990). Teaching adolescents with severe disability to use the public telephone. *Behavior Modification, 14,* 157–171.

Thompson, R. H., & Iwata, B. A. (2000). Response acquisition under direct and indirect contingencies of reinforcement. *Journal of Applied Behavior Analysis, 33,* 1–11.

Thompson, R. H., & Iwata, B. A. (2001). A descriptive analysis of social consequences following problem behavior. *Journal of Applied Behavior Analysis, 34,* 169–178.

Thompson, R. H., & Iwata, B. A. (2003). A review of reinforcement control procedures. *Journal of Applied Behavior Analysis, 38,* 257–278.

Thompson, R. H., & Iwata, B. A. (2005). A review of reinforcement control procedures. *Journal of Applied Behavior Analysis, 38,* 257–278.

Thompson, R. H., Fisher, W. W., Piazza, C. C., & Kuhn D. E. (1998). The evaluation and treatment of aggression maintained by attention and automatic reinforcement. *Journal of Applied Behavior Analysis, 31,* 103–116.

Thompson, R. H., Iwata, B. A., Conners, J., & Roscoe, E. M. (1999). Effects of reinforcement for alternative behavior during punishment of self-injury. *Journal of Applied Behavior Analysis, 32,* 317–328.

Thompson, T. J., Braam, S. J., & Fuqua, R. W. (1982). Training and generalization of laundry skills: A multiple probe evaluation with handicapped persons. *Journal of Applied Behavior Analysis, 15,* 177–182.

Thompson, T., Symons, F. J., & Felce, D. (2000). Principles of behavioral observation. In T. Thompson, F. J. Symons, & D. Felce (Eds.), *Behavioral observation: Technology and applications in developmental disabilities* (pp. 3–16). Baltimore: Paul H. Brookes.

Thomson, C., Holmber, M., & Baer, D. M. (1974). A brief report on a comparison of time sampling procedures. *Journal of Applied Behavior Analysis, 7,* 623–626.

Thoresen, C. E., & Mahoney, M. J. (1974). *Behavioral self-control.* New York: Holt, Rinehart & Winston.

Timberlake, W., & Allison, J. (1974). Response deprivation: An empirical approach to instrumental performance. *Psychological Review, 81,* 146–164.

Tincani, M. (2004). Comparing the Picture Exchange Communication System and sign language training for children with autism. *Focus on Autism and Other Developmental Disabilities, 19,* 152–163.

Todd, A. W., Horner, R. W., & Sugai, G. (1999). Self-monitoring and self-recruited praise: Effects on problem behavior, academic engagement, and work completion in a typical classroom. *Journal of Positive Behavior Interventions, 1,* 66–76, 122.

Todd, J. T., & Morris, E. K. (1983). Misconception and miseducation: Presentations of radical behaviorism in psychology textbooks. *The Behavior Analyst, 6,* 153–160.

Todd, J. T., & Morris, E. K. (1992). Case histories in the great power of steady misrepresentation. *American Psychologist, 47,* 1441–1453.

Todd, J. T., & Morris, E. K. (1993). Change and be ready to change again. *American Psychologist, 48,* 1158–1159.

Todd, J. T., & Morris, E. K. (Eds.). (1994). *Modern perspectives on John B. Watson and classical behaviorism.* Westport, CT: Greenwood Press.

Touchette, P. E., MacDonald, R. F., & Langer, S. N. (1985). A scatter plot for identifying stimulus control of problem behavior. *Journal of Applied Behavior Analysis, 18,* 343–351.

Trammel, D. L., Schloss, P. J., & Alper, S. (1994). Using self-recording, evaluation, and graphing to increase completion of homework assignments. *Journal of Learning Disabilities, 27,* 75–81.

Trap, J. J., Milner-Davis, P., Joseph, S., & Cooper, J. O. (1978). The effects of feedback and consequences on transitional cursive letter formation. *Journal of Applied Behavior Analysis, 11,* 381–393.

Trask-Tyler, S. A., Grossi, T. A., & Heward, W. L. (1994). Teaching young adults with developmental disabilities and visual impairments to use tape-recorded recipes: Acquisition, generalization, and maintenance of cooking skills. *Journal of Behavioral Education, 4,* 283–311.

Tucker, D. J., & Berry, G. W. (1980). Teaching severely multihandicapped students to put on their own hearing aids. *Journal of Applied Behavior Analysis, 13,* 65–75.

Tufte, E. R. (1983). *The visual display of quantitative information.* Chesire, CT: Graphics Press.

Tufte, E. R. (1990). *Envisioning information.* Chesire, CT: Graphics Press.

Turkewitz, H., O'Leary, K. D., & Ironsmith, M. (1975). Generalization and maintenance of appropriate behavior through self-control. *Journal of Consulting and Clinical Psychology, 43,* 577–583.

Turnbull, H. R., III., & Turnbull, A. P. (1998). *Free appropriate public education: The law and children with disabilities.* Denver: Love.

Tustin, R. D. (1994). Preference for reinforcers under varying schedule arrangements: A behavioral economic analysis. *Journal of Applied Behavior Analysis, 28,* 61–71.

Twohig, M. P., & Woods, D. W. (2001). Evaluating the duration of the competing response in habit reversal: A parametric analysis. *Journal of Applied Behavior Analysis, 34,* 517–520.

Twyman, J., Johnson, H., Buie, J., & Nelson, C. M. (1994). The use of a warning procedure to signal a more intrusive timeout contingency. *Behavioral Disorders, 19* (4), 243–253.

U. S. Department of Education. (2003). *Proven methods: Questions and answers on No Child Left Behind.* Washington, DC: Author. Retrieved October 24, 2005, from www.ed.gov/nclb/methods/whatworks/doing.html.

Ulman, J. D., & Sulzer-Azaroff, B. (1975). Multi-element baseline design in educational research. In E. Ramp & G. Semb (Eds.), *Behavior analysis: Areas of research and application* (pp. 371–391). Upper Saddle River, NJ: Prentice Hall.

Ulrich, R. E., & Azrin, N. H. (1962). Reflexive fighting in response to aversive stimulation. *Journal of the Experimental Analysis of Behavior, 5,* 511–520.

Ulrich, R. E., Stachnik, T. & Mabry, J. (Eds.). (1974). *Control of human behavior (Vol. 3), Behavior modification in education.* Glenview, IL: Scott, Foresman and Company.

Ulrich, R. E., Wolff, P. C., & Azrin, N. H. (1962). Shock as an elicitor of intra- and inter-species fighting behavior. *Animal Behavior, 12,* 14–15.

Umbreit, J., Lane, K., & Dejud, C. (2004). Improving classroom behavior by modifying task difficulty: Effects of increasing the difficulty of too-easy tasks. *Journal of Positive Behavioral Interventions, 6,* 13–20.

Valk, J. E. (2003). *The effects of embedded instruction within the context of a small group on the acquisition of imitation skills of young children with disabilities.* Unpublished doctoral dissertation, The Ohio State University.

Van Acker, R., Grant, S. H., & Henry, D. (1996). Teacher and student behavior as a function of risk for aggression. *Education and Treatment of Children, 19,* 316–334.

Van Camp, C. M., Lerman, D. C., Kelley, M. E., Contrucci, S. A., & Vorndran, C. M. (2000). Variable-time reinforcement schedules in the treatment of socially maintained problem behavior. *Journal of Applied Behavior Analysis, 33,* 545–557.

van den Pol, R. A., Iwata, B. A., Ivancic, M. T., Page, T. J., Neef, N. A., & Whitley, F. P. (1981). Teaching the handicapped to eat in public places: Acquisition, generalization and maintenance of restaurant skills. *Journal of Applied Behavior Analysis, 14,* 61–69.

Van Houten, R. (1979). Social validation: The evolution of standards of competency for target behaviors. *Journal of Applied Behavior Analysis, 12,* 581–591.

Van Houten, R. (1993). Use of wrist weights to reduce self-injury maintained by sensory reinforcement. *Journal of Applied Behavior Analysis, 26,* 197–203.

Van Houten, R. (1994). The right to effective behavioral treatment. In L. J. Hayes, G. J. Hayes, S. C. Moore, & P. M. Gjezzi (Eds.), *Ethical issues in developmental disabilities* (pp. 103–118). Reno, NV: Context Press.

Van Houten, R., Axelrod, S., Bailey, J. S., Favell, J. E., Foxx, R. M., Iwata, B. A., & Lovaas, O. I. (1988). The right to effective behavioral treatment. *The Behavior Analyst, 11,* 111–114.

Van Houten, R., & Doleys, D. M. (1983). Are social reprimands effective? In S. Axelrod & J. Apsche (Eds.). *The effects of punishment on human behavior* (pp. 45–70). New York: Academic Press.

Van Houten, R., & Malenfant, J. E. L. (2004). Effects of a driver enforcement program on yielding to pedestrians. *Journal of Applied Behavior Analysis, 37,* 351–363.

Van Houten, R., Malenfant, J. E., Austin, J., & Lebbon, A. (2005). The effects of a seatbelt-gearshift delay prompt on the seatbelt use of motorists who do not regularly wear seatbelts. *Journal of Applied Behavior Analysis, 38,* 195–203.

Van Houten, R., Malenfant, L., & Rolider, A. (1985). Increasing driver yielding and pedestrian signaling with prompting, feedback, and enforcement. *Journal of Applied Behavior Analysis, 18,* 103–110.

Van Houten, R., & Nau, P. A. (1981). A comparison of the effects of posted feedback and increased police surveillance on highway speeding. *Journal of Applied Behavior Analysis, 14,* 261–271.

Van Houten, R., & Nau, P. A. (1983). Feedback interventions and driving speed: A parametric and comparative analysis. *Journal of Applied Behavior Analysis, 17,* 253–281.

Van Houten, R., Nau, P. A., Mackenzie-Keating, S. E., Sameoto, D., & Colavecchia, B. (1982). An analysis of some variables influencing the effectiveness of reprimands. *Journal of Applied Behavior Analysis, 15,* 65–83.

Van Houten, R., Nau, P. A., & Marini, Z. (1980). An analysis of public posting in reducing speeding behavior on an urban highway. *Journal of Applied Behavior Analysis, 13,* 383–395.

Van Houten, R., & Retting, R. A. (2001). Increasing motorist compliance and caution at stop signs. *Journal of Applied Behavior Analysis, 434,* 185–193.

Van Houten, R., & Retting, R. A. (2005). Increasing motorist compliance and caution at stop signs. *Journal of Applied Behavior Analysis, 34,* 185–193.

Van Houten, R., & Rolider, A. (1988). Recreating the scene: An effective way to provide delayed punishment for inappropriate motor behavior. *Journal of Applied Behavior Analysis, 21,* 187–192.

Van Houten, R., & Rolider, A. (1990). The role of reinforcement in reducing inappropriate behavior: Some myths and misconceptions. In A. C. Repp & N. N. Singh (Eds.), *Perspectives on the use of nonaversive and aversive interventions for persons with developmental disabilities* (pp. 119–127). Sycamore, IL: Sycamore.

Van Norman, R. K. (2005). *The effects of functional communication training, choice making, and an adjusting work schedule on problem behavior maintained by negative reinforcement.* Unpublished doctoral dissertation, The Ohio State University, Columbus.

Vargas, E. A. (1986). Intraverbal behavior. In P. N. Chase & L. J. Parrott (Eds.), *Psychological aspects of language* (pp. 128–151). Springfield, IL: Charles C. Thomas.

Vargas, J. S. (1978). A behavioral approach to the teaching of composition. *The Behavior Analyst, 1,* 16–24.

Vargas, J. S. (1984). What are your exercises teaching? An analysis of stimulus control in instructional materials. In W. L. Heward, T. E. Heron, D. S. Hill, & J. Trap-Porter (Eds.), *Focus on behavior analysis in education* (pp. 126–141). Columbus, OH: Merrill.

Vargas, J. S. (1990). B. F. Skinner–The last few days. *Applied Behavior Analysis, 23,* 409–410.

Vaughan, M. (1989). Rule-governed behavior in behavior analysis: A theoretical and experimental history. In S. C. Hayes (Ed.), *Rule-governed behavior: Cognition, contingencies, and instructional control* (pp. 97–118). New York: Plenum Press.

Vaughan, M. E., & Michael, J. L. (1982). Automatic reinforcement: An important but ignored concept. *Behaviorism, 10,* 217–227.

Vollmer, T. R. (1994). The concept of automatic reinforcement: Implications for behavioral research in developmental disabilities. *Research in Developmental Disabilities, 15* (3), 187–207.

Vollmer, T. R. (2002). Punishment happens: Some comments on Lerman and Vorndran's review. *Journal of Applied Behavior Analysis, 35,* 469–473.

Vollmer, T. R. (2006, May). *On the utility of automatic reinforcement in applied behavior analysis.* Paper presented at the 32nd annual meeting of the Association for Behavior Analysis, Atlanta, GA.

Vollmer, T. R., & Hackenberg, T. D. (2001). Reinforcement contingencies and social reinforcement: Some reciprocal relations between basic and applied research. *Journal of Applied Behavior Analysis, 34,* 241–253.

Vollmer, T. R., & Iwata, B. A. (1991). Establishing operations and reinforcement effects. *Journal of Applied Behavior Analysis, 24,* 279–291.

Vollmer, T. R., & Iwata, B. A. (1992). Differential reinforcement as treatment for behavior disorders: Procedural and functional variations. *Research in Developmental Disabilities, 13,* 393–417.

Vollmer, T. R., Marcus, B. A., Ringdahl, J. E., & Roane, H. S. (1995). Progressing from brief assessments to extended experimental analyses in the evaluation of aberrant behavior. *Journal of Applied Behavior Analysis, 28,* 561–576.

Vollmer, T. R., Progar, P. R., Lalli, J. S., Van Camp, C. M., Sierp, B. J., Wright, C. S., Nastasi, J., & Eisenschink, K. J. (1998). Fixed-time schedules attenuate extinction-induced phenomena in the treatment of severe aberrant behavior. *Journal of Applied Behavior Analysis, 31,* 529–542.

Vollmer, T. R., Roane, H. S., Ringdahl, J. E., & Marcus, B. A. (1999). Evaluating treatment challenges with differential reinforcement of alternative behavior. *Journal of Applied Behavior Analysis, 32,* 9–23.

Wacker, D. P., & Berg, W. K. (1983). Effects of picture prompts on the acquisition of complex vocational tasks by mentally retarded adolescents. *Journal of Applied Behavior Analysis, 16,* 417–433.

Wacker, D. P., Berg, W. K., Wiggins, B., Muldoon, M., & Cavanaugh, J. (1985). Evaluation of reinforcer preferences for profoundly handicapped students. *Journal of Applied Behavior Analysis, 18,* 173–178.

Wacker, D., Steege, M., Northup, J., Reimers, T., Berg, W., & Sasso, G. (1990). Use of functional analysis and acceptability measures to assess and treat severe behavior problems: An outpatient clinic model. In A. C. Repp & N. N. Singh (Eds.), *Perspectives on the use of nonaversive and aversive interventions for persons with developmentaly disabilities* (pp. 349–359). Sycamore, IL: Sycamore.

Wagman, J. R., Miltenberger, R. G., & Arndorfer, R. E. (1993). Analysis of a simplified treatment for stuttering. *Journal of Applied Behavior Analysis, 26,* 53–61.

Wagman, J. R., Miltenberger, R. G., & Woods, D. W. (1995). Long-term follow-up of a behavioral treatment for stuttering. *Journal of Applied Behavior Analysis, 28,* 233–234.

Wahler, R. G., & Fox, J. J. (1980). Solitary toy play and time out: A family treatment package for children with aggressive and oppositional behavior. *Journal of Applied Behavior Analysis, 13,* 23–39.

Walker, H. M. (1983). Application of response cost in school settings: Outcomes, issues and recommendations. *Exceptional Education Quarterly, 3,* 46–55.

Walker, H. M. (1997). *The acting out child: Coping with classroom disruption* (2nd ed.). Longmont, CO: Sopris West.

Wallace, I. (1977). Self-control techniques of famous novelists. *Journal of Applied Behavior Analysis, 10,* 515–525.

Ward, P., & Carnes, M. (2002). Effects of posting self-set goals on collegiate football players' skill execution during practice and games. *Journal of Applied Behavior Analysis, 35,* 1–12.

Warner, S. F. (1992). Facilitating basic vocabulary acquisition with milieu teaching procedures. *Journal of Early Intervention, 16,* 235–251.

Warren, S. F., Rogers-Warren, A., & Baer, D. M. (1976). The role of offer rates in controlling sharing by young children. *Journal of Applied Behavior Analysis, 9,* 491–497.

Watkins, C. L., Pack-Teixteira, L., & Howard, J.S. (1989). Teaching intraverbal behavior to severely retarded children. *The Analysis of Verbal Behavior, 7,* 69–81.

Watson, D. L., & Tharp, R. G. (2007). *Self-directed behavior: Self-modification for personal adjustment* (9th ed.). Belmont, CA: Wadsworth/Thomson Learning.

Watson, J. B. (1913). Psychology as the behaviorist views it. *Psychological Review, 20,* 158–177.

Watson, J. B. (1924). *Behaviorism.* New York: W. W. Norton.

Watson, P. J., & Workman, E. A. (1981). The nonconcurrent multiple baseline across-individuals design: An extension of the traditional multiple baseline design. *Journal of Behavior Therapy and Experimental Psychiatry, 12,* 257–259.

Watson, T. S. (1996). A prompt plus delayed contingency procedure for reducing bathroom graffiti. *Journal of Applied Behavior Analysis, 29,* 121–124.

Webber, J., & Scheuermann, B. (1991). Accentuate the positive . . . eliminate the negative. *Teaching Exceptional Children, 24* (1), 13–19.

Weber, L. H. (2002). The cumulative record as a management tool. *Behavioral Technology Today, 2,* 1–8.

Weeks, M., & Gaylord-Ross, R. (1981). Task difficulty and aberrant behavior in severely handicapped students. *Journal of Applied Behavior Analysis, 14,* 449–463.

Wehby, J. H., & Hollahan, M. S. (2000). Effects of high-probability requests on the latency to initiate academic tasks. *Journal of Applied Behavior Analysis, 33,* 259–262.

Weiher, R. G., & Harman, R. E. (1975). The use of omission training to reduce self-injurious behavior in a retarded child. *Behavior Therapy, 6,* 261–268.

Weiner, H. (1962). Some effects of response cost upon human operant behavior. *Journal of Experimental Analysis of Behavior, 5,* 201–208.

Wenrich, W. W., Dawley, H. H., & General, D. A. (1976). *Self-directed systematic desensitization: A guide for the student, client, and therapist.* Kalamazoo, MI: Behaviordelia.

Werts, M. G., Caldwell, N. K., & Wolery, M. (1996). Peer modeling of response chains: Observational learning by students with disabilities. *Journal of Applied Behavior Analysis, 29,* 53–66.

West, R. P., & Smith, T. G. (2002, September 21). *Managing the behavior of groups of students in public schools: Clocklights and group contingencies.* Paper presented at The Ohio State University Third Focus on Behavior Analysis in Education Conference, Columbus, OH.

West, R. P., Young, K. R., & Spooner, F. (1990). Precision teaching: An introduction. *Teaching Exceptional Children, 22,* 4–9.

Wetherington, C. L. (1982). Is adjunctive behavior a third class of behavior? *Neuroscience and Biobehavioral Reviews, 6,* 329–350.

Whaley, D. L., & Malott, R. W. (1971). *Elementary principles of behavior.* Englewood Cliffs, NJ: Prentice Hall.

Whaley, D. L., & Surratt, S. L. (1968). *Attitudes of science.* Kalamazoo, MI: Behaviordelia.

Wheeler, D. L., Jacobson, J. W., Paglieri, R. A., & Schwartz, A. A. (1993). An experimental assessment of facilitated communication. *Mental Retardation, 31,* 49–60.

White, A., & Bailey, J. (1990). Reducing disruptive behaviors of elementary physical education students with sit and watch. *Journal of Applied Behavior Analysis, 23,* 353–359.

White, D. M. (1991). *Use of guided notes to promote generalized notetaking behavior of high school students with learning disabilities.* Unpublished master's thesis. Columbus, OH: The Ohio State University.

White, G. D. (1977). The effects of observer presence on the activity level of families. *Journal of Applied Behavior Analysis, 10,* 734.

White, M. A. (1975). Natural rates of teacher approval and disapproval in the classroom. *Journal of Applied Behavior Analysis, 8,* 367–372.

White, O. (2005) Trend lines. In G. Sugai & R. Horner (Eds.), *Encyclopedia of behavior modification and cognitive behavior therapy, Volume 3: Educational applications.* Pacific Grove, CA; Sage Publications.

White, O. R. (1971). *The "split-middle": A "quickie" method of trend estimation* (working paper No. 1). Eugene: University of Oregon, Regional Center for Handicapped Children.

White, O. R., & Haring, N. G. (1980). *Exceptional teaching* (2nd ed.). Columbus, OH: Charles E. Merrill.

Wieseler, N. A., Hanson, R. H., Chamberlain, T. P., & Thompson, T. (1985). Functional taxonomy of stereotypic and self-injurious behavior. *Mental Retardation, 23,* 230–234.

Wilder, D. A., & Carr, J. E. (1998). Recent advances in the modification of establishing operations to reduce aberrant behavior. *Behavioral Interventions, 13,* 43–59.

Wilder, D. A., Masuda, A., O'Conner, C., & Baham, M. (2001). Brief functional analysis and treatment of bizarre vocalizations in an adult with schizophrenia. *Journal of Applied Behavior Analysis, 34,* 65–68.

Wilkenfeld, J., Nickel, M., Blakely, E., & Poling, A. (1992). Acquisition of lever press responding in rats with delayed reinforcement: A comparison of three procedures. *Journal of the Experimental Analysis of Behavior, 51,* 431–443.

Wilkinson, G. S. (1994). *Wide Range Achievement Test—3.* Austin, TX: Pro-Ed.

Wilkinson, L. A. (2003). Using behavioral consultation to reduce challenging behavior in the classroom. *Preventing School Failure, 47* (3), 100–105.

Williams, C. D. (1959). The elimination of tantrum behavior by extinction procedures. *Journal of Abnormal and Social Psychology, 59,* 269.

Williams, D. E., Kirkpatrick-Sanchez, S., & Iwata, B. A. (1993). A comparison of shock intensity in the treatment of long-standing and severe self-injurious behavior. *Research in Developmental Disabilities, 14,* 207–219.

Williams, G., Donley, C. R., & Keller, J. W. (2000). Teaching children with autism to ask questions about hidden objects. *Journal of Applied Behavior Analysis, 33,* 627–630.

Williams, J. A., Koegel, R. L., & Egel, A. L. (1981). Response-reinforcer relationships and improved learning in autistic children. *Journal of Applied Behavior Analysis, 14,* 53–60.

Williams, J. L. (1973). *Operant learning: Procedures for changing behavior.* Monterey, CA: Brooks/Cole.

Windsor, J., Piche, L. M., & Locke, P. A. (1994). Preference testing: A comparison of two presentation methods. *Research in Developmental Disabilities, 15,* 439–455.

Winett, R. A., & Winkler, R. C. (1972). Current behavior modification in the classroom: Be still, be quiet, be docile. *Journal of Applied Behavior Analysis, 5,* 499–504.

Winett, R. A., Moore, J. F., & Anderson, E. S. (1991). Extending the concept of social validity: Behavior analysis for disease prevention and health promotion. *Journal of Applied Behavior Analysis, 24,* 215–230.

Winett, R. A., Neale, M. S., & Grier, H. C. (1979). Effects of self-monitoring on residential electricity consumption. *Journal of Applied Behavior Analysis, 12,* 173–184.

Witt, J. C., Noell, G. H., LaFleur, L. H., & Mortenson, B. P. (1997). Teacher use of interventions in general education settings: Measurement and analysis of the independent variable. *Journal of Applied Behavior Analysis, 30,* 693–696.

Wittgenstein, L. (1953). *Philosophical investigations.* New York: Macmillan.

Wolery, M. (1994). Procedural fidelity: A reminder of its functions. *Journal of Behavioral Education, 4,* 381–386.

Wolery, M., & Gast, D. L. (1984). Effective and efficient procedures for the transfer of stimulus control. *Topics in Early Childhood Special Education, 4,* 52–77.

Wolery, M., & Schuster, J. W. (1997). Instructional methods with students who have significant disabilities. *Journal of Special Education, 31,* 61–79.

Wolery, M., Ault, M. J., Gast, D. L., Doyle, P.M., & Griffen, A. K. (1991). Teaching chained tasks in dyads: Acquisition of target and observational behaviors. *The Journal of Special Education, 25* (2), 198–220.

Wolf, M. M. (1978). Social validity: The case for subjective measurement or how applied behavior analysis is finding its heart. *Journal of Applied Behavior Analysis, 11,* 203–214.

Wolf, M. M., Risley, T. R., & Mees, H. L. (1964). Application of operant conditioning procedures to improve the behaviour problems of an autistic child. *Behavior Research and Therapy, 1,* 305–312.

Wolfe, L. H., Heron, T. E., & Goddard, Y. I. (2000). Effects of self-monitoring on the on-task behavior and written language performance of elementary students with learning disabilities. *Journal of Behavioral Education, 10,* 49–73.

Wolfensberger, W. (1972). *The principle of normalization in human services.* Toronto: National Institute on Mental Retardation.

Wolff, R. (1977). Systematic desensitization and negative practice to alter the aftereffects of a rape attempt. *Journal of Behavior Therapy and Experimental Psychiatry, 8,* 423–425.

Wolford, T., Alber, S. R., & Heward, W. L. (2001). Teaching middle school students with learning disabilities to recruit peer assistance during cooperative learning group activities. *Learning Disabilities Research & Practice, 16,* 161–173.

Wolpe, J. (1958). *Psychotherapy by reciprocal inhibition.* Stanford, CA: Stanford University Press.

Wolpe, J. (1973). *The practice of behavior therapy* (2nd ed.). New York: Pergamon Press.

Wong, S. E., Seroka, P., L., & Ogisi, J. (2000). Effects of a checklist on self-assessment of blood glucose level by a memory-impaired woman with Diabetes Mellitus. *Journal of Applied Behavior Analysis, 33,* 251–254.

Wood, F. H., & Braaten, S. (1983). Developing guidelines for the use of punishing interventions in the schools. *Exceptional Education Quarterly, 3,* 68–75.

Wood, S. J., Murdock, J. Y., Cronin, M. E., Dawson, N. M., & Kirby, P. C. (1998). Effects of self-monitoring on on-task behaviors of at-risk middle school students. *Journal of Behavioral Education, 9,* 263–279.

Woods, D. W., & Miltenberger, R. G. (1995). Habit reversal: A review of applications and variations. *Journal of Behavior Therapy and Experimental Psychiatry, 26* (2), 123–131.

Woods, D. W., Twohig, M. P., Flessner, C. A., & Roloff, T. J. (2003). Treatment of vocal tics in children with Tourette syndrome: Investigating the efficacy of habit reversal. *Journal of Applied Behavior Analysis, 36,* 109–112.

Worsdell, A. S., Iwata, B. A., Dozier, C. L., Johnson, A. D., Neidert, P. L., & Thomason, J. L. (2005). Analysis of response repetition as an error-correction strategy during sight-word reading. *Journal of Applied Behavior Analysis, 38,* 511–527.

Wright, C. S., & Vollmer, T. R. (2002). Evaluation of a treatment package to reduce rapid eating. *Journal of Applied Behavior Analysis, 35,* 89–93.

Wyatt v. Stickney, 344 F. Supp. 387, 344 F. Supp. 373 (M.D. Ala 1972), 344 F. Supp. 1341, 325 F. Supp. 781 (M.D. Ala. 1971), aff'd sub nom, Wyatt v. Aderholt, 503 F. 2d. 1305 (5th Cir. 1974).

Yeaton, W. H., & Bailey, J. S. (1983). Utilization analysis of a pedestrian safety training program. *Journal of Applied Behavior Analysis, 16,* 203–216.

Yell, M. (1994). Timeout and students with behavior disorders: A legal analysis. *Education and Treatment of Children, 17* (3), 293–301.

Yell, M. (1998). *The law and special education.* Upper Saddle River, NJ: Merrill/Prentice Hall.

Yell, M. L., & Drasgow, E. (2000). Litigating a free appropriate public education: The Lovaas hearings and cases. *Journal of Special Education, 33,* 206–215.

Yoon, S., & Bennett, G. M. (2000). Effects of a stimulus–stimulus pairing procedure on conditioning vocal sounds as reinforcers. *The Analysis of Verbal Behavior, 17,* 75–88.

Young, J. M., Krantz, P. J., McClannahan, L. E., & Poulson, C. L. (1994). Generalized imitation and response-class formation in children with autism. *Journal of Applied Behavior Analysis, 27,* 685–697.

Young, R. K., West, R. P., Smith, D. J., & Morgan, D. P. (1991). *Teaching self-management strategies to adolescents.* Longmont, CO: Sopris West.

Zane, T. (2005). Fads in special education. In J. W. Jacobson, R. M. Foxx, & J. A. Mulick (Eds.), *Controversial therapies in developmental disabilities: Fads, fashion, and science in professional practice* (pp. 175–191). Hillsdale, NJ: Erlbaum.

Zanolli, K., & Daggett, J. (1998). The effects of reinforcement rate on the spontaneous social initiations of socially withdrawn preschoolers. *Journal of Applied Behavior Analysis, 31,* 117–125.

Zarcone, J. R., Rodgers, T. A., & Iwata, B. A., (1991). Reliability analysis of the Motivation Assessment Scale: A failure to replicate. *Research in Developmental Disabilities, 12,* 349–360.

Zhou, L., Goff, G. A., & Iwata, B. A. (2000). Effects of increased response effort on self-injury and object manipulation as competing responses. *Journal of Applied Behavior Analysis, 33,* 29–40.

Zhou, L., Iwata, B. A., & Shore, B. A. (2002). Reinforcing efficacy of food on performance during pre- and postmeal sessions. *Journal of Applied Behavior Analysis, 35,* 411–414.

Zhou, L., Iwata, B. A., Goff, G. A., & Shore, B. A. (2001). Longitudinal analysis of leisure-item preferences. *Journal of Applied Behavior Analysis 34,* 179–184.

Zimmerman, J., & Ferster, C. B. (1962). Intermittent punishment of S^{Δ} responding in matching-to-sample. *Journal of the Experimental Analysis of Behavior, 6,* 349–356.

Zuriff, G. E. (1985). *Behaviorism: A conceptual reconstruction.* New York: Columbia University Press.

찾아보기

기고자

Thomas R. Freeman(M.S., BCBA)은 플로리다주 발달장애 기관의 응용행동 서비스 계획리뷰 위원회의 장이고, 주 산하기관의 행동분석가이며, 플로리다기술대(Florida Institute of Technology)의 응용행동분석 석사 프로그램의 강사이며, 프레이즈위크(Praiseworx) 주식회지의 회장이다. Tom은 25년 이상의 행동분석을 해 왔으며, 플로리다와 매세추세츠에 있는 지역사회기반 거주 기관에서 관리감독자와 임상 직책을 맡아 왔다. 또한 Tom은 보르네오의 오랑우탄과 하와이 스피너 돌고래에 대한 장기 동물 행동 연구에 참여했으며, 하와이대학교의 험백 고래 연구 프로젝트의 현장 감독이었다. Tom은 법적, 전문가적 이슈와 소비자 참여 및 여러 분야의 팀에 기초한 프로그램 개발 전략, 정신과와 행동 서비스의 협조에 관심이 있다.

Brian A. Iwata(Ph.D., BCBA)는 플로리다 주립대학교의 심리학 및 정신의학과 교수이다. 그와 그의 제자들은 연구 방법, 발달장애와 심각한 행동장애의 기능분석과 치료에 관련된 논문을 200편 이상 출판했다. Brian은 이전에 응용행동분석 저널의 편집자였으며, 행동분석협회/행동분석학회 (Association for Behavior Analysis), 미국 심리학회 분과 33(Division 33 of the American Psychological Association), 행동분석의 진보를 위한 협회(the Society for the Advancement of Behavior Analysis), 행동의 실험적 분석을 위한 협회(the Society for the Experimental Analysis of Behavior), 플로리다 행동분석 협회(Florida Association for Behavior Analysis)의 회장을 역임하였다. Brian은 미국국립보건원

(NIH)과 미국 국립정신건강협회(NIMH)의 연구부서의 장이었으며, 현재는 미국 정신지체협회(American Association on Mental Retardation), 행동분석가협회(Association for Behavior Analysis), 미국 심리학회(American Psychological Association), 심리과학학회(Association for Psychological Science)의 임원이다.

Jose Martinez-Diaz(Ph.D., BCBA)는 플로리다 기술대의 부교수이며 응용행동분석 대학원 프로그램의 장이고, ABA 테크놀로지사의 회장이다. Jose는 행동분석가 자격협회 임원회의, 플로리다 행동분석 자격협회와 고찰 위원회의 임원이다. 그는 플로리다 행동분석 협회의 장을 역임했으며, 우수한 서비스 제공과 행동분석의 진보에 기여한 사람들에게 주어지는 Charles H. Cox 상(Charles H. Cox Award for Outstanding Service and Advancement of Behavior Analysis)을 수상했다. Jose는 전문적, 법적 이슈와, 관리감독 및 행정, 개념적·철학적 이슈, 언어 행동, 행동 치료에서 동기 조작의 역할에 관심이 있다. 그는 웨스트 버지니아대학교에서 박사학위를 받았다.

Jack Michael(Ph.D.)은 38년간 학생들을 가르쳤던 웨스턴 미시간대학교 심리학과 명예 교수이다. 그의 주된 학문적 관심 분야는 언어 행동, 동기에 관한 기본 이론과 행동분석의 기술적 전문용어이다. Jack은 행동분석협회의 설립에 공헌하였으며 세 번째 협회장을 역임했다. 그의 저서 중에는 행동분석가라면 모두 반드시 읽어 봐야 하는 『행동분석의

개념과 원리(Concepts and Principles of Behavior Analysis)』(2004)가 있다. 그는 현재 언어 행동 분석 저널의 편집자로 재직 중이다. 행동분석협회와 미국심리학회의 임원인 Jack은 행동분석협회의 우수한 행동분석 서비스상, 2002년 미국 심리학회의 25분과로부터 실험적 행동분석과 응용행동분석 사이의 격차를 줄인 연구에 주어지는 Don Hake 상, 그리고 웨스턴 미시간대학교의 재직자에 대한 두 가지 최고의 영예인 우수 학문 교수상과 우수강사상을 수상하였다.

Nancy A. Neef(Ph.D)는 오하이오 주립대학교의 특수교육과 교수이다. 그녀는 응용행동분석 학술지의 편집자, 행동의 실험적 분석을 위한 협회장, 응용행동분석 출판 협회의 임원과 협회장으로 재직해왔다. Nancy는 60편 이상의 논문과 발달장애, 연구 방법, 교수 기술 영역의 책을 출판해 왔다. 그녀는 최근 평가와 관련된 기본적 연구의 확대 및 적용과 주의력결핍 과잉행동장애의 치료를 주로 연구하고 있다. Nancy는 웨스턴 미시간대학교에서 주는 우수 동문 업적상의 첫 번째 수상자였으며 2006년 미국 심리학회 25분과에서 주는 응용행동분석에서의 우수연구상을 수상했다.

Matthew Normand(Ph.D. BCBA)는 플로리다기술대의 응용행동분석 프로그램 조교수이다. 그는 웨스턴 뉴잉글랜드대학교에서 심리학 학사학위를 받았고, 웨스턴 미시간대학교에서 응용행동분석으로 석사학위, 플로리다 주립대학교에서 심리학 M.S.와 박사학위를 받았다. Matt는 언어행동 편집자 협회와 조기 집중 행동치료 학회지(Early and Intensive Behavior Interventions)의 일을 하고 있다. 임상가로서 그는 다양한 아동의 문제행동을 줄이기 위해 학교와 가족들과 함께 일을 한다. 연구자로서 그의 주된 관심사는 사회적 필요한 문제에 대한 기초 행동원리의 적용(자폐증, 비만, 다른 지역사회 건강 문제를 포함한)과 언어행동이다.

Stephanie M. Peterson(Ph.D., BCBA)은 아이다호 주립대학교 특수교육과 부교수이다. 그녀의 주된 연구 관심사는 심각한 문제행동의 치료와 문제행동 기능분석 시 선택과 동시강화 계획이다. 또한 Stephanie는 행동분석을 교육적 개입과 교사 훈련에 적용하는 것에 관심이 있다. 그녀는 응용행동분석과 행동분석가의 편집위원이었으며, 현재 아동의 교육과 치료에 선임 편집자로 일하고 있다.

Richard G. Smith(Ph.D., BCBA)는 노스 텍사스대학교의 행동분석학과장이며 교수이다. Rick은 플로리다대학교에서 석·박사 학위를 받았다. 그의 주된 연구 관심사는 동기적 변인에 초점을 맞춘 특정 영역에서 발달장애인들의 행동문제에 대한 평가와 치료, 기능분석 절차의 진보, 행동적 개입의 효과에 기초가 되는 기본원리 연구를 위한 복잡한 연구 설계의 사용이다. 응용행동분석 학술지의 부 편집자를 역임한 바 있는 Rick은 1997년 미국 심리학회의 혁신적이고 중요한 연구를 수행한 신임 연구자에 수여되는 25분과의 B. F. Skinner 상을 받았고, 2000년에는 텍사스 정신지체 협회의 연구상을 받았다.

Mark L. Sundberg(Ph.D., BCBA)는 개인 클리닉을 하고 있는 면허 심리학자이다. 그는 언어 연구와 자폐증 아동을 위한 언어 발달 평가와 개입에 전문가이다. Mark는 언어 행동분석 학회지의 창립자이자 편집자였으며, 노스 캐롤라이나 행동분석협회의 장이었으며 행동분석협회의 출판부서장이었다. Mark는 다음 3개의 책의 공동저자이다. 『Teaching Language to Children with Autism of Other Developmental Disabilities』, 『The Assessment of Basic Language and Learning Skills : The ABBLLS(with James W. Partington)』, 『A Collection of Reprints on Verbal Behavior(with Jack Michael)』. Mark는 2001년 웨스트 미시간대학교로부터 우수 동문 업적상을 비롯하여 여러 상을 받았다.

저자 소개

John Cooper(좌), Tim Heron(우), Bill Heward(중앙)

John Cooper, Tim Heron, 그리고 Bill Heward는 8년 동안 함께 오하이오 주립대학교에 교수로 재직하였다. 이 세 사람은 팀을 이뤄 철학적, 과학적, 기술적인 응용행동분석의 원리에 따라 특수교육 전문가나 학교 선생님들을 훈련시켜 왔다. 오하이오 주립대학에서 그들과 동료들이 개발한 특수교육과 응용행동분석 Ph.D. 프로그램은 행동분석협회 (Association of Behavior Analysis)에서 인정한 첫 번째 박사 과정 프로그램이다. John과 Tim, Bill은 오하이오 주립대학교에서 가장 영예로운 교육자 상인 Alumni Award(for Distinguished Teaching)를 수상했다.

John O. Cooper 교육학 박사이며, 오하이오 주립대학교 교육 명예교수로 정밀 교수법(precision teaching), 내적 행동, 유창성 확립과 언어 행동 연구에 관심이 있다. 그는 표준측정협회의 이사와 행동분석협회의 협회장을 역임하였으며, 저서 중 하나로 『행동측정(Measuring Behavior)』 제2판이 있다.

Timothy E. Heron 교육학 박사이며, 오하이오 주립대학교 교육 명예교수로 일반학급에 있는 장애학생을 위한 튜터 체계, 자문, 지시에 의한 자기 교정 연구에 관심이 있다. 『교육자문 : 통합학급에서 전문가·부모·학생 돕기(The Educational Consultant : Helping Professionals, Parents, and Students in Inclusive Classrooms, Fourth Edition)』(제4판)의 공동 저자이다.

William L. Heward 교육학 박사이며, 오하이오 주립대학교 교육 명예교수로 응용행동분석 전문가이다. 촉진, 새롭게 학습한 기술의 일반화와 유지, 집단 지시의 효과 증진, 일반교육 학급에서 장애아동의 학습 향상에 대한 연구에 관심이 있다. 행동분석협회의 이사이며, 2006년에 미국 심리학회 25분과에서 주는 Fred S. Keller Behavioral Education Award를 수상했다. 『Exceptional Children : An Introduction to Special Education, Eighth Edition』(제8판) 등의 공동 저자이다.

역자 소개

정경미

임상심리학 박사로 현재 연세대학교 심리학과에 재직 중이며, 존스홉킨스 의과대학 자매기관이자 발달장애치료 전문기관인 케네디크리거센터에서 박사 후 과정을 마쳤고, 미국 응용행동분석 전문가(BCBA) 자격증을 가지고 있다. 응용행동분석 전문가 양성을 위해 2014년부터 연세대학교부설 미래교육원에서 미국 BACB에서 인준받은 BCBA와 BCaBA 비학위과정을 운영하고 있으며, 정부 및 사설 기관에 교육 및 자문을 하고 있다. 주 연구 관심사는 응용행동분석에 기반한 문제행동의 치료와 문제행동 예방을 위한 부모 교육이며, 그 밖에 비만, 당뇨, 심혈관질환, 배뇨장애 등 만성질환의 행동개선뿐 아니라 자기관리행동의 기제규명과 개선방법연구에도 관심을 가지고 연구를 진행하고 있다.

신나영

연세대학교 및 동 대학원 졸업(임상심리학 석사)
서울특별시어린이병원 행동치료실 행동치료사
미국 행동분석전문가(BCBA)
현재 한국 ABA행동발달연구소 책임연구원

홍성은

컬럼비아대학원 졸업(응용행동분석 석사)
유네스코아시아태평양 국제이해교육원 전문관
한국 짐보리 교육연구소 선임 연구원
현재 육아정책연구소 전문원

내용 영역 6 : 행동 측정

	과제
6-1	행동의 측정 가능한 범주 정의(예 : 비율, 지속시간, 반응잠재기간, 반응 간 시간)
6-2	관찰과 측정 가능한 용어로 행동 정의
6-3	연속 측정 절차와 표집 기술(예 : 부분 및 전체 간격 기록, 순간 시간 표집) 사용의 이점과 단점 언급
6-4	주어진 행동 범주와 관찰과 기록의 요건을 고려해 적절한 측정 절차 선택
6-5	관찰 스케줄과 기록 기간 선택
6-6	빈도(예 : 횟수) 사용
6-7	비율(예 : 단위 시간당 횟수) 사용
6-8	지속시간 사용
6-9	반응잠재기간 사용
6-10	반응 간 시간(IRT) 사용
6-11	발생비율 사용
6-12	기준도달시행 사용
6-13	간격 기록 방법 사용
6-14	관찰자 간 일치도, 정확도, 신뢰도와 같은 측정 절차의 결과를 평가하는 다양한 방법 사용

내용 영역 7 : 행동 자료의 제시와 해석

#	과제
7-1	양적 관계를 효과적으로 전달할 자료 제시 방법을 선택
7-2	동일-간격 그래프 사용
7-3	표준 셀러레이션 차트(BCBA만 해당, BCABA는 배제) 사용
7-4	자료를 제시하기 위해 누적 기록 사용
7-5	행동의 형태를 강조하는 자료 제시 방법 사용(예 : 분포도)
7-6	다양한 형태로 제시된 자료에 근거한 의사결정과 해석

내용 영역 8 : 개입 결과와 전략 선택하기

#	과제
8-1	과제분석 시행
8-2	내담자가 다음에 근거하여 목표를 결정하도록 돕는다—내담자 선호도, 과제분석, 최근의 레퍼토리, 지지 환경, 제한점, 사회적 타당도, 평가 결과, 가장 가능한 과학적 증거.
8-3	목표 개입 결과를 관찰 가능하고 측정 가능한 용어로 언급한다.
8-4	내담자에게 다음과 같은 요소에 근거하여 개입 방법에 대해 권한다—내담자 선호도, 과제분석, 최근의 레퍼토리, 지지 환경, 제한점, 사회적 타당도, 평가 결과, 가장 가능한 과학적 증거.
8-5	개입 결과를 달성하기 위해 확립해야 하고 강화되거나 약화되어야 하는 행동에 대해 내담자에게 권한다.
8-6	어떤 행동을 약화시킬 때는 확립 가능하고 강화될 수 있는 대안 행동을 선택한다.
8-7	행동분석 서비스에 대한 필요가 감소하는 환경적 변화를 결정하고 만든다.
8-8	행동변화 절차를 실시하게 만드는 행동을 지배하는 유관을 파악하고, 그에 맞게 개입을 설계한다.

내용 영역 9 : 행동변화 절차	
#	과제
9-1	맥락적 또는 생태학적 변인들, 확립 조작, 변별자극과 같은 선행요인-기반 개입 사용
9-2	정적 강화와 부적 강화 사용
	a. 강화제를 정의하고 사용 b. 강화의 적절한 변수와 스케줄 사용 c. 반응-결핍 절차를 사용(예 : 프리맥 원리) d. 강화 사용 시 나타날 수 있는 부작용 언급 및 계획
9-3	정적 처벌과 부적 처벌의 사용
	a. 벌을 정의하고 사용 b. 벌의 적절한 변수와 스케줄 사용 c. 처벌 사용 시 나타날 수 있는 부작용 언급 및 계획
9-4	소거의 사용
	a. 행동을 유지시킬 가능성이 있는 강화제를 찾아내고 소거를 사용 b. 소거 사용으로 인해 발생 가능한 바람직하지 못한 효과에 대해 기술하고 계획
9-5	반응-독립적(시간에 기반한) 강화계획 사용
9-6	차별 강화 사용
9-7	변별 훈련 절차 사용
9-8	촉진과 촉진 용암법 사용
9-9	지시와 규칙 사용
9-10	모델링과 모방 사용
9-11	조형법 사용
9-12	연쇄법 사용
9-13	우연 교수법 사용
9-14	직접적인 지시 사용
9-15	정밀 교수법 사용
9-16	개별화된 교수 체계(Personalized System of Instruction) 사용
9-17	분리시도 사용
9-18	유관계약(예 : 행동계약) 사용
9-19	수준 체계를 포함한 토큰 경제절차 사용
9-20	독립적, 상호 의존적, 종속 집단유관 사용
9-21	자극 등가성 절차 사용
9-22	행동대비 효과 계획
9-23	행동추진력 사용
9-24	대응법칙을 사용하고 선택에 영향을 주는 요소들을 인식
9-25	언어 행동에 대한 Skinner의 분석을 이용한 언어 습득 프로그램 사용(즉 반향, 요구, 기술, 상호 언어)
9-26	언어 습득/의사소통 훈련 절차 사용
9-27	자기관리 전략 사용
9-28	자극 일반화와 반응 일반화를 촉진할 행동변화 절차 사용
9-29	유지를 촉진하기 위한 행동변화 절차 사용

내용 영역 10 : 체계적 지지	
#	과제
10-1	행동 평가와 행동 변화 절차를 시행할 사람을 위해 유관 기반 훈련 사용
10-2	효과적인 수행 모니터링과 강화 체계 사용
10-3	절차적 통합성을 모니터하기 위한 시스템을 설계하고 사용
10-4	이 서비스와 직·간접적으로 관련된 사람들로부터 행동분석 서비스에 대한 지지 얻기
10-5	내담자의 행동 레퍼토리를 자연 상황에서 유지할 수 있도록 다른 사람의 지지를 확보
10-6	서비스를 지지하거나 제공하는 사람들과 협력하여 행동분석 서비스를 제공